Windows Server 2008

Installation, configuration, gestion et dépannage

2ième édition

ISBN : 978-2-7460-6322-8
ISSN : 1627-8224
Imprimé en France

Editions ENI

ZAC du Moulin Neuf
Rue Benjamin Franklin
44800 St HERBLAIN
Tél. 02.51.80.15.15
Fax 02.51.80.15.16

e-mail : editions@ediENI.com
http://www.editions-eni.com

Auteur : Philippe FREDDI
Collection **Ressources Informatiques** dirigée par Joëlle MUSSET

Les éléments à télécharger sont disponibles à l'adresse suivante :
http://www.editions-eni.fr
Saisissez la référence ENI de l'ouvrage **RI208WINS** dans la zone de recherche et validez.
Cliquez sur le titre du livre puis sur le lien de téléchargement.

Introduction — Chapitre 1

Création du bac à sable — Chapitre 2

Planification du déploiement
Chapitre 3

Rôles et fonctionnalités — Chapitre 4

Outils de configuration et de gestion — Chapitre 5

Configuration des services réseau — Chapitre 6

Mise en œuvre de l'Active Directory (AD) — Chapitre 7

Utilisateurs

Chapitre 8

Configuration de la résolution de noms Chapitre 9

Configuration autour du protocole DHCP — Chapitre 10

Publication du stockage

Chapitre 11

Mise en œuvre du serveur de fichiers — Chapitre 12

Mise en œuvre du serveur d'impression Chapitre 13

Administration via les stratégies de groupe — Chapitre 14

Maintenance des correctifs

Chapitre 15

Suivi et optimisation des performances — Chapitre 16

Outil de gestion et de dépannage Chapitre 17

Planification de la haute disponibilité — Chapitre 18

Chapitre 1 : Introduction

A. Objectifs du chapitre

Une nouvelle version, des nouveautés, une philosophie qui évolue, il est toujours intéressant de commencer la lecture d'un livre par prendre connaissance des points importants du produit étudié, des versions et des éditions disponibles ainsi que leurs principales caractéristiques.

B. Comment est organisé ce livre

Cette seconde édition tient compte du service pack 2 et se veut plus complète que la version originale. De nouveaux chapitres ont été ajoutés et pour les autres chapitres, ils ont été complétés. Pour effectuer dans les meilleures conditions les mises en pratique, la création d'un bac à sable vous est présentée et pour chaque chapitre des scripts de configuration vous sont fournis (à télécharger sur le site des Éditions ENI). Pour chaque mise en pratique, les icônes des ordinateurs sur lesquels doivent être réalisées les opérations sont indiquées.

L'un des objectifs de ce livre est qu'il vous serve de référence pour installer, maintenir et gérer Windows Server 2008.

En effet, durant la phase d'apprentissage on apprend beaucoup de technologies, on cite des outils sans vraiment les utiliser, on effectue des tests que l'on oublie car pour notre travail quotidien on est cantonné à utiliser toujours les mêmes outils et la même procédure.

Dans ce livre, nous allons briser cette monotonie en vous présentant également des outils de type ligne de commandes car ils sont souvent plus puissants que leurs équivalents graphiques. Vous serez sensibilisés aux avantages qu'offrent les scripts en automatisant au maximum les tâches répétitives pour obtenir un gain de temps tout en permettant également de diminuer les erreurs de saisie, etc. Automatiser signifie créer des scripts ou des batch, gardez à l'esprit que le batch le plus simple se compose d'une action, soit une commande sans paramètre.

Le livre a été découpé en chapitres dont la logique permet de ne pas le lire uniquement chapitre par chapitre mais également de sélectionner le ou les chapitres qui vous intéressent. Pour chaque sujet, vous trouverez des éléments théoriques, des procédures pas à pas vous expliquant comment effectuer des tâches pouvant aller de la configuration au dépannage en passant par la gestion. Des informations supplémentaires sur l'utilisation de la technologie présentée en entreprise, son intérêt, ses avantages et ses inconvénients et les meilleures pratiques sont également présentes.

Le premier chapitre, consacré à l'**introduction**, présente succinctement la philosophie de Windows Server 2008, ses éditions et ses caractéristiques.

Le second chapitre, consacré à la **création du bac à sable**, vous présente comment préparer les environnements nécessaires pour effectuer toutes les mises en pratique à l'aide de procédures pas à pas. Vous y verrez notamment succinctement l'installation manuelle de Windows Server 2008 que ce soit pour une installation complète ou une installation minimale (**Server Core**) en tant que machine virtuelle. Les éléments importants pour utiliser le bac à sable sont également détaillés.

Le chapitre consacré à la **planification du déploiement** commence par détailler les différentes étapes à effectuer pour installer Windows Server 2008, avant de présenter l'installation manuelle y compris l'installation d'un serveur Core. La suite présente les différentes mises à jour possibles et pour terminer, le déploiement à l'aide de fichiers de réponses, le déploiement via un serveur WDS sont décrits ainsi qu'une présentation succincte des outils comme MDT et SCCM.

Le chapitre consacré aux **rôles et fonctionnalités** décrit chaque rôle et chaque fonctionnalité en fonction des différentes éditions et installations ainsi que les procédures pas à pas pour les installer et les supprimer.

Le chapitre consacré aux **outils de configuration et de gestion** présente les principaux outils graphiques ou en ligne de commandes utilisés dans Windows Server 2008 comme le gestionnaire de serveur, la console MMC, l'administration à distance, les commandes ServerManagerCmd, ocsetup, pkgmgr, PowerShell et Windows RemoteShell.

Le chapitre consacré à la **configuration des services réseaux** commence par une partie théorique consacrée aux nouveautés de la version 2008, une présentation de l'adressage IPv4 et une introduction à l'adressage IPv6 suivie par la configuration de la carte réseau. Ensuite c'est au tour du routage puis une présentation sur le dépannage. Pour terminer le chapitre, les fonctionnalités avancées sont présentées incluant le pare-feu intégré ainsi que le protocole IPSEC, le NAT et le NAP.

Le chapitre consacré à la **mise en œuvre de l'Active Directory** commence par expliquer ce qu'est l'Active Directory et ses composantes avant de passer à l'installation et la suppression de services de l'Active Directory, y compris pour un contrôleur RODC. Comment stopper et redémarrer les services Active Directory est également montré. La fin du chapitre présente plusieurs outils consacrés à la configuration, la gestion et le dépannage de l'Active Directory.

Le chapitre consacré à la **gestion des utilisateurs et aux groupes** les présente et montre la manière de les gérer dans un environnement de groupe de travail ou de domaine Active Directory.

Le chapitre consacré à la **configuration de la résolution de noms** commence par présenter la théorie relative au service DNS avant de montrer les procédures pas à pas pour sa mise en œuvre. La deuxième partie présente les différentes méthodes utilisées par Windows pour résoudre un nom en adresse IP.

Le chapitre consacré aux **configurations autour du protocole DHCP** commence par présenter la théorie relative au serveur DHCP avant de décliner les procédures pas à pas pour sa mise en œuvre.

Le chapitre consacré à la **planification du stockage** commence par définir et gérer les disques avant de s'intéresser au système de fichiers. La suite présente la tolérance de panne logicielle et matérielle pour terminer par quelques informations sur le dépannage. Enfin le chapitre se termine par présenter la notion de stockage local et distant ainsi que les outils permettant de gérer de manière efficace le stockage distant **iSCSI** voir basé sur du **Fiber Channel**.

Le chapitre consacré à **la mise en œuvre du serveur de fichiers** reprend les notions de partitions et de volumes FAT à NTFS pour présenter ensuite les permissions NTFS et de partage puis quelques fonctionnalités pour terminer par la sauvegarde. La fin du chapitre est consacrée au rôle Services de fichiers et surtout à l'utilitaire Gestionnaire de ressources du serveur de fichiers.

Le chapitre consacré à la **mise en œuvre du serveur d'impression** présente l'impression sous Windows, le rôle de serveur d'impression, l'impression IP et l'impression LPD.

Le chapitre consacré à l'**administration via les stratégies de groupe** commence par présenter le fonctionnement et l'architecture des stratégies de groupe ainsi que des préférences pour s'intéresser ensuite à l'outil permettant de les gérer appelé **Gestion des stratégies de groupe**. Il est tenu compte des stratégies de domaine ainsi que des stratégies locales. La délégation de l'administration et à la planification des stratégies de groupe sont également présentées. Enfin la dernière partie du chapitre est consacrée au déploiement d'applications principalement à l'aide de stratégies de groupe (GPO : *Group Policy Objects*).

Le chapitre consacré à la **maintenance des correctifs** commence par définir les termes utilisés et les différents outils permettant de garantir ou de mettre à jour un ordinateur. Ensuite ce sont les procédures pas à pas qui sont montrées pour configurer Windows Update, Microsoft Update, utiliser Microsoft Baseline Security Analyzer. Enfin le rôle serveur Windows Update Service est présenté ainsi que les procédures pas à pas pour pouvoir effectuer une gestion quotidienne.

Le chapitre consacré au **suivi et optimisation des performances** commence par présenter théoriquement la surveillance et l'optimisation d'un serveur avant de présenter différents outils comme le moniteur de fiabilité et de performances, l'observateur d'événements, le gestionnaire de tâches, le moniteur réseau, etc. Bien entendu, ce chapitre ne serait pas complet si des informations pratiques concernant la mise en œuvre et l'interprétation des lignes de base n'étaient pas présentées. La fonctionnalité **Gestionnaire de ressources Systèmes Windows** y est également présentée.

Le chapitre consacré aux **outils de gestion et de dépannage** présente les outils principaux à utiliser comme l'assistance à distance, le gestionnaire des tâches, l'observateur d'événements, le planificateur des tâches, etc. Une liste non exhaustive de commandes sont également présentées.

Le chapitre consacré à la **planification de la haute disponibilité** commence par définir la haute disponibilité, les solutions pour la mise en haute disponibilité, les solutions hautement disponible Microsoft, la mise en cluster NLB, la mise en cluster Failover et se termine par proposer des solutions hautement disponibles pour des rôles ou des applications.

C. Généralités sur Windows Server 2008

Avant toute chose, voici la fenêtre **À propos de Windows** de la version sortie en février 2008. Vous remarquez que la version porte le numéro 6001 et que le Service Pack 1 est déjà présent !

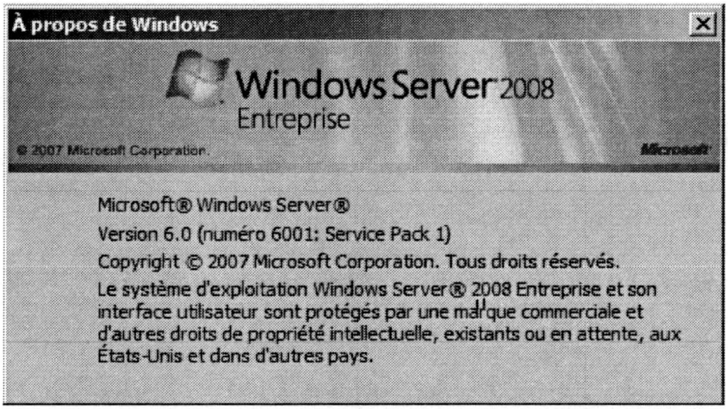

Il faut savoir que Microsoft a fusionné le code du noyau de Windows Vista et de Windows Server 2008, d'où le Service Pack 1. Actuellement le service Pack 2 est disponible. Il corrige un grand nombre de bugs, améliore la compatibilité des applications mais n'apporte pas de nouveautés. Il faut également savoir que le fait d'installer le SP2 sur Windows 2008 ne le met pas au niveau de Windows Server 2008 R2. En fait, il s'agit de deux versions différentes.

Microsoft a adapté Windows pour que la version 2008 réponde aux besoins et aux attentes des entreprises et des informaticiens, qu'ils soient programmeurs ou administrateurs.

Leur réflexion a montré qu'un service informatique a amélioré la productivité des utilisateurs d'où une augmentation des budgets informatiques mais également des pressions, comme des contraintes liées à la sécurité, à la mise en conformité des règles légales ou non, du changement de technologie, de la compétitivité de l'entreprise, de la réduction des coûts.

Environ 70 % du budget informatique est lié aux coûts administratifs du personnel, de la maintenance de l'infrastructure et à la résolution des problèmes. Seuls 30 % du budget permettent d'améliorer l'infrastructure de manière proactive, automatisée et efficiente.

Fort de ce constat, Windows a été adapté et l'architecture s'appuie sur les piliers suivants :

- **Une solide fondation**
- **La sécurité**
- **La virtualisation**
- **Le Web**

1. Une solide fondation

Par solide fondation, il faut comprendre un système d'exploitation flexible et robuste.

La flexibilité fait référence à la notion de rôles et de fonctionnalités introduites dans cette version mais également aux nouvelles possibilités de gestion comme avec **PowerShell**, **Windows Remote Shell** se basant sur des services Web ou les services de déploiement **WDS** par exemple. Par robuste, il faut entendre également fiable, ce qui est réalisé entre autres avec le **cluster failover**, la notion de **Server Core** ou la nouvelle architecture de la pile réseau.

2. La sécurité

Bien que Windows Server 2008 soit déjà le système d'exploitation le plus sécurisé créé par Microsoft, plusieurs de ses fonctionnalités lui permettent d'étendre la sécurité au niveau de l'environnement comme avec l'utilisation de contrôleurs de domaine en mode lecture seule, **RODC**, ou de garantir que l'accès au réseau ne se fait que grâce à des ordinateurs sains avec **NAP**, ou de fédérer des identités de manière sécurisée entre les entreprises avec **ADFS**.

3. La virtualisation

La virtualisation regroupe aussi bien l'utilisation de machines virtuelles que des outils de type Terminal Server. Aujourd'hui, la virtualisation se répand facilement car le modèle de licences de Microsoft facilite son utilisation. Les entreprises demandent également de pouvoir réduire le nombre des serveurs, de disposer d'un modèle d'administration plus simple. Les technologies de virtualisation répondent parfaitement à ces attentes.

4. Le Web

Le terme Web est intimement lié au serveur Web (**IIS** *Internet Information Server*). Ce dernier a été entièrement réécrit de manière à s'intégrer avec le système d'exploitation. Modulaire, il permet de réduire la surface d'attaque au minimum tout en fournissant le niveau de services souhaité. IIS sert également de fondation pour les services **SharePoint** V3 largement utilisés par les applications **Office** de Microsoft, de fondation pour le **WCF** (*Windows Communication Foundation*) du **Framework** 3.0 ainsi que pour le service de streaming.

5. L'option d'installation Server Core de Windows Server 2008

Avec Windows Server 2008, on voit apparaître un Server Core, installation minimale qui ne contient qu'un nombre limité des fonctionnalités de l'installation complète. Le noyau est identique mais les packages additionnels sont différents, ce qui interdit le passage d'un Server Core vers une installation complète par une simple mise à jour.

Par Core, il faut entendre les services d'entreprise minimum comme l'**AD**, le **DHCP**, etc. et non une version minimaliste sur laquelle on peut rajouter ses propres applications.

Le Server Core ne dispose pas (ou ne permet pas l'installation), entre autres :

- d'un bureau graphique, il dispose seulement d'une invite de commandes,
- du Framework.NET,
- du PowerShell,
- d'Internet Explorer,
- du panneau de contrôle.

Il est quand même possible d'utiliser le bloc-notes (**notepad**) ou la base de registre (**regedit**), voire d'autres applications sous conditions.

Cela signifie que l'administration doit se faire soit à l'aide des commandes, soit à distance.

Certains outils de type ligne de commandes ne sont pas disponibles sur le Server Core, d'autres portent des noms différents par rapport à l'installation complète ce qui ne simplifie pas l'administration !

Le Server Core est vraiment limité, ce qui a comme avantage de diminuer l'empreinte en mémoire vive (512 Mo sont suffisants), de limiter la place nécessaire sur le disque dur (1 Go à la place de 8 Go), de diminuer les coûts de maintenance comme l'application de patchs et également de diminuer la surface d'attaque.

Pas de Framework.NET en installation minimale implique l'impossibilité d'utiliser des applications basées sur .NET telles que PowerShell, ServerManagerCmd, ASP.NET...

Le nombre de services installés sur un **Server Core** est d'environ 40 et seulement environ 30 sont exécutés, à comparer respectivement aux 75 et 50 services d'une installation complète.

D. Présentation des éditions de Windows Server 2008

Le nombre des éditions de Windows Server 2008 est élevé et il n'est pas facile de s'y retrouver. Le tableau suivant résume les différentes éditions et versions qu'il est possible d'obtenir.

	Standard	Enterprise	Datacenter	Itanium	Web	Foundation	HPC
Version 32 bits disponible	x	x	x		x		
Version 64 bits disponible	x	x	x	x	x	x	x
Edition complète	x	x	x	x	x	x	x
Server Core	x	x	x		x		
Edition sans Hyper-V	x	x	x				

HPC Server 2008 (*High Performance Computing*) est une édition orientée super calculateur permettant de réunir des nœuds afin qu'ils mettent à disposition du système leur puissance de calcul, elle fonctionne en 64 bits seulement. Il faut au minimum deux nœuds soit un nœud appelé **head node** et un nœud appelé **compute node**.

Server foundation est une édition vendue uniquement en tant que système d'exploitation préinstallé. Ses rôles sont limités. Il peut également être contrôleur de domaine mais le nombre d'utilisateurs est limité à quinze. Son utilisation est principalement prévue pour des petites entreprises devant partager des documents et n'ayant pas besoin de système de messagerie interne. Il est possible d'effectuer une mise à niveau vers Windows Server 2008.

À ces éditions, il faut encore ajouter les éditions suivantes :

Windows Small Business Server 2008 est une version adaptée aux petites entreprises supportant jusqu'à 75 utilisateurs ou périphériques. Disponible en deux éditions, Standard ou Premium.

Windows Essential Business Server 2008 est une version adaptée aux entreprises supportant jusqu'à 300 utilisateurs ou périphériques. Disponible en deux éditions, Standard ou Premium.

Le tableau suivant résume les logiciels inclus pour une édition Business :

	Small Business Server		Essentiel Business Server	
	Standard	**Premium**	**Standard**	**Premium**
Nombre d'installations de Windows Server 2008 Standard permises	1	2	3	4
Exchange Server 2007 Standard	x	x	2	2
Windows Sharepoint Services 3.0	x	x	x	x
Microsoft ForeFront Security for Exchange Server Small Business Edition	x	x	x	x
Windows Live OneCare for Server	x	x		
Windows Server Update Services 3.0 SP1	x	x		
Integration with Microsoft Office Live Services Small Business	x	x		
System Center Essentiel 2007			x	x
Edge Security			x	x
SQL Server 2008 Standard		x		x

Le tableau suivant résume les limites et le matériel supporté en fonction des éditions principales.

Remarquez que les versions 64 bits permettent de gérer plus de mémoire que les éditions 32 bits.

	Standard	**Enterprise**	**Datacenter**	**Itanium**	**Web**	**Foundation**	**HPC**
Nombre de processeurs X86	4	8	32		4		
Nombre de processeurs X64	4	8	64		4	1	4
Nombre de processeurs IA64				64			
RAM maximum OS 32 bits	4 Go	64 Go	64 Go		4 Go		
RAM Maximum OS 64 bits	32 Go	2 To	2 To	2 To	32 Go	8 Go	128 Go
Ajout de la mémoire à chaud		x	x	x			
Remplacement de la mémoire à chaud			x	x			
Ajout/ remplacement du processeur à chaud			x	x			

Le tableau suivant montre les différences entre les éditions en terme de fonctionnalités :

	Standard	Enterprise	Datacenter	Itanium	Web	Foundation	HPC
Cluster failover (nombre de nœuds)		16	16	8			oui pour le head node
Synchronisation de la mémoire à tolérance de panne		x	x	x			
Réplication Cross-File (DFS-R)		x	x	x			
Connexions d'accès distants (RRAS)	250	Illimité	Illimité	2		50	250
Connexions d'accès réseau (NPS)	50	Illimité	Illimité			10	
Passerelle Terminal Service	250	Illimité	Illimité	2		50	
Utilisation en tant qu'image virtuelle	1	4	Illimité	Illimité		non	1

Le tableau suivant montre les rôles supportés par les différentes éditions :

Rôle	Standard	Enterprise	Datacenter	Itanium	Web	Foundation	HPC
Services Web avec clients Internet sans installation avec l'option Core	x	x	x	x	x	x	x
Services Web avec clients AD	x	x	x	x	x	x	x
Serveur applicatif	x	x	x	x		x	
Services AD CS, Services de fichiers, Services NAP et Terminal Services en accès limité	x					x	x
Services AD CS, Services de fichiers, Services NAP et Terminal Services en accès complet		x	x				
Services AD FS		x	x				
Services UDDI	x	x	x			x	
Services d'impression	x	x	x			x	
Serveur de fax	x	x	x			x	
Services de gestion des clients AD RMS	x	x	x			x	
Autres rôles	x	x	x			x	

Le tableau suivant montre les rôles supportés par les différentes éditions avec l'option d'installation **Core** :

Rôle	Standard	Enterprise	Datacenter	Itanium	Web
Services Web sans ASP.NET	x	x	x		x
Services d'impression	x	x	x		
Services de domaine AD	x	x	x		
Services de domaine AD LDS	x	x	x		
Serveur DHCP	x	x	x		
Serveur DNS	x	x	x		
Services de fichiers limités	x				
Services de fichiers		x	x		
Hyper-V	x	x	x		

Le tableau suivant montre le matériel minimum requis et conseillé pour installer Windows Server 2008 :

Processeur	X86	X64	Itanium	Foundation	HPC
Nombre minimal de processeurs	1	1	2	1 x 64 bits	1 x 64 bits
Puissance minimale	1 GHz	1,4 Ghz		1,4 Ghz	1,4 Ghz
Puissance conseillée	2 GHZ	2 GHz		2 Ghz	2 Ghz
Mémoire minimale	512 MB	512 MB		512 MB	512 MB
Mémoire conseillée	2 Go	2 Go		2 Go	2 Go
Espace disque minimal	20 Go	20 Go	10 Go	10 Go	50 Go
Espace disque conseillé	50 Go	50 Go	50 Go	50 Go	50 Go
Lecteur de DVD-ROM	Oui				
Carte graphique VGA (800x600)	Oui				
Clavier, souris	Oui				
Adaptateur réseau	Oui				

Windows Server 2008 est disponible en 19 langues mais seulement quelques-unes d'entre elles sont disponibles pour l'édition Itanium.

E. Résumé du chapitre

Vous savez comment le livre est organisé, vous pouvez donc l'utiliser de manière efficiente selon vos besoins et connaissances.

Il vous a été expliqué la philosophie introduite dans Windows Server 2008, puis les différentes éditions et leurs caractéristiques vous ont été décrites.

Chapitre 2 : Création du bac à sable

A. Objectifs du chapitre

Renforcer la lecture d'un livre par de la pratique permet une meilleure assimilation des connaissances. Pour cela, il est nécessaire de disposer d'un environnement de test également appelé bac à sable. Ce chapitre a pour objectifs de vous sensibiliser à la création et l'utilisation d'un environnement de test basé sur le logiciel de virtualisation proposé avec Windows Server 2008, à savoir Hyper-V. D'abord en vous présentant les pré-requis matériels et logiciels puis en détaillant les procédures utiles à son utilisation.

B. Bac à sable

Il peut paraître surprenant de parler de **bac à sable** dans un livre professionnel alors que cette expression est réservée aux enfants. Ce terme largement utilisé chez nos voisins anglo-saxons est moins rigoureux que **banc de test** et correspond mieux à l'idée que je me fais du lecteur soit, quelqu'un de curieux qui a besoin de pouvoir tester rapidement les nouvelles connaissances acquises et qui expérimente ses connaissances sur ses propres scénarios.

La virtualisation permet de faire tourner dans le même ordinateur physique des ordinateurs virtuels voire des réseaux virtuels. Les avantages principaux sont une réduction du nombre d'ordinateurs et de l'infrastructure réseau qui sont liés positivement sur les coûts d'acquisitions ainsi que d'une diminution énergétique qui est liée sur les coûts de fonctionnement. En contrepartie, il faut disposer d'un ordinateur plus puissant devant impérativement posséder plus de mémoire vive RAM. Enfin, le choix du logiciel de virtualisation est également important.

1. Mon propre bac de sable

Pour préparer mes séminaires, mes présentations, mes cours, etc., je dispose de plusieurs bacs à sable que je crée en fonction des situations et des besoins.

Historiquement, j'utilisais principalement un ordinateur de bureau puissant assemblé par mes soins comprenant 8 GB de RAM. Pour la virtualisation, j'utilisais Virtual PC sous Windows Vista puis Windows Virtual PC sous Windows 7.

Cet environnement avait atteint ses limites que ce soit :

- Pour la mémoire vive RAM car, il ne m'est plus possible de l'augmenter et la mémoire vive disponible limite le nombre de machines virtuelles pouvant fonctionner simultanément.
- Pour l'architecture processeur des machines virtuelles limitée à des versions 32 bits uniquement.
- Pour le nombre de cartes réseaux installées qui limite le nombre de réseaux virtuels.

Pour se libérer des limites citées et pouvoir tester des scénarios plus complexes, j'ai redésigné mon environnement de test en lui dédiant un nouvel ordinateur tournant sous l'Hyper-V de Microsoft et plus particulièrement l'outil de virtualisation autonome appelé Microsoft Hyper-V V2. La version V2 s'affranchit des limites de la version V1 en plus d'être optimisée, elle est donc à préférer. Cet ordinateur est également assemblé par mes soins et est basé sur une carte mère Asus Server double CPU actuellement il n'y a qu'un seul processeur Intel XEON E5520 pour 24 GB de RAM avec deux disques durs configurés en Raid 0. La seule amélioration envisagée à court terme serait l'achat d'une carte graphique afin de tirer pleinement parti de la fonctionnalité Remote FX inclue dans Windows Server 2008 R2 SP1. Le choix d'une carte mère Server s'est fait naturellement lorsque j'ai voulu équiper un ordinateur avec 24 GB de mémoire. En effet le coût de la mémoire pour une carte mère Station de travail était beaucoup trop élevé et faisait exploser le coût de mon serveur de test.

L'utilisation de la virtualisation m'a permis de réduire le nombre d'ordinateurs physique à un seul. En dehors d'un coût d'infrastructure bas, d'une réduction de la facture d'électricité et un gain de place, le temps d'installation d'une machine virtuelle est réduit, son temps démarrage et son temps d'arrêt également.

Enfin il est également possible d'enregistrer l'état d'un ordinateur à un instant **T** puis de le recharger plus tard pour continuer à partir du point **T** enregistré précédemment. La création de captures instantanées (snapshot) sous Microsoft Hyper-V permet de figer une ou plusieurs configurations spécifiques et d'y revenir selon les besoins. Cette fonctionnalité est très utile pour effectuer des exercices pratiques comme vous le verrez plus loin.

2. Pour votre bac à sable

Pour votre propre bac à sable, il vous faut :

- un ordinateur si possible puissant ;
- un logiciel de virtualisation ;
- le logiciel Windows Server 2008.
- le service Pack 2 de Windows Server 2008

a. Un ordinateur puissant

Les recommandations suivantes sont indiquées uniquement dans le but de disposer d'un bac à sable rapide. Dans le cas où votre ordinateur ne dispose pas du minimum conseillé pour le processeur et la mémoire, vous pouvez toujours faire un test et, si le temps de réaction est lent, mettre à jour l'élément le plus approprié.

Concernant le processeur, les informations suivantes ne s'appliquent que pour utiliser Windows Server 2008 en tant qu'ordinateur virtuel. L'expérience montre que le processeur est l'élément qui joue le plus grand rôle pour faire tourner à une vitesse acceptable Windows Server 2008 en tant que machine virtuelle. C'est la raison pour laquelle je recommande au minimum un processeur de type Dual Core, Core 2 Duo d'Intel ou équivalent en précisant que je n'ai jamais eu l'occasion d'effectuer des tests avec les processeurs d'AMD. Les processeurs des générations précédentes ne disposant pas d'une aide à la **virtualisation assistée par le matériel**,les temps de réaction sont parfois lents et aléatoires. Ce problème n'existe pas lorsque l'on installe Windows Server 2008 sur un ordinateur physique.

Pour la mémoire RAM, 4 Go est un minimum. Avec plus de RAM, vous pourrez disposer de plus de machines virtuelles concurrentes. Mon expérience indique que 8 Go ou plus semblent conseillés, mais dans ce cas, pour enlever la limite imposée par un système d'exploitation 32 bits, il est nécessaire d'utiliser un système d'exploitation 64 bits pour l'ordinateur physique et de veiller à ce que le BIOS de votre ordinateur supporte bien 4 Go ou plus.

Pour les disques durs, je recommande un disque rapide (minimum 7200 t/min) et de grande capacité. En effet, une machine virtuelle sous Windows Server 2008 utilise au minimum 8 Go d'espace disque.

Concernant les cartes vidéo, je trouve plus intéressant de pouvoir utiliser un écran supplémentaire ayant au moins pour résolution 1680 x 1050 que de disposer d'une carte graphique plus puissante ou d'un écran plus grand.

b. Un logiciel de virtualisation

Si votre ordinateur exécute Windows Vista ou Windows XP, vous pouvez utiliser **Virtual PC 2007 SP1** qui est gratuit et téléchargeable depuis le site de Microsoft. **Virtual Server 2005 R2 SP1** est également un bon choix mais il tourne en tant que service. Si votre ordinateur fonctionne sous Windows 7, vous pouvez utiliser à la place de Virtual PC l'application dédiée à Windows 7 appelée **Windows Virtual PC** en la téléchargeant directement du site de Microsoft. Enfin,dans ce livre, Hyper-V est présenté et utilisé en tant qu'hôte. Si vous utilisez un ordinateur dédié pour votre bac à sable, l'installation d'Hyper-V est un excellent choix.

D'autres logiciels de virtualisation peuvent être utilisés comme ceux proposés par VMWare mais ils ne sont pas traités dans ce livre.

3. Logiciels Windows

Si vous ne disposez pas d'une licence Windows Server 2008, il est toujours possible de télécharger une version d'évaluation de l'édition Entreprise si possible avec le SP2 inclus (durée de 60 jours extensible à 240) sur le site de Microsoft. Il est également possible de télécharger une version d'évaluation de Windows Server 2008 ainsi que le SP2 séparément.

4. Choix du logiciel de virtualisation

Le choix pour déterminer quel logiciel de virtualisation utiliser peut être envisagé en fonction de votre environnement de test mais également en fonction des quelques éléments suivants.

	Virtual PC 2007 SP1	**Windows Virtual PC**	**Virtual Server**	**Hyper-V**
Application/Service	Application	Application	Service	Service
Hôte 32 bits	Oui	Oui	Oui	Non
Hôte 64 bits	Oui	Oui	Oui	Oui
Machine virtuelle 32 bits	Oui	Oui	Oui	Oui
Machine virtuelle 64 bits	Non	Non	Non	Oui

Selon le tableau précédent, notez qu'il n'est pas possible de faire fonctionner une machine virtuelle en 64 bits sur Virtual PC, Windows Virtual PC et Virtual Server.

Un autre point important concerne la mémoire RAM, car le nombre de machines virtuelles s'exécutant de manière concurrente est limité par la mémoire RAM totale de votre ordinateur physique. La mémoire RAM utilisée par toutes les machines virtuelles (paramètre mémoire de la machine virtuelle) ne peut dépasser la mémoire physique moins la mémoire RAM utilisée par le système d'exploitation hôte (environ 1 GB à 2 GB) moins 15 à 20 % de la RAM totale. Ce dernier point devrait vous éviter des pertes de performances. Il est donc nécessaire de limiter les applications et services tournant sur la machine hôte.

Un dernier point concerne les cartes réseau et leur association par rapport à une carte physique. En effet, pour certains exercices il est nécessaire de créer des réseaux virtuels, permettant de créer des domaines de diffusion distincts. Chaque fois que ce sera nécessaire, cela vous sera indiqué clairement.

Concernant les autres logiciels de virtualisation, aucun test n'a été effectué, néanmoins cela devrait fonctionner si vous respectez les différents paramètres de configuration. Prêtez une attention particulière à la mise en œuvre des cartes réseau et à leur configuration par rapport aux switchs virtuels.

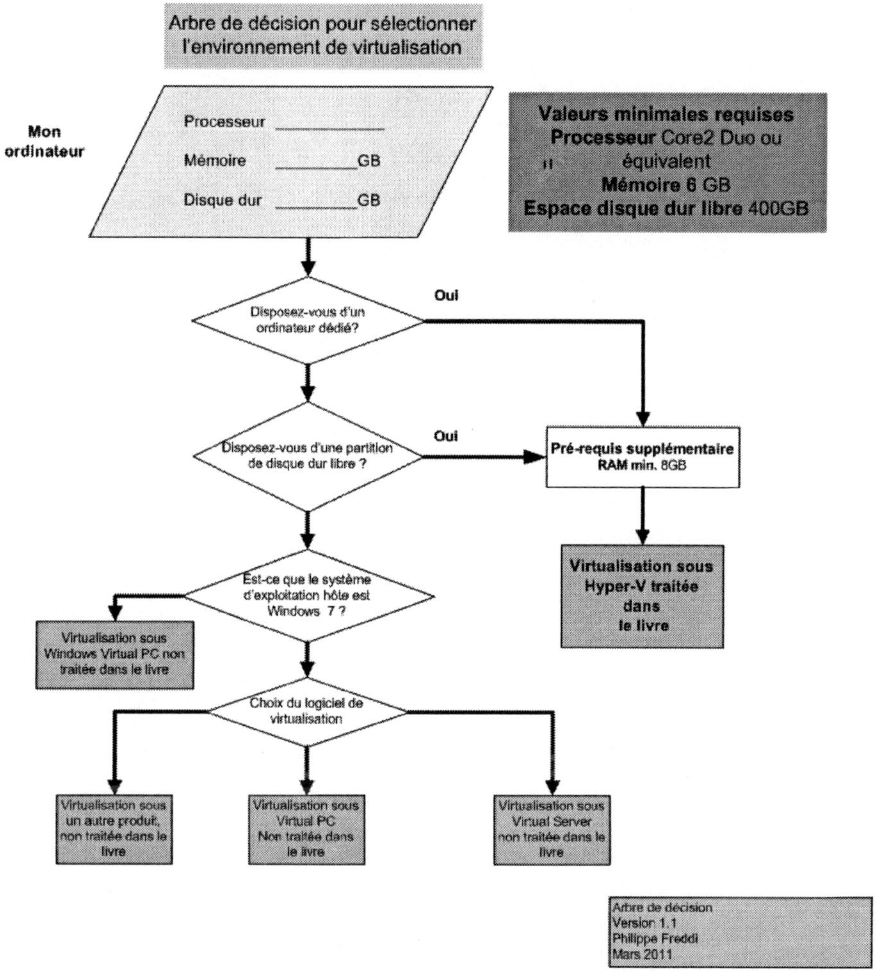

Cet arbre peut également être téléchargé et imprimé depuis le site des Éditions ENI. Le fichier porte le nom **Sélection d'un environnement de virtualisation.pdf**.

C. La virtualisation

La virtualisation est le terme à la mode. Il faut connaître sa signification qui couvre en fait plusieurs technologies.
La figure suivante montre la vision Microsoft concernant la virtualisation.

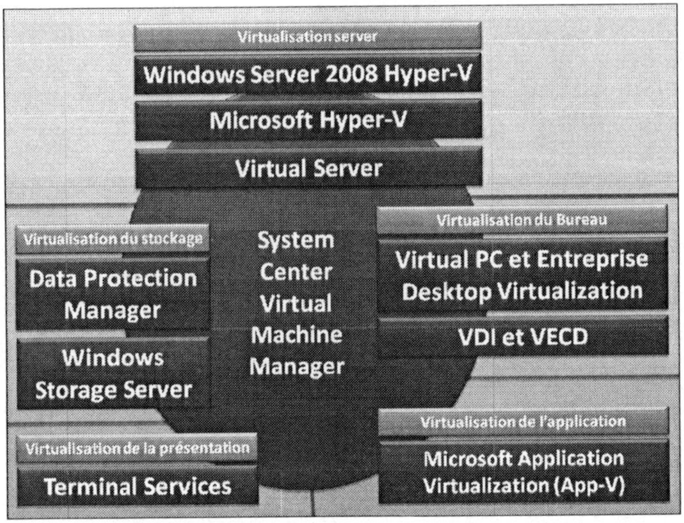

1. Virtual PC ou Windows Virtual PC

Virtual PC est une application autonome gratuite qui permet d'exécuter des ordinateurs virtuels. Il est prévu pour fonctionner sur des ordinateurs antérieurs à Windows 7. Windows Virtual PC est une fonctionnalité complémentaire gratuite à télécharger permettant d'exécuter des ordinateurs virtuels sous Windows 7. Ils ont comme limites principale de n'exécuter que des machines virtuelles en 32 bits ainsi que d'utiliser un seul processeur par machine virtuelle. Dans tous les cas, ce sont les outils idéaux pour exécuter une application qui ne peut fonctionner sur le système d'exploitation hôte. Windows Virtual PC reconnaît également les périphériques USB et il est possible de n'afficher que l'application virtualisée sous le Bureau virtuel.

2. Microsoft Entreprise Desktop Virtualization (MED-V)

MED-V ajoute quatre composants supplémentaires fonctionnant au-dessus de Virtual PC, à savoir :

- un point centralisé de stockage et de distribution des images virtuelles ;
- une surveillance et une gestion centralisée ;
- un contrôle de l'utilisation et du transfert des données à l'aide de stratégies ;
- une intégration avec l'interface utilisateur pour utiliser ses connaissances.

MED-V n'est disponible qu'avec la Software Assurance sous la dénomination Microsoft Desktop Optimization pack.

3. Infrastructure de postes de travail virtualisés (VDI) et Windows Vista Enterprise Centralized Desktop (VECD)

Sous ces termes se cache un mode architectural pour VDI dans lequel les ordinateurs clients sont virtualisés et s'exécutent sur un serveur. Cela permet de disposer au niveau de l'ordinateur client d'un ordinateur léger. Le fonctionnement est semblable à Terminal Server et la différence se situe dans le fait que c'est le poste de travail qui est virtualisé et pas uniquement la session.

Les composants requis pour mettre en place l'architecture VDI sont :

- Windows Server 2008 Hyper-V.
- System Center Virtual Manager 2008.
- Windows Vista Enterprise Centralized Desktop (VECD).

L'architecture VDI peut être complémentaire avec d'autres technologies comme Microsoft Application Virtualization (App-V), Windows Server 2008 Terminal Services RemoteApp.

Windows Vista Enterprise Centralized Desktop (VECD) correspond à la licence pour utiliser une architecture VDI.

4. Virtual Server

Virtual Server est un outil qui s'installe en tant que service. Il s'agit d'une application téléchargeable gratuitement. Son fonctionnement est similaire à celui de Virtual PC. Le format de l'image virtuelle VHD est identique, ce qui signifie que la même image peut fonctionner mais n'est pas optimisée sur l'une ou l'autre des plates-formes sans modification, voire en changeant quelques paramètres.

Virtual Server est l'outil idéal de virtualisation sur des versions de Windows antérieures à 2008.

Leurs différences principales sont les suivantes :

- Windows Virtual PC et Virtual PC fonctionnent en tant qu'applications autonomes et Virtual Server en tant que service.
- Windows Virtual PC et Virtual PC gèrent également une carte son.
- Virtual Server gère également des disques virtuels au format SCSI.
- Windows Virtual PC gère les périphériques USB.
- Windows Virtual PC peut n'afficher que l'application virtuelle sous le Bureau de l'hôte.
- La gestion de Virtual Server s'effectue à l'aide d'une console Web alors que Virtual PC utilise une application et Windows Virtual PC est intégré à l'explorateur.
- Virtual Server est conçu pour fonctionner sur un serveur et faire tourner en production des versions Serveur de Windows ou de Linux. Virtual PC est adapté pour une station de travail et pour effectuer des tests. Enfin Windows Virtual PC est conçu pour exécuter des applications qui ne fonctionnent pas sous Windows 7.

5. Microsoft Hyper-V

Microsoft Hyper-V est un moteur de virtualisation fonctionnant de manière autonome. Il est basé sur la technologie **XEN** de l'université de Cambridge et ne fonctionne que sur une plate-forme matérielle 64 bits. Sorti 180 jours après le lancement officiel de Windows Server 2008, il est l'outil de virtualisation incontournable dans un environnement Windows Server 2008 par rapport à Virtual Server.

Le moteur Hyper-V requiert moins de ressources que Virtual PC ou Virtual Server pour fonctionner, donc les performances des machines virtuelles sont améliorées. Lorsque l'on virtualise un ordinateur, il faut prêter une attention particulière aux composants qui sont en contention comme la mémoire, le processeur, l'accès disque et l'accès réseau.

Le format de fichiers des ordinateurs virtuels utilise également le format VHD. Lors de la migration d'un environnement virtualisé, il faut prêter une attention particulière aux machines virtuelles créées sur Virtual PC ou Virtual Server, car le simple transfert, même s'il fonctionne, ne garantit pas un fonctionnement optimal de l'ordinateur virtuel. Avant la migration, il est nécessaire de désinstaller les compléments pour ordinateurs virtuels puis importer les fichiers VHD dans la nouvelle machine virtuelle sur le serveur Hyper-V. Enfin installer les services d'intégration et terminer la configuration. La KB954958 montre les systèmes d'exploitation invités pris en charge sur Hyper-V.

La KB957006 montre les logiciels serveurs pris en charge dans un environnement virtualisé. La KB897615 montre la stratégie de support Microsoft.

La société VMWare propose entre autres un produit concurrent.

6. Windows Server 2008 Hyper-V

Dans Windows Server 2008, Hyper-V se présente sous la forme d'un rôle, donc en tant que service.

7. Terminal Server

Terminal Server est l'outil de présentation de l'affichage Windows sur un ordinateur distant. En fait, aujourd'hui, toutes les sessions de Windows virtualisent l'affichage mais la plupart du temps l'affichage est redirigé sur la console locale. L'administration à distance, l'assistance à distance ou le partage du Bureau Windows utilisent également une technologie type Terminal Server sans en porter le nom. Pour un affichage distant, le protocole RDP est utilisé.

Le serveur supporte toute la charge des sessions clientes, l'ordinateur client n'a besoin lui que d'un client RDP pour afficher le Bureau distant ; il est donc possible d'utiliser un ordinateur client ayant une version de Windows différente de celle du Bureau distant et dont le matériel est très limité. On parle également de client léger.

Terminal Server peut être déployé dans de nombreux scénarios qui vont de la manière de travailler en entreprise aux utilisateurs itinérants.

Dans la version 2008, Terminal Server permet non seulement à des utilisateurs distants de se connecter, d'être gérés par un serveur de licences, mais également :

- De répartir la charge des clients et d'aider à la reconnexion dans une ferme de serveurs Terminal Server **TS Broker**.
- D'utiliser un mode appelé Application distante **RemoteApp** qui permet de n'afficher sur l'ordinateur client que l'application et non plus le Bureau.
- D'utiliser un site Web pour sélectionner les serveurs TS ou les applications distantes.
- Pour les utilisateurs provenant de l'Internet, de passer par un ordinateur servant de passerelle **TS Gateway** pour rediriger le client sur le bon serveur TS et éventuellement, d'encapsuler le protocole RDP du protocole HTTP/S.

La société Citrix propose entre autres un produit concurrent.

8. Microsoft Application Virtualization (App-V)

Microsoft Application Virtualization est une plate-forme de déploiement d'application en temps réel. Avec ce type de virtualisation, l'application n'a plus besoin d'être installée sur l'ordinateur client, elle est simplement appelée par l'utilisateur et transférée à partir du serveur en temps réel ou via un média.

Microsoft Application Virtualization est composé d'un élément serveur qui distribue les packages pour les ordinateurs clients et d'une partie cliente qui appelle les packages et virtualise les éléments nécessaires au fonctionnement de l'application comme les composants COM, la base de registre, etc.

Microsoft Application Virtualization est parfaitement adapté dans un environnement d'entreprise pour les ordinateurs de bureau traditionnels.

La bande passante du réseau doit être importante et les ordinateurs clients doivent être compatibles avec l'application pour pouvoir la supporter.

La société Altiris propose entre autres un produit concurrent.

Il diffère de Terminal Server du fait que :

- Avec Terminal Server l'affichage, le clavier et la souris (éventuellement d'autres éléments) sont renvoyés sur l'ordinateur client.
- Avec Microsoft Application Virtualization, l'application tourne sur l'ordinateur client.
- Avec Microsoft Application Virtualization, il est possible de stocker localement le package sur l'ordinateur client et donc de travailler en l'absence d'un serveur.
- Dans Terminal Server, la bande passante nécessaire peut être faible, soit de l'ordre de 30 Kb/s.

9. System Center Data Protection Manager

Microsoft System Center Data Protection Manager (DPM) permet de mettre en œuvre une infrastructure de protection des disques y compris dans des environnements virtuels.

Il permet d'effectuer des sauvegardes des images virtuelles directement en ligne donc sans interruption de service.

10. Windows Storage Server

En fait, il s'agit d'un serveur de fichiers optimisé. Son principal avantage est d'intégrer un service iSCSI target.

11. System Center Virtual Manager

System Center Virtual Manager est un outil de gestion globalisée et de création de rapports prévu pour gérer un environnement d'ordinateurs virtualisés.

System Center Virtual Manager 2008 permet de gérer les différentes plates-formes virtuelles, comme Hyper-V, Virtual Server, VMWare, etc. Il dispose également d'un convertisseur P2V (*Physical to Virtual*) rapide et fiable.

La société VMWare propose un produit concurrent.

12. Comparaison de l'architecture entre Virtual Server et Hyper-V

La figure suivante montre les différences d'architecture entre Virtual Server et Hyper-V :

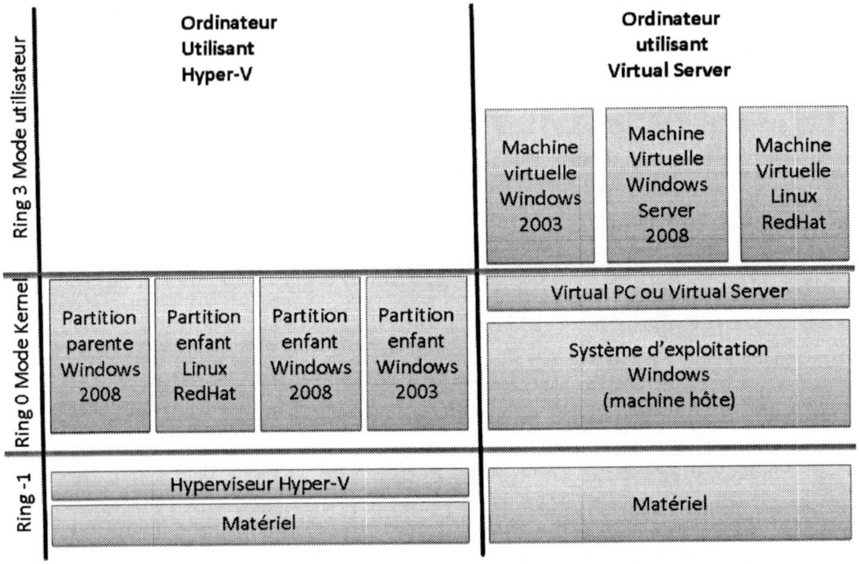

Le noyau de l'Hyper-V est l'Hyperviseur qui est une couche mince (quelques centaines de Ko) dont le travail est de permettre un accès partagé au processeur, à la mémoire, etc., sans risquer de conflit.

Toute communication entre les différentes partitions utilise soit un bus appelé **VMBus** fonctionnant sur l'Hyperviseur, soit une émulation qui est plus lente que le VMBus si le système d'exploitation invité n'est pas supporté par les services d'intégration.

À l'inverse, Virtual PC fournit un environnement matériel qui émule un certain nombre de périphériques de l'ordinateur.

Le tableau suivant montre les différences principales entre Virtual Server et Hyper-V :

	Virtual Server	**Hyper-V**
Ordinateur hôte 32 bits	x	
Ordinateur hôte 64 bits	x	x
Machine virtuelle 32 bits	x	x
Machine virtuelle 64 bits		x
Nombre de processeurs supportés pour la machine virtuelle	1	Jusqu'à 4, dépend de l'OS
Nombre de processeurs supportés par l'hôte	dépend de l'OS	16
Mémoire maximum supportée par la machine virtuelle	3.6 Go	64 Go
Mémoire maximum supportée par l'hôte	dépend de l'OS	1 To 32 Go pour l'édition standard

	Virtual Server	Hyper-V
Nombre de contrôleurs SCSI	1	4
Sauvegarde basée sur des clichés instantanés si la machine virtuelle fonctionne		x
Hyperviseur basé sur la technologie Xen		x
Environnement émulé	x	

13. Équivalence entre les produits VMWare et Microsoft

Le tableau suivant montre les équivalences entre ces produits :

	Microsoft	VMWare
Virtualisation Server haute performance basée sur la technologie de l'Hyperviseur	Hyper-V	VMWare ESXi VMWare ESX
Virtualisation sur le serveur	Virtual Server	VMWare Server
Virtualisation sur la station de travail	Virtual PC	VMWare Workstation
Outil de gestion	System Center Virtual Manager	VMWare Virtual Center

Ce tableau ne tient pas compte des différences de caractéristiques existant entre les produits, ni des différences de coût, ni des produits additionnels permettant d'étendre les fonctionnalités de base comme VMWare VMotion.

D. Planification de la virtualisation avec Hyper-V

1. Planification

Les étapes pour une planification de la vritualisation avec Hyper-V comprennent :

- La détermination de l'étendue du projet.
- La détermination des rôles qui doivent être virtualisés.
- La sélection des méthodes de sauvegarde et d'haute disponibilité.
- L'assignation des services par rapport à une machine virtuelle
- L'assignation des machines virtuelles sur des hôtes.
- Planifier la sauvegarde et la haute disponibilité.
- Planifier l'infrastructure de stockage.
- Planifier l'infrastructure réseau.

2. La détermination de l'étendue du projet

Bien que le mot de virtualisation soit à la mode, il est nécessaire de comprendre les enjeux et de définir clairement les objectifs, en d'autres termes les résultats attendus de la virtualisation. Généralement, il est admis que la diminution du nombre de serveurs permet de diminuer les coûts de matériel, de systèmes d'exploitation, d'électricité et d'administration. En revanche, le système devient légèrement plus complexe mais l'administration en est grandement simplifiée, il est donc possible de dire que la surcharge administrative est nulle.

Il faut également prévoir un calendrier pour implémenter la virtualisation. Il n'est pas question que tous les serveurs basculent en une fois, mais selon un calendrier bien établi qui permet de résoudre au fur et à mesure les éventuels effets collatéraux.

3. La détermination des rôles qui doivent être virtualisés

Il faut maintenant définir quels rôles doivent être virtualisés. Il n'est pas question ici de définir quels rôles sont consolidés sur la même machine virtuelle mais bien de définir s'il est possible de virtualiser le rôle.

Il est important de comprendre les enjeux de la virtualisation sur certains rôles comme la sauvegarde et la restauration pour les services d'annuaire ou les éventuels problèmes de performances pour les bases de données. En exemple, une application critique comme Biztalk accepte d'être virtualisée et supportée par l'équipe de Microsoft y compris pour la base de données. Pour cela, l'éditeur de l'application peut garantir que l'application est compatible avec la virtualisation mais il se peut également qu'il faille garantir que le système d'exploitation est supporté par le système de virtualisation choisi.

La lecture de la KB 957006 sur les logiciels serveur Microsoft et environnements de virtualisation pris en charge et la KB944987 sur la prise en charge partenaires de logiciels de virtualisation de matériels non Microsoft est importante.

Des outils comme MAP (*Microsoft Assessment Planning Toolkit*) et SCVM (*System Center Virtual Manager*) permettent d'aider à déterminer les ordinateurs physiques qui peuvent être virtualisés.

Enfin, il faut s'assurer qu'il n'existe pas de raisons légales qui empêche la virtualisation de certaines applications.

4. La sélection des méthodes de sauvegarde et de haute disponibilité

Lorsque l'on parle de sauvegarde de la virtualisation, il existe trois approches :

- **La sauvegarde applicative** qui est identique à ce qui est pratiqué pour un serveur physique, en utilisant les mêmes logiciels. La taille de la sauvegarde est généralement faible par rapport aux deux autres méthodes.
- **La sauvegarde de la charge de travail** inclut un agent de sauvegarde comme par exemple Microsoft System Center Data Protection Manager qui surveille en continu les modifications de données (au niveau bloc ou octet) et les capture pour les répliquer sur un autre disque, un lecteur de bande voire sur le cloud.
- **La sauvegarde de l'hôte** qui permet de sauvegarder les machines virtuelles, soit en ligne donc sans interrompre la machine virtuelle et en créant un cliché instantané grâce aux services VSS, soit hors ligne c'est-à-dire qu'il faut arrêter la machine virtuelle pendant la durée de la sauvegarde.

Bien entendu, il vous faut indiquer ce qui doit être sauvegardé pour déterminer la meilleure méthode.

Concernant la haute disponibilité, il est possible d'utiliser :

- **La répartition de la charge NLB** selon le même principe que pour un ordinateur physique. Elle nécessite plusieurs machines virtuelles supplémentaires. le serveur Web IIS est un exemple.
- **Le cluster failover de l'application** selon le même principe que pour un ordinateur physique. Il nécessite une machine virtuelle situé sur un autre hôte pour être totalement redondant. SQL Server et Exchange en sont des exemples.

- **Le cluster failover de l'hôte** comme son nom l'indique, c'est le serveur hôte qui est mis en cluster. Cela permet de se prémunir contre la perte d'un serveur physique. La solution implémentée dans Windows Server 2008 s'appelle Quick Migration, car il y a une interruption des services lorsqu'ils passent d'un nœud à l'autre car les machines virtuelles sont d'abord copiées sur le disque avant d'être rechargées. Prévu initialement pour cette version, il existe avec la version R2 une autre solution appelé Live migration plus efficace car il n'y a pas de copie sur le disque et le contenu de la RAM est également transféré sur le second nœud.

5. L'assignation des services par rapport à une machine virtuelle

En fonction des informations collectées précédemment, il vous est maintenant possible de déterminer si :

- Le rôle doit être isolé sur un ordinateur virtuel.
- Le rôle peut coexister avec d'autres.
- L'approche à adopter pour la sauvegarde.
- L'approche à adopter pour la mise en haute disponibilité.

Ensuite, il faut déterminer les besoins en :

- Processeur, il s'agit d'indiquer la fréquence du processeur mais également le nombre de cœurs.
- Mémoire RAM, il s'agit d'indiquer l'espace mémoire nécessaire.
- Disque dur, il s'agit non seulement de l'espace disque nécessaire mais également des performances minimales à atteindre exprimée en IO par secondes.
- Réseau des machines virtuelles, il s'agit d'indiquer la vitesse des cartes réseaux ainsi que leur nombre.

6. L'assignation des machines virtuelles sur des hôtes

Le premier point concerne la mise en œuvre d'un calendrier d'exécution des machines virtuelles. En effet certaines applications ne doivent s'exécuter qu'à certaines heures et si elles sont isolées, il n'est point besoin que la machine virtuelle fonctionne en permanence. Il est possible de planifier son créneau d'exécution.

Le second point doit placer les machines virtuelles ayant les mêmes besoins en termes de sauvegarde et de haute disponibilité sur le même hôte.

Pour le troisième point, il faut déterminer le nombre de machines virtuelles et proposer un emplacement pour répartir la charge entre les différents serveurs physiques prévus. Il arrive parfois de déplacer une machine virtuelle durant la journée afin d'optimiser les performances. Si c'est le cas, il est peut-être nécessaire de réviser les besoins en haute disponibilité afin d'effectuer le transfert sans interruption.

L'utilisation de la virtualisation doit changer l'approche de l'administration classique et amener une gestion flexible et dynamique des machines virtuelles.

7. Planifier la sauvegarde et la haute disponibilité

La planification de la sauvegarde doit vérifier maintenant si le choix sélectionné correspond aux contraintes concernant :

- La durée de la sauvegarde.

- La durée de la restauration.
- L'éventuelle perte de données.
- La perte de performances pendant la sauvegarde.

La planification de la haute disponibilité doit indiquer le nombre de machines virtuelles et ou d'hôtes supplémentaires nécessaire pour la mise en œuvre de la solution.

8. Planifier l'infrastructure de stockage

L'objectif de la capacité de stockage est aujourd'hui facile à atteindre car il existe des solutions d'entrée de gamme fournissant 1 To redondant pour moins de 500 euros, on peut alors considérer toutes les solutions de stockage comme acceptable pour autant que les contraintes suivantes soient respectés :

- Le système RAID prévu est supporté ou une meilleure solution est proposée.
- Les performances I/O minimales sont atteintes. Plusieurs logiciels permettent de connaître le nombre I/O par secondes supportés par le système comme par exemple SQLIO.

9. Planifier l'infrastructure réseau

Dans la planification de l'infrastructure réseau, il faut déterminer si les machines virtuelles ont accès :

- **Au réseau physique** et communiquer avec le réseau d'entreprise.
- **Au réseau virtuel local** qui permet de communiquer avec toutes les machines virtuelles situées sur le même réseau virtuel. Il est possible de créer plusieurs réseaux virtuels.
- **Au réseau virtuel local avec accès à l'hôte**, identique au réseau virtuel mais comme indiqué, il est possible de communiquer avec l'hôte.
- **Aucun accès**, la machine n'a pas d'accès réseau.

D'autre part, il est possible d'activer des VLANs.

La vitesse d'une carte réseau est également importante, actuellement, la vitesse de 1 Gb/s est standard sur les serveurs, mais en utilisant la virtualisation il peut être intéressant d'examiner des vitesses plus élevées.

Comme il ne peut exister qu'un réseau physique par carte réseau, il faut déterminer si la charge de la carte n'est pas un goulet d'étranglement et dans ce cas, rajouter des cartes réseaux supplémentaires. Il faut noter que teaming n'est pas supporté par Hyper-V mais directement par les fabricants de carte réseau. Le teaming améliore la disponibilité et la répartition de la charge.

E. Windows Server 2008 R2 et Hyper-V V2

Hyper-V est un rôle de Windows Server 2008 et Windows Server 2008 R2. Il est l'outil le plus adapté pour tester toutes les procédures de ce livre y compris pour les versions 64 bits. Dès lors, il est conseillé de créer son bac à sable en l'utilisant. Les procédures suivantes montrent comment installer la version Hyper-V V2 disponible dans Windows Server 2008 R2 ainsi que les procédures indispensables à son utilisation pour ce livre.

Il faut au préalable télécharger une édition de Windows Server 2008 R2 du site de Microsoft puis graver un DVD pouvant démarrer à partir de l'image ISO. Il existe plusieurs outils sur Internet permettant de graver une image ISO sur un DVD, cette procédure n'est pas décrite ici. Vous pouvez également extraire le contenu du fichier ISO et le copier sur une clé USB et démarrer dessus.

Vous pouvez utiliser n'importe quelle édition de Windows Server 2008 R2 y compris Microsoft Hyper-V V2 l'outil de virtualisation autonome.

Veuillez noter que certaines clés USB ne sont pas bootables ! Si vous n'arrivez pas à booter sur une clé USB alors qu'il vous semble que tout est OK, veuillez effectuer l'opération avec une autre clé USB ou utiliser l'outil Windows 7 USB/DVD Download Tool.

1. Installation de Windows Server 2008 R2

La procédure d'installation suivante présuppose que l'ordinateur dispose des pré-requis matériels et au moins une partition libre en d'autres termes qui est non utilisée par une autre version de Windows ou d'un autre système d'exploitation. Dans le cas contraire veuillez soit ajouter un disque dur soit effectuer une installation en mode **démarrage natif VHD** (VHD native boot) non décrit ici.

- Pour lancer l'installation, allumez l'ordinateur et insérez le DVD, enfin garantissez de démarrer sur le DVD.
- Après le chargement des fichiers, choisissez la **Langue à installer**, le **Format de l'heure et de la monnaie** ainsi que le **Clavier ou méthode d'entrée** avant de cliquer sur **Suivant**. Sélectionnez surtout le bon clavier !
- Sur la page suivante, cliquez sur **Installer maintenant**.
- Sur la page suivante, sélectionnez l'édition **Windows Server 2008 R2 Entreprise (Installation complète)** avant de cliquer sur **Suivant**.
- À l'étape suivante, acceptez les termes de la licence en activant l'option **J'accepte les termes du contrat de licence** puis cliquez sur **Suivant**.
- Sélectionnez le type d'installation ici **Personnalisée (option avancée)** en cliquant dessus.
- Sur la page suivante, sélectionnez la partition sur laquelle l'installation doit se faire puis cliquez sur **Suivant**. L'installation démarre, veuillez attendre la fin de l'installation.

2. Configuration initiale de Windows Server 2008 R2

Après le redémarrage, Windows va finir l'installation. Pour ouvrir une session, il faut définir un mot de passe pour le compte **administrateur** local de l'ordinateur. Ce mot passe doit être complexe c'est-à-dire :

- Avoir une longueur d'au moins 6 caractères
- Contenir des caractères d'au moins 3 des 4 catégories suivantes :
  - Majuscules A à Z
  - Minuscules a à z
  - Nombre 0 à 9
  - Caractères non alphabétique (@, $, !, %, &, ...)

Cette règle des stratégies de sécurité est exécutée par défaut.

- Sur l'écran qui indique que le mot de passe de l'utilisateur doit être modifié, cliquez sur **OK**.

La convention utilisée tout le long du livre concernant les mots de passe est d'utiliser le même mot de passe à savoir **Pa$$word** pour tous les utilisateurs.

- Saisissez deux fois **Pa$$word**, puis cliquez sur la flèche horizontale.
- Sur l'écran **Votre mot de passe a été changé**, cliquez sur **OK** pour vous loguer en tant qu'administrateur local.

Il est possible que certains des éléments à configurer ne soit pas disponible sur votre ordinateur comme par exemple une carte réseau tant que vous n'avez pas installé le pilote correspondant. Veuillez donc auparavant vous assurer que la carte graphique est reconnue ainsi que la résolution que vous voulez utiliser, il en est de même pour la ou les cartes réseau.

- Une fois logué, dans la fenêtre des **Tâches de la configuration initiale**, veuillez configurer les éléments suivants :
  - **Définir le fuseau horaire** à ce qu'il corresponde à celui de l'endroit où vous êtes situé, par exemple Paris.
  - **Configurer le réseau**, que la ou les cartes réseaux puissent avoir accès à l'Internet.
  - **Indiquer un nom d'ordinateur et un domaine**, veuillez simplement saisir **hv1** comme **nom complet de l'ordinateur**. Un redémarrage est requis, redémarrez donc l'ordinateur puis continuez la configuration initiale.
  - **Télécharger et installer les mises à jour**, veuillez activer le téléchargement et l'installation des mises à jour.
  - **Activer le Bureau à distance**, cela permet de pouvoir accéder directement à cet ordinateur depuis un autre.
- Cochez la case **Ne pas afficher cette fenêtre à l'ouverture de session** puis fermez la fenêtre.
- Sur la fenêtre **Gestionnaire de serveur** qui s'ouvre, cochez la case **Ne pas afficher cette console à l'ouverture de session** puis fermez la fenêtre.

Modifiez également la résolution de la carte graphique.

3. Installation du service Pack 1

Certains pilotes de cartes graphiques peuvent générer des écrans bleus. Pour éviter ce désagrément, il faut installer le service Pack 1 de Windows Server 2008 R2.

- Téléchargez le service Pack 1 de Windows Server 2008 R2 du site de Microsoft.
- Lancez le programme d'installation et suivez les instructions.

4. Installation du rôle Hyper-V

- Connectez-vous en tant qu'administrateur sur l'ordinateur hôte **hv1**.
- Dans le menu **Démarrer**, cliquez sur **Outils d'administration** puis sur **Gestionnaire de serveur**.
- Dans l'arborescence de la console, cliquez sur **Rôles**.
- Sur la fenêtre principale contenant la page **Rôles**, cliquez sur **Ajouter des rôles**.
- Si la page **Avant de commencer** de l'assistant **Assistant Ajout de rôles** apparaît, cliquez sur **Suivant**.

- Sur la page **Sélectionner des rôles de serveurs**, sélectionnez le rôle **Hyper-V** puis cliquez sur **Suivant**.
- Sur la page **Introduction à Hyper-V**, cliquez sur **Suivant**.
- Sur la page **Réseaux Virtuels**, sélectionnez toutes les cartes Ethernet puis cliquez sur **Suivant**. Si un message vous vous recommande de conserver au moins une carte réseau pour l'administration à distance, cliquez simplement sur **OK**.
- Sur la page **Confirmation**, cliquez sur **Installer**. Redémarrez le serveur quand vous y serez invité.
- Après le redémarrage, attendez la fin de l'installation. Hyper-V est maintenant installé.

5. Copie des fichiers

Pour simplifier l'installation de Windows Server 2008 et effectuer une installation plus rapide qu'avec le DVD, veuillez créer sur l'ordinateur hv1, un répertoire appelé **iso** sur la racine du disque **c:** puis y copier les images iso que vous avez téléchargées du site de Microsoft donc Windows 2008 avec le SP2 soit en version X86 soit en version X64.

À la place d'utiliser Windows Server 2008 ou Windows Server 2008 + SP2, vous pouvez effectuer toutes les procédures avec Windows Server 2008 R2.

Copiez également les scripts que vous avez téléchargés du site des Éditions ENI dans le répertoire **c:\scripts**.

F. Création et configuration d'une machine virtuelle

1. Convention pour définir une machine virtuelle

Pour la suite du livre, lorsqu'il sera nécessaire de créer et configurer une machine virtuelle, les informations vous seront fournies dans un tableau sous la forme suivante :

Paramètre	Valeur
Nom	
Emplacement	
Mémoire vive	
Carte réseau 1	
Disque dur 1	
Taille du disque dur	
Options d'installation	

S'il est nécessaire d'ajouter des disques durs ou ces cartes réseau supplémentaires, ces paramètres sont toujours indiqués dans un tableau supplémentaire. Les procédures correspondantes pour effectuer ces opérations sont également montrées.

Vous êtes libre de modifier d'autres paramètres pour effectuer vos propres tests.

Certains paramètres ne peuvent pas être modifiés tant que vous n'avez pas installé les services d'intégration dans la machine virtuelle invitée. D'autres paramètres ne peuvent pas être modifiés si la machine virtuelle fonctionne comme le nombre de processeurs.

2. Ajout d'un réseau virtuel

Dans le livre, il est utilisé trois réseaux virtuels, à savoir public, prive et iSCSI. Veuillez les ajouter en suivant la procédure suivante :

- Connectez-vous en tant qu'administrateur sur l'ordinateur hôte **hv1**.
- Dans le menu **Démarrer**, cliquez sur **Outils d'administration** puis sur **Gestionnaire Hyper-V**.
- Dans le **Gestionnaire Hyper-V**, dans la fenêtre de gauche si le nœud de l'ordinateur n'est pas sélectionné, sélectionnez-le, ici **hv1**.
- Dans le **Gestionnaire Hyper-V**, à droite sous **Actions**, cliquez sur **Gestionnaire de réseau Virtuel**.
- Dans la fenêtre **Gestionnaire de réseau virtuel**, à gauche sous réseau virtuel, cliquez sur **Nouveau réseau virtuel**. À droite, sous **Quel type de réseau virtuel voulez-vous créer ?**, cliquez sur **Interne** puis cliquez sur **Ajouter**.
- Dans la fenêtre qui apparaît, sous **nom**, saisissez **public** puis cliquez sur **OK**. Recommencez la procédure pour les réseaux **prive** et **iSCSI**.

Ces réseaux virtuels n'ont pas accès à l'Internet mais ils peuvent communiquer avec la machine hôte. Par contre, les réseaux **Connexion au réseau local** disposent d'un accès à l'Internet utilisant la ou les cartes réseaux de l'ordinateur hôte y ont accès.

3. Modification d'un réseau virtuel

Pour le chapitre Maintenance des correctifs, il faut disposer d'un accès à l'Internet pour le réseau virtuel **public**. La procédure est la suivante, veuillez noter qu'il ne peut y avoir qu'un mappage d'un réseau externe par carte réseau physique.

- Connectez-vous en tant qu'administrateur sur l'ordinateur hôte **hv1**.
- Dans le menu **Démarrer**, cliquez sur **Outils d'administration** puis sur **Gestionnaire Hyper-V**.
- Dans le **Gestionnaire Hyper-V**, dans la fenêtre de gauche si le nœud de l'ordinateur n'est pas sélectionné, sélectionnez-le, ici **hv1**.
- Dans le **Gestionnaire Hyper-V**, à droite sous **Actions**, cliquez sur **Gestionnaire de réseau Virtuel**.
- Dans la fenêtre **Gestionnaire de réseau virtuel**, à gauche sous réseau virtuel, sélectionnez le réseau virtuel dont vous voulez modifier le type de connexion, par exemple **public**.
- Maintenant à droite, sous type de connexion, sélectionnez l'option **Externe**, puis cliquez sur **OK**. Si vous disposer de plusieurs cartes réseaux, vérifiez que la carte sélectionnée a bien un accès Internet en utilisant par exemple la commande **ipconfig /all** sur l'ordinateur hôte **hv1**.

S'il ne semble pas possible d'associer au réseau virtuel **public**, c'est que toutes les cartes réseaux physiques sont déjà mappées vers un réseau virtuel. Il vous suffit simplement de modifier **le type de connexion** d'une carte **externe** vers **Interne uniquement** pour résoudre le problème.

4. Ajout d'une machine virtuelle

La procédure pour ajouter une machine virtuelle est la suivante, elle est basée sur les paramètres de la machine **Win1**. Vous trouvez ces paramètres plus loin dans le chapitre.

→ Connectez-vous en tant qu'administrateur sur l'ordinateur hôte.

→ Dans le menu **Démarrer**, cliquez sur **Outils d'administration** puis sur **Gestionnaire Hyper-V**.

→ Dans le **Gestionnaire Hyper-V**, dans la fenêtre de gauche si le nœud de l'ordinateur n'est pas sélectionné, sélectionnez-le.

→ Dans le **Gestionnaire Hyper-V**, à droite sous **Actions**, cliquez sur **Nouveau** puis sur **Ordinateur virtuel**.

→ Si la page **Avant de commencer** apparaît, cliquez sur **Suivant**.

→ Sur la page **Spécifiez le nom et l'emplacement** de l'assistant **Nouvelle machine virtuelle**, saisissez le nom de la machine virtuelle tel qu'il apparaîtra dans la liste des machines virtuelles du gestionnaire, ici **Win1** par exemple. Ensuite, cochez la case **Enregistrez la machine virtuelle dans un emplacement différent** puis saisissez l'emplacement des fichiers pour la machine virtuelle, ici **c:\eni**, enfin cliquez sur **Suivant**.

→ Sur la page **Affecter la mémoire**, saisissez au minimum **1000Mo** pour une installation complète de Windows Server 2008 et au moins 512Mo pour une installation avec l'option Core. Enfin cliquez sur **Suivant**.

La quantité de mémoire à affecter dépend de la mémoire RAM disponible sur l'ordinateur hôte. Jusqu'à 4 Go de RAM, n'affectez pas plus de 1000 Mo par machine virtuelle. Vous serez limité à environ 2 machines virtuelles pouvant fonctionner simultanément. Diminuer la mémoire RAM influe négativement sur les performances de la machine virtuelle. S'il est impératif de diminuer la mémoire RAM, veuillez d'abord effectuer l'installation avec le maximum de RAM puis modifier ce paramètre pour effectuer les procédures.

→ Sur la page **Configurer la mise en réseau**, sélectionnez **Public** pour la connexion par exemple pour **Win1** puis cliquez sur **Suivant**.

Essayez de conserver la même logique pour l'assignation et le mappage des cartes réseaux. Il sera probable que vous deviez passer du temps à modifier le mappage à la fin pour que les machines virtuelles puissent communiquer ensemble.

→ Sur la page **Connecter un disque dur virtuel**, sélectionnez l'option **Créer un disque dur virtuel**, laissez les options par défaut puis cliquez sur **Suivant**.

→ Sur la page **Options d'installation**, sélectionnez l'option **Installer un système d'exploitation à partir d'un CD/DVD-ROM de démarrage**, sélectionnez l'option **Fichier image (.iso)** et sélectionnez l'image iso de Windows Server 2008 que vous voulez installer comme le montre l'image suivante puis cliquez sur **Suivant**.

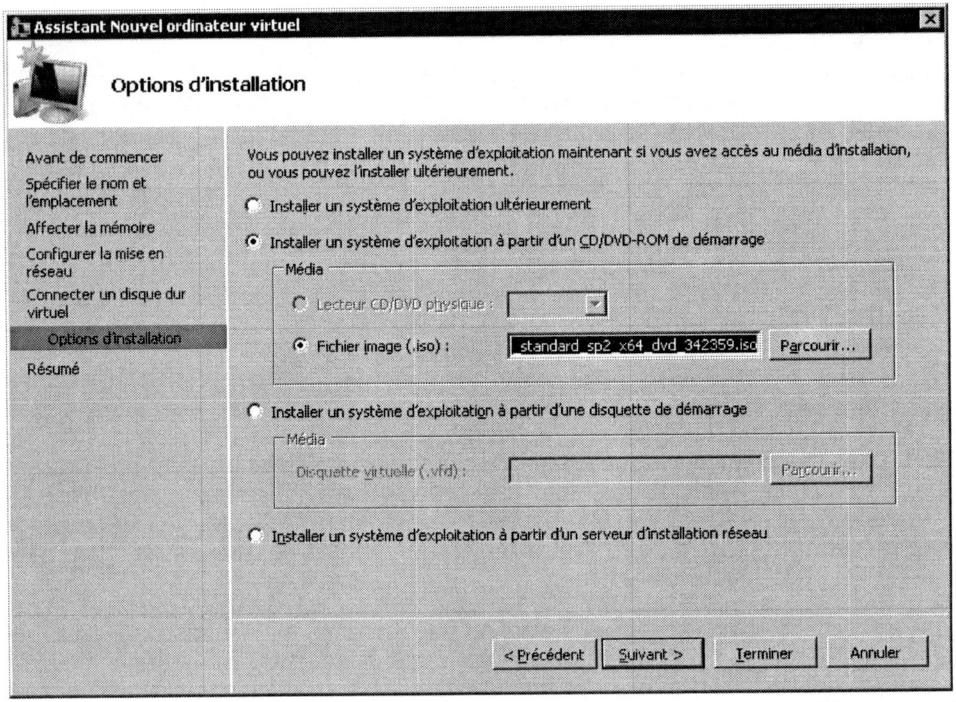

- Sur la page **Résumé**, cliquez sur **Terminer**. La machine virtuelle est créée avec uniquement un disque dur ainsi qu'une carte réseau.

5. Ajout d'une carte réseau à une machine virtuelle

Certaines machines nécessitent plusieurs cartes réseau. Lors de la création, il n'est ajouté qu'une seule carte réseau que vous devez mapper sur la dernière carte réseau avec le premier réseau virtuel appelé **Public**. La seconde carte réseau ajoutée est mappée sur le réseau virtuel **prive**. Enfin la dernière carte réseau est à mapper pour le réseau virtuel **iSCSI**.

Il est également possible de mapper toutes les cartes réseau sur le même réseau virtuel **public**.

Pour cela, suivez la procédure suivante :

- Connectez-vous en tant qu'administrateur sur l'ordinateur hôte.
- Dans le menu **Démarrer**, cliquez sur **Outils d'administration** puis sur **Gestionnaire Hyper-V**.
- Dans le **Gestionnaire Hyper-V**, dans la fenêtre de gauche si le nœud de l'ordinateur n'est pas sélectionné, sélectionnez-le.
- Dans la fenêtre centrale, cliquez avec le bouton droit de la souris sur la machine virtuelle désirée puis sur **Paramètres**.
- Dans la boîte de dialogue **Paramètres**, à gauche sous **Matériel**, cliquez sur **Ajouter un matériel**, puis sur **Carte réseau** et enfin sur **Ajouter**.

- À droite sous **Réseau**, modifiez le réseau de **Non connecté** à un des réseaux que vous avez définis comme par exemple **prive** ou **iscsi** puis cliquez sur **OK**.

6. Supprimer une carte réseau à une machine virtuelle

Cette procédure est montrée pour supprimer une carte réseau d'une machine virtuelle. Elle n'est pas requise pour la configuration des machines virtuelles.

- Connectez-vous en tant qu'administrateur sur l'ordinateur hôte.
- Dans le menu **Démarrer**, cliquez sur **Outils d'administration** puis sur **Gestionnaire Hyper-V**.
- Dans le **Gestionnaire Hyper-V**, dans la fenêtre de gauche si le nœud de l'ordinateur n'est pas sélectionné, sélectionnez-le.
- Dans la fenêtre centrale, cliquez avec le bouton droit de la souris sur la machine virtuelle désirée puis sur **Paramètres**.
- Dans la boîte de dialogue **Paramètres**, à gauche sous **Matériel**, cliquez sur la carte réseau à enlever, puis sur le bouton **Retirer**.

7. Ajout d'un disque dur à une machine virtuelle

Certaines machines nécessitent plusieurs disques durs. Lors de la création, il n'est ajouté qu'un seul disque dur. Si vous devez ajouter des disques durs supplémentaires, suivez la procédure suivante :

- Connectez-vous en tant qu'administrateur sur l'ordinateur hôte.
- Dans le menu **Démarrer**, cliquez sur **Outils d'administration** puis sur **Gestionnaire Hyper-V**.
- Dans le **Gestionnaire Hyper-V**, dans la fenêtre de gauche si le nœud de l'ordinateur n'est pas sélectionné, sélectionnez-le.
- Dans la fenêtre centrale, cliquez avec le bouton droit de la souris sur la machine virtuelle désirée puis sur **Paramètres**.
- Dans la boîte de dialogue **Paramètres**, à gauche sous **Matériel**, cliquez sur **Contrôleur IDE 0**, puis sur **Disque dur** et enfin sur **Ajouter**. Vous pourriez utiliser la même procédure pour le contrôleur **Contrôleur IDE 1**. Veuillez noter qu'il ne peut y avoir que deux disques durs ou un disque dur et un lecteur CD/DVD par contrôleur.
- Maintenant, cliquez sur **Nouveau**, l'assistant **Assistant de nouveau disque virtuel** apparaît.
- Sur la page **Avant de commencer**, cliquez sur **Suivant**.
- Sur la page **Choisir le type de disque**, sélectionnez soit **Taille fixe** soit **Extension dynamique** puis cliquez sur **Suivant**. Si vous avez peu de place disponible sur la partition, il est préférable de créer des disques dynamiques.
- Sur la page **Spécifier le nom et l'emplacement**, éventuellement modifiez le nom mais surtout créez le disque dans l'emplacement de la machine virtuelle par exemple si la machine virtuelle est **Win4**, le chemin doit être c:\eni\win4.
- Sur la page **Configurer un disque**, vous pouvez laisser la taille proposée si le disque est dynamique mais réduisez-la pour un disque de taille fixe, car ce dernier réserve réellement l'espace demandé sur le disque physique. Enfin cliquez sur **Suivant**.
- Sur la page **Résumé**, cliquez sur **Terminer**. L'assistant se ferme.
- Enfin cliquez sur **OK**.

G. Installation du système d'exploitation

1. Touches importantes à connaître

a. Simuler [Ctrl][Alt][Suppr]

Il est nécessaire de connaître les touches pour effectuer un [Ctrl][Alt][Suppr]. Il s'agit de [Ctrl][Alt][Fin] car une connexion Terminal Service est utilisée. Il est également possible d'utiliser [AltGr][Fin].

b. Récupérer un curseur capturé dans une machine virtuelle

Pour récupérer un curseur qui est capturé dans une machine virtuelle, il faut simplement appuyez sur les touches [Ctrl][Alt][<-] (flèche gauche).

c. Passer en mode plein écran ou en mode fenêtre

Pour passer en mode plein écran et vice-versa, veuillez utiliser simultanément les touches [Ctrl][Alt][Pause].

2. Installation du système d'exploitation

Pour installer le système d'exploitation sur la machine virtuelle, suivez la procédure suivante. La procédure est valide pour une installation complète ou un installation minimale (Server Core).

- Connectez-vous en tant qu'administrateur sur l'ordinateur hôte.
- Dans le menu **Démarrer**, cliquez sur **Outils d'administration** puis sur **Gestionnaire Hyper-V**.
- Dans le **Gestionnaire Hyper-V**, dans la fenêtre de gauche si le nœud de l'ordinateur n'est pas sélectionné, sélectionnez-le.
- Dans la fenêtre centrale, cliquez avec le bouton droit de la souris sur la machine virtuelle désirée puis sur **Se connecter**.

Il n'est montré ici qu'une méthode pour se connecter. Une fois le système d'exploitation installé et le Bureau à distance activé, vous pouvez utiliser une connexion du Bureau distant au lieu de la console.

- Dans le menu **Action** de la console de connexion, cliquez sur **Démarrer**. L'ordinateur démarre et commence l'installation.

Un message **Connexion à un ordinateur virtuel** apparaît vous indiquant que la souris ne peut être capturée. Il sera donc nécessaire d'utiliser uniquement le clavier pour effectuer l'installation. Pour commencer, cliquez avec la souris dans la fenêtre de la console pour capturer le focus. La touche [Tab] permet de passer d'un champ à un autre. Pour revenir en arrière, il faut utiliser les touches [Maj][Tab]. Les flèches Haut et Bas permettent de sélectionner une valeur dans une liste. La barre d'espace permet de cocher une case.

- Après le chargement des fichiers, cliquez avec la souris dans la fenêtre virtuelle pour fournir le focus sur la liste de la **Langue à installer**, puis appuyez sur la touche [Tab] le focus change vers la liste du **Format de l'heure et de la monnaie**. Utilisez maintenant les touches Haut et bas pour sélectionner si nécessaire le bon clavier. S'il n'y a plus de modification, appuyez sur [Entrée].

- Sur la page suivante, appuyez sur [Entrée].
- Sur la page suivante, sélectionnez l'édition **Windows Server 2008 Entreprise (Installation complète)** ou **Windows Server 2008 Entreprise (Installation minimale)** en utilisant les flèches Haut et Bas avant d'appuyer sur [Entrée].
- À l'étape suivante, acceptez les termes de la licence en appuyant sur la barre d'espace puis appuyez sur [Entrée].
- Sur la page suivante, vérifiez que le type d'installation est **Personnalisée (option avancée)** puis appuyez sur [Entrée].
- Sur la page suivante, sélectionnez la partition sur laquelle l'installation doit se faire en utilisant les flèches Haut et Bas puis appuyez sur [Entrée].
- L'installation démarre, veuillez attendre la fin de l'installation.

3. Configuration initiale de Windows Server 2008 sur une installation complète

Après le redémarrage, Windows va finir l'installation. Pour ouvrir une session, il faut définir un mot de passe pour le compte administrateur local de l'ordinateur.

Veuillez noter qu'après le redémarrage, la souris est capturée normalement.

- Sur l'écran qui indique que le mot de passe de l'utilisateur doit être modifié, cliquez sur **OK**.
- Saisissez deux fois **Pa$$word**, puis cliquez sur la flèche horizontale.
- Sur l'écran **Votre mot de passe a été changé**, cliquez sur **OK** pour vous loguer en tant qu'administrateur local.
- Une fois logué, dans la fenêtre des **Tâches de la configuration initiale**, veuillez configurer les éléments suivants :
  - **Définir le fuseau horaire** à ce qu'il corresponde à celui de l'endroit où vous êtes situé, par exemple Paris.
  - **Indiquer un nom d'ordinateur et un domaine**, veuillez simplement saisir le nom de l'ordinateur soit le nom de la machine virtuelle comme **nom complet de l'ordinateur** ici **Win1**. Un redémarrage est requis, redémarrez donc l'ordinateur puis continuez la configuration initiale.
  - **Activer le Bureau à distance**, cela permet de pouvoir accéder directement à cet ordinateur depuis un autre.
- Ensuite cochez la case **Ne pas afficher cette fenêtre à l'ouverture de session** puis fermez la fenêtre.
- Sur la fenêtre **Gestionnaire de serveur** qui s'ouvre, cochez la case **Ne pas afficher cette console à l'ouverture de session** puis fermez la fenêtre.
- Dans la fenêtre de la console, sous le menu **Actions**, cliquez sur **Insérer le disque d'installation des services d'intégration**.
- Dans la boîte de dialogue **Exécution automatique**, cliquez sur **Installer les services d'intégration Hyper-V Editeur non spécifié**.
- Dans la boîte de dialogue vous indiquant qu'une version précédente existe déjà, cliquez sur **OK** pour poursuivre l'installation.
- Dans la boîte de dialogue **Installation Terminée**, vérifiez que l'installation a été correctement installée puis redémarrez la machine virtuelle en cliquant sur **Oui**.

Enfin pour se simplifier la vie, vous allez créer une connexion réseau avec la machine hôte puis enregistrer l'état en utilisant une capture instantanée afin d'y revenir après chaque chapitre.

- Sur la machine hôte, cliquez sur **Démarrer** puis saisissez **ncpa.cpl** dans la zone **Rechercher**.
- Dans la fenêtre recherchez la connexion réseau public et notez son nom, ici **Connexion au réseau 6** comme le montre l'image suivante.

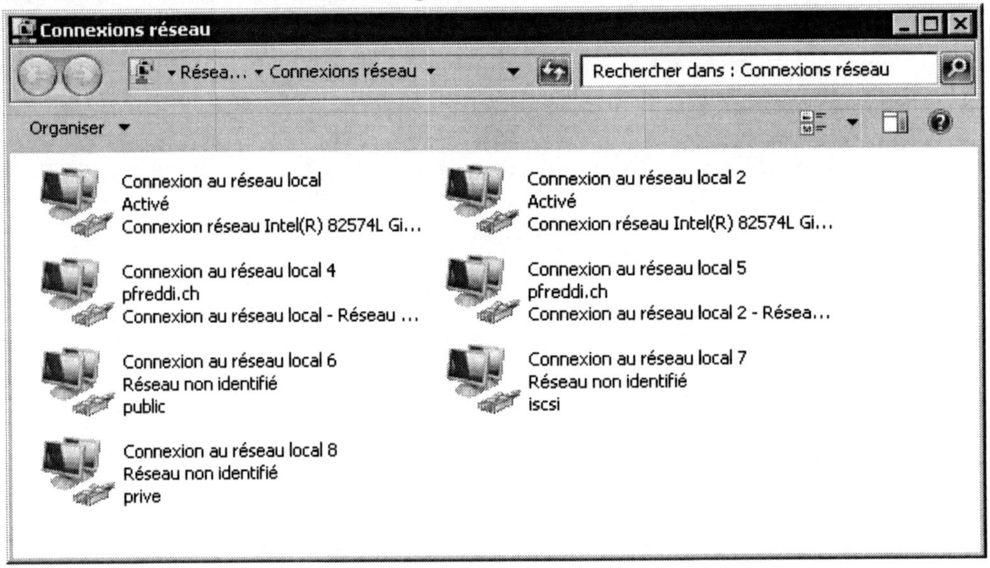

- Toujours sur la machine hôte, cliquez sur **Démarrer** puis saisissez **cmd** dans la zone **Rechercher**. Retrouvez et notez l'adresse IPv4 de la carte réseau recherchée précédemment en utilisant la commande **ipconfig**.
- Sur la machine virtuelle, ici `Win1`, cliquez sur **Démarrer** puis saisissez `\\adresseIPv4\c$` dans la zone **Rechercher** où **adresseIPv4** correspond à l'adresse IP de la machine hôte. Si vous y êtes invité tapez le nom `hv1\administrateur` et le mot de passe `Pa$$word`.
- Copiez maintenant tous les scripts de la machine hôte **\\adresseIPv4\c$\scripts** vers le Bureau de la machine virtuelle.
- Dans la fenêtre de la console, sous le menu **Actions**, cliquez sur **Capture instantanée**. La capture s'effectue sans notification et au bout de quelques instants elle est disponible.

Votre machine virtuelle est maintenant prête pour effectuer les procédures des chapitres. Avant de lancer les scripts de personnalisation de l'environnement d'un chapitre, veuillez au préalable rétablir l'état de la capture instantanée soit l'état de la machine virtuelle juste après son installation.

4. Configuration initiale de Windows Server 2008 sur une installation minimale (Server Core)

Après le redémarrage, Windows va finir l'installation. Pour ouvrir une session, il faut définir un mot de passe pour le compte **administrateur** local de l'ordinateur.

Veuillez noter qu'après le redémarrage, la souris est capturée normalement.

- Appuyez sur les touches [Ctrl][Alt][Suppr].
- Cliquez sur **Autre utilisateur**.
- Pour le nom d'utilisateur saisissez **Administrateur**, ne mettez rien pour le mot de passe puis appuyez sur [Entrée].
- Sur l'écran qui indique que le mot de passe de l'utilisateur doit être modifié, cliquez sur **OK**.

La convention utilisée tout le long du livre concernant les mots de passe est d'utiliser le même mot de passe à savoir **Pa$$word** pour tous les utilisateurs.

- Saisissez deux fois **Pa$$word**, puis cliquez sur la flèche horizontale
- Sur l'écran **Votre mot de passe a été changé**, cliquez sur **OK** pour vous loguer en tant qu'administrateur local.

L'image suivante montre le **Bureau** d'une édition Entreprise installée avec l'option **Core**.

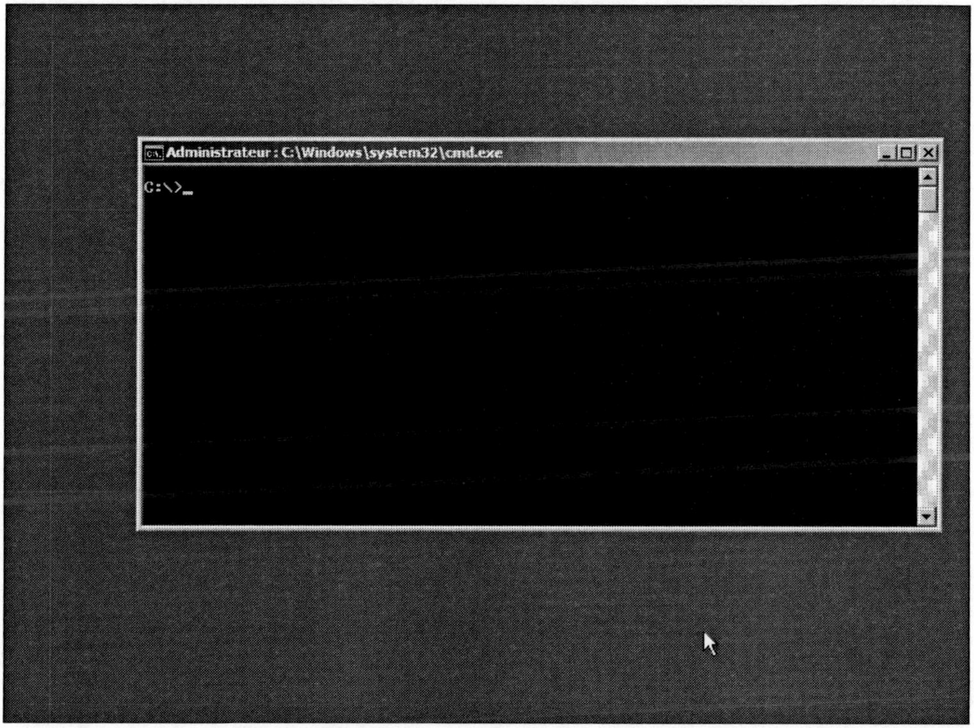

Avant de pouvoir utiliser votre serveur, il faut encore le configurer. Cette opération se fait manuellement via l'invite de commandes. La configuration consiste à modifier les paramètres par défaut de:

- La configuration du fuseau horaire.
- Du changement de nom de l'ordinateur.
- Le bureau distant.

Les procédures suivantes sont également montrées.

- Se déconnecter du serveur.
- Arrêter le serveur.

Configuration du fuseau horaire

Par défaut, le fuseau horaire sélectionné est celui qui est définit avec le format de l'heure et de la monnaie lors de l'installation. Normalement, il n'est pas nécessaire de le modifier, dans le cas contraire, il doit être modifié manuellement. Malheureusement il n'existe pas de commande pour le modifier, l'opération consiste à appeler l'applet du panneau de configuration permettant de modifier la date, l'heure et le fuseau horaire.

➔ Dans l'invite de commande, tapez `control timedate.cpl` puis appuyez sur [Entrée].

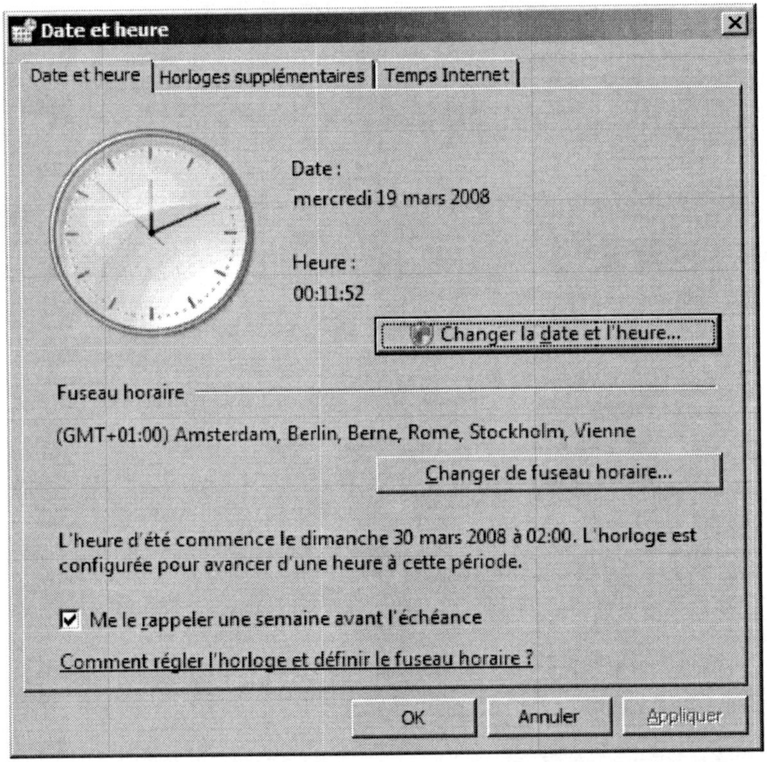

➔ Dans la boîte de dialogue **Date et heure**, cliquez sur **Changer de fuseau horaire**.

→ Dans la boîte de dialogue **Paramètres de fuseau horaire**, sélectionnez le bon fuseau horaire et cochez **Ajuster l'horloge pour l'observation automatique de l'heure d'été** si vous y êtes soumis, puis cliquez sur **OK** 2 fois.

Renommer l'ordinateur

Pour renommer l'ordinateur, tapez les commandes suivantes dans l'invite de commande.

- `Hostname` pour afficher le nom actuel de l'ordinateur.
- `Netdom renamecomputer <NomDel'Ordinateur> /NewName :<NouveauNomDel'Ordinateur>`

ou mieux uniquement la commande

- `Netdom renamecomputer %computername% /NewName :<NouveauNomDel'Ordinateur>`

À la question de l'avertissement Voulez-vous continuer (O ou N) ? Tapez `O`.

Il faut redémarrer l'ordinateur pour que le nouveau nom soit pris en compte.

- `shutdown /r /t 0`

Autoriser la gestion à distance à l'aide de la console MMC

Par défaut, il n'est pas possible d'utiliser une **console MMC** pour gérer un serveur **Core**, il est nécessaire d'autoriser la **console MMC** dans le pare-feu en tapant la commande suivante :

- `netsh advfirewall firewall set rule group="Administration distante" new enable=yes`

Déconnexion

Pour se déconnecter, tapez `logoff`.

Arrêter le serveur

Pour arrêter le serveur Core, tapez la commande suivante `shutdown /s /t 0`.

→ Dans la fenêtre de la console, sous le menu **Actions**, cliquez sur **Insérer le disque d'installation des services d'intégration**.

→ Tapez `d:` puis appuyez sur [Entrée].

→ Tapez `cd support\ARCH\setup.exe` appuyez sur [Entrée]. **ARCH** est doit être remplacé par **x86** si vous avez installé une édition 32 bits et par **amd64** pour une édition 64 bits.

→ Dans la boîte de dialogue vous indiquant qu'une version précédente existe déjà, cliquez sur **OK** pour poursuivre l'installation.

→ Dans la boîte de dialogue **Installation Terminée**, vérifiez que l'installation a été correctement installée puis redémarrez la machine virtuelle en cliquant sur **Oui**.

Enfin pour se simplifier la vie, vous allez créer une connexion réseau avec la machine hôte et enregistrer l'état en utilisant une capture instantanée afin d'y revenir après chaque chapitre.

→ Sur la machine hôte, cliquez sur **Démarrer** puis saisissez `ncpa.cpl` dans la zone **Rechercher**.

→ Dans la fenêtre recherchez la connexion réseau public et notez son nom, ici **Connexion au réseau 6** comme le montre l'image suivante.

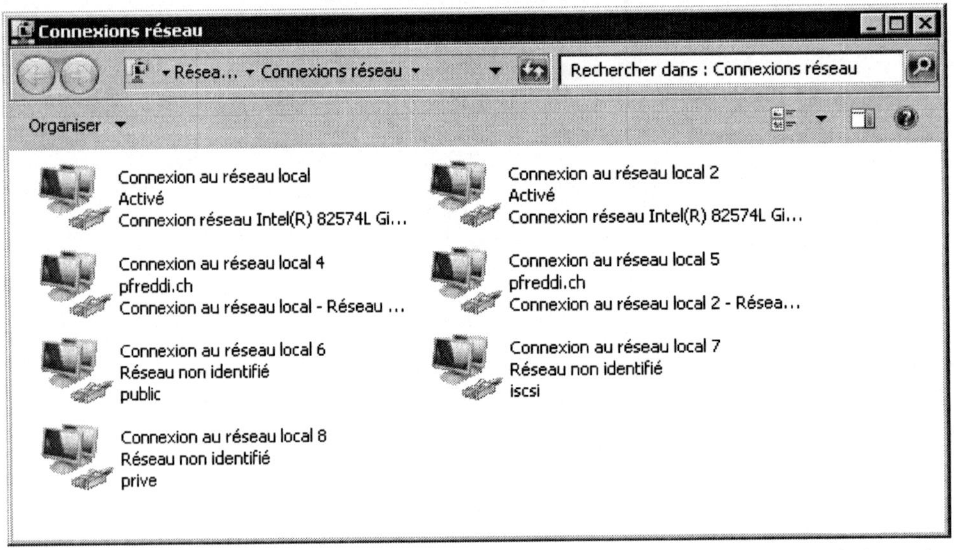

- Toujours sur la machine hôte, cliquez sur **Démarrer** puis saisissez **cmd** dans la zone **Rechercher**. Retrouvez et notez l'adresse IPv4 de la carte réseau recherchée précédemment en utilisant la commande **ipconfig**.
- Sur la machine virtuelle, ici Core1, saisissez `net use z: \\adresseIPv4\c$`. Si vous y êtes invité tapez le nom `hv1\administrateur` et le mot de passe `Pa$$word`.
- Copiez maintenant tous les scripts de la machine hôte **z:\c$\scripts** vers le disque local **c:** de la machine virtuelle.
- Dans la fenêtre de la console, sous le menu **Actions**, cliquez sur **Capture instantanée**. La capture s'effectue sans notification et au bout de quelques instants elle est disponible.

Votre machine virtuelle est maintenant prête pour effectuer les procédures des chapitres. Il vous faut encore garantir que les machines puissent communiquer entre elles en utilisant le bon réseau virtuel. Cette procédure est montrée à la fin du chapitre.

Avant de lancer les scripts de personnalisation de l'environnement d'un chapitre, veuillez au préalable rétablir l'état de la capture instantanée soit l'état de la machine virtuelle juste après son installation.

H. Gestion d'une machine virtuelle

1. Revenir à l'état d'une capture instantanée

Après avoir terminé la lecture d'un chapitre, fait une erreur ou si simplement désirer réexécuter une procédure spécifique, il faut annuler toutes les modifications en rétablissant la version de la capture instantanée effectuée juste après l'installation. Ensuite, n'oubliez pas de relancer les scripts. Pour cela, suivez la procédure suivante.

- Connectez-vous en tant qu'administrateur sur l'ordinateur hôte.

→ Dans le menu **Démarrer**, cliquez sur **Outils d'administration** puis sur **Gestionnaire Hyper-V**.

→ Dans le **Gestionnaire Hyper-V**, dans la fenêtre de gauche si le nœud de l'ordinateur n'est pas sélectionné, sélectionnez-le.

→ Dans la fenêtre centrale, cliquez sur la machine virtuelle désirée puis dessous dans la zone **Capture instantanée**, cliquez avec le bouton droit de la souris sur la capture instantanée qui correspond à l'état juste après l'installation, ici **Win1 – (19.01.2011 – 23:06:43)** comme le montre l'image suivante. Enfin cliquez sur **Appliquer**.

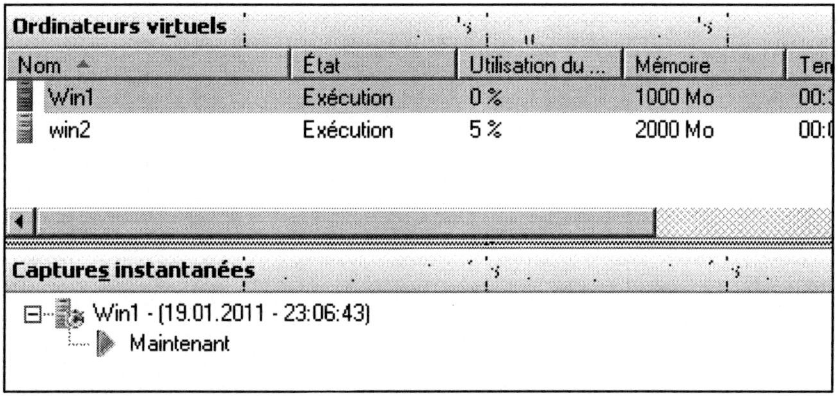

→ Si la boîte de dialogue **Appliquer la capture instantanée** apparaît, cliquez sur **Appliquer**. Au bout de quelques secondes, votre machine virtuelle est de nouveau prête.

2. Création d'une disquette virtuelle

Pour l'installation automatisée de Windows, il est nécessaire d'utiliser une disquette virtuelle sur laquelle, le fichier de configuration sera placé. Pour créer une disquette virtuelle, suivez la procédure suivante.

→ Connectez-vous en tant qu'administrateur sur l'ordinateur hôte.

→ Dans le menu **Démarrer**, cliquez sur **Outils d'administration** puis sur **Gestionnaire Hyper-V**.

→ Dans le **Gestionnaire Hyper-V**, dans la fenêtre de gauche si le nœud de l'ordinateur n'est pas sélectionné, sélectionnez-le.

→ Dans le **Gestionnaire Hyper-V**, à droite sous **Actions**, cliquez sur **Nouveau** puis sur **Disquette**.

→ Dans la boîte de dialogue **Créer une disquette virtuelle**, sélectionnez d'abord un dossier, ici **c:\eni** puis tapez un nom, ici `installWin2008` avant de cliquer sur **Créer**.

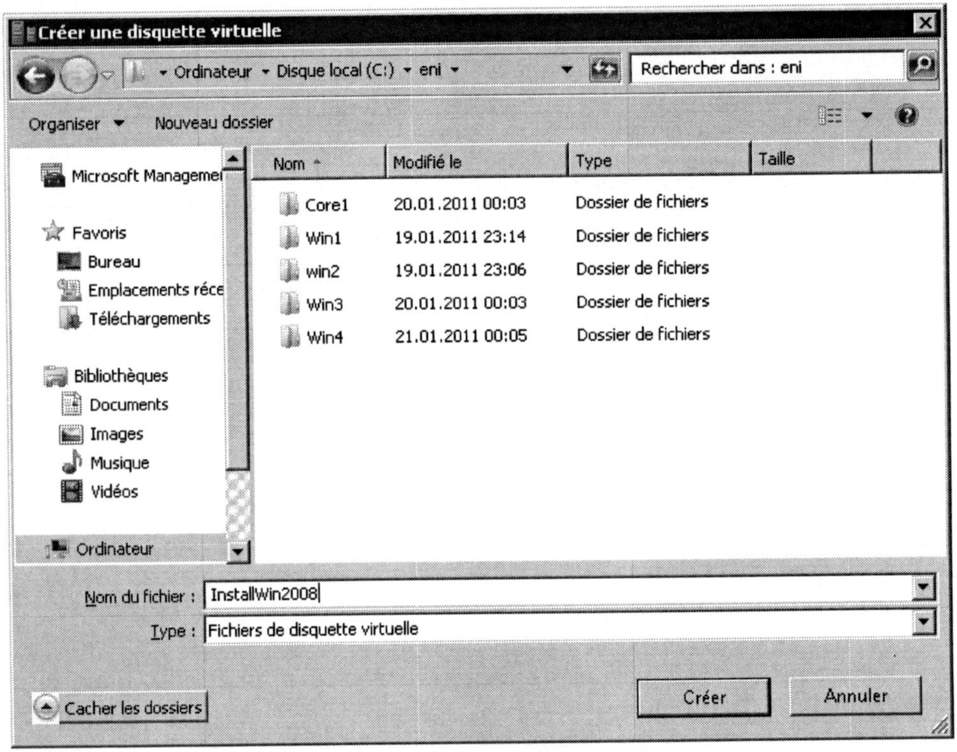

3. Attacher une disquette virtuelle à une machine virtuelle

Normalement, dans une machine virtuelle lorsque vous tentez d'ouvrir le lecteur de disquette, vous êtes invités à insérer une disquette.

La procédure suivante montre comment attacher une disquette virtuelle à une machine virtuelle. La machine virtuelle peut être en cours d'exécution.

- Connectez-vous en tant qu'administrateur sur l'ordinateur hôte.
- Dans le menu **Démarrer**, cliquez sur **Outils d'administration** puis sur **Gestionnaire Hyper-V**.
- Dans le **Gestionnaire Hyper-V**, dans la fenêtre de gauche si le nœud de l'ordinateur n'est pas sélectionné, sélectionnez-le.
- Dans la fenêtre centrale, cliquez avec le bouton droit de la souris sur la machine virtuelle désirée puis sur **Paramètres**.
- Dans la boîte de dialogue **Paramètres**, à gauche sous **Matériel**, cliquez sur **Lecteur de disquette**, puis dans **Support** sélectionnez l'option **Fichier de disquette virtuelle (.vfd)**. Dans la zone de texte saisissez le chemin complet de la disquette ainsi que son nom ou utilisez le bouton **parcourir** pour effectuer cette opération avant de cliquer sur **Appliquer**. Maintenant vous pouvez utiliser votre disquette. Veuillez noter que si vous utilisez la disquette pour la première fois, il vous est demander de la formater.

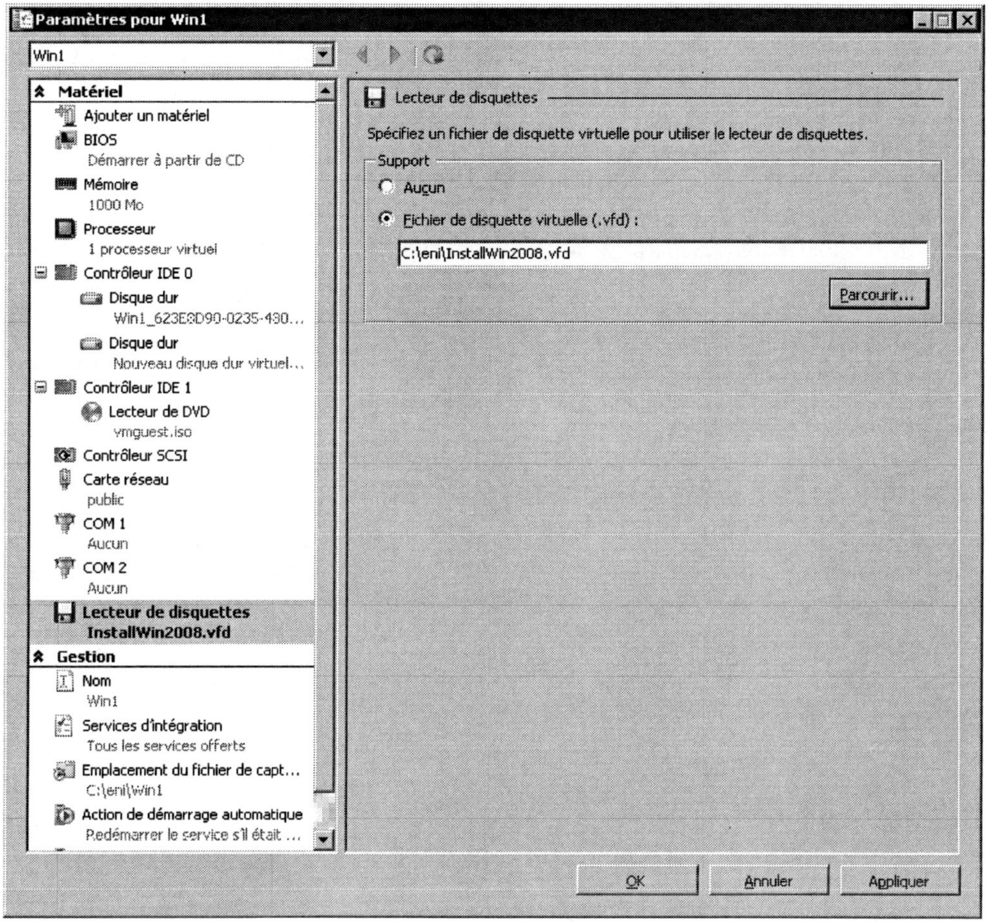

4. Détacher une disquette virtuelle d'une machine virtuelle

La procédure suivante montre comment détacher une disquette virtuelle d'une machine virtuelle. La machine virtuelle peut être en cours d'exécution.

- Connectez-vous en tant qu'administrateur sur l'ordinateur hôte.
- Dans le menu **Démarrer**, cliquez sur **Outils d'administration** puis sur **Gestionnaire Hyper-V**.
- Dans le **Gestionnaire Hyper-V**, dans la fenêtre de gauche si le nœud de l'ordinateur n'est pas sélectionné, sélectionnez-le.
- Dans la fenêtre centrale, cliquez avec le bouton droit de la souris sur la machine virtuelle désirée puis sur **Paramètres**.
- Dans la boîte de dialogue **Paramètres**, à gauche sous **Matériel**, cliquez sur **Lecteur de disquette**, puis dans **Support** sélectionnez l'option **Aucun** avant de cliquer sur **Appliquer**.

5. Enregistrer l'état

Si votre ordinateur dispose de peu de RAM, et vous devez travailler sur plusieurs machines virtuelles, vous pouvez suspendre l'exécution d'une machine virtuelle moins importante en figeant son état actuel sur le disque dur et récupérer ainsi l'espace mémoire utilisé par cette dernière. Cette méthode permet également de la redémarrer plus rapidement et de reprendre exactement à l'endroit ou vous l'aviez laissée avant l'enregistrement. Pour cela suivez la procédure suivante, il s'agit d'une des méthodes possibles.

- Connectez-vous en tant qu'administrateur sur l'ordinateur hôte.
- Dans le menu **Démarrer**, cliquez sur **Outils d'administration** puis sur **Gestionnaire Hyper-V**.
- Dans le **Gestionnaire Hyper-V**, dans la fenêtre de gauche si le nœud de l'ordinateur n'est pas sélectionné, sélectionnez-le.
- Dans la fenêtre centrale, cliquez avec le bouton droit de la souris sur la machine virtuelle désirée puis sur **Enregistrer**. L'état de la machine virtuelle passe de **Exécution** à **Enregistrement** puis à **Enregistré**.

I. Paramètres des machines virtuelles

Pour effectuer les procédures de ce livre dans les meilleures conditions, veuillez créer les machines virtuelles suivantes en utilisant les paramètres indiqués. Les procédures nécessaires pour effectuer les installations ont été montrées précédemment.

1. Machine virtuelle WinAD

WinAD

a. Paramètres à utiliser pour la machine virtuelle WinAD

Paramètre	Valeur
Nom	**WinAD**
Emplacement	**c:\eni**
Mémoire vive	**1 GB**
Carte réseau 1	**Public**
Disque dur 1	**Nom et emplacement par défaut**
Taille du disque dur	**Valeur proposée par défaut**
Options d'installation	**Image ISO de l'OS**

b. Paramètres à utiliser pour installer le système d'exploitation

Paramètre	Valeur
Système d'exploitation	Windows Server 2008 Entreprise (Complète)
Mot de passe administrateur	Pa$$word
Nom de l'ordinateur	winad

Paramètre	Valeur
Services d'intégration	installé
Capture instantanée initiale	Oui

c. Configuration post installation requise

- Modifier le mot de passe administrateur.
- Changer le nom de l'ordinateur.
- Installer les services d'intégration.
- Créer la capture instantanée initiale.

2. Machine virtuelle Win1

a. Paramètres à utiliser pour la machine virtuelle Win1

Paramètre	Valeur
Nom	**Win1**
Emplacement	**c:\eni**
Mémoire vive	**1 GB**
Carte réseau 1	**iSCSI**
Disque dur 1	**Nom et emplacement par défaut**
Taille du disque dur	**Valeur proposée par défaut**
Options d'installation	**Image ISO de l'OS**

b. Modifications des paramètres

Paramètre	Valeur
Carte réseau 2	**Prive**
Carte réseau 3	**Public**

c. Paramètres à utiliser pour installer le système d'exploitation

Paramètre	Valeur
Système d'exploitation	**Windows Server 2008 Entreprise (Complète)**
Mot de passe administrateur	**Pa$$word**
Nom de l'ordinateur	**win1**
Services d'intégration	**installé**
Capture instantanée initiale	**Oui**

d. Configuration post installation requise

- Modifier le mot de passe administrateur.
- Changer le nom de l'ordinateur.
- Installer les services d'intégration.
- Créer la capture instantanée initiale.

3. Machine virtuelle Win2

Win2

a. Paramètres à utiliser pour la machine virtuelle Win2

Paramètre	Valeur
Nom	**Win2**
Emplacement	**c:\eni**
Mémoire vive	**1 GB**
Carte réseau 1	**Public**
Disque dur 1	**Nom et emplacement par défaut**
Taille du disque dur	**Valeur proposée par défaut**
Options d'installation	**Image ISO de l'OS**

b. Modifications des paramètres

Paramètre	Valeur
Carte réseau 2	**Prive**
Carte réseau 3	**iSCSI**

c. Paramètres à utiliser pour installer le système d'exploitation

Paramètre	Valeur
Système d'exploitation	Windows Server 2008 Entreprise (Complète)
Mot de passe administrateur	Pa$$word
Nom de l'ordinateur	win2
Services d'intégration	installé
Capture instantanée initiale	Oui

d. Configuration post installation requise

- Modifier le mot de passe administrateur.
- Changer le nom de l'ordinateur.
- Installer les services d'intégration.
- Créer la capture instantanée initiale.

4. Machine virtuelle Win3

Win3

a. Paramètres à utiliser pour la machine virtuelle Win3

Paramètre	Valeur
Nom	**Win3**
Emplacement	**c:\eni**
Mémoire vive	**1 GB**
Carte réseau 1	**Public**
Disque dur 1	**Nom et emplacement par défaut**
Taille du disque dur	**Valeur proposée par défaut**
Options d'installation	**Image ISO de l'OS**

b. Modifications des paramètres

Paramètre	Valeur
Carte réseau 2	**Prive**
Carte réseau 3	**iSCSI**

c. Paramètres à utiliser pour installer le système d'exploitation

Paramètre	Valeur
Système d'exploitation	Windows Server 2008 Entreprise (Complète)
Mot de passe administrateur	Pa$$word
Nom de l'ordinateur	win3
Services d'intégration	installé
Capture instantanée initiale	Oui

d. Configuration post installation requise

- Modifier le mot de passe administrateur.
- Changer le nom de l'ordinateur.
- Installer les services d'intégration.
- Créer la capture instantanée initiale.

5. Machine virtuelle Win4

Win4

a. Paramètres à utiliser pour la machine virtuelle Win4

Paramètre	Valeur
Nom	**Win4**
Emplacement	**c:\eni**
Mémoire vive	**1 GB**
Carte réseau 1	**Public**
Disque dur 1	**Nom et emplacement par défaut**
Taille du disque dur	**Valeur proposée par défaut**
Options d'installation	**Image ISO de l'OS**

b. Modifications des paramètres

Paramètre	Valeur
Carte réseau 2	**Prive**
Carte réseau 3	**iSCSI**
Disque dur 2	**Emplacement par défaut et HDD2.vhd pour le nom**

c. Paramètres à utiliser pour installer le système d'exploitation

Paramètre	Valeur
Système d'exploitation	Windows Server 2008 Entreprise (Complète)
Mot de passe administrateur	Pa$$word
Nom de l'ordinateur	win4
Services d'intégration	installé
Capture instantanée initiale	Oui

d. Configuration post installation requise

- Modifier le mot de passe administrateur.
- Changer le nom de l'ordinateur.
- Installer les services d'intégration.
- Créer la capture instantanée initiale.

6. Machine virtuelle WinTarget

WinTarget

a. Paramètres à utiliser pour la machine virtuelle WinTarget

Paramètre	Valeur
Nom	**WinTarget**
Emplacement	**c:\eni**
Mémoire vive	**1 GB**
Carte réseau 1	**Public**
Disque dur 1	**Nom et emplacement par défaut**
Taille du disque dur	**Valeur proposée par défaut**
Options d'installation	**Image ISO de l'OS**

b. Modifications des paramètres

Paramètre	Valeur
Carte réseau 2	**iSCSI**
Disque dur 2	**Emplacement par défaut et HDD2.vhd pour le nom**
Disque dur 3	**Emplacement par défaut et HDD3.vhd pour le nom**

c. Paramètres à utiliser pour installer le système d'exploitation

Paramètre	Valeur
Système d'exploitation	Windows Server 2008 Entreprise (Complète)
Mot de passe administrateur	Pa$$word
Nom de l'ordinateur	wintarget
Services d'intégration	installé
Capture instantanée initiale	Oui

d. Configuration post installation requise

- Modifier le mot de passe administrateur.
- Changer le nom de l'ordinateur.
- Installer les services d'intégration.
- Créer la capture instantanée initiale.

7. Machine virtuelle Core1

Core1

a. Paramètres à utiliser pour la machine virtuelle Core1

Paramètre	Valeur
Nom	**Core1**
Emplacement	**c:\eni**
Mémoire vive	**1 GB**
Carte réseau 1	**Prive**
Disque dur 1	**Nom et emplacement par défaut**
Taille du disque dur	**Valeur proposée par défaut**
Options d'installation	**Image ISO de l'OS**

b. Modifications des paramètres

Paramètre	Valeur
Carte réseau 2	Public
Disque dur 2	Emplacement par défaut et HDD2.vhd pour le nom

c. Paramètres à utiliser pour installer le système d'exploitation

Paramètre	Valeur
Système d'exploitation	Windows Server 2008 Entreprise (Core)
Mot de passe administrateur	Pa$$word
Nom de l'ordinateur	core1
Services d'intégration	installé
Capture instantanée initiale	Oui

d. Configuration post installation requise

- Modifier le mot de passe administrateur.
- Changer le nom de l'ordinateur.
- Installer les services d'intégration.
- Créer la capture instantanée initiale.

8. Machine virtuelle Inst1

Inst1

Cette machine virtuelle n'est utilisée que dans le chapitre Planification du déploiement.

Paramètres à utiliser pour la machine virtuelle Inst1

Paramètres	Valeur
Nom	**Inst1**
Emplacement	**c:\eni**
Mémoire vive	**1 GB**
Carte réseau 1	**Public**
Disque dur 1	**Nom et emplacement par défaut**
Taille du disque dur	**Valeur proposée par défaut**
Options d'installation	**Ne rien installer**

9. Machine virtuelle Inst2

Inst2

Cette machine virtuelle n'est utilisée que dans le chapitre Planification du déploiement.

Paramètres à utiliser pour la machine virtuelle Inst1

Paramètres	Valeur
Nom	**Inst2**
Emplacement	**c:\eni**
Mémoire vive	**1 GB**
Carte réseau 1	**Public**
Disque dur 1	**Nom et emplacement par défaut**
Taille du disque dur	**Valeur proposée par défaut**
Options d'installation	**Ne rien installer**

Modification des paramètres

Paramètres	Valeur
Carte réseau 2	**Public**

10. Machine virtuelle InstC1

InstC1

Cette machine virtuelle n'est utilisée que dans le chapitre Planification du déploiement.

Paramètres à utiliser pour la machine virtuelle Inst1

Paramètres	Valeur
Nom	**InstC1**
Emplacement	**c:\eni**
Mémoire vive	**1 GB**
Carte réseau 1	**Public**
Disque dur 1	**Nom et emplacement par défaut**
Taille du disque dur	**Valeur proposée par défaut**
Options d'installation	**Ne rien installer**

11. Gestion des réseaux virtuels

Pour que les scripts s'exécutent correctement, il est nécessaire que les cartes réseau des machines virtuelles soient mappées de la manière suivante. La première carte soit **Connexion au réseau local** utilise le réseau virtuel **Public**, la carte **Connexion au réseau local 2** utilise le réseau virtuel **Prive** excepté pour WinTarget (iSCSI), et enfin la carte **Connexion au réseau local 3** utilise le réseau virtuel **iSCSI**. La dernière étape qu'il vous reste à effectuer pour configurer l'environnement est de contrôler ce mappage et éventuellement de modifier le réseau virtuel associé. Pour cela, suivez la procédure suivante. Bien que vous ayez suivi les procédures précédentes correctement, il se peut que la reconnaissance des cartes réseau par Windows s'est fait dans un ordre différent.

Les noms des machines virtuelles doivent correspondent, sinon les prochains scripts ne fonctionnent pas.

→ En vous basant sur le tableau suivant placez les scripts correspondants sur le Bureau de chaque machine virtuelle.

Nom	Carte réseau	Réseau virtuel	Script
WinAD	Connexion Réseau local	Public	ScriptPublicAD.bat
	Connexion Réseau local	Public	ScriptPublic.bat
Win1	Connexion Réseau local 2	Prive	ScriptPrive.bat
	Connexion Réseau local 3	iSCSI	ScriptiSCSI.bat
	Connexion Réseau local	Public	ScriptPublic.bat
Win2	Connexion Réseau local 2	Prive	ScriptPrive.bat
	Connexion Réseau local 3	iSCSI	ScriptiSCSI.bat
	Connexion Réseau local	Public	ScriptPublic.bat
Win3	Connexion Réseau local 2	Prive	ScriptPrive.bat
	Connexion Réseau local 3	iSCSI	ScriptiSCSI.bat
	Connexion Réseau local	Public	ScriptPublic.bat
Win4	Connexion Réseau local 2	Prive	ScriptPrive.bat

Nom	Carte réseau	Réseau virtuel	Script
	Connexion Réseau local 3	iSCSI	ScriptiSCSI.bat
WinTarget	Connexion Réseau local	Public	ScriptPublic.bat
	Connexion Réseau local 2	iSCSI	ScriptiSCSITarget.bat
Core1	Connexion Réseau local	Public	ScriptPublic.bat
	Connexion Réseau local 2	Prive	ScriptPriveCore1.bat

Pour vérifier que les machines virtuelles sont sur le réseau **Public**, suivez la procédure suivante. L'image suivante montre les machines virtuelles à tester.

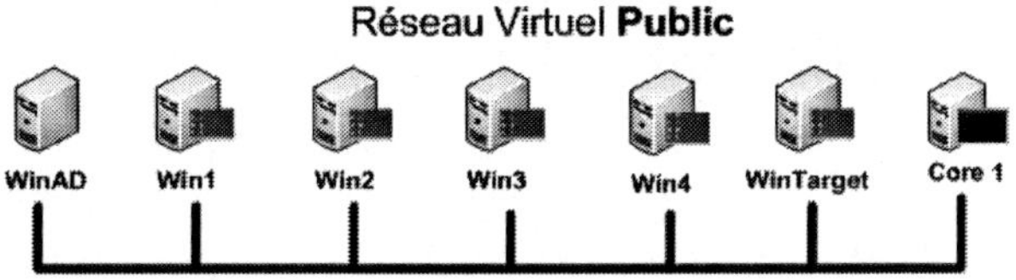

- Sur la machine virtuelle **WinAD**, exécutez le script **scriptWinAD.bat**.
- En utilisant la machine virtuelle **WinAD** comme référence pour le réseau virtuel **Public**, Pour chaque autre machine virtuelle de l'image précédente, veuillez exécuter le script **ScriptPublic.bat**. Veuillez noter que **WinAD** doit être en cours d'exécution. Après avoir modifié l'adressage et les règles du pare-feu, le script exécute la commande ping vers la machine **WinAD**. S'il existe une réponse comme le montre l'image suivante, vous n'avez rien à faire car dans ce cas, la carte réseau correspondante est mappée sur le réseau virtuel **Public**. Dans le cas contraire, il vous faut modifier le réseau virtuel associé à l'une des cartes réseau de la machine virtuelle en utilisant la procédure de la prochaine section.

Ne modifiez qu'une seule carte réseau à la fois et attendez quelques secondes pour que la nouvelle configuration soit prise en compte.

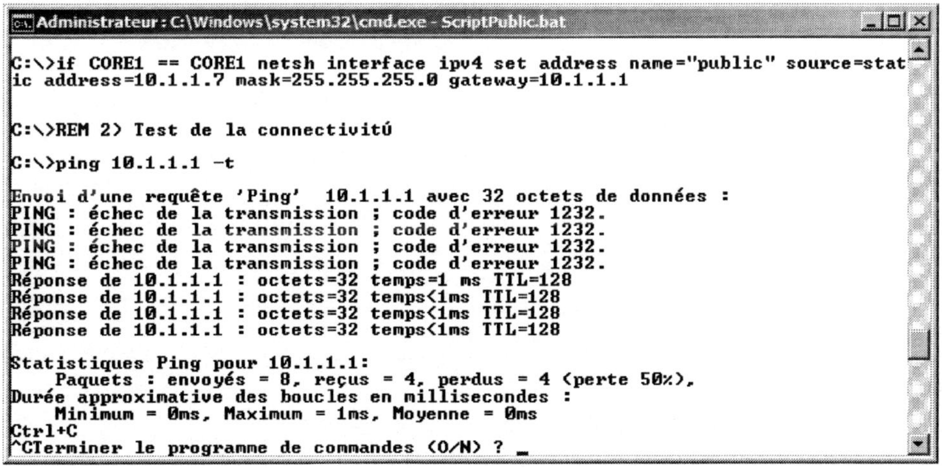

Pour arrêter l'exécution du script, appuyez sur les touches [Ctrl] **C**.

Pour vérifier que les machines virtuelles sont sur le réseau **iSCSI**, suivez la procédure suivante. L'image suivante montre les machines virtuelles à tester.

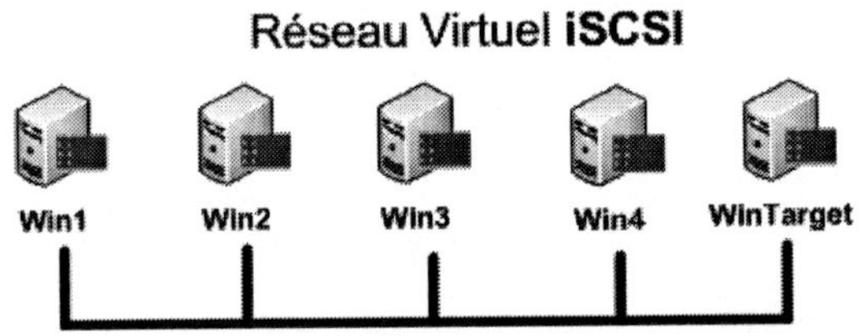

- Sur la machine virtuelle **WinTarget**, exécutez le script **scriptiSCSITarget.bat**.
- En utilisant la machine virtuelle **WinTarget** comme référence pour le réseau virtuel **iSCSI**. Pour chaque autre machine virtuelle de l'image précédente, veuillez exécuter le script **ScriptiSCSI.bat**. Veuillez noter que **WinTarget** doit être en cours d'exécution. Après avoir modifié l'adressage et les règles du pare-feu, le script exécute la commande **ping** vers la machine **WinTarget**. Après quelques lignes, s'il existe une réponse, vous n'avez rien à faire car dans ce cas, la carte réseau correspondante est mappée sur le réseau virtuel **iSCSI**. Dans le cas contraire, il vous faut modifier le réseau virtuel associé à l'une des cartes réseau de la machine virtuelle en utilisant la procédure de la prochaine section.

Pour vérifier que les machines virtuelles sont sur le réseau **Prive**, suivez la procédure suivante. L'image suivante montre les machines virtuelles à tester.

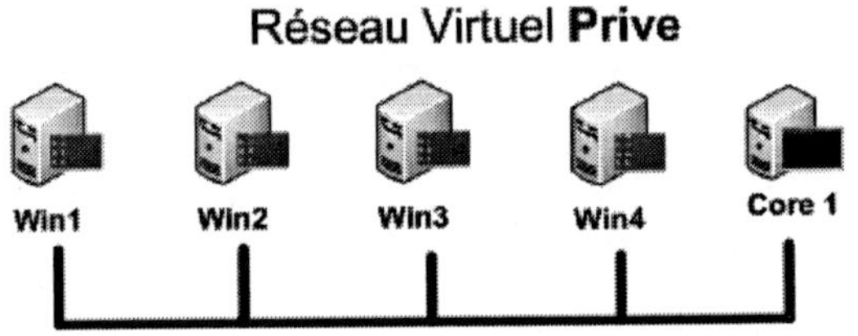

- Sur la machine virtuelle **Core1**, exécutez le script **scriptPriveCore1.bat**.
- En utilisant la machine virtuelle **Core1** comme référence pour le réseau virtuel **Prive**. Pour chaque autre machine virtuelle de l'image précédente, veuillez exécuter le script **ScriptPrive.bat**. Veuillez noter que **Core1** doit être en cours d'exécution. Après avoir modifié l'adressage et les règles du pare-feu, le script exécute la commande **ping** vers la machine **Core1**. S'il existe une réponse, vous n'avez rien à faire car dans ce cas, la carte réseau correspondante est mappée sur le réseau virtuel **Prive**. Dans le cas contraire, il vous faut modifier le réseau virtuel associé à l'une des cartes réseau de la machine virtuelle en utilisant la procédure de la prochaine section.

Enfin si vous avez dû effectuer quelques modifications sur l'ordre des cartes réseau, notez le nouvel ordre puis rétablissez la capture instantanée, Modifiez l'ordre des cartes réseau comme vous les avez noté dans les paramètres de la machine virtuelle, puis si nécessaire reconnectez-la connexion réseau avec l'hôte, supprimez la capture instantanée puis créez à nouveau une nouvelle capture instantanée.

- Connectez-vous en tant qu'administrateur sur l'ordinateur hôte.

- Dans le menu **Démarrer**, cliquez sur **Outils d'administration** puis sur **Gestionnaire Hyper-V**.
- Dans le **Gestionnaire Hyper-V**, dans la fenêtre de gauche si le nœud de l'ordinateur n'est pas sélectionné, sélectionnez-le.
- Dans la fenêtre centrale, cliquez sur la machine virtuelle désirée puis dessous dans la zone **Capture instantanée**, cliquez avec le bouton droit de la souris sur la capture instantanée qui correspond à l'état juste après l'installation puis cliquez sur **Appliquer**.
- Dans la boîte de dialogue **Appliquer la capture instantanée**, cliquez sur **Appliquer**.
- Dans la fenêtre centrale, cliquez avec le bouton droit de la souris sur la machine virtuelle désirée puis sur **Paramètres**. Modifiez le mappage des cartes réseaux en fonction de ce que vous avez noté puis cliquez sur **OK**.
- Dans la machine virtuelle, vérifiez que vous pouvez toujours accéder aux scripts sinon refaites la manipulation pour accéder via le réseau à l'hôte.
- Sur la machine hôte, dans la fenêtre centrale, cliquez sur la machine virtuelle désirée puis dessous dans la zone **Capture instantanée**, cliquez avec le bouton droit de la souris sur la capture instantanée existante puis sur **Supprimer la capture instantanée**.
- Dans la boîte de dialogue **Supprimer la capture instantanée**, cliquez sur **Supprimer**.
- Sur la machine hôte, dans la fenêtre centrale, cliquez avec le bouton droit de la souris sur la machine virtuelle désirée puis sur **Capture instantanée**. Votre machine virtuelle est maintenant opérationnelle.

Votre environnement est opérationnel lorsque toutes les machines virtuelles sont configurées correctement au niveau du réseau.

12. Modification du réseau virtuel

Si la machine virtuelle dispose de plusieurs cartes réseaux, modifiez le réseau virtuel carte réseau par carte réseau. Vous pouvez exécuter cette opération pendant l'exécution de la machine virtuelle.

- Connectez-vous en tant qu'administrateur sur l'ordinateur hôte.
- Dans le menu **Démarrer**, cliquez sur **Outils d'administration** puis sur **Gestionnaire Hyper-V**.
- Dans le **Gestionnaire Hyper-V**, dans la fenêtre de gauche si le nœud de l'ordinateur n'est pas sélectionné, sélectionnez-le.
- Dans la fenêtre centrale, cliquez avec le bouton droit de la souris sur la machine virtuelle désirée puis sur **Paramètres**.
- Commencez par modifier la carte réseau dont le réseau virtuel testé ne répond pas en lui proposant un autre réseau virtuel. Dans la boîte de dialogue **Paramètres**, à gauche sous **Carte réseau**, cliquez sur une des cartes réseaux dont le réseau virtuel associé est celui testé puis à droite sous **Réseau**, sélectionnez dans la liste un autre réseau virtuel comme par exemple **Public**, **Prive** ou **iSCSI** avant de cliquer sur **Appliquer**.
- Sélectionnez maintenant une autre carte réseau que celle utilisée au point précédent et mappez la au réseau virtuel testé. Pour cela, dans la boîte de dialogue **Paramètres**, à gauche sous **Carte réseau**, cliquez sur une des cartes réseau puis à droite sous **Réseau**, sélectionnez dans la liste le réseau testé avant de cliquer sur **Appliquer**.
- Dans la machine virtuelle, vérifiez que le **ping** répond, dans le cas contraire s'il existe encore une carte réseau répétez l'opération.

J. Remarque importante

Dans les prochains chapitres, il vous est demandé d'exécuter des scripts de configuration au début du chapitre ou au cours du chapitre. Tous ces scripts ont été prévus pour fonctionner avec une version française de Windows Server 2008 ou de Windows Server 2008 R2 utilisant des machines virtuelles configurées comme montré dans ce chapitre. L'utilisation d'une version anglaise de Windows ou de toute autre langue vous obligerait à adapter les scripts. Concernant l'utilisation d'autres paramètres propres à la machine virtuelle, il n'est pas garanti que cela puisse fonctionner.

K. Résumé du chapitre

Au cours de ce chapitre, vous ont été présentés les avantages et bénéfices que vous pouvez tirer de la virtualisation pour la création d'un bac à sable, suivis d'une présentation succincte d'Hyper-V. Ensuite, les procédures pas à pas pour installer Hyper-V, créer des machines virtuelles (que ce soit pour une installation minimale ou complète) et les gérer vous ont été montrées, ce qui vous permet d'effectuer dans d'excellentes conditions toutes les procédures présentées dans ce livre.

Chapitre 3 : Planification du déploiement

A. Présentation

1. Pré-requis matériel et configuration de l'environnement

Pour effectuer toutes les mises en pratique de ce chapitre, vous devez disposer et configurer les machines virtuelles suivantes :

Pour la création des machines virtuelles, veuillez vous référer au chapitre Création du bac à sable.

N'oubliez pas de réinitialiser les machines virtuelles entre les mises en pratique de chaque chapitre avant de les configurer pour l'environnement.

- Sur **WinAD**, lancez le script **WinAD.bat** en relation avec **WMydomEni.txt** puis attendez que l'ordinateur ait redémarré avant de lancer les scripts suivants.
- Sur **Win1**, lancez le script **Win1.bat.**

Après l'exécution des scripts, **WinAD** est contrôleur de domaine du domaine **mydom.eni** et **Win1** est serveur membre.

Il faut également avoir préparé les machines virtuelles **Inst1**, **Inst2** et **InstC1**. L'installation de ces machines se fera avec les exercices pratiques. Le fichier **inst2.xml** ou **inst2_CH.xml** permettent d'automatiser l'installation de la machine virtuelle **Inst2**.

2. Objectifs

Une installation réussie ne se limite pas à installer le logiciel Windows Server 2008 mais débute par une **planification** suivie de l'**installation** proprement dite puis se termine par quelques tâches de **post installation** comme la configuration initiale.

L'analyse de l'existant comprend l'identification du matériel, un audit des logiciels et offre la possibilité de consolider des rôles sur le même serveur physique y compris en utilisant la virtualisation.

Après la lecture du chapitre, vous saurez planifier correctement une installation, choisir la meilleure édition en fonction de son contexte, installer correctement Windows Server 2008 manuellement pour une édition complète et une édition minimale. Enfin, vous saurez effectuer les tâches indispensables de **post installation**.

B. Planification

1. Introduction

La planification de l'installation est une étape importante qui requiert un soin particulier dont les répercussions touchent des aspects liés :

- aux performances du serveur,
- à l'optimisation des ressources,
- à la surface d'attaque du serveur,
- à la mise en place d'un système hautement disponible,
- au dimensionnement du matériel.

Les étapes de la planification comprennent :
- l'identification des rôles,
- le choix de l'option d'installation (complète ou minimale),
- l'utilisation de la virtualisation,
- le choix d'une édition,
- le choix d'une version,
- le choix du matériel.
- la conformité par rapport aux stratégies,
- la planification des licences.

Un plan de déploiement comprend l'analyse de l'environnement actuel, le design, l'architecture et la planification du déploiement.

Savoir installer manuellement Windows c'est bien. Automatiser l'installation c'est mieux. Pour cela, l'utilisation d'outils comme WAIK (*Windows Automated Installation Kit*) voire MDT (*Microsoft Deployment Toolkit*) qui permettent de réduire les coûts d'installation et de déploiement sont également introduits.

Enfin vous verrez quels chemins sont possibles en tant que mise à jour vers Windows Server 2008.

2. Identification de l'édition à installer

a. Identification des rôles

Les applications qui tournent sur **Windows Server 2008** doivent être catégorisées en rôle afin de simplifier le travail de l'administrateur. Un rôle serveur définit la fonction qu'aura le serveur après son installation. Plusieurs rôles peuvent être attribués à un même serveur. Un rôle peut être prédéfini par Microsoft ou être défini par l'administrateur pour une application spécifique, on parle alors de rôle de serveur applicatif.

Le chapitre Outils de configuration et de gestion décrit les 17 rôles définis dans Windows Server 2008.

Le tableau suivant montre quelle édition choisir en fonction des rôles du serveur :

Rôle	Standard	Enterprise	Datacenter	Itanium	Web
Services Web IIS avec clients Internet sans installation avec l'option Core	x	x	x	x	x
Services Web IIS avec clients AD	x	x	x	x	x
Serveur applicatif	x	x	x	x	
Services AD CS, Services de fichiers, Services NAP et Terminal Services en accès limité	x				
Services AD CS, Services de fichiers, Services NAP et Terminal Services en accès complet		x	x		
Services AD FS		x	x		
Autres rôles	x	x	x		

Il est recommandé de définir les rôles applicatifs de vos applications.

À ce stade, il n'est pas possible de réellement choisir une édition, tout au plus de lister les éditions possibles !

b. Sélection de l'option d'installation Core

Une fois les rôles du serveur identifiés, il faut choisir entre une installation complète ou **Server Core**.

L'option d'installation **Server Core** installe une version minimaliste de Windows dont l'objectif principal est de ne faire tourner qu'un nombre minimal de rôles prédéfinis :

- Services Web (IIS7).
- Services d'impression.
- Services de domaine AD.
- Services de domaine AD LDS.
- Serveur DHCP.
- Serveur DNS.
- Services de fichiers.
- Hyper-V (virtualisation).

Le Framework n'étant pas installé, le **Server Core** ne peut utiliser **ASP.NET** pour le rôle **services Web**.

Le tableau suivant montre quelle édition supporte quel rôle avec l'option d'installation **Core** :

Rôle	Standard	Enterprise	Datacenter	Itanium	Web
Services Web IIS sans ASP.NET	x	x	x		x
Services d'impression	x	x	x		
Services de domaine AD	x	x	x		
Services de domaine AD LDS	x	x	x		
Serveur DHCP	x	x	x		
Serveur DNS	x	x	x		
Services de fichiers limités	x				
Services de fichiers		x	x		
Hyper-V	x	x	x		

L'option d'installation **Server Core** a été conçue pour être utilisée en conjonction avec **Hyper-V** afin de fournir aux serveurs virtuels tous les services importants sur la partition parente.

L'option d'installation **Server Core** a comme avantage de minimiser l'empreinte en mémoire vive, de minimiser l'emprise de la place occupée sur le disque et de réduire la surface d'attaque.

Attention : la mise à jour d'une installation minimale vers une installation complète n'étant pas possible directement et l'absence de certains outils conviviaux influencent le choix de cette déclinaison d'installation.

Si les rôles dont vous avez besoin fonctionnent avec l'option d'installation **Server Core**, alors il faut les installer avec cette option. Néanmoins, actuellement le Server Core est plutôt utilisé uniquement pour le rôle Hyper-V.

À ce stade, il est possible de déterminer si l'option d'installation **Server Core** peut être utilisée ou non ainsi que la liste des éditions possibles.

c. Haute disponibilité

Si les rôles ou les applications du serveur doivent être hautement disponibles, il faut en tenir compte lors de la planification (pour plus d'informations, consultez le chapitre Planification de la haute disponibilité).

Il est difficile de donner des recommandations sur la ou les méthodes à utiliser pour rendre un système hautement disponible. Chaque rôle peut disposer de plusieurs méthodes dont une peut être préférée par rapport aux autres. Dans d'autres cas, cela dépend du type de sous-rôle joué.

Néanmoins, le tableau suivant montre une ou plusieurs solutions hautement disponibles possibles en fonction du rôle. Ce tableau ne se veut pas exhaustif.

Rôle	Cluster NLB	Cluster failover	Redondance de serveurs	Mirroring	Autre
Active Directory Domain Services AD DS			x		
Active Directory Certificates services AD CS		x			
Active Directory Federation Services AD FS		x			
Active Directory Lightweight Directory AD LDS		x			
Active Directory Rights Managements Services AD RMS		x			
Serveur DHCP		x	x		
Serveur DNS		x	x		
Serveur Fax		x			
Services de fichiers	x	x	x		DFS
Hyper-V		x			
Services d'impression		x			
Services NAP		x			
Services UDDI		x			
Terminal Services	x				TS Broker
Services Web	x				
Windows Deployment Services		x			

Rôle	Cluster NLB	Cluster failover	Redondance de serveurs	Mirroring	Autre
Services Applications	x	x	x	x	x
SQL Server		x	x		Log shipping

Concernant les éditions possibles, le tableau suivant montre quelle édition supporte quelle solution hautement disponible.

Édition de Windows Server 2008	Cluster NLB	Cluster failover	Redondance de serveurs	Mirroring	Autre
Standard	x		x	Dépend du rôle	Dépend du rôle
Enterprise	x	x	x	Dépend du rôle	Dépend du rôle
Datacenter	x	x	x	Dépend du rôle	Dépend du rôle
Itanium	x	x	x	Dépend du rôle	Dépend du rôle
Web	x		x	Dépend du rôle	Dépend du rôle

À ce stade, la liste des éditions probables est la plus restrictive.

d. Virtualisation

La notion de rôle permet une gestion administrative plus aisée des serveurs de l'entreprise ainsi qu'un passage naturel à la virtualisation, chaque rôle virtualisé pouvant le cas échéant être déplacé sur le serveur physique le plus approprié. D'autre part, la virtualisation permet d'isoler facilement des applications qui ont du mal à coexister.

La virtualisation est un choix d'entreprise, certaines ne virtualisent rien, d'autres tout, mais la majorité trouve un équilibre entre serveurs physiques et serveurs virtualisés.

Actuellement, certains rôles applicatifs comme l'indexation de la recherche dans **Sharepoint Server 2007** sont non-recommandés pour un serveur virtuel car le coût dû aux accès disques peut être vraiment pénalisant en terme de performances.

Il faut toujours conserver à l'esprit les avantages amenés par la virtualisation, comme par exemple le fait de disposer d'un système qui permet de déplacer simplement un serveur virtuel d'un serveur physique à un autre même si le matériel est différent, mais également les désavantages, comme par exemple le temps d'arrêt induit par l'arrêt brutal du serveur physique puisque tous les serveurs virtuels seront arrêtés.

L'avantage de la virtualisation est de pouvoir réunir sur un ordinateur physique des serveurs virtuels dont les recommandations pour leurs rôles respectifs exigent d'être placés en solitaire sur un serveur même si le rôle ne consomme que peu de ressources. Le résultat de la virtualisation se traduit par la diminution du nombre physique de serveurs et a donc un impact non négligeable sur la consommation électrique.

Si le serveur doit être virtualisé, il est nécessaire de s'intéresser aux ressources qui sont consommées comme la mémoire, le processeur, les disques et le réseau. Il faut éviter de placer sur le même **serveur hôte** (serveur physique) des serveurs virtuels qui consomment trop le même type de ressource. Il faut vraiment les placer de manière complémentaire en terme de ressources.

Windows Server 2008 peut être installé en tant que **serveur virtuel** ou en tant que **serveur hôte** soit en utilisant des outils de virtualisation classiques comme **Virtual Server 2005**, soit en utilisant le nouveau moteur de virtualisation **Hyper-V**.

En tant que serveur hôte, le moteur Hyper-V apporte de nouveaux avantages ainsi qu'un gain de performances.

Le tableau suivant montre les possibilités de virtualiser Windows en fonction de quelques solutions existantes :

	Serveur hôte	**Serveur virtuel**
Virtual PC 2007 et Windows Virtual PC (uniquement pour des tests)		x
Virtual Server 2005 R2	x	x
Hyper-V	x	x
VMWare Server	x	x
VMWare ESX		x

Le tableau suivant montre les licences de virtualisation incluses dans chaque édition :

Rôle	**Standard**	**Enterprise**	**Datacenter**	**Itanium**	**Web**
Serveur hôte	1	1	1	1	1
Serveur virtuel	1	4	illimité	0	

Au vu de ce qui précède, le choix de l'édition devient difficile car le coût absolu d'une **édition standard** peut être largement compensé par le nombre de serveurs virtuels que l'on peut utiliser sur les **éditions Enterprise**, **Datacenter** ou **Itanium**.

Avec la virtualisation, le coût a également son importance.

À ce stade, le choix peut encore s'être restreint.

e. Choix d'une édition

Bien que plus chère, l'**édition Enterprise** présente un excellent choix dès que vous virtualisez des serveurs. En effet, la licence permet l'installation de quatre serveurs virtuels. L'**édition Datacenter** permet même de faire tourner un nombre illimité de serveurs virtuels. Son choix s'impose dans des fermes de serveurs virtualisés.

Pour un serveur physique, le choix peut vite devenir cornélien entre une **édition Standard** ou **Enterprise** si la décision est purement technique. Le tableau suivant montre les différences entre ces deux versions.

	Standard	**Enterprise**
Mise en cluster failover	Non	Oui max 16 nœuds
Service ADFS	Non	Oui
Service de certificats AD	Uniquement création d'autorités de certificats	Pas de limitation

	Standard	Enterprise
Service de fichiers	1 DFS root Standalone Pas de réplication DFS-R	Pas de limitation
Service NAP	250 connexions RRAS ; 50 connexions IAS ; 2 groupes de serveurs IAS	Pas de limitation
Service TS	250 connexions TS Gateway	Pas de limitation
Nombre de processeurs physiques max	4	8
Mémoire vive max 32 bits	4 GB	64 GB
Mémoire vive max 64 bits	32 GB	2 TB
Ajout de la mémoire à chaud	Non	supporté
Synchronisation de mémoire à tolérance de pannes	Non	supporté

L'**édition Datacenter** s'impose dès que l'on recherche un serveur applicatif hautement performant, hautement disponible ayant des éléments de tolérance de pannes supplémentaires au niveau du matériel.

L'**édition Itanium** se cantonne aux rôles de serveur **Web** et serveur applicatif.

f. Choix d'une version 32 ou 64 bits

Après le choix de l'édition, vient le choix de la version 32 ou 64 bits.

Bien que tout nouveau serveur soit basé sur du matériel 64 bits, certains pilotes de périphériques ne sont disponibles qu'en version 32 bits incompatible avec la version 64 bits.

D'autre part, la gestion de la mémoire est plus efficace en 64 bits, car une mémoire au-delà des 4 GB n'est pas considérée différemment selon les paramètres indiqués pour le démarrage de Windows.

Le tableau suivant montre ces différences :

	32 bits système d'exploitation	64 bits système d'exploitation
Espace adressable par une application 32 bits	2 GB 3 GB si l'option /3 GB est utilisée et l'application à le bit IMAGE_FILE_LARGE_ADDRESS_AWARE à 1.	2 GB si le paramètre IMAGE_FILE_LARGE_ADDRESS_ADWARE est à 0 (défaut). 4 GB sinon.
Espace adressable par une application 64 bits	Non applicable.	X64 : 8 TB IA-64 : 7 TB si le paramètre IMAGE_FILE_LARGE_ADRESS_ADWARE est à 1 (défaut). sinon 2 GB.
Espace adressable par le noyau	2 GB 1 GB si l'option /3 Gb est utilisée.	8 TB

Des applications disposant d'une version 32 et 64 bits sont généralement plus rapide en 64 bits d'autant plus si elles doivent gérer de grandes quantités de données comme SQL Server par exemple.

L'**Hyper-V** ne s'installe que sur du matériel compatible (x64) 64 bits bien que les serveurs virtuels puissent être 32 ou 64 bits.

Exchange Server 2007 ne s'installe que sur une version 64 bits !

La tendance actuelle est d'installer des versions 64 bits dès que l'on dépasse 4 GB de mémoire vive.

À l'exception du rôle applicatif, les versions 64 bits sont idéales. Le rôle applicatif est plus complexe, car il faut également tester l'application où obtenir de la société éditrice une garantie de fonctionnement en 64 bits.

Par exemple, certains **add-in** comme des **pilotes ODBC** peuvent poser des problèmes lorsqu'ils tournent sur des serveurs de base de données en mode 64 bits. Seule solution, attendre la sortie d'un pilote ODBC 64 bits.

Concernant les pilotes de périphériques, **Windows Server 2008** va encore plus loin car en mode 64 bits, excepté pour l'**édition Itanium**, tous les pilotes en mode **kernel** doivent être signés sous peine de ne pouvoir s'installer. Il faut également tenir compte des exigences des éditeurs applicatifs quant à l'utilisation des versions 32 ou 64 bits.

g. Service Pack

La version RTM (*Release To Manufacturing*) comprend déjà le service Pack 1. Concernant le service Pack 2, Microsoft a abandonné la possibilité pour un administrateur de l'intégrer en utilisant le **slipstreaming** soit une sorte de fusion du SP2 avec la version RTM. En contrepartie, il propose de télécharger directement Windows Server 2008 avec le SP2. C'est cette solution qu'il faut favoriser car elle est la plus simple à utiliser bien qu'il soit possible d'installer la version RTM sur le SP2 et de créer une image utilisable avec le SP2.

h. Choix du matériel

Pour un serveur neuf, le problème des pilotes 64 bits ne devrait pas se poser, ni celui du matériel minimal requis. Pour limiter les risques d'incompatibilité, veillez à toujours contrôler avant l'achat la liste du matériel compatible, que ce soit pour un serveur ou un périphérique.

Pour du matériel **recyclé**, Windows devrait s'installer sans problème avec une version 32 bits. Assurez-vous que le matériel correspond au matériel minimum requis comme indiqué sur le tableau suivant :

Processeur	X86	X64	Itanium
Nombre de processeurs minimal	1	1	2
Puissance minimale	1 GHz	1,4 Ghz	
Puissance conseillée	2 GHZ	2 GHz	
Mémoire minimale	512 MB	512 MB	
Mémoire conseillée	2 GB	2 GB	
Espace disque minimal	10 GB	10 GB	10 GB

Processeur	X86	X64	Itanium
Espace disque conseillé	40 GB	40 Gb	40 Gb
Lecteur de DVD-ROM*	Oui		
Carte graphique VGA (800x600)	Oui		
Clavier, souris*	Oui		
Adaptateur réseau	Oui		

*Pour l'installation manuelle

Assurez-vous également de disposer des pilotes pour la version de Windows Server 2008 que vous allez installer.

N'oubliez pas de mettre à jour le **BIOS** de votre serveur avant son installation. Éventuellement, de modifier certains paramètres avant l'installation pour éviter de devoir réinstaller votre serveur.

Il faut également tenir compte des performances du matériel y compris pour le stockage (SAN) et les cartes réseau (teaming).

i. La conformité par rapport aux stratégies

Il faut également consulter les stratégies de l'entreprise et plus particulièrement les SLA (*Services Level Agreement*). Ceci pour être conforme aux politiques d'achat du matériel/logiciel mais également par rapport aux règles des réseaux et de l'infrastructure existante.

Il faut également mettre à jour la documentation existante.

j. La planification des licences

Les licences et leur coût doivent également être incluses dans la planification. Il n'est pas rare de choisir une édition avancée au lieu d'une édition standard lorsque l'ordinateur et les services seront virtualisés dans l'objectif de réduction des coûts.

C. Installation manuelle

Inst1

L'installation de Windows Server 2008 a été simplifiée et optimisée afin de réduire la durée de l'installation. Le processus d'installation est identique à celui de **Windows Vista**.

L'administrateur ne donnera que quatre informations :

- la langue à utiliser et les paramètres régionaux,
- le numéro de licence,
- l'acceptation du contrat de licence,
- le disque ou la partition d'installation de Windows.

Toutes les autres opérations qui existaient dans les versions précédentes sont maintenant placées dans la phase de configuration initiale.

Pour diminuer la durée d'installation malgré les 8 GB de données, le processus d'installation a abandonné l'installation traditionnelle fichier par fichier au profit d'une installation basée sur le format d'image fichier WIM (*Windows Imaging Format*), plus efficace et rapide.

Installation à partir du DVD

- Pour lancer l'installation, allumez le serveur et insérez le DVD.
- Si vous y êtes invité, démarrez sur le DVD en pressant une touche.
- Après le chargement des fichiers, choisissez la **Langue à installer**, le **Format de l'heure et de la monnaie** ainsi que le **Clavier ou méthode d'entrée** puis appuyez sur **Suivant**.

Sur l'écran qui suit, vous pouvez consulter des informations supplémentaires sur l'installation en cliquant sur **À lire avant d'installer Windows**.

- Continuez l'installation en cliquant sur **Installer**.
- Tapez la clé de licence pour votre version puis cliquez sur **Suivant** (la procédure à cette étape peut légèrement varier en fonction de l'origine de votre média (boîte, le MSDN, etc.)).

Si vous décochez l'option **Activer automatiquement Windows quand je serai en ligne**, vous aurez 60 jours pour activer votre licence. Passé ce délai, il sera obligatoire d'activer votre serveur sous peine de ne tourner qu'avec des fonctionnalités réduites jusqu'à son activation.

L'activation contrôle auprès de Microsoft que votre copie est **Authentique**, c'est-à-dire n'est pas une version contrefaite et n'a pas été installée plus de fois que le nombre maximal autorisé par votre contrat de licence.

Pour effectuer des tests, il est possible de ne pas introduire de clé et de cliquer directement sur le bouton **Suivant**. Vous pouvez poursuivre l'installation et aurez 60 jours de période de grâce pour introduire une clé et activer votre serveur.

Il est également possible d'étendre cette période de grâce 3 fois (soit 240 jours) en utilisant la commande suivante dans une invite de commande : `slmgr -rearm`.

- L'étape suivante consiste à accepter les termes de la licence en activant l'option **J'accepte les termes du contrat de licence**. Cliquez ensuite sur **Suivant**.
- Sur l'écran suivant, sélectionnez le type d'installation **Personnalisée (option avancée)** en cliquant dessus.

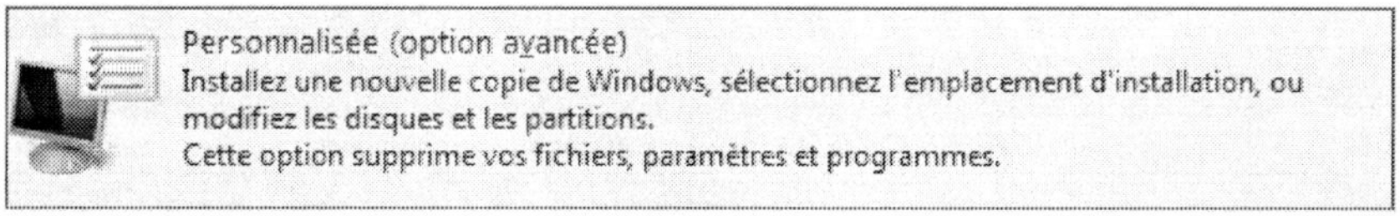

La dernière étape consiste à partitionner et sélectionner le disque dur sur lequel vous allez installer Windows.

Le formatage préalable de la partition n'est pas nécessaire ce qui réduit considérablement la durée de l'installation.

Pour faire apparaître les commandes avancées, cliquez sur **Options de lecteurs (avancées)**. Ce mode permet d'ajouter des pilotes pour des contrôleurs de disque dur, créer, détruire et formater des partitions.

Pour ajouter un pilote de contrôleur de disque non reconnu par Windows, cliquez sur **Charger un pilote** ou appuyez sur [Ctrl] 6.

Le pilote peut se trouver sur une disquette, un CD, un DVD ou une clé USB.

Windows Server 2008 ne crée que des partitions dites **primaires**, c'est-à-dire qui ne contiennent qu'un lecteur logique par partition et qui peuvent être **amorçables**. Il n'y a pas d'inconvénient à créer plusieurs partitions lors de l'installation.

- Si votre disque est déjà partitionné, il suffit de sélectionner la partition prévue pour l'installation puis de cliquer sur **Suivant**.
- Si votre disque dur n'est pas encore partitionné, sélectionnez le disque et si vous ne désirez qu'une seule partition, appuyez sur **Suivant** pour utiliser la totalité du disque ; si vous désirez personnaliser votre disque, cliquez sur **Nouveau** pour créer une partition avec une taille bien définie puis cliquez sur **Suivant**.

Sur un serveur de production, la taille de cette partition devrait avoir au moins 40 GB.

Votre travail est terminé, l'installateur va maintenant installer sur le disque tous les programmes et utilitaires dont l'administrateur a besoin.

Tous les packages des rôles et des fonctionnalités sont stockés sur le disque dur et installés à la demande.

À la fin de l'installation, l'ordinateur redémarre.

D. Configuration initiale

Inst1

Après le redémarrage, Windows va finir l'installation. Pour ouvrir une session, il faut définir un mot de passe pour le compte **administrateur** local de l'ordinateur. Ce mot de passe doit être complexe, c'est-à-dire :

- avoir une longueur d'au moins 6 caractères,
- contenir des caractères d'au moins 3 des 4 catégories suivantes :
  - majuscules,
  - minuscules,
  - chiffres,
  - caractères non alphabétiques (@, $, !, %, &, ...).

Cette règle des stratégies de sécurité est exécutée par défaut.

Ensuite seulement vous pouvez vous connecter et commencer la configuration initiale qui comprend trois parties :

- Informations à fournir sur l'ordinateur.
- Mise à jour du serveur.
- Personnalisation du serveur.

Une fois cette opération terminée, n'oubliez pas de décocher la case à cocher **Ne pas afficher cette fenêtre à l'ouverture de session** en bas de la page.

Si vous désirez ouvrir cet assistant par la suite, tapez simplement dans une invite de commande : `oobe.exe`.

1. Fournir des informations sur l'ordinateur

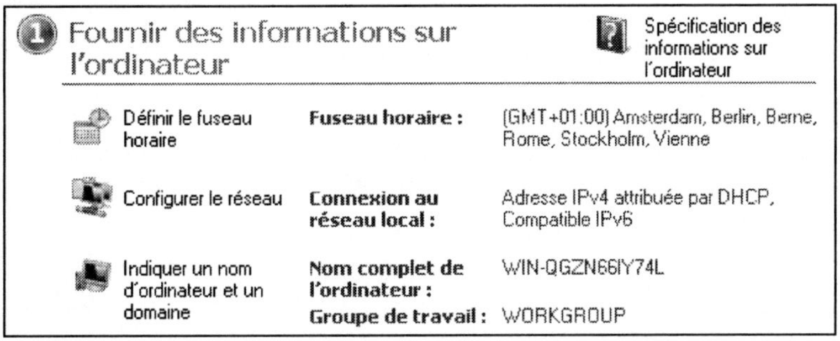

Si le serveur est destiné à rentrer dans un domaine, veuillez juste contrôler que le fuseau horaire est correct. Le serveur se synchronisera automatiquement lorsqu'il rentrera dans le domaine avec le **serveur CD** (Contrôleur de domaine) ayant le **rôle AD** (Active Directory) d'**émulateur PDC** (Primary Domain Controller).

Si le serveur se trouve dans un groupe de travail ou est un contrôleur de domaine pour une nouvelle forêt, vérifiez également que la date et l'heure sont correctes, voire mieux, synchronisez-le avec un serveur de temps externe comme par exemple Time.windows.com.

Le fait de se synchroniser sur une source de temps externe évite les erreurs ayant l'**ID d'événement 134** dans le journal système de l'Observateur des événements.

Si votre serveur doit être configuré avec une adresse statique, cliquez sur **Configurer le réseau** puis sur la carte ou les cartes nécessitant une adresse statique.

Enfin, n'oubliez pas de changer son nom et si nécessaire, de le faire rentrer dans un domaine existant.

Après un changement de nom ou une entrée dans un domaine, un redémarrage est nécessaire.

2. Mettre à jour le serveur

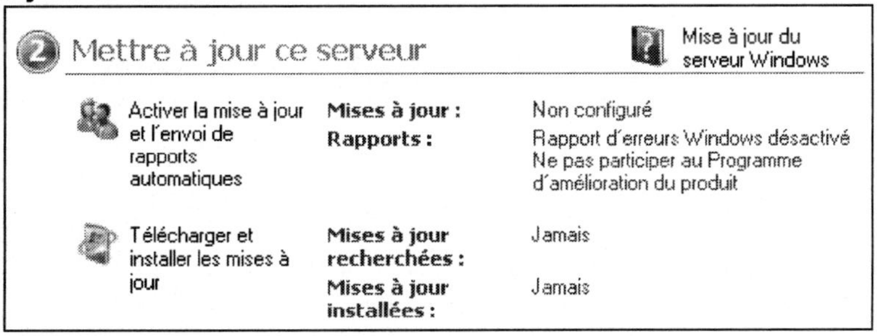

Activer la mise à jour et l'envoi de rapports automatiques est un service qui permet d'envoyer périodiquement des informations à Microsoft concernant votre serveur. Ces informations ne permettent pas à Microsoft d'identifier votre entreprise. Ce service est différent du **Rapport d'erreurs de Windows** qui permet, lors de la rencontre d'un problème, d'envoyer des informations à Microsoft puis de recevoir une réponse au problème.

Télécharger et installer les mises à jour permet d'activer et de configurer les mises à jour de Windows en utilisant Windows Update.

Si c'est le premier serveur de votre réseau, il est recommandé de télécharger et d'installer au plus vite les mises à jour de sécurité.

Il est probable qu'une stratégie de mise à jour existe déjà ; si ce n'est le cas, il est primordial d'en créer une au plus vite qui peut utiliser des technologies de mise à jour Microsoft comme **Windows Update Service**, le **service WSUS** (*Windows Services Update Services*) ou provenant d'outils tiers.

L'utilisation d'une stratégie de groupe pour la gestion des mises à jour est plus efficace et fait partie des meilleures pratiques si l'on désire utiliser l'un des deux services cités ci-dessus.

3. Personnaliser le serveur

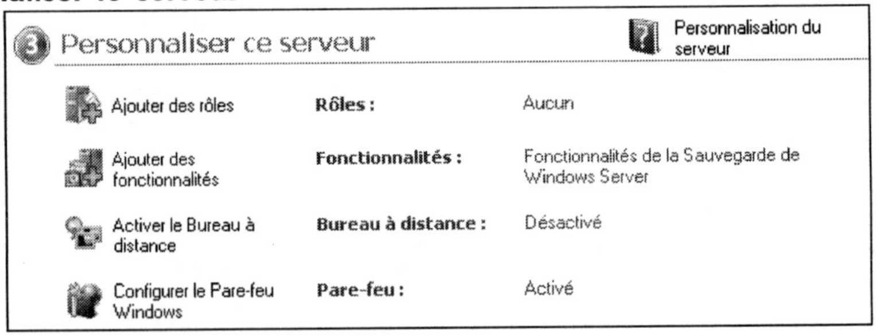

Ajouter des rôles et **Ajouter des fonctionnalités** peuvent facilement être ajoutés plus tard, comme vous le verrez dans le chapitre Outils de configuration et de gestion.

Activer le Bureau à distance active le service permettant de se connecter à distance via l'outil **Connexion Bureau à distance**. Par défaut, ce service est désactivé.

Configurer le Pare-feu Windows permet de modifier les règles du pare-feu de base. Il est préférable de modifier les règles du pare-feu avancé plus tard comme montré dans le chapitre Rôles et fonctionnalités.

E. Installation manuelle avec l'option Core

InstC1

L'installation de Windows Server 2008 avec l'option **Core** est une nouveauté qui n'installe qu'un sous-ensemble de Windows Server 2008. Seuls sont installés les éléments fondamentaux et les packages permettant l'installation des rôles décrits dans la section de planification.

Une installation avec l'option **Core** n'installe ni le **Framework**, ni le Bureau. Ce qui signifie que l'administration locale du serveur se fait via l'invite de commande.

L'installation est également simplifiée et optimisée afin de réduire la durée de l'installation. Le processus d'installation est identique à celui de **Windows Server 2008** sans l'option **Core.**

L'administrateur ne donnera que quatre informations :

- la langue à utiliser et les paramètres régionaux,
- le numéro de licence,
- l'acceptation du contrat de licence,
- le disque ou la partition d'installation de Windows.

Une installation avec l'option Core occupe environ 2 GB.

Installation à partir du DVD

→ Pour lancer l'installation, allumez le serveur et insérez le DVD.

→ Si vous y êtes invité, démarrez sur le DVD en pressant une touche.

→ Après le chargement des fichiers, choisissez la **Langue à installer**, le **Format de l'heure et de la monnaie** ainsi que le **Clavier ou méthode d'entrée** puis appuyez sur **Suivant.**

→ Vous pouvez consulter des informations supplémentaires sur l'installation en cliquant sur **À lire avant d'installer Windows** et continuez l'installation en cliquant sur **Installer.**

→ Tapez la clé de licence pour votre version puis cliquez sur **Suivant** ou sélectionnez l'image à installer comme le montre l'image suivante.

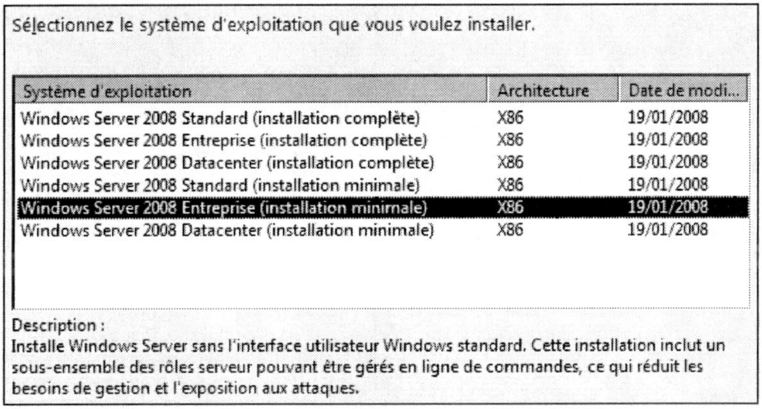

Si vous décochez l'option **Activer automatiquement Windows quand je serai en ligne**, vous aurez 60 jours pour activer votre licence. Passé ce délai, il sera obligatoire d'activer votre serveur sous peine de ne tourner qu'avec des fonctionnalités réduites jusqu'à son activation.

L'activation contrôle auprès de Microsoft que votre copie est **Authentique** c'est-à-dire n'est pas une version contrefaite et n'a pas été installée plus de fois que le nombre maximal autorisé par votre contrat de licence.

Pour effectuer des tests, il est possible de ne pas introduire de clé et de cliquer directement sur le bouton **Suivant.** Vous pouvez poursuivre l'installation et aurez 60 jours de période de grâce pour introduire une clé et activer votre serveur.

Il est également possible d'étendre cette période de grâce 3 fois (soit 240 jours) en utilisant la commande suivante dans une invite de commande : `slmgr -rearm`.

- L'étape suivante consiste à accepter les termes de la licence en activant l'option **J'accepte les termes du contrat de licence**. Cliquez ensuite sur **Suivant**.
- Sélectionnez le type d'installation **Personnalisée (option avancée)** en cliquant dessus.

La dernière étape consiste à partitionner et sélectionner le disque dur sur lequel vous allez installer Windows.

Le formatage préalable de la partition n'est pas nécessaire ce qui réduit considérablement la durée de l'installation.

Pour faire apparaître les commandes avancées, cliquez sur **Options de lecteurs (avancées)**. Ce mode permet d'ajouter des pilotes pour des contrôleurs de disque dur, créer, détruire et formater des partitions.

Pour ajouter un pilote de contrôleur de disque non reconnu par Windows, cliquez sur **Charger un pilote** ou appuyez sur [Ctrl] 6.

Le pilote peut se trouver sur une disquette, un CD, un DVD ou une clé USB.

Windows Server 2008 ne crée que des partitions dites **primaires**, c'est-à-dire qui ne contiennent qu'un lecteur logique par partition et qui peuvent être **amorçables**. Il n'y a pas d'inconvénient à créer plusieurs partitions lors de l'installation.

- Si votre disque est déjà partitionné, il suffit de sélectionner la partition prévue pour l'installation puis de cliquer sur **Suivant**.
- Si votre disque dur n'est pas encore partitionné, sélectionnez le disque et si vous ne désirez qu'une seule partition, appuyez sur **Suivant** pour utiliser la totalité du disque ; si vous désirez personnaliser votre disque, cliquez sur **Nouveau** pour créer une partition avec une taille bien définie puis cliquez sur **Suivant**.

Sur un serveur de production, la taille de cette partition devrait avoir au moins 20 GB.

Votre travail est terminé, l'installateur va maintenant installer sur le disque tous les programmes et utilitaires dont l'administrateur a besoin.

Tous les packages des rôles et des fonctionnalités sont stockés sur le disque et installés à la demande.

À la fin de l'installation, l'ordinateur redémarre.

F. Configuration initiale d'une installation manuelle avec l'option Core

InstC1

Après le redémarrage, Windows va finir l'installation. Pour ouvrir une session, il faut définir un mot de passe pour le compte **administrateur** local de l'ordinateur.

Ce mot passe doit être complexe, c'est-à-dire :
- avoir une longueur d'au moins 6 caractères,
- contenir des caractères d'au moins 3 des 4 catégories suivantes :
  - majuscules,
  - minuscules,
  - chiffres,
  - caractères non alphabétiques (@, $, !, %, &, ...).

Cette règle des stratégies de sécurité est exécutée par défaut.

Votre serveur est actuellement configuré avec des paramètres par défaut qu'il faut modifier. Il s'agit :
- de la configuration du fuseau horaire,
- de la configuration de l'adressage IP,
- de l'activation de Windows Server 2008,
- du changement de nom de l'ordinateur,
- de l'intégration à un domaine ou un autre groupe de travail.

Concernant les outils de gestion et la configuration du pare-feu, les paramètres sont :
- Autoriser l'accès via le bureau distant.
- La gestion distante du pare-feu.
- La gestion à distance via une **console MMC**.
- L'activation de **Windows RemoteShell**.

Enfin, les commandes suivantes sont utiles à connaître pour :
- Activer les mises à jour automatiques.
- Modifier le mot de passe de l'administrateur local.
- Modifier les paramètres régionaux.
- Se déconnecter du serveur.
- Arrêter le serveur.

1. Configurer le fuseau horaire

Par défaut, le fuseau horaire sélectionné est celui qui est défini avec le format de l'heure et de la monnaie choisi lors de l'installation. Il n'est normalement pas nécessaire de le modifier ; dans le cas contraire, il doit être modifié manuellement.

Malheureusement, il n'existe pas de commande pour le modifier ; l'opération consiste à appeler l'applet du Panneau de configuration permettant de modifier la date, l'heure et le fuseau horaire.

→ Dans l'invite de commande, tapez `control timedate.cpl` puis appuyez sur [Entrée].

→ Dans la boîte de dialogue **Date et heure**, cliquez sur **Changer de fuseau horaire**.

→ Dans la boîte de dialogue **Paramètres de fuseau horaire**, sélectionnez le bon fuseau horaire et cochez l'option **Ajuster l'horloge pour l'observation automatique de l'heure d'été** si vous y êtes soumis, puis cliquez sur **OK** deux fois.

Il est également possible de changer la date et l'heure pendant cette opération, ce qui est inutile si le serveur doit rejoindre un domaine.

2. Configurer l'adressage IP

Par défaut, l'adressage IP est configuré de manière à recevoir une **adresse IP** provenant d'un serveur **DHCP**.

S'il faut attribuer une **adresse IP statique** au serveur, il faut utiliser la commande **netsh**.

Il n'est pas possible d'appeler l'applet correspondant **ncpa.cpl**.

→ Pour configurer une adresse **IP statique**, tapez dans l'invite de commande :

```
netsh interface ipv4 show interface
```

Le résultat affiche la liste des interfaces logiques et physiques. Notez la valeur **IDx** de la carte réseau dont vous voulez modifier l'adresse IP.

```
netsh interface ipv4 set address name="<IDx>" source=static
address=<adresseIP> mask=<MasqueDeSousRéseau>
gateway=<PasserelleParDéfaut>
```

```
netsh interface ipv4 add dnsserver name="<IDx>" address=
<AdresseIPDNS> index="PositionDuServeurDNS"
```

Si vous n'avez qu'un seul serveur DNS, la valeur de l'index est égale à 1. Sinon, retapez cette dernière commande avec l'adresse du second serveur DNS en y incrémentant la valeur de l'index de 1.

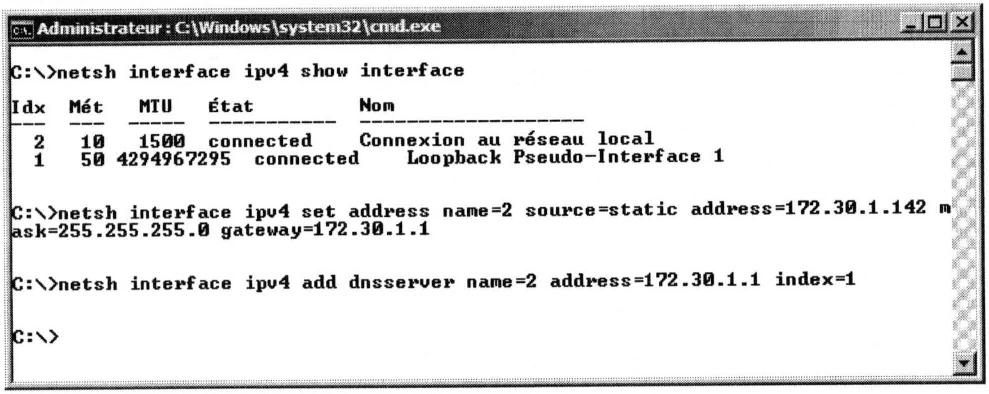

```
Administrateur : C:\Windows\system32\cmd.exe

C:\>netsh interface ipv4 show interface

Idx  Mét   MTU    État          Nom
---  ---  -----  -----------  -------------------
  2   10   1500  connected    Connexion au réseau local
  1   50 4294967295  connected     Loopback Pseudo-Interface 1

C:\>netsh interface ipv4 set address name=2 source=static address=172.30.1.142 m
ask=255.255.255.0 gateway=172.30.1.1

C:\>netsh interface ipv4 add dnsserver name=2 address=172.30.1.1 index=1

C:\>
```

→ Pour recevoir une adresse IP provenant d'un serveur **DHCP**, tapez :

```
netsh interface ipv4 show interface
```

Le résultat affiche la liste des interfaces logiques et physique. Notez la valeur IDx de la carte réseau à modifier.

```
netsh interface ipv4 show interface
netsh interface ipv4 set address name="<IDx>" source=dhcp
netsh interface ipv4 delete dnsserver name="<IDx>" all
```

3. Activer Windows Server 2008

→ Pour activer Windows Server 2008 via Internet depuis le serveur, tapez dans l'invite de commande Slmgr.vbs -ato.

→ Pour activer Windows Server 2008 à distance, tapez la commande suivante :
Slmgr.vbs <NomDuServeur> <NomdeL'administrateur> <MotdePasse Administrateur> -ato

Sous réserve d'avoir configuré l'accès Internet et ne supporte pas l'authentification proxy.

4. Renommer l'ordinateur

→ Pour renommer l'ordinateur, tapez les commandes suivantes dans l'invite de commande :

- hostname pour afficher le nom actuel de l'ordinateur.
- netdom renamecomputer <NomDel'Ordinateur> /NewName :<NouveauNomDel'Ordinateur>

→ À la question suivant l'avertissement **Voulez-vous continuer (O ou N) ?** tapez o.

→ Il faut redémarrer l'ordinateur pour que le nouveau nom soit pris en compte :
shutdown /r /t 0

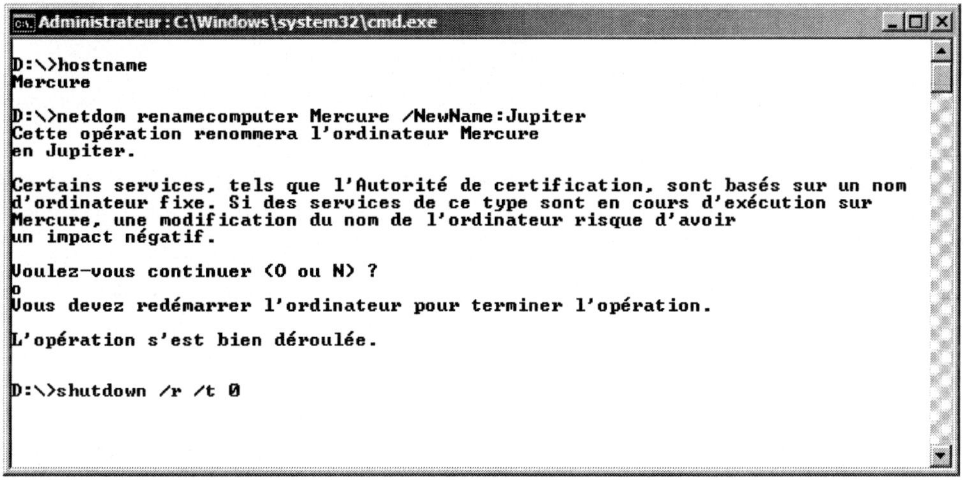

5. Joindre un domaine

→ Pour joindre un domaine, il faut taper les commandes suivantes :
netdom join <NomDel'Ordinateur> /domain :<NomDuDomaine> /userd:<Nomdel'Administrateur> /passwordd :<MotDePasse>

ou *

Pour le mot de passe, il est préférable d'utiliser l'astérisque * plutôt que de taper le mot de passe qui sera affiché en clair. Le mot de passe vous sera demandé à l'exécution de la commande. Il est obligatoire de taper l'option **/passwordd** sinon le résultat de la commande est en échec.

Il est possible de placer directement le serveur dans une Unité d'organisation avec l'option /OU :<CheminDel'Unitéd'Organisation>. Par défaut, le serveur est placé dans le container **Computer**.
Il est possible de forcer l'ordinateur à redémarrer automatiquement à la fin de l'opération avec l'option /Reboot :<DuréeEnSecondes>.

Le groupe des administrateurs de domaine est automatiquement ajouté au groupe des administrateurs locaux.

→ Pour quitter un domaine, tapez :

- netdom remove <NomDel'Ordinateur> /userD :<Nomdel'AdministrateurDeDomaine> /passwordd :*
- shutdown /r /t 0

6. Activer le Bureau à distance

Pour activer le Bureau à distance, les commandes sont les suivantes :

- cscript %windir%\system32\scregedit.wsf /ar 0
  Active le Bureau à distance (0 signifie activation et 1 désactivation). L'accès est permis uniquement pour des clients distants Windows Server 2008 ou Windows Vista (RDP 6.1).
- cscript %windir%\system32\scregedit.wsf /cs 0
  Permet également un accès avec des clients Windows Server 2003 ou Windows XP (RDP 6.0), donc moins sécurisé.

Il est recommandé d'activer le Bureau à distance une fois que l'ordinateur a joint le domaine sinon il faut désactiver la règle **Bureau à distance (TCP-Entrée)** du profil **public** et retaper la commande.

7. Autoriser la gestion du pare-feu à distance

Afin de simplifier l'accès au serveur **Core**, il peut être utile d'autoriser la gestion du pare-feu à distance. Cela permettra par la suite d'utiliser l'interface graphique au lieu de la commande **netsh**.

→ Pour autoriser l'accès à distance, tapez la commande :

```
netsh advfirewall set currentprofile settings remotemanagement enable
```

8. Autoriser la gestion à distance à l'aide de la console MMC

Par défaut, il n'est pas possible d'utiliser une console MMC pour gérer un serveur Core, il est nécessaire d'autoriser la console MMC dans le pare-feu en tapant la commande suivante :

```
netsh advfirewall firewall set rule group="Administration distante" new
enable=yes
```

Il est possible d'utiliser l'interface graphique du pare-feu et d'activer les trois règles qui commencent par **Administration à distance**.

9. Activer Windows RemoteShell

➜ Tapez la commande suivante : `winrm quickconfig`

10. Activer les mises à jour automatiques

Par défaut, le serveur n'est pas configuré pour aller chercher des mises à jour. Il faut taper la commande suivante pour l'activer :

```
cscript %windir%\system32\scregedit.wsf /au 4
```

4 active les mises à jour automatiques, 1 les désactive.

Si le serveur entre dans un domaine, ces paramètres devraient être configurés par une stratégie de groupe.

11. Modifier le mot de passe administrateur

➜ Pour modifier le mot de passe de l'administrateur local, tapez la commande suivante : `net user administrateur *` puis appuyez sur [Entrée].

➜ Tapez le nouveau mot de passe puis appuyez sur [Entrée].

➜ Confirmez le mot passe en le retapant puis appuyez sur [Entrée].

12. Modifier les paramètres régionaux

S'il est nécessaire de modifier les paramètres régionaux, tapez la commande suivante : `control intl.cpl`

13. Déconnecter

➜ Pour vous déconnecter, tapez `logoff`.

14. Arrêter le serveur

➜ Pour arrêter le serveur **Core**, tapez la commande suivante : `shutdown /s /t 0`

Sur le site www.codeplex.com, l'utilitaire **core configuration** offre une alternative à l'invite de commande.

G. Mise à jour vers Windows Server 2008

La mise à jour vers Windows Server 2008 n'est pas du tout conseillée même si c'est possible. En effet, il ne suffit pas de mettre à jour le système d'exploitation, mais également de reconfigurer la plupart des services. Par conséquent, le risque d'avoir une incompatibilité ou une erreur est grand car même si certains services ou applications disposent de la même interface utilisateur, leur fonctionnement interne peut être totalement différent. Il est préférable de réinstaller complètement le serveur en effectuant une nouvelle installation.

Microsoft recommande de toujours effectuer une nouvelle installation.

Si vous êtes tenté par une mise à jour, consultez au préalable les trois **livres blancs** de Microsoft concernant les problèmes connus pour la mise à jour vers Windows Server 2008 (http://go.microsoft.com/fwlink/?LinkId=110830), le guide pour effectuer une mise à jour (http://go.microsoft.com/fwlink/?LinkId=110829) et les considérations concernant les applications lors d'une mise à jour vers Windows Server 2008 (http://go.microsoft.com/fwlink/?LinkId=110831).

- Avant d'effectuer une mise à jour, vérifiez que le matériel actuel correspond au moins au minimum requis pour faire fonctionner Windows Server 2008.

- Un soin particulier doit être pris concernant les applications et leur compatibilité avec Windows Server 2008. Assurez-vous auprès de votre fournisseur qu'il n'existe pas d'incompatibilité connue.

Système d'exploitation	Option de mise à jour	
Windows Server 2003 édition Standard	+ SP1 + SP2 R2	Windows Server 2008 édition Standard ou Entreprise avec ou sans Hyper-V
Windows Server 2003 édition Enterprise	+ SP1 + SP2 R2	Windows Server 2008 edition Enterprise ou avec Datacenter ou sans Hyper-V
Windows Server 2003 édition Datacenter	+ SP1 + SP2 R2	Windows Server 2008 édition Datacenter

Il faut noter que les mises à niveau basées sur une architecture croisée (X86→X64 ou inverse) ne sont pas supportées.

Au vu de ce qui précède, on ne peut que conseiller d'installer Windows Server 2008 sur un nouveau serveur et de migrer les services un à un vers les rôles correspondants.

Le tableau suivant montre les recommandations concernant les rôles :

Rôle serveur	Recommandations de mise à jour
Active Directory Certificate Services	Si vous avez une autorité de certification dans votre entreprise, déplacez-la sur un ordinateur différent.
Active Directory Domain Services	1. Installez le rôle ADDS sur un serveur Windows Server 2008 membre du domaine racine de la forêt. 2. Mettez à jour les contrôleurs de domaine qui héberge le rôle de maître d'opération de noms. 3. Pour chaque domaine, mettez à jour le contrôleur de domaine qui dispose du rôle de maître émulateur PDC. 4. Continuez à mettre à jour les contrôleurs de domaine.
Active Directory Federation Services	Aucun problème connu.
Active Directory Lightweight Services	Lors de la mise à jour, le rôle ADAM est converti en AD-LDS. Consulter également le document AD-LDS Setting Started Step-by-Step guide (en anglais).
Active Directory Rights Management Services	Nouveau rôles.
Serveur applicatif	Il n'est pas possible de mettre à jour ce rôle de 2003 vers 2008. Il faut le réinstaller.
Serveur DHCP	Pas d'infos.

Rôle serveur	Recommandations de mise à jour
Serveur DNS	Des problèmes peuvent survenir principalement si les protocoles ISATAP et WSUAD sont utilisés.
Serveur Fax	Possible mais certains paramètres doivent être reconfigurés comme Fax partagé, paramètre de sécurité, comptes d'utilisateur fax.
Services de fichier	Wsadmin remplace ntbackup.
Hyper-V	Nouveau rôle.
Network Access Protection	Tous les composants nécessaires doivent être mis à jour : IAS : Network Policy Serveur (tous les cas). VPN : VPN (2008) pour les contraintes VPN. DHCP : DHCP (2008) pour les contraintes DHCP. TS gateway : TS gateway (2008) pour les contraintes TS-gateway.
Services d'impression	Toutes les imprimantes et les pilotes d'imprimante sont supprimés. Il est préférable de migrer les imprimantes en utilisant l'outil printbrm.exe.
Rôle serveur	Recommandation de mise à jour.
Service de media streaming	La mise à jour est possible mais peut s'avérer délicate. Il est conseillé de consulter le document "Update the Windows Media Server Platform" en anglais
Service UDDI	La mise à jour est possible.
Service Web IIS	Il est possible de mettre à jour ce rôle en effectuant une migration.
Service WDS	La mise à jour est possible entre un serveur RIS et un serveur WDS.
WSUS	Pas d'infos !
Services Terminal Service	Il n'existe pas de problèmes connu pour les mises à jour des serveurs Terminal Services de 2003 vers 2008. Par contre il est nécessaire de disposer de Cals 2008.

Le grand avantage de réinstaller le serveur est surtout de garantir qu'il n'y a pas de pollution de la base de registre ou des répertoires importants. D'autre part, il n'est pas possible de mettre à jour une version 32 bits vers une version 64 bits.

Développer un plan de mise à jour

Pour un plan de mise à jour, il faut prendre en considération les points suivants :

- Quelle est la stratégie pour le remplacement des serveurs ?
- Quelle est la stratégie pour le remplacement des matériels ?
- Est-il possible de consolider le rôle ?
- Est-il possible de virtualiser le rôle ?
- Faut-il utiliser un système d'exploitation 64 bits ?

H. Mise à jour d'une édition de Windows Server 2008 vers une autre édition

Il est tout à fait possible de mettre à jour une édition de Windows Server 2008 vers une autre édition de Windows Server 2008 comme le montrent les images suivantes.

Édition Windows Server 2008

Édition Windows Server 2008 sans Hyper-V

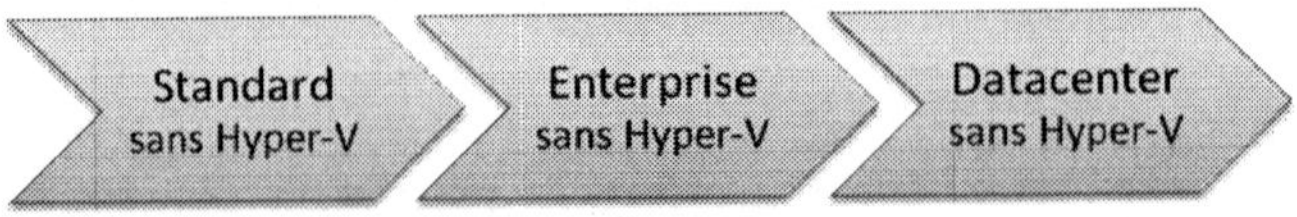

Il n'est pas possible de passer d'une installation avec l'option **Core** vers une installation complète sans réinstaller le serveur.

I. Le format d'image WIM

Le nouveau format d'image appelé WIM (*Windows Image Format*) est un format d'image de disque orienté fichier contrairement aux autres formats d'images orientés secteur. Cela signifie que l'image ne contient pas forcément un code d'exécution pour l'installation et qu'il faut disposer d'un autre outil pour démarrer l'installation. Dans Windows, c'est le rôle du fichier boot.wim marqué comme étant bootable qui contient une image de Windows PE exécutable en mémoire RAM. Dès lors, l'image WIM n'est pas sensible au matériel.

Il se compose :

- D'un en-tête appelé **WIM Header** qui contient des informations sur le contenu du fichier WIM comme par exemple le nombre d'images contenues, l'emplacement des fichiers de ressources, l'algorithme de compression utilisé, etc.
- Des **ressources de méta données WIM** soit un par image de système d'exploitation qui inclut des informations sur les fichiers capturés ainsi que la structure des répertoires et des attributs de fichiers.
- Des **fichiers de ressources WIM**, containers qui contiennent des segments compressés d'un fichier capturé. Le fichier est divisé en segments de 32 Ko puis compressé avant d'être placé dans un fichier de ressources.
- De la **table de Lookup**, contenant les informations sur l'emplacement des fichiers de ressources dans l'image WIM.
- De données XML, contenant des données sur l'image du système d'exploitation.
- De la **table d'intégrité**, qui permet de vérifier l'intégrité d'une image grâce à ses informations de hash.

Si plusieurs images d'un système d'exploitation sont contenues dans un fichier WIM, les fichiers identiques ne sont enregistrés qu'une seule fois et sont donc partagés entre les images d'un système d'exploitation, on parle alors d'instance unique de fichier.

Il est également possible de scinder un fichier WIM en plusieurs parties, dans ce cas, l'extension devient SWM.

J. Installation automatisée à l'aide d'un fichier de réponses

Il peut paraître étrange d'automatiser l'installation d'un serveur alors que cette méthode est largement répandue pour les stations de travail. Lorsque cette question est posée aux administrateurs, la réponse reçue comprend généralement les objections suivantes :

- le nombre de serveurs à installer est faible,
- l'installation de serveurs n'est pas fréquente,
- la durée d'installation d'un serveur est inférieure à la durée nécessaire pour automatiser l'installation,
- il n'y a aucun gain à automatiser l'installation d'un serveur

À entendre ces administrateurs, il est totalement inutile d'automatiser l'installation des serveurs. Pourtant, l'automatisation de l'installation permet entre autre :

- De diminuer les erreurs d'installation et de configuration initiale, il faut entendre les erreurs de saisie.
- La possibilité de réinstaller un serveur à l'identique que ce soit pour un environnement de production ou de développement.
- D'installer un cluster selon les meilleures pratiques en garantissant la même installation pour les nœuds.
- D'installer les pilotes en même temps que le système d'exploitation.

L'installation automatisée s'avère nécessaire pour toute gouvernance de l'administration.

Pour automatiser l'installation, il est possible d'utiliser un fichier de réponses ou une image. Microsoft a réuni tous les outils nécessaires pour préparer le déploiement de Windows 2008 et Windows Vista dans un groupe d'applications appelé WAIK (*Windows Administration Installation Kit*) qui est téléchargeable gratuitement du site Web de Microsoft.

1. Processus d'installation

Le processus d'installation est identique pour une installation manuelle ou automatisée. Ce qui change, ce sont les informations à fournir au processus pour terminer l'installation.

Le processus d'installation est composé de trois étapes soit :

1. Étape Windows PE. Si l'installation démarre à partir du DVD ou d'une clé USB, les actions suivantes sont effectuées :

- Lecture et application des informations provenant du fichier de réponses. Le fichier de réponses est soit le fichier de réponses existant avec chaque image soit un fichier de réponses personnalisé.
- Configuration du disque et des partitions.
- Copie de l'image du système d'exploitation sur le disque.
- Préparation de l'environnement de démarrage (BCD).

- Application des paramètres de la passe OfflineServicing du fichier de réponses.

2. Étape Online configuration (ou FirstBoot), les paramètres spécifiques à l'ordinateur sont appliqués soit :

- Transmission des options OOBE (*Out-of-Box-Experience*).
- Exécution des tâches finales de nettoyage.
- Génération du nom de l'ordinateur, des comptes et des mots de passe.
- Démarrage du Bureau.

3. Étape Windows Welcome, l'installation est finalisée et les actions suivantes sont exécutées :

- Application des paramètres provenant de la passe oobeSystem du fichier de réponses.
- Application du contenu des paramètres définis dans le fichier oobe.xml.
- Démarre Windows Welcome.

Lors d'une installation manuelle, vous devez indiquer des informations uniquement lors de l'étape 1. Si vous créez un fichier de réponses, certaines informations ou la totalité peuvent déjà être remplies grâce au fichier de réponses. Celui-ci est au format XML et plus au format **ini** des versions précédentes de Windows Server 2008/Windows Vista. Le fichier de réponses est organisé en passes, pour chaque passe, des paramètres spécifiques peuvent être introduits afin d'éviter à l'administrateur de les remplir. L'expérience montre que la difficulté pour la création d'un fichier de réponses est de connaître quel paramètre placer et surtout dans quelle passe, car certains peuvent être placés dans plusieurs passes. Les différentes passes sont :

Passe	Description
Windows PE	Configuration des options Windows PE et des options du Setup de Windows comme configuration des disques, partitions, EULA, clé d'activation, etc.
OfflineServicing	Applique les mises à jour à l'image Windows comme les packages, les correctifs, les packs de langue, etc.
Specialize	Applique les informations spécifiques au système comme les paramètres réseaux, les informations de domaine. L'ordinateur est rendu unique.
Generalize	Permet de configurer les options utilisées par la commande sysprep /generalize ainsi que les paramètres persistant de l'image de référence.
AuditSystem	Applique les paramètres du système avant l'ouverture de session. Cette passe ne s'exécute qu'en mode Audit. Le mode Audit permet aux intégrateurs ainsi qu'aux entreprises de personnaliser l'image.
AuditUser	Applique les paramètres du contexte de l'utilisateur après la première ouverture de session. Cette passe ne s'exécute qu'en mode Audit.
OobeSystem	Applique les paramètres Windows avant que Windows Welcome démarre

Passes pour installer Windows à l'aide d'un fichier de réponses

2. L'outil WAIK

WAIK a été conçu pour rassembler dans un seul DVD toutes les applications nécessaires pour déployer un système d'exploitation Windows à partir de Windows Vista/Windows Server 2008. La version actuelle 3.0 inclut également la possibilité de créer des fichiers de réponses pour Windows Seven et Windows Server 2008 R2 incluant le SP1. Il est également recommandé d'utiliser la dernière version de l'outil WAIK.

Le tableau suivant montre les outils principaux qui sont inclus dans WAIK et leur utilité.

Outils	Description
Windows System Image Manager (Windows SIM)	Outil utilisé pour créer des fichiers de réponses en fonction de l'image Windows à déployer.
ImageX	Outil utilisé pour créer, capturer, modifier des images Windows et les appliquer.
Service et gestion de déploiement d'images DISM	Outil utilisé pour appliquer les mises à jour, les pilotes et les packs de langue à une image.
Windows Preinstallation Environment Windows PE	Un environnement minimal de Windows utilisé pour préparer l'ordinateur qui sera déployé. Windows PE n'est chargé qu'en mémoire RAM.
User State Migration Tool (USMT)	Outil pour migrer les données des utilisateurs entre deux ordinateurs.

a. Installation de WAIK

Win1

Avant d'installer WAIK, il faut le télécharger du site de Microsoft. La taille de l'image ISO varie entre 1,2 et 1,6 GB selon la version. Il sera utilisé dans le livre la version 2.0.

➔ Si vous utilisez une image virtuelle, insérez l'image ISO en tant que disque DVD, sinon extrayiez le contenu ou gravez-le sur un DVD.

➔ Si le démarrage automatique ne lance pas, démarrez l'application StartCD.exe de la racine du DVD.

➔ Dans la fenêtre **Bienvenue dans le kit d'installation automatisée (Windows AIK)**, cliquez sur **Installation du Kit**.

➔ Dans la fenêtre de l'assistant **Assistant Installation de Kit d'installation automatisée (Windows AIK)**, cliquez sur **Suivant**.

➔ Dans la fenêtre **Termes du contrat de licence**, cliquez sur l'option **J'accepte** avant de cliquer sur **Suivant**.

➔ Sur la fenêtre **Sélection du dossier d'installation**, modifiez éventuellement l'emplacement du dossier puis cliquez sur **Suivant**.

➔ Dans la fenêtre **Confirmation de l'installation**, cliquez sur **Suivant** et patientez pendant l'installation.

➔ Dans la fenêtre **Installation terminée**, contrôlez que l'installation est réussie puis cliquez sur **Fermer**. L'installation de WAIK est terminée.

WAIK s'installe en fonction de l'édition 32 ou 64 bits. Sur une édition 32 bits, il est possible de créer des fichiers de réponses pour des systèmes d'exploitation 32 ou 64 bits, alors qu'avec une édition 64 bits, seuls des fichiers de réponses 64 bits sont possibles.

3. Préparation d'une image en lecture/écriture

Win1

WAIK requiert l'accès à une image WIM en lecture et écriture. C'est la raison pour laquelle, il est nécessaire de copier le contenu du DVD d'installation ou de l'image ISO dans un dossier local.

- Sur l'ordinateur où WAIK est installé, créez un dossier appelé par exemple win2008, dans le chemin c:\win2008 SP2.
- Copiez le contenu du DVD ou de l'image ISO de Windows Server 2008 ou Windows Server 2008 SP2 dans le répertoire nouvellement créé.

4. Création d'un fichier de réponses

Win1

Pour créer un fichier de réponses, il faut utiliser l'outil Gestionnaire d'images système Windows de WAIK. Un fichier de réponses est créé en se basant sur une image système contenue dans un fichier WIM soit par défaut en utilisant le DVD d'installation soit en utilisant l'image de Windows Server 2008 copiée précédemment.

Au minimum, un fichier de réponses doit contenir des informations pour les passes WinPE, specialize et oobeSystem.

Le tableau suivant montre les éléments importants à ajouter :

Phase	Élément
WinPE	Langue d'installation Disposition du clavier Configuration du disque Où installer l'image
Specialize	Écran Nom de l'ordinateur
oobeSystem	(Mot de passe de l'administrateur)

- Cliquez sur le menu **Démarrer - Tous les Programmes - Microsoft Windows AIK** et enfin sur **Gestionnaire d'images système Windows**. L'application suivante s'ouvre.

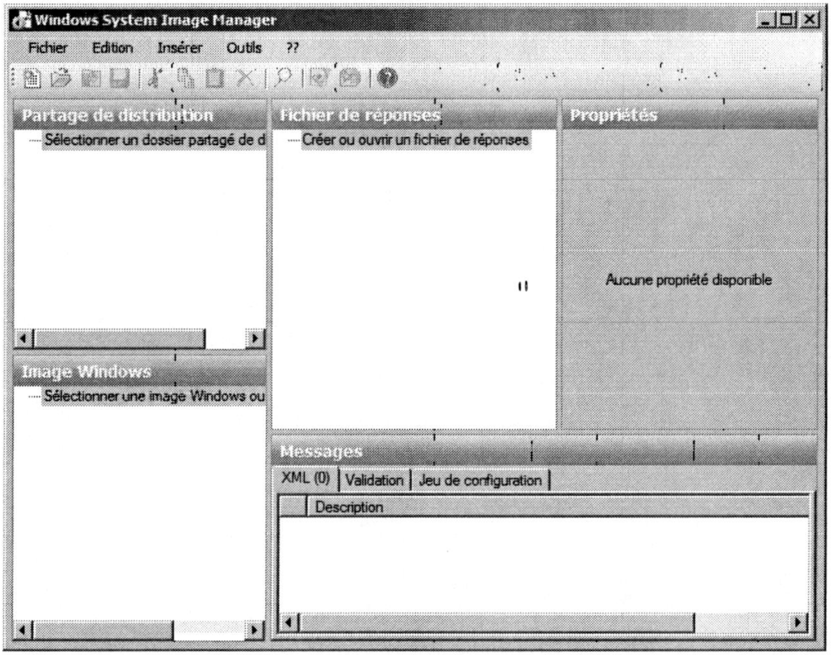

L'application est divisée en cinq volets. Le volet **Image Windows** vous permet de sélectionner une image WIM qui peut contenir plusieurs images systèmes ou un fichier catalogue **clg** prévu pour une seule image système. Le volet **Fichier de réponses** qui contient les différents éléments de votre fichier de réponses organisé en fonction des différentes phases. Le volet **Propriétés** qui contient les valeurs des paramètres modifiables pour chaque élément du volet fichier de réponses. Le volet **Messages** qui affiche le type de message, le descriptif et l'endroit où le problème est survenu selon différents affichages en fonction de l'onglet sélectionné. La zone **Partage de distribution** qui permet d'ajouter de nouveaux éléments comme des pilotes, des applications en utilisant un chemin réseau spécifique qui sera utilisé lors du déploiement.

La suite de la procédure montre un exemple pour créer un fichier de réponses qui sera utilisé pour installer le serveur **Inst2**.

- La première étape consiste à sélectionner l'image système à installer en cliquant avec le bouton droit de la souris sur **Sélectionnez une image Windows ou un fichier catalogue** du volet **Image Windows**.
- Dans la boîte de dialogue **Sélectionner l'image Windows**, sélectionnez le dossier **win2008** (c:\win2008), créé dans une section précédente puis déplacez-vous dans le dossier sources. Il existe deux fichiers WIM soit boot.wim qui contient une image de winpe sur laquelle démarre l'installation et install.wim qui contient les images systèmes à installer. Il faut sélectionner **install.wim** puis cliquer sur **Ouvrir**.

Il serait également possible de sélectionner un fichier catalogue (*.clg) qui ne contient que les informations pour une édition spécifique.

- La fenêtre **Sélectionner en tant qu'image** s'ouvre, sélectionnez **Windows Longhorn SERVERENTERPRISE** et cliquez sur **OK**.
- Si un message vous invite à créer un fichier catalogue, cliquez sur **Oui**. Une fois l'image sélectionnée, vous devriez voir deux dossiers sous l'image sélectionnée comme le montre l'image suivante.

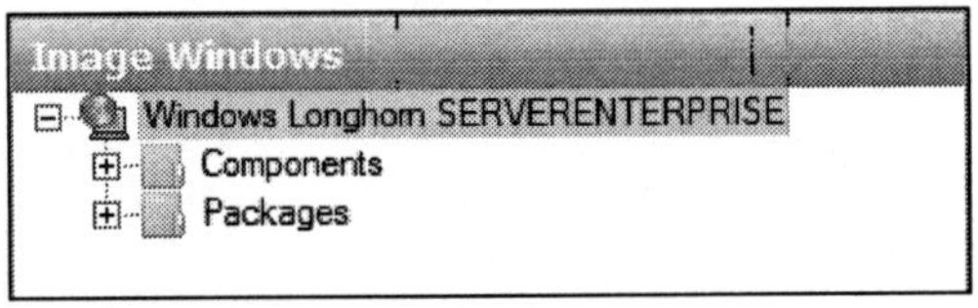

- Maintenant, vous pouvez cliquer sur **Nouveau fichier de réponses** du menu **Fichier**. Il aurait été possible de commencer par cette action et Windows System Image Manager vous aurait demandé de sélectionner une image. Le volet **Fichier de réponses** apparaît comme le montre l'image suivante.

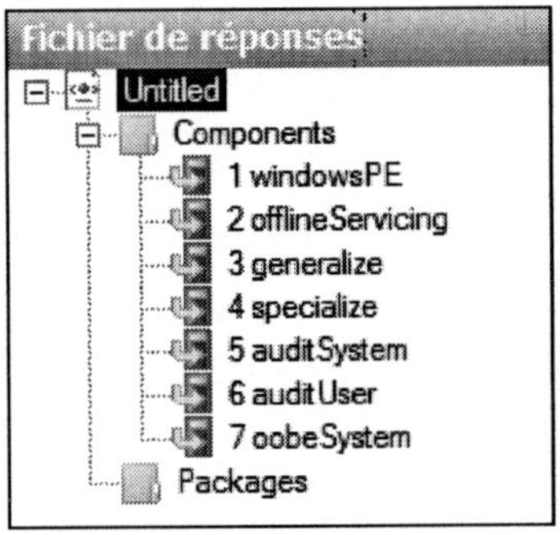

- Commencez par sauvegarder le fichier sous le nom **autounattend.xml** et enregistrez-le régulièrement.
- À ce stade, il est possible d'ajouter des paramètres. Le premier élément concerne le partitionnement du disque, dans l'énoncé (chapitre Création du bac à sable pour effectuer les ateliers), le disque est partitionné en 2, la première partition est de 50 GB et la deuxième occupe l'espace restant.

Sur une édition 64 bits, remplacez **X86** par **amd64**.

Dans le volet **Image Windows**, développez **Windows Longhorn SERVERENTREPRISE - Components - X86_Microsoft-Windows-Setup_6.0.6001.18000_neutral - DiskConfiguration - Disk - CreatePartitions - CreatePartition**. Avec le bouton droit de la souris, cliquez sur **CreatePartition** puis sur **Ajouter le paramètre à la passe 1 WindowsPE**. L'arborescence du paramètre est ajoutée au volet **Fichier de réponses**. Il faut maintenant lui donner des valeurs.

Il est également possible d'ajouter le paramètre à partir d'un élément plus élevé de la hiérarchie, mais tous les paramètres situés sous la hiérarchie sont également ajoutés. Ce n'est pas une bonne méthode, car il est conseillé de n'ajouter au fichier de réponses que les paramètres que vous allez modifier.

→ La configuration du paramètre s'effectue à plusieurs niveaux de la hiérarchie, ce qui signifie que plusieurs paramètres sont modifiés.

Dans le volet **Fichier de réponses**, développez l'arborescence **1 Windows PE** si ce n'est pas déjà fait, ensuite, sélectionnez le nœud **DiskConfiguration**. Dans le volet **Propriétés de DiskConfiguration**, certains paramètres sont en grisés et ne peuvent pas être modifiés, seul **WillShowUI** est modifiable et assignez-lui la valeur de **OnError** en utilisant la liste déroulante qui apparaît lorsque la zone de texte a le focus. Enfin, pour obtenir de l'aide sur le paramètre, appuyez sur la touche [F1]. Pour les nœuds suivants, utilisez le tableau suivant pour remplir les paramètres. Si un paramètre n'est pas indiqué, ne donnez pas de valeur.

Nœud	Paramètre	Valeur
Disk	DiskId	0
Disk	WillWipeDisk	true
CreatePartition	Extend	false
CreatePartition	Order	1
CreatePartition	Size	50000
CreatePartition	Type	Primary

C'est une bonne pratique de vérifier régulièrement que le fichier de réponses soit valide afin de limiter les erreurs. Pour cela, utilisez la commande **Valider le fichier de réponses** du menu **Outils**. Les éventuels messages et/ou erreurs apparaissent dans le volet **Messages**. Résolvez-les avant de poursuivre.

→ Il est nécessaire de définir pour le premier disque le système de fichiers ainsi que les paramètres suivants après avoir ajouté le paramètre **ModifyPartition** de la hiérarchie **Windows Longhorn SERVERENTERPRISE - Components - X86_Microsoft-Windows-Setup_6.0.6001.18000_neutral - DiskConfiguration - Disk - ModifyPartitions - ModifyPartition** :

Nœud	Paramètre	Valeur
ModifiyPartition	Active	True
ModifiyPartition	Format	NTFS
ModifiyPartition	Label	Boot
ModifiyPartition	Letter	C
ModifiyPartition	Order	1
ModifiyPartition	PartitionID	1

→ Pour le second disque, il faut ajouter les paramètres **CreatePartition** et **ModifiyPartition** et les modifier comme le montre le tableau suivant :

Nœud	Paramètre	Valeur
CreatePartition	Extend	true
CreatePartition	Order	2

Nœud	Paramètre	Valeur
CreatePartition	Type	Primary
ModifiyPartition	Format	NTFS
ModifiyPartition	Label	Datas
ModifiyPartition	Letter	P
ModifiyPartition	Order	2
ModifiyPartition	PartitionID	2

- Il faut indiquer sur quelle partition installer Windows Server 2008, dans notre cas, ce sera sur la partition de Boot. Pour cela, ajoutez le paramètre **InstallTo** de la hiérarchie **Windows Longhorn SERVERENTERPRISE - Components - X86_Microsoft-Windows-Setup_6.0.6001.18000_neutral - ImageInstall - OSImage - InstallTo**.

Nœud	Paramètre	Valeur
OSImage	InstallToAvailablePartition	false
OSImage	WillShowUI	OnError
InstallTo	DiskID	0
InstallTo	PartitionID	1

- Il faut accepter l'EULA et donner une clé Windows Server 2008. Pour cela, ajoutez le paramètre **ProductKey** de la hiérarchie **Windows Longhorn SERVERENTRERPRISE - Components - X86_Microsoft-Windows-Setup_6.0.6001.18000_neutral - UserData - ProductKey**.

Nœud	Paramètre	Valeur
UserData	AcceptEula	true
UserData	FullName	Votre Nom
UserData	Organization	Le nom de votre entreprise
ProductKey	Key	Clé Windows Server 2008*
ProductKey	WillShowUI	OnError

* Vous pouvez également laisser cette valeur vide. Dans ce cas, à l'installation, il vous sera demandé de sélectionner votre édition.

- Si vous utilisez un clavier différent de l'AZERTY français ou des paramètres régionaux différents de la France, il faut également les préciser dans le fichier de réponses. Cette remarque s'applique également si vous installez Windows Server 2008 dans une autre langue et désirez utiliser le clavier et les paramètres régionaux français. Ces paramètres peuvent être définis dans la passe 1 Windows PE et être propagés à l'ordinateur ou être placés dans une autre passe mais dans ce cas, si une erreur survient pendant l'installation, les paramètres régionaux et le clavier seront ceux définis sur l'image.

  Pour ajouter les paramètres **régionaux** et le **clavier**, ajoutez le paramètre **SetupUILanguage** de la hiérarchie **Windows Longhorn SERVERENTERPRISE - Components - X86_Microsoft-Windows-International-Core-WinPE_6.0.6001.18000_neutral - Setup UILanguage**.

L'exemple ci-dessous permet de personnaliser les paramètres régionaux et la langue pour le suisse romand.

Nœud	Paramètre	Valeur
X86_Microsoft-Windows-International-Core-WinPE_6.0.6001.18000_neutral	InputLocale	fr-CH
X86_Microsoft-Windows-International-Core-WinPE_6.0.6001.18000_neutral	SystemLocale	fr-CH
X86_Microsoft-Windows-International-Core-WinPE_6.0.6001.18000_neutral	UILanguage	fr-FR
X86_Microsoft-Windows-International-Core-WinPE_6.0.6001.18000_neutral	UILAnguageFallback	fr-FR
X86_Microsoft-Windows-International-Core-WinPE_6.0.6001.18000_neutral	UserLocale	fr-CH
SetupUILanguage	UILanguage	fr-FR
SetupUILanguage	WillShowUI	OnError

→ Des informations propres à l'ordinateur comme son nom, ses paramètres d'affichages peuvent être indiqués dans la passe 4 Specialize comme le montre l'exemple ci-dessous. Pour cela, ajoutez le paramètre **Display** de la hiérarchie **Windows Longhorn SERVERENTERPRISE - Components - X86_Microsoft-Windows-Shell-Setup_6.0.6002.18005_neutral - Display** à la passe 4 **specialize**.

Nœud	Paramètre	Valeur
X86_Microsoft-Windows-Shell-Setup_neutral	ComputerName	Inst2
Display	ColorDepth	16
Display	HorizontalResolution	1280
Display	RefreshRate	60
Display	VerticalResolution	1024

→ Le mot de passe de l'administrateur peut également être indiqué. Néanmoins, il sera en clair dans le fichier xml. Pour cela, ajoutez le paramètre **AdministratorPassword** de la hiérarchie **Windows Longhorn SERVERENTERPRISE - Components - X86_Microsoft-Windows-Shell-Setup_neutral - UserAccounts - AdministratorPassword** à la passe 7 **oobeSystem**.

Nœud	Paramètre	Valeur
AdministratorPassword	Value	Pa$$word

→ Sauvegardez votre fichier si ne n'est pas déjà fait en le nommant autounattend.xml.

Les paramètres que vous avez ajoutés jusqu'à maintenant vous permettent d'installer un ordinateur automatiquement. Les paramètres suivants montrent comment configurer les paramètres réseaux TCP/IP pour des adresses statiques et joindre un domaine.

→ Il faut paramétrer les adresses IP des deux cartes réseau. Pour cela, ajoutez deux fois le paramètre **Interface** de la hiérarchie **Windows Longhorn SERVERENTRERPRISE - Components - X86_Microsoft-Windows-TCPIP_neutral** à la passe **4 Specialize**.

Nœud	Paramètre	Valeur
Interface	Identifier	Connexion au réseau local
Ipv4Settings	DhcpEnabled	False
Ipv4Settings	Metric	1
Ipv4Settings	RouteDiscoveryEnabled	False
IPAdresses	Key	1
IPAdresses	Value	10.1.1.10/24
Interface	Identifier	Connexion au réseau local 2
Ipv4Settings	DhcpEnabled	False
Ipv4Settings	Metric	1
Ipv4Settings	RouteDiscoveryEnabled	False
IPAdresses	Key	2
IPAdresses	Value	192.168.1.1/24

- Enfin, supprimez du fichier de réponses les blocs non renseignés en les sélectionnant et en cliquant avec le bouton droit de la souris pour faire apparaître le menu contextuel et enfin en cliquant sur **Supprimer**.
- Pour le paramétrage des valeurs du serveur DNS, ajoutez le paramètre **Interface** de la hiérarchie **Windows Longhorn SERVERENTRERPRISE - Components - X86_Microsoft-Windows-DNS-CLient_neutral** à la passe **4 Specialize**.

Nœud	Paramètre	Valeur
X86_Microsoft-Windows-DNS-CLient_neutral	DNSDomain	mydom.eni
X86_Microsoft-Windows-DNS-CLient_neutral	UseDomainNameDevolution	true
Interface	DisableDynamicUpdate	False
Interface	DNSDomain	mydom.eni
Interface	EnableAdapterDomainName Registration	True
Interface	Identifier	Connexion au réseau local
IPAdresses	Key	1
IPAdresses	Value	10.1.1.1

- Il faut joindre maintenant l'ordinateur dans le domaine. Pour cela, ajoutez le paramètre **Identification** de la hiérarchie **Windows Longhorn SERVERENTRERPRISE - Components - X86_Microsoft-Windows-UnattendedJoin_6.0.6001.18000_neutral** à la passe **4 Specialize**.

Nœud	Paramètre	Valeur
Identification	JoinDomain	Mydom.eni

Nœud	Paramètre	Valeur
Credentials	Domain	Mydom.eni
Credentials	Password	Pa$$word
Credentials	Username	administrateur

5. Installation à l'aide du fichier de réponses

Dans cette section vous effectuerez une installation sans surveillance de Inst2 en utilisant le fichier de réponses créé précédemment. Veuillez vérifier que les paramètres régionaux ainsi que les paramètres claviers correspondent à votre environnement.

Les étapes à effectuer sont les suivantes :

- créer une disquette virtuelle ;
- copier le fichier autounattend.xml sur la disquette ;
- associer la disquette à l'ordinateur virtuel ;
- démarrer l'installation sans surveillance ;
- résoudre les éventuels problèmes.

Si vous avez des problèmes avec votre fichier de réponses, il est possible de télécharger du site d'ENI le fichier de réponses qui s'appelle **inst2.xml** puis de le renommer en **autounattend.xml**. Si vous devez personnaliser le clavier et les paramètres régionaux, utilisez par exemple le fichier **inst2_CH.xml** qui a été personnalisé pour les paramètres suisse romand. Enfin, si le fichier ne semble pas compatible avec votre DVD Windows, ouvrez-le dans WAIK, associez l'image Windows puis sauvegardez le tout.

- Sur l'ordinateur hôte, cliquez sur **Démarrer - Outils d'administration** et enfin **Gestionnaire Hyper-V**.
- Dans le **Gestionnaire Hyper-V**, déplacez-vous sur le nœud de la machine hôte.
- Dans la fenêtre **Machine virtuelle**, cliquez avec le bouton droit de la souris sur la machine pour laquelle vous voulez attacher une disquette, ici Win1 (la disquette virtuelle doit déjà avoir été créée, pour cela révisez le chapitre Création du bac à sable) puis sur **Paramètres**.
- Dans la fenêtre **Paramètres pour Win1**, sous **Matériel**, cliquez sur **Lecteur de disquettes**.
- Dans la zone de détail sous **Support**, sélectionnez l'option **Fichier de lecteur disquette virtuelle (.vfd)** puis saisissez `C:\Win2008se\floppy.vfd` où floppy.vfd est le nom du fichier de disquette virtuelle créé précédemment. Enfin cliquez sur **OK**.
- Dans la machine virtuelle, ici Win1 ouvrez l'**Explorateur** et double cliquez sur le lecteur de disquettes. Un message d'alerte s'affiche vous demandant de formater le disque, cliquez sur **Formater le disque** et suivez les instructions pour formater la disquette en acceptant les choix par défaut. Une fois le formatage terminé, fermez les différentes boîtes de dialogue ouvertes et la fenêtre de la disquette s'ouvre.

- Copiez le fichier **autounattend.xml** sur la disquette.
- Sur l'hôte dans le **Gestionnaire Hyper-V**, resélectionnez la machine virtuelle, ici `Win1`, puis ouvrez la boîte de dialogue **Paramètres** et sélectionnez l'option matérielle **Lecteur de disquettes**.
- Dans la zone de détail sous **Support**, sélectionnez l'option **Aucun** puis cliquez sur **OK**. Vous pouvez arrêter `Win1`.
- Dans la fenêtre machine virtuelle, sélectionnez la machine qui sera installée automatiquement, ici **Inst2**, puis cliquez avec le bouton droit de la souris pour faire apparaître la fenêtre **Paramètres**.
- Dans la fenêtre **Paramètres pour Inst2**, sous **Matériel**, cliquez sur **Lecteur de disquettes**.
- Dans la zone de détail sous **Support**, sélectionnez l'option **Fichier de lecteur disquette virtuelle (.vfd)** puis saisissez `C:\Win2008se\floppy.vfd` où floppy.vfd est le nom du fichier de disquette virtuelle. Enfin cliquez sur **OK**.
- Démarrez la machine virtuelle à installer, ici **Inst2**, puis attendez la fin de l'installation. Assurez-vous au préalable que l'image DVD de Windows Server 2008 est capturée et que vous bootez sur le lecteur de DVD, la disquette étant insérée. Normalement si vous n'avez fait aucune erreur, l'installation s'effectue jusqu'au moment où il vous est demandé d'ouvrir une session administrateur.
- Veuillez vérifier que les paramètres ainsi que les noms ont été bien configurés. La machine Inst2 doit maintenant se trouver dans le domaine **mydom.eni**, si ce n'est pas le cas, il faut inverser les liaisons des cartes réseaux dans les paramètres de la machine virtuelle comme expliqué dans le chapitre Création du bac à sable.

Il faut distinguer deux types principaux d'erreurs :

- Erreur dans un paramètre, la page s'affiche alors normalement et vous demande le paramètre puis l'installation continue. Il vous faudra modifier ce paramètre à la fin de l'installation puis tester à nouveau la procédure d'installation sans surveillance.
- Erreur plus importante dans le fichier avec un message qui s'affiche. Ce type d'erreur est plus difficile à diagnostiquer, cela peut provenir d'un paramètre vide bien que le validateur XML n'ait pas détecté d'erreurs. Il est recommandé soit d'éditer le fichier XML à l'aide d'un éditeur de texte ou XML et d'enlever les paramètres vides (ce qui peut amener d'autres problèmes) soit de recréer un nouveau fichier de réponses.

Bien entendu, il est possible de créer un fichier de réponses avec un minimum de réponses et de le tester puis d'ajouter de nouvelles réponses.

6. Le serveur WDS (Windows Deployment Services)

a. Introduction

Le média physique (CD, DVD) d'une application ou d'un système d'exploitation a tendance à disparaître au profit d'un média immatériel comme par exemple l'espace de stockage d'un disque dur. Windows ne déroge pas à la règle et facilite la personnalisation du contenu du DVD d'installation en permettant par exemple de rajouter des pilotes ou en modifier des composants. Normalement l'administrateur devrait recréer un nouveau média d'installation mais en utilisant un média immatériel, il n'est pas nécessaire de graver l'image sur un DVD. Dès lors, pour installer Windows, une solution simple consiste à effectuer une installation réseau. Pour cela, Microsoft a développé Microsoft RIS (*Remote Installation Service*) qui est devenu WDS (*Windows deployment Service*) avec Windows Server 2008. RIS est adapté au déploiement par fichiers alors que WDS est conçu pour gérer et déployer des images WIM.

Le serveur WDS peut également s'installer sur un serveur Windows 2003.

Conceptuellement, il faut démarrer l'ordinateur à installer sur la carte réseau pour autant qu'elle supporte le protocole PXE (*Preboot Execution Environment*). Actuellement tous les ordinateurs modernes disposent d'un BIOS permettant cette opération. Une fois que l'ordinateur a obtenu une adresse IP, dans la procédure manuelle, une page est téléchargée du serveur WDS proposant une sélection de système d'exploitation à installer. Comme pour une installation normale, il est possible d'effectuer l'installation manuellement ou automatiquement.

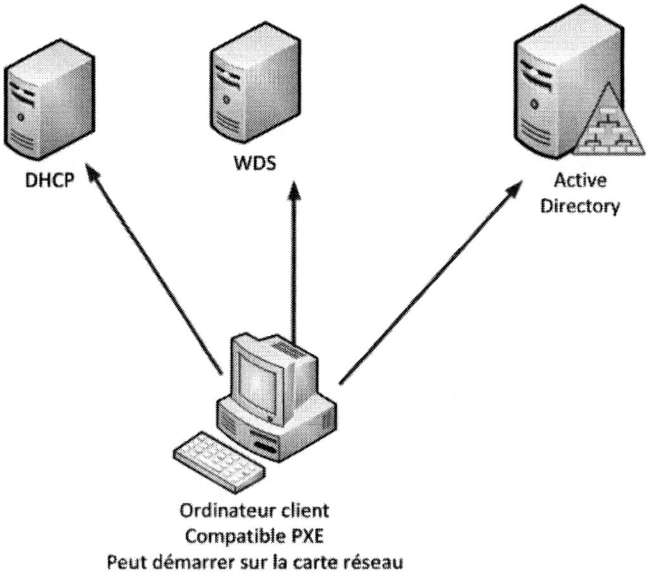

Le processus est le suivant :

1. Après l'allumage de l'ordinateur, soit il est indiqué dans le BIOS qu'il faut démarrer sur le réseau soit le technicien indique qu'il faut démarrer sur le réseau.
2. L'ordinateur exécute le programme PXE contenu dans la ROM de la carte réseau et demande une adresse IP au serveur DHCP, le serveur WDS répond également. Si l'ordinateur client se situe sur un segment différent du serveur DHCP ou du serveur WDS, il est nécessaire de modifier la configuration du routeur pour qu'il laisse passer les messages de diffusion de type DHCP.
3. L'ordinateur utilise le protocole DHCP pour demander au serveur WDS, le programme **NBP** (*Network Boot Program*), ensuite, il le télécharge en utilisant le protocole TFTP et l'exécute en mémoire RAM.

4. Le programme NBP demande alors au serveur WDS les éléments suivants et les télécharge en utilisant le protocole TFTP :

- Le fichier de configuration de données, appelé BCD (*Boot Configuration Data*), qui indique comment démarrer le système d'exploitation.
- Une image disque SDI.
- L'image de démarrage (Boot) au format WIM, généralement WINPE.
- Les fichiers de police pour le menu de démarrage.

5. Le programme WinPE se charge puis un identifiant du domaine peut vous être demandé avant de poursuivre l'installation en installation manuelle ou automatique si un fichier de réponses est fourni.

Si le serveur RIS est mis à jour vers un serveur WDS, il faut convertir les images existantes vers le nouveau système de fichiers WIM pour qu'elles soient utilisables en tant qu'image héritée. Il n'est pas possible de créer des images pour d'anciens systèmes d'exploitation.

Dans le scénario le plus courant, le serveur WDS sert un client à la fois, ce mode appelé unicast n'est plus adapté pour de grandes entreprises ou lors de déploiements d'envergures, il faut dès lors utiliser le mode multicast qui permet d'installer plusieurs ordinateurs à la fois en envoyant des messages de type multicast au lieu d'unicast. Les ordinateurs clients s'inscrivent dans la file d'attente du serveur WDS puis lorsque la déclencheuse heure de départ ou le déclencheur nombre d'ordinateurs est atteint, l'installation peut démarrer. Pour être efficace, il faut que les cartes réseau des ordinateurs fonctionnent à la même vitesse sinon il faut les grouper en fonction de leur débit.

L'installation peut être automatisée au maximum, pour cela, il faut que l'ordinateur client puisse démarrer directement sur le réseau. Pour le serveur WDS, il faut que le démarrage saute la page d'accueil qui s'affiche si un technicien appuie sur la touche [F12], ensuite il faut également activer l'utilisation et proposer un fichier de réponses.

Avec le serveur WDS, vous pouvez créer des images de découvertes, c'est-à-dire créer une image de démarrage utilisable via un média comme un CD/DVD ou une clé USB en remplacement du mode de fonctionnement normal. Elles peuvent être utilisées lorsqu'il n'est pas possible de démarrer l'ordinateur via le réseau ou si la configuration de ce dernier est trop complexe et ne permet pas de démarrer l'installation via un serveur WDS. L'image de découverte contient les références pour se connecter à un serveur de déploiement.

L'image de capture permet de créer une image de démarrage permettant de capturer le système d'exploitation d'un ordinateur physique et en créer une image WIM. Cette image de capture est très utile car elle permet de créer une image d'un ordinateur dont la configuration a été personnalisée et la restituer plus tard.

Le rôle WDS contient le serveur WDS ainsi qu'un rôle de service appelé serveur de transport. Ce dernier peut s'installer seul ou en conjonction avec le service de rôle WDS. Le serveur de transport s'utilise principalement dans des scénarios où il n'existe pas d'Active Directory, de serveur DHCP ainsi que de serveur DNS. Son rôle se limite à écouter et fournir aux clients les informations dont ils ont besoin pour trouver un serveur de déploiement. Enfin, seul le mode multidiffusion est supporté.

b. Installation du serveur WDS

WinAD

Vous allez installer le rôle WDS sur le serveur winAD.

- Connectez-vous en tant qu'administrateur sur l'ordinateur et démarrez le **Gestionnaire de Serveur**.
- Dans le **Gestionnaire de Serveur**, lancez l'assistant pour **Ajouter des rôles**.
- Dans l'assistant **Ajouter des rôles**, sur la page **Sélectionnez des rôles serveurs**, sélectionnez **Services de déploiement Windows**, puis cliquez sur **Suivant**.
- Sur la page **Vue d'ensemble des services de déploiement Windows**, cliquez sur **Suivant**.
- Sur la page **Sélectionner les services de rôle**, vérifiez que les deux services de rôle sont sélectionnés puis cliquez sur **Suivant**.
- Sur la page **Confirmer les sélections pour l'installation**, contrôlez vos informations avant de cliquer sur **Installer**.
- Pour finir, vérifiez que l'installation est réussie. Votre serveur WDS est installé.

c. Configuration du serveur WDS

WinAD

Comme WDS se trouve sur le serveur winAD, qui est également serveur DHCP, il faut que les ports utilisés par WDS soient différents des ports du serveur DHCP.

- Connectez-vous en tant qu'administrateur sur l'ordinateur et démarrez le **Gestionnaire de Serveur**.
- Sur le **Bureau**, cliquez sur **Démarrer - Outils d'administration** puis sur **Services de déploiement Windows**.

  L'application **Services de déploiement Windows** s'ouvre.
- Cliquez sur le nœud **Serveurs**, le nom de l'ordinateur apparaît avec une icône d'avertissement car le serveur n'est pas encore configuré.
- Cliquez avec le bouton droit de la souris sur le nom de l'ordinateur puis sur **Configurer le serveur**.
- Sur la page d'accueil de l'assistant **Configuration des services de déploiement Windows**, cliquez sur **Suivant** après avoir vérifié que le serveur est bien membre d'un domaine Active Directory, qu'il existe un serveur DHCP ainsi qu'un serveur DNS.
- Sur la page **Emplacement du dossier d'installation à distance**, sélectionnez un dossier formaté NTFS disposant de suffisamment d'espace pour y stocker les images à installer soit un espace de plus de 10 GB, Enfin cliquez sur **Suivant**. Il est conseillé mais pas obligatoire d'utiliser un volume différent du volume système Windows.

- Sur la page **Option DHCP 60**, si le serveur héberge les rôles DHCP Microsoft et WDS, il faut cocher les deux options **Ne pas écouter sur le port 67** et **Configurer l'option DHCP 60 avec la valeur « PXEClient »**. Si le serveur DHCP se trouve sur un autre serveur, il ne faut rien cocher. Si le serveur DHCP est un serveur non Microsoft et qu'il se trouve sur le serveur WDS, il faut configurer l'option **DHCP 60 manuellement**. Ensuite, cliquez sur **Suivant**.
- Sur la page **Paramètres initiaux du serveur PXE**, vous devez préciser comment le serveur WDS doit répondre. Les options sont :

  Ne répondre à aucun ordinateur client (défaut).

  Répondre uniquement aux ordinateurs clients connus, c'est-à-dire uniquement aux ordinateurs qui ont un compte créé préalablement dans l'Active Directory.

  Répondre à tous les ordinateurs clients (connus et inconnus) avec une possibilité de restriction pour les ordinateurs inconnus, c'est-à-dire que la demande d'installation reste en suspens jusqu'à ce qu'un administrateur l'approuve manuellement sous le nœud **Périphériques en attente**. Enfin cliquez sur **Terminer**.
- Après quelques secondes, la page **Configuration Terminée** apparaît et par défaut, vous allez ajouter une ou plusieurs images sur le serveur de déploiement qui sera montré un peu plus loin. Décochez l'option puis cliquez sur **Terminer**.

d. Ajout d'une image Windows

WinAD

Vous pouvez ajouter soit une image d'installation d'un système d'exploitation comme Windows Server 2008, Windows Vista, Windows 7 ou une image de démarrage, c'est-à-dire une image sur laquelle démarrera l'ordinateur client et dans laquelle vous pourrez le cas échéant avoir accès pour effectuer des opérations manuellement avant d'installer le système d'exploitation.

- Connectez-vous en tant qu'administrateur sur l'ordinateur et démarrez le **Gestionnaire de Serveur**.
- Sur le **Bureau**, cliquez sur **Démarrer - Outils d'administration** puis sur **Services de déploiement Windows**.

  L'application **Services de déploiement Windows** s'ouvre.
- Cliquez sur le nœud **Serveurs** puis sur le nom de l'ordinateur pour déployer l'arborescence.
- Cliquez avec le bouton droit de la souris soit sur le nœud **Images d'installation** soit sur **Images de démarrage** puis en fonction du choix précédant soit sur **Ajouter une image d'installation** soit sur **Ajouter une image de démarrage**. Il est nécessaire d'avoir une image de chaque, normalement le fait d'ajouter la première image d'installation ajoute également l'image de démarrage correspondante. Veuillez noter que pour les images d'installation, une page appelée **Groupes d'images** permet d'organiser les images dans des groupes pour en faciliter la gestion et optimiser l'espace disque car toutes les parties communes des images d'un groupe sont placées dans un fichier appelé Res.RWM.

- Sur la page **Fichier Image**, sélectionnez l'image dans **(LecteurDVD:\sources)** généralement **Install.wim** pour une image d'installation et **boot.wim** pour une image de démarrage si vous utilisez un DVD d'installation de Windows. Ensuite, cliquez sur **Suivant**.
- Pour l'ajout d'images de démarrage uniquement, il y a une page appelée **Métadonnées d'image** qui permet de modifier éventuellement le nom de l'image si cette dernière est une image personnalisée. Ensuite cliquez sur **Suivant**.
- Sur la page **Liste des images disponibles**, vous pouvez éventuellement désélectionner une ou plusieurs images qui se trouvent dans le fichier WIM si vous n'en n'avez pas besoin avant de cliquer sur **Suivant**.
- Sur la page **Résumé**, prenez quelques instants pour voir les images qui seront ajoutées au serveur WDS avant de cliquer sur **Suivant**.
- Sur la page **Progression de la tâche**, cliquez sur **Terminer**. L'image ou les images apparaissent sous le nœud correspondant.
- Vous pouvez tester l'installation via WDS avec la machine virtuelle Inst3.

K. Autres outils d'aide au déploiement

MDT (*Microsoft Deployment Toolkit*) est un outil permettant de diminuer le temps de préparation d'un déploiement. En effet, les fichiers de réponses créés avec l'outil WAIK et le déploiement via WDS n'offre pas une solution complète pour créer facilement des scripts surtout si l'on a besoin d'installer des pilotes, des packages, des applications supplémentaires, etc.

MDT est le nouveau nom de BDD (*Business Desktop Deployment*). Dans l'examen, il est fait référence à BDD version 2007. Actuellement c'est la version MDT 2010 qui est disponible et succède à MDT 2008.

MDT permet de créer graphiquement des scripts et de les réunir dans un emplacement spécifique pour ensuite les déposer sur un média comme un DVD ou une clé USB mais également sur un serveur WDS voire même sur SCCM (*System Center Configuration Manager*). Une liste des tâches permet d'ajouter une interface graphique conviviale pour plusieurs paramètres que l'on trouve dans l'outil WAIK.

D'autre, part, MDT permet de créer et gérer des scripts différents selon les scénarios suivants :

- nouvel ordinateur ;
- mise à jour d'ordinateur ;
- réinstallation d'un ordinateur ;
- remplacement d'un ordinateur.

MDT s'installe sur le même ordinateur que WAIK.

Comme rien n'est prévu dans MDT pour s'occuper du déploiement, il existe deux solutions, la première appelée LTI (*Light Touch Installation*) fait appel soit à un média, soit à un serveur WDS pour déployer Windows et comme son nom l'indique, l'intervention d'un technicien est limitée à son minimum. La seconde solution appelée ZTI (*Zero Touch Installation*) fait appel à SCCM. Cette solution étant plus lourde elle s'adresse principalement à de grandes entreprises.

L. Meilleures pratiques

- Automatisez les installations que ce soit pour un ordinateur client ou un ordinateur serveur.
- Créez un plan de déploiement incluant le système d'exploitation ainsi que les applications.
- Documentez vos procédures de déploiement.
- Utilisez sans modération WAIK pour créer des fichiers de réponses voire MDT.
- Pour la distribution, utilisez la méthode la plus intéressante en tenant compte du coût en termes de budget et de temps mais également en fonction de la sécurité à mettre en œuvre.

M. Résumé du chapitre

Dans ce chapitre, vous avez vu comment planifier une installation en examinant les points importants pour choisir une édition et une version (32 ou 64 bits). L'utilisation et les avantages de la virtualisation ont également été cités.

Vous avez vu comment effectuer une installation manuelle complète et avec l'option **Core** pas à pas.

La configuration initiale a été approfondie en particulier pour l'installation avec l'option **Core**.

Par la suite, il a été conseillé d'éviter de mettre à jour un serveur vers Windows Server 2008 et de réaliser uniquement des installations nouvelles. Les possibilités de mise à jour des différentes éditions ont été citées.

Enfin, d'autres méthodes d'installation vous ont été présentées comme par exemple l'utilisation de l'outil **WAIK** pour créer un fichier avec **unattend.xml**, le déploiement à l'aide d'un serveur WDS. Le ZTI et LTI de MDT permettant d'optimiser le déploiement ont également été introduits.

Chapitre 4 : Rôles et fonctionnalités

A. Présentation

1. Pré-requis matériel et configuration de l'environnement

Pour effectuer toutes les mises en pratique de ce chapitre, vous pouvez utiliser n'importe quelle machine virtuelle, néanmoins une configuration minimale est prévue pour les machines virtuelles suivantes :

Pour la création des machines virtuelles, veuillez vous référer au chapitre Création du bac à sable.

N'oubliez pas de réinitialiser les machines virtuelles entre les mises en pratique de chaque chapitre avant de les configurer pour l'environnement.

- Placez le script **Win1.bat** sur le bureau de **Win1** puis démarrez le script.
- Placez le script **Core1.bat** sur le c:\ de **Core1** puis démarrez le script.

Après l'exécution des scripts, **Win1** et **Core1** sont membres d'un groupe de travail disposant d'une seule carte réseau configurée avec une adresse IP fixe.

Il n'y a pas de pré-requis particulier pour l'installation logicielle de Windows Server 2008. Win1 et Core1 doivent juste être installées par défaut.

2. Objectifs

Étant donné le nombre élevé des éditions et des versions de Windows Server 2008, il n'est pas évident de savoir si le rôle ou la fonctionnalité est disponible pour une édition particulière voire pour une installation en mode core. Néanmoins, pour une bonne planification et une utilisation rationnelle et optimisée de Windows Server 2008, il est utile de connaître leur fonction et leur implication.

À la fin du chapitre, vous serez à même de décrire tous les rôles et toutes les fonctionnalités. Vous pourrez indiquer et planifier leur cadre d'utilisation. Enfin, vous saurez installer et désinstaller un rôle ou une fonctionnalité avec les trois outils, le **Gestionnaire de serveur**, la commande **ServerManagerCmd** et la commande **ocsetup**.

À titre informatif, pour chaque rôle ou fonctionnalité, il sera indiqué le cas échéant dans quel chapitre ou livre, le sujet est traité.

B. Présentation des rôles

Dans les versions précédentes de Windows Server, l'ajout de composants optionnels était basé sur une boîte de dialogue et un fichier statique. Un outil avait le même poids qu'une application. Cette approche n'était plus adaptée avec Windows Server 2008, et Microsoft a créé une nouvelle architecture appelée CBS (*Component Based Servicing*) qui capture toutes les dépendances et gère l'intégrité du service de manière dynamique. La notion de rôle et de fonctionnalité a été créée. Enfin, l'architecture CBS est évolutive.

Un rôle regroupe un ou plusieurs composants permettant de réaliser une tâche spécifique sur le réseau. Bien que le rôle soit un artifice logique, il permet de simplifier la logique d'administration. Dans Windows Server 2008, Microsoft a défini 17 rôles par défaut. Disposant d'une architecture extensible, de nouveaux rôles apparaissent avec le temps comme le rôle **WSUS 3.0 SP1** (*Windows Server Update Services*). Avec le SP2, il y a 18 rôles.

Un **service de rôle** est un sous-ensemble d'un rôle donné. Dès qu'un rôle se compose de plusieurs services de rôle pouvant fonctionner de manière autonome, vous devez décider quel service de rôle installer.

Les services de rôle simplifient l'administration et réduisent la surface d'attaque du serveur.

À l'installation, aucun rôle n'est installé. Un rôle s'installe soit manuellement par l'intermédiaire de l'administrateur, soit automatiquement lors de l'installation d'un autre rôle ou d'une fonctionnalité.

Si des fonctionnalités ou des rôles sont manquants lors de l'installation d'une fonctionnalité ou d'un rôle, l'assistant vous propose d'installer les éléments requis comme le montre l'exemple de la figure suivante où on a voulu installer le rôle Terminal Service avec le service de rôle Passerelle TS.

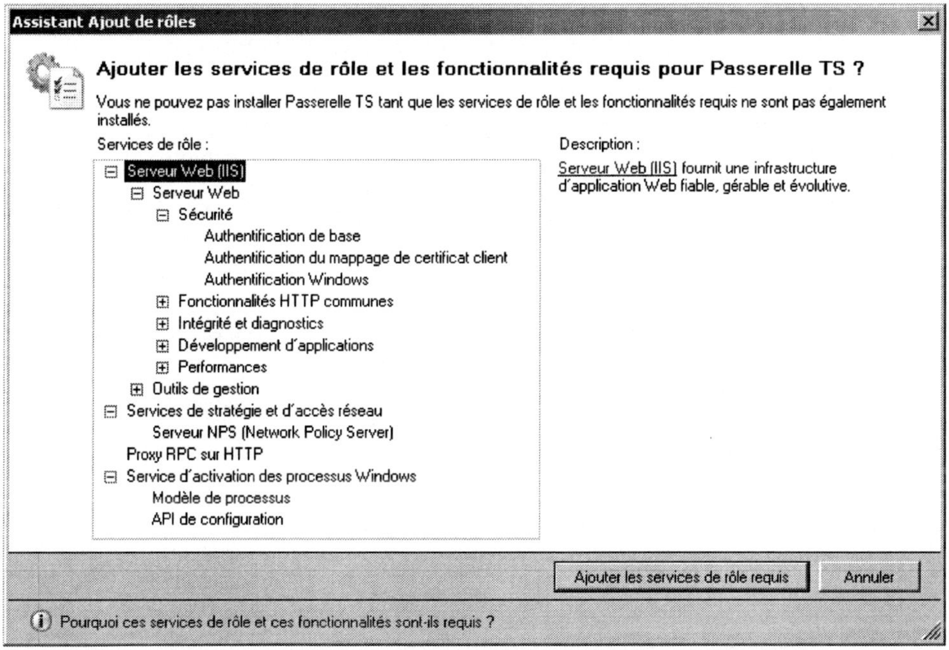

Le tableau suivant résume les rôles que l'on peut installer sur les différentes installations complètes des éditions de Windows Server 2008.

Rôle	Standard	Enterprise	Datacenter	Itanium	Web
Serveur d'applications	x	x	x	x	
Serveur de télécopies	x	x	x		
Serveur DHCP	x	x	x		
Serveur DNS	x	x	x		
Serveur Web (IIS)	x	x	x	x	x

Rôle	Standard	Enterprise	Datacenter	Itanium	Web
Services de domaine Active Directory AD DS	x	x	x		
Active Directory Lightweight Directory Services AD LDS	x	x	x		
Services de gestion des droits Active Directory AD RMS	x	x	x		
Services de fédération Active Directory AD FS		x	x		
Services de certificats Active Directory AD CS	Limité	x	x		
Services de déploiement Windows (WDS)	x	x	x		
Services d'impression	x	x	x		
Services de fichiers	Limité	x	x		
Services d'accès et de stratégie réseau	Limité	x	x		
Services Terminal Server TS	Limité	x	x		
Services UDDI *(Universal Description Discovery and Integration)*	x	x	x		
Hyper-V™ (1)	x	x	x		
Services Windows Media (Streaming)	Limité	x	x		Limité
Windows Server Update Services (WSUS)	x	x	x		

(1) Les éditions Standard, Entreprise et DataCenter sont disponibles sans la technologie Hyper-V.

Le tableau suivant résume les rôles que l'on peut installer sur les différentes éditions de Windows Server 2008 avec l'option d'installation Server Core.

Rôle	Standard	Enterprise	Datacenter	Web
Serveur Web (IIS) sans ASP.NET	x	x	x	x
Services d'impression	x	x	x	
Serveur DHCP	x	x	x	
Serveur DNS	x	x	x	
Services de fichiers	Limité	x	x	
Services de domaine Active Directory AD DS	x	x	x	
Services AD LDS *(Active Directory Lightweight Directory Services)*	x	x	x	
Hyper-V™ (1)	x	x	x	
Services Windows Media (Streaming)	Limité	x	x	Limité

(1) Les éditions Standard, Entreprise et DataCenter sont disponibles sans la technologie Hyper-V.

1. Serveur d'applications

Le rôle de serveur applicatif permet d'installer facilement les fonctionnalités pouvant être requises par une application métier. Il s'agit de composants réunis en tant que rôle alors qu'il serait possible de les installer directement en sélectionnant le rôle ou la fonctionnalité désirée.

Les composants de ce rôle sont :

Rôle ou service de rôle	Valeur de la commande
Serveur d'applications	Application-Server
Fondation du serveur d'applications	AS-AppServer-Foundation
Prise en charge du serveur Web IIS	AS-Web-Support
Accès au réseau COM+	AS-Ent-Services
Partage de port TCP	AS-TCP-Port-Sharing
Service d'activation des processus Windows - Activation HTTP - Activation Message Queuing - Activation TCP - Activation des canaux nommés	AS_WAS-Support AS-HTTP-Activation AS-MSMQ-Activation AS-TCP-Activation AS-Named-Pipes
Transactions distribuées - Transactions distantes entrantes - Transactions distantes sortantes - Transactions WS-Atomic	AS-Dist-Transaction AS-Incoming-Trans AS-Outgoing-Trans AS-WS-Atomic

Fondation du serveur d'applications : est requis pour installer le rôle et installe le Framework 3.0.

Prise en charge du serveur Web (IIS) : installe le service Web (IIS).

Accès au réseau COM+ : permet de communiquer à distance avec le protocole COM+.

Partage de port TCP : permet à plusieurs applications WCF (*Windows Communication Foundation*) de partager le même port, c'est un service de rôle requis pour le rôle.

Service d'activation des processus Windows : installe et active différents mécanismes de communication basés sur les protocoles HTTP, Message Queuing, TCP ou les canaux nommés.

Transactions distribuées : installe un mécanisme permettant de gérer une transaction sur plusieurs serveurs. Pour des transactions initiées localement à distance ou utilisant un service Web.

Le rôle "Serveur applicatif" n'est à installer que sur un serveur applicatif qui requiert un ou plusieurs composants décrits comme fondation d'une application métier.

Ce rôle applicatif est optionnel.

2. Serveur de télécopie

Ce rôle crée un serveur de télécopie permettant de :

- Configurer des périphériques de télécopie.
- Gérer des utilisateurs.

- Définir des règles pour les télécopies sortantes.
- Définir des stratégies de routage pour les télécopies entrantes.
- Configurer le serveur de télécopie.

Ce rôle dépend du rôle serveur d'impression qui doit être installé. Un fax modem est requis. Concernant les imprimantes multifonctions, elles ne sont pas supportées à moins qu'un pilote de fax modem ne soit fourni.

Le composant de ce rôle est :

Rôle ou service de rôle	Valeur de la commande
Serveur de télécopie	Fax

L'utilité de ce rôle diminue car il est de plus en plus remplacé par l'e-mail. S'il s'avère nécessaire, il faut planifier son installation sur un serveur qui joue également le rôle de serveur d'impression.

Ce rôle applicatif est optionnel.

3. Serveur DHCP (Dynamic Host Configuration Protocol)

Le serveur DHCP permet de centraliser la gestion et la distribution des adresses IP.

Le chapitre Mise en œuvre du rôle DHCP du présent livre décrit en détail l'implémentation de ce rôle.

Le composant de ce rôle est :

Rôle ou service de rôle	Valeur de la commande
Serveur DHCP	DHCP

Le composant de ce rôle sur un Server Core est :

Rôle ou service de rôle	Valeur de la commande
Serveur DHCP	DHCPServerCore

Au moins un serveur DHCP doit être installé dans un réseau.

Ce rôle d'infrastructure est requis mais peut être remplacé par un serveur DHCP provenant d'un matériel ou d'un autre système d'exploitation.

4. Serveur DNS (Domain Name System)

Le serveur DNS permet la résolution d'un nom en adresse IP. Il fournit également l'emplacement des services de l'Active Directory dans un réseau d'entreprise.

Le chapitre Mise en œuvre du rôle DNS du présent livre décrit en détail l'implémentation de ce rôle.

Le composant de ce rôle est :

Rôle ou service de rôle	Valeur de la commande
Serveur DNS	DNS

Le composant de ce rôle sur un Server Core est :

Rôle ou service de rôle	Valeur de la commande
Serveur DNS	DNS-Server-Core-Role

Ce rôle d'infrastructure est requis dans une forêt Active Directory et est à préférer par rapport à d'autres types de serveurs DNS. Dans un réseau de type groupe de travail, un serveur DNS externe d'un FAI (Fournisseur d'Accès Internet) peut être suffisant.

5. Serveur Web IIS (Internet Information Service)

La nouvelle mouture du serveur Web IIS 7.0 permet de choisir parmi près de 40 modules ceux qui doivent être installés. Cette nouvelle méthode d'installation permet de réduire la surface d'attaque. Ce serveur sert de support pour plusieurs rôles ainsi que pour Windows SharePoint Services.

Sur un Server Core, il n'est pas possible d'utiliser ASP.NET car le Framework est absent.

Il s'agit du seul rôle installable sur une édition Web.

Les composants de ce rôle sont :

Rôle ou service de rôle	Valeur de la commande
Serveur Web (IIS)	Web-Server
Serveur Web	Web-WebServer
- Fonctionnalités HTTP communes	Web-Common-Http
- Contenu statique	Web-Static-Content
- Document par défaut	Web-Default-Doc
- Exploration de répertoire	Web-Dir-Browsing
- Erreurs HTTP	Web-Http-Errors
- Redirection HTTP	Web-Http-Redirect
- Développement d'applications	Web-App-Dev
- ASP.NET	Web-Asp-Net
- Extensibilité.NET	Web-Net-Ext
- ASP	Web-ASP
- CGI	Web-CGI
- Extensions ISAPI	Web-ISAPI-Ext
- Filtres ISAPI	Web-ISAPI-Filter
- Fichiers Include côté serveur	Web-Includes
- Intégrité et diagnostics	Web-Health
- Journalisation HTTP	Web-Http-Logging
- Outils de journalisation	Web-Log-Libraries
- Observateur de demandes	Web-Request-Monitor
- Suivi	Web-Http-Tracing
- Journalisation personnalisée	Web-Custom-Logging
- Journal ODBC	Web-ODBC-Logging

Rôle ou service de rôle	Valeur de la commande
- Sécurité d'IIS - Authentification de base - Authentification Windows - Authentification Digest - Authentification du mappage de certificat client - Authentification de mappage de certificats clients d'IIS - Autorisation URL - Filtrage des demandes - Restrictions IP et de domaine	Web-Security Web-Basic-Auth Web-Windows-Auth Web-Digest-Auth Web-Client-Auth Web-Cert-Auth Web-Url-Auth Web-Filtering Web-IP-Security
- Performances - Compression de contenu statique - Compression de contenu dynamique	Web-Performance Web-Stat-Compression Web-Dyn-Compression
Outils de gestion - Console de gestion d'IIS - Scripts et outils de gestion d'IIS - Service de gestion - Management compatibility IIS 6 - Compatibilité avec la métabase de données IIS 6 - Compatibilité WMI d'IIS 6 - Outils de script IIS 6 - Console de gestion IIS 6	Web-Mgmt-Tools Web-Mgmt-Console Web-Scripting-Tools Web-Mgmt-Service Web-Mgmt-Compat Web-Metabase Web-WMI Web-Lgcy-Scripting Web-Lgcy-Mgmt-Console
Service de publication FTP - Serveur FTP - Console de gestion FTP	Web-Ftp-Publishing Web-Ftp-Server Web-Ftp-Mgmt-Console

Les composants de ce rôle sur un Server Core sont :

Rôle ou service de rôle	Valeur de la commande
Serveur Web IIS	IIS-WebServerRole
Server Web IIS - Fonctionnalités HTTP communes - Contenu statique - Document par défaut - Exploration de répertoire - Erreurs HTTP - Redirection HTTP	IIS-WebServer IIS-CommonHttpFeatures IIS-StaticContent IIS-DefaultDocument IIS-DirectoryBrowsing IIS-HttpErrors IIS-HttpRedirect
- Développement d'applications - ASP - CGI - Extensions ISAPI - ASP - Filtres ISAPI - Fichiers Include côté serveur	IIS-ApplicationDevelopment IIS-ASP IIS-CGI IIS-ISAPIExtensions IIS-ASP IIS-ISAPIFilter IIS-ServerSideIncludes

Rôle ou service de rôle	Valeur de la commande

- Intégrité et diagnostics
  - Journalisation HTTP
  - Outils de journalisation
  - Observateur de demandes
  - Suivi
  - Journalisation personnalisée
  - Journal ODBC
	IIS-HealthAndDiagnostics
	IIS-HttpLogging
	IIS-LoggingLibraries
	IIS-RequestMonitor
	IIS-HttpTracing
	IIS-CustomLogging
	IIS-ODBCLogging

- Performances
  - Compression de contenu statique
  - Compression de contenu dynamique
	IIS-Performance
	IIS-HttpCompressionDynamic
	IIS-HttpCompressionStatic

- Sécurité
  - Authentification de base
  - Authentification Windows
  - Authentification Digest
  - Authentification du mappage de certificat client
  - Authentification de mappage de certificats clients d'IIS
  - Autorisation URL
  - Filtrage des demandes
    - ASP
  - Restrictions IP et de domaine
	IIS-Security
	IIS-BasicAuthentication
	IIS-WindowsAuthentication
	IIS-DigestAuthentication
	IIS-ClientCertificateMappingAuthentication
	IIS-IISCertificateMappingAuthentication
	IIS-URLAuthorization
	IIS-RequestFiltering
	IIS-ASP
	IIS-IPSecurity

Outils de gestion
- Scripts et outils de gestion d'IIS
- Compatibility Management IIS 6
  - Outils de script IIS 6
  - Compatibilité avec la métabase de données IIS 6
    - Serveur FTP
    - Outils de scripts IIS 6
  - Compatibilité WMI d'IIS 6
    - Outils de script IIS 6
	IIS-WebServerManagementTools
	IIS-ManagementScriptingTools
	IIS-IIS6ManagementCompatibility
	IIS-LegacyScripts
	IIS-Metabase
	IIS-FTPServer
	IIS-LegacyScripts
	IIS-WMICompatibility
	IIS-LegacyScripts

Service de publication FTP - Serveur FTP	IIS-FTPPublishingService IIS-FTPServer

Fonctionnalités HTTP communes : installe les modules de base pour gérer le serveur Web comme le support des fichiers statiques, le nom des documents par défaut si la demande ne contient pas de page spécifique, l'exploration de répertoire si elle peut être supportée, la personnalisation des pages d'erreur et la redirection des requêtes clients.

Développement d'applications : fournit l'infrastructure pour installer le support des technologies de développement suivantes : ASP.NET, le support des modules d'extensions .NET, les pages ASP, l'interface CGI (*Common Gateway Interface*), les extensions ISAPI, les filtres ISAPI et les fichiers Include côté serveur SSI.

Intégrité et diagnostics : ajoute les modules nécessaires pour créer des journaux et tracer les requêtes.

Sécurité : installe les modules pour gérer une authentification particulière et autoriser l'accès à une page selon différents critères.

Performances : installe le service pour activer la compression logicielle.

Outils de gestion : installe l'infrastructure de gestion et la console MMC. La compatibilité avec la version 6 est assurée afin de supporter des applications Web et leur mode de gestion sans modification.

Services de publication FTP : fournit l'infrastructure pour installer un serveur FTP et/ou la console MMC de gestion.

À installer en fonction des besoins. Si un accès depuis Internet est autorisé, il faut prêter une attention particulière à la sécurité.

Ce rôle d'infrastructure applicatif est optionnel.

6. Services de domaine Active Directory (AD DS)

C'est le rôle qui installe l'Active Directory. La configuration se fait toujours à l'aide de la commande **dcpromo**.

Le chapitre Mise en œuvre de l'Active Directory (AD) du présent livre détaille la planification.

Les composants de ce rôle sont :

Rôle ou service de rôle	Valeur de la commande
Services de domaine Active Directory	
Contrôleur de domaine Active Directory	ADDS-Domain-Controller
Gestion des identités pour Unix	ADDS-Identity-Mgmt
Serveur pour le service NIS *(Network Information Services)*	ADDS-NIS
Synchronisation des mots de passe	ADDS-Password-Sync
Outils d'administration	ADDS-IDMU-Tools

Le composant de ce rôle pour un Server Core est :

Rôle ou service de rôle	Valeur de la commande
Services de domaine Active Directory	
Contrôleur de domaine Active Directory	DirectoryServices-DomainController-ServerFoundation

Contrôleur de domaine Active Directory : installe les services de domaine Active Directory sur le serveur pour en faire un contrôleur de domaine.

Gestion des identités pour Unix : installe les outils nécessaires pour intégrer des ordinateurs Windows dans des environnements Unix en permettant la synchronisation automatique des mots de passe et le mappage des entrées de l'Active Directory avec les domaines NIS.

Au moins un serveur Active Directory est requis pour créer un domaine AD dans un réseau d'entreprise. Ce rôle est inutile dans un groupe de travail ou un home group.

Dans une entreprise, ce rôle d'infrastructure est requis ! L'expérience montre que le plus petit réseau peut être composé d'un serveur plus un client pour simplifier l'administration et être facilement évolutif en utilisant une édition Small Business Server par exemple.

7. Active Directory Lightweight Directory Services (AD LDS)

Ce rôle installe un annuaire **LDAP** (*Lightweight Directory Access Protocol*) permettant entre autre à des applications spécifiques de prendre en charge des utilisateurs provenant de votre entreprise ou d'entreprises différentes sans compromettre la sécurité d'Active Directory.

Identique à l'Active Directory, excepté qu'il ne gère pas l'authentification des utilisateurs.

Le chapitre Configuration des rôles de serveurs avec les services AD du livre Windows Server 2008 et 2008 R2 - Configuration d'une infrastructure Active Directory (2ème édition) dans la collection Certifications paru aux Éditions ENI montre son implémentation.

Le composant de ce rôle est :

Rôle ou service de rôle	Valeur de la commande
Services AD LDS *(Active Directory Lightweight Directory Services)*	ADLDS

Le composant de ce rôle pour un Server Core est :

Rôle ou service de rôle	Valeur de la commande
Services AD LDS *(Active Directory Lightweight Directory Services)*	DirectoryServices-ADAM-ServerCore

Si vous planifiez l'utilisation d'une application qui fait appel à l'utilisation d'un annuaire LDAP, alors ce rôle est un excellent candidat potentiel.

Ce rôle applicatif est optionnel.

8. Service de gestion des droits (AD RMS)

Ce rôle installe un service de gestion des droits d'accès du contenu des fichiers, au sein d'une forêt Active Directory. Les documents et les e-mails peuvent être protégés contre tout accès ou utilisation non autorisés.

Le chapitre Configuration des rôles de serveurs avec les services AD du livre Windows Server 2008 et 2008 R2 - Configuration d'une infrastructure Active Directory (2ème édition) dans la collection Certifications paru aux Éditions ENI montre son implémentation.

Les composants de ce rôle sont :

Rôle ou service de rôle		Valeur de la commande
Services AD RMS *(Active Directory Rights Management Services)*		Ne peut être installé en mode ligne de commande
	Active Directory Rights Management Server	Ne peut être installé en mode ligne de commande
	Prise en charge de la fédération des identités	Ne peut être installé en mode ligne de commande

Le Service AD RMS est divisé en deux composants, le premier composant est le serveur lui-même et le second permet la prise en charge des identités fédérées à l'aide d'un serveur AD FS.

Si vous planifiez une stratégie de gestion des droits d'accès aux documents, alors ce rôle est un excellent candidat potentiel.

Ce rôle d'infrastructure de sécurité est optionnel.

9. Services de fédération Active Directory (ADFS)

Le rôle **ADFS** permet de fédérer l'authentification entre plusieurs entités en fournissant une technologie d'authentification Web unique **SSO** (*Single Sign On*) pour authentifier un utilisateur.

Le chapitre Configuration des rôles de serveurs avec les services AD du livre Windows Server 2008 et 2008 R2 - Configuration d'une infrastructure Active Directory (2ème édition) dans la collection Certifications paru aux Éditions ENI montre son implémentation.

Les composants de ce rôle sont :

Rôle ou service de rôle	Valeur de la commande
Services ADFS *(Active Directory Federation Services)*	
Service de fédération	ADFS-Federation
Proxy du service de fédération	ADFS-Proxy
Agent Web AD FS	ADFS-Web-Agents
Agent prenant en charge les revendications	ADFS-Claims
Agent basé sur les jetons Windows	ADFS-Windows-Token

Service de fédération : installe l'infrastructure pour autoriser l'accès à des ressources.

Proxy du service de fédération : collecte les demandes des applications Web clientes pour les transmettre au service de fédération au nom du client.

Agent Web AD FS : active l'authentification pour des clients Windows ou des applications.

Si vous planifiez une stratégie d'authentification de type SSO, alors ce rôle est un excellent candidat, néanmoins il faut lui préférer la version 2 qui est à télécharger du site de Microsoft. Cette fonctionnalité est apparue avec Windows Server 2003 R2.

Ce rôle d'infrastructure de sécurité est optionnel.

10. Services de certificats Active Directory (ADCS)

Le rôle installe le nouveau serveur de certificats, qui permet de délivrer, gérer et révoquer des certificats au sein d'une entreprise.

L'édition Standard est limitée à l'installation du composant **Autorité de certification.**

Le chapitre Configuration des rôles de serveurs avec les services AD du livre Windows Server 2008 et 2008 R2 - Configuration d'une infrastructure Active Directory (2ème édition) dans la collection Certifications paru aux Éditions ENI montre son implémentation.

Les composants de ce rôle sont :

Rôle ou service de rôle	Valeur de la commande
Services de certificats Active Directory	AD-Certificate
Autorité de certification	ADCS-Cert-Authority

Rôle ou service de rôle		Valeur de la commande
	Inscription de l'autorité de certification via le Web	ADCS-Web-Enrollment
	Répondeur en ligne	ADCS-Online-Cert
	Service d'inscription de périphériques réseau	ADCS-Device-Enrollment

Autorité de certification : est le serveur qui émet et garantit les certificats.

Inscription de l'autorité de certification via le Web : installe un site Web pour demander des certificats.

Répondeur en ligne : installe un serveur alternatif pour consulter la liste des certificats révoqués basés sur le protocole OCSP (*Online Certificate Status Protocol*).

Service d'inscription de périphériques réseau : installe un serveur de certificats permettant à des périphériques tels qu'un routeur de demander des certificats compatibles avec le protocole MSCEP (*Microsoft Simple Certificate Enrollment Protocol*).

Il n'est pas nécessaire d'installer ce rôle car il est également possible d'acheter uniquement des certificats.

Ce rôle ne doit être installé et géré que par des administrateurs qui maîtrisent une infrastructure de certificats.

Ce rôle peut être requis par certaines technologies utilisées.

Ce rôle d'infrastructure de sécurité est optionnel.

11. Services de déploiement Windows (WDS)

Le service WDS est le successeur du service **RIS** (*Remote Installation Service*) des versions précédentes de Windows. Il permet d'effectuer des installations à distance pour des ordinateurs à partir de Windows Vista ou Windows Server 2008.

Le chapitre Planification du déploiement du présent livre décrit ce rôle.

Les composants de ce rôle sont :

Rôle ou service de rôle		Valeur de la commande
Services de déploiement Windows		WDS
	Serveur de déploiement	WDS-Deployment
	Serveur de transport	WDS-Transport

Serveur de déploiement : installe le service WDS.

Serveur de transport : permet d'installer les éléments requis pour transmettre des données en utilisant le *multicasting*. Il peut fonctionner sans le serveur de déploiement.

Si vous planifiez des stratégies de déploiement de masse ou de maintenance à travers le réseau, alors ce rôle est un excellent candidat.

Ce rôle d'infrastructure est optionnel.

12. Services d'impression

Ce rôle permet d'installer une console de gestion centralisée des imprimantes, le service LPD (*Line Printer Daemon*) et le service d'impression Internet.

Le chapitre Mise en œuvre du serveur d'impression du présent livre décrit en détail ce rôle.

Les composants de ce rôle sont :

Rôle ou service de rôle	Valeur de la commande
Services d'impression	Print-Services
Serveur d'impression	Print-Server
Service LPD	Print-LPD-Service
Impression Internet	Print-Internet

Les composants de ce rôle pour un Server Core sont :

Rôle ou service de rôle	Valeur de la commande
Serveur d'impression	Printing-ServerCore-Role
Service LPD	Printing-LPDPrintService

Serveur d'impression : c'est le serveur d'impression qui gère les imprimantes et leurs pilotes.

Service LPD : il permet à des ordinateurs fonctionnant sous Unix d'imprimer sur le serveur d'impression.

Impression Internet : il permet de se connecter en utilisant le protocole HTTPS pour imprimer ou gérer le serveur d'impression.

Ce rôle d'infrastructure est requis dès qu'une imprimante est mise en réseau.

13. Services de fichiers

Le service de fichiers fournit plusieurs services pour gérer efficacement les fichiers de votre entreprise. L'édition Standard est limitée à une racine DFS autonome.

Le chapitre Mise en œuvre du serveur de fichiers du présent livre décrit en détail ce rôle.

Les composants de ce rôle sont :

Rôle ou service de rôle	Valeur de la commande
Services de fichiers	
Serveur de fichiers	FS-FileServer
Système de fichiers distribués	FS-DFS
Espaces de noms DFS	FS-DFS-Namespace
Réplication DFS	FS-DFS Replication
Gestion de ressources du serveur de fichiers	FS-Resource-Manager
Services pour NFS	FS-NFS-Services
Service de recherche Windows	FS-Search-Service
Services de fichiers Windows 2003	FS-Win2003-Services
Service de réplication de fichiers	FS-Replication

Rôle ou service de rôle	Valeur de la commande
Service d'indexation	FS-Indexing-Service

Les composants de ce rôle pour un Server Core sont :

Rôle ou service de rôle	Valeur de la commande
Système de fichiers distribués	DFSN-Server
Réplication DFS	DFSR-Infrastructure-ServerEdition
Services pour NFS	ServerForNFS-Base
Client NFS	ClientForNFS-Base
Service de réplication de fichiers	FRS-Infrastructure

Serveur de fichiers : c'est le serveur de fichiers.

Système de fichiers distribués : il permet de créer des arborescences logiques de partages serveurs qui peuvent être répliquées sur plusieurs serveurs.

Gestion de ressources du serveur de fichiers : c'est un ensemble d'outils d'administration.

Services pour NFS : il permet de partager des documents avec le protocole NFS principalement utilisé sous Unix.

Service de recherche Windows : c'est le système de recherche par indexation des fichiers de Windows.

Services de fichiers Windows 2003 : il crée une compatibilité avec les serveurs sous Windows Server 2003.

Ce rôle d'infrastructure est installé partiellement par défaut sur tous les ordinateurs Windows Server 2008, malheureusement cela n'apparaît pas dans le gestionnaire de serveur. Ce rôle est à installer pour un serveur de fichiers. Il est donc optionnel.

14. Services de stratégie et d'accès réseau NAP

Le service NAP permet de créer des stratégies d'accès réseau garantissant que les ordinateurs sont conformes et sains.

L'édition Standard est limitée à 250 connexions RRAS, 50 connexions IAS et 2 groupes de serveur IAS.

Le chapitre Configuration des services réseau du présent livre décrit ce rôle.

Les composants de ce rôle sont :

Rôle ou service de rôle	Valeur de la commande
Services de stratégie d'accès réseau	NPAS
Serveur NPS *(Network Policy Server)*	NPAS-Policy-Server
Service de routage et d'accès à distance	NPAS-RRAS-Services
Service d'accès à distance	NPAS-RRAS
Routage	NPAS-Routing
Autorité HRA *(Health Registration Authority)*	NPAS-Health
HCAP *(Host Credential Authorization Protocol)*	NPAS-Host-Cred

Serveur NPS : c'est le nouveau nom du serveur Radius (anciennement IAS). Il permet également de définir les stratégies d'accès réseau distant ainsi que serveur d'évaluation de la conformité pour le service NAP.

Service de routage et d'accès à distance : c'est le module qui permet d'ajouter les services d'accès distant et VPN, de routage, de traduction d'adresses NAT, de proxy DHCP, etc.

Autorité HRA : est un composant NAP qui émet des certificats d'intégrité pour les clients conformes pour IPSec NAP.

HCAP : permet d'intégrer la solution NAP Microsoft avec la solution serveur de contrôle d'accès de CISCO principalement utilisé avec 802.1X.

Si vous planifiez une stratégie de gestion de l'accès réseau, alors ce rôle est un excellent candidat. Ce rôle est souvent remplacé par des solutions tierces en entreprise.

Ce rôle d'infrastructure est optionnel.

15. Services Terminal Server TS

Le service Terminal Server permet de centraliser les applications sur un serveur, ce qui simplifie la gestion des applications et permet de conserver des postes de travail peu puissants.

Ce service permet également d'améliorer grandement la sécurité des utilisateurs itinérants.

L'édition Standard est limitée à 250 connexions pour le service de passerelles.

Les composants de ce rôle sont :

Rôle ou service de rôle		Valeur de la commande
Services Terminal Server		Terminal Server
	Terminal Server	TS-Terminal-Server
	Gestionnaire de licences TS	TS-Licensing
	Session Broker TS	TS-Session-Broker
	Passerelle TS	TS-Gateway
	Accès Web TS	TS-Web-Access

Terminal Server : c'est le service Terminal Server.

Gestionnaire de licences TS : c'est le gestionnaire de licences Terminal Server.

Session Broker TS : il permet de suivre les sessions utilisateur, y compris dans un environnement WNLB (*Windows Network Load Balancer*).

Passerelle TS : c'est le point d'entrée sur des serveurs TS pour tout client Internet.

Accès Web TS : il permet aux clients d'accéder aux sessions TS ou aux applications en mode **remote application** par l'intermédiaire d'un site Web.

Dans une entreprise, à partir de 100 collaborateurs ou dès que des données doivent rester confidentielles, les utilisateurs itinérants ne devraient avoir accès aux applications qu'en mode TS.

Ce rôle est adapté à toutes les entreprises qui veulent gérer de manière centralisée les applications.

Ce rôle d'infrastructure est optionnel.

16. Services UDDI (Universal Description Discovery and Integration)

Les services Web sont de plus en plus nombreux. Comme ils sont susceptibles d'être utilisés par des applications développées en interne dans l'entreprise, il serait utile d'installer un serveur **UDDI** qui fèdère la connaissance des services Web installés de l'entreprise ou de partenaires.

Les composants de ce rôle sont :

Rôle ou service de rôle	Valeur de la commande
Services UDDI	Ne peut être installé en mode ligne de commande
Base de données des services UDDI	Ne peut être installé en mode ligne de commande
Application Web des Services UDDI	Ne peut être installé en mode ligne de commande

Ce rôle d'infrastructure est optionnel. Il n'est à installer qu'à la demande de développeurs internes à votre entreprise ou dans un cadre plus large auprès de partenaires.

17. Hyper-V™

Hyper-V est le moteur de virtualisation de Windows Server 2008 basé sur la technologie XEN.

Des éditions de Windows Server 2008 Standard, Enterprise et Datacenter sont disponibles sans Hyper-V.

Hyper-V ne fonctionne que sur une édition 64 bits.

Pour une version RTM, il faut télécharger Hyper-V du site de Microsoft. Dans le SP2, il est inclus.

Le chapitre Création du bac à sable du présent livre introduit ce rôle.

Le composant de ce rôle est :

Rôle ou service de rôle	Valeur de la commande
Hyper-V	Hyper-V

Le composant de ce rôle pour un **Server Core** est :

Rôle ou service de rôle	Valeur de la commande
Hyper-V	Microsoft-Hyper-V

C'est un rôle d'infrastructure. Si vous planifiez d'utiliser la virtualisation pour certains de vos serveurs à l'aide des technologies Microsoft, alors Hyper-V est un des premiers choix.

La version Hyper-V livrée avec le SP2 de Windows améliore les fonctionnalités et les performances de la version 1 sans toutefois arriver au niveau de la version 2 (Windows Server 2008 R2).

Dans tous les cas, installez la dernière version disponible d'Hyper-V, comme lors de l'écriture de ce livre, la version 2.

18. Streaming Media Services

Ce rôle est un rôle additionnel qu'il faut télécharger depuis le site de Microsoft (voir la KB934518). Il permet de distribuer de l'information en continu, que ce soient des films, de la musique ou de la TV sur IP (IPTV) de manière fiable et sans surcharger le réseau.

Le composant de ce rôle est :

Rôle ou service de rôle	Valeur de la commande
Streaming Media Server	MediaServer

Le composant de ce rôle sur une édition Core est :

Rôle ou service de rôle	Valeur de la commande
Streaming Media Server	MediaServer

Ce rôle d'infrastructure est optionnel. Si vous planifiez d'utiliser un système de distribution de flux d'information, alors le rôle est un candidat potentiel.

19. Windows Server Update Services (WSUS)

Un serveur WSUS est un serveur qui permet de contrôler et d'installer les mises à jour à la place de Windows Update.

La version 3 SP1 du service WSUS peut être téléchargée et installée en tant que nouveau rôle (voir la KB940518) pour la version RTM. Ce rôle est inclus dans la version SP2 et c'est la version 3 SP2 qui est incluse.

Le chapitre Maintenance des correctifs du présent livre montre en détail ce rôle ainsi que la planification.

Rôle ou service de rôle	Valeur de la commande
Windows Server Update Services	Ne peut être installé en mode ligne de commande

Ce rôle d'infrastructure est optionnel, néanmoins en fonction du nombre d'ordinateurs, il est un candidat potentiel pour disposer d'un serveur de mise à jour local.

C. Présentation des fonctionnalités

Une fonctionnalité est un composant optionnel permettant d'étendre les possibilités de Windows Server 2008. Avec Windows Server 2008, Microsoft a défini 35 fonctionnalités par défaut.

À l'installation, aucune fonctionnalité n'est installée. Une fonctionnalité s'installe soit manuellement par l'administrateur, soit automatiquement lors de l'installation d'un rôle ou d'une autre fonctionnalité.

Si d'autres fonctionnalités ou rôles manquent pour installer correctement la fonctionnalité, l'assistant vous propose d'installer les éléments requis supplémentaires.

Le tableau suivant résume les fonctionnalités que l'on peut installer sur une installation complète en fonction de Windows Server 2008.

Fonctionnalité	Standard	Enterprise	Datacenter	Itanium	Web
Assistance à distance	x	x	x	x	x
Base de données interne Windows	x	x	x	x	x
Chiffrement BitLocker	x	x	x	x	
Client d'impression Internet	x	x	x	x	x
Client Telnet	x	x	x	x	x
Client TFTP	x	x	x	x	
Clustering avec basculement		x	x	x	
Compression différentielle à distance RDC	x	x	x	x	
Équilibrage de la charge réseau WNLB	x	x	x	x	x
Expérience audio-vidéo haute qualité Windows (qWave)	x	x	x	x	x
Expérience utilisateur	x	x	x		x
Extension du serveur BITS	x	x	x	x	
Fonctionnalités .NET Framework 3.0	x	x	x	x	x
Fonctionnalités de sauvegarde de Windows Server	x	x	x	x	x
Gestion des stratégies de groupe	x	x	x	x	x
Gestionnaire de ressources système Windows	x	x	x	x	x
Gestionnaire de stockage amovible	x	x	x	x	
Gestionnaire de stockage pour réseau SAN	x	x	x		
Kit d'administration de Connection Manager	x	x	x		
Message Queuing	x	x	x	x	
Moniteur de port LPR	x	x	x		
MPIO *(Multipath I/O)*	x	x	x	x	
Outils d'administration de serveur distant	x	x	x		x
Protocole PNRP *(Peer Name Resolution Protocol)*	x	x	x	x	x
Proxy RPC sur HTTP	x	x	x	x	
Serveur iSNS *(Internet Storage Name Server)*	x	x	x		x
Serveur SMTP	x	x	x	x	x
Serveur Telnet	x	x	x	x	x

Fonctionnalité	Standard	Enterprise	Datacenter	Itanium	Web
Serveur WINS *(Windows Internet Naming Service)*	x	x	x		
Service d'activation des processus Windows	x	x	x	x	x
Service de réseau local sans fil	x	x	x		
Services SNMP *(Simple Network Management Protocol)*	x	x	x	x	x
Services TCP/IP simples	x	x	x	x	
Sous-système pour les applications UNIX Windows (SUA)	x	x	x	x	
Windows PowerShell	x	x	x	x	x

Le tableau suivant résume les fonctionnalités que l'on peut installer sur un Server Core en fonction de l'édition de Windows Server 2008.

Fonctionnalité	Standard	Enterprise	Datacenter	Web
Chiffrement BitLocker	x	x	x	
Client Telnet	x	x	x	x
Clustering avec basculement		x	x	
Équilibrage de la charge réseau WNLB	x	x	x	x
Expérience audio-vidéo haute qualité Windows (qWave)	x	x	x	x
Fonctionnalités de sauvegarde de Windows Server	x	x	x	x
Gestionnaire de stockage amovible	x	x	x	
MPIO *(Multipath I/O)*	x	x	x	
Serveur WINS *(Windows Internet Naming Service)*	x	x	x	
Services SNMP *(Simple Network Management Protocol)*	x	x	x	x
Sous-système pour les applications UNIX Windows (SUA)	x	x	x	

1. Assistance à distance

L'assistance à distance permet à un expert d'aider un novice en visualisant ou partageant la session de travail du novice via un client RDP.

Le chapitre Outils de configuration et de gestion du présent livre décrit en détail cette fonctionnalité.

Le composant pour cette fonctionnalité est :

Fonctionnalité	Valeur de la commande
Assistance à distance	Remote-Assistance

Fonctionnalité d'administration pouvant être utile dans de grandes équipes.

2. Base de données interne Windows

La base de données interne Windows est une base de données pouvant être utilisée par les services suivants :

- Service UDDI.
- AD RMS (*Active Directory Rights Management Services*).
- Service WSUS (*Windows Server Update Services*).
- Gestionnaire de ressources système Windows (WSRM pour *Windows System Resource Manager*).
- WSS V3 (*Windows SharePoint Service V3*).

Il s'agit en fait d'une version de SQL Server 2005 Embedded Edition.

Il est possible d'utiliser l'outil SQL Server Management Studio Express pour s'y connecter.

Cette fonctionnalité s'installe automatiquement dès qu'un service en fait la demande. Vous pouvez la détruire si plus aucun service ne l'utilise, mais ce n'est pas recommandé. La procédure suivante montre comment l'effacer, mais il peut subsister d'autres éléments qui sont propres à chaque application.

Plate-forme 32 bits

```
Msiexec /x {CEB5780F-1A70-44A9-850F-DE6C4F6AA8FB} callerid=ocsetup.exe
```

Plate-forme 64 bits

```
msiexec /x {BDD79957-5801-4A2D-B09E-852E7FA64D01} callerid=ocsetup.exe
```

Le composant pour cette fonctionnalité est :

Fonctionnalité	Valeur de la commande
Base de données interne Windows	Windows-Internal-DB

C'est une fonctionnalité d'infrastructure qu'il ne faut pas modifier.

3. Chiffrement de lecteur BitLocker

Le chiffrement BitLocker permet de chiffrer l'intégralité d'un volume disque et empêche tout accès non autorisé à ce volume.

Le scénario le plus évident concerne l'ordinateur portable puisqu'il permet d'éviter, si l'ordinateur est volé, d'avoir accès aux données contenues sur son disque dur. Néanmoins, le scénario le plus intéressant concerne les serveurs qui doivent être hautement sécurisés du fait de la nature très confidentielle des données qu'ils contiennent. Également des serveurs situés dans des lieux non protégés physiquement (pas de salle informatique, de local fermé ou d'accès contrôlé).

Le démarrage d'un serveur protégé par BitLocker ne peut avoir lieu si la clé de démarrage USB n'est pas insérée. De même, il n'est pas possible de modifier des données hors connexion.

BitLocker améliore la protection contre des attaques physiques au niveau du serveur.

Il est nécessaire de laisser une partition au format NTFS ayant au moins 1,5 Go non chiffrée par le système BitLocker pour démarrer l'ordinateur, sans qu'il s'agisse de la partition système.

BitLocker peut utiliser une puce TPM version 1.2 ou supérieure pour améliorer la sécurité. Sinon, les clés sont stockées sur une clé USB. Pour utiliser BitLocker sans TPM, il est nécessaire de modifier la stratégie de groupe dépendant du fichier TPM.admx comprenant les paramètres suivants : **Configuration ordinateur - Modèles d'administration - Composants Windows - Chiffrement de lecteur BitLocker - Configuration du panneau de configuration : Activer les options de démarrage avancées**. Il faut au minimum un ordinateur exécutant Windows Vista.

Le composant pour cette fonctionnalité est :

Fonctionnalité	Valeur de la commande
Chiffrement de lecteur BitLocker	BitLocker

Les composants pour cette fonctionnalité sur un Server Core sont :

Fonctionnalité	Valeur de la commande
Chiffrement de lecteur BitLocker	BitLocker
Outil d'administration à distance BitLocker	BitLocker-RemoteAdminTool

C'est une fonctionnalité de sécurité, à installer uniquement sur des serveurs qui doivent disposer d'un niveau de sécurité élevé.

4. Client d'impression Internet

Le client d'impression Internet utilise le protocole **IPP** (*Internet Printing Protocol*) et permet aux utilisateurs de pouvoir se connecter, gérer et imprimer des documents même lorsqu'ils sont en dehors de l'entreprise pour autant qu'un serveur Web IIS soit installé et configuré en tant que serveur d'impression.

Le chapitre Mise en œuvre du serveur d'impression du présent livre décrit en détail cette fonctionnalité.

Le composant pour cette fonctionnalité est :

Fonctionnalité	Valeur de la commande
Client d'impression Internet	Internet-Print-Client

C'est une fonctionnalité principalement utile pour les utilisateurs nomades qui ont besoin d'imprimer.

5. Client Telnet

Le client Telnet (*TELecommunication NETwork*) est un outil de gestion qui permet d'exécuter des commandes sur un hôte distant. Ce protocole est peu fiable car le login (nom et mot de passe) circule en clair sur le réseau. Pour offrir une meilleure sécurité au protocole Telnet, il est possible d'utiliser soit un client SSH (*Secure Shell*), soit le protocole IPSEC au lieu du protocole IP. Le projet **TeraTerm** sur **ttssh2.sourceforge.jp** offre une bonne alternative au client Telnet fourni par Microsoft.

Le composant pour cette fonctionnalité est :

Fonctionnalité	Valeur de la commande
Client Telnet	Telnet-Client

Le composant pour cette fonctionnalité sur un Server Core est :

Fonctionnalité	Valeur de la commande
Client Telnet	TelnetClient

C'est une fonctionnalité d'administration à ne pas utiliser, lui préférer Windows Remote Shell ou mieux PowerShell. Néanmoins, vous pouvez utiliser le client Telnet à des fins de diagnostics de connectivité dans un réseau filtré comme par exemple "Telnet adresseIP port" permet de tester la connexion alors que l'ICMP est filtré.

6. Client TFTP (Trivial File Transfer Protocol)

Le client TFTP est une version triviale non sécurisée du protocole FTP car elle n'utilise pas d'authentification entre le client et le serveur et le protocole UDP utilisé est moins fiable que le protocole TCP. TFTP peut encore avoir sa raison d'être pour mettre à jour le système d'exploitation appelé **IOS** (*Internetwork Operating System*) du matériel Cisco dans un environnement sécurisé mais pas dans un autre environnement !

TFTP est un protocole utilisé par le serveur de déploiement WDS et les clients PXE.

Le composant pour cette fonctionnalité est :

Fonctionnalité	Valeur de la commande
Client TFTP	TFTP-Client

Fonctionnalité d'administration à installer uniquement en cas de besoin spécifique, telle que la mise à jour d'un microcode (firmware) sur un périphérique supportant ce protocole.

7. Clustering avec basculement

Le clustering avec basculement ou *clustering failover* permet d'installer les composants nécessaires à l'ordinateur afin de créer un système hautement disponible.

Le chapitre Planification de la haute disponibilité du présent livre détaille cette fonctionnalité.

Le composant pour cette fonctionnalité est :

Fonctionnalité	Valeur de la commande
Clustering avec basculement	Failover-Clustering

Le composant pour cette fonctionnalité pour un Server Core est :

Fonctionnalité	Valeur de la commande
Clustering avec basculement	FailoverCluster-Core

C'est une fonctionnalité d'infrastructure. Si vous concevez l'installation d'un serveur en haute disponibilité, alors cette fonctionnalité est à prendre en considération.

8. Compression différentielle à distance

La compression différentielle à distance (RDC : *Remote Differential Compression* et non *Remote Desktop Connection*) est un protocole client serveur de synchronisation apparu avec Windows Server 2003 R2 permettant à des applications utilisant les API (*Application Programmer Interface*) de transmettre efficacement sur des réseaux WAN des données.

L'objectif est de synchroniser des données entre le client et le serveur. Le protocole permet de détecter les parties d'un jeu de fichiers qui ont été modifiées (insertion, modification et/ou suppression) et de n'envoyer sur le réseau que ces modifications. La détection se fait à la volée et n'est pas dépendante d'une notion de version du fichier.

La compression différentielle à distance fonctionne très efficacement pour des fichiers dès 64 Ko subissant peu de modifications comme des fichiers au format Word (DOC), de messagerie (PST) ou de virtualisation (VHD).

En plus de l'installation du protocole, il est nécessaire d'avoir sur le serveur une application compatible avec ce protocole.

Bien que la réplication DFS et l'Active Directory AD DS utilisent de manière interne le protocole RDC, il n'est pas nécessaire de l'installer.

Le composant pour cette fonctionnalité est :

Fonctionnalité	Valeur de la commande
Compression différentielle à distance	RDC

C'est une fonctionnalité applicative, à installer avec une application qui requiert cette fonctionnalité excepté pour les cas cités.

9. Équilibrage de la charge réseau (NLB)

L'équilibrage de charge réseau ou WNLB (*Windows Network Load Balancing*) parfois appelé cluster NLB permet de répartir des requêtes entre plusieurs serveurs qui fonctionnent comme une seule entité. Cela permet d'augmenter la charge ainsi que de concevoir un système hautement disponible.

Le chapitre Planification de la haute disponibilité du présent livre détaille cette fonctionnalité.

Le composant pour cette fonctionnalité est :

Fonctionnalité	Valeur de la commande
Équilibrage de la charge réseau	NLB

Le composant pour cette fonctionnalité pour un Server Core est :

Fonctionnalité	Valeur de la commande
Équilibrage de la charge réseau	NetworkLoadBalancingHeadlessServer

C'est une fonctionnalité d'infrastructure, si vous concevez l'installation d'une ferme de serveurs alors cette fonctionnalité est à prendre en considération.

10. Expérience audio-vidéo haute qualité Windows (qWave)

L'expérience audio-vidéo haute qualité Windows ou qWave (*Quality Windows Audio-Video Experience*) est la nouvelle plate-forme de qualité de services QOS (*Quality of Services*) incluant également les flux multimédia.

Ce protocole est adapté aussi bien aux réseaux domestiques utilisant des systèmes sans fil qu'à des entreprises.

Des API sont également disponibles pour les développeurs et les fabricants de matériel.

Le composant pour cette fonctionnalité est :

Fonctionnalité	Valeur de la commande
Expérience audio-vidéo haute qualité Windows	qWave

Le composant pour cette fonctionnalité pour un Server Core est :

Fonctionnalité	Valeur de la commande
Expérience audio-vidéo haute qualité Windows	QWAVE

C'est une fonctionnalité d'infrastructure, à installer avec une application qui requiert cette fonctionnalité.

11. Expérience utilisateur

L'expérience utilisateur permet d'ajouter des applications pour l'utilisateur afin de disposer d'un environnement de bureau plus riche ressemblant à Windows Vista.

Cette fonctionnalité est particulièrement prévue pour les utilisateurs de Terminal Server ainsi que dans le cas d'un utilisateur travaillant régulièrement sur un serveur, bien que ce dernier scénario ne soit pas recommandé.

Les applications installées sont :

- Calendrier Windows
- Windows Mail
- Lecteur Windows Media
- Windows Aero™ et autres thèmes du Bureau
- Video for Windows (prise en charge AVI)
- Galerie de photos Windows
- Windows SideShow™
- Windows Defender
- Nettoyage de disque
- Centre de synchronisation
- Magnétophone
- Table des caractères

Le composant pour cette fonctionnalité est :

Fonctionnalité	Valeur de la commande
Expérience utilisateur	Desktop-Experience

C'est une fonctionnalité d'infrastructure, à n'installer que si un utilisateur régulier travaille sur le serveur ou si le rôle Terminal Server est installé.

12. Extensions du serveur BITS

Les extensions du serveur BITS (*Background Intelligent Transfer Service*) sont un service fonctionnant avec le serveur Web IIS qui permet de notifier les applications Web de l'arrivée de données sur un répertoire virtuel et de retourner une réponse adéquate.

Le transfert peut se faire dans les deux sens, le téléchargement ou le chargement, BITS se chargeant d'optimiser le transfert de fichiers entre le client et le serveur.

Le composant pour cette fonctionnalité est :

Fonctionnalité	Valeur de la commande
Extensions du serveur BITS	BITS

C'est une fonctionnalité d'infrastructure applicative, à n'installer que si une application Web requiert cette fonctionnalité. Ne pas confondre avec le Service de transfert intelligent en arrière-plan utilisé entre autres par Windows Update.

13. Fonctionnalités .NET Framework 3.0

Le Framework est une interface entre le système d'exploitation et l'application, permettant de faire fonctionner des applications dans un environnement sécurisé et fiable indépendant du système d'exploitation et du processeur.

La base du Framework est constituée du CLR (*Common Language Runtime*) et de sa formidable bibliothèque de classes prêtes à l'emploi pour les développeurs. Les développeurs peuvent utiliser plus de 30 langages de programmation dont les plus connus sont **VB.Net** et **C#** mais également **F#**, **PowerShell** ou **jScript.Net**.

L'application créée n'est pas entièrement compilée mais transcrite dans un langage intermédiaire appelé CIL (*Common Intermediate Language*). Généralement, c'est à l'exécution que le programme compile à la volée l'application sur la plate-forme 32 ou 64 bits du couple AMD/INTEL y compris les processeurs Intel Itanium.

Les DLLs (*Dynamic Link Library*) partagées appelées **Assemblys** s'installent dans le répertoire **%systemroot%\assembly** et pour une DLL donnée, plusieurs versions peuvent maintenant y résider côte à côte.

Il est désormais possible de faire tourner une application X en version 1 en même temps que la même application X mais en version 2, même si les DLLs dépendantes sont différentes.

Il existe même une version du Framework soutenue par Novell tournant sous Linux appelée **mono** (www.mono-project.com) dont les fonctionnalités la situent entre la version 2.0 et 4.0 du Framework.

Certaines applications ont été conçues uniquement pour une version spécifique du Framework. Il n'y a pas de problèmes, car il est possible de faire fonctionner plusieurs versions du Framework côte à côte comme les versions 1.1 et 2.0. Par contre, les Framework 3.0 et 3.5 sont complémentaires et s'installent au-dessus de la version 2.0.

Année de sortie	2002	2003	2005	2007	2008	2010
Framework	1.0	1.1	2.0	3.0	3.5	4.0
Visual Studio.NET	2002	2003	2005	2005+SDK	2008	2010
Fonctionnalités principales	Common Language Runtime WinForms Web Services ASP.NET	WCF WF WPF CardSpace	LinQ AJAX REST	Parallélisme Entity Framework Data Services Silverlight Amélioration des performances		

Par défaut, le Framework 2.0 est installé, mais l'installation SharePoint Services 3.0 exige l'installation de la version 3.0. D'autres applications récentes nécessitent même la version 4.0 du Framework qui est à télécharger.

Sur une installation avec l'option Core, il n'est pas possible d'installer le Framework. C'est la raison pour laquelle certains rôles ou fonctionnalités ne sont pas disponibles comme IIS et les ASP.NET ou PowerShell. Veuillez contrôler si votre application est programmée avec un langage .NET avant de l'installer.

Les composants pour cette fonctionnalité sont :

Fonctionnalité	Valeur de la commande
Fonctionnalités .NET Framework 3.0	NET-Framework
NET Framework 3.0	NET-Framework-Core
Visionneuse XPS	NET-XPS-Viewer
Activation de Windows Communication Foundation	Net-Win-CFAC
Activation HTTP	NET-HTTP-Activation
Activation non HTTP	NET-Non-HTTP-Activ

NET Framework 3.0 : installe le Framework.

Visionneuse XPS : installe la visionneuse de documents XPS

Activation de Windows Communication Foundation : active le type de communication sélectionné.

C'est une fonctionnalité d'infrastructure, il ne faut installer le Framework 3.0 ou supérieur que si une application requiert ces fonctionnalités afin de réduire la surface d'attaque.

14. Fonctionnalités de sauvegarde de Windows Server

Il s'agit de l'utilitaire de sauvegarde de Windows Server 2008, il remplace l'utilitaire de sauvegarde appelé **NTBackup** des versions précédentes.

Le chapitre Mise en œuvre du serveur de fichiers du présent livre décrit en détail cette fonctionnalité.

Les composants pour cette fonctionnalité sont :

Fonctionnalité		Valeur de la commande
Fonctionnalité de la sauvegarde de Windows Server		Backup-Features
	Utilitaire de sauvegarde de Windows Server	Backup
	Outils en ligne de commande	Backup-Tools

Le composant pour cette fonctionnalité pour un Server Core est :

Fonctionnalité	Valeur de la commande
Utilitaire de sauvegarde de Windows Server	WindowsServerBackup

C'est une fonctionnalité d'infrastructure, si vous concevez une planification de la sauvegarde, alors cette fonctionnalité est à prendre en considération.

15. Gestion des stratégies de groupe

Il s'agit du composant MMC permettant de gérer les stratégies de groupe pour l'entreprise.

Le chapitre Administration via les stratégies de groupe du présent livre décrit en détail l'utilisation de cette fonctionnalité.

Le composant pour cette fonctionnalité est :

Fonctionnalité	Valeur de la commande
Gestion des stratégies de groupe	GPMC

C'est une fonctionnalité d'administration installée automatiquement sur les contrôleurs de domaine.

16. Gestionnaire de ressources système Windows

Le gestionnaire de ressources systèmes Windows WSRM (*Windows System Resource Manager*) est un outil d'administration permettant de contrôler l'utilisation de ressources mémoire et processeur que l'on peut allouer à une application.

Le chapitre Suivi et optimisation des performances décrit cette fonctionnalité.

Le composant pour cette fonctionnalité est :

Fonctionnalité	Valeur de la commande
Gestionnaire de ressources système Windows	WSRM

C'est une fonctionnalité d'optimisation, à installer sur un serveur si l'on veut contrôler l'allocation des ressources.

17. Gestionnaire de stockage amovible

Cette fonctionnalité gère les médias amovibles tels que les bandes et les disques optiques. Ce gestionnaire est spécialement conçu pour gérer les librairies matérielles comme les robots de sauvegarde, les juke-box, les étiquettes et catalogues en garantissant des opérations fiables et sécurisées.

Le composant pour cette fonctionnalité est :

Fonctionnalité	Valeur de la commande
Gestionnaire de stockage amovible	Removable-Storage

Le composant pour cette fonctionnalité pour un Server Core est :

Fonctionnalité	Valeur de la commande
Gestionnaire de stockage amovible	Microsoft-Windows-RemovableStorageManagementCore

C'est une fonctionnalité d'infrastructure, à installer avec un matériel ou une application qui requiert cette fonctionnalité.

18. Gestionnaire de stockage pour réseau SAN

Le gestionnaire de stockage pour réseau SAN permet de gérer des numéros d'unité logique appelé LUN (*Logic Unit Number*) pour des SAN (*Storage Area Network*) ou des systèmes iSCSI (*Internet Small Computer System Interface*) qui prennent en charge le service des disques virtuels VDS (*Virtual Disk Service*).

Le chapitre Planification du stockage du présent livre présente cette fonctionnalité.

Le composant pour cette fonctionnalité est :

Fonctionnalité	Valeur de la commande
Gestionnaire de stockage pour réseau SAN	Storage-Mgr-SANS

C'est une fonctionnalité d'infrastructure, à installer avec un matériel ou une application qui requiert cette fonctionnalité.

19. Kit d'administration de Connection Manager

Le kit d'administration de Connection Manager est un assistant qui permet de créer des profils de numérotation et de connexion d'un réseau distant ou un réseau VPN (*Virtual Private Network*).

Le composant pour cette fonctionnalité est :

Fonctionnalité	Valeur de la commande
Kit d'administration de Connection Manager	CMAK

C'est une fonctionnalité d'administration. À installer si vous planifiez l'utilisation de VPN Microsoft ou client d'accès à distance.

20. Message Queuing

Message Queuing est une infrastructure de messagerie applicative asynchrone pour applications distribuées gérant des files d'attentes. Ce service présente des avantages comme une garantie de remise des messages, une amélioration de la sécurité et la possibilité de gérer des transactions.

Cette fonctionnalité s'installe avec une application ou fait partie des pré-requis pour installer l'application.

Le composant pour cette fonctionnalité est :

Fonctionnalité	Valeur de la commande
Message Queuing	MSMQ
Services Message Queuing	MSMQ-Services
Serveur Message Queuing	MSMQ-Server
Intégration du service d'annuaire	MSMQ-Directory
Déclencheurs Message Queuing	MSMQ-Triggers
Prise en charge HTTP	MSMQ-HTTP-Support
Prise en charge de la multidiffusion	MSMQ-Multicasting
Service de routage	MSMQ-Routing
Prise en charge des clients Windows 2000	MSMQ-Win2000
Proxy DCOM Message Queuing	MSMQ-DCOM

C'est une fonctionnalité d'infrastructure. À n'installer qu'avec des applications qui requièrent cette fonctionnalité.

21. Moniteur de port LPR

Le moniteur de port LPR (*Line Printer Remote*) permet d'imprimer sur un ordinateur Unix ayant une imprimante de type LPD (*Line Printer Daemon*).

Le chapitre Mise en œuvre du serveur d'impression du présent livre décrit cette fonctionnalité.

Le composant pour cette fonctionnalité est :

Fonctionnalité	Valeur de la commande
Moniteur de port LPR	LPR-Port-Monitor

C'est une fonctionnalité d'interopérabilité. Cette fonctionnalité n'est à installer que pour imprimer sur un serveur Unix. Si le serveur est de type Windows, il faut lui préférer le port d'imprimante TCP/IP standard car il est plus rapide.

22. MPIO (Multipath I/O)

La fonctionnalité MPIO permet de créer des routes redondantes (si plusieurs routes existent) pour les SAN ou les systèmes iSCSI afin d'améliorer la fiabilité.

Il est même possible de répartir la charge entre les différents chemins disponibles, ce qui améliore les temps de réponse globaux du serveur.

Le chapitre Planification du stockage du présent livre présente cette fonctionnalité.

Le composant pour cette fonctionnalité est :

Fonctionnalité	Valeur de la commande
MPIO (Multipath I/O)	Multipath-IO

Le composant pour cette fonctionnalité sur un Server Core est :

Fonctionnalité	Valeur de la commande
MPIO (Multipath I/O)	Multipathlo

C'est une fonctionnalité d'infrastructure. À n'installer que s'il existe des routes SAN ou iSCSI redondantes.

23. Outils d'administration de serveur distant

Outils d'administration de serveur distant est un pack qui permet la gestion à distance de Windows Server 2008 ou Windows Server 2003 à partir d'un serveur exécutant Windows Server 2008.

Ce pack contient les logiciels composants enfichables pour gérer les rôles suivants :

- Services de certificats Active Directory AD CS.
- Services de domaine Active Directory AD DS.
- Services applicatifs Active Directory AD LDS.
- Services de gestion des droits Active Directory AD RMS.
- Serveur DHCP.
- Serveur DNS.
- Serveur de télécopie.
- Services de fichiers.
- Services de stratégies et d'accès réseau.
- Services d'impression.
- Services Terminal Server.
- Services UDDI.
- Serveur Web (IIS).
- Services de déploiement Windows WDS.

Ainsi que les fonctionnalités suivantes :

- Chiffrement de lecteur BitLocker.
- Extensions du serveur BITS.
- Clustering avec basculement.
- Équilibrage de la charge réseau WNLB.
- Serveur SMTP.
- Serveur WINS.

Le chapitre Outils de configuration et de gestion du présent livre présente RSAT et les versions de Windows supportées.

Les composants pour cette fonctionnalité sont :

Fonctionnalité	Valeur de la commande
Outils d'administration de serveur distant	RSAT

Fonctionnalité	Valeur de la commande
Outils d'administration de rôles	RSAT-Role-Tools
- Outils des services de certificats Active Directory	RSAT-ADCS
- Outils d'autorité de certification	RSAT-ADCS-Mgmt
- Outils des répondeurs en ligne	RSAT-Online-Responder
- Outils des services de domaine Active Directory	RSAT-ADDS
- Outils de contrôleur de domaine Active Directory	RSAT-ADDC
- Outils de Serveur pour NIS	RSAT-SNIS
- Outils des services AD LDS (*Active Directory Lightweight Directory Services*)	RSAT-ADLDS
- Outils des services AD RMS (*Active Directory Rights Management Services*)	RSAT-RMS
- Outils du serveur DHCP	RSAT-DHCP
- Outils du serveur DNS	RSAT-DNS-Server
- Outils du serveur de télécopie	RSAT-Fax
- Outils de services de fichiers	RSAT-File-Services
- Outils du système de fichiers DFS	RSAT-DFS-Mgmt-Con
- Outils de gestion de ressources du serveur	RSAT-FSRM-Mgmt
- Outils des services pour NFS	RSAT-NFS-Admin
- Outils de la stratégie réseau et des services d'accès	RSAT-NPAS
- Outils des services d'impression	RSAT-Print-Services
- Outils des services Terminal Server	RSAT-TS
- Outils du serveur Terminal Server	RSAT-TS-RemoteApp
- Outils de la passerelle TS	RSAT-TS-Gateway
- Outils des licences Terminal Server	RSAT-TS-Licensing
- Outils des services UDDI	RSAT-UDDI
- Outils du serveur Web (IIS)	RSAT-Web-Server
- Outils des services de déploiement Windows	RSAT-WDS
- Outils Hyper-V	RSAT-Hyper-V
Outils d'administration de fonctionnalités	RSAT-Feature-Tools
- Outils de chiffrement de lecteur BitLocker	RSAT-BitLocker
- Outils d'extensions du serveur BITS	RSAT-Bits-Server
- Outils de clustering avec basculement	RSAT-Clustering
- Outils d'équilibrage de la charge réseau	RSAT-NLB
- Outils du serveur SMTP	RSAT-SMTP
- Outils du serveur WINS	RSAT-WINS

C'est une fonctionnalité d'administration, à installer si nécessaire. La granularité étant l'outil.

24. Protocole PNRP (Peer Name Resolution Protocol)

Le protocole PNRP est un protocole prévu pour permettre une résolution de noms sécurisée, évolutive et dynamique dans un environnement de groupe de travail.

Le composant pour cette fonctionnalité est :

Fonctionnalité	Valeur de la commande
Protocole de résolution de noms d'homologues	PNRP

C'est une fonctionnalité d'infrastructure, à n'installer que si vous êtes en mode groupe de travail.

25. Proxy RPC sur HTTP

Le protocole RPC (*Remote Procedure Call*) exige de connaître l'adresse réelle de l'émetteur et du destinataire, ce qui empêche une application de traverser les pare-feu et autres systèmes NAT (*Network Address Translation*).

Le proxy RPC sur HTTP permet d'encapsuler le protocole RPC dans le protocole HTTP depuis le client jusque vers le serveur de destination.

Pour améliorer la sécurité, il est préférable d'utiliser des certificats SSL, donc le protocole HTTPS.

L'application la plus connue qui bénéficie de cette technologie est le logiciel de messagerie **Microsoft Outlook**. Elle permet à un client Outlook utilisant le protocole MAPI (*Messaging API*) qui utilise les RPC de se connecter vers le serveur Exchange, même si le client se trouve au-delà du pare-feu.

L'avantage pour le client Outlook est de pouvoir créer un mini VPN (*Virtual Private Network*) entre son emplacement et le serveur Exchange uniquement pour la connexion MAPI.

Le composant pour cette fonctionnalité est :

Fonctionnalité	Valeur de la commande
Proxy RPC sur HTTP	RPC-over-HTTP-Proxy

C'est une fonctionnalité d'infrastructure, à n'installer que si des applications demandent ce protocole.

26. Serveur iSNS (Internet Storage Name Server)

Le serveur iSNS est un service d'annuaire pour les réseaux de stockage iSCSI et SAN si ces derniers utilisent une passerelle iFCP (*Internet Fibre Channel Protocol*).

Cet annuaire permet de centraliser en un point l'état des différents espaces de stockage. Ce service facilite la découverte des périphériques de stockage sur un réseau Ethernet.

Le chapitre Planification du stockage du présent livre décrit cette fonctionnalité.

Le composant pour cette fonctionnalité est :

Fonctionnalité	Valeur de la commande
Serveur iSNS (*Internet Storage Name Server*)	ISNS

C'est une fonctionnalité d'infrastructure, à n'installer que si vous disposez de périphériques iSCSI.

27. Serveur SMTP

L'installation d'un serveur SMTP permet d'envoyer ou recevoir des messages au format e-mail. Cette fonctionnalité s'attache au serveur Web IIS. Elle s'adresse principalement aux applications qui peuvent recevoir ou envoyer des messages électroniques.

Trop souvent, certaines entreprises mettent en œuvre des serveurs SMTP utilisant ce service non sécurisé avec lesquels il est possible d'envoyer des messages de spam en dehors de l'entreprise !

Le composant pour cette fonctionnalité est :

Fonctionnalité	Valeur de la commande
Serveur SMTP	SMTP-Server

C'est une fonctionnalité d'infrastructure. Ce service ne doit être installé que si une application requiert un serveur SMTP spécifique. Il faut prendre un soin particulier à le filtrer et le sécuriser.

28. Serveur Telnet

Le serveur Telnet est la fonctionnalité qui permet à des clients Telnet de se connecter sur le serveur Windows 2008 afin de le gérer via la ligne de commandes. Le serveur Telnet est fortement déconseillé.

Le composant pour cette fonctionnalité est :

Fonctionnalité	Valeur de la commande
Server Telnet	Telnet-Server

C'est une fonctionnalité d'administration. Ce service ne devrait plus être installé. Windows Remote Shell le remplace de manière plus puissante et plus sécurisée.

29. Serveur WINS (Windows Internet Naming Service)

Le service WINS est un service de mappage de noms NetBIOS avec leur adresse IP correspondante. Il indique également le type de service fourni par l'ordinateur comme par exemple s'il s'agit d'un serveur ou d'une station de travail.

Depuis Windows 2000, ce service cohabite avec le service DNS pour permettre aux "vieux" ordinateurs exécutant Windows NT de cohabiter avec l'Active Directory. Certaines applications utilisent encore le protocole NetBIOS.

Dans un environnement idéal composé de serveurs Windows 2008, de clients Windows Vista ou Windows Server et d'applications récentes, un service de noms NetBIOS est inutile.

Le composant pour cette fonctionnalité est :

Fonctionnalité	Valeur de la commande
Serveur WINS	WINS-Server

Le composant pour cette fonctionnalité sur un Server Core est :

Fonctionnalité	Valeur de la commande
Serveur WINS	WINS-SC

C'est une fonctionnalité d'infrastructure réseau. Ce service ne devrait plus être utile, néanmoins certaines applications requièrent l'utilisation de noms NetBIOS.

30. Service d'activation des processus Windows

Le service d'activation des processus Windows est un service qui travaille en conjonction avec le Framework 3.0 ainsi que IIS7.

Il met à disposition des applications utilisant WCF (*Windows Communication Foundation*) des fonctionnalités qui sont propres à IIS.

Les composants pour cette fonctionnalité sont :

Fonctionnalité		Valeur de la commande
Service d'activation des processus Windows		WAS
	Modèle de processus	WAS-Process-Model
	Environnement .NET	WAS-NET-Environment
	API de configuration	WAS-Config-APIs

Les composants pour cette fonctionnalité sur un Server Core sont :

Fonctionnalité			Valeur de la commande
Service d'activation des processus Windows			WAS-WindowsActivationService
	Modèle de processus		WAS-ProcessModel
		ASP	IIS-ASP
		Authentification de base	IIS-BasicAuthentication
		CSI	IIS-CSI
		Authentification du mappage de certification client	IIS-ClientCertificateMappingAuthentication
		Journalisations personnalisées	IIS-CustomLogging
		Document par défaut	IIS-DefaultDocument
		Authentification Digest	IIS-DigestAuthentication
		Exploration du répertoire	IIS-DirectoryBrowsing
		Compression de contenu dynamique	IIS-HTTPCompressionDynamic
		Compression de contenu statique	IIS-CompressionStatic
		Erreurs HTTP	IIS-HttpErrors
		Journalisation HTTP	IIS-HttpLogging
		Redirection HTTP	IIS-Http-Redirect
		Authentification de mappage de certification clients d'IIS	IIS-CertificateMappingAuthentication
		Restriction IP et de domaines	IIS-IPSecurity
		Extensions ISAPI - ASP	IIS-ISAPIExtensions IIS-ASP
		Filtres ISAPI	IIS-ISAPIFilter
		Outils de journalisation	IIS-LoggingLibraries
		Journal ODBC	IIS-ODBCLogging

Fonctionnalité		Valeur de la commande
	Filtrage des demandes - ASP	IIS-RequestFiltering IIS-ASP
	Observateur des demandes	IIS-RequestMonitor
	Fichiers Include côté serveurs	IIS-ServerSideIncludes
	Contenu statique	IIS-StaticContent
	Autorisation d'URL	IIS-URLAuthorization
	Authentification Windows	IIS-WindowsAuthentication

C'est une fonctionnalité d'infrastructure. Ce service s'installe automatiquement avec le Framework 3 et IIS 7.

31. Service de réseau local sans fil

Le service de réseau local sans fil active l'autoconfiguration WLAN (*Wireless Local Area Network*) et le fait démarrer.

Bien que plus sécurisé que les versions précédentes, il est déconseillé d'utiliser ce service sur un serveur disposant d'une carte sans fil et de la configurer manuellement.

Le composant pour cette fonctionnalité est :

Fonctionnalité	Valeur de la commande
Service de réseau local sans fil	Wireless-Networking

C'est une fonctionnalité d'administration réseau. À n'activer que si votre serveur dispose d'une carte sans fil et éventuellement en conjonction avec une politique d'accès réseau NAP.

32. Services SNMP (Simple Network Management Protocol)

Les services SNMP se composent de deux fonctionnalités pouvant s'installer séparément à savoir :

- Service SNMP.
- Fournisseur WMI SNMP.

Le service SNMP récupère les informations sur les périphériques à surveiller et envoie des rapports à la console de gestion.

Le fournisseur WMI SNMP affiche des variables SNMP et des tables en tant qu'instance WMI.

SNMP est un service de gestion universellement reconnu et supporté par de nombreux acteurs informatiques.

Tous les systèmes d'exploitation Microsoft intègrent des agents SNMP pouvant interagir avec des consoles de gestion.

MOM (*Microsoft Operation Manager*), SCOM (*System Center Operation Manager*) offrent une alternative à SNMP.

Le chapitre Outils de gestion et de dépannage présente cette fonctionnalité.

Les composants pour cette fonctionnalité sont :

Fonctionnalité	Valeur de la commande
Services SNMP	SNMP-Services
Service SNMP	SNMP-Service
Fournisseur WMI SNMP	SNMP-WMI-Provider

Le composant pour cette fonctionnalité sur un Server Core est :

Fonctionnalité	Valeur de la commande
Service SNMP	SNMP-SC

C'est une fonctionnalité d'administration de surveillance, à n'installer que si une application requiert SNMP.

33. Services TCP/IP simples

Cette fonctionnalité ajoute des services de protocole TCP/IP décrites dans les RFC (*Request For Comment*) comme étant facultatifs.

Il s'agit de :

Générateur de caractères CHARGEN : utilisé pour tester les imprimantes lignes, car il permet d'envoyer des caractères imprimables, soit 95 caractères différents.

Heure du jour : retourne des messages contenant des informations sur la date et l'heure du serveur.

Ignorer : utile pour créer un port nul, soit un port qui ignore tout message sans réponse ou accusé de réception.

Echo : utile pour dépanner un port réseau du serveur car il renvoie à l'émetteur tous les paquets reçus pour un port particulier.

Citation du jour quote : retourne une des citations du jour contenues dans le fichier %systemroot%\System32\Drivers\Etc\Quotes.

Le composant pour cette fonctionnalité est :

Fonctionnalité	Valeur de la commande
Services TCP/IP simplifiés	Simple-TCPIP

C'est une fonctionnalité réseau. Sauf si vous avez une application qui requiert un de ces services, il ne faut pas les installer.

34. Sous-système pour les applications UNIX

Le sous-système pour les applications Unix permet d'assurer une excellente interopérabilité au niveau du code source de l'application UNIX devant s'exécuter sur Windows. L'effort à fournir pour transporter l'application est minime, voire nul.

Le composant pour cette fonctionnalité est :

Fonctionnalité	Valeur de la commande
Sous-système pour les applications UNIX	Subsystem-UNIX-Apps

Le composant pour cette fonctionnalité sur un Server Core est :

Fonctionnalité	Valeur de la commande
Sous-système pour les applications UNIX	SUACore

C'est une fonctionnalité d'interopérabilité, à installer avec les applications qui la requièrent.

35. Windows PowerShell

Windows PowerShell est l'interpréteur de commandes permettant d'exécuter des commandes et des scripts écrits en PowerShell.

Les installations avec l'option Core ne peuvent pas installer la fonctionnalité PowerShell.

Ce langage dont la syntaxe ressemble à des commandes UNIX est en fait un nouveau langage objet orienté vers des tâches d'administration dont chaque commande gère des objets et dont le résultat est un objet.

L'interpréteur ressemble à l'invite de commandes sur laquelle on a rajouté plus de 130 commandes, appelées **cmdlets**. En fait, l'interpréteur de commandes PowerShell est totalement personnalisable et permet d'ajouter d'autres cmdlets regroupées en **snap-ins**. Cette modularité en fait un système totalement extensible en fonction des besoins d'administration.

La notion de **Provider** permet de créer des outils d'exploration pour des systèmes de fichiers, des bases de données, la base de registre, etc.

Il est plus puissant que le langage VBS (*Visual Basic Scripting*) ; comme le VBS, il permet d'utiliser des objets WMI (*Windows Management Interface*), ADSI (*Active Directory Service Interface*)... mais en plus, il permet d'utiliser toutes les fonctionnalités du Framework.NET et de créer des scripts disposant d'une interface graphique.

Il est extensible, c'est-à-dire que les développeurs peuvent créer des extensions de gestion pour leur application comme il en existe déjà pour Exchange 2007, IIS7, SCOM 2007 et SQL Server 2008.

À terme, il devrait remplacer l'interpréteur de commandes DOS (*Disk Operating System*) et les scripts écrits en VBS ou en batch.

Pour les administrateurs non programmeurs, son apprentissage est un peu ardu mais une fois sa philosophie comprise, grâce à ses possibilités infinies, il devient le compagnon indispensable de l'administrateur.

Le Repository du Script Center du site Technet de Microsoft contient plusieurs millions d'exemples de scripts écrits en PowerShell prêts à l'emploi ainsi que plusieurs milliers de scripts écrits principalement en VBS.

La version packagée dans Windows Server 2008 est la version 1, néanmoins la version 2 est téléchargeable sur le site de Microsoft (KB968930). Parmi les nouveautés, on peut citer :

- Exécution des scripts sur des ordinateurs distants.
- Débogage de scripts.

- Interface graphique de PowerShell.
- Utilisation de Modules.
- Peut fonctionner sur un Server Core sur une version de Windows Server 2008 R2.

Certaines cmdlets disponibles sur une version Windows Server 2008 R2 ne le sont pas sur une version Windows Server 2008 même si la version de PowerShell V2 est installée.

Le composant pour cette fonctionnalité est :

Fonctionnalité	Valeur de la commande
Windows PowerShell	PowerShell

C'est une fonctionnalité d'administration, à installer et à utiliser sans modération.

D. Ajouter/supprimer un rôle ou une fonctionnalité

Utilisez les outils comme indiqué dans le tableau suivant :

Outil	Cadre d'utilisation
Gestionnaire de serveur	Installation complète
ServerManagerCmd	Script installation complète
ocsetup	Server Core
pkgmgr	Server Core

Malheureusement les outils à utiliser entre une installation complète et un Server Core sont différents.

1. Ajout avec le Gestionnaire de serveur

Pour ajouter un rôle ou une fonctionnalité avec le gestionnaire de serveur, vous devez vous trouver sur une installation complète.

Si l'assistant d'installation ou de suppression demande un redémarrage du serveur, alors le serveur se trouve dans un état considéré comme instable jusqu'au redémarrage et il n'est plus possible de réutiliser l'assistant d'ajout ou de suppression.

a. Ajout d'un rôle

→ Cliquez sur **Démarrer - Outils d'administration** puis sur **Gestionnaire de serveur**.

À l'ouverture, la fenêtre principale affiche la zone **Résumé** contenant les éléments de configuration actuels du serveur.

→ Dans l'arborescence de la console, cliquez sur **Rôles**.

→ Dans la fenêtre principale contenant la page **Rôles**, cliquez sur **Ajouter des rôles**.

→ Si la page **Avant de commencer** de l'**Assistant Ajout de rôles** apparaît, cliquez sur **Suivant**.

→ Sur la page **Sélectionner des rôles de serveurs** de l'**Assistant Ajout de rôles**, sélectionnez le ou les rôles que vous voulez installer.

Il est possible d'ajouter plusieurs rôles en même temps. Les rôles déjà installés sont grisés.

→ Ensuite, cliquez sur **Suivant** et continuez en sélectionnant les options dont vous avez besoin jusqu'à la page **Confirmation** puis cliquez sur **Installer**.

Si un rôle dépend d'un autre rôle ou d'une fonctionnalité, un message l'indique et vous ne pouvez continuer l'installation que si vous confirmez l'ajout des composants prérequis comme le montre la figure suivante.

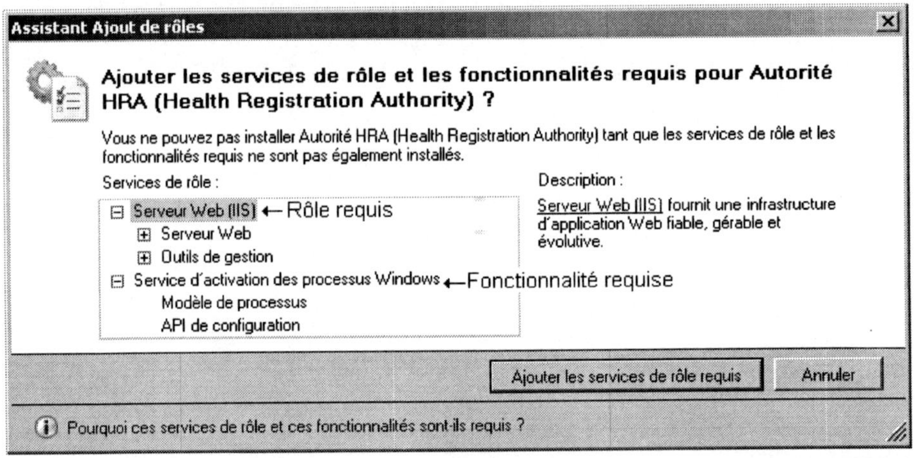

Si un rôle peut engendrer des risques pour la sécurité, l'assistant vous demande votre autorisation pour continuer.

→ Si besoin, redémarrez le serveur pendant la phase **État d'avancement**. Ensuite, attendez la page **Résultats** qui indique si l'ajout a réussi.

b. Ajout d'une fonctionnalité

→ Cliquez sur **Démarrer - Outils d'administration** puis sur **Gestionnaire de serveur**.

→ Dans l'arborescence de la console, cliquez sur **Fonctionnalités**.

→ Dans la fenêtre principale contenant la page **Fonctionnalités**, cliquez sur **Ajouter des Fonctionnalités**.

→ Sur la page **Sélectionnez des fonctionnalités** de l'**Assistant Ajout de fonctionnalités**, sélectionnez la ou les fonctionnalités que vous voulez ajouter.

Il est possible d'ajouter plusieurs fonctionnalités en même temps.

→ Ensuite, cliquez sur **Suivant** et continuez en sélectionnant les options dont vous avez besoin jusqu'à la page **Confirmation**, puis cliquez sur **Installer**.

Si une fonctionnalité dépend d'un autre rôle ou d'une fonctionnalité, un message vous l'indique et vous ne pouvez continuer l'installation que si vous confirmez l'ajout des composants pré-requis.

→ Si besoin, redémarrez le serveur pendant la phase **État d'avancement**. Ensuite, attendez la page **Résultats** qui indique si l'installation a réussi.

2. Suppression avec le Gestionnaire de serveur

a. Suppression d'un rôle

→ Cliquez sur **Démarrer - Outils d'administration** puis sur **Gestionnaire de serveur**.
À l'ouverture, la fenêtre principale affiche la zone **Résumé** contenant les éléments de configuration actuels du serveur.

→ Dans l'arborescence de la console, cliquez sur **Rôles**.

→ Dans la fenêtre principale contenant la page **Rôles**, cliquez sur **Supprimer des rôles**.

→ Si la page **Avant de commencer** de l'**Assistant Suppression de rôles** apparaît, cliquez sur **Suivant**.

→ Sur la page **Sélectionnez des rôles de serveurs** de l'**Assistant Suppression de rôles**, sélectionnez le ou les rôles que vous voulez enlever puis cliquez sur **Suivant**.

Il est possible de supprimer plusieurs rôles en même temps.

→ Sur la page **Confirmer les sélections pour la suppression**, contrôlez et prenez note des avertissements puis cliquez sur **Supprimer**.

→ Si besoin, redémarrez le serveur pendant la phase **État d'avancement**. Ensuite, attendez la page **Résultats**, pour consulter le résultat de la suppression.

La suppression d'un rôle ayant requis des dépendances de rôle ou de fonctionnalité ne les supprime pas automatiquement.

b. Suppression d'une fonctionnalité

→ Cliquez sur **Démarrer - Outils d'administration** puis sur **Gestionnaire de serveur**.
À l'ouverture, la fenêtre principale affiche la zone **Résumé** contenant les éléments de configuration actuels du serveur.

→ Dans l'arborescence de la console, cliquez sur **Fonctionnalités**.

→ Dans la fenêtre principale contenant la page **Fonctionnalités**, cliquez sur **Supprimer des fonctionnalités**.

→ Si la page **Avant de commencer** de l'**Assistant Suppression de fonctionnalités** apparaît, cliquez sur **Suivant**.

→ Sur la page **Sélectionnez des fonctionnalités de serveurs** de l'**Assistant Suppression de fonctionnalités**, sélectionnez la ou les fonctionnalités que vous voulez enlever puis cliquez sur **Suivant**.

Il est possible de supprimer plusieurs fonctionnalités en même temps.

→ Sur la page **Confirmer les sélections** pour la suppression, contrôlez et prenez note des avertissements puis cliquez sur **Supprimer**.

→ Si besoin, redémarrez le serveur pendant la phase **État d'avancement**. Ensuite attendez la page **Résultats** pour consulter le résultat de la suppression.

3. Gestion d'un rôle à l'aide du Gestionnaire de serveur

→ Cliquez sur **Démarrer - Outils d'administration** puis sur **Gestionnaire de serveur**.

À l'ouverture, la fenêtre principale affiche la zone **Résumé** contenant les éléments de configuration actuels du serveur.

→ Dans l'arborescence de la console, cliquez sur **Rôles**.

À partir de la fenêtre principale contenant la page **Rôles**, vous pouvez :

- Ajouter ou supprimer des rôles.
- Consulter la liste des rôles installés et visualiser leur état.
- Recevoir de l'aide.
- Pour chaque rôle :
  - Connaître le statut du rôle.
  - Accéder à la console d'administration du rôle du Gestionnaire de serveur.
  - Savoir quels services de rôles sont installés.
  - Ajouter ou supprimer un service de rôle.
  - Lire la description du rôle.
  - Afficher les listes des événements générés par le rôle.

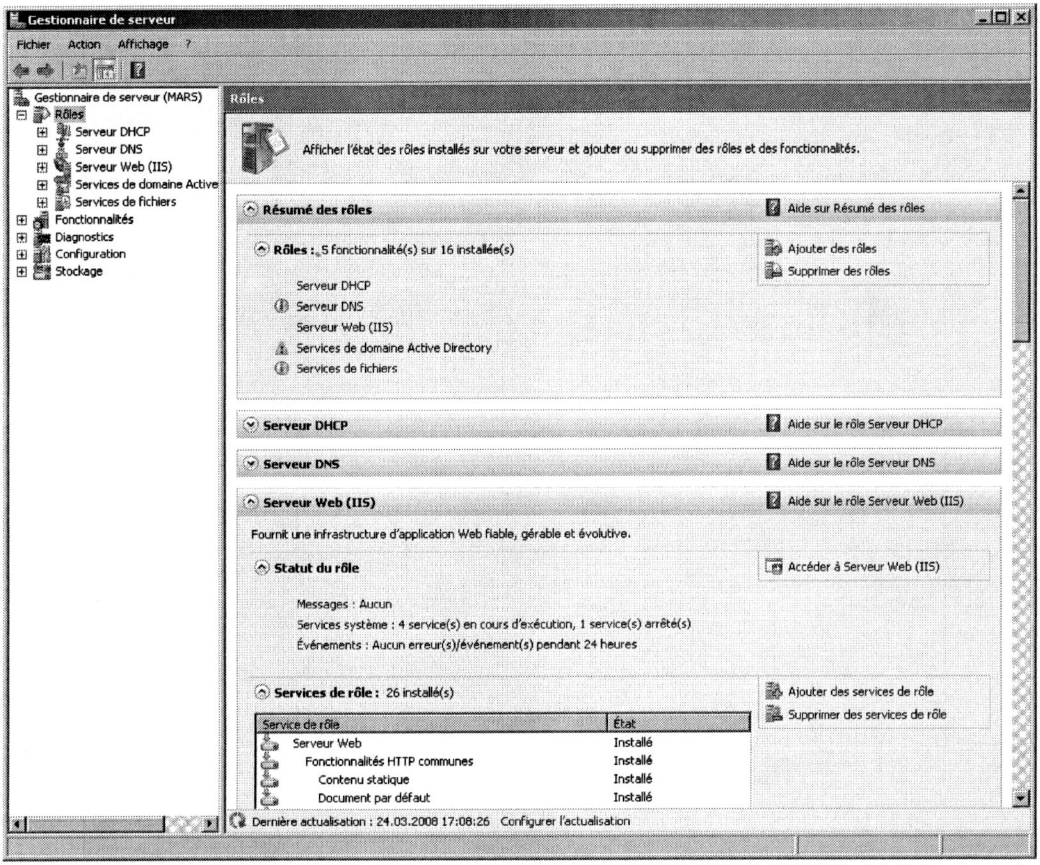

→ Dans l'arborescence de la console, cliquez sur le nœud **Rôles** pour faire apparaître la liste des rôles installés.

Remarquez qu'il est possible de développer un niveau supplémentaire qui donne accès à la console MMC du rôle comme le montre la figure suivante.

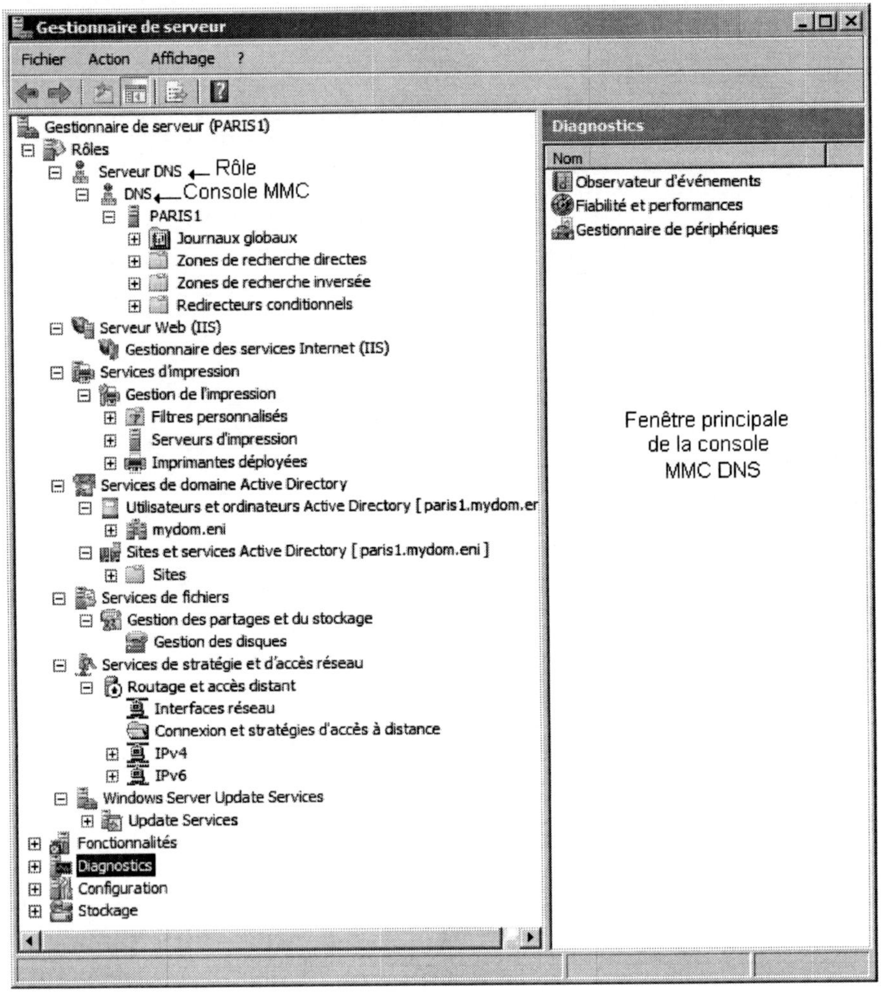

→ Sélectionnez un rôle. Le contenu de la fenêtre principale ressemble à la figure suivante.

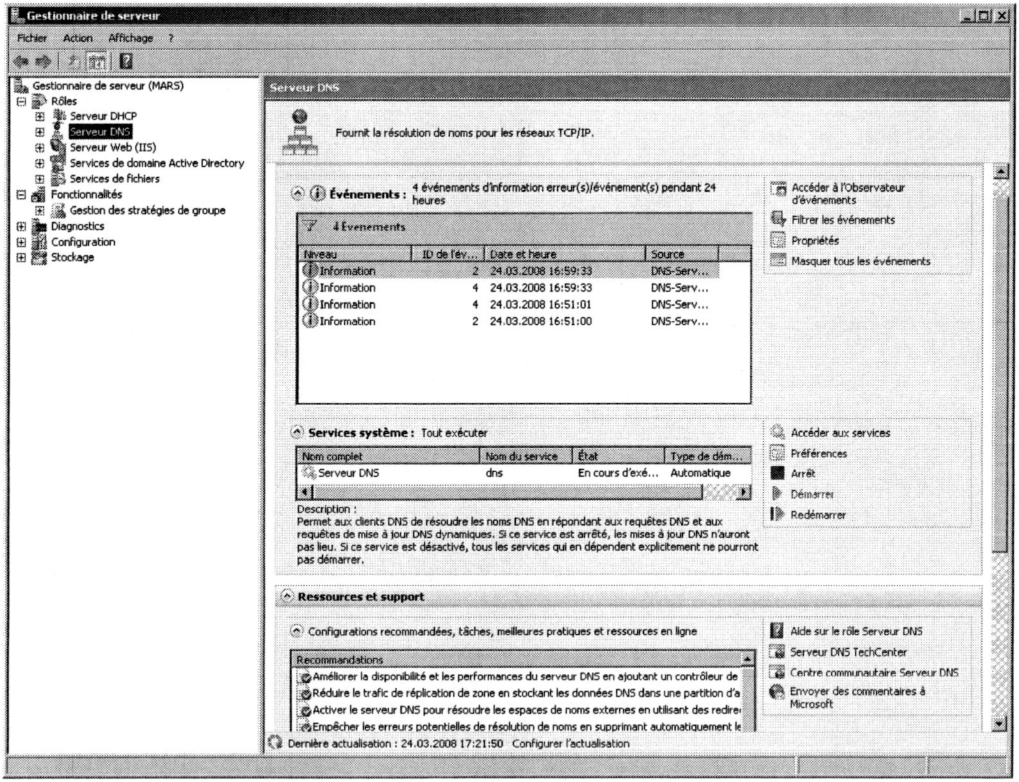

Événements: cette section affiche tous les événements relatifs au rôle survenus durant les 24 dernières heures par défaut. Dans cette section, les actions possibles sont :

- Démarrer la console **Observateur d'événements**.
- **Filtrer les événements**, comme le montre l'image suivante :

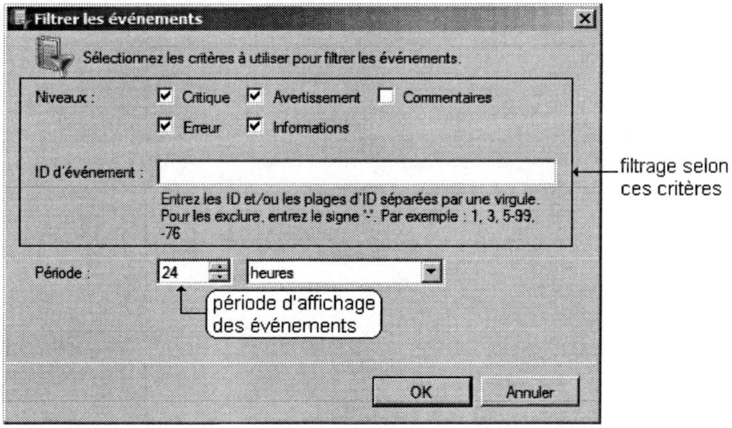

- Afficher le contenu de l'événement sélectionné dans la liste en cliquant sur **Propriétés**.
- Effacer de la liste tous les événements en cliquant sur **Masquer tous les événements**.

Services système : cette section affiche la liste des services du rôle et leur état. Les actions disponibles sont :

- **Accéder aux services** qui affiche la console MMC services pour une gestion complète des services.
- **Préférences** qui permet de sélectionner dans la liste des services ceux qui doivent être affichés.
- **Arrêt** pour arrêter le service.
- **Démarrer** pour démarrer le service sélectionné.
- **Redémarrer** pour redémarrer le service sélectionné.

Ressources et support : cette section affiche une liste de recommandations qu'il est possible de consulter pour le rôle. Les actions disponibles sont :

- **Aide sur le rôle du serveur sélectionné** : affiche l'aide locale sur le sujet.
- **Rôle sur TechCenter** : renvoie une page sur le site Microsoft qui concerne le rôle sélectionné.
- **Centre communautaire concernant le rôle** : renvoie à une page Internet en anglais sur les communautés de type blogs, newsgroups, Webcasts... sur les technologies Microsoft.
- **Envoyer des commentaires à Microsoft** : renvoie à une page en anglais destinée à envoyer des suggestions ou des retours d'expérience sur Windows Server 2008.

4. Gestion d'une fonctionnalité à l'aide du Gestionnaire de serveur

Win1

→ Cliquez sur **Démarrer - Outils d'administration** puis sur **Gestionnaire de serveur**.
À l'ouverture, la fenêtre principale affiche la zone **Résumé** contenant les éléments de configuration actuels du serveur.

→ Dans l'arborescence de la console, cliquez sur **Fonctionnalités**.

Vous pouvez :

- Ajouter ou supprimer des fonctionnalités.
- Consulter la liste des fonctionnalités installées.
- Recevoir de l'aide.

Dans l'arborescence de la console, certaines fonctionnalités apparaissent si elles disposent d'une interface de gestion de type console MMC comme la console **Gestion des stratégies de groupes** de la figure précédente.

5. Ajout et suppression avec la commande ServerManagerCmd

Cette commande est dépréciée dans la version Windows Server 2008 R2 car Microsoft favorise l'utilisation des cmdlets PowerShell correspondant dans la version Windows Server 2008 R2. Malheureusement ces dernières ne sont pas disponibles dans la version Windows Server 2008 y compris dans le SP2.

Toutes les commandes suivantes sont à exécuter dans une invite de commandes ou à inclure dans un script de type batch.

Pour afficher tous les rôles et fonctionnalités ainsi que leur état (installé ou non) :

```
ServerManagerCmd -query
```

Pour simuler une opération avec **-whatif** :

```
ServerManagerCmd -install Dhcp -whatif
```

Pour forcer le redémarrage à la fin de l'opération **-restart** :

```
ServerManagerCmd -install Dhcp -restart
```

Pour installer ou désinstaller plusieurs rôles ou fonctionnalités (doivent être séparés par des espaces) :

```
ServerManagerCmd -remove Dhcp Dns
```

Pour installer ou désinstaller un rôle ainsi que tous les services de rôles :

```
ServerManagerCmd -install Web-Server -allSubFeatures
```

Pour enregistrer le résultat de l'opération dans un fichier **-resultpath <FichierRésultat.xml>** :

```
ServerManagerCmd -install Dhcp -resultPath c:\result.xml
```

En utilisant un fichier de réponses édité à l'aide du bloc-notes, cela donne :

Le fichier de réponses doit ressembler à celui-ci :

Action Install ou Remove

```
<ServerManagerConfiguration Action="Install"
xmlns="http://schemas.microsoft.com/sdm/Windows/ServerManager/Configuration/2007/1">

    <Role Id="Web-Server" InstallAllSubFeatures="true" />

</ServerManagerConfiguration>
```

Installer tous les services de rôle

Une ligne par rôle, service de rôle ou fonctionnalité

Action : indique si l'on installe ou supprime le rôle.

Role Id : indique le nom de la commande ; indiquez une commande par ligne. Vous pouvez placer un rôle, un service de rôle ou une fonctionnalité.

InstallAllSubFeatures : est optionnel et vous permet d'installer les services de rôle associés ; sinon, ajoutez une ligne par service de rôle en omettant cet attribut.

→ Ensuite, vous pouvez lancer la commande suivante :

```
ServerManagerCmd -InputPath c:\install.xml
```

6. Ajout et suppression avec la commande ocsetup

Vous pouvez saisir les commandes sur les deux machines virtuelles.
Toutes les commandes suivantes sont à exécuter dans une invite de commandes ou à inclure dans un script de type batch.

Sur un Server Core uniquement, saisissez **oclist** pour voir la liste des rôles et des fonctionnalités et si elles sont installées.

Sur un Server Core, saisissez **start /w** devant les commandes. Pour simplifier l'écriture, start /w n'est jamais indiqué.

Pour installer un composant :

```
ocsetup SUACore
```

La casse des noms de commande est importante.

Pour installer plusieurs composants et enregistrer un fichier de logs :

```
ocsetup SUACore ; WINS-SC /log :c:\t.log
```

Pour supprimer un composant :

```
ocsetup SUACore /Uninstall
```

7. Ajout et suppression avec la commande pkgmgr

Vous pouvez saisir les commandes sur les deux machines virtuelles.
Toutes les commandes suivantes sont à exécuter dans une invite de commandes ou à inclure dans un script de type batch.

Sur un Server Core, saisissez **start /w** devant les commandes.

Pour installer un composant :

```
pkgmgr /iu:SUACore
```

Pour installer plusieurs composants :

```
pkgmgr /iu:SUACore;WINS-SC
```

Pour supprimer un composant :

```
pkgmgr /uu:SUACore
```

E. Résumé du chapitre

Dans ce chapitre, vous avez appris la définition d'un rôle et d'une fonctionnalité puis une description vous a été donnée pour chaque rôle et chaque fonctionnalité, sa fonction et son utilité dans un réseau d'entreprise.

Il vous est même possible de planifier l'utilisation d'un rôle ou d'une fonctionnalité dans votre entreprise ainsi que l'édition à choisir.

Enfin, vous avez appris comment installer ou désinstaller un rôle ou une fonctionnalité avec le Gestionnaire de serveur, la commande **ServerManagerCmd**, la commande **ocsetup** ainsi que la commande **pkgmgr**.

Vous savez également comment gérer un rôle ou une fonctionnalité à l'aide du Gestionnaire de serveur.

Chapitre 5 : Outils de configuration et de gestion

A. Présentation

1. Pré-requis matériel et configuration de l'environnement

Pour effectuer toutes les mises en pratique de ce chapitre, vous pouvez utiliser n'importe quelle machine virtuelle, néanmoins une configuration minimale est prévue pour les machines virtuelles suivantes :

Pour la création des machines virtuelles, veuillez vous référer au chapitre Création du bac à sable.

N'oubliez pas de réinitialiser les machines virtuelles entre les mises en pratique de chaque chapitre avant de les configurer pour l'environnement.

- Placez le script **Win1.bat** sur le bureau de **Win1** puis démarrez le script.
- Placez le script **Core1.bat** sur le c:\ de **Core1** puis démarrez le script.

Après l'exécution des scripts, **Win1** et **Core1** sont configurées avec une seule carte réseau et disposent d'une adresse IP fixe.

Si les deux icônes sont présentes, cela veut dire que les procédures fonctionnent aussi bien sur une installation complète que sur un serveur Core.

Il n'y a pas de pré-requis particulier pour l'installation logicielle de Windows Server 2008. Win1 et Core1 doivent être juste installées par défaut.

2. Objectifs

Le choix des outils de configuration et de gestion n'est pas une chose aisée, c'est la raison pour laquelle un chapitre entier est consacré aux principaux outils de configuration et de gestion utilisés pour gérer un environnement Windows Server 2008. Les outils présentés utilisent soit une interface graphique soit une ligne de commandes.

Il faut savoir que tous les outils d'administration sont installés lors de l'installation de Windows Server 2008 et que Microsoft a revu à la baisse le nombre d'outils utilisables par l'administrateur en faisant disparaître la notion d'outils discrets au profit d'outils multi-applications dont l'apprentissage ne s'effectue qu'une seule fois.

Une excellente connaissance des outils permet à un administrateur de gagner du temps notamment en réduisant le temps d'exécution de certaines tâches. Chaque outil présenté est accompagné d'exemples permettant de l'utiliser pleinement.

À la fin du chapitre vous serez capable de décrire et d'utiliser tous les outils présentés. Vous saurez quel outil choisir et dans quel cadre d'utilisation, que ce soit sur une installation minimale (Server Core) ou une installation complète.

B. Outils Microsoft disposant d'une interface graphique

Cette catégorie se divise en trois outils, à savoir :

- le Gestionnaire de serveur,
- la console MMC et les composants logiciels enfichables,
- l'accès distant.

1. Le Gestionnaire de serveur

Le Gestionnaire de serveur est l'outil principal de l'administrateur sous Windows Server 2008. Il permet de configurer et de gérer avec un seul outil l'ensemble des tâches qui lui sont dévolues.

Il n'est pas possible d'utiliser cet outil sur un Server Core.

Voici les tâches qu'un administrateur peut effectuer à l'aide du Gestionnaire de serveur :

- Configurer le serveur.
- Ajouter ou supprimer un rôle ou une fonctionnalité.
- Déterminer l'état d'un rôle ou d'un service et le configurer.
- Afficher les événements associés à un rôle ou tous les événements.
- Gérer les pilotes et le matériel.
- Déterminer les goulets d'étranglement et optimiser le serveur.
- Gérer le stockage.
- Gérer la sécurité du pare-feu.
- Planifier des tâches.
- Gérer des utilisateurs locaux.
- Dépanner des problèmes.

Le Gestionnaire de serveur ne fonctionne qu'en mode local.

La copie d'écran suivante montre les outils installés par défaut dans le Gestionnaire de serveur.

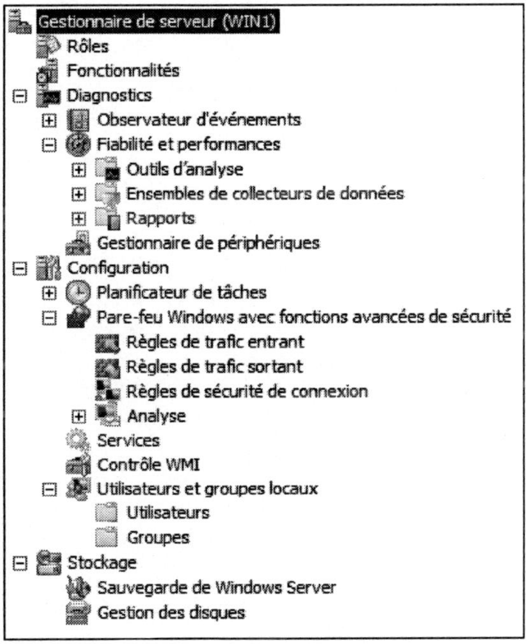

a. Lancer le Gestionnaire de serveur

→ Cliquez sur **Démarrer - Outils d'administration** puis sur **Gestionnaire de serveur**.
À l'ouverture, la fenêtre principale affiche la zone résumé contenant les éléments de configuration actuels du serveur.

Si la zone résumé n'est pas visible, cliquez dans l'arborescence de la console sur **Gestionnaire de serveur**.

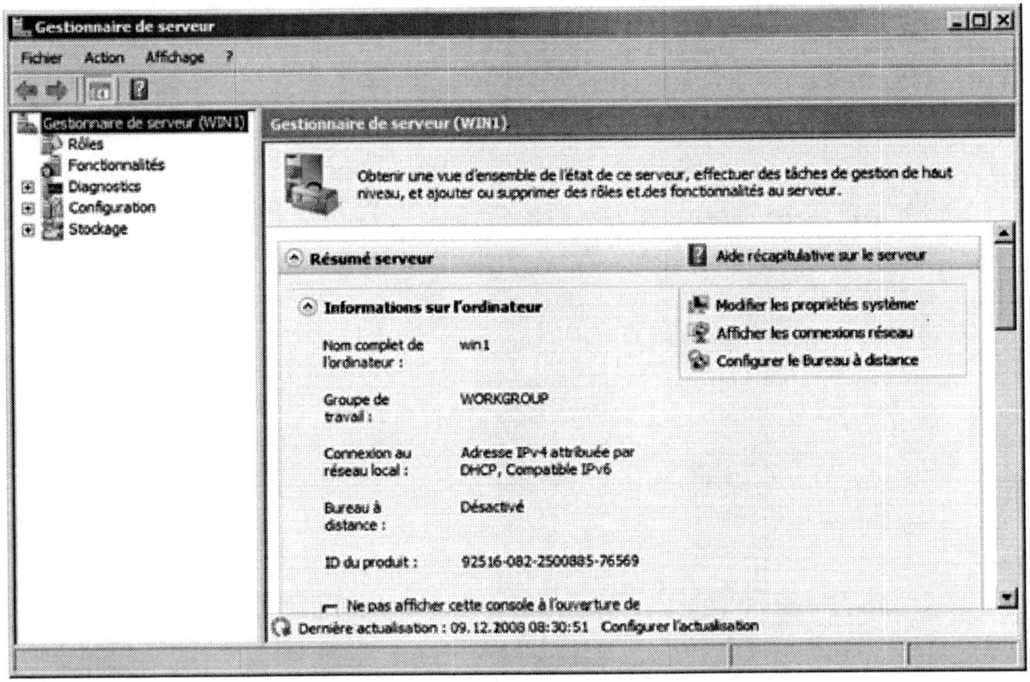

Chaque sous-section affiche les informations de manière claire et concise. Si vous désirez modifier un ou plusieurs de ces paramètres, vous pouvez utiliser directement les liens qui sont affichés sur la droite, que l'on appelle **actions**, pour faire apparaître l'outil de configuration correspondant.

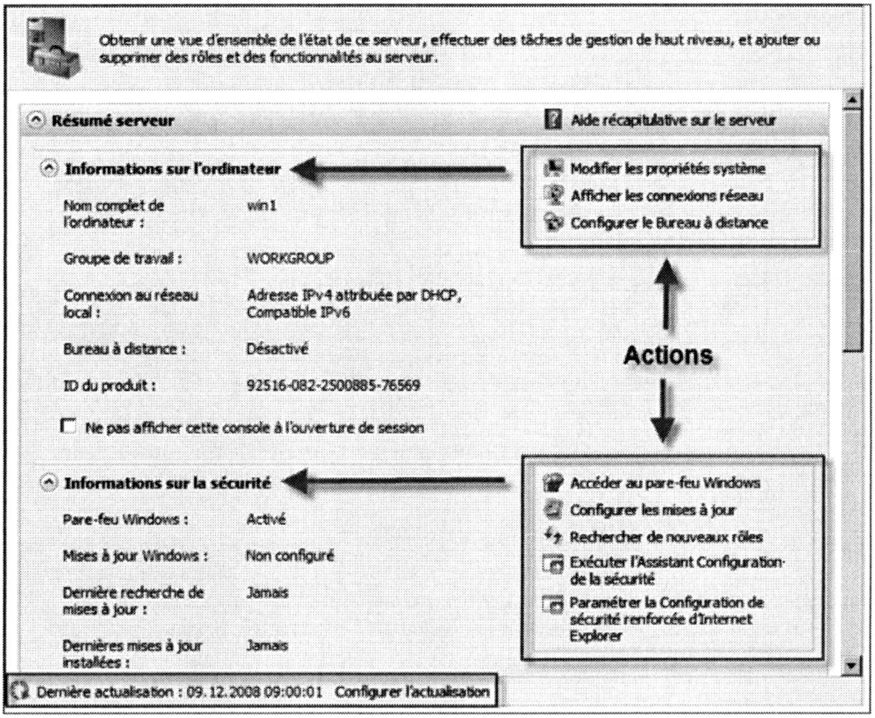

Sur l'image précédente, **Configurer l'actualisation** permet de définir la fréquence d'actualisation des données. Par défaut la valeur est de 2 minutes, vous pouvez la modifier voire la désactiver.

La zone résumé se compose de 4 sous-sections regroupant logiquement des paramètres de configuration à savoir :

- Résumé du serveur
  - Informations sur l'ordinateur
  - Informations sur la sécurité
- Résumé des rôles
  - Rôles
- Résumé des fonctionnalités
  - Fonctionnalités
- Ressources et support

La section **Informations sur l'ordinateur** contient les paramètres suivants :

Information	Contenu
Nom complet de l'ordinateur	Nom FQDN sur serveur. Action : **Modifier les propriétés système**
Nom du domaine ou du groupe de travail	Nom DNS du domaine ou du groupe de travail. Action : **Modifier les propriétés système**

Information	Contenu
Nom de la connexion réseau	Une ligne par carte réseau, indiquant le ou les protocoles activés et si l'adresse IP est statique ou dynamique. Action : **Afficher les connexions réseau**
État du bureau à distance	**Activé** ou **Désactivé** Action : **Configurer le bureau à distance**
ID du produit	Ce n'est pas la clé produit Windows mais un identifiant créé lors de l'installation.
Ne pas afficher cette console à l'ouverture de session	Case à cocher **Activé** ou**Désactivé** Vous pouvez également modifier la clé de la base de registre suivante : HKEY_LOCAL_MACHINE\SOFTWARE\Microsoft\Server Manager pour DoNotOpenServerManagerAtLogon La valeur 0 (défaut) indique que la fenêtre s'ouvre à l'ouverture de session, sinon y placer la valeur 1.

La section **Informations sur la sécurité** contient les paramètres suivants :

Information	Contenu
État du pare-feu	**Activé** ou **Désactivé** Action : **Accéder au pare-feu**
État de Windows Update	**Configuré** ou **Non configuré** Action : **Configurer les mises à jour**
Dernière recherche de mise à jour	**Date** ou **Jamais**
Dernières mises à jour installées	**Date** ou **Jamais**
Configuration de sécurité renforcée d'Internet Explorer	**Activer** ou **désactiver pour les administrateurs** **Activer** ou **désactiver pour les utilisateurs** Action : **Paramétrer la configuration de sécurité renforcée d'Internet Explorer**

Les deux actions dont aucun résultat n'est affiché sont :

- **Rechercher de nouveaux rôles**.
- **Exécuter l'Assistant de configuration de la sécurité**.

Rechercher de nouveaux rôles va rechercher sur Internet s'il existe de nouveaux rôles, leur téléchargement s'effectuera via Windows Update. Il existe au moins un nouveau rôle.

Cette action serait mieux placée dans la section Résumé des rôles.

Exécuter l'Assistant Configuration de la sécurité est un assistant précieux qui permet de personnaliser la sécurité des rôles, des services de rôles et fonctionnalités. Un assistant similaire est apparu avec Windows Server 2003 SP1.

Il est dommage que le Gestionnaire de serveur n'affiche pas des informations sur le dernier lancement de l'**Assistant de configuration de la sécurité** et sur la date des dernières modifications, voire si un fichier de configuration a été utilisé.

La section **Ressources et support** permet les actions suivantes :

Action	Conséquence
Participer au programme d'amélioration du produit	Permet de participer au programme d'amélioration du produit en envoyant régulièrement de manière anonyme des informations statistiques. Aucune information permettant de vous identifier, vous ou votre entreprise, n'est recueillie. Il n'est malheureusement pas possible de consulter les données recueillies avant leur envoi.
Activer le rapport d'erreurs de Windows	Permet d'activer votre participation au programme d'amélioration Microsoft en envoyant automatiquement des informations en cas d'erreur. Si vous désirez recevoir une réponse, vous ne pourrez pas être anonyme.
Windows Server TechCenter	Renvoie à une page Internet de Microsoft Technet concernant le Gestionnaire de serveur consacré à Windows Server 2008. C'est un point de départ pour consulter d'autres informations sur le Technet.
Centre de la communauté Windows Server	Renvoie une page Internet qui centralise des liens pour accéder à des blogs, des groupes de discussion, des forums, des groupes d'utilisateurs, des webcasts, des sites communautaires et des discussions instantanées techniques concernant Windows Server 2008. **Attention**, cette page est en anglais.
Envoyer des commentaires à Microsoft	Permet d'envoyer via un formulaire Internet des suggestions ou des feedbacks en anglais concernant Windows Server 2008.

b. Avantages et inconvénients

Les inconvénients sont :

- Ne fonctionne que sur un serveur Windows 2008.
- Ne gère que des serveurs Windows 2008.
- Ne permet de gérer que le serveur local.
- L'affichage des informations sur la sécurité est laconique.
- Ne peut s'utiliser avec un Server Core.

Les avantages sont :

- Reconstruit automatiquement la base de données des rôles et des fonctionnalités si elle est corrompue.
- Outil bien conçu.
- Intègre également certains composants logiciels enfichables. Il n'est pas nécessaire de les lancer séparément.

Le gestionnaire de serveur est l'outil le plus simple à utiliser pour gérer des rôles et des fonctionnalités. Il est conseillé de l'utiliser si l'on veut un outil complet pour gérer un serveur sans utiliser de scripts.

2. Console MMC

La console **MMC** est une coquille vide qu'il faut remplir avec des programmes spéciaux appelés **composants logiciels enfichables** ou **snap-ins** en anglais. Un snap-in est un logiciel qui fonctionne à l'intérieur d'un autre logiciel.

L'utilisation d'un snap-in est toujours identique, il faut utiliser l'arborescence pour se déplacer d'un élément à un autre et le clic droit pour faire apparaître le menu contextuel des actions possibles. La fenêtre centrale est réservée principalement à l'affichage.

Le snap-in fonctionne selon un mode client/serveur, c'est-à-dire qu'il faut une application serveur capable de répondre aux requêtes du snap-in client.

Pour un Server Core, seule la partie serveur d'un snap-in peut être installée. La partie cliente doit obligatoirement se trouver sur un ordinateur distant. En d'autres termes, il n'est pas possible d'y installer l'outil **console MMC**.

Les snap-ins utilisent entre autres le protocole RPC (*Remote Procedure Call*) pour communiquer entre le client et le serveur. Les applications clientes doivent être enregistrées auprès de la base de registre à l'aide de la commande **regsvr32**.

L'exemple suivant permet d'enregistrer la DLL de l'application cliente pour gérer le schéma dans une Active Directory. Il est nécessaire que le fichier DLL se trouve sur l'ordinateur.

```
regsvr32 %systemroot%\system32\schmmgmt.dll
```

La figure suivante montre le schéma de fonctionnement. Bien entendu, les fichiers DLLs correspondant aux snap-ins sont bien enregistrés dans la base de registre de l'ordinateur client :

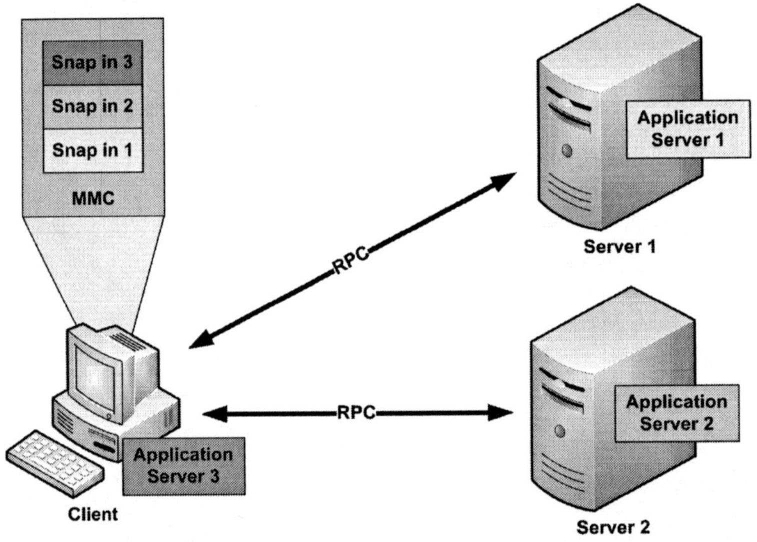

La console MMC est un outil totalement personnalisable permettant la création de consoles adaptées aux niveaux des collaborateurs d'un département informatique.

Certains snap-ins disponibles sur d'anciennes versions de Windows peuvent être compatibles avec Windows Server 2008. Néanmoins, il est possible que les nouvelles fonctionnalités ne soient alors pas disponibles.

a. Création d'une console personnalisée en lecture seule

- Cliquez sur **Démarrer** puis saisissez **mmc** dans la zone **Rechercher** et appuyez sur [Entrée].
- Une fois la console ouverte, cliquez sur le menu **Fichier** puis sur **Ajouter/Supprimer un composant logiciel enfichable**.
- Dans la boîte de dialogue **Ajouter ou supprimer un composant logiciel enfichable**, sélectionnez les composants suivants de la liste de gauche pour les ajouter à la liste de droite :

  Gestion de l'ordinateur, dans la boîte de dialogue sélectionnez **Ordinateur local**.

  Gestion des disques, dans la boîte de dialogue qui apparaît, sélectionnez **Cet Ordinateur** et **Bureaux à distance**.

  Les autres boutons de la boîte de dialogue sont :

  Supprimer : permet de supprimer de la liste de droite le composant sélectionné.

  Monter : permet de déplacer vers le haut le composant sélectionné.

  Descendre : permet de déplacer vers le bas le composant sélectionné.

  Avancé : permet de créer des hiérarchies complexes en plaçant des composants enfants d'autres composants. Pour l'activer, il faut cocher la case de la boîte de dialogue avant de cliquer sur **OK** comme le montre l'image suivante :

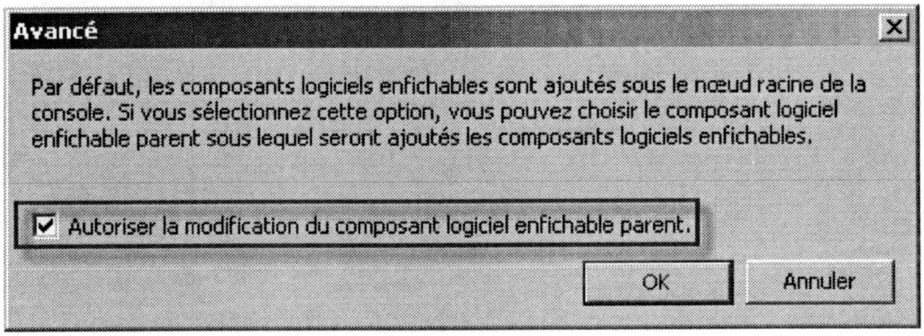

  Modifier les extensions : certains composants disposent de plusieurs fonctionnalités appelées extensions que l'on peut sélectionner et installer afin de ne disposer que des outils dont on a besoin. Vous ne pouvez pas utiliser une extension tant qu'elle n'est pas installée.

→ Dans la liste de droite, veuillez sélectionner **Gestion de l'ordinateur** puis cliquez sur **Modifier les extensions**, ensuite cliquez sur **N'activer que les extensions sélectionnées** et désélectionnez les extensions comme le montre la figure suivante. Enfin, cliquez deux fois sur **OK**.

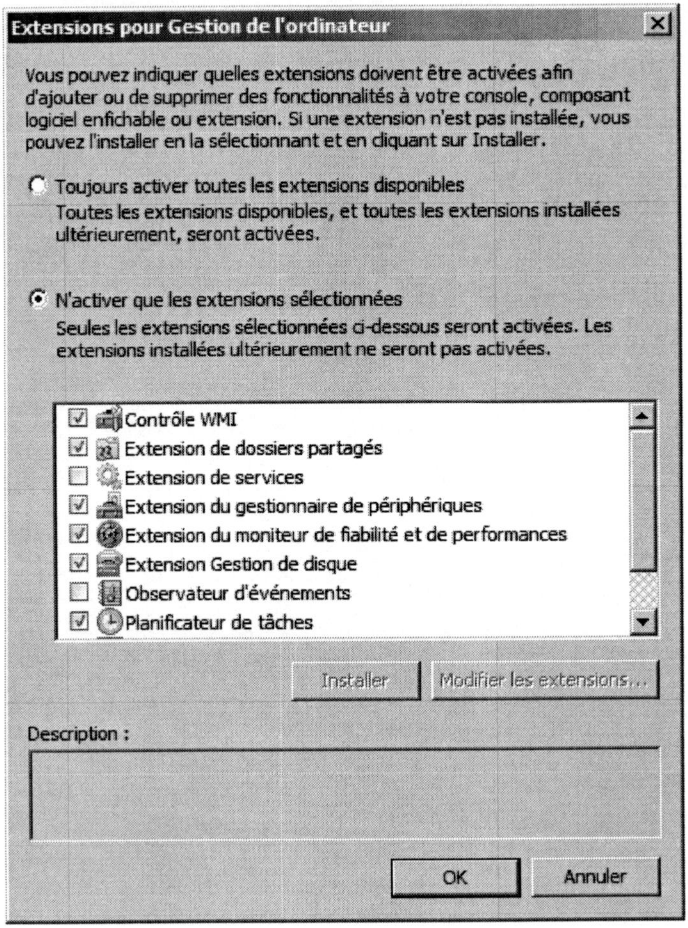

Finalement la console ressemble à la capture d'écran suivante, veuillez noter que l'**Extension de services** et l'**Observateur d'événements** ont été retirés de **Gestion de l'ordinateur**, de même que **Gestion des disques** se trouve deux fois :

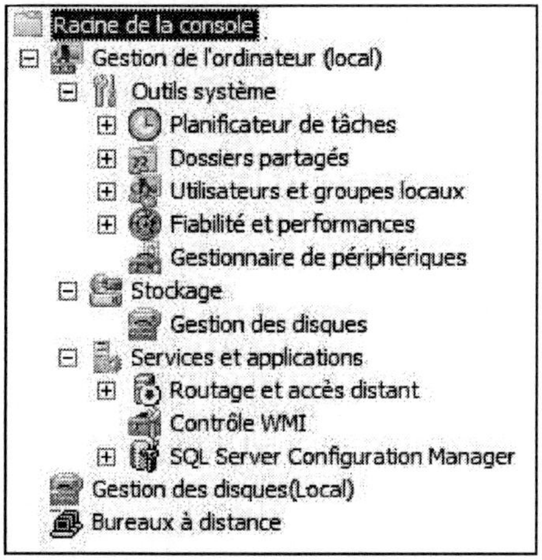

→ Cliquez sur le menu **Fichier** puis sur **Options**.

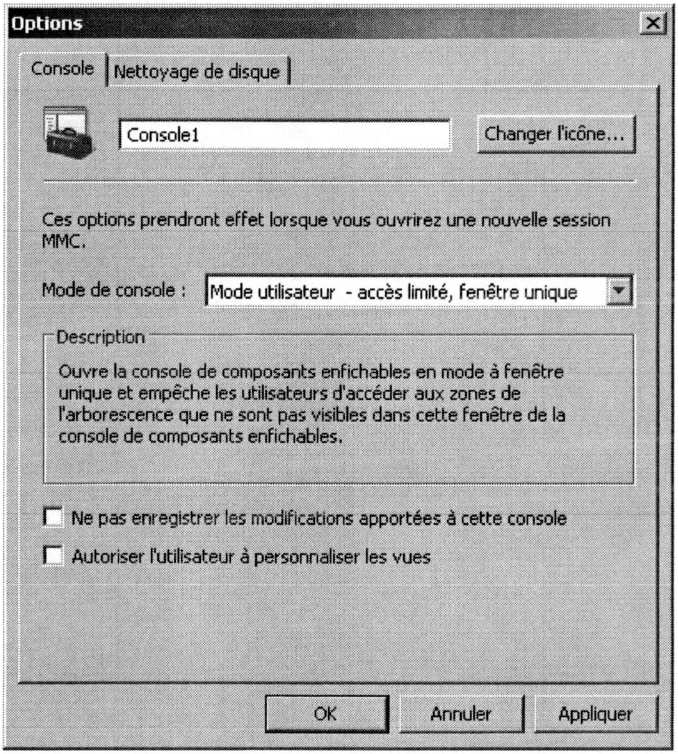

L'onglet **Nettoyage de disque** permet de supprimer du profil de l'utilisateur qui a utilisé la console MMC les fichiers qui contiennent les modifications de l'affichage.

Dans l'onglet **Console**, le bouton **Changer l'icône** permet de choisir une icône spécifique pour votre console. Le texte qui affiche **Console1** peut être modifié. Il s'agit du nom de la console.

La liste déroulante **Mode de console** permet de sélectionner comment la console peut être modifiée.

- Le **mode auteur** est le mode par défaut lorsque vous ouvrez une nouvelle console MMC vide ; dans ce mode on peut tout faire.
- Le **mode utilisateur - accès total** est identique au mode auteur mais il n'est pas possible d'ajouter ou de supprimer un composant ou de modifier les options de la console, de créer des favoris ou de créer une liste des tâches.
- Le **mode utilisateur - accès limité, fenêtre multiple** donne accès uniquement aux parties de l'arborescence qui étaient visibles lorsque la console a été créée et permet également de créer de nouvelles fenêtres, mais pas de fermer les fenêtres existantes.
- Le **mode utilisateur - accès limité, fenêtre unique** permet de se déplacer uniquement dans la partie de l'arborescence visible.

La case à cocher **Ne pas enregistrer les modifications apportées à cette console** n'enregistre pas les modifications apportées au cours de la session. À utiliser en conjonction avec un mode utilisateur.

Attention, si cette option est sélectionnée, vous ne pouvez plus modifier et enregistrer ces modifications. Il faut toujours conserver une console originale et activer cette option sur une copie ou saisir la commande suivante : `mmc /a maconsole.msc`.

La case à cocher **Autoriser l'utilisateur à personnaliser les vues** permet d'accéder à la boîte de dialogue **Personnalisation de l'affichage** en passant par le menu **Affichage - Personnaliser**. A utiliser en conjonction avec un mode utilisateur.

→ Le nom de la console doit être **Ma super console**. Le mode console suivant doit être sélectionné : **mode utilisateur - accès limité, fenêtre unique**. La case à cocher **Ne pas enregistrer les modifications apportées à cette console** doit être sélectionnée. Enfin cliquez sur **OK**.

→ Cliquez sur le menu **Fichier - Enregistrer**.

→ Dans la boîte de dialogue **Enregistrer sous**, sélectionnez un emplacement et un nom pour la console comme par exemple le Bureau et MaConsole puis cliquez sur **Enregistrer**.

→ Fermez la console.

Notez que la console s'enregistre dans un fichier avec une extension **msc**.

Voilà, vous venez de créer une console personnalisée. Pour l'utiliser, il suffit de cliquer sur le fichier msc.

b. Déploiement d'une console MMC

L'avantage d'une console MMC personnalisée est de pouvoir ensuite la rappeler à tout moment, voire de la distribuer aux autres membres de l'équipe.

Il faut être attentif au fait que la console MMC utilise deux éléments à savoir :

- Le fichier msc qui contient les éléments à afficher dans la console et les paramètres de présentation.
- Les fichiers exécutables DLLs (*Dynamic Link Library*) qui sont les programmes snap-ins dont la console a besoin.

Dans de grandes équipes, les fichiers msc personnalisés et enregistrés en mode utilisateur non modifiable sont placés sur un partage et utilisés par les membres de l'équipe.

C'est une excellente pratique de créer des consoles MMC personnalisées et de les envoyer à un administrateur distant afin de résoudre un problème spécifique en limitant les extensions visibles.

Dans tous les cas, soyez vigilant à ce que les fichiers exécutables du snap-in se trouvent sur le serveur où sera exécutée la console MMC et sont également enregistrés dans la base de registre avant de distribuer vos fichiers msc.

c. Rafraîchissement manuel d'une console MMC

Un problème fréquemment rencontré avec les consoles MMC concerne le rafraîchissement des informations. Souvent on constate qu'une information que l'on vient d'ajouter n'apparaît pas dans l'arborescence de la console.

Effectivement, la console MMC ne réactualise pas toujours ces informations, il est donc nécessaire de la réactualiser manuellement.

C'est un problème largement connu, dont ne souffrent pas les consoles MMC de Windows Server 2008.

Si vous y êtes confronté, il faut prêter une attention toute particulière à l'endroit sélectionné dans l'arborescence, car le rafraîchissement interviendra à partir du nœud sélectionné et se propagera uniquement vers les éléments enfants de ce nœud.

L'exemple suivant décrit le problème de réactualisation. Sur votre console MMC **Gestionnaire DNS**, le nœud sélectionné est **pfreddi.ch** qui correspond à une zone de recherche directe.

Un autre administrateur à l'aide d'une autre console MMC sur son ordinateur a créé une nouvelle zone directe appelée eni.fr sur le même serveur DNS. Il a également ajouté un sous-domaine appelé cours au domaine pfreddi.ch.

Comme il est possible de le constater, la console MMC **Gestionnaire DNS** n'a pas réactualisé le contenu de l'arborescence de la console et ressemble toujours à la figure précédente.

Si vous rafraîchissez votre console en laissant le nœud pfreddi.ch sélectionné comme montré sur la figure précédente, seul le contenu du nœud pfreddi.ch est actualisé comme c'est le cas de la figure suivante. Seul le sous-domaine créé **cours** apparaît, mais pas la nouvelle zone eni.fr.

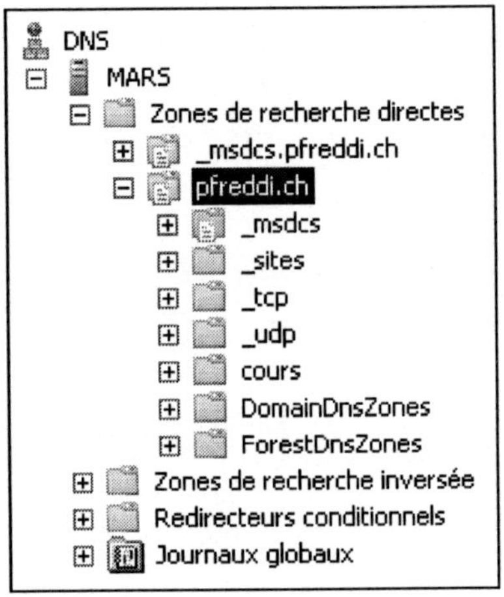

Pour réactualiser le contenu et faire apparaître la zone eni.fr, il faut sélectionner au moins le nœud **Zones de recherche directes**, voire le nœud **MARS** ou **DNS**. Dans ces deux derniers cas, il est nécessaire de se déplacer dans l'arborescence.

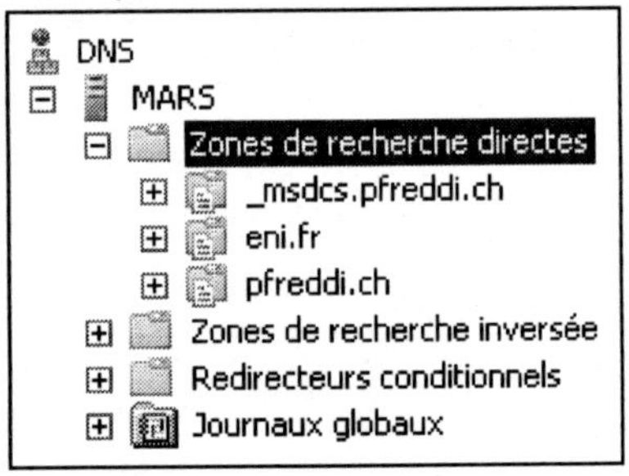

d. Création d'une console personnalisée disposant d'une vue de la liste des tâches

Win1

La délégation de l'administration passe également par l'utilisation d'outils adaptés au niveau du technicien ou de l'administrateur ainsi qu'au rôle qu'il joue.

La création d'une console personnalisée est intéressante, restreindre les extensions est encore mieux mais pas suffisant. Il est intéressant de faciliter l'accès aux actions pour l'utilisateur de la console. Pour cela, il faut créer une vue de la liste des tâches.

Dans l'exemple suivant, vous allez créer une console qui permet uniquement de gérer les périphériques du Gestionnaire de périphérique ainsi que d'ajouter et gérer des utilisateurs locaux. L'exemple présenté ici est une des méthodes possible pour effectuer cette personnalisation, il a été retenu pour son côté pédagogique.

- Cliquez sur **Démarrer** puis saisissez **mmc** dans la zone **Rechercher** et appuyez sur [Entrée].
- Une fois la console ouverte, cliquez sur le menu **Fichier** puis sur **Ajouter/Supprimer un composant logiciel enfichable**.
- Dans la boîte de dialogue **Ajouter ou supprimer des composants logiciels enfichables**, sélectionnez et ajoutez **Gestion de l'ordinateur (ordinateur local)**.
- Sélectionnez **Gestion de l'ordinateur** puis cliquez sur **Modifier les extensions**.
- Dans la boîte de dialogue **Extensions pour Gestion de l'ordinateur**, activez l'option **N'activez que les extensions sélectionnées** et ne laissez sélectionnées que **Extension du gestionnaire de périphériques** et **Utilisateurs et groupes locaux**, puis cliquez sur **OK** deux fois.

  La console créée doit ressembler à celle présentée ci-après :

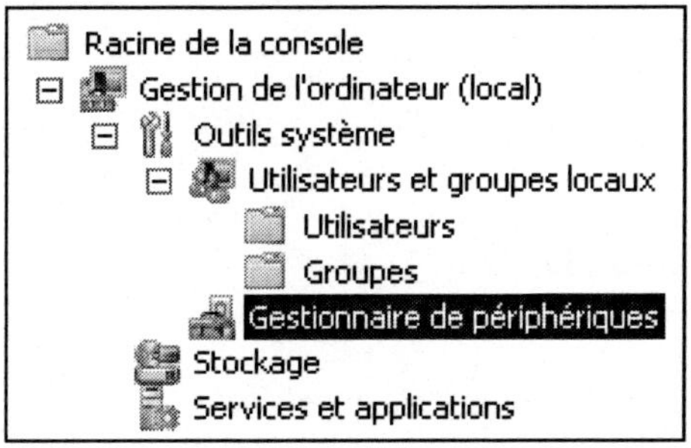

  Vous remarquez que les nœuds **Stockage** et **Services et applications** sont vides.

- Cliquez avec le bouton droit de la souris sur le nœud **Outils système** puis sur **Nouvelle fenêtre à partir d'ici**.
- Dans la nouvelle fenêtre, cliquez avec le bouton droit de la souris sur le nœud **Outils système** puis sur **Nouvelle vue de la liste des tâches**.
- Sur la page **Assistant Nouvelle vue de la liste des tâches** de l'assistant, cliquez sur **Suivant**.

→ Sur la page **Style de la liste des tâches**, configurez les options comme indiqué sur l'image suivante puis cliquez sur **Suivant**.

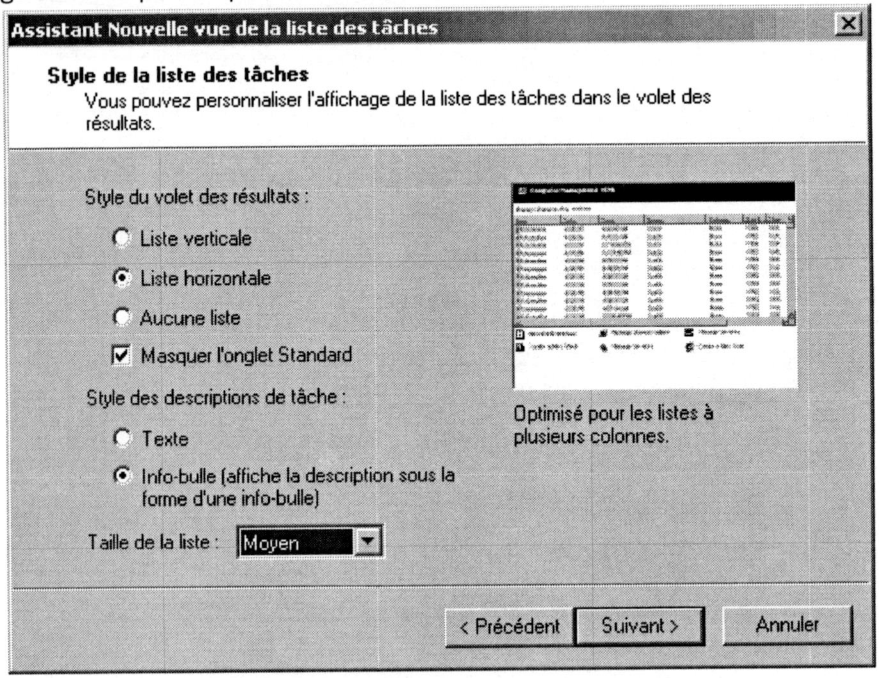

→ Sur la page **Réutilisation de la liste des tâches**, cliquez sur **Suivant**.

→ Sur la page **Nom et description**, saisissez `MaConsolePerso` pour le nom puis cliquez sur **Suivant**.

→ Sur la page **Fin de l'Assistant Nouvelle vue de la liste des tâches** de l'assistant, assurez-vous que la case à cocher est bien sélectionnée puis cliquez sur **Terminer**.

→ Sur la page **Assistant Nouvelle tâche** de l'assistant, cliquez sur **Suivant**.

→ Sur la page **Type de commande** de l'assistant, sélectionnez **Commande de menu** puis cliquez sur **Suivant**.

→ Sur la page **Commande de menu** de l'assistant, sélectionnez pour la source de la commande **Nœud de l'arborescence** ; dans **Élément de l'arborescence**, sélectionnez **Utilisateurs**, puis dans **Commandes disponibles** sélectionnez **Nouvel utilisateur** avant de cliquer sur **Suivant**.

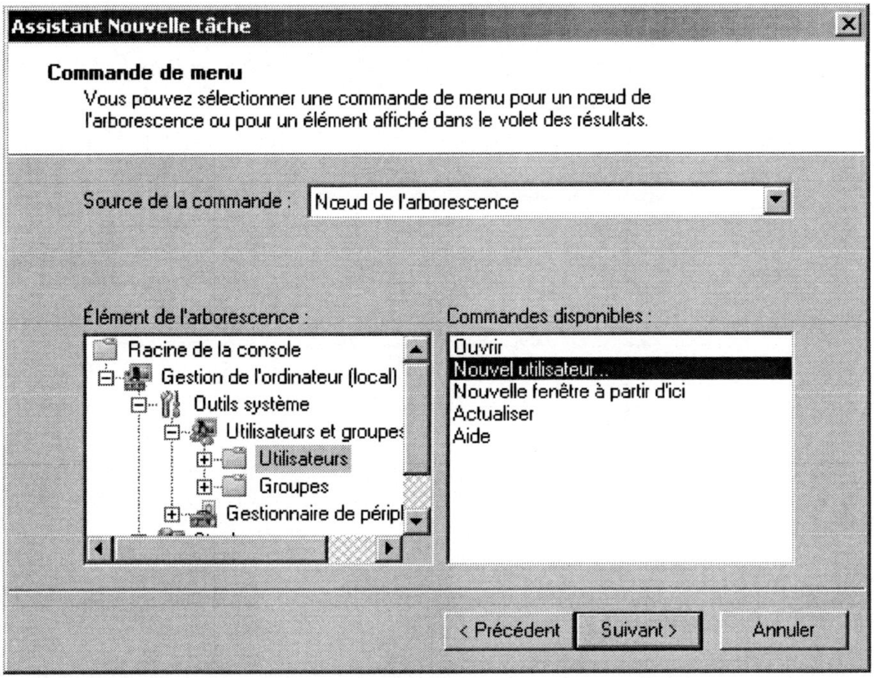

- Sur la page **Nom et description de l'assistant** cliquez sur **Suivant**.
- Sur la page **Icône de la tâche** sélectionnez une icône parmi les icônes fournies par MMC puis cliquez sur **Suivant**.
- Sur la page **Fin de l'Assistant Nouvelle tâche**, cochez **Relancer l'assistant après avoir cliqué sur Terminer** puis cliquez sur **Terminer**.
- Sur la page **Assistant Nouvelle tâche** de l'assistant, cliquez sur **Suivant**.
- Sur la page **Type de commande** de l'assistant, sélectionnez **Commande de l'environnement** puis cliquez sur **Suivant**.
- Sur la page **Ligne de commande** saisissez `notepad` dans la zone de texte **Commande** puis cliquez sur **Suivant**.
- Sur la page **Nom et description**, saisissez `Bloc note` pour le nom puis cliquez sur **Suivant**.
- Sur la page **Icône de la tâche** de l'assistant, sélectionnez une icône parmi les icônes fournies par la MMC puis cliquez sur **Suivant**.

→ Sur la page **Fin de l'Assistant Nouvelle tâche** de l'assistant, cliquez sur **Terminer**.
Votre console ressemble maintenant à l'image suivante :

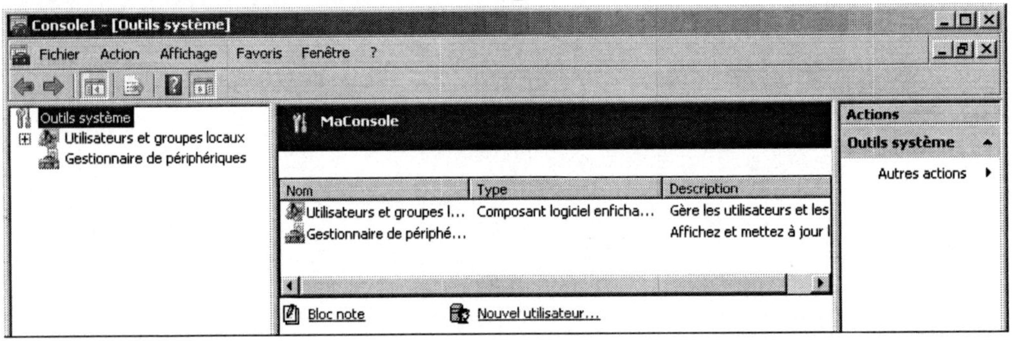

→ Désélectionnez le panneau gauche et le panneau droit, en cliquant sur les icônes correspondantes dans la barre d'outils.

→ Modifiez les options de la console de manière à être en **mode utilisateur - accès limité, fenêtre unique** sans pouvoir enregistrer les modifications ni autoriser l'utilisateur à personnaliser les vues.

→ Enregistrez votre console et répondez **Oui** à la boîte de dialogue d'avertissement.

Vous venez de créer une console qui permet à l'utilisateur de créer rapidement un nouvel utilisateur en cliquant sur la tâche ou d'ouvrir le bloc-notes. Il a toujours la possibilité de gérer les périphériques ou les utilisateurs en sélectionnant les éléments dans la console.

L'utilisation des consoles MMC est conseillée surtout si vous les personnalisez selon vos besoins.

e. Avantages et inconvénients

Les inconvénients sont :

- Utilise le protocole RPC qui ne peut passer les pare-feu.
- Les mécanismes de sécurité exigent d'être dans le même contexte de sécurité que les serveurs distants.
- L'application cliente snap-in doit être enregistrée dans la base de registre.

Les avantages sont :

- Utilisable à partir d'une autre version de Windows, éventuellement en mode limité.
- Méthodologie consistante de travail entre les snap-ins.
- Les consoles peuvent être très facilement personnalisables.
- Grand nombre de snap-ins disponibles.
- Peut être utilisé pour administrer un Server Core.

3. Outils d'administration de serveur distant (RSAT)

Les outils d'administration de serveur distant sont des snap-ins utilisables pour la gestion à distance de serveur Windows 2008 ou Windows 2003 à partir de Windows Server 2008. Cette fonctionnalité remplace l'adminpak des versions précédentes.

Il n'est pas possible d'utiliser cet outil à partir d'un Server Core.

Il est possible d'administrer une partie de Windows Server 2008 à partir de Windows Vista SP1 en téléchargeant les Outils d'administration de serveur distant de la KB941314. Si l'adminpak est déjà installé, veuillez consulter la KB941314 pour connaître la procédure correcte d'installation.

Il s'agit d'une fonctionnalité comprenant un ensemble d'outils dont la granularité d'installation est l'outil. La liste suivante montre les outils disponibles avec la fonctionnalité ainsi que les outils disponibles pour Windows Vista et Windows 7.

Outils	**Windows Server 2008**	**Windows Vista SP1**	**Windows 7**
Rôles			
Gestionnaire de serveur (Windows Server 2008 R2)	x		x
Outils des services de certificat Active Directory	x	x	x
Outils d'autorité de certification	x	x	x
Outils des répondeurs en ligne	x	x	x
Outils des services de domaine Active Directory	x	x	x
Outils de contrôleur de domaine Active Directory	x	x	
Outils de Serveur pour NIS	x	x	x
Le module Active Directory pour Windows PowerShell			x
Centre d'administration Active Directory			x
Composant logiciel enfichable et outils ligne de commande			x
Outils des services AD LDS	x	x	x
Outils des services AD RMS	x		
Outils du serveur DHCP	x	x	x
Outils du serveur DNS	x	x	x
Outils du serveur de télécopie	x		
Outils de services de fichiers	x	x	x
Outils du système de fichiers DFS	x	x	x
Outils de Gestion de ressources du serveur	x	x	x
Outils des services pour NFS	x		
Outils de gestion du partage et du stockage		x	x
Outils de la stratégie réseau et des services	x		
Outils des services d'impression	x		
Outils des services Terminal Server	x		
Outils du serveur Terminal Server	x		
Outils de la passerelle Terminal Server	x		
Outils des licences Terminal Server	x		

Outils	Windows Server 2008	Windows Vista SP1	Windows 7
Outils des services UDDI	x	x	
Outils du server Web (IIS)	x		
Outils des services de déploiement Windows	x		
Outils Hyper-V	x	x	
Outils des services Bureau à distance			x
Fonctionnalités			
Outils de chiffrement BitLocker	x	x	
Outils d'extensions du serveur BITS	x		
Outils de clustering avec basculement	x	x	x
Outils d'équilibrage de la charge réseau	x	x	x
Outils du serveur SMTP	x	x	x
Outils du serveur WINS	x		
Outils de gestion Stratégie de groupe		x	x
Outils du gestionnaire de stockage pour réseau SAN		x	x
Outils du gestionnaire de ressources système Windows	x	x	
Outils explorateur de stockage		x	
Visionneuse de mot de passe de récupération BitLocker		x	

Sur Windows Server 2008, il est recommandé d'utiliser un serveur dévolu aux tâches d'administration accessible en mode d'administration distante sur lequel les Outils d'administration de serveur distant sont installés.

Les outils RSAT pour Windows 7 sont conçus pour fonctionner avec Windows Server 2008 R2.

a. Installation des outils d'administration

Win1

- Cliquez sur **Démarrer - Outils d'administration** puis sur **Gestionnaire de serveur**.
- Dans l'arborescence de la console, cliquez sur **Fonctionnalités**.
- Sur la fenêtre principale, cliquez sur **Ajouter des fonctionnalités**.
- Sur la page **Fonctionnalités** de l'assistant **Ajout de fonctionnalités**, sélectionnez le ou les outils dont vous avez besoin du nœud **Outils d'administration de serveur distant** puis cliquez sur **Suivant**.

Les **outils des services Terminal Server**, **outils du serveur Web (IIS)**, **outils d'extensions du serveur BITS** et **outils du serveur SMTP** exigent également d'installer sur le serveur local le rôle serveur Web (IIS).

→ Sur la page **Confirmation** de l'assistant **Ajout de fonctionnalités**, contrôlez la liste des outils qui seront installés puis cliquez sur **Installer**.

La page suivante montre l'état d'avancement. À la fin, vous pouvez être appelé à redémarrer le serveur. Sinon la page résultat s'affiche vous indiquant la réussite ou l'échec de l'installation.

Tous les outils sont maintenant disponibles dans **Outils d'administration** du menu **Démarrer**.

b. Avantages et inconvénients

L'inconvénient est :

- Tous les snap-ins d'administration ne sont pas réunis dans cette fonctionnalité.

Les avantages sont :

- La granularité d'installation est le snap-in d'administration.
- Méthodologie consistante de travail entre les snap-ins.
- Création de console MMC personnalisable.
- Certains snap-ins peuvent être utilisés pour administrer un Server Core.

4. Administration à distance

L'administration à distance est simplement une version Terminal Server réservée à l'administration. Sur un serveur, deux administrateurs peuvent se connecter en même temps. Il n'est pas nécessaire d'acquérir des licences supplémentaires.

Une fois connecté, l'administrateur a accès à tout le serveur et le fonctionnement est identique à un fonctionnement interactif excepté qu'il se trouve à distance.

Travailler à distance permet de placer les serveurs dans des emplacements sécurisés. Toujours dans le but de garantir une meilleure sécurité, Microsoft a amélioré le protocole de transport utilisé pour l'affichage distant appelé RDP (*Remote Desktop Protocol*) et le serveur peut exiger que le client utilise ce nouveau protocole.

Pour travailler à distance, il est nécessaire d'activer cette fonctionnalité sur le serveur, puis il faut un outil client. Par défaut Windows XP et Windows 2003 utilisent le protocole RDP 6.0. Il faut disposer du Service pack 3 de Windows XP pour utiliser le protocole RDP 6.1 ou acheter un client RDP. Les clients Windows Vista et Windows Server 2008 utilisent le protocole RDP 6.1.

Par défaut, un utilisateur ne peut être connecté qu'une seule fois sur le même serveur. Pour permettre d'utiliser plusieurs sessions avec le même compte comme par exemple Administrateur, il faut créer une stratégie de groupe puis désactiver le paramètre **N'autoriser qu'une session Terminal Server par utilisateur**. Il se trouve dans **Configuration Ordinateur - Modèles d'administration - Composants Windows - Services Terminal Server - Terminal Server - Connexions**.

a. Activation du Bureau distant

Win1

L'activation peut se faire lors de la configuration initiale du serveur ou à l'aide de la procédure suivante :

- Cliquez sur **Démarrer**, puis avec le bouton droit de la souris, cliquez sur **Ordinateur** pour faire apparaître le menu contextuel, et enfin cliquez sur **Propriétés**.
- Dans la boîte de dialogue **Système**, cliquez sur **Paramètres d'utilisation à distance**.
- Dans la boîte de dialogue **Propriétés Système**, cliquez sur **Autoriser la connexion des ordinateurs exécutant n'importe quelle version du Bureau à distance (moins sûr)**, puis cliquez sur **OK**.
- Fermez la boîte de dialogue **Système**.

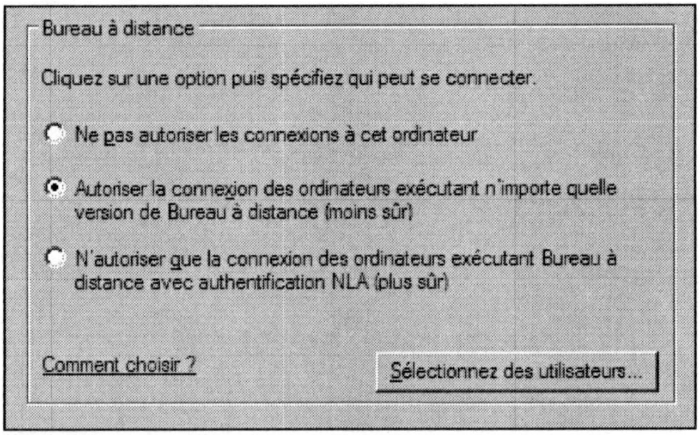

Ne pas autoriser les connexions à cet ordinateur empêche toute connexion vers cet ordinateur quel que soit l'outil utilisé.

Autoriser la connexion des ordinateurs exécutant n'importe quelle version de Bureau à distance (moins sûr) autorise les connexions distantes quels que soient l'outil et la version de l'outil.

N'autoriser que la connexion des ordinateurs exécutant Bureau à distance avec authentification NLA (plus sûr) autorise les connexions distantes pour autant que l'outil supporte le protocole NLA.

b. Activation du Bureau distant sur un Server Core

Core1

Pour activer le bureau à distance :

- Dans l'invite de commande, saisissez :

```
cscript %windir%\system32\scregedit.wsf /ar 0
```

Pour activer le Bureau à distance, le paramètre **/ar** peut prendre les valeurs **0** pour activation et **1** pour désactivation. L'accès est autorisé uniquement pour des clients distants Windows Server 2008 ou Windows Vista (RDP 6.1).

➜ Puis la commande suivante :

```
cscript %windir%\system32\scregedit.wsf /cs 0
```

Pour permettre également un accès avec des clients Windows Server 2003 ou Windows XP (RDP 6.0), donc moins sécurisé.

Il est recommandé d'activer le bureau à distance une fois que l'ordinateur a joint le domaine sinon il faut désactiver la règle **Bureau à distance (TCP-Entrée)** du profil **public** et ressaisir la commande.

c. L'outil Connexion Bureau à distance

➜ Cliquez sur **Démarrer - Tous les programmes - Accessoires** puis sur **Connexion Bureau à distance**.

Par défaut, il suffit simplement de saisir le nom du serveur distant ou son adresse IP puis de cliquer sur **Connexion** :

Il est possible de configurer, voire d'enregistrer des connexions, pour cela, il faut cliquer sur le bouton **Options**.

d. Onglet Général

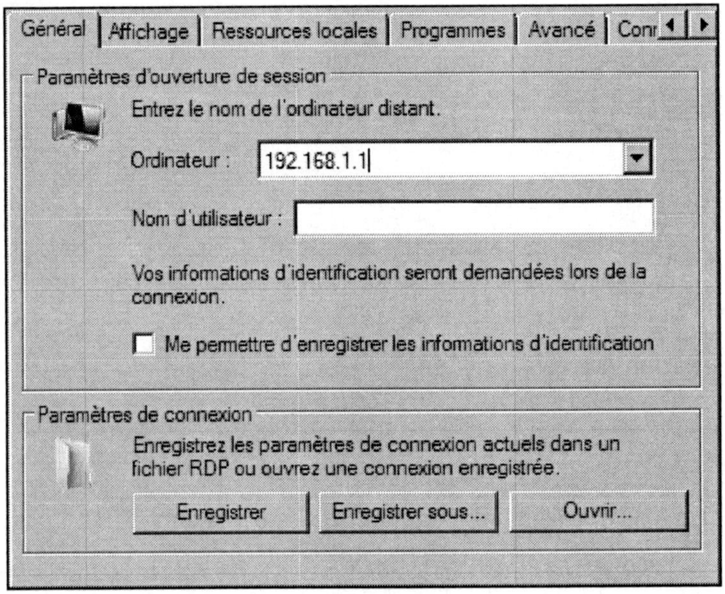

Ordinateur permet de saisir un nom ou une adresse IP ; les anciennes valeurs sont conservées et peuvent être réutilisées. La valeur **<parcourir...>** permet de retrouver des serveurs TS dans un groupe de travail ou un domaine.

Nom d'utilisateur vous permet d'entrer votre nom d'utilisateur, jamais le mot de passe.

Enregistrer : enregistre un profil avec l'extension RDP.

Enregistrer sous : enregistre un profil avec l'extension RDP.

Ouvrir permet d'ouvrir un profil RDP.

Me permettre d'enregistrer les informations d'identification est une case à cocher qui s'affiche dès que vous entrez un nom pour l'ordinateur. Dans ce cas, les informations d'identification sont enregistrées pour que la prochaine fois l'ouverture de la session se fasse automatiquement.

e. Onglet Affichage

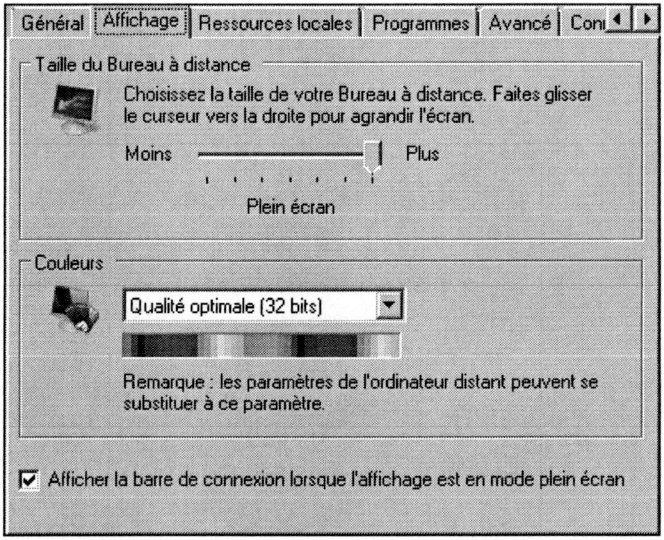

Taille du Bureau à distance permet de sélectionner la taille utilisée par la fenêtre du bureau distant.

Couleurs détermine le nombre de couleurs que vous désirez afficher.

Ces paramètres dépendent également des possibilités de la carte graphique du serveur distant.

f. Onglet Ressources locales

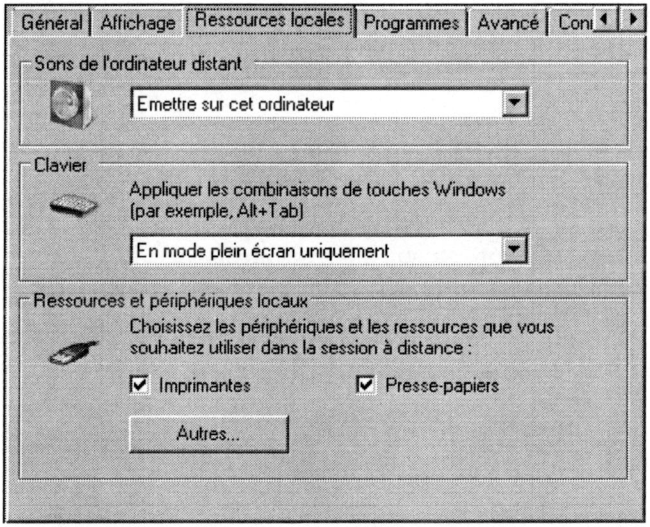

Sons de l'ordinateur distant : les sons peuvent être conservés sur l'ordinateur distant, redirigés sur l'ordinateur local ou désactivés.

Clavier : permet de sélectionner la façon dont les combinaisons de touches sont redirigées soit :

- sur la session locale ;
- la session distante ;
- en mode plein écran sur la session distante.

Imprimantes : permet d'utiliser les imprimantes locales sur la session distante.

Presse-papiers : permet de passer des informations vers la session distante à l'aide du Presse-papiers.

Autres : permet de mapper des lecteurs locaux pour la session distante voire des périphériques plug-and-play qui utilisent des protocoles MTP (*Media Transfer Protocol*) ou PTP (*Picture Transfer Protocol*).

g. Onglet Programmes

Démarrer le programme suivant lors de la connexion : permet de remplacer le Bureau par une application.

Chemin d'accès au programme et nom du fichier : indique le nom du programme à démarrer.

Démarrer dans le dossier suivant : définit le dossier pour le programme.

Cet onglet n'est pas vraiment utile pour administrer un serveur Windows 2008.

h. Onglet Avancé

La liste déroulante permet de sélectionner automatiquement certaines fonctionnalités en fonction de la vitesse du réseau.

Ne perdez pas de temps à personnaliser ces valeurs, sélectionnez simplement la vitesse de connexion. Il faut juste noter que le lissage des polices coûte du temps processeur.

La case à cocher **Rétablir la connexion si elle est interrompue** est intéressante car elle permet de rétablir les connexions en cas de micro coupures réseaux.

i. Onglet Connexion

Cet onglet est plus utile dans le cadre d'une connexion Terminal Server que pour une connexion Bureau à distance.

Comme il n'existe pas de boutons pour se déconnecter d'un Server Core, il est fortement recommandé de saisir **logoff** en fin de session afin d'éviter que des ressources soient gaspillées inutilement par une session ouverte.

C'est une excellente pratique que de créer des fichiers RDP qui sont autant de raccourcis personnalisés pour se connecter à des serveurs ou d'utiliser la console **Bureaux à distance** proposée en tant que snap-in.

La console **Bureaux à distance** permet d'enregistrer dans le snap-in plusieurs fichiers de configuration pour se connecter à différents serveurs. Ces paramètres de configuration sont semblables à ceux présentés pour le Bureau à distance.

j. Avantages et inconvénients

L'inconvénient est :

- Ne peut pas démarrer physiquement un ordinateur distant sauf si celui-ci supporte le Wake on Lan.

Les avantages sont :

- Diminution de la surface d'attaque par une désactivation du service.
- Amélioration de la sécurité en exigeant des clients compatibles avec la dernière version du protocole RDP.
- Accès aux ressources comme un accès local.
- Peut passer à travers les pare-feu.
- Fonctionne même sur une connexion lente d'environ 30Kb/s.
- Utilisable pour administrer un Server Core.

Le bureau à distance est un outil indispensable à utiliser sans modération. Pour un accès externe, il peut être utile de sécuriser la couche de transport en utilisant un serveur TS-Gateway par exemple.

C. Les outils de type ligne de commandes

1. ServerManagerCmd

Win1

La commande **ServerManagerCmd** permet d'installer, de gérer et de supprimer des rôles ou des fonctionnalités. La figure suivante en montre la syntaxe.

```
Administrateur : Invite de commandes

C:\>servermanagercmd

Utilisation :

ServerManagerCmd.exe
Installe et supprime les rôles, les services de rôle et les fonctionnalités.
Affiche également la liste de tous les rôles, services de rôle et
fonctionnalités disponibles, et indique lesquels sont installés sur
l'ordinateur. Pour plus d'informations sur les rôles, les services de rôle
et les fonctionnalités qu'il est possible de spécifier à l'aide
de cet outil, consultez l'aide du Gestionnaire de serveur.



      -query [<query.xml>] [-logPath <log.txt>]

      -install <nom>
          [-resultPath <result.xml> [-restart] | -whatIf] [-logPath <log.txt>]
          [-allSubFeatures]

      -remove <nom>
          [-resultPath <result.xml> [-restart] | -whatIf] [-logPath <log.txt>]

      -inputPath <answer.xml>
          [-resultPath <result.xml> [-restart] | -whatIf] [-logPath <log.txt>]

      -help | -?

      -version
```

Cette commande n'est pas disponible sur un Server Core.

Cette commande est dépréciée sur un serveur Windows Server 2008 R2 car elle est remplacée par des cmdlets PowerShell. Malheureusement ces dernières ne sont pas disponibles sur un serveur Windows Server 2008.

a. Afficher la liste des rôles et fonctionnalités

```
Administrateur : Invite de commandes

C:\>servermanagercmd -query
..

----- Rôles -----

[ ] Serveur d'applications  [Application-Server]
    [ ] Fondation du serveur d'applications  [AS-AppServer-Foundation]
    [ ] Prise en charge du serveur Web (IIS)  [AS-Web-Support]
    [ ] Accès réseau COM+  [AS-Ent-Services]
    [ ] Partage de port TCP  [AS-TCP-Port-Sharing]
    [ ] Prise en charge du service d'activation des processus Windows  [AS-WAS-
upport]
        [ ] Activation HTTP  [AS-HTTP-Activation]
        [ ] Activation Message Queuing  [AS-MSMQ-Activation]
        [ ] Activation TCP  [AS-TCP-Activation]
        [ ] Activation des canaux nommés  [AS-Named-Pipes]
    [ ] Transactions distribuées  [AS-Dist-Transaction]
        [ ] Transactions distantes entrantes  [AS-Incoming-Trans]
        [ ] Transactions distantes sortantes  [AS-Outgoing-Trans]
        [ ] Transactions WS-Atomic  [AS-WS-Atomic]
[X] Serveur de télécopie  [Fax]
[ ] Serveur DHCP  [DHCP]
[ ] Serveur DNS  [DNS]
```

Les rôles ou les fonctionnalités apparaissent dans des couleurs différentes en fonction de leur état d'installation.

Notez que le service de télécopie est installé.

b. Créer un fichier des rôles et fonctionnalités

```
servermanagercmd -query roles.xml
```

Le fichier créé s'appelle **roles.xml** et se trouve dans le répertoire actif à moins d'y spécifier un chemin complet.

L'image suivante montre une partie du fichier généré. Sa lecture peut être un peu déroutante, vous verrez plus loin, dans la section consacrée à PowerShell, comment améliorer sa présentation.

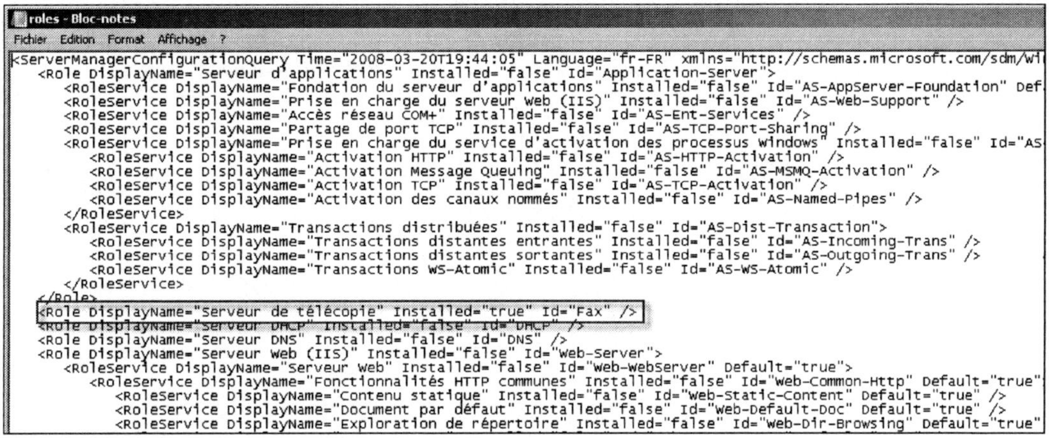

```
roles - Bloc-notes
Fichier  Edition  Format  Affichage  ?
<ServerManagerConfigurationQuery Time="2008-03-20T19:44:05" Language="fr-FR" xmlns="http://schemas.microsoft.com/sdm/Wi
  <Role DisplayName="Serveur d'applications" Installed="false" Id="Application-Server">
    <RoleService DisplayName="Fondation du serveur d'applications" Installed="false" Id="AS-AppServer-Foundation" Def
    <RoleService DisplayName="Prise en charge du serveur Web (IIS)" Installed="false" Id="AS-Web-Support" />
    <RoleService DisplayName="Accès réseau COM+" Installed="false" Id="AS-Ent-Services" />
    <RoleService DisplayName="Partage de port TCP" Installed="false" Id="AS-TCP-Port-Sharing" />
    <RoleService DisplayName="Prise en charge du service d'activation des processus Windows" Installed="false" Id="AS
      <RoleService DisplayName="Activation HTTP" Installed="false" Id="AS-HTTP-Activation" />
      <RoleService DisplayName="Activation Message Queuing" Installed="false" Id="AS-MSMQ-Activation" />
      <RoleService DisplayName="Activation TCP" Installed="false" Id="AS-TCP-Activation" />
      <RoleService DisplayName="Activation des canaux nommés" Installed="false" Id="AS-Named-Pipes" />
    </RoleService>
    <RoleService DisplayName="Transactions distribuées" Installed="false" Id="AS-Dist-Transaction">
      <RoleService DisplayName="Transactions distantes entrantes" Installed="false" Id="AS-Incoming-Trans" />
      <RoleService DisplayName="Transactions distantes sortantes" Installed="false" Id="AS-Outgoing-Trans" />
      <RoleService DisplayName="Transactions WS-Atomic" Installed="false" Id="AS-WS-Atomic" />
    </RoleService>
  </Role>
  <Role DisplayName="Serveur de télécopie" Installed="true" Id="Fax" />
  <Role DisplayName="Serveur DHCP" Installed="false" Id="DHCP" />
  <Role DisplayName="Serveur DNS" Installed="false" Id="DNS" />
  <Role DisplayName="Serveur Web (IIS)" Installed="false" Id="Web-Server">
    <RoleService DisplayName="Serveur Web" Installed="false" Id="Web-WebServer" Default="true">
      <RoleService DisplayName="Fonctionnalités HTTP communes" Installed="false" Id="Web-Common-Http" Default="true"
        <RoleService DisplayName="Contenu statique" Installed="false" Id="Web-Static-Content" Default="true" />
        <RoleService DisplayName="Document par défaut" Installed="false" Id="Web-Default-Doc" Default="true" />
        <RoleService DisplayName="Exploration de répertoire" Installed="false" Id="Web-Dir-Browsing" Default="true"
```

c. Ajouter un rôle ou une fonctionnalité à partir d'un fichier

Il serait tentant d'utiliser le fichier XML généré plus haut pour le modifier. Malheureusement ce n'est pas si simple, car bien que le format soit du XML, les schémas utilisés sont différents.

Il n'est pas possible d'installer certains rôles avec l'invite de commandes comme les rôles **UDDI** et **AD-RMS**.

Néanmoins, il est possible d'effectuer cette conversion. Pour cela, il faut télécharger depuis le site de Microsoft un utilitaire qui s'appelle **msxsl.exe** et effectuer plusieurs transformations fastidieuses. Il est plus simple de créer un fichier XML comme celui de l'image suivante :

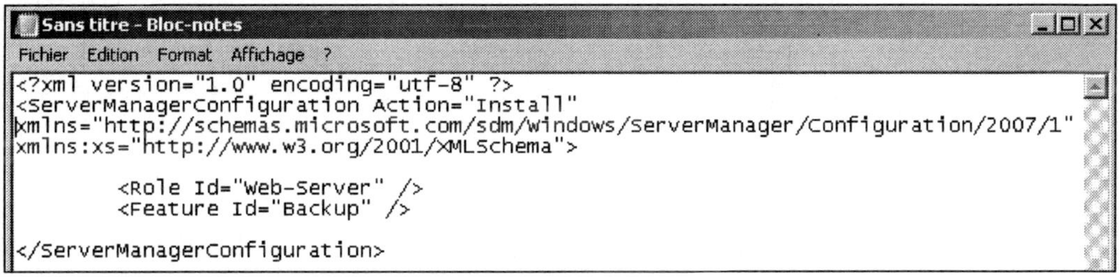

```
Sans titre - Bloc-notes
Fichier  Edition  Format  Affichage  ?
<?xml version="1.0" encoding="utf-8" ?>
<ServerManagerConfiguration Action="Install"
xmlns="http://schemas.microsoft.com/sdm/Windows/ServerManager/Configuration/2007/1"
xmlns:xs="http://www.w3.org/2001/XMLSchema">

        <Role Id="Web-Server" />
        <Feature Id="Backup" />

</ServerManagerConfiguration>
```

Nommez-le **addroles.xml.**

La figure suivante montre quels sont les rôles, rôles de services et fonctionnalités touchés par cette installation. Pour cela il faut ajouter **-whatif** à la fin de la commande.

Le paramètre -whatif simule la commande mais ne l'exécute pas.

```
Administrateur : Invite de commandes

C:\>servermanagercmd -inputPath addroles.xml -whatif
..
Remarque : exécution en mode « WhatIf ».
Spécifié pour l'installation : [Fonctionnalités de la Sauvegarde de Windows Server] Utilitaire de sauvegarde de Windows Server
Spécifié pour l'installation : [Serveur Web (IIS)] Outils de gestion
Spécifié pour l'installation : [Serveur Web (IIS)] Serveur Web
Spécifié pour l'installation : [Serveur Web (IIS)] Console de gestion d'IIS
Spécifié pour l'installation : [Serveur Web (IIS)] Performances
Spécifié pour l'installation : [Serveur Web (IIS)] Fonctionnalités HTTP communes
Spécifié pour l'installation : [Serveur Web (IIS)] Sécurité
Spécifié pour l'installation : [Serveur Web (IIS)] Intégrité et diagnostics
Spécifié pour l'installation : [Serveur Web (IIS)] Journalisation HTTP
Spécifié pour l'installation : [Serveur Web (IIS)] Compression de contenu statique
Spécifié pour l'installation : [Serveur Web (IIS)] Contenu statique
Spécifié pour l'installation : [Serveur Web (IIS)] Erreurs HTTP
Spécifié pour l'installation : [Serveur Web (IIS)] Exploration de répertoire
Spécifié pour l'installation : [Serveur Web (IIS)] Filtrage des demandes
Spécifié pour l'installation : [Serveur Web (IIS)] Document par défaut
Spécifié pour l'installation : [Serveur Web (IIS)] Observateur de demandes
Spécifié pour l'installation : [Service d'activation des processus Windows] Modèle de processus
Spécifié pour l'installation : [Service d'activation des processus Windows] API de configuration

Vous devrez peut-être redémarrer ce serveur à la fin de l'installation.

C:\>_
```

Enfin pour procéder à l'installation :

```
Administrateur : Invite de commandes

C:\>servermanagercmd -inputpath addroles.xml
..

Démarrer l'installation...
[Installation], réussite : [Serveur Web (IIS)] Outils de gestion.
[Installation], réussite : [Serveur Web (IIS)] Serveur Web.
[Installation], réussite : [Serveur Web (IIS)] Fonctionnalités HTTP communes.
[Installation], réussite : [Serveur Web (IIS)] Intégrité et diagnostics.
[Installation], réussite : [Serveur Web (IIS)] Performances.
[Installation], réussite : [Serveur Web (IIS)] Sécurité.
[Installation], réussite : [Fonctionnalités de la Sauvegarde de Windows Server] Utilitaire de sauvegarde
[Installation], réussite : [Service d'activation des processus Windows] Modèle de processus.
[Installation], réussite : [Service d'activation des processus Windows] API de configuration.
[Installation], réussite : [Serveur Web (IIS)] Console de gestion d'IIS.
[Installation], réussite : [Serveur Web (IIS)] Erreurs HTTP.
[Installation], réussite : [Serveur Web (IIS)] Filtrage des demandes.
[Installation], réussite : [Serveur Web (IIS)] Compression de contenu statique.
[Installation], réussite : [Serveur Web (IIS)] Contenu statique.
[Installation], réussite : [Serveur Web (IIS)] Journalisation HTTP.
[Installation], réussite : [Serveur Web (IIS)] Document par défaut.
[Installation], réussite : [Serveur Web (IIS)] Exploration de répertoire.
[Installation], réussite : [Serveur Web (IIS)] Observateur de demandes.
<100/100>

Réussite : installation réussie.
```

d. Supprimer un ou plusieurs rôles

Pour supprimer un ou plusieurs rôles à l'aide d'un fichier, procédez comme suit :

- Copiez et renommez le fichier **addroles.xml** de la section précédente en **RemoveRoles.xml**.
- Modifiez le fichier en remplaçant **action = "Install"** en **action = "Remove"**.

```
RemoveRoles - Bloc-notes
Fichier  Edition  Format  Affichage  ?
<?xml version="1.0" encoding="utf-8" ?>
<ServerManagerConfiguration Action="Remove"
xmlns="http://schemas.microsoft.com/sdm/Windows/ServerManager/Configuration/2007/1
xmlns:xs="http://www.w3.org/2001/XMLSchema">

        <Role Id="Web-Server" />
        <Feature Id="Backup" />

</ServerManagerConfiguration>
```

Puis il faut saisir la commande :

```
ServerManagerCmd -inputPath c:\removeroles.xml
```

e. Avantages et inconvénients

Les inconvénients sont :

- Ne peut être utilisé sur un Server Core.
- Utilisable localement uniquement.
- Requiert la connaissance du format XML.
- Tous les rôles ne peuvent être installés en mode ligne de commandes.
- Commandes dépréciées à partir de Windows Server 2008 R2.

Les avantages sont :

- Utilisable pour créer des scripts d'installation de rôles ou de fonctionnalités.
- Paramètre **Whatif** permet de simuler l'exécution et prévoir le résultat.
- Les commandes peuvent être incluses dans des scripts pour automatiser les tâches.

Cet utilitaire est très utile pour créer des scripts d'installation, malheureusement il est déprécié dès la version R2 de Windows 2008.

2. PowerShell

PowerShell est l'outil par excellence pour les administrateurs qui veulent créer des scripts sans devenir programmeur. PowerShell est une fonctionnalité qu'il faut installer avant de pouvoir l'utiliser.

PowerShell peut s'installer officiellement sur un Server Core à partir de la version R2 de Windows Server 2008. En attendant, il toujours possible de recourir à la console **WMIC** qui offre un accès simplifié aux classes WMI. Exemple : `WMIC SERVICE WHERE " STATE LIKE ‘ RUNING' " LIST BRIEF`.

Au lieu d'en décliner les avantages et de refaire un cours sur PowerShell, il semble plus utile de montrer comment l'utiliser en interaction avec des commandes afin d'améliorer le rendu de l'information. La syntaxe pour lancer PowerShell est la suivante. Remarquez qu'il est possible de personnaliser l'affichage et les snap-ins chargés dans la console.

Il est conseillé d'installer la version 2 de PowerShell en téléchargeant, à partir du site de Microsoft, le correctif KB968930. Après installation, il n'apparaît pas en tant que fonctionnalité installée.

```
Administrateur : Invite de commandes

C:\>powershell /?

powershell[.exe] [-PSConsoleFile <file> | -Version <version>]
    [-NoLogo] [-NoExit] [-NoProfile] [-NonInteractive]
    [-OutputFormat <Text | XML>] [-InputFormat <Text | XML>]
    [-Command { - | <bloc_script> [-args <tableau_arguments>]
                  | <chaîne> [<paramètres_commande>] } ]

powershell[.exe] -Help | -? | /?


-PSConsoleFile
    Charge le fichier console de Windows PowerShell spécifié. Pour créer
    un fichier console, utilisez Export-Console dans Windows PowerShell.

-Version
    Démarre la version de Windows PowerShell spécifiée.

-NoLogo
    Masque la bannière de copyright au démarrage.

-NoExit
    Ne quitte pas après exécution des commandes de démarrage.

-NoProfile
    N'utilise pas le profil utilisateur.

-Noninteractive
    Ne présente pas d'invite interactive à l'utilisateur.

-OutputFormat
    Indique comment la sortie de Windows PowerShell est mise en forme. Les
    valeurs valides sont "Text" (chaînes de texte) ou "XML" (format CLIXML
    sérialisé).

-InputFormat
    Décrit le format des données envoyées à Windows PowerShell. Les valeurs
    valides sont "Text" (chaînes de texte) ou "XML" (format CLIXML sérialisé).

-Command
    Exécute les commandes spécifiées (et tous paramètres) comme si elles avaient
    été tapées à l'invite de commandes de Windows PowerShell, puis quitte sauf
    si NoExit est spécifié. La valeur de Command peut être "-", une chaîne ou
    un bloc de script.

    Si la valeur de Command est "-", le texte de la commande est lu à partir de
    l'entrée standard.

    Les blocs de script doivent être entre accolades ({}). Vous ne pouvez
    spécifier un bloc de script qu'en exécutant PowerShell.exe dans Windows
    PowerShell. Les resultants du script sont retournés à l'environnement parent
    en tant qu'objets XML désérialisés, et non en direct.

    Si la valeur de Command est une chaîne, Command doit être le dernier
    parameter de la commande, car tous les caractères tapés après la commande
    sont interprétés comme des arguments de commande.
    Pour écrire une chaîne qui exécute une commande Windows PowerShell, utilisez
    le format :
        "& {<commande>}"
    dans lequel les guillemets indiquent une chaîne et l'opérateur d'appel (&)
    entraîne l'éxécution de la commande.

-Help, -?, /?
    Affiche ce message. Si vous tapez une commande powershell.exe dans Windows
    PowerShell, faites précéder les paramètres de commande d'un trait d'union
    (-), et non d'une barre oblique (/). Vous pouvez utiliser un trait d'union
    ou une barre oblique dans Cmd.exe.


EXEMPLES
    powershell -psconsolefile sqlsnapin.psc1
    powershell -version 1.0 -nologo -inputformat text -outputformat XML
    powershell -command {get-eventlog -logname security}
    powershell -command "& {get-eventlog -logname security}"
```

a. Formatage d'un fichier XML

Précédemment, avec la commande **ServerManagerCmd**, vous avez créé un fichier de réponses appelé roles.xml. Sa lecture n'est pas aisée car le langage XML n'est pas abordable pour tous. Dans l'exemple suivant vous allez améliorer la présentation du contenu XML en affichant clairement quels rôles ou fonctionnalités sont installés.

Il faut savoir que la racine XML s'appelle **ServerManagerConfigurationQuery** et que des éléments s'appellent **role** et **feature**. Consultez le fichier XML pour vous en rendre compte.

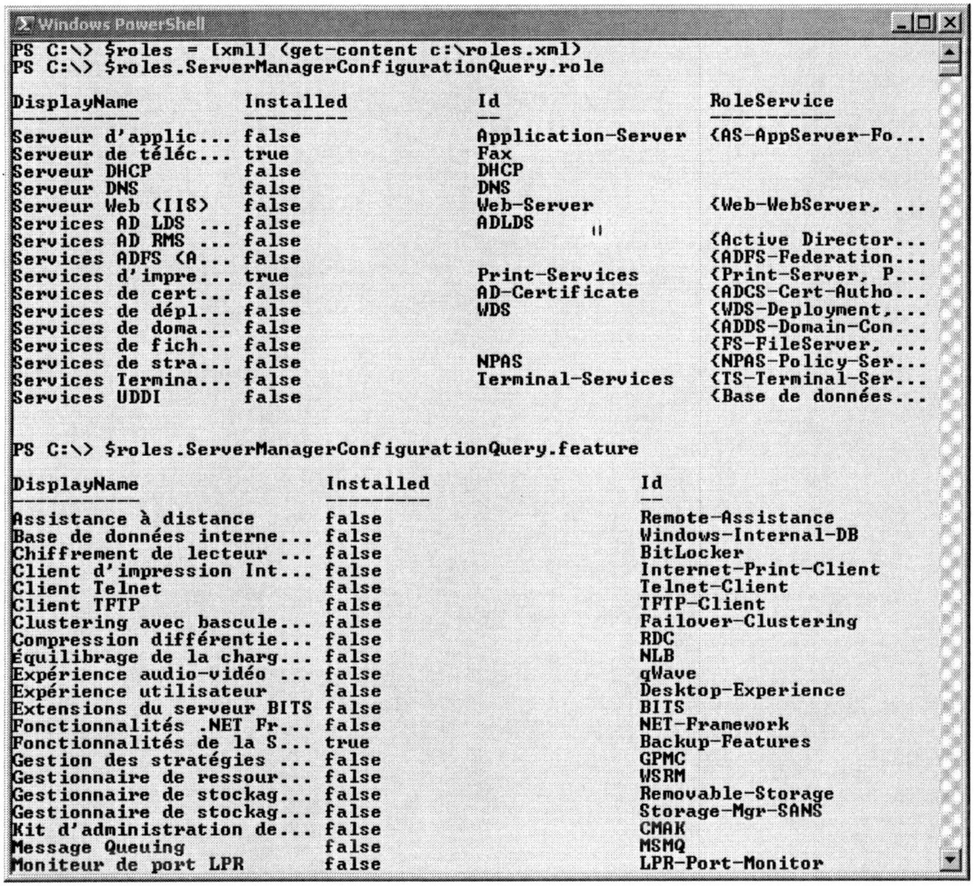

```
Windows PowerShell
PS C:\> $roles = [xml] (get-content c:\roles.xml)
PS C:\> $roles.ServerManagerConfigurationQuery.role

DisplayName          Installed           Id                   RoleService
-----------          ---------           --                   -----------
Serveur d'applic... false               Application-Server   {AS-AppServer-Fo...
Serveur de téléc... true                Fax
Serveur DHCP         false               DHCP
Serveur DNS          false               DNS
Serveur Web (IIS)    false               Web-Server           {Web-WebServer, ...
Services AD LDS ...  false               ADLDS
Services AD RMS ...  false                                    {Active Director...
Services ADFS (A...  false                                    {ADFS-Federation...
Services d'impre...  true                Print-Services       {Print-Server, P...
Services de cert...  false               AD-Certificate       {ADCS-Cert-Autho...
Services de dépl...  false               WDS                  {WDS-Deployment,...
Services de doma...  false                                    {ADDS-Domain-Con...
Services de fich...  false                                    {FS-FileServer, ...
Services de stra...  false               NPAS                 {NPAS-Policy-Ser...
Services Termina...  false               Terminal-Services    {TS-Terminal-Ser...
Services UDDI        false                                    {Base de données...

PS C:\> $roles.ServerManagerConfigurationQuery.feature

DisplayName                   Installed                 Id
-----------                   ---------                 --
Assistance à distance         false                     Remote-Assistance
Base de données interne...    false                     Windows-Internal-DB
Chiffrement de lecteur ...    false                     BitLocker
Client d'impression Int...    false                     Internet-Print-Client
Client Telnet                 false                     Telnet-Client
Client TFTP                   false                     TFTP-Client
Clustering avec bascule...    false                     Failover-Clustering
Compression différentie...    false                     RDC
Équilibrage de la charg...    false                     NLB
Expérience audio-vidéo ...    false                     qWave
Expérience utilisateur        false                     Desktop-Experience
Extensions du serveur BITS    false                     BITS
Fonctionnalités .NET Fr...    false                     NET-Framework
Fonctionnalités de la S...    true                      Backup-Features
Gestion des stratégies ...    false                     GPMC
Gestionnaire de ressour...    false                     WSRM
Gestionnaire de stockag...    false                     Removable-Storage
Gestionnaire de stockag...    false                     Storage-Mgr-SANS
Kit d'administration de...    false                     CMAK
Message Queuing               false                     MSMQ
Moniteur de port LPR          false                     LPR-Port-Monitor
```

b. Affichage des services

Pour afficher la liste des services qui sont démarrés :

```
get-service | where-object {$_.status -eq "Running"}
```

c. Affichage des processus

Pour afficher la liste des processus :

```
get-process
```

d. Avantages et inconvénients

Les inconvénients sont :

- Ne peut être utilisé actuellement sur un Server Core.
- Apprentissage d'une philosophie.

- Apprentissage d'un nouveau langage.
- La version 1 ne permet pas l'exécution de scripts sur des ordinateurs distants.

Les avantages sont :

- Langage d'administration puissant orienté objet.
- Extensible selon des contextes.
- Langage évolutif.
- Invite de commande personnalisable.
- Existence d'éditeurs graphiques.
- Commandes simples mais puissantes.
- Création de scripts réutilisables.
- Accès aisé aux classes WMI.
- Plusieurs applications possèdent des extensions pour PowerShell.

La version 2 plus aboutie permet entre autres la gestion à distance, le débogage.

Il est recommandé d'utiliser, là où c'est possible, les cmdlets PowerShell. Donc à utiliser sans modération.

3. Invite de commandes

L'invite de commandes est l'outil le plus connu, il permet d'exécuter des centaines de commandes et d'exécuter des scripts batch ou vbs.

Pour créer des scripts, vous pouvez utiliser le Bloc-notes qui fonctionne bien excepté lorsqu'il faut utiliser des caractères accentués dans les commandes. Dans ce cas, il vous faut utiliser wordpad et sauvegarder votre fichier en tant que **Document texte MS-DOS**.

Elle est le bureau d'un Server Core.

a. Avantages et inconvénients

Les inconvénients sont :

- Langage de script vieillissant et pauvre.
- Langage peu adapté à l'administration.
- Le glisser/déplacer entre l'explorateur et l'invite de commande ne fonctionne pas.

Les avantages sont :

- Disponible sur toutes versions et éditions.
- Permet de lancer toutes les commandes.
- Permet de créer des scripts.
- Langage largement répandu chez les administrateurs.

Encore largement utilisée, l'invite de commandes sera remplacée à moyen terme par l'invite de commandes PowerShell.

4. ocsetup et pkgmgr

Ocsetup est le successeur de **sysocmgr**, il permet d'installer ou de supprimer des packages MSI (*Microsoft System Installer*) ou des composants optionnels.

Pkgmgr permet d'installer, de supprimer ou de mettre à jour des packages.

Ils ne remplacent pas le gestionnaire de serveur, car ces commandes sont plus difficiles à mettre en œuvre et les erreurs sont plus difficiles à résoudre.

Pourtant ces deux commandes sont les seuls moyens d'installer des rôles et des fonctionnalités sur un Server Core. La commande **ocsetup** est la méthode préférée pour installer et désinstaller des rôles ou des fonctionnalités.

L'image suivante montre un exemple de commande pour installer et désinstaller le rôle DNS. Il faut respecter la casse pour le nom du rôle.

```
start /w ocsetup DNS-Server-Core-Role
start /w ocsetup DNS-Server-Core-Role /uninstall
```

La commande **oclist** disponible uniquement sur un Server Core permet d'afficher si les rôles ou les fonctionnalités sont installés.

La syntaxe pour **ocsetup** est :

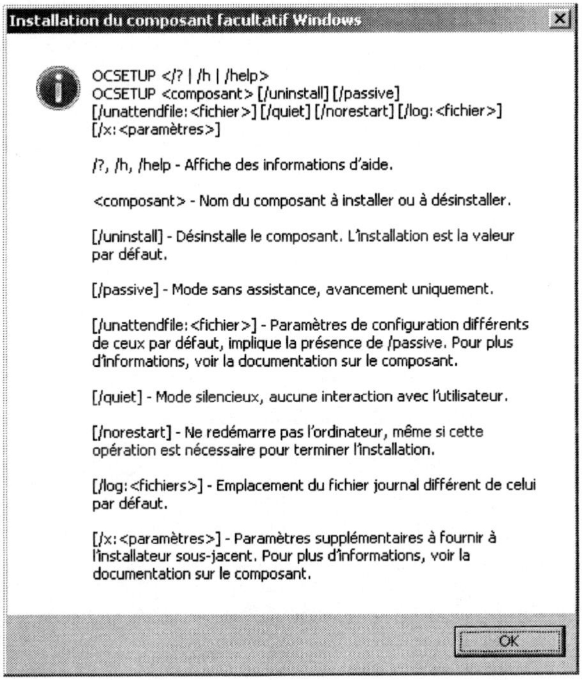

Installation du composant facultatif Windows

OCSETUP </? | /h | /help>
OCSETUP <composant> [/uninstall] [/passive] [/unattendfile:<fichier>] [/quiet] [/norestart] [/log:<fichier>] [/x:<paramètres>]

/?, /h, /help - Affiche des informations d'aide.

<composant> - Nom du composant à installer ou à désinstaller.

[/uninstall] - Désinstalle le composant. L'installation est la valeur par défaut.

[/passive] - Mode sans assistance, avancement uniquement.

[/unattendfile:<fichier>] - Paramètres de configuration différents de ceux par défaut, implique la présence de /passive. Pour plus d'informations, voir la documentation sur le composant.

[/quiet] - Mode silencieux, aucune interaction avec l'utilisateur.

[/norestart] - Ne redémarre pas l'ordinateur, même si cette opération est nécessaire pour terminer l'installation.

[/log:<fichiers>] - Emplacement du fichier journal différent de celui par défaut.

[/x:<paramètres>] - Paramètres supplémentaires à fournir à l'installateur sous-jacent. Pour plus d'informations, voir la documentation sur le composant.

OK

Le même exemple mais en utilisant **pkgmgr**.

```
start /w pkgmgr /iu:DNS-Server-Core-Role
start /w pkgmgr /uu:DNS-Server-Core-Role
```

Si le rôle doit installer des services de rôle, il faut les ajouter à la fin de la ligne de commandes en les séparant par un point-virgule.

La syntaxe de **pkgmgr** est :

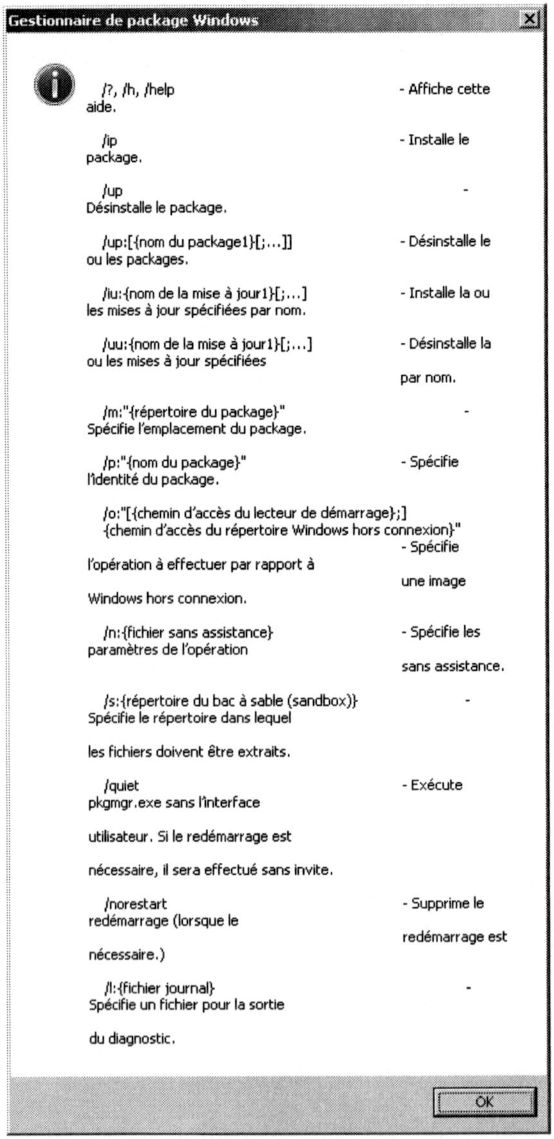

a. Avantages et inconvénients d'ocsetup

Les inconvénients sont :

- La commande associée **oclist** ne peut être utilisée que sur un Server Core.
- Utilisable localement uniquement.
- Tous les rôles ne peuvent être installés en mode ligne de commandes.
- L'installation du rôle et des services de rôle est plus complexe qu'avec la commande **ServerManagerCmd**.

Les avantages sont :

- C'est une des deux méthodes possibles pour installer une fonctionnalité ou un rôle sur un Server Core.
- Permet d'installer ou d'enlever un composant.
- Peut être scriptable.

b. Avantages et inconvénients de pkgmgr

Les inconvénients sont :

- Utilisable localement uniquement.
- Tous les rôles ne peuvent être installés en mode ligne de commandes.
- L'installation du rôle et des services de rôle est plus complexe qu'avec la commande ServerManagerCmd.

Les avantages sont :

- C'est une des deux méthodes possibles pour installer une fonctionnalité ou un rôle sur un Server Core.
- Permet d'installer ou d'enlever un composant.
- Peut être scriptable.

5. netsh

L'outil **netsh** est un outil ligne de commandes extensible utilisé pour configurer et surveiller des ordinateurs locaux ou distants.

Netsh accepte de créer de longues commandes pouvant être inclues dans des scripts.

Il dispose de commandes contextuelles vous permettant de vous déplacer dans l'application. Son mode de fonctionnement est le suivant :

→ Dans une invite de commandes par exemple, commencez par saisir `netsh` pour entrer dans le premier niveau de l'application.

→ Comme vous ne savez pas où vous diriger, saisissez `h` ou `help`, il n'est pas nécessaire de saisir la commande entière s'il n'existe pas d'ambiguïtés avec d'autres commandes.

Syntaxes et commandes de contextes de la commande **netsh** :

```
Administrateur : Invite de commandes
C:\>netsh /?

Utilisation : netsh [-a Fichier_alias] [-c Contexte] [-r Ordinateur_distant]
                    [-u [Nom_domaine\]Nom_utilisateur] [-p Mot_passe | *]
                    [Commande | -f Fichier_script]

Les commandes suivantes sont disponibles :

Commandes dans ce contexte :
?              - Affiche une liste de commandes.
add            - Ajoute une entrée de configuration à une liste d'entrées.
advfirewall    - Modifications pour le contexte `netsh advfirewall'.
bridge         - Modifications pour le contexte `netsh bridge'.
delete         - Supprime une entrée de configuration d'une liste d'entrées.
dhcp           - Modifications pour le contexte `netsh dhcp'.
dhcpclient     - Modifications pour le contexte `netsh dhcpclient'.
dump           - Affiche un script de configuration.
exec           - Exécute un fichier script.
firewall       - Modifications pour le contexte `netsh firewall'.
help           - Affiche une liste de commandes.
http           - Modifications pour le contexte `netsh http'.
interface      - Modifications pour le contexte `netsh interface'.
ipsec          - Modifications pour le contexte `netsh ipsec'.
lan            - Modifications pour le contexte `netsh lan'.
nap            - Modifications pour le contexte `netsh nap'.
netio          - Modifications pour le contexte `netsh netio'.
ras            - Modifications pour le contexte `netsh ras'.
rpc            - Modifications pour le contexte `netsh rpc'.
set            - Met à jour les paramètres de configuration.
show           - Affiche les informations.
winhttp        - Modifications pour le contexte `netsh winhttp'.
wins           - Modifications pour le contexte `netsh wins'.
winsock        - Modifications pour le contexte `netsh winsock'.

Les sous-contextes suivants sont disponibles :
 advfirewall bridge dhcp dhcpclient firewall http interface ipsec lan nap netio ras rpc winh

Pour consulter l'aide d'une commande, entrez la commande, suivie par un
espace, et ensuite
 entrez ?.
```

- Saisissez `interface` pour entrer dans le second niveau suivi de **h**. Vous remarquez que les commandes ont maintenant changé car vous n'êtes plus dans le même contexte que le niveau précédent. Vous ne pouvez pas remonter d'un niveau mais vous pouvez vous déplacer dans un autre contexte en utilisant soit les commandes du contexte actuel soit celles du contexte hérité.
- Saisissez `bye` ou `exit` pour quitter netsh.

Si vous connaissez le contexte dans lequel vous aimeriez aller, saisissez simplement `netsh -c Contexte` où `Contexte` est le nom du contexte.

L'intérêt de netsh est également de pouvoir créer des commandes qui peuvent être scriptées.

L'exemple suivant montre une commande netsh (`netsh dhcp server show scope`) qui a été stockée dans un fichier de script nommé showscopedhcp.bat puis exécutée à partir de l'invite de commandes.

```
Administrateur : Invite de commandes

C:\>showscopedhcp

C:\>netsh dhcp server show scope

==============================================================================
 Adresse étendue- Masque sous-rés. - État - Nom étendue          - Commentaire
==============================================================================

 172.30.1.0      - 255.255.255.0  -Actif    -Etendue4              -commentaire de
 192.168.1.0     - 255.255.255.0  -Actif    -test                  -
 192.168.10.0    - 255.255.255.0  -Actif    -MonÉtendue            -NouvelleÉtendu

 Nb total d'étendues = 3
La commande s'est terminée correctement.

C:\>_
```

Comme les commandes sont contextuelles, c'est-à-dire qu'il existe des contextes applicatifs, ces contextes ne s'installent qu'avec des applications comme le contexte DHCP ou DNS. Il arrive comme effet indésirable que des commandes ne peuvent être lancées sur tous les ordinateurs car le contexte correspondant n'est pas installé.

Dans un script, il est préférable d'utiliser la commande complète plutôt que le raccourci.

a. Avantages et inconvénients

L'inconvénient principal est :

- Apprentissage d'une philosophie de l'outil basé sur des contextes.

Les avantages sont :

- Les contextes peuvent être étendus grâce aux applications installées.
- Permet d'exécuter des commandes à distance.
- Peut être scriptable.
- Commandes orientées configuration et gestion de composants réseau.
- Aide en ligne contextuelle bien faite.
- Utilisation de commandes raccourcies si netsh peut identifier sans ambiguïté la commande par rapport à une autre.

6. Windows Remote Shell (WinRS) et Windows Remote Management (WinRM)

Win1 Core1

Windows Remote Shell est un outil de type ligne de commandes qui permet d'exécuter des commandes sur un ordinateur distant sur lequel est activé WinRM.

WinRM est utilisé comme couche de transport par PowerShell V2 et son intérêt en tant qu'outil unitaire est limité.

Pour la configuration de WinRM pour PowerShell V2 en mode remote, reportez-vous à la documentation de PowerShell.

Windows Remote Management représente à la fois un outil qui permet de gérer et configurer un ordinateur localement ou à distance, ainsi que le Service Web correspondant.

Le choix des noms est malheureux car WinRM signifie à la fois un protocole, un outil et un service Web !

Au lieu de se baser sur des échanges RPC, il utilise un protocole appelé WinRM (*Windows Remote Management*) qui est l'implémentation Microsoft de WS-Management (*Web Service Management*) du DMTF (*Distributed Management Task Force*) basé sur un protocole orienté service SOAP (*Simple Object Access Protocol*).

Concept de Windows Remote Management

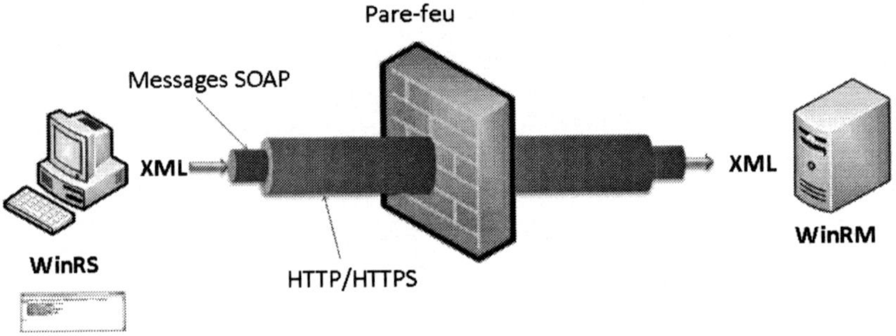

Le protocole WinRM peut être utilisé par des administrateurs pour créer des scripts, par des programmeurs pour créer des applications de gestion, et par d'autres acteurs informatiques. Par exemple, la notion de gestion distante de PowerShell V2 utilise WinRM.

Conceptuellement, un client envoie des requêtes HTTP ou HTTPS vers un service Web d'un serveur. Les pare-feu ne sont pas un obstacle et il n'est pas nécessaire d'installer un serveur Web sur le côté serveur. Concernant la sécurité, différents mécanismes d'authentification sont utilisés y compris le protocole Kerberos. Il est également possible d'ajouter les informations de connexions à une requête.

Windows Vista et Windows 2008 disposent dès l'installation de la partie serveur appelée **winrm** qui doit être activée pour l'utiliser. En téléchargeant winrm, il est également possible de l'installer sur Windows XP dès le SP2 et Windows Server 2003 dès le SP1.

Winrs est l'outil client que l'on exécute dans une invite de commandes qui envoie une commande vers le serveur sur lequel on a activé un service Web.

La commande doit être une commande existant sur le serveur distant.

WinRS s'installe automatiquement sur les ordinateurs Windows Vista et Windows Server 2008.

WinRS remplace de manière sécurisée et fiable un client Telnet ou un client SSH. WinRS est à utiliser comme une invite de commande alors que winrm permet de configurer winrm et de gérer le serveur avec des requêtes WMI.

La figure suivante montre la syntaxe de la commande **winrm** :

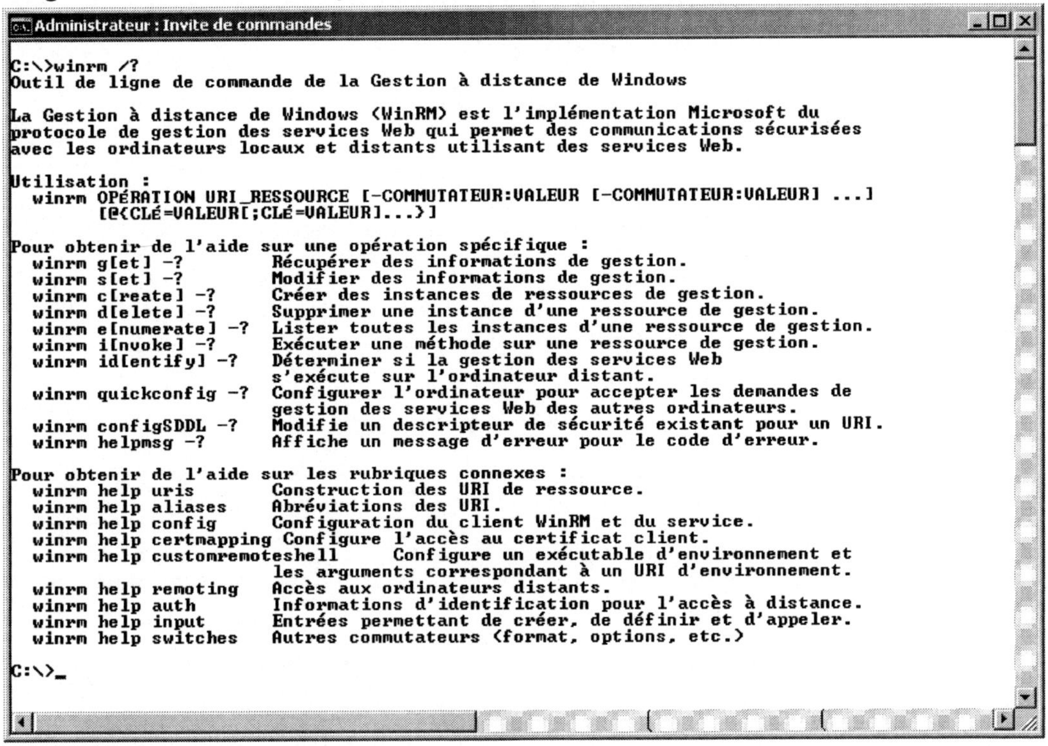

```
Administrateur : Invite de commandes

C:\>winrm /?
Outil de ligne de commande de la Gestion à distance de Windows

La Gestion à distance de Windows (WinRM) est l'implémentation Microsoft du
protocole de gestion des services Web qui permet des communications sécurisées
avec les ordinateurs locaux et distants utilisant des services Web.

Utilisation :
  winrm OPÉRATION URI_RESSOURCE [-COMMUTATEUR:VALEUR [-COMMUTATEUR:VALEUR] ...]
        [@{CLÉ=VALEUR[;CLÉ=VALEUR]...}]

Pour obtenir de l'aide sur une opération spécifique :
  winrm g[et] -?        Récupérer des informations de gestion.
  winrm s[et] -?        Modifier des informations de gestion.
  winrm c[reate] -?     Créer des instances de ressources de gestion.
  winrm d[elete] -?     Supprimer une instance d'une ressource de gestion.
  winrm e[numerate] -?  Lister toutes les instances d'une ressource de gestion.
  winrm i[nvoke] -?     Exécuter une méthode sur une ressource de gestion.
  winrm id[entify] -?   Déterminer si la gestion des services Web
                        s'exécute sur l'ordinateur distant.
  winrm quickconfig -?  Configurer l'ordinateur pour accepter les demandes de
                        gestion des services Web des autres ordinateurs.
  winrm configSDDL -?   Modifie un descripteur de sécurité existant pour un URI.
  winrm helpmsg -?      Affiche un message d'erreur pour le code d'erreur.

Pour obtenir de l'aide sur les rubriques connexes :
  winrm help uris       Construction des URI de ressource.
  winrm help aliases    Abréviations des URI.
  winrm help config     Configuration du client WinRM et du service.
  winrm help certmapping Configure l'accès au certificat client.
  winrm help customremoteshell     Configure un exécutable d'environnement et
                        les arguments correspondant à un URI d'environnement.
  winrm help remoting   Accès aux ordinateurs distants.
  winrm help auth       Informations d'identification pour l'accès à distance.
  winrm help input      Entrées permettant de créer, de définir et d'appeler.
  winrm help switches   Autres commutateurs (format, options, etc.)

C:\>_
```

a. Activation de Windows Remote Shell

La commande suivante est à exécuter sur le serveur que vous voulez administrer à distance. Elle va créer et activer le point d'entrée du service Web sur l'ordinateur distant appelé **écouteur**.

```
Winrm quickconfig
```

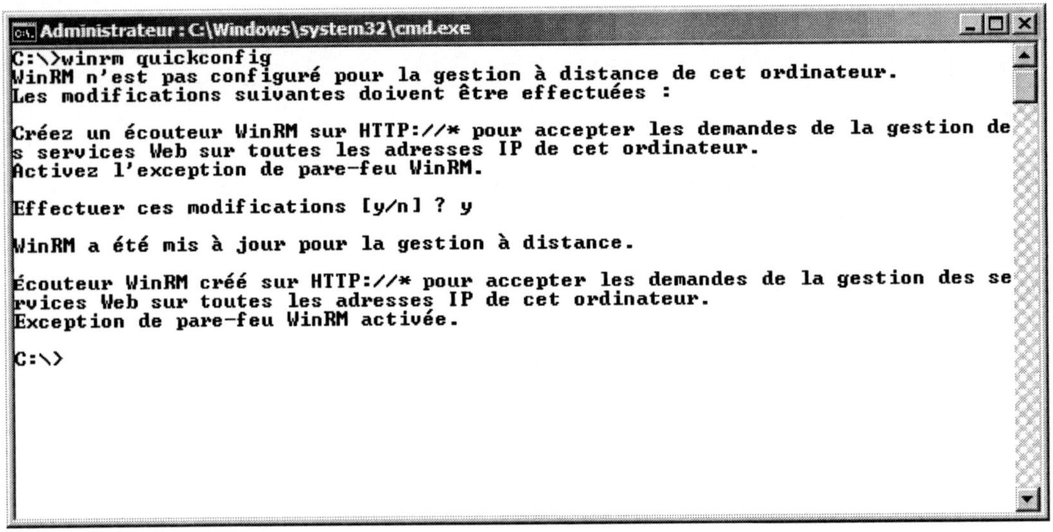

Cette commande paramètre l'utilisation du protocole HTTP qui utilise le port 80.

Winrm permet également de lancer des commandes de configuration et des commandes WMI. Winrm est l'outil idéal pour retourner des informations WMI sans devoir utiliser un script sur un Server Core.

b. Utiliser la commande winrm pour retourner des informations

La commande suivante récupère des informations de gestion :

```
Winrm get wmicimv2/win32_OperatingSystem -r :localhost
```

-r :serveur indique le nom du serveur cible.

Les commandes suivantes listent les instances d'une ressource de gestion :

```
Winrm enumerate wmi/root/cimv2/win32_CacheMemory -r :localhost
```

```
Winrm enumerate wmi/root/cimv2/win32LogicalDisk -r :localhost
```

```
Winrm get wmi/root/cimv2/win32LogicalDisk?DeviceID=D: -r :localhost
```

Pour plus de souplesse, la commande suivante permet d'utiliser un filtre qui utilise le langage naturel d'interrogation de WMI appelé **WQL** (*WMI Query Language*).
La commande suivante liste tous les services qui sont démarrés :

```
Winrm enumerate wmicimv2/* -filter:"select * from win32_Service where state =
'running'"
```

c. Afficher la configuration de winrm

```
Winrm get winrm/config
```

Le résultat de la commande précédente affiche les paramètres de configuration de WinRM que vous pouvez voir sur l'image suivante.

t - Bloc-notes

```
Config
    MaxEnvelopeSizekb = 150
    MaxTimeoutms = 60000
    MaxBatchItems = 20
    MaxProviderRequests = 25
    Client
        NetworkDelayms = 5000
        URLPrefix = wsman
        AllowUnencrypted = false
        Auth
            Basic = false
            Digest = true
            Kerberos = true
            Negotiate = true
            Certificate = true
        DefaultPorts
            HTTP = 80
            HTTPS = 443
        TrustedHosts
    Service
        RootSDDL = O:NSG:BAD:P(A;;GA;;;BA)(A;;GR;;;ER)S:P(AU;FA;GA;;;WD)(AU;SA;GWGX;;;WD)
        MaxConcurrentOperations = 100
        EnumerationTimeoutms = 60000
        MaxConnections = 5
        AllowUnencrypted = false
        Auth
            Basic = false
            Kerberos = true
            Negotiate = true
            Certificate = false
        DefaultPorts
            HTTP = 80
            HTTPS = 443
        IPv4Filter = *
        IPv6Filter = *
    Winrs
        AllowRemoteShellAccess = true
        IdleTimeout = 900000
        MaxConcurrentUsers = 5
        MaxShellRunTime = 2147483647
        MaxProcessesPerShell = 5
        MaxMemoryPerShellMB = 80
        MaxShellsPerUser = 2
```

d. Modifier un paramètre de configuration

La copie d'écran suivante montre une commande winrm lancée depuis Windows Vista et modifiant la configuration winrm d'un serveur Windows 2008 Server Core.

Administrateur : Invite de commandes

```
C:\>winrm set winrm/config/Winrs @{MaxConcurrentUsers="6"} -r:jupiter
Winrs
    AllowRemoteShellAccess = true
    IdleTimeout = 900000
    MaxConcurrentUsers = 6
    MaxShellRunTime = 2147483647
    MaxProcessesPerShell = 5
    MaxMemoryPerShellMB = 80
    MaxShellsPerUser = 2


C:\>
```

e. Avantages et inconvénients de winrm

Les inconvénients sont :

- Configuration avancée complexe.
- Documentation des scénarios possibles encore limitée.
- Différentes versions de winrm existent avec des fonctionnalités différentes (Windows 2003).
- Confusion possible au niveau du nom entre le protocole, l'outil et le concept.
- Apprentissage et connaissance requise des classes WMI et du langage WQL.

Les avantages sont :

- Installation et configuration basique facile.
- Utilisable sur un ordinateur distant.
- Aide compréhensible.
- Les commandes peuvent facilement être intégrées dans un script.
- Outil d'administration adapté pour retourner des informations WMI.
- Utilise comme couche de transport des services Web et de ce fait n'est pas sensible aux pare-feu.
- Permet de travailler dans des contextes de sécurité différents.

f. Utiliser l'outil winrs

L'outil **winrs** permet d'exécuter des commandes à distance en passant par un écouteur winrm. La syntaxe est la suivante :

```
Winrs -r :<NomDuServeur> <commande>
```

La figure suivante montre la syntaxe complète :

```
Administrateur : Invite de commandes

C:\>winrs /?

Syntaxe
=======
(MAJUSCULES = valeurs à fournir par l'utilisateur.)

winrs [-/COMMUTATEUR[:VALEUR]] COMMANDE

COMMANDE - Chaîne exécutable en tant que commande dans l'environnement cmd.exe.

COMMUTATEURS
========
(La forme courte ou longue est acceptée pour tous les commutateurs. Par
exemple, -r et -remote sont tous les deux valides.)

-r[emote]:POINT_DE_TERMINAISON      - point de terminaison cible utilisant
un nom NetBIOS ou l'URL de connexion standard : [TRANSPORT://]CIBLE[:PORT].
À défaut, -r:localhost est utilisé.

-un[encrypted]            - Les messages destinés à l'environnement distant
ne sont pas chiffrés. Cela est utile pour résoudre les problèmes ou lorsque le
trafic réseau est déjà chiffré avec ipsec, ou encore lors de la mise en ouvre
d'une sécurité physique. Par défaut, les messages sont chiffrés avec des clés
Kerberos ou NTLM. Ce commutateur est ignoré lorsque le transport HTTPS est
sélectionné.

-u[sername]:NOM_UTILISATEUR    - nom d'utilisateur sur la ligne de commande.
À défaut, l'outil utilise l'authentification négociée ou demande d'entrer
un nom. Si -username est spécifié, -password doit l'être également.

-p[assword]:MOT_DE_PASSE    - Mot de passe sur la ligne de commande. Si
-password n'est pas spécifié contrairement à -username, l'outil demande
d'entrer le mot de passe. Si -password est spécifié, -user doit
l'être également.

-t[imeout]:SECONDES       - Délai d'attente en secondes. Délai maximal
d'exécution de la commande. Par défaut, le délai est illimité.

-d[irectory]:CHEMIN        - Répertoire de démarrage de l'environnement
distant. À défaut, l'environnement distant démarre dans le répertoire
d'accueil de l'utilisateur défini par la variable d'environnement
USERPROFILE%.

-env[ironment]:CHAÎNE=VALEUR   - Variable d'environnement unique à définir
au démarrage de l'environnement, ce qui permet de changer l'environnement
par défaut. Plusieurs occurrences de ce commutateur sont nécessaires pour
spécifier plusieurs variables d'environnement.

-noe[cho]                 - L'écho est désactivé. Cela permet de s'assurer que
les réponses de l'utilisateur aux messages distants ne sont pas affichées
localement. Par défaut, l'écho est activé.

-nop[rofile]              - Indique que le profil de l'utilisateur ne
doit pas être chargé. Par défaut, le serveur tentera de charger le
profil de l'utilisateur. Si l'utilisateur distant n'est pas un
administrateur local du système cible, cette option sera nécessaire
(la valeur par défaut engendrerait une erreur).

-?                        - Aide

Pour terminer la commande distante, l'utilisateur peut entrer Ctrl+C ou
Ctrl+Pause, qui est envoyé à l'environnement distant. Un second Ctrl+C
force l'arrêt de winrs.exe.

Pour gérer les environnements distants actifs ou la configuration WinRS
, l'utilisateur dispose de l'outil winRM. L'alias d'URI pour gérer
les environnements actifs est shell/cmd. L'alias d'URI pour la configuration
WinRS est winrm/config/winrs.
Un exemple de syntaxe est disponible dans l'outil WinRM en tapant
"WinRM -?".
```

La copie d'écran suivante montre un ordinateur exécutant Windows Vista affichant la liste des rôles et fonctionnalités installés sur un serveur Windows 2008 Server Core.

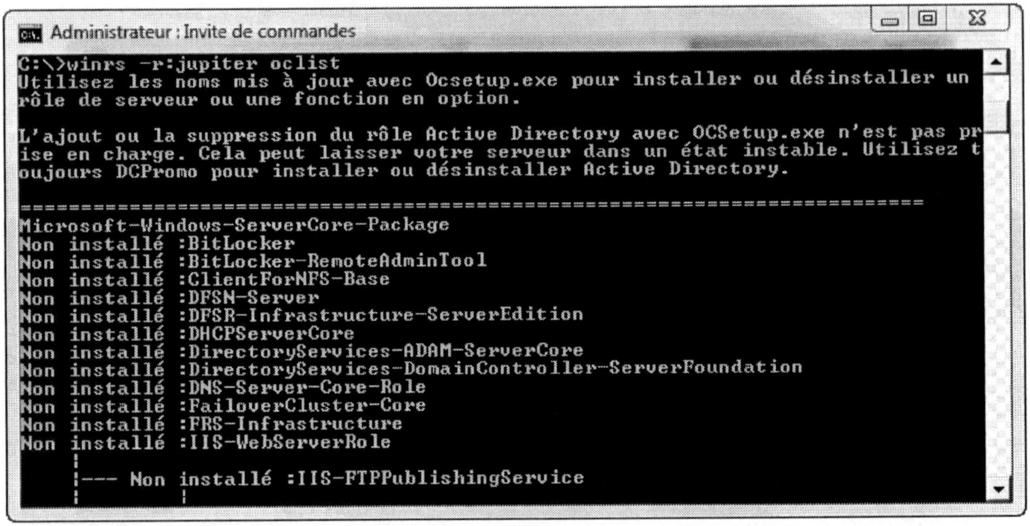

À la fois utile mais difficile d'accès, il est préférable d'utiliser WinRM en conjonction avec PowerShell V2.

g. Avantages et inconvénients de winrs

L'inconvénient principal est :

- Il faut que sur le serveur distant winrm soit installé et activé.

Les avantages sont :

- Permet d'exécuter des commandes à distance.
- Aide compréhensible.
- Peut être scriptable.
- Utilise comme couche de transport des services Web et de ce fait n'est pas sensible aux pare-feu.
- Permet de travailler dans des contextes de sécurité différents.
- Utilisable sur d'autres versions de Windows.

h. Créer des scripts VBS utilisant WinRM

L'exemple suivant montre juste comment créer un script en VBS en utilisant WinRM.

```
'Ordinateur distant
strComputer = "Jupiter"

'Query
' Retourne la liste de tous les processus dont la priorité > 8
strQuery = "select * from win32_Process where Priority > 8"


' Ressources
strRes =  "http://schemas.microsoft.com/wbem/wsMan/1/wmi/root/cimv2/*"
strDial = "http://schemas.microsoft.com/wbem/wsman/1/WQL"

'Objet utilisé
Set Wsman = CreateObject("Wsman.Automation")

'Création d'une session
Set Session = Wsman.CreateSession ("http://" & strComputer )

' Recherche toutes les instances
set Reponse = Session.Enumerate(strRes, strQuery, strDial)


' Formate et affiche chaque instance dans une boîte de dialogue
Do until Reponse.AtEndOfStream
        Set xmlFile = CreateObject( "MSXml2.DOMDocument.3.0" )
        Set xslFile = CreateObject( "MSXml2.DOMDocument.3.0" )
        xmlFile.LoadXml(Reponse.ReadItem)
        xslFile.Load( "WsmTxt.xsl" )
        Wscript.Echo xmlFile.TransformNode( xslFile )
Loop
```

Les scripts VBS peuvent également initier des requêtes winrm et pallier l'absence du langage PowerShell sur un Server Core.

7. WMIC

WMIC (*Windows Management Instrumentation Command-line*) est un outil de type ligne de commandes qui permet d'interroger à l'aide d'une interface simple et relativement intuitive des objets WMI car il utilise des alias. Son principal avantage est qu'il est déjà installé donc il n'y a pas besoin de le télécharger et de l'installer sur l'ordinateur où l'on désire effectuer quelques interrogations. Il supporte l'impersonnalisation et l'interrogation des ordinateurs distants.

Son fonctionnement est semblable à netsh, c'est-à-dire soit vous fonctionnez en mode script et saisissez toute la commande, soit vous travaillez en mode interactif en tapant wmic puis, pour connaître les commandes et alias disponibles, /?

À l'inverse de netsh, il est nécessaire de saisir la commande comme indiqué dans la syntaxe.

Pour afficher le nom des utilisateurs locaux :

```
Wmic useraccount get name
```

Pour disposer de l'aide sur un alias :

```
Wmic useraccount /?
```

Pour connaître les propriétés accessibles en écriture :

```
Wmic useraccount set /?
```

Pour afficher la liste des services et toutes ses propriétés :

```
Wmic service
```

Pour une utilisation usuelle, cela nécessite la connaissance et la compréhension de l'architecture WMI.

Avantages et inconvénients de WMIC

Les inconvénients sont :

- Méthode peu conventionnelle pour accéder à WMI.
- Fait double emploi avec PowerShell.
- Limité à WMI.

Les avantages sont :

- Plus facile et intuitif à utiliser que WMI.
- Fonctionne sur un Server Core.
- Peut être intégré dans un script.
- Outils standards.

D. Quelle stratégie mettre en œuvre pour configurer et gérer Windows Server 2008 ?

Quelle meilleure plate-forme pour gérer Windows Server 2008 qu'une autre plate-forme Windows Server 2008 ! En effet, les outils graphiques comme le gestionnaire de serveur ou les consoles MMC ont été conçus pour ne fonctionner que sur Windows Server 2008. Seuls les outils en ligne de commandes comme **RemoteShell** et **winrm** permettent d'utiliser d'autres plates-formes Windows.

Dans tous les cas, l'utilisation intelligente des stratégies de groupes permet de limiter au maximum la configuration et la gestion d'un serveur.

Dans un environnement d'entreprise normal, pour configurer et gérer n'importe quelle édition Windows Server 2008 complète, il faut utiliser l'administration à distance pour se connecter sur un serveur Windows 2008, puis utiliser le gestionnaire de serveur et les consoles MMC.

Dans un environnement d'entreprise normal pour configurer et gérer n'importe quelle édition Windows Server 2008 Core, il faut :

- Se connecter localement pour terminer les opérations de post-installation comme cela a été décrit dans le chapitre consacré à l'installation.
- Utiliser soit l'administration à distance avec l'invite de commandes soit le **Windows Remote Shell** pour configurer le serveur.
- Utiliser, à partir d'une édition complète de Windows Server 2008, les consoles MMC. Si une console est absente, il est toujours possible de l'installer avec la fonctionnalité **Outils d'administration à distance**.

Dans tous les cas, l'automatisation des tâches répétitives à l'aide des commandes de type ligne de commandes que vous placez dans des fichiers que l'on appelle des scripts vous permettent de gagner du temps ainsi que diminuer les erreurs d'inattention, voire de saisie !

La création de nombreux scripts basés sur WinRM permet à un administrateur de disposer d'une bibliothèque utilisable de manière plus simple et plus fiable que d'écrire la commande.

Utilisez les scripts partout où vous pouvez.

Un script peut être composé d'une seule commande ou de plusieurs commandes.

Enfin, préférez les scripts ou les commandes PowerShell.

E. Résumé du chapitre

Vous avez appris à utiliser le gestionnaire de serveur, utiliser et personnaliser une console MMC, à ajouter les snap-ins supplémentaires pour gérer un serveur Windows 2008 et à utiliser l'administration à distance.

Windows Remote Shell a été présenté de manière approfondie afin de vous faire découvrir ses énormes possibilités.

Le gestionnaire de serveur en mode ligne de commande appelé **ServerManagerCmd** utilisable sur une édition complète ou son homologue **ocsetup** pour un Server Core minimal ont été présentés.

La commande **netsh** a été démystifiée et ses possibilités d'utilisations ont été présentées.

Enfin le langage PowerShell a été présenté pour montrer son énorme potentiel.

Vous avez également appris quels sont les avantages et inconvénients de chacun des outils présentés.

Chapitre 6 : Configuration des services réseau

A. Présentation

1. Pré-requis matériel et configuration de l'environnement

Pour effectuer toutes les mises en pratique de ce chapitre, vous devez disposer et configurer les machines virtuelles suivantes :

Pour la création des machines virtuelles, veuillez vous référer au chapitre Création du bac à sable.

N'oubliez pas de réinitialiser les machines virtuelles entre les mises en pratique de chaque chapitre ou comme dans ce chapitre entre chaque type de mise en pratique différente avant de les configurer pour l'environnement.

Placez les scripts correspondants sur le bureau de chaque machine.

Pour la mise en pratique concernant la configuration de base, soit les sections jusqu'à la présentation du dépannage, veuillez configurer l'environnement de la manière suivante :

- Sur **Win1**, lancez le script **Win1.bat**.
- Sur **Win2**, lancez le script **Win2.bat**.
- Sur **Win3**, lancez le script **Win3.bat**.
- Sur **Win4**, lancez le script **Win4.bat**.
- Placez le script **Core1.bat** sur le c:\ de **Core1** puis démarrez le script.

Après l'exécution des scripts, les machines virtuelles **Win1**, **Win2** et **Core1** sont sur le réseau virtuel public. Les machines virtuelles **Win2** et **Win3** sont sur le réseau virtuel **prive**. Les machines virtuelles **Win3** et **Win4** sont sur le réseau virtuel **iSCSI**.

Comme scénario supplémentaire, vous pouvez faire communiquer les machines **Win1** et **Win4** en configurant **Win2** et **Win3** en tant que routeurs.

Toutes les machines virtuelles sont configurées en tant que clients DHCP, il faut donc configurer des adresses statiques en fonction des scénarios supplémentaires.

Pour la mise en pratique concernant le pare-feu et IPSec, veuillez configurer l'environnement de la manière suivante :

- Sur **WinAD**, lancez le script **WinAD.bat** en relation avec **WMydomEni.txt** puis attendez que l'ordinateur ait redémarré avant de lancer les scripts suivants.
- Sur **Win1**, lancez le script **Win1.bat**.
- Placez le script **Core1.bat** sur le c:\ de **Core1** puis démarrez le script.

Après l'exécution des scripts et le redémarrage des machines virtuelles, **WinAD** est contrôleur de domaine du domaine **mydom.eni** et **Win1** et **Core1** sont serveurs membres.

Pour la mise en pratique concernant NAT, veuillez configurer l'environnement de la manière suivante :

- Sur **Win1**, lancez le script **Win1.bat**.
- Sur **Win2**, lancez le script **Win2.bat**.
- Sur **Win3**, lancez le script **Win3.bat**.

Après l'exécution des scripts, les machines virtuelles **Win1**, **Win2** et **Win3** sont configurées dans un groupe de travail et disposent d'adresses IP fixes. **Win1** et **Win2** sont sur le réseau virtuel **prive** et **Win2** et **Win3** sont sur le réseau virtuel **public**.

Pour la mise en pratique concernant l'accès distant, veuillez configurer l'environnement de la manière suivante :

- Sur **WinAD**, lancez le script **WinAD.bat** en relation avec **WMydomEni.txt** puis attendez que l'ordinateur ait redémarré avant de lancer les scripts suivants.
- Sur **Win1**, lancez le script **Win1.bat**.
- Sur **Win2**, lancez le script **Win2.bat**.
- Sur **Win3**, lancez le script **Win3.bat**.

Après l'exécution des scripts, les machines virtuelles **WinAD**, **Win1**, **Win2** et **Win3** sont dans le domaine **mydom.eni.WinAD** est le contrôleur de domaine**mydom.eni** et sert de serveur DNS, le réseau interne s'appelle **public**.

Win1 dispose de deux cartes réseau soit une interne et une externe. Elle sera le serveur d'accès distant.

Win2 est le futur serveur de stratégie NPS.

Win3 est une machine virtuelle pour effectuer des tests qui se trouve sur le réseau externe, soit ici le réseau virtuel **prive**.

Pour la mise en pratique concernant le Wi-Fi, veuillez configurer l'environnement de la manière suivante :

- Sur **WinAD**, lancez le script **WinAD.bat** en relation avec **WMydomEni.txt**.

WinAD est contrôleur de domaine du domaine.

2. Objectifs

La communication tient une place primordiale dans la vie de l'entreprise, celle-ci repose de plus en plus sur des moyens informatiques, que ce soient des périphériques réseau ou des ordinateurs.

Il est donc important de connaître et maîtriser les enjeux afin de supporter et faciliter la communication de l'entreprise qui devient de plus en plus gourmande en ressources et est polluée par des communications non voulues, que ce soient des pourriels, des virus, des spywares, etc.

Ce chapitre commence par décrire la nouvelle architecture réseau apparue avec Windows Vista, continue par une introduction concernant les adressages IPv4 et IPv6 puis aborde la configuration de l'adressage d'une carte réseau. Il se termine par l'étude du routage.

Enfin une procédure de dépannage réseau jusqu'à la couche réseau 3 du modèle OSI est présentée.

Après la lecture de ce chapitre, vous pourrez indiquer les nouveautés introduites par la nouvelle architecture réseau. Vous saurez également configurer une carte réseau aussi bien avec le protocole IPv4 qu'avec IPv6, transformer votre serveur en routeur. Enfin, vous pourrez dépanner un réseau jusqu'à la couche 3 du modèle OSI.

Ce chapitre s'intéresse aux éléments avancés pour la configuration réseau comme la mise en œuvre du pare-feu que ce soit en utilisant l'interface standard ou l'interface avancée, y compris l'utilisation du protocole IP sécurisé IPSec largement répandu et qui permet le chiffrage et garantit l'authentification de l'émetteur et du destinataire. L'accès par des ordinateurs sans fil est également étudié. L'outil routage et accès distant est présenté avec ses trois éléments principaux que sont la translation d'adresses (NAT), les réseaux privés virtuels (VPN) et l'utilisation du protocole Radius. La fin du chapitre présente la Protection de l'Accès Réseau (NAP).

B. Présentation de l'architecture réseau Windows Server 2008

Microsoft a redéfini et réécrit entièrement l'architecture de la pile réseau dans Windows Vista et Windows Server 2008 afin d'améliorer les performances pour augmenter la productivité dans les sites distants. La bande passante est utilisée de manière plus efficiente pour augmenter le débit.

Supportant nativement les protocoles IPv4 et IPv6, la nouvelle pile réseau introduit également la notion de carte réseau virtuelle et physique comme nous le verrons dans une prochaine section.

La figure suivante montre la nouvelle architecture de la pile réseau :

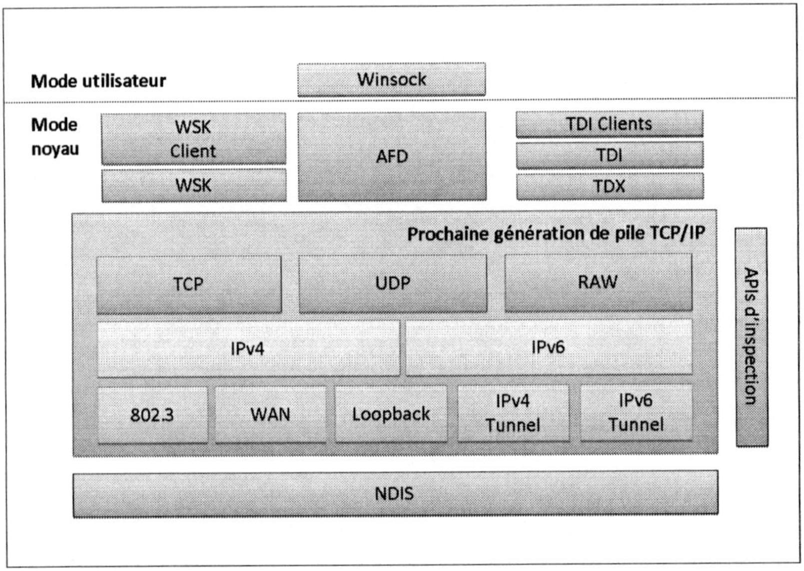

Les nouveautés introduites sont :

Réglage automatique de la fenêtre de réception

La fenêtre de réception est une mémoire tampon utilisée pour recevoir les paquets. La nouvelle implémentation permet de modifier dynamiquement la taille de cette fenêtre en fonction du débit des paquets pour utiliser le maximum de bande passante disponible, ce qui a un impact non négligeable sur la vitesse de transmission des données. Il est nécessaire que tous les appareils entre le client et le serveur soient compatibles avec la RFC 1323. Il faut peut-être pour cela mettre à jour les BIOS des appareils réseau.

La taille de la fenêtre de réception est déterminée et modifiée automatiquement pour chaque connexion à une fréquence régulière en mesurant le produit bande passante par délai (bande passante multipliée par la latence de connexion) et le taux de récupération des applications.

La commande suivante gère ce paramètre :

```
netsh interface tcp set global autotuninglevel= disabled ¦ enabled
```

Protocole Compound TCP (CTCP)

Le protocole Compound TCP (CTCP) optimise le débit côté émission et agit de concert avec la fenêtre de réception. Le protocole CTCP est considéré comme agressif car il tente toujours de réduire le temps de transmission de l'information.

La commande suivante gère ce paramètre :

```
netsh interface tcp set global congestionprovider=ctcp ¦ none
```

Amélioration dans des environnements à forte perte de paquets

Prise en charge des RFC suivantes pour optimiser les débits lorsque la qualité de connexion est mauvaise.

RFC 2582

Modification NewReno de l'algorithme de récupération rapide de TCP.

RFC 2883

Extension de l'option d'accusé de réception sélectif (SACK, *Selective Aknowledgment*) pour TCP.

RFC 3517

Algorithme conservatif de récupération de perte basé sur SACK pour TCP.

RFC 4538

Récupération F-RTO (*Forward RTO-Recovery*) : algorithme pour la détection des fausses expirations de retransmission avec TCP et le protocole SCTP (*Schema Control Transmission Protocol*).

Détection des voisins non atteignables pour IPv4

Caractéristique venant d'IPv6, elle permet de rechercher l'état d'accessibilité des nœuds IPv4 dans le cache des routes IPv4.

La détection d'inaccessibilité peut s'effectuer en utilisant des requêtes ARP en monodiffusion ou en utilisant des protocoles des couches supérieures tel que TCP.

Modification dans la détection de passerelle par défaut inactive

Bien que Windows Server 2003 et Windows XP aient pu déjà basculer vers une autre passerelle définie (*failover*), Windows Server 2008 tente de revenir vers la passerelle inactive (*failback*) en testant régulièrement son état.

Modifications de la détection des routeurs de type trou noir (Black Hole) PMTU

Le PMTU (*Path Maximum Transmission Unit*) défini dans la RFC 1191 permet de fragmenter un paquet dont la taille est trop importante pour un segment de réseau. Pour des raisons de sécurité, certains routeurs détruisent les paquets fragmentés sans en avertir l'émetteur. Ils sont appelés routeurs de type Black Hole.

La détection de ce type de routeurs se fait par modification de la taille du segment TCP lors d'une tentative de retransmission.

Cette fonctionnalité est activée par défaut alors qu'elle était désactivée dans Windows Server 2003 et Windows XP. Pour changer l'état du PMTU, il faut modifier dans la base de registre la valeur de type DWORD enablePMTUBHDetect dans HKLM\system\curren\ControlSet\Services\TCPIP\Parameters de 0 (désactivé) à 1 (activé).

Compartiments de routage

Le compartimentage du routage permet de créer des routes rattachées à la session et non plus à l'ordinateur. Cela permet par exemple d'utiliser une connexion VPN disposant de ses propres adresses et de sa table de routage à côté d'une connexion Internet avec ses propres adresses et sa table de routage.

Le compartimentage agit comme un système de virtualisation des connexions Internet en les isolant.

La commande pour afficher les compartiments est la suivante :

```
Ipconfig /allcompartments /all
```

Cette fonctionnalité n'est pas actuellement implémentée. Vous pouvez seulement visualiser le compartiment actif. Il semble que cette fonctionnalité s'appelera le routage split-tunnel dans Windows 7 et Windows Server 2008 R2.

Infrastructure de diagnostics réseau

Elle permet de disposer d'une architecture extensible qui aide à dépanner les problèmes réseau.

Elle permet de diagnostiquer principalement les problèmes suivants :

- adresse IP incorrecte ;
- passerelle par défaut indisponible ;
- mauvaise passerelle par défaut ;
- problèmes de résolution de noms NetBIOS sur TCP/IP (NetBT) ;
- mauvaise configuration des paramètres DNS ;
- port local déjà utilisé ;
- service client DHCP non démarré ;
- aucun écouteur distant ;
- média déconnecté ;

- port local bloqué ;
- mémoire disponible insuffisante ;
- support de statistiques TCP étendues (ESTATS) qui permet de localiser les goulets d'étranglement (émetteurs, réseau, destinataire).

Plate-forme de filtrage Windows (WPF)

Au fil des années, se sont développées trois méthodes de filtrage qui rendaient la configuration et le dépannage problématiques. Microsoft les a remplacées par la plate-forme de filtrage Windows WPF qui est une architecture ouverte disposant d'APIs à l'attention de sociétés fournissant des pare-feu, anti-virus et autres logiciels de protection.

Notification explicite des congestions ECN

Basée sur la RFC 3168, la congestion est gérée au niveau des segments TCP. Afin de diminuer la perte de paquets à cause d'une congestion se situant au niveau du routeur, les routeurs peuvent marquer les paquets et indiquer qu'il faut diminuer le flux afin d'éviter une congestion.

La commande suivante gère ce paramètre :

```
netsh interface tcp set global encapability = enabled / disabled
```

Adaptation de la charge à travers plusieurs processeurs

Dans les versions précédentes, un seul processeur pouvait être utilisé pour gérer la pile réseau. Depuis Windows Vista, il est possible de répartir la charge réseau entre plusieurs processeurs.

Amélioration du protocole IPv6

Les améliorations sont décrites dans la section correspondante.

Qualité de services (QoS)

À partir de Windows Vista, il est possible de définir les stratégies QoS dans des stratégies de groupe.

Une stratégie QoS permet de :

- définir des priorités ;
- gérer la fréquence d'envoi de trafic réseau sortant ;
- limiter des applications à des adresses IP sources, des adresses IP destinations ainsi que des ports TCP ou UDP sources ou de destinations.

C. Introduction à l'adressage IPv4 (Internet Protocol version 4)

1. Modèle OSI et pile IP

Le modèle OSI (*Open Systems Interconnection*) décrit de manière abstraite une communication en couche entre les périphériques réseaux et les logiciels. Le modèle OSI se compose de 7 couches, à savoir physique, liaison, réseau, transport, session, présentation et application. Le modèle TCP/IP quant à lui, se compose de 4 couches.

La couche **physique** correspond au média, au signal et à la transmission binaire.

La couche **liaison** correspond à l'adressage physique comme la **Mac Address** ainsi qu'à la trame.

La couche **réseau** détermine le chemin entre l'émetteur et le destinataire en utilisant l'adressage logique comme l'adressage IP.

La couche **transport** gère le type de connexion entre l'émetteur et le destinataire et s'occupe de la fiabilité.

La couche **session** gère la session entre l'émetteur et le destinataire.

La couche **présentation** prépare la représentation et éventuellement le chiffrage des données.

La couche **application** présente les données à l'application selon le protocole défini. Attention, il ne s'agit pas de l'application mais de l'interface avec cette dernière.

Le tableau suivant montre les 7 couches et leur correspondance avec le modèle OSI, le modèle TCP/IP, des exemples et des périphériques largement utilisés.

	Modèle OSI	**Information**	**Suite IP**	**Exemples de protocoles TCP/IP**	**Types de périphériques**
7 6 5	Application Présentation Session	Données	Application	NNTP, HTTP, FTP, SMTP, TELNET, DHCP, etc.	Pare-feu
4	Transport	Segment	Transport	TCP, UDP	
3	Réseau	Paquet	Internet	IP, IPSec, ICMP	Routeur
2	Liaison	Trame		L2TP, PPP, PPTP	Switch, hub
1	Physique	Bits	Réseau	Carte réseau, câbles,	Câbles

2. L'adressage IPv4

Une adresse IPv4 se compose de 32 bits, soit 4 octets ou 4 294 967 296 adresses théoriques. Sa représentation utilise la notation décimale pointée. En d'autres termes, chaque octet est séparé par un point et peut prendre n'importe quelle valeur comprise entre 0 et 255.

0..255 . 0..255 . 0..255 . 0..255

L'adresse IP représente deux éléments, à savoir l'adresse du réseau sur lequel se trouve l'hôte, et l'adresse de l'hôte sur ce réseau.

Un hôte est un appareil se trouvant sur un réseau comme un ordinateur, un routeur, un pare-feu, etc.

Le masque de sous-réseau permet de distinguer l'adresse de l'hôte et l'adresse du réseau.

La RFC 791 (www.rfc-editor.org) définit des classes d'adresses utilisables facilement reconnaissables grâce à l'identification du premier octet. Chaque classe est associée à un masque de sous-réseau.

La figure suivante les montre :

Classe	Premier octet, en binaire	Premier réseau	Dernier réseau	Nombre de réseau	Masque de sous-réseau	Nombre d'hôtes par réseau
A	00000000	1.0.0.0	126.0.0.0	126	255.0.0.0	16777214
B	10000000	128.0.0.0	191.255.0.0	16384	255.255.0.0	65534
C	11000000	192.0.0.0	223.255.255.0	2097152	255.255.255.0	254
D	11100000	224.0.0.0				
E	11110000	240.0.0.0				

Seules les classes A, B et C peuvent être utilisables, la classe D est réservée et utilisée pour des adresses de type multicast et la classe E est réservée. Certaines implémentations de Windows ne supportent pas cette dernière, comme Windows 2000.

D'autre part, il n'est pas possible d'utiliser les adresses suivantes :

- L'adresse du réseau commençant par 0 signifie *This network* ou "ce réseau" (RFC 1122).
- L'adresse du réseau commençant par 127 signifie une adresse de bouclage et permet de tester la pile réseau (RFC 1122).
- L'adresse ne peut avoir tous les bits à 1 soit 255.255.255.255 car cette adresse est utilisée pour la diffusion générale (*broadcast*).

En 1993, la RFC 1519 définit un système d'adresses sans classe CIDR(*Classless Inter-Domain*) auxquelles un suffixe est ajouté pour indiquer le nombre de bits utilisés pour le réseau donc le masque de sous-réseau. Les objectifs étaient de réduire la taille des tables de routage, de diminuer le gaspillage d'adresses induit par la notion de classes qui oblige à réserver une classe entière même si l'on n'a besoin que de quelques adresses, enfin peut-être certains prévoyaient-ils déjà la pénurie d'adresses IP.

Comme dans les exemples suivants :

172.30.1.0/24 représente le réseau 172.30.1.0 dont le masque de sous-réseau est 255.255.255.0, soit 24 bits, ce qui permet d'utiliser 254 adresses sur ce réseau allant de 1 à 254.

Alors que 172.30.1.0/28 représente le réseau 172.30.1.0 dont le masque de sous-réseau est 255.255.255.240, soit 28 bits, ce qui permet d'utiliser 14 adresses sur ce réseau allant de 1 à 14.

Alors que 172.30.1.64/28 représente le réseau 172.30.1.64 dont le masque de sous-réseau est 255.255.255.240, soit 28 bits, ce qui permet d'utiliser 14 adresses sur ce réseau allant de 65 à 79.

Dans les deux derniers exemples, l'adresse 172.30.1.65 ne se trouve pas dans le même réseau que 172.30.1.1 !

Il n'est pas possible d'utiliser n'importe quelle adresse IP. Il est important de choisir des adresses provenant des adresses dites privées basées sur la RFC 1918 qui vous permettent d'utiliser sans restriction toutes les adresses suivantes :

- 10.0.0.0 à 10.255.255.255
- 172.16.0.0 à 172.31.255.255
- 192.168.0.0 à 192.168.255.255

Les adresses IP privées couvrent tous les besoins internes des entreprises.

Si vous voulez utiliser des adresses publiques, il est possible de les louer auprès de votre fournisseur d'accès Internet voire RIPE en Europe.
L'**IANA** (*Internet Assigned Numbers Authority*) est l'organisme qui gère les espaces d'adresses IPv4 et IPv6 (voir www.iana.org).

N'utilisez pas des adresses publiques tant que vous ne les avez pas louées car vous ne pourriez pas atteindre sur Internet des ordinateurs se trouvant sur le même réseau par exemple.

Enfin, il existe une plage privée spécifique appelée lien local ou APIPA(*Automatic Private IP Addressing*) qui permet aux ordinateurs clients d'un serveur DHCP de s'attribuer automatiquement une adresse IP si ce dernier n'est pas disponible. L'adresse obtenue se trouve dans la plage 169.254.0.0 à 169.254.255.255.

Toute adresse commençant par 127 a une signification spéciale comme 127.0.0.1 qui est l'adresse de bouclage (loopback).

Le tableau suivant montre les adresses réservées actuellement :

Bloc d'adresses CIDR	Description	Référence RFC
0.0.0.0/8	Identification locale	1122 page 30
10.0.0.0/8	Réseau privé	1918
127.0.0.0/8	Adresse de bouclage	1122 page 31
169.254.0.0/16	Liaison locale ; APIPA	3330
172.16.0.0/12	Réseau privé	1918
192.0.2.0/24	Réservée pour Test-Net	3330
192.88.99.0/24	Réservée pour 6to4 Relay unicast	3068
192.168.0.0/16	Réseau privé	1918
198.18.0.0/15	Réservée pour des tests de performance	2544
224.0.0.0/4	Utilisé pour la multidiffusion (*Multicasting*)	3171
240.0.0.0/4	Réservée pour un usage futur	1112 page 3
255.255.255.255	Adresse de diffusion (*Broadcast*)	

3. Le calcul des réseaux

En théorie, il n'est pas nécessaire d'effectuer le calcul des sous-réseaux. Si vous devez les calculer, vous pouvez :

- rechercher un calculateur IP gratuit,
- utiliser le calcul binaire,
- utiliser le calcul décimal.

La méthode recommandée utilise uniquement le calcul décimal et des formules simples.

Le calcul décimal est très simple, il suffit de connaître et d'utiliser les règles suivantes applicables si devez partager un réseau d'au maximum 254 hôtes utilisables. Cette règle peut être adaptée facilement pour des réseaux plus grands.

Il faut savoir que :

- Le nombre d'hôtes d'un réseau est toujours une puissance de 2.
- Nombre magique = 256 soit 2 puissance 8.
- Masque de sous-réseau = 255.255.255 (256 - nombre théorique d'hôtes).
- Nombre théorique d'hôtes = nombre d'hôtes utilisables + 2
- Nombre de sous-réseaux possibles = nombre magique (256) / nombre théorique d'hôtes par sous-réseau.

Il n'est pas possible d'utiliser la première et la dernière adresse d'un réseau. La première adresse est le nom du réseau et la dernière adresse est l'adresse de diffusion locale de ce réseau.

Prenons comme exemple un réseau sur lequel vous devez disposer de 15 adresses utilisables pour votre sous-réseau. Indiquons également que vous pouvez prendre n'importe quelle adresse dans une plage allant de 172.30.1.0 à 172.30.1.256. Comment allons-nous diviser notre plage d'adresses ? Telle est la question, triviale !

La réponse est la suivante : comme il faut 15 hôtes utilisables, il faut donc ajouter 2 adresses pour connaître le nombre théorique d'hôtes.

17 étant le nombre théorique d'adresses, il nous faut trouver la puissance de 2 égale ou supérieure à 17, soit 32, ou 2 puissance 5, pour connaître le **nombre d'hôtes d'un réseau**. Ce qui signifie que dans notre exemple, il y aura 15 adresses qui ne serviront à rien mais que l'on doit quand même attribuer à notre réseau.

Pour le calcul du masque, il faut utiliser un masque qui a comme dernier octet 224 car 256 – 32 = 224 (nombre magique moins le nombre d'hôtes d'un réseau).

Pour le choix de la plage d'adresses, il faut se rappeler que le nombre de sous-réseaux possibles = 256 (nombre magique) / nombre théorique d'hôtes par sous-réseau, soit 8 (256/32) sous-réseaux ou plages d'adresses disponibles. Le tableau suivant résume les plages que l'on peut utiliser.

Adresse de réseau	Première adresse disponible	Dernière adresse disponible	Adresse de diffusion locale
172.30.1.0	172.30.1.1	172.30.1.30	172.30.1.31
172.30.1.32	172.30.1.33	172.30.1.62	172.30.1.63
172.30.1.64	172.30.1.65	172.30.1.94	172.30.1.95
172.30.1.96	172.30.1.97	172.30.1.126	172.30.1.127
172.30.1.128	172.30.1.129	172.30.1.158	172.30.1.159
172.30.1.160	172.30.1.161	172.30.1.190	172.30.1.191
172.30.1.192	172.30.1.193	172.30.1.222	172.30.1.223
172.30.1.224	172.30.1.225	172.30.1.254	172.30.1.255

Vous pouvez utiliser n'importe quelle plage parmi celles calculées précédemment.

Pour être complet, il nous faut encore trouver le suffixe. Il suffit également d'utiliser une règle de 3.

- Il y a 8 bits dans un octet.
- 256 = un octet soit 8 bits.
- 256 (nombre magique) = nombre d'hôtes d'un réseau * nombre de réseaux
- Nombre d'hôtes d'un réseau est une puissance de 2.
- Nombre de réseaux est une puissance de 2.
- Nombre de bits utilisés par le réseau = racine enième du nombre de réseaux.
- 24 = 3 octets à 255 (255.255.255) soit 24 bits.
- Suffixe = 24 + nombre de bits

Toujours dans notre exemple, on a 8 réseaux de 32 hôtes par réseau.

8 = 2 puissance 3, donc 3 bits sont utilisés par le réseau. Ce qui nous donne le suffixe 27 (24 + 3).

Vous pouvez également vous référer au tableau suivant :

Bits*	1	2	3	4	5	6	7	8
Masque	128	192	224	240	248	252	254	255
Suffixe	/25	/26	/27	/28	/29	/30	/31	/32

*Nombre de bits utilisés par le réseau.

Finalement, nous choisissons la plage **172.30.1.160/27** pour notre réseau.

D. Introduction à l'adressage IPv6

L'adressage IPv6 devrait permettre de s'affranchir des limitations du nombre d'adresses du modèle IPv4. IPv6 a surtout été conçu pour répondre aux besoins des réseaux modernes dont les principales fonctionnalités sont :

- Nouveau format de l'en-tête (il devient plus efficace).
- Espace d'adressage plus important ($3.4.10^{38}$).
- Configuration des adresses en mode *stateful* et *stateless*.
- Sécurité intégrée (IPSec obligatoire).
- Infrastructure de routage hiérarchique efficiente.
- Amélioration du support de la priorité des paquets.
- Extensibilité

Pour l'introduction du protocole IPv6 dans les entreprises, il faut non seulement que les versions des systèmes d'exploitation disposent d'une pile IPv6, mais également que tout matériel réseau travaillant au moins au niveau de la couche 3 du modèle OSI utilise et gère ce protocole.

Windows supporte le protocole IPv6 depuis Windows NT4, mais c'est à partir de Windows XP SP1 qu'il est possible d'utiliser IPv6 dans un environnement de production. Windows Server 2008 apporte également l'infrastructure réseau nécessaire pour une implémentation dans de bonnes conditions, comme le support d'IPv6 dans les serveurs DNS et DHCP.

Les améliorations apportées avec Windows Server 2008 sont :

- IPv6 est installé et activé par défaut.

- Double pile IP (IPv4 et IPv6).
- Configuration possible à l'aide d'une interface graphique.
- Améliorations pour le protocole Teredo.
- Support d'IPsec intégré.
- Support pour la résolution de nom multicast link-local LLMNR.
- IPv6 sur PPP.
- Support du DHCPv6.
- Identificateur d'interface aléatoire pour les adresses IPv6.
- Support du Multicast Listener Discovery version 2 (MLDv2).

Le mode stateful/stateless fait référence à la manière dont l'adresse IP a été obtenue. En mode stateful, l'adresse IP est acquise par l'intermédiaire d'un serveur DHCP. En mode stateless, l'ordinateur s'autoconfigure automatiquement pour autant qu'un routeur puisse annoncer le réseau IPv6.

1. L'adressage IPv6

Une adresse IPv6 se compose de 128 bits, soit 16 octets. Sa représentation utilise la notation hexadécimale.

Voici quelques exemples d'adresses valides :

- FE80::DSEC:AD14:FEC:FB14
- 2001::8B4

Remarquez que les 0 peuvent être remplacés par **::**.

La règle de compression des 0

Soit :

- 1 bloc = 16 bits
- 8 blocs de 16 bits = 128 bits
- :: représente n blocs ne contenant que des 0
- Nb = nombre de blocs non vides
- Ne = nombre de blocs ne contenant que des 0
- Ne = 8 – Nb
- Nombre de bits représentés = Ne * 16

Prenons par exemple l'adresse FE08::45

Il existe 2 blocs, soit le bloc FE08 et le bloc 45.

Il existe 8 blocs dans une adresse IP.

Donc il reste 6 blocs, soit 8 - 2, ce qui représente 96 bits car chaque bloc est composé de 16 bits.

Quelques adresses IPv6

Compatibilité avec les adresses IPv4	0:0:0:0:0:0:172.30.1.101 ou ::172.30.1.101
Adresse de bouclage	0:0:0:0:0:0:0:1 ou ::1
Liaison locale	FE80::2822:E68:53E1:FE97

Adresse mappée IPv4	::FFFF.192.168.1.1
Teredo	2001:0:D5C7:A2CA:2822:E68:53E1:FE97

2. Préfixes IPv6

Le préfixe correspond aux nombres de bits de l'adresse IPv6 utilisés par le sous-réseau et s'écrit en utilisant la notation CIDR soit : **Adresse-IPv6 /LongueurDuPrefixeEnBits.** 2001:AAC3:12DD::/48 en est un exemple où les 48 premiers bits définissent le sous-réseau.

3. Types d'adresses IPv6

Il existe 3 types d'adresses :

- **Unicast** (monodiffusion) : identifie une interface unique. Le paquet est envoyé à un ordinateur spécifique.
- **Multicast** (multidiffusion) : identifie entre 0 et n interfaces. Le paquet est envoyé à un groupe d'ordinateurs. Le premier octet est toujours **FF** suivi par une étendue, généralement la liaison locale **02**, le site local **05** et l'étendue globale **0E**. Le multicast remplace la diffusion IPv4 (*Broadcast*).
- Une adresse **anycast** est associée à plusieurs interfaces. La communication va de l'émetteur vers l'adresse anycast la plus proche en terme de distance de routage donc vers une seule interface.

4. Identification des types d'adresses

Adresse non spécifiée : soit l'absence d'adresse IPv6 comme par exemple lorsque le nœud arrive sur le réseau et qu'il attend pour recevoir une adresse. Sa notation est **::/128**.

Adresse de bouclage : l'adresse de bouclage est **::1/128**.

Adresse multicast : cette adresse commence toujours par **FF00::/8**.

Adresse de liaison locale unicast : cette adresse commence toujours par **FE80::/10**.

Adresse globale unicast : toutes les autres adresses.

Adresse anycast : est prise dans l'espace d'adressage Unicast et ne peut syntaxiquement être distinguée par rappport à une adresse Unicast.

5. Blocs d'adresses

a. Adresses non utilisables sur Internet

Adresses dont la portée est le nœud : **::/128** (adresse non spécifiée, RFC 4291) et **::1/128** (adresse de bouclage, RFC4291).

Adresse IPv4 mappée : soit **0:0:0:0:0:FFFF:x.y.z.w/96** ou **::FFFF.x.y.z.w /96** est utilisée pour des applications réseaux durant la période de transition sur un nœud disposant d'une double pile (RFC4038).

Adresse compatible IPv4 : soit **0:0:0:0:0:0:w.x.y.z/96** ou **::w.x.y.z/96** est utilisée pour encapsuler une adresse IP v4 dans IPv6. Ces adresses sont dépréciées et ne devraient plus être utilisées (RFC4291).

Adresse Liaison locale : elle permet une communication locale entre interfaces sur le même lien. Elle commence toujours par **FE80::/10** et la longueur de l'interface est de 64 bits. Les routeurs ne communiquent jamais avec cette adresse. Il faut noter que toutes les interfaces d'un nœud peuvent disposer d'une adresse de liaison locale (RFC4291).

Adresse unicast unique local IPv6 : permet d'éliminer l'éventuelle redondance d'adresses provenant des adresses Site Local et simplifie l'adressage dans des organisations complexes. Elle commence par **FC00::/7** et la longueur de l'interface est de 64 bits (RFC4193).

Adresse Site local : n'est pas routable en dehors du site. Elle doit être assignée. Elle commence toujours par **FCE0::/10** et la longueur de l'interface est de 64 bits. Ce type d'adresse est déprécié et ne devrait plus être utilisé (RFC4193).

Préfixe de documentation : commence par **2001:DB8::/32**. Il est utilisé pour documenter des manuels, des RFCs, etc. (RFC3849).

Adresse ORCHID : soit *Overlay Routable Cryptographic Hash Identifiers* utilise le bloc 2001 :10 ::/28 (RFC4843). Ce type d'adresse est utilisé en tant qu'identificateur.

b. Adresses utilisables sur Internet

Adresse Unicast globale : équivalente à l'adresse IPv4 d'un ordinateur. Elle est unique sur l'Internet IPv6. Elle commence toujours avec un **2000::/3** et la longueur de l'interface est de 64 bits.

Adresse 6to4 : est utilisée pour une communication entre deux nœuds exécutant IPv6 sur une infrastructure IPv4. Elle commence toujours par **2002::/16** avec une adresse de type IPv4. C'est du tunneling du protocole IPv6 sur de l'IPv4 (RFC3056). Attention, le passage sur du NAT n'est pas garanti.

Adresse Teredo : est un protocole de tunneling utilisé pour encapsuler le protocole IPv6 dans les paquets de type IPv4 des datagrammes UDP qui peuvent passer les routeurs NAT (RFC4380). L'adresse Teredo commence toujours par **2001::/32**.

Route par défaut : **::/0** correspond à l'adresse de la route par défaut.

Adresse multicast : commence par **FF00::/8**. Seules les adresses dont l'étendue est globale en utilisant les 4 bits prévus à cet effet peuvent être utilisables sur Internet. (RFC4291).

c. L'indice de zone

L'indice de zone est utilisé par les adresses de liaison locale lorsque plusieurs interfaces existent sur un ordinateur relié à plusieurs réseaux physiques et permettant de supprimer l'ambiguïté de n'être apparemment relié qu'à un seul réseau physique. À la fin de l'adresse, le signe **%<IdDeZone>** est ajouté comme le montre l'adresse suivante **FE80::B1D8:9AD4:9CA:61F2%10**. Dans Windows 2008, l'IdDeZone représente le numéro de l'interface.

d. Divers

ISATAP (*Intra-Site Automatic Tunnel Addressing Protocol*) définit une méthode utilisée dans Windows Server 2008 pour générer et déployer des adresses IPv6 de liaison locale à partir de l'adresse IPv4 et d'un mécanisme de découverte des voisins (RFC5214).

Le basculement vers IPv6 en entreprise va se faire mais en douceur. Comme il existe des passerelles IPV4/IPv6, il est possible de ne migrer qu'une partie du réseau de l'entreprise. De même, les FAI peuvent utiliser de manière transparente pour l'entreprise de l'IPv6 en VPN entre les sites de l'entreprise.

E. Configuration de la carte réseau

Cette section présente les étapes pour configurer la carte réseau avec les protocoles IPv4 et IPv6.

Il est à noter que le nom des cartes réseau est logique et dépend du protocole réseau. Chaque carte physique a au moins deux noms logiques, un pour le protocole IPv4 et un pour le protocole IPv6.

Il n'est pas possible de supprimer les protocoles IPv4 et IPv6. Seule leur désactivation est permise.

1. Configuration via l'invite de commande

a. Adresse IPv4 statique

- Ouvrez une invite de commande.
- Saisissez `netsh interface ipv4 show interface` pour connaître le nom des différentes interfaces puis appuyez sur [Entrée].
- Saisissez `netsh interface ipv4 set address name="NomCarteRéseau" source=static address=172.30.1.180 mask=255.255.255.0 gateway=172.30.1.254` puis appuyez sur [Entrée].
- Saisissez `netsh interface ipv4 set dnsserver name="NomCarteRéseau" source=static address=172.30.1.254` puis appuyez sur [Entrée] pour ajouter une adresse d'un serveur DNS.

Il peut être utile de renommer la carte réseau non seulement pour une utilisation plus aisée de l'invite de commandes, mais également pour mieux identifier l'interface réseau.

b. Adresse IPv4 dynamique

- Ouvrez une invite de commande.
- Saisissez `netsh interface ipv4 show interface` pour connaître le nom des différentes interfaces puis appuyez sur [Entrée].
- Saisissez `netsh interface ipv4 set address name="NomCarteRéseau" source=dhcp` puis appuyez sur [Entrée].
- Saisissez `netsh interface ipv4 set dnsserver name="NomCarteRéseau" source=dhcp` puis appuyez sur [Entrée] pour ajouter une adresse d'un serveur DNS.

c. Adressage IPv6 manuel

- Ouvrez une invite de commande.
- Saisissez `netsh interface ipv6 show interface` pour connaître le nom des différentes interfaces puis appuyez sur [Entrée].

Vous pouvez soit ajouter une nouvelle adresse : **add address**, soit modifier une adresse existante : **set address**.

- Saisissez netsh interface ipv6 add address interface="NomCarteRéseau" address=<AdresseIPv6> type=<unicast ¦ anycast> store=<active ¦ persistent> puis appuyez sur [Entrée] pour ajouter une adresse IPv6.
- Saisissez netsh interface ipv6 add route prefix= ::/0 interface="NomCarteRéseau" Nexthop=<AdresseRouteurIPv6> puis appuyez sur [Entrée] pour ajouter une passerelle par défaut.
- Saisissez netsh interface ipv6 set dnsserver name="NomCarteRéseau" source=<dhcp ¦ static> address=<AdresseIPv6> register=<non ¦ primary ¦ both> puis appuyez sur [Entrée] pour ajouter un serveur DNS IPv6.

d. Adresse IPv6 client DHCP

- Ouvrez une invite de commande.
- Saisissez netsh interface ipv6 show interface pour connaître le nom des différentes interfaces puis appuyez sur [Entrée].
- Saisissez netsh interface ipv6 set interface interface="NomCarteRéseau" advertise=enabled managedAddress=enabled puis appuyez sur [Entrée].

2. Configuration via l'interface graphique

Win1

a. Protocole IPv4

- Pour ouvrir les Connexions réseau, le plus simple est de saisir **control ncpa.cpl** dans la zone **Rechercher** du menu **Démarrer**.

Il est également possible de passer par Centre Réseau et partage puis de cliquer sur **Gérer les connexions réseau**.

- Cliquez avec le bouton droit de la souris sur la carte à modifier et cliquez sur **Propriétés** dans le menu contextuel.
- Dans la liste de la boîte de dialogue suivante, sélectionnez **Protocole Internet version 4 (TCP/IPv4)** puis cliquez sur le bouton **Propriétés**.

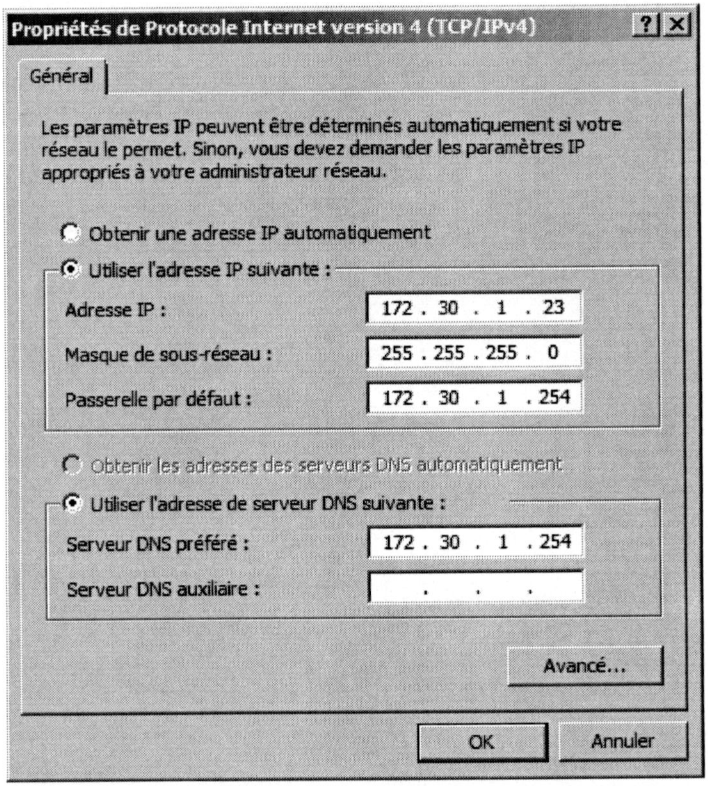

Obtenir une adresse IP automatiquement : permet de recevoir une adresse IP provenant d'un serveur DHCP. Cela a pour effet de griser le contenu de **Utiliser l'adresse IP suivante**, d'activer **Obtenir les adresses des serveurs DNS automatiquement** et d'afficher un onglet nommé **Configuration alternative**.

Utiliser l'adresse IP suivante : permet d'indiquer une adresse IP statique en inscrivant l'adresse IP et le masque de sous-réseau. La passerelle par défaut est optionnelle.

Obtenir les adresses des serveurs DNS automatiquement : permet de recevoir les adresses des serveurs DNS par l'intermédiaire du serveur DHCP.

Notez que ces réglages sont dissociés : vous pouvez stipuler des adresses statiques pour les serveurs DNS tout en conservant un adressage dynamique.

Utiliser l'adresse de serveur DNS suivante : permet de spécifier les adresses des serveurs DNS à utiliser dans l'ordre défini. Pour ajouter d'autres serveurs DNS, utilisez le bouton **Avancé** puis l'onglet **DNS**.

Le bouton **Avancé** affiche la boîte de dialogue de configuration avancée des paramètres TCP/IP.

Onglet Configuration alternative

Permet de définir comment assigner une adresse si aucun serveur DHCP n'est disponible.

Adresse IP privée automatique

Assigne automatiquement une adresse dans les adresses APIPA (169.254.y.z). Attention, le serveur ne reçoit pas de passerelles par défaut ni de serveurs Wins ou DNS sauf s'ils ont été définis dans les propriétés avancées.

Spécifiée par l'utilisateur

Permet de définir une adresse IP statique, un masque ainsi qu'une passerelle par défaut. Vous pouvez également stipuler jusqu'à deux serveurs DNS et deux serveurs WINS. À l'instar de l'APIPA, ces paramètres sont pris en compte en l'absence de réponse d'un serveur DHCP.

La configuration alternative (APIPA ou Utilisateur) est un mode de fonctionnement temporaire. Un test de détection de serveur DHCP est effectué toutes les 5 minutes et cette configuration est abandonnée au profit d'une réponse provenant d'un serveur DHCP.

Pour désactiver APIPA sur toutes les cartes réseau, utilisez **regedit** pour modifier la valeur **IPAutoconfigurationEnabled (DWORD)** à **0** de la clé **HKEY_LOCAL_MACHINE\SYSTEM\CurrentControlSet\Services\Tcpip\Parameters**.

Paramètres TCP/IP avancés - onglet **Paramètres IP**

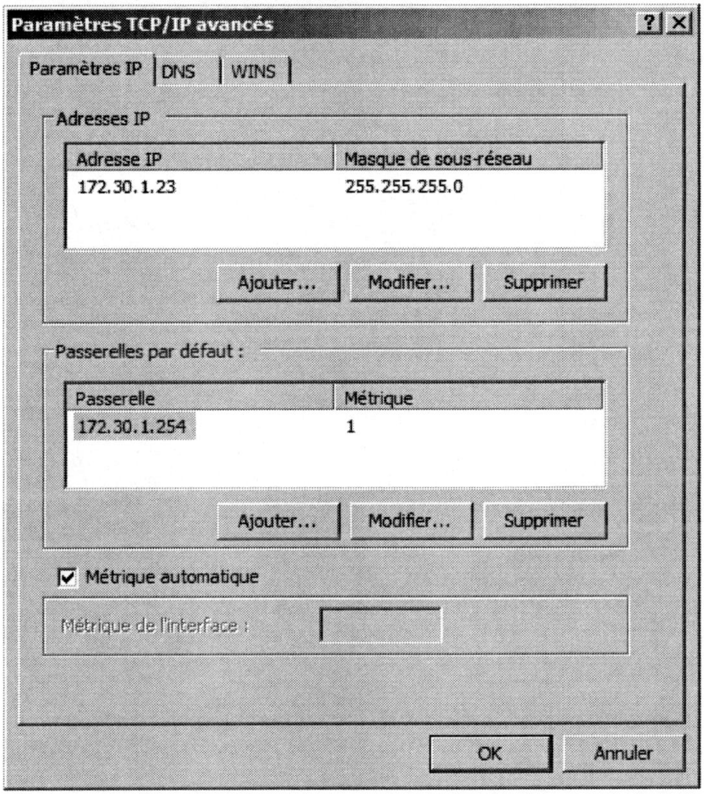

Dans la section **Adresse IP**, si l'adresse IP est statique il est possible d'ajouter d'autres adresses IP à la carte réseau. Pour cela, cliquez sur **Ajouter** puis saisissez l'adresse IP et son masque de sous-réseau. Il est également possible de modifier ou de supprimer une adresse IP sélectionnée. Les scénarios utilisant plusieurs adresses IP sur la même carte concernent généralement la simulation et les tests dans le cas où plusieurs sous-réseaux IP doivent partager le même réseau physique. Dans ce dernier cas, il n'y a pas besoin de passer par un routeur pour accéder au serveur.

Dans la section **Passerelles par défaut**, il est possible d'ajouter d'autres passerelles par défaut. Depuis Windows Server 2008, la notion de *failback* est supportée. Si la première passerelle n'est plus disponible, alors le serveur utilise la suivante dans la liste (*failover*). Le *failback* intervient lorsque le serveur va tenter de se reconnecter sur la première passerelle par défaut indiquée. Il peut être avantageux de déléguer cette notion de *failover* aux routeurs physiques.

L'option **Métrique automatique** permet d'indiquer une valeur de coût pour l'interface ; plus le coût est faible plus la chance d'utiliser l'interface est grande. À ne pas toucher sauf pour des cas spécifiques et d'optimisation.

Paramètres TCP/IP avancés - onglet **DNS**

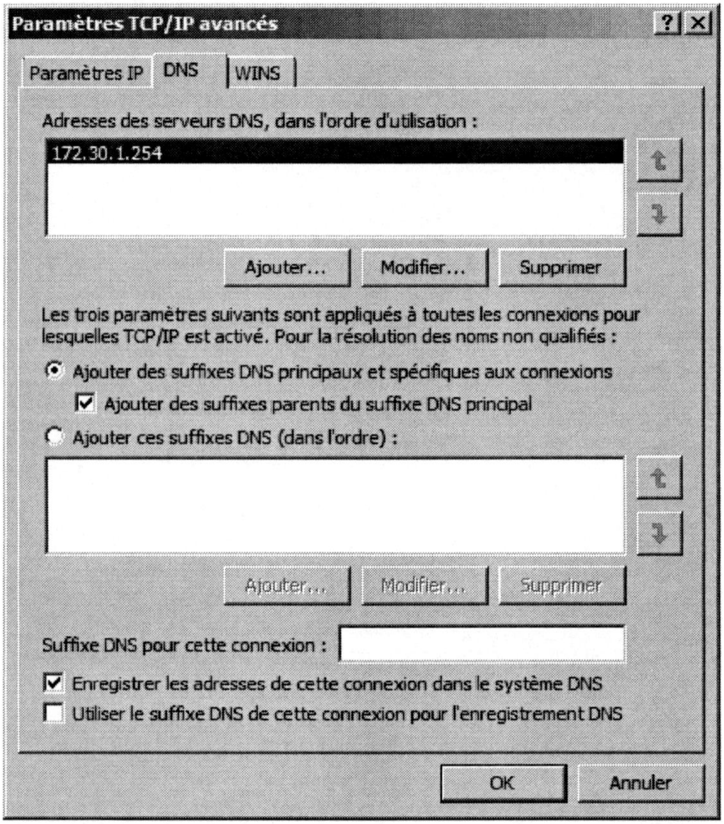

La section **Adresses des serveurs DNS, dans l'ordre d'utilisation** permet d'ajouter des serveurs et de gérer la liste des serveurs DNS si vous en avez plusieurs.

En utilisant les flèches vertes **Haut** et **Bas** situées à droite, il est possible de définir l'ordre d'utilisation des serveurs DNS pour la connexion.

L'ajout des **suffixes DNS** dans l'ordre permet d'utiliser les noms raccourcis (monOrdinateur) des ordinateurs au lieu de leur FQDN (monOrdinateur.pfreddi.ch). Dans le cas où la forêt Active Directory est composée de plusieurs domaines et sous-domaines, il peut être fastidieux d'utiliser les FQDN pour se connecter à un serveur. Il faut garantir que le nom raccourci est unique au sein de l'entreprise.

Dans la zone de texte **Suffixe DNS pour cette connexion**, il est possible de spécifier un suffixe différent pour cette connexion. La case à cocher **Utiliser le suffixe DNS de cette connexion pour l'enregistrement DNS** est à utiliser conjointement.

La case à cocher **Enregistrer les adresses de cette connexion dans le système DNS** met à jour les informations DNS de cette connexion.

Paramètres TCP/IP avancés - onglet **WINS**

Dans la section **Adresses WINS, dans l'ordre d'utilisation**, vous trouvez les adresses des serveurs WINS. Il est possible d'ajouter les adresses IP des serveurs WINS en cliquant sur **Ajouter** puis en saisissant l'adresse IP. Il est également possible de modifier ou supprimer une adresse IP sélectionnée. En utilisant les flèches vertes **Haut** et **Bas** situées à droite, il est possible de définir l'ordre d'utilisation des serveurs WINS pour la connexion.

La case à cocher **Activer la recherche LMHOSTS** indique s'il faut utiliser ledit fichier pour résoudre les noms NetBIOS.

Le bouton **Importer LMHOSTS** permet de remplacer le fichier LMHOSTS d'origine situé dans le répertoire %SystemRoot%\System32\Drivers\Etc par votre fichier.

Dans la section **Paramètre NetBIOS**, vous pouvez choisir si la résolution de nom NetBIOS est activée et comment elle est configurée :

- **Par défaut** : s'utilise lorsque l'interface reçoit une adresse via un serveur DHCP.
- **Activer NetBIOS sur TCP/IP** : s'utilise lorsque l'interface dispose d'une adresse IP statique ou ne reçoit pas son adresse d'un serveur DHCP.
- **Désactiver NetBIOS sur TCP/IP** : désactive la résolution NetBIOS.

b. Protocole IPv6

Win1

→ Pour ouvrir les Connexions réseau, le plus simple est de saisir **control ncpa.cpl** dans la zone **Rechercher** du menu **Démarrer**.

→ Cliquez avec le bouton droit de la souris sur la carte à modifier et cliquez sur **Propriétés** dans le menu contextuel.

→ Dans la liste de la boîte de dialogue des propriétés, sélectionnez **Protocole Internet version 6 (TCP/IPv6)** puis cliquez sur le bouton **Propriétés**.

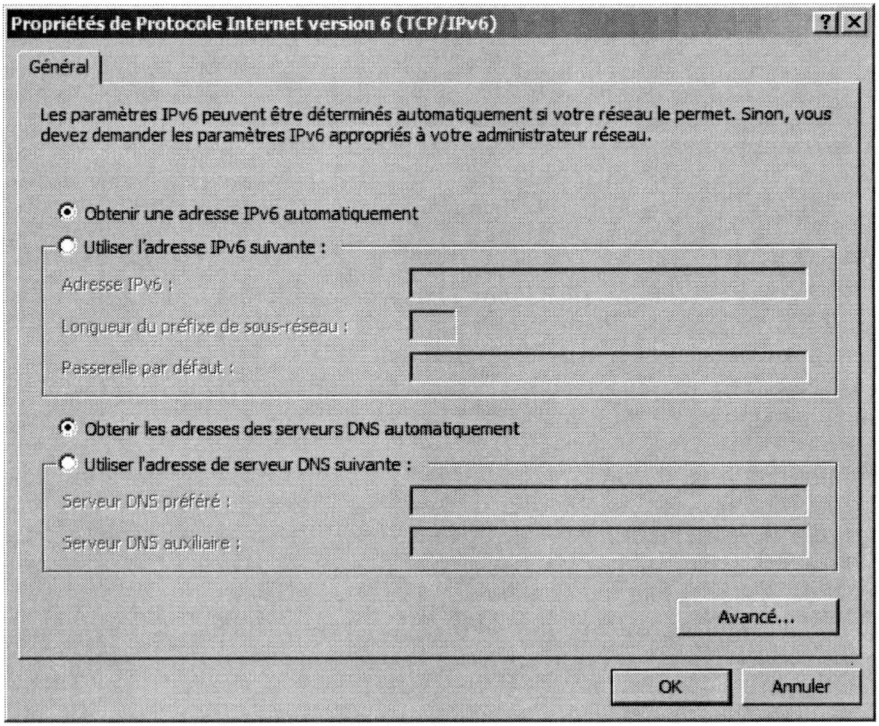

Pour l'adresse, vous pouvez soit saisir une adresse manuellement, soit laisser l'ordinateur en acquérir une automatiquement (défaut).

Si vous sélectionnez **Obtenir une adresse IPv6 automatiquement**, vous pouvez soit recevoir les adresses de serveurs DNS automatiquement, soit les saisir manuellement.

Si vous sélectionnez **Utiliser l'adresse IPv6 suivante**, il vous faut saisir une adresse IPv6 valide et la **Longueur du préfixe de sous-réseau**. La **Passerelle par défaut** et les serveurs DNS sont des valeurs optionnelles. Dans cet état, vous ne pouvez pas recevoir les adresses des serveurs DNS automatiquement.

Le bouton **Avancé** fait apparaître les paramètres TCP/IP avancés.

Les formulaires des deux onglets sont semblables à leur homologue TCP/IPv4.

Paramètres TCP/IP avancés - onglet **Paramètres IP**

Dans la section **Adresse IP**, si l'adresse IP est statique il est possible d'ajouter d'autres adresses IP à la carte réseau. Pour cela, cliquez sur **Ajouter** puis saisissez l'adresse IP et son masque de sous-réseau. Il est également possible de modifier ou supprimer une adresse IP sélectionnée. Les scénarios utilisant plusieurs adresses IP sur la même carte concernent généralement la simulation et les tests dans le cas où plusieurs sous-réseaux IP doivent partager le même réseau physique. Dans ce dernier cas, il n'y a pas besoin de passer par un routeur pour accéder au serveur.

Dans la section **Passerelles par défaut**, il est possible d'ajouter d'autres passerelles par défaut. Depuis Windows Server 2008, la notion de *failback* est supportée. Si la première passerelle n'est plus disponible, alors le serveur utilise la suivante dans la liste (*failover*).

Le *failback* intervient lorsque le serveur va tenter de se reconnecter sur la première passerelle par défaut indiquée. Il peut être avantageux de déléguer cette notion de *failover* aux routeurs physiques.

L'option **Métrique automatique** permet d'indiquer une valeur de coût pour l'interface ; plus le coût est faible plus la chance d'utiliser l'interface est grande. À ne pas toucher, sauf pour des cas spécifiques et d'optimisation.

Paramètres TCP/IP avancés - onglet **DNS**

La section **Adresses des serveurs DNS, dans l'ordre d'utilisation** permet d'ajouter des serveurs et de gérer l'ordre des serveurs DNS si vous en avez plus de deux.

L'ajout des suffixes DNS permet d'utiliser les noms raccourcis (monOrdinateur) des ordinateurs au lieu de leur FQDN (monOrdinateur.pfreddi.ch). Dans le cas où la forêt Active Directory est composée de plusieurs domaines et sous-domaines, il peut être fastidieux d'utiliser les FQDN pour se connecter à un serveur. Il faut garantir que le nom raccourci est unique au sein de l'entreprise.

Dans la zone de texte **Suffixe DNS pour cette connexion**, il est possible de spécifier un suffixe différent pour cette connexion. La case à cocher **Utiliser le suffixe DNS de cette connexion pour l'enregistrement DNS** est à utiliser conjointement.

La case à cocher **Enregistrer les adresses de cette connexion dans le système DNS** met à jour les informations DNS de cette connexion.

3. Activation/désactivation d'un protocole IP

a. Activer ou désactiver le protocole IPv4

→ Ouvrez une invite de commande.

→ Saisissez `netsh interface ipv4 install |uninstall` puis appuyez sur [Entrée].

→ Redémarrez le serveur.

b. Activer ou désactiver le protocole IPv6

→ Cliquez sur **Démarrer** et saisissez `regedit` dans la zone **Rechercher** puis appuyez sur [Entrée].

→ Déplacez-vous vers **HKEY_LOCAL_MACHINE\SYSTEM\CurrentControlSet\Services\Tcpip6\Parameters**.

→ Donnez à **DisabledComponents** (DWORD32) une des valeurs suivantes :

0 pour activer

0xffffffff pour désactiver tous les composants IPv6 excepté l'interface de bouclage

0x20 pour utiliser IPv4 au lieu d'IPv6 dans les préfixes

0x10 pour désactiver les interfaces natives Ipv6

0x01 pour désactiver tous les tunnels Ipv6

0x11 pour désactiver les interfaces IPv6 excepté l'interface de bouclage

→ Redémarrez le serveur.

Il est fortement conseillé de désactiver le protocole IP qui n'est pas utilisé. Néanmoins certaines applications peuvent requérir les deux protocoles pour fonctionner correctement comme par exemple Exchange Server 2007 exige la présence du protocole IPv6 pour pouvoir utiliser le protocole IPv4.

Si vous désactivez les protocoles en les décochant via les propriétés de la carte réseau, le protocole n'est pas entièrement désactivé.

F. Configuration du Centre Réseau et partage

Win1

Le Centre Réseau et partage apparu avec Windows Vista est un outil orienté utilisateur final qui permet de contrôler la connectivité réseau. Il permet de gérer simplement non seulement le type d'accès réseau (filaire, sans fil, VPN, etc.) mais également la visibilité d'éléments qui peuvent être partagés. Son interface graphique a alourdi beaucoup d'opérations par rapport aux anciennes versions de Windows Server 2008.

1. Ouvrir le Centre Réseau et partage

Pour ouvrir le Centre Réseau et partage, suivez cette procédure :

→ Sur le **Bureau**, dans la **zone de notification**, cliquez sur l'icône suivante .

➜ Sur la boîte de dialogue qui apparaît, cliquez sur le lien **Centre Réseau et partage**. La fenêtre suivante apparaît :

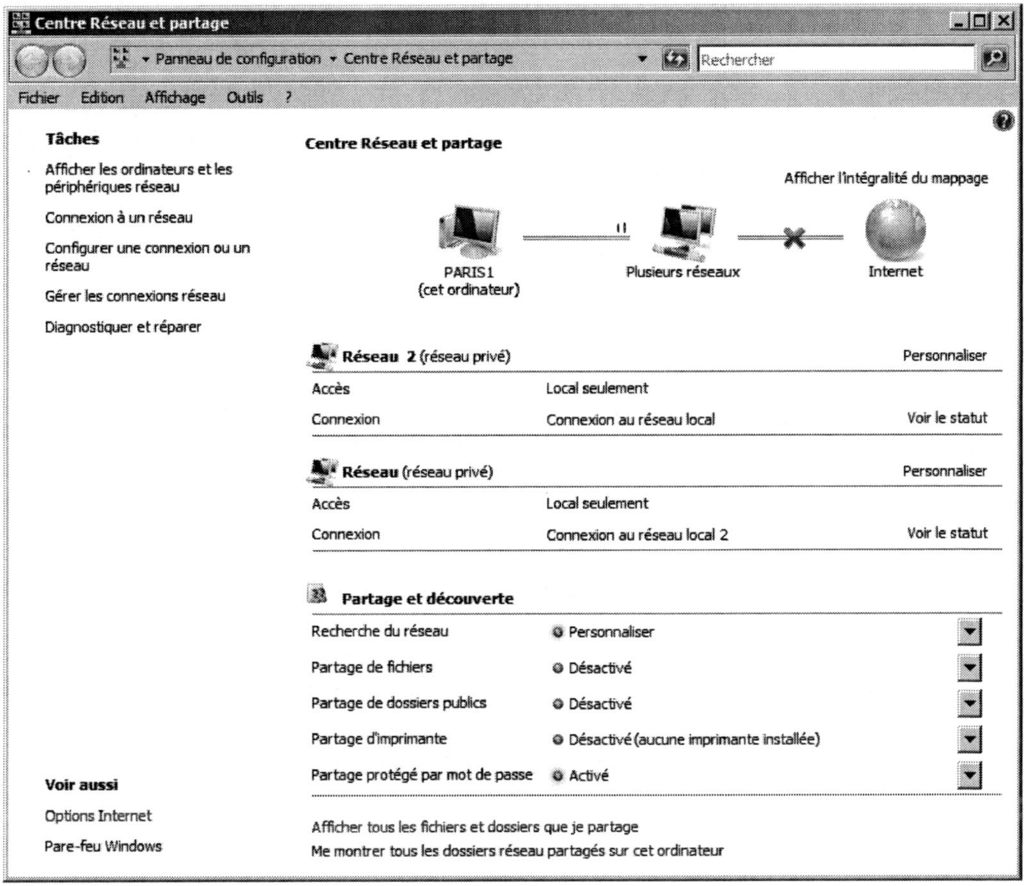

a. Mappage réseau

La zone du mappage réseau située en haut à droite représente graphiquement la connexion actuelle du réseau. Elle utilise le protocole LLTD (*Link Layer Topology Discovery*) pour déterminer et afficher la topologie réseau. Sur l'image précédente, vous pouvez remarquer que l'ordinateur paris1 se trouve connecté à plusieurs réseaux et n'est pas connecté à Internet. Un manque de connexion à Internet signifie généralement que l'adresse de la passerelle par défaut n'est pas définie.

Si vous cliquez sur **Afficher l'intégralité du mappage** pour autant que l'ordinateur se trouve sur un type d'emplacement réseau qui n'est pas public et que le mappage réseau est activé, alors vous pouvez faire apparaître le mappage existant comme le montre l'image suivante.

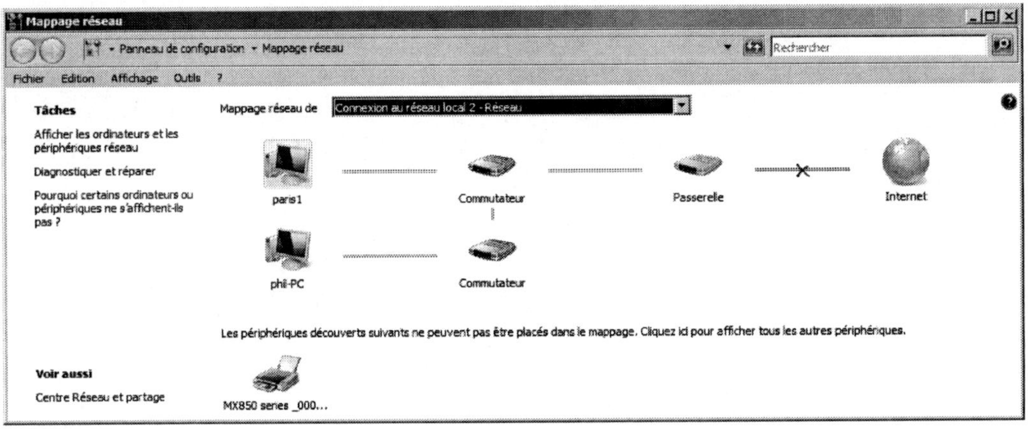

b. Connexion réseau

Sur la fenêtre du **Centre de Réseau et partage**, en dessous de la zone de mappage réseau, vous trouvez les informations concernant l'accessibilité et la connexion de chacune des cartes réseaux. En cliquant sur le lien **Personnaliser**, vous pouvez modifier le nom du réseau, le type d'emplacement (public/privé), modifier l'icône représentant le réseau ainsi que fusionner des emplacements réseaux, c'est-à-dire définir un réseau composé de plusieurs emplacements réseaux.

En cliquant sur **Voir le statut**, vous faites apparaître la boîte de dialogue **Statut** de la fenêtre **Etat de la connexion au réseau local** comme le montre l'image suivante :

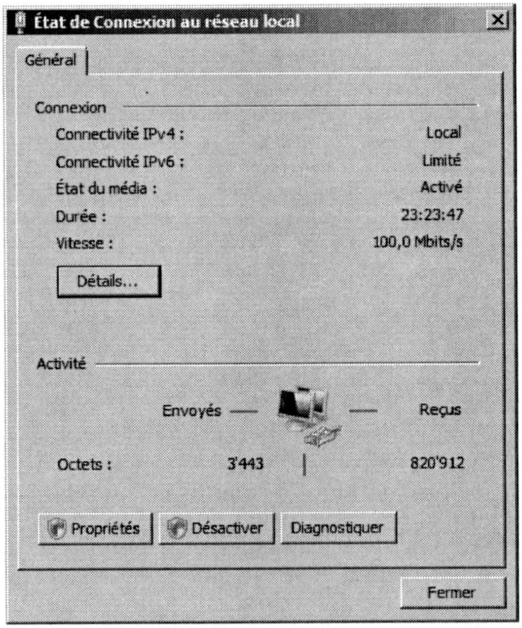

Le bouton **Détails** permet d'afficher les détails de la connexion.

Le bouton **Propriétés** permet d'afficher la boîte de dialogue **Propriétés** qui permet entre autres de modifier l'adressage IPv4 et IPv6 comme l'a montré la section précédente.

Le bouton **Désactiver** permet de désactiver l'interface réseau.

Le bouton **Diagnostiquer** permet de lancer l'outil de diagnostic pour vous indiquer une solution en cas de problème réseau.

c. Partage et découverte

Sur la fenêtre du **Centre de Réseau et partage**, dans la zone **Partage et découverte** vous pouvez modifier l'état (Activé/Désactivé/Personnaliser) de certains éléments réseaux comme l'explique la prochaine section.

2. Types d'emplacements réseau

Le type d'emplacement réseau agit automatiquement sur les règles du pare-feu. Il est nécessaire de définir correctement le type d'emplacement lorsque Windows le demande, c'est-à-dire à chaque changement de réseau lorsque la notification invite l'utilisateur à définir le nouvel emplacement. Bien que cette fonctionnalité soit très utile pour un utilisateur nomade, elle trouve son intérêt pour un serveur, si ce dernier doit être déplacé en définissant des règles très strictes lorsque l'ordinateur se situe sur un réseau autre que le réseau de domaine.

Windows Server 2008 peut se trouver dans l'un des types d'emplacements réseaux suivants :

- **Domaine** : un emplacement réseau qui est reconnu comme faisant partie du réseau de domaine.
- **Privé ou professionnel** : un emplacement réseau que l'utilisateur ou l'administrateur considère comme étant suffisamment sécurisé. Microsoft recommande de se trouver au moins derrière un pare-feu réseau ou un traducteur d'adresses réseau (NAT).
- **Public** : représente tous les autres emplacements.
- **Non identifié** : un emplacement réseau qui n'est pas encore défini. Les règles de l'emplacement public s'appliquent.

Le tableau suivant montre les différences des règles du pare-feu et les emplacements réseaux.

Partage ou découverte (règles du pare-feu)	Emplacement de domaine	Emplacement privé ou professionnel	Emplacement public
Recherche du réseau	Désactivé	Activé	Désactivé
Partage de fichiers	Désactivé	Activé	Désactivé
Partage de dossiers publics	Activé	Désactivé	Désactivé
Partage d'imprimante	Activé*	Activé*	Désactivé
Partage protégé par mot de passe	Non disponible	Activé	Activé

* Seulement si une imprimante partagée est définie sur l'ordinateur.

Il faut savoir que Windows conserve une trace de chaque réseau sur lequel l'ordinateur se sera connecté afin de rétablir le cas échéant la connexion en utilisant les paramètres de la dernière connexion sur ce réseau. En utilisant la commande **netsh**, il est possible de gérer la liste des réseaux visités.

3. Les tâches

Dans le **Centre de Réseau et partage**, les tâches sont situées à gauche.

Le lien **Afficher les ordinateurs et les périphériques réseau** affiche une fenêtre avec le nom des ordinateurs et périphériques découverts sur le réseau. Si un des services dnscache (client DNS), fdrespub (Publication des ressources de découverte de fonctions), ssdpsrv (Découverte SSDP) et upnphost (Hôte de périphérique UPnP) ou une exception du pare-feu commençant par **Découverte** est manquante, l'état n'est pas activé mais personnalisé. Le fait d'activer la découverte réseau n'agit que sur les règles du pare-feu en les activant et en démarrant les services nécessaires mais en aucun cas, il ne modifie l'état de démarrage des services nécessaires.Cette fonctionnalité n'utilise pas le service Browser (Explorateur d'ordinateurs).

Le lien **Connexion à un réseau** permet, s'il existe plusieurs réseaux, de se connecter à un réseau spécifique. Généralement, cette tâche permet à un utilisateur nomade de sélectionner un réseau sans fil.

Le lien **Configurer une connexion ou un réseau** permet d'afficher l'assistant pour se connecter à un réseau. Un exemple d'utilisation est montré dans le chapitre Configuration des services réseaux avancés.

Le lien **Gérer les connexions réseau** affiche la fenêtre **Connexions réseau** déjà montrée dans une section précédente (ncpa.cpl).

Le lien **Diagnostiquer et réparer** lance l'outil diagnostic réseau de Windows.

Le lien **Options Internet** permet de modifier les propriétés d'Internet Explorer.

Le lien **Pare-feu Windows** démarre le pare-feu Windows.

G. Présentation du routage

Depuis le milieu des années 90, les réseaux d'entreprises ont évolué d'abord pour accepter un plus grand nombre d'hôtes, puis en efficacité et en rapidité.

Cette évolution s'est faite en scindant les réseaux en sous-réseaux et en les reliant à l'aide de routeurs. Chaque sous-réseau représente un domaine de diffusion (domaine de broadcast), en d'autres termes les messages de diffusion sont limités au sous-réseau.

Le routeur est un appareil réseau fonctionnant au niveau de la couche 3 du modèle OSI permettant de relier plusieurs sous-réseaux contigus et de sélectionner le meilleur itinéraire pour les sous-réseaux distants.

Sur les routeurs modernes, des fonctionnalités comme le filtrage des paquets font partie intégrante du routeur.

La famille des serveurs Windows peut également agir en tant que routeur. Son activation est des plus simples. Néanmoins, ensuite, il faut créer des routes soit manuellement ou plus efficacement à l'aide d'un protocole de routage dynamique. Parmi les protocoles de routage existants, Windows Server 2008 supporte uniquement le protocole RIP (*Routing Internet Protocol*), largement répandu. Il peut donc interagir avec d'autres routeurs matériels. Concernant le protocole OSPF présent dans les versions précédentes, Microsoft l'a retiré de Windows Server 2008 car il était peu utilisé.

RIPv2est un protocole de routage adapté aux petits réseaux et facile à mettre en œuvre. Notez qu'OSPF est plus adapté dans des configurations WAN, sa mise en œuvre étant également plus complexe.

Le protocole RIP utilise un algorithme dit à vecteur de distance pour calculer la route la moins chère lorsque la topologie offre plusieurs routes. Chaque routeur annonce à ces voisins les routes qu'il connait en y ajoutant un coût défini par l'administrateur, par l'intermédiaire de paquets UDP sur le port 0520. Ce coût est ensuite utilisé pour calculer la meilleure route. Le nombre maximum de hops (sauts) soit le passage de routeurs, est de 15.

Les problèmes principaux du protocole RIP sont qu'il utilise la notion de classes A, B et C et ne permet pas de travailler avec les suffixes. L'autre problème concerne les boucles. En effet, comme l'apprentissage d'une route ouverte ou fermée peut prendre quelques minutes, le protocole RIP peut décider d'utiliser une route moins efficace. Pour éviter ces problèmes, il faut préférer l'utilisation de RIPv2 qui remplace les messages de diffusion par des messages de multidiffusion avec l'adresse 224.0.0.9.

Le protocole OSFP est différent et utilise un algorithme dit à lien d'état, le coût est fixe et on ajoute une information indiquant si la route est bonne ou non.

La création et la gestion de routes manuelles ne sont pas forcément inappropriées, mais nécessitent de maîtriser la topologie du réseau.

Dans Windows Server 2008, le routage fait partie du rôle **Services de stratégie et d'accès réseau** et plus particulièrement du service de rôle **Services de routage et d'accès à distance**. Il n'est pas possible d'installer ce rôle sur un Server Core.

En terme de performances, le routeur logiciel est moins performant qu'un vrai routeur, par contre il peut avoir son utilité dans de petites entreprises ou des départements où l'on peut ajouter le service de routage à un serveur existant pour un coût à savoir minime, celui d'une carte réseau.

1. Activation du routage par modification de la valeur de la clé de registre IpEnableRouter

Il est possible d'activer le routage en modifiant la valeur de la clé du registre IPEnableRouter de 0 (défaut) qui signifie désactivé à 1 qui signifie activé.

Le chemin est HKLM\ SYSTEM\CurrentControlSet\Services\Tcpip\Parameters. Un redémarrage est nécessaire.

Les paquets sont envoyés sur toutes les interfaces réseaux connectées. Le fonctionnement diffère de la méthode utilisant le routage et l'accès distant du fait qu'il n'est pas possible :

- d'ajouter un protocole de routage ;
- d'utiliser des filtres.

C'est une méthode simple pour activer le routage entre plusieurs segments de réseau comme par exemple dans un scénario simple utilisant un serveur se trouvant au centre de plusieurs segments réseaux ou un scénario complexe utilisant l'équilibrage de charge NLB et plusieurs cartes réseaux.

2. Ajout du service de routage et d'accès distant

Win2

Si le service de rôle n'est pas encore installé :

- Connectez-vous en tant qu'administrateur.
- Cliquez sur **Démarrer - Outils d'administration** puis sur **Gestionnaire de serveur**.
- Dans l'arborescence de la console, cliquez sur **Rôles**.
- Dans la fenêtre principale de **Rôles**, cliquez sur **Ajouter des rôles**.
- Si la page **Avant de commencer** apparaît, cliquez sur **Suivant**.
- Sur la page **Rôles de serveurs**, sélectionnez **Services de stratégie et d'accès réseau** puis cliquez sur **Suivant**.
- Sur la page **Stratégies et accès réseau**, cliquez sur **Suivant**.
- Sur la page **Services de rôle**, sélectionnez **Routage**.
- Dans la boîte de dialogue **Assistant Ajout de rôles**, cliquez sur le bouton **Ajouter les services de rôle requis**.
- Sur la page **Service de rôle**, cliquez sur **Suivant**.
- Sur la page **Confirmation**, cliquez sur **Installer**.
- Dès que la page **Résultats** apparaît, contrôlez que le rôle est bien installé, puis cliquez sur **Fermer**.

3. Activation du service de routage

Win2

- Connectez-vous en tant qu'administrateur.
- Cliquez sur **Démarrer - Outils d'administration** puis sur **Gestionnaire de serveur**.
- Dans l'arborescence de la console, cliquez sur le nœud **Rôles**.
- Cliquez sur le nœud **Services de stratégie et d'accès distant**.
- Cliquez avec le bouton droit de la souris sur **Routage et accès distant**, puis cliquez sur **Configurer et activer le routage et l'accès distant**.
- Sur la page **Bienvenue** de l'assistant, cliquez sur **Suivant**.
- Sur la page **Configuration**, sélectionnez l'option **Configuration personnalisée** puis cliquez sur **Suivant**.

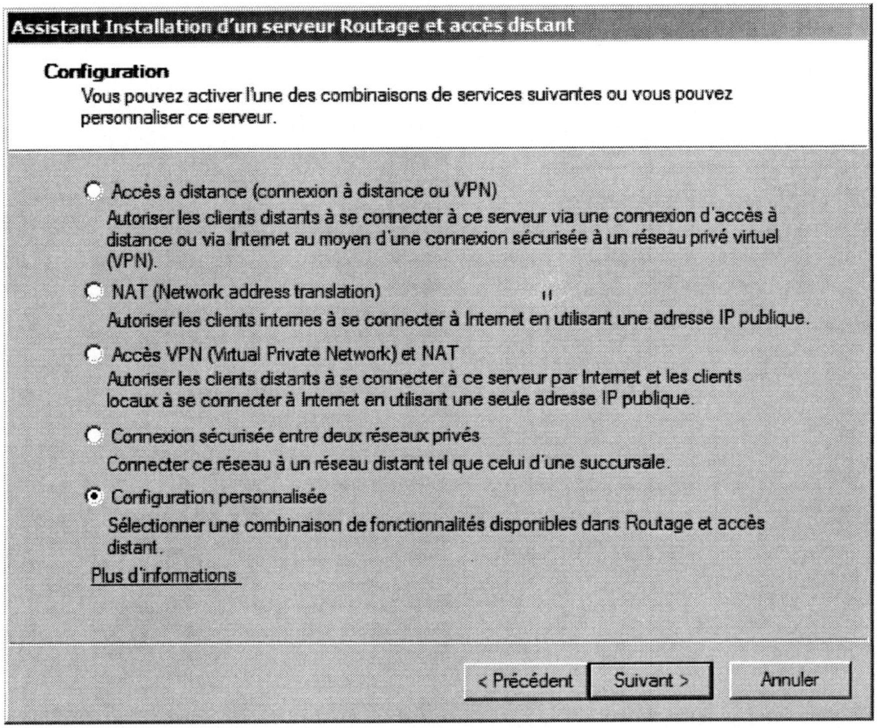

Accès à distance (connexion à distance ou VPN) : permet de créer un serveur VPN pour des connexions entrantes.

NAT (Network address translation) : permet d'activer NAT pour partager un accès Internet avec le réseau local.

Accès VPN (Virtual Private Network) et NAT : active VPN et NAT.

Connexion sécurisée entre deux réseaux privés : permet de créer un tunnel VPN entre deux points.

Configuration personnalisée : permet de sélectionner les options voulues.

→ Sur la page **Configuration personnalisée**, sélectionnez **Routage réseau** puis cliquez sur **Suivant**.

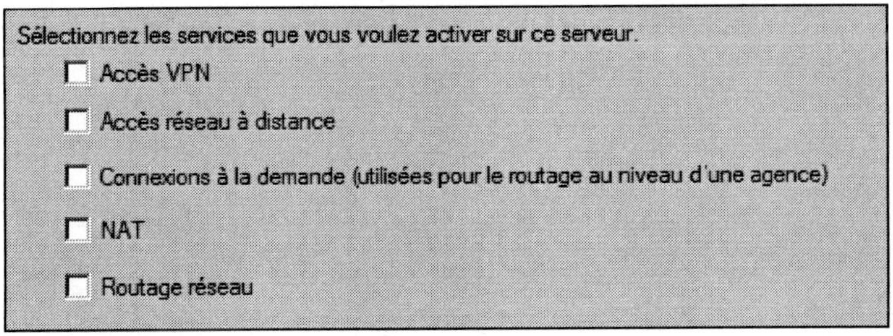

Accès VPN : permet de créer un serveur VPN pour des connexions entrantes via Internet.

Accès réseau à distance : permet de créer un serveur VPN pour des connexions entrantes via un modem ou un autre équipement d'accès à distance.

Connexions à la demande : permet de créer ou recevoir des connexions à la demande.

NAT : permet d'activer NAT pour partager un accès Internet avec le réseau local.

Routage réseau : permet d'activer le routage.

- Sur la page **Fin de l'Assistant Installation d'un serveur de routage et d'accès à distance**, cliquez sur **Terminer**.
- Dans la boîte de dialogue **Routage et accès distant**, cliquez sur **Démarrer le service**.

La console **Routage et accès distant** ressemble à l'image suivante :

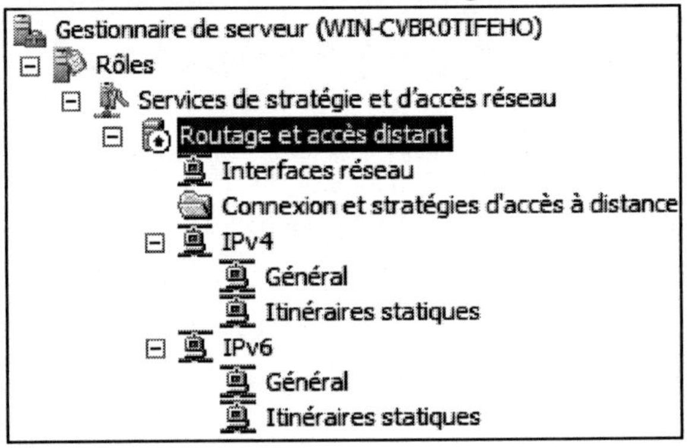

Votre serveur est transformé en routeur.

4. Configuration du routage

Win2

- Connectez-vous en tant qu'administrateur.
- Cliquez sur **Démarrer - Outils d'administration** puis sur **Gestionnaire de serveur**.
- Dans l'arborescence de la console, cliquez sur le nœud **Rôles**.
- Cliquez sur le nœud **Services de stratégie et d'accès distant**.
- Cliquez avec le bouton droit de la souris sur **Routage et accès distant** puis sur **Propriétés**.

La boîte de dialogue **Propriétés de Routage et accès distant** apparaît.

Onglet Général

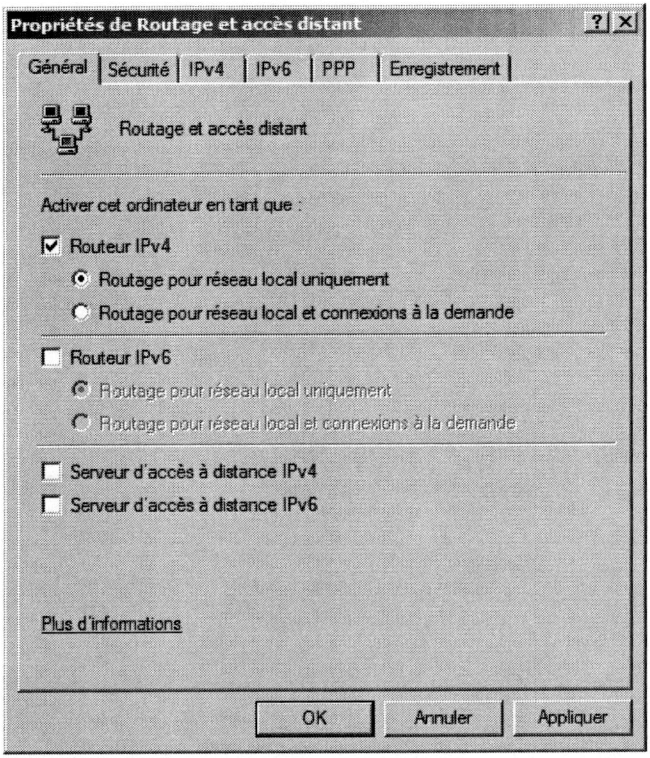

Routeur IPv4 spécifie si le serveur est activé en tant que routeur IPv4 soit sur le réseau local uniquement (défaut), soit sur le réseau local et les connexions à la demande.

Routeur IPv6 spécifie si le serveur est activé en tant que routeur IPv6 soit sur le réseau local uniquement, soit sur le réseau local et les connexions à la demande. Par défaut, le routage IPv6 est désactivé.

Onglet IPv4

La sélection de la case à cocher indique que le routage IPv4 est activé.

Onglet IPv6

Activer le transfert IPv6 : active le routage IPv6.

Activer les annonces de routage par défaut : indique si un itinéraire par défaut est annoncé sur ce serveur.

Affectation de préfixe IPv6 : indique le préfixe pour les clients d'accès distant.

Onglet Enregistrement

Cet onglet permet de sélectionner quelles informations sont enregistrées dans le journal Système de l'Observateur d'événements.

La case à cocher permet d'enregistrer des informations supplémentaires pour les connexions PPP dans le fichier **%systemroot%\tracing\ppp.log**.

5. Afficher une table de routage

Via l'invite de commandes

Dans une invite de commandes, saisissez **route print** puis appuyez sur [Entrée]. La commande affiche la table de routage IPv4 et IPv6.

```
C:\>route print
===========================================================================
Liste d'Interfaces
 13 ...00 03 ff cd 6a cf ...... Carte Fast Ethernet PCI ó base de Intel 21140 (ú
mulúe) #3
 12 ...00 03 ff cc 6a cf ...... Carte Fast Ethernet PCI ó base de Intel 21140 (ú
mulúe) #2
 10 ...00 03 ff c4 6a cf ...... Carte Fast Ethernet PCI ó base de Intel 21140 (ú
mulúe)
  1 ........................... Software Loopback Interface 1
 16 ...00 00 00 00 00 00 00 e0  isatap.{BDBCF67A-C250-4D8D-A96F-34BD3631F591}
 11 ...02 00 54 55 4e 01 ...... Teredo Tunneling Pseudo-Interface
 14 ...00 00 00 00 00 00 00 e0  isatap.{E062DA77-A957-4421-B5D0-0BB7096EAEFE}
 15 ...00 00 00 00 00 00 00 e0  isatap.{DEEFA7CB-D1D0-44EB-AF62-0D0DB6498C4A}
===========================================================================

IPv4 Table de routage
===========================================================================
Itinéraires actifs :
Destination réseau    Masque réseau  Adr. passerelle   Adr. interface Métrique
          0.0.0.0          0.0.0.0     172.30.1.254      172.30.1.23     21
        127.0.0.0        255.0.0.0         On-link         127.0.0.1    306
        127.0.0.1  255.255.255.255         On-link         127.0.0.1    306
  127.255.255.255  255.255.255.255         On-link         127.0.0.1    306
       172.30.1.0    255.255.255.0         On-link      172.30.1.105    276
       172.30.1.0    255.255.255.0         On-link       172.30.1.23    276
      172.30.1.23  255.255.255.255         On-link       172.30.1.23    276
     172.30.1.105  255.255.255.255         On-link      172.30.1.105    276
     172.30.1.255  255.255.255.255         On-link      172.30.1.105    276
     172.30.1.255  255.255.255.255         On-link       172.30.1.23    276
        224.0.0.0        240.0.0.0         On-link         127.0.0.1    306
        224.0.0.0        240.0.0.0         On-link                 d    276
        224.0.0.0        240.0.0.0         On-link       172.30.1.23    276
        224.0.0.0        240.0.0.0         On-link      172.30.1.105    276
  255.255.255.255  255.255.255.255         On-link         127.0.0.1    306
  255.255.255.255  255.255.255.255         On-link                 d    276
  255.255.255.255  255.255.255.255         On-link       172.30.1.23    276
  255.255.255.255  255.255.255.255         On-link      172.30.1.105    276
===========================================================================
Itinéraires persistants :
  Adresse réseau    Masque réseau  Adresse passerelle Métrique
          0.0.0.0          0.0.0.0     172.30.1.254       1
===========================================================================

IPv6 Table de routage
===========================================================================
Itinéraires actifs :
 If Metric Network Destination      Gateway
  1    306 ::1/128                  On-link
 13    276 fe80::/64                On-link
 12    276 fe80::/64                On-link
 10    276 fe80::/64                On-link
 13    276 fe80::81:77b8:9079:b13e/128
                                    On-link
 10    276 fe80::100d:188f:ea34:5315/128
                                    On-link
 12    276 fe80::ac86:bd8a:60f6:4e0d/128
                                    On-link
  1    306 ff00::/8                 On-link
 13    276 ff00::/8                 On-link
 12    276 ff00::/8                 On-link
 10    276 ff00::/8                 On-link
===========================================================================
Itinéraires persistants :
  Aucun

C:\>
```

Via la console Routage et accès distant

Win2

- Connectez-vous en tant qu'administrateur.
- Cliquez sur **Démarrer - Outils d'administration** puis sur **Gestionnaire de serveur**.
- Dans l'arborescence de la console, cliquez sur le nœud **Rôles**.
- Cliquez sur le nœud **Services de stratégie et d'accès distant**.
- Cliquez sur le nœud **Routage et accès distant**.
- Cliquez sur le nœud **IPv4** ou **IPv6** pour faire apparaître la table de routage correspondante.
- Cliquez avec le bouton droit de la souris sur **Itinéraires statiques** puis choisissez **Afficher la table de routage IP**.

WIN-CVBR0TIFEHO - Table de routage IP

Destination	Masque de réseau	Passerelle	Interface	Métrique	Protocole
ff00::	8	::	Extranet	276	Gestion réseau
ff00::	8	::	Internet	276	Gestion réseau
ff00::	8	::	Intranet	276	Gestion réseau
fe80::ac86:bd8a:60f6:4e0d	128	::	Internet	276	Gestion réseau
fe80::ac86:bd8a:60f6:4e0d	128	::1000	Boucle de ra...	50	Locale
fe80::100d:188f:ea34:5315	128	::	Extranet	276	Gestion réseau
fe80::100d:188f:ea34:5315	128	::1000	Boucle de ra...	50	Locale
fe80::81:77b8:9079:b13e	128	::	Intranet	276	Gestion réseau
fe80::81:77b8:9079:b13e	128	::1000	Boucle de ra...	50	Locale
fe80::	64	::	Extranet	276	Gestion réseau
fe80::	64	::	Internet	276	Gestion réseau
fe80::	64	::	Intranet	276	Gestion réseau
::1000	128	::1000	Boucle de ra...	50	Locale

H. Présentation du dépannage

1. Ce qu'il faut savoir

Le dépannage réseau d'un ordinateur doit être rigoureux. Il faut toujours vérifier que notre ordinateur fonctionne et rechercher ensuite le problème en s'éloignant vers la destination. Cette procédure peut être remplacée par une procédure dichotomique plus efficace comme le montre le diagramme plus bas.

Le premier point de tout dépannage réseau commence par s'assurer que la couche réseau fonctionne entre les deux ordinateurs pour s'occuper ensuite d'un éventuel problème applicatif dû au DNS, à l'application, etc.

2. Quelques outils

Win1 Core1

ipconfig (invite de commande)

La commande `ipconfig /all` montre la configuration actuelle de votre ordinateur.

ping (invite de conmmande)

La commande `ping` permet de tester la connectivité entre votre ordinateur et la cible, en envoyant un paquet ICMP de type ECHO et en recevant une réponse appelée ECHO REPLY.

Afin de garantir une connectivité au niveau IP (couche 3 du modèle OSI), pinguez une adresse IP et pas le nom de l'ordinateur distant.

tracert ou pathping (invite de commande)

Ces deux outils permettent d'effectuer un traçage en montrant les routeurs rencontrés. Bien qu'ils ne soient pas fiables à 100% en raison des routeurs qui ne répondent pas, leur réponse permet d'identifier rapidement où se situe le problème.
La commande est `tracert <adresseIPDestination>` ou `pathping <adresseIPDestination>`.

netsh (invite de commande)

La commande `netsh` permet de consulter et de configurer les cartes réseau ainsi que les pare-feu.

3. Procédure de dépannage pour garantir un fonctionnement au niveau de la couche 3 du modèle OSI

La procédure suivante est dichotomique et vous garantit qu'en peu d'étapes vous pouvez identifier la source d'un problème réseau.

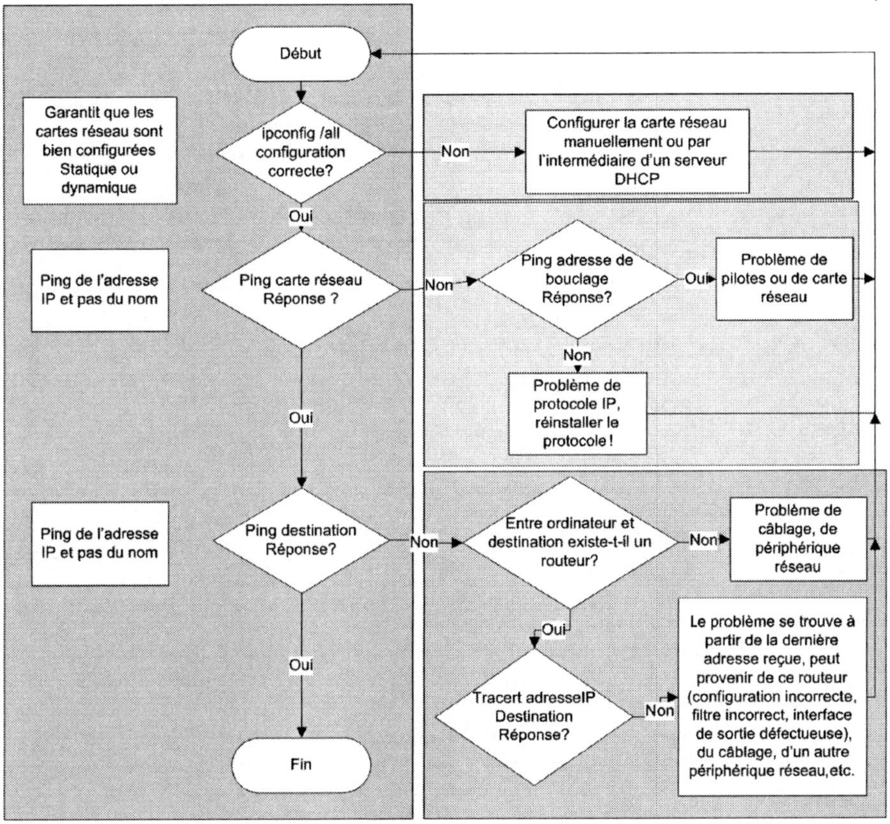

Tous les outils s'utilisent avec une adresse IP et pas un nom.

Cette procédure s'applique aussi bien au protocole IPv4 qu'IPv6.

I. Présentation du pare-feu

1. Ce qu'il faut savoir

Un pare-feu permet de bloquer ou de laisser passer les paquets à l'aide de filtres agissant au niveau des couches 3, 4, et au-delà du modèle OSI.

Il existe des pare-feu de type réseau comme Microsoft ISA Server ou Cisco PIX/ASA se plaçant entre deux sous-réseaux et filtrant le flux de données, mais également des pare-feu de type hôte filtrant le flux de données entrant ou sortant de l'hôte.

Un pare-feu d'hôte permet d'éviter que des ordinateurs malveillants situés sur le réseau interne attaquent les ordinateurs de l'entreprise.

Le pare-feu de type hôte diminue la surface d'attaque de l'ordinateur protégé. Par défaut, les connexions sortantes sont permises alors que les connexions entrantes sont refusées.

Microsoft a introduit un pare-feu d'hôte très rudimentaire avec Windows NT4 puis en a ajouté un second, une version plus adaptée à l'hôte et activée par défaut avec Windows XP SP2 et Windows Server 2003 SP1. Il existait également depuis Windows Server 2000 un filtre permettant de configurer les connexions entrantes et sortantes d'une interface dont l'usage était tout sauf pratique.

Windows Vista et Windows Server 2008 remplacent ces trois pare-feu par un seul, plus simple à gérer et plus puissant, qui dispose notamment des caractéristiques suivantes :

- une nouvelle interface graphique intégrant le pare-feu avec la gestion d'IPSec,
- un filtrage complet des protocoles IPv4 et IPv6,
- le blocage de tout trafic entrant excepté s'il s'agit d'une réponse à une requête sortante,
- l'activation du pare-feu par défaut.

Le pare-feu permet de définir des filtres au niveau de l'hôte ou de la carte réseau que ce soit pour les protocoles IP, TCP/UDP ou ICMP.

2. Profil réseau

Veuillez utiliser la configuration correspondante pour les machines virtuelles.

Dans Windows Server 2008, il existe trois profils réseau appelés **Domaine**, **Privé** et **Public**. Pour chaque profil, il est possible de définir des règles différentes pour le pare-feu.

Le profil **Domaine** est reconnu par Windows, lorsque le serveur se trouve dans son domaine Active Directory. Le profil **Public** s'applique pour tout réseau inconnu ou pas digne de confiance. Le profil **Privé** est un profil intermédiaire entre le profil **Public** et le profil de **Domaine**.

Il peut être surprenant de créer des profils réseau différents pour un serveur. En fait, si le serveur peut être amené à quitter l'entreprise pour une exposition temporaire, le fait d'avoir au préalable créé des règles de connexion différentes évite des problèmes de sécurité et d'erreur de configuration.

Notez qu'un profil spécifique est associé à chaque interface réseau.

Pour modifier le profil, il faut passer par le **Centre de Réseau et partage**.

→ Connectez-vous en tant qu'administrateur sur le serveur Windows Server 2008 sur Win1.

→ Sur le **Bureau**, cliquez sur **Démarrer**, saisissez **Centre de Réseau et partage** dans la zone **Rechercher** puis appuyez sur [Entrée].

→ Dans la fenêtre **Centre de Réseau et partage**, cliquez sur **Personnaliser**.

- Dans la boîte de dialogue **Définir un emplacement réseau**, sélectionnez le type d'emplacement puis cliquez sur **Suivant**.

Si l'ordinateur n'est pas membre d'un domaine, le profil de domaine n'apparaît pas.

Le lien **Fusionner ou supprimer des emplacements réseau** permet de supprimer des emplacements déjà définis ou de diminuer le nombre d'emplacements en les fusionnant.

- Sur la page **Paramètres réseau définis correctement**, contrôlez les valeurs puis cliquez sur **Terminer**.

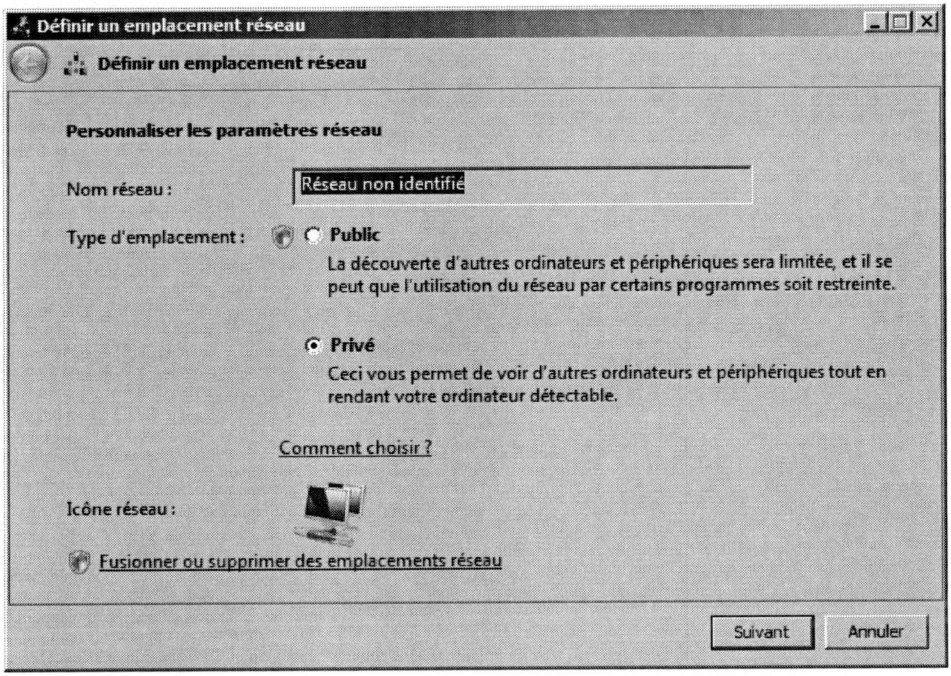

3. Le pare-feu standard

Le pare-feu standard est la vision simplifiée du pare-feu qui ne modifie que les paramètres du profil Public.

- Pour ouvrir le pare-feu, connectez-vous en tant qu'administrateur sur Win1.
- Sur le **Bureau**, cliquez sur **Démarrer - Panneau de configuration** puis sur **Pare-feu Windows**.
- Cliquez sur **Activer ou désactiver le Pare-feu Windows** pour ouvrir la boîte de dialogue **Paramètres du Pare-feu Windows**.

Onglet Général

L'onglet **Général** permet d'activer ou de désactiver le pare-feu.

L'option **Activé** permet d'activer le pare-feu tout en permettant de filtrer et laisser rentrer des connexions entrantes faisant partie des exceptions. La case à cocher **Bloquer toutes les connexions entrantes** empêche toute exception.

L'option **Désactivé** désactive le pare-feu pour le réseau public.

Il est déconseillé de désactiver le pare-feu, excepté pour effectuer du dépannage pendant de courts instants.

Onglet Exceptions

L'onglet **Exceptions** permet de définir des exceptions pour les connexions entrantes ; celles-ci peuvent être définies par défaut, créées manuellement ou proposées par le pare-feu.

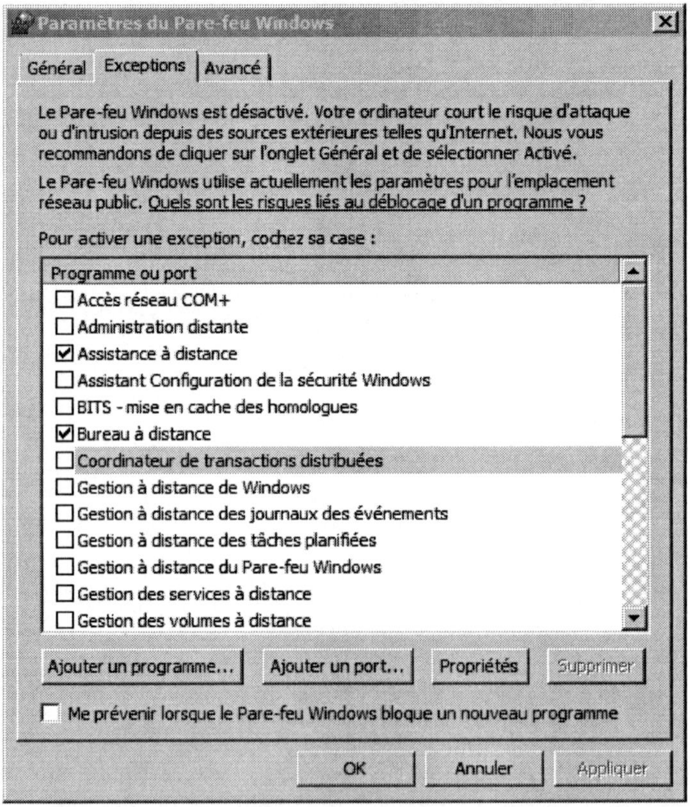

La liste indique les exceptions potentielles. Si la case à cocher correspondante est cochée, alors l'exception est activée.

Il n'est plus possible de gérer les paramètres **ICMP** avec le pare-feu standard.

Le bouton **Ajouter un programme** permet d'ajouter une exception basée sur un fichier exécutable. Le bouton **Ajouter un port** permet d'ajouter une exception basée sur un port. Le bouton **Propriétés** affiche le nom, le chemin d'accès ou une description de l'exception sélectionnée. Le bouton **Supprimer** permet de supprimer une exception qui n'est pas une exception par défaut. La case à cocher **Me prévenir lorsque le Pare-feu Windows bloque un nouveau programme** permet d'afficher des avertissements lorsque le pare-feu bloque un nouveau programme.

Onglet Avancé

L'onglet **Avancé** permet d'activer ou de désactiver le pare-feu sur chacune des cartes réseau. La liste des **Connexions réseau** permet d'activer ou de désactiver le pare-feu. Le bouton **Par défaut** permet de rétablir les valeurs par défaut du pare-feu et efface toutes les modifications apportées.

a. Ajouter un programme

- Connectez-vous en tant qu'administrateur sur Win1.
- Sur le **Bureau**, cliquez sur **Démarrer - Panneau de configuration** puis sur **Pare-feu Windows**.
- Cliquez sur **Autoriser un programme via le Pare-feu Windows**.
- Dans l'onglet **Exceptions**, cliquez sur **Ajouter un programme**.
  La liste affiche les **Programmes** qui sont déjà dans la liste des exceptions.

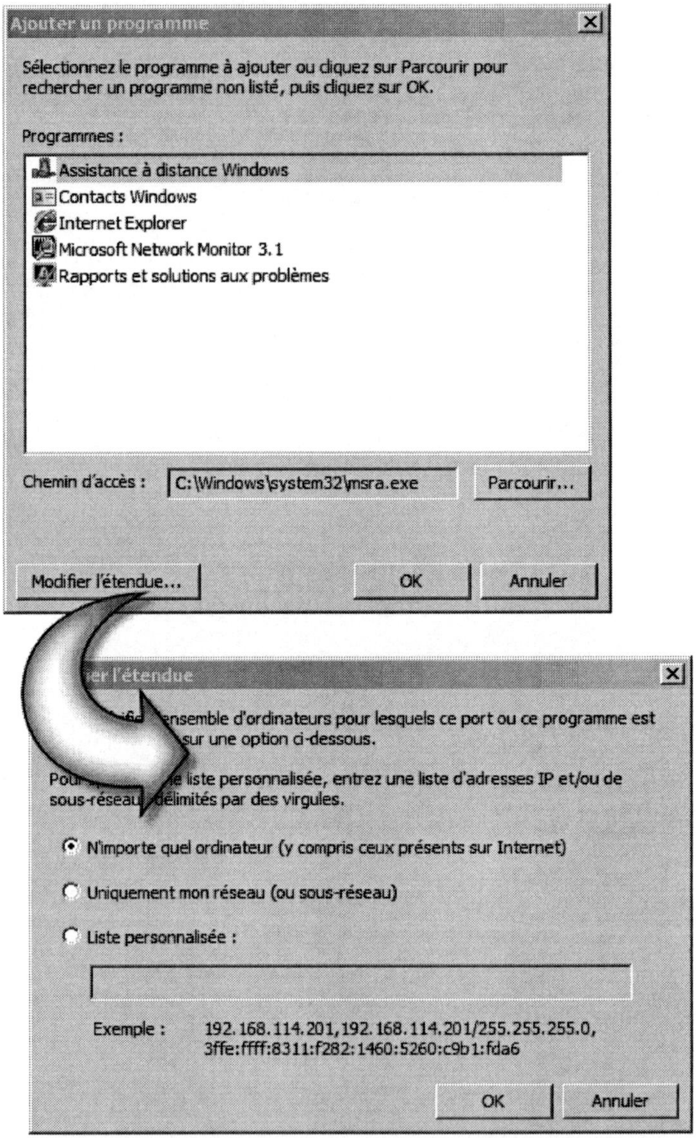

- Cliquez sur **Parcourir** pour sélectionner le nom du fichier exécutable pour créer l'exception.
- Cliquez éventuellement sur **Modifier l'étendue** afin de limiter les ordinateurs qui ont accès au fichier exécutable. Par défaut, n'importe quel ordinateur peut se connecter, mais vous pouvez limiter l'accès soit à votre réseau ou sous-réseau, soit à une liste d'adresses IP.

b. Ajouter un port

- Connectez-vous en tant qu'administrateur sur Win1.
- Sur le **Bureau**, cliquez sur **Démarrer - Panneau de configuration** puis sur **Pare-feu Windows**.
- Cliquez sur **Autoriser un programme via le Pare-feu Windows**.
- Dans l'onglet **Exceptions**, cliquez sur **Ajouter un port**.
- Tapez le nom de l'exception, le numéro ou les numéros de port ainsi que le protocole utilisé (TCP ou UDP).
- Cliquez éventuellement sur **Modifier l'étendue** afin de limiter les ordinateurs qui ont accès. Par défaut, n'importe quel ordinateur peut se connecter, mais vous pouvez limiter l'accès soit à votre réseau ou sous-réseau, soit à une liste d'adresses IP.

4. Le pare-feu Windows avec fonctions avancées de sécurité

Cette application permet de gérer l'intégralité du pare-feu de manière efficace. En exportant les stratégies définies, il sera non seulement possible de les importer dans un autre ordinateur exécutant au moins Windows Vista ou Windows Server 2008 mais également les placer dans une stratégie de groupe.

a. Ouvrir le pare-feu Windows avec fonctions avancées de sécurité

- Connectez-vous en tant qu'administrateur sur Win1.
- Cliquez sur **Démarrer - Outils d'administration** puis sur **Pare-feu Windows avec fonctions avancées de sécurité**.

Votre console ressemble à la figure suivante :

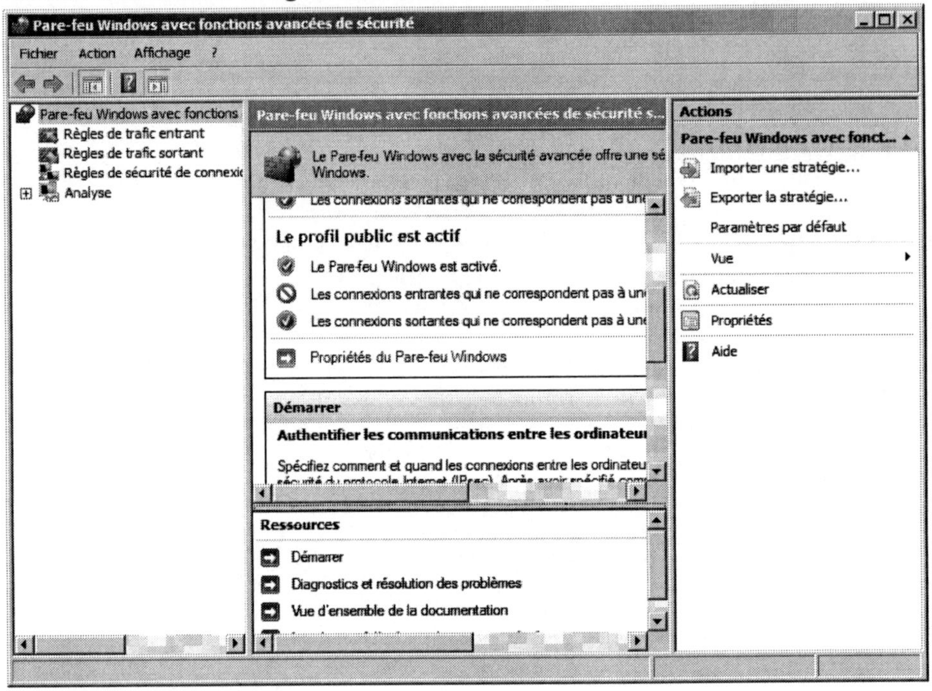

Arborescence de la console

Règles de trafic entrant : contient toutes les règles définies pour le trafic entrant.
Règles de trafic sortant : contient toutes les règles définies pour le trafic sortant.
Règles de sécurité de connexion : règles utilisant IPSec.
Analyse : permet d'analyser les règles.

Fenêtre principale

Section Vue d'ensemble

Il faut que dans l'arborescence de la console, le nœud **Pare-feu Windows avec fonctions avancées de sécurité sur Ordinateur local** soit sélectionné.

La vue d'ensemble affiche pour chaque profil, Domaine, Privé et Public, l'information indiquant si le pare-feu est activé ainsi que le comportement pour les connexions entrantes et sortantes.

Section Démarrer (sous la section "Vue d'ensemble")

Les liens renvoient au menu correspondant de l'arborescence de la console.

Section Ressources

Renvoie à la documentation en ligne.

Actions

Importer une stratégie : importe un fichier de stratégie de comportement du pare-feu (format wfw).

Exporter la stratégie : exporte un fichier de stratégie de comportement du pare-feu au format wfw.

Paramètres par défaut : réinitialise les valeurs par défaut ; toutes les modifications sont perdues, il est nécessaire d'effectuer une exportation de la stratégie avant.

Vue : permet de modifier l'affichage.

Actualiser : actualise immédiatement l'affichage.

Propriétés : affiche la boîte de dialogue **Propriétés de Pare-feu Windows avec fonctions avancées de sécurité** décrite plus haut.

Aide : affiche l'aide.

b. Restaurer les paramètres par défaut

Une fonction intéressante a été implémentée afin de revenir à l'état initial, soit celui existant lorsque le serveur a été installé. Pour cela, effectuez la procédure suivante :

- Connectez-vous en tant qu'administrateur sur Win1.
- Cliquez sur **Démarrer - Outils d'administration** puis **Pare-feu Windows avec fonctions avancées de sécurité**.
- Dans l'arborescence, sélectionnez le nœud **Pare-feu Windows avec fonctions avancées de sécurité sur Ordinateur Local**.
- Dans **Actions**, cliquez sur **Paramètres par défaut**.
- Lisez attentivement la mise en garde de la boîte de dialogue qui apparaît puis cliquez sur **Oui**.
- Cliquez sur **OK** dans la boîte de dialogue vous indiquant que les paramètres par défaut ont été réappliqués.

c. Propriétés du Pare-feu Windows

- Connectez-vous en tant qu'administrateur sur Win1.
- Cliquez sur **Démarrer - Outils d'administration** puis **Pare-feu Windows avec fonctions avancées de sécurité**.

Onglets Profil de domaine, Profil privé, Profil public

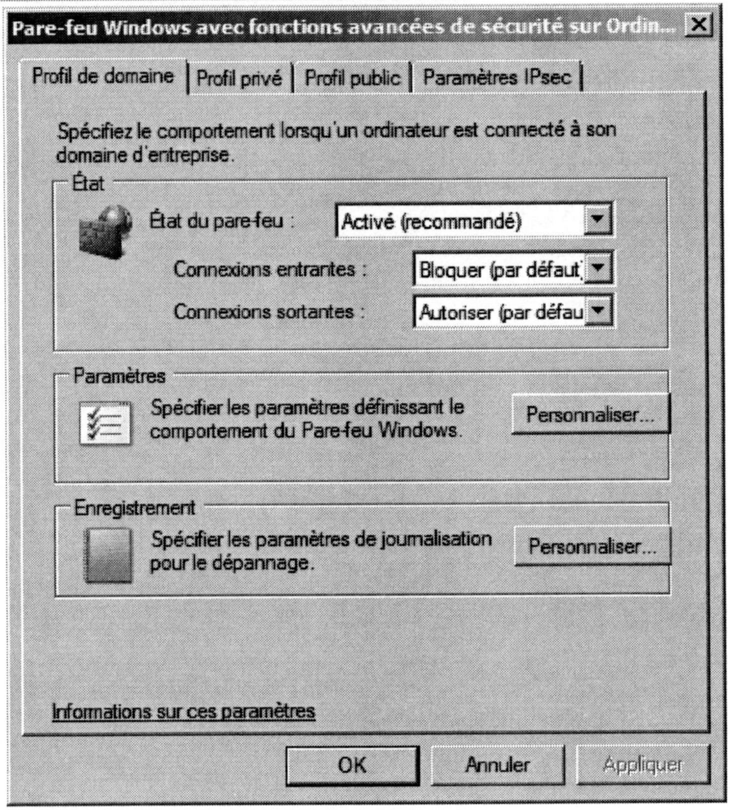

Pour chaque profil, les valeurs sont les mêmes :

État du pare-feu : **Activé (recommandé)** ou **Inactif**.

Connexions entrantes : **Bloquer (par défaut)**, **Bloquer toutes les connexions** ou **Autoriser**.

Connexions sortantes : **Autoriser (par défaut)** ou **Refuser**.

Paramètres : le bouton **Personnaliser** permet de pamamétrer le comportement du pare-feu Windows :

- affiche une notification pour les connexions bloquées.
- permet une réponse de monodiffusion d'un message multidiffusion ou de diffusion.
- fusionne les règles locales de pare-feu avec les règles définies par stratégie de groupe.

Enregistrement : le bouton **Personnaliser** permet de spécifier les paramètres de journalisation : emplacement du fichier de journalisation (%systemroot%\system32\logfiles\firewall\pfirewall.log), taille maximale du fichier (4096 Ko par défaut), enregistrement des paquets ignorés (**Aucun** par défaut) et enregistrement des connexions réussies (**Aucun** par défaut).

Onglet Paramètres IPsec

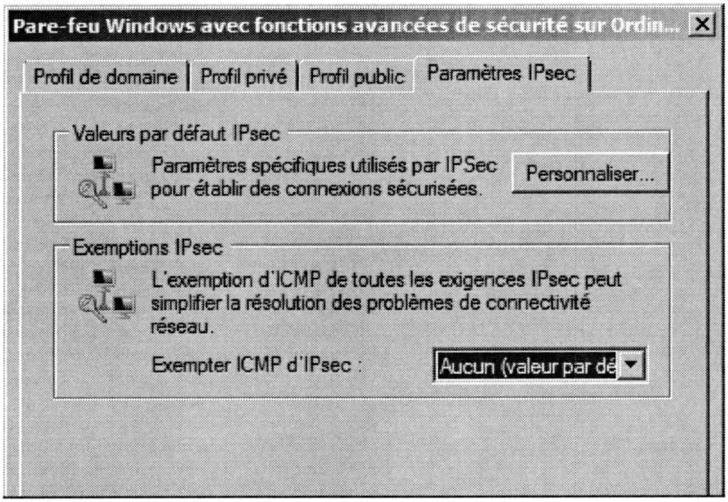

Valeurs par défaut IPsec: permet de définir le comportement par défaut lors de l'activation d'IPsec.

Exemptions IPsec: permet de ne pas utiliser IPsec pour ICMP, utile pour le dépannage.

d. Importer et exporter des stratégies de pare-feu

Un des grands avantages du nouveau pare-feu est qu'il est désormais possible d'exporter et d'importer des stratégies entre les différents ordinateurs qui composent le réseau de l'entreprise mais également d'importer ces stratégies dans une stratégie de groupes afin de la déployer efficacement.

Pour exporter une stratégie, effectuez les actions de la procédure suivante :

- Connectez-vous en tant qu'administrateur sur Win1.
- Cliquez sur **Démarrer - Outils d'administration** puis **Pare-feu Windows avec fonctions avancées de sécurité**.
- Dans l'arborescence, sélectionnez le nœud **Pare-feu Windows avec fonctions avancées de sécurité sur Ordinateur Local**.
- Dans **Actions**, cliquez sur **Exporter la stratégie**.
- Dans la boîte de dialogue **Enregistrer sous**, sélectionnez un chemin et un nom pour enregistrer le fichier d'exportation de la stratégie, puis cliquez sur **Enregistrer**.
- Cliquez sur **OK** dans la boîte de dialogue vous notifiant que l'exportation de la stratégie est terminée.

Importer une stratégie peut avoir son importance dans un petit réseau n'utilisant pas l'Active Directory. Pour cette dernière, il est préférable d'utiliser les stratégies de groupe qui seront montrées plus loin. Pour importer une stratégie, effectuez les actions de la procédure suivante :

- Connectez-vous en tant qu'administrateur.
- Cliquez sur **Démarrer - Outils d'administration** puis**Pare-feu Windows avec fonctions avancées de sécurité**.
- Dans l'arborescence, sélectionnez le nœud **Pare-feu Windows avec fonctions avancées de sécurité sur Ordinateur Local**.
- Dans **Actions**, cliquez sur **Importer la stratégie**.
- Dans la boîte de dialogue vous informant qu'importer une stratégie remplace tous les paramètres actuellement définis, cliquez sur **Oui**.
- Dans la boîte de dialogue **Ouvrir**, sélectionnez un chemin et un nom pour enregistrer le fichier d'exportation de la stratégie puis cliquez sur **Ouvrir**.
- Cliquez sur **OK** dans la boîte de dialogue vous notifiant que l'importation de la stratégie est terminée.

Pour déployer efficacement une stratégie de règles de pare-feu, il est possible d'importer une stratégie définie et testée préalablement en tant qu'élément d'une stratégie de groupe. Cette méthodologie permet de garantir une gestion centralisée.

Pour gérer les stratégies de pare-feu à l'aide des stratégies de groupe, effectuez les actions suivantes :

- Connectez-vous en tant qu'administrateur.
- Cliquez sur **Démarrer - Outils d'administration** puis **Gestion des stratégies de groupe**.
- Créez ou éditez une stratégie de groupe si possible au niveau du domaine.
- Dans l'**Éditeur de gestion des stratégies de groupe**, développez **Configuration Ordinateur**, **Stratégies**, **Paramètres Windows**, **Paramètres de sécurité**, **Pare-feu Windows avec fonctions avancées de sécurité**.
- Cliquez avec le bouton droit de la souris sur **Pare-feu Windows avec fonctions avancées de sécurité - LDAP:(//cn={....}**, puis sur **Importer une stratégie**.

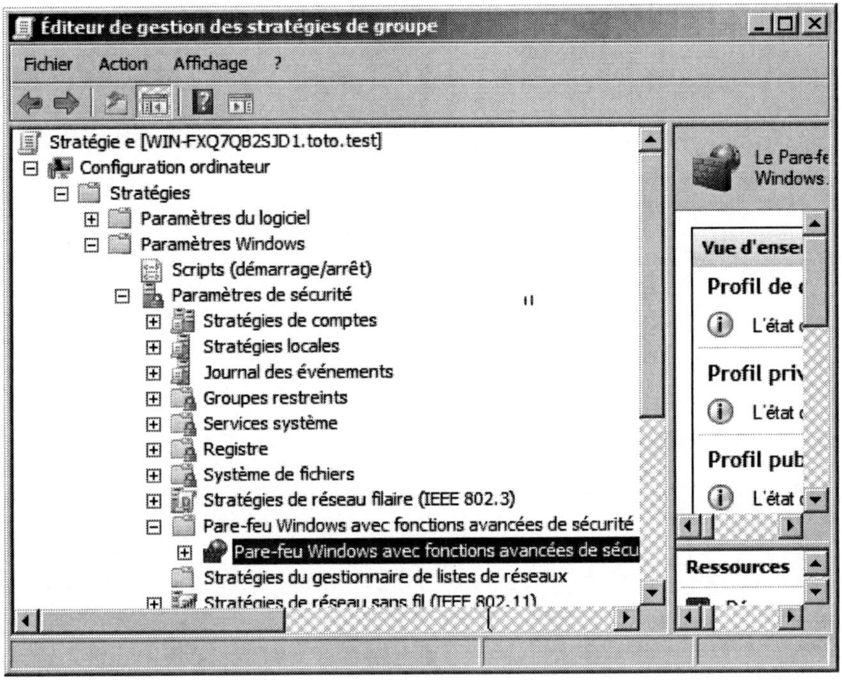

→ Dans la boîte de dialogue vous informant qu'importer une stratégie remplace tous les paramètres actuellement définis, cliquez sur **Oui**.

→ Dans la boîte de dialogue **Ouvrir**, sélectionnez un chemin et un nom pour enregistrer le fichier d'exportation de la stratégie puis cliquez sur **Ouvrir**.

→ Cliquez sur **OK** dans la boîte de dialogue vous notifiant que l'importation de la stratégie s'est terminée.

Dès lors, la stratégie définie pour le pare-feu s'appliquera pour les ordinateurs du domaine. Veuillez également noter qu'il est possible de gérer le comportement par défaut du pare-feu en cliquant sur **Propriétés** au lieu d'**importer une stratégie**. L'**export d'une stratégie** est également possible.

En cliquant sur **Propriétés du Pare-feu Windows**, il est possible de modifier le comportement pour chaque profil ainsi que les paramètres générateurs d'IPSec.

e. Règles de trafic entrant ou sortant

Chaque règle de la liste peut être désactivée, activée, supprimée ou modifiée. Il est également possible d'ajouter une nouvelle règle.

Les actions possibles pour les règles de trafic entrant ou sortant sont :

Nouvelle règle : permet d'ajouter une nouvelle règle.

Filtrer par profil : permet de filtrer l'affichage par profil ou pour tous les profils.

Filtrer par état : permet de filtrer l'affichage pour tous les états ou par état activé ou désactivé.

Filtrer par groupe : permet de filtrer l'affichage en fonction du contenu de la colonne **Groupe**.

Vue : permet de personnaliser l'affichage des colonnes.
Actualiser : actualise immédiatement la liste.
Exportation de la liste : exporte la liste des règles dans un fichier texte ou tabulaire.
Aide : affiche l'aide.
Activer la règle ou Désactiver la règle : active ou désactive la règle sélectionnée.
Propriétés : permet de modifier la règle sélectionnée.
Aide : affiche l'aide.

f. Ajouter une règle

- Connectez-vous en tant qu'administrateur sur Win1.
- Cliquez sur **Démarrer - Outils d'administration** puis sur **Pare-feu Windows avec fonctions avancées de sécurité**.
- Cliquez soit sur **Règles de trafic entrant**, soit sur **Règles de trafic sortant** puis sur **Nouvelle règle**.
- Sur la page **Type de règle**, sélectionnez le type de règle : basé sur un programme, ou sur un port UDP ou TCP, une règle prédéfinie qui contrôle les connexions liées à Windows ou une règle personnalisée. En fonction du type de règle sélectionné, le nombre de pages de l'assistant varie.
- Si l'on choisit **Programme**, il est possible de sélectionner la règle pour un programme, ou tous les programmes. Puis cliquez sur **Suivant**.
- Sur la page **Protocole et ports**, il est possible de définir le type de protocole comme personnalisé c'est-à-dire avec le numéro attribué lors de sa normalisation ou en sélectionnant le nom des protocoles les plus utilisés comme IGMP, UDP, TCP, ICMP, L2TP, IPv4, IPv6... Il faut également définir les ports locaux et les ports distants qui doivent être utilisés. Enfin le bouton **Personnaliser** permet de définir les paramètres ICMP, comme le montrent les images suivantes.

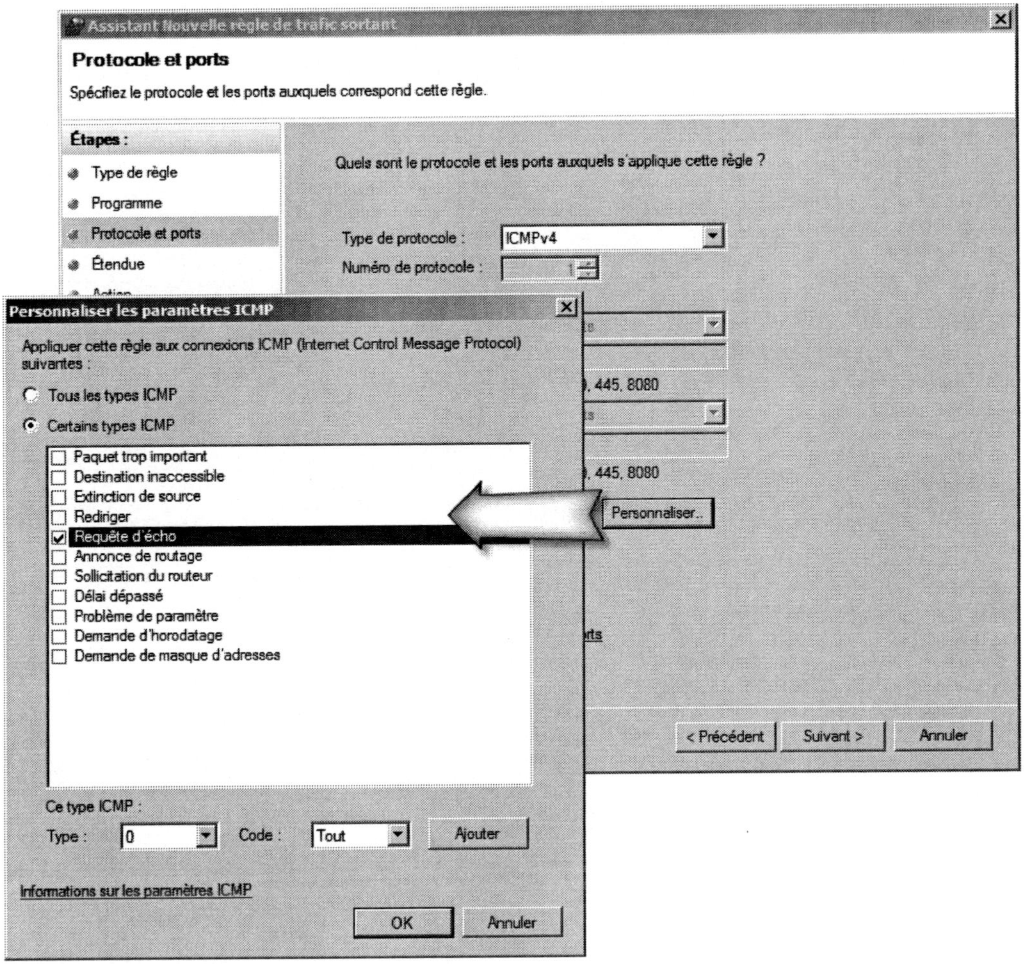

Certains administrateurs bloquent tout le trafic ICMP y compris les types ICMP **ECHO** et **ECHO REPLY** utilisés par la commande **PING**, ce que je déconseille pour les deux types ICMP cités.

→ Sur la fenêtre étendue, il est possible de limiter l'application de la règle au niveau des adresses IP locales ou distantes :

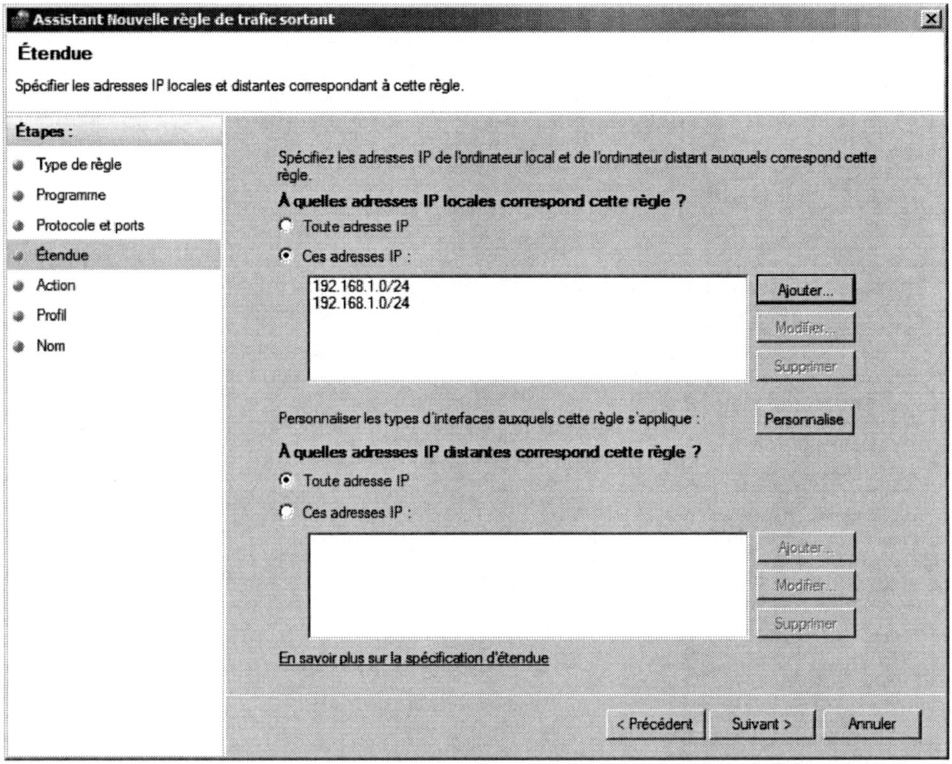

Les plages d'adresses locales ou distantes peuvent aller d'une adresse spécifique à toutes les adresses. Une plage peut également s'appliquer à une interface spécifique.

→ Sur la page **Action**, il est possible de définir si la connexion est autorisée ou bloquée, éventuellement autorisée si elle est sécurisée avec le protocole IPSec en mode intégrité (authentification) ou intégrité (authentification) + confidentialité (chiffrement).

L'ordre de priorité d'application des règles est la suivante : 1) Contournement authentifié (en d'autres mots, règles qui remplacent les règles de blocage). 2) Bloquer la connexion. 3) Autoriser la connexion. 4) Comportement de profil par défaut selon ce qui a été défini dans l'onglet **Profil** de la boîte de dialogue **Propriétés de Pare-feu Windows avec sécurité avancée**.

→ Sur la page **Profil**, il faut indiquer le ou les profils subissant la règle.

→ Enfin sur la page **Nom**, donnez un **Nom** à la règle et une **Description** (facultative).

La règle apparaît dans la liste et elle est activée.

g. Modifier une règle

Les règles prédéfinies sont partiellement modifiables.

- Connectez-vous en tant qu'administrateur sur Win1.
- Cliquez sur **Démarrer - Outils d'administration** puis sur **Pare-feu Windows avec fonctions avancées de sécurité**.
- Cliquez soit sur **Règles de trafic entrant**, soit sur **Règles de trafic sortant**.
- Dans la liste des règles, sélectionnez une règle puis cliquez sur **Propriétés**.
- Modifiez la règle selon les besoins. Pour plus d'informations sur les onglets, reportez-vous à la section précédente.

h. Filtrer les règles de trafic

Il est possible et bien utile de pouvoir filtrer les règles de trafic que ce soit pour les trafics entrant ou sortant mais également en se basant sur d'autres critères comme :

- **Filtres par profil** : filtrer par profil de domaine, profil privé, profil public, ou tous les profils.
- **Filtres par état** : règles qui sont activées, règles désactivées ou toutes les règles.
- **Filtres par groupe** : afficher les stratégies prédéfinies en fonction des groupes auxquels elles appartiennent. Actuellement il n'est pas possible d'associer une règle à un groupe. Les nouvelles règles font automatiquement partie de Règles sans groupe.

La procédure pour activer une vue filtrée est :

- Connectez-vous en tant qu'administrateur.
- Cliquez sur **Démarrer - Outils d'administration** puis **Pare-feu Windows avec fonctions avancées de sécurité**.
- Dans l'arborescence, sélectionnez le nœud **Règles de trafic entrant** ou **Règles de trafic sortant**.
- Dans **Actions**, sélectionnez le filtre souhaité.

i. Analyse du Pare-feu

Le nœud analyse permet de visualiser rapidement des informations sur l'état du pare-feu et donne des indications sur chaque règle activée.

Il est regrettable qu'aucune statistique ne soit disponible sur les paquets analysés par le pare-feu en fonction de la règle, car cela permettrait de créer des rapports intéressants.

j. Gestion du pare-feu à l'aide de l'invite de commande

Les opération suivantes peuvent s'effectuer sur Core1 ou Win1.

La commande **netsh** permet de gérer le pare-feu, y compris les règles, de manière efficace à l'aide de scripts. Bien qu'il existe deux contextes pour le pare-feu à savoir **firewall** et **advfirewall**, il est une bonne méthode de n'utiliser qu'advfirewall, car le premier contexte est amené à disparaître dans une future version.

- **Ajouter une règle pour une application :**

```
netsh advfirewall firewall add rule name="Mon Application" dir=in action=allow
program="C:\MonRep\MonApp.exe" enable=yes
```

- **Supprimer une règle :**

```
netsh advfirewall firewall delete rule name=rule name
program="C:\MonRep\MonApp.exe"
```

- **Restaurer les stratégies par défaut :**

```
netsh advfirewall reset
```

J. Présentation d'IPSec (IP Security)

Le protocole **IPSec** permet de sécuriser tout ou une partie du trafic IP sur un réseau. Il protège de ce fait tous les protocoles se trouvant au-dessus de la couche 3 (réseau) du modèle OSI. Il permet le remplacement des protocoles de sécurisation applicatifs comme SSL ou TLS de la couche 6 (présentation) du modèle OSI, qui demandent une version spécifique du protocole applicatif utilisé, ainsi que les appareils de chiffrement existant au niveau de la couche 1 (physique) du modèle OSI exigeant d'utiliser à chaque extrémité (émetteur et récepteur) un appareil de chiffrement compatible.

Il a été conçu pour protéger le trafic de la manière suivante :

- **Confidentialité**, avec le chiffrement du trafic pour empêcher la visibilité du contenu aux personnes non autorisées.
- **Intégrité**, avec la garantie que le message n'a pas été altéré durant son transport.
- **Authentification** des pairs pour garantir que l'émetteur et le destinataire sont bien ceux qu'ils prétendent être.
- **Anti-replay** pour empêcher de rejouer les paquets.

Les deux modes utilisés sont le **mode transport** qui ne chiffre et/ou n'authentifie que le contenu du paquet sans modifier l'en-tête IP, et le **mode tunnel** qui chiffre et authentifie le paquet IP en modifiant l'en-tête IP.

Les protocoles suivants sont utilisés par IPsec pour assurer la sécurité au niveau du paquet.

L'**authentification de l'en-tête AH** garantit l'intégrité et l'authentification de l'en-tête IP, la charge n'est pas chiffrée. En d'autres termes, AH garantit que le paquet n'a pas été altéré durant le transport et que l'émetteur et le destinataire sont bien ceux qu'ils prétendent être. Le contrôle d'intégrité AH implique l'incompatibilité avec les mécanismes de translation d'adresses NAT.

NAT-T ou NAT Traversal encapsule les données dans un tunnel UDP (défaut UDP 4500) afin de contourner cette contrainte liée à la modification de l'en-tête IP. Depuis Windows 2003 ou Windows XP SP2, le NAT Microsoft est compatible avec ce mécanisme.

L'**encapsulation de la charge ESP** utilise le protocole IP50 et garantit la confidentialité, éventuellement son intégrité et l'authentification de la charge du paquet. Ce mode ne garantit pas que le paquet provient d'une source sûre, c'est la raison pour laquelle il existe aujourd'hui un mode mixte appelé ESP +AH qui permet de garantir le meilleur des deux protocoles.

Depuis Windows Vista, Microsoft a revu les outils IPSec et les a intégrés avec le pare-feu car leurs similitudes sont grandes. En effet, chacun est utilisé pour sécuriser le système et les données et chacun utilise des règles qui indiquent comment se comporter.

1. Configurer les paramètres IPSec globalement

Veuillez utiliser la configuration correspondante prévue pour les machines virtuelles.

- Connectez-vous en tant qu'administrateur sur Win1.
- Cliquez sur **Démarrer - Outils d'administration** puis sur **Pare-feu Windows avec fonctions avancées de sécurité**.
- Sur la page principale **Pare-feu Windows avec fonctionnalités avancées de sécurité**, cliquez sur **Propriétés du Pare-feu Windows**.
- Cliquez sur l'onglet **Paramètres IPSec**.
- Cliquez sur le bouton **Personnaliser**.

La boîte de dialogue qui s'affiche permet de définir les paramètres IPSec utilisés par défaut.

Il peut être utile dans une optique de dépannage d'exempter le protocole ICMP d'exigence IPSEC.

a. Échange de clé (mode principal) personnalisé appelé IKE (*Internet Key Exchange*) ou phase 1

- Dans la section **Échange de clé (mode principal)**, activez l'option **Avancé**, cliquez sur **Personnaliser** puis sur **Ajouter**.

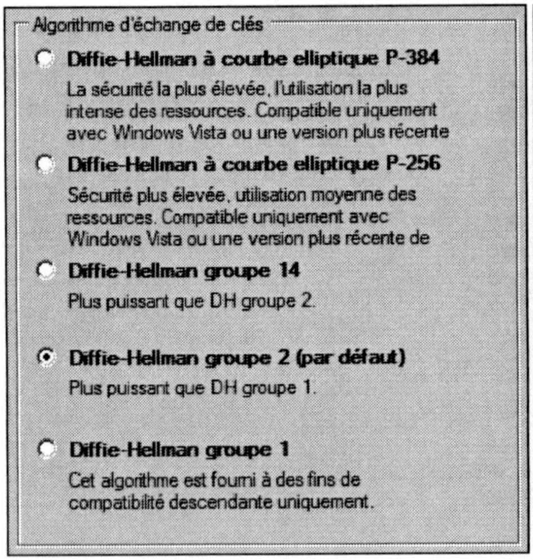

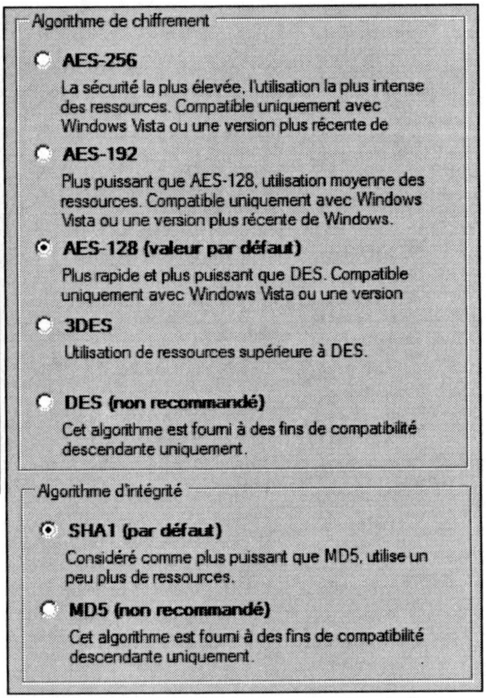

Les boîtes de dialogue précédentes permettent de définir les 5 points qui doivent être compatibles entre l'émetteur et le destinataire, soit :

- L'algorithme utilisé pour échanger les clés ou comment initier le dialogue entre les deux pairs.
- L'algorithme de chiffrement ou comment conserver la confidentialité.
- L'algorithme d'intégrité ou comment garantir que le message n'a pas été altéré.

Il est possible de créer plusieurs méthodes de chiffrement et de confidentialité pour établir des dialogues avec différents systèmes.

- La durée de vie de la clé en minutes, cela veut dire que toutes les 480 minutes, les ordinateurs vont créer de nouvelles clés de session de manière transparente pour l'utilisateur.
- La durée de vie de la clé en session.

Une durée de vie de clé de session trop petite ralentit le système et ne protège pas forcément car un pirate pourrait, avec le temps, anticiper la prochaine clé utilisée.

b. Protection des données (mode rapide) personnalisée ou établissement d'IPsec en mode AH et/ou ESP

La boîte de dialogue suivante permet d'établir un tunnel IPSec en utilisant les protocoles AH ou ESP pour l'intégrité, ESP ou AH + ESP pour le chiffrement et l'intégrité des données.

Il est nécessaire de disposer à l'autre extrémité au moins un algorithme identique.

- Sur la boîte de dialogue **Personnaliser les paramètres IPSec**, dans la section **Protection des données (mode rapide)**, sélectionnez l'option **Avancé** puis cliquez sur **Personnaliser**.
- La sélection de la case à cocher **Demander le chiffrement de toutes les règles de sécurité de connexion** pour protéger le trafic réseau désactive la section **Algorithmes d'intégrité des données**.

Le bouton **Ajouter** pour les **Algorithmes d'intégrité des données** ouvre la boîte de dialogue suivante :

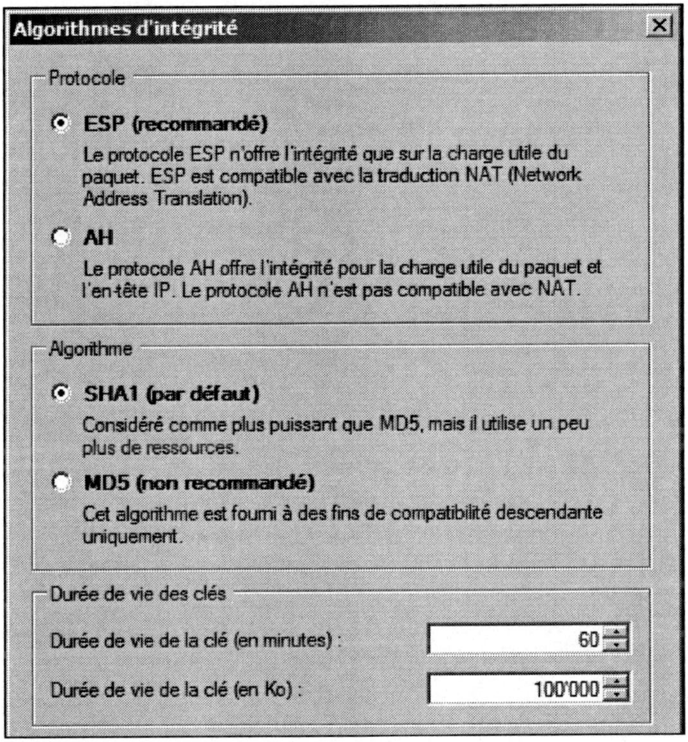

Le protocole utilisé est AH ou ESP et les algorithmes sont SHA+ ou MD5 ce qui donne quatre possibilités mais il faut également indiquer une durée de vie qui doit être identique à l'autre extrémité.

Le bouton **Ajouter** pour **Algorithmes d'intégrité et de chiffrement de données** ouvre la boîte de dialogue suivante :

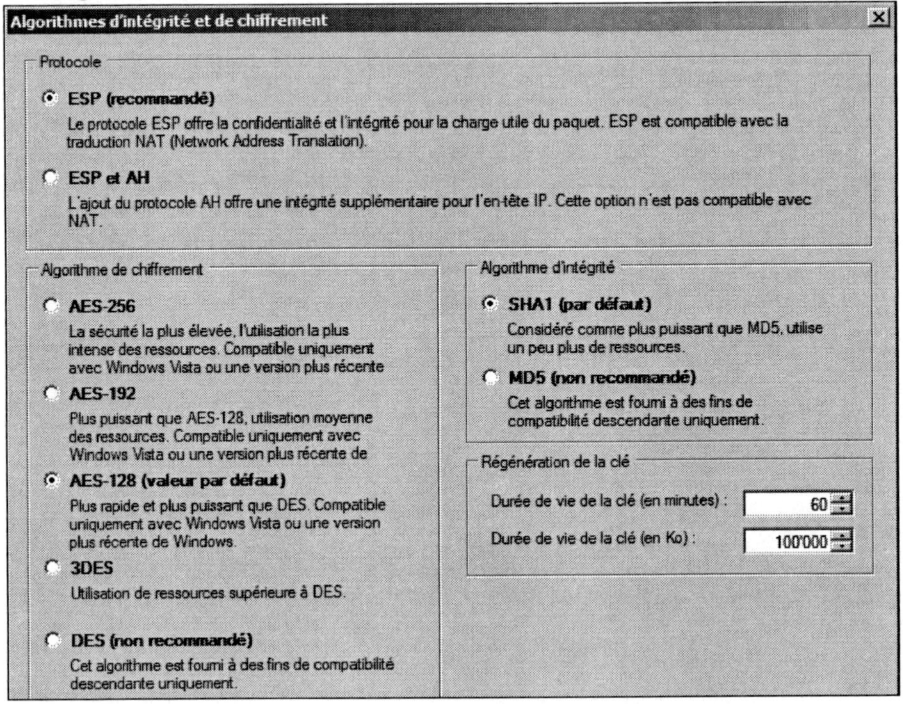

Il permet en plus de sélectionner l'algorithme utilisé pour le chiffrement.

c. Méthode d'authentification

La méthode d'authentification permet de sélectionner la méthode qui est utilisée par défaut pour authentifier l'autre extrémité. Cette méthode peut utiliser :

- Kerberos V5 pour l'utilisateur ;
- l'ordinateur ;
- les deux ;
- un certificat ;
- une clé pré-partagée et personnalisée ;
- la méthode par défaut, soit généralement Kerberos V5.

2. Créer une nouvelle règle de sécurité

L'outil pour créer des règles a été grandement amélioré et son usage est des plus aisé non seulement pour mettre en œuvre IPSec mais également pour créer des domaines serveurs ou d'isolation.

L'importation et l'exportation examinée avec le pare-feu tiennent également compte des paramètres IPSec.

Bien que l'ancienne console soit toujours disponible, il faut utiliser le pare-feu pour créer et gérer les règles IPSec. L'ancienne console est valide si vous devez créer des règles pour des ordinateurs antérieurs à Windows Vista.

Toute la difficulté de configuration rencontrée avec l'ancienne console a disparu en augmentant le niveau d'abstraction par rapport au protocole IPSec.

- Pour créer une nouvelle règle de sécurité, connectez-vous en tant qu'administrateur sur Win1.
- Cliquez sur **Démarrer - Outils d'administration** puis sur **Pare-feu Windows avec fonctions avancées de sécurité.**
- Cliquez sur **Règles de sécurité de connexion**, puis sur **Nouvelle règle**.
- Sur la page **Type de règle**, vous pouvez sélectionner comment la règle va s'appliquer : en utilisant la notion d'isolation par rapport à un domaine, un tunnel de serveur à serveur, en n'utilisant pas l'authentification ou par une règle personnalisée.

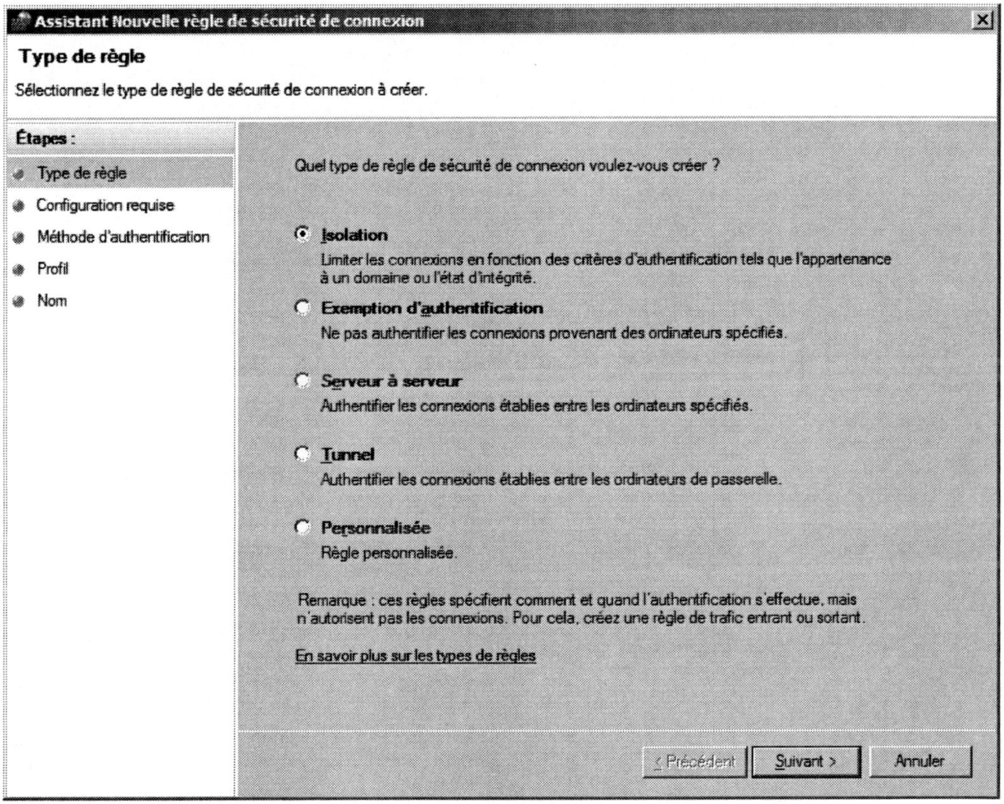

Isolation permet de créer des emplacements sécurisés de communication.

Exemption d'authentification permet de sécuriser une connexion mais sans garantir l'émetteur et le destinataire.

Serveur à serveur permet une communication sécurisée entre deux ordinateurs. Dans les anciennes versions de Windows, on utilisait le terme **Transport**.

Tunnel permet de définir une communication sécurisée entre deux ordinateurs passant par un tunnel. Il ne définit pas le tunnel.

Personnalisé est un mode qui permet de définir les préférences manuellement. Cette option a été choisie pour la suite de la procédure.

→ Sur la page **Points de terminaison**, vous pouvez sélectionner les deux points de terminaison pour créer une connexion sécurisée. Le point de connexion peut être une adresse IP, un sous-réseau IP, une plage d'adresses IP ou un groupe d'ordinateurs prédéfini comme les serveurs DHCP, WINS, DNS, passerelle par défaut ainsi que le sous-réseau local.

→ Sur la page **Configuration requise**, vous pouvez définir comment authentifier l'ordinateur distant, soit en demandant, soit en exigeant une authentification.

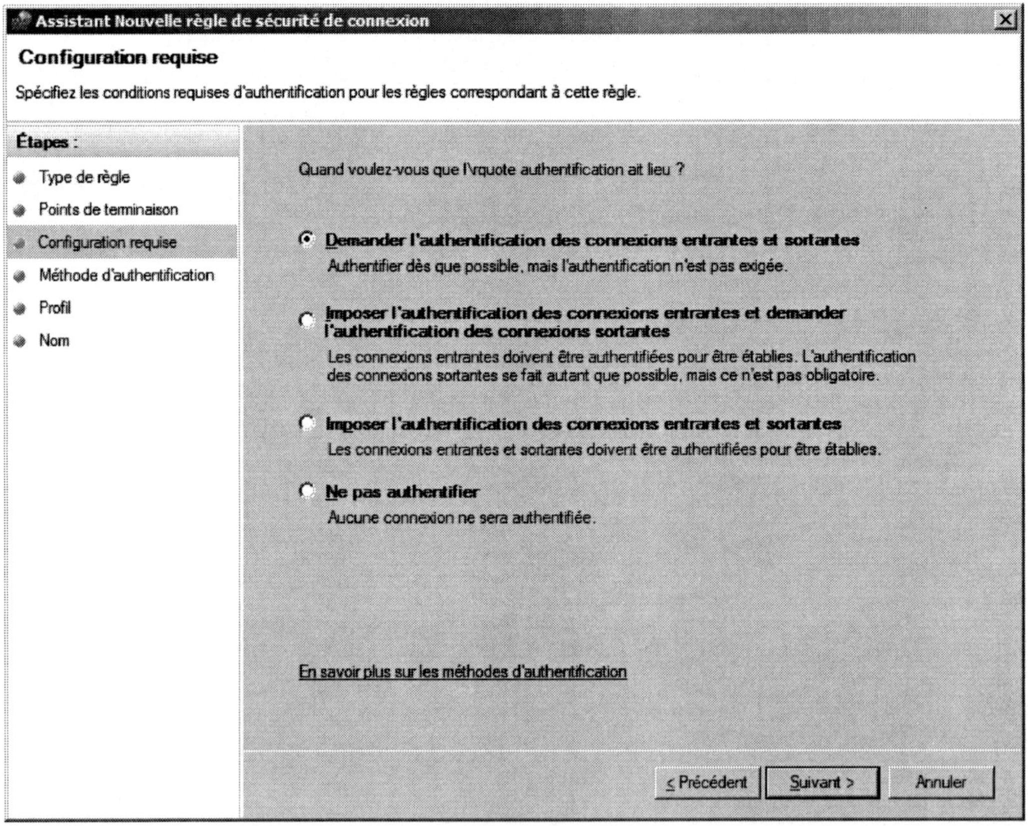

→ Sur la page **Méthode d'authentification** vous définissez les méthodes d'authentification comme le montre l'image suivante :

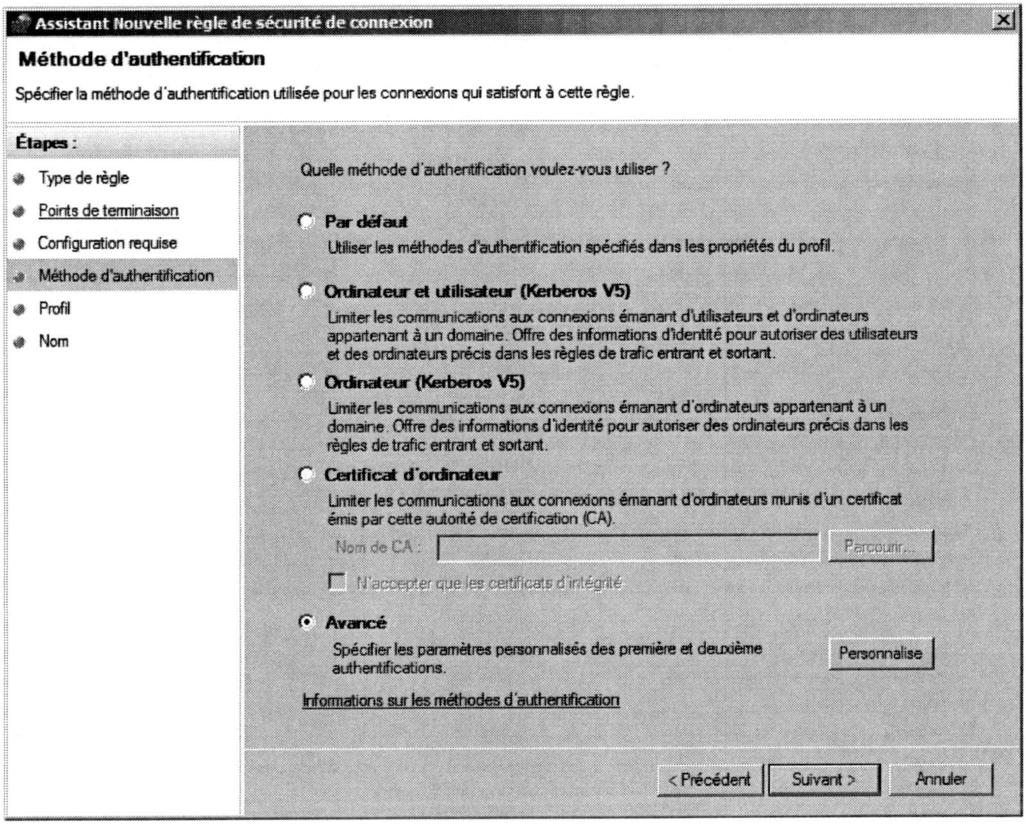

Par défaut selon ce qui a été spécifié dans les propriétés du profil IPSec.

Ordinateur et utilisateur (Kerberos V5) limite les connexions à des ordinateurs et des utilisateurs provenant du domaine.

Ordinateur (Kerberos V5) limite les connexions à des ordinateurs provenant du domaine.

Certificat ordinateur limite les communications aux ordinateurs munis d'un certificat adéquat.

Avancé permet de définir précisément comment authentifier y compris une authentification NTLMV2 ou l'utilisateur d'une clé pré-partagée.

→ Sur la page **Méthode d'authentification**, vous pouvez sélectionner une méthode d'authentification différente de celle par défaut.

→ Sur la page **Profil**, vous pouvez restreindre l'utilisation d'IPSec à un profil réseau (domaine privé publique).

→ Sur la page **Nom**, indiquez le nom de la règle et sa description (facultative).

- Pour contrôler l'utilisation d'IPSec, le moniteur réseau peut vous montrer si les paquets utilisent IPSec.

- Pour dépanner IPSec, vous pouvez utiliser un ordinateur témoin qui fonctionne toujours sans IPSec. De cette manière, vous pouvez savoir si le problème provient de l'émetteur ou du destinataire.

a. Analyse des règles de sécurité

Comme pour le pare-feu, il est possible de visualiser rapidement des informations sur l'état du pare-feu et recevoir des informations sur chaque règle activée.

De plus il est possible d'analyser les associations de sécurité créées que ce soit celles de la phase 1 appelée Mode principal (création du tunnel) ou de la phase 2 mode rapide (négociation des protocoles de sécurisation de la communication).

3. Utilisation de l'invite de commande

Les opérations suivantes peuvent s'effectuer sur Core1 ou Win1.

La commande **netsh** permet de gérer IPSec, y compris les règles, de manière efficace à l'aide de scripts. Bien qu'il existe deux contextes pour IPSec à savoir **ipsec** et **advfirewall**, c'est une bonne méthode de n'utiliser qu'advfirewall car le premier contexte est amené à disparaître dans une future version.

Importation d'un fichier de stratégie

```
netsh advfirewall conSec import c:\MonRep\MonFichier.wfw
```

Création d'une règle d'isolation de domaine

```
netsh advfirewall conSec add rule name="Règle dIsolation de Domaine
"endpoint1=any endpoint2=any action=requireinrequestout
```

4. Isolation de domaine

De nos jours, la sécurité d'un réseau ne passe plus par une notion simpliste qui consiste à dire que soit l'on est à l'intérieur de l'entreprise (Intranet), donc sécurisé, soit on est à l'extérieur (Internet), donc dans un environnement peu sécurisé. Les utilisateurs veulent disposer d'une granularité plus fine sans pour autant augmenter le niveau de sécurité de tout le réseau d'entreprise.

Pour cela, il faudrait créer plusieurs réseaux internes disposant chacun d'un niveau de sécurité et de règles permettant la communication ou non vers d'autres ordinateurs sur intranet. Avant Windows 2008, il était possible de créer des réseaux virtuels (vlans) différents, d'exiger l'utilisation d'IPSec, voire même d'isoler des réseaux en utilisant des pare-feu réseaux. Windows 2008 introduit la notion d'isolation de domaine qui permet de configurer simplement les ordinateurs afin de bénéficier de la protection offerte par les technologies IPSec d'authentification, de certificats, de chiffrage voire de l'intégration avec NAP.

K. Présentation de la traduction d'adresses réseau NAT

La traduction d'adresses réseau NAT permet à un réseau entier de partager une connexion Internet. Du côté Internet on ne voit qu'une seule adresse comme si ce n'était qu'un seul client. Le serveur NAT sert de passerelle entre le réseau interne et le réseau Internet. Son principal avantage est qu'il permet d'utiliser dans une entreprise des adresses privées et de n'utiliser qu'une adresse publique pour l'accès Internet.

Dans la terminologie utilisée par Cisco, cela correspond à la notion de PAT pour Port Address Translation, alors que le NAT Cisco demande une adresse IP externe par client interne. Le NAT décrit ici peut s'appeler également Hide-Mode NAT (Checkpoint), NATP pour Network Address Translation Port (RFC 3022), SNAT/MASQUERADE (LINUX Iptables), Static NAT, etc.

Lorsqu'un ordinateur interne doit avoir accès à l'Internet comme le montre la figure suivante, il crée des paquets dont l'en-tête contient son adresse source, le port source, l'adresse de destination qui correspond à l'ordinateur cible sur l'Internet et le port de destination qui correspond au protocole utilisé. Lors du passage dans le serveur NAT, ce dernier met en cache les informations source du paquet dans une table de correspondance et remplace l'adresse IP source par sa propre adresse IP externe (adresse IP publique), et éventuellement lui change le numéro de port source, puis envoie le paquet vers sa destination. Le serveur de destination reçoit le paquet dont il croit que l'émetteur est l'adresse IP publique du serveur NAT. Il renvoie sa réponse en plaçant dans la partie source son adresse IP et le port source et dans la destination l'adresse IP du serveur NAT et le numéro de port défini par le serveur NAT. Lorsque ce dernier reçoit le paquet, il cherche le destinataire réel dans sa table de correspondance puis modifie la destination en remplaçant l'adresse IP et le port. Enfin l'ordinateur reçoit la réponse.

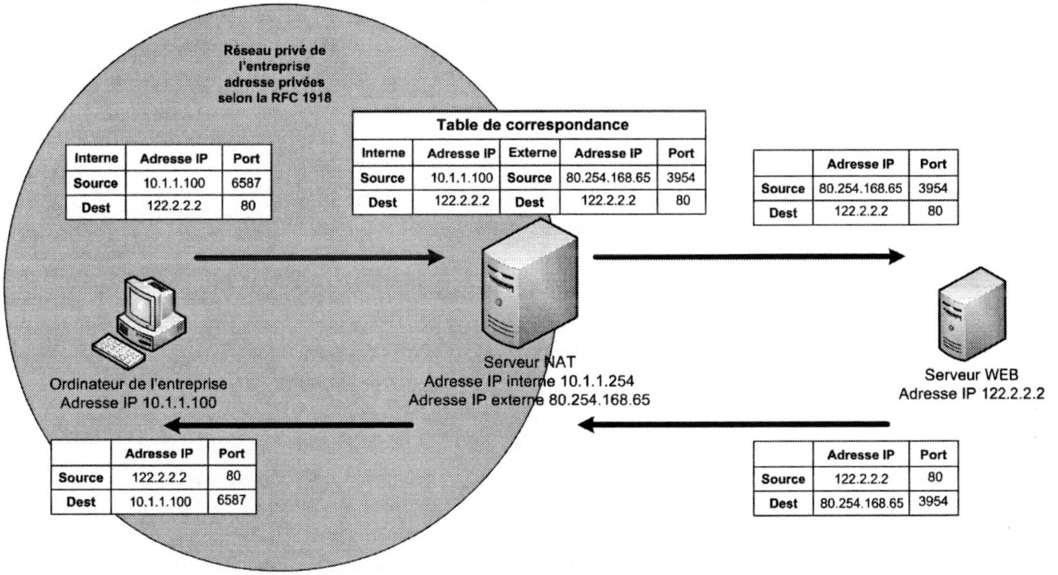

Par défaut, il n'y a pas de règles de gestion des connexions entrantes et elles sont refusées. Dans Windows Server 2008, ce sont les règles du pare-feu qui sont utilisées comme filtre. D'autre part, il existe une fonctionnalité de redirection pour une connexion entrante vers un ordinateur particulier comme vous pouvez en trouver sur des pare-feu réseau avec fonctionnalités NAT de type Cisco, Checkpoint, Microsoft ISA Server, etc.

En fonction du nombre d'utilisateurs, il est possible d'utiliser un des services suivants pour la traduction d'adresses réseau :

- **Le partage de connexion Internet ICS** est prévu pour quelques utilisateurs. Il est également activable sur un serveur Windows Server 2008 si le service NAT n'est pas déjà activé. Son principal avantage est la simplicité car l'interface interne est automatiquement configurée avec l'adresse IP 192.168.0.1 et un mini serveur DHCP est configuré pour distribuer des adresses au sein du réseau interne. Il n'est donc pas nécessaire de configurer l'adressage IP d'une autre manière. La redirection d'adresses entrantes est également possible.
- **La traduction d'adresses réseau NAT** comme présenté dans cette section est prévue pour une vingtaine d'utilisateurs. La mise en œuvre est un peu plus complexe que pour un partage de connexion ICS.
- **Le pare-feu avec NAT** pour plus d'utilisateurs, certains pare-feu permettent la redondance pour une haute disponibilité, voire une répartition de la charge.

1. Ajout du service de routage et d'accès distant

Win2

Votre serveur doit disposer d'au moins deux cartes réseau.

Si le service de rôle n'est pas encore installé :

- Connectez-vous en tant qu'administrateur.
- Cliquez sur **Démarrer - Outils d'administration** puis **Gestionnaire de Serveur**.
- Dans l'arborescence de la console, cliquez sur **Rôles**.
- Dans la fenêtre principale de **Rôles**, cliquez sur **Ajouter des rôles**.
- Si la page **Avant de commencer** apparaît, cliquez sur **Suivant**.
- Sur la page **Rôles de serveurs**, sélectionnez **Services de stratégie et d'accès réseau** puis cliquez sur **Suivant**.
- Sur la page **Stratégies et accès réseau**, cliquez sur **Suivant**.
- Sur la page **Services de rôle**, sélectionnez **Routage**.
- Dans la boîte de dialogue **Assistant Ajout de rôles**, cliquez sur le bouton **Ajouter les services de rôle requis**.
- Sur la page **Service de rôle**, cliquez sur **Suivant**.
- Sur la page **confirmation**, cliquez sur **Installer**.
- Dès que la page **Résultats** apparaît, contrôlez que le rôle est bien installé, puis cliquez sur **Fermer**.

2. Activation de l'accès distant en NAT

Win2

- Connectez-vous en tant qu'administrateur.
- Cliquez sur **Démarrer - Outils d'administration** puis **Gestionnaire de Serveur.**
- Dans l'arborescence de la console, cliquez sur le nœud de **Rôles.**
- Cliquez sur le nœud de **Services de stratégie et d'accès distant.**
- Cliquez avec le bouton droit de la souris sur **Routage et accès distant** puis cliquez sur **Configurer et activer le routage et l'accès distant.**
- Sur la page **Bienvenue** de l'assistant, cliquez sur **Suivant.**
- Sur la page **Configuration**, cliquez sur **NAT** (*Network Address Translation*) puis sur **Suivant.** Vous pouvez également cliquer sur l'option **Accès VPN** (*Virtual Private Network*) **et NAT.**
- Sur la page **Connexion Internet NAT**, sélectionnez l'interface réseau qui est sur le côté Internet, puis cliquez sur **Suivant.**

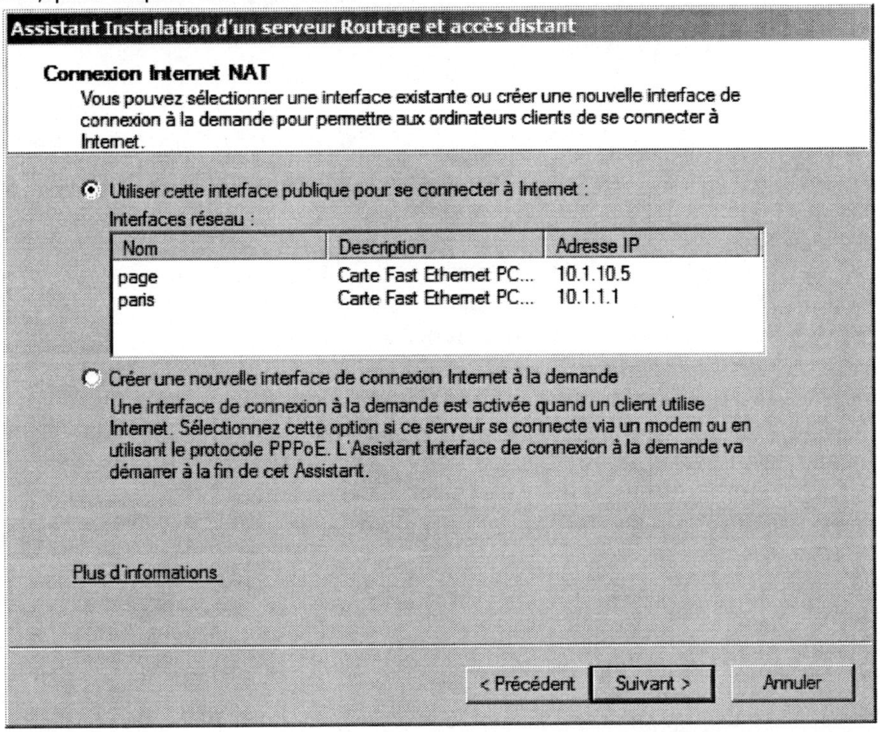

Remarquez les noms des interfaces réseaux, ils ont été modifiés afin de simplifier la gestion du serveur.

Il est également possible de définir une connexion Internet à la demande.

- Sur la page **Fin de l'Assistant Installation d'un serveur de routage et d'accès à distance**, cliquez sur **Terminer**.

Une fois l'installation terminée, la console ressemble à la figure suivante :

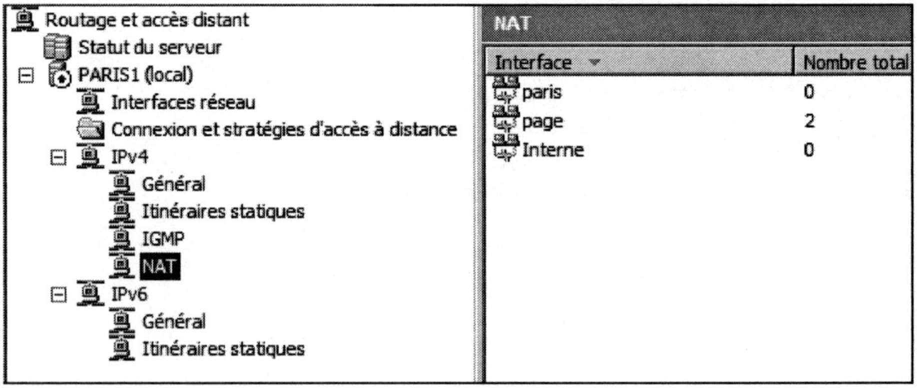

3. Propriétés du serveur NAT

- Dans l'arborescence de la console **Routage et Accès distant**, cliquez avec le bouton droit de la souris sur **NAT** puis sur **Propriétés**.
- Sur l'onglet **Général**, vous définissez comment les événements sont enregistrés dans le journal Système de l'observateur d'événements. Cela peut être :

  Enregistrer uniquement les erreurs dans le journal (défaut).

  Enregistrer les erreurs et les avertissements.

  Enregistrer tous les événements.

  Désactiver l'enregistrement dans le journal des événements.
- Sur l'onglet **Traduction**, vous définissez la durée de connexion des mappages dynamiques pour les connexions **TCP** (par défaut 1440 minutes) et **UDP** (1 minute). Un bouton vous permet de réinitialiser le cas échéant ces valeurs.
- Sur l'onglet **Attribution d'adresses**, vous pouvez activer un mini serveur DHCP, appelé également allocateur DHCP, pour distribuer des adresses sur le réseau privé. Pour cela vous devez indiquer l'adresse du réseau et son masque. Vous pouvez également exclure des adresses mais vous ne pouvez pas définir d'autres options DHCP.
- Sur l'onglet **Résolution de noms**, vous pouvez permettre au serveur NAT de relayer les demandes DNS des ordinateurs clients sur le réseau privé vers un serveur DNS, donc d'agir comme un proxy DNS. Le serveur DNS peut-être interne ou externe, voire utiliser une connexion à la demande.

L'attribution d'adresses et la résolution de noms sont utilisables uniquement si le réseau interne se compose d'un seul sous-réseau IP.

4. Propriétés de l'interface interne

Win2

- Dans l'arborescence de la console **Routage et Accès distant**, développez le nœud **NAT**.
- Dans la section de détail, cliquez avec le bouton droit de la souris sur l'interface considérée puis sur **Propriétés**. Ici l'interface**privé** est l'interface interne soit le réseau 10.1.1.0/21.
- Seul l'onglet **NAT** est visible, vous pouvez uniquement modifier le type d'interface de **Privé** à **Public**.

Veuillez noter que la section de détail, vous indique des statistiques sur les résolutions y compris d'afficher les mappages en terme d'adresses IP.

5. Propriétés de l'interface externe

Win2

- Effectuez la même procédure que pour l'interface interne.
- Sur l'onglet **NAT**, l'interface est publique et la case à cocher **Activer NAT sur cette interface** est activée. Notez qu'il est possible de disposer d'une interface publique mais sans activer de partage de connexion. Ici l'interface**public** est l'interface externe soit le réseau 172./6.1.0/1.
- Sur l'onglet **Pool d'adresses**, si vous avez demandé des adresses fixes, généralement des adresses publiques, auprès de votre fournisseur d'accès Internet, vous pouvez définir ces adresses ici. Elles seront utilisées pour la traduction d'adresses NAT sauf si vous cliquez sur **Réservations**. Dans ce cas vous pouvez créer un mappage spécifique entre une adresse IP publique et une adresse IP privée, soit en sortie uniquement voire en permettant une connexion entrante comme pour accéder à un serveur Web interne.

→ Sur l'onglet **Services et ports**, vous pouvez définir quel service interne est disponible à partir d'Internet, soit en activant et configurant un service prédéfini, soit en en créant un. La figure suivante montre cet onglet.

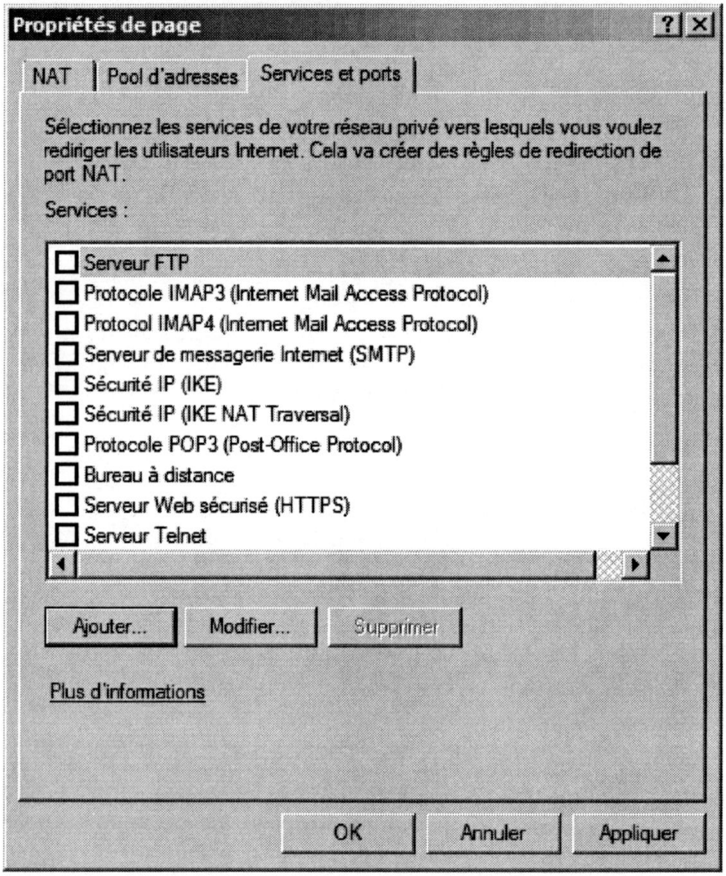

→ En cliquant sur **Ajouter**, vous pouvez ajouter un nouveau service comme le montre l'image suivante.

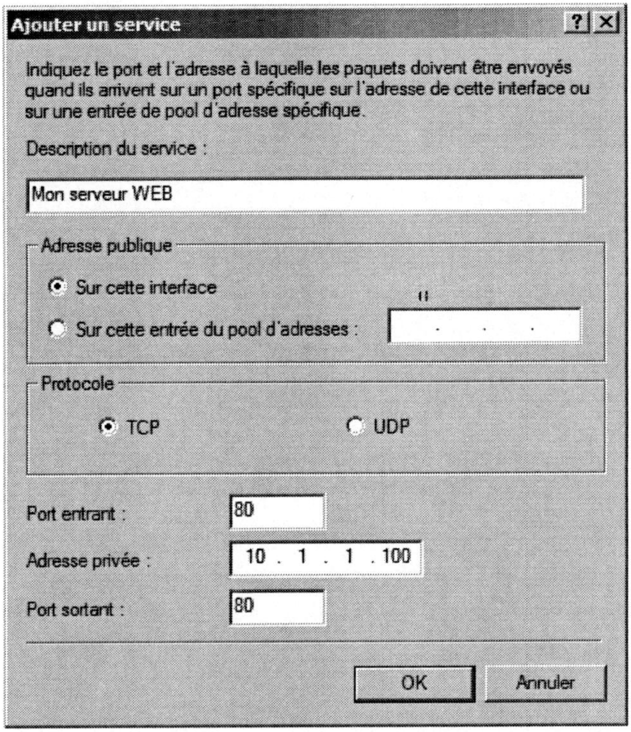

→ Saisissez le nom du service dans la zone de texte **Description du service**. Puis soit vous utilisez l'adresse IP de l'interface soit une adresse du pool d'adresse définit dans l'onglet **Pool d'adresses**. Ensuite sélectionnez le protocole utilisé par le service soit **TCP** ou **UDP**. Enfin vous devez indiquer le port utilisé par le service sur l'interface externe, l'adresse IP de l'ordinateur interne qui dispose du service et le port à utiliser en interne.

Pour une adresse IP publique, le port public doit également être unique pour le même protocole.

Vous pouvez utiliser les machines virtuelles Win1 et Win3 pour tester NAT. Attention les machines sont accessibles uniquement par leur adresse IP et pas avec leur nom.

L. Présentation de l'accès distant et des réseaux privés virtuels VPN

L'accès au réseau de l'entreprise depuis l'extérieur a toujours été une option très prisée que ce soit pour des informaticiens ou des utilisateurs. Lorsque les connexions à la demande transitaient par le réseau téléphonique, les protocoles utilisés n'étaient pas sécurisés. Par la suite la sécurité est devenue de mise et les protocoles ont évolué pour supporter la notion de réseau privé virtuel dont il est possible de simplifier la définition comme étant un accès distant sécurisé dont l'objectif principal est d'inclure l'ordinateur distant comme faisant partie du réseau de l'entreprise en créant un tunnel pour faire passer toutes les communications de l'ordinateur vers l'entreprise y compris les requêtes Internet.

1. Connexion réseau à distance

Dans Windows Server 2008, la notion de connexion réseau à distance comprend sans distinction l'accès réseau via une connexion à la demande et la connexion VPN présentée plus loin. Dans le livre, la connexion réseau à distance fait référence à une connexion utilisant simplement le protocole **PPP** (*Point to Point*) sinon le terme de connexion **VPN** est utilisé. Dans notre scénario, le client se connecte au serveur via un modem en utilisant le protocole d'accès distant **PPP**, les clients **SLIP** n'étant plus supportés.

Le protocole **PPP** encapsule les paquets IP pour circuler sur un réseau téléphonique. Ce protocole n'est donc pas sécurisé. Pour l'authentification de l'utilisateur, il existe plusieurs méthodes qui peuvent être utilisées pour améliorer la sécurité. Les méthodes d'authentification seront présentées plus loin. Pour le serveur il est possible d'améliorer la sécurité en utilisant un serveur Radius ainsi qu'un serveur de stratégie.

Vu l'engouement pour Internet et grâce aux nombreux points de connexion existant à travers le monde, la simple connexion réseau à distance en utilisant une liaison téléphonique a un intérêt limité.

Il est nécessaire d'avoir des modems et les avoir configuré afin qu'ils soient reconnus par le système d'accès distant.

---

a. Activation de l'accès à distance

Veuillez configurer l'environnement comme demandé en début de chapitre pour effectuer les procédures suivantes.

- Connectez-vous en tant qu'administrateur sur Win1.
- Cliquez sur **Démarrer - Outils d'administration** puis **Gestionnaire de Serveur**.
- Dans l'arborescence de la console, cliquez sur le nœud de **Rôles**.
- Cliquez sur le nœud de **Services de stratégie et d'accès distant**.
- Cliquez avec le bouton droit de la souris sur **Routage et accès distant** puis cliquez sur **Configurer et activer le routage et l'accès distant**.
- Sur la page **Bienvenue de l'assistant**, cliquez sur **Suivant**.
- Sur la page **Configuration**, cliquez sur **Accès à distance (Connexion à distance ou VPN)**.
- Sur la page **Accès à distance**, cochez la case **Accès à distance** puis cliquez sur **Suivant**.
- Sur la page **Sélection du réseau**, sélectionnez l'interface réseau du réseau interne puis cliquez sur **Suivant**.

- Sur la page **Attribution d'adresses IP**, vous pouvez choisir entre utiliser le serveur DHCP d'entreprise, sur lequel vous pourriez configurer des options spécifiques aux utilisateurs distants, ou à partir d'une plage d'adresses IP que vous spécifiez sur le serveur d'accès distant. Si vous utilisez un serveur DHCP distant, l'agent serveur DHCP sera ajouté et il faudra le configurer. Ensuite, cliquez sur **Suivant**.
- Si vous avez indiqué une plage d'adresses spécifiées, alors la page suivante vous demande de spécifier ces adresses.
- Sur la page **Gestion d'accès à distance multiples**, vous pouvez indiquer que le serveur d'accès distant gère également l'authentification, ou qu'il devienne un client Radius ce qui améliore la sécurité.
- Si vous avez indiqué de travailler en tant que client Radius, vous devez définir les paramètres Radius.
- Sur la page **Fin de l'assistant Installation d'un serveur de routage et d'accès distant**, lisez les informations de configuration avant de cliquer sur **Terminer**.

b. Gestion de l'accès à distance

- Dans l'arborescence de la console, cliquez avec le bouton droit de la souris sur le nom du serveur puis cliquez sur **Propriétés**.
- Dans la boîte de dialogue, sur l'onglet **Général**, vous pouvez activer ou désactiver de manière indépendante l'accès à distance **IPv4** et **IPv6**.
- Sur l'onglet **Sécurité**, vous pouvez modifier la méthode d'authentification en utilisant soit l'authentification Windows, soit l'authentification Radius.
- Sur l'onglet **IPv4**, vous pouvez indiquer :
  - La méthode d'attribution des adresses IPv4 (DHCP ou en spécifiant une plage d'adresses).
  - Si le routage est activé, soit si les ordinateurs peuvent également se connecter au réseau de l'entreprise.
  - Si le serveur d'accès distant s'occupe de la résolution de noms NetBIOS et DNS sur le sous-réseau local.
  - La carte réseau à utiliser pour obtenir des informations DHCP, DNS et Wins.
- Sur l'onglet **IPv6**, vous pouvez indiquer :
  - L'activation du transfert IPv6 soit l'équivalent du routage IPv4.
  - L'activation des annonces de routage par défaut.
  - L'affectation d'un préfixe IPv6 pour les utilisateurs distants.
- Sur l'onglet **PPP** qui est en relation directe avec les connexions modem vous pouvez indiquer :
  - **Connexions à liaisons multiples** permet d'autoriser un utilisateur distant à utiliser plusieurs modems pour se connecter.

- **Contrôle de la bande passante dynamique en utilisant les protocoles BAP ou BACP** soit si le serveur gère l'ajout et la suppression dynamique de modems en fonction des besoins.
- **Extension LCP** (*Link Control Protocol*) à laisser activé.
- **Compression logicielle** permet d'activer le protocole MPPC (*Microsoft Point to Point Compression*) entre l'ordinateur distant et le serveur.

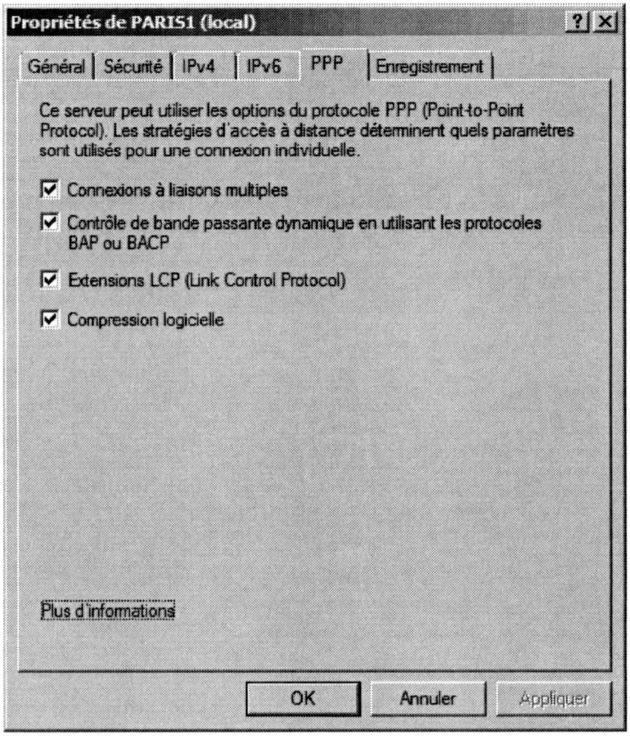

→ Sur l'onglet **Enregistrement**, vous définissez comment les enregistrements sont sauvegardés dans le journal. Vous pouvez également y inclure des informations de débogage dans un fichier appelé ppp.log situé dans %systemroot%\tracing.

Vous pouvez également configurer :

- Les ports pour l'accès distant (à voir plus loin).
- Visualiser les informations et statistiques sur les clients d'accès distants (à voir plus loin).
- Gérer les stratégies d'accès à distance (à voir plus loin).
- L'agent de relais DHCP (voir la section correspondante dans le chapitre Configuration de la résolution de noms).

2. Connexion VPN

La connexion VPN est une des méthodes les plus utilisées aujourd'hui pour se connecter depuis l'extérieur au réseau d'entreprise et fait souvent référence dans le langage populaire à une connexion sécurisée. Comme plusieurs concurrents, Microsoft possède sa propre solution qui est décrite ici. Tous les VPN utilisent les trames PPP puis les sécurisent avec leur technologie.

Les protocoles VPN supportés par Windows Server 2008 sont présentés dans le tableau suivant :

Protocole	Système d'exploitation supportant	Scénario	Méthode d'authentification	Ports utilisés
PPTP (*Point to Point Tunneling Protocol*)	XP, 2003, Vista, WS08, W7, WS08 R2	Accès distant et site à site	Authentification de l'utilisateur en clair puis création du tunnel PPTP	TCP 1723 (Control), IP 47 (GRE - Data)
L2TP (*Layer 2 Tunneling Protocol*)	XP, 2003, Vista, WS08, W7, WS08 R2	Accès distant et site à site	Authentification de l'ordinateur via IPSec puis de l'utilisateur dans le tunnel avec PPP	UDP Port 500 (IKE), IP 50 (ESP) éventuellement UDP port 4500 (NAT-T Data)
SSTP	Vista SP1, WS08, W7, WS08 R2	Accès distant	Création du tunnel SSL puis authentification de l'utilisateur avec PPP	TCP 443 (HTTPS)

a. Point To Point tunneling Protocol PPTP

PPTP (*Point to Point Tunneling Protocol*) est un Protocole VPN qui authentifie l'utilisateur en clair puis crée le tunnel PPTP en utilisant le chiffrage MPPE (*Microsoft Point to Point Encryption*). PPTP est à l'heure actuelle le type de VPN le plus répandu car le client et le serveur sont inclus dans Windows. Son implémentation est très simple.

b. Layer 2 Tunneling Protocol L2TP

L2TP est un protocole de VPN très sécurisé car il commence par créer un tunnel entre l'ordinateur distant et le serveur en les authentifiant mutuellement via IPSec puis dès que le tunnel est créé, l'utilisateur est authentifié. L2TP est le second type de VPN répandu mais son implémentation est assez complexe, surtout pour la partie gestion des certificats qui s'avère rapidement nécessaire. D'autre part, il faut garantir qu'entre le client distant et le serveur les matériels réseaux sont compatibles avec IPSec ce qui semble le cas partout actuellement.

Une des difficultés est le passage d'IPSec au travers de pare-feu, voire de proxy.

c. Secure Socket Tunneling Protocol SSTP

SSTP est un protocole VPN apparu dans Windows Vista SP1 et Windows Server 2008. Il encapsule le protocole PPP dans HTTP sur SSL afin d'éviter les problèmes décrits précédemment. Il n'est pas nécessaire d'installer un serveur IIS sur le serveur d'accès distant. Les mécanismes nécessaires sont implémentés directement dans le serveur d'accès distant. Sa mise en œuvre est plus simple que L2TP mais plus complexe que PPTP.

3. Méthodes d'authentification

Les méthodes d'authentification indiquent la méthode utilisée pour transférer les informations d'identification de l'utilisateur entre l'ordinateur client et le serveur d'accès distant.

Il ne faut pas confondre les méthodes d'authentification d'accès réseau distant présentes ici avec l'authentification réseau NTLM (*NT Lan Manager*) et Kerberos. Kerberos est le protocole utilisé actuellement pour se connecter à des domaines Active Directory. NTLM est utilisé si l'ordinateur client est authentifié au niveau du serveur par son adresse IP, l'ordinateur client n'appartient à aucun domaine (groupe de travail), l'ordinateur client appartient à une forêt différente, des restrictions peuvent exister sur le pare-feu.

Les méthodes supportées dans Windows Server 2008 sont :

Méthode	Description
Accès non authentifié	Indique si le serveur accepte des connexions non authentifiées, c'est-à-dire que ni le nom ni le mot de passe ne sont envoyés au serveur. Les scénarios suivants sont possibles : - **Autorisation DNIS** (*Dialed Number Identification Service*) basée sur le numéro de l'appelant. - **ANI/CLI** (*Automatic Number Identification/Calling Line Identification*) basée sur le numéro de l'appelant fourni par les opérateurs de téléphonie. - **Authentification invité** où l'appelant est mappé sur l'utilisateur Invité. Dans tous les cas, il faut activer et configurer une stratégie d'accès distant pour permettre cette méthode d'accès. Elle est la méthode la moins sécurisée.
PAP	PAP (*Password Authentication Protocol*). Les mots de passe sont en clair. PAP est surtout utilisé pour permettre l'accès soit à de vieux serveurs d'accès distants, soit à de vieux systèmes d'exploitation ne prenant pas en charge une autre méthode d'authentification. Cette méthode est fortement déconseillée.
CHAP	CHAP (*Challenge Handshake Authentication Protocol*) fonctionne en stimulation/réponse et utilise un protocole de hachage des mots de passe MD5 (*Message Digest* 5). MSCHAP est largement répandu et c'est souvent le choix à faire lorsqu'il faut être compatible avec un maximum de clients. Il faut noter que MSCHAP exige un mot de passe chiffré de manière réversible ce qui peut poser des problèmes de sécurité.
MS-CHAP-V2	MS-CHAP-V2 (*Microsoft PPP Chap Extensions*) (définition selon RFC 2759) fonctionne en authentification mutuelle à mot de passe unidirectionnel. Le serveur d'accès à distance ou le serveur NPS envoie un défi au client qui doit répondre en envoyant le nom de l'utilisateur, une chaîne de défi homologue arbitraire et un chiffrement unidirectionnel basé sur le défi envoyé, le défi homologue, la réponse chiffrée du client et le mot de passe utilisateur. Le serveur répond avec une indication du succès ou de l'échec de l'authentification ainsi qu'une réponse authentifiée basée sur le défi envoyé, le défi homologue, la réponse chiffrée du client et le mot de passe utilisateur. Le client vérifie la réponse d'authentification et en cas de succès se connecte. Il s'agit une des méthodes préférées.

Méthode	Description
EAP	EAP (*Extensible Authentication Protocol*) autorise l'authentification arbitraire d'une connexion d'accès à distance grâce à des modèles d'authentification appelés types EAP. Windows Server 2008 supporte : - EAP-TLS qui utilise des certificats et un chiffrement TLS comme par exemple avec les cartes à puce. - EAP-Radius utilisé pour une authentification sécurisée vers un serveur Radius. - PEAP pour une authentification de clients sans fil. EAP est considérée comme la méthode la plus sécurisée pour l'authentification.

La figure suivante montre les méthodes d'authentification activées par défaut dans Windows Server 2008 pour un accès VPN.

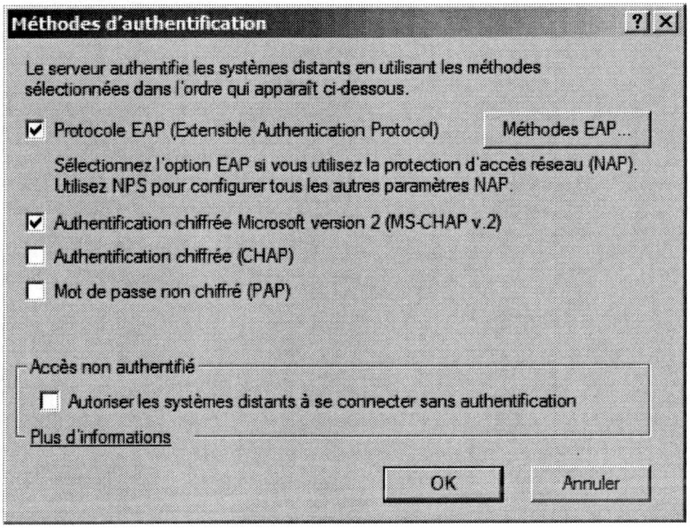

→ Dans l'arborescence de la console, cliquez avec le bouton droit de la souris sur le nom du serveur puis cliquez sur **Propriétés**.

→ Dans la boîte de dialogue, cliquez sur l'onglet **Sécurité**.

→ Cliquez sur **Méthode d'authentification** et sélectionnez les méthodes dont vous avez besoin.

→ Cliquez deux fois sur **OK** pour fermer la boîte de dialogue.

4. Configuration des ports

Un port correspond à un périphérique physique comme un modem ou virtuel comme les ports SSTP, PPTP ou L2TP pouvant prendre en charge une connexion point à point.

Le nombre de ports dépend du périphérique. Par exemple pour un modem il n'est pas possible de disposer de plus de connexions que physiquement permises par le périphérique. Pour les ports SSTP par exemple, vous êtes limités au nombre maximal de connexion RRAS de Windows (250 pour une édition Standard et illimité pour une édition Entreprise).

- Dans l'arborescence de **Routage et accès distant**, cliquez avec le bouton droit de la souris sur **Ports** puis sur **Propriétés**.
- Dans la boîte de dialogue **Propriétés de Ports**, sélectionnez un périphérique puis cliquez sur **Configurer**.
- Les paramètres de configuration modifiables dépendent du périphérique sélectionné. Par exemple, pour SSTP vous ne pouvez qu'accepter des connexions entrantes, à l'inverse pour PPPoE vous ne pouvez que créer des connexions de routage à la demande en sortie. Généralement il est possible de modifier d'autres paramètres comme le montre l'image suivante :

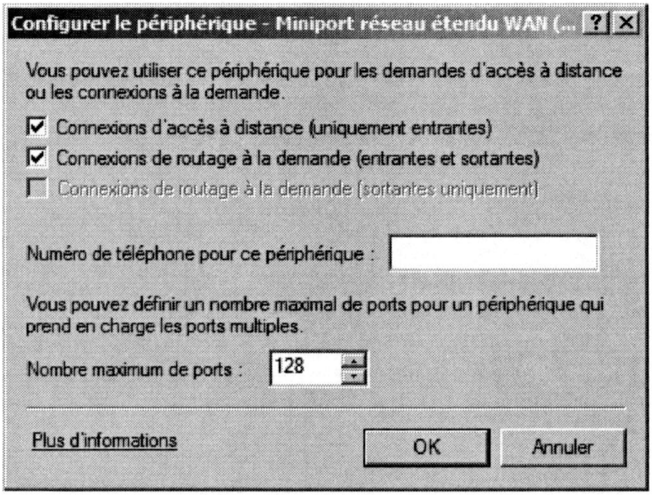

Vous pouvez définir des connexions entrantes ou sortantes voire les deux, et éventuellement un nombre maximum de ports pour ce périphérique. Le numéro de téléphone pour ce périphérique est utilisé comme identificateur de station de la station appelée dans des connexions BAP. Pour L2TP et PPTP cela permet également de définir un port pour une adresse IP d'une interface spécifique.

- Si vous modifiez le nombre maximum de ports en configurant les propriétés du nœud **Ports** de **Routage et accès distant**, cela peut déconnecter des utilisateurs. Vous verrez également apparaître cette modification dans la section détail de la console.

Vous pouvez utiliser le kit d'administration Connection Manager (CMAK) pour créer des profils de connexion VPN pour les utilisateurs.

5. Serveur Radius (Remote Authentication Dial In User Service) NPS

Suivant la taille de l'entreprise, la sécurité de l'accès distant peut être améliorée en déléguant la tâche d'authentification à un serveur Radius. Apparu avec Windows 2000 sous le nom de serveur IAS, il a été remplacé sous Windows Server 2008 par le serveur NPS (*Network Policy Server*). Radius est un protocole de délégation de l'authentification composé d'un client Radius et d'un serveur Radius. Généralement le client Radius, qui peut être un serveur Microsoft, un matériel Cisco ou autre, reçoit des demandes d'authentification. Au lieu de gérer la demande directement auprès du contrôleur de domaine, il passe la demande auprès du serveur Radius de manière sécurisée. Ce dernier commence par appliquer les stratégies définies, avant d'effectuer en cas de succès la demande d'authentification auprès d'un contrôleur de domaine, et il retourne la réponse auprès du client Radius. Vous pouvez remarquer que ce protocole permet de faire cohabiter des systèmes hétérogènes qui n'ont pas été conçus pour fonctionner ensemble. D'autre part, le fait d'y appliquer des stratégies permet d'étendre le service d'authentification offert par le contrôleur de domaine. Enfin le serveur Radius permet d'améliorer la sécurité car le client Radius peut se trouver en dehors d'une zone sécurisée, voire placé chez un fournisseur d'accès Internet, car plusieurs clients Radius peuvent communiquer avec un serveur Radius. Ce dernier peut être redondant pour améliorer la disponibilité.

Le serveur de stratégie réseau NPS permet la mise en œuvre de stratégies centralisée au niveau de l'entreprise pour :

- Le contrôle d'intégrité.
- L'authentification.
- L'autorisation des demandes de connexion des clients.

Il peut également agir en tant que proxy Radius qui reçoit des demandes provenant de clients Radius et les transfère vers d'autres serveurs Radius.

Il peut paraître surprenant que lorsque vous installez le service de routage et d'accès distant, la console NPS soit disponible alors que son rôle n'est pas installé. En fait, la console permet uniquement de créer des stratégies locales.

a. Installation du serveur NPS

- Connectez-vous en tant qu'administrateur sur Win2.
- Cliquez sur **Démarrer - Outils d'administration** puis **Gestionnaire de Serveur**.
- Dans l'arborescence de la console, cliquez sur **Rôles**.
- Dans la fenêtre principale de **Rôles**, cliquez sur **Ajouter des rôles**.
- Si la page **Avant de commencer** apparaît, cliquez sur **Suivant**.
- Sur la page **Rôles de serveurs**, sélectionnez **Services de stratégie et d'accès réseau** puis cliquez sur **Suivant**.
- Sur la page **Stratégies et accès réseau**, cliquez sur **Suivant**.
- Sur la page **Services de rôle**, sélectionnez **Serveur NPS (Network Policy Server)**.
- Sur la page **Confirmation**, cliquez sur **Installer**.
- Dès que la page **Résultats** apparaît, contrôlez que le rôle est bien installé, puis cliquez sur **Fermer**.

b. Configurer le client Radius

Si le serveur NPS est installé sur le serveur d'accès à distance, cette procédure n'est pas possible. Il faut passer par le serveur NPS pour créer une stratégie d'accès.

- Connectez-vous en tant qu'administrateur sur Win1.
- Cliquez sur **Démarrer - Outils d'administration** puis **Routage et accès distant**.
- Cliquez avec le bouton droit de la souris sur le nom du serveur puis sur **Propriétés**.

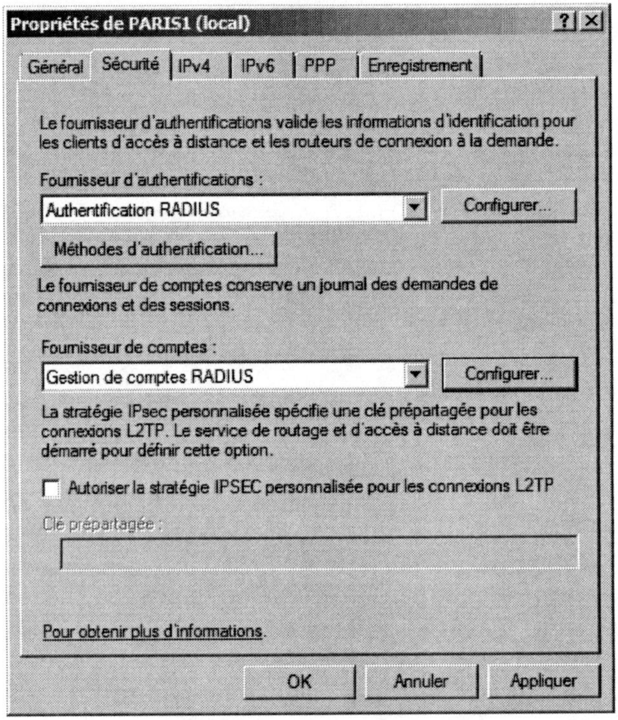

- Sur l'onglet **Sécurité**, vous pouvez modifier les éléments suivants :
  - **Fournisseur d'authentifications** : soit vous utilisez Windows et l'authentification peut utiliser la base SAM locale ou l'Active Directory, soit vous passez par un serveur Radius et configurez les informations du serveur.
  - **Méthodes d'authentification** indique celles qui sont prises en charge par ce serveur pour les connexions à la demande et l'accès distant.
  - **Fournisseur de comptes** propose de stocker les informations relatives aux connexions dans les journaux locaux pour la Gestion des comptes Windows ou sur le serveur Radius si la Gestion de comptes Radius est sélectionnée.

- En cliquant sur les boutons **Configurer**, vous afficherez la même boîte de dialogue, à savoir la liste des serveurs Radius ajoutés manuellement.
- En cliquant sur le bouton **Ajouter**, vous pouvez paramétrer les informations du serveur Radius à savoir le **Nom du serveur** (nom DNS ou adresse IP), le **Délai en secondes** qui correspond à la durée maximale pour que le client Radius reçoive une réponse avant de tenter d'appeler le suivant sur la liste, l'**Etendue initiale** ou la priorité (0 à 30), le port utilisé (1813) qui peut être 1812 (RFC2139) voire 1646 pour d'anciens serveurs Radius et vous pouvez **Envoyer des messages de comptes Radius actifs et inactifs** lors du démarrage et de l'arrêt du service Routage et accès distant, si le serveur Radius prend en charge cette fonctionnalité. Vous pouvez améliorer la sécurité en saisissant un **Secret** soit l'équivalent d'une clé pré-partagée entre le client et le serveur Radius.

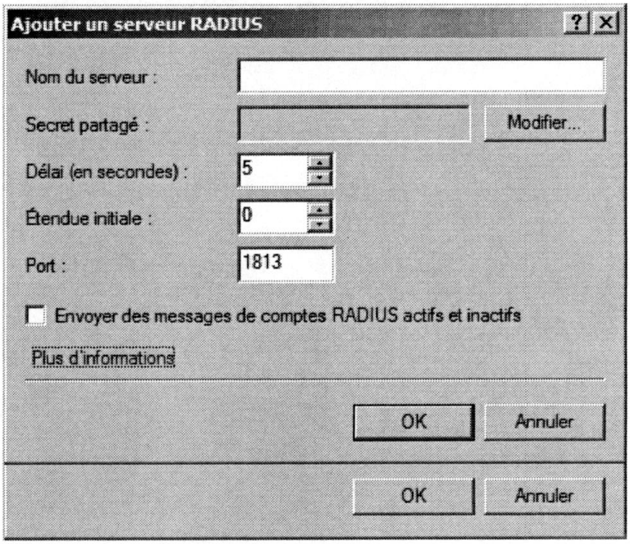

6. Les stratégies d'accès à distance

Depuis Windows Server 2000, les stratégies d'accès distantes se trouvaient sur le serveur local et pouvaient le cas échéant être déplacées vers le serveur IAS afin de distribuer les stratégies depuis un point central. Sous Windows Server 2008, les stratégies ne peuvent être gérées que via la console NPS. Si le serveur est local, seule une stratégie réseau est utile, sinon il faut créer en plus une stratégie de demande de connexion.

a. Stratégie de demande de connexion

La stratégie de demande de connexion permet de créer des stratégies de connexion pour indiquer si le traitement s'effectue localement ou si la demande de connexion est transférée vers des serveurs Radius.

Vous pouvez également spécifier l'authentification des demandes de connexion.

La stratégie de demande de connexion comprend :

- **Une vue d'ensemble**, soit des informations qui indiquent si la stratégie est active et la méthode de connexion réseau.

- **Des conditions** pour préciser le cadre de déclenchement de la stratégie (horaire, groupes, utilisateurs, système d'exploitation, etc.).
- **Des paramètres** pour définir des paramètres de connexion spécifiques aux protocoles utilisés.

b. Stratégie réseau

La stratégie réseau permet d'indiquer qui peut se connecter et sous quelles conditions. Si vous utilisez NAP, vous pouvez inclure comme condition une stratégie de contrôle d'identité.

La stratégie réseau comprend :

- **Une vue d'ensemble**, soit des informations qui indiquent si la stratégie est active et si elle autorise ou bloque l'accès, et la méthode de connexion réseau.
- **Des conditions** pour préciser le cadre de déclenchement de la stratégie (horaire, groupes, utilisateurs, système d'exploitation, etc.).
- **Des contraintes** pour préciser les méthodes d'authentification, le délai d'inactivité et d'expiration, des restrictions horaires et le type de port NAS, soit le type de média d'accès (Ethernet, FDDI, VPN, etc.), l'ID de la station appelée.
- **Des paramètres** pour définir des paramètres de connexion spécifiques aux protocoles utilisés.

c. Lancement du serveur NPS et création d'une stratégie

Il est nécessaire que le serveur d'accès à distance soit configuré en tant que client Radius du serveur NPS considéré.

→ Bien qu'il soit possible de lancer le serveur NPS à partir de la console Routage et accès distant, en développant le nom du serveur puis en cliquant avec le bouton droit de la souris sur **Connexion et stratégies d'accès à distance** puis sur **Lancer NPS**, il est préférable de la lancer directement depuis les Outils d'administration ; ainsi la console est en mode avancé, ici Win2.

→ Dans **Serveur NPS**, cliquez sur **NPS (Local)** puis dans la section de détail, sélectionnez **Serveur Radius pour les connexions d'accès à distance ou VPN** dans la zone **Configuration standard** puis cliquez sur **Configurer une connexion VPN ou d'accès à distance**.

→ Sur la page **Sélectionner le type de connexions d'accès à distance ou de réseau privé virtuel (VPN)**, sélectionnez le type de connexion pour lequel vous voulez créer une stratégie puis saisissez le nom de votre stratégie avant de cliquer sur **Suivant**.

→ Sur la page **Spécifier un serveur d'accès à distance ou VPN**, si le serveur d'accès distant est également serveur NPS, vous pouvez cliquer sur **Suivant**, sinon ajoutez le nom du serveur d'accès distant qui doit être un client Radius.

→ Sur la page **Configurer les méthodes d'authentification**, est sélectionné par défaut **MS-CHAPv2**, modifiez éventuellement ce choix puis cliquez sur **Suivant**.

→ Sur la page **Spécifier des groupes d'utilisateurs**, restreignez éventuellement la stratégie à des groupes d'utilisateurs avant de cliquer sur **Suivant**.

- Sur la page **Spécifier des filtres IP**, vous pouvez éventuellement définir des filtres **IPv4** et/ou **IPv6** en entrée ou en sortie avant de cliquer sur **Suivant**. Ces filtres permettent d'autoriser ou de bloquer certains protocoles provenant d'un accès distant.
- Sur la page **Spécifier les paramètres de chiffrement**, modifiez éventuellement les choix d'amélioration de la sécurité avant de cliquer sur **Suivant**.
- Sur la page **Spécifier un nom de domaine**, saisissez éventuellement un nom de domaine pour les utilisateurs qui accèdent à distance, avant de cliquer sur **Suivant**.
- Sur la page **Fin de la configuration des nouvelles connexions d'accès à distance ou de réseau privé virtuel (VPN) et des clients Radius**, cliquez sur **Terminer**. Deux stratégies seront créées, soit une stratégie réseau et une stratégie de demande de connexion.

M. Présentation de la protection d'accès réseau (NAP)

Du temps où Windows Server 2008 s'appelait encore Longhorn, une des nouveautés qui nous a tenu en haleine a été NAP (*Network Access Protection*) et la manière dont il allait être implémenté dans Windows Server 2008. Dans Windows Server 2003, il existe déjà une fonctionnalité similaire appelée **Network Access Quarantaine** qui permet de limiter l'accès aux clients VPN et aux connexions à distance si leur ordinateur n'est pas conforme à la sécurité demandée, en se basant sur l'exécution de scripts.

NAP reprend le concept de la quarantaine de Windows 2003 et l'étend à d'autres méthodes d'accès ou de communication réseau pour aider les administrateurs à garantir que les ordinateurs du réseau de l'entreprise soient conformes à la politique d'intégrité de sécurité.

NAP n'a pas été conçu pour garantir la sécurité contre des accès non autorisés mais pour garantir l'intégrité de la sécurité.

Il faut garder à l'esprit que NAP n'interdit pas les utilisateurs de télécharger, d'installer ou d'exécuter des logiciels non autorisés sur leur ordinateur.

Actuellement, il devient de plus en plus difficile de garantir que tous les ordinateurs de l'entreprise sont intègres car certains utilisateurs mobiles peuvent être absents du réseau de l'entreprise pendant des jours, voire des semaines, ce qui les rend à terme plus vulnérables puisqu'ils ne reçoivent pas forcément les mises à jour de sécurité, les mises à jours applicatives ou les signatures des anti-virus et autres anti-spywares exigés par l'administrateur.

Dans un cadre traditionnel, l'ordinateur mobile qui rentre sur le réseau dispose d'un accès illimité aux ressources, et seulement ensuite il reçoit automatiquement les mises à jour. Il est clair qu'un risque de contaminer les autres ordinateurs du réseau existe dès le moment où l'ordinateur mobile entre sur le réseau et ce jusqu'au moment où toutes ces mises à jour sont appliquées. Fort d'une alliance avec de nombreux partenaires de renom, Microsoft propose une solution de mise en quarantaine de réseau nommée NAP (*Network Access Protection*).

Concernant les ordinateurs clients, il faut disposer d'un client NAP ; actuellement Windows Server 2008, Windows Server Vista et Windows XP SP3 disposent d'un client NAP. Une société partenaire a créé un client NAP pour des ordinateurs Linux et Macintosh.

1. Architecture et terminologie d'un système NAP

L'architecture d'un système NAP demande les composants suivants :

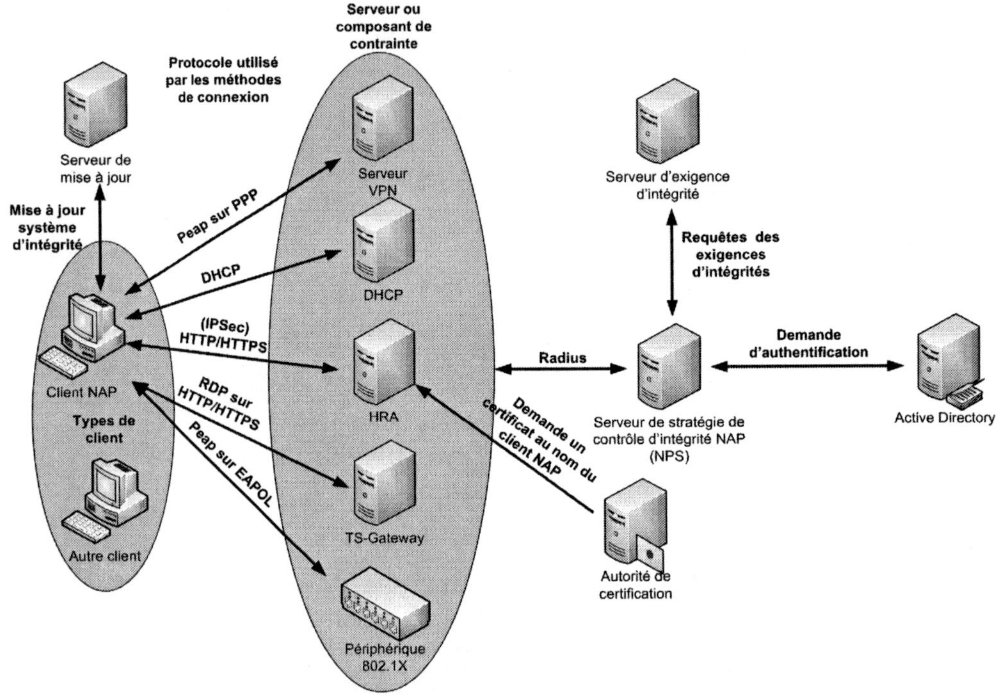

- **Client NAP**, soit un ordinateur supportant NAP et disposant des éléments nécessaires pour envoyer une déclaration d'intégrité qui décrit son état d'intégrité. Au moins un client est requis.
- **Autre client**, soit un ordinateur qui ne supporte pas NAP. On parle également de **client non compatible NAP**.
- **Elément de contrainte** correspond à un serveur applicatif ou à un périphérique réseau qui est utilisé pour échanger les informations ou aider à la validation de celles-ci auprès du serveur de stratégie de contrôle d'intégrité. Au moins un élément est requis. Dans Windows Server 2008, il s'agit de :
  - **Serveur DHCP** de Windows Server 2008 pour recevoir une adresse IP provenant d'un serveur DHCP.
  - **Serveur de routage et d'accès à distance** de Windows Server 2008 pour des accès VPN.
  - **Autorité de certification NAP HRA** (*Health Registration Authority*) qui gère les demandes de certificats auprès d'une autorité de certification existante au nom du client NAP. Actuellement, la contrainte de mise en conformité NAP IPSec exige ce composant. Dans Windows Server 2008, il s'installe sur le même ordinateur que le serveur NPS et les services IIS doivent être également installés.
  - **Serveur Terminal Services Gateway** de Windows Server 2008 pour des accès à Terminal Server.

  - **Périphérique 802.1X** qui peut être utilisé aussi bien pour gérer des accès sans fil que des accès filaires.
- **Serveur de stratégie HPS** (*Health Policy Server*) correspond au rôle joué par le serveur NPS pour gérer les stratégies et valider la conformité du client NAP. Ce serveur est requis dans tous les cas.
- **Serveur d'exigence d'intégrité** (*Health Requirement Server*) correspond à un serveur qui sert de référence pour déterminer l'état de conformité d'une mesure et fournit cette information au serveur de stratégie, comme par exemple un serveur d'antivirus qui fournit au serveur **NPS** la dernière version du fichier de signatures. Ce type de serveur est optionnel et dépend des mesures à effectuer pour garantir l'intégrité. Bien entendu le serveur fournisseur d'intégrité doit supporter NAP.
- **Serveur Active Directory** permet au serveur Radius d'authentifier les clients dans un domaine. Ce serveur est requis pour les méthodes de contrainte de mise en conformité NAP IPSec, VPN et 802.1X.
- **Autorité de certification** est le serveur qui émet les certificats pour la méthode de contrainte de mise en conformité NAP IPSec. Et il peut également être utilisé pour l'authentification qui utilise des certificats comme les cartes à puces dans les méthodes de contrainte de mise en conformité NAP VPN et 802.1X.
- **Réseau illimité** correspond au réseau de l'entreprise auquel a accès le client NAP conforme aux exigences d'intégrité.
- **Réseau restreint** fait référence à un réseau logique ou physique sur lequel sont placés les :
  - **Serveurs de mise à jour** correspondant à un ou plusieurs serveurs se trouvant sur le réseau restreint qui fournit les ressources requises au client NAP pour devenir conforme avec la stratégie de contrôle d'intégrité. Par exemple, il peut s'agir d'un serveur permettant de télécharger les dernières signatures de l'antivirus ou d'un serveur WSUS pour recevoir les mises à jour de sécurité. À installer et à configurer en fonction des mesures d'intégrité voulues.
  - **Clients non conforme**, jusqu'à ce qu'ils deviennent conformes en téléchargeant les mises à jour auprès des serveurs de mise à jour.
  - **Clients non compatible NAP**.

2. Fonctionnalités de NAP

a. Déclaration d'intégrité

NAP permet de créer des stratégies d'intégrité de la sécurité basées sur des déclarations d'intégrités. Les déclarations d'intégrités suivantes sont disponibles sur Windows Server 2008 à l'installation du serveur NPS :

- Un logiciel pare-feu est **installé** et **activé**.
- Un logiciel antivirus est **installé** et **exécuté**.
- Les dernières mises à jour antivirus sont **installées**.
- Un logiciel anti-espion est **installé** et **exécuté**.
- Les dernières mises à jour anti-espionnes sont **installées**.
- Microsoft Update est **activé** sur l'ordinateur client.

Il est possible de créer d'autres déclarations d'intégrité en développant les parties serveur et cliente.

b. Méthodes de contrainte

Le tableau suivant présente les méthodes de contrainte de mise en conformité NAP actuelles ainsi que le résultat attendu si le client est conforme ou non :

Conformité	Client conforme	Client non conforme
DHCP	Reçoit une adresse IP non restreinte. Accède au réseau illimité.	Reçoit une adresse IP restreinte au niveau des routes. Accès au réseau restreint.
VPN	Accède au réseau illimité.	Accès au réseau restreint.
802.1X	Accède au réseau illimité.	Est placé dans un VLAN limité.
IPSec	Peut communiquer avec ses pairs.	Les pairs conformes rejettent les connexions des pairs non conformes. Se trouve dans un réseau restreint.
	Protection complémentaire à la couche 2. Fonctionne avec l'infrastructure et les serveurs existants. Isolation flexible.	
TS-Gateway	Fonctionne avec**Terminal Services Gateway.**	
NAP-NAC	Permet d'intégrer l'équivalent du NAP Cisco appelé **NAC** (*Network Access Control*) en utilisant le protocole HCAP (*Host Credential Authorization Protocol*).	

Un des grands avantages de NAP est d'intégrer des technologies existantes de connexion au réseau en créant une solution unique de protection évolutive.

c. Processus d'un système NAP

Les processus d'un système NAP sont :

- **La validation de la stratégie** qui permet d'interroger un ordinateur se connectant au réseau afin de connaître sa conformité par rapport aux stratégies définies par l'administrateur. Un ordinateur conforme a un accès illimité au réseau tandis qu'un ordinateur non conforme est placé sur le réseau restreint.
- **La contrainte de mise en conformité NAP assortie de restrictions réseau** qui permet de garantir la conformité par rapport aux stratégies en proposant le téléchargement (automatique), comme avec l'utilisation d'un serveur **WSUS**, aux ordinateurs non-conformes des mises à jour manquantes, ou de modifier leur configuration en utilisant des logiciels de surveillance et de gestion comme **SCMM** (*System Center Management Server*). Un ordinateur non conforme est placé dans le réseau restreint pendant toute la durée de la mise en conformité. Ensuite, soit automatiquement, soit manuellement par une demande de l'utilisateur, il peut relancer le processus de validation.
- **Suivi de la conformité** qui permet de protéger un réseau en continu en contrôlant régulièrement que l'état d'intégrité ne change pas. Par exemple, si l'utilisateur arrête le pare-feu local et que dans la stratégie il est spécifié qu'il doit être exécuté, alors l'ordinateur peut relancer automatiquement le pare-feu. L'utilisateur devrait voir apparaître brièvement le changement d'état de conforme à non conforme, puis de nouveau conforme.

d. Scénarios communs pour implémenter NAP

Voici quelques scénarios d'implémentation de NAP :

- Vérification de l'état de santé des ordinateurs portables.
- Vérification de l'état de santé des ordinateurs de bureau.
- Vérification de l'état de santé des ordinateurs portables des visiteurs.
- Vérification de la santé des ordinateurs personnels des collaborateurs.

3. Architecture au niveau du client NAP

L'ordinateur client doit disposer d'un client NAP dont la responsabilité est la communication avec le type de demande de conformité en lui passant les informations de conformité récoltées. La figure suivante montre ces éléments :

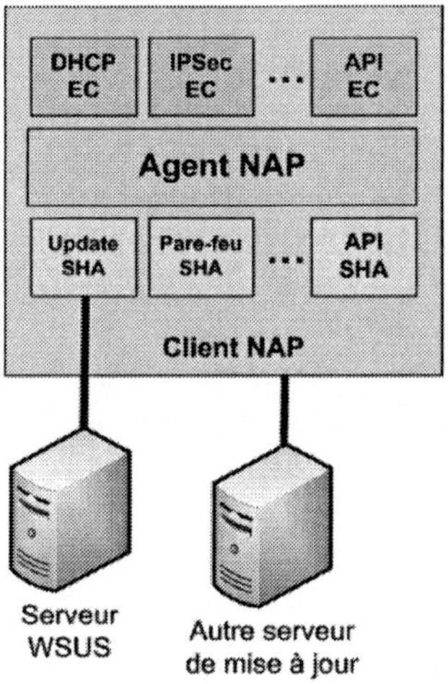

a. L'agent d'intégrité système (SHA)

L'agent d'intégrité système maintient et rapporte l'état d'une ou plusieurs déclarations d'intégrité comme par exemple l'existence du pare-feu ou s'il est exécuté. L'agent d'intégrité système dialogue indirectement avec son homologue serveur appelé **Programmes de validation d'intégrité système (SHV)**, soit le composant de validation système de santé. Le SHV renvoie une réponse appelée **SoHR** (Réponse de l'état de santé) qui indique à l'agent d'intégrité système les opérations à entreprendre si le client n'est pas conforme.

Il est possible d'associer un serveur de mise à jour à une déclaration d'intégrité par exemple pour permettre le téléchargement des dernières signatures d'anti-virus.

Il est possible d'étendre les SHA existants en créant de nouveau à l'aide des **API** fournies et d'un langage de programmation.

Dans Windows Vista et Windows XP SP3, c'est l'application Windows Security Center qui fonctionne en tant qu'agent d'intégrité système.

Par contre, il n'existe pas d'agent d'intégrité système dans Windows Server 2008. Cela peut paraître un choix étrange et aucune information n'est disponible sur la raison de cette absence. D'un côté, le fait qu'un serveur non conforme soit placé sur le réseau restreint pourrait poser des problèmes de disponibilité auprès des utilisateurs, donc c'est une excellente raison de ne pas fournir un agent d'intégrité système. D'autre part, si la méthode de contrainte de mise en conformité NAP IPSec est choisie pour les clients, ils ne pourront pas communiquer avec le serveur Windows Server 2008 !

Une stratégie différente peut être créée pour des ordinateurs fonctionnant sous Windows XP et Windows Vista.

La création d'une nouvelle déclaration d'intégrité demande la création d'un composant agent d'intégrité système pour la partie cliente, voire d'un composant par système d'exploitation supporté, et d'un programme de validation d'intégrité système qui valide la déclaration d'intégrité sur le serveur NPS.

b. Client de contrainte (EC)

Le composant client de conformité est un composant spécifique pour chaque type d'accès réseau ou de communication. Il envoie les déclarations d'intégrités appelés SSoHs (*System State of Health*) obtenues par l'agent NAP vers son homologue serveur appelé **serveur de contrainte (ES)** en utilisant un protocole de communication propre à la méthode de contrainte de mise en conformité NAP du composant.

Par défaut, Microsoft fournit les composants clients de contrainte pour les méthodes de contrainte suivantes :

- **Configuration d'adresses IPv4 DHCP**.
- **Connexion à distance VPN**.
- **Communication protégée IPSec**.
- **Connexion authentifiée 802.1X**.
- **Connexion Terminal Server par l'intermédiaire d'une passerelle TS Gateway**.

Il est possible de créer ses propres composants de contrainte en utilisant les **API** fournies. Microsoft a donc modifié les différentes applications clientes afin d'y intégrer les clients de contrainte EC.

c. Agent NAP

L'agent NAP sert d'intermédiaire entre l'agent d'intégrité système et le client de contrainte. Ses tâches sont :

- Collecter, mettre en cache, voire mettre à jour, la déclaration d'intégrité (SoH) fournie par chaque agent d'intégrité système.
- Créer les déclarations d'intégrités (SSoH) de l'ordinateur et les passer au composant client de contrainte.
- Notifier les agents d'intégrité système lorsque la connexion réseau change.
- Passer les SoHRs à l'agent d'intégrité système approprié.

Concrètement, le client NAP est un service qu'il faut démarrer. Ensuite, il est nécessaire de le configurer afin qu'il réagisse en activant les composants clients de contrainte appropriés.

4. Architecture du côté serveur NAP

Du côté serveur, certains composants peuvent être placés sur d'autres ordinateurs mais vous retrouvez la notion de modularité présentée du côté client. En fait la majorité des composants sont l'équivalent serveur des composants clients.

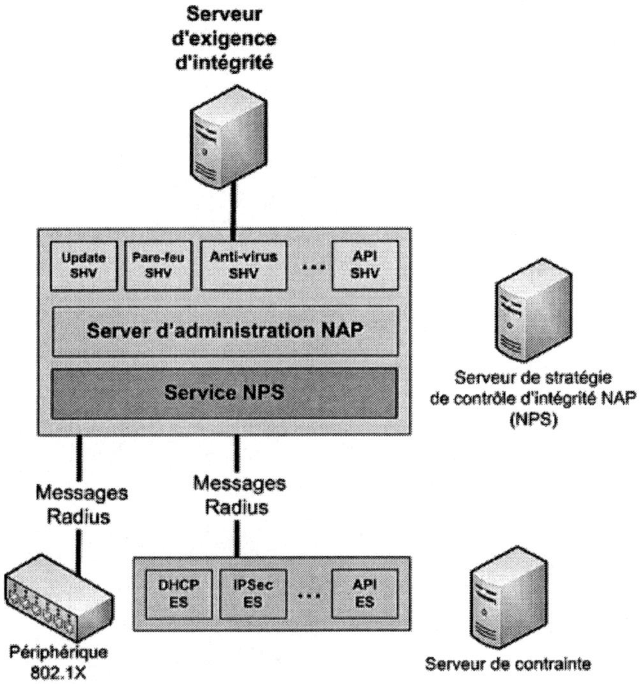

a. Serveur de stratégie de contrôle d'intégrité

Sur ce serveur, vous trouvez les composants suivants :

- **Service NPS** : correspond au service Radius Server ou Radius Proxy qui reçoit les messages SSoH provenant des éléments **ES** du serveur de contrainte et les passe au composant Serveur d'administration NAP. Ce mécanisme permet de placer les éléments de contrainte sur des éléments physiques différents.
- **Server d'administration NAP** : est l'équivalent serveur de l'agent NAP. Il est prévu pour effectuer les travaux suivants :
  - Récupérer les SSoHs de l'élément de contrainte à travers le service NPS.
  - Distribuer les SSoHs vers le programme de validation d'intégrité système approprié.
  - Collecter les SoHRs provenant des SHVs et les envoyer à l'élément de contrainte et de mise en conformité NAP approprié à travers le service NPS.
- **Programme de validation d'intégrité système SHV** (*System Health Validator*) : est l'équivalent serveur de l'agent d'intégrité système. Son objectif est de déterminer si le client NAP est conforme ou non et de renvoyer la réponse. Pour cela, il peut être aidé en fonction du validateur d'un serveur d'exigence de conformité qui lui fournit les informations pour être à jour.

  Il reçoit un SoH du serveur d'administration NAP puis détermine son statut et renvoie une réponse SoHR contenant éventuellement les actions à entreprendre si le client n'est pas conforme.

b. Élément de contrainte de mise en conformité NAP

Il s'agit de l'équivalent serveur du composant client de conformité. Il reçoit les SSoHs provenant du client NAP via le protocole de communication utilisé par la méthode de contrainte de mise en conformité NAP, puis le passe à l'administrateur NAP en l'encapsulant dans un message Radius.

5. Étude détaillée du fonctionnement de NAP au travers de la méthode de contrainte de mise en conformité pour DHCP

Le client DHCP du client NAP a été modifié pour inclure le composant **DHCP NAP EC**. Il rajoute les informations SSoH aux messages DHCP en les encapsulant dans le paramètre d'option 43 **Information spécifique vendeur**.

La figure suivante montre les composants nécessaires pour réaliser la conformité DHCP :

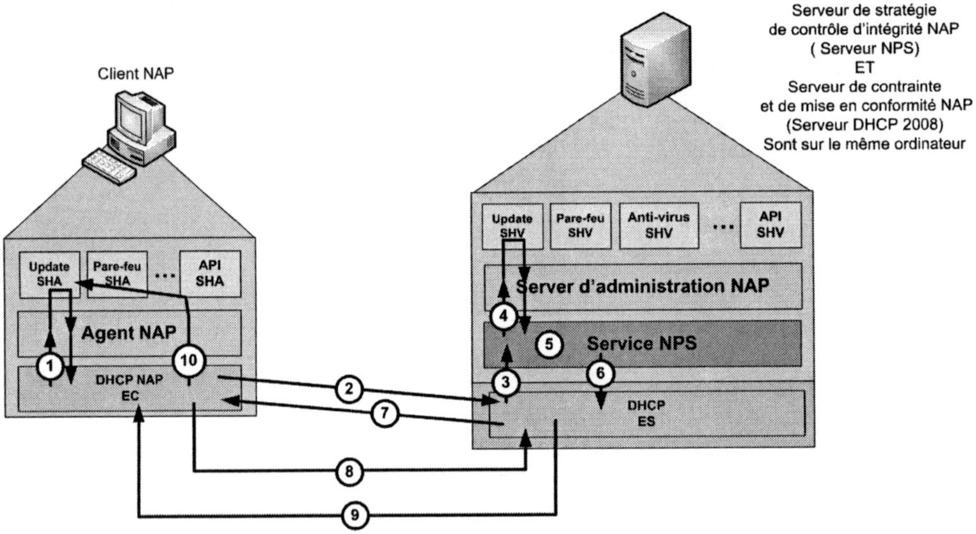

1. Sur le client, le DHCP NAP EC interroge l'agent NAP afin d'obtenir une déclaration d'intégrité SSoH. Bien entendu, l'agent NAP passe la demande au SHA qui répond à l'agent NAP et ce dernier passe la réponse au DHCP NAP EC.
2. Le service **client DHCP** crée un message DHCP DISCOVER qui contient le SSoH et envoie le message DHCP.
3. Sur un serveur DHCP dont l'option NAP est activée, le SSoH est extrait par le composant DHCP NAP ES et envoyé au serveur de stratégie de contrôle d'intégrité NAP en l'encapsulant dans un message Radius.
4. Le **service NPS** reçoit le message Radius et passe les SoHs au SHVs appropriés qui retournent des SoHRs après analyse auprès du **serveur d'administration NAP** qui les réunit dans des SSoHRs.
5. Le **service NPS** compare les réponses SSoRHs avec les stratégies de conformité configurées pour préparer la réponse SSoHR.
6. La réponse **SSoHR** est envoyée dans un message Radius vers le serveur DHCP.
7. Le serveur DHCP envoie la réponse SSoHR en l'encapsulant dans le message DHCP OFFER.

8. Le client envoie le message DHCP REQUEST.

9. Le serveur DHCP envoie le message DHCP ACK contenant les informations d'adressage et de configuration en fonction du SSoHR. En d'autres mots, certaines options peuvent être modifiées comme le masque de sous-réseau, la passerelle par défaut, etc.

10. Le DHCP NAP EC passe le SSoHR à l'agent NAP qui le passe aux SHA appropriés. En fonction de la réponse, le client peut demander à un serveur de conformité comment se mettre en conformité.

Si le client n'est pas compatible NAP ou non conforme, il reçoit avec le message DHCP ACK, un masque de 255.255.255.255 et 0.0.0.0 pour le routeur. Il reçoit seulement une option DHCP de route statique sans classe pour lui permettre de communiquer avec les serveurs de mise à jour sur le réseau restreint.

Actuellement, seule la conformité au protocole **IPv4** est prise en charge. Dans des environnements mixtes, il faut prêter une attention particulière aux utilisateurs qui sont administrateurs, car ils peuvent modifier leurs paramètres IPv4 et obtenir un accès complet. C'est un point faible de la méthode de contrainte de mise en conformité par DHCP pour la protection d'accès réseau (NAP).

6. Contrainte de mise en conformité NAP pour les connexions VPN

La méthode de contrainte pour les connexions VPN permet de garantir que les ordinateurs clients sont conformes par rapport aux stratégies d'intégrité définies.

La figure suivante montre la topologie d'un tel système.

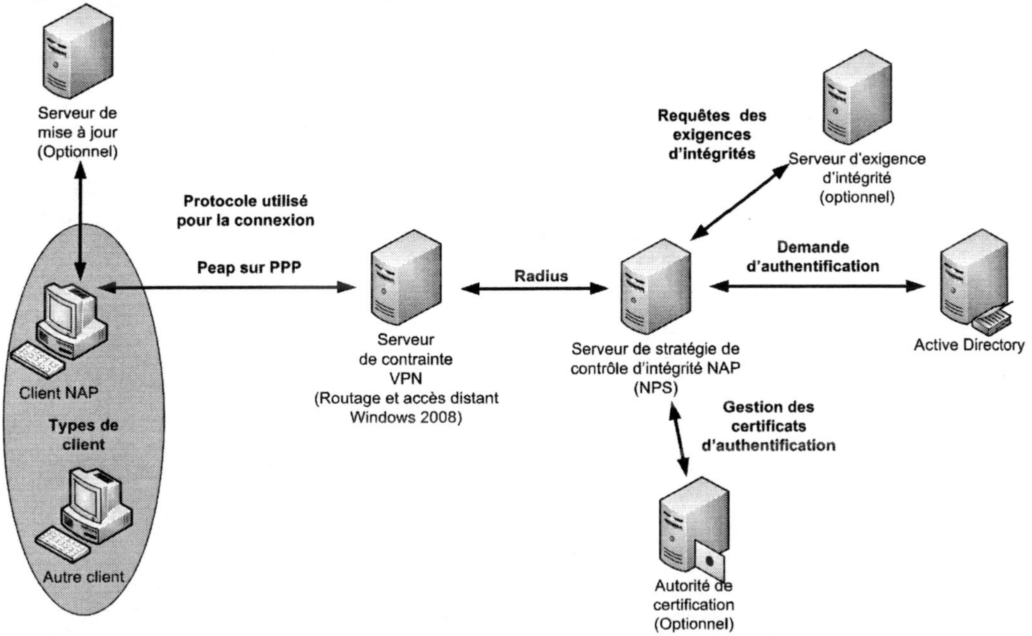

Les clients conformes ont accès à la totalité du réseau alors que les ordinateurs non conformes ou non compatibles NAP n'ont accès qu'à un réseau restreint car le serveur VPN filtre et détruit les paquets de manière silencieuse.

7. Contrainte de mise en conformité NAP pour les communications IPSec

La méthode de contrainte pour les communications IPSec permet de garantir que les ordinateurs clients qui sont conformes par rapport aux stratégies d'intégrité définies peuvent communiquer dans un réseau sécurisé. Cela permet de créer des domaines d'isolation.

La figure suivante montre la topologie d'un tel système.

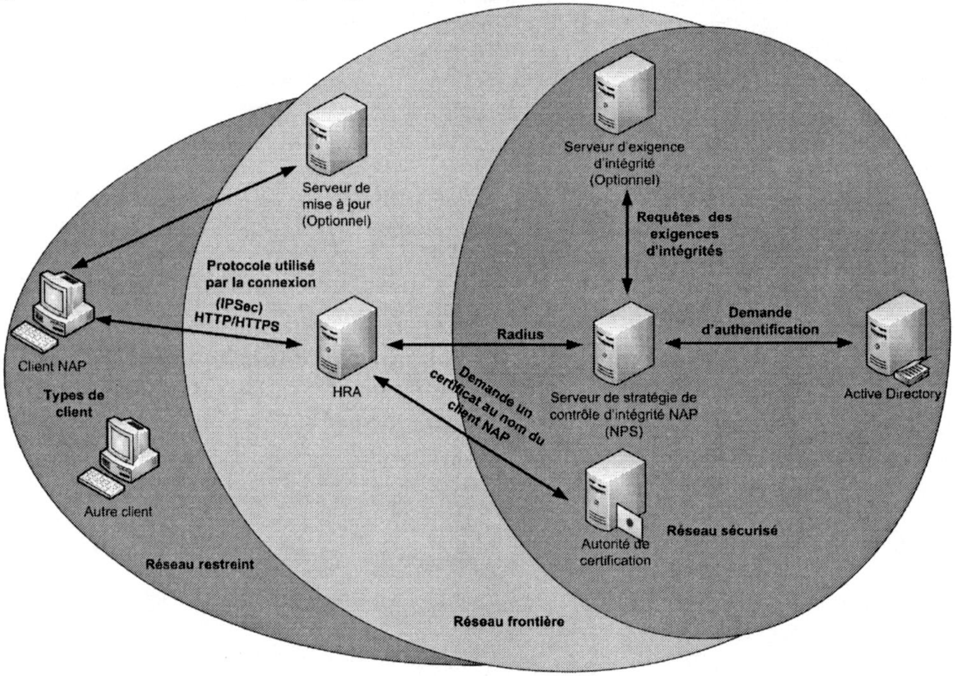

IPSec divise le réseau physique de l'entreprise en trois sous réseaux appelés réseau restreint, réseau frontière et réseau sécurisé. Un client est toujours membre d'un seul et unique réseau.

a. Réseau restreint

Sur le réseau restreint, vous trouvez des clients non conformes ou qui n'ont pas reçu de certificats d'intégrité et bien entendu tous les clients non compatibles avec NAP.

Un ordinateur sur ce réseau peut communiquer avec d'autres ordinateurs se trouvant sur le réseau restreint, voire sur le réseau frontière, mais pas sur le réseau sécurisé. Par contre, ils acceptent des communications provenant de n'importe quel réseau.

b. Réseau frontière

Sur le réseau frontière, vous trouvez des ordinateurs qui disposent d'un certificat d'intégrité valide mais qui ne demandent pas l'utilisation du certificat d'intégrité pour des communications IPSec. Ce sont généralement les serveurs HRA et de mise à jour qui sont placés dans ce réseau.

Les ordinateurs placés sur ce réseau peuvent communiquer avec tous les ordinateurs quel que soit leur réseau, aussi bien en initiant la communication qu'en la recevant.

c. Réseau sécurisé

Sur le réseau sécurisé vous trouvez des ordinateurs conformes qui ont reçu un certificat valide en conséquence, ils peuvent communiquer en utilisant IPSec.

Les ordinateurs placés dans ce réseau peuvent initier des communications avec les ordinateurs des trois réseaux mais ne peuvent pas répondre à des communications provenant du réseau restreint. S'ils communiquent avec un ordinateur du réseau restreint, la communication n'est pas sécurisée.

d. Durée de vie du certificat d'intégrité

Pour une raison de sécurité, il faut que la durée de vie se compte en heures et pas en mois ou en années. Lorsque le certificat arrive à expiration, le client NAP redemande un certificat auprès du serveur HRA.

8. Contrainte de mise en conformité NAP pour les connexions 802.1X

La méthode de contrainte pour les connexions 802.1X fonctionne aussi bien pour Ethernet que pour des accès sans fil. Elle permet de garantir que les ordinateurs clients non conformes par rapport aux stratégies d'intégrité définies sont :

- Placés dans un VLAN spécifique.
- Leurs paquets IP sont filtrés et tout paquet n'ayant pas de correspondance avec le filtre est détruit.

La figure suivante montre la topologie d'un tel système.

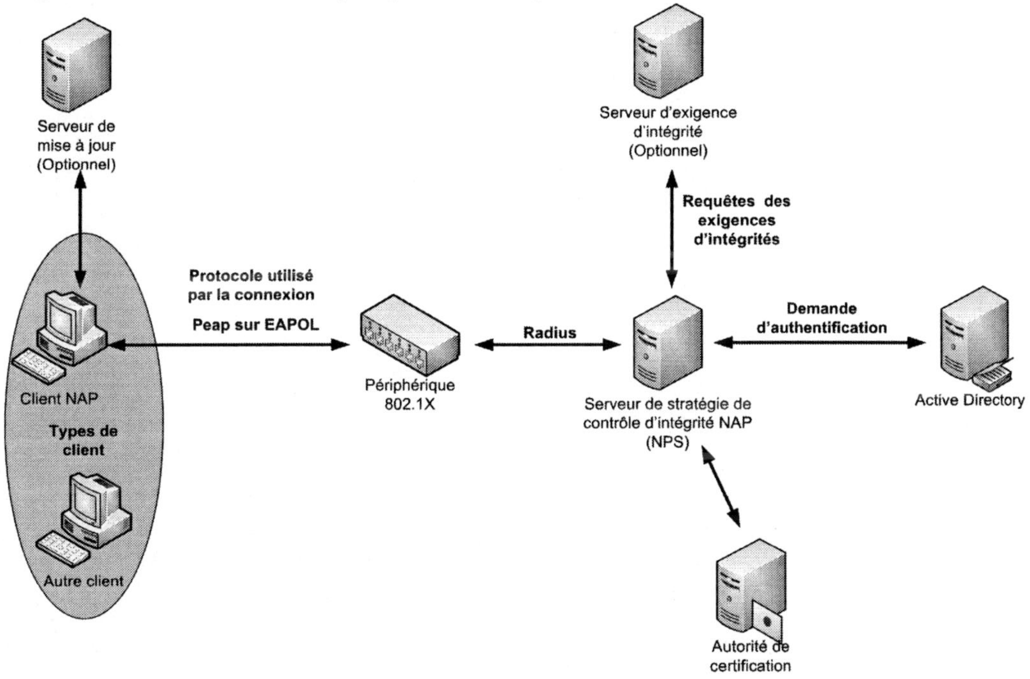

Cette topologie exige des périphériques prenant en charge la norme 802.1X, comme par exemple des commutateurs. Il faut également activer la prise en charge du protocole 802.1X au niveau des cartes réseaux des clients NAP.

Dans des réseaux de moyenne importance c'est-à-dire disposant de plusieurs commutateurs, il est nécessaire d'envisager l'utilisation de commutateurs pouvant être gérés à distance et de manière centralisée.

9. Contrainte de mise en conformité NAP pour les connexions TS-Gateway

La méthode de contrainte pour les connexions TS-Gateway permet de garantir que les ordinateurs clients conformes par rapport aux stratégies d'intégrité définies peuvent se connecter à un ordinateur :

- Client, appelé également Bureau distant.
- Serveur Terminal Server.

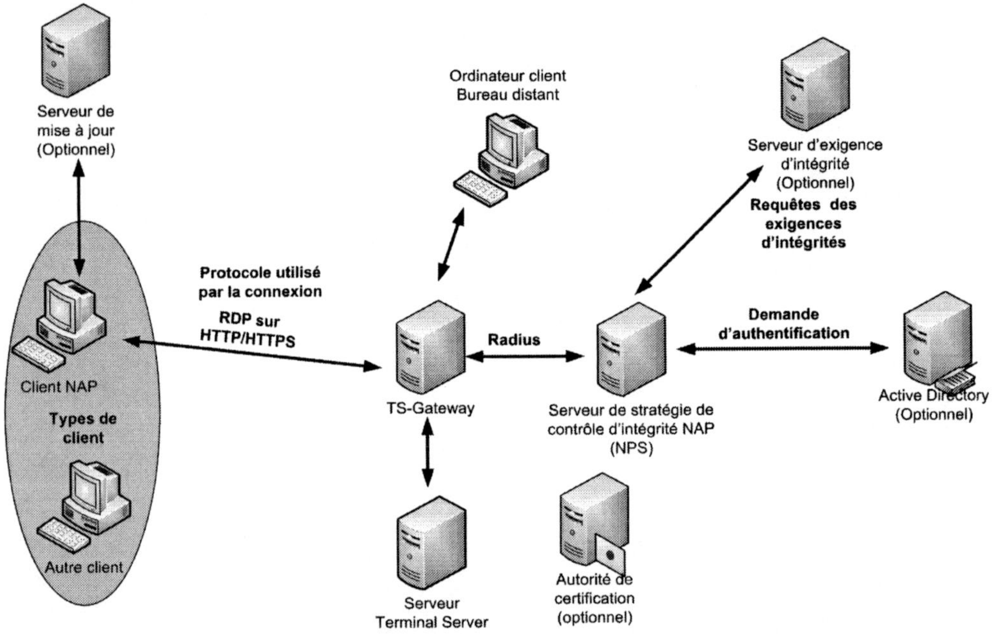

Un certificat doit exister sur le serveur passerelle mais il n'est pas nécessaire de disposer d'une autorité de certification.

Les ordinateurs clients NAP sont obligatoirement un ordinateur Windows XP SP3 ou Windows Vista alors que les ressources internes peuvent être un ordinateur client Windows XP à partir du SP2, Windows Vista dès le SP1, Windows Server 2003 dès le SP1 et Windows Server 2008.

10. Stratégies

Une stratégie définit une condition pour la déclencher et un comportement pour celui qui la subit. Sur un serveur NPS, il existe trois types de stratégies définies ci-dessous.

a. Stratégie de demande de connexion

Elle permet de créer des stratégies de connexion pour indiquer si le traitement s'effectue localement ou si la demande de connexion est transférée vers des serveurs Radius.

Vous pouvez également spécifier l'authentification des demandes de connexion.

La stratégie de demande de connexion comprend :

- **Une vue d'ensemble**, soit des informations qui indiquent si la stratégie est active et la méthode de connexion réseau.
- **Des conditions** pour préciser le cadre de déclenchement de la stratégie (horaire, groupes, utilisateurs, système d'exploitation, etc.).
- **Des paramètres** pour définir des paramètres de connexion spécifiques aux protocoles utilisés.

b. Stratégie réseau

La stratégie réseau permet d'indiquer qui peut se connecter et sous quelles conditions. Si vous utilisez NAP, vous pouvez inclure comme condition une stratégie de contrôle d'identité.

La stratégie réseau comprend :

- **Une vue d'ensemble**, soit des informations qui indiquent si la stratégie est active et si elle autorise ou bloque l'accès, et la méthode de connexion réseau.
- **Des conditions** pour préciser le cadre de déclenchement de la stratégie (horaire, groupes, utilisateurs, système d'exploitation, etc.).
- **Des contraintes** pour préciser les méthodes d'authentification, le délai d'inactivité et d'expiration, des restrictions horaires et le type de port NAS, soit le type de média d'accès (Ethernet, FDDI, VPN, etc.), l'ID de la station appelée.
- **Des paramètres** pour définir des paramètres de connexion spécifiques aux protocoles utilisés.

c. Stratégie de contrôle d'intégrité

Elle permet de définir uniquement pour la protection d'accès réseau un comportement spécifique utilisé dans les stratégies réseau pour accorder ou refuser l'accès après avoir reçu une réponse du programme de validation d'intégrité système utilisé. Il est possible d'utiliser plusieurs programmes de validation d'intégrité système et les comportements sont :

- Réussite de tous les contrôles SHV pour le client.
- Échec de tous les contrôles SHV pour le client.
- Réussite d'un ou plusieurs contrôles SHV pour le client.
- Échec d'un ou plusieurs contrôles SHV pour le client.
- Client signalé en transition par un ou plusieurs programmes SHV.
- Client signalé infecté par un ou plusieurs programmes SHV.
- Client signalé inconnu par un ou plusieurs programmes SHV.

Grâce à ces stratégies, il est possible de déterminer différents types d'accès ou de refus dans les stratégies réseau.

11. Avantages et inconvénients

Comme inconvénient principal, on peut noter qu'il s'agit de la version 1 et que les procédures de configuration sont longues. Néanmoins le concept est des plus intéressants pour un administrateur en lui fournissant un niveau d'abstraction par rapport aux composants de conformité.

Enfin il peut paraître paradoxal que Windows Server 2003 et Windows Server 2008 ne soient pas (encore) supportés comme clients même si certains de ces serveurs disposeraient d'une exemption de conformité.

Si l'on implémente NAP, il faut le faire pour tous les ordinateurs du réseau ou aucun.

Le tableau suivant résume les différentes méthodes d'accès, l'infrastructure nécessaire, et indique des avantages et des inconvénients :

Méthode d'accès	Infrastructure requise au niveau du serveur	Infrastructure requise au niveau du client	Avantages	Inconvénients
DHCP	NPS DHCP	Client NAP	Mise en œuvre simple.	Ne protège pas contre des accès non autorisés.
VPN	Active Directory NPS Routage et accès distant Autorité de certification	Client NAP	Garantit l'intégrité des clients distants.	Suivant la taille des mises à jour, la durée de mise à jour peut être importante.
IPSec	Active Directory NPS HRA IIS Autorité de certification	Client NAP	Granularité de la protection s'applique à l'ordinateur. Hautement sécurisé.	Difficulté de mise en œuvre. Requiert un serveur de certificat.
802.1X	Active Directory NPS Périphériques 802.1X	Client NAPActivation protocole 802.1X sur le client	Permet d'isoler facilement les clients non compatibles. Pour client Ethernet ou sans fil.	Difficulté de mise en œuvre. Requiert du matériel 802.1X.
TS-Gateway	NPS Terminal Server IIS	Client NAP Client TS		Difficulté de mise en œuvre.

Le tableau suivant montre quel composant peut résider sur quel système d'exploitation :

Composant	Windows Server 2008	Windows Server 2003	Windows Vista	Windows XP
Client NAP	Oui	Non	Oui	Dès le SP3
NPS	Oui	Non	Non	Non
DHCP	Oui	Non	Non	Non

Composant	Windows Server 2008	Windows Server 2003	Windows Vista	Windows XP
Routage et accès distant	Oui	Non	Non	Non
HRA (IPSec)	Oui	Non	Non	Non
TS-Gateway	Oui	Non	Non	Non
802.1X	Oui	Non	Client uniquement	Client uniquement
Serveur de mise à jour WSUS	Oui	Oui	Non	Non
Server de mise à jour SCCM 2007	Oui	Oui	Non	Non
Serveur de mise à jour d'antivirus	Oui	Oui	Non	Non

N. Accès réseau sans fil

Les réseaux sans fil se démocratisent et l'on trouve de plus en plus de points d'accès appelés également *hot spot* à travers le monde. Certains opérateurs de téléphonie proposent également des offres d'abonnement permettant à l'utilisateur nomade de se déplacer tout en utilisant différentes technologies, dont les réseaux sans fil. Au sein de l'entreprise, les réseaux sans fil peuvent rendre d'énormes services dans les cas où les collaborateurs doivent se déplacer d'un bureau à un autre, dans les salles de réunion et bien entendu dans les bâtiments dans lesquels il n'est pas possible d'installer des réseaux filaires comme par exemple dans des bâtiments classés.

Les principaux reproches adressés aux réseaux sans fil concernent l'utilisation d'une bande passante limitée et partagée entre tous les ordinateurs d'un point d'accès ainsi qu'une carence de sécurité au niveau de la couche transport.

L'un des travaux de l'administrateur réseau consiste à limiter correctement le cadre d'utilisation des réseaux sans fil pour les utilisateurs nomades. Un autre travail consiste à rendre l'utilisation des réseaux sans fil de l'entreprise transparente. Pour effectuer ces tâches, il est nécessaire de comprendre les réseaux sans fil.

1. Mode d'infrastructure versus mode ad hoc

Dans le mode ad hoc, les ordinateurs peuvent communiquer entre eux sans passer par une infrastructure, en d'autres termes, ils peuvent communiquer directement avec leurs voisins situés dans leur espace de communication. Dans le mode d'infrastructure, toutes les communications passent obligatoirement par un périphérique d'infrastructure qui est généralement appelé un point d'accès.

La figure suivante montre le mode ad hoc dans lequel l'ordinateur A peut dialoguer avec ses pairs, soient l'ordinateur B et l'ordinateur C. Les disques représentent la zone de communication possible pour chaque ordinateur. Comme l'ordinateur B est hors de portée de l'ordinateur C il ne peut y avoir de communication entre eux.

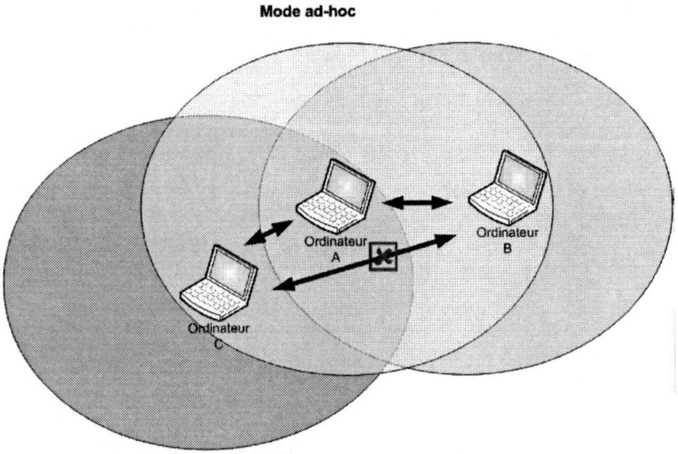

La figure suivante montre les mêmes ordinateurs reliés via un point d'accès distant. Cette fois tous les ordinateurs peuvent communiquer ensemble, voire aller sur Internet grâce aux éléments d'infrastructure.

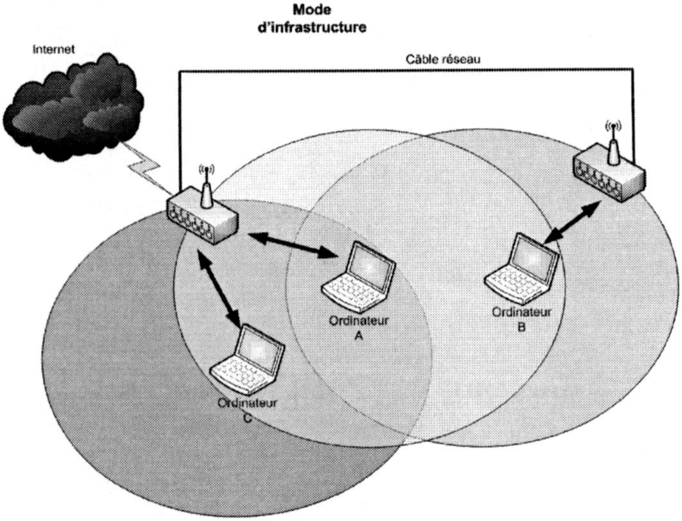

Pour des raisons de sécurité évidentes, il est recommandé de désactiver les communications ad hoc sur les ordinateurs portables des utilisateurs.

2. Le point d'accès

Le point d'accès est identifié par son SSID (*Service Set Identifier*) qui est le nom du point d'accès. Il se compose d'une suite de 1 à 32 caractères alphanumériques. Généralement le point d'accès diffuse son SSID en utilisant des messages de diffusion (Broadcast). Bien qu'il soit possible de désactiver les messages de diffusion, c'est une méthode de protection totalement inefficace du réseau car chaque fois qu'un utilisateur se connecte, l'ordinateur client envoie le SSID du réseau en clair. D'autre part, cela complique la connexion pour les utilisateurs car ils doivent saisir manuellement le SSID du réseau pour pouvoir se connecter.

3. Les différentes normes Wi-Fi

Les réseaux sans fil sont réunis dans la norme IEEE 802.11. Bien qu'il existe un nombre important de normes Wi-Fi, seules les normes présentées dans le tableau suivant sont utilisées pour le transport.

Norme	Débit	Fréquence	Commentaire
802.11a	54Mb/s théorique 27Mb/s réel	5GHz	Peu utilisée actuellement. Portée limitée à un rayon d'environ 10 m.
802.11b	11Mb/s théorique 6Mb/s réel	2,4GHz	Largement utilisée Portée limitée à 300m
802.11g	54Mb/s théorique 25Mb7s réel	2,4GHz	Très largement répandue actuellement
802.11n	600Mb/s théorique 100Mb/s réel	2,4GHz 5GHz	Normalisation attendue pour le second semestre 2009. Reste compatible avec les matériels existants 802.11b et 802.11g.

Attention, la norme 802.1X est un standard de sécurité pour les réseaux sans fil et filaires permettant au matériel de s'authentifier pour avoir accès au réseau. 802.1X s'appuie sur EAP (*Extensible Authentication Protocol*) pour le transport des informations d'identification et un serveur d'identification comme par exemple l'utilisation d'un serveur Radius.

a. Limitations

Parmi les limitations, il est possible de citer :

- Un réseau Wi-Fi par sa nature limite le nombre d'ordinateurs pouvant se connecter au même instant sur un point d'accès car la bande passante est partagée entre tous les ordinateurs connectés à ce point d'accès.
- Par défaut les signaux ne sont pas chiffrés et sont de ce fait facilement écoutables à l'aide d'outils appropriés.
- Les murs et éventuellement les matériaux les composant peuvent limiter la portée d'un point d'accès voire limiter l'utilisation d'un réseau Wi-Fi.

4. Sécurisation

Pour sécuriser une connexion Wi-Fi, il est nécessaire de sécuriser les communications en utilisant le chiffrage et éventuellement l'authentification. Pour cela, il est possible d'utiliser les protocoles ci-après.

a. WEP (Wired Equivalent Privacy)

WEP définit un algorithme de chiffrage pour garantir un niveau de confidentialité équivalent à un réseau filaire. WEP utilise le protocole RC4 pour le chiffrement. La taille de la clé varie en fonction de son implémentation soit 40 bits pour WEP 64, 104 bits pour WEP 128 et 240 bits pour WEP 256.

Sous Windows Server 2008, la clé WEP doit comporter 26 caractères hexadécimaux (0-9 et lettres a-f).

Il s'agit de la plus mauvaise des méthodes de chiffrement car aujourd'hui il est possible de pénétrer un réseau protégé par une clé WEP en quelques secondes. Il est dès lors conseillé d'utiliser une autre méthode ou si ce n'est pas possible de remplacer le matériel du point d'accès, voire d'utiliser le protocole IPSec pour les communications Wi-Fi.

b. WPA (Wi-Fi Protected Access) et WPA2

WPA est un programme de certification créé par la Wi-Fi alliance pour pallier les problèmes de sécurité de WEP.

WPA ajoute des fonctionnalités de sécurité à WEP et à l'authentification 802.11 comme :

- L'utilisation d'un mécanisme d'authentification amélioré.
- Des algorithmes de gestion de clés.
- Création de clés cryptographiques.
- Une amélioration pour l'encapsulation des données.

Le composant d'authentification est basé sur l'authentification 802.1X ce qui nécessite la mise en place d'une infrastructure pouvant être complexe (serveur Radius, gestion des certificats, voire mise en place d'une infrastructure de clés publiques). Heureusement, il est possible d'utiliser une version simplifiée appelée WPA-Personal qui permet l'utilisation de clés pré-partagées pouvant contenir de 8 à 63 caractères ASCII ou 64 caractères hexadécimaux au lieu d'une infrastructure 802.1X.

WPA fait référence aux ébauches de la norme 802.11i alors que WPA2 en est la version normalisée. WPA2 implémente tous les éléments obligatoires de la norme 802.11i et utilise AES comme algorithme de chiffrement au lieu de RC4.

La plupart des cartes réseaux compatibles WEP ont juste besoin d'être mises à jour pour supporter WPA.

Concernant la sécurité, elle est meilleure que celle de WEP, néanmoins WPA-Personal est plus vulnérable que WPA.

5. Gestion des réseaux sans fil à l'aide des stratégies de groupe

WinAD

Veuillez configurer l'environnement des machines virtuelles comme indiqué en début de chapitre.

Dans une entreprise, il est plus simple de gérer les réseaux sans fil en utilisant les stratégies de groupe comme le montre la procédure suivante.

- Connectez-vous en tant qu'administrateur.
- Cliquez sur **Démarrer - Outils d'administration et Gestion des stratégies de groupe**. Il faut être dans un domaine.
- Par exemple, développez l'arborescence jusqu'au domaine puis cliquez avec le bouton droit de la souris sur le nom du domaine puis sur **Créer un objet GPO dans ce domaine, et le lier ici**.

- Dans la boîte de dialogue, saisissez **wifi** pour le **Nom** puis cliquez sur **OK**.
- Dans l'arborescence, cliquez avec le bouton droit de la souris sur **wifi** puis sur **Modifier**.
- Dans l'éditeur de gestion des stratégies de groupe, développez l'arborescence suivante : **Stratégie wifi - Stratégies - Paramètres Windows - Paramètres de sécurité - Stratégies de réseau sans fil (IEEE 802.11)**.

  Vous pouvez créer des stratégies adaptées pour Windows Vista et Windows XP.
- Dans l'arborescence, cliquez avec le bouton droit de la souris sur **Stratégies de réseau sans fil (IEEE 802.11)** puis sur **Créer une stratégie de réseau sans fil Vista**.
- Dans la boîte de dialogue **Propriétés de Nouvelle stratégie de réseau sans fil Vista** sous l'onglet **Général** saisissez un nom pour la stratégie et éventuellement une description. Ne désactivez pas la case à cocher **Utiliser le service de configuration automatique de réseau WLAN Windows pour les clients** sinon le service ne configurera plus les réseaux sans fil.

  Dans la liste, vous pouvez gérer des réseaux sans fil auquel l'utilisateur peut se connecter. Vous pouvez définir pour chaque connexion une liste des SSID utilisables, et une méthode d'authentification et de chiffrement appropriée comme le montre l'image suivante.

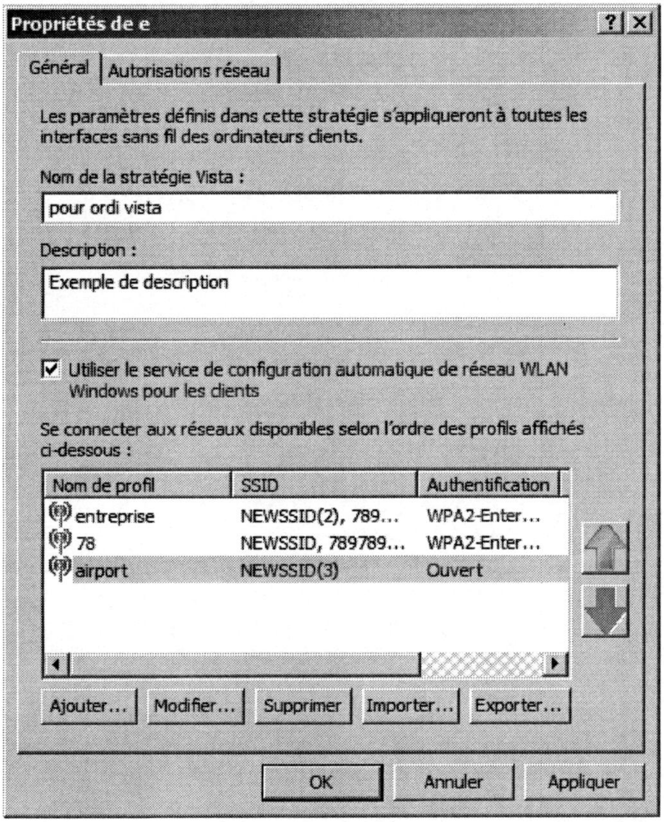

L'onglet **Autorisations réseau** permet de gérer pour chaque nom réseau (SSID) des profils définis sous l'onglet **Général** une autorisation ou un refus comme le montre l'image suivante.

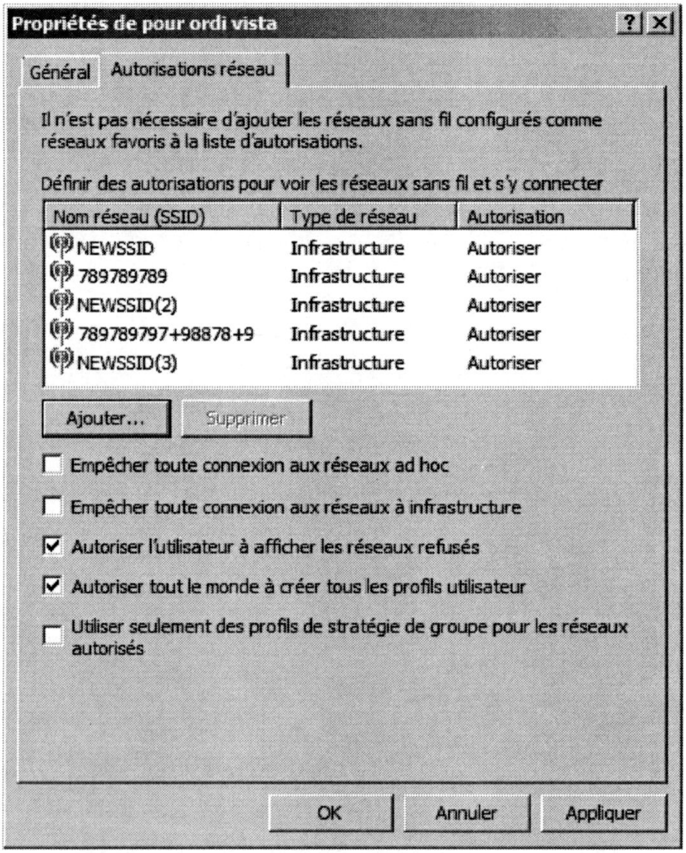

La case à cocher **Empêcher toute connexion aux réseaux ad hoc** permet d'empêcher l'utilisateur de créer de nouveaux profils et d'utiliser les profils ad-hoc définis.

La case à cocher **Empêcher toute connexion aux réseaux à infrastructure** permet d'empêcher la connexion à la liste des réseaux d'infrastructure.

La case à cocher **Autoriser l'utilisateur à afficher les réseaux refusés** permet à l'utilisateur de voir également les réseaux sans fil qui sont définis comme **Refuser**.

La case à cocher **Autoriser tout le monde à créer tous les profils utilisateur** permet de spécifier si l'utilisateur peut créer de nouveaux profils sinon seuls les membres du groupe **Administrateurs** et **Opérateurs de réseaux** peuvent en créer.

La case à cocher **Utiliser seulement des profils de stratégie de groupe pour les réseaux autorisés** permet de limiter les réseaux auxquels l'utilisateur peut se connecter.

→ Dans l'arborescence, cliquez avec le bouton droit de la souris sur **Stratégies de réseau sans fil (IEEE 802.11)** puis sur **Créer une stratégie Windows XP**.

→ Dans la boîte de dialogue **Propriétés** de **Nouvelle stratégie de réseau sans fil XP** sous l'onglet **Général** saisissez un nom pour la stratégie et éventuellement une description comme le montre l'image suivante.

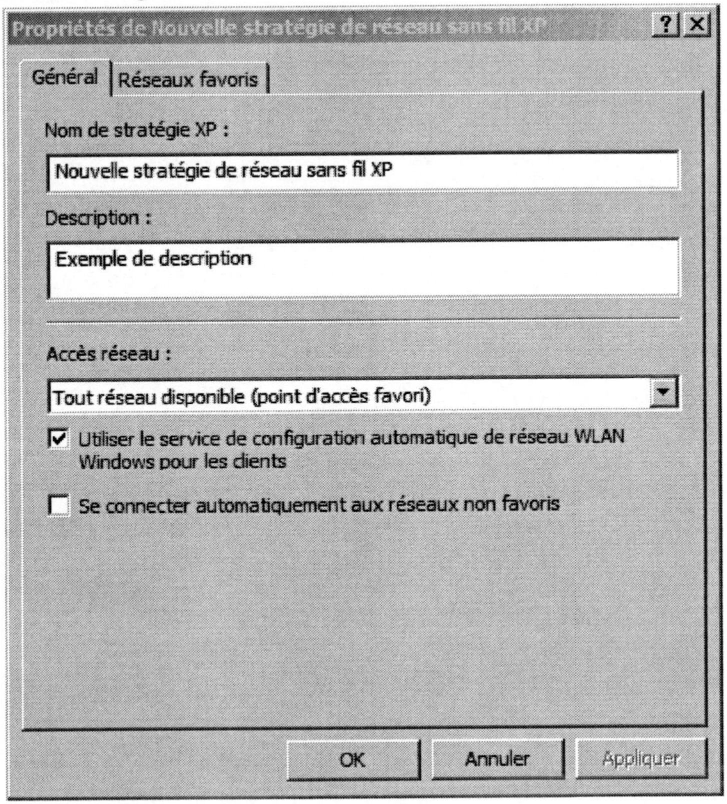

La liste déroulante permet de spécifier la méthodologie d'accès réseau selon les valeurs suivantes **Tout réseau disponible (point d'accès favori)**, c'est-à-dire qui est défini sous l'onglet **Réseaux favoris** donc très restrictif, **Réseaux avec point d'accès uniquement (infrastructure)** ou **Réseau d'égal à égal (ad hoc) uniquement**.

Ne désactivez pas la case à cocher **Utiliser le service de configuration automatique de réseau WLAN Windows pour les clients** sinon le service ne configurera plus les réseaux sans fil.

Vous pouvez également spécifier qu'il est possible de se connecter automatiquement aux réseaux non favoris en activant la case à cocher correspondante.

Sous l'onglet **Réseaux favoris**, vous pouvez gérer la liste des réseaux favoris.

O. Résumé du chapitre

Dans ce chapitre, vous avez découvert les nouveautés introduites dans Windows Server 2008 ainsi qu'une présentation succincte du NAP (*Network Access Protection*).

Vous savez maintenant reconnaître une adresse IPv4 et une adresse IPv6 et la configurer pour le serveur, comment activer et configurer le routage et enfin, vous pouvez dépanner un réseau jusqu'au niveau de la couche 3 du modèle OSI.

Vous avez également appris à configurer des règles dans le pare-feu aussi bien pour protéger l'ordinateur contre des accès malveillants que pour sécuriser des connexions à l'aide d'IPSec. Ensuite, vous avez vu les différentes possibilités offertes par le service Routage et accès distant et surtout les possibilités de création des VPN ou d'installation et de configuration du service NAT. Enfin, NAP vous a été présenté de manière détaillée afin de comprendre son fonctionnement.

Chapitre 7 : Mise en œuvre de l'Active Directory (AD)

A. Présentation

1. Pré-requis matériel et configuration de l'environnement

Pour effectuer toutes les mises en pratique de ce chapitre, vous devez disposer et configurer les machines virtuelles suivantes :

Pour la création des machines virtuelles, veuillez vous référer au chapitre Création du bac à sable.

N'oubliez pas de réinitialiser les machines virtuelles entre les mises en pratique de chaque chapitre avant de les configurer pour l'environnement.

Placez les scripts correspondants sur le bureau de chaque machine.

- Sur **WinAD**, lancez le script **WinAD.bat**.
- Sur **Win1**, lancez le script **Win1.bat**.
- Sur **Win2**, lancez le script **Win2.bat**.
- Sur **Win3**, lancez le script **Win3.bat**.
- Sur **Win4**, lancez le script **Win4.bat**.
- Sur **WinTarget**, lancez le script **WinTarget.bat**.
- Sur **Core1**, lancez le script **Core1.bat** sur c:\ puis lancez-le.

Après l'exécution des scripts, les machines virtuelles disposent chacune d'une adresse IP statique dans le réseau IP 10.1.1.0/24 du réseau virtuel **public**. Elles sont dans un groupe de travail.

2. Objectifs du chapitre

Un réseau d'entreprise doit disposer d'outils simples et puissants pour gérer les utilisateurs, les ordinateurs ainsi que les autres ressources. Pour répondre à ces besoins, Microsoft a créé l'Active Directory.

Avant d'installer une Active Directory, il est nécessaire de bien comprendre à quoi servent ses différents composants.

Le début du chapitre est consacré aux définitions des composants de l'Active Directory, des nouveautés introduites avec la version 2008.

Les installations dans une nouvelle forêt, en tant que réplica, d'un serveur RODC, etc. sont également montrés ainsi que l'installation sur un Server Core.

La suppression d'un contrôleur de domaine dans son contexte est également montrée.

Pour terminer, les principaux outils sont présentés succinctement en indiquant leur fonction et leur domaine d'utilisation.

À la fin du chapitre, vous pourrez citer les différents composants d'une Active Directory et indiquer leur fonction.

Vous saurez installer ou supprimer un contrôleur de domaine dans toutes les situations.

Enfin vous saurez quel outil utiliser pour effectuer une opération particulière.

Un livre entièrement consacré à l'Active Directory serait nécessaire pour approfondir sa configuration, sa gestion et son dépannage. Vous pouvez consulter le livre "Windows Server 2008 et Architecture de Gestion des services de domaine Active Directory" à paraître en avril dans la collection Ressources Informatiques des Éditions ENI.

B. Présentation des services de l'Active Directory (AD)

L'Active Directory est un annuaire centralisé contenant principalement des informations sur les utilisateurs, les ordinateurs d'un réseau Microsoft Windows. L'AD s'occupe également d'authentifier et d'autoriser l'accès aux ordinateurs et aux ressources d'un réseau Microsoft Windows.

1. Introduction

L'Active Directory est apparu avec Windows 2000 car le modèle architectural de l'annuaire de Windows NT 4.0 était trop limitatif pour être implémenté dans de grands réseaux. En effet, ses limitations sont :

- Une limite de 40 000 objets par domaine.
- Les relations d'approbation sont uniquement unidirectionnelle non transitive.
- La gestion des objets est limitée. Il n'est pas possible de déléguer l'administration.
- Les objets sont placés directement sous la racine du domaine. Il n'est pas possible de créer des hiérarchies.
- Les domaines NT sont conçus pour le protocole réseau NetBIOS. En environnement routé, la gestion peut s'avérer délicate.
- Il n'existe pas de notion de services spécialisés.
- L'architecture est mono-maître, c'est-à-dire qu'un seul contrôleur de domaine, appelé contrôleur de domaine primaire (cdp), a accès en lecture/écriture à la base de données de l'annuaire et les réplicas, appelés contrôleurs de domaine secondaire (cds), contiennent une copie accessible uniquement en lecture seule.
- Les domaines NT n'intègrent pas des protocoles standards de gestion d'annuaire comme LDAP.

L'Active Directory implémente les protocoles suivants :

- LDAP (*Lightweight Directory Access Protocol*) pour les services d'annuaire
- Kerberos V5 pour l'authentification
- TCP/IP et le DNS pour les services réseau.

L'Active Directory ne tourne que dans un environnement TCP/IP avec une implémentation d'un serveur DNS Microsoft ou autre. Les pré-requis pour le serveur DNS sont :

- Le support pour des enregistrements de type SRV (obligatoire).
- Pouvoir mettre à jour dynamiquement les enregistrements (optionnel mais fortement recommandé).
- IXFR pour répliquer la zone DNS de manière incrémentielle (optionnel).

Parmi les avantages apportés par l'Active Directory, on peut citer :

- Un système d'annuaire évolutif permettant de s'adapter au monde actuel. Des entreprises utilisent des Active Directory composées d'un seul ou plusieurs domaines avec des centaines de milliers d'utilisateurs et d'ordinateurs.

Bien que l'architecture permette de créer et réaliser des arborescences complexes, **plus le modèle est simple, plus simple est l'administration**.

- Une gestion centralisée des utilisateurs et des ressources de l'entreprise tout en permettant de déléguer une partie des tâches de l'administration.
- Une séparation claire entre le modèle physique d'implémentation et le modèle logique.
- Un modèle hautement disponible sans recourir à des technologies complexes.
- L'utilisation de standards ouverts.

Le serveur DNS de Microsoft permet également d'enregistrer sous certaines conditions la base de données du serveur DNS dans l'Active Directory et de bénéficier de tous les avantages de sécurité de réplication induite par l'Active Directory.

Chaque contrôleur de domaine appelé **DC** peut modifier les objets. En cas de conflit, la règle indique que c'est celui qui a écrit les modifications en dernier "qui gagne".

Dans le cas où un administrateur ajoute un nouvel objet sur un serveur DC appelé A dans une OU appelée OU_A et que sur un serveur B, un autre administrateur détruit l'OU appelée OU_A, il y a un grand conflit. Lors de la synchronisation, en fonction du **timestamp**, l'objet sera déplacé dans un container appelé **lost and found** et le conflit pourra être résolu manuellement. Il est donc utile de vérifier régulièrement ce contenu.

Les principales interactions qu'une AD a avec les autres services sont l'autorisation d'un serveur **DHCP** afin qu'il distribue des adresses IP et le service DNS qui peut enregistrer sa base de données dans l'AD au lieu d'un fichier et ainsi bénéficier de tous les avantages de la sécurité et la réplication introduites par l'AD.

2. La forêt

La forêt représente la frontière extérieure de l'Active Directory de l'entreprise. Cette limite peut être calquée sur un ou plusieurs domaines. La forêt représente également les limites de sécurité de l'AD car tous les domaines de la forêt partagent :

- le même schéma et la même configuration,
- le même catalogue global,
- la limite de sécurité du domaine le plus faible.

Pour des raisons de sécurité, il n'est pas rare de voir des entreprises disposer de plusieurs forêts distinctes n'ayant pas de relation d'approbation entre elles.

3. Le domaine et arborescence de domaine

Une forêt se compose de domaines, le premier domaine de la forêt donne également son nom à la forêt. Une arborescence représente une suite de domaines parent/enfant partageant le même espace de nom contigu. Si le domaine se situe dans un autre espace de nom, alors ce domaine est dans sa propre arborescence.

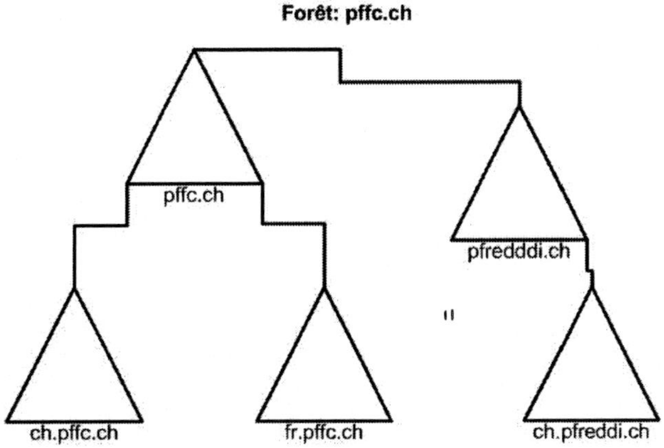

Pratiquement, le domaine représente :

- Une limite de sécurité car les limites concernant le login sont définies par domaine et le domaine ayant la limite la plus faible définit la limite de sécurité de la forêt. Si cette limite est trop faible, il est possible de sortir ce domaine de la forêt et de le placer dans une autre forêt.
- Une limite de gestion, que ce soit pour des raisons techniques ou politiques. Une solution consiste à créer des unités d'organisation pour simplifier la gestion.
- Une limite de réplication. Dans le cas où un site important a des problèmes de bande passante sur une liaison WAN, il est envisageable de limiter la réplication en scindant le domaine en deux, soit un site principal et un site distant.

En terme de conception, il faut toujours préférer le modèle le plus simple c'est-à-dire disposer d'une forêt contenant un seul domaine et si ce n'est pas possible, il est possible d'augmenter le nombre de domaines.

Il faut prévoir au moins deux contrôleurs de domaine par domaine.

La création d'un domaine vide, c'est-à-dire un domaine contenant uniquement deux contrôleurs de domaines est également envisageable pour des raisons d'administration.

4. L'unité d'organisation

Une unité d'organisation (**OU** ou **UO**) est un artifice logique permettant d'organiser hiérarchiquement l'AD afin de la rapprocher de l'organigramme logique de l'entreprise.

L'unité d'organisation a également pour but de simplifier l'administration car il est possible de configurer et restreindre les droits via des stratégies de groupe.

Windows Server 2008 introduit la protection contre les suppressions accidentelles des unités d'organisation. Elle est activée par défaut lors de la création de l'unité d'organisation mais vous pouvez la désactiver en décochant la case **Protéger le conteneur contre une suppression accidentelle**, soit dans la boîte de dialogue lors de la création, soit dans l'onglet **Objet** des **Propriétés** de l'unité d'organisation. Enfin, la protection n'est effective que pour l'unité d'organisation et pas pour ses éventuels enfants.

5. Les objets

Les différents types d'objets d'Active Directory sont les suivants :

Objet	Description
Utilisateur	Représente un utilisateur physique à qui on associe des droits et des permissions pour l'accès aux ressources.
Groupe	Permet de gérer des utilisateurs, des contacts et d'autres groupes de manière simple. Un groupe sert également à gérer la sécurité des droits ou des permissions.
Ordinateur	Représente un ordinateur physique à qui on associe des droits et des permissions pour l'accès aux ressources.
Contact	Définit un utilisateur qui ne peut pas se connecter au réseau d'entreprise mais à qui on peut envoyer des emails.
InetOrgPerson	Représente un objet de classe utilisateur mais qui est compatible avec la RFC 2798 donc compatible avec d'autres services d'annuaire LDAP. Il s'utilise comme un objet de classe utilisateur.
Unité d'organisation	Est un container qui sert à organiser les objets de manière hiérarchique au sein d'un domaine. Il peut y avoir jusqu'à 32 sous-niveaux. La hiérarchie peut être calquée sur celle de l'entreprise. On peut lui appliquer des stratégies de groupe.
Imprimante	Une imprimante peut être publiée dans l'Active Directory, ce qui simplifie sa recherche par les utilisateurs.
Dossier partagé	Un dossier partagé peut être publié dans l'Active Directory, ce qui simplifie sa recherche par les utilisateurs.
Alias de file d'attente MSMQ	Système de mise en file d'attente et de routage des messages pour Windows NT 4.0, Windows 95 et Windows 98.
Container	Est un container système. On ne peut lui appliquer des stratégies de groupes.

6. L'organisation physique

L'organisation physique de l'Active Directory est basée sur les composants suivants :

Composant	Description
Sous-réseau IP	Un sous-réseau IP est défini comme étant un domaine de diffusion.
Site Active Directory	Un site Active Directory est composé d'un ou plusieurs sous-réseaux IP reliés entre eux par une liaison rapide. Le site Active Directory définit un espace de réplication sans restriction de l'Active Directory. Toute liaison réseau entre deux bâtiments, sites physiques, et n'offrant pas au moins 512 kb/s de bande passante disponible, c'est-à-dire utilisable pour la réplication Active Directory indique une frontière de site Active Directory. Par défaut, il n'y a qu'un seul site dans la forêt, nommé **Premier site par défaut**.
Transport intersite	Définit la méthode utilisée pour la réplication Active Directory entre deux sites Active Directory.

Composant	Description
Liens du site	Définit comment la réplication intersite est configurée entre deux sites Active Directory contigus.
Pont entre liens de sites	Définit comment la réplication intersite est configurée entre deux sites Active Directory disjoints.

7. Les partitions de l'Active Directory

L'Active Directory est une base de données composée de plusieurs partitions comme indiquée dans le tableau suivant :

Partition	Description
Schéma	Contient la définition des attributs et classes permettant de créer un objet.
Configuration	Contient la topologie physique et de réplication de l'AD.
Domaine	Contient tous les objets d'un domaine spécifique.
DNS	Contient la base de données DNS.
Autre	L'administrateur peut également créer une partition spécifique dans la forêt.

Par défaut, la base de données de l'AD est stockée dans le répertoire **%systemroot %\NTDS**. La base de données est au format JET.

Dans une forêt contenant plusieurs domaines, il n'existe qu'une partition de schéma et de configuration identique à tous les contrôleurs de domaine de la forêt, mais plusieurs partitions de domaines. Chaque partition de domaine est identique pour les contrôleurs de domaine d'un même domaine.

8. Les maîtres d'opérations FSMO (Flexible Single Master Operation)

Le maître d'opération FSMO est une fonction de type mono-maître qu'un contrôleur de domaine doit jouer pour garantir l'intégrité de la forêt ou du domaine en fonction du rôle supporté.

Les cinq maîtres d'opérations FSMO sont indiqués dans le tableau ci-dessous :

Rôle FSMO	Portée
Maître de schéma	1 par forêt
Maître de dénomination de domaine	1 par forêt
Maître RID	1 par domaine
Maître d'infrastructure	1 par domaine
Maître émulateur PDC	1 par domaine

Le rôle **maître de schéma** définit le serveur DC sur lequel il est possible de modifier le schéma. Tous les autres serveurs DC disposent d'une copie en lecture seule. Le schéma contient toutes les informations nécessaires pour le contrôleur de domaine afin de créer un nouvel objet comme un plan d'architecte permet la construction d'un objet appelé maison.

Le schéma peut être étendu pour permettre à de nouvelles applications de bénéficier des avantages de l'annuaire AD comme par exemple Microsoft Exchange Server ou Microsoft ISA Server mais également par des administrateurs, soit pour ajouter de nouveaux attributs, soit pour contrôler ce qui peut être publié sur le serveur catalogue global.

Si l'on modifie le schéma, il faut tenir compte de la latence de réplication entre le maître de schéma et les DC du domaine où l'on installe l'application.

Par défaut, le logiciel composant enfichable permettant d'examiner le schéma n'est pas enregistré dans la base de registre. Pour l'enregistrer :

- Tapez dans une invite de commande `regsvr32 %systemroot%\system32\schmmgmt.dll`.
- Ouvrez une console MMC en cliquant sur **Démarrer** puis en entrant **MMC** dans la zone de recherche avant d'appuyer sur [Entrée].
- Dans la console MMC, ouvrez le menu **Fichier** puis cliquez sur **Ajouter/Supprimer un composant logiciel enfichable....**
- Sélectionnez dans la liste des composants logiciels enfichables disponibles le composant **Schéma Active Directory** puis cliquez sur **Ajouter** et enfin sur **OK**.

Si le maître de schéma est remplacé pendant qu'il est hors ligne, il ne faut jamais le faire revenir dans la forêt. Vous pouvez vous passer de maître de schéma pendant plusieurs heures, voire plusieurs jours.

Le **maître de dénomination de domaine** est le serveur DC qui garantit la cohérence des noms de domaines lors de l'ajout, suppression de domaine ou de modification du nom de domaine.

Le **maître RID** (*Relative IDentifier*) est le maître qui alloue des blocs d'identificateurs relatifs aux contrôleurs de domaine afin qu'ils puissent créer des objets. Le RID, associé à l'identificateur de domaine, donne le SID.

Le **maître d'infrastructure** contrôle la cohérence et l'intégrité du domaine comme lors du déplacement d'un objet.

Le maître d'infrastructure ne devrait pas être catalogue global.

Le **maître émulateur PDC** porte aujourd'hui très mal son nom. Lors de la sortie de Windows 2000, afin de permettre une migration progressive entre un domaine NT4 et une forêt Active Directory, un serveur DC 2000 devenait en quelque sorte un serveur PDC pour les autres contrôleurs de domaine NT4. Aujourd'hui, il serait exceptionnel de trouver dans une entreprise un mixte pour les contrôleurs de domaine surtout avec des serveurs NT4.

Le second rôle que joue le maître d'émulation PDC est la synchronisation de l'horloge pour tous les ordinateurs du domaine comme un maître de temps.

Le troisième rôle concerne la réplication urgente. Prenons comme exemple un utilisateur se situant sur le site Active Directory appelé A et qui appelle une personne du support situé sur le site Active Directory appelé B car il a oublié son mot de passe. La personne du support lui réinitialise son mot de passe et transmet immédiatement à notre utilisateur par téléphone son nouveau mot de passe. Il est évident qu'une réplication intersite peut prendre du temps et ne peut être répliquée immédiatement.

Le quatrième rôle concerne la cohérence des stratégies de groupe.

9. Le catalogue global

Le serveur catalogue global est un serveur DC qui contient une partition en lecture seule appelée catalogue global qui est une copie partielle des objets et des attributs de la partition de domaine de chaque domaine de la forêt.

Par partiel, il faut comprendre que pour un objet, seuls certains attributs sont répliqués et que la réplication vers le catalogue global se définit au niveau de l'attribut et non de la classe de l'objet.

Pour modifier les attributs qui doivent être répliqués, il faut utiliser la MMC Schéma Active Directory et sélectionner l'attribut puis dans ses propriétés, indiquer s'il peut être répliqué sur le serveur catalogue global.

Même pour une forêt contenant un seul domaine, le catalogue global peut avoir un sens car certaines applications sont conçues pour rechercher des informations uniquement dans le catalogue global et non dans la partition de domaine.

Le catalogue global est toujours interrogé lors de l'authentification de l'utilisateur. En effet, c'est dans le catalogue global que les groupes universels sont stockés et pour la création du jeton, il est nécessaire de savoir à quels groupes universels l'utilisateur appartient. Il est possible de remplacer un serveur catalogue global par la mise en cache des groupes universels.

Il est recommandé de placer au moins un serveur catalogue global par site Active Directory.

10. La réplication

Il existe plusieurs types de réplications. La réplication intrasite utilise un mécanisme de notification.

Le serveur DC sur lequel une modification a été effectuée notifie les serveurs DC se trouvant sur le même site qu'il a été modifié. Le serveur DC vient alors chercher la modification ; elle est considérée aujourd'hui comme immédiate, c'est-à-dire que la latence est très faible dans une infrastructure normale pour arriver à la convergence. Les modifications urgentes sont immédiatement répliquées vers l'**émulateur PDC**.

La réplication intersite repose sur le **KCC** (*Knowledge Consistency Checker*) qui recalcule régulièrement les chemins de réplication afin d'optimiser la réplication entre les sites, en définissant les serveurs appelés **têtes de pont** qui reçoivent et envoient les modifications entre les sites. Il est également possible de modifier manuellement la réplication mais le résultat peut être désastreux. La réplication intersite intervient selon une planification qui peut définir des intervalles de plusieurs heures entre chaque réplication ainsi que des routes différentes basées sur une notion de coût de routes attribués par l'administrateur.

La réplication concerne :

- le schéma au niveau de tous les contrôleurs de domaine de la forêt,
- le catalogue global vers tous les catalogues globaux de la forêt,
- la réplication de l'attribut de domaine vers le catalogue global du domaine,
- les modifications des objets vers tous les contrôleurs de domaine du même domaine,
- la configuration vers tous les contrôleurs de domaine de la forêt,
- les partitions spécifiques comme le DNS vers les serveurs visés, comme les contrôleurs de domaine d'un domaine, les serveurs DNS contrôleurs de domaine d'un domaine ou d'une forêt.

Actuellement, la granularité de la réplication peut utiliser l'attribut qui a été modifié et non l'objet.

11. Niveau fonctionnel d'un domaine ou de la forêt

Le niveau fonctionnel d'une forêt permet de savoir si les éléments caractéristiques d'une version de l'AD sont disponibles. Le niveau fonctionnel de la forêt dépend des contrôleurs de domaine de la forêt. Pour atteindre un niveau fonctionnel de la forêt Windows 2003, il faut que tous les contrôleurs de domaine de la forêt utilisent au moins une version de Windows Server 2003 et que tous les domaines de la forêt aient un niveau fonctionnel de domaine 2003.

Niveau fonctionnel	Fonctionnalité
Windows 2000 natif	- Groupes universels - Imbrication de groupes - Conversion de types de groupes - Historique SID
Windows 2003	- Délégation contrainte, qu'une application peut utiliser pour bénéficier de la délégation sécurisée des informations d'identification de l'utilisateur au moyen du protocole d'authentification Kerberos - Mises à jour de lastLogonTimestamp - Peut définir userPassword en tant que mot de passe pour des objets utilisateur et InetOrgPerson - Capacité à rediriger les conteneurs Utilisateurs et ordinateurs afin de définir un nouvel emplacement connu pour *les* comptes d'utilisateurs et d'ordinateurs
Windows 2008	- Réplication SYSVOL effectuée par la réplication DFS - Chiffrement Kerberos AES 128 et 256 bits - Dernières informations de connexions interactives, qui affichent l'heure de la dernière connexion interactive réussie d'un utilisateur, le nombre de tentatives de connexion ayant échoué depuis la dernière connexion et l'heure du dernier échec de connexion - Stratégies de mot de passe affinées, qui permettent aux utilisateurs et aux groupes de sécurité globale d'un domaine de spécifier des stratégies de mot de passe et de verrouillage de compte

12. Les nouveautés introduites dans Windows Server 2008

Windows Server 2008 autorise l'arrêt et le redémarrage des services Active Directory sans devoir redémarrer le serveur (à des fins de maintenance).

Windows Server 2008 propose un nouveau type de contrôleur de domaine appelé **Contrôleur de domaine en lecture seule** (*RODC - Read Only Domain Controller*) qui permet de placer des contrôleurs de domaine dans des emplacements physiques peu sécurisés car il est possible de contrôler les mots de passe qui sont stockés sur ce contrôleur. La réplication est unidirectionnelle et toujours en direction du serveur RODC.

Windows Server 2008 introduit la notion de "Stratégie de mot de passe granulaire" ainsi que les stratégies de blocage de compte qui permettent de disposer de plusieurs stratégies pour un domaine.

Notez que le mode "Windows 2000 Mixte", intégrant le support des contrôleurs NT4, n'est plus proposé.

Dans Windows Server 2008, Microsoft introduit quatre nouveaux rôles qui étendent les possibilités de l'AD, à savoir :

- Services AD LDS (*Active Directory Lightweight Directory Services*)
- Services AD RMS (*Active Directory Rights Management Services*)
- Services ADFS (*Active Directory Federation Services*)
- Services de certificats Active Directory.

13. Rôle Services AD LDS (Active Directory Lightweight Directory Services)

Ce rôle installe un annuaire **LDAP** (*Lightweight Directory Access Protocol*) permettant à des applications spécifiques de prendre en charge des utilisateurs provenant de votre entreprise ou d'entreprises différentes sans compromettre la sécurité d'une **Active Directory**.

Anciennement connu sous le nom de ADAM (*Active Directory Application Mode*), excepté qu'il ne gère pas l'authentification des utilisateurs.

14. Rôle Services AD RMS (Active Directory Rights Management Services)

Ce rôle installe un service de gestion des droits à l'intérieur d'une forêt **Active Directory**. Les documents et les emails peuvent être protégés contre tout accès non autorisé.

15. Rôle Services AD FS (Active Directory Federation Services)

Le rôle **ADFS** permet de fédérer l'authentification entre plusieurs entités en fournissant une technologie d'authentification WEB unique **SSO** (*Single Sign On*) pour authentifier un utilisateur.

Fonctionnalité introduite avec Windows 2003 R2.

Il faut lui préférer la version 2 qui est téléchargeable sur le site de Microsoft.

16. Rôle Services de certificats Active Directory AD CS

Le rôle installe le nouveau serveur de certificats, qui permet de délivrer, gérer et révoquer des certificats au sein d'une entreprise.

L'**édition standard** est limitée à la seule installation du composant **Autorité de certification**.

C. Installation du rôle Services de domaine Active Directory (AD DS)

1. Contrôle des pré-requis

Après une installation du serveur Windows 2008, il est possible d'installer les services AD DS si les pré-requis pour installer le rôle AD DS sont respectés sinon l'assistant d'installation s'arrête.

Système de fichiers NTFS

Il est requis que tous les volumes ou partitions soient formatés au format NTFS.

Utiliser un nom correct

Il faut d'abord s'assurer que le nom du serveur est conforme aux spécifications DNS.

Il est recommandé d'utiliser au maximum 15 caractères pour le nom même si la limite est 63 caractères, de n'employer que des chiffres allant de 0 à 9 et des lettres majuscules ou minuscules allant de a à z et le signe – (tiret). D'autres caractères sont également autorisés mais peuvent poser des problèmes de compatibilité.

Paramètres IP

Il faut utiliser une adresse IPv4 et/ou IPv6 valide.

Il est recommandé d'utiliser une adresse IP statique ou d'effectuer une réservation auprès du serveur DHCP afin d'éviter que l'adresse IP du serveur change.

Pour contrôler le nom et l'adresse IP, il est possible d'utiliser la commande **ipconfig** dans une invite de commande.

Nom de domaine

Le choix du nom de domaine est important car il permet à l'utilisateur de bien s'identifier à l'entreprise. Même si vous envisagez d'utiliser un nom portant une extension non reconnue sur Internet, il est fortement recommandé de réserver l'enregistrement du nom auprès d'une entreprise qui gère les noms de domaine.

Serveur DNS

Il n'est pas obligatoire de disposer d'un serveur DNS sur le réseau si vous envisagez d'installer le rôle AD DS sur un serveur Active Directory en même temps que les services AD DS. Dans tous les autres cas, contrôlez que le serveur est bien client d'un serveur DNS et que ce dernier dispose des pré-requis pour être compatible avec l'Active Directory.

2. Installation du rôle Services de domaine Active Directory

WinAD

Il existe deux procédures d'installation. La première consiste à utiliser le **Gestionnaire de serveur** pour installer les services puis l'assistant **dcpromo** pour configurer l'AD. La seconde utilise uniquement la commande **dcpromo**.

Effectuer l'installation directement avec **dcpromo** sans avoir installé le rôle est plus rapide.

Pour effectuer une installation en 2 étapes, commencez au point **a**, sinon allez directement au point **b**.

Ajout du rôle via le Gestionnaire de serveur

- Cliquez sur **Démarrer - Outils d'administration** et enfin sur **Gestionnaire de serveur**.
- Dans le volet de gauche, cliquez sur **Rôles**.
- Dans **Rôles**, cliquez sur **Ajouter des rôles**.
- Dans le cas où la page **Avant de commencer** de l'**Assistant Ajout de rôles** apparaît, cliquez sur **Suivant**.

- Dans la page **Rôles de serveurs** de l'**Assistant Ajout de rôles**, sélectionnez **Services de domaine Active Directory** puis cliquez sur **Suivant**.
- Sur la page **Services de domaine Active Directory** de l'**Assistant Ajout de rôles**, lisez attentivement les informations données avant de cliquer sur **Suivant**.
- Sur la page **Confirmation** de l'**Assistant Ajout de rôles**, cliquez sur **Installer**.

  La page suivante montre l'état d'avancement de l'installation. À la fin, le système redémarre automatiquement. Pendant le redémarrage, Windows termine la configuration des services de l'Active Directory.
- Lorsque vous y êtes invité, connectez-vous et attendez que la page de résultats s'affiche pour indiquer si l'installation a réussi.

  Le message d'avertissement de la figure suivante indique que le service **Windows Update** n'est pas configuré comme c'est le cas si l'on ajoute le rôle AD DS juste après l'installation de Windows 2008.

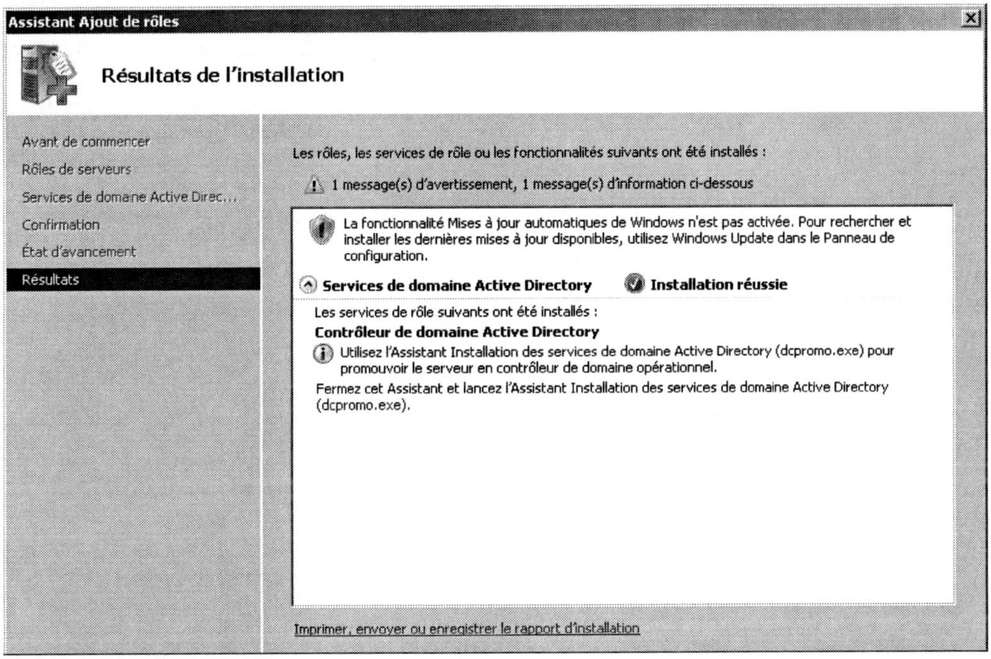

- Cliquez sur **Fermer**.

Comme l'installation a réussi, il est possible de configurer l'Active Directory en lançant la commande **dcpromo**.

3. L'assistant dcpromo

WinAD

L'assistant **dcpromo** est un assistant graphique lancé à partir de l'invite de commandes.

La figure suivante montre la syntaxe de la commande **dcpromo** sur une **installation complète**.

```
Administrateur : Invite de commandes - dcpromo /?
C:\>dcpromo /?
Les paramètres de ligne de commande incluent :

    /answer[:nom_fichier]

    /unattend[:nom_fichier]

    /adv

    /uninstallBinaries

    /?[:{Promotion | CreateDcAccount | UseExistingAccount | Demotion}]

    /CreateDCAccount

    /UseExistingAccount:Attach

/answer est utilisé pour fournir un fichier script d'installation sans assistance.
/unattend est utilisé pour spécifier le mode d'opération sans assistance
/adv active les options d'utilisateur avancées.
/uninstallBinaries est utilisé pour désinstaller les binaires des services d'annuaire Active Directory.
/? affiche cette aide.
/?:Promotion, /?:CreateDCAccount, /?:UseExistingAccount et /?:Demotion
affichent les paramètres d'installation sans assistance applicables à la tâche spécifiée.
/CreateDCAccount crée un compte RODC.
/UseExistingAccount:Attach joint le serveur à un compte RODC.

/CreateDCAccount et /UseExistingAccount:Attach s'excluent mutuellement.
Les paramètres des opérations sans assistance peuvent également être spécifiés sur la ligne de commande. Par exemple :

    dcpromo.exe /ReplicaOrNewDomain:Replica
Pressez une touche pour quitter ...
```

Veuillez noter que pour obtenir de l'aide détaillée sur les opérations de promotion, la rétrogradation, etc., il faut utiliser la syntaxe suivante :

`Dcpromo / ?:demotion`

L'assistant est contextuel et affiche que les pages dont vous avez besoin.

4. Installation d'un nouveau domaine dans une nouvelle forêt

WinAD

- Cliquez sur **Démarrer** puis tapez `dcpromo` dans la zone **Rechercher**.

  Après quelques instants, la première page de l'assistant vous demande de choisir entre le **mode standard** (défaut) et le **mode avancé**.

  Le **mode avancé** ajoute des pages supplémentaires à l'assistant. La présente procédure est réalisée en **mode avancé** et les pages supplémentaires sont indiquées.
- Une fois le mode choisi, cliquez sur **Suivant**.

  La page **Compatibilité du système d'exploitation** vous avertit que les contrôleurs de domaine 2008 utilisent un système de chiffrement SMB fort non reconnu par des clients Windows NT4. Ce paramètre peut également affecter des clients antérieurs à Windows Vista SP1. Pour plus de détails, consultez la kb942564.
- Sur la page **Compatibilité du système d'exploitation**, cliquez sur **Suivant**.
- Sur la page **Choisissez une configuration de déploiement**, sélectionnez **Créer un domaine dans une nouvelle forêt** puis cliquez sur **Suivant**.
- Sur la page **Nommez le domaine racine de la forêt**, tapez un nom de domaine compatible avec les règles **DNS**, ici testDom.fr puis cliquez sur **Suivant**.

Pour éviter tout problème futur relatif au nom de domaine, vous devriez avoir réservé auprès de l'organisme compétent le nom de domaine que vous tapez s'il est compatible avec les règles de l'ICANN. Si vous utilisez un nom de domaine valide mais non reconnu par l'ICANN, vous pouvez utiliser le nom que vous désirez.

Si vous êtes en mode avancé, l'assistant affiche la page **Nom de domaine NetBIOS**, pour éventuellement modifier le nom NetBIOS proposé.

- Si la page **Nom de domaine NetBIOS** apparaît, vérifiez que le nom du domaine NetBIOS est identique au nom de domaine DNS, ici TESTDOM puis cliquez sur **Suivant**.

C'est une bonne pratique d'avoir le nom de domaine DNS de second niveau identique au nom NetBIOS, comme par exemple le nom DNS artvinum.com avec le nom NetBIOS ARTVINUM.

- Sur la page **Définir le niveau fonctionnel de la forêt**, choisissez un niveau puis cliquez sur **Suivant**.

Si vous prévoyez de n'installer que des contrôleurs de domaine Windows Server 2008, alors sélectionnez **Windows 2008**. Dans le cas contraire, certaines fonctionnalités de l'AD ne seraient pas disponibles !

- Si vous choisissez un niveau fonctionnel de la forêt différent de Windows 2008, une page supplémentaire apparaît pour définir le niveau fonctionnel du domaine. En fonction du niveau fonctionnel de la forêt, certains niveaux fonctionnels de domaines ne sont pas disponibles. Sélectionnez le niveau fonctionnel de domaine puis cliquez sur **Suivant**.

Sélectionnez toujours le niveau fonctionnel de la forêt ou de domaine le plus élevé que vous pouvez utiliser.

- Sur la page **Options supplémentaires pour le contrôleur de domaine**, sélectionnez **Serveur DNS** si aucun serveur DNS n'est installé ou est utilisable. En sélectionnant **Serveur DNS**, vous indiquez que vous installez également le rôle Serveur DNS puis cliquez sur **Suivant**.
- Il se peut que vous receviez un avertissement si une des cartes réseau dispose d'une adresse IP dynamique. Souvent, on oublie que le protocole IPv6 est activé et que par défaut son état est **Stateless**. Vous pouvez cliquer sur **Oui**.
- Si vous recevez l'avertissement suivant, vous pouvez cliquer sur **Oui**, car le serveur DNS n'est pas encore installé.

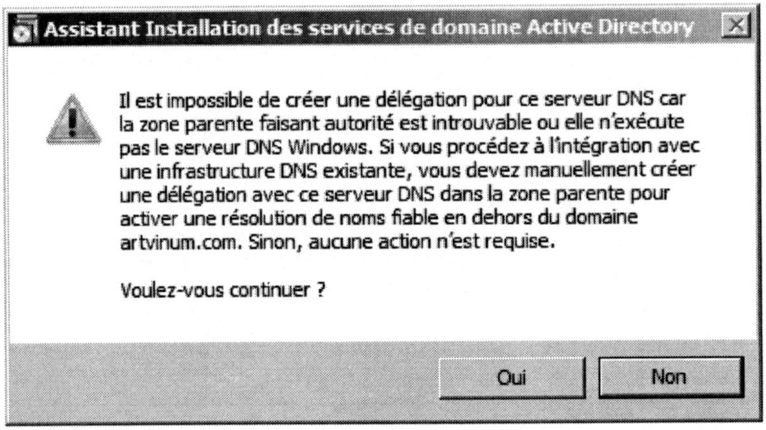

- Sur la page **Emplacement de la base de données, des fichiers journaux et de SYSVOL**, tapez ou cherchez les emplacements désirés puis cliquez sur **Suivant**.

Il était possible de placer la base **NTDS** sur une partition FAT. Comme Windows Server 2008 requiert une partition NTFS, il n'est pas envisageable de placer ces dossiers sur une partition FAT.

C'est une bonne pratique d'installer la base de données sur un disque différent des journaux. C'est également une bonne pratique d'installer ces dossiers sur un autre disque.

- Sur la page **Mot de passe administrateur de restauration des services d'annuaire**, tapez le mot de passe pour entrer dans le mode de restauration des services d'annuaire puis cliquez sur **Suivant**. Il est obligatoire et doit être complexe.

Ce mot de passe devrait être très complexe et connu par un seul administrateur. Il est recommandé de l'écrire sur un papier qui sera placé dans une enveloppe que l'on cachète et sur laquelle seront notés les noms des personnes autorisées à l'ouvrir ou qui peuvent donner l'autorisation pour l'ouvrir. Enfin, elle doit être placée dans un coffre.

- Sur la page **Résumé**, vérifiez vos sélections puis cliquez sur **Suivant**.

Le bouton **Exporter les paramètres** permet de créer un fichier des paramètres sélectionnés. Il peut être utilisé pour créer les fichiers de réponse pour l'installation sur un **Server Core** ou une installation sans surveillance.

Pendant l'installation de l'Active Directory, l'assistant affiche une boîte de dialogue dans laquelle vous pouvez sélectionner la case à cocher **Redémarrer à la fin de l'opération** afin que le serveur redémarre automatiquement.

Après le redémarrage, le **Gestionnaire de serveur** affiche les nouveaux rôles, à savoir **Serveur DNS** et **Services de domaine Active Directory**.

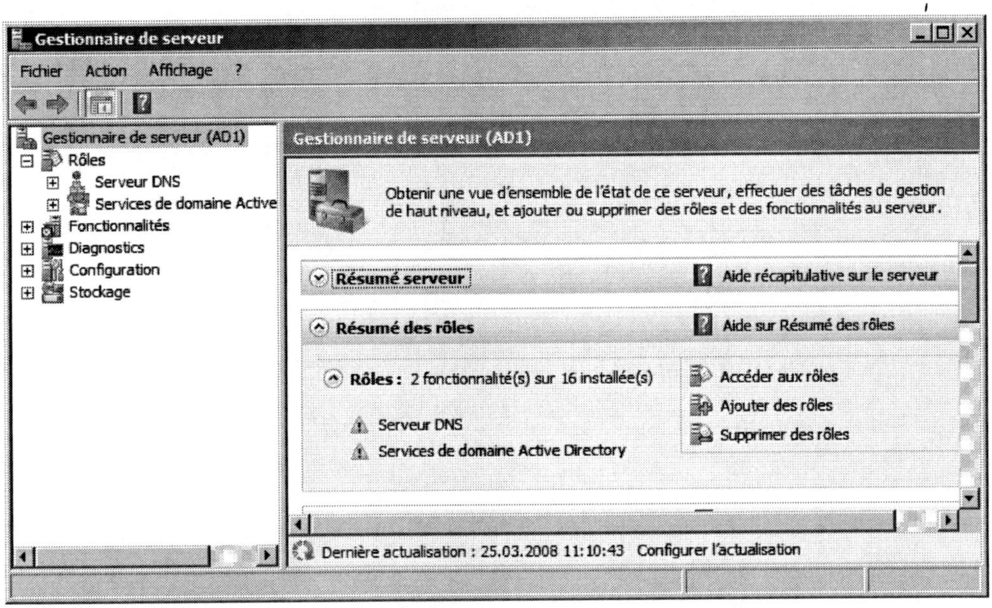

Dans la fenêtre principale, remarquez les icônes qui indiquent que des événements d'avertissements existent et qu'il faut les consulter.

Normalement, ces avertissements s'affichent uniquement au premier démarrage.

Veuillez vérifier l'installation d'Active Directory comme indiqué plus loin à la section Vérification à réaliser après l'installation d'un contrôleur de domaine.

5. Installation d'un serveur réplica

Le domaine doit exister et être en ligne avant de créer un réplica.

- Cliquez sur **Démarrer** puis tapez `dcpromo` dans la zone **Rechercher**.
- Une fois le mode choisi (**standard** ou **avancé**), cliquez sur **Suivant**.
- Sur la page **Compatibilité du système d'exploitation**, cliquez sur **Suivant**.
- Sur la page **Choisissez une configuration de déploiement**, sélectionnez **Forêt existante, Ajouter un contrôleur de domaine à un domaine existant** puis cliquez sur **Suivant**.
- Sur la page **Informations d'identification réseau**, tapez le nom du domaine de la forêt dans laquelle vous allez promouvoir ce serveur en tant que réplica, ici testdom.fr. Indiquez si nécessaire les informations de compte d'un utilisateur pouvant effectuer l'opération de promotion de serveur en contrôleur de domaine, ici**test\administrateur** pour l'utilisateur et **Pa$$word** pour le mot de passe puis cliquez sur **Suivant**.

> Si le serveur n'a pas déjà rejoint la forêt, assurez-vous qu'il utilise comme serveur DNS un serveur DNS de la forêt qui contient le domaine.

Si le domaine ne peut être contacté à cause d'un problème DNS, le message suivant s'affiche :

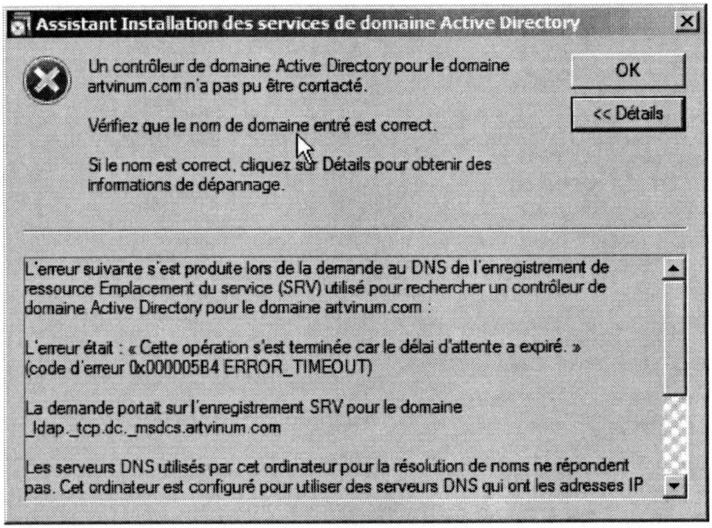

- Sur la page **Sélectionnez un domaine**, sélectionnez le domaine dans lequel vous voulez ajouter le réplica puis cliquez sur **Suivant**.
- Sur la page **Sélectionnez un site**, sélectionnez un site ou laissez la sélection proposée puis cliquez sur **Suivant**.
- Sur la page **Options supplémentaires pour le contrôleur de domaine**, activez les cases à cocher correspondantes si vous voulez installer sur le serveur un **serveur DNS**, qu'il devienne serveur **Catalogue global** ou l'installer en tant que serveur **RODC** puis cliquez sur **Suivant**. Ici choisissez les options que vous désirez tester.

Prévoyez au moins un serveur **catalogue global** par site Active Directory. Il devrait également y avoir au moins un **serveur DNS** par domaine. Pour installer un serveur RODC, veuillez consulter la section prévue à cet effet.

Si le serveur réplica devient le second DC du domaine, l'assistant va vous proposer de déplacer le **maître d'infrastructure** sur le serveur réplica pour autant qu'il ne devienne pas **Catalogue global**.

- Sur la page **Emplacement de la base de données, des fichiers journaux et de SYSVOL**, tapez ou cherchez les emplacements désirés puis cliquez sur **Suivant**.
- Sur la page **Mot de passe administrateur de restauration des services d'annuaire**, tapez le mot de passe pour entrer dans le mode de restauration des services d'annuaire. Il est obligatoire et doit être complexe. Cliquez ensuite sur **Suivant**.
- Sur la page **Résumé**, vérifiez vos sélections et cliquez sur **Suivant**.

Pendant l'installation de l'Active Directory, l'assistant affiche une boîte de dialogue dans laquelle vous pouvez sélectionner la case à cocher **Redémarrer à la fin de l'opération** afin que le serveur redémarre automatiquement.

Veuillez vérifier l'installation d'Active Directory comme indiqué plus loin à la section Vérification à réaliser après l'installation d'un contrôleur de domaine.

6. Modification du schéma d'une forêt 2000 ou 2003 pour accueillir un contrôleur de domaine Windows Server 2008

Si vous installez le contrôleur en tant que premier contrôleur de domaine Windows Server 2008 dans une forêt autre que Windows Server 2008, alors veuillez modifier le schéma à l'aide de la procédure suivante :

- Insérez le DVD Windows Server 2008 dans l'ordinateur jouant le rôle de maître de schéma.
- Ouvrez une invite de commande et déplacez-vous dans le répertoire `sources\adprep` du DVD.
- Tapez `adprep /forestprep` puis appuyez sur [Entrée].

Pour préparer un domaine :

- Insérez le DVD Windows Server 2008 dans l'ordinateur jouant le rôle de maître de schéma.
- Ouvrez une invite de commande et déplacez-vous dans le répertoire `sources\adprep` du DVD.
- Tapez `adprep /domainprep` puis appuyez sur [Entrée].

7. Installation d'un domaine enfant

Un domaine parent doit exister et être en ligne.

- Cliquez sur **Démarrer** puis tapez `dcpromo` dans la zone **Rechercher**.
- Une fois le mode choisi (**standard** ou **avancé**), cliquez sur **Suivant**.
- Sur la page **Compatibilité du système d'exploitation**, cliquez sur **Suivant**.
- Sur la page **Choisissez une configuration de déploiement**, sélectionnez **Forêt existante, Créer un nouveau domaine dans une forêt existante** puis cliquez sur **Suivant**.
- Sur la page **Informations d'identification réseau**, tapez le nom du domaine de la forêt dans laquelle vous allez promouvoir ce serveur en tant que DC, ici testdom.fr. Indiquez si nécessaire les informations de compte d'un utilisateur pouvant effectuer l'opération de promotion de serveur en contrôleur de domaine, ici **test\administrateur** pour l'utilisateur et **Pa$$word** pour le mot de passe puis cliquez sur **Suivant**.

> Si le serveur n'a pas déjà rejoint la forêt, garantissez qu'il utilise comme serveur DNS un serveur DNS de la forêt qui contient le domaine.

- Sur la page **Nommez le nouveau domaine**, tapez le nom de domaine complet du domaine parent ici testdom.fr et le nom DNS ici cours puis cliquez sur **Suivant**.
- Sur la page **Sélectionnez un site**, sélectionnez un site ou laissez la sélection proposée puis cliquez sur **Suivant**.

→ Sur la page **Options supplémentaires pour le contrôleur de domaine**, activez les cases à cocher correspondantes si vous voulez installer sur le serveur un **serveur DNS** et qu'il soit **Catalogue global** puis cliquez sur **Suivant**.

Prévoyez au moins un serveur **catalogue global** par site Active Directory. Il devrait également y avoir au moins un **serveur DNS** par domaine.

→ Sur la page **Emplacement de la base de données, des fichiers journaux et de SYSVOL**, tapez ou cherchez les emplacements désirés puis cliquez sur **Suivant**.
→ Sur la page **Mot de passe administrateur de restauration des services d'annuaire**, tapez le mot de passe pour entrer dans le mode de restauration des services d'annuaire. Il est obligatoire et doit être complexe. Cliquez ensuite sur **Suivant**.
→ Sur la page **Résumé**, vérifiez vos sélections et cliquez sur **Suivant**.

Pendant l'installation de l'Active Directory l'assistant affiche une boîte de dialogue dans laquelle vous pouvez sélectionner la case à cocher **Redémarrer à la fin de l'opération** afin que le serveur redémarre automatiquement.

Veuillez vérifier l'installation d'Active Directory comme indiqué plus loin à la section Vérification à réaliser après l'installation d'un contrôleur de domaine.

8. Installation d'une nouvelle arborescence

Un domaine racine de la forêt doit exister et être en ligne.

→ Cliquez sur **Démarrer** puis tapez `dcpromo` dans la zone **Rechercher**.
→ Cochez la case **Utiliser l'installation en mode avancé** puis cliquez sur **Suivant**.
→ Sur la page **Compatibilité du système d'exploitation**, cliquez sur **Suivant**.
→ Sur la page **Choisissez une configuration de déploiement**, sélectionnez **Forêt existante, Créer un nouveau domaine dans une forêt existante**, cochez la case **Créer une nouvelle forêt racine d'arborescence de domaine au lieu d'un nouveau domaine enfant** puis cliquez sur **Suivant**.
→ Sur la page **Informations d'identification réseau**, tapez le nom du domaine de la forêt dans laquelle vous allez promouvoir ce serveur en tant que DC, ici testdom.fr. Indiquez si nécessaire les informations de compte d'un utilisateur pouvant effectuer l'opération de promotion de serveur en contrôleur de domaine, ici **test\administrateur** pour l'utilisateur et **Pa$$word** pour le mot de passe puis cliquez sur **Suivant**.

Si le serveur n'a pas déjà rejoint la forêt, assurez-vous qu'il utilise comme serveur DNS un serveur DNS de la forêt qui contient le domaine.

→ Sur la page **Nommez la nouvelle racine d'arborescence de domaine**, tapez le nom de domaine de la nouvelle arborescence, ici MyNewDom.com puis cliquez sur **Suivant**.
→ Sur la page **Nom de domaine NetBIOS**, vérifiez le nom ici MYNEWDOM puis cliquez sur **Suivant**.

- Sur la page **Sélectionnez un site**, sélectionnez un site ou laissez la sélection proposée (ici) puis cliquez sur **Suivant**.
- Sur la page **Options supplémentaires pour le contrôleur de domaine**, activez les cases à cocher correspondantes si vous voulez installer sur le serveur un **serveur DNS** et qu'il soit **Catalogue global** puis cliquez sur **Suivant**.

Prévoyez au moins un serveur **catalogue global** par site Active Directory. Il devrait également y avoir au moins un **serveur DNS** par domaine.

- Sur la page **Contrôleur de domaine source** vérifiez la sélection ici win.testdom.fr puis cliquez sur **Suivant**.

Dans des topologies complexes de l'Active Directory, il peut être utile de spécifier le partenaire de réplication.

- Sur la page **Emplacement de la base de données, des fichiers journaux et de SYSVOL**, tapez ou cherchez les emplacements désirés puis cliquez sur **Suivant**.
- Sur la page **Mot de passe administrateur de restauration des services d'annuaire**, tapez le mot de passe pour entrer dans le mode de restauration des services d'annuaire. Il est obligatoire et doit être complexe. Cliquez ensuite sur **Suivant**.
- Sur la page **Résumé**, vérifiez vos sélections et cliquez sur **Suivant**.

Pendant l'installation de l'Active Directory l'assistant affiche une boîte de dialogue dans laquelle vous pouvez sélectionner la case à cocher **Redémarrer à la fin de l'opération** afin que le serveur redémarre automatiquement.

Veuillez vérifier l'installation d'Active Directory comme indiqué plus loin à la section Vérification à réaliser après l'installation d'un contrôleur de domaine.

9. Installation à partir d'un média

WinAD WinTarget

L'installation à partir d'un média évite de répliquer tous les objets et de ce fait, diminue le temps consacré à la réplication. Il faut donc disposer d'une copie de l'Active Directory stockée sur un média.

Seul un réplica peut être installé par cette méthode.

Pour créer une copie de l'AD à partir d'un média, il faut être sur un contrôleur de domaine qui n'est pas **RODC**.

- Ouvrez une invite de commandes sur WinAD.
- Tapez `ntdsutil` puis appuyez sur [Entrée].
- Tapez `activate instance ntds` puis appuyez sur [Entrée].
- Tapez `ifm` puis appuyez sur [Entrée].
- Tapez `create full c:\media` où media est le nom du répertoire qui contiendra la copie de l'AD puis appuyez sur [Entrée]. Pour copier également le répertoire **SYSVOL**, tapez `create Sysvol full`.

- Tapez `quit` deux fois.

Copiez sur WinTarget le contenu de C:\media en prenant soin de conserver le chemin C:\media.

- Connectez-vous en tant qu'administrateur sur WinTarget.
- Cliquez sur **Démarrer** puis tapez `dcpromo` dans la zone **Rechercher**.
- Cochez la case **Utiliser l'installation en mode avancé** puis cliquez sur **Suivant**.
- Sur la page **Compatibilité du système d'exploitation**, cliquez sur **Suivant**.
- Sur la page **Choisissez une configuration de déploiement**, sélectionnez **Forêt existante, Ajouter un contrôleur de domaine à un domaine existant** puis cliquez sur **Suivant**.
- Sur la page **Informations d'identification réseau**, tapez le nom du domaine de la forêt dans laquelle vous allez promouvoir ce serveur en tant que réplica, ici testdom.fr. Indiquez si nécessaire les informations de compte d'un utilisateur pouvant effectuer l'opération de promotion de serveur en contrôleur de domaine, ici **test\administrateur** pour l'utilisateur et **Pa$$word** pour le mot de passe puis cliquez sur **Suivant**.
- Sur la page **Sélectionnez un domaine**, sélectionnez le domaine dans lequel vous voulez ajouter le réplica ici testdom.fr puis cliquez sur **Suivant**.
- Sur la page **Sélectionnez un site**, sélectionnez un site ou laissez la sélection proposée puis cliquez sur **Suivant**.
- Sur la page **Options supplémentaires pour le contrôleur de domaine**, activez les cases à cocher correspondantes si vous voulez installer sur le serveur un **serveur DNS**, qu'il devienne serveur **Catalogue global** ou l'installer en tant que serveur **RODC** puis cliquez sur **Suivant**.
- Sur la page **Installation à partir du support**, sélectionnez **Répliquer les données à partir du support à l'emplacement suivant** ici C:\media et tapez l'emplacement puis cliquez sur **Suivant**.
- Sur la page **Contrôleur de domaine source**, vérifiez la sélection puis cliquez sur **Suivant**.
- Sur la page **Emplacement de la base de données, des fichiers journaux et de SYSVOL**, tapez ou cherchez les emplacements désirés puis cliquez sur **Suivant**.
- Sur la page **Mot de passe administrateur de restauration des services d'annuaire**, tapez le mot de passe pour entrer dans le mode de restauration des services d'annuaire. Il est obligatoire et doit être complexe. Cliquez ensuite sur **Suivant**.
- Sur la page **Résumé**, vérifiez vos sélections et cliquez sur **Suivant**.

Pendant l'installation de l'Active Directory l'assistant affiche une boîte de dialogue dans laquelle vous pouvez sélectionner la case à cocher **Redémarrer à la fin de l'opération** afin que le serveur redémarre automatiquement.

Veuillez vérifier l'installation d'Active Directory comme indiqué plus loin à la section Vérification à réaliser après l'installation d'un contrôleur de domaine.

10. Installation du serveur AD DS sur un Server Core ou installation sans surveillance

Sur un **Server Core**, il n'est pas possible d'installer l'Active Directory de manière interactive, le seul moyen est de créer un fichier de réponse et d'exécuter l'installation comme une installation sans surveillance.

La figure suivante montre la syntaxe de la commande **dcpromo** sur un **Server Core**.

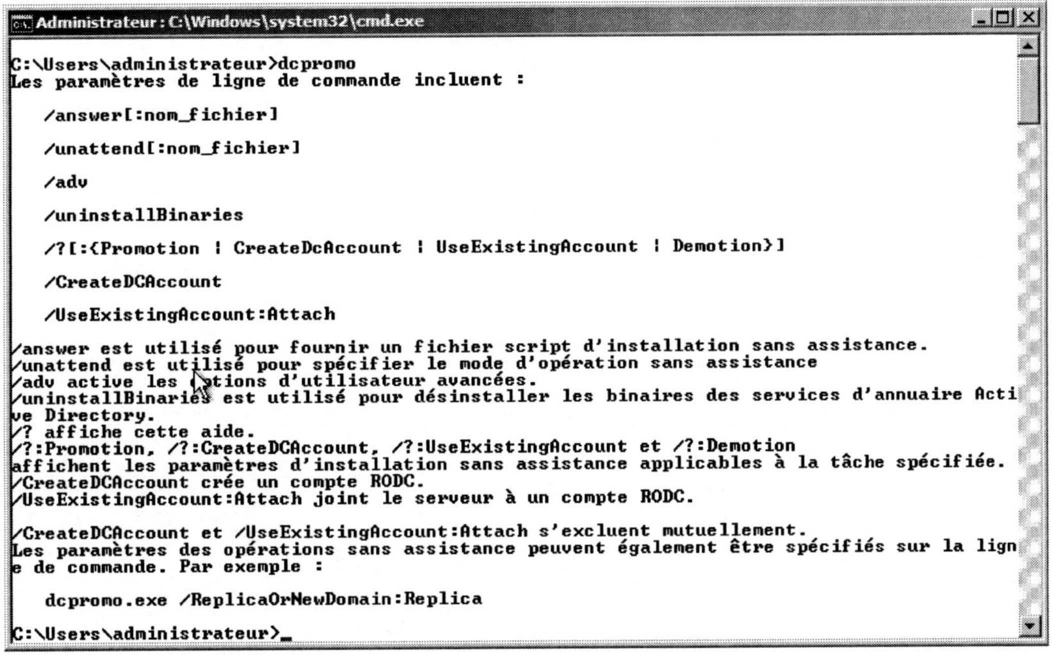

Pour créer un fichier de réponse, le plus simple est d'utiliser la commande **dcpromo** sur une installation d'un serveur 2008 qui n'est pas contrôleur de domaine. Lancez dcpromo et sélectionnez les choix désirés puis dans la page **Résumé** de l'assistant, sauvegardez le fichier et enfin, quittez l'assistant sans effectuer l'installation. Sinon, il est toujours possible de créer un fichier de réponse avec un éditeur de texte.

Les paramètres communs sont :

Paramètre	Valeur	Description
/ChildName		Nom du domaine DNS enfant
/ConfirmGc	Yes | No	Indique si le serveur devient **catalogue global**. Par défaut Non, excepté si le serveur est le premier serveur dans un domaine.
/CreateDNSDelegation		Utilisé pour les zones intégrées Active Directory pour créer des délégations, avec les paramètres DNSDelegationUserName et DNSDelegationPassword.
/DatabasePath		Emplacement de la base de données AD. Par défaut %systemroot%\ntds.
/DNSOnNetwork	Yes | No	Utilisé si la valeur d'un DNS n'est pas configurée sur la carte réseau. Non indique que le service DNS sera installé sur le serveur.

Paramètre	Valeur	Description
/DomainLevel	0 | 2 | 3	0 = Windows Server 2000 natif 2 = Windows Server 2003 3 = Windows Server 2008
/DomainNetBiosName		Assigne un nom NetBIOS au nouveau domaine.
/ForestLevel	0 | 2 | 3	0 = Windows Server 2000 natif 2 = Windows Server 2003 3 = Windows Server 2008
/InstallDNS	Yes | No	Installe le serveur DNS.
/LogPath		Emplacement de la base de données AD. Par défaut %systemroot%\ntds.
/NewDomain	Forest | Tree | Child	Indique le type du nouveau domaine.
/NewDomainDNSName		Spécifie le FQDN du nouveau domaine.
/ParentDomainDNSName		Indique le nom FQDN du domaine parent pour l'installation d'un nouveau domaine enfant.
/Password		Mot de passe de l'utilisateur utilisé pour créer le domaine. **Attention il est en clair**.
/RebootOnCompletion	Yes | No	Redémarre l'ordinateur à la fin de l'opération quel que soit le résultat.
/RebootOnSuccess	Yes | No | NoAndPromptEither	Redémarre l'ordinateur à la fin de l'opération si c'est réussi.
/ReplicaDNSName		Nom FQDN du domaine pour lequel on veut rajouter un réplica.
/ReplicaOrNewDomain	Replica | ReadOnlyReplica | Domain	Indique si le serveur s'installe en tant que : serveur réplica d'un domaine existant Serveur RODC d'un domaine existant Premier contrôleur d'un nouveau domaine
/ReplicationSourcePath		Indique l'emplacement des sources lors de l'installation via un média.
/SafeModeAdminPassword		Mot de passe de l'administrateur pour entrer dans le mode de restauration des services d'annuaire Ne peut être vide. **Attention il est en clair**. À modifier après l'installation.
/SiteName		Place le nouveau serveur dans le site indiqué.
/SysVolPath		Emplacement des fichiers du répertoire SYSVOL. Par défaut %systemroot%\sysvol.
/UserDomain		Nom du domaine pour effectuer l'opération.

Paramètre	Valeur	Description
/Username		Nom de l'utilisateur pour effectuer l'opération sous le format Domaine\utilisateur.

La figure suivante montre un exemple d'un fichier de réponses créé avec la commande **dcpromo** sur un serveur Windows 2008 édition complète qui n'est pas contrôleur de domaine. Le fichier de réponses permet d'installer un serveur réplica à partir d'un média.

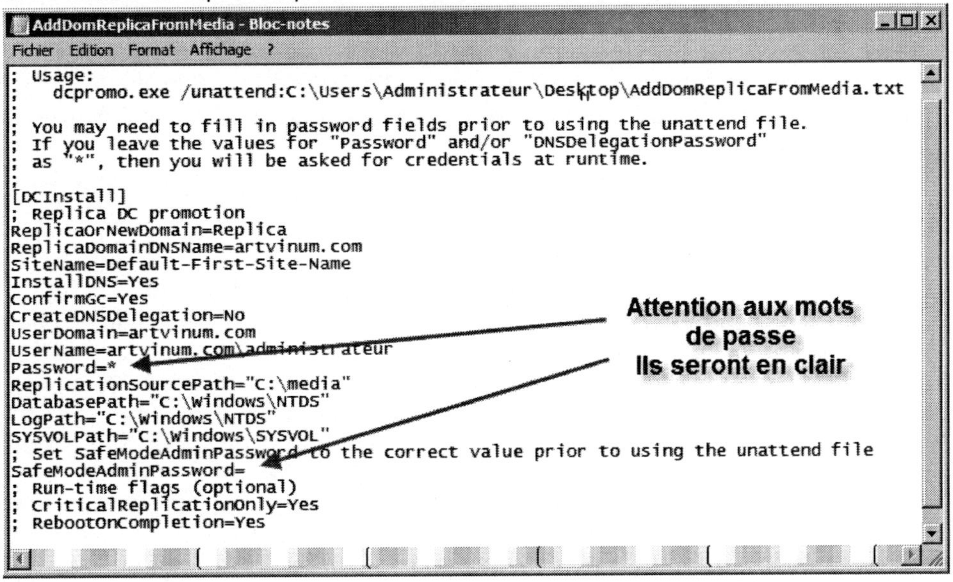


```
; Usage:
;   dcpromo.exe /unattend:C:\Users\Administrateur\Desktop\AddDomReplicaFromMedia.txt
;
; You may need to fill in password fields prior to using the unattend file.
; If you leave the values for "Password" and/or "DNSDelegationPassword"
; as "*", then you will be asked for credentials at runtime.
;
[DCInstall]
; Replica DC promotion
ReplicaOrNewDomain=Replica
ReplicaDomainDNSName=artvinum.com
SiteName=Default-First-Site-Name
InstallDNS=Yes
ConfirmGc=Yes
CreateDNSDelegation=No
UserDomain=artvinum.com
UserName=artvinum.com\administrateur
Password=*
ReplicationSourcePath="C:\media"
DatabasePath="C:\Windows\NTDS"
LogPath="C:\Windows\NTDS"
SYSVOLPath="C:\Windows\SYSVOL"
; Set SafeModeAdminPassword to the correct value prior to using the unattend file
SafeModeAdminPassword=
; Run-time flags (optional)
; CriticalReplicationOnly=Yes
; RebootOnCompletion=Yes
```

L'étoile * dans la capture précédente indique que l'on demandera le mot de passe à l'administrateur.

➔ Après avoir créé le fichier de réponses, tapez dans une invite de commandes :
dcpromo /unattend :<CheminComplet\NomDuFichierUnattend>

➔ Placez sur le c:\ de **Core1** le fichier **testdom.fr**. Vous pouvez également créer un fichier de réponses en utilisant par exemple l'ordinateur **Win4**, si ce dernier n'est pas contrôleur de domaine.

➔ Sur **Core1**, saisissez `dcpromo /unattend:c:\myNewdomfr.txt`.

➔ Veuillez vérifier l'installation d'Actice Directory comme indiqué plus loin à la section "Vérifications à réaliser après l'installation d'un contrôleur de domaine."

11. Installation d'un serveur en mode RODC

WinAD **Win4**

Il est nécessaire que Win4 ne soit pas contôleur de domaine si c'est le cas réinitialiser WinAD et réinstaller-le en tant que contrôleur de domaine et réinstaller Win4. WinAD doit être en ligne.

Seul un réplica peut devenir RODC, et un seul RODC peut être créé par site Active Directory.

Une méthode consiste à créer un compte **RODC** dans l'Active Directory pour un ordinateur qui est encore hors domaine en utilisant la console **Utilisateurs et ordinateurs Active Directory**. Ensuite sur l'ordinateur, lors de l'opération **dcpromo**, il sera tenu de devenir serveur **RODC**.

Une autre méthode consiste à lancer directement la commande **dcpromo** sur le futur réplica ici Win4.

- Cliquez sur **Démarrer** puis tapez `dcpromo` dans la zone **Rechercher**.
- Cochez la case **Utiliser l'installation en mode avancé** puis cliquez sur **Suivant**.
- Sur la page **Compatibilité du système d'exploitation**, cliquez sur **Suivant**.
- Sur la page **Choisissez une configuration de déploiement**, sélectionnez **Forêt existante, Ajouter un contrôleur de domaine à un domaine existant** puis cliquez sur **Suivant**.
- Sur la page **Informations d'identification réseau**, tapez le nom du domaine de la forêt dans laquelle vous allez promouvoir ce serveur en tant que réplica, ici testdom.fr. Indiquez si nécessaire les informations de compte d'un utilisateur pouvant effectuer l'opération de promotion de serveur en contrôleur de domaine, ici **test\administrateur** pour l'utilisateur et **Pa$$word** pour le mot de passe puis cliquez sur **Suivant**.
- Sur la page **Sélectionnez un domaine**, sélectionnez le domaine dans lequel vous voulez ajouter le réplica ici testdom.fr puis cliquez sur **Suivant**.
- Sur la page **Sélectionnez un site**, sélectionnez un site ou laissez la sélection proposée ici puis cliquez sur **Suivant**.
- Sur la page **Options supplémentaires pour le contrôleur de domaine**, activez les cases à cocher correspondantes si vous voulez installer sur le serveur un **serveur DNS**, qu'il devienne serveur **Catalogue global** et vérifiez que la case à cocher **serveur RODC** est sélectionnée. Cliquez ensuite sur **Suivant**.
- Sur la page **Spécifier la stratégie de réplication des mots de passe**, ajoutez ou supprimez des utilisateurs ou des groupes puis cliquez sur **Suivant**.

Le groupe de réplication de mot de passe RODC refusée contient les groupes de domaine suivants par défaut :

- Éditeurs de certificats
- Administrateurs de domaine
- Administrateurs de l'entreprise
- Contrôleurs de domaine de l'entreprise
- Contrôleurs de domaine de l'entreprise en lecture seule
- Propriétaires créateurs de la stratégie de groupe
- Krbtgt
- Administrateurs de schéma

Le groupe de réplication de mot de passe RODC autorisée ne contient aucun membre par défaut.

Le paramètre **Refuser** est prioritaire par rapport au paramètre **Autoriser**.

Par défaut, le RODC ne stocke pas d'informations d'identification des utilisateurs ni des ordinateurs.

- Sur la page **Délégation de l'installation et de l'administration du RODC**, sélectionnez le groupe ou l'administrateur puis cliquez sur **Suivant**. Par défaut, les membres des groupes **administrateurs de domaine** ou **administrateurs de l'entreprise** peuvent effectuer cette opération.

Il est recommandé d'utiliser un groupe spécifique pour effectuer cette opération.

- Sur la page **Installation à partir du support**, sélectionnez **Répliquer les données à partir du support à l'emplacement suivant** et tapez l'emplacement puis cliquez sur **Suivant**.
- Sur la page **Contrôleur de domaine source**, vérifiez la sélection puis cliquez sur **Suivant**.
- Sur la page **Emplacement de la base de données, des fichiers journaux et de SYSVOL**, tapez ou cherchez les emplacements désirés puis cliquez sur **Suivant**.
- Sur la page **Mot de passe administrateur de restauration des services d'annuaire**, tapez le mot de passe pour entrer dans le mode de restauration des services d'annuaire. Il est obligatoire et doit être complexe. Cliquez ensuite sur **Suivant**.
- Sur la page **Résumé**, vérifiez vos sélections et cliquez sur **Suivant**.

Pendant l'installation de l'Active Directory l'assistant affiche une boîte de dialogue dans laquelle vous pouvez sélectionner la case à cocher **Redémarrer à la fin de l'opération** afin que le serveur redémarre automatiquement.

Veuillez vérifier l'installation d'Active Directory comme indiqué au prochain point.

12. Vérifications à réaliser après l'installation d'un contrôleur de domaine

Les points suivants peuvent être vérifiés en partie ou totalement pour garantir le succès de l'opération.

- Déterminer si le serveur a des objets enfants avec **Sites et services Active Directory**. Dans tous les cas.
- Vérifier qu'il existe une association en l'adresse IP et le sous-réseau associé au site avec **Sites et services Active Directory** et la commande **ipconfig**. Si les sites sont utilisés.
- Vérifier la configuration du serveur **DNS** avec la console DNS. Dans tous les cas.
- Tester le déplacement d'un objet vers un nouveau site avec **Sites et services Active Directory**. Si les sites sont utilisés.
- Configurer et vérifier les redirecteurs du serveur DNS avec la console DNS. Rarement.
- Contrôler le statut du répertoire partagé **SYSVOL**, à l'aide de l'Explorateur et de la commande `dcdiag /test :netlogons`. Dans tous les cas.
- Vérifier l'appartenance à un domaine pour un nouveau contrôleur de domaine enfant avec **Utilisateurs et ordinateurs Active Directory**. Dans tous les cas.
- Vérfier la réplication entre les contrôleurs de domaine avec la commande `dcdiag /test :replications`. Dans tous les cas.
- Vérifier la disponibilité des maîtres d'opérations avec la commande `dcdiag /s:<ServeurDC> /test:knowsofroleholders`. Dans tous les cas.

D. Redémarrage de l'AD

WinAD

WinAD doit être configuré avec les services d'Active Directory.

Windows Server 2008 permet d'arrêter et de démarrer les services Active Directory sans devoir redémarrer le serveur. Cette fonctionnalité permet d'effectuer des tâches de maintenance hors ligne sur la base de données de l'Active Directory comme la défragmentation ou le déplacement de la base de données d'un disque vers un autre en diminuant très significativement le temps d'interruption des services de l'AD sur ce serveur.

Les trois états d'un serveur Active Directory sont :

- **AD démarré** : mode normal de fonctionnement d'un contrôleur de domaine.
- **Ad Stoppé** : mode des services de l'AD arrêtés, il remplace le mode de restauration des services d'annuaire.
- **Mode de restauration des services d'annuaire** : mode permettant d'effectuer les tâches de maintenance dans les versions précédentes. Il est préférable d'arrêter les services sur une version 2008. Pour rentrer dans ce mode, il faut appuyer sur la touche [F8] au démarrage.

1. Démarrage/arrêt des services Active Directory avec la console MMC Services

→ Cliquez sur **Démarrer - Outils d'administration - Gestionnaire de serveur**.

→ Dans l'arborescence, cliquez sur **Rôles** puis sur **Services de domaine Active Directory**.

→ Dans la fenêtre principale, dans la section **Services système**, sélectionnez **Services de domaines Active Directory** (nom du service **ntds**) puis cliquez sur **Arrêt** pour arrêter les services ou sur **Démarrer** pour démarrer les services.

→ Si la boîte de dialogue **Gestionnaire de serveur** apparaît, cliquez sur **Arrêter les services dépendants**.

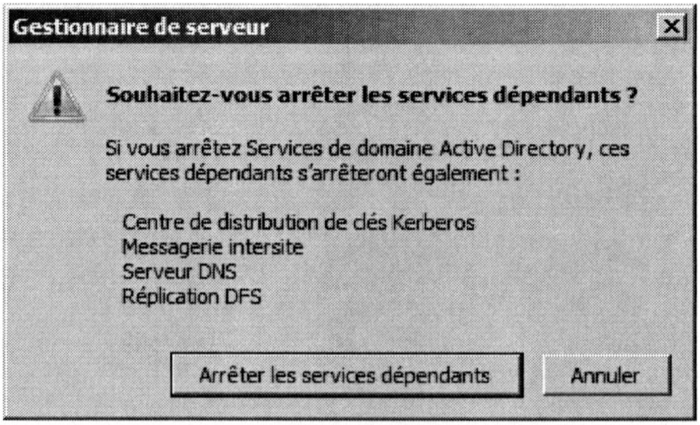

La liste des services système affiche le nouvel état des services.

2. Démarrage/arrêt des services Active Directory avec l'invite de commandes

- Ouvrez une invite de commandes.
- Tapez `net stop ntds` pour arrêter les services de l'Active Directory.
  Tapez `net start ntds` pour démarrer les services de l'Active Directory.

E. Suppression d'un serveur Active Directory

1. Supprimer un contrôleur de domaine d'un domaine

Les serveurs WinAD et Win1 doivent disposer de l'AD, Win1 est un serveur réplica de WinAD.

- Cliquez sur **Démarrer** puis tapez `dcpromo` dans la zone **Rechercher**.
- Sur la page **Assistant Installation des services de domaine Active Directory**, cliquez sur **Suivant**.
- Si le serveur de domaine est catalogue global, une boîte de dialogue vous avertit qu'il doit y avoir au moins un autre serveur catalogue global dans la forêt. Si ce n'est pas le cas, il faut en créer un autre avant de continuer l'opération. Cliquez sur **OK**.
- Sur la page **Choisissez une configuration de déploiement**, sélectionnez **Forêt existante, Ajouter un contrôleur de domaine à un domaine existant** puis cliquez sur **Suivant**.
- Sur la page **Supprimez le domaine**, activez la case à cocher **Supprimer le domaine car ce serveur est le dernier du domaine** si c'est le cas puis cliquez sur **Suivant**.
- Sur la page **Partitions de l'annuaire d'applications**, vérifiez les partitions applicatives qui seront également supprimées.

Le bouton **Actualiser** permet d'actualiser la liste.

C'est une bonne pratique de supprimer au préalable les partitions applicatives avant de supprimer les services d'annuaire du DC.

- Si la page **Confirmation de la suppression** apparaît, activez la case à cocher **Supprimer toutes les partitions de l'annuaire d'applications présentes sur ce contrôleur de domaine Active Directory** pour pouvoir continuer, puis cliquez sur **Suivant**.
- Sur la page **Supprimer la délégation DNS**, activez la case à cocher **Supprimer les délégations DNS pointant vers ce serveur**. Il faut également indiquer un administrateur DNS. Dans le cas contraire, vous devrez le faire manuellement. Puis cliquez sur **Suivant**.
- Sur la page **Administrateur**, tapez le mot de passe de l'administrateur puis cliquez sur **Suivant**.
- Sur la page **Résumé**, cliquez sur **Suivant**.
- À la fin, vous devez redémarrer le serveur.

2. Supprimer un contrôleur de domaine sur un Server Core ou à l'aide d'un fichier de réponses

Core1

Le serveur **Core1** doit avoir Active Directory installé.

Comme pour l'installation, il est possible d'utiliser un fichier de réponses pour supprimer un contrôleur de domaine. La figure suivante montre un fichier de réponses créé avec la commande **dcpromo**.

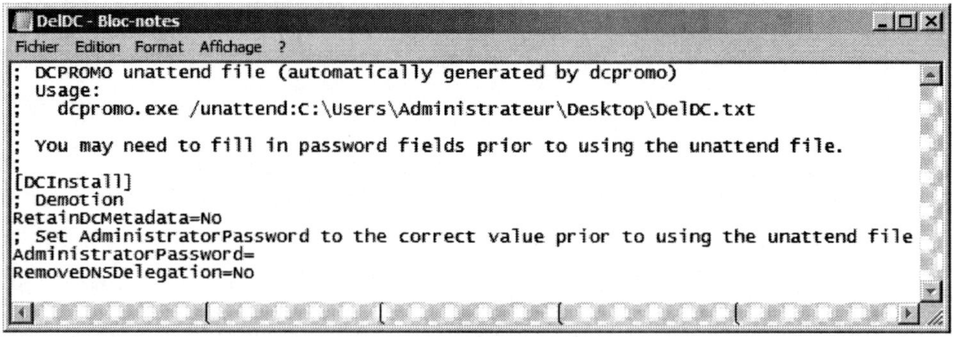

Ensuite, il suffit de taper la commande suivante :

dcpromo /unattend :<CheminComplet\NomDuFichierUnattend>

- Copiez sur **Core1** le fichier **`uninstall AD.txt`** sur **`c:/`**.
- Saisissez la commande `dcpromo /unattend:c:\uninstallAD.txt`.

3. Forcer la suppression d'un contrôleur de domaine

Win2

Seul l'administrateur Win2 est requis et doit avoir Active Directory installé.

Dans le scénario où aucun contrôleur de domaine ne peut être contacté, il est possible de forcer la suppression des services d'annuaire de la manière suivante.

- Cliquez sur **Démarrer** puis tapez `dcpromo /forceremoval` dans la zone **Rechercher**.
- Sur la page **Assistant Installation des services de domaine Active Directory**, cliquez sur **Suivant**.
- Sur la page **Forcer la suppression des services de domaine Active Directory**, vérifiez les informations puis cliquez sur **Suivant**.
- Sur la page **Administrateur**, tapez le mot de passe de l'administrateur puis cliquez sur **Suivant**.
- Sur la page **Résumé**, cliquez sur **Suivant**.
- À la fin, vous devez redémarrer le serveur.

F. Quelques outils pour gérer l'Active Directory

Utilisateurs et ordinateurs Active Directory

WinAD

Cet outil permet de gérer tous les objets de la partition de domaine de l'Active Directory. Bien qu'étant l'outil de base, il n'affiche pas tous les attributs des objets. Il faut modifier l'affichage pour afficher les fonctionnalités avancées afin de voir tous les objets de la partition de domaine.
Néanmoins, son utilisation est adaptée à l'administration normale d'une Active Directory.

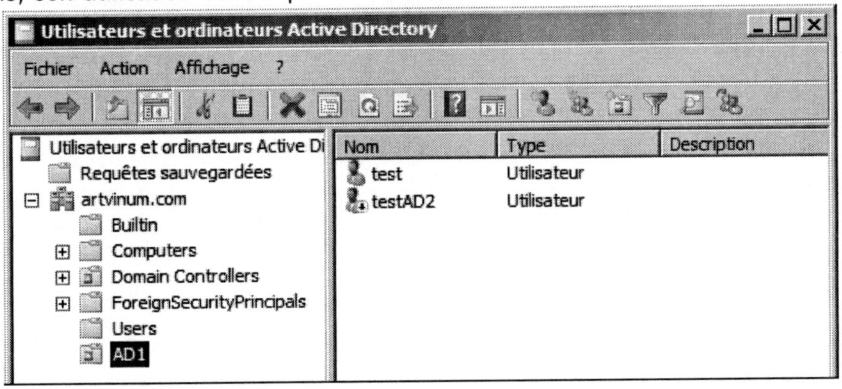

Sites et services Active Directory

WinAD

Cet outil permet d'afficher le contenu de la partition de configuration, donc le côté implémentation physique de l'AD puisque vous pouvez y gérer la notion des sites Active Directory des sous-réseaux, de la réplication intersite et surtout définir les serveurs catalogues globaux.

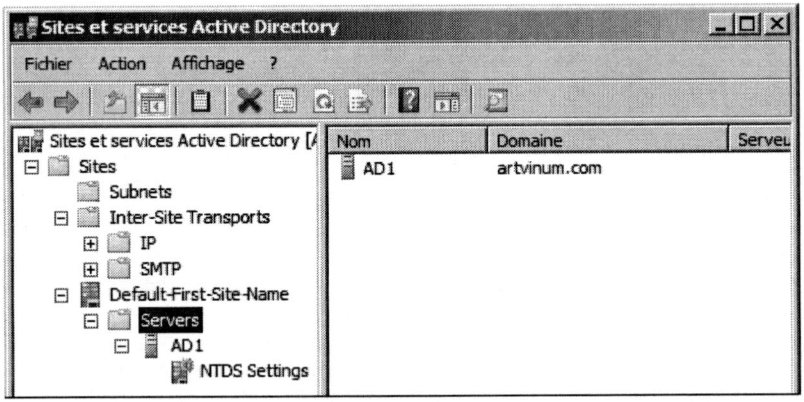

Domaines et approbations Active Directory

WinAD

Cet outil sert surtout à définir les relations d'approbation entre domaines ou forêts, le maître des opérations d'attributs de noms de domaine ainsi qu'à définir le niveau fonctionnel de la forêt.

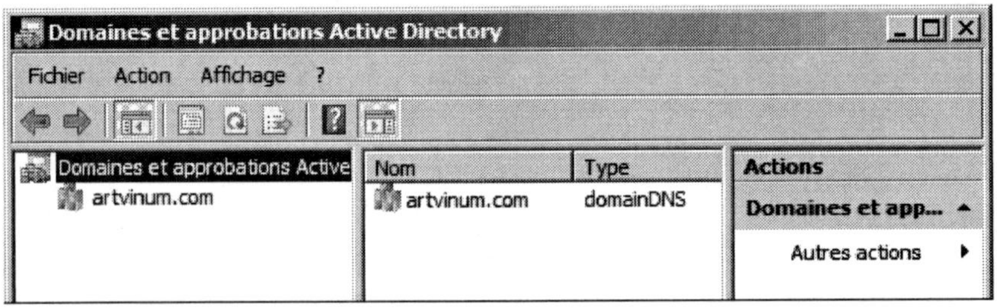

Console MMC schéma

WinAD

Le **snap-in** pour gérer le schéma n'est pas activé par défaut, pour cela, il faut taper la commande suivante :

```
Regsvr32 %systemroot%\system32\schmmgmt.dll
```

Ensuite, il faut créer une console **MMC** qui contient le **snap-in Schéma Active Directory**. Il affiche le contenu de la partition de schéma de l'Active Directory.

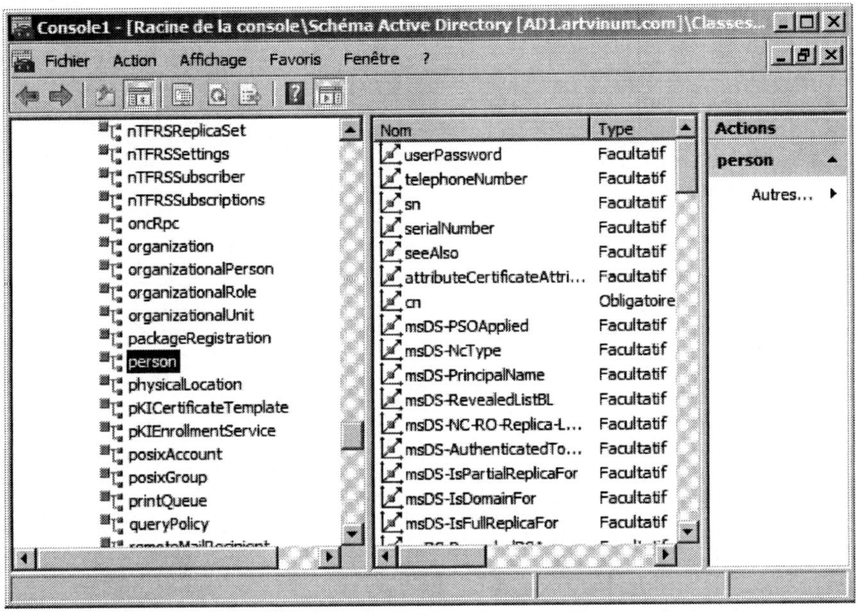

Avec cette console, il est possible de connaître tous les attributs et classes permettant de créer des objets dans l'Active Directory. Il est également possible d'ajouter de nouveaux attributs ou classes, de définir si un attribut peut être répliqué dans le catalogue global et enfin de désactiver un attribut.

Il n'est pas possible de supprimer un attribut, il est seulement possible de le désactiver.

Il faut réserver l'usage de cet outil aux administrateurs avancés. Bien que la lecture des éléments ne pose pas de problèmes, la modification d'un paramètre peut avoir des conséquences graves jusqu'à rendre l'Active Directory inutilisable.

Commande ntdsutil

WinAD Core1

La commande **ntdsutil** est un outil contextuel qui permet de gérer la structure d'une Active Directory de manière fiable et sécurisée.

Il est l'équivalent en ligne de commandes des trois outils de base présentés plus haut pour la gestion de la structure de l'Active Directory. Il va même plus loin, car certaines opérations ne peuvent être réalisées qu'en mode ligne de commandes.

Il ne permet pas de gérer des objets.

Il permet notamment de travailler avec l'Active Directory en ligne ou hors ligne comme par exemple pour la restauration, la défragmentation de la base de données ou le déplacement des fichiers de la base de données.

Il dispose de commandes contextuelles vous permettant de vous déplacer dans l'application, son mode de fonctionnement est le suivant :

➔ Commencez par taper `ntdsutil` pour entrer dans le premier niveau de l'application.

Comme vous ne savez pas où vous diriger, tapez **h** ou **help** ; il n'est pas nécessaire de taper la commande entière s'il n'existe pas d'ambigüités avec d'autres commandes.

L'exemple suivant montre la procédure pour transférer le rôle de **maître émulateur PDC** vers le serveur local.

➔ Tapez `rôles`.

Par défaut, vous n'êtes pas connecté, vous ne pouvez que consulter les commandes jusqu'à ce que vous soyez connecté sur un domaine ou un serveur.

➔ Tapez `Connect to server localhost`.

➔ Tapez `quit`.

➔ Tapez `Transfert PDC`.

➔ Une boîte de dialogue apparaît pour vous demander de confirmer la commande, cliquez sur **Oui**.

➔ Tapez `quit` pour remonter d'un niveau.

➔ Tapez `quit` pour quitter **ntdsutil**.

adsiedit.msc

La console **MMC adsiedit** est un outil qui permet d'afficher toutes les partitions de l'Active Directory puis de consulter ou modifier des informations. Elle permet également de modifier les permissions appliquées sur les objets.

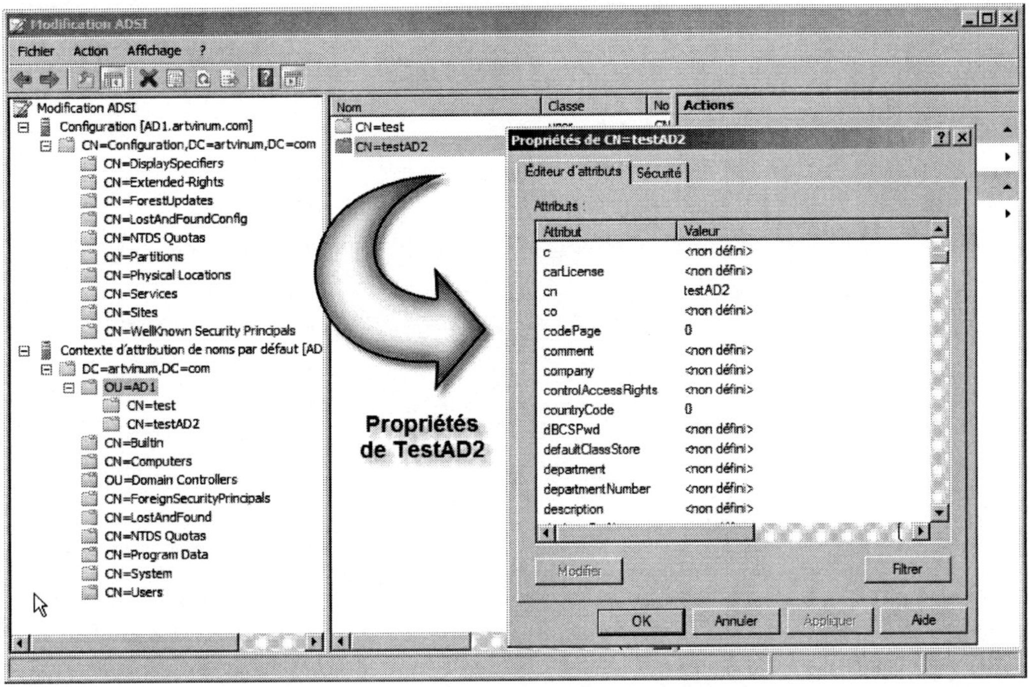

Cet outil est très puissant et il ne devrait être utilisé qu'en lecture ou par un administrateur spécialement formé. Les modifications sont enregistrées directement dans l'Active Directory.

L'outil **adsiedit.msc** intègre également l'éditeur d'attribut (fonctionnalités avancées).

Il est plus puissant que la commande **ntdsutil** et les commandes se font dans un environnement non sécurisé.

ldp.exe

WinAD

L'outil **ldp** est un outil de gestion de l'Active Directory. Il est complexe car il faut connaître la syntaxe **LDAP** pour pouvoir l'utiliser correctement.

Il est très puissant car il permet de rechercher des objets selon des critères précis et également de créer ou modifier des objets existants.

Plus difficile à appréhender, il est aussi plus rigoureux et adapté pour les administrateurs qui veulent effectuer des interrogations spécifiques.

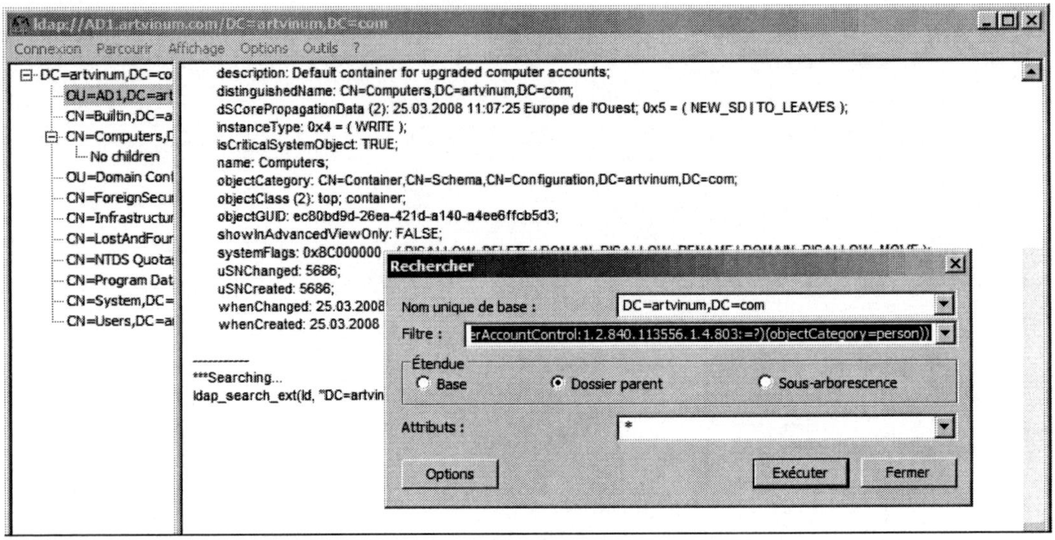

Cet outil n'est pas recommandé aux débutants car son approche peut vite être déroutante. Les modifications sont enregistrées directement dans l'Active Directory.

Commandes csvde et ldifde

Ces deux commandes permettent d'extraire ou d'ajouter des objets dans une AD.
Leur fonctionnement est identique, seule la présentation change.

- Pour extraire tous les objets d'une Active Directory :
```
csvde -f t.csv
```
- Pour extraire tous les utilisateurs d'une Active Directory :
```
ldifde -f t.ldf -r "(objectClass=user)"
```
- Pour extraire tous les utilisateurs d'une OU :
```
ldifde -f t.ldf -r "(objectClass=user)" -d
"ou=ad1,DC=artvinum,DC=Com"
```
- Pour ajouter deux utilisateurs dans une OU :
```
ldifde -i -f c:\users.ldf
```

La figure suivante montre le fichier users.ldf :

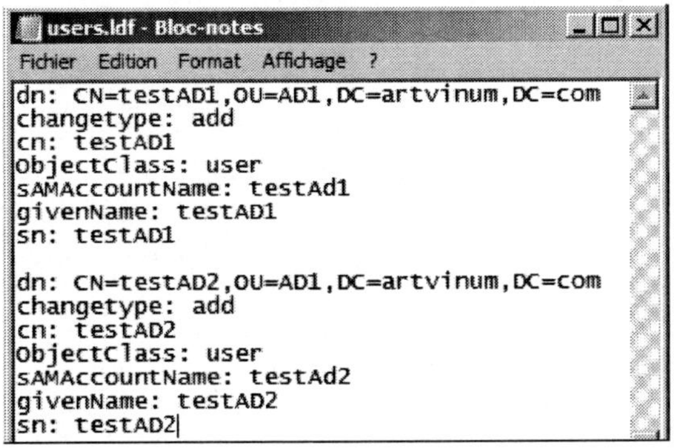

```
users.ldf - Bloc-notes
Fichier Edition Format Affichage ?
dn: CN=testAD1,OU=AD1,DC=artvinum,DC=com
changetype: add
cn: testAD1
objectClass: user
sAMAccountName: testAd1
givenName: testAD1
sn: testAD1

dn: CN=testAD2,OU=AD1,DC=artvinum,DC=com
changetype: add
cn: testAD2
objectClass: user
sAMAccountName: testAd2
givenName: testAD2
sn: testAD2
```

Les comptes sont désactivés et les mots de passe sont vides.

- Pour modifier un attribut : `ldifde -i -f c:\modify.ldf`
  La figure suivante montre le fichier modify.ldf :

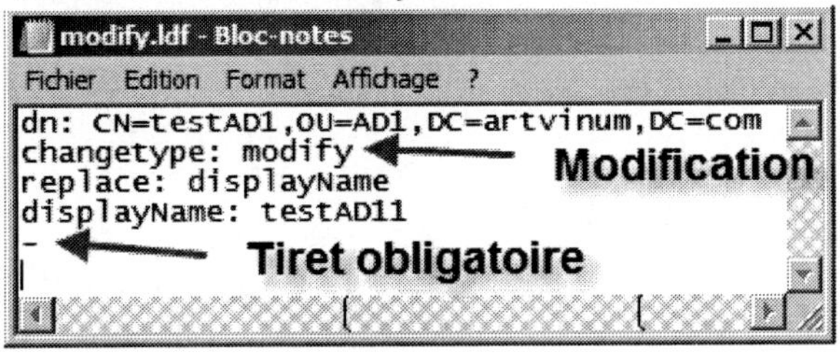

```
modify.ldf - Bloc-notes
Fichier Edition Format Affichage ?
dn: CN=testAD1,OU=AD1,DC=artvinum,DC=com
changetype: modify
replace: displayName
displayName: testAD11
-
```


- Pour supprimer un objet : `ldifde -i -f c:\del.ldf`
  La figure suivante montre le fichier del.ldf :

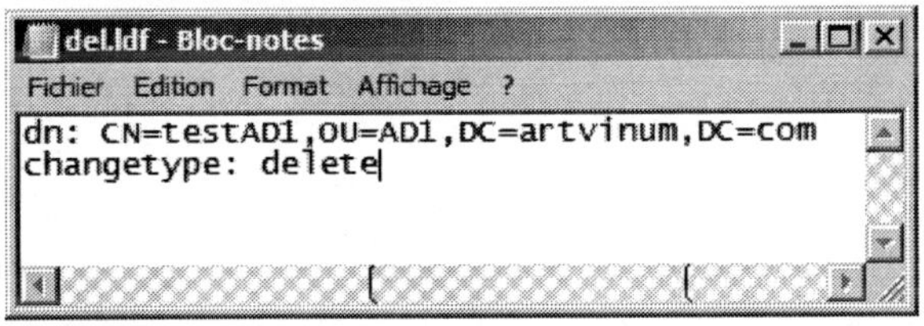

```
del.ldf - Bloc-notes
Fichier Edition Format Affichage ?
dn: CN=testAD1,OU=AD1,DC=artvinum,DC=com
changetype: delete
```

Avantages et inconvénients

Cet outil est simple et puissant, par contre il est limitatif car les mots de passe ne peuvent pas être facilement modifiés. D'autre part, il faut connaître un peu la syntaxe **LDAP** pour appliquer des filtres complexes.

repadmin

Cet outil de type ligne de commandes permet de configurer et dépanner la réplication. La configuration doit être laissée à un expert alors que la fonction de dépannage peut être utilisée par tous les administrateurs. Son désavantage principal est en même temps son grand avantage, il s'agit du nombre important de paramètres que l'on peut utiliser.

→ Pour afficher l'état de la réplication sur le serveur local : repadmin /showrepl

dcdiag

Cet outil de type ligne de commandes permet de diagnostiquer des problèmes éventuels avec l'Active Directory. Ses grandes possibilités en font un outil précieux de dépannage. Son désavantage principal est en même temps son grand avantage, il s'agit du nombre important de paramètres que l'on peut utiliser.

→ Pour diagnostiquer un serveur distant et créer un fichier de log :
dcdiag /s:<NomServeur> /x:c:\file.xml

→ Pour tester tous les serveurs d'un site : dcdiag /a

G. Résumé

Dans ce chapitre, vous avez étudié les composants d'une Active Directory. Vous pouvez maintenant décrire chacun des composants et sa fonction.

Vous connaissez les procédures d'installation de l'Active Directory dans les différents cas de figure qui peuvent se rencontrer, que ce soit sur une **édition complète** ou un **Server Core** et vous savez comment vérifier l'installation d'une Active Directory.

Vous savez également comment supprimer un contrôleur de domaine.

Vous savez arrêter et redémarrer les services Actives Directory dans un environnement Windows Server 2008.

Vous connaissez les principaux outils pour la configuration, l'administration et le dépannage de l'Active Directory, leurs avantages et inconvénients ainsi que le contexte pour les utiliser.

Chapitre 8 : Utilisateurs

A. Présentation

1. Pré-requis matériel et configuration de l'environnement

Pour effectuer toutes les mises en pratique de ce chapitre, vous devez disposer et configurer les machines virtuelles suivantes :

Pour la création des machines virtuelles, veuillez vous référer au chapitre Création du bac à sable.

N'oubliez pas de réinitialiser les machines virtuelles entre les mises en pratique de chaque chapitre avant de les configurer pour l'environnement.

Placez les scripts correspondants sur le bureau de chaque machine.

- Sur **WinAD**, lancez le script **WinAD.bat** en relation avec **WMydomEni.txt** puis attendez que l'ordinateur ait redémarré avant de lancer les scripts suivants.
- Sur **Win1**, lancez le script **Win1.bat**.

Après le redémarrage des machines virtuelles, **WinAD** est le contrôleur de domaine et serveur DNS pour la forêt/domaine **mydom.eni**. **Win1** est serveur membre du domaine **mydom.eni**.

2. Objectifs du chapitre

Dans un réseau, il est nécessaire de gérer efficacement les utilisateurs de manière centralisée. L'Active Directory répond à ce besoin en offrant un moyen simple et centralisé pour authentifier l'utilisateur et l'autoriser à accéder à des ressources se trouvant sur le réseau de l'entreprise grâce au compte d'utilisateur.

L'Active Directory sert également d'annuaire pour gérer les numéros de téléphone et d'autres informations utiles à une entreprise. Malheureusement, il n'existe pas d'application livrée en standard adaptée aux utilisateurs pour consulter ces informations. Il est nécessaire d'acquérir une application tierce ou de créer une petite application pour bénéficier pleinement de la notion d'annuaire.

Dans ce chapitre, vous allez apprendre comment créer des utilisateurs et des groupes pour les mettre en œuvre, que ce soit des utilisateurs ou groupes locaux ou de domaine.

B. Utilisateurs et groupes

1. Le compte utilisateur

Un utilisateur a besoin, pour se connecter, d'un compte d'utilisateur, celui-ci peut être local ou de domaine. Un compte d'utilisateur se compose d'au moins un nom d'utilisateur et d'un élément pour empêcher d'autres personnes de l'utiliser, comme un mot de passe.

Dans la famille des systèmes d'exploitation Windows, il est possible d'ajouter d'autres informations concernant l'utilisateur comme son téléphone, ses droits d'accès distant, etc.

En résumé, le compte d'utilisateur sert à authentifier et autoriser un utilisateur sur un ordinateur ou un réseau ainsi que d'annuaire d'entreprise.

On distingue le compte d'utilisateur local dont les informations de compte résident dans la **SAM** (*Secure Account Manager*) locale de tout ordinateur station de travail, serveur membre de domaine et serveur membre d'un groupe de travail du compte d'utilisateur de domaine qui est stocké dans l'Active Directory.

Sur un contrôleur de domaine, la **SAM** est désactivée.

Un compte d'utilisateur de domaine peut se connecter sur n'importe quel ordinateur et accéder à toutes les ressources du domaine, alors qu'un compte d'utilisateur local ne peut le faire que sur l'ordinateur considéré.

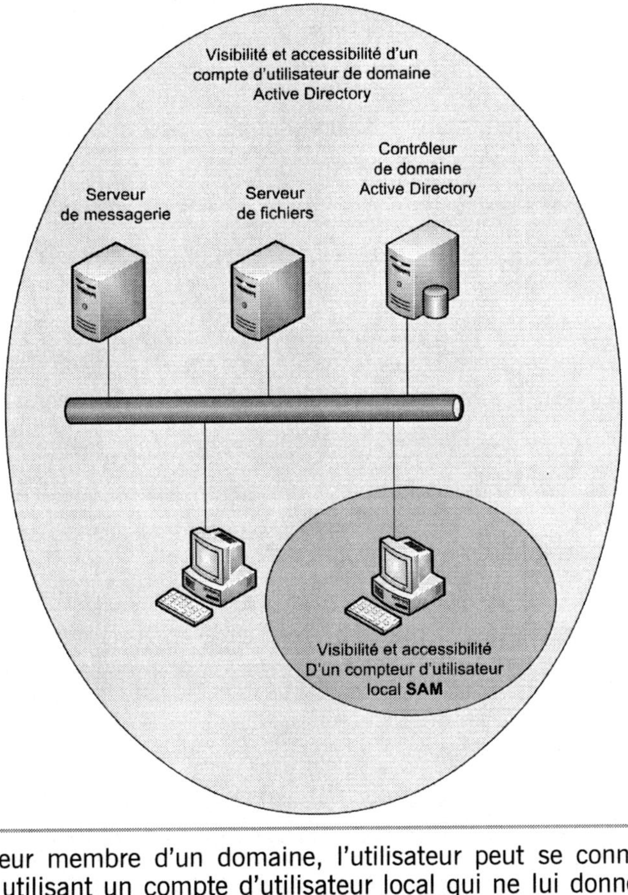

Sur un ordinateur membre d'un domaine, l'utilisateur peut se connecter localement à l'ordinateur en utilisant un compte d'utilisateur local qui ne lui donne accès qu'à l'ordinateur et ses ressources ou à l'aide d'un compte d'utilisateur de domaine qui lui donne accès potentiellement à toutes les ressources de la forêt.

Dans une entreprise, la gestion des comptes d'utilisateurs par ordinateur est plus fastidieuse que la gestion des utilisateurs par domaine.

En effet, il peut paraître paradoxal de penser qu'une gestion de comptes d'utilisateurs par domaine est plus simple qu'une gestion de compte d'utilisateurs par ordinateur, et pourtant une gestion de comptes d'utilisateurs par domaine est une gestion centralisée où le compte n'est défini qu'une fois, ce qui simplifie la gestion des mots de passe, des droits d'accès aux ressources, des accès aux nouveaux ordinateurs, etc.

Pendant de nombreuses années, Microsoft recommandait d'utiliser une gestion par ordinateur jusqu'à des groupes de travail comprenant 10 ordinateurs. Aujourd'hui, l'on peut recommander d'utiliser un domaine dès que l'on dispose d'un serveur avec au moins un poste de travail et d'un administrateur pour gérer l'ensemble.

Dans Windows, l'utilisateur est identifié par son identificateur de sécurité **SID** (*Security IDentifier*) qui commence toujours par **1-5-20<guid domaine>-ValueID**, ValueID est toujours un nombre supérieur à 1000, excepté pour l'utilisateur **administrateur** et **invité**. Le SID est unique.

Le tableau suivant liste quelques SID bien connus pour des utilisateurs et des groupes :

SID	Nom	Description
S-1-0	Autorité nulle	Autorité d'identificateur
S-1-0-0	Personne	Pas d'entité de sécurité
S-1-1	Autorité mondiale	Autorité d'identificateur
S-1-1-0	Tout le monde	Groupe de sécurité intégrée
S-1-2	Autorité locale	Autorité d'identificateur
S-1-3	Autorité Créateur	Autorité d'identificateur
S-1-3-0	Créateur propriétaire	Entité de sécurité intégrée
S-1-3-1	Groupe créateur	Groupe de sécurité intégrée
S-1-3-2	Serveur créateur propriétaire	
S-1-3-3	Serveur de groupe créateur	
S-1-4	Autorité non unique	Autorité d'identificateur
S-1-5	Autorité NT	Autorité d'identificateur
S-1-5-1	Ligne	Groupe de sécurité intégrée
S-1-5-2	Réseau	Groupe de sécurité intégrée
S-1-5-3	Tâche	Groupe de sécurité intégrée
S-1-5-4	Interactif	Groupe de sécurité intégrée
S-1-5-5-X-Y	Session d'ouverture de session	Session
S-1-5-6	Service	Groupe de sécurité intégrée
S-1-5-7	Anonyme	Groupe de sécurité intégrée
S-1-5-8	Proxy	

SID	Nom	Description
S-1-5-9	Contrôleur de domaine d'entreprise	Groupe de sécurité intégrée
S-1-5-10	Self	Entité de sécurité intégrée
S-1-5-11	Utilisateurs authentifiés	Groupe de sécurité intégrée
S-1-5-12	Code restrictif	Réservé pour utilisation future
S-1-5-13	Utilisateurs Terminal Server	Groupe de sécurité intégrée
S-1-5-18	Système local	Compte de service
S-1-5-19	Service Local	Compte de service
S-1-5-20	Service réseau	Compte de service
S-1-5-domaine-500	Administrateur	Compte d'utilisateur
S-1-5-domaine-501	Invité	Compte d'utilisateur
S-1-5-domaine-502	KRBTGT	Compte de service
S-1-5-domaine-512	Administrateurs de domaine	Groupe global
S-1-5-domaine-513	Utilisateurs du domaine	Groupe global
S-1-5-domaine-514	Invités du domaine	Groupe global
S-1-5-domaine-515	Ordinateurs du domaine	Groupe global
S-1-5-domaine-516	Contrôleurs de domaine	Groupe global
S-1-5-domaine-517	Éditeurs de certificats	Groupe global
S-1-5-domaine-518	Administrateurs du schéma	Groupe universel (natif)
S-1-5-domaine-519	Administrateurs de l'entreprise	Groupe universel (natif)
S-1-5-domaine-520	Propriétaires créateurs de la stratégie de groupe	Groupe global
S-1-5-domaine-533	Serveurs RAS et IAS	Groupe local de domaine
S-1-5-32-544	Administrateurs	Groupes prédéfinis
S-1-5-32-545	Utilisateurs	Groupes prédéfinis
S-1-5-32-546	Invités	Groupes prédéfinis
S-1-5-32-547	Utilisateurs avec pouvoir	Groupes prédéfinis
S-1-5-32-548	Opérateurs de compte	Groupes prédéfinis
S-1-5-32-549	Opérateurs de serveur	Groupes prédéfinis
S-1-5-32-550	Opérateurs d'impression	Groupes prédéfinis
S-1-5-32-551	Opérateurs de sauvegarde	Groupes prédéfinis
S-1-5-32-552	Duplicateurs	Groupes prédéfinis
S-1-5-32-554	BUILTIN\Accès compatible pré-Windows 2000	Alias (Groupe)
S-1-5-32-555	BUILTIN\Utilisateurs du Bureau à distance	Alias (Groupe)
S-1-5-32-556	BUILTIN\Opérateurs de configuration réseau	Alias (Groupe)

SID	Nom	Description
S-1-5-32-557	BUILTIN\Générateurs d'approbations de forêt entrante	Alias (Groupe)
S-1-5-32-558	BUILTIN\Utilisateurs de l'Analyseur de performances	Alias (Groupe)
S-1-5-32-559	BUILTIN\Utilisateurs du journal de performance	Alias (Groupe)
S-1-5-32-560	BUILTIN\Groupe d'accès d'autorisation Windows	Alias (Groupe)
S-1-5-32-561	BUILTIN\Serveurs de licences des services Terminal Server	Alias (Groupe)

Pour afficher les **SID**, il faut un utilitaire. Pour cela, vous pouvez télécharger **getsid.exe** du kit de ressources techniques Windows 2000.

Vous pouvez aussi utiliser la commande : `WMIC USERACCOUNT LIST Brief`. Pour un utilisateur donné : `WMIC USERACCOUNT WHERE "name = 'test Ad2' " get SID`.

L'image suivante montre comment utiliser l'outil getsid pour retrouver le SID d'un utilisateur appelé testAD2.

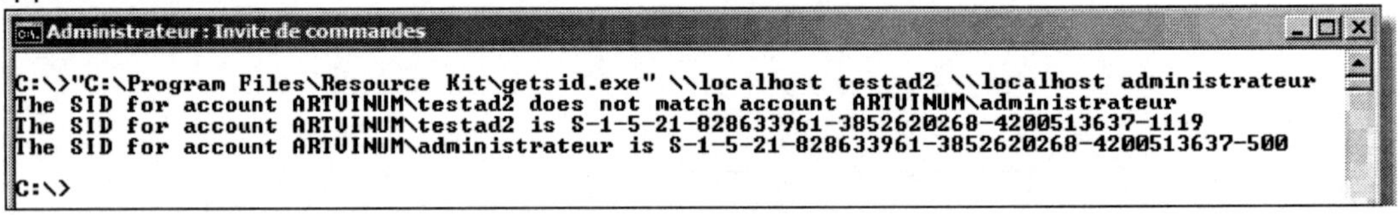

Le nom de l'utilisateur ou **login** doit être unique dans l'espace de noms considéré (domaine ou ordinateur).

Il peut être composé de tous les caractères sauf " / \ **[ ] ; | =, + * ? < >** et la longueur maximale ne peut dépasser 256 caractères ou 20 caractères pour les nom d'ouvertures de session antérieur à Windows 2000.

Le nom n'est pas sensible à la casse.

La stratégie de nommage d'utilisateur est également importante, voici quelques exemples de stratégie :

- Prénom et nom
- Nom et prénom
- Première lettre du prénom et nom de famille
- Prénom et première lettre du nom
- Utilisation d'un nombre

Dans tous les cas, les stagiaires, les consultants et les collaborateurs temporaires doivent également être identifiés facilement en ajoutant par exemple un préfixe **S** pour stagiaire, **C** pour consultant, etc.

L'utilisation d'un nombre en tant que stratégie de nom d'utilisateur permet à tous les utilisateurs de taper le même nombre de caractères pour leur nom d'utilisateurs, en général 5 chiffres suffisent. La stratégie améliore également la sécurité car il n'y a pas d'association entre le nom de l'utilisateur et le nombre utilisé pour le login. Il est également possible pour l'administrateur de définir des plages spécifiques pour les stagiaires et autres utilisateurs spécifiques.

Le mot de passe permet de sécuriser l'utilisation du compte. Pour un compte local enregistré dans la SAM, sa longueur est d'au maximum 14 caractères alors que pour un compte de domaine Active Directory, sa longueur maximum est de 127 caractères.

Il est possible d'utiliser toutes les lettres majuscules et minuscules, les chiffres et les symboles pour créer le mot de passe.

Le mot de passe est sensible à la casse.

Par défaut, la stratégie locale impose de créer des mots de passe complexes, c'est-à-dire répondant aux règles suivantes :

- La longueur a au minimum 6 caractères.
- Ne contient pas deux lettres contigües identiques au nom.
- Contient des caractères provenant d'au moins trois des catégories suivantes :
  - Caractère majuscule sans accent A-Z
  - Caractère minuscule sans accent a-z
  - Chiffre 0-9
  - Caractère non alphabétique

L'expérience montre qu'il est préférable d'éduquer les utilisateurs à créer des mots de passe complexes basés sur des phrases que de créer un mot de passe basé sur un mot qui n'a pas de sens.

Pour améliorer la sécurité, il faut utiliser une authentification dite multifacteur car on utilise au moins deux méthodes différentes pour l'authentification parmi la liste non exhaustive suivante :

- Mot de passe
- Carte à puce (certificat)
- Clé USB (certificat)
- Élément biométrique (reconnaissance de l'iris, empreinte digitale)
- Jeton utilisable une seule fois

Par défaut, les utilisateurs suivants sont toujours créés :

Administrateur : compte d'utilisateur qui a accès à tout l'ordinateur (local) ou à la forêt ou au domaine (Active Directory). Ce compte ne peut être détruit ou désactivé, par contre il peut être renommé.

Le compte administrateur prédéfini ne devrait jamais être utilisé par un administrateur une fois le système installé. Il est recommandé qu'un seul administrateur gère ce compte en créant un mot de passe très long. Le login et le mot de passe sont écrits sur un carton puis placés à l'intérieur d'une enveloppe cachetée sur laquelle il est indiqué quelles personnes sont autorisées à ouvrir l'enveloppe, éventuellement dans quelles circonstances. Il faut également indiquer quelles personnes peuvent autoriser l'accès à ce login. L'enveloppe sera placée dans le coffre de l'entreprise ou du piquet informatique avec obligation de contrôler l'état de l'enveloppe à chaque changement d'équipe. Attention, pensez que le compte est également Agent de récupération avant d'en protéger ainsi l'accès.

Il peut être utile de renommer le compte administrateur avec la stratégie de nommage des noms d'utilisateurs et de créer un compte administrateur factice ne disposant d'aucun droit afin de repérer facilement les attaques de certaines personnes mal intentionnées en interne. Cette procédure est inutile contre des attaques provenant de personnes disposant d'un certain niveau de connaissances en matière de sécurité.

Invité : compte utilisé pour des personnes devant disposer de droits limités sur le système. Par défaut, il est désactivé et n'a pas de mot de passe. Il n'est pas possible de le supprimer.

Ce compte n'est plus vraiment utile dans une entreprise moderne, car pour les personnes externes, il est préférable de créer pour chacune un compte spécifique avec les bons droits et permissions. Il est conseillé de s'assurer qu'il reste désactivé et de lui attribuer un mot de passe très long.

Système local : pseudo-compte de services. Il représente le système lui-même et a donc un accès illimité. Il fait également partie du groupe **Administrateurs**. C'est la raison pour laquelle il faut limiter le nombre de services qui tournent sous ce compte ou il faut restreindre le service à l'aide du pare-feu.

Ce compte dispose des privilèges maximum, pouvoir se connecter ou lancer des commandes sous ce login permet d'accéder à tout le système sans modifier les droits et les permissions.

Service réseau : pseudo-compte de services disposant de droits et permissions limités, de type Invité bien que faisant partie du groupe **Utilisateurs**. Identique au pseudo-compte **service local** excepté qu'il a accès au réseau. Il peut également être limité par des permissions ou à l'aide du pare-feu.

Service local : pseudo-compte de services disposant de droits et permissions limités, de type Invité bien que faisant partie du groupe **Utilisateurs**. Identique au pseudo-compte **service réseau** excepté qu'il n'a pas accès au réseau. Il peut également être limité par des permissions ou à l'aide du pare-feu.

2. Les groupes

Dans le but de faciliter la gestion des comptes d'utilisateurs, il peut être utile de les regrouper en fonction de leurs besoins pour effectuer des tâches spécifiques et de les placer dans un groupe afin de ne gérer qu'une seule entité plutôt que chaque utilisateur. C'est dans cette optique que la notion de groupe a été créée.

L'utilisateur hérite des droits et des permissions accordés au groupe. Si certains droits ou permissions sont en conflit, généralement le droit ou la permission résultante est basée sur le droit ou la permission la plus restrictive.

Microsoft a intégré un certain nombre de groupes appelés **prédéfinis** et **builtin** permettant d'effectuer des opérations d'administration pour les administrateurs et des opérations standards pour les utilisateurs. L'administrateur doit placer des utilisateurs dans ces groupes.

Il existe des groupes appelés **identités spéciales** ou **entités de sécurité intégrées** dont les membres sont contextuels, c'est-à-dire qu'en fonction d'un objet ou d'une ressource considérée l'utilisateur sélectionné est placé par le système d'exploitation dans ce groupe.

Par exemple, un utilisateur connecté localement à un ordinateur est membre du groupe **Interactif** alors qu'un autre utilisateur connecté à distance fait partie lui, du groupe **Réseau**.

Les types de groupe possibles sont :

- **Sécurité**, prévu pour gérer des éléments de sécurité comme les permissions.
- **Distribution**, utilisé comme un groupe de distribution pour envoyer des emails par exemple.

Les groupes de distribution ne permettent pas de définir des autorisations. En revanche, les groupes de sécurité peuvent être utilisés dans la plupart des systèmes de messagerie.

La portée du groupe définit sa visibilité.

Groupe	Type	Portée	Stocké sur	Utilisé principalement pour
Local	Sécurité	Ordinateur local	Ordinateur local SAM	Gérer des utilisateurs et des permissions dans des groupes de travail ou des permissions dans une AD
Local de domaine	Sécurité ou distribution	Domaine AD	Partition de domaine AD	Gérer des ressources dans une AD
Groupe global	Sécurité ou distribution	Forêt AD	Partition de domaine AD	Gérer des utilisateurs d'un domaine dans une AD
Groupe universel	Sécurité ou distribution	Forêt AD	Catalogue global AD	Gérer des utilisateurs ou des groupes globaux dans une forêt AD
Identité intégrée de sécurité	Sécurité	Ordinateur local	Ordinateur local SAM	Gérer des droits et permissions

Nommez vos groupes avec un préfixe qui permet d'identifier l'étendue.

Liste des groupes prédéfinis sur un ordinateur local

Nom	Description
Accès DCOM service de certificats	Les membres de ce groupe sont autorisés à se connecter à des autorités de certification d'entreprise.
Administrateurs	Les membres du groupe Administrateurs disposent d'un accès complet et illimité à l'ordinateur et au domaine
Duplicateurs	Prend en charge la réplication des fichiers dans le domaine
IIS_IUSRS	Groupe intégré utilisé par les services Internet (IIS).
Invités	Les membres du groupe Invités disposent par défaut du même accès que les membres du groupe Utilisateurs,
Lecteurs des journaux d'événements	Des membres de ce groupe peuvent lire les journaux des événements à partir de l'ordinateur local
Opérateurs de chiffrement	Les membres sont autorisés à effectuer des opérations cryptographiques.
Opérateurs de configuration réseau	Les membres de ce groupe peuvent disposer de certaines autorisations d'administration pour la configuration
Opérateurs de sauvegarde	Les membres du groupe Opérateurs de sauvegarde peuvent passer outre les restrictions de sécurité uniquem
Opérateurs d'impression	Les membres peuvent administrer les imprimantes du domaine
Utilisateurs	Les utilisateurs ne peuvent pas effectuer de modifications accidentelles ou intentionnelles à l'échelle du systè
Utilisateurs avec pouvoir	Les utilisateurs avec pouvoir sont inclus pour des raisons de compatibilité et possèdent des droits d'administra
Utilisateurs de l'Analyseur de performances	Les membres de ce groupe peuvent accéder aux données de compteur de performance localement et à dista
Utilisateurs du Bureau à distance	Les membres de ce groupe disposent des droits nécessaires pour ouvrir une session à distance
Utilisateurs du journal de performances	Les membres de ce groupe peuvent planifier la journalisation des compteurs de performance, activer les four
Utilisateurs du modèle COM distribué	Les membres sont autorisés à lancer, à activer et à utiliser sur cet ordinateur les objets COM distribués.

Lorsqu'un ordinateur rejoint le domaine, le groupe **administrateurs de domaine** est automatiquement ajouté au groupe local **Administrateurs** et le groupe **utilisateurs de domaine** est ajouté au groupe local **utilisateurs**.

Liste des entités de sécurité intégrées sur un ordinateur local

Nom (RDN)	Dossier
ANONYMOUS LOGON	
CREATEUR PROPRIETAIRE	
DROITS DU PROPRIÉTAIRE	
GROUPE CREATEUR	
INTERACTIF	
IUSR	
LIGNE	
REMOTE INTERACTIVE LOGON	
RESEAU	
SERVICE	
SERVICE LOCAL	
SERVICE RÉSEAU	
SYSTEM	
TACHE	
Tout le monde	
UTILISATEUR TERMINAL SERVER	
Utilisateurs authentifiés	

Affichage possible via la commande : `WMIC SYSACCOUNT LIST BRIEF`

Le groupe **Tout le monde** n'inclut plus les utilisateurs du groupe **Anonymous Logon**.

Liste des groupes Builtin de l'Active Directory

Nom	Type	Description
Accès compatible pré-Windows 2000	Groupe de sécurité - Domaine local	Un groupe de compatibilité descendante qui autorise un accès en lecture sur tous
Accès DCOM service de certificats	Groupe de sécurité - Domaine local	Les membres de ce groupe sont autorisés à se connecter à des autorités de certi
Administrateurs	Groupe de sécurité - Domaine local	Les membres du groupe Administrateurs disposent d'un accès complet et illimité à
Duplicateurs	Groupe de sécurité - Domaine local	Prend en charge la réplication des fichiers dans le domaine
Générateurs d'approbations de forêt entrante	Groupe de sécurité - Domaine local	Les membres de ce groupe peuvent créer des approbations à sens unique entran
Groupe d'accès d'autorisation Windows	Groupe de sécurité - Domaine local	Les membres de ce groupe ont accès à l'attribut tokenGroupsGlobalAndUniversal
IIS_IUSRS	Groupe de sécurité - Domaine local	Groupe intégré utilisé par les services Internet (IIS).
Invités	Groupe de sécurité - Domaine local	Les membres du groupe Invités disposent par défaut du même accès que les mem
Lecteurs des journaux d'événements	Groupe de sécurité - Domaine local	Des membres de ce groupe peuvent lire les journaux des événements à partir de
Opérateurs d'impression	Groupe de sécurité - Domaine local	Les membres peuvent administrer les imprimantes du domaine
Opérateurs de chiffrement	Groupe de sécurité - Domaine local	Les membres sont autorisés à effectuer des opérations cryptographiques.
Opérateurs de compte	Groupe de sécurité - Domaine local	Les membres peuvent administrer les comptes utilisateur et groupe du domaine
Opérateurs de configuration réseau	Groupe de sécurité - Domaine local	Les membres de ce groupe peuvent disposer de certaines autorisations d'administ
Opérateurs de sauvegarde	Groupe de sécurité - Domaine local	Les membres du groupe Opérateurs de sauvegarde peuvent passer outre les res
Opérateurs de serveur	Groupe de sécurité - Domaine local	Les membres peuvent administrer les serveurs de domaine
Serveurs de licences des services Terminal Server	Groupe de sécurité - Domaine local	Les membres de ce groupe peuvent mettre à jour des comptes d'utilisateurs dans
Utilisateurs	Groupe de sécurité - Domaine local	Les utilisateurs ne peuvent pas effectuer de modifications accidentelles ou intenti
Utilisateurs de l'Analyseur de performances	Groupe de sécurité - Domaine local	Les membres de ce groupe peuvent accéder aux données de compteur de perfor
Utilisateurs du Bureau à distance	Groupe de sécurité - Domaine local	Les membres de ce groupe disposent des droits nécessaires pour ouvrir une sessi
Utilisateurs du journal de performances	Groupe de sécurité - Domaine local	Les membres de ce groupe peuvent planifier la journalisation des compteurs de p
Utilisateurs du modèle COM distribué	Groupe de sécurité - Domaine local	Les membres sont autorisés à lancer, à activer et à utiliser sur cet ordinateur les

Cette liste se trouve dans le conteneur **Builtin**.

Liste des groupes prédéfinis de l'Active Directory

Nom	Type	Description
Éditeurs de certificats	Groupe de sécurité - Domaine local	Les membres de ce groupe ont l'autorisation de publier des certificats dans le ré
Groupe de réplication dont le mot de passe RODC est autorisé	Groupe de sécurité - Domaine local	Les mots de passe des membres de ce groupe peuvent être répliqués sur tous le
Groupe de réplication dont le mot de passe RODC est refusé	Groupe de sécurité - Domaine local	Les mots de passe des membres de ce groupe ne peuvent pas être répliqués sur
Serveurs RAS et IAS	Groupe de sécurité - Domaine local	Les serveurs de ce groupe peuvent accéder aux propriétés d'accès distant des
Admins du domaine	Groupe de sécurité - Global	Administrateurs désignés du domaine
Contrôleurs de domaine	Groupe de sécurité - Global	Tous les contrôleurs de domaine du domaine
Contrôleurs de domaine en lecture seule	Groupe de sécurité - Global	Les membres de ce groupe sont des contrôleurs de domaine en lecture seule dar
DnsUpdateProxy	Groupe de sécurité - Global	Les clients DNS qui sont autorisés à effectuer des mises à jour dynamiques en ta
Invités du domaine	Groupe de sécurité - Global	Tous les invités du domaine
Ordinateurs du domaine	Groupe de sécurité - Global	Toutes les stations de travail et les serveurs joints au domaine
Propriétaires créateurs de la stratégie de groupe	Groupe de sécurité - Global	Les membres de ce groupe peuvent modifier la stratégie de groupe pour le doma
Utilisateurs du domaine	Groupe de sécurité - Global	Tous les utilisateurs du domaine
Administrateurs de l'entreprise	Groupe de sécurité - Universel	Administrateurs désignés de l'entreprise
Administrateurs du schéma	Groupe de sécurité - Universel	Administrateurs désignés du schéma
Contrôleurs de domaine d'entreprise en lecture seule	Groupe de sécurité - Universel	Les membres de ce groupe sont des contrôleurs de domaine en lecture seule dar

Cette liste se trouve dans le conteneur **Users**.

Liste des identités intégrées de sécurité sur un contrôleur de domaine

Nom (RDN)	Dossier
Accès compatible pré-Windows 2000	helptest.com/Builtin
Accès DCOM service de certificats	helptest.com/Builtin
Administrateurs	helptest.com/Builtin
ANONYMOUS LOGON	
Authentification Digest	
Authentification SChannel	
Authentifications NTLM	
Cette organisation	
CREATEUR PROPRIETAIRE	
DROITS DU PROPRIÉTAIRE	
Duplicateurs	helptest.com/Builtin
ENTERPRISE DOMAIN CONTROLLERS	
Générateurs d'approbations de forêt entrante	helptest.com/Builtin
GROUPE CREATEUR	
Groupe d'accès d'autorisation Windows	helptest.com/Builtin
IIS_IUSRS	helptest.com/Builtin
INTERACTIF	
Invités	helptest.com/Builtin
IUSR	
Lecteurs des journaux d'événements	helptest.com/Builtin
LIGNE	
Opérateurs d'impression	helptest.com/Builtin
Opérateurs de chiffrement	helptest.com/Builtin
Opérateurs de compte	helptest.com/Builtin
Opérateurs de configuration réseau	helptest.com/Builtin
Opérateurs de sauvegarde	helptest.com/Builtin
Opérateurs de serveur	helptest.com/Builtin
Proxy	
REMOTE INTERACTIVE LOGON	
RESEAU	
RESTRICTED	
SELF	
Serveurs de licences des services Terminal Server	helptest.com/Builtin
SERVICE	
SERVICE LOCAL	
SERVICE RÉSEAU	
SYSTEM	
TACHE	
Tout le monde	
Une autre organisation	
UTILISATEUR TERMINAL SERVER	
Utilisateurs	helptest.com/Builtin
Utilisateurs authentifiés	
Utilisateurs de l'Analyseur de performances	helptest.com/Builtin
Utilisateurs du Bureau à distance	helptest.com/Builtin
Utilisateurs du journal de performances	helptest.com/Builtin
Utilisateurs du modèle COM distribué	helptest.com/Builtin

Les groupes de la figure précédente disposant d'une flèche rouge sont également visibles sur tout ordinateur de la forêt si l'administrateur connecté est un administrateur de domaine.

Si vous appliquez des droits et des permissions à des entités de sécurité intégrées, utilisez toujours un groupe qui soit le plus restrictif comme le groupe **Utilisateurs authentifiés**.

3. Profil utilisateur

Le profil utilisateur se compose d'un ensemble de paramètres permettant de construire l'environnement de l'utilisateur et d'y stocker des documents et des fichiers de configuration.

Dans un environnement Active Directory, une grande partie du profil de l'utilisateur peut être géré de manière efficace par les stratégies de groupe afin de donner aux utilisateurs un **Bureau** consistant.

Par défaut, le profil utilisateur est stocké par ordinateur dans un répertoire qui porte le nom du login et se trouve à l'intérieur du répertoire **Users** sur Windows Vista ou **Documents and Settings** pour Windows XP.

Si l'utilisateur change d'ordinateur, toute la personnalisation du **Bureau** et les documents enregistrés dans le profil ne sont pas retrouvés sur le nouvel ordinateur. Pour pallier ce problème, il est possible de créer des profils itinérants qui sont sauvegardés sur un serveur.

Dès qu'un utilisateur se connecte sur un ordinateur, son profil est alors chargé du serveur en local puis le profil local est utilisé durant sa session. À la fin de sa session, le profil éventuellement modifié est sauvegardé (défaut) ou ne l'est pas s'il s'agit d'un profil itinérant obligatoire.

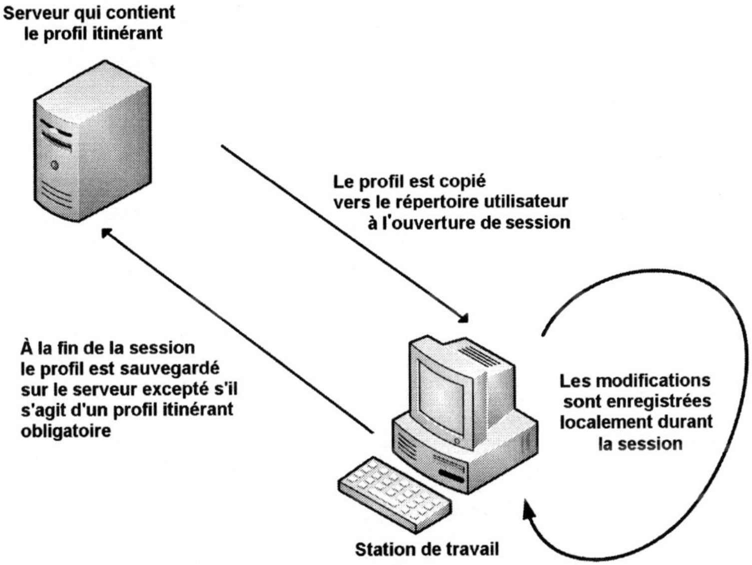

Pour les utilisateurs itinérants, il est conseillé de combiner le profil itinérant avec la mise en cache du répertoire afin d'éviter des problèmes de synchronisation.

Pour créer un profil itinérant obligatoire, c'est-à-dire un profil itinérant dont les modifications ne sont pas enregistrées, il faut renommer le fichier **ntuser.dat** se situant dans le répertoire partagé côté serveur **utilisateurs\%username%** en **ntuser.man**.

Le profil de l'utilisateur est créé dans les conditions suivantes :
- lors de la première connexion de l'utilisateur si aucun profil n'existe,
- à l'avance en copiant un profil existant.

Lorsqu'aucun profil utilisateur n'existe, le profil de l'utilisateur est créé en copiant le profil appelé **Default** sur Windows Vista/2008 vers le profil de l'utilisateur.

Pour contrôler la création des profils, il est possible de personnaliser le profil de l'utilisateur **Default**.

Dans une entreprise, il faut également gérer le profil de l'utilisateur à l'aide des stratégies de groupe qui permettent un meilleur contrôle comme garantir le déplacement des dossiers sur un serveur hors du profil, et une gestion centralisée des droits de l'utilisateur. Dans ce cas, le profil **Default** est modifié uniquement pour les paramètres qui ne peuvent être gérés par une stratégie de groupe, la partie du profil contenue dans **Public** et d'éventuels scripts.

La création et l'utilisation d'un profil itinérant offrent à l'utilisateur une pleine satisfaction s'il doit changer d'ordinateur ou se connecter sur un autre ordinateur. Si son profil est restreint à l'aide des stratégies de groupe sur l'ordinateur connecté, ces restrictions peuvent s'appliquer seulement à cet ordinateur et pas à son profil.

Le profil **Public** doit être préparé pour des ordinateurs spécifiques uniquement. Certaines applications, lorsqu'elles s'installent, demandent qui peut l'utiliser : soit l'utilisateur en cours uniquement, soit tous les utilisateurs. S'il est répondu tous les utilisateurs, alors les raccourcis et autres paramètres sont enregistrés dans le profil **Public** et pas celui de l'utilisateur.

Microsoft ne supporte plus l'itinérance de profil sur des plates-formes différentes. Un utilisateur ayant créé son profil sur Vista ne le retrouvera pas sur XP et réciproquement.

4. Stratégies d'utilisation des utilisateurs et des groupes

Dans la philosophie Microsoft, il existe deux sortes de groupe, à savoir des groupes permettant de gérer des utilisateurs et des groupes associés aux ressources pour recevoir les permissions qui y sont appliquées.

Il n'est pas interdit de placer des permissions NTFS directement sur l'utilisateur, mais la gestion à moyen terme peut devenir difficile car si l'utilisateur est supprimé, il reste toujours son SID associé aux permissions NTFS de la ressource.

a. Ordinateur local dans un groupe de travail

La stratégie est la suivante :

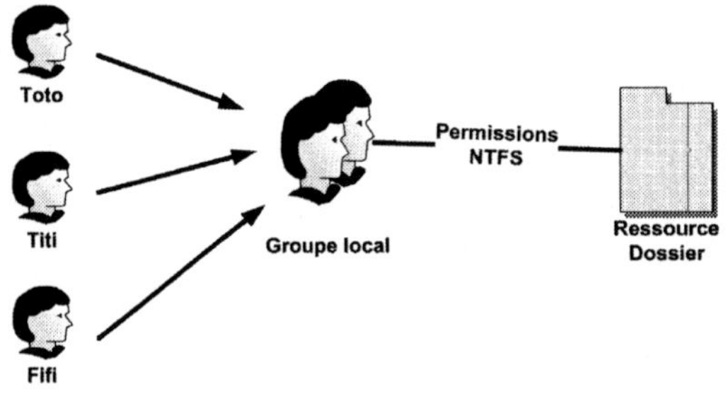

Les utilisateurs sont placés dans des groupes locaux et l'on définit les permissions NTFS sur les groupes locaux.

Utilisateurs → Groupes Locaux → Permissions

b. Ordinateurs faisant partie d'un domaine Active Directory

Dans un domaine, il n'existe pas une mais plusieurs stratégies. Celles-ci dépendent du niveau fonctionnel du domaine et du nombre de domaines.

Il faut utiliser les groupes globaux pour regrouper les utilisateurs et les groupes Domaine local pour y appliquer les permissions, ce qui donne la stratégie suivante.

Cette stratégie est héritée de Windows NT4 et fonctionne dans tous les cas, y compris dans un niveau fonctionnel de domaine mixte.

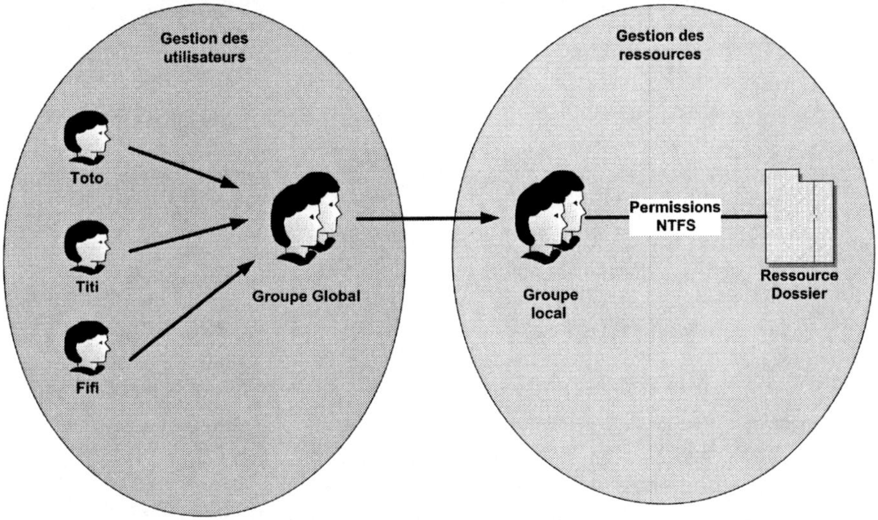

Utilisateurs → Groupes globaux → Groupes Domaine local → Permissions

Dès que le mode natif est utilisé, il est possible d'imbriquer les groupes et de définir des stratégies plus complexes. Les tableaux suivants résument les possibilités en fonction de l'étendue du groupe.

Mode mixte		
Étendue du groupe	**Membres du groupe**	**Peut être membre de**
Local	Utilisateurs local Identités intégrées de sécurité Utilisateurs de domaine Groupes Domaine local Groupes globaux Groupes universels	
Domaine local	Utilisateurs de domaine Groupes globaux	
Global	Utilisateurs de domaine ou Groupes globaux provenant du même domaine	Groupes Domaine local Groupes locaux

Mode natif		
Étendue du groupe	**Membres du groupe**	**Peut être membre de**
Local	Utilisateurs local Identités intégrées de sécurité Utilisateurs de domaine Groupes Domaine local Groupes globaux Groupes universels	
Domaine local	Utilisateurs de domaine de la forêt Identités intégrées de sécurité Groupes Domaine local du même domaine Groupes globaux Groupes universels	Domaine local du même domaine
Global	Utilisateurs de domaine provenant du même domaine Groupes globaux provenant du même domaine	Groupes locaux Groupes Domaine local Groupes globaux du même domaine Groupes universels Identités intégrées de sécurité
Universel	Utilisateurs de domaine Groupes globaux Groupes universels	Groupes locaux Groupes Domaine local Groupes globaux Groupes universels Identités intégrées de sécurité

Dès que le niveau fonctionnel du domaine est le mode natif, il est possible d'utiliser les stratégies suivantes :

Utilisateurs → Groupe global → Groupe Domaine local → Permissions

Ou d'une manière plus générale, la stratégie suivante, complète mais difficilement utilisable pratiquement :

Utilisateurs → Groupe global → Groupe global → Groupe universel → Groupe universel → Groupe Domaine local → Groupe Domaine local → Permissions

L'imbrication de groupes globaux s'utilise pour créer un super ensemble, par exemple dans un département Comptabilité divisé entre la comptabilité Débiteur et la comptabilité Créditeur, chaque utilisateur appartient à l'un des groupes globaux appelé groupe GL_Debiteur ou GL_Crediteur. Pour définir leur appartenance à la Comptabilité, il suffit de créer un autre groupe global GL_Compta et d'y placer les deux groupes globaux ; tous les utilisateurs des deux groupes feront automatiquement partie du groupe GL_compta.

Le groupe universel ne doit être utilisé que si vous disposez de plusieurs domaines car le groupe est stocké dans le catalogue global. Il ne devrait pas contenir d'utilisateurs sinon l'ajout ou la suppression d'un membre implique une réplication du catalogue global vers les autres serveurs catalogues globaux.

Le groupe universel a été conçu pour créer un groupe global dont la portée est la forêt.

L'exemple suivant montre une entreprise composée de trois domaines dont les comptables de chaque domaine doivent avoir accès aux ressources comptables de tous les domaines.

Dans le premier cas, l'administrateur gère l'accès aux ressources uniquement à l'aide de groupes globaux.

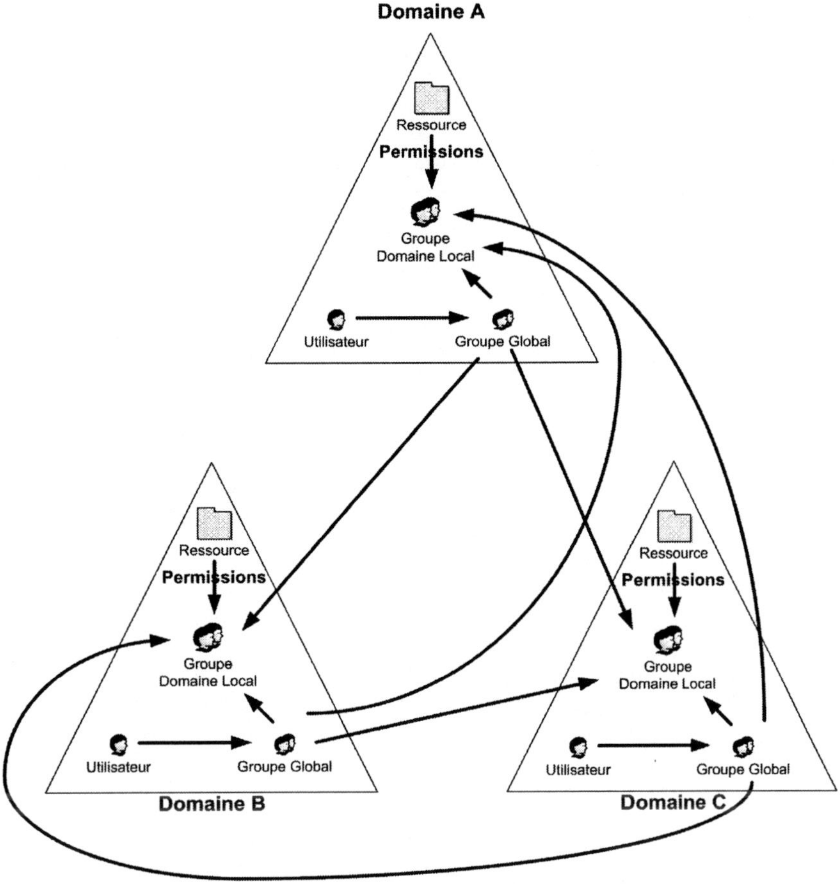

On peut voir que la gestion n'est pas aisée. Si un nouveau domaine est créé, le nombre d'associations entre les groupes globaux et les groupes Domaine local augmente en compliquant l'administration.
Pour simplifier l'administration et la vision, l'administrateur décide d'utiliser les groupes universels.

Le schéma devient :

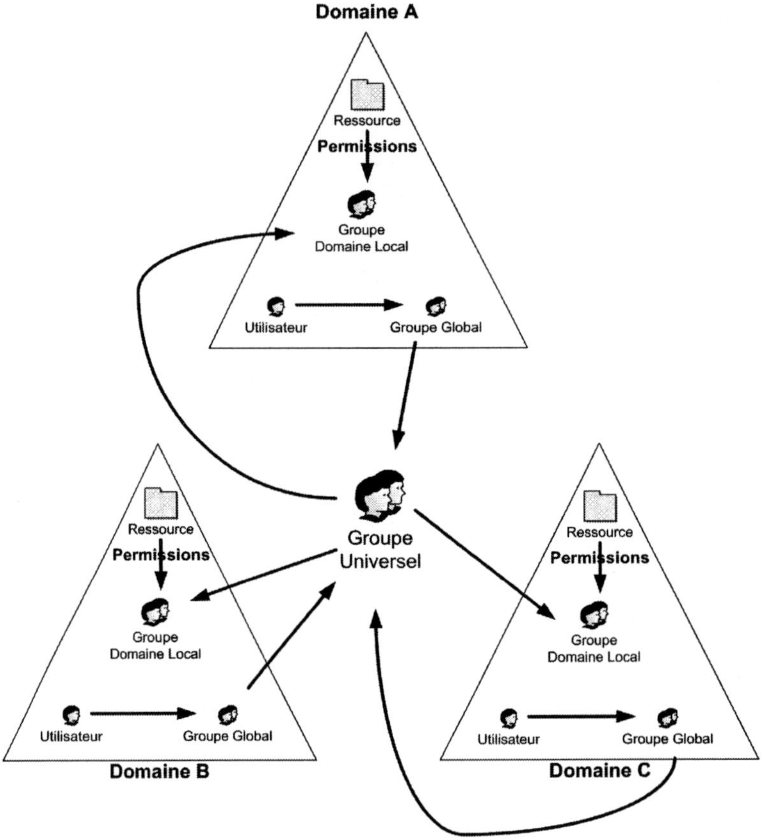

On peut constater que la gestion devient plus simple.
Les autres stratégies comme :

- **Utilisateurs → Groupe global → Permissions**
- **Utilisateurs → Groupe Domaine local → Permissions**
- **Utilisateurs → Permissions**

sont possibles mais déconseillées car elles ne sont pas adaptées à une évolution de l'entreprise si le nombre de domaines augmente.
La dernière stratégie a un effet indésirable lorsque l'utilisateur est supprimé car s'il reçoit des permissions, son SID reste toujours associé à la permission et devient visible en tant que SID et plus en tant qu'utilisateur comme le montre l'image suivante.

Enfin, l'administrateur ne devrait créer de nouveaux groupes que si c'est vraiment nécessaire. L'exemple suivant illustre bien cette notion d'autosuffisance des groupes existants.

L'utilisation de groupe doit permettre de simplifier l'administration et pas l'inverse. Si le nombre de groupes créés dépasse le nombre d'utilisateurs, la stratégie des groupes n'est pas bonne et il faut la revoir.

En tant qu'administrateur, on vous demande de créer un nouveau dossier partagé pour les services Marketing et Ventes de votre entreprise de manière à ce que tous les utilisateurs des deux services puissent lire tous les documents qui y sont placés, qu'ils puissent y ajouter des documents et enfin que seul l'utilisateur qui a ajouté un document puisse le modifier. Comment allez-vous procéder ?

Il faut bien entendu créer deux groupes, à savoir un groupe global Marketing et un groupe global Ventes. Ensuite, d'une manière simpliste, s'arranger pour que les utilisateurs des deux groupes puissent avoir accès au dossier en lecture seule et créer des documents. Pour cela, il faut créer un nouveau groupe Domaine local appelé MarketingVente et y placer les permissions citées (lecture et ajout de fichiers). Enfin, pour que seul l'utilisateur qui a créé un document puisse le modifier, il faut utiliser l'identité spéciale appelée Créateur Propriétaire et lui donner les droits de modifier les documents. Comme cette identité est contextuelle, un seul créateur existe par document et il change pour chaque document.

5. Meilleures pratiques

- Disposer d'une stratégie pour le nommage des utilisateurs.
- Disposer d'une stratégie pour les mots de passe.
- Disposer d'une stratégie de nommage des groupes.
- Limiter l'ajout de groupes globaux.
- Utiliser au maximum les identités de sécurité intégrées.
- Utiliser une stratégie **Utilisateurs** → **Groupe global** → **Groupe Domaine local** → **Permissions**
- Un compte d'utilisateur temporaire doit être désactivé avant et après la période de travail.
- Un compte d'utilisateur absent pendant une longue période est désactivé.
- Un compte d'utilisateur est supprimé après une période de rétention de 6 mois après que l'utilisateur a quitté l'entreprise.
- Si un utilisateur qui a quitté l'entreprise est remplacé, alors on attribue le login au nouvel utilisateur.
- Utiliser des stratégies de groupe pour gérer les stratégies de mot de passe et de gestion de compte.
- Créer des profils itinérants pour les utilisateurs.
- Utiliser des stratégies de groupe pour gérer les profils de l'utilisateur.

C. Utilisateur local

À l'installation d'un serveur Windows Server 2008, deux comptes d'utilisateurs sont automatiquement créés, à savoir :

- **Administrateur**, ou **administrator** sur une version anglaise.
- **Invité**, ou **guest** sur une version anglaise.

Leur compte réside dans la SAM locale de l'ordinateur située dans le fichier SAM du répertoire **%systemroot%\system32\config** ainsi que dans la copie de sauvegarde, dans le dossier **%systemroot%\system32\config\regback**.

Pour des raisons évidentes de sécurité, les fichiers SAM ne sont pas accessibles pour être copiés ou lus pendant que l'ordinateur fonctionne. La seule méthode consiste à utiliser soit la console **Utilisateurs et groupes** locaux soit la **base de registre** pour accéder à certaines informations sur l'utilisateur.

Dans un domaine, les utilisateurs locaux doivent être des exceptions car ils compliquent la gestion et sont un problème de sécurité (la SAM peut être facilement piratée). Le compte utilisateur local ne peut être acceptable que pour exécuter un service ou une application qui fonctionne en tant que service.

1. Création d'un utilisateur local

Pour créer un utilisateur local, il faut lancer le Gestionnaire de serveur.

Il n'existe pas d'utilisateur local sur un contrôleur de domaine sauf sur les serveurs RDOC.

- Connectez-vous en tant qu'administrateur sur Win1.
- Ouvrez le **Gestionnaire de serveur** en cliquant sur **Démarrer - Outils d'administration** puis **Gestionnaire de serveur**.
- Dans le volet gauche du **Gestionnaire de serveur**, cliquez sur le nœud **Configuration** pour développer l'arborescence.
- Dans le volet gauche du **Gestionnaire de serveur**, cliquez sur le nœud **Utilisateurs et groupes locaux** pour développer l'arborescence.
- Cliquez avec le bouton droit de la souris sur **Utilisateurs** puis cliquez sur **Nouvel utilisateur**.
- Tapez un nom de login dans la zone de saisie **Nom d'utilisateur** comportant au maximum 20 caractères sauf les caractères suivants " / \ [ ] : ; | =, + * ? < > @ et un **Mot de passe** comportant au maximum 14 caractères. Tapez-le à nouveau dans la zone de saisie **Confirmer le mot de passe** avant de cliquer sur **Créer**.

Vous pouvez également indiquer un nom complet et une description du compte d'utilisateur. Si le compte ne doit pas être utilisé tout de suite, désactivez-le jusqu'au moment où il sera utilisé. Il est une bonne méthode d'obliger l'utilisateur à changer le mot de passe à sa première ouverture de session.

Pour un compte de services, désactivez la case à cocher **L'utilisateur doit changer de mot de passe à la prochaine ouverture de session** puis sélectionnez **L'utilisateur ne peut pas changer de mot de passe** et **Le mot de passe n'expire jamais**.

Les autres paramètres du compte peuvent être modifiés après la création du compte de l'utilisateur.

2. Configuration d'un utilisateur local

Une fois l'utilisateur créé, il est possible de modifier les paramètres de l'utilisateur. Procédez comme suit :

- Connectez-vous en tant qu'administrateur sur **Win1**.
- Ouvrez le **Gestionnaire de serveur** en cliquant sur **Démarrer - Outils d'administration** puis **Gestionnaire de serveur**.
- Dans le volet gauche du **Gestionnaire de serveur**, cliquez sur le nœud **Configuration** pour développer l'arborescence.
- Dans le volet gauche du **Gestionnaire de serveur**, cliquez sur le nœud **Utilisateurs et groupes locaux** pour développer l'arborescence.
- Dans le volet gauche du **Gestionnaire de serveur**, cliquez sur le dossier **Utilisateurs**. La liste des utilisateurs apparaît dans la fenêtre principale.
- Dans la fenêtre principale, cliquez avec le bouton droit de la souris sur l'utilisateur dont vous voulez modifier les paramètres puis cliquez sur **Propriétés**.

La boîte de dialogue **Propriétés** apparaît.

Onglet Général

Les paramètres de l'onglet **Général** correspondent aux paramètres de compte indiqués lors de la création du compte.

Il n'est pas possible de renommer le compte dans la boîte de dialogue **Propriétés** mais uniquement depuis le menu **Actions** de la fenêtre principale.

La différence entre verrouiller un compte et le désactiver est que l'administrateur désactive le compte alors que c'est le système qui verrouille le compte, par exemple lorsqu'une stratégie spécifie le verrouillage du compte après un certain nombre de tentatives sans succès. L'administrateur peut activer ou déverrouiller un compte. Un compte verrouillé peut également être déverrouillé automatiquement après un certain laps de temps.

Onglet Membre de

Il est possible de rajouter le compte de l'utilisateur à un groupe local en utilisant le bouton **Ajouter**.

Par défaut, chaque utilisateur local est membre du groupe local **Utilisateurs**.

Onglet Profil

Chemin du profil : indique le chemin pour stocker le profil de l'utilisateur. Celui-ci peut être enregistré localement (déconseillé) ou sur un domaine en utilisant un chemin UNC (\\Serveur\partage\NomUtilisateur). Il est également possible de créer des profils itinérants obligatoires.

Script d'ouverture de session : permet de lancer un script à l'ouverture de session.

Chemin d'accès local : le répertoire de base peut être local.

Connecter : le répertoire de base peut se trouver sur le réseau. Dans ce cas, il est identifié par une lettre de lecteur, le chemin réseau étant un chemin UNC.

Onglet Appel entrant

L'option **Autorisation d'accès réseau** permet de définir si l'utilisateur peut accéder au serveur à distance à l'aide des services d'accès distant.

La case à cocher **Vérifier l'identité de l'appelant** restreint la connexion à un numéro de téléphone.

Les **Options de rappel** définissent s'il faut rappeler l'utilisateur (meilleur pour la sécurité) ou non.

Il est également possible de définir une **adresse IP statique** et des **itinéraires statiques** pour cette connexion.

Autres onglets

Les autres onglets, à savoir : **Environnement**, **Sessions**, **Contrôle à distance** et **Profil de services Terminal Server** concernent la gestion des accès en mode Terminal Services.

3. Réinitialisation du mot de passe de l'utilisateur local

La réinitialisation du mot de passe est une opération dangereuse car elle réinitialise également son certificat. En d'autres termes, il n'aura plus accès aux fichiers cryptés à l'aide d'EFS, aux mots de passe Internet enregistrés sur l'ordinateur et aux messages électroniques chiffrés avec la clé publique de l'utilisateur.

- Connectez-vous en tant qu'administrateur sur Win1.
- Ouvrez le **Gestionnaire de serveur** en cliquant sur **Démarrer - Outils d'administration** puis **Gestionnaire de Serveur**.
- Dans le volet gauche du **Gestionnaire de serveur**, cliquez sur le nœud **Configuration** pour développer l'arborescence.
- Dans le volet gauche du **Gestionnaire de serveur**, cliquez sur le nœud **Utilisateurs et groupes locaux** pour développer l'arborescence.
- Dans le volet gauche du **Gestionnaire de serveur**, cliquez sur le dossier **Utilisateurs**. La liste des utilisateurs apparaît dans la fenêtre principale.
- Dans la fenêtre principale, cliquez avec le bouton droit de la souris sur l'utilisateur dont vous voulez réinitialiser le mot de passe puis cliquez sur **Définir le mot de passe**.

→ Lisez attentivement l'avertissement avant de continuer l'opération.

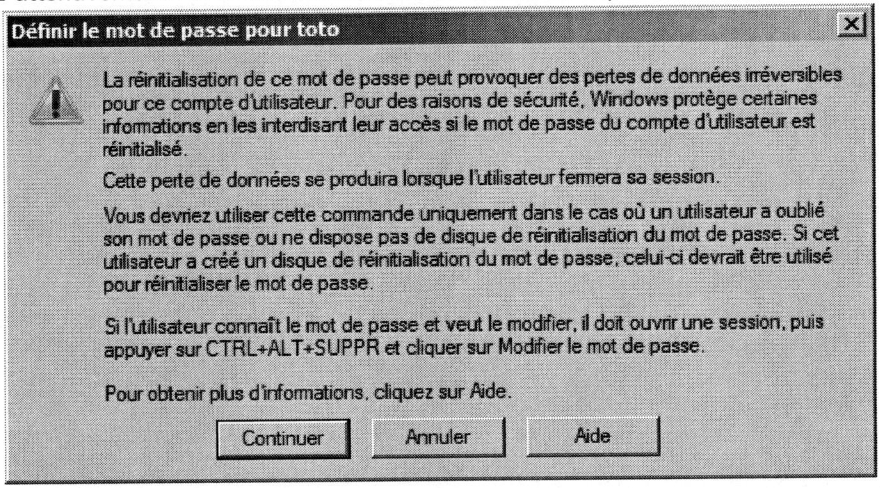

→ Dans la boîte de dialogue **Définir le mot de passe**, tapez le nouveau nom et confirmez-le puis cliquez sur **OK**.

→ Dans la boîte de dialogue **Utilisateurs et groupes locaux** qui indique si l'opération s'est bien déroulée, prenez connaissance du résultat et cliquez sur **OK**.

4. Suppression d'un utilisateur

Supprimer un utilisateur détruit le compte d'utilisateur.

→ Connectez-vous en tant qu'administrateur sur Win1.

→ Ouvrez le **Gestionnaire de serveur** en cliquant sur **Démarrer - Outils d'administration** puis **Gestionnaire de Serveur**.

→ Dans le volet gauche du **Gestionnaire de serveur**, cliquez sur le nœud **Configuration** pour développer l'arborescence.

→ Dans le volet gauche du **Gestionnaire de serveur**, cliquez sur le nœud **Utilisateurs et groupes locaux** pour développer l'arborescence.

→ Dans le volet gauche du **Gestionnaire de serveur**, cliquez sur le dossier **Utilisateurs**. La liste des utilisateurs apparaît dans la fenêtre principale.

→ Dans la fenêtre principale, cliquez avec le bouton droit de la souris sur l'utilisateur que vous voulez détruire puis cliquez sur **Supprimer**.

Si vous avez supprimé un utilisateur par mégarde, il vous faut le restaurer à partir d'une sauvegarde. La création d'un utilisateur portant le même nom ne restaure pas le même **SID**.

5. Création d'un groupe local

Win1 WinAD

- Connectez-vous en tant qu'administrateur sur Win1.
- Ouvrez le **Gestionnaire de serveur** en cliquant sur **Démarrer - Outils d'administration** puis **Gestionnaire de Serveur**.
- Dans le volet gauche du **Gestionnaire de serveur**, cliquez sur le nœud **Configuration** pour développer l'arborescence.
- Dans le volet gauche du **Gestionnaire de serveur**, cliquez sur le nœud **Utilisateurs et groupes locaux** pour développer l'arborescence.
- Cliquez avec le bouton droit de la souris sur **Groupes** puis cliquez sur **Nouveau groupe**.
- Tapez au minimum le **Nom du groupe**, éventuellement une description. Vous pouvez également ajouter des utilisateurs ou des entités de sécurité intégrées au groupe en cliquant sur le bouton **Ajouter**. Dès que vous avez fini, cliquez sur **Créer**.

6. Ajout d'un utilisateur à un groupe local

Win1 WinAD

- Connectez-vous en tant qu'administrateur sur Win1.
- Ouvrez le **Gestionnaire de serveur** en cliquant sur **Démarrer - Outils d'administration** puis **Gestionnaire de Serveur**.
- Dans le volet gauche du **Gestionnaire de serveur**, cliquez sur le nœud **Configuration** pour développer l'arborescence.
- Dans le volet gauche du **Gestionnaire de serveur**, cliquez sur le nœud **Utilisateurs et groupes locaux** pour développer l'arborescence.
- Dans le volet gauche du **Gestionnaire de serveur**, cliquez sur le dossier **Groupes**. La liste des groupes apparaît dans la fenêtre principale.
- Dans la fenêtre principale, cliquez avec le bouton droit de la souris sur le groupe dont vous voulez modifier les paramètres puis cliquez sur **Propriétés** ou sur **Ajouter au groupe**.

En cliquant sur **Ajouter**, vous pouvez ajouter des utilisateurs et des entités de sécurité intégrées. À la fin, cliquez sur **Appliquer** pour ajouter les utilisateurs au groupe sans fermer la boîte de dialogue ou sur **OK** pour ajouter les utilisateurs et fermer la boîte de dialogue.

Il n'est pas possible de renommer le compte dans la boîte de dialogue **Propriétés** mais uniquement depuis le menu **Actions** de la fenêtre principale.

7. Suppression d'un groupe

Win1 WinAD

Supprimer un groupe supprime le groupe mais pas les utilisateurs qui sont membres.

- Connectez-vous en tant qu'administrateur sur Win1.
- Ouvrez le **Gestionnaire de serveur** en cliquant sur **Démarrer - Outils d'administration** puis **Gestionnaire de Serveur**.
- Dans le volet gauche du **Gestionnaire de serveur**, cliquez sur le nœud **Configuration** pour développer l'arborescence.
- Dans le volet gauche du **Gestionnaire de serveur**, cliquez sur le nœud **Utilisateurs et groupes locaux** pour développer l'arborescence.
- Dans le volet gauche du **Gestionnaire de serveur**, cliquez sur le dossier **Groupes**. La liste des groupes apparaît dans la fenêtre principale.
- Dans la fenêtre principale, cliquez avec le bouton droit de la souris sur le groupe que vous voulez détruire puis cliquez sur **Supprimer**.

D. Utilisateur de domaine

1. Création d'un utilisateur

WinAD

- Connectez-vous en tant qu'administrateur de domaine.
- Ouvrez la console **Utilisateurs et ordinateurs Active Directory** en cliquant sur **Démarrer - Outils d'administration** puis sur **Utilisateurs et ordinateurs Active Directory**.
- Ouvrez ou créez une unité d'organisation qui deviendra le conteneur de l'utilisateur, puis sélectionnez le conteneur, cliquez avec le bouton droit de la souris puis cliquez sur **Nouveau** puis sur **Utilisateur**.

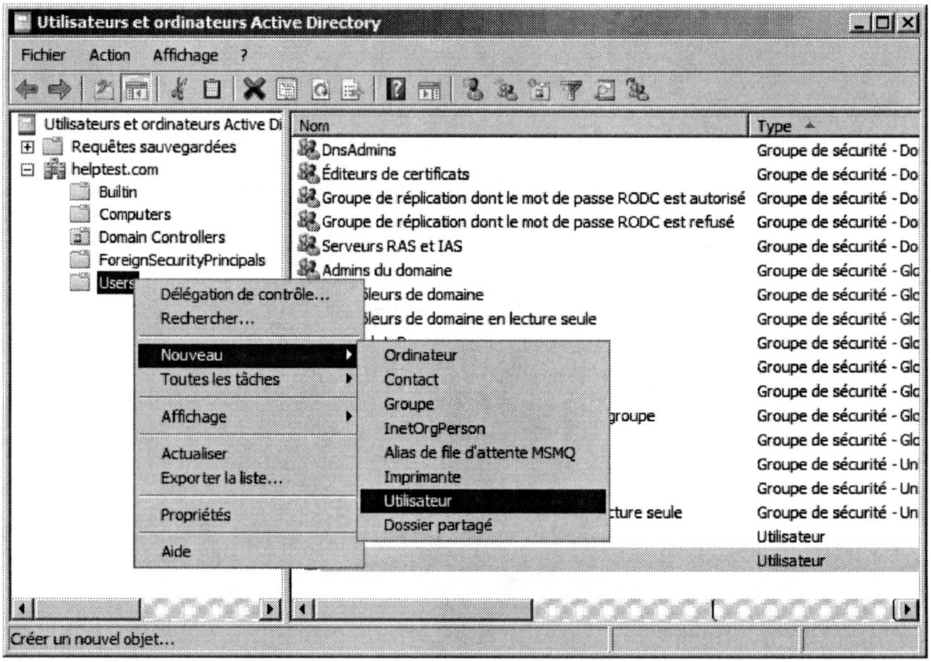

→ Tapez au minimum le **Prénom** ou le **Nom** de l'utilisateur. Le **Nom complet** reprend et affiche le contenu du **Prénom**, des **Initiales** et du **Nom**. Il est possible de modifier le **Nom complet** pour qu'il soit différent de celui affiché automatiquement. Ensuite, il faut taper le nom du compte de l'utilisateur selon les règles de la stratégie de nom définie. Le **Nom d'ouverture de session** devrait être identique au **Nom d'ouverture de session de l'utilisateur (antérieur à Windows 2000)**, puis cliquez sur **Suivant**. Le nom doit comporter au maximum 256 caractères sauf les caractères suivants **" / \ [ ] : ; | =, + * ? < > @**.

Dans certaines entreprises, le suffixe UPN de l'utilisateur (helptest.com) peut être modifié pour simplifier une architecture basée sur une Active Directory composée de plusieurs niveaux de sous-domaines et correspondre à une adresse Email. Dans ce cas, le nom de l'utilisateur doit être unique dans l'espace de nom du suffixe considéré.

Seuls les 20 premiers caractères sont utilisés si le nom d'ouverture de session est antérieur à Windows 2000.

Microsoft recommande d'éduquer les utilisateurs à utiliser le nom d'utilisateur basé sur le suffixe pour se connecter.

→ Tapez un **Mot de passe** comportant au maximum 127 caractères puis confirmez-le. Précisez également si le compte doit être **désactivé**, si l'utilisateur peut **changer de mot de passe** si le **mot de passe expire** et si **L'utilisateur doit changer de mot de passe à la prochaine ouverture de session** puis cliquez sur **Suivant**.

Le mot de passe doit être complexe, c'est la stratégie par défaut.

Certaines options des cases à cocher s'excluent mutuellement. Une boîte de dialogue apparaît pour vous avertir d'un tel cas.

Certaines applications comme Microsoft Exchange ajoutent des pages supplémentaires pour créer la boîte aux lettres de l'utilisateur.

→ Sur la page suivante, contrôlez vos valeurs puis cliquez sur **Terminer**. L'utilisateur est créé.

La commande **dsadd** permet d'utiliser la ligne de commande ou de scripter l'ajout d'un utilisateur, comme le montre l'exemple suivant :

```
Dsadd user cn=tara,ou=marketing,dc=helptest,dc=com -pwd Pa$$w0rd -disabled no
```

L'unité d'organisation marketing doit obligatoirement exister. Dans l'exemple précédent, seul le nom d'ouverture de session antérieur à Windows 2000 a été défini.

2. Configuration d'un utilisateur

WinAD

Pour modifier les paramètres de l'utilisateur :

→ Connectez-vous en tant qu'administrateur.

→ Ouvrez **Utilisateurs et ordinateurs Active Directory** en cliquant sur **Démarrer - Outils d'administration** puis sur **Utilisateurs et ordinateurs Active Directory**.

→ Dans l'arborescence de domaine, recherchez votre utilisateur puis sélectionnez-le et cliquez avec le bouton droit de la souris pour afficher le menu contextuel puis cliquez sur **Propriétés**.

Dans les onglets **Général**, **Adresse**, **Téléphones** et **Organisation** il est possible de renseigner des informations pouvant servir à l'annuaire de l'entreprise.

Pour consulter ces informations, l'utilisateur peut utiliser des outils tiers, y compris des appliquettes créées à l'aide de scripts simples.

Les onglets **Environnement**, **Sessions**, **Contrôle à distance**, **Profil de services Terminal Server** sont prévus pour une utilisation avec les services Terminal Server.

L'onglet **COM+** permet d'associer un groupe de partitions COM+ à un utilisateur.

L'onglet Compte

Dans l'onglet **Compte**, il est possible de modifier le nom d'ouverture de session de l'utilisateur et le suffixe utilisé.

L'administrateur peut déverrouiller un compte bloqué par le système d'exploitation.

La différence entre verrouiller un compte et le désactiver est que l'administrateur désactive le compte alors que c'est le système qui verrouille le compte, par exemple lorsqu'une stratégie spécifie le verrouillage du compte après un certain nombre de tentatives sans succès. L'administrateur peut activer ou déverrouiller un compte.

Si le compte est prévu pour un utilisateur temporaire, il est possible de limiter dans le temps ce compte. Après expiration, le compte est automatiquement désactivé.

Dans un environnement sécurisé, il peut être utile d'activer les comptes des utilisateurs temporaires uniquement pendant la période de travail. Comme ce n'est pas possible avec les outils standard Microsoft, il faut soit trouver un utilitaire tiers qui permette de le faire ou créer un script à l'aide de la commande **dsmod** et le planificateur de tâches.

Les **Options de compte** permettent de définir des paramètres pour l'utilisation du compte, comme le montre l'image suivante :

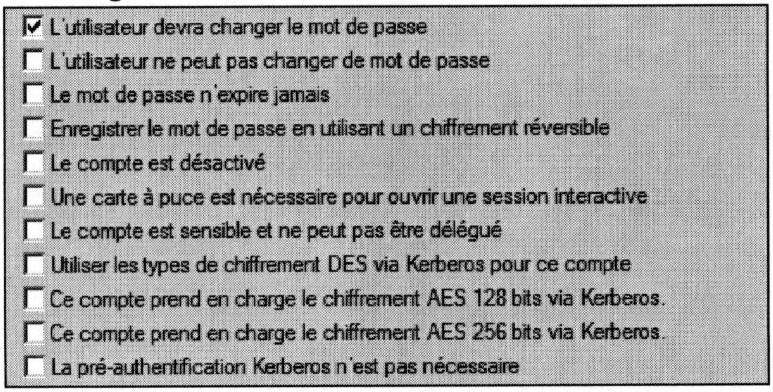

Enregistrer le mot de passe en utilisant un chiffrement réversible signifie que le mot de passe est enregistré en format texte encodé (peu sécurisé) pour des utilisateurs disposant d'ordinateurs Mac par exemple.

Le compte est sensible et ne peut pas être délégué spécifie qu'il n'est pas possible que les droits du compte utilisateur puissent être délégués en utilisant Kerberos. Cette restriction ne doit s'utiliser que dans des environnements hautement sécurisés pour contrôler des comptes d'utilisateurs très sensibles.

Concernant le chiffrement, DES est moins sécurisé qu'AES. Le choix n'est pas forcément naturel car Windows Vista et Windows Server 2008 supportent AES et l'AES 256 bits ne peut être utilisé que sur des versions vendues aux États-Unis.

L'option **La pré-authentification Kerberos n'est pas nécessaire** qui spécifie de ne pas utiliser la pré-authentification ne doit être réservée qu'à des clients qui n'utilisent pas Kerberos V5 mais des versions antérieures. Kerberos en version V5 est utilisé depuis Windows 2000.

Les **Horaires d'accès** permettent de limiter l'accès de l'utilisateur via le réseau en dehors de la plage horaire définie. La granularité de la plage horaire est l'heure et cela concerne tous les ordinateurs. D'autre part, un utilisateur connecté à un ordinateur distant n'est pas déconnecté sauf si la stratégie GPO **Sécurité réseau : forcer la fermeture de session quand les horaires de connexion expirent** est utilisée.

Dans un environnement hautement sécurisé, il est préférable d'utiliser une stratégie de groupe pour restreindre l'accès en modifiant régulièrement la stratégie et forcer le renouvellement des stratégies en fonction de l'horaire pour des serveurs sensibles.

Le bouton **Se connecter à** permet de définir quels sont les ordinateurs à partir desquels l'utilisateur peut se connecter.

Une stratégie de groupes permet de remplacer plus simplement ce paramètre.

Les deux derniers paramètres sont hérités de Windows NT4 et ne devraient être utilisés que pour gérer des exceptions. Du fait qu'il faut gérer ces paramètres par utilisateur, leur gestion est décentralisée et va à l'encontre de la philosophie introduite avec l'Active Directory.

L'onglet Profil

Chemin du profil : indique le chemin pour stocker le profil de l'utilisateur. Celui-ci peut être enregistré localement ou sur un domaine en utilisant un chemin UNC (\\Serveur\partage\NomUtilisateur). Il est également possible de créer des profils itinérants obligatoires.

Script d'ouverture de session : permet de lancer un script à l'ouverture de session.

Chemin d'accès local : le répertoire de base peut être local.

Connecter : le répertoire de base peut se trouver sur le réseau. Dans ce cas, il est identifié par une lettre de lecteur, le chemin réseau étant un chemin UNC.

Les scripts d'ouvertures de session peuvent être avantageusement remplacés par les stratégies de groupe.

L'onglet Membre de

Le bouton **Ajouter** permet d'ajouter l'utilisateur à des groupes Domaine local, Globaux ou universels.

Le bouton **Supprimer** supprime l'appartenance de l'utilisateur aux groupes sélectionnés.

Le bouton **Définir le groupe principal** est utilisé pour les clients Mac ou des applications compatibles avec Posix. Par défaut, c'est toujours le groupe **Utilisateurs du domaine**.

L'onglet Appel entrant

L'option **Autorisation d'accès réseau** permet de définir si l'utilisateur peut accéder au serveur à distance à l'aide des services d'accès distant.

La case à cocher **Vérifier l'identité de l'appelant** restreint la connexion à un numéro de téléphone.

Les **Options de rappel** définissent s'il faut rappeler l'utilisateur (meilleur pour la sécurité) ou non.

Il est également possible de définir une adresse **IP statique** et des **itinéraires statiques** pour cette connexion.

La commande **dsmod** permet également de modifier des paramètres de l'utilisateur :

```
dsmod user cn=tara,ou=marketing,dc=helptest,dc=com -disabled yes
```

Il est possible de sélectionner plusieurs utilisateurs pour modifier des paramètres. Dans ce cas, les onglets de la boîte de dialogue **Propriétés** sont adaptés pour ne permettre la modification que de certains paramètres.

3. Suppression d'un utilisateur

WinAD

- Connectez-vous en tant qu'administrateur de domaine.
- Ouvrez la console **Utilisateurs et ordinateurs Active Directory** en cliquant sur **Démarrer - Outils d'administration** puis sur **Utilisateurs et ordinateurs Active Directory**.
- Dans l'arborescence du domaine, recherchez votre utilisateur puis sélectionnez-le et cliquez avec le bouton droit de la souris pour afficher le menu contextuel puis cliquez sur **Supprimer**.
- Dans la boîte de dialogue **Services de domaine Active Directory**, cliquez sur **Oui**.

Si vous avez supprimé un utilisateur par mégarde, il vous faut le restaurer à partir d'une sauvegarde. La création d'un utilisateur portant le même nom ne restaure pas le même **SID**.

4. Déplacement d'un utilisateur

WinAD

- Connectez-vous en tant qu'administrateur de domaine.
- Ouvrez la console **Utilisateurs et ordinateurs Active Directory** en cliquant sur **Démarrer - Outils d'administration** puis sur **Utilisateurs et ordinateurs Active Directory**.
- Dans l'arborescence de domaine, recherchez votre utilisateur puis sélectionnez-le et cliquez avec le bouton droit de la souris pour afficher le menu contextuel puis cliquez sur **Déplacer**. La boîte de dialogue **Déplacer** s'ouvre.
- Sélectionnez le nouvel emplacement puis cliquez sur **OK**.

Il est également possible et plus simple de sélectionner l'utilisateur et d'effectuer un glisser-déplacer vers le nouvel emplacement.

5. Autres actions possibles

À partir du menu de la console **Utilisateurs et ordinateurs Active Directory**, vous pouvez :

- Activer ou désactiver un compte d'utilisateur.
- Réinitialiser son mot de passe ; il n'y a pas d'effets indésirables sur les certificats comme pour un utilisateur local.
- Ouvrir la page de démarrage de l'utilisateur.
- Envoyer un message si une adresse de messagerie a été définie.
- Ajouter un compte d'utilisateur à un groupe.

6. Création d'un modèle d'utilisateur avec un profil itinérant

WinAD

Etre efficace passe par l'utilisation de modèles utilisateur. Il est possible de créer des modèles pour les différents types d'utilisateurs identifiés dans l'entreprise. Pour ce faire, il faut :

- Préparer le répertoire **profil** et le répertoire de base si nécessaire,
- Créer un utilisateur modèle disposant d'un profil itinérant,
- Se connecter avec l'utilisateur modèle pour personnaliser le profil,
- Désactiver le compte modèle.

Pour créer un utilisateur, il faut :

- Copier l'utilisateur,
- Copier le profil.

Lors de la copie, les paramètres suivants sont conservés :

- Les options de compte :
  - L'utilisateur doit changer de mot de passe à la prochaine ouverture de session
  - L'utilisateur ne peut pas changer de mot de passe
  - Le mot de passe n'expire jamais
  - Le compte est désactivé
- Les restrictions d'accès
- Les restrictions horaires
- La date d'expiration
- Le chemin du profil
- Le script d'ouverture de session
- Le chemin du dossier de base.
- L'appartenance aux groupes
- etc.

La procédure est la suivante :

a. Préparer le répertoire profil et le répertoire de base si nécessaire

Sur le serveur qui héberge les profils itinérants et les répertoires de base, ici le serveur WinAD :

→ Créez deux répertoires appelés respectivement **Home** et **profil**, sur c:\ par exemple.

→ Modifiez les permissions dans l'onglet **Sécurité** de manière à ce que les utilisateurs du domaine aient accès à chacun des dossiers en modification.

→ Créez des partages cachés en ajoutant le caractère **$** à la fin du nom de partage et modifiez les autorisations au point de partage comme le montre l'image suivante.

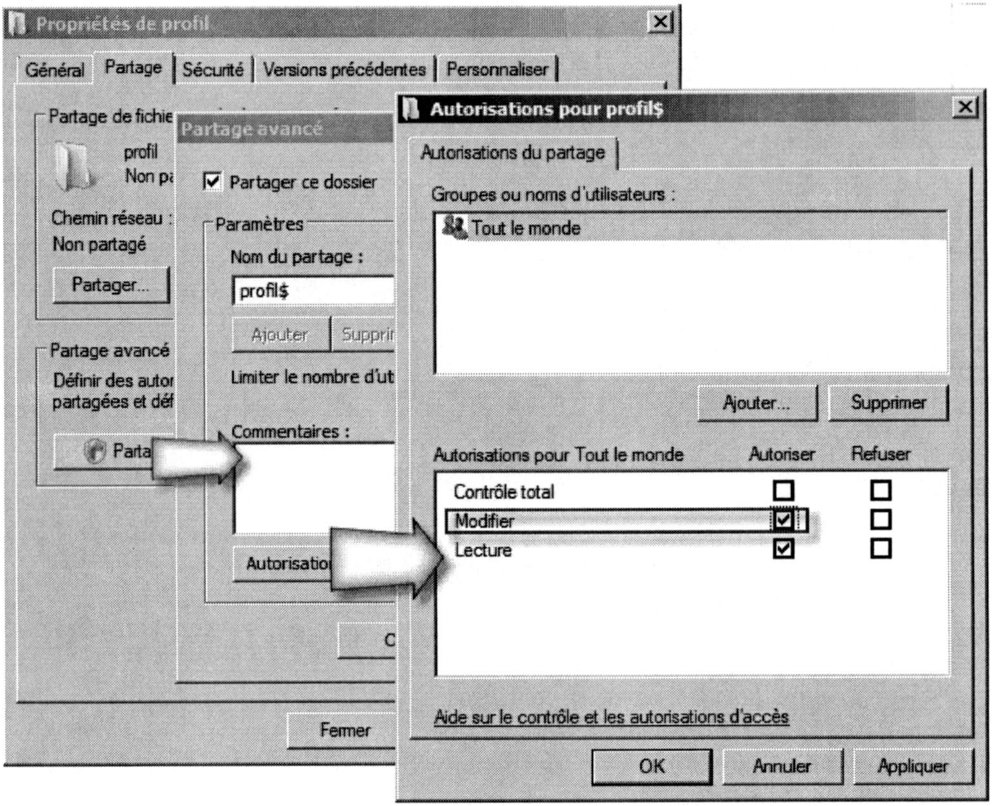

b. Créer un utilisateur modèle disposant d'un profil itinérant

WinAD

- Connectez-vous en tant qu'administrateur de domaine.
- Ouvrez la console **Utilisateurs et ordinateurs Active Directory** en cliquant sur **Démarrer - Outils d'administration** puis sur **Utilisateurs et ordinateurs Active Directory**.
- Ouvrez ou créez une unité d'organisation qui deviendra le conteneur de l'utilisateur, puis sélectionnez le conteneur, cliquez avec le bouton droit de la souris puis cliquez sur **Nouveau** puis sur **Utilisateur**.
- Tapez **_Marketing** pour le **Prénom** et le **Nom d'ouverture de session**, le préfixe étant _ pour le faire apparaître en début de liste. Ensuite, cliquez sur **Suivant**.
- Tapez un **Mot de passe** complexe comme **Pa$$w0rd** et cochez les cases comme le montre l'image suivante avant de cliquer sur **Suivant**.

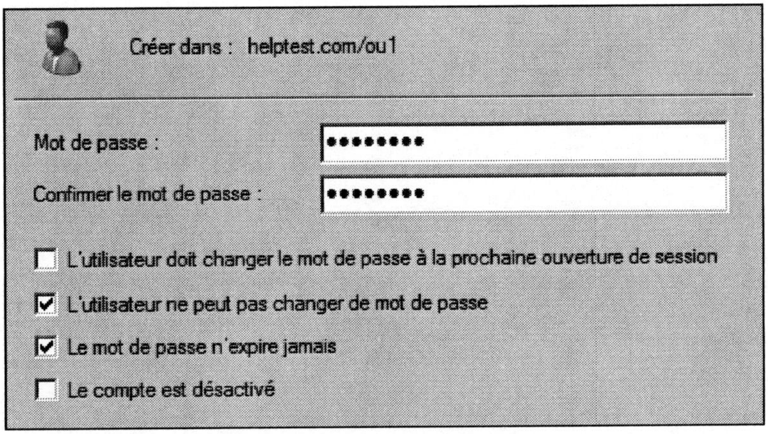

→ Contrôlez vos informations puis cliquez sur **Terminer**.

L'utilisateur est créé. Il faut maintenant modifier les propriétés du compte de l'utilisateur.

→ Sélectionnez l'utilisateur **_Marketing** et cliquez avec le bouton droit de la souris puis cliquez sur **Propriétés**.

→ Dans l'onglet **Adresse**, tapez des valeurs comme indiqué sur la figure suivante :

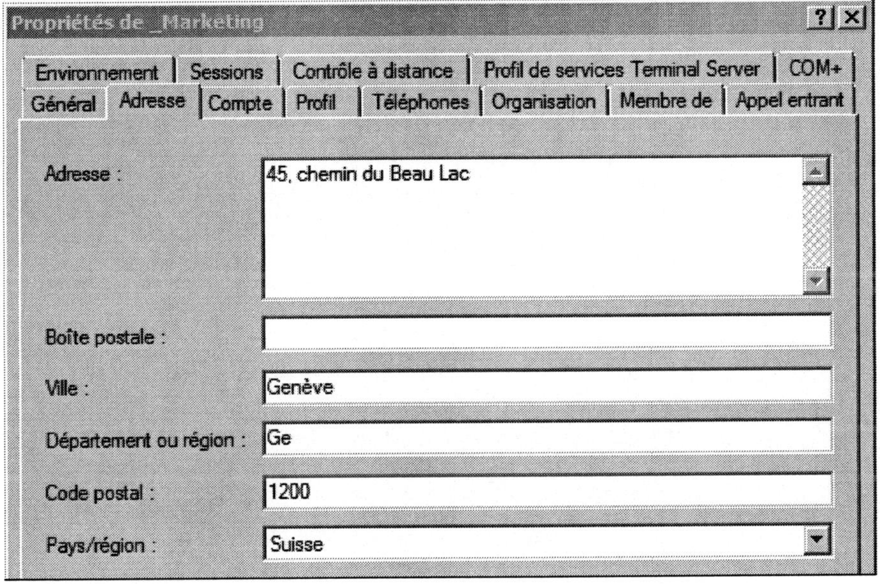

- Dans l'onglet **Profil**, indiquez le **Chemin du profil** et un **Dossier de base** comme le montre l'image suivante :

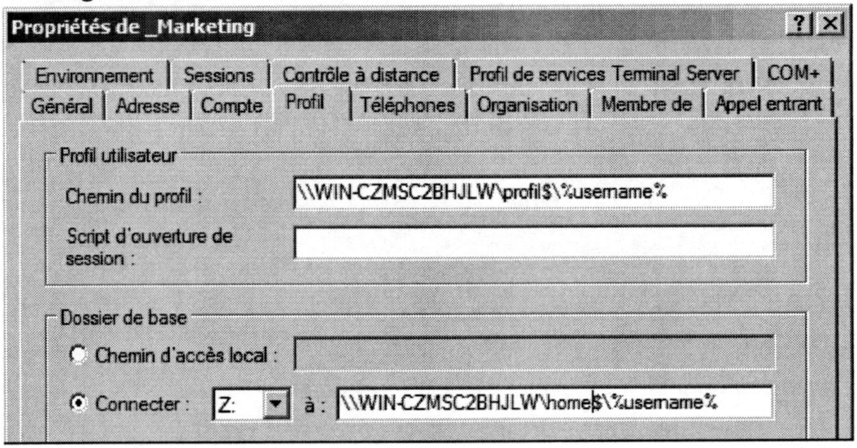

Remarquez que le nom de l'utilisateur est remplacé par la variable d'environnement %username% (au moment de la saisie) ; après validation, c'est la valeur de la variable qui apparaît.

- Dans l'onglet **Membre de**, ajoutez l'utilisateur au groupe **Admins du domaine**. Ici, ce n'est qu'un exemple pour que l'utilisateur puisse se connecter au serveur.
- Ensuite, cliquez sur **OK**.

c. Se connecter avec l'utilisateur modèle pour personnaliser le profil

- Sur un ordinateur client, connectez-vous en tant que l'utilisateur modèle **_marketing**.
- Avec le bouton droit de la souris, cliquez sur un espace vide du **Bureau** puis sur **Personnaliser**.
- Cliquez sur **Couleur et apparence des fenêtres**.
- Dans la boîte de dialogue **Paramètres de l'apparence**, sélectionnez **Contraste blanc élevé** dans la liste **Modèle de couleurs** puis cliquez sur **OK**.
- Fermez la session.

Le menu **Démarrer** et d'autres éléments peuvent être personnalisés.

> Ne modifiez pas manuellement des paramètres qui peuvent l'être à l'aide d'une stratégie de groupe.

d. Désactiver le compte modèle

WinAD

- Connectez-vous en tant qu'administrateur de domaine.
- Ouvrez **Utilisateurs et ordinateurs Active Directory** en cliquant sur **Démarrer - Outils d'administration** puis sur **Utilisateurs et ordinateurs Active Directory**.

→ Développez les arborescences pour sélectionner l'utilisateur **_marketing** puis cliquez avec le bouton droit de la souris et choisissez **Désactiver le compte**.

e. Copier l'utilisateur

→ Connectez-vous en tant qu'administrateur de domaine.

→ Ouvrez **Utilisateurs et ordinateurs Active Directory** en cliquant sur **Démarrer - Outils d'administration** puis sur **Utilisateurs et ordinateurs Active Directory**.

→ Développez les arborescences pour sélectionner l'utilisateur **_marketing** puis cliquez avec le bouton droit de la souris et choisissez **Copier**.

→ Dans la boîte de dialogue **Copier l'objet Utilisateur**, tapez **TestUser** dans **Nom** et **Nom d'ouverture de session** puis cliquez sur **Suivant**.

→ Sur la page suivante, tapez un **Mot de passe** complexe comme **Pa$$w0rd** et décochez **Le compte est désactivé** avant de cliquer sur **Suivant**.

→ Contrôlez vos valeurs avant de cliquer sur **Terminer**.

L'utilisateur est créé. Contrôlez si les paramètres de **_marketing** ont été copiés. Vous remarquerez que l'adresse n'est jamais copiée.

f. Copier le profil d'un utilisateur de domaine

WinAD

→ Pour copier le profil, cliquez sur **Démarrer**, puis cliquez avec le bouton droit de la souris sur **Ordinateur** et enfin, cliquez sur **Propriétés**. Le profil à copier doit exister sur cet ordinateur.

→ Dans la fenêtre **Système**, cliquez sur **Paramètres système avancés**.

→ Dans la boîte de dialogue **Propriétés système**, dans l'onglet **Paramètres système avancés**, cliquez sur le bouton **Paramètres** de la zone **Profil des utilisateurs**.

→ Dans la boîte de dialogue **Profil des utilisateurs**, sélectionnez l'utilisateur **_Marketing** et cliquez sur le bouton **Copier dans**.

→ Dans la boîte de dialogue **Copier dans**, tapez le chemin du profil où sera stocké le profil de l'utilisateur **TestUser**. Actuellement seul **c:\profil** existe. N'oubliez pas de modifier les autorisations sur le répertoire **profil** de **TestUser**.

Il ne vous reste plus qu'à tester votre utilisateur.

7. Création d'un groupe

WinAD

→ Connectez-vous en tant qu'administrateur de domaine.

→ Ouvrez la console **Utilisateurs et ordinateurs Active Directory** en cliquant sur **Démarrer Outils d'administration** puis sur **Utilisateurs et ordinateurs Active Directory**.

→ Ouvrez ou créez une unité d'organisation qui deviendra le conteneur de l'utilisateur, puis sélectionnez le conteneur, cliquez avec le bouton droit de la souris puis cliquez sur **Nouveau** puis sur **Groupe**.

- Tapez le **Nom du groupe**, le **Nom de groupe (antérieur à Windows 2000)** est automatiquement copié et il n'est pas nécessaire de le modifier. Modifiez éventuellement le **Type** et l'**Étendue du groupe**, puis cliquez sur **OK**.

N'oubliez pas de préfixer le nom du groupe en fonction de l'étendue : **G** pour global, **D** ou **DL** pour domaine local et **U** pour universel. Un nom explicite simplifie l'administration.

8. Modification d'un groupe

WinAD

- Connectez-vous en tant qu'administrateur de domaine.
- Ouvrez le console **Utilisateurs et ordinateurs Active Directory** en cliquant sur **Démarrer - Outils d'administration** puis sur **Utilisateurs et ordinateurs Active Directory**.
- Dans l'arborescence de domaine, recherchez votre groupe puis sélectionnez-le et cliquez avec le bouton droit de la souris pour afficher le menu contextuel puis cliquez sur **Propriétés**.

Il n'est pas possible de modifier le nom du groupe dans la boîte de dialogue.

Vous pouvez modifier l'**Étendue du groupe** selon les chemins suivants :

- **Globale → Universel → Domaine local**
- **Domain local → Universel → Globale**

Le **Type de groupe** peut également être modifié.

Si vous modifiez le type ou l'étendue du groupe, n'oubliez pas de renommer le groupe pour que le préfixe corresponde.

Les onglets **Membres** et **Membre de** permettent de gérer respectivement les membres du groupe et l'appartenance à d'autres groupes.

La commande **Ajouter à un groupe** du menu **Action** de la console **Utilisateurs et ordinateurs Active Directory** n'affiche pas les mêmes utilisateurs ou groupes qu'à partir de l'onglet **Membres** et le bouton **Ajouter**.

L'onglet **Géré par** permet d'indiquer le nom du gestionnaire du groupe. Il peut être utile dans de grandes entreprises de définir qui gère quoi. Attention, c'est une délégation de droit au niveau de l'objet.

9. Suppression d'un groupe

WinAD

- Connectez-vous en tant qu'administrateur de domaine.
- Ouvrez la console **Utilisateurs et ordinateurs Active Directory** en cliquant sur **Démarrer - Outils d'administration** puis sur **Utilisateurs et ordinateurs Active Directory**.

- Dans l'arborescence de domaine, recherchez votre groupe puis sélectionnez-le et cliquez avec le bouton droit de la souris pour afficher le menu contextuel puis cliquez sur **Supprimer**.
- Dans la boîte de dialogue **Services de domaine Active Directory**, cliquez sur **Oui**.

Supprimer un groupe ne supprime pas les membres du groupe.

E. Résumé du chapitre

Dans ce chapitre, vous avez étudié les utilisateurs et les groupes et les stratégies à utiliser pour une gestion simple et efficace.

Vous avez appris à créer, gérer et supprimer un utilisateur ou un groupe dans un environnement local ou de domaine.

Enfin, vous avez pu mettre en œuvre un modèle d'utilisateur disposant d'un profil itinérant en suivant un exemple pas à pas.

Chapitre 9 : Configuration de la résolution de noms

A. Présentation

1. Pré-requis matériels et configuration de l'environnement

Pour effectuer toutes les mises en pratique de ce chapitre, vous devez disposer et configurer les machines virtuelles suivantes :

Pour la création des machines virtuelles, veuillez vous référer au chapitre Création du bac à sable.

N'oubliez pas de réinitialiser les machines virtuelles entre les mises en pratique de chaque chapitre avant de les configurer pour l'environnement.

Placez les scripts correspondants sur le bureau de chaque machine.

- Sur **WinAD**, lancez le script **WinAD.bat** en relation avec **WMydomEni.txt** puis attendez que l'ordinateur ait redémarré avant de lancer les scripts suivants.
- Sur **Win1**, lancez le script **Win1.bat**.
- Sur **Win2**, lancez le script **Win2.bat**.
- Sur **Core1**, placez le script **Core1.bat** sur c:\ puis lancez-le.

Après le redémarrage des machines virtuelles, **WinAD** est le contrôleur de domaine et serveur DNS pour la forêt/domaine **mydom.eni**. **Win1** est serveur membre du domaine **mydom.eniWin2** et **Core1** sont membre d'un groupe de travail. Toutes les machines virtuelles disposent d'une adresse IP fixe

2. Objectifs

Depuis l'apparition de l'Active Directory, le serveur DNS est devenu un élément incontournable de l'infrastructure d'un réseau Windows. Il est utilisé pour rechercher les serveurs Active Directory afin de permettre une connexion des utilisateurs mais également pour l'accès à Internet. Il est également utilisé pour traduire des noms de site en adresse IP pour les ordinateurs client Internet.

Ce chapitre vous présente tout d'abord d'une façon théorique les espaces de noms et les zones DNS et les méthodes utilisées pour la résolution d'un nom en adresse IP. Vous apprendrez ensuite à installer le service DNS pour une version complète ou un Server Core et à utiliser la console MMC pour configurer et gérer le service DNS. Pour en terminer avec les serveurs DNS, vous verrez comment utiliser les outils de type ligne de commandes pour dépanner ou gérer un serveur DNS.

Le chapitre se terminera par l'étude de la résolution de noms pour un client. Les différentes méthodes y seront présentées afin de bien comprendre les mécanismes mis en œuvre.

B. Introduction

Le système DNS (*Domain Name System*) utilise un espace de noms. Il se compose d'une arborescence de domaines dont le niveau le plus bas correspond à un enregistrement de ressources. Les nœuds de niveaux supérieurs permettent d'organiser ces enregistrements de manière hiérarchique, on les appelle **domaines**.

La racine d'un espace de noms peut être une racine Internet ou une racine d'entreprise. Dans la suite du chapitre, il sera toujours fait référence à la racine Internet.

La racine est représentée par un point sous lequel on trouve les domaines de premier niveau comme les pays, les organisations ; fr, ch, com, gov, edu, net, name, museum sont quelques exemples de noms de domaine de premier niveau. L'IANA (*Internet Assigned Numbers Authority*) gère la racine et coordonne la délégation des noms de domaine de premier niveau auprès d'organismes. Par exemple, l'AFNIC gère le domaine fr, Switch gère le domaine ch, etc.

Les entreprises ou les particuliers peuvent acheter, ou plus exactement louer, un nom de domaine à partir du second niveau selon des règles édictées par les organismes qui gèrent le premier niveau.

L'organisme de premier niveau vous délègue l'autorité pour le domaine que vous avez acheté, ce qui vous permet d'ajouter des sous-domaines ou des enregistrements en fonction de vos besoins.

La délégation signifie que vous avez autorité sur le domaine. En fait, on ne parle plus d'espace de noms mais de zone, ce qui signifie que l'IANA n'a autorité que sur les domaines de premier niveau et que les organismes se situant au premier niveau ont autorité jusqu'au second niveau. Au-delà, la responsabilité devient celle de l'entreprise ou du particulier. Ce sont donc des serveurs DNS différents qui gèrent les différents niveaux.

La figure suivante montre l'organisation hiérarchique de l'espace de noms Internet et la gestion des zones à l'aide des serveurs DNS. Notez qu'il n'est pas possible d'avoir deux noms identiques sous le même niveau dépendant du même parent mais que deux noms identiques dépendant de parents différents peuvent appartenir à deux entités différentes (règle d'unicité de niveau).

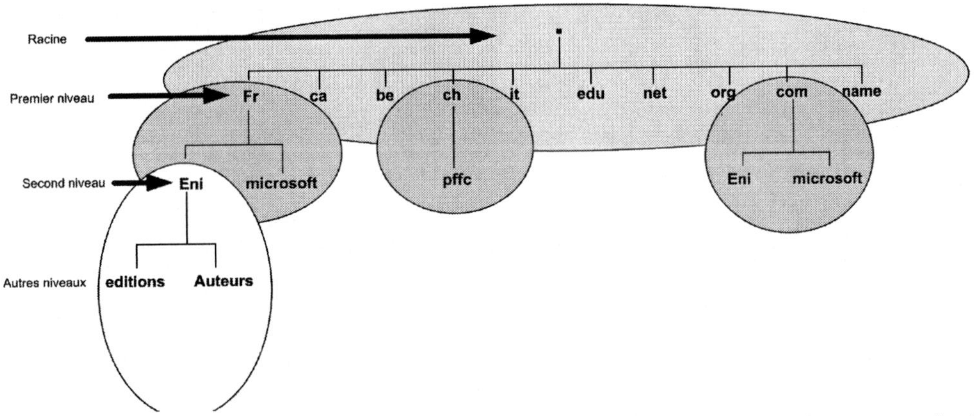

Pour les entreprises et les particuliers, il est possible de créer d'autres niveaux ou de déléguer une partie de leur domaine.

Bien qu'il soit en théorie possible de créer jusqu'à 127 niveaux de 63 caractères, le nom du domaine est limité à un maximum de 255 caractères, voire moins sur Internet. De même, les caractères accentués ne sont pas permis pour la plupart des noms de domaine. Windows est moins restrictif. Attention aux caractères réservés surtout le "point".

On appelle FQDN (*Fully Qualified Domain Name*) un nom complet identifiant la ressource depuis ses parents jusqu'à la racine. Chaque point étant un séparateur de niveau hiérarchique et la lecture devrait se faire de droite (racine à gauche (hôte). Par exemple, www.eni.fr**.** est un FQDN où :

- **.** (point) représente la racine.
- **fr** représente le nom de domaine de premier niveau.
- **eni** représente le nom de domaine de second niveau.
- **www** représente un enregistrement dans la zone, ici un enregistrement de type hôte.

Dans un navigateur Internet, le . (point) symbolisant la racine est ajouté automatiquement à la fin de l'URL.

Pour résoudre un nom en adresse IP, il faut utiliser un résolveur ; celui-ci peut travailler soit de manière récursive, soit de manière itérative.

Le mode récursif est surtout utilisé par les ordinateurs clients qui font une requête et attendent une réponse de type résolu ou non résolu. Le mode itératif est utilisé par les serveurs DNS qui ont la charge de localiser un hébergeur potentiel de la zone recherchée en commençant par la racine.

La figure suivante illustre la procédure suivie pour qu'un ordinateur client reçoive l'adresse IP pour le nom considéré.

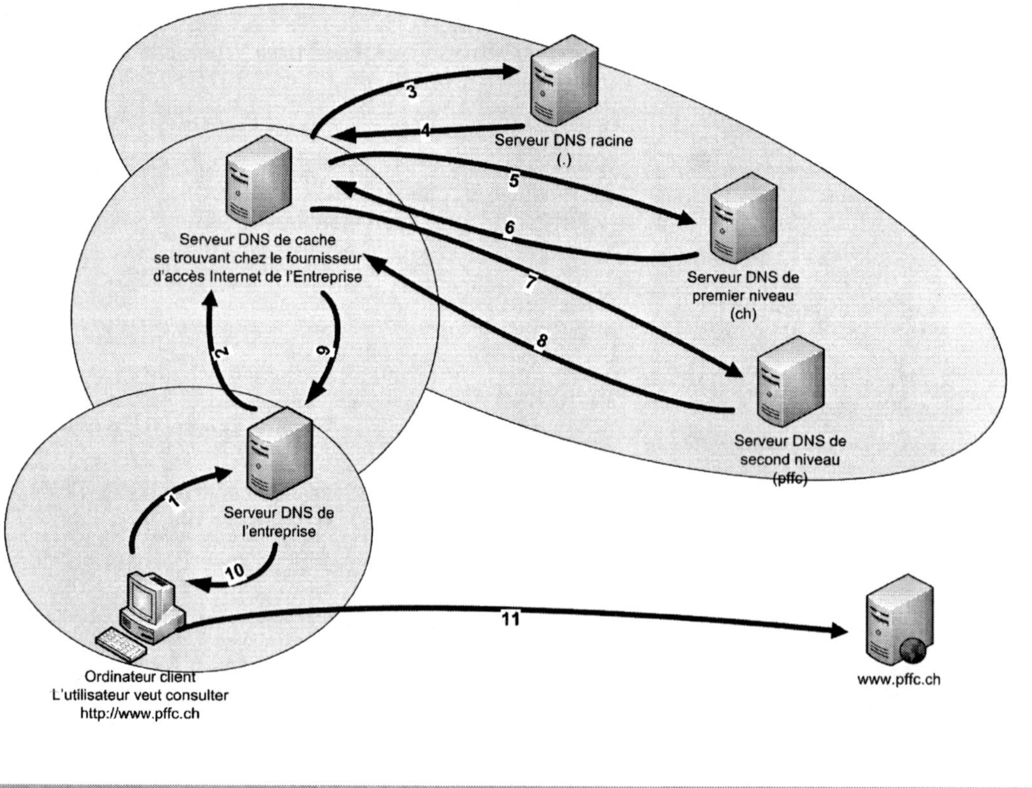

L'ordinateur client veut afficher le site www.pffc.ch dans son navigateur. Comme l'adresse IP ne se trouve pas dans le cache local de l'ordinateur client, ce dernier effectue une requête récursive auprès du serveur DNS (1).

Le serveur DNS de l'entreprise reçoit la requête du client ; comme il ne fait pas autorité pour la zone, et que l'adresse ne se trouve pas dans le cache DNS du serveur DNS, ce dernier effectue une demande récursive auprès du serveur DNS de cache de son fournisseur d'accès Internet (2).

Le serveur DNS du fournisseur d'accès Internet ne trouve pas l'adresse dans son cache, il effectue alors une requête itérative auprès des serveurs racine (3).

Un serveur racine répond en disant de contacter le serveur gérant le premier niveau du domaine ch, il lui fournit l'adresse IP du serveur (4).

Le serveur DNS de cache contacte alors le serveur DNS de premier niveau avec une requête itérative (5).

Le serveur DNS de premier niveau répond en disant de contacter le serveur gérant le second niveau du domaine pffc.ch, il lui fournit l'adresse IP du serveur (6).

Le serveur DNS de cache contacte alors le serveur DNS de second niveau avec une demande itérative (7).

Le serveur DNS de second niveau répond en fournissant l'adresse IP pour le nom www.pffc.ch (8). L'adresse est maintenant résolue.

Le serveur DNS de cache du fournisseur Internet renvoie la réponse auprès du serveur de cache de l'entreprise (9) après l'avoir stockée dans son cache. Elle sera utilisée pour les demandes ultérieures et restera dans le cache pendant la durée de vie (TTL) de l'enregistrement.

Le serveur DNS de cache de l'entreprise renvoie la réponse auprès du client (10) après l'avoir stockée dans son cache. Elle sera utilisée pour les demandes ultérieures et restera dans le cache pendant la durée de vie (TTL) de l'enregistrement.

Enfin, l'ordinateur client reçoit la réponse et la stocke dans son cache local afin d'être réutilisée ultérieurement tant que le TTL est plus grand que 0. Il peut maintenant contacter le site Web www.pffc.ch dont il connaît l'adresse IP.

C. Installation du rôle Serveur DNS

Pour installer le rôle Serveur DNS, il existe deux méthodes. La première consiste à installer le rôle Serveur DNS en même temps que l'Active Directory. La seconde méthode, décrite ici, effectue l'installation du rôle par l'intermédiaire du Gestionnaire de serveur.

La méthode conseillée par Microsoft consiste à installer le rôle Serveur DNS en même temps que l'Active Directory. En d'autres termes, il faut installer le serveur DNS sur un contrôleur de domaine.

1. Pré-requis

Le pré-requis pour l'installation du rôle DNS est que le serveur dispose d'une adresse IP. Cette adresse devrait être statique (méthode conseillée), sinon il faut empêcher qu'elle soit modifiée en effectuant une réservation auprès de son serveur DHCP (méthode possible). En effet, si l'adresse IP du serveur DNS change, les clients DNS ne peuvent le contacter.

Il est possible de contrôler l'adresse IP du serveur avec la commande **ipconfig /all**.

2. Installation

Win2

L'assistant d'ajout de rôles installe le service DNS et permet également de configurer le serveur DNS avec les options les plus courantes.

- Connectez-vous en tant qu'administrateur.
- Pour démarrer l'installation, lancez le Gestionnaire de serveur en cliquant sur **Démarrer** puis sur **Outils d'administration** et enfin sur **Gestionnaire de serveur**.
- Dans le volet de gauche, cliquez sur **Rôles**.
- Dans **Rôles**, cliquez sur **Ajouter des rôles**.
- Dans l'**Assistant Ajout de rôles**, si la page **Avant de commencer** apparaît, cliquez sur **Suivant**.
- Sur la page **Rôles de serveurs**, sélectionnez le rôle **Serveur DNS** puis cliquez sur **Suivant**.
- Sur la page **Serveur DNS**, cliquez sur **Suivant**.
- Sur la page **Confirmation**, cliquez sur **Installer**.
- Consultez la page **Résultats** pour voir si l'installation a réussi puis cliquez sur **Fermer**.

D. Configuration d'un serveur DNS

1. Configurer le serveur DNS

Win2

L'utilisation de l'assistant **Configuration d'un serveur DNS** permet de :

- Créer une zone de recherche directe.
- Éventuellement créer une zone de recherche inversée.
- Configurer les mises à jour dynamiques.
- Configurer les racines ou les redirecteurs.

Il n'est pas recommandé d'effectuer la création de zone par cette méthode, elle est plutôt réservée à un administrateur peu expérimenté. Elle est totalement inutile si le serveur DNS est un contrôleur de domaine.

La procédure suivante montre comment l'utiliser.

- Connectez-vous en tant qu'administrateur.
- Lancez le **Gestionnaire DNS** en cliquant sur **Démarrer** puis sur **Outils d'administration** et enfin sur **DNS**.
- Dans le volet de gauche du **Gestionnaire DNS**, cliquez avec le bouton droit de la souris sur le serveur DNS puis choisissez **Configurer un serveur DNS**.
- Sur la page **Bienvenue dans l'assistant Configuration d'un serveur DNS**, cliquez sur **Suivant**.

→ Sur la page **Sélectionnez une action de configuration**, sélectionnez **Configurer les indications de racine uniquement**, puis cliquez sur **Suivant**. Vous pouvez choisir une autre option si vous voulez créer une zone.

→ Sur la page **Fin de l'assistant Configuration d'un serveur DNS**, cliquez sur **Terminer**.

2. Définir le vieillissement et le nettoyage

WinAD

Il est recommandé de mettre à jour régulièrement le contenu de la base de données du serveur DNS afin que des enregistrements devenus obsolètes ne polluent pas la base.

Pour que le nettoyage s'effectue, il faut configurer correctement les éléments suivants :

- Il faut garantir que chaque enregistrement puisse être supprimé.
- Il faut garantir que la zone DNS puisse être nettoyée.
- Il faut garantir qu'au moins un serveur DNS puisse nettoyer les enregistrements.

Comme vous pouvez le constater, il faut activer le nettoyage au niveau de l'enregistrement, de la zone et d'au moins un serveur qui gère la zone.

Les procédures suivantes devraient toujours être effectuées.

a. Permettre la suppression d'un enregistrement

Il faut distinguer entre des enregistrements statiques et des enregistrements dynamiques. Par défaut un enregistrement statique ne permet pas la suppression automatique de l'enregistrement. Si vous voulez l'effacer automatiquement suivez la procédure ci-dessous.

→ Connectez-vous en tant qu'administrateur.

→ Lancez le Gestionnaire DNS en cliquant sur **Démarrer** puis sur **Outils d'administration** et enfin sur **DNS**.

→ Dans le volet de gauche du Gestionnaire DNS, développez l'arborescence pour faire apparaître dans la fenêtre principale l'enregistrement statique concerné.

→ Cliquez avec le bouton droit de la souris sur l'enregistrement puis sur **Propriétés** dans le menu contextuel.

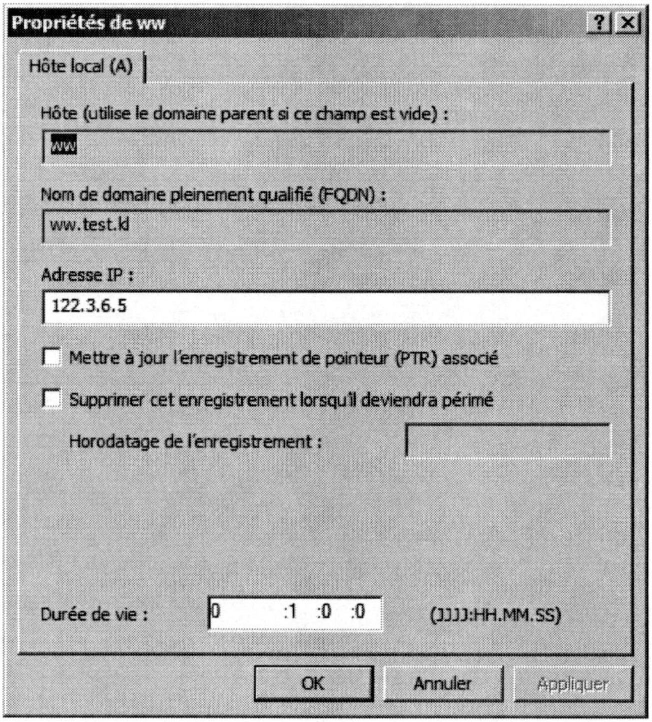

Si la case à cocher **Supprimer cet enregistrement lorsqu'il deviendra périmé** n'est pas visible, fermez la boîte de dialogue **Propriétés** puis cliquez sur **Affichage détaillé** dans le menu **Affichage** et ouvrez à nouveau la boîte de dialogue **Propriétés**.

- Cochez la case **Supprimer cet enregistrement lorsqu'il deviendra périmé** puis cliquez sur **Appliquer** pour faire apparaître la valeur de l'horodatage.
- Cliquez sur **OK** pour fermer la boîte de dialogue.

Pour les enregistrements dynamiques (DDNS) les hôtes Microsoft tentent de mettre à jour l'enregistrement toutes les 24 heures. Un horodatage est associé à l'enregistrement et il est mis à jour si la zone permet le nettoyage des enregistrements. La valeur de l'horodateur est à 0 pour les enregistrements statiques sans que la case à cocher soit activée et elle correspond à la date de création de l'enregistrement pour les autres ou à la date de la mise à jour si la zone permet la suppression.

Les enregistrements NS (*Name Server*) et SOA (*Start Of Authority*) utilisent les valeurs de la zone.

b. Définir le vieillissement/nettoyage pour toutes les zones

- Connectez-vous en tant qu'administrateur.
- Lancez le Gestionnaire DNS en cliquant sur **Démarrer** puis sur **Outils d'administration** et enfin sur **DNS**.

→ Dans le volet de gauche du Gestionnaire DNS, cliquez avec le bouton droit de la souris sur le serveur DNS puis sur **Définir le vieillissement/nettoyage pour toutes les zones**.

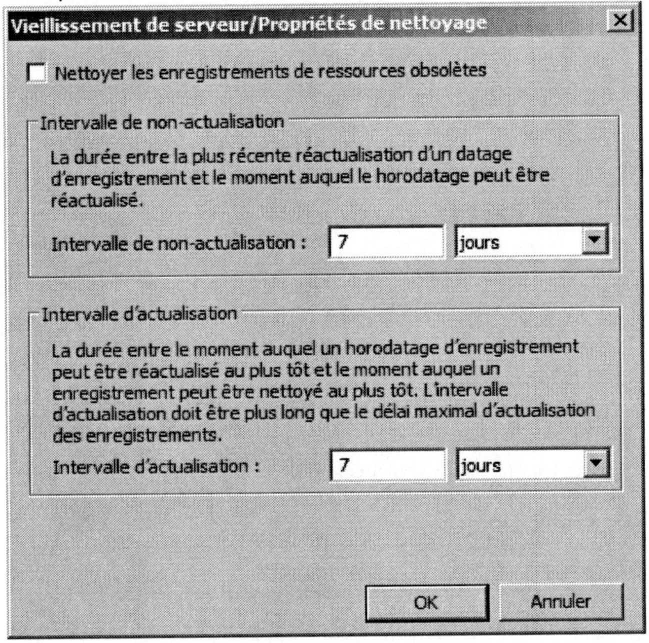

La case à cocher **Nettoyer les enregistrements de ressources obsolètes** devrait être toujours sélectionnée afin que le système efface automatiquement ces enregistrements.

L'**Intervalle de non-actualisation** indique un intervalle durant lequel il n'est pas possible de réactualiser cet enregistrement. L'adresse IP peut être modifiée.

L'**Intervalle d'actualisation** indique l'intervalle durant lequel les enregistrements doivent rester dans le serveur DNS après la fin de l'intervalle de non-actualisation. Cet intervalle devrait correspondre à la durée de bail du serveur DHCP.

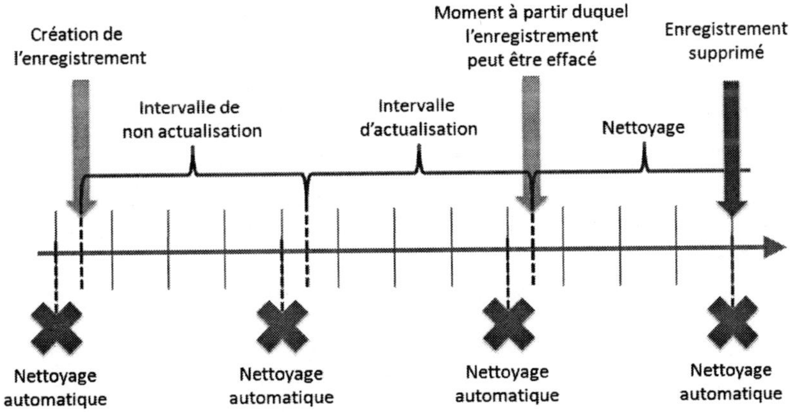

Vous pouvez également définir le vieillissement/nettoyage pour chaque zone à partir de l'onglet **Général** de la boîte de dialogue **Propriétés de la zone**, en cliquant sur **Vieillissement**.

3. Nettoyer les enregistrements de ressources obsolètes

Vous pouvez lancer manuellement ou automatiquement le nettoyage des zones sur lesquelles le serveur a autorité.

a. Activer le nettoyage automatique

WinAD

- Connectez-vous en tant qu'administrateur.
- Lancez le Gestionnaire DNS en cliquant sur **Démarrer** puis sur **Outils d'administration** et enfin sur **DNS**.
- Dans le volet de gauche du Gestionnaire DNS, cliquez avec le bouton droit de la souris sur le serveur DNS puis sur **Propriétés**.
- Cliquez sur l'onglet **Avancé**, sélectionnez la case à cocher **Activer le nettoyage automatique des enregistrements obsolètes**, modifiez éventuellement le **Délai de nettoyage** puis cliquez sur **OK**.

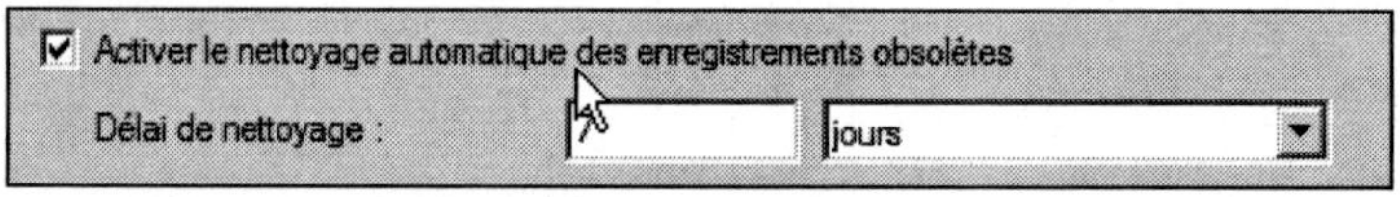

b. Lancer le nettoyage manuellement

WinAD

- Connectez-vous en tant qu'administrateur.
- Lancez le Gestionnaire DNS en cliquant sur **Démarrer** puis sur **Outils d'administration** et enfin sur **DNS**.
- Dans le volet de gauche du Gestionnaire DNS, cliquez avec le bouton droit de la souris sur le serveur DNS puis sur **Nettoyer les enregistrements de ressources obsolètes**.
- Dans la boîte de dialogue DNS qui vous demande si vous voulez nettoyer tous les enregistrements périmés du serveur, cliquez sur **Oui**.

Vous pouvez déterminer le moment où un enregistrement sera supprimé en recherchant les derniers événements 2501 et 2502 dans le journal puis en lui ajoutant la valeur du délai de nettoyage.

4. Journaux globaux

WinAD

Avec la nouvelle console DNS, les événements dus au serveur DNS sont placés sous **Journaux globaux** dans le volet de gauche.

La procédure est la suivante.

- Connectez-vous en tant qu'administrateur.
- Lancez le Gestionnaire DNS en cliquant sur **Démarrer** puis sur **Outils d'administration** et enfin sur **DNS**.
- Dans le volet de gauche du Gestionnaire DNS, cliquez sur **Journaux globaux** pour développer l'arborescence.
- Cliquez sur **Événements DNS** pour faire apparaître les événements dans la fenêtre principale.

Vous pouvez définir quels événements seront enregistrés dans le journal des événements dans l'onglet **Enregistrement des événements** de la boîte de dialogue **Propriétés du serveur**.

5. Désactiver l'écoute de requêtes DNS sur une adresse IP

Win2

Si le serveur DNS est configuré avec plusieurs adresses IP, que ce soient des adresses IPv4 ou IPv6, il est possible de désactiver l'écoute de requêtes. La procédure est la suivante :

- Connectez-vous en tant qu'administrateur.
- Lancez le Gestionnaire DNS en cliquant sur **Démarrer** puis sur **Outils d'administration** et enfin sur **DNS**.
- Dans le volet de gauche du Gestionnaire DNS, cliquez avec le bouton droit de la souris sur le serveur DNS puis cliquez sur **Propriétés**.
- Dans la boîte de dialogue **Propriétés**, cliquez sur l'onglet **Interfaces** puis cochez les cases des adresses IP sur lesquelles le serveur doit écouter et cliquez sur **OK**.

Remarquez qu'il est possible de sélectionner une adresse IP et non la carte réseau.

6. Serveur de cache DNS

Le serveur DNS peut être un serveur de cache, c'est-à-dire qu'il s'occupe de la résolution des noms en adresses IP pour les zones sur lesquelles il n'a pas autorité. Lorsqu'il a accès à Internet, il faut ouvrir le port UDP 53 dans le pare-feu. Il conserve dans un cache local toutes les résolutions effectuées selon le TTL qui les accompagne.

Aucune configuration n'est nécessaire, par défaut le serveur DNS est conçu pour fonctionner en tant que serveur de cache en utilisant les serveurs racine configurés. Il est possible de contrôler le trafic du serveur de cache en recourant à un serveur de cache externe.

Afin de réduire les menaces dues aux serveurs DNS, il est recommandé de rediriger les requêtes vers un serveur de cache interne qui sera redirigé vers un serveur de cache externe, comme le montre l'image suivante :

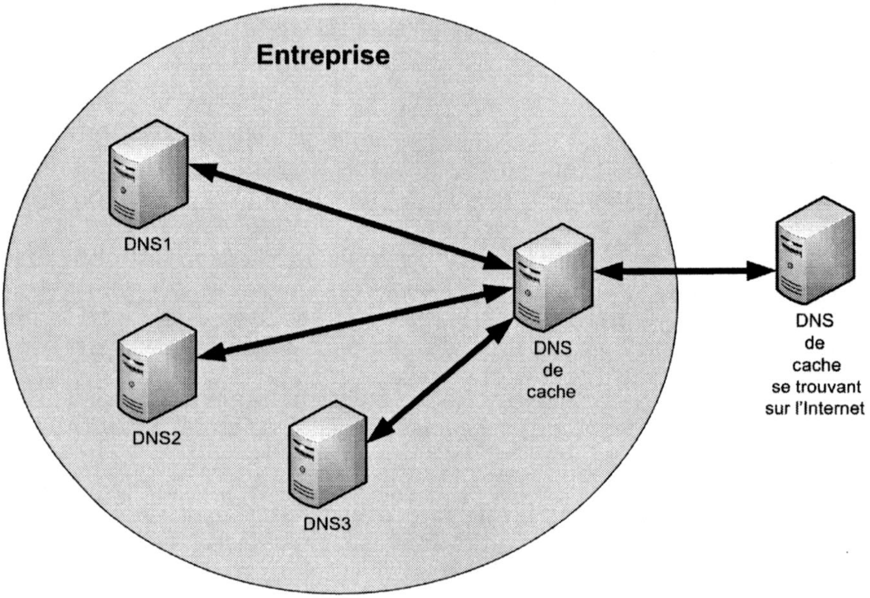

Dans un environnement virtualisé, il faut également tenir compte de la portée de la carte réseau virtuelle, soit locale à l'ordinateur, soit qui permet également d'être visible sur le réseau physique.

En production, il est possible de placer des serveurs DNS de cache à la place d'un serveur DNS de zone dans un bureau distant afin de ne pas pénaliser la bande passante disponible par des transferts de zone fréquents.

a. Afficher ou masquer la zone de cache

- Connectez-vous en tant qu'administrateur.
- Pour afficher la zone de cache, lancez le Gestionnaire DNS en cliquant sur **Démarrer** puis sur **Outils d'administration** et enfin sur **DNS**.
- Dans le volet de gauche, cliquez sur le nom du serveur puis sur l'option **Affichage détaillé** du menu **Affichage**. La zone **Recherches mises en cache** apparaît dans le volet de gauche.

Pour masquer la zone de cache, effectuez la même opération.

b. Effacer le cache DNS

Win2

La zone de cache du serveur DNS est vidée avec la procédure suivante.

- Connectez-vous en tant qu'administrateur.
- Lancez le Gestionnaire DNS en cliquant sur **Démarrer** puis sur **Outils d'administration** et enfin sur **DNS**.
- Dans le volet de gauche, cliquez avec le bouton droit de la souris sur le nom du serveur puis cliquez sur **Effacer le cache**.

Cette opération ne vide pas le cache DNS du serveur mais uniquement la zone de cache du serveur DNS. Pour vider le cache DNS d'un ordinateur, saisissez la commande **ipconfig /flushdns** dans une invite de commande en disposant des privilèges élevés. Pour visualiser le cache DNS, saisissez la commande **ipconfig /displaydns**.

7. Serveurs racine

Chaque serveur DNS dispose d'une liste des serveurs racine. L'organisme IANA (*Internet Assigned Numbers Authority*) gère la liste de ces serveurs. Actuellement, ils sont au nombre de 13, disséminés un peu partout dans le monde. Leur nom est de type **lettre.root-servers.net** où lettre peut avoir une valeur allant de a à m. L'URL suivante vous donne la liste actuelle de ces serveurs : http://www.iana.org/domains/root/db/arpa.html

La liste fournie par Microsoft à la sortie de la version RTM utilise les noms actuels mais certaines adresses sont encore basées sur les anciens serveurs racine d'Internet.

Pour consulter la liste des serveurs, modifier ou supprimer un serveur, utilisez la procédure suivante :

Win2

- Connectez-vous en tant qu'administrateur.
- Lancez le Gestionnaire DNS en cliquant sur **Démarrer** puis sur **Outils d'administration** et enfin sur **DNS**.
- Dans le volet de gauche, cliquez avec le bouton droit de la souris sur le nom du serveur puis choisissez **Propriétés**.
- Cliquez sur l'onglet **Indications de racine**.

Il n'est pas conseillé de modifier ces serveurs.

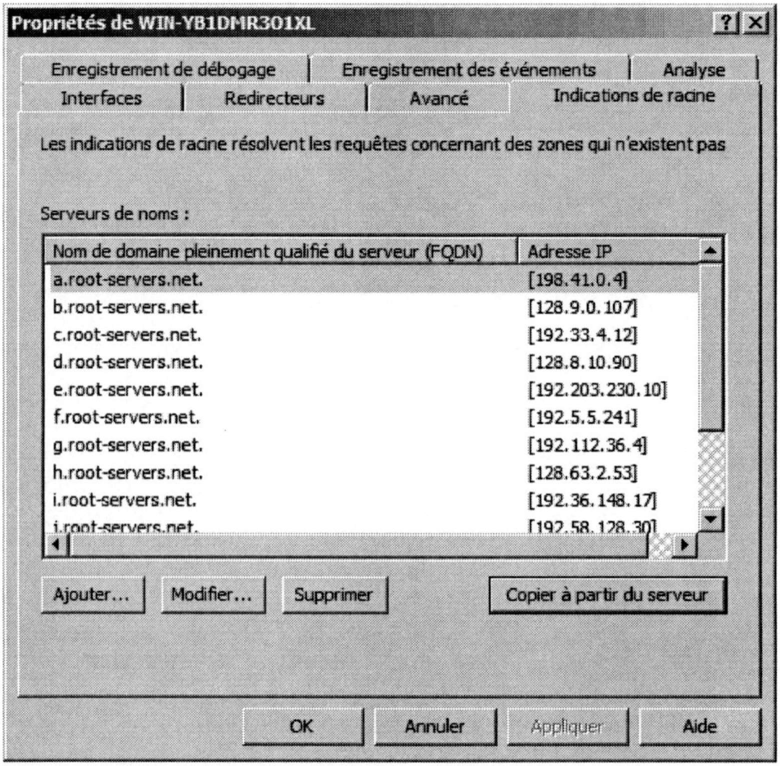

Ajouter permet d'ajouter de nouveaux serveurs racine.

Modifier permet de modifier un serveur existant ou d'ajouter une nouvelle adresse IP pour un nom existant.

Supprimer permet de supprimer un serveur racine.

Copier à partir du serveur permet de copier la liste à partir d'un serveur qui fait référence. Cette liste peut être également récupérée sur le site www.internic.net/zones/named.root ou dans le répertoire %systemroot%\system32\dns\samples\cache.dns.

8. Redirecteurs

Il existe plusieurs types de redirecteurs, à savoir :

- le redirecteur par défaut,
- le redirecteur conditionnel,
- la zone de stub.

Lorsque le serveur DNS reçoit une requête, il tente de résoudre le nom en adresse IP en utilisant les ressources dans l'ordre suivant :

- 1. Une zone DNS locale au serveur en utilisant les priorités suivantes :
  - zone DNS faisant autorité ou non ;
  - redirection de la zone déléguée ou de la zone de stub.
- 2. La redirection conditionnelle.

- 3. La redirection par défaut.
- 4. Les serveurs DNS racine.

Le redirecteur par défaut redirige les requêtes DNS qui n'ont pu être résolues sur le serveur DNS vers le premier serveur de la liste. En cas de non réponse, il tente de contacter les autres serveurs de la liste selon l'ordre défini.

Les redirecteurs conditionnels permettent de rediriger les requêtes non résolues localement pour un domaine spécifique vers un serveur DNS particulier.

Cette méthode est très utile lorsque votre entreprise collabore avec des entreprises partenaires et vous donne accès à un extranet. Il vous suffit simplement d'ajouter les adresses des serveurs DNS pour cette zone.

Néanmoins, si les adresses des serveurs DNS changent, vous devez être averti et les modifier. Pour pallier ce problème, vous pouvez créer une zone de stub c'est-à-dire créer une zone qui ne contient que les noms des serveurs DNS de la zone considérée et leur adresse IP. La mise à jour des données de la zone se fait par transfert de zone. Il faut donc que les serveurs source acceptent d'effectuer un transfert de zone vers vos serveurs DNS.

La zone de stub est une amélioration du redirecteur conditionnel mais ne peut s'utiliser que s'il est possible d'effectuer un transfert de zone.

a. Ajout d'un redirecteur par défaut

- Connectez-vous en tant qu'administrateur sur Win2.
- Lancez le Gestionnaire DNS en cliquant sur **Démarrer** puis sur **Outils d'administration** et enfin sur **DNS**.
- Dans le volet de gauche, cliquez avec le bouton droit de la souris sur le nom du serveur puis choisissez **Propriétés**.
- Cliquez sur l'onglet **Redirecteurs**.

Le bouton **Modifier** permet d'ajouter, de modifier ou de supprimer l'adresse IP d'un serveur DNS. Dès que l'on ajoute une adresse IP, l'adresse IP du serveur WinAD par exemple, le serveur DNS va essayer de retrouver son nom si une zone inverse existe. Vous pouvez modifier la valeur du délai d'expiration pour recevoir une réponse, par défaut elle est de 3 secondes.

La sélection de la case à cocher **Utiliser les indications de racine si aucun redirecteur n'est disponible** permet d'utiliser les serveurs DNS racine, lorsqu'aucun redirecteur ne répond.

b. Ajout d'un redirecteur conditionnel

- Connectez-vous en tant qu'administrateur sur Win2.
- Lancez le Gestionnaire DNS en cliquant sur **Démarrer** puis sur **Outils d'administration** et enfin sur **DNS**.

- Dans le volet de gauche, cliquez avec le bouton droit de la souris sur la zone **Redirecteurs conditionnels** puis cliquez sur **Nouveau redirecteur conditionnel**.
- Saisissez le nom du domaine **mydom.eni** par exemple, qui doit être redirigé puis associez-lui une ou plusieurs adresses IP qui correspondent aux serveurs DNS qui gèrent ce domaine en tapant l'adresse IP de chaque serveur dans la zone **Adresses IP des serveurs maîtres** comme le montre l'image suivante. Si le serveur DNS est également un serveur contrôleur de domaine (DC), vous pouvez stocker ces informations dans l'Active Directory et les répliquer selon les valeurs de la liste déroulante. Vous pouvez modifier la valeur du délai d'expiration pour recevoir une réponse, par défaut elle est de 5 secondes. Cliquez ensuite sur **OK**.

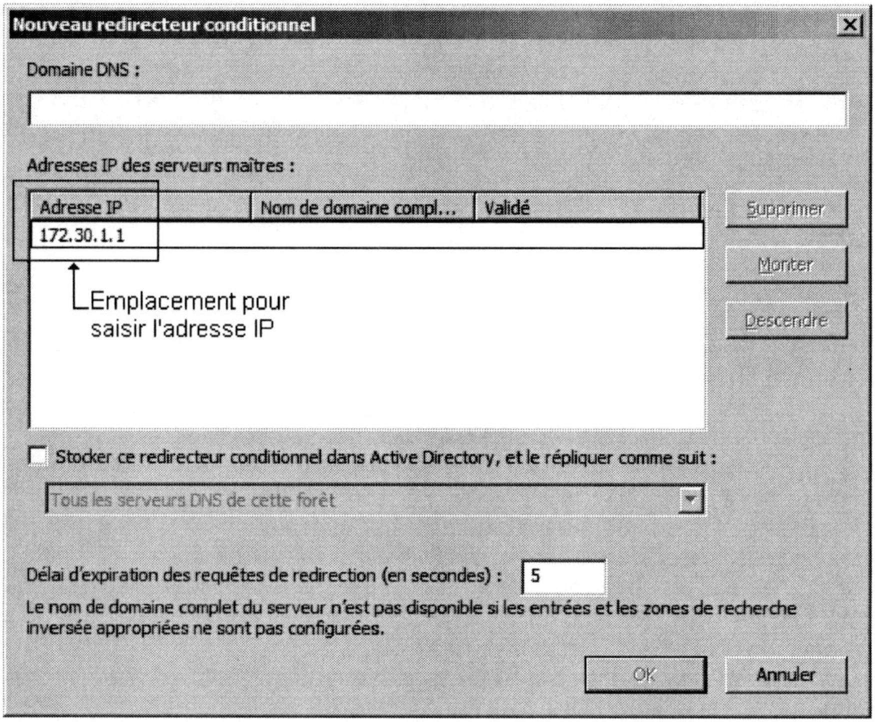

c. Ajout d'une zone de stub

- Connectez-vous en tant qu'administrateur sur Win2.
- Lancez le Gestionnaire DNS en cliquant sur **Démarrer** puis sur **Outils d'administration** et enfin sur **DNS**.
- Dans le volet de gauche, cliquez avec le bouton droit de la souris sur **Zones de recherche directes** puis cliquez sur **Nouvelle zone**.

- Sur la page **Bienvenue !** de l'**Assistant Nouvelle zone**, cliquez sur **Suivant.**
- Sur la page **Type de zone**, sélectionnez l'option **Zone de stub**. Si le serveur DNS est également un contrôleur de domaine, vous pouvez enregistrer la zone dans l'Active Directory en sélectionnant la case à cocher correspondante. Enfin cliquez sur **Suivant.**
- La page **Étendue de la zone de réplication de Active Directory** apparaît seulement si vous avez sélectionné la case à cocher correspondante dans la page précédente. Sélectionnez l'option désirée puis cliquez sur **Suivant**.
- Sur la page **Nom de la zone**, saisissez le nom de domaine DNS qui doit être redirigé, ici **mydom.eni**, puis cliquez sur **Suivant**.
- La page **Fichier de zone** apparaît si vous n'avez pas sélectionné la case à cocher **Enregistrer la zone dans Active Directory** sur la page **Type de zone**. Vous pouvez soit créer un nouveau fichier nommé (recommandé), soit utiliser un fichier existant. Par défaut, ces fichiers sont stockés dans le répertoire %systemroot%\sytem32\dns. Cliquez sur **Suivant**.
- Sur la page **Serveurs DNS maîtres**, ajoutez les serveurs DNS servant de références pour la zone considérée. Si vous stockez la zone dans l'Active Directory, la case à cocher **Utiliser les serveurs suivants pour créer une liste locale des serveurs maîtres** apparaît. Vous pourrez alors utiliser les serveurs de la liste en tant que maître pour la zone et non les serveurs maîtres stockés dans l'Active Directory. Cliquez ensuite sur **Suivant**.
- Sur la page **Fin** de l'**Assistant Nouvelle zone**, vérifiez vos informations puis cliquez sur **Terminer**.

E. Gestion d'une zone

1. Création d'une zone de recherche directe

La création d'une zone de recherche directe permet de résoudre des noms en adresses IP. Une zone directe est requise à la création d'Active Directory. Elle peut être créée automatiquement en même temps que l'Active Directory.

Microsoft recommande de créer une zone pour l'Active Directory qui utilise un nom interne différent du nom externe visible sur Internet. Vous verrez l'explication de cette recommandation plus loin dans ce chapitre.

La procédure manuelle est la suivante :

- Connectez-vous en tant qu'administrateur.
- Lancez le Gestionnaire DNS en cliquant sur **Démarrer** puis sur **Outils d'administration** et enfin sur **DNS**.
- Dans le volet de gauche, cliquez avec le bouton droit de la souris sur **Zones de recherche directes** puis cliquez sur **Nouvelle zone**.
- Sur la page **Bienvenue !** de l'**Assistant Nouvelle zone**, cliquez sur **Suivant**.

→ Sur la page **Type de zone**, sélectionnez l'option **Zone principale**. Si le serveur DNS est également un contrôleur de domaine, vous pouvez enregistrer la zone dans l'Active Directory en sélectionnant la case à cocher correspondante.

Zone principale permet de créer une zone DNS en lecture et écriture. La zone peut être stockée dans un fichier ou dans l'Active Directory.

Zone secondaire permet de créer une copie de la zone en lecture uniquement sur le serveur DNS. Il faut également configurer le transfert de zone correctement. La zone ne peut être stockée que dans un fichier.

Zone de stub permet de créer une zone en lecture qui ne contient que les enregistrements SOA, NS et les enregistrements A correspondant aux enregistrements des serveurs DNS hébergeurs de la zone (appelés aussi "glue A records"). Elle peut être stockée dans un fichier ou l'Active Directory.

La case à cocher **Enregistrer la zone dans Active Directory** permet de stocker la zone dans l'Active Directory au lieu d'un fichier. On parle alors de zone intégrée Active Directory.

Si vous ajoutez une zone secondaire, il faut connaître l'adresse IP d'au moins un serveur maître à utiliser et les serveurs doivent autoriser les transferts de zone vers votre serveur. Une zone secondaire est toujours stockée dans un fichier et ne peut donc être intégrée dans l'Active Directory.

Cliquez sur **Suivant**.

→ Si la page **Étendue de la zone de réplication de Active Directory** apparaît, il faut indiquer la façon de stocker les informations dans l'Active Directory.

Les options proposées sont :

- **Vers tous les serveurs DNS de cette forêt** réplique la zone sur tous les serveurs contrôleurs de domaine étant également serveurs DNS de la forêt.
- **Vers tous les serveurs DNS de ce domaine** réplique la zone sur tous les serveurs contrôleurs de domaine étant également serveurs DNS du domaine. Il s'agit du paramètre par défaut.
- **Vers tous les contrôleurs de ce domaine** réplique la zone sur tous les contrôleurs de domaine du domaine. Ce paramètre doit être utilisé si vous disposez de contrôleurs de domaine Windows Server 2000 agissant en tant que serveurs DNS.
- **Dans la partition de domaine applicative** réplique la zone uniquement vers les serveurs qui font partie de l'étendue de réplication de la zone applicative. Il faut au préalable créer une partition d'application.

→ Vous pouvez cliquer sur **Suivant**.

→ Sur la page **Nom de la zone**, saisissez le nom DNS de la zone à créer, **test.fr** par exemple, puis cliquez sur **Suivant**.

→ Sur la page **Mise à niveau dynamique**, choisissez soit d'accepter les mises à jour dynamiques des enregistrements DNS, soit de les interdire. Les mises à jour dynamiques sécurisées ne sont disponibles qu'avec des zones intégrées à Active Directory.

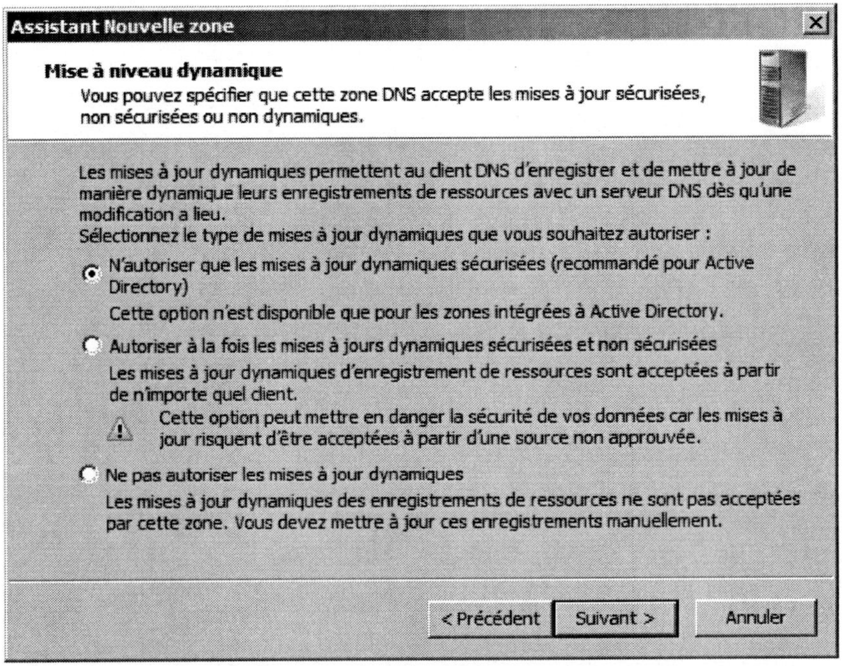

Si votre serveur DNS héberge une zone utilisée par Active Directory, il est conseillé d'autoriser les mises à jour dynamiques. Il est même conseillé que le serveur DNS soit également un serveur contrôleur de domaine afin de bénéficier de la sécurité induite par l'Active Directory. L'option **Ne pas autoriser les mises à jour dynamiques** est à utiliser dans une zone périmètre (DMZ) ou directement sur Internet.

→ Sur la page **Fin** de l'**Assistant Nouvelle zone**, vérifiez vos informations puis cliquez sur **Terminer**. La nouvelle zone apparaît dans le volet gauche.

L'écran suivant montre le résultat d'une création de zone ; remarquez que seuls les enregistrements SOA et NS ont été créés et que le serveur DNS se trouve dans une autre zone.

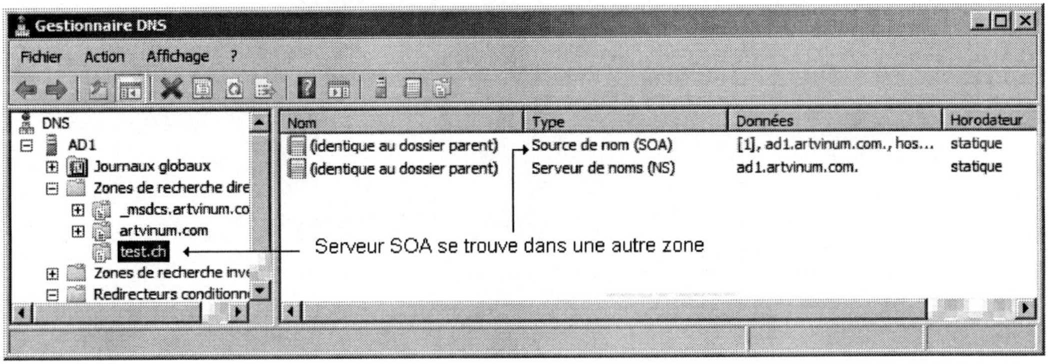

2. Création d'une zone de recherche inversée

Win2

La création d'une zone de recherche inversée permet de résoudre des adresses IP en noms. Une zone de recherche inversée n'est pas requise pour créer une Active Directory mais elle est conseillée. Elle n'est pas créée automatiquement lors de la création de l'Active Directory. Il vous faut créer autant de zones de recherche inversée que vous avez de sous-réseaux (un octet égale un domaine). La procédure est la suivante :

Sur Internet, prévoyez au moins une zone de recherche inversée pour vos serveurs de messagerie SMTP.

- Connectez-vous en tant qu'administrateur.
- Lancez le Gestionnaire DNS en cliquant sur **Démarrer** puis sur **Outils d'administration** et enfin sur **DNS**.
- Dans le volet de gauche, cliquez avec le bouton droit de la souris sur **Zones de recherche inversée** puis cliquez sur **Nouvelle zone**.
- Sur la page **Bienvenue !** de l'**Assistant Nouvelle zone**, cliquez sur **Suivant**.
- Sur la page **Type de zone**, sélectionnez l'option **Zone principale**. Si le serveur DNS est également un contrôleur de domaine, vous pouvez enregistrer la zone dans l'Active Directory en sélectionnant la case à cocher correspondante. Cliquez sur **Suivant**.
- Si la page **Étendue de la zone de réplication de Active Directory** apparaît, il faut indiquer la façon de stocker les informations dans l'Active Directory, puis vous pouvez cliquer sur **Suivant**.
- Sur la page **Nom de la zone de recherche inversée**, sélectionnez le type d'adressage IPv4 ou IPv6, puis cliquez sur **Suivant**.
- La nouvelle page porte le même nom dans les deux cas mais vous devez saisir l'**ID réseau**, ici **172.30.1**, ou le **Nom de la zone de recherche inversée** en IPv4, alors qu'en IPv6 vous saisissez uniquement le préfixe d'adresse du réseau (il est possible d'associer jusqu'à 8 zones par préfixe). L'écran suivant montre un ID réseau IPv4, remarquez que le nom de la zone est renseigné automatiquement et est grisé.

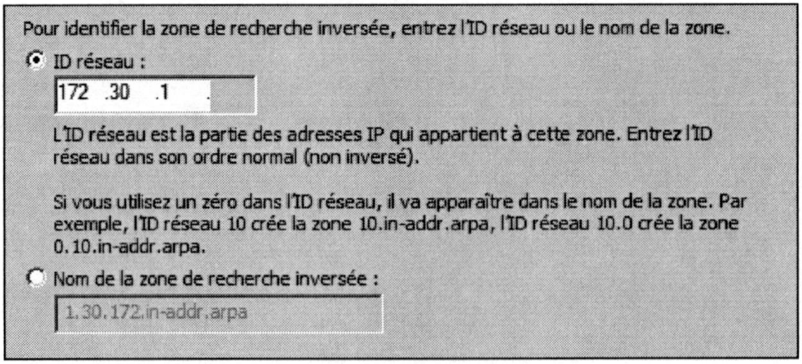

- Sur la page **Mise à niveau dynamique**, choisissez d'accepter les mises à jour dynamiques des enregistrements DNS ou de les interdire. Les mises à jour dynamiques sécurisées ne sont disponibles qu'avec des zones intégrées Active Directory.
- Sur la page **Fin** de l'**Assistant Nouvelle zone**, vérifiez vos informations puis cliquez sur **Terminer**. La nouvelle zone apparaît dans le volet gauche.

3. Gestion de la source de noms SOA

Win2

La source de noms permet de configurer plusieurs paramètres importants pour la zone. Microsoft définit ces paramètres par défaut mais il peut être utile de les modifier pour qu'ils correspondent à vos besoins.

La procédure est la suivante :

- Connectez-vous en tant qu'administrateur.
- Lancez le Gestionnaire DNS en cliquant sur **Démarrer** puis sur **Outils d'administration** et enfin sur **DNS**.
- Dans le volet de gauche, cliquez sur le nœud **Zones de recherche directes** ou **Zones de recherche inversée** pour faire apparaître la zone considérée.
- Cliquez sur la zone pour développer le nœud.
- Cliquez avec le bouton droit de la souris sur la zone puis sur **Propriétés**.
- Cliquez sur l'onglet **Source de noms (SOA)** de la boîte de dialogue **Propriétés**.

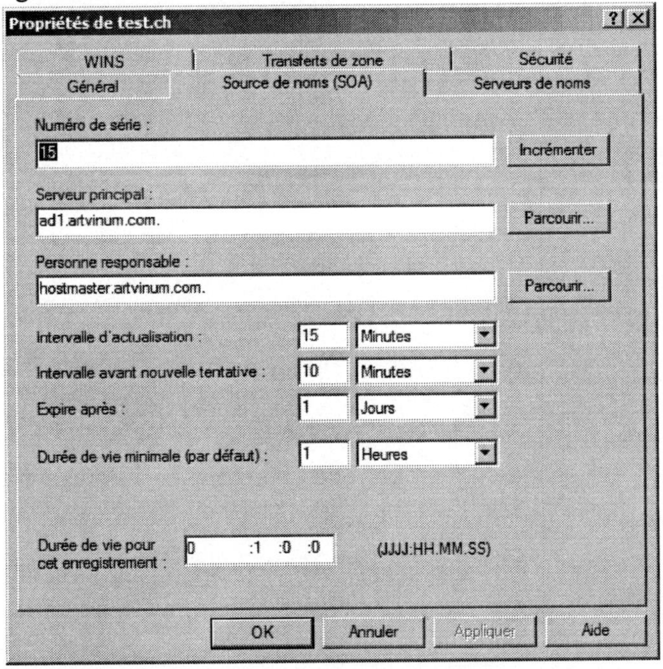

Le **Numéro de série** correspond aux nombres de modifications qui ont été effectuées sur le serveur DNS ; ce numéro de série est utilisé pour le transfert de zone afin de transférer les enregistrements de manière incrémentielle. En cas de conflit, c'est-à-dire si deux serveurs ont le même numéro de série mais pas les mêmes informations, vous pouvez cliquer sur **Incrémenter** afin de forcer le processus de réplication.

Le **Serveur principal** affiche le premier serveur de la zone, c'est lui qui fait autorité. En cliquant sur **Parcourir**, vous pouvez modifier le serveur.

L'option **Personne responsable** correspond à une adresse e-mail pour l'administrateur de la zone. Ce paramètre est malheureusement rarement correctement renseigné. Remarquez que l'arobase (@) est remplacé par un point (.). @ est un caractère spécial, il faut utiliser un enregistrement de type RNAME (cf. RFC 2142).

Les paramètres suivants sont utilisés comme valeurs d'expiration pour les zones secondaires :

- L'**Intervalle d'actualisation** est l'intervalle de temps pendant lequel un serveur d'une zone secondaire attend avant de contacter sa source pour remettre à jour sa zone si nécessaire.
- L'**Intervalle avant nouvelle tentative** correspond au temps d'attente avant de recontacter le serveur source s'il n'a pu être contacté lors de l'intervalle de réactualisation. Le serveur retentera de contacter le serveur source jusqu'à l'expiration.

L'option **Expire après** définit la durée maximum pendant laquelle le serveur peut répondre aux requêtes sans avoir pu contacter le serveur source.

La **Durée de vie minimale** correspond à la valeur TTL de tout enregistrement de la zone. En d'autres termes, les serveurs de cache utiliseront la valeur du TTL pour stocker temporairement l'enregistrement. Il est également possible de gérer le TTL pour chaque enregistrement en modifiant les propriétés de ce dernier.

» Si vous prévoyez de modifier l'adresse IP d'un serveur, que ce soit sur Internet ou dans votre entreprise, afin d'éviter que des clients ne reçoivent une adresse IP incorrecte, diminuez temporairement la valeur du TTL à quelques secondes et ne modifiez les adresses qu'au moment où l'ancien TTL a expiré.

La **Durée de vie pour cet enregistrement** correspond au TTL de l'enregistrement du SOA.

→ Cliquez sur **OK** pour mettre fin à la procédure.

4. Création d'un sous-domaine

Win2

Afin d'organiser les enregistrements au sein d'une zone, il est possible de créer une structure hiérarchique en créant des sous-domaines qui sont des sortes de dossiers si l'on fait une analogie avec le système de fichiers. Chaque sous-domaine peut contenir des enregistrements ou d'autres sous-domaines.

La procédure pour créer un sous-domaine est la suivante :

→ Connectez-vous en tant qu'administrateur.

- Lancez le Gestionnaire DNS en cliquant sur **Démarrer** puis sur **Outils d'administration** et enfin sur **DNS**.
- Dans le volet de gauche, cliquez sur le nœud **Zones de recherche directes** pour faire apparaître les zones. Recommencez l'opération jusqu'au niveau du domaine/sous-domaine considéré, ici **test.fr**.
- Cliquez avec le bouton droit de la souris sur le domaine/sous-domaine, ici **test.fr**, puis sur **Nouveau domaine**.
- Dans la boîte de dialogue **Nouveau domaine DNS**, saisissez uniquement le nom du domaine et pas son FQDN, ici training, puis cliquez sur **OK**. Le sous-domaine apparaît sous le domaine principal.

5. Création d'une zone déléguée

On utilise la délégation de zone afin de scinder une zone sur laquelle on a autorité en parties plus petites afin d'améliorer les performances, voire diminuer le trafic de réplication. Pour cela, il faut utiliser la délégation de l'autorité pour ce domaine vers un autre serveur DNS.

Par exemple, la société pffc dispose d'une branche située à La Réunion. Le nom de domaine choisi est pffc.fr et pour diminuer les problèmes de transfert dus à la réplication DNS de la zone pffc.fr, il a été décidé de créer un domaine appelé reunion dont le FQDN est reunion.fr et de déléguer l'autorité de ce domaine à un serveur DNS situé à La Réunion. Il n'y a donc pas de réplication de zone DNS entre les deux serveurs DNS. De cette façon, les clients situés des deux côtés peuvent effectuer des interrogations en limitant le trafic.

La procédure pour créer une zone déléguée est la suivante.

Afin de bien comprendre la procédure, il faut avoir créé une zone (primaire ou intégrée à AD) sur le serveur délégué qui est WinAD puis effectuer la procédure ci-dessous sur WinAD. Win1 étant le serveur local.

- Connectez-vous en tant qu'administrateur.
- Lancez le Gestionnaire DNS en cliquant sur **Démarrer** puis sur **Outils d'administration** et enfin sur **DNS**.
- Dans le volet de gauche, cliquez sur le nœud **Zones de recherche directes** pour faire apparaître les zones. Recommencez l'opération jusqu'au niveau supérieur du domaine/sous-domaine considéré.
- Cliquez avec le bouton droit de la souris sur le niveau parent du domaine/sous-domaine puis cliquez sur **Nouvelle délégation**. Le domaine délégué n'a pas besoin d'être créé au préalable sur le serveur DNS local (Win1) mais il est nécessaire que la zone existe sur le serveur DNS délégué (WinAD).
- Sur la page **Bienvenue !** de l'assistant, cliquez sur **Suivant**.
- Sur la page **Nom du domaine délégué**, entrez le nom du domaine dont vous voulez déléguer l'autorité, puis cliquez sur **Suivant**.
- Sur la page **Serveurs de noms**, cliquez sur **Ajouter** afin d'ajouter le serveur DNS qui fera autorité pour la zone comme le montre l'image suivante, puis cliquez sur **Suivant**.

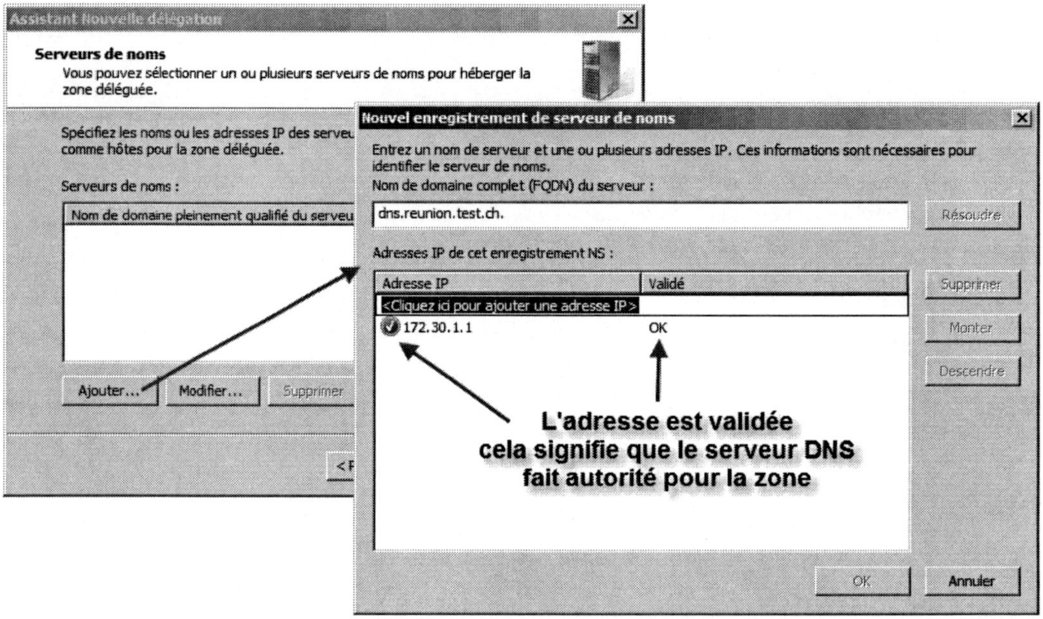

Le serveur DNS distant doit déjà contenir la zone déléguée.

Sur la page **L'Assistant Nouvelle délégation est terminé**, cliquez sur **Terminer**. La zone est déléguée et elle apparaît comme un domaine mais la couleur de l'icône correspondante dans l'arborescence est grise. La zone déléguée ne contient que l'adresse du serveur DNS faisant autorité.

6. Gestion des enregistrements

Win2

Un enregistrement représente un hôte ou un service d'un hôte se situant dans la zone. Les ordinateurs peuvent s'inscrire dynamiquement, par l'intermédiaire d'un serveur DHCP, ou manuellement grâce à un administrateur.

Utilisez la commande `ipconfig /registerdns` pour réinscrire un enregistrement dans le serveur DNS s'il accepte les mises à jour dynamiques.

Les enregistrements principaux sont :

- **A** ou hôte, pour résoudre un nom d'hôte en adresse IPv4.
- **AAAA** ou hôte, pour résoudre un nom d'hôte en adresse IPv6.
- **CNAME** ou alias permet d'associer un nom supplémentaire à un nom d'hôte.
- **MX** ou serveur de messagerie, pour afficher le(s) serveur(s) SMTP d'un nom de domaine.
- **NS** ou serveur de nom définit un serveur DNS.

- **PTR** ou pointeur, pour résoudre une adresse IP en nom d'hôte.
- **SOA** ou Start of Authority définit le serveur DNS maître pour la zone.
- **SRV** ou emplacement de service, permet d'associer un service spécifique à un hôte. Il faut également une application cliente réseau prévue spécialement pour tirer parti des enregistrements de services. Le client Active Directory représente le meilleur exemple possible.

La procédure pour créer un enregistrement est la suivante :

→ Connectez-vous en tant qu'administrateur.

→ Lancez le Gestionnaire DNS en cliquant sur **Démarrer** puis sur **Outils d'administration** et enfin sur **DNS**.

→ Dans le volet de gauche, cliquez sur le nœud **Zones de recherche directes** ou **Zones de recherche inversée** pour faire apparaître les zones. Recommencez l'opération jusqu'au niveau du domaine/sous-domaine considéré.

→ Cliquez avec le bouton droit de la souris sur le domaine/sous-domaine puis cliquez sur **Nouvel hôte (A ou AAAA)** ou **Nouvel alias (CNAME)** ou **Nouveau serveur de messagerie (MX)** ou **Nouveau pointeur (PTR)** ou **Nouveaux enregistrements**.

Les pages suivantes montrent comment configurer les enregistrements les plus importants.

a. Enregistrement d'hôte A ou AAAA et pointeur PTR

Saisissez au minimum le **Nom** et l'**Adresse IP**. Laissez la sélection pour la création du pointeur PTR.

La case à cocher **Autoriser tout utilisateur identifié à mettre à jour les enregistrements DNS avec le même nom propriétaire** ne s'affiche que lorsque la zone est intégrée à l'Active Directory et permet à un administrateur d'enregistrer un nom hôte dans le serveur DNS au nom de ce dernier même si l'hôte est hors ligne.

Pour l'enregistrement pointeur ou PTR, les champs **Adresse IP** et **Nom** sont inversés.

b. Enregistrement d'alias ou CNAME

Il faut saisir le **Nom de l'alias** et le nom de l'hôte qui doit être associé. Vous pouvez utiliser le bouton **Parcourir** pour le rechercher.

c. Nouveau serveur de messagerie MX

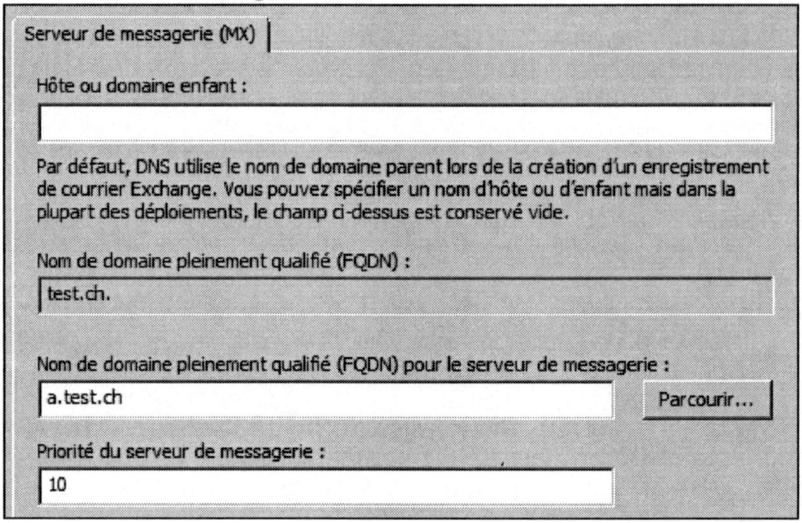

Généralement, il faut laisser vide le champ **Hôte ou domaine enfant**. Ajoutez simplement le nom du serveur de messagerie dans le champ **Nom de domaine pleinement qualifié (FQDN) pour le serveur de messagerie** ainsi qu'une valeur pour la **Priorité du serveur de messagerie**.

Cette priorité est utile lorsqu'il existe plusieurs serveurs de messagerie afin de définir l'ordre de priorité pour tenter de remettre le courrier. Si un serveur SMTP distant ne peut joindre et remettre le message au serveur ayant la priorité la plus faible, il tentera de contacter le suivant dans la liste. En cas d'égalité de priorité, le choix est aléatoire. Les valeurs acceptables vont de 0 à 65535.

d. Emplacement de services SRV

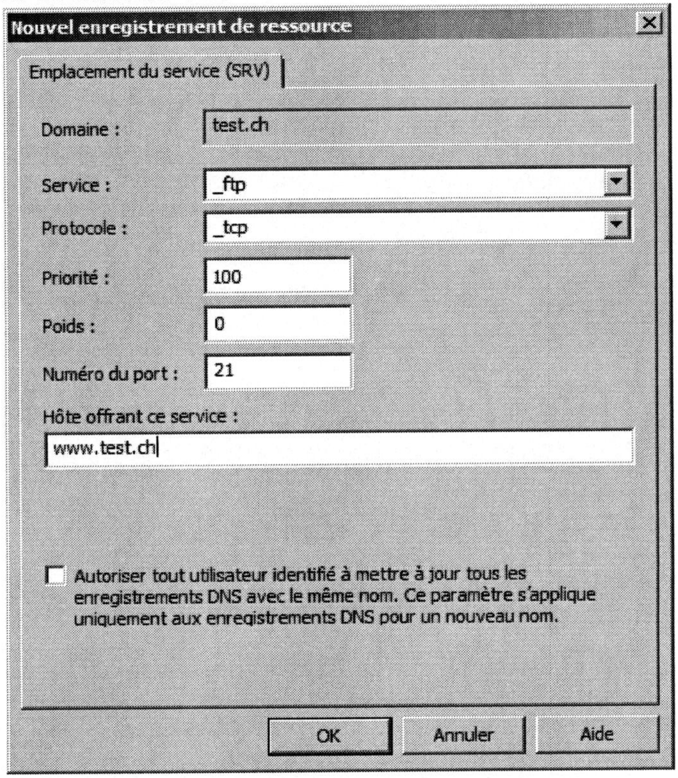

Le **Service** peut être un service existant ou un nom que vous ajoutez.

Il faut indiquer le **Protocole** supporté par le service, UDP ou TCP, mais également un protocole personnalisé.

Les services de l'Active Directory utilisent les enregistrements de service pour trouver par exemple les serveurs catalogue globaux ou les serveurs LDP dans une zone.

Concernant la **Priorité**, vous pouvez y placer une valeur allant de 0 à 65535, la valeur la plus élevée correspondant à la priorité la plus forte. Cette valeur est utilisée pour donner un avantage à un serveur plutôt qu'à un autre si le service existe sur plusieurs serveurs.

Le **Poids**, dont la valeur peut aller de 1 à 65535, met en place un mécanisme d'équilibrage de la charge. Sauf dans certaines implémentations, il est conseillé de laisser la valeur à 0 qui signifie ne pas utiliser un mécanisme d'équilibrage de la charge.

Le **Numéro de port** correspond au numéro de port utilisé pour le service.

Enfin, indiquez l'hôte, soit le serveur qui offre le service.

Vous trouvez les enregistrements SRV d'un DC dans le répertoire %systemroot\system32\config\NetLogon.dns. Ces enregistrements sont automatiquement créés au démarrage de Netlogon.

e. Enregistrement d'alias de domaine DNAME

L'enregistrement DNAME est une nouveauté dans Windows 2008, basée sur la RFC2672. Bien que similaire à un enregistrement CNAME qui permet de créer des alias pour un nœud dans l'espace de nom, DNAME permet de mapper une arborescence d'un espace de nom DNS sous un autre domaine. Vous pouvez l'utiliser pour une migration en douceur d'un espace de nom comme peut l'illustrer l'exemple suivant :

Avec l'invite de commande, vous allez créer deux domaines et un enregistrement dans le domaine qui doit avoir un alias. Puis vous allez créer l'alias et voir le résultat avec l'utilitaire **nslookup**.

Création du domaine à migrer :

```
dnscmd /zoneadd MonVieuxDomaine.local /primary
```

Création d'un enregistrement dans ce domaine :

```
dnscmd /recordadd MonvieuxDomaine.local www A 192.168.6.1
```

Création du nouveau nom pour le domaine :

```
dnscmd /zoneadd MonNouveauDomaine.local /primary
```

Création d'un enregistrement DNAME :

```
dnscmd /recordadd MonNouveauDomaine.local @ DNAME MonVieuxDomaine
```

Test avec nslookup :

```
nslookup www.MonNouveauDomaine.local
nslookup www.MonVieuxDomaine.local
```

L'enregistrement DNAME n'est configurable que via l'invite de commande **dnscmd**. Il faut noter que le domaine d'alias doit être créé sur le serveur DNS et ne peut contenir d'enregistrements lors de la création de l'enregistrement DNAME.

7. Déplacement du stockage

Le serveur DNS peut stocker les enregistrements DNS soit dans un fichier placé dans %systemroot%\system32\dns, soit dans l'Active Directory.

Pour des raisons de sécurité, que ce soit au niveau du stockage, du transfert de zone ou de la mise à jour dynamique des enregistrements, il est préférable de stocker les zones dans l'Active Directory.

Windows Server 2008 répond aux demandes des requêtes DNS pendant le chargement de la zone si l'enregistrement est déjà chargé.

Effectuez la procédure suivante successivement avec les deux machines virtuelles et remarquez les différences en fonction du rôle Active Directory qui est installé ou non.

Vous pouvez à tout moment modifier le type de stockage ou l'emplacement en utilisant la procédure suivante :

- Connectez-vous en tant qu'administrateur.
- Lancez le Gestionnaire DNS en cliquant sur **Démarrer** puis sur **Outils d'administration** et enfin sur **DNS**.
- Dans le volet de gauche, cliquez sur le nœud **Zones de recherche directes** ou **Zones de recherche inversée** pour faire apparaître la zone considérée.
- Cliquez sur la zone pour développer le nœud.
- Cliquez avec le bouton droit de la souris sur la zone puis sur **Propriétés**.
- Cliquez sur l'onglet **Général** de la boîte de dialogue **Propriétés**.

La zone **Type** indique s'il s'agit d'une zone intégrée à Active Directory. Vous pouvez modifier le type de zone à tout moment en cliquant sur le bouton correspondant comme le montre l'image suivante :

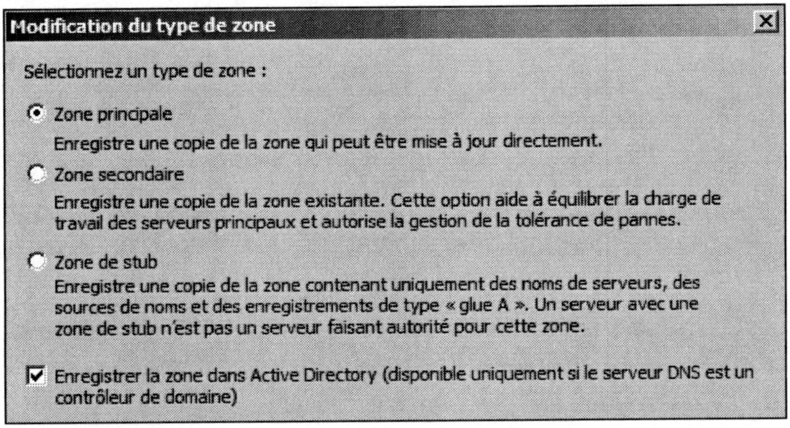

Ces options sont expliquées dans la section Gestion d'une zone - Création d'une zone de recherche directe de ce chapitre.

Le bouton **Réplication** n'est activé que pour une zone intégrée Active Directory. Il permet de définir la manière dont la zone est répliquée vers les autres contrôleurs de domaine.

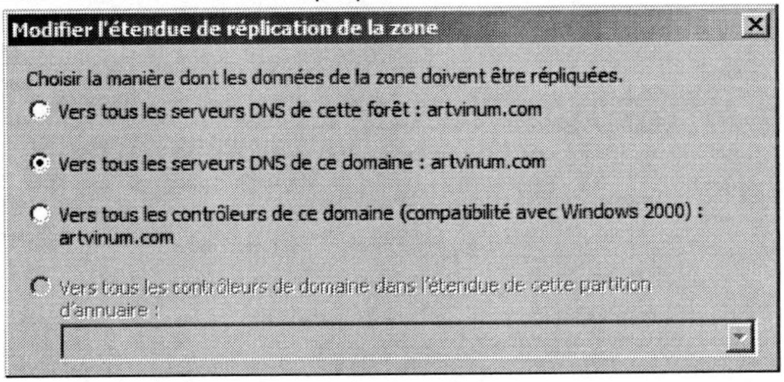

Reportez-vous à la section Gestion d'une zone - Création d'une zone de recherche directe de ce chapitre pour plus d'informations sur ces options.

La liste déroulante **Mises à jour dynamiques** permet de définir si la zone accepte les mises à jour des enregistrements de manière dynamique, voire sécurisée, c'est-à-dire qu'un contrôle des ACLs (*Access Control List*) de l'Active Directory est effectué pour savoir si la mise à jour est permise.

8. Réplication des zones du serveur DNS

Selon que la zone est intégrée à l'Active Directory ou non, le transfert de zone ne fonctionne pas de la même manière.

Le transfert d'une zone intégrée à l'Active Directory utilise la réplication de l'Active Directory et requiert que chaque serveur DNS soit également un contrôleur de domaine. Les contrôleurs de domaine qui reçoivent une copie de la zone sont définis dans la modification de l'étendue de réplication comme étudié dans la section précédente.

La latence est basée sur l'intervalle de réplication de l'Active Directory. C'est la méthode la plus sécurisée pour transférer des enregistrements entre serveurs DNS.

Si le stockage de la zone se fait dans un fichier, alors il faut configurer le transfert de zone ; plusieurs cas peuvent se présenter mais ils utilisent tous la notion de zone secondaire et de serveur maître.

Dès qu'un serveur héberge une zone secondaire, il doit se synchroniser auprès d'un serveur maître, celui-ci pouvant héberger la zone en tant que zone principale, zone intégrée Active Directory ou même zone secondaire. Sur le serveur Maître, il est donc requis d'autoriser le transfert de zone.

Il est nécessaire de planifier correctement le transfert de zone et de choisir judicieusement les serveurs maîtres afin de diminuer le temps de convergence des zones.

Il est préférable d'utiliser uniquement des zones intégrées à Active Directory et d'éviter autant que possible l'utilisation de zones secondaires.

Au préalable, il faut autoriser le transfert de zone en suivant cette procédure. Pour effectuer un exercice complet, vous allez créer une zone secondaire sur le serveur Win1 dont le nom correspond au domaine et utiliser le Server Win2 en tant que maître.

- Connectez-vous en tant qu'administrateur sur Win2.
- Lancez le Gestionnaire DNS en cliquant sur **Démarrer** puis sur **Outils d'administration** et enfin sur **DNS**.
- Dans le volet de gauche, cliquez sur le nœud **Zones de recherche directes** ou **Zones de recherche inversée** pour faire apparaître la zone considérée, ici **pffc.fr** (si elle n'existe pas, créez-la).
- Cliquez sur la zone pour développer le nœud.
- Cliquez avec le bouton droit de la souris sur la zone puis sur **Propriétés**.
- Cliquez sur l'onglet **Transferts de zone** de la boîte de dialogue **Propriétés**.

La case à cocher **Autoriser les transferts de zone** doit être cochée. Ensuite vous devez déterminer la méthode :

- **Vers n'importe quel serveur** est la méthode la moins sécurisée car toutes les demandes de synchronisation sont acceptées, cette méthode est déconseillée mais c'est celle que nous utilisons ici.
- **Uniquement vers les serveurs suivants**, soit ceux définis dans la liste ci-dessous. Cette option est plus restrictive que la suivante.
- **Uniquement vers les serveurs listés dans l'onglet Serveurs de noms** est une méthode plus sécurisée car le transfert ne sera permis que vers les serveurs de noms définis pour la zone comme le montre l'image suivante.

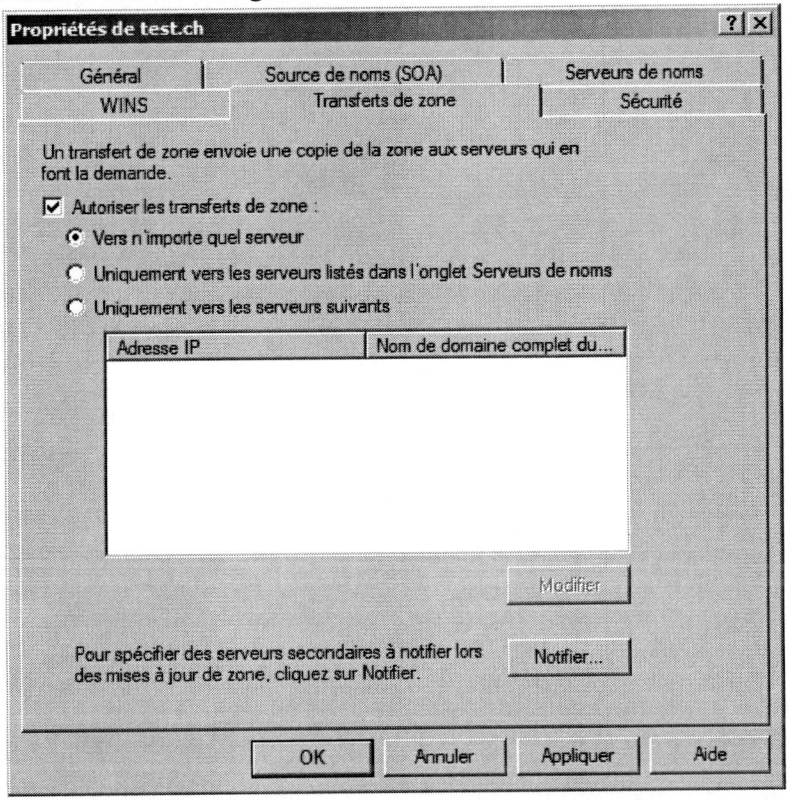

Le bouton **Modifier** permet de gérer les adresses IP des serveurs qui peuvent demander une synchronisation avec la zone.

Le bouton **Notifier** permet d'avertir les serveurs de noms des mises à jour de la zone. Vous pouvez avertir tous les serveurs listés dans l'onglet **Serveurs de noms** ou dans une liste de serveurs que vous entrez manuellement.

Vous pouvez ajouter des serveurs de noms pour la zone, que ce soient des serveurs DNS Microsoft ou autres.

→ Connectez-vous en tant qu'administrateur sur **Win1**.

- Lancez le gestionnaire DNS en cliquant sur **Démarrer** puis sur **Outils d'administration** et enfin sur **DNS**.
- Dans le volet de gauche, cliquez avec le bouton droit de la souris sur le nœud **Zones de recherches directes** (ici) ou **Zones recherches inversées** puis cliquez sur **Nouvelle Zone**.
- Sur la page **Bienvenue!** de l'assistant **Nouvelle zone**, cliquez sur **Suivant**.
- Sur la page **Type de zone**, sélectionnez l'option **Zone secondaire** puis cliquez sur **Suivant**.
- Sur la page **Nom de la zone**, saisissez la zone à répliquer, ici **pffc.fr** puis cliquez sur **Suivant**.
- Sur la page **Serveur DNS maître**, saisissez l'adresse IP ou le nom DNS du serveur maître, ici l'adresse IP de **Win2** (ce dernier doit être en ligne pour être validé) puis cliquez sur **Suivant**.
- Sur la page **Fin de l'assistant nouvelle zone**, cliquez sur **Terminer**. Contrôlez que la réplication s'est bien effectuée.

Si la réplication ne s'est pas faite correctement, cliquez avec le bouton droit de la souris sur la zone considérée, ici **pffc.fr** puis, soit sur **Transfert à partir du maître** (transfert IXFR) soit sur **Recharge à partir du maître** (transfert AXFR). Si le problème persiste, vérifiez la connexion réseau entre les deux serveurs et si la zone peut être transférée.

Sur le serveur qui héberge la zone secondaire contrôlez que la réplication s'effectue correctement.

La commande **Transfert à partir du maître** signifie que le serveur DNS contacte le serveur maître pour se synchroniser. Le transfert est incrémentiel et utilise le protocole IXFR et non un transfert complet AXFR. La commande **Rechargement à partir du maître** est identique à la précédente exceptée que la zone est d'abord vidée avant le transfert. La commande **Changer à Nouveau** change la zone à partir de la copie fichier ou de l'Active Directory.

9. WINS

L’autre méthode pour résoudre des noms en adresses IP se base sur le protocole NetBIOS qui utilise un serveur WINS à la place d’un serveur DNS. Bien que ce protocole ne soit plus nécessaire avec Windows Server 2008, il est encore largement répandu dans les entreprises.

Les deux protocoles peuvent coexister, néanmoins si le nom ne peut être résolu, le client fait appel dans ce cas à la résolution basée sur NetBIOS et cela prend du temps. Si un serveur WINS existe, il peut être intéressant de l’associer à une zone de recherche directe ou inversée. Dans ce cas, si le serveur DNS ne peut résoudre le nom dans la zone considérée, il fait appel aux serveurs WINS définis pour tenter de résoudre le nom.

Le scénario le plus commun est de désactiver la résolution de noms NetBIOS pour les ordinateurs fonctionnant sous Windows Vista, voire Windows XP et de permettre une recherche via un serveur WINS par l’intermédiaire du serveur DNS.

Un problème récurrent dans la résolution de noms vient du fait que les enregistrements de type WINS ne comportent que le nom de l’ordinateur et pas un FQDN complet. Si un utilisateur tente de se connecter sur un ordinateur en tapant http://zeus sans rajouter le suffixe, le client ajoute automatiquement son suffixe principal puis passe la requête auprès du serveur DNS qui recherche dans la zone en question. S'il ne trouve pas l'enregistrement et qu'une recherche auprès d'un serveur WINS est configurée, le serveur DNS interroge le serveur WINS. En cas de non réponse, d'autres suffixes peuvent être utilisés s'ils ont été configurés pour être utilisés dans la résolution.

Cette méthode est inefficace et peut demander un délai relativement long pour obtenir une réponse. Windows Server 2008 introduit la notion de zone globale DNS. Cette zone permet de définir des enregistrements statiques sans extension. Ensuite, ils sont mappés en utilisant un alias (CNAME) vers un enregistrement d'hôte ou d'alias dans une des zones sur laquelle on a autorité.

Bien entendu, à chaque demande non résolue dans la zone, le serveur DNS recherche dans la zone globale si un enregistrement correspondant existe.

En plus de réduire le temps de recherche et de simplifier la configuration, la zone globale permet de rendre inutile l'utilisation d'un serveur WINS et de ne pas modifier la façon de travailler des ordinateurs clients. Les ordinateurs fonctionnant uniquement sous IPv6 peuvent également résoudre des noms sans suffixe.

Bien que Microsoft propose la zone globale comme une alternative au serveur WINS, elle peut être envisagée comme un emplacement pour y placer des noms communs pour des serveurs dont le nom réel serait complexe, que ce soit dans une Active Directory mono ou multidomaines, voire multiforêts.

a. Désactiver la résolution NetBIOS

- Connectez-vous en tant qu'administrateur sur `Win1`.
- Cliquez sur **Démarrer** puis saisissez `control ncpa.cpl` dans la zone de saisie **Rechercher** et appuyez sur [Entrée].
- Cliquez avec le bouton droit de la souris sur l'interface désirée puis cliquez sur **Propriétés**.
- Double cliquez sur **Protocole Internet version 4 (TCP/IPv4)**.
- Dans la boîte de dialogue **Propriétés de protocole Internet version 4 (TCP/IPv4)**, cliquez sur **Avancé**.
- Dans la boîte de dialogue **Paramètres TCP/IP avancés**, cliquez sur l'onglet **WINS**.
- Dans l'onglet **WINS**, désactivez la case à cocher **Activer la recherche LMHOSTS** et cliquez sur l'option **Désactiver NetBIOS sur TCP/IP**.
- Cliquez trois fois sur **OK**.

Vous pouvez également utiliser les stratégies de groupe pour désactiver la résolution NetBIOS, c'est même la méthode préférée.

La commande **nbtstat** permet de gérer les enregistrements dans le cache NetBIOS.

b. Configurer un serveur DNS pour utiliser la résolution WINS

Si vous devez installer un serveur WINS, il est placé en tant que fonctionnalité et non en tant que rôle.

- Connectez-vous en tant qu'administrateur.
- Lancez le Gestionnaire DNS en cliquant sur **Démarrer** puis sur **Outils d'administration** et enfin sur **DNS**.
- Dans le volet de gauche, cliquez sur le nœud **Zones de recherche directes** ou **Zones de recherche inversée** pour faire apparaître la zone considérée.
- Cliquez sur la zone pour développer le nœud.
- Cliquez avec le bouton droit de la souris sur la zone puis sur **Propriétés**.
- Cliquez sur l'onglet **WINS** ou **WINS-R** de la boîte de dialogue **Propriétés**.

> Cet onglet n'est pas disponible pour des zones de Stub.

Pour activer la recherche également vers un serveur DNS, cochez la case **Utiliser la recherche directe WINS**.

Si d'autres serveurs DNS gérant la zone ne reconnaissent pas les enregistrements de type WINS, comme certains serveurs DNS non Microsoft et en particulier les serveurs BIND/Unix, il peut y avoir des problèmes lors du transfert de zone ; pour éviter ces problèmes, il est conseillé de cocher la case **Ne pas répliquer cet enregistrement**.

Sous **Adresse IP**, ajoutez les adresses des serveurs WINS.

En cliquant sur le bouton **Avancé**, vous configurez le **Délai d'expiration du cache**, c'est-à-dire le TTL de l'enregistrement retourné par le serveur WINS et le **Délai d'expiration de la recherche**, c'est-à-dire le délai avant que le serveur ne retourne une réponse de type "Nom introuvable".

> Un serveur WINS n'est utilisable que pour des adresses IPv4.

c. Créer et configurer une zone globale DNS

Cette procédure montre comment créer la zone, la configurer avec un enregistrement et ce qu'il se passe lorsque le client effectue une demande de résolution du nom.

- Connectez-vous en tant qu'administrateur.
- Ouvrez une invite de commande avec les privilèges d'administration.
- Saisissez la commande suivante : `dnscmd NomDuServeur /config /enableglobalnamessupport 1` puis appuyez sur [Entrée].

  NomDuServeur est un serveur DNS Windows Server 2008 qui est contrôleur de domaine.

→ Pour créer la zone, vous pouvez passer par l'interface graphique mais également saisir la commande suivante : `dnscmd NomDuServeur /ZoneAdd GlobalNames /DsPrimary /DP /forest` puis appuyer sur [Entrée]. La zone **GlobalNames** est créée sur le serveur.

La zone créée est intégrée à l'Active Directory, elle n'accepte pas les mises à jour dynamiques et est répliquée sur tous les serveurs DNS de la forêt.

→ Ajoutez un enregistrement de type CNAME dans la zone globale. Pour le test, vous allez ajouter l'enregistrement Web comme le montre la figure suivante. À partir de l'invite de commande, saisissez `dnscmd /RecordAdd GlobalNames web CNAME www.test.ch` puis appuyez sur [Entrée].

L'enregistrement associé est stocké dans une zone sur laquelle on a autorité. Chaque enregistrement doit être enregistré manuellement.

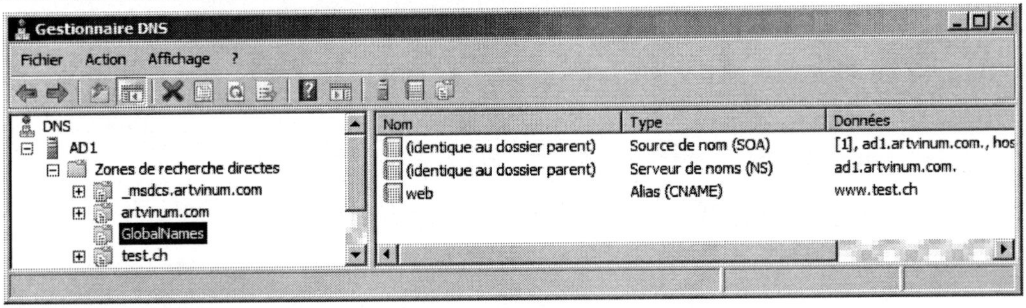

L'ordinateur client n'a pas besoin d'être configuré. Il lui suffit de faire partie du domaine considéré. Car si vous saisissez `ping web` sur l'ordinateur client, il va automatiquement rajouter un suffixe pour l'enregistrement.

Dans notre cas, c'est la requête web.artvinum.com qui est passée au serveur DNS. Le serveur DNS ne trouve pas l'enregistrement dans la zone artvinum.com mais comme il existe une zone appelée **GlobalDNS**, il regarde dans cette zone avant d'essayer éventuellement d'autres suffixes. Dans la zone **GlobalDNS**, l'enregistrement est trouvé, donc le serveur DNS répond à la requête en indiquant le nom réel du serveur, ici ordi.test.ch et son adresse IP.

Les figures suivantes montrent la capture des paquets réseau pour la requête DNS.

Frame Summary

Frame Number	Time Offset	Conv Id	Source	Destination	Protocol Name	Description
9	3.114478		222.73.27.235	172.30.1.104	UDP	UDP: SrcPort = 4512, DstPort = 1035, Length = 74
10	3.164550		172.30.1.170	172.30.1.180	ARP	ARP: Request, 172.30.1.170 asks for 172.30.1.180
11	3.174564		172.30.1.180	172.30.1.170	ARP	ARP: Response, 172.30.1.180 at 00-03-FF-CE-6A-CF
12	3.194593		172.30.1.170	172.30.1.180	DNS	DNS: QueryId = 0x15EA, QUERY (Standard query), Query for web.artvinum.com of type Host Addr on class Internet
13	3.254680		172.30.1.180	172.30.1.170	ARP	ARP: Request, 172.30.1.180 asks for 172.30.1.170
14	3.264694		172.30.1.170	172.30.1.180	ARP	ARP: Response, 172.30.1.170 at 00-03-FF-C5-6A-CF
15	3.264694		172.30.1.180	172.30.1.170	DNS	DNS: QueryId = 0x15EA, QUERY (Standard query), Response - Success
16	3.274708		172.30.1.170	172.30.1.180	DNS	DNS: QueryId = 0xB3F0, QUERY (Standard query), Query for web.artvinum.com of type AAAA on class Internet
17	3.304752		172.30.1.180	172.30.1.170	DNS	DNS: QueryId = 0xB3F0, QUERY (Standard query), Response - Success
18	3.605184		172.30.1.170	ordi.test.ch	ARP	ARP: Request, 172.30.1.170 asks for 172.30.1.59

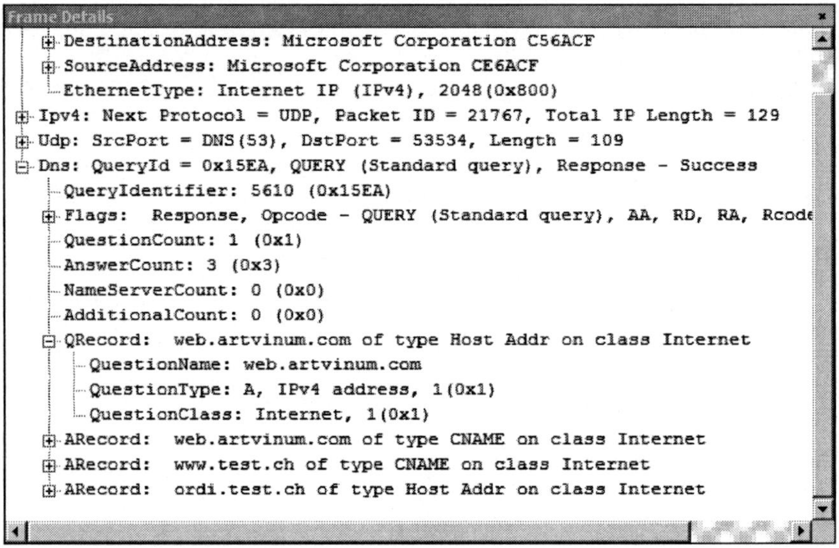

F. Rôle Serveur DNS sur un Server Core

1. Installer le rôle Serveur DNS

Core1

→ Dans l'invite de commande, saisissez `start /w ocsetup DNS-Server-Core-Role` puis appuyez sur [Entrée].

→ Saisissez ensuite `oclist` pour contrôler que le serveur DHCP est bien installé puis appuyez sur [Entrée].

2. Désinstaller le rôle Serveur DNS

Core1

→ Dans l'invite de commande, saisissez `start /w ocsetup DNS-Server-Core-Role /uninstall` puis appuyez sur [Entrée].

→ Saisissez ensuite `oclist` pour contrôler que le serveur DHCP est bien désinstallé puis appuyez sur [Entrée].

3. Gestion du serveur

Pour la gestion du serveur DNS, vous pouvez soit utiliser les commandes **dnscmd** en ayant pris soin de créer vos commandes à l'avance dans des scripts, soit le gérer à distance par l'intermédiaire de la console DNS. N'oubliez pas d'ouvrir les ports du pare-feu sur **Core1**.

G. Utilitaires en ligne de commande

1. Commande nslookup

L'utilitaire **nslookup** est utilisé pour isoler des problèmes provenant de la résolution de noms en adresses IP.

Prenons par exemple un utilisateur désirant se rendre sur le site Web www.eni.fr. Pour rappel, une fois qu'il a tapé l'URL dans son navigateur, et si l'adresse IP correspondante ne se trouve pas dans le cache de l'ordinateur ou dans le fichier Hosts, alors l'ordinateur fait appel au serveur DNS pour la résolution ; celui-ci peut rechercher directement ou faire appel à un serveur de cache distant pour retrouver l'adresse IP. En résumé, les endroits où une erreur peut surgir sont nombreux. Il n'est pas évident de déterminer où se situe le problème, est-ce :

- un problème réseau entre l'ordinateur et le site Web ?
- un problème réseau entre l'ordinateur et le serveur DNS ?
- un problème d'inscription dans le serveur DNS ?
- un problème de cache DNS ?

La commande nslookup permet d'isoler les problèmes réseau entre l'ordinateur et le serveur DNS qui fait autorité, et un problème de cache DNS sur un serveur DNS servant de cache ou sur l'ordinateur local.

Avant d'utiliser nslookup, vous devez vous assurer qu'une connexion IP est possible entre l'adresse IP de l'ordinateur et l'adresse IP du serveur DNS.

➜ Pour rechercher un hôte en utilisant un serveur DNS particulier

- Connectez-vous en tant qu'administrateur.
- Ouvrez une invite de commande avec les privilèges d'administration.
- Saisissez `nslookup www.eni.fr MonServeur DNS` puis [Entrée].

➜ Pour démarrer nslookup en mode interactif

- Connectez-vous en tant qu'administrateur.
- Ouvrez une invite de commande avec les privilèges d'administration.
- Saisissez `nslookup` puis [Entrée]. Vous pouvez également indiquer le nom d'un serveur DNS.

➜ Pour afficher l'aide

- Saisissez `help` puis [Entrée].

➜ Pour résoudre un nom

- Saisissez `www.eni.fr` par exemple puis [Entrée].

➜ Pour rechercher un serveur de messagerie

- Saisissez `set type=mx` puis [Entrée].
- Saisissez `eni.fr` par exemple puis [Entrée].

➜ Pour afficher un maximum d'informations

- Saisissez `set debug = true` puis [Entrée].

2. Commande dnscmd

La commande **dnscmd** permet de gérer complètement un serveur DNS à l'aide d'une invite de commandes ou de scripts. Il est fortement recommandé de l'utiliser.

La syntaxe est la suivante :

```
Administrateur : Invite de commandes

C:\>dnscmd

Utilisation : DnsCmd <NomServeur> <Commande> [<Paramètres de commande>]

<NomServeur> :
  adresse IP ou nom d'hôte    -- serveur DNS distant ou local
  .                           -- serveur DNS sur ordinateur local
<Commande> :
  /Info                      -- Obtention des informations du serveur
  /Config                    -- Réinitialiser la configuration du serveur ou de la zone
  /EnumZones                 -- Énumérer les zones
  /Statistics                -- Interroger/effacer les données de statistiques du serveur
  /ClearCache                -- Effacer le cache du serveur DNS
  /WriteBackFiles            -- Réécrire tous les fichiers de données de zone ou d'indications de racine
  /StartScavenging           -- Initie le nettoyage du serveur
  /IpValidate                -- Valider les serveurs DNS distants
  /ResetListenAddresses      -- Définir la ou les adresses IP des serveurs en vue de traiter les demandes DNS
  /ResetForwarders           -- Définir les serveurs DNS en vue de transférer les requêtes récursives vers
  /ZoneInfo                  -- Afficher les informations de zone
  /ZoneAdd                   -- Créer une nouvelle zone sur le serveur DNS
  /ZoneDelete                -- Supprimer une zone du serveur DNS ou du DS
  /ZonePause                 -- Suspendre une zone
  /ZoneResume                -- Reprendre une zone
  /ZoneReload                -- Recharger la zone à partir de sa base de données (fichier ou DS)
  /ZoneWriteBack             -- Réécrire la zone dans le fichier
  /ZoneRefresh               -- Forcer l'actualisation de la zone secondaire à partir du serveur maître
  /ZoneUpdateFromDs          -- Mettre à jour une zone DS intégrée à l'aide de données issues de DS
  /ZonePrint                 -- Afficher tous les enregistrements de la zone
  /ZoneResetType             -- Modifier le type de zone
  /ZoneResetSecondaries      -- Réinitiliser les informations secondaires ou de notification d'une zone
  /ZoneResetScavengeServers  -- Réinitialiser les serveurs de nettoyage d'une zone
  /ZoneResetMasters          -- Réinitialiser les serveurs maîtres de la zone secondaire
  /ZoneExport                -- Exporter une zone dans un fichier
  /ZoneChangeDirectoryPartition -- Déplacer une zone vers une autre partition d'annuaire
  /EnumRecords               -- Énumérer les enregistrements au niveau d'un nom
  /RecordAdd                 -- Créer un enregistrement dans la zone ou les indications de racine
  /RecordDelete              -- Supprimer un enregistrement de la zone, des indications de racine ou du cache
  /NodeDelete                -- Supprimer tous les enregistrements au niveau d'un nom
  /AgeAllRecords             -- Forcer le vieillissement sur le ou les nouds de la zone
  /EnumDirectoryPartitions   -- Énumérer les partitions d'annuaire
  /DirectoryPartitionInfo    -- Obtenir des informations sur une partition d'annuaire
  /CreateDirectoryPartition  -- Créer une partition d'annuaire
  /DeleteDirectoryPartition  -- Supprimer une partition d'annuaire
  /EnlistDirectoryPartition  -- Ajouter un serveur DNS à l'étendue de réplication de la partition
  /UnenlistDirectoryPartition -- Supprimer un serveur DNS de l'étendue de réplication
  /CreateBuiltinDirectoryPartitions -- Créer des partitions intégrées
  /ExportSettings            -- Diriger les paramètres vers le fichier DnsSettings.txt dans le répertoire de base de don
nées du serveur DNS

<Paramètres de commande> :
  DnsCmd <NomCommande> /? -- Pour des informations d'aide sur une commande s
                             pécifique
```

Voici quelques exemples d'utilisation de l'utilitaire dnscmd.

- Pour afficher les informations concernant le serveur DNS, saisissez `dnscmd localhost /info` par exemple puis [Entrée].
- Pour afficher les zones stockées sur le serveur DNS, saisissez `dnscmd localhost /enumzones` puis [Entrée].
- Pour ajouter une zone, saisissez `dnscmd localhost /addzone MaZone.com /Primary /File mazone.dns` par exemple puis [Entrée].
- Pour recharger une zone, saisissez `dnscmd localhost /zonereload MaZone.com` par exemple puis [Entrée].

3. Commande dnslint

La commande **dnslint** est à télécharger à partir du site Web de Microsoft. Il peut créer des rapports au format HTML. Il peut être utilisé pour résoudre des problèmes liés à l'Active Directory comme la réplication, mais également à un domaine particulier.

Il s'utilise aussi bien pour une entreprise que sur Internet.

La figure suivante montre le rapport d'interrogation d'une zone à l'aide de la commande `dnslint /ad 172.30.1.180 /s 172.30.1.180`.

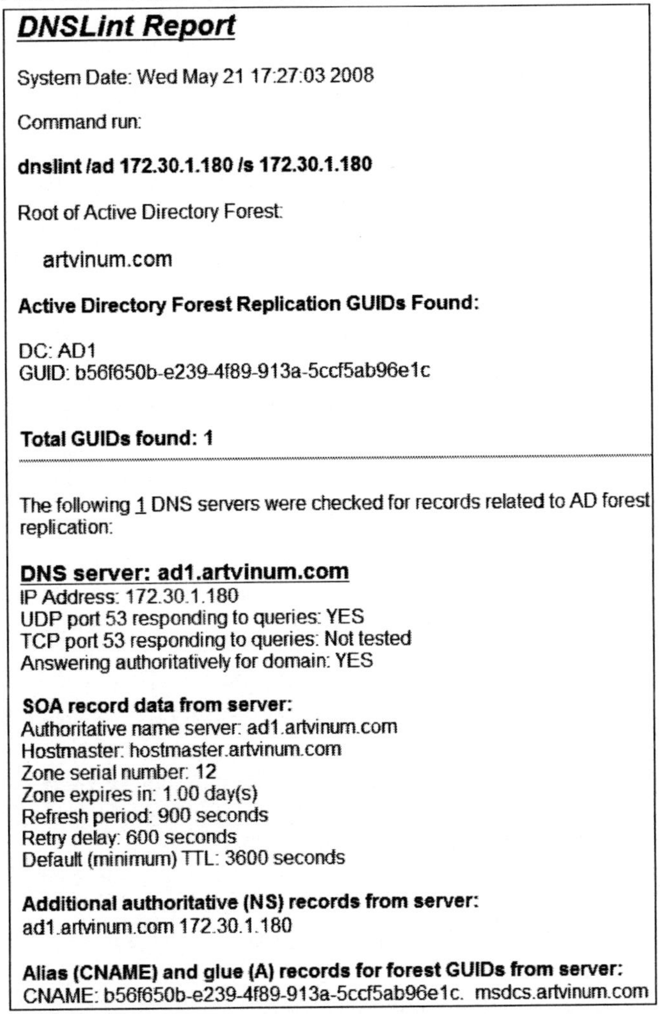

DNSLint Report

System Date: Wed May 21 17:27:03 2008

Command run:

dnslint /ad 172.30.1.180 /s 172.30.1.180

Root of Active Directory Forest:

artvinum.com

Active Directory Forest Replication GUIDs Found:

DC: AD1
GUID: b56f650b-e239-4f89-913a-5ccf5ab96e1c

Total GUIDs found: 1

The following 1 DNS servers were checked for records related to AD forest replication:

DNS server: ad1.artvinum.com
IP Address: 172.30.1.180
UDP port 53 responding to queries: YES
TCP port 53 responding to queries: Not tested
Answering authoritatively for domain: YES

SOA record data from server:
Authoritative name server: ad1.artvinum.com
Hostmaster: hostmaster.artvinum.com
Zone serial number: 12
Zone expires in: 1.00 day(s)
Refresh period: 900 seconds
Retry delay: 600 seconds
Default (minimum) TTL: 3600 seconds

Additional authoritative (NS) records from server:
ad1.artvinum.com 172.30.1.180

Alias (CNAME) and glue (A) records for forest GUIDs from server:
CNAME: b56f650b-e239-4f89-913a-5ccf5ab96e1c._msdcs.artvinum.com

H. Intégration avec l'Active Directory

WinAD

Comme il a été cité plusieurs fois, le stockage de la base de données DNS dans l'Active Directory appelée **zone intégrée Active Directory** est une méthode conseillée. Pour cela, il faut installer le rôle Serveur DNS sur le contrôleur de domaine, soit en même temps que l'installation de l'Active Directory pour le premier contrôleur de domaine, soit plus tard.

1. Quelques mots sur la réplication

Ensuite la réplication est entièrement gérée par l'Active Directory. Il faut noter qu'en fonction de l'emplacement de stockage spécifié pour la zone, la réplication concerne :

- tous les contrôleurs de domaine DNS de la forêt ;
- tous les contrôleurs de domaine DNS du domaine ;
- seulement les contrôleurs de domaine du domaine ;
- plus spécifiquement les contrôleurs de domaine de la forêt qui hébergent une partition applicative.

Bien entendu, il est également possible de créer une réplication mixte avec des serveurs hébergeant des zones secondaires, néanmoins ce n'est pas une solution sécurisée, ni efficace.

2. Chargement de zone en arrière-plan

À partir de Windows Server 2008, les zones intégrées Active Directory peuvent se charger en arrière-plan et le serveur DNS peut résoudre les requêtes sans attendre le chargement complet, il est donc *multithread*. Si une requête concerne une zone en chargement, le serveur DNS retrouve l'enregistrement directement en interrogeant l'Active Directory.

La mise à jour d'enregistrements nécessite toujours un chargement complet de la zone. C'est une nouveauté avantageuse pour les entreprises qui disposent de plusieurs milliers d'enregistrements et dont le chargement peut être long.

3. Enregistrements manquants pour l'Active Directory

Il arrive parfois que des enregistrements propres à l'Active Directory ou un sous-domaine manquent. Pour recréer les enregistrements manquants, vous pouvez :

- les ajouter manuellement dans le contrôleur de domaine, ce qui est ni évident ni facile ;
- redémarrer le serveur afin que les enregistrements manquants s'inscrivent, cette solution n'est pas très efficace non plus ;
- utiliser la commande **net** pour redémarrer uniquement les services de l'Active Directory, c'est la méthode préférée, comme le montre les commandes suivantes :
  - `net stop netlogin`
  - `net start netlogin`

4. Zone principale en lecture uniquement

Il s'agit également d'une nouveauté de Windows Server 2008 qui permet d'utiliser des zones en lecture uniquement sur des contrôleurs de domaine. Pour cela, il faut que le serveur DNS soit sur le même serveur qu'un contrôleur de domaine en lecture seule (RODC). Cette solution permet de placer des serveurs DNS dans des zones sensibles tout en limitant les risques de sécurité.

Il faut noter que seules les zones DNS incluses dans les partitions applicatives **partition de domaine**, **ForestDnsZones** et **DomainDNSZones** sont répliquées.

I. Meilleures pratiques

Les recommandations suivantes devraient être prises en compte lors du déploiement d'un serveur DNS :

- Le rôle Serveur DNS devrait être installé sur un contrôleur de domaine afin de créer et d'utiliser des zones intégrées Active Directory.
- Protégez les zones DNS dans des emplacements peu sécurisés en utilisant des contrôleurs de domaine en lecture seule (RODC).
- Configurez les zones pour utiliser uniquement les mises à jour dynamiques sécurisées.
- Restreignez le transfert de zone en spécifiant le nom des serveurs DNS vers lesquels le transfert est autorisé, ou modifiez le type de zone afin d'utiliser des zones Intégrées Active Directory.
- Pour Internet utilisez un serveur DNS externe et pour un intranet utilisez un serveur DNS interne. Si le nom de domaine est identique entre intranet et Internet, ajoutez manuellement les quelques enregistrements définis dans le serveur externe sur le serveur interne. N'utilisez jamais le transfert de zone.
- Configurez le pare-feu afin de protéger les espaces de noms internes et les serveurs DNS internes.
- Activez la récursivité uniquement vers les serveurs DNS appropriés
- Assurez-vous que l'option avancée du serveur **Sécuriser le cache contre la pollution** est bien activée. Il utilise alors un mécanisme qui sécurise les caches des serveurs DNS contre des données malveillantes ou de réponses ne faisant pas autorité.
- Si vous utilisez un espace de noms privé, vérifiez que cet espace de noms est le domaine racine.

J. Résolution de noms pour les ordinateurs clients

Win2

Dans cette section, vous allez examiner comment les ordinateurs clients ou serveurs résolvent les noms en adresse IP.

1. Nom d'hôte

Comme vous l'avez déjà entrevu, le nom d'hôte est un nom associé à une adresse TCP/IP. Il est défini dans les RFCs et est considéré comme étant un FQDN. Le nom d'hôte peut contenir les lettres allant de a à z (majuscule ou minuscule), les chiffres de 1 à 9 et le tiret. **www.eni.fr** est un nom d'hôte valide. La longueur maximale est de 255 caractères dont chaque partie doit être comprise en 1 et 63 caractères.

2. Nom NetBIOS

Le nom NetBIOS est également un nom mais dont la définition est différente car il est limité à seize caractères dont quinze composent le nom, le dernier servant à identifier un service. Il peut se composer de caractères alphanumériques, excepté l'espace et les caractères V**:*?«;**|. Les noms d'hôtes ont une hiérarchie alors que les noms NetBIOS sont tous au même niveau. Les noms NetBIOS ne se composent que d'une seule partie. **TOTO** est un nom NetBIOS valide.

Bien que Windows ait abandonné l'utilisation des noms NetBIOS en tant que noms principaux, ils sont encore largement utilisés par certaines applications. Voici quelques exemples de valeurs pour le seizième caractère. Pour disposer d'une liste complète, veuillez consulter la KB163409.

- 00 service Station de travail
- 03 Service Messenger
- 20 Service de fichiers
- 1B Maître d'exploration de domaine
- 1C Contrôleur de domaine
- 1D Maître d'exploration

3. Fichier HOSTS

Le fichier HOSTS qui se trouve dans le répertoire **%systemroot%\system32\drivers\etc** est l'ancêtre des serveurs DNS et permet la résolution de noms d'hôtes en adresses IP.

Si vous devez l'utiliser, il suffit simplement de l'éditer avec un éditeur de texte comme le Bloc-notes. L'image suivante montre le fichier HOSTS avec les valeurs par défaut :

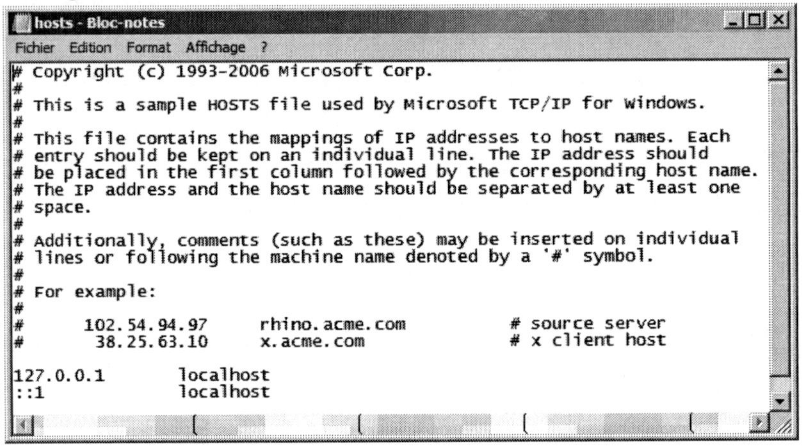

Dès que vous avez modifié ce fichier, sauvez-le et à la prochaine requête, il sera de nouveau utilisé.

Sauf pour des cas bien précis, ce fichier n'est que rarement modifié.

4. Fichier LMHOSTS

Le fichier LMHOSTS est le pendant du fichier HOSTS mais pour les noms NetBIOS. Il se trouve également dans le répertoire %systemroot%\system32\drivers\etc, il est l'ancêtre des serveurs. Par défaut, ce fichier s'appelle **lmhosts.sam**. Pour l'utiliser il faut le renommer en **lmhosts**. Il est plus puissant que son homologue car il permet d'y intégrer non seulement des services mais également d'inclure un fichier provenant du réseau. Comme pour le fichier HOSTS, on le modifie à l'aide du Bloc-notes. La capture d'écran suivante montre une partie du fichier IMHOSTS.

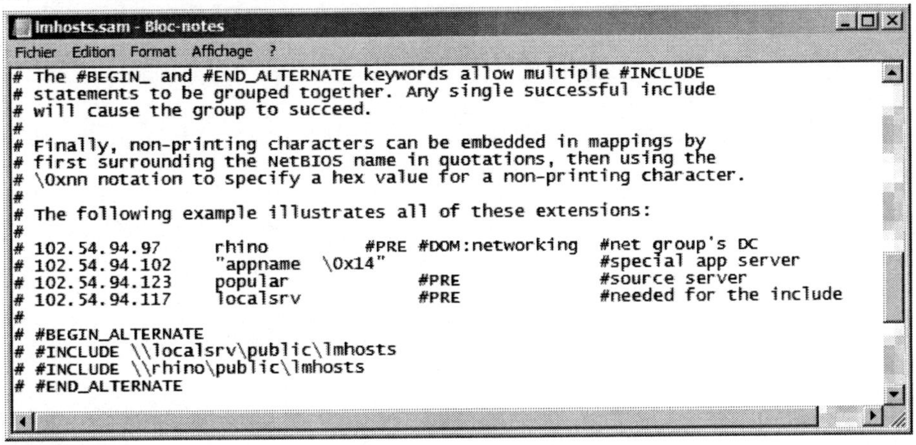


```
# The #BEGIN_ and #END_ALTERNATE keywords allow multiple #INCLUDE
# statements to be grouped together. Any single successful include
# will cause the group to succeed.
#
# Finally, non-printing characters can be embedded in mappings by
# first surrounding the NetBIOS name in quotations, then using the
# \0xnn notation to specify a hex value for a non-printing character.
#
# The following example illustrates all of these extensions:
#
# 102.54.94.97     rhino         #PRE #DOM:networking  #net group's DC
# 102.54.94.102    "appname  \0x14"                    #special app server
# 102.54.94.123    popular            #PRE             #source server
# 102.54.94.117    localsrv           #PRE             #needed for the include
#
# #BEGIN_ALTERNATE
# #INCLUDE \\localsrv\public\lmhosts
# #INCLUDE \\rhino\public\lmhosts
# #END_ALTERNATE
```

Actuellement il est possible d'utiliser des zones DNS GLobalNames pour se passer de ce fichier.

5. Diffusion

L'utilisation du protocole NetBIOS permet d'utiliser des messages de diffusion comme une méthode possible pour la résolution du nom. Bien que cette méthode soit surtout efficace dans les petits réseaux pour des demandes locales, elle est encore principalement utilisée avec la résolution NetBIOS.

6. Recherche du réseau LLMNR (Link-Local Multicast Name Resolution)

LLMNR défini par la RFC 4795 permet la résolution de noms dans des environnements locaux où il n'existe pas de serveurs DNS, son principe est semblable à la diffusion mais les messages utilisés sont des messages de multidiffusion. Pour en bénéficier, il faut utiliser un ordinateur exécutant au moins Windows Vista ou Windows Server 2008.

Le principal avantage de LLMNR réside dans le fait qu'il supporte les protocoles IPv4 et IPv6 alors que le résolveur NetBT (NetBIOS) qui passe par la diffusion n'est pas supporté par le protocole IPv6.

Il faut également noter qu'il est possible d'activer ou de désactiver LLMNR via la stratégie de groupe suivante **Turn off Multicast Name Resolution (Configuration Ordinateur\Modèles d'administration\Réseau\Client DNS)**.

LLMNR utilise le port 5355/UDP et l'adresse de multicast IPv4 224.0.0.252 et comme adresse de destination multicast 33-33-00-01-00-03 et en IPv6 FF02::1:3 avec comme adresse de destination multicast 01-00-5E-00-00-FC.

La **recherche du réseau** rend obsolète le **service d'exploration d'ordinateurs** qui était basé sur des messages de diffusion. Ce service est enfin désactivé par défaut.

7. Protocole PnrP (Peer Name Resolution Protocol)

PnrP est un protocole conçu par Microsoft adapté aux réseaux postes à postes qui permet de résoudre des noms d'ordinateurs ou d'autres types d'informations dans des réseaux locaux voire sur Internet en adresses IPv6. Il effectue des opérations qui dépassent largement ce que fait LLMNR et a été conçu pour :

- Fonctionner dans des environnements distribués sans serveurs évolutifs et devant mettre en œuvre un niveau de sécurité élevé.
- Publier sans effort des noms sans utiliser des outils tiers comme l'utilisation d'un serveur DNS.
- Permettre les mises à jour en temps réel à l'inverse du serveur DNS qui utilise un cache.
- Fournir des informations supplémentaires autres que le nom et l'adresse soit le port, le nom du service, etc.
- Publier les noms de manière sécurisée ou non en fonction des besoins.

Il est également conçu pour être intégré dans des applications.

Il est disponible pour Windows XP SP2, Windows Vista et Windows Server 2008. La version actuelle est la 2.1.

Les ordinateurs sont réunis dans des nuages, ce qui permet de retrouver les autres ordinateurs appartenant au nuage. Par défaut, un ordinateur appartient au nuage global et au nuage de lien local mais vous pouvez créer vos propres nuages.

Cette méthode est encore peu utilisée et répandue, elle est juste citée ici comme moyen existant pour effectuer la résolution de noms.

8. Résolution NetBIOS et type de nœud

La résolution NetBIOS utilise quatre éléments, à savoir :

Élément	Commande utile	Description
cache local	nbtstat -c nbtstat -R	Affiche le contenu du cache Purge et recharge le cache
diffusion		Peut être utilisée en fonction du type de nœud
fichier LMHOSTS	Bloc-notes nbtstat -R	Édite le fichier Purge et recharge le cache Peut être désactivé dans les paramètres WINS de la carte réseau.
Serveur WINS		Peut être utilisée en fonction du type de nœud

Normalement, le cache local est toujours utilisé ainsi que le fichier LMHOSTS. Par contre, la diffusion et le serveur WINS peuvent être désactivés par la valeur **Type de nœud**. Le type de nœud indique comment ces éléments sont utilisés. On les gère grâce à une stratégie de groupe ou via le serveur DHCP. Les valeurs admissibles sont :

Type de nœud	Explication
B-node 0x01	Uniquement la diffusion.
P-node 0x02	Uniquement le serveur WINS.
M-Node 0x04	Mode mixte soit la diffusion puis le serveur WINS.
H-node	Mode hybride soit le serveur WINS puis la diffusion (conseillé).

Donc pour résoudre un nom, le résolveur recherche dans l'ordre suivant et s'arrête dès que le nom est résolu :

- Cache local ;
- En fonction du type de nœud (Wins et diffusion) ;
- Fichier LMHOSTS (s'il n'est pas désactivé).

9. Résolution TCP/IP

La résolution TCP/IP utilise depuis Windows Vista et Windows Server 2008 les cinq éléments dans l'ordre suivant, à savoir :

Élément	Commande utile	Description
Nom est local		La source et la destination sont locales, il n'y a pas d'accès à la carte réseau
cache local	ipconfig /displaydns ipconfig /flushdns	Affiche le contenu du cache Purge et recharge le cache
fichier HOSTS	Bloc-notes	Édite le fichier
Serveur DNS		S'il est défini, il est utilisé
LLMNR		S'il est activé

Ensuite, si la résolution de noms NetBIOS est activée et que le nom n'a pas été résolu, le résolveur TCP/IP passe la main au résolveur NetBIOS.

Il faut également se souvenir que l'ordre de recherche des suffixes DNS peut être modifié (cf. chapitre Configuration des services réseau). Il est dès lors normal que plusieurs requêtes DNS soient envoyées. Il faut donc être vigilant lorsque l'on modifie l'ordre des suffixes.

Pour enregistrer l'ordinateur local auprès du serveur DNS défini, il faut saisir la commande `ipconfig /registerdns`.

10. Quel résolveur choisir ?

Par défaut, c'est le résolveur TCP/IP qui est utilisé sauf si le nom est constitué d'un seul bloc sans point de moins de 16 caractères ou qu'une application typiquement NetBIOS est appelée, pour autant que le protocole NetBIOS n'a pas été désactivé.

En fait, le résolveur TCP/IP est utilisé dans la grande majorité des cas et il n'est pas rare que dans les entreprises les administrateurs tentent de désactiver le protocole NetBIOS. Il faut néanmoins rester prudent car certaines applications réseau inattendues demandent parfois d'utiliser une résolution de type NetBIOS que l'on peut simplifier au maximum en utilisant un fichier LMHOSTS et en utilisant un P-node comme type de nœud, mais en n'indiquant aucun serveur WINS.

11. Gestion des paramètres du client via une stratégie de groupe

Voici la liste des paramètres DNS qu'il est possible de gérer via une stratégie de groupes. Le fichier s'appelle **DnsClient.admx**.

Pour obtenir une liste complète des stratégies, il faut télécharger le fichier **WindowsServer2008andWindowsVistaSP1GroupPolicySettings.xls**.

- Allow DNS Suffix Appending to Unqualified Multi-Label Name Queries
- Connection-Specific DNS Suffix
- DNS Servers
- DNS Suffix Search List
- Dynamic Update
- Primary DNS Suffix
- Primary DNS Suffix Devolution
- Register DNS records with connection-specific DNS suffix
- Register PTR Records
- Registration Refresh Interval
- Replace Addresses In Conflicts
- TTL Set in the A and PTR records
- Turn off Multicast Name Resolution
- Update Security Level
- Update Top Level Domain Zones

C'est une excellente méthode que de gérer les paramètres DNS via une stratégie de groupe.

K. Résumé du chapitre

Dans ce chapitre, vous avez abordé la théorie concernant le service DNS, spécifiquement comment fonctionnent les espaces de noms et les zones. Les mécanismes utilisés pour la résolution de noms ont également été présentés.

Vous avez appris comment installer un serveur DNS, à le configurer et à le gérer. Puis vous avez vu quels sont les outils de type ligne de commandes qu'il est possible d'utiliser pour configurer ou dépanner un serveur DNS.

Enfin, vous avez vu comment les ordinateurs clients résolvent noms et adresses.

Chapitre 10 : Configuration autour du protocole DHCP

A. Présentation

1. Pré-requis matériel et configuration de l'environnement

Pour effectuer toutes les mises en pratique de ce chapitre, vous devez disposer et configurer les machines virtuelles suivantes :

Pour la création des machines virtuelles, veuillez vous référer au chapitre Création du bac à sable.

N'oubliez pas de réinitialiser les machines virtuelles entre les mises en pratique de chaque chapitre avant de les configurer pour l'environnement.

Placez les scripts correspondants sur le bureau de chaque machine.

- Sur **WinAD**, lancez le script **WinAD.bat** en relation avec **WMydomEni.txt** puis attendez que l'ordinateur ait redémarré avant de lancer les scripts suivants.
- Sur **Win1**, lancez le script **Win1.bat**.
- Sur **Win2**, lancez le script **Win2.bat**.
- Sur **Win3**, lancez le script **Win3.bat**.
- Sur **Core1**, placez le script **Core1.bat** sur c:\ puis lancez-le.

Après l'exécution des scripts, les machines virtuelles **WinAD**, **Win1**, **Win2** et **Core1** disposent chacune d'une adresse IP statique dans le réseau IP 10.1.1.0/24 du réseau virtuel **public**. **Win2** et **Win3** sont dans le réseau virtuel **prive**, **Win2** dispose d'une adresse IP fixe dans le réseau 172.16.1.0/24. **WinAD** et **Win1** sont dans le domaine **Mydom.eni**, les autres sont dans un groupe de travail. La machine virtuelle **Win3** est uniquement client DHCP sur le réseau virtuel **prive**.

2. Objectifs

Gérer efficacement, simplement et de manière centralisée l'adressage IP est une opération aisée grâce à l'utilisation d'un serveur DHCP (*Dynamic Host Configuration Protocol*). Sa mise en œuvre est des plus simples, néanmoins dans une configuration réseau moderne avec des routeurs, elle est un peu plus délicate. En effet, il faut pouvoir également distribuer des adresses dans le bon segment de réseau IP.

Le début du chapitre présente le protocole DHCPv4 et la manière dont un client reçoit une adresse en IPv4. Sont également présentés et expliqués les différents termes et paramètres utiles d'un serveur DHCP.

Ensuite, vous verrez comment installer, configurer et gérer un serveur DHCP pour IPv4 et IPv6 avec les explications nécessaires pour comprendre les différences entre les deux protocoles. Enfin, vous verrez comment installer et gérer un Server Core.

B. Présentation du protocole DHCP

1. Introduction

DHCP est un protocole client/serveur qui fournit automatiquement à un hôte IP une adresse IP et d'autres paramètres de configuration comme le masque de sous-réseau.

On utilise les termes de **client** ou **client DHCP** pour l'hôte IP qui reçoit une adresse IP provenant d'un **serveur DHCP**.

Le serveur DHCP peut être un routeur ADSL, donc basé sur du matériel, ou un logiciel comme le rôle DHCP de Windows Server 2008.

Le serveur DHCP gère et distribue de manière centralisée et automatique les adresses IP sur un réseau donné. Le réseau peut être local ou distant.

Ses avantages principaux sont :

- Le gain de productivité car il n'est plus nécessaire à un technicien de passer sur chaque ordinateur pour configurer son adresse IP.
- La modification du système d'adressage IP est également simplifiée.
- Les erreurs de configuration sont impossibles en production.
- Il est possible de réserver une adresse pour un client afin qu'il utilise toujours la même adresse.

Sur un réseau, il peut coexister des hôtes clients DHCP et des hôtes configurés manuellement.

On parle également d'adresse dynamique pour un client DHCP et d'adresse statique pour une configuration manuelle.

Le protocole DHCP est une extension du protocole BOOTP (*BOOTstrap Protocol*). Il diffère principalement de ce dernier par le fait que le client DHCP peut renouveler son bail et pas le client BOOTP. Le protocole BOOTP est encore utilisé par les clients PXE (*Preboot eXecution Environment*) lors d'un déploiement du système d'exploitation via un serveur RIS (*Remote Installation Services*) ou son successeur WDS (*Windows Deployment Services*).

2. Processus d'acquisition d'une adresse IPv4

Le processus d'acquisition d'une adresse IP permet à un hôte de recevoir une adresse IP automatiquement.

Ce processus comporte quatre phases comme montré dans la figure suivante :

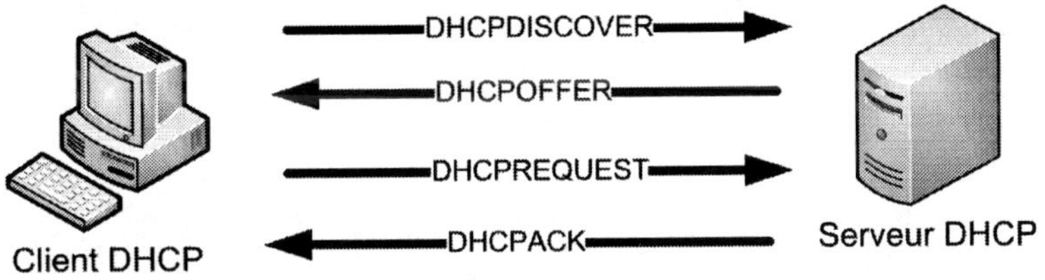

Lorsque l'hôte se connecte sur un réseau, il envoie un message de diffusion appelé **DHCPDISCOVER** du port UDP 68 vers le port UDP 67 pour demander une adresse IP.

Tout serveur DHCP recevant le message DHCPDISCOVER doit traiter cette requête.

Le serveur DHCP commence par déterminer dans quelle étendue se trouve le demandeur puis il recherche dans les adresses réservées si le client est connu et lui assigne son adresse IP, sinon il lui assigne une adresse provenant des adresses libres de l'étendue. L'envoi de l'adresse du serveur au client se fait au moyen d'un message de diffusion appelé **DHCPOFFER** depuis le port UDP 67 vers le port UDP 68 contenant l'adresse IP, le masque de sous-réseau, la durée du bail et les options définies.

Le client est tenu d'accepter la première adresse IP provenant d'un DHCPOFFER quel que soit le serveur DHCP et de retourner un message de diffusion appelé **DHCPREQUEST** du port UDP 68 vers le port UDP 67 auprès du serveur DHCP afin de lui signifier qu'il veut utiliser l'adresse IP reçue.

Le serveur DHCP concerné retourne auprès du client un message appelé **DHCPACK** en utilisant le port UDP 67 vers le port UDP 68, ce qui permet au client d'utiliser l'adresse IP pendant la durée du bail. Si la réponse est un **DHCPNACK**, le client doit recommencer entièrement le processus d'acquisition d'une adresse IP.

À partir de Windows 2000, le client DHCP contrôle également si l'adresse IP n'est pas déjà utilisée après avoir reçu le DHCPACK. Si elle est utilisée, il envoie auprès du serveur DHCP, un message DHCPDECLINE et il recommence le processus d'acquisition.

L'image suivante montre l'enregistrement des trames réseau par un moniteur réseau lors de l'acquisition d'une adresse IP par un client DHCP. La trame 16 teste si l'adresse est utilisée, la réponse n'a pas été enregistrée par le moniteur réseau mais il y a eu une réponse et l'adresse est donc utilisée car la trame 18 envoie un DHCPDECLINE.

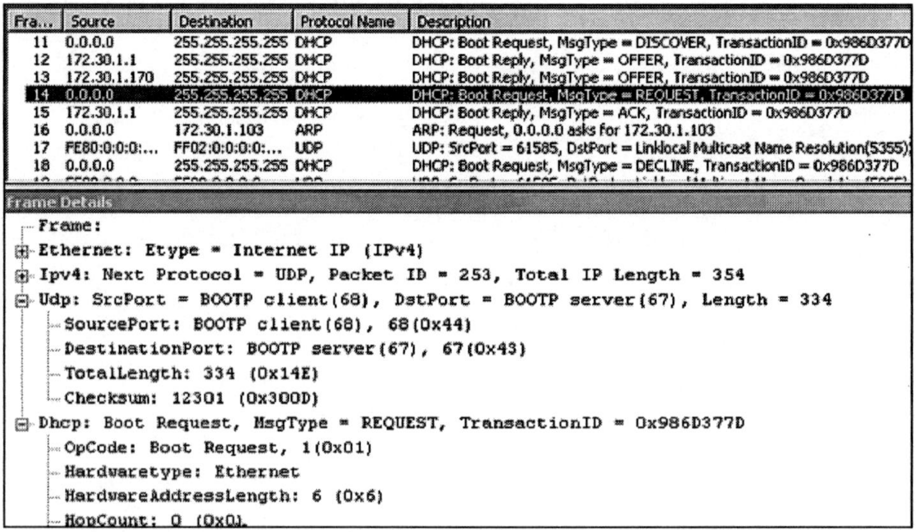

Il est également intéressant de constater qu'il existe deux serveurs DHCP sur ce réseau selon les trames 12 et 13 et que le client DHCP a bien accepté la première requête reçue.

3. Processus de renouvellement d'une adresse IP

Il intervient dans les deux cas suivants :

- Pour renouveler le bail.
- Chaque fois que la carte réseau se reconnecte au réseau.

En cas de reconnexion, si l'expiration du bail n'est pas atteinte, le client DHCP envoie un message de diffusion DHCPREQUEST pour obtenir le DHCPACK du serveur et utiliser l'adresse IP louée. Il n'y a pas de contrôle pour savoir si l'adresse est utilisée par un autre hôte.

Pour le renouvellement, le client doit tenter de renouveler son adresse IP au temps **T1**, soit à la moitié de la durée du bail. Si le serveur DHCP n'est pas disponible, il essaiera de nouveau au temps **T2**, soit à 87,5 % de la durée de bail. Si le bail n'a pas pu être renouvelé, le client DHCP doit libérer l'adresse IP à l'expiration et recommencer le processus d'acquisition d'une adresse IP. Une interruption du trafic réseau et la perte des connexions sont possibles.

Le renouvellement utilise des messages UNICAST pour la demande DHCPREQUEST et la réponse DHCPACK provenant du serveur DHCP.

Les valeurs de T1 et T2 sont fournies en tant qu'options DHCP.

4. Les options

Le terme d'option est utilisé pour définir un paramètre de configuration complétant l'adresse IP comme le masque de sous-réseau, l'adresse du routeur, le serveur DNS. Il existe des options standardisées ainsi que des options que l'on peut définir. Les options sont assignées en même temps que l'adresse IP.

C. Service DHCP de Windows

1. Introduction

Le rôle Microsoft DHCP implémente les RFC 2131 et 2132 pour le protocole IP v4 ainsi que la RFC 3315 pour le protocole IP v6.

Le service DHCP, s'il fonctionne dans un domaine, doit être autorisé par l'Active Directory, sinon le service ne démarre pas. Pour cela, le serveur DHCP envoie un message **DHCPINFORM** à l'Active Directory qui lui répond avec un message **DHCPACK** ou **DHCPNACK**.

Le serveur DHCP peut mettre à jour le DNS au nom du client DHCP, comme montré sur la figure suivante, pour un client qui ne peut mettre à jour le serveur DNS ou si le client le demande.

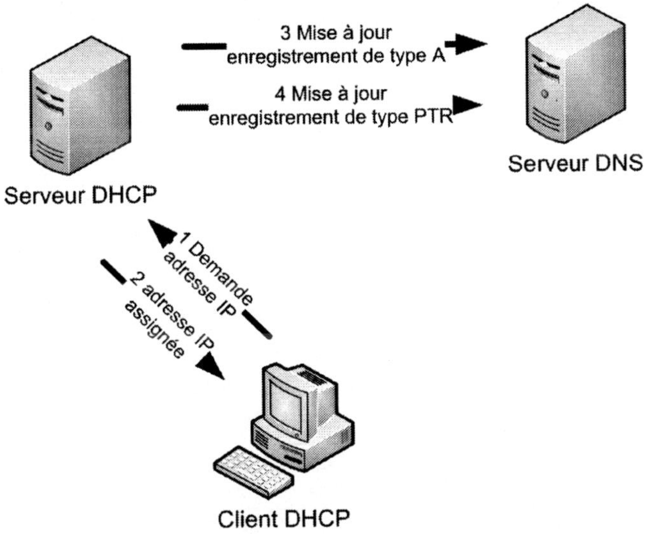

Dans la figure précédente, si le client peut mettre à jour le serveur DNS, l'étape 3, voire l'étape 4, peut être effectuée par le client DHCP au lieu du serveur DHCP.

Dans certains réseaux, on voit parfois plusieurs sous-réseaux IP partager le même réseau physique. Le serveur DHCP permet de réunir ces différents réseaux IP pour créer une étendue globale de manière à ce que les clients DHCP se trouvant sur le réseau physique reçoivent une adresse provenant de l'un des sous-réseaux IP.

Il est fortement déconseillé d'avoir plusieurs réseaux IP sur le même réseau physique. Cet état n'est acceptable que durant une phase de surcharge ou de transition courte. Néanmoins l'utilisation d'une étendue globale présente un intérêt s'il existe plusieurs serveurs DHCP sur le même segment de réseau.

2. Les options

Parmi les quelques 80 options standardisées, les clients DHCP Windows n'utilisent par défaut que celles montrées dans le tableau suivant :

Nom de l'option	Code de l'option	Option rencontrée dans
PAD	0	Tous les messages DHCP
Masque de sous-réseau	1	Tous les messages DHCP
Routeur	3	Demandée par le client
Serveur DNS	6	Demandée par le client
Nom de l'hôte	12	Tous les messages DHCP
Nom de Domaine DNS	15	Demandée par le client
Découvrir les routeurs*	31	Demandée par le client
Option d'itinéraire statique*	33	Demandée par le client
Informations spécifiques au fournisseur	43	Tous les messages DHCP
Nom du serveur Wins	44	Demandée par le client
Type de nœud pour la résolution de nom NetBIOS sur TCP/IP	46	Demandée par le client
ID de l'étendue NetBIOS	47	Demandée par le client
Adresse demandée	50	Tous les messages DHCP
Durée du bail	51	Tous les messages DHCP
Type de message DHCP	53	Tous les messages DHCP
Identificateur du serveur	54	Tous les messages DHCP
Liste des paramètres demandés	55	Tous les messages DHCP
Durée T1	58	Tous les messages DHCP
Durée T2	59	Tous les messages DHCP
Identificateur client	61	Tous les messages DHCP
Mise à jour DNS dynamique	81	Tous les messages DHCP
Itinéraires statiques sans classe*	121	Demandée par le client
Itinéraires statiques sans classe*	249	Demandée par le client

Nom de l'option	Code de l'option	Option rencontrée dans
Fin	255	Tous les messages DHCP

*Pour des clients postérieurs à Windows 2000

Concernant les itinéraires statiques sans classe, l'option 249 était utilisée pour les versions antérieures à Windows Vista. Windows Vista et Windows Server 2008 utilisent les deux options, à savoir 121 et 249, comme vous pouvez le voir dans l'image suivante.

Pour recevoir d'autres options provenant du serveur DHCP, le client DHCP doit explicitement les demander en ajoutant l'option désirée dans la **liste des paramètres demandés** (code de l'option 55). Pour le client Microsoft, la procédure consiste à passer par la programmation, en d'autres termes il faut un programme pour modifier la **liste des paramètres demandés**.

L'image suivante montre le détail des options DHCP d'une capture effectuée avec un moniteur réseau.

```
Dhcp: Boot Request, MsgType = REQUEST, TransactionID = 0x12DAAE49
  OpCode: Boot Request, 1(0x01)
  Hardwaretype: Ethernet
  HardwareAddressLength: 6 (0x6)
  HopCount: 0 (0x0)
  TransactionID: 316321353 (0x12DAAE49)
  Seconds: 0 (0x0)
+ Flags: 32768 (0x8000)
  ClientIP: 0.0.0.0
  YourIP: 0.0.0.0
  ServerIP: 0.0.0.0
  RelayAgentIP: 0.0.0.0
+ ClientHardwareAddress: 00-03-FF-C7-6A-CF
  ServerHostName:
  BootFileName:
  MagicCookie: 99.130.83.99
+ MessageType: REQUEST
- clientID: (Type 1)
    Code: Client-identifier, 61(0x3D)
    Length: 7 UINT8(s)
    Type: HardwareAddress(1)
    ClientID: Binary Large Object (6 Bytes)
+ RequestedIPAddress: 172.30.1.105
+ HostName: WIN-SOT94GFZGLA
+ FullyQualifiedDomainName:
+ VendorClassIdentifier: MSFT 5.0
- ParameterRequestList:
    Code: Parameter Request List, 55(0x37)
    Length: 12 UINT8(s)
    Parameter: Subnet Mask, 1(0x01)
    Parameter: Domain Name, 15(0x0F)
    Parameter: Router, 3(0x03)
    Parameter: Domain Name Server, 6(0x06)
    Parameter: NetBIOS over TCP/IP Name Server, 44(0x2C)
    Parameter: NetBIOS over TCP/IP Node Type, 46(0x2E)
    Parameter: NetBIOS over TCP/IP Scope, 47(0x2F)
    Parameter: Perform Router Discovery, 31(0x1F)
    Parameter: Static Route, 33(0x21)
    Parameter: Classless Static Route Option, 121(0x79)
    Parameter: Classless Static Route, 249(0xF9)
    Parameter: Vendor specific information, 43(0x2B)
+ End:
```

Dans le cas où le serveur DHCP distribue des adresses à des clients Microsoft ayant besoin d'options particulières, il est tout à fait possible de créer des options personnalisées basées sur des classes utilisateurs ou fournisseurs.

3. Les nouveautés de Windows Server 2008

Le support du protocole DHCPv6 signifie qu'il est possible de définir des étendues et de distribuer des adresses IPv6.

Le support du protocole NAP permet de contrôler la distribution d'adresses IP de manière à ce qu'un client non conforme ne puisse recevoir toutes les options DHCP et soit renvoyé vers le réseau de remédiation.

4. Les outils de configuration

Les outils de configuration et de gestion sont :

- La console DHCP, soit une console MMC permettant de gérer un ou plusieurs serveurs DHCP.
- Les commandes **netsh** permettent également d'effectuer une gestion efficace d'un serveur DHCP.

5. Meilleures pratiques

- Créer des étendues de manière à ne pas utiliser d'exception.
- Prévoir des baux de 7 jours pour les ordinateurs de bureau.
- Prévoir des baux de 2 heures pour les ordinateurs portables nomades.
- Pour une haute disponibilité, prévoir un second serveur en partageant les adresses IP sur les deux serveurs avec la règle des 80/20 ou prévoir un serveur DHCP en cluster failover.
- Éviter la création d'étendues globales.
- Configurer correctement les options à utiliser.
- Activer le protocole BOOTP pour les clients RIS ou WDS.
- Gérer la redondance avec un cluster pour disposer d'une gestion totalement centralisée, tolérante aux pannes.

D. Installation et désinstallation du rôle DHCP

1. Pré-requis

Le pré-requis pour l'installation du rôle DHCP est que le serveur dispose d'une adresse IP. Cette adresse devrait être statique (conseillé) sinon il faut s'assurer qu'elle ne peut pas être modifiée en effectuant une réservation auprès de son serveur DHCP (déconseillé). Car si l'adresse IP du serveur DHCP change, les clients DHCP ne peuvent renouveler leur bail, ce qui a pour conséquence de créer une interruption du réseau et une perte de toutes les connexions ouvertes.

Ce rôle peut fonctionner sur un serveur virtualisé. Dans ce cas, il est nécessaire de prêter une attention particulière aux cartes réseaux virtuelles ainsi qu'aux switch réseaux virtuels qui seront créés.

Il est possible de contrôler l'adresse IP du serveur avec la commande `ipconfig /all`.

2. Installation

L'assistant installe le service DHCP et permet également de configurer le serveur DHCP avec les options les plus courantes.

- Connectez-vous en tant qu'administrateur sur `Win1`.
- Pour démarrer l'installation, lancez le Gestionnaire de serveur en cliquant sur **Démarrer** puis sur **Outils d'administration** et enfin sur **Gestionnaire de serveur**.
- Dans le volet de gauche, cliquez sur **Rôles**.
- Dans **Rôles**, cliquez sur **Ajouter des rôles**.
- Dans l'**Assistant Ajout de rôles**, si la page **Avant de commencer** apparaît, cliquez sur **Suivant**.
- Sur la page **Rôles de serveurs**, sélectionnez le rôle **Serveur DHCP** puis cliquez sur **Suivant**.
- Sur la page **Serveur DHCP**, prenez connaissance si nécessaire des informations supplémentaires concernant le serveur DHCP puis cliquez sur **Suivant**.
- Sur la page **Liaisons de connexion réseau** de l'assistant, choisissez quelle(s) connexion(s) réseau traitera(ont) les demandes DHCP puis appuyez sur **Suivant**.

Un serveur DHCP disposant de plusieurs cartes réseau peut n'écouter les requêtes DHCP que sur certaines de ses cartes.

- Sur la page **Paramètres DNS IPv4**, spécifiez les options DNS que recevra un client DHCP, puis appuyez sur **Suivant**.

  Les options entrées dans l'assistant sont enregistrées en tant qu'**Options de serveur**.

  En cliquant sur le bouton **Valider**, l'assistant contrôle qu'un serveur DNS répond.
- Sur la page **Paramètres WINS IPv4**, spécifiez les options WINS c'est-à-dire les adresses des serveurs WINS que recevra un client DHCP, puis appuyez sur **Suivant**.

Un réseau moderne n'a plus besoin de serveurs WINS sauf si vous avez des ordinateurs clients Windows NT4.0 dans un environnement routé ou si vous utilisez certaines applications qui travaillent avec des requêtes NetBIOS.

- Sur la page **Étendues DHCP**, ajoutez au moins une étendue en cliquant sur le bouton **Ajouter**.

→ Dans la boîte de dialogue **Ajouter une étendue**, saisissez les informations demandées comme dans l'exemple suivant :

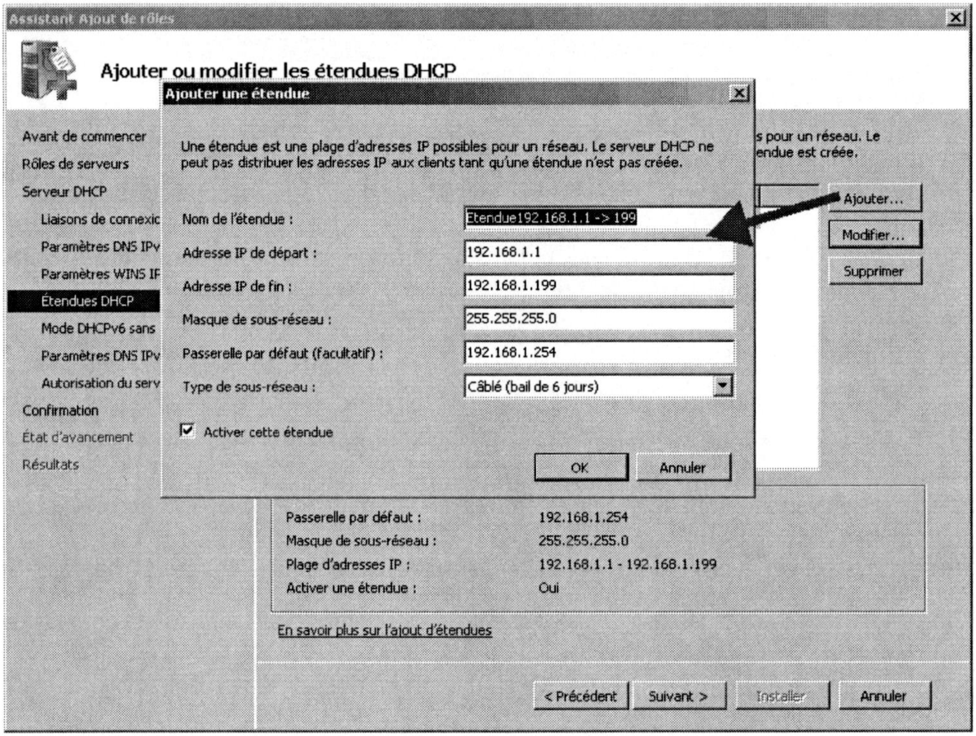

Nom de l'étendue : saisissez un nom qui a un sens permettant d'identifier facilement les adresses comprises dans l'étendue comme **Etendue192.168.1.1 -> 199** qui indique l'adresse de début et de fin ou **172.30.1.0/24** qui indique que l'on utilise 254 adresses.

Adresse IP de départ : indique la première adresse de l'étendue.

Adresse IP de fin : indique la dernière adresse de l'étendue.

Masque de sous-réseau : comme son nom l'indique.

Passerelle par défaut (facultatif) : l'adresse du routeur.

Type de sous-réseau : permet de définir rapidement une durée de bail, soit 6 jours pour un ordinateur de bureau et 4 heures pour un ordinateur portable.

Activer cette étendue : indique si l'étendue une fois créée peut être utilisée par le serveur DHCP ou non.

Lorsque vous appuyez sur **OK**, des contrôles sont effectués afin de garantir que les valeurs saisies sont correctes.

Dans la page **Mode DHCPv6 sans état**, vous pouvez activer le mode **stateless** DHCPv6 (choix par défaut) qui permet de fournir aux clients IPv6 les paramètres autres que l'adresse IP. Si vous voulez également fournir l'adresse IP ou activer le mode **stateful**, il faut sélectionner l'option **Désactiver le mode sans état DHCPv6 pour ce serveur**. À la fin, cliquez sur **Suivant**.

La page **Paramètres DNS IPv6** n'apparaît que si le mode **sans état (stateless)** est sélectionné dans la page précédente. Saisissez les options de serveur avec les valeurs suivantes :

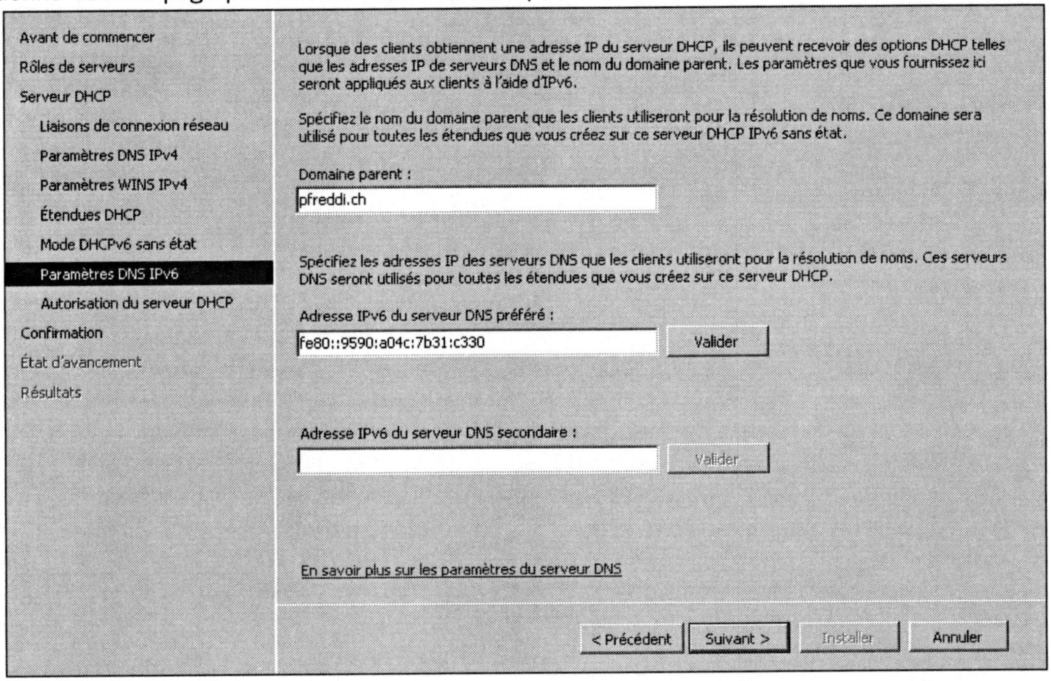

En cliquant sur le bouton **Valider**, l'assistant contrôle que le serveur DNS stipulé répond.

Sur la page **Autorisation du serveur DHCP**, il faut indiquer si c'est l'utilisateur actuel ou un utilisateur spécifique qui autorise le serveur DHCP à distribuer des adresses IP. Dans un environnement Active Directory, les serveurs DHCP doivent être autorisés à distribuer des adresses.

Cette protection sert plus à se prémunir contre une mauvaise configuration d'un serveur que contre des serveurs DHCP pirates, car seuls les serveurs DHCP Microsoft sont touchés.

> Lorsqu'un serveur DHCP autonome Windows Server 2008 détecte qu'il existe un serveur DHCP membre d'un domaine sur le même sous-réseau que lui et que ce dernier a été autorisé, alors le serveur DHCP autonome arrête de distribuer des adresses IP.

→ Si vous êtes **administrateur de domaine**, cliquez simplement sur **Suivant**, sinon spécifiez d'autres informations d'identification ou reportez l'autorisation à plus tard en sélectionnant **Ignorer l'autorisation de ce serveur DHCP dans les services de domaine Active Directory**.

C'est une bonne méthode que d'ajouter les administrateurs DHCP ou les utilisateurs DHCP (consultations des informations du serveur DHCP) en utilisant une stratégie de groupe située dans **Configuration de l'ordinateur - Paramètres Windows - Paramètres de sécurité - Groupes restreints**. Il est nécessaire que l'utilisateur soit ajouté au groupe restreint ainsi qu'au groupe proprement dit.

- La page **Confirmation** résume les paramètres entrés durant les différentes étapes de l'assistant. Prenez le temps de les vérifier puis cliquez sur **Installer**.

La page suivante, appelée **État d'avancement**, affiche un curseur montrant la progression de l'installation.

Enfin, la page **Résultats** indique si l'installation du serveur DHCP a réussi.

Dans ce cas, votre serveur DHCP est installé et opérationnel.

3. Désinstallation

Win1 WinAD

- Connectez-vous en tant qu'administrateur sur Win1.
- Pour désinstaller le serveur DHCP, lancez le Gestionnaire de serveur en cliquant sur **Démarrer** puis sur **Outils d'administration** et enfin sur **Gestionnaire de serveur**.
- Dans le volet de gauche, cliquez sur **Rôles**.
- Dans **Rôles**, cliquez sur **Supprimer des rôles**.
- Dans l'**Assistant Suppression de rôles**, si la page **Avant de commencer** apparaît, cliquez sur **Suivant**.
- Sur la page **Rôles de serveurs**, sélectionnez le rôle **Serveur DHCP** puis cliquez sur **Suivant**.
- Sur la page **Confirmation**, vérifiez que vous supprimez le serveur DHCP puis cliquez sur **Supprimer**.

  La page **Etat d'avancement** montre une barre de progression pour vous faire patienter pendant la suppression.

  Enfin, la page **Résultats** indique que pour terminer la suppression du rôle, il faut redémarrer le serveur.
- Cliquez sur **Fermer**.
- Dans la boîte de dialogue **Assistant Suppression de rôle**, cliquez sur **Oui** pour redémarrer le serveur maintenant.

Lors de la prochaine connexion, l'assistant affiche le résultat de la suppression du serveur DHCP. Vérifiez que la suppression est réussie.

L'assistant de suppression du serveur DHCP ne supprime que les services et pas la base de données qui est toujours présente dans le répertoire **%systemroot%\system32\dhcp**. Effacez le répertoire pour une suppression complète.

E. Configuration

Win1 WinAD

1. Configuration de la base de données DHCP

Il est possible de modifier l'emplacement de la base de données du serveur DHCP et de la sauvegarde.

- Connectez-vous en tant qu'administrateur sur Win1.
- Lancez la console DHCP en cliquant sur **Démarrer - Outils d'administration** puis sur **DHCP**.
- Cliquez sur le nœud du serveur pour développer l'arborescence.
- Cliquez avec le bouton droit de la souris sur le nœud du serveur puis sur **Propriétés**.
- Dans la boîte de dialogue **Propriétés**, saisissez le nouveau chemin pour la base de données ou utilisez le bouton **Parcourir**. Par défaut, le répertoire est **%systemroot%\system32\dhcp**.
- Saisissez le nouveau chemin pour la sauvegarde ou utilisez le bouton **Parcourir**. Par défaut, le répertoire est **%systemroot%\system32\dhcp\backup**.

Une bonne méthode consiste à déplacer la sauvegarde sur un autre disque.

2. Intégration du DHCP avec DNS

Win1 WinAD

La mise à jour des enregistrements DNS à partir du serveur DHCP est possible au niveau de l'étendue ou du serveur DHCPv4 ou DHCPv6. Il est recommandé de la paramétrer au niveau du serveur DHCP.

- Connectez-vous en tant qu'administrateur sur Win1.
- Lancez la console DHCP en cliquant sur **Démarrer - Outils d'administration** puis sur **DHCP**.
- Cliquez sur le nœud du serveur pour développer l'arborescence.
- Cliquez sur **IPv4** ou **IPv6** pour développer l'arborescence.
- Cliquez avec le bouton droit de la souris sur **IPv4** ou **IPv6**, puis sur **Propriétés**.
- Dans la boîte de dialogue **Propriétés**, cliquez sur l'onglet **DNS**.

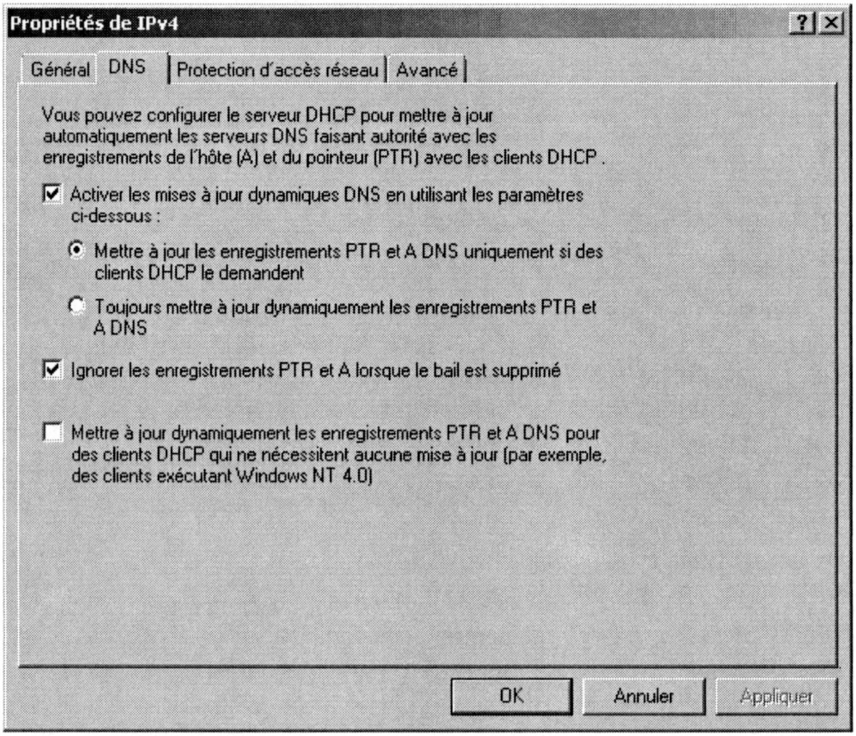

Par défaut, il n'y a rien à modifier.

L'option **Activer les mises à jour dynamiques DNS en utilisant les paramètres** est prévue pour les clients postérieurs à NT4 qui demandent au serveur DHCP de mettre à jour les enregistrements ; vous pouvez également décider de toujours mettre à jour ces enregistrements à la place du client.

Ignorer les enregistrements PTR et A lorsque le bail est supprimé : ignorer signifie en réalité supprimer, c'est une mauvaise traduction. À ne pas modifier pour éviter d'avoir des fantômes dans le serveur DNS.

Mettre à jour dynamiquement les enregistrements PTR et A DNS pour des clients DHCP qui ne nécessitent aucune mise à jour est prévu pour les clients antérieurs à Windows 2000 uniquement. Cette case à cocher n'existe pas pour IPv6.

→ Dans la boîte de dialogue **Propriétés**, cliquez sur l'onglet **Avancé**.

Par défaut, il n'y a rien à modifier.

Ne modifiez **Tentatives de détection de conflit** que dans des environnements où vous disposez d'ordinateurs antérieurs à Windows 2000. Il faut savoir que l'activation de la détection de conflit augmente la durée du processus d'acquisition d'adresse IP. Uniquement disponible pour le protocole IPv4.

Vous pouvez modifier le chemin d'accès du fichier journal d'audit.

En cliquant sur **Liaisons**, vous pouvez modifier les interfaces d'écoute pour le protocole DHCP.

En cliquant sur **Information d'identification**, vous pouvez sécuriser les inscriptions DNS effectuées par le serveur DHCP. Pour cela, il faut définir un compte d'utilisateur dédié qui doit être membre du groupe **DnsUpdateProxy** et ensuite ajouter son login à chaque serveur DHCP. Cela permet également d'éviter des erreurs d'enregistrement.

Il est également possible de modifier ces valeurs par étendue au lieu de serveur.

3. Création d'une étendue IPv4

L'assistant de création d'une étendue post-installation est plus complet que celui proposé lors de l'installation du serveur DHCP.

- Connectez-vous en tant qu'administrateur sur Win1.
- Lancez la console DHCP en cliquant sur **Démarrer - Outils d'administration** puis sur **DHCP**.
- Cliquez sur le nœud du serveur pour développer l'arborescence.
- Cliquez sur **IPv4** pour développer l'arborescence.
- Cliquez avec le bouton droit de la souris sur le nœud **IPv4**, puis sur **Nouvelle étendue**.
- Dans **Assistant Nouvelle étendue**, cliquez sur **Suivant**.
- Dans la page **Nom de l'étendue**, saisissez le **Nom** et éventuellement une **Description**.

Saisissez un nom qui a un sens permettant d'identifier facilement les adresses comprises dans l'étendue comme **Etendue192.168.1.1 -> 199** qui indique l'adresse de début et de fin ou **172.30.1.0/24** qui indique que l'on utilise 254 adresses.

- Sur la page **Plage d'adresses IP**, saisissez une **Adresse IP de début**, une **Adresse IP de fin** puis soit la **Longueur** (suffixe IP), soit le **Masque de sous-réseau** puis cliquez sur **Suivant**.

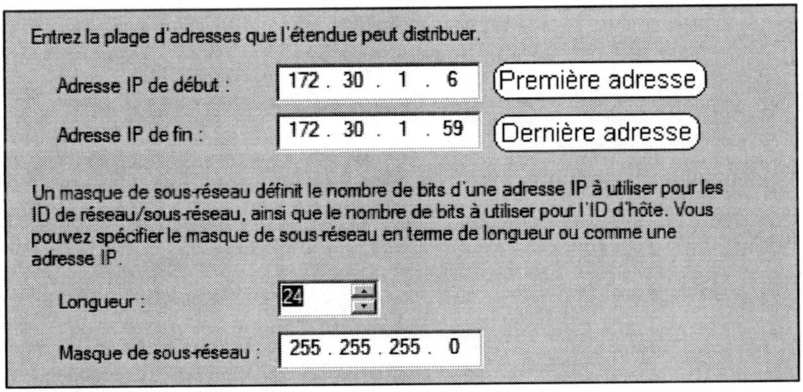

- Sur la page **Ajout d'exclusions**, entrez éventuellement des adresses exclues, puis cliquez sur **Suivant**.

Il n'est pas conseillé d'avoir des adresses exclues.

- Sur la page **Durée du bail** définissez la durée, par défaut elle est de 8 jours. Pour un bail de durée infinie, la configuration se fait après la création de l'étendue.
- Sur la page **Configuration des paramètres DHCP**, sélectionnez l'option **Oui** puis cliquez sur **Suivant**.
- Sur la page **Routeur (Passerelle par défaut)**, saisissez l'adresse de la passerelle par défaut puis cliquez sur **Ajouter**. Éventuellement, saisissez plusieurs passerelles si tous les clients sont des ordinateurs Windows Server 2008, puis cliquez sur **Suivant**.
- Sur la page **Nom de domaine et serveur DNS**, saisissez une à une les adresses des serveurs DNS puis cliquez sur **Ajouter**, cliquez ensuite sur **Suivant**.
- Sur la page Serveur **WINS**, saisissez éventuellement l'adresse d'un serveur WINS puis cliquez sur **Ajouter** avant de cliquer sur **Suivant**.
- Sur la page **Activer l'étendue**, cliquez sur **Oui** (défaut) pour l'activer immédiatement ou sur **Non** pour l'activer plus tard, puis cliquez sur **Suivant**.
- Sur la page **Fin de l'Assistant Nouvelle étendue**, cliquez sur **Terminer**.

4. Gestion d'une étendue

- Connectez-vous en tant qu'administrateur sur Win1.
- Lancez la console DHCP en cliquant sur **Démarrer - Outils d'administration** puis sur **DHCP**.
- Cliquez sur le nœud du serveur pour développer l'arborescence.
- Cliquez sur **IPv4** pour développer l'arborescence.

Les actions possibles à l'aide du menu **Action** de la console DHCP ou du menu contextuel pour une étendue sont les suivantes :

Activer : active une étendue désactivée, c'est-à-dire une étendue configurée mais que le serveur ne peut utiliser pour distribuer des adresses.

Désactiver : désactive une étendue activée.

Afficher les statistiques : affiche les statistiques, c'est-à-dire le nombre d'adresses de la plage, le nombre d'adresses louées (en %) ainsi que le nombre d'adresses disponibles (en %).

Réconcilier : permet de réparer des inconsistances existantes pour l'étendue entre la base de données et le registre.

Supprimer : supprime l'étendue.

Propriétés : affiche la boîte de dialogue pour modifier des paramètres de l'étendue.

Il n'est pas possible de modifier le masque de sous-réseau de l'étendue. Il faudra détruire l'étendue pour la recréer avec un nouveau masque.

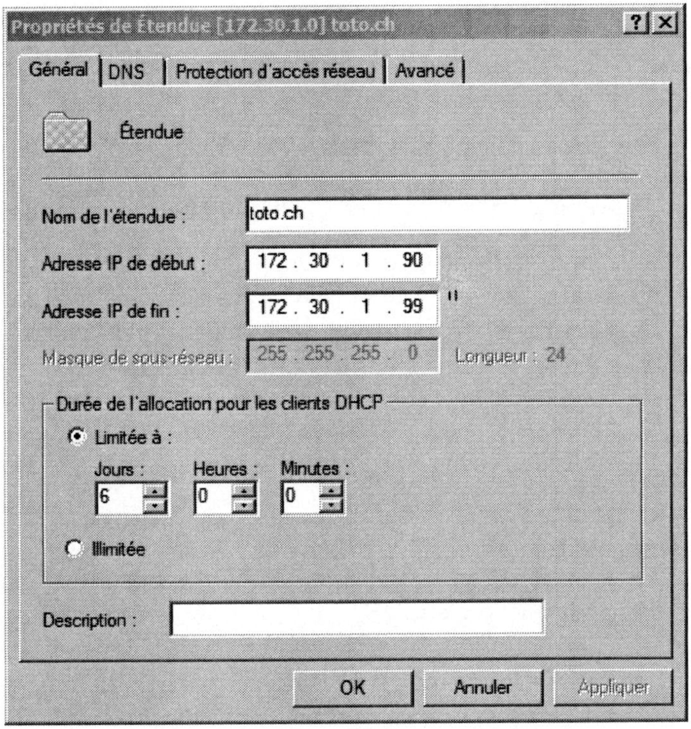

L'onglet **Avancé** permet d'activer le protocole BOOTP pour l'étendue.

La durée de bail de l'onglet **Avancé** n'est valide que pour le protocole BOOTP.

Il faut activer le protocole BOOTP pour distribuer des images avec RIS ou WDS. Cela permet aux ordinateurs de démarrer sur le réseau si leur carte réseau est compatible PXE.

L'onglet **Protection d'accès réseau** permet d'indiquer si NAP s'applique à toutes les étendues et que faire lorsque le serveur NPS n'est pas joignable. Pour plus d'informations concernant NAP, consultez la section Présentation de la protection d'accès réseau (NAP) dans le chapitre Configuration des services réseau.

5. Création d'une réservation

Une réservation est un assignement permanent d'une adresse physique (*Mac Address*) d'un ordinateur client à une adresse IP de l'étendue. Certaines applications peuvent requérir que le client dispose toujours de la même adresse IP.

Pour créer une nouvelle réservation :

→ Connectez-vous en tant qu'administrateur sur Win1.

- Lancez la console DHCP en cliquant sur **Démarrer - Outils d'administration** puis sur **DHCP**.
- Cliquez sur le nœud du serveur pour développer l'arborescence.
- Cliquez sur **IPv4** pour développer l'arborescence.
- Cliquez sur le nœud de l'étendue pour développer l'arborescence.
- Cliquez avec le bouton droit de la souris sur **Réservations**, puis sur **Nouvelle réservation**.
- Dans la boîte de dialogue **Nouvelle réservation**, saisissez les informations demandées puis cliquez sur **Ajouter**.

Saisissez le **Nom de la réservation** afin de l'identifier.

L'**adresse IP** correspond à l'adresse IP attribuée à cette réservation.

L'**adresse MAC** correspond à l'adresse physique (*Mac Address*) de la carte réseau de l'hôte.

Pour afficher l'adresse MAC de la carte locale, vous pouvez utiliser la commande ipconfig /all. La commande arp -a affiche les adresses MAC sur le même segment de réseau. Enfin, si le protocole NetBIOS est toujours activé, vous pouvez saisir nbtstat -A <AdresseIP> ou nbtstat -a <nomIP>.

La **Description** est facultative.

Les **Types pris en charge** sont les clients DHCP, BOOTP ou les deux.

Pour entrer un grand nombre de réservations, il est préférable d'utiliser un script spécialisé et/ou de recourir à la commande netsh.

6. Configuration des options

Win1 WinAD

Il est possible de définir des options au niveau :

- du serveur IPv4 ;
- de l'étendue ;
- de la classe ;
- de la réservation.

Concernant les priorités des options, le niveau de la réservation est la plus prioritaire alors que le niveau serveur est le moins prioritaire.

La meilleure pratique veut qu'il faille définir les options globales valables pour toutes les étendues au niveau du serveur, comme les adresses de serveurs DNS, WINS, le nom de domaine, etc. Les options d'étendue peuvent disposer de l'adresse du routeur. Enfin, les options à placer au niveau de la réservation doivent être les exceptions.

La procédure est la même pour gérer les options au niveau du serveur ou de la réservation.

Pour gérer les options au niveau de l'étendue :

- Connectez-vous en tant qu'administrateur sur Win1.

- Lancez la console DHCP en cliquant sur **Démarrer - Outils d'administration** puis sur **DHCP**.
- Cliquez sur le nœud du serveur pour développer l'arborescence.
- Cliquez sur **IPv4** pour développer l'arborescence.
- Cliquez sur le nœud de l'étendue pour développer l'arborescence.
- Cliquez avec le bouton droit de la souris sur **Options d'étendue** puis choisissez **Configurer les options**.

Onglet Général

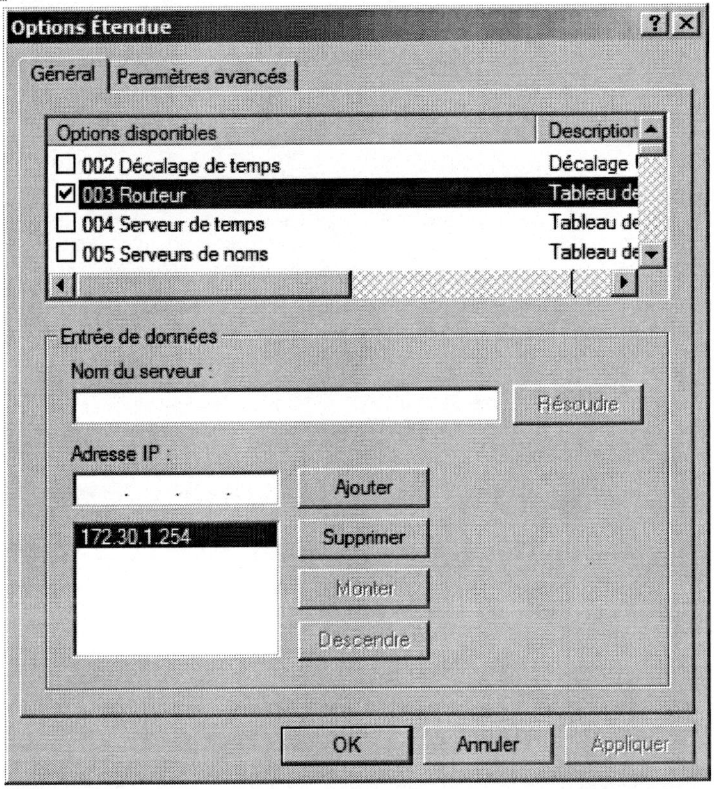

La sélection d'une option s'effectue en activant la case à cocher de l'option désirée. Ensuite, vous devez configurer l'option dans **Entrée de données**. Le cadre change pour chaque option.

Les clients Windows ne supportent que peu d'options, pour la liste complète référez-vous à la section précédente. Si le client n'est pas un client Microsoft, il est possible de lui transmettre d'autres options.

Onglet Paramètres avancés

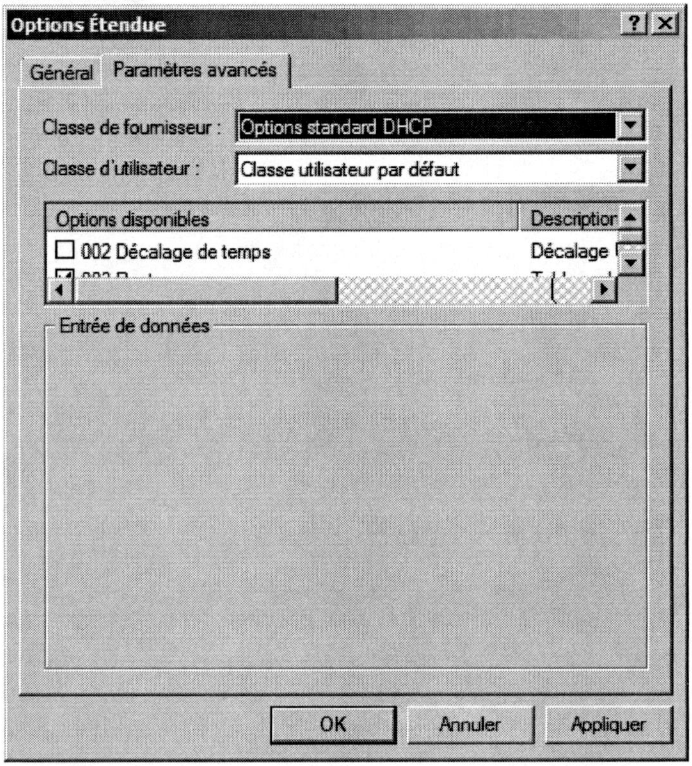

L'onglet **Paramètres avancés** diffère du fait qu'il est possible de restreindre les ordinateurs concernés par les options soit en utilisant une classe Fournisseur comme :

- Options Microsoft regroupe les classes Options Microsoft Windows 2000 et Options Microsoft Windows 98.
- Options Microsoft Windows 2000 uniquement pour Windows 2000 et supérieur.
- Options Microsoft Windows 98 pour Windows 98.
- Options standard DHCP (défaut), comme son nom l'indique.

Cette notion de classe n'est plus vraiment utilisée.

Il est également possible de cibler le type de client en utilisant une classe d'utilisateur comme :

- Classe BOOTP par défaut pour les clients BOOTP uniquement.
- Classe de protection d'accès réseau par défaut qui correspond au client NAP.
- Classe de routage et d'accès distant par défaut qui correspond au client VPN.
- Classe utilisateur par défaut (défaut), soit les autres.

> Cette classe Utilisateur est plus intéressante que la classe Fournisseur car elle permet de définir clairement les options spécifiques à chaque type d'accès client.

7. Création d'une étendue IPv6

L'assistant de création d'une étendue post-installation est plus complet que celui proposé lors de l'installation du serveur DHCP.

- Connectez-vous en tant qu'administrateur sur Win1.
- Lancez la console DHCP en cliquant sur **Démarrer - Outils d'administration** puis sur **DHCP**.
- Cliquez sur le nœud du serveur pour développer l'arborescence.
- Cliquez sur **IPv6** pour développer l'arborescence.
- Cliquez avec le bouton droit de la souris sur le nœud **IPv6**, puis cliquez sur **Nouvelle étendue**.
- Dans l'**Assistant Nouvelle étendue**, cliquez sur **Suivant**.
- Dans la page **Nom de l'étendue**, saisissez le **Nom** et éventuellement une **Description.**

> Saisissez un nom qui a un sens permettant d'identifier facilement les adresses comprises dans l'étendue comme **EtenduePrefixe** qui indique le préfixe utilisé par l'étendue.

- Sur la page **Préfixe d'étendue**, saisissez un **Préfixe** et modifiez la **Préférence** (priorité par rapport aux autres étendues) si nécessaire puis cliquez sur **Suivant**.

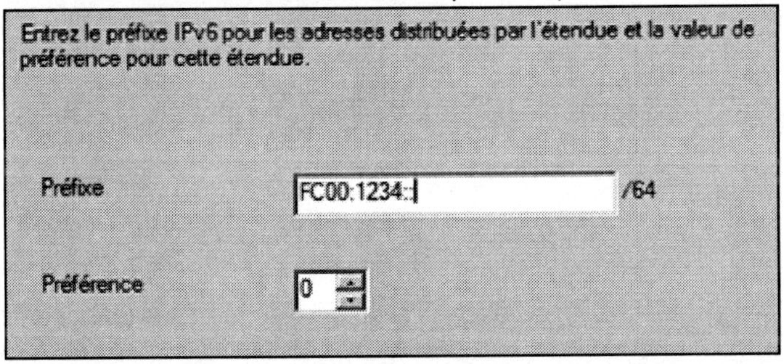

- Sur la page **Ajout d'exclusion**, ajoutez éventuellement une exclusion avant de cliquer sur **Suivant**.
- Sur la page **Bail d'étendue**, modifiez si nécessaire les durées de vie des adresses permanentes et temporaires puis cliquez sur **Suivant**.

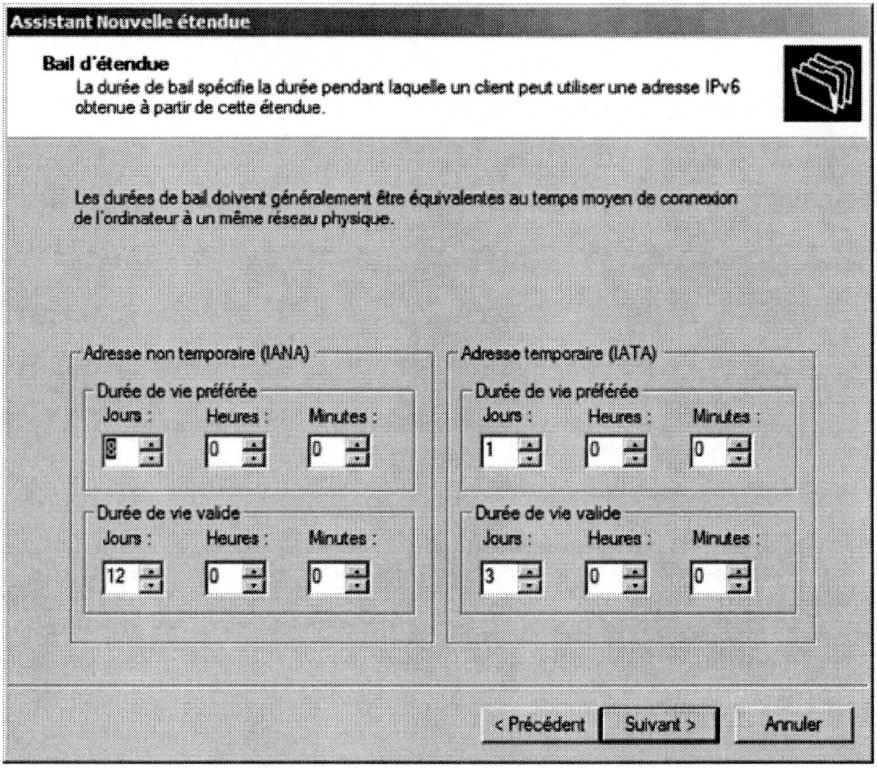

Le schéma suivant montre la durée de vie d'une adresse DHCP IPv6.

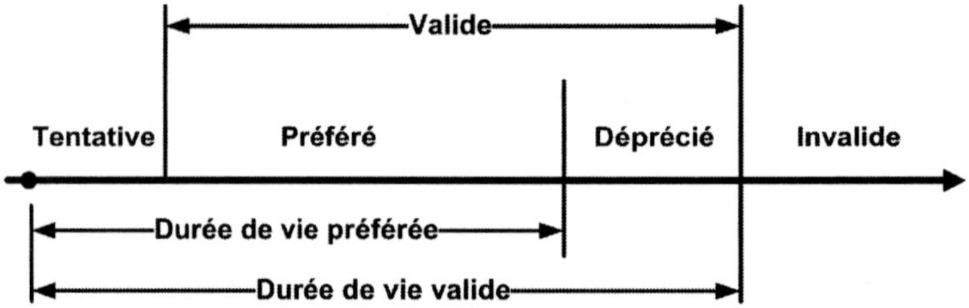

→ Sur la page **Fin de l'assistant Nouvelle étendue**, cliquez sur **Oui** pour activer l'étendue maintenant sinon cliquez sur **Non**, puis sur **Terminer**.

L'acquisition d'une adresse est légèrement différente par rapport à un client IPv4. Pour information, la figure suivante montre une capture des trames échangées durant l'acquisition.

Frame Summary

Frame Number	Time Offset	Conv Id	Source	Destination	Protocol Name	Description
32	13.279095		172.30.2.7	172.30.2.255	NbtNs	NbtNs: Query Request for ISATAP.TOTO.CH
33	14.030175		172.30.2.7	172.30.2.255	NbtNs	NbtNs: Query Request for ISATAP.TOTO.CH
34	14.661082		FE80:0:0:0:C...	FF02:0:0:0:0:...	DHCPV6	DHCPV6: MessageType = SOLICIT
35	14.661082		FC00:1234:0:0...	FE80:0:0:0:C...	DHCPV6	DHCPV6: MessageType = ADVERTISE
36	14.781255		172.30.2.7	172.30.2.255	NbtNs	NbtNs: Query Request for ISATAP.TOTO.CH
37	15.532335		172.30.2.7	172.30.2.255	NbtNs	NbtNs: Query Request for ISATAP.TOTO.CH
38	15.662522		FE80:0:0:0:C...	FF02:0:0:0:0:...	DHCPV6	DHCPV6: MessageType = REQUEST
39	15.662522		FC00:1234:0:0...	FE80:0:0:0:C...	DHCPV6	DHCPV6: MessageType = REPLY
40	15.662522		FE80:0:0:0:C...	FF02:0:0:0:0:...	ICMPv6	ICMPv6: Version 2 Multicast Listener Report
41	15.672536		FE80:0:0:0:C...	FF02:0:0:0:0:...	ICMPv6	ICMPv6: Version 2 Multicast Listener Report
42	15.672536		172.30.2.7	224.0.0.22	IGMP	IGMP: IGMPv3 Membership Report

Le principe des options est identique à l'IPv4 soit :

- Options globales à IPv6.
- Options par étendue.
- Options par classe.
- Options par réservation.

Bien entendu, les options ne sont pas les mêmes.

8. Configuration du service DHCP dans un environnement routé

Par défaut, le serveur DHCP et le client doivent se trouver sur le même segment de réseau car les routeurs bloquent les messages de diffusion. Pour pallier ce problème et éviter de placer des serveurs DHCP sur chaque segment de réseau, il est possible d'activer le routage des messages de diffusion de type BOOTP (UDP 67 et 68) pour les routeurs intégrant la RFC 1542.

Si le routeur n'est pas compatible avec la RFC 1542, ou si les stratégies réseau empêchent l'activation de la RFC 1542 sur les routeurs, il est toujours possible d'installer un serveur Agent Relay DHCP.

Le serveur **Agent Relay DHCP** agit comme un proxy situé entre le client DHCP et le serveur DHCP. Il écoute les messages de diffusion BOOTP (1) sur le segment de réseau local et transmet la demande auprès d'un serveur DHCP (2) situé sur un autre segment de réseau en monodiffusion. Le serveur DHCP traite la demande s'il existe une étendue pour le segment de réseau considéré et renvoie la réponse à l'Agent Relay DHCP (3) qui diffuse la réponse sur le segment de réseau local (4), comme le montre le dessin suivant.

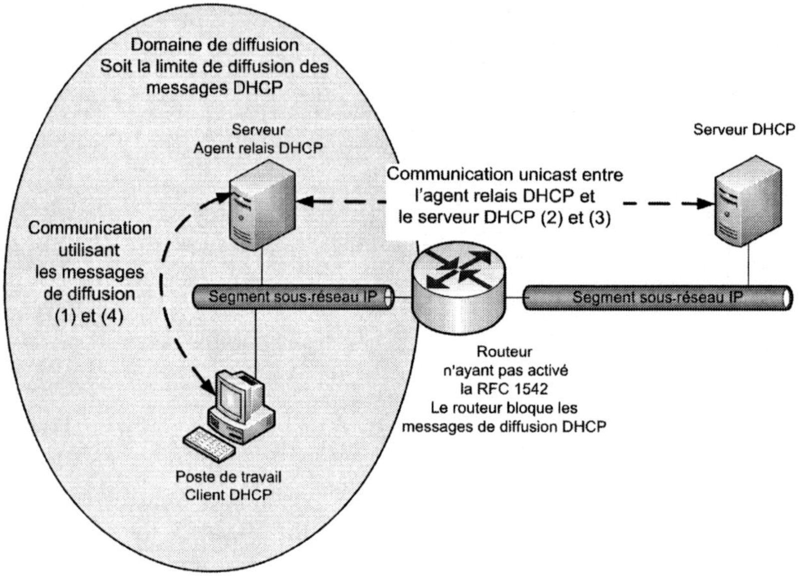

Il n'est pas possible d'utiliser l'agent de relais DHCP sur un serveur DHCP Microsoft ou un serveur NAT Microsoft.

a. Installation du service de rôle Routage

Si le service de rôle n'est pas encore installé :

- Connectez-vous en tant qu'administrateur.
- Cliquez sur **Démarrer - Outils d'administration** puis sur **Gestionnaire de serveur**.
- Dans l'arborescence de la console, cliquez sur **Rôles**.
- Dans la fenêtre principale de **Rôles**, cliquez sur **Ajouter des rôles**.
- Si la page **Avant de commencer** apparaît, cliquez sur **Suivant**.
- Sur la page **Rôles de serveurs**, sélectionnez **Services de stratégie et d'accès réseau** puis cliquez sur **Suivant**.
- Sur la page **Stratégies et accès réseau**, cliquez sur **Suivant**.
- Sur la page **Services de rôle**, sélectionnez **Routage**.

Il est également possible d'ajouter l'agent relais DHCP en ajoutant le Service d'accès à distance.

- Dans la boîte de dialogue **Assistant Ajout de rôles**, cliquez sur le bouton **Ajouter les services de rôle requis**.
- Sur la page **Service de rôle**, cliquez sur **Suivant**.

- Sur la page **Confirmation**, cliquez sur **Installer**.
- Dès que la page **Résultats** apparaît, contrôlez que le rôle est bien installé, puis cliquez sur **Fermer**.

b. Activation du service de routage

Win2

- Connectez-vous en tant qu'administrateur.
- Cliquez sur **Démarrer - Outils d'administration** puis sur **Gestionnaire de serveur**.
- Dans l'arborescence de la console, cliquez sur le nœud **Rôles**.
- Cliquez sur le nœud **Services de stratégie et d'accès distant**.
- Cliquez avec le bouton droit de la souris sur **Routage et accès distant** puis cliquez sur **Configurer et activer le routage et l'accès distant**.
- Sur la page **Bienvenue de l'assistant**, cliquez sur **Suivant**.
- Sur la page **Configuration**, cliquez sur **Configuration personnalisée** puis sur **Suivant**.
- Sur la page **Fin de l'Assistant Installation d'un serveur de routage et d'accès à distance**, cliquez sur **Terminer**.
- Dans la boîte de dialogue **Routage et accès distant**, cliquez sur **Démarrer le service**.

c. Ajout de l'agent relais DHCP pour IPv4 ou IPv6

Win2

- Connectez-vous en tant qu'administrateur.
- Cliquez sur **Démarrer - Outils d'administration** puis sur **Gestionnaire de serveur**.
- Dans l'arborescence de la console, cliquez sur le nœud **Rôles**.
- Cliquez sur le nœud **Services de stratégie et d'accès distant**.
- Cliquez sur le nœud **IPv4** ou **IPv6** selon l'agent relais DHCP à activer.
- Si l'agent de relais DHCP n'est pas installé, cliquez avec le bouton droit de la souris sur **Général**, puis sur **Nouveau protocole de routage**.
- Dans la boîte de dialogue **Nouveau protocole de routage**, sélectionnez **Agent de relais DHCP** dans la liste **Protocoles de routage** puis cliquez sur **OK**.

L'agent relais DHCP apparaît sous routage IPv4 ou IPv6.

d. Configuration de l'agent de relais DHCPv4

Win2

- Connectez-vous en tant qu'administrateur.
- Cliquez sur **Démarrer - Outils d'administration** puis sur **Gestionnaire de serveur**.
- Dans l'arborescence de la console, cliquez sur le nœud **Rôles**.

- Cliquez sur le nœud **Services de stratégie et d'accès distant**.
- Cliquez sur le nœud **IPv4**.
- Cliquez avec le bouton droit de la souris sur **Agent de relais DHCP** puis sur **Propriétés**.
- Saisissez l'adresse du serveur DHCP disposant d'une étendue pour le sous-réseau, ici tapez **10.1.1.2**. Il faut également créer une étendue pour le réseau 172./16.1.0/24 en excluant l'adresse 172.16.1.1. Puis cliquez sur **Ajouter**. Répétez l'opération s'il existe d'autres serveurs DHCP. À la fin, cliquez sur **OK**.

e. Ajout et configuration des interfaces d'écoute pour l'agent de relais DHCPv4

Win2

- Connectez-vous en tant qu'administrateur.
- Cliquez sur **Démarrer - Outils d'administration** puis sur **Gestionnaire de serveur**.
- Dans l'arborescence de la console, cliquez sur le nœud **Rôles**.
- Cliquez sur le nœud **Services de stratégie et d'accès distant**.
- Cliquez sur le nœud **IPv4**.
- Cliquez avec le bouton droit de la souris sur **Agent de relais DHCP** puis sur **Nouvelle interface**.
- Dans la boîte de dialogue **Nouvelle interface pour Agent de relais DHCP**, sélectionnez l'interface d'écoute dans la liste des interfaces puis cliquez sur **OK**.
- Dans la boîte de dialogue **Propriétés de Propriétés de relais DHCP**, assurez-vous que la case à cocher **Relayer les paquets DHCP** est sélectionnée, puis cliquez sur **OK**.

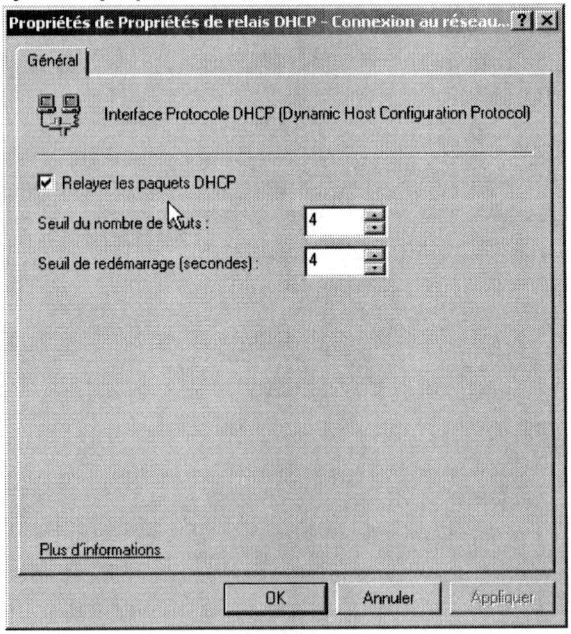

Seuil du nombre de sauts : indique le nombre maximal d'agents relais DHCP qui géreront le trafic DHCP relayé (max. 16).

Seuil de redémarrage (secondes) : indique le temps d'attente avant d'envoyer la requête DHCP sur le serveur DHCP distant si aucune réponse locale n'a été reçue. Si aucun serveur DHCP n'est présent sur le segment local, diminuez cette valeur à 0.

Vous pouvez maintenant faire un test. Pour cela il faut que les machines virtuelles WinAD, Win1, Win2 soient opérationnelles. Démarrez Win3 ou saisissez la commande `ipconfig /renew` pour recevoir une adresse IP du serveur DHCP via l'agent relais DHCP.

f. Configuration de l'agent de relais DHCPv6

Win2

- Connectez-vous en tant qu'administrateur.
- Cliquez sur **Démarrer - Outils d'administration** puis sur **Gestionnaire de serveur**.
- Dans l'arborescence de la console, cliquez sur le nœud **Rôles**.
- Cliquez sur le nœud **Services de stratégie et d'accès distant**.
- Cliquez sur le nœud **IPv6**.
- Cliquez avec le bouton droit de la souris sur **Agent de relais DHCP** puis sur **Propriétés**.

La boîte de dialogue **Propriétés** apparaît.

Onglet Général

L'onglet **Général** permet de définir les informations qui sont enregistrées dans le journal Système de l'Observateur d'événements.

Onglet Serveurs

- Saisissez l'adresse du serveur DHCP disposant d'une étendue pour le sous-réseau, puis cliquez sur **Ajouter**. Répétez l'opération s'il existe d'autres serveurs DHCP. À la fin, cliquez sur **OK**.

L'agent relais DHCP doit disposer d'une adresse IPv6 globale !

g. Ajout et configuration des interfaces d'écoute pour l'agent de relais DHCPv6

Win2

- Connectez-vous en tant qu'administrateur.
- Cliquez sur **Démarrer - Outils d'administration** puis sur **Gestionnaire de serveur**.
- Dans l'arborescence de la console, cliquez sur le nœud **Rôles**.
- Cliquez sur le nœud **Services de stratégie et d'accès distant**.
- Cliquez sur le nœud **IPv6**.

- Cliquez avec le bouton droit de la souris sur **Agent de relais DHCP** puis sur **Nouvelle interface**.
- Dans la boîte de dialogue **Nouvelle interface pour Agent de Relais DHCP**, sélectionnez l'interface d'écoute dans la liste des interfaces puis cliquez sur **OK**.
- Dans la boîte de dialogue **Propriétés de propriétés de Relais DHCP**, assurez-vous que la case à cocher **Relayer les paquets DHCP** est sélectionnée, puis cliquez sur **OK**.

  Seuil du nombre de sauts : indique le nombre maximal d'agents relais DHCP qui géreront le trafic DHCP relayé (max. 16).

  Seuil de temps écoulé (centi-secondes) : indique le temps d'attente avant d'envoyer la requête DHCP sur le serveur DHCP distant si aucune réponse locale n'a été reçue. Si aucun serveur DHCP n'est présent sur le segment local, diminuez cette valeur à 0.

L'utilisation d'un agent relais en support d'un serveur DHCP local est une bonne pratique en matière de tolérance de panne (règle des 80/20).

F. Gestion d'un serveur DHCP

Pour assurer la gestion d'un serveur DHCP, il faut être membre du groupe **Administrateurs** ou membre du groupe **Administrateurs DHCP** des serveurs DHCP.

1. Migration de la base de données DHCP

Il peut être utile de déplacer le service DHCP d'un serveur à un autre ou de restaurer les informations d'un serveur DHCP sur un nouveau serveur. La procédure suivante décrit comment sauvegarder la base de données et comment la restaurer.

La langue du système d'exploitation doit être identique entre les deux serveurs.

a. Sauvegarde de la base de données

- Connectez-vous en tant qu'administrateur sur Win1.
- Lancez la console DHCP en cliquant sur **Démarrer - Outils d'administration** puis sur **DHCP**.
- Cliquez sur le nœud du serveur pour développer l'arborescence.
- Cliquez avec le bouton droit de la souris sur le nœud du serveur, puis sur **Sauvegarder**.
- Dans la boîte de dialogue **Rechercher un dossier**, déplacez-vous vers le dossier prévu pour la sauvegarde et cliquez sur **OK**.
- Arrêtez le service DHCP en cliquant avec le bouton droit de la souris sur le nœud du serveur, puis en cliquant sur **Toutes les tâches** et **Arrêter**.
- Déplacez le dossier qui contient la sauvegarde vers le nouvel ordinateur.

N'oubliez pas de désinstaller le rôle DHCP ou de vérifier que le service DHCP ne puisse pas démarrer au prochain démarrage.

Cette procédure sauvegarde les informations d'étendues, les fichiers journaux, les clés de registre et la configuration du serveur DHCP. C'est une bonne pratique que de l'exécuter à intervalles réguliers.

b. Restauration de la base de données

- Connectez-vous en tant qu'administrateur sur Win1.
- Lancez la console DHCP en cliquant sur **Démarrer - Outils d'administration** puis sur **DHCP**.
- Cliquez sur le nœud du serveur pour développer l'arborescence.
- Cliquez avec le bouton droit de la souris sur le nœud du serveur, puis cliquez sur **Restaurer**.
- Dans la boîte de dialogue **Rechercher un dossier**, déplacez-vous vers le dossier qui contient la sauvegarde et cliquez sur **OK**.

  Il est également possible d'utiliser la base de données de sauvegarde standard, soit le dossier **%systemroot%\system32\dhcp\backup**.
- Si une boîte de dialogue vous invite à arrêter les services, cliquez sur **Oui**.

2. Sauvegarde

Dans la procédure de sauvegarde du serveur, il ne faut pas oublier d'ajouter le dossier de la base de données DHCP, par défaut **%systemroot%\system32\dhcp** ainsi que le répertoire de sauvegarde **%systemroot%\system32\dhcp\backup**.

3. Statistiques

Il est possible d'afficher des statistiques pour les serveurs DHCPv4 et DHCPv6. La procédure est la suivante :

- Connectez-vous en tant qu'administrateur sur Win1.
- Lancez la console DHCP en cliquant sur **Démarrer - Outils d'administration** puis sur **DHCP**.
- Cliquez sur le nœud du serveur pour développer l'arborescence.
- Cliquez avec le bouton droit de la souris sur **IPv4** ou sur **IPv6** pour afficher les statistiques **IPv4** ou **IPv6**, puis sur **Afficher les statistiques**.

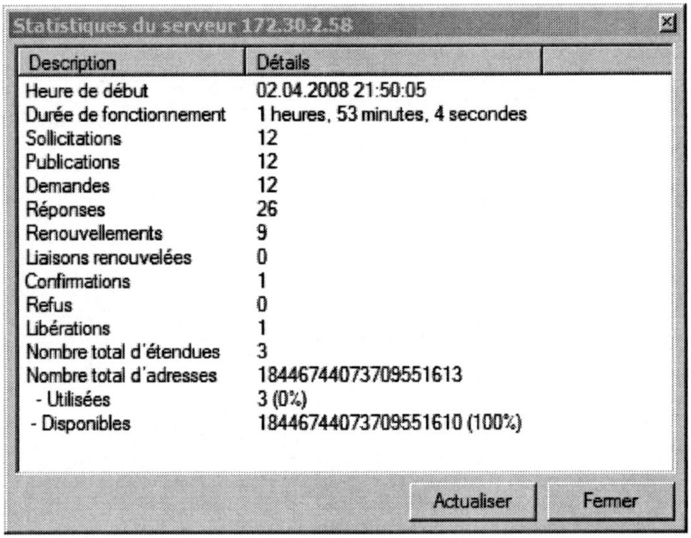

4. Gestionnaire de serveur

Le Gestionnaire de serveur complète la console DHCP car il permet de :

- Visualiser les événements liés au serveur DHCP.
- Gérer le service Serveur DHCP.
- Obtenir des informations supplémentaires.

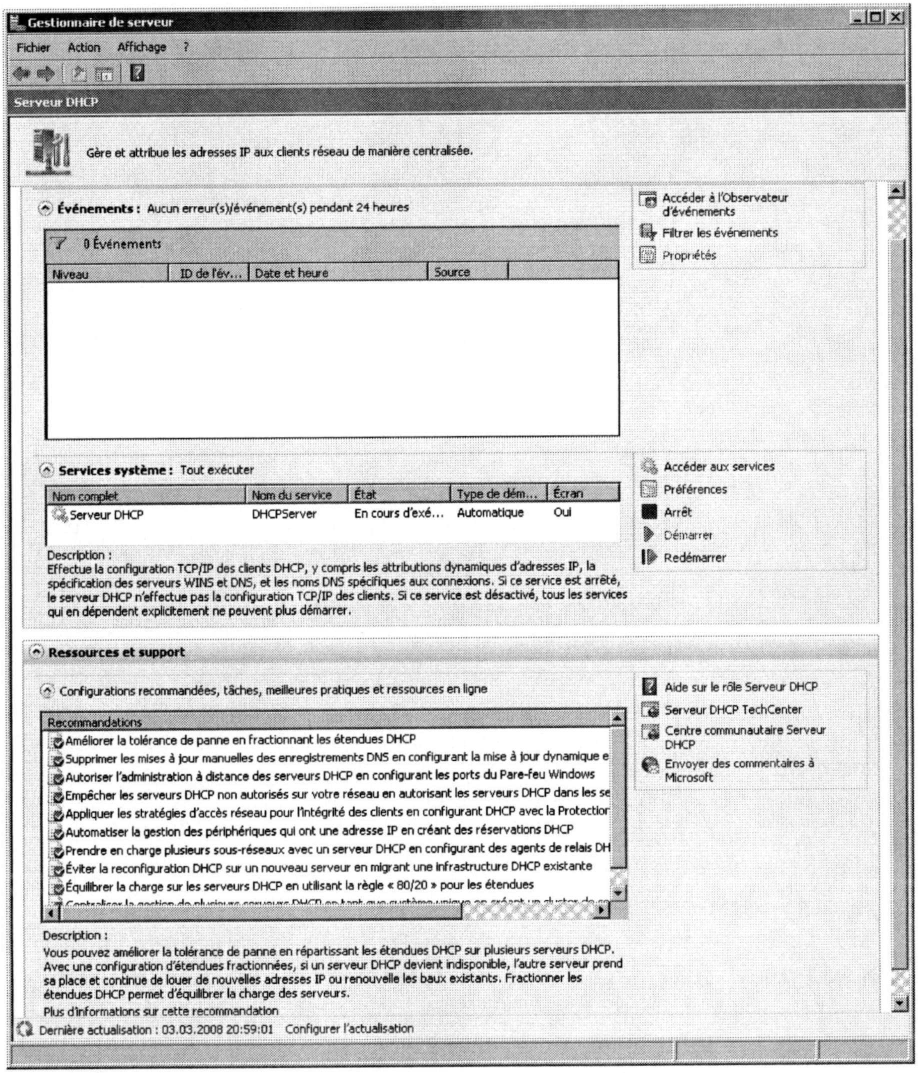

5. Commande netsh

La commande netsh dont l'intérêt principal est la création de scripts ou une utilisation sur un **Server Core** permet de gérer totalement le serveur DHCP.

a. Ajout d'une étendue

Les commandes ci-dessous créent une étendue appelée Etendue4 avec des adresses allant de 172.30.1.50 à 172.30.1.59 avec un masque de 255.255.255.0 dont le bail est de 1 heure ; on y ajoute l'adresse du routeur et du DNS et à la fin, on active l'étendue.

```
REM Création de l'étendue
netsh dhcp server 172.30.1.170 add scope 172.30.1.0.255.255.255.0 Etendue4
"commentaire de l'étendue 4"
REM Ajout des adresses IP de l'étendue
netsh dhcp server 172.30.1.170 scope 172.30.1.0 add iprange
172.30.1.50 172.30.1.59
REM Modification de la durée du bail (1heure)
netsh dhcp server 172.30.1.170 scope 172.30.1.0 optionvalue 051 DWORD "3600"
REM Ajout du routeur
netsh dhcp server 172.30.1.170 scope 172.30.1.0 optionvalue 003
IPADDRESS 172.30.1.254
REM Ajout du DNS
netsh dhcp server 172.30.1.170 scope 172.30.1.0 optionvalue 006
IPADDRESS 172.30.1.170
REM Activation de l'étendue
netsh dhcp server 172.30.1.170 scope 172.30.1.0 set state 1
REM Affiche le contenu de la base DHCP
netsh dhcp server 172.30.1.170 scope 172.30.1.0 dump
```

b. Autorisation d'un serveur DHCP auprès de l'Active Directory

Les serveurs DHCP Microsoft Windows doivent être autorisés par l'Active Directory pour distribuer des adresses s'ils font partie d'un domaine. Si un serveur DHCP ne faisant pas partie d'un domaine détecte qu'il se trouve sur un segment de réseau où existe un serveur DHCP de domaine, son service DHCP s'arrête.

Pour autoriser un serveur DHCP à distribuer des adresses :

```
netsh dhcp add server mondhcpserver.pffc.ch 172.30.1.10
```

Pour interdire un serveur DHCP, la commande est la suivante :

```
netsh dhcp delete server mondhcpserver.pffc.ch 172.30.1.10
```

G. Rôle DHCP sur un Server Core

Core1

Installation du rôle Server DHCP

- Dans l'invite de commande, saisissez `start /w ocsetup DHCPServerCore` puis appuyez sur [Entrée].
- Saisissez ensuite `oclist` pour contrôler que le serveur DHCP est bien installé puis appuyez sur [Entrée].

Désinstallation du rôle Server DHCP

- Dans l'invite de commande, saisissez `start /w ocsetup DHCPServerCore /uninstall` puis appuyez sur [Entrée].
- Saisissez ensuite `oclist` pour contrôler que le serveur DHCP est bien désinstallé puis appuyez sur [Entrée].

Gestion

Pour la gestion du serveur DHCP, vous pouvez utiliser les commandes netsh en ayant pris soin d'insérer vos commandes à l'avance dans des scripts, ou à distance par l'intermédiaire de la console **DHCP**.

H. Meilleures pratiques

- Utilisez la règle des 80/20 lorsque plusieurs serveurs DHCP servent la même étendue.
- Limitez le nombre de serveurs DHCP dans votre entreprise au minimum. Faut-il introduire de la redondance ?
- Réglez la durée des baux de manière à ce que les clients distants et sans fils disposent d'un bail court alors que les autres pourraient voir leur bail augmenter.
- Pour la mise à jour dynamique du DNS, préférez l'utilisation des préférences client par défaut.
- Ne désactivez une étendue que si vous désirez la supprimer définitivement sinon utilisez des plages d'exclusions.
- Intégrez le serveur DHCP avec d'autres services comme le DNS et le WINS.
- Sur de grands réseaux, contrôlez la diffusion des messages BOOTP en limitant leur portée en n'activant pas la RFC1542 sur certains routeurs.
- Activez la détection de conflit côté serveur sur les serveurs DHCP uniquement dans des environnements ayant des ordinateurs antérieurs à Windows 2000, si nécessaire. Cela rallonge la durée d'acquisition d'adresse IP.
- Si vous utilisez la réservation d'adresses et plusieurs serveurs DHCP pour servir l'étendue, alors il faut ajouter sur tous les serveurs DHCP la réservation.
- Prêtez une attention particulière au sous-système disque en en choisissant un rapide.

I. Résumé du chapitre

Vous avez appris comment fonctionne un serveur DHCP, comment l'installer et le gérer dans l'environnement IPv4 éventuellement routé, sur une installation complète ou un **Server Core**. Vous avez également appris les différences essentielles entre les serveurs DHCPv4 et DHCPv6 et comment configurer une étendue IPv6.

Chapitre 11 : Publication du stockage

A. Présentation

1. Pré-requis matériel et configuration de l'environnement

Pour effectuer toutes les mises en pratique de ce chapitre, vous devez disposer et configurer les machines virtuelles suivantes :

Pour la création des machines virtuelles, veuillez vous référer au chapitre Création du bac à sable.

N'oubliez pas de réinitialiser les machines virtuelles entre les mises en pratique de chaque chapitre avant de les configurer pour l'environnement.

Placez les scripts correspondants sur le bureau de chaque machine.

- Sur **WinAD**, lancez le script **WinAD.bat** en relation avec **WMydomEni.txt** puis attendez que l'ordinateur ait redémarré avant de lancer les scripts suivants.
- Sur **Win1**, lancez le script **Win1.bat**.
- Sur **Win4**, lancez le script **Win4.bat**.
- Sur **WinTarget**, lancez le script **WinTarget.bat**.
- Sur **Core1**, placez le script **Core1.bat** sur c:\ puis lancez-le.

Après l'exécution des scripts, les machines virtuelles **WinAD**, **Win1** sont dans le domaine **Mydom.eni**, les autres sont dans un groupe de travail. Les machines virtuelles **Win4**, **WinTarget** et **Core1** sont configurées avec plusieurs disques durs.

2. Objectifs

Ajouter des disques durs peut être fastidieux, c'est la raison pour laquelle le début du chapitre explique comment préparer un disque en le partitionnant et en le formatant avec un système de fichiers. Vous verrez les différences entre le système **NTFS** et **FAT**, un **disque de base** et un **disque dynamique** pour continuer sur les disques **RAID** logiciels et matériels. Après avoir introduit la notion de SAN (*Stockage Aera Network*), FC (*Fiber Channel*) et iSCSI (*Internet SCSI*), il vous sera montré comment ces technologies sont intégrées dans Windows Server 2008 en utilisant par exemple l'outil de gestion du stockage. Enfin quelques conseils de dépannage seront indiqués.

B. Introduction

Avant de pouvoir être opérationnel, un disque dur neuf doit être préparé. Le travail de préparation consiste à déterminer :

- le type de secteur d'amorçage,
- le type de disque,
- le nombre de partitions,
- le système de fichiers à utiliser.

Normalement, à part défragmenter régulièrement le disque ou modifier son point de montage, aucune des opérations présentées ici ne devrait vous être utile.

Malheureusement, la durée de vie d'un disque varie entre une année et 5 ans et la perte d'un disque a des conséquences graves dans une entreprise où rien n'a été planifié.

La demande des utilisateurs pour stocker des fichiers de plus en plus volumineux et de plus en plus nombreux oblige l'administrateur à trouver des solutions pour étendre l'espace de stockage de manière efficiente grâce à l'utilisation de système **SAN** (*Storage Area Network*), **iSCSI** (*Internet Small Computer System Interface*) ou **NAS** (*Network Attached System*).

C. Disque MBR et disque GPT

1. Introduction

Le MBR (*Master Boot Record*) est donné au premier secteur (512 octets) adressable sur un disque dur et contient les informations des partitions principales ainsi qu'une routine pour démarrer le système d'exploitation se trouvant sur la partition active.

Windows Server 2008 intègre partiellement la notion de **disque GPT** (*GUID Partition Table*) qui est une extension de l'initiative **EFI** (*Extensible Firmware Interface*) d'Intel afin de pallier les limitations des **disques MBR** (*Master Boot Records*) et leur dépendance du **BIOS**.

Principalement créé pour les processeurs **Itanium** d'Intel, cette technologie arrive aujourd-'hui pour les autres processeurs.

Le mécanisme GPT permet de :

- S'affranchir des limitations imposées par le **BIOS**.
- Créer plus de 4 partitions.
- Gérer en théorie 2^{64} blocs logiques de 512 octets, soit 18 exa-octets.

Ce dernier point est des plus intéressants car cela signifie que la taille d'un **cluster disque** (unité d'allocation) ne change pas en fonction de la taille du disque.

On définit la notion de **cluster disque** également appelé bloc logique comme une association de plusieurs **secteurs disque** afin de pouvoir adresser et utiliser des disques de grande capacité avec la même quantité d'adresses.

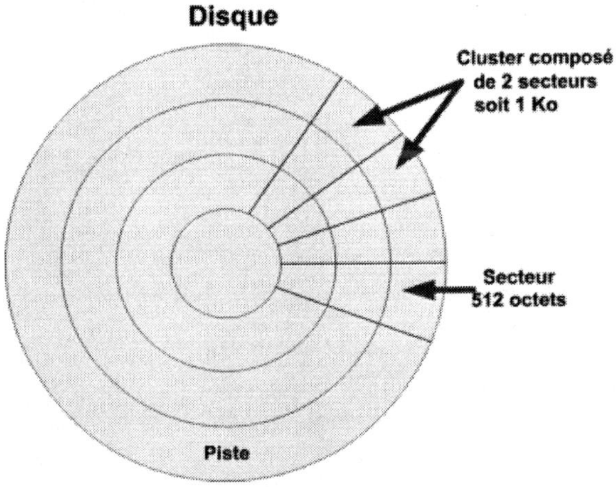

La relation entre la taille d'un fichier et l'espace disque utilisé est parfois floue. Un cluster disque peut contenir des informations ne provenant que d'un seul fichier.

Par exemple, si la taille d'un cluster disque est de 8 Ko et la taille du fichier de 2 Ko, le fichier occupe un seul cluster disque soit 8 Ko dont 6 Ko est de l'espace inutilisé et perdu. Si la partition qui contient ce fichier est très grande sur un **disque MBR**, le gaspillage peut être important car il n'est pas possible de diminuer la taille du cluster disque sans diminuer la taille de la partition, alors qu'avec un **disque GPT**, il est possible d'utiliser une taille de cluster disque plus petite.

Le tableau suivant résume les fonctionnalités des disques MBR et GPT.

	MBR	**GPT**	**Implémentation GPT de Windows**
Nombre de partitions	4	Illimité	128
Taille du cluster	Variable	512 octets	Variable
Système de fichiers supportés	FAT/NTFS, Linux, Unix, etc.	Divers	NTFS
Taille minimale recommandée	0 Mo	0 Mo	≥ 2 To
Taille maximale	2 To	18 Eo	256 To
Peut contenir des données	Oui	Oui	Oui
Démarrage Windows	Oui	Oui	Seulement sur des systèmes basés **EFI**

À l'installation de Windows Server 2008 sur un système **X86** ou **X64**, l'assistant convertit automatiquement un nouveau disque en disque **MBR**.

Aujourd'hui il n'est pas rare de disposer de système de stockage composé de plusieurs disques dont la taille totale dépasse 2 To. Afin de créer une partition, il faut préparer le système de stockage en disque GPT.

2. Initialiser le disque

L'opération d'initialisation d'un disque signifie que Windows va placer un identificateur unique sur la table de partitions du disque afin de le reconnaître et pouvoir l'utiliser par la suite.

Cette opération intervient lorsque l'on ajoute un nouveau disque. Sinon son statut est **Non initialisé**.

a. Initialiser le disque avec l'outil Gestion des disques

Win4

- Pour lancer l'outil **Gestion des disques**, cliquez sur **Démarrer - Outils d'administration** puis sur **Gestion de l'ordinateur**.
- Dans la section **Stockage de l'arborescence de la console**, cliquez sur **Gestion des disques**.
- Dans la zone **Sélectionnez les disques**, sélectionnez le ou les disques que vous voulez initialiser ici disque1 puis sélectionnez le type de disque : **Secteur de démarrage principal** pour **MBR** ou **Partition GPT**.

→ Cliquez ensuite sur **OK**.

b. Initialiser le disque via l'invite de commande

→ Lancez une invite de commande.

→ Tapez `diskpart` puis appuyez sur [Entrée].

→ Tapez `list disk` puis appuyez sur [Entrée] pour connaître le numéro du disque.

→ Tapez `select disque n` où **n** est le numéro du disque à initialiser puis appuyez sur [Entrée].

→ Tapez `uniqueid disk id=34fc2362` (l'identificateur est ici un exemple) puis appuyez sur [Entrée] pour un disque **MBR**. Sinon, indiquez un **GUID** comme `id=9D5C5FEA-C0AC-49F9-AC37-A98B151E2C85` pour un disque **GPT**.

L'utilitaire diskpart est important, savoir l'utiliser est très utile.

La figure suivante montre les commandes à taper. Remarquez que le disque 2 n'est pas initialisé.

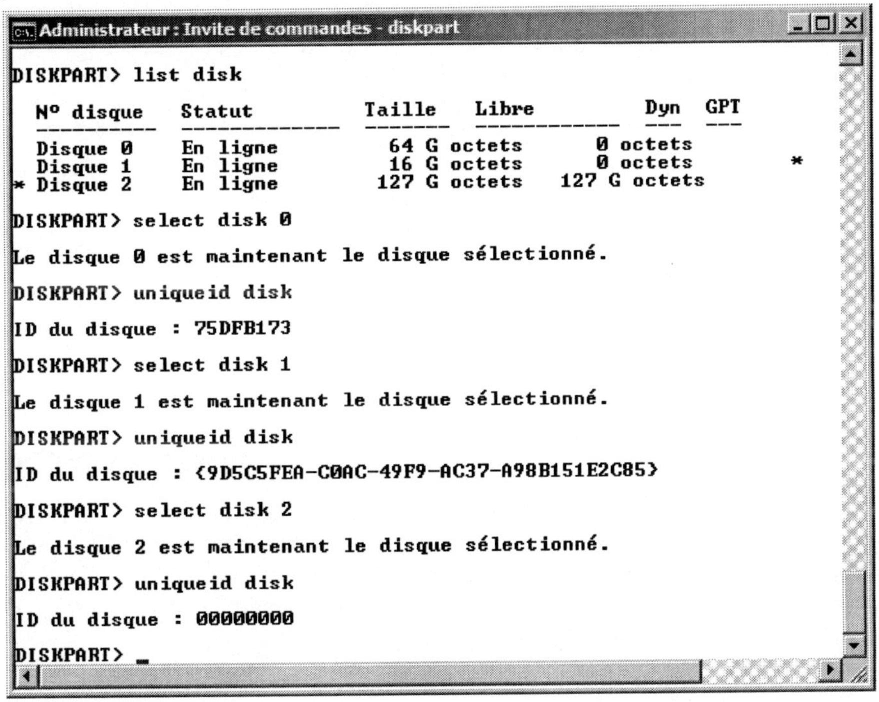

3. Convertir un disque avec l'outil Gestion des disques

Pour convertir un disque de **MBR** vers **GPT** ou l'inverse, il ne faut pas que le disque soit partitionné. Si c'est le cas, sauvegardez vos données avant de supprimer vos partitions.

- Cliquez sur **Démarrer - Outils d'administration** puis sur **Gestion de l'ordinateur**.
- Dans la section **Stockage de l'arborescence de la console**, cliquez sur **Gestion des disques**.
- Cliquez avec le bouton droit de la souris sur le disque à convertir ici disque 1 puis cliquez sur **Conversion en disque GPT** ou **MBR** selon l'état du disque.

4. Convertir un disque avec l'invite de commande

- Lancez une invite de commande.
- Tapez `diskpart` puis appuyez sur [Entrée].
- Tapez `list disk` puis appuyez sur [Entrée] pour connaître le numéro du disque.
- Tapez `select disque n` où **n** est le numéro du disque à initialiser puis appuyez sur [Entrée].
- Tapez `convert type` où **type** est soit **MBR**, soit **GPT** en fonction de la conversion puis appuyez sur [Entrée]. Un disque **GPT** ne peut être formaté qu'en **NTFS**.
- Tapez `uniqueid disk` puis appuyez sur [Entrée] pour visualiser le nouvel identificateur.

D. Disques de base et disques dynamiques

1. Introduction

On utilise par extension du langage la notion de disque pour définir une partition ou plus exactement un lecteur disque.

Une **partition** est définie comme étant la segmentation physique d'un disque alors qu'un **volume** est une segmentation logique. La documentation utilise parfois le terme de **partition** à la place de **volume**.

L'outil **diskpart** utilise les deux termes selon la terminologie suivante, **partition** pour un disque de base et **volume** pour un disque dynamique.

Dans Windows Server 2008, il est désormais possible de réduire ou d'étendre la taille d'un volume (ou d'une partition).

Les performances des disques peuvent être médiocres si les partitions ne sont pas alignées correctement. Jusqu'à Windows Server 2003, Microsoft démarrait une partition à partir du

32e ou 64e secteur et en fonction de la taille du cluster l'alignement n'était pas réalisé par rapport au secteur de démarrage. La conséquence était qu'il fallait plus de temps pour lire le cluster disque par rapport à un disque aligné. À partir de Windows 2008, les partitions créées sont automatiquement alignées. En effet, Microsoft laisse un décalage de 2048 secteurs soit 1 Mo pour des partitions supérieures à 4 GB. Il est possible de modifier ces valeurs via le registre hklm\system\CurrentControlSet\Services\VDS\Alignment. Pour vérifier si un disque est aligné, il faut utiliser la commande diskpart.

- Lancez l'invite de commande.
- Tapez `diskpart` puis appuyez sur [Entrée].
- Tapez `list disk` puis appuyez sur [Entrée] pour connaître le numéro du disque.
- Tapez `select disk n` où **n** est le numéro du disque à initialiser puis appuyez sur [Entrée].
- Tapez `list partition` puis appuyez sur [Entrée]. La colonne **Décalage** vous montre le décalage des partitions.

Ou simplement en utilisant une commande WMIC soit `WMIC partition get Blocksize, starting offsett, Name, Index.`

Pour créer une partition alignée, il faut préciser la valeur de décalage comme le montre la commande suivante :

```
create partition primary size = 1000 Align = 1024
```

Pour les disques RAID, la formule suivante montre la relation :

((décalage de la partition) * (taille en ko de secteur du disque)) / (taille du cluster ou de l'unité de bande en ko) = nombre entier

Exemple 1

Décalage de 64 (Windows Server 2003) et taille de la bande du système RAID de 128 ko.

(64 * 512)/(128.1024) = 0,25 qui est différent d'un nombre entier donc la partie n'est pas alignée.

Exemple 2

Décalage de 2048 (Windows Server 2008) et taille de la bande du système RAID de 120 ko.

(2048 * 512)/(128.1024) = 8 qui est un nombre entier donc la partition est alignée.

L'alignement est important pour des serveurs de base de données et influe sur les performances.

2. Disque de base

C'est le type de disque le plus répandu et son origine remonte à **MS-DOS**.

Un disque de base divise le disque en partitions et contient des volumes provenant d'une :

- Partition principale.
- Partition étendue.

Dans tous les cas, il n'est pas possible de créer plus de quatre volumes, soit trois **partitions principales** plus une **partition étendue** ou quatre **partitions principales** par disque. Cette limitation n'est pas pénalisante car actuellement le nombre de partitions dépasse rarement quatre.

Une **partition principale** est une partition sur laquelle il est possible de démarrer le système d'exploitation et elle ne peut contenir qu'un seul lecteur disque.

Une **partition étendue** ne peut démarrer le système d'exploitation mais peut contenir plusieurs lecteurs disques appelés également lecteurs logiques.

L'outil **Gestion de disques** ne permet de créer que trois partitions principales plus une partition étendue, il gère cela automatiquement. Sinon, il faut utiliser la commande **diskpart** pour créer quatre partitions principales.

3. Disque dynamique

Un disque dynamique se compose de volumes. Le nombre de volumes n'est pas limité et Windows permet d'importer des disques à chaud, c'est-à-dire de lire les informations contenues sur le disque afin de pouvoir le rendre opérationnel sans devoir redémarrer le serveur. Les disques initialisés **GPT** offrent également ces possibilités.

Le disque dynamique est obligatoire pour créer du **RAID** (*Redundant Array of Inexpensive Disk*) logiciel, comme nous le verrons plus loin dans le chapitre.

L'utilisation des disques de base répond à la majorité des scénarios que l'on rencontre en entreprise. Il n'est donc pas nécessaire de convertir les disques de base en disques dynamiques sauf pour mettre en œuvre du RAID logiciel.

4. Convertir un disque

Win4

La conversion ne peut s'effectuer que dans le sens **disque de base** vers **disque dynamique** si des volumes existent sur le disque dur, pour autant qu'il reste au moins 1 MB d'espace libre sur le disque.

Aucune perte de données n'est à prévoir.

Dans tous les autres cas, il faut sauvegarder les données avant de supprimer les volumes puis effectuer la conversion dans un sens ou dans l'autre.

L'outil **Gestion des disques** a été amélioré car il détecte quels types de volumes nécessitent la conversion vers un **disque dynamique**, et vous propose automatiquement la conversion, il n'est plus nécessaire de s'en soucier.

- Cliquez sur **Démarrer - Outils d'administration** puis sur **Gestion de l'ordinateur**.
- Dans la section **Stockage** de l'arborescence de la console, cliquez sur **Gestion des disques**.
- Cliquez avec le bouton droit de la souris sur le disque à convertir puis cliquez sur **Convertir en disque dynamique**.

  L'option est grisée si l'opération est impossible.
- Dans la boîte de dialogue **Convertir en disque dynamique**, sélectionnez le ou les disques à convertir puis cliquez sur **OK**.
- Dans la boîte de dialogue **Disques à convertir**, vous pouvez consulter les détails des volumes du disque en cliquant sur le bouton **Détails** sinon, cliquez sur **Convertir**.
- Enfin, dans la boîte de dialogue **Gestion des disques**, prenez soin de lire l'avertissement concernant le double amorçage puis cliquez sur **Oui**.

Le double amorçage permet à un ordinateur de démarrer sur Windows Server 2008 ou un autre système d'exploitation. Cette remarque n'a que peu de sens pour un serveur.

5. Créer un volume simple ou une partition

Win4

Cette procédure s'applique pour les disques de base et les disques dynamiques.

- Cliquez sur **Démarrer - Outils d'administration** puis sur **Gestion de l'ordinateur**.
- Dans la section **Stockage** de l'arborescence de la console, cliquez sur **Gestion des disques**.
- Cliquez avec le bouton droit de la souris sur un espace **Non alloué** du disque puis cliquez sur **Nouveau volume simple**.
- Dans la boîte de dialogue **Assistant Création d'un volume simple**, cliquez sur **Suivant**.
- Sur la page **Spécifier la taille du volume** de l'assistant **Création d'un volume simple**, spécifiez la taille exprimée en Mo (1024 Mo est équivalent à 1 Go), puis cliquez sur **Suivant**.
- Sur la page **Attribuer une lettre de lecteur ou de chemin d'accès**, sélectionnez une lettre de lecteur puis cliquez sur **Suivant**.

  L'option **Attribuer la lettre de lecteur suivante** (défaut) permet de choisir un lecteur disque libre. Il est possible d'attribuer n'importe quelle lettre allant de **B** à **Z**, soit au maximum 25 lettres par ordinateur.

> Si vous avez plus de 25 disques, utilisez un point de montage.

> Prévoyez de laisser une lettre libre pour y transférer certains fichiers pour du dépannage via une clé **USB**.

  L'option **Monter dans le dossier NTFS vide suivant** permet d'accéder à ce disque à partir d'un dossier situé sur un autre disque. On utilise également le terme de **point de montage** (ou jonction).

  Ne pas attribuer une lettre ou un chemin d'accès de lecteurest à éviter, car vous différez le moment de la configuration pour accéder à ce disque.

- Sur la page **Formater une partition**, laissez les options choisies par défaut, méthode conseillée, ou éventuellement modifiez certaines sélections puis cliquez sur **Suivant**.

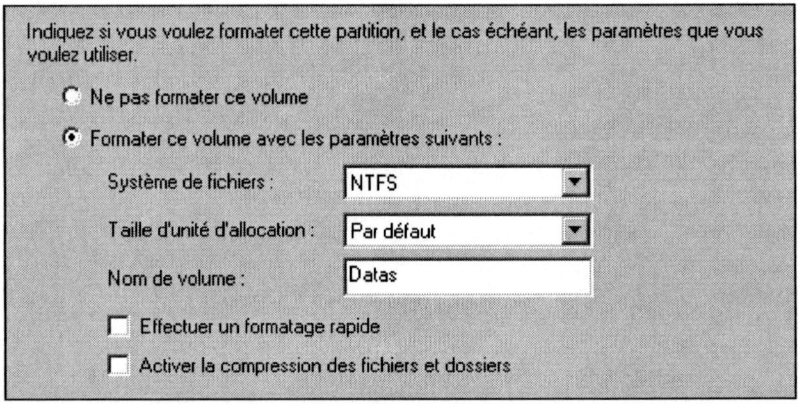

Si vous choisissez **Ne pas formater ce volume**, vous différez simplement son formatage.

Pour le **Système de fichiers**, vous avez le choix entre **NTFS**, **FAT** et **FAT32**, mais sélectionnez toujours **NTFS** pour des raisons évidentes de sécurité et d'efficience.

La **Taille d'unité d'allocation** définit la taille du cluster disque. La taille peut aller de 512 octets à 64 Ko.

Certaines applications comme SQL Server sont mieux optimisées avec des tailles de cluster disque de 8 Ko voire 64 Ko. Les **RAID** logiciels sont mieux optimisés avec des tailles de 64 Ko.

Dans la zone de saisie **Nom de volume**, tapez un nom de maximum 32 caractères pour du **NTFS** (11 pour de la FAT). **NTFS** permet également d'utiliser les caractères suivants ***/\[:;|=,. » ?<>** en plus de l'espace.

L'option **Effectuer un formatage rapide** ne formate que la table des partitions sans remplacer les dossiers et fichiers.

L'option **Activer la compression des fichiers et dossiers** permet d'activer la compression au niveau du volume.

- Sur la page **Fin de l'Assistant Création d'un volume simple**, contrôlez vos paramètres puis cliquez sur **Terminer**.

6. Supprimer un volume ou une partition

Il faut être attentif car la suppression d'un volume est définitive et non annulable. En cas de mauvaise manipulation, il existe des utilitaires qui permettent de restaurer un volume détruit.

- Cliquez sur **Démarrer - Outils d'administration** puis sur **Gestion de l'ordinateur**.
- Dans la section **Stockage** de l'arborescence de la console, cliquez sur **Gestion des disques**.
- Cliquez avec le bouton droit de la souris sur un volume du disque puis cliquez sur **Supprimer le volume**.

→ Dans la boîte de dialogue **Supprimer le volume simple**, confirmez par **Oui** la suppression du volume.

→ Si la boîte de dialogue **Gestion des disques** apparaît, c'est que le volume est en cours d'utilisation, confirmez la suppression en cliquant sur **Oui**.

En production, il peut être hasardeux de cliquer sur **Oui**, il est fortement recommandé de chercher pourquoi le volume est signalé comme étant encore en cours d'utilisation.

7. Réduire un volume

Depuis Windows Vista, il est possible de réduire la taille d'un volume ; si l'opération n'est pas possible, l'assistant indique une taille de réduction égale à 0.

→ Cliquez sur **Démarrer - Outils d'administration** puis sur **Gestion de l'ordinateur**.

→ Dans la section **Stockage** de l'arborescence de la console, cliquez sur **Gestion des disques**.

→ Cliquez avec le bouton droit de la souris sur un volume du disque puis cliquez sur **Réduire le volume**.

L'assistant recherche la taille minimale que peut avoir le volume sans risquer de problèmes d'intégrité.

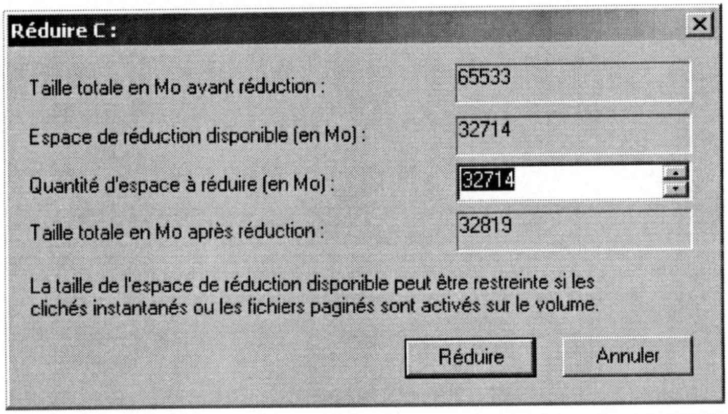

Il est possible de modifier la valeur proposée par l'assistant avec une valeur plus petite avant de cliquer sur **Réduire**.

8. Monter un volume

Le montage de volumes est une fonctionnalité intéressante car elle permet notamment :

- de s'affranchir de la limite des 25 lettres utilisables,
- d'étendre rapidement la taille d'un disque pour des applications.

Le principe est simple, un volume peut avoir plusieurs chemins d'accès, soit au maximum une lettre de lecteur et plusieurs montages de volume.

La figure suivante montre que le volume du disque 2 peut être accessible via le lecteur **F:** du disque 1 sous **F:\D2** et via le lecteur **J:** du disque 3 sous **J:\D3**. Le volume du disque 2 n'a pas d'accès par sa propre lettre de lecteur.

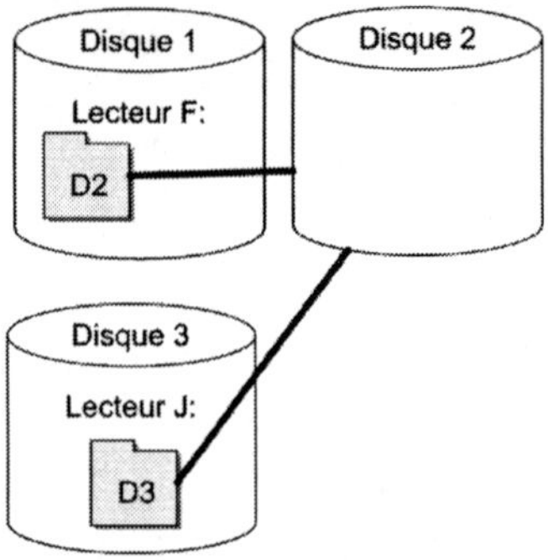

Il est possible de mélanger les systèmes de fichiers **NTFS** et **FAT** entre un volume et son point de montage pour autant que ce dernier se trouve sur un volume NTFS.

Il faut noter que la taille totale d'un disque correspond toujours à la taille du volume sans les points de montage.

Attention aux systèmes de sauvegarde qui "voient" le montage comme un simple répertoire.

a. Création d'un point de montage

- Cliquez sur **Démarrer - Outils d'administration** puis sur **Gestion de l'ordinateur**.
- Dans la section **Stockage** de l'arborescence de la console, cliquez sur **Gestion des disques**.
- Cliquez avec le bouton droit de la souris sur un volume du disque puis cliquez sur **Modifier la lettre de lecteur et les chemins d'accès**.
- Dans la boîte de dialogue **Modifier la lettre de lecteur et les chemins d'accès pour**, cliquez sur le bouton **Ajouter**.

  Le bouton **Modifier** permet de modifier un point de montage existant après l'avoir sélectionné dans la liste au-dessus.

  Le bouton **Supprimer** permet de supprimer le point de montage sélectionné dans la liste.
- Dans la boîte de dialogue **Ajouter une lettre de lecteur ou un chemin d'accès**, tapez le nouveau chemin ou cliquez sur **Parcourir**.

Si vous tapez le chemin, il doit mener vers un dossier existant et vide se trouvant sur le même ordinateur.

➜ Dans la boîte de dialogue **Parcourir à la recherche d'un disque**, sélectionnez le lecteur dans lequel votre volume sera monté, puis déplacez-vous dans l'arborescence. Créez un nouveau dossier puis cliquez trois fois sur **OK**.

L'utilisateur voit l'icône représentant un dossier ouvert pour un volume monté. Toutes les opérations sur des fichiers ou dossiers sont transparentes pour l'utilisateur.

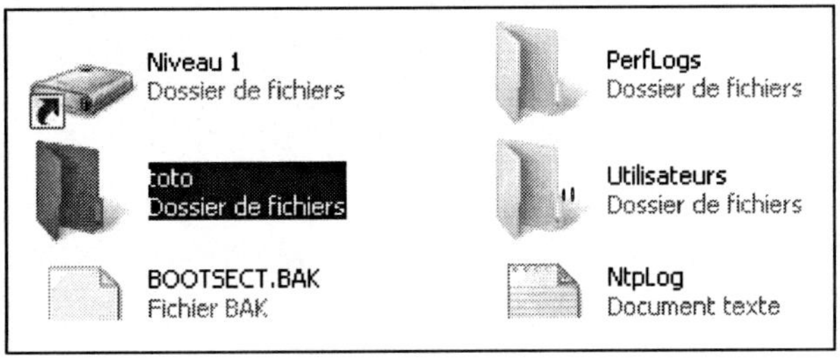

➜ L'utilisateur peut également déplacer le volume monté. Le chemin est automatiquement déplacé. Ce qui signifie que si un volume monté est mis dans la Corbeille et que celle-ci est vidée, le chemin d'accès est détruit mais pas les données qui sont contenues sur le volume.

b. Suppression d'un point de montage

La suppression d'un point de montage supprime le lien mais pas le contenu du volume.

➜ Cliquez sur **Démarrer - Outils d'administration** puis sur **Gestion de l'ordinateur**.

➜ Dans la section **Stockage** de l'arborescence de la console, cliquez sur **Gestion des disques**.

➜ Cliquez avec le bouton droit de la souris sur un volume du disque puis cliquez sur **Modifier la lettre de lecteur et les chemins d'accès**.

➜ Dans la boîte de dialogue **Modifier la lettre de lecteur et les chemins d'accès pour**, cliquez sur **Supprimer**.

➜ La commande **mountvol** permet également de gérer les montages en ligne de commande.

9. Commande diskpart

La figure suivante montre des exemples de commande pour effectuer les opérations présentées avec l'interface graphique.

Auparavant, n'oubliez pas de taper les commandes suivantes :

➜ Lancez une invite de commande.

- Tapez `diskpart` puis appuyez sur [Entrée].
- Tapez `list disk` puis appuyez sur [Entrée] pour connaître le numéro du disque.
- Tapez `select disque n` où **n** est le numéro du disque à manipuler puis appuyez sur [Entrée].

Ci-dessous, vous avez un exemple d'un fichier de commandes qui sélectionne le disque 1, le convertit en disque dynamique puis crée un volume simple de 100 Mo.

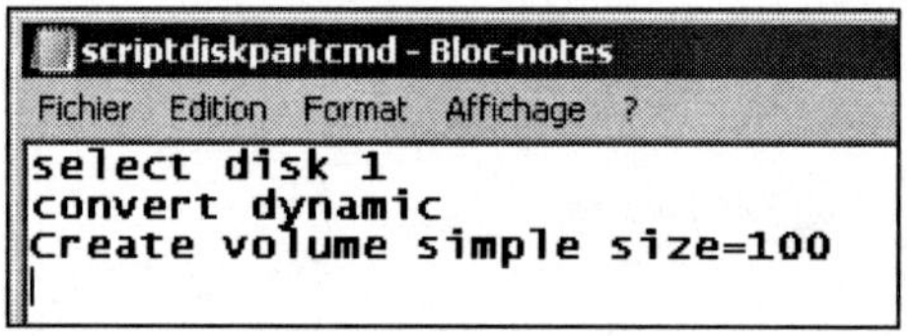


```
select disk 1
convert dynamic
Create volume simple size=100
```

- Pour utiliser la commande **diskpart** avec un script, il faut taper `:Diskpart /s monscript`

  où **monscript** représente le chemin complet du fichier de commandes.

10. Activer une partition

Win4

Une partition active est une partition principale d'un disque de base sur laquelle un système d'exploitation peut démarrer.

Lors de l'installation de Windows, l'assistant marque comme active la première partition principale du premier disque.

Il ne peut existér qu'une seule partition active par disque.

Cette fonctionnalité peut avoir un sens sur des ordinateurs qui sont en double amorçage mais pas sur un serveur, excepté pour un serveur ayant des disques système mis en RAID-1 logiciel.

> Pratiquement, il n'y a aucune raison de toucher à ce paramètre sur un serveur. Des problèmes d'amorçage pourraient apparaître.

- Cliquez sur **Démarrer - Outils d'administration** puis sur **Gestion de l'ordinateur**.
- Dans la section **Stockage** de l'arborescence de la console, cliquez sur **Gestion des disques**.
- Cliquez avec le bouton droit de la souris sur un volume d'un disque de base puis cliquez sur **Marquer la partition comme active**.

> L'outil **Gestion des disques** ne permet pas d'enlever l'attribut actif d'une partition.

11. Volume étendu et volume fractionné (disque dynamique)

Win4

Étendre un volume signifie que le volume va occuper de l'espace disque non contigu provenant du même disque, on parle alors de **volume étendu**.

La figure suivante montre un volume dont il serait intéressant de récupérer de l'espace non alloué.

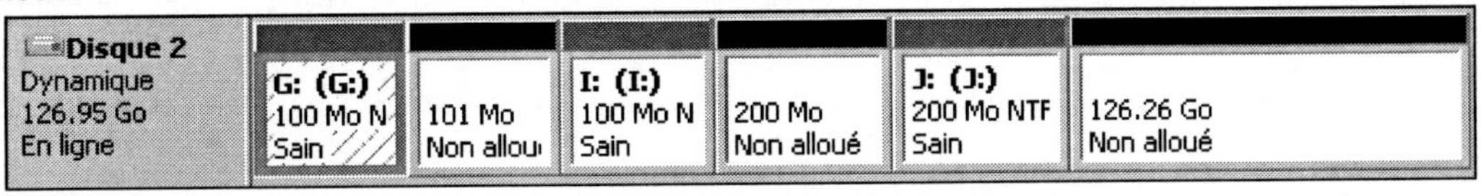

Un **volume fractionné** est un volume qui utilise de l'espace disque provenant d'au moins deux disques.

Par défaut, l'espace disque alloué aux volumes est contigu en terme d'adressage des clusters disque. Si ce n'est pas possible, il faut créer un **volume étendu**. L'outil **Gestion des disques** le gère automatiquement.

Si un volume est supprimé, il est possible de récupérer cet espace pour agrandir un volume existant.

Pour étendre un volume :

- Cliquez sur **Démarrer - Outils d'administration** puis sur **Gestion de l'ordinateur**.
- Dans la section **Stockage** de l'arborescence de la console, cliquez sur **Gestion des disques**.
- Cliquez avec le bouton droit de la souris sur un volume d'un disque dynamique puis cliquez sur **Étendre le volume**.
- Dans l'assistant **Assistant Extension du volume**, cliquez sur **Suivant**.
- Sur la page **Sélectionner les disques**, tapez la quantité d'espace disque voulue puis cliquez sur **Suivant**.

L'assistant propose la valeur maximale de l'espace qu'il est possible d'utiliser pour ce disque sans se soucier s'il s'agit d'un ou plusieurs espaces non alloués.

> La page **Sélectionner les disques** de l'assistant permet également de sélectionner un autre disque ; dans ce cas, le résultat sera un disque fractionné et non un volume étendu.

- Sur la page **Fin de l'Assistant Extension du volume**, cliquez sur **Terminer**.

La figure suivante montre le résultat :

Les volumes fractionnés permettent également d'étendre l'espace de stockage d'un volume. Un peu comme le principe des vases communiquant le volume fractionné remplit d'abord le premier espace puis les autres jusqu'au dernier.

Aucun gain de performance n'est à attendre et son désavantage principal est le risque de perte d'un disque qui entraînerait la perte de toutes les données du volume.

Pour créer un volume fractionné, il est possible d'utiliser soit le menu **Nouveau volume fractionné** lorsque l'on est sur un espace non alloué, soit **Étendre un volume** lorsque l'on étend ce volume sur plusieurs disques.

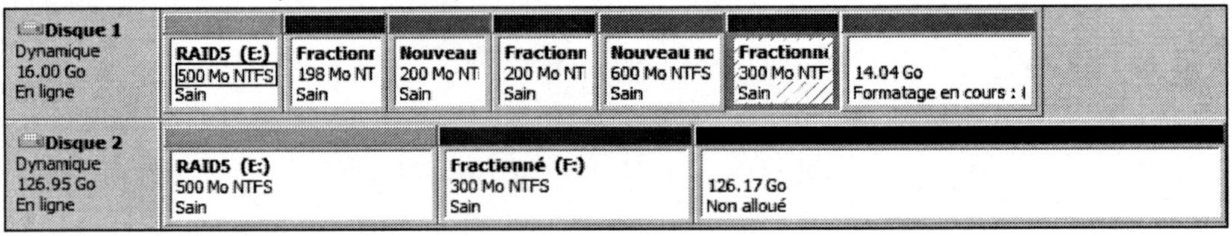

E. Systèmes de fichiers

1. Introduction

Windows Server 2008 supporte trois systèmes de fichiers, à savoir le système **FAT** (*File Allocation Table*), l'**exFAT** (*Extended File Allocation Table*) et le système **NTFS** (*New Technology File System*).

Le système de fichiers **FAT**, bien que largement répandu et utilisé par des systèmes d'exploitation et autres médias amovibles, se présente plus aujourd'hui comme un moyen universel d'échanger des fichiers que comme le système de fichiers des serveurs Windows. Ses limitations technologiques font de la **FAT** un reliquat qui a de la peine à disparaître.

Aujourd'hui la FAT est principalement utilisée pour les systèmes amovibles comme les clés USB.

L'**exFAT** introduit par Microsoft dans **Windows Embedded CE 6.0** permet de s'affranchir des limitations de la **FAT**.

Le tableau suivant montre les différences entre les systèmes de fichiers FAT, ExFAT et NTFS.

	FAT ou FAT16	**FAT32**	**exFAT**	**NTFS**
Taille maximale théorique d'une partition	2 Go	8 To		16 Eo
Taille maximale d'une partition	2 Go 4 Go (NT4)	32 Go		2 To (MBR) 256 To (GPT)
Taille minimale conseillée d'une partition	0 Mo	0 Mo	0 Mo	500 Mo
Taille maximale d'un fichier	2 Go	4 Go	16 Eo	16 Eo
Sécurité au niveau fichier	aucune	aucune	aucune	NTFS
Nombre de bits utilisés pour l'adressage	16	32	64	64
Opérations auditables	Non	Non	Non	Oui
Compression transparente au niveau fichier	Non	Non	Non	Oui
Chiffrage transparent des fichiers	Non	Non	Non	Oui
Mise en œuvre des quotas	Non	Non	Non	Activable
Autoréparation	Non	Non	Non	Transparent

	FAT ou FAT16	FAT32	exFAT	NTFS
Transactionnel au niveau des fichiers	Non	Non	Oui	Oui
Limitation du nombre de fichiers ou dossiers à la racine du disque	Oui	Oui	Non	Non

Il n'existe pas un système de fichiers **FAT** mais plusieurs dont la différence tient sur le nombre de bits utilisés par l'adressage des clusters de disque, donc sur la taille des volumes et le nombre de fichiers que l'on peut enregistrer.

La **FAT12** utilisée par les disquettes et certains supports amovibles de petites tailles a tendance à disparaître au profit de la **FAT16** ou la **FAT32** qui utilisent respectivement 16 ou 32 bits pour l'adressage des clusters de disque.

La table d'allocation des fichiers est également lente car elle n'est pas indexée et la recherche d'un fichier peut prendre du temps, à l'inverse de **NTFS** qui utilise une structure en **B-arbre**. Son seul avantage est le peu de place que prend la table d'allocation des fichiers par rapport au **NTFS** qui demande au minimum 2 Mo.

Sur un serveur, le choix s'arrête au système de fichiers **NTFS** !

Si votre serveur est formaté en **FAT**, il est possible d'utiliser la commande suivante pour effectuer une conversion. Attention, elle ne fonctionne que de FAT vers NTFS : `convert lecteur: /FS :NTFS` où `lecteur` correspond à la lettre du lecteur à convertir.

Encore récemment, il m'a été rapporté par un client que sur un serveur contenant des données très confidentielles particulièrement capricieux, il préférait utiliser le système de fichiers FAT afin de pouvoir lire les données très facilement avec des outils simples en cas de crash et les restaurer sur un autre serveur !

2. Le système de fichiers exFAT

L'**exFAT** n'est supporté dans Windows Server 2008 que pour les disques amovibles.

Il utilise un système d'adressage de 64 bits ce qui théoriquement, lui permet d'adresser 16 Eo.

Il permet de dépasser la limite des 32 Gb de la **FAT32**, de gérer plus de 1000 fichiers par dossier et élimine la limite de 4 Gb pour la taille d'un fichiers.

La taille du cluster disque permet des implémentations jusqu'à 32 Mo.

exFAT a été conçu en tant que système de fichiers transactionnel TFAT (Transaction-safe FAT) ce qui signifie que les accès disque sont encapsulés dans des transactions qui assurent une garantie du résultat. Une transaction passe d'un état stable vers un autre état stable. Si l'état de destination ne peut être atteint (état instable), la transaction annule les opérations déjà effectuées et retourne à son état initial.

Il est considéré comme étant plus rapide que la FAT.

Enfin, Microsoft et ses partenaires devraient promouvoir ce type de fichiers pour les supports amovibles.

L'outil **Gestion des disques** reconnaît les disques amovibles et Windows Server 2008 peut les formater en **exFAT**.

3. Le système de fichiers NTFS

Les fonctionnalités essentielles du système NTFS sont résumées ici car le chapitre Mise en œuvre du rôle de serveur de fichiers est consacré au système de fichiers.

a. Permissions NTFS

Le système de fichiers NTFS utilise des **ACLs** (*Access Control List*) pour sécuriser les fichiers et les dossiers des utilisateurs.

Chaque fois qu'un utilisateur tente d'accéder à un fichier, son jeton d'accès est contrôlé avec la liste **ACE** (*Access Control Entry*) des permissions **DACLs** (*Discretionary Access Control List*) ou simplement **NTFS** pour voir s'il dispose des permissions nécessaires, puis le processus continue en passant dans les **SACLs** (*Security Access Control List*) afin de vérifier s'il faut enregistrer un événement de sécurité appelé également audit. À la fin du processus, l'utilisateur soit a accès au fichier, soit il est refusé et dans tous les cas, un ou plusieurs événements peuvent avoir été enregistrés.

Les permissions **NTFS** peuvent s'appliquer au niveau du dossier ou du volume et la granularité est le fichier.

b. Compression NTFS

La compression permet de compresser de manière transparente pour l'utilisateur le contenu d'un dossier ou d'un volume dès son activation. La granularité est le fichier.

c. Chiffrage EFS

Le chiffrage EFS des fichiers permet de limiter l'accès au fichier en ajoutant une signature numérique basée sur un certificat au fichier. Un utilisateur peut chiffrer un fichier ou un dossier avec EFS afin d'en restreindre l'accès. Une bonne formation des utilisateurs est à prévoir et du côté des administrateurs, il faut une bonne compréhension de la notion des certificats et leur gestion.

d. Erreur physique

NTFS a été conçu de manière à détecter des clusters défectueux et de les marquer comme tels afin d'éviter de perdre des données. Si le cluster contient une information, il déplace au préalable la donnée sur un autre cluster disque.

e. Quotas NTFS

Il est possible de placer des quotas pour l'utilisation du disque par l'utilisateur. Ces quotas peuvent être restrictifs ou servir d'avertissement. La granularité pour activer les quotas est le volume.

Les quotas permettent de limiter l'espace disque utilisé pour chaque utilisateur.

f. NTFS transactionnel

Le NTFS transactionnel est une nouvelle fonctionnalité qui permet aux programmeurs de créer des transactions pour des opérations de copie ou déplacement de plusieurs fichiers et d'annuler ou d'approuver l'ensemble.

4. Le cluster disque

Comme il a été montré au début du chapitre, le cluster disque peut gaspiller de l'espace si la taille du cluster n'est pas adaptée à la taille des fichiers stockés sur le volume. Il est important d'avoir à l'esprit quels types de données seront stockés et quelles applications vont les utiliser.

Le conseil simpliste qui dit que pour beaucoup de fichiers de petites tailles (moins de 2 Ko), il faudrait également des clusters, d'environ 2 Ko, est judicieux. Il faut également avoir à l'esprit que c'est un compromis entre place et performance.

Le tableau suivant indique la taille par défaut des clusters disque pour les systèmes de fichiers **FAT** et **NTFS**.

Taille d'une partition	FAT 16	Fat 32	NTFS
< 512 Mo	1 Ko – 8 Ko	0.5 Ko – 4 Ko	0,5 Ko
512 Mo - < 1 Go	16 Ko	4 Ko	1 Ko
1 Go – < 2 Go	32 Ko	4 Ko	2 Ko
2 Go – < 32 Go	Non supporté	4 Ko – 16 Ko	4 Ko
32 Go – < 2 To	Non supporté	Non supporté	4 Ko
2 To – < 4 To	Non supporté	Non supporté	4 Ko

En fonction de l'application, il est nécessaire d'adapter cette taille de clusters disque afin d'optimiser l'accès disque à l'information en gérant plus d'informations par accès disque.

Pour la base de données SQL Server, la plus petite information stockée sur le disque s'appelle une page et sa taille est de 8 Ko. Une taille de clusters disque de 8 Ko semble une bonne taille. Néanmoins, les pages sont agrégées en extent de 64 Ko soit 8 pages de 8 Ko. Il peut dès lors sembler séduisant de créer des clusters de disque de 64 Ko. En fait, seule une analyse très poussée des requêtes permettrait de choisir précisément entre 8 Ko et 64 Ko. Dans tous les cas, la taille d'un cluster de 8 Ko est recommandée.

L'utilitaire **Diskmon** de SysInternals peut être une aide précieuse pour déterminer la taille idéale des clusters disque pour une application ou un serveur de fichiers.

5. Le défragmenteur

a. Introduction

Un fichier peut occuper plusieurs clusters disque. Si ces clusters sont contigus, les opérations de lecture et d'écriture sont rapides. À l'inverse, si la tête de lecture doit se déplacer de plusieurs pistes pour lire chaque fois un cluster, l'accès au fichier devient lent.

Pour pallier cette problématique, Windows tente d'écrire les fichiers dans des espaces contigus. Malheureusement, ce n'est pas toujours possible et la fragmentation apparaît.

Plus un disque est fragmenté, plus ses performances baissent, il faut alors utiliser un logiciel de défragmentation.

Dans Windows Server 2008, il existe le **Défragmenteur de disque** qui permet de planifier cette tâche.

Cette version n'est plus aussi séduisante que dans Windows Server 2003 car le côté visuel a été enlevé.

Il existe également des outils tiers souvent plus performants que le défragmenteur.

b. Lancer le Défragmenteur de disque

Win4

Plusieurs méthodes pour lancer le défragmenteur sont possibles, la première consiste à taper **Défragmenteur** dans la zone **Rechercher** du menu **Démarrer**.

- La seconde méthode consiste à ouvrir l'Explorateur et à cliquer avec le bouton droit de la souris sur un disque puis à choisir **Propriétés**.
- Dans la boîte de dialogue **Propriétés de**, cliquez sur l'onglet **Outils**. Cliquez sur le bouton **Défragmenter maintenant** de la section **Défragmentation**.
- Dans la boîte de dialogue **Défragmenteur de disque**, cliquez sur le bouton **Défragmenter maintenant**.

Le défragmenteur s'affiche et analyse les disques de votre système afin de déterminer si les disques ont besoin d'être défragmentés.

La défragmentation peut altérer les performances pendant le traitement, il est recommandé de planifier ces opérations en dehors des heures de travail des utilisateurs.

c. Planifier une exécution du défragmenteur

Win4

- Lancez le défragmenteur.
- Dans la boîte de dialogue **Défragmenteur de disque**, cochez l'option **Exécution planifiée (recommandé)**.

  Les boutons du groupe s'activent.
- Cliquez sur le bouton **Modifier la planification**.
- Dans la boîte de dialogue **Défragmenteur de disque : Modifier la planification**, sélectionnez une **Fréquence** (toutes les semaines, tous les mois ou tous les jours), éventuellement un **Jour** en fonction de la fréquence puis une **Heure**. Ensuite, cliquez sur **OK**.
- Dans la boîte de dialogue **Défragmenteur de disque**, cliquez sur le bouton **Sélectionner des volumes**.
- Dans la boîte de dialogue **Défragmenteur de disque : Options avancées**, sélectionnez les disques à défragmenter et activez l'option **Défragmenter automatiquement les nouveaux disques** puis cliquez sur **OK**.
- Dans la boîte de dialogue **Défragmenteur de disque**, contrôlez votre planification avant de cliquer sur **OK**.

F. Tolérance de panne

1. Introduction

En tant qu'administrateur, l'arrêt complet d'un serveur pour une maintenance matérielle quelconque provoque une montée d'adrénaline lorsqu'il faut rallumer le serveur. Parfois, certains disques refusent purement et simplement de redémarrer.

Dans un autre scénario, le disque dur arrête de fonctionner et son contenu peut être perdu. En plus du coût dû à l'arrêt du serveur, le coût pour la reprise des données peut être astronomique.

Certaines sociétés proposent leurs services pour tenter de récupérer des données contenues sur des disques endommagés.

Le disque dur est donc un matériel très sensible. Les plateaux du disque tournent à grande vitesse, provoquant un échauffement et une usure mécanique de ses composants.

Il n'est pas rare de voir des disques durs arrêter de fonctionner après seulement une année de bons et loyaux services alors que d'autres de la même série de fabrication sont inusables.

Afin de minimiser le risque et les conséquences de la perte d'un disque, une solution consiste à créer des systèmes redondants composés de plusieurs disques durs qui peuvent continuer de fonctionner même après la perte d'un ou plusieurs disques en fonction du type de redondance utilisé.

À la fin des années 70, est apparu un concept permettant de réunir plusieurs disques afin de créer un système redondant appelé **RAID** (*Redundant Array of Inexpensive Disk*). Avec le temps, les différentes méthodes proposées sont devenues une norme de fait largement utilisée par les fabricants de matériel et les éditeurs de logiciel comme Microsoft.

Les systèmes **RAID** basés sur du matériel sont plus rapides que ceux basés sur du logiciel, néanmoins ces derniers ont une raison d'être pour de petits serveurs départementaux qui ne disposent pas de contrôleurs RAID en standard. Il est plus facile de budgéter l'achat d'un ou plusieurs disques supplémentaires que d'un système RAID complet.

Le **RAID** logiciel est géré par le système d'exploitation alors que le **RAID** materiel est totalement transparent pour le système d'exploitation qui ne voit le RAID que comme un disque simple.

L'expérience montre que des disques placés en **RAID 1** logiciel améliorent les performances d'au moins 10% par rapport à l'utilisation d'un disque simple.

La solution **RAID** Microsoft permet de mélanger des disques **SATA**, **PATA** et **SCSI**. L'utilisation de plusieurs contrôleurs améliore également la redondance.

Windows Server 2008 ne permet de créer des disques **RAID** logiciels que si les disques sont des **disques dynamiques**.

Le tableau suivant résume les types de RAID logiciel utilisés par Windows :

Type de RAID	Nombre de disques minimum	Nombre de disques maximum	Nombre de disques utilisés pour la redondance	Performance	Supporté sur	
				Lecture	Écriture	
R0	2	32	0	Très bonne	Très bonne	Station de travail Serveur
R1	2	2	1	Inférieure au R5	Bonne	Serveur
R5	3	32	1/nombre de disques du RAID	Bonne	Inférieure au R1	Serveur

2. Le RAID 0

a. Introduction

Le **RAID 0** est le seul **RAID** de la famille qui est non redondant. Il est surtout utilisé pour améliorer les performances des opérations de lecture et d'écriture sur le système de disque.

Le RAID 0 est composé d'un nombre n de disques et chaque fichier est éclaté en n parties qui sont placées sur les n disques du RAID.

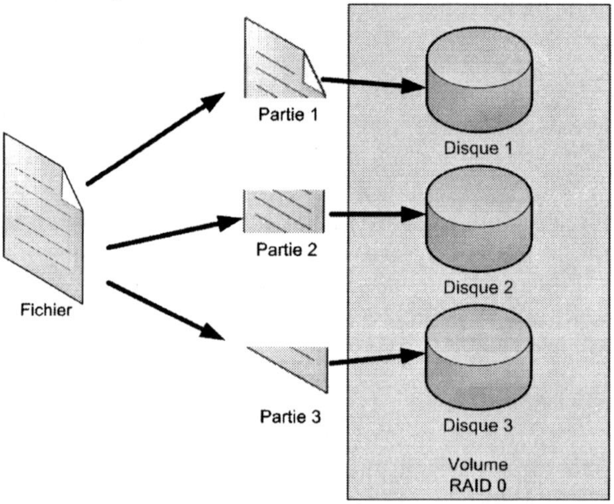

Il n'y a pas de perte d'espace disque.

Les performances en écriture et en lecture sont améliorées puisque chaque disque ne gère qu'une énième partie du fichier.

Des études montrent que les performances sont bonnes jusqu'à 5 disques en moyenne puis se dégradent ensuite.

Mettre deux disques en **RAID 0** ne multiplie pas par deux les performances en lecture ou en écriture mais par une valeur comprise entre 1,5 et 2.

Tous les serveurs qui mettent à disposition des utilisateurs des données en lecture uniquement comme des serveurs de fichiers **DFS**, des serveurs **WEB**, des serveurs base de données de type **OLAP** (*Online Analysis Processing*) sont d'excellents exemples d'utilisation de cette technologie. Pour améliorer ce système, plusieurs serveurs peuvent travailler ensemble en utilisant du **NLB** (*Network Load Balancing*).

Microsoft Windows Server 2008 permet d'utiliser de 2 à 32 disques pour des volumes **RAID 0** logiciel.

Seul le système de fichiers **NTFS** est supporté.

Il faut être conscient que la perte d'un disque entraîne la perte de toutes les données.

b. Création d'un RAID 0 ou Volume agrégé par bandes

WinTarget

Il faut disposer au moins de deux espaces disque non alloués sur deux disques différents.

L'assistant vous demande éventuellement de convertir le disque s'il n'est pas déjà un disque dynamique.

- Cliquez sur **Démarrer - Outils d'administration** puis sur **Gestion de l'ordinateur**.
- Dans la section **Stockage** de l'arborescence de la console, cliquez sur **Gestion des disques**.
- Cliquez avec le bouton droit de la souris sur un espace **Non alloué** d'un disque puis cliquez sur **Nouveau volume agrégé par bandes**.
- Dans l'assistant **Nouveau volume agrégé par bandes**, cliquez sur **Suivant**.
- Sur la page **Sélectionner les disques** de la boîte de dialogue **Nouveau volume agrégé par bandes**, sélectionnez tous les disques qui feront partie du système **RAID 0** (minimum 2).
- Indiquez la taille du volume que vous voulez créer dans la zone de saisie **Sélectionnez l'espace en Mo**, puis cliquez sur **Suivant**.

  La zone **Disponible** affiche la liste des disques pouvant être mis en RAID 0.

  La zone **Sélectionné** affiche la liste des disques composant le futur RAID 0. Il en faut au minimum 2.

  La **Taille totale du volume en mégaoctets (Mo)** représente l'espace disque du futur volume.

  La zone **Espace disque disponible maximal en Mo** affiche l'espace disque maximal qu'il est possible d'utiliser par disque avec les disques sélectionnés. Elle indique la valeur du plus petit espace non alloué.

  La zone de saisie **Sélectionnez l'espace en Mo** permet de modifier la taille de l'espace disque proposé.
- Sur la page **Attribuer une lettre de lecteur ou de chemin d'accès**, modifiez éventuellement le chemin d'accès puis cliquez sur **Suivant**.
- Sur la page **Formater une partition**, modifiez éventuellement les options par défaut puis cliquez sur **Suivant**.

- Sur la page **Fin de l'assistant Création de volume agrégé par bandes**, contrôlez vos paramètres puis cliquez sur **Terminer**.

  Si la boîte de dialogue **Gestion des disques** apparaît, c'est qu'au moins l'un de vos disques est un disque de base et que l'assistant le convertira automatiquement.
- Si vous voulez poursuivre, cliquez **Oui**, sinon cliquez sur **Non**. Dans ce cas, l'assistant ne créera pas le volume en **RAID 0**.

c. Suppression d'un volume agrégé par bandes

WinTarget

- Cliquez sur **Démarrer - Outils d'administration** puis sur **Gestion de l'ordinateur**.
- Dans la section **Stockage** de l'arborescence de la console, cliquez sur **Gestion des disques**.
- Cliquez avec le bouton droit de la souris sur un volume agrégé par bande d'un disque puis cliquez sur **Supprimer volume**.

  Si vous avez plusieurs volumes agrégés par bandes, contrôlez que c'est le bon volume que vous détruisez.
- Dans la boîte de dialogue **Supprimer Volume agrégé par bandes**, cliquez sur **Oui**.

  Cette opération supprime l'espace alloué sur tous les disques.

3. Le RAID 1

a. Introduction

Le RAID 1 utilise deux disques et duplique les données du disque 1 vers le disque 2.

C'est le RAID logiciel le plus simple à gérer et à dépanner.

Il existe deux modes, le **miroir** qui utilise un contrôleur de disque et deux disques ainsi qu'une amélioration appelé le **duplex** qui utilise deux contrôleurs, chaque contrôleur disposant de son propre disque comme le montre l'image suivante :

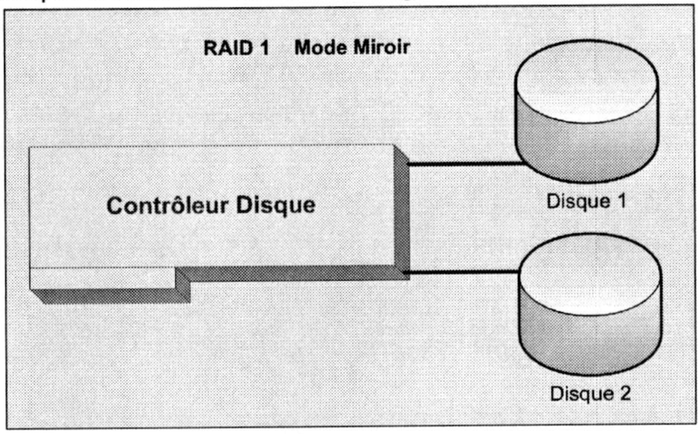

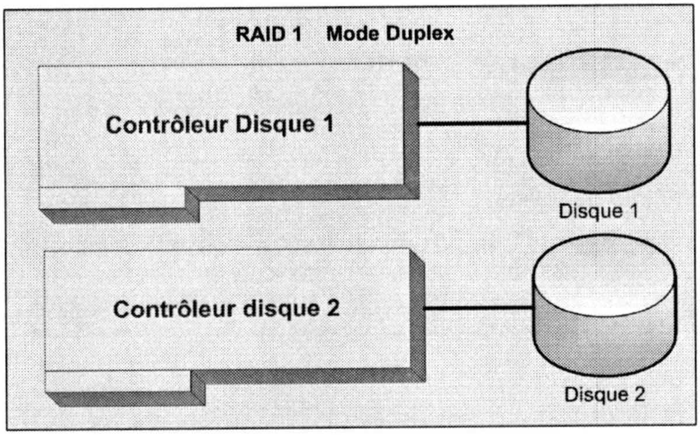

L'espace perdu correspond à un disque, soit 50 % de l'espace total.

b. Création d'un RAID 1 ou d'un volume en miroir

WinTarget

Il faut disposer soit de :

- deux espaces disques non alloués sur deux disques différents.
- un disque que l'on veut transformer en miroir et un espace libre sur un autre disque.

L'expérience montre qu'un serveur utilisant un RAID 1 logiciel améliore déjà les performances disques d'environ 10 % par rapport à l'utilisation d'un seul disque.

L'assistant vous demande éventuellement de convertir le disque s'il n'est pas déjà un disque dynamique.

→ Cliquez sur **Démarrer - Outils d'administration** puis sur **Gestion de l'ordinateur**.

- Dans la section **Stockage** de l'arborescence de la console, cliquez sur **Gestion des disques**.
- Cliquez avec le bouton droit de la souris sur un espace **Non alloué** d'un disque puis cliquez sur **Nouveau volume en miroir**.
- Dans l'assistant **Nouveau volume en miroir**, cliquez sur **Suivant**.
- Sur la page **Sélectionner les disques** de la boîte de dialogue **Nouveau volume agrégé en miroir**, sélectionnez les deux disques qui feront partie du système **RAID 1**.
- Tapez la taille du volume que vous voulez créer dans **Sélectionnez l'espace en Mo**, puis cliquez sur **Suivant**.

Il n'est pas possible d'ajouter plus de deux disques. La taille utilisée sur les deux disques doit être égale.

La zone **Disponible** affiche la liste des disques pouvant être mis en RAID 1.

La zone **Sélectionné** affiche la liste des disques composant le futur RAID 1. Il ne peut en avoir que 2.

La **Taille totale du volume en mégaoctets (Mo)** représente l'espace disque du futur volume.

La zone **Espace disque disponible maximal en Mo** affiche l'espace disque maximal qu'il est possible d'utiliser par disque avec les disques sélectionnés. Elle indique la valeur du plus petit espace non alloué.

La zone de saisie **Sélectionnez l'espace en Mo** permet de modifier la taille de l'espace disque proposé.

- Sur la page **Attribuer une lettre de lecteur ou de chemin d'accès**, modifiez éventuellement le chemin d'accès puis cliquez sur **Suivant**.
- Sur la page **Formater une partition**, modifiez éventuellement les options par défaut puis cliquez sur **Suivant**.
- Sur la page **Fin de l'assistant Création de volume en miroir**, contrôlez vos paramètres puis cliquez sur **Terminer**.

Si la boîte de dialogue **Gestion des disques** apparaît, c'est qu'au moins l'un de vos disques est un disque de base et que l'assistant le convertira automatiquement.

- Si vous voulez poursuivre, cliquez sur **Oui**, sinon cliquez sur **Non**. Dans ce cas, l'assistant ne créera pas le volume en **RAID 1**.

La figure suivante montre le résultat.

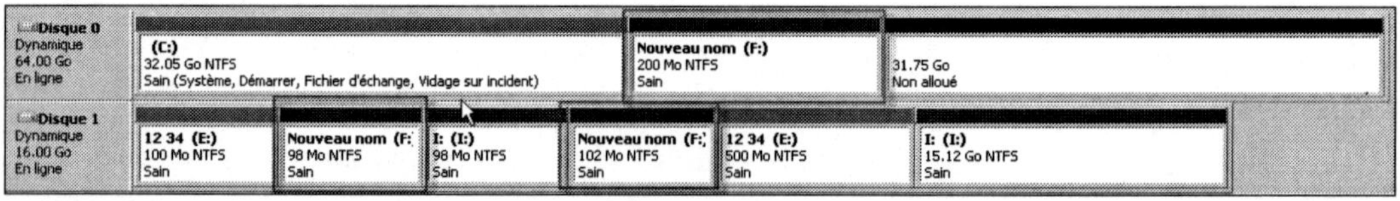

Il est intéressant de noter que pour le disque 1, deux zones non contiguës sont utilisées pour créer l'espace nécessaire au RAID1.

c. Transformation d'un volume simple en miroir

WinTarget

→ Cliquez sur **Démarrer - Outils d'administration** puis sur **Gestion de l'ordinateur**.

→ Dans la section **Stockage** de l'arborescence de la console, cliquez sur **Gestion des disques**.

→ Cliquez avec le bouton droit de la souris sur un volume simple d'un disque puis cliquez sur **Ajouter un disque miroir**.

→ Sur la page **Ajouter un disque miroir**, sélectionnez le disque sur lequel vous voulez créer le miroir, puis cliquez sur **Ajouter un disque miroir**. Le système n'affiche que les disques qui ont suffisamment d'espace disque pour créer le miroir.

d. Suppression d'un RAID 1

WinTarget

La suppression du RAID 1 détruit la redondance et conserve les données sur un des deux disques.

→ Cliquez sur **Démarrer - Outils d'administration** puis sur **Gestion de l'ordinateur**.

→ Dans la section **Stockage** de l'arborescence de la console, cliquez sur **Gestion des disques**.

→ Cliquez avec le bouton droit de la souris sur un volume en miroir d'un disque puis cliquez sur **Supprimer le disque miroir**.

Si vous avez plusieurs volumes en miroir, contrôlez bien que c'est le bon volume que vous détruisez.

→ Dans la boîte de dialogue **Supprimer le disque miroir**, sélectionnez le disque que vous voulez supprimer puis cliquez sur **Supprimer le disque miroir**.

→ Dans la boîte de dialogue **Gestion des disques**, cliquez sur **Oui**.

Cette opération supprime l'espace alloué sur le disque sélectionné. Les données sont intactes sur l'autre disque.

e. Annulation d'un miroir

WinTarget

Annuler un miroir casse la synchronisation entre les deux disques mais conserve les données. Cette méthode peut être utile pour créer rapidement un jeu de test sans passer par l'outil de sauvegarde.

→ Cliquez sur **Démarrer - Outils d'administration** puis sur **Gestion de l'ordinateur**.

→ Dans la section **Stockage** de l'arborescence de la console, cliquez sur **Gestion des disques**.

- Cliquez avec le bouton droit de la souris sur un volume en miroir d'un disque puis cliquez sur **Annuler le volume en miroir**.
- Dans la boîte de dialogue **Gestion des disques**, cliquez sur **Oui**.

4. Le RAID 5

a. Introduction

Le RAID 5 est identique au RAID 0 excepté qu'il est redondant, grâce à l'introduction d'une parité. Cette parité n'est pas toujours stockée sur le même disque mais change constamment. La parité utilise l'équivalent d'un disque. En théorie, plus on a de disques, moins on perd d'espace mais les performances chutent dès 4 à 5 disques.

Le concept théorique d'un système RAID 5 est expliqué avec l'image suivante où un octet **00011011** est éclaté pour que chaque bit se trouve sur un disque. La parité a pour valeur 0 si le résultat de l'addition par ligne est pair, sinon elle a pour valeur 1. Dans la réalité, l'éclatement se fait sur des bandes de plus grandes capacités. Pour débuter, les deux premiers bits sont placés chacun sur un disque et la parité est égale à P0.

Vous pouvez simuler le crash d'un disque en cachant une des colonnes et en recalculant les valeurs manquantes.

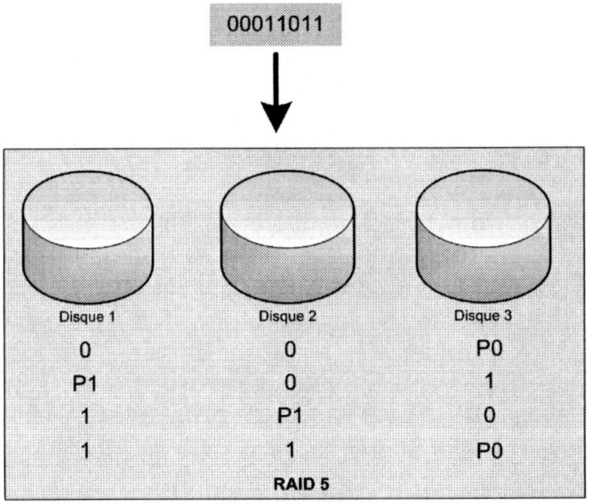

b. Création d'un RAID 5

WinTarget

Il faut disposer au moins de trois espaces disque non alloués sur trois disques différents.

L'assistant vous demande éventuellement de convertir le disque s'il n'est pas déjà un disque dynamique.

- Cliquez sur **Démarrer - Outils d'administration** puis sur **Gestion de l'ordinateur**.
- Dans la section **Stockage** de l'arborescence de la console, cliquez sur **Gestion des disques**.

- Cliquez avec le bouton droit de la souris sur un espace **Non alloué** d'un disque puis cliquez sur **Nouveau volume RAID-5**.
- Dans l'assistant **Nouveau volume RAID-5**, cliquez sur **Suivant**.
- Sur la page **Sélectionner les disques**, sélectionnez tous les disques qui feront partie du système RAID 5 (minimum 3).
- Tapez la taille du volume que vous voulez créer dans **Sélectionnez l'espace en Mo**, puis cliquez sur **Suivant**.

  La zone **Disponible** affiche la liste des disques pouvant être mis en RAID 5.

  La zone **Sélectionné** affiche la liste des disques composant le futur RAID 5. Il en faut au minimum 3.

  La **Taille totale du volume en mégaoctets (Mo)** représente l'espace disque du futur volume.

  La zone **Espace disque disponible maximal en Mo** affiche l'espace disque maximal qu'il est possible d'utiliser par disque avec les disques sélectionnés. Elle indique la valeur du plus petit espace non alloué.

  La zone de saisie **Sélectionnez l'espace en Mo** permet de modifier la taille de l'espace disque proposé.
- Sur la page **Attribuer une lettre de lecteur ou de chemin d'accès**, modifiez éventuellement le chemin d'accès puis cliquez sur **Suivant**.
- Sur la page **Formatage de volume**, modifiez éventuellement les options par défaut puis cliquez sur **Suivant**.
- Sur la page **Fin de l'assistant Création de volume RAID-5**, contrôlez vos paramètres puis cliquez sur **Terminer**.

  Si la boîte de dialogue **Gestion des disques** apparaît, c'est qu'au moins l'un de vos disques est un disque de base et que l'assistant le convertira automatiquement.
- Si vous voulez poursuivre, cliquez **Oui**, sinon cliquez **Non**. Dans ce cas, l'assistant ne créera pas le volume en RAID 5.

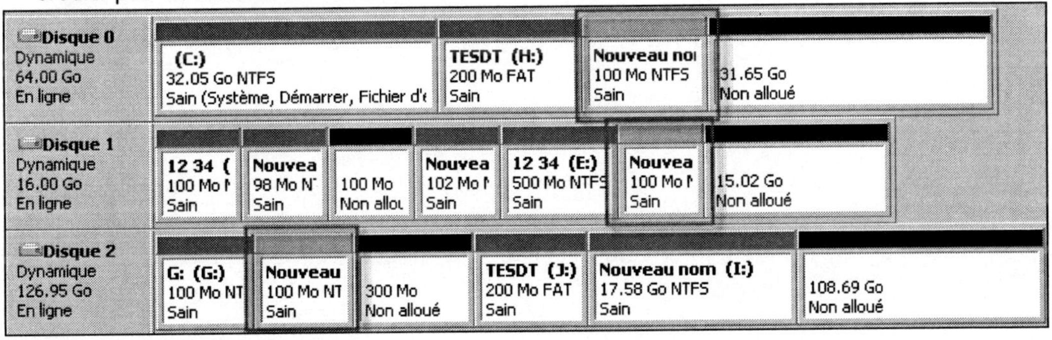

c. Suppression d'un RAID 5

WinTarget

- Cliquez sur **Démarrer - Outils d'administration** puis sur **Gestion de l'ordinateur**.

- Dans la section **Stockage** de l'arborescence de la console, cliquez sur **Gestion des disques**.
- Cliquez avec le bouton droit de la souris sur un volume RAID 5 d'un disque puis cliquez sur **Supprimer le volume**.
- Dans la boîte de dialogue **Gestion des disques**, cliquez sur **Oui**.

Cette opération supprime l'espace alloué pour le volume RAID 5 sur tous les disques.

5. Les autres RAID

Le RAID 6 est un RAID qui dispose d'une double parité. Sa tolérance permet de perdre jusqu'à deux disques, il se compose de quatre disques au minimum.

Aujourd'hui, la tendance est de mélanger les types de RAID, RAID 0, RAID 1 et RAID 5 :

RAID 0 + 1	Minimum 4 disques	D'abord l'agrégation puis le miroir
RAID 1 + 0	Minimum 4 disques	D'abord le miroir puis l'agrégation
RAID 5 + 0	Minimum 6 disques	D'abord le RAID 5 puis l'agrégation
RAID 5 + 1	Minimum 6 disques	D'abord le RAID 5 puis le miroir

Le RAID matériel est géré différemment en fonction de l'emplacement du stockage.

Si le stockage est local, il n'est pas rare de voir le RAID géré directement par le chipset par exemple les contrôleurs I/O d'Intel ICH prennent en charge nativement plusieurs RAID pour des disques durs ATA/SATA y compris pour des stations de travail. Pour des disques durs SAS SCSI, il faut généralement utiliser un contrôleur RAID spécifique qui est soit une carte additionnelle soit un composant optionnel du serveur.

Si le stockage est distant, la prise en charge du RAID est affectuée sur le système de stockage soit le SAN, le serveur iSCSI target ou le NAS.

G. Dépannage

1. Disque GPT

Un disque GPT peut être mis hors connexion ou en ligne afin de relire ses informations même pour un disque de base.

2. Réactivation d'un disque

WinTarget

Seul un disque dynamique peut être réactivé si son état est Manquant ou Déconnecté comme le montre l'image suivante.

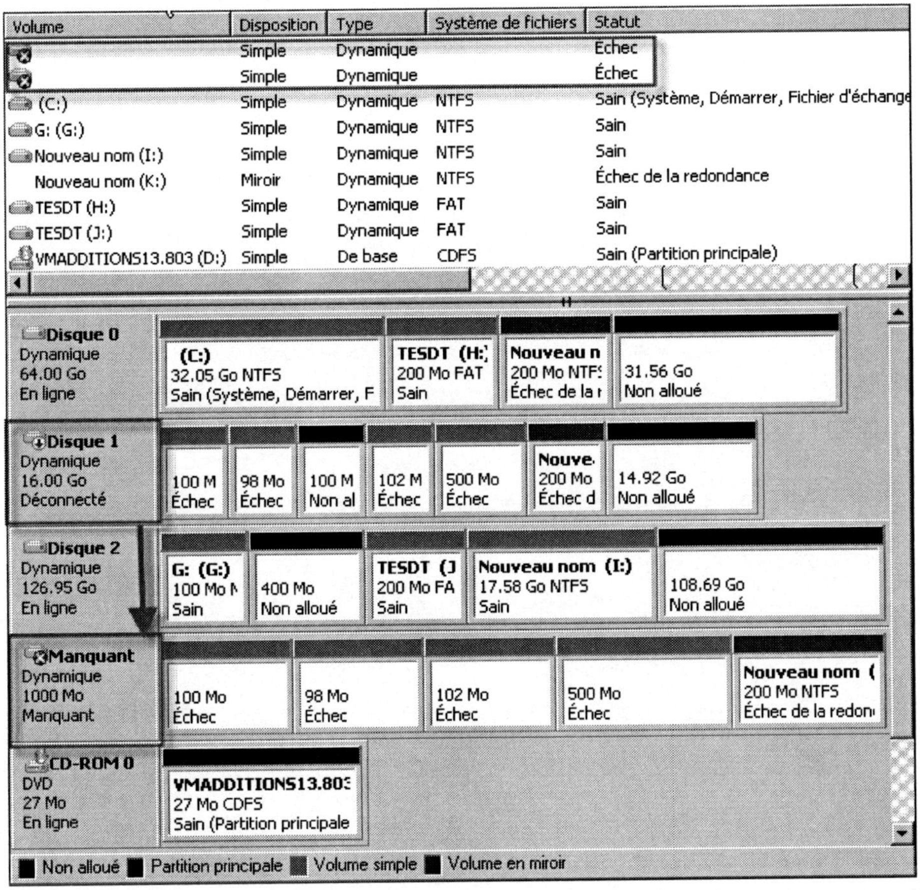

Sur l'image précédente, vous pouvez voir que le disque 1 est manquant car son état est déconnecté. Le volume RAID 1 est désynchronisé et les volumes simples ne sont plus disponibles. Pour dépanner, il faut tenter de réactiver le disque en utilisant la procédure suivante :

- Cliquez sur **Démarrer - Outils d'administration** puis sur **Gestion de l'ordinateur**.
- Dans la section **Stockage** de l'arborescence de la console, cliquez sur **Gestion des disques**.
- Cliquez avec le bouton droit de la souris sur le disque marqué **Manquant** puis cliquez sur **Réactiver le disque**.
- Prenez note du message de la boîte de dialogue **Gestion des disques** qui vous recommande d'exécuter **chkdsk** sur tous les volumes du disque après la reconnexion, puis cliquez sur **OK**.

Si certains volumes ne sont pas disponibles après l'utilisation de cette commande, vous pouvez utiliser la commande **Réactiver le volume** du menu contextuel du volume.

3. Dépannage d'un volume RAID 1

WinTarget

Si un des disques du volume RAID1 doit être remplacé, il faut commencer par supprimer le disque miroir puis ajouter un disque miroir au volume comme le montre la procédure suivante : le disque 1 étant défectueux dans l'exemple suivant, il faut supprimer le disque miroir.

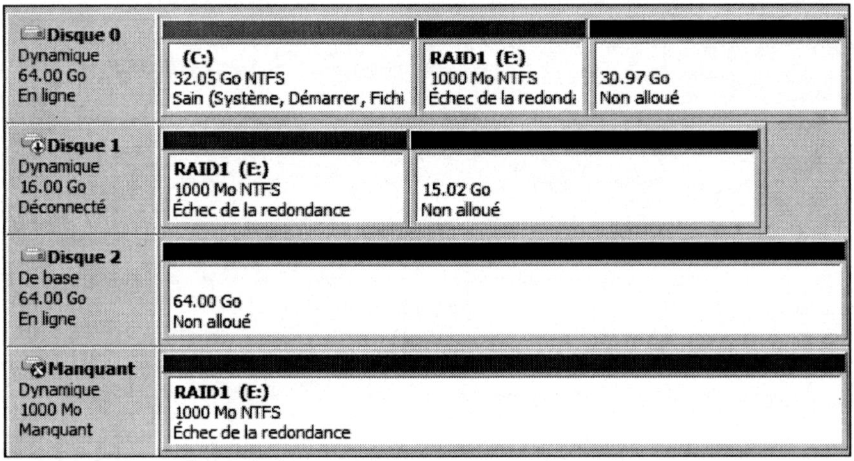

- Cliquez sur **Démarrer - Outils d'administration** puis sur **Gestion de l'ordinateur**.
- Dans la section **Stockage** de l'arborescence de la console, cliquez sur **Gestion des disques**.
- Cliquez avec le bouton droit de la souris sur le volume en miroir défectueux puis cliquez sur **Supprimer le disque en miroir**.
- Dans la boîte de dialogue **Supprimer le disque miroir**, sélectionnez le disque défectueux, puis cliquez sur **Supprimer le disque miroir**.
- Dans la boîte de dialogue **Gestion des disques**, cliquez sur **Oui**.

Le disque sain du volume en miroir est maintenant un volume simple, il faut lui ajouter un disque pour recréer le miroir.

- S'il n'existe pas de disque avec un espace libre suffisant, remplacez le disque défectueux ou ajoutez un nouveau disque.
- Dans l'outil **Gestion des disques**, cliquez avec le bouton droit de la souris sur le volume sain de l'ancien RAID puis sur **Ajouter un disque miroir**.
- Dans la boîte de dialogue **Ajouter un disque miroir**, sélectionnez le second disque pour recréer le miroir puis cliquez sur **Ajouter un disque miroir**.

Le miroir est recréé et le système synchronise les données entre les deux disques.

4. Dépannage d'un volume RAID 5

WinTarget

La perte d'un disque en RAID 5 peut entraîner la perte totale des données si la procédure n'est pas respectée. Par exemple, si vous déplacez les disques en RAID 5 d'un serveur à un autre, il faut déplacer tous les disques afin que l'état ne soit pas **Échec** et qu'il ne soit pas possible de récupérer le RAID 5.

La réparation d'un volume RAID 5 consiste à remplacer le disque du volume RAID 5, puis à réparer le volume RAID 5, comme le montre la procédure suivante.

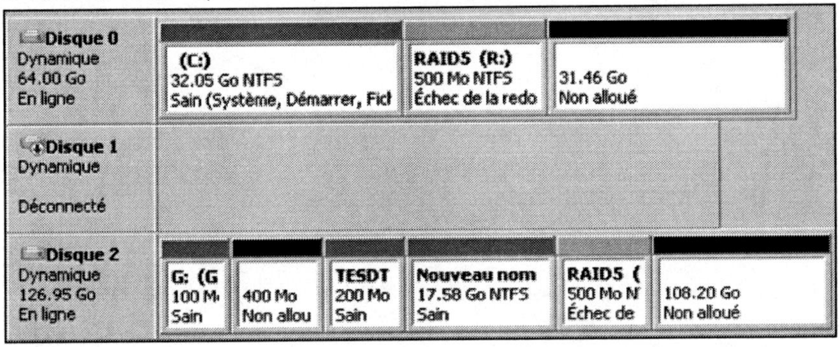

➲ Il est important que l'état du volume RAID 5 soit **Échec de la redondance**. Si le volume est en **Échec**, il faut le réactiver sinon il n'est pas possible de le réparer.

→ S'il n'existe pas de disque avec un espace libre suffisant, remplacez le disque défectueux ou ajoutez un nouveau disque.

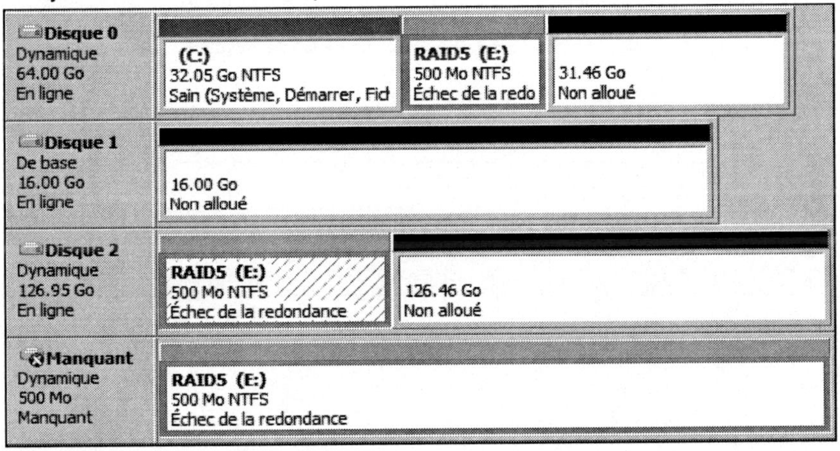

Le disque 1 va remplacer le disque manquant, l'état du volume RAID 5 est bien en **Échec de la redondance**.

- Dans l'outil **Gestion des disques**, cliquez avec le bouton droit de la souris sur une des partitions restantes composant le volume RAID 5 et cliquez sur **Réparer le volume**.
- La boîte de dialogue **Réparer un volume RAID-5** affiche les disques utilisables pour réparer le volume ; sélectionnez un disque puis cliquez sur **OK**.
- Si la boîte de dialogue **Gestion des disques** apparaît, cliquez sur **Oui**.

Après l'opération, le disque 1 remplace le disque manquant, le système resynchronise les disques.

Pour terminer, il faut encore supprimer le disque marqué **Manquant**.

- Fermez le **Gestionnaire de serveur** puis rouvrez-le. Sélectionnez le disque manquant et utilisez le menu contextuel pour **Supprimer le disque**.

5. Importer un disque

WinTarget

Il est possible d'ajouter à chaud un **disque dur dynamique**. Pour être reconnu, il faut l'importer comme le montre la procédure suivante.

- Cliquez sur **Démarrer - Outils d'administration** puis sur **Gestion de l'ordinateur**.
- Dans la section **Stockage** de l'arborescence de la console, cliquez sur **Gestion des disques**.
- Cliquez avec le bouton droit de la souris sur le disque à importer puis cliquez sur **Importer des disques étrangers**.
- Dans la boîte de dialogue **Importer des disques étrangers**, cochez la case correspondant aux disques que vous voulez importer, puis cliquez sur **OK**.

  Le bouton **Disques** affiche les disques du groupe sélectionné.
- La boîte de dialogue **Volumes disques étrangers** affiche le contenu des volumes des disques. Remarquez que le volume en RAID 5 est incomplet car il manque un disque. Cliquez sur **OK**.

Type	Condition	Taille
Volume simple	OK	100 Mo
Volume RAID-5	Données incomplètes	1000 Mo
Volume simple	OK	18000 Mo
Volume simple	OK	200 Mo

- Dans la boîte de dialogue **Gestion des disques**, un message vous avertit qu'il peut y avoir une perte de données car le volume RAID 5 est incomplet, cliquez sur **Oui**.

  Les disques sont importés et le résultat est le suivant :

Volume	Disposition	Type	Système de fichiers	Statut
	Simple	Dynamique		Sain
	Simple	Dynamique		Sain
	RAID-5	Dynamique		Échec
	Simple	Dynamique		Sain
	Simple	Dynamique		Échec
(C:)	Simple	De base	NTFS	Sain (Système, Démarrer, Fichier d'échange, Actif, Vidag

Le volume RAID 5 est en échec car il manque un disque, les autres volumes sont reconnus mais il faut encore leur assigner une lettre de lecteur ou de chemin d'accès.

- Pour assigner automatiquement une lettre de lecteur, il faut réactiver les disques en sélectionnant un disque ou un volume, en faisant apparaître le menu contextuel puis en cliquant sur **Réactiver le disque** ou **Réactiver le volume**.
- Une boîte de dialogue vous invite à effectuer un contrôle de vos disques à l'aide de la commande **chkdsk** sur les volumes. À la fin de l'opération, cliquez sur **OK**.

À la fin de l'opération, l'état du serveur est le suivant.

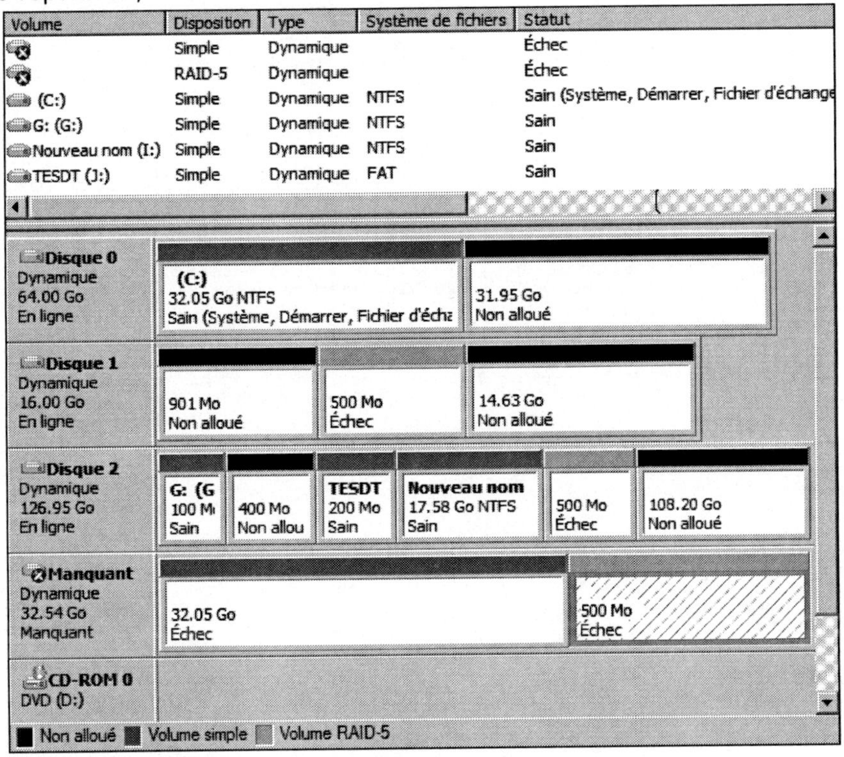

Le disque marqué **Manquant** correspond au troisième disque qui n'a pas été importé sur lequel se trouve un volume simple et le troisième disque volume RAID 5.

6. L'utilitaire ligne de commandes chkdsk

Cet utilitaire permet de contrôler l'intégrité d'un disque et affiche un rapport. Il est également possible de corriger les erreurs rencontrées.

La syntaxe complète est la suivante :

```
C:\>chkdsk /?
Vérifie un disque et affiche un rapport d'état.


CHKDSK [volume[[chemin]nom_de_fichier]]
       [/F] [/V] [/R] [/X] [/I] [/C] [/L[:taille]] [/B]


  volume            Spécifie la lettre de lecteur (suivie de deux-points),
                    le point de montage ou le nom de volume.
   nom_de_fichier   FAT/FAT32 seulement : Spécifie les fichiers dont la
                    fragmentation est à vérifier.
  /F                Corrige les erreurs sur le disque.
  /V                FAT/FAT32 : affiche les chemin d'accès et nom complets de
                    tous les fichiers du disque.
                    Sur NTFS : affiche également les éventuels messages de
                    nettoyage.
  /R                Localise les secteurs défectueux et récupère informations
                    lisibles. (implique /F)
  /L:taille         NTFS seulement : change la taille du fichier journal en la
                    valeur spécifiée en kilo-octets. Si aucune taille n'est
                    donnée, affiche la taille actuelle.
  /X                Force le démontage préalable du volume si nécessaire. Les
                    handles ouverts vers le volume ne seront alors plus valides
                    (implique /F).
  /I                NTFS seulement : vérifie sommairement les entrées d'index.
  /C                NTFS seulement : ignore la vérification des cycles à
                    l'intérieur de l'arborescence de dossiers.
  /B                NTFS seulement : réanalyse les clusters défaillants du volume
                    (implique /R)

Les options /I ou /C réduisent le temps d'exécution de CHKDSK en ignorant
certaines vérifications sur le volume.
```

Par exemple :

- Pour contrôler l'intégrité du disque d : `chkdsk d :`
- Pour contrôler l'intégrité et corriger les erreurs des secteurs défectueux : `chksk d : /F /R`

H. Technologies physiques

1. Le stockage local

Le stockage local regroupe principalement les technologies de disque et plus particulièrement l'interface contrôleur du disque.

- **Parallel ATA/IDE** (*AT Attachment*) était le contrôleur largement répandu que l'on peut encore trouver sur des serveurs ayant quelques années ou simplement pour y connecter un lecteur de CD/DVD. Aujourd'hui cette technologie a quasiment disparu et est remplacée par du SATA. Le débit maximal est 133 Mb/s.
- **SATA** (*Serial Advanced Technology Attachment*) est le successeur de l'ATA. Actuellement le débit maximum est de 3 Gb/s mais une révision devrait permettre d'atteindre un débit de 6 Gb/s. Il utilise un bus moins complexe que le SCSI et le débit maximal actuel est de 300 MB/s par périphérique. Certains contrôleurs SAS acceptent également des disques SATA moins chers. Il est possible d'utiliser un connecteur e-SATA pour des disques durs externes SATA.
- **SCSI** (*Small Computer System Interface*) ou SCSI parallèle était le contrôleur roi des serveurs avant que le stockage devienne distant. Aujourd'hui il est remplacé par SAS.

- **SAS** (*Serial Attached SCSI*) est le successeur du SCSI parallèle et utilise des commandes proches du protocole SATA et ses performances sont proches du SATA. Son principal avantage tient au nombre de périphériques supportés soit 65535. Par rapport au SATA, il est full-duplex et supporte le multipath I/O.

2. Le stockage distant

Le stockage distant regroupe différentes technologies permettant de stocker des données sur un système externe. Les principaux systèmes sont :

- Le **SAN** (*Storage Area Network*) qui utilise un système de stockage rapide et très performant permettant de servir plusieurs ordinateurs simultanément. Le serveur est relié au SAN en utilisant un réseau rapide dont le média"est généralement de la fibre optique permettant un débit supérieur au gigabit par seconde, pour cela chaque ordinateur dispose d'une carte réseau spéciale appelé carte FC (*Fiber Channel*) qui est responsable de recevoir les fichiers et les envoyer sur le réseau SAN. Le réseau SAN utilise un réseau et des composants dédiés comme les switchs. Le SAN reçoit les données et les stocke dans des baies de stockage. Ses principaux avantages sont la rapidité, une gestion performante y compris pour la sauvegarde et le dépannage et de disposer de solutions hautement disponible allant jusqu'à la réplication en temps réel du contenu d'un SAN sur un autre situé dans un lieu géographique distinct.

  La solution SAN est souvent propriétaire et il faut utiliser généralement le matériel d'un nombre limité de fournisseurs.
- L'**iSCSI** (*Internet SCSI*) est une extension du protocole SCSI qui envoie des données SCSI en utilisant le réseau TCP/IP. Souvent appelé le SAN du pauvre, il ne cesse de prendre des parts de marché par rapport au SAN car il utilise des composants normalisés provenant de différents fournisseurs. Les composants principaux sont :
  - **L'initiateur iSCSI** qui est généralement un composant logiciel permettant de stocker des données sur un disque iSCSI. L'initiateur doit être configuré avant de pouvoir être utilisé. Toutes les versions de Windows depuis Windows XP intègrent un initiateur iSCSI.
  - **La carte réseau**, la carte réseau est un composant essentiel car il s'agit d'une simple carte réseau TCP/IP qui peut aussi bien transférer des données que des informations iSCSI.
  - **Le réseau**, à l'inverse d'un SAN, iSCSI utilise le réseau existant. Il est conseillé de disposer d'un réseau rapide soit au moins 1 Gb/s.
  - **La cible iSCSI** est le composant matériel ou logiciel qui reçoit les données iSCSI puis les stocke localement. La cible iSCSI peut être un SAN, un serveur sur lequel un logiciel cible iSCSI fonctionne, un NAS, etc. L'intérêt est qu'il n'est pas nécessaire de disposer de disque dur SCSI pour le stockage. Parmi ses avantages, il faut citer un prix avantageux mais également de bonnes performances. Concernant la haute disponibilité et le management, cela dépend des fonctionnalités intégrées de la cible iSCSI, donc c'est lié au coût.

- Le **NAS** (*Network Attached System*) est un système complet permettant de stocker à distance les données. Généralement il s'agit d'un Appliance fonctionnant sous une version de Linux et disposant de fonctionnalités RAID pour le stockage, gérant le protocole SMB voire s'intégrant avec l'Active Directory. Aujourd'hui, il n'est pas rare de voir les fonctionnalités intégrées suivantes :
  - outils de sauvegarde intégrés,
  - cible iSCSI,
  - réplication asynchrone des données vers un autre NAS,
  - serveur DLNA,
  - serveur WEB
  - serveur FTP,
  - serveur iTunes
  - serveur SMTP
  - etc.

Certaines de ces fonctionnalités sont plutôt prévues pour une utilisation personnelle mais la différence se fait principalement sur les performances attendues, le nombre de disques pouvant être gérés et le type de RAID supporté. Son grand avantage est un coût très bas.

3. Le service VDS

Le service VDS (*Virtual Disk Service*) fournit une interface unifiée entre une application de gestion du stockage et un fournisseur de stockage. Par fournisseur de stockage il faut comprendre aussi bien l'accès à un disque local qu'un disque distant se trouvant sur un SAN ou un disque iSCSI. Ce service permet de s'affranchir des problèmes de performances et de compatibilité. Pour un système SAN ou iSCSI, il faut ajouter le fournisseur matériel VDS correspondant.

Grâce à ce service, il est possible de gérer directement des SANs, des systèmes iSCSI, etc.

Ce service est requis pour fonctionner avec le gestionnaire de stockage SAN.

4. Le LUN

Un LUN (*Logical Unit Number*) peut être considéré et vu comme un disque physique appartenant à un SAN ou un serveur iSCSI, alors qu'en réalité, il peut être constitué d'un disque, d'une partie d'un disque ou de plusieurs disques. Il est possible de définir les types de LUN suivants :

- **Simple**, c'est-à-dire faisant référence à un disque ou une partie de ce dernier.
- **Fractionné**, c'est-à-dire qu'il est constitué de plusieurs LUN simples.
- **Agrégé par bande**, c'est-à-dire l'équivalent d'un système RAID 0 où les performances d'entrées/sorties sont optimisées.
- **En miroir**, c'est-à-dire l'équivalent d'un système RAID 1.
- **Agrégé par bande avec parité**, c'est-à-dire l'équivalent d'un système RAID 5 où les performances en lecture sont meilleures qu'un LUN en miroir mais les performances en écriture sont inférieures à un LUN en miroir.

Une fois qu'un LUN est défini, il est considéré comme un disque physique par Windows Server 2008. Le LUN peut donc être partitionné.

I. Activer et configurer l'initiateur iSCSI

Win1 WinAD

L'initiateur iSCSI est un composant configurable pour gérer des emplacements de stockage distant en utilisant le protocole iSCSI.

Effectuez les opérations suivantes successivement sur **Win1** et **WinAD**.

Pour activer et configurer l'initiateur iSCSI, procédez de la manière suivante :

- Connectez-vous en tant qu'administrateur.
- Cliquez sur **Démarrer** puis sur **Panneau de configuration**.
- Si l'affichage n'est pas en mode classique, cliquez sur **Affichage classique** dans le volet de gauche.
- Double cliquez sur l'icône **Initiateur iSCSI**.
- Dans la première boîte de dialogue Microsoft iSCSI vous demande s'il faut activer le démarrage automatique du service iSCSI, cliquez sur **Oui**.
- Dans la seconde boîte de dialogue Microsoft iSCSI vous demande s'il faut débloquer le pare-feu pour que l'initiateur iSCSI puisse dialoguer avec le serveur iSNS, cliquez sur **Oui**. La boîte de dialogue **Propriétés de Initiateur iSCSI** s'affiche.

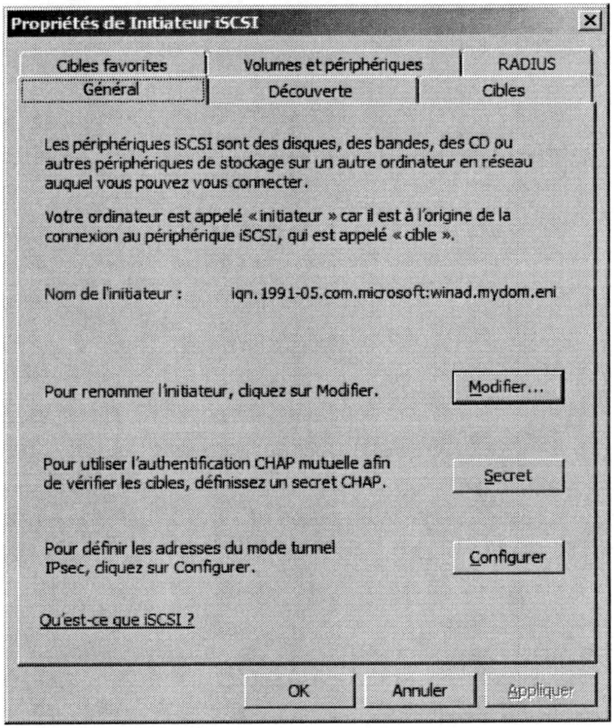

- En sélectionnant l'onglet **Général**, vous pouvez :
  - Modifier le nom iqn (*Internet Qualified Name*) de l'ordinateur. Veuillez noter qu'il doit être unique. Ce nom sera transmis au serveur iSNS.
  - Créer un **Secret** pour une authentification CHAP mutuelle avec les cibles, c'est-à-dire une suite aléatoire de caractères alphanumériques à placer sur les initiateurs et les cibles correspondantes. Si la longueur est inférieure à 96 bits soit 12 caractères, le secret sera inutilisable pour l'authentification sur des connexions n'utilisant pas IPSec.
  - La configuration spécifique en mode tunnel IPSec impose de définir le point de sortie du tunnel ainsi que la cible. Ces informations peuvent être configurées ici.
- En sélectionnant l'onglet **Découverte**, vous pouvez :
  - Indiquer le nom de plusieurs portails cibles, soit les serveurs Target et le port à utiliser. Si plusieurs éléments de sécurité sont requis comme l'utilisation CHAP, IPSec, RADIUS, etc. il faut indiquer ces informations en utilisant le bouton **Avancé** de la boîte de dialogue **Ajouter un portail cible**.
  - Serveur iSNS permet d'indiquer le nom d'un (ou plusieurs) serveur iSNS qui renseigne automatiquement l'initiateur sur les cibles existantes. Cette méthode facilite la gestion des cibles sur l'initiateur. Utilisez cette méthode après avoir installé un serveur iSNS dans la prochaine section sur **WinAD**.
- En sélectionnant l'onglet **Cibles**, vous affichez les périphériques de stockage d'une cible. Pour chaque périphérique, vous définissez la manière dont vous gérez le périphérique pour vous connecter. Il est également possible de définir ici les chemins d'accès multiples pour autant qu'un service multipath I/O soit installé et configuré. Enfin toutes les informations concernant le périphérique apparaissent si vous cliquez sur le bouton **Détail**. Une fois la connexion effectuée, le périphérique apparaît dans la liste des disques de l'outil **Gestion des disques** ainsi que dans le **Gestionnaire de périphériques** sous le nœud **Lecteurs de disque**. Vous pouvez dès à présent mettre le disque en ligne, l'initialiser et créer un volume.
- En sélectionnant l'onglet **Cibles favorites**, vous pouvez voir et indiquer quelles sont les cibles qui se reconnecteront automatiquement à chaque redémarrage de l'ordinateur.
- En sélectionnant l'onglet **Volumes et périphériques**, vous affichez les volumes ou les points de montage des cibles favorites. Si une cible n'est plus favorite, elle n'apparaîtra plus dans la liste.
- En sélectionnant **RADIUS**, vous gérez la liste des serveurs Radius dont vous pourriez avoir besoin pour l'authentification des connexions iSCSI.

J. Le serveur iSNS

WinAD

Le serveur iSNS (*Internet Storage Name Service*) offre un service de découverte de périphériques iSCSI dans un réseau SAN. Il permet aux clients iSCSI de s'inscrire et de rechercher les cibles iSCSI.

Pour organiser les périphériques adaptées entre certains initiateurs et certaines cibles, il est possible de créer des zones de recherches plus petites appelées **domaines de découverte**. En effet, les initiateurs peuvent rechercher uniquement les membres faisant partie du même domaine de découverte. Par défaut, tous les membres sont placés dans le domaine de découverte appelé **Default DD**.

Enfin les **Ensembles de domaines de découverte** permettent de regrouper les domaines de découvertes. La seule fonctionnalité d'un ensemble de domaines de découverte est d'être activée ou désactivée. Seuls les ensembles de domaines de découverte activés peuvent être utilisés pour la découverte. Par défaut, il existe l'ensemble de domaines de découverte **Default DDS** qui est activé et dont **Default DD** est membre

Il est nécessaire de configurer les initiateurs et les cibles avec l'adresse du ou des serveurs iSNS.

1. Installation du serveur iSNS

WinAD

Suivez la procédure suivante :

- Connectez-vous en tant qu'administrateur.
- Cliquez sur **Démarrer - Outils d'administration** et **Gestionnaire de Serveur**.
- Dans le volet de gauche, cliquez sur **Fonctionnalités** puis sur **Ajouter des Fonctionnalités**.
- Dans l'assistant **Ajout de fonctionnalités**, sur la page **Fonctionnalités**, sélectionnez **Serveur iSNS (Internet Storage Name Serveur)** puis cliquez sur **Suivant**.
- Sur la page **Confirmer les sélections pour l'installation**, contrôlez que la fonctionnalité s'y trouve avant de cliquer sur **Installer**. L'installation démarre.
- Sur la page **Résultats**, vérifiez que l'installation s'est bien terminée avant de cliquer sur **Fermer**. Le serveur iSNS est installé et fonctionnel.

2. Visualiser les initiateurs et les cibles inscrites

WinAD Win1

Sur **Win1** et **WinAD**, dans les propriétés de l'initiateur iSCSI pour l'onglet **Déconnexion**, veillez à ce que l'ajout d'un portail cible ait été fait, ici **10.1.1.1**.

Pour visualiser les ordinateurs inscrits sur le serveur iSNS, procédez de la manière suivante :

- Connectez-vous en tant qu'administrateur sur WinAD.
- Cliquez sur **Démarrer - Outils d'administration** et **iSNS Server**.
- Sur l'onglet **Général**, vous voyez la liste des initiateurs et des cibles inscrits.
- En sélectionnant un ordinateur et en cliquant sur **Détails**, il est possible d'obtenir des informations plus précises sur l'initiateur ou la cible.

3. Gérer les domaines de découverte

WinAD Win1

Pour gérer les domaines de découverte sur le serveur iSNS, procédez de la manière suivante :

- Connectez-vous en tant qu'administrateur sur WinAD.
- Cliquez sur **Démarrer - Outils d'administration** et **iSNS Server**.
- En cliquant sur l'onglet **Domaines de découverte**, vous pouvez créer, supprimer un domaine de découverte ainsi que de gérer les membres d'un domaine de découverte spécifique.
- En cliquant sur l'onglet **Ensembles de domaines de découverte**, vous pouvez créer ou supprimer un ensemble de domaines de découverte ainsi que de gérer les membres d'un ensemble de domaines de découverte spécifique.

K. MPIO

WinAD

Attention, il n'existe pas de routes redondantes dans la mise en pratique !

La technologie MPIO (*Multipath I/O*) permet de créer et de gérer des chemins multiples pour accéder à un stockage distant. Cette fonctionnalité offre l'avantage de créer des chemins redondants que ce soit pour des besoins de haute disponibilité que de répartition de la charge. Pour qu'il soit opérationnel, il faut également que la cible gère MPIO.

1. Installation de la fonctionnalité MPIO

- Connectez-vous en tant qu'administrateur.
- Cliquez sur **Démarrer - Outils d'administration** et **Gestionnaire de Serveur**.
- Dans le volet de gauche, cliquez sur **Fonctionnalités** puis sur **Ajouter des Fonctionnalités**.
- Dans l'assistant **Ajout de fonctionnalités**, sur la page **Fonctionnalités**, sélectionnez **MPIO (Multipath I/O)** puis cliquez sur **Suivant**.
- Sur la page **Confirmer les sélections pour l'installation**, contrôlez que la fonctionnalité s'y trouve avant de cliquer sur **Installer**. L'installation démarre et vous demande de redémarrer.
- Sur la page **Résultats**, vérifiez que l'installation s'est bien terminée avant de cliquer sur **Fermer**.

L. L'explorateur de stockage

L'explorateur de stockage est un outil de visualisation et de gestion des éléments de stockage distant se trouvant sur le réseau SAN de l'entreprise. Il comprend aussi bien les réseaux iSCSI que les réseaux Fibre channel et s'installe en même temps que Windows Server 2008.

Son principal avantage est de pouvoir réunir dans un seul outil la gestion pour les ordinateurs de l'entreprise de l'iSCSI initator et du serveur iSNS, d'afficher des informations sur les cibles, sur les ensembles fibres optiques Fibre channel ainsi que sur les cartes hôtes fibre channel des ordinateurs.

L'explorateur de stockage utilise les serveurs iSNS pour découvrir et afficher les informations du réseau SAN de l'entreprise.

La copie d'écran suivante montre le réseau SAN d'une petite entreprise, la vision n'est pas complète car la cible iSCSI n'apparaît pas dans la liste iSCSI Fabrics car le serveur iSCSI n'est pas dans le domaine.

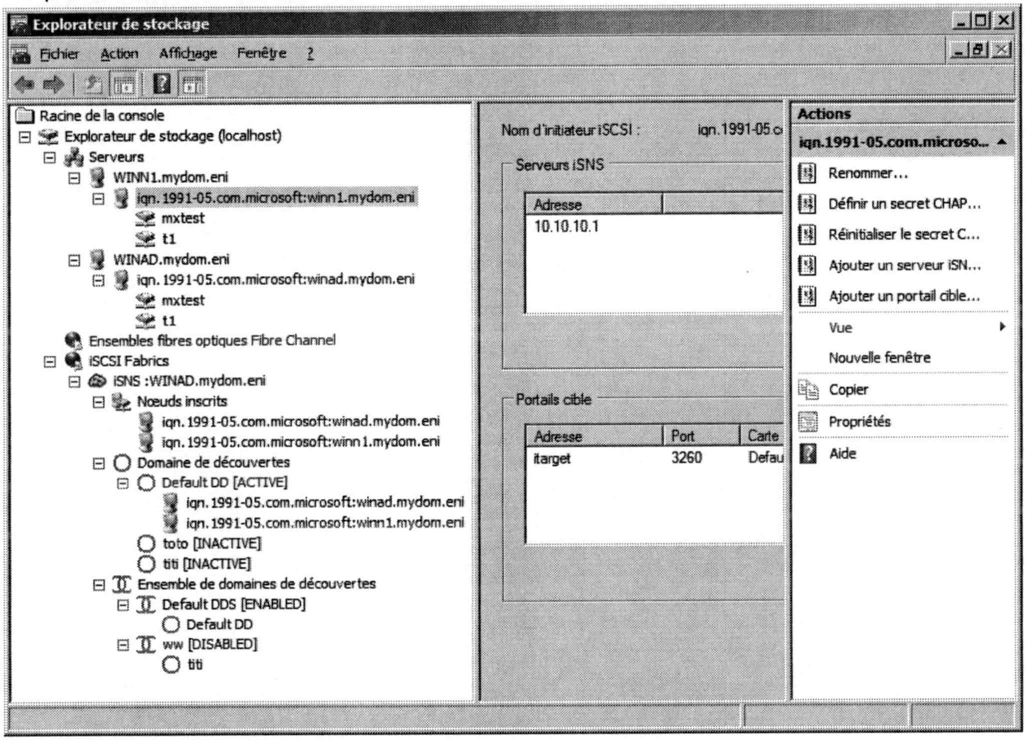

Les fonctionnalités sont :

- La **gestion des serveurs** qui affiche la liste de tous les serveurs disposant d'un initiateur iSCSI ou d'une carte Fibre Channel. Pour une carte Fibre Channel, seul l'affichage des propriétés est possible. Pour chaque serveur disposant d'un initiateur iSCSI, il est possible d'effectuer les opérations suivantes de manière identique à l'initiateur iSCSI car les interfaces graphiques sont quasiment similaires.
  - Renommer le nom du nœud iSCSI.
  - Définir le secret CHAP.
  - Réinitialiser le secret CHAP.
  - Ajouter un serveur iSNS.
  - Ajouter un portail cible

  Pour chaque cible découverte, seules les opérations de connexions/déconnexions sont possibles.
- La **gestion des ensembles fibres optiques Fibre Channel** affiche des informations sur les cartes hôtes Fibre Channel ainsi que les commutateurs Fibre Channel. Pour ces derniers, il est possible d'y accéder directement en Telnet ou http.
- La gestion des **iSCSI Fabrics** inclut les serveurs iSNS, reprend les fonctionnalités du serveur iSNS, affiche les nœuds inscrits ainsi que les cibles et permet la gestion des domaines de découvertes ainsi que les ensembles de domaines de découvertes.

La liste peut être incomplète en fonction du matériel. Renseignez-vous auprès du fabricant pour savoir s'il est pris en charge avec l'explorateur de stockage.

M. Le gestionnaire de stockage SAN

Le gestionnaire de stockage SAN est conçu pour gérer des LUN d'un SAN ou d'un système iSCSI pour autant qu'un fournisseur matériel VDS soit installé. Ce dernier propose une interface commune quel que soit le fournisseur du SAN qui permet d'utiliser un outil unique de gestion des LUN.

Pour pouvoir utiliser l'outil, il faut s'assurer que le fournisseur du système SAN utilisé propose un fournisseur matériel VDS et l'installer sur le serveur Windows Server 2008 qui doit y accéder. Ensuite, il faut installer la fonctionnalité Gestionnaire de stockage et enfin, il est possible de l'utiliser.

Microsoft, EMC, HP, NetApp, Fujitsu, etc. proposent un fournisseur matériel VDS pour leur système SAN. Par contre, d'autres acteurs n'en proposent pas et il n'est pas possible d'utiliser cet outil, il faut utiliser un autre outil comme l'initiateur iSCSI en conjonction avec l'outil de gestion du système SAN par exemple.

Ses fonctionnalités sont :

- Gestion d'un LUN, soit la création, la suppression, l'attribution et l'extension.
- Gestion des connexions aux serveurs iSCSI ou Fibre Channel.
- Gestion des cibles iSCSI.

- Gestion de la sécurité iSCSI.
- Connexion aux cibles iSCSI.
- Prise en charge de la technologie MPIO.
- Gestion des sous-systèmes, affiche uniquement ceux qui sont automatiquement détectés par le service VDS. Il est possible de les renommer.
- Gestion des lecteurs de disque, affiche les lecteurs de disque des sous-systèmes. Il est possible de faire clignoter ceux sur lesquels vous travaillez.

La copie d'écran suivante montre le gestionnaire de stockage SAN dès qu'un fournisseur matériel VDS est installé. Par défaut, il n'y en a aucun.

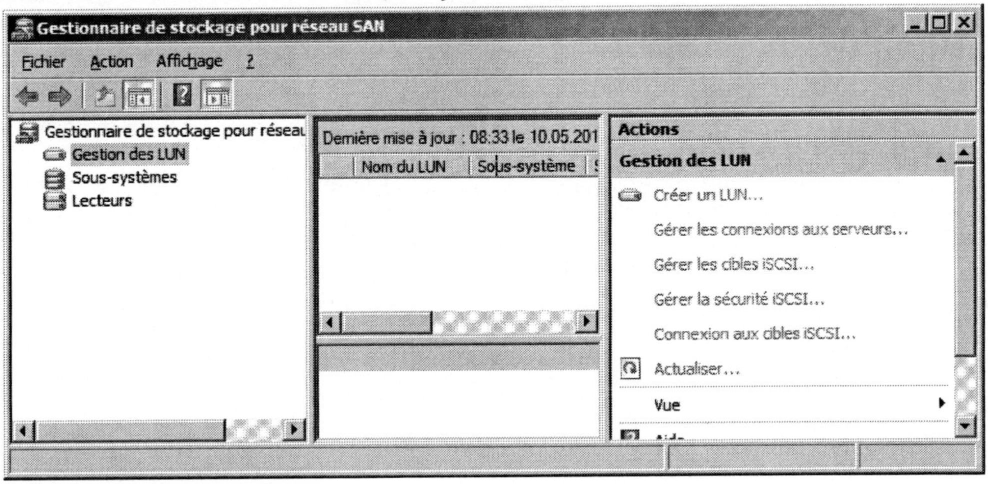

N. Gestion du partage et du stockage

Cet outil s'installe via le rôle du service de fichiers, il permet de gérer le partage mais également de prévoir le stockage local également via le sous-système de stockage en utilisant un fournisseur matériel VDS et un système SAN le supportant. Pour plus d'informations, veuillez vous référer à la section correspondante du chapitre Mise en œuvre du rôle du serveur de fichiers.

O. Meilleures pratiques

- Préférer les disques de base aux disques dynamiques.
- Préférer les amorçages GPT aux amorçages MBR.
- Toute partition ou tout volume doit être formaté en NTFS.
- Tout serveur devrait utiliser des disques mis en RAID redondant matériel si possible.

- Ne jamais créer des volumes fractionnés, à la place sauvegardez les éventuelles données, puis créez un RAID 0 pour améliorer les performances si la redondance n'est pas nécessaire ou un RAID redondant.
- Un utilitaire de remontée des pannes disque est à utiliser.
- Utiliser l'explorateur de stockage pour centraliser l'administration du réseau SAN.
- Adapter la taille des clusters en fonction des données et des applications.
- Utiliser la technologie MPIO pour offrir de la disponibilité et de la répartition de la charge.
- Pour les réseaux SAN, la bande passante minimale doit être de 1 Gb/s.

P. Résumé du chapitre

Ce chapitre vous a montré les éléments théoriques qui composent les disques et les moyens de les mettre en œuvre avec leurs avantages et inconvénients. Vous avez appris la terminologie utilisée par Microsoft.

Du côté pratique, vous pouvez maintenant installer un nouveau disque, le gérer pour créer des volumes simples ou en RAID logiciel. Vous pouvez également utiliser l'outil en ligne de commandes diskpart. Vous savez également comment dépanner un disque.

Enfin, vous connaissez les meilleures pratiques à utiliser pour gérer des disques.

Les nouvelles technologies faisant appel à un stockage distant ont été montrées, de même que les outils principaux. N'oubliez pas que certains de ces outils ne sont utilisables qu'avec du matériel compatible et des composants logiciels supplémentaires tels qu'un fournisseur matériel VDS.

Chapitre 12 : Mise en œuvre du serveur de fichiers

A. Présentation

1. Pré-requis matériel et configuration de l'environnement

Pour effectuer toutes les mises en pratique de ce chapitre, vous devez disposer et configurer les machines virtuelles suivantes :

Pour la création des machines virtuelles, veuillez vous référer au chapitre Création du bac à sable.

N'oubliez pas de réinitialiser les machines virtuelles entre les mises en pratique de chaque chapitre avant de les configurer pour l'environnement.

Placez les scripts correspondants sur le bureau de chaque machine.

- Sur **WinAD**, lancez le script **WinAD.bat** en relation avec **WMydomEni.txt** puis attendez que l'ordinateur ait redémarré avant de lancer les scripts suivants.
- Sur **Win1**, lancez le script **Win1.bat.**
- Sur **Core1**, placez le script **Core1.bat** sur c:\ puis lancez-le.

Après l'exécution des scripts, les machines virtuelles **WinAD**, **Win1** et **Core1** sont dans le domaine **Mydom.eni**. Toutes les opérations sont à effectuer soit sur **Win1**, soit sur **Core1**.

2. Objectifs

La gestion des fichiers et des dossiers est un des points les plus difficiles et sensibles dans une entreprise. Sensible car rares sont les entreprises qui utilisent aujourd'hui une méthodologie pour classifier l'information et les documents, et difficile car sans une bonne méthodologie, et avec le poids de l'héritage, il n'est pas évident de gérer simplement les documents de l'entreprise.

Ce chapitre a pour objectif de vous présenter et d'expliquer le fonctionnement des permissions NTFS qui permettent de protéger les documents contre des accès non autorisés, que ce soit localement ou à travers un partage.

Ensuite, vous verrez les autres fonctionnalités que l'on peut trouver sur un serveur de fichiers comme la compression, les clichés instantanés, les quotas, le chiffrage EFS et les fichiers hors connexion.

La sauvegarde et sa mise en œuvre à l'aide des outils Microsoft sont également passées en revue car l'outil a été entièrement réécrit pour Windows 2008.

Le système de fichiers distribués (DFS) vous sera présenté et vous finirez l'étude avec l'installation et la présentation du rôle de serveur de fichiers.

B. Les permissions NTFS (New Technology File System)

Les permissions NTFS permettent de protéger les fichiers d'un système Windows contre des accès non autorisés. On parle également d'autorisation. Une autorisation est le second pilier d'un système triple **A**, soit : **A** pour l'authentification effectuée lors de la connexion, **A** pour l'autorisation donnée par les permissions NTFS et **A** pour Accounting, c'est-à-dire la journalisation (en français), effectuée par les audits.

Le tableau suivant résume les méthodes pour sécuriser l'accès à un fichier en fonction du système de fichiers :

Méthode	Description	FAT	NTFS
Permission d'écriture/lecture	Il s'agit d'une case à cocher autorisant ou non l'écriture dans le dossier ou la modification d'un fichier. Cette opération peut être réalisée par tout utilisateur. Attention, il n'y a pas de sécurité contre l'accès non autorisé.	x	x
Permissions DACL	Chaque objet (fichier) ou dossier dispose d'une liste qui permet de définir qui peut y avoir accès et avec quelles autorisations. Généralement, ce sont les administrateurs qui définissent les accès aux objets. Exceptionnellement, il est possible de déléguer ce droit aux utilisateurs. Les administrateurs peuvent avoir accès aux documents en dehors des utilisateurs autorisés, ce qui peut poser des problèmes de confidentialité.		x
Chiffrage EFS	Chaque fichier ou dossier peut également être chiffré afin d'améliorer la confidentialité des documents. Le fichier n'est chiffré que sur le disque et non pendant son transport sur le réseau. L'utilisateur peut permettre à d'autres utilisateurs d'avoir accès au document. En dehors de l'utilisateur, seul l'agent de récupération peut avoir accès aux documents. Le chiffrage est transparent mais accorder les autorisations d'accès pour d'autres utilisateurs peut être difficile pour l'utilisateur. La gestion et l'utilisation des certificats sont transparentes et sécurisées.		x
Chiffrage type PGP	Ce type de chiffrage demande à l'utilisateur de chiffrer chaque document manuellement. L'utilisation des certificats peut vite devenir complexe pour l'utilisateur, ce qui rend ce type de chiffrage moins sécurisé que l'EFS. D'autre part, il faut transmettre la partie publique du certificat vers le destinataire en utilisant en autre canal de diffusion. Par contre, cette méthode est parfaite lorsque les utilisateurs concernés sont situés dans des entreprises différentes.	x	x

Microsoft Windows utilise les permissions NTFS basées sur les DACLs (*Discretionary Access Control List*) pour protéger les dossiers et les fichiers. À chaque demande d'accès à un objet fichier ou dossier, le système détermine la résultante des permissions pour autoriser ou non l'accès à l'objet.

À chaque objet est affectée une liste appelée **ACL** (*Access Control List*). L'ACL se compose de descripteurs de sécurité **ACE** (*Access Control Entry*). Chaque ACE définit une autorisation pour un utilisateur ou un groupe, comme le montre l'image suivante. L'ACE indique soit une autorisation, soit un refus.

Par défaut, un utilisateur ou un groupe n'a pas d'autorisation sur l'objet ; en conséquence, il ne peut accéder à l'objet, on parle alors d'autorisation **Refus** implicite.

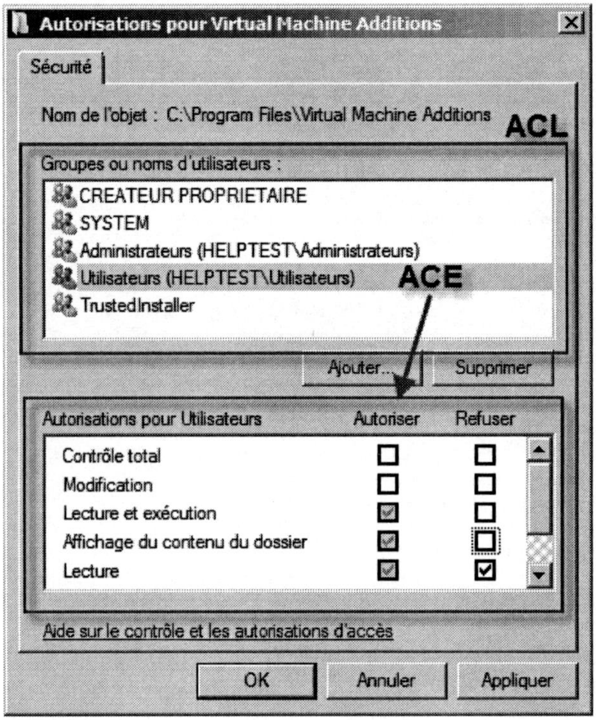

1. Les autorisations NTFS

Le tableau suivant présente les autorisations NTFS existant dans Windows Server 2008 :

Autorisation NTFS	Description	Fichier	Dossier
Lecture	Permet l'affichage du contenu d'un dossier et permet d'ouvrir un dossier ou un fichier.	x	x
Écriture	Permet l'ajout ou la modification d'un fichier ou d'un dossier.	x	x
Lecture et exécution	Reprend l'autorisation de lecture et permet en plus l'exécution des programmes dans des dossiers.	x	x
Affichage du contenu du dossier	Reprend l'autorisation de lecture d'affichage et permet en plus l'exécution des programmes dans des dossiers.		x
Modification	Reprend l'autorisation de lecture, d'écriture, de lecture et exécution et d'affichage du contenu d'un dossier et permet en plus la suppression.	x	x
Contrôle total	Reprend l'autorisation de modification et permet en plus l'appropriation, la modification des autorisations et la suppression des sous-dossiers ou fichiers.	x	x

Les autorisations **Lecture** et **Écriture** sont complémentaires alors que les autres dépendent de celles du niveau précédent. Le tableau suivant présente ces dépendances.

	Lecture	Écriture	Affichage du contenu du dossier	Lecture et exécution	Modifier	Contrôle total
Contrôle total	x	x	x	x	x	x
Modifier	x	x	x	x	x	
Lecture et exécution	x		x	x		
Affichage du contenu du dossier			x			
Écriture		x				
Lecture	x					

Un refus de **Lecture** pour une autorisation **Contrôle total** accorde uniquement la permission d'Écriture car seule cette autorisation ne dépend pas de la lecture.

La procédure suivante permet d'afficher et de modifier les permissions NTFS :

- Connectez-vous en tant qu'administrateur sur Win1.
- Ouvrez l'**Explorateur Windows** ou l'**Ordinateur** et déplacez-vous jusqu'au dossier ou sur le fichier dont vous voulez afficher les permissions NTFS qui y sont affectées.
- Cliquez avec le bouton droit de la souris sur le dossier ou le fichier puis cliquez sur **Propriétés**.
- Cliquez sur l'onglet **Sécurité**. Vous visualisez les permissions affectées aux utilisateurs ou aux groupes.

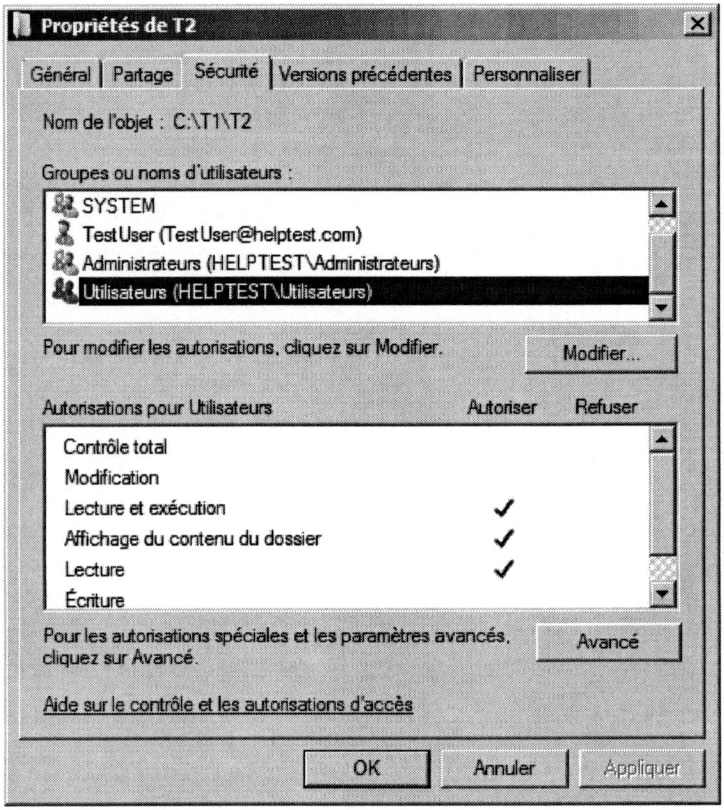

→ Cliquez sur le bouton **Modifier**. La boîte de dialogue suivante vous permet de modifier les permissions actuelles ou d'ajouter de nouvelles permissions pour un groupe ou un utilisateur.

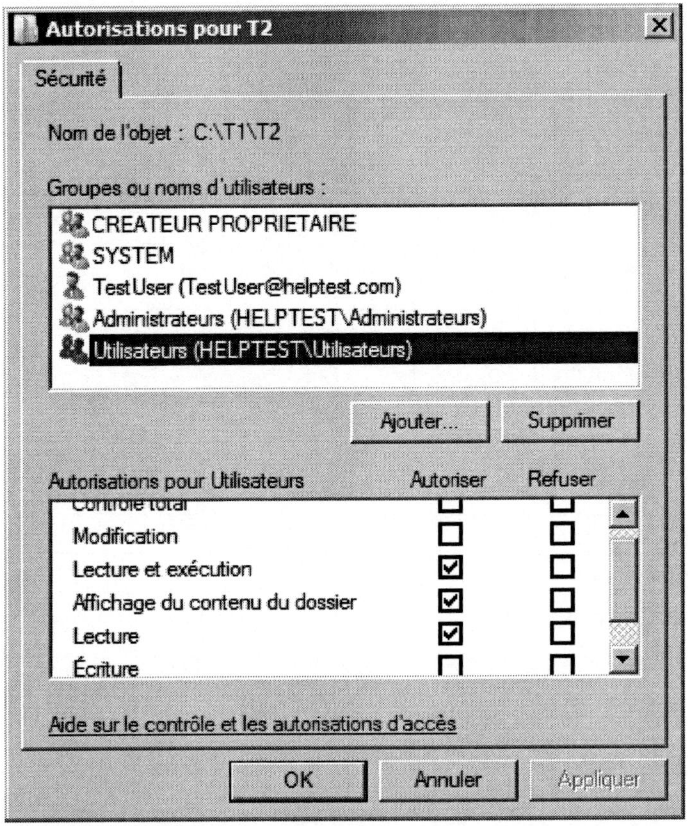

La liste **Groupes ou noms d'utilisateurs** affiche les objets pour lesquels des permissions ont été affectées. En cliquant sur un objet, la liste **Autorisations pour Utilisateurs** est modifiée pour refléter les autorisations de l'objet sélectionné. Il est possible de modifier les autorisations de l'objet courant en sélectionnant ou désélectionnant les cases à cocher **Autoriser** ou **Refuser**.

Il existe une différence fondamentale entre une autorisation **Refus** explicite et **Refus** implicite. Dès qu'un utilisateur ou un groupe est affecté avec un **Refus** explicite, celui-ci est prioritaire par rapport à des autorisations **Autoriser** qu'il pourrait recevoir, alors qu'un **Refus** implicite serait annulé. Il est conseillé de limiter au maximum les autorisations **Refus** explicite.

Le bouton **Ajouter** permet d'ajouter un groupe ou un utilisateur pour lui affecter une autorisation.
Le bouton **Supprimer** enlève l'objet sélectionné de la liste **Groupes ou noms d'utilisateurs**.

2. Les autorisations spéciales

En fait, chaque autorisation NTFS est basée sur les autorisations spéciales, comme le montre le tableau suivant :

Autorisations spéciales	Lecture	Écriture	Lecture et exécution*	Affichage du contenu d'un dossier*	Modification	Contrôle total
Parcours du dossier/exécuter le fichier			x	x	x	x
Liste du dossier/lecture de données	x		x	x	x	x
Attributs de lecture	x		x	x	x	x
Lecture des attributs étendus	x		x	x	x	x
Création de fichier/écriture de données		x			x	x
Création de dossier/ajout de données		x			x	x
Attributs d'écriture		x			x	x
Écriture d'attributs étendus		x			x	x
Suppression de sous-dossier et fichier						x
Suppression					x	x
Autorisations de lecture	x	x	x	x	x	x
Modifier les autorisations						x
Appropriation						x
Synchroniser	x	x	x	x	x	x

* Bien qu'apparemment identiques, les autorisations s'appliquent à des types d'objets différents.

L'autorisation **Suppression de sous-dossier et fichier** permet de détruire un dossier qui contient des fichiers sur lesquels on n'a aucun accès. Cette autorisation est conforme à la norme Posix. Dans la réalité, appliquée à un dossier sur lequel l'utilisateur a une autorisation de type **Contrôle total** et **aucun accès** sur au moins un document, elle permet la suppression du dossier et de tout ce qu'il contient. Normalement, l'utilisateur ne devrait pas pouvoir effacer ces fichiers.

Chaque autorisation spéciale a une portée, c'est-à-dire qu'elle s'applique à l'objet ou à d'autres objets, comme le montre le tableau suivant :

Appliquer les autorisations	Au dossier en cours	Aux sous-dossiers du dossier en cours	Aux fichiers du dossier en cours	À tous les sous-dossiers suivants	Aux fichiers dans tous les sous-dossiers suivants
À ce dossier seulement	x				
À ce dossier, aux sous-dossiers et aux fichiers	x	x	x	x*	x*
À ce dossier et aux sous-dossiers	x	x		x*	
À ce dossier et aux fichiers	x		x		x*
Aux sous-dossiers et aux fichiers seulement		x	x	x*	x*
Aux sous-dossiers seulement		x		x*	
Aux fichiers seulement			x		x*

*Ne s'applique que si la case à cocher **Appliquer ces autorisations uniquement aux objets et/ou aux conteneurs faisant partie de ce conteneur** est désactivée dans la boîte de dialogue **Entrée d'autorisation**.

Les autorisations spéciales sont plus complexes à gérer, il est donc déconseillé de les utiliser, à moins qu'il ne soit pas possible d'utiliser les permissions NTFS.

La procédure pour visualiser et modifier une autorisation spéciale est la suivante :

- Connectez-vous en tant qu'administrateur sur Win1.
- Ouvrez l'**Explorateur Windows** ou l'**Ordinateur** et déplacez-vous jusqu'au dossier ou sur le fichier dont vous voulez afficher les permissions NTFS qui y sont affectées.
- Cliquez avec le bouton droit de la souris sur le dossier ou le fichier puis cliquez sur **Propriétés**.
- Dans l'onglet **Sécurité**, cliquez sur **Avancé**.
- Dans la boîte de dialogue **Paramètres de sécurité avancés pour**, cliquez sur **Modifier**.

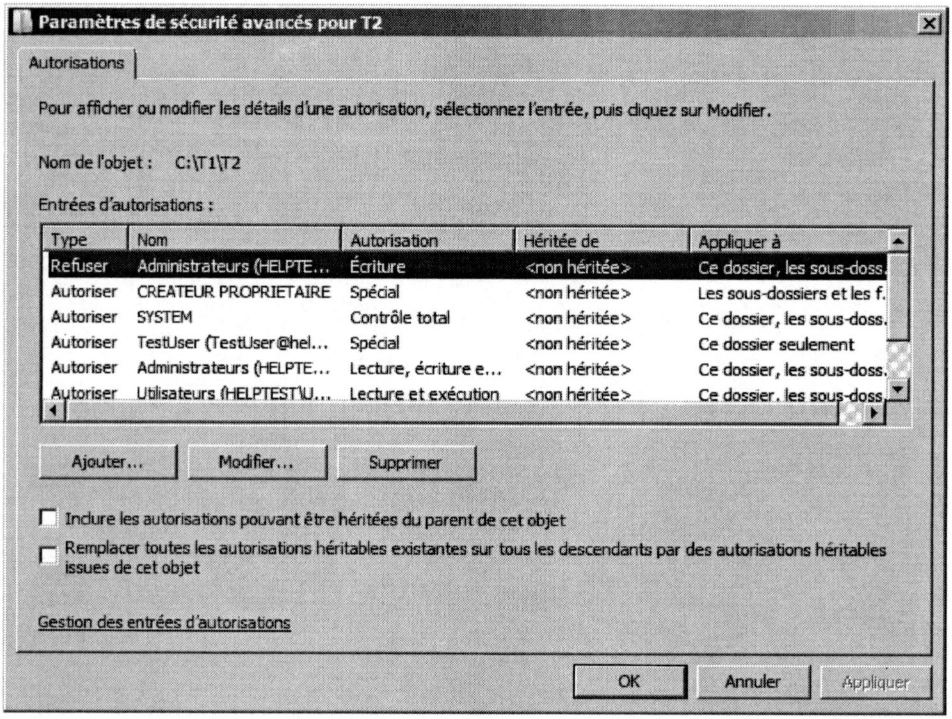

La liste **Entrées d'autorisations** affiche le nom de l'utilisateur ou du groupe auquel une autorisation est affectée, l'autorisation, son type, sa portée et si elle est héritée.

Le bouton **Ajouter** permet d'ajouter une autorisation pour un groupe ou un utilisateur.

Le bouton **Modifier** permet de modifier une autorisation pour un groupe ou un utilisateur.

Le bouton **Supprimer** permet de détruire une autorisation pour un groupe ou un utilisateur.

→ Cliquez sur **Ajouter** pour sélectionner un objet puis sur **OK**.

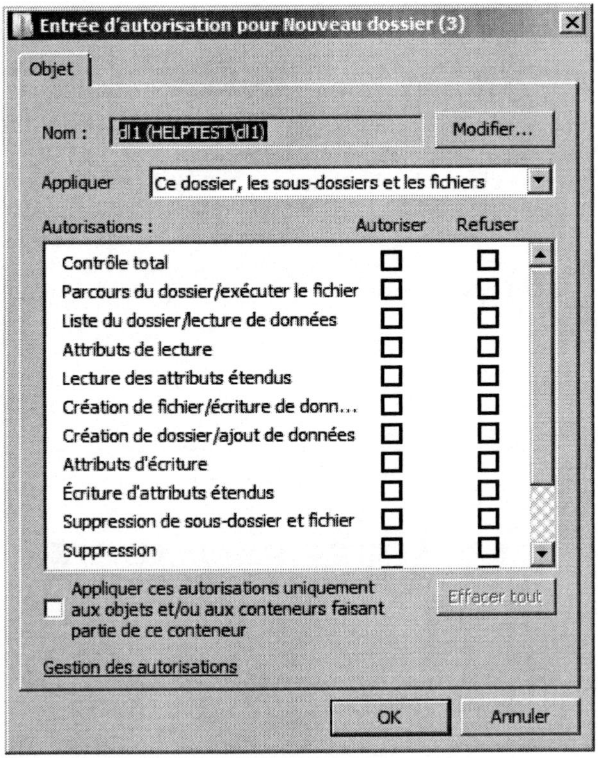

Le **Nom** correspond à l'objet qui reçoit l'autorisation. Vous pouvez encore le modifier en cliquant sur **Modifier** et en sélectionnant un nouvel objet.

La liste déroulante **Appliquer** permet de définir la portée de l'autorisation.

La liste **Autorisations** correspond aux autorisations spéciales que vous pouvez affecter.

Le bouton **Effacer tout** permet d'effacer toutes les autorisations de la liste.

La case à cocher **Appliquer ces autorisations uniquement aux objets et/ou aux conteneurs faisant partie de ce conteneur** permet de définir également une portée.

→ Sélectionnez les autorisations pour l'objet puis cliquez quatre fois sur **OK**.

3. Héritage des autorisations

a. Principe

Le système de fichiers est arborescent, il débute par le niveau du lecteur disque qui contient des dossiers et des fichiers, et continue à l'intérieur des dossiers qui peuvent eux-mêmes contenir des dossiers et des fichiers.

Une autorisation affectée à un niveau est automatiquement héritée par ses niveaux enfants.

Les permissions héritées apparaissent en grisé, alors que les permissions explicites apparaissent normalement. La procédure pour ajouter ou modifier une autorisation est identique à celle présentée dans la section précédente. Il n'est pas possible de modifier une permission héritée.

Il faut savoir qu'une permission héritée est annulée par une permission explicite, en d'autres termes, l'héritage peut être utilisé pour définir des permissions restrictives au niveau de la racine puis des permissions explicites moins restrictives sont affectées au niveau d'un dossier enfant.

Prenons l'exemple illustré par l'image suivante : le groupe **Administrateurs** hérite de la permission refus d'écriture, ce qui empêcherait toute création de fichiers ou de dossiers pour les administrateurs dans le dossier T2, mais comme une autorisation explicite d'écriture à ce niveau annule la permission héritée, les administrateurs peuvent donc créer un fichier ou un dossier dans T2.

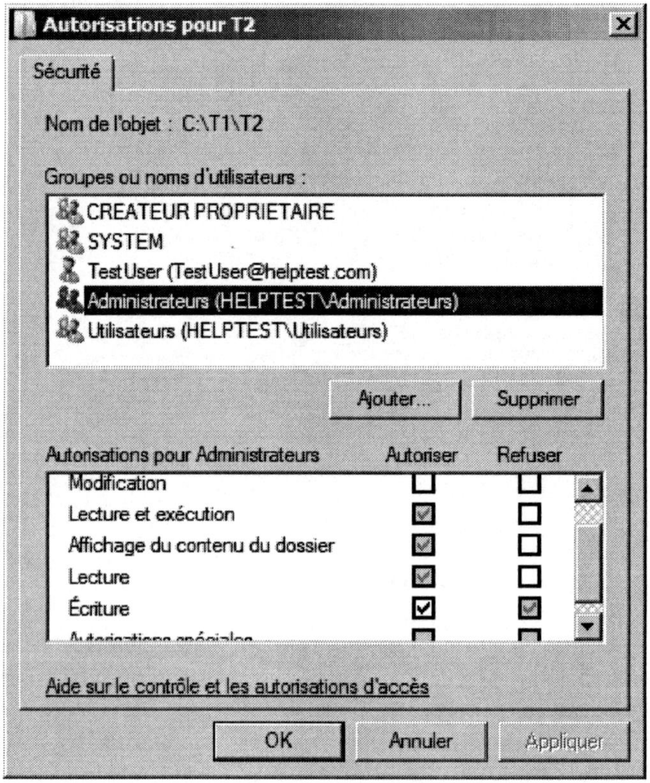

b. Blocage de l'héritage

Une fonctionnalité intéressante est le blocage de l'héritage qui permet de créer une nouvelle racine pour les autorisations dont tous les objets enfants hériteront.

La procédure est la suivante :

→ Affichez les autorisations du dossier concerné (cf. section Les autorisations spéciales).

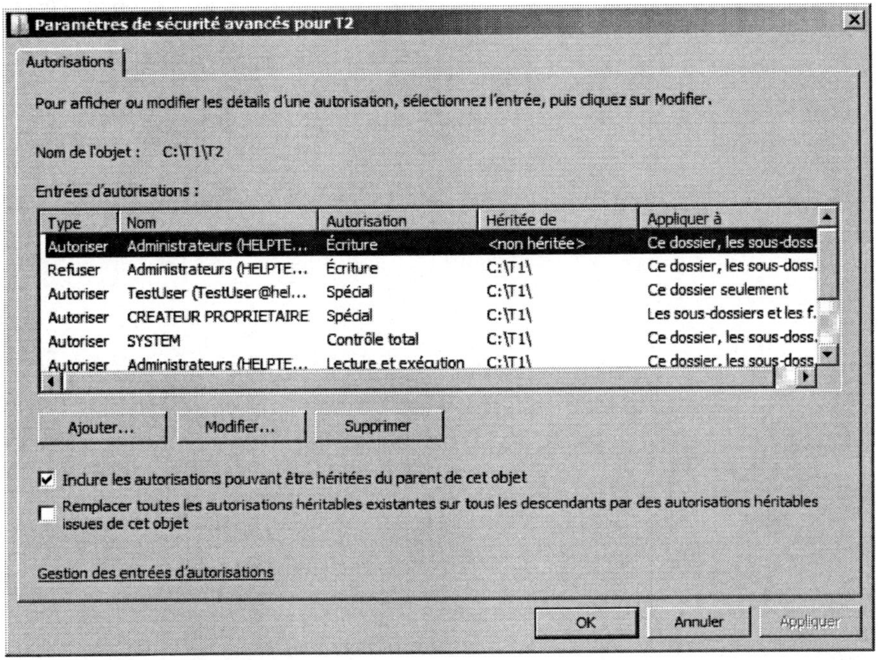

La liste **Entrées d'autorisations** affiche les autorisations actuelles et indique entre autres si elles sont héritées et leur portée.

La case à cocher **Inclure les autorisations pouvant être héritées du parent de cet objet** permet d'indiquer si l'on conserve l'héritage des permissions ou non.

La case à cocher **Remplacer toutes les autorisations héritables existantes sur tous les descendants par des autorisations héritables issues de cet objet** permet de propager les autorisations sur les objets enfants.

➔ Cliquez sur la case à cocher **Inclure les autorisations pouvant être héritées du parent de cet objet** pour la désélectionner.

Une boîte de dialogue apparaît.

Le bouton **Copier** copie les permissions héritées afin qu'elles deviennent explicites puis supprime les permissions héritées. Le bouton **Supprimer** supprime les permissions héritées. Le bouton **Annuler** annule l'opération en cours.

➔ Lisez le message et cliquez sur **Supprimer**.

➔ Cliquez trois fois sur **OK**.

4. Utilitaire en ligne de commande icacls

Vous pouvez gérer les permissions via **icalcs** apparu avec Windows Server 2003 SP2. Il remplace et étend les outils **cacls.exe** encore présents et **xcacls.vbs** téléchargeable depuis le site de Microsoft. Il permet de rechercher des permissions spécifiques, de remplacer, d'ajouter, de modifier ou de supprimer des permissions NTFS ou spéciales. Son cadre d'utilisation est principalement l'automatisation et le dépannage des automatismes.

5. La permission résultante NTFS

La permission résultante est la permission réelle de l'utilisateur lorsqu'il accède au dossier ou au fichier.

Pour déterminer cette permission, vous pouvez vous aider de l'outil Autorisations effectives, malheureusement il ne prend pas en compte les groupes **entités de sécurité intégrée** auxquels un utilisateur ou un groupe peut appartenir. Dès lors, le résultat peut être erroné.

La procédure est la suivante :

- Connectez-vous en tant qu'administrateur sur Win1.
- Ouvrez l'**Explorateur Windows** ou l'**Ordinateur** et déplacez-vous jusqu'au dossier dont vous voulez connaître les autorisations effectives.
- Cliquez avec le bouton droit de la souris sur le dossier puis cliquez sur **Propriétés**.
- Cliquez sur l'onglet **Sécurité**. Vous visualisez les permissions héritées et les permissions explicites du dossier.
- Cliquez sur le bouton **Avancé**. La boîte de dialogue **Paramètres de sécurité avancés** apparaît.

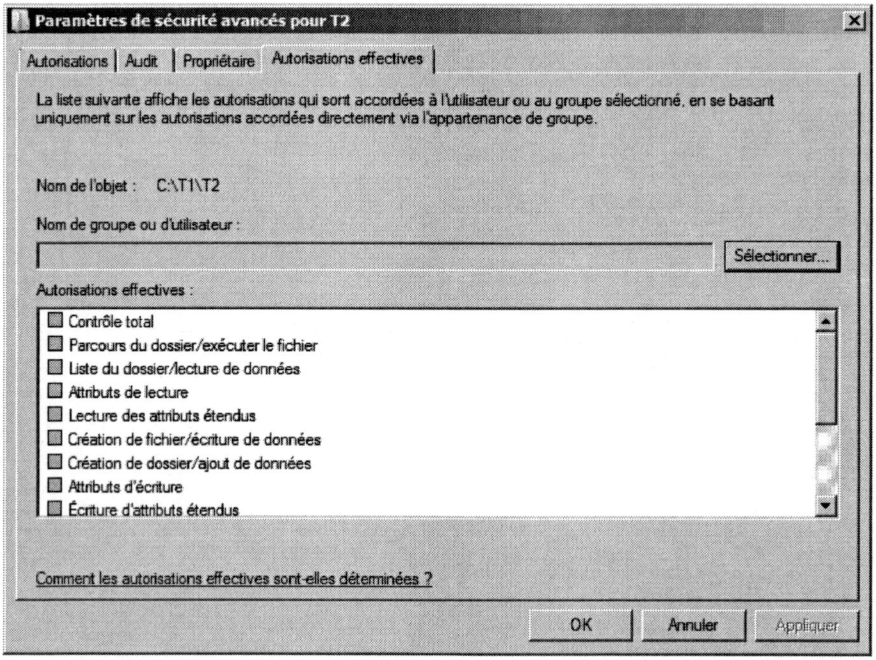

➔ Cliquez sur l'onglet **Autorisations effectives**.

➔ Cliquez sur le bouton **Sélectionner** pour choisir un groupe ou un utilisateur et cliquez sur **OK**. Les autorisations effectives apparaissent.

Pour déterminer de manière manuelle la permission résultante pour des permissions NTFS, vous devez utiliser les règles suivantes :

- Un refus d'autorisation est prioritaire sur une autorisation accordée.
- Une autorisation explicite est prioritaire sur une autorisation héritée.
- Lorsqu'il existe des autorisations de même type (**Refus** ou **Autoriser**), elles se combinent en effectuant une union.

Ces règles permettent d'utiliser la procédure suivante : "

- 1. Affichez les groupes et les utilisateurs qui reçoivent une autorisation pour la ressource.
- 2. Déterminez de quels groupes l'utilisateur est membre et notez leurs autorisations en différenciant les autorisations explicites des autorisations héritées.
- 3. Notez les autorisations affectées directement à l'utilisateur en différenciant les autorisations explicites des autorisations héritées.
- 4. En utilisant le résultat des étapes 2 et 3, déterminez la résultante des autorisations héritées de la manière suivante :
  - a. Trouvez la résultante des autorisations héritées.
  - b. Trouvez la résultante des refus d'autorisation héritées.
  - c. Trouvez la résultante des autorisations héritées basée sur les résultantes **Autoriser** et **Refuser** des points a et b.
- 5. En utilisant le résultat des étapes 2 et 3, déterminez la résultante des autorisations explicites.
  - a. Trouvez la résultante des autorisations explicites.
  - b. Trouvez la résultante des refus d'autorisations explicites.
  - c. Trouvez la résultante des autorisations explicites basée sur les résultantes **Autoriser** et **Refuser** des points a et b.
- 6. Déterminez la résultante des permissions NTFS.

Prenons un exemple concret : l'utilisateur U1 est membre des groupes GR1, GR2, GR3 et GR4 et tente d'accéder au fichier File1.txt qui se trouve sur le serveur ZEUS.

Le tableau suivant montre les permissions NTFS affectées au fichier :

Groupe ou utilisateur	Permission explicite	Permission héritée
SYSTEM		Contrôle total
RESEAU		Refus d'écriture
GR1	Lecture et exécution	
GR2	Écriture	
GR3		Modification
Administrateurs		Contrôle total

Comme l'utilisateur appartient au groupe GR4 et que ce dernier n'est pas utilisé pour affecter les autorisations sur le fichier, il ne faut pas en tenir compte.

L'étape 1 de la procédure correspond à l'affichage du tableau précédent.

Pour l'étape 2, l'utilisateur est membre des groupes GR1, GR2 et GR3. De plus, comme il se connecte via le réseau, il est membre du groupe RESEAU.

Pour l'étape 3, l'utilisateur U1 ne reçoit pas directement d'autorisations.

Pour déterminer la résultante de l'étape 4, il faut déterminer la résultante des autorisations et des refus d'autorisation des permissions héritées puis déterminer la résultante de l'héritage ce qui nous donne :

- 4a. Autoriser : Modification (SR3).
- 4b. Refuser : Écriture (RESEAU).
- 4c. La résultante des permissions héritées est :
  - Autoriser : Lecture, Lecture et exécution (Affichage du contenu du dossier).
  - Refuser : Écriture.

Car Modification correspond à **Lecture**, **Écriture** et **Lecture et exécution** pour un fichier et qu'il existe un refus d'Écriture. Concernant l'autorisation **Affichage du contenu du dossier** elle existe au niveau du dossier mais pas au niveau du fichier.

Pour déterminer la résultante de l'étape 5, il faut déterminer la résultante des permissions explicites puis déterminer la résultante des permissions explicites ce qui nous donne :

- 5a. Autoriser : Lecture et exécution, Écriture.
- 5b. Refuser : Pas de refus.
- 5c. La résultante des permissions explicites est :
  - Autorisation : **Lecture**, **Lecture et exécution** (**Affichage du contenu du dossier**) et **Écriture**. Si l'autorisation de **Lecture et exécution** existe, alors il y a également l'autorisation de **Lecture**.
  - Refuser : Pas de refus.

Ici on pourrait être tenté d'indiquer **Modification** au lieu de plusieurs autorisations. Pourtant, il faut se souvenir que l'autorisation d'écriture ne permet que l'ajout, elle ne permet pas les modifications ou les suppressions.

Enfin pour l'étape 6, nous allons combiner les autorisations explicites et les autorisations héritées, ce qui nous donne :

- Autoriser : **Modification** car c'est l'union entre **Modification** (héritage et **lecture**, **lecture et exécution** (**Affichage du contenu du dossier**)) et **Écriture**.
- Refuser : Refus d'écriture hérité.

La résultante est Modification car le refus d'écriture hérité est moins prioritaire que l'écriture explicite. L'utilisateur U1 a l'autorisation de modification.

6. Copier et déplacer des fichiers ou des dossiers

Lorsque vous déplacez ou copiez des fichiers ou des dossiers, des effets de bord indésirables peuvent survenir si vous ne prêtez pas attention au tableau suivant qui montre les permissions NTFS affectées à l'objet après l'opération.

	Sur le même volume NTFS	**Sur des volumes NTFS différents**
Déplacement d'un dossier source A vers un dossier de destination B	Conserve les permissions NTFS du dossier source	Hérite des permissions NTFS du dossier de destination
Copie d'un dossier source A vers un dossier de destination B	Hérite des permissions NTFS du dossier de destination	Hérite des permissions NTFS du dossier de destination

Les permissions NTFS de l'objet sont conservées lorsque vous le déplacez d'un dossier vers un autre sur le même volume NTFS car c'est uniquement le chemin qui est modifié. Pour les autres cas, il y a création d'un nouvel objet.

Les permissions NTFS sont perdues si l'objet est copié ou déplacé vers un autre volume dont le format n'est pas NTFS.

7. Meilleures pratiques

- Organisez vos données selon le niveau de confidentialité (secret, confidentiel, interne et public).
- Utilisez des volumes dédiés au stockage de fichiers, voire des serveurs différents selon le niveau de confidentialité demandé.
- Créez des dossiers spécifiques selon les groupes de travail et le niveau de confidentialité.
- Le niveau du dossier le plus élevé dans l'arborescence donc proche de la racine du lecteur est le dossier qui doit être le plus restrictif en terme de permissions.
- Utilisez de préférence les permissions NTFS par rapport aux permissions spéciales.
- Limitez les autorisations pour les utilisateurs, en leur donnant uniquement les permissions minimum nécessaires.
- Utilisez au maximum les groupes intégrés de sécurité pour affecter des autorisations.
- Limitez les refus d'autorisation au minimum nécessaire.

8. Les audits

Le système de fichiers NTFS est également conçu pour enregistrer dans le journal de sécurité les événements de tentatives d'accès et d'accès.

a. Activer l'audit des objets

Pour activer l'audit, il faut utiliser les stratégies de groupe et plus particulièrement les stratégies de sécurité locale. La procédure suivante montre une méthode basée sur un serveur faisant partie d'un groupe de travail. Dans le cas d'un ordinateur faisant partie d'un domaine, utilisez la console Gestion des stratégies de groupe.

→ Connectez-vous en tant qu'administrateur sur Win1.

→ Cliquez sur **Démarrer - Outils d'administration** puis **Stratégie de sécurité locale**.

→ Dans le volet gauche de la console **Stratégie de sécurité locale**, développez l'arborescence selon les nœuds **Paramètres de sécurité - Stratégies locales - Stratégie d'audit**.

→ Dans la fenêtre principale, double cliquez sur la stratégie **Auditer l'accès aux objets**.

La case à cocher **Réussite** permet d'activer les audits en succès.

La case à cocher **Échec** permet d'activer les audits en erreur.

→ Sélectionnez les deux cases à cocher puis cliquez sur **OK**.

→ Fermez la console.

→ Ouvrez une invite de commandes et saisissez `gpupdate /force`. La stratégie est maintenant appliquée.

b. Activer l'audit pour un dossier

- Connectez-vous en tant qu'administrateur sur Win1.
- Ouvrez l'**Explorateur Windows** ou le **Poste de travail** puis déplacez-vous jusqu'au dossier que vous voulez auditer.
- Cliquez avec le bouton droit de la souris sur le dossier puis cliquez sur **Propriétés**.
- Dans l'onglet **Sécurité**, cliquez sur le bouton **Avancé**.
- Dans la boîte de dialogue **Paramètres de sécurité avancés**, cliquez sur l'onglet **Audit**. La liste des entrées de l'audit devrait être vide.
- Cliquez sur le bouton **Modifier**.
- Remarquez que la boîte de dialogue ressemble à la boîte de dialogue des autorisations NTFS spéciales. Cliquez sur **Ajouter** pour sélectionner l'utilisateur ou le groupe à auditer puis cliquez sur **OK**.

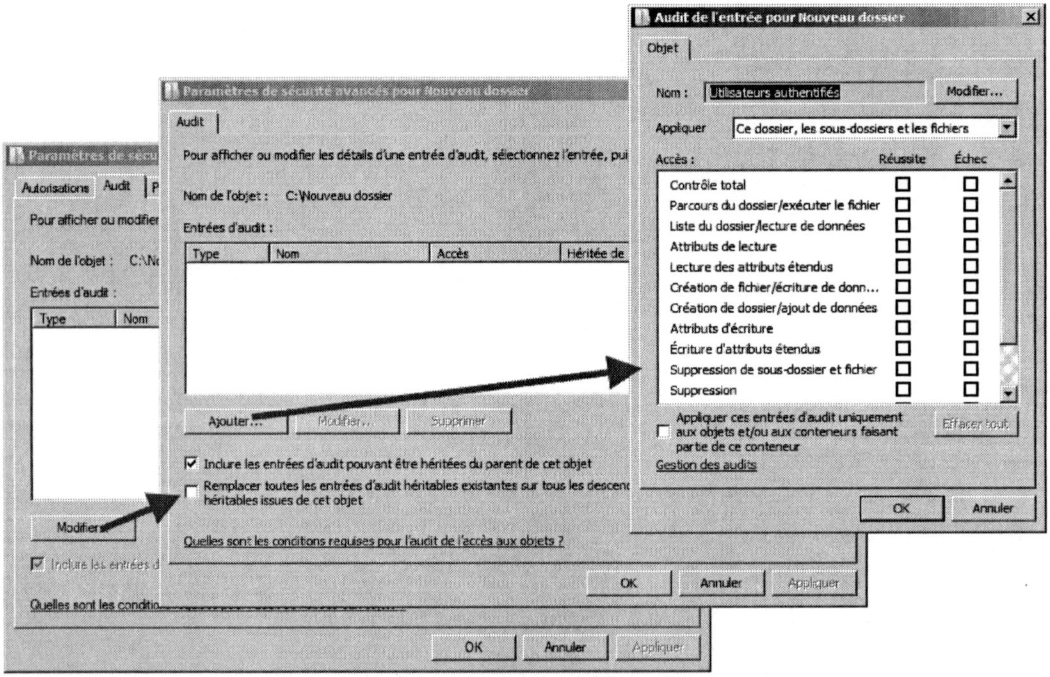

- Dans la boîte de dialogue **Audit de l'entrée**, sélectionnez les cases à cocher des autorisations que vous voulez auditer. Ces dernières correspondent aux permissions NTFS spéciales. Éventuellement, modifiez l'étendue et cochez si besoin la case **Appliquer ces entrées d'audit uniquement aux objets et/ou aux conteneurs faisant partie de ce conteneur**.

➲ Ne cochez que les autorisations qui peuvent avoir un sens, comme l'autorisation **Suppression** si vous voulez savoir grâce à l'audit quelle personne supprime un fichier.

➔ Cliquez quatre fois sur **OK**.

c. Consulter le journal d'audit

➔ Connectez-vous en tant qu'administrateur sur Win1.

➔ Cliquez sur **Démarrer - Outils d'administration** puis **Observateur d'événements**.

➔ Dans le volet gauche de l'**Observateur d'événements**, développez l'arborescence en cliquant sur les nœuds **Journaux Windows - Sécurité**.

➔ Filtrez le journal pour ne faire apparaître que les événements de la catégorie **Système de fichiers**.

d. Gestion des audits à l'aide de l'utilitaire ligne de commande auditpol et SubInACL

Son cadre d'utilisation est principalement l'automatisation des audits. La granularité est plus fine qu'avec les stratégies de groupe car il est possible d'activer une sous-catégorie au lieu d'une catégorie.

➔ Affichez les noms des utilisateurs pour lesquels une stratégie d'audit est définie :

```
auditpol /list /user
```

➔ Activez un audit pour les systèmes de fichiers :

```
auditpol /set /subcategory:"File System" /success:enable
```

➔ Affichez la liste de toutes les sous-catégories :

```
auditpol /list /subcategory :*
```

Ensuite, il faut encore indiquer sur quel fichier et/ou dossier vous désirez auditer. Pour cela, il faut télécharger l'utilitaire SubInACL depuis le site de Microsoft puis saisir la commande suivante pour ajouter un audit en lecture pour les administrateurs sur le fichier c:\toto.txt :

```
SubInACL /file c:\toto.txt /sgrant=administrateur=R
```

Cette méthodologie est à préférer bien qu'elle n'ait pas d'équivalent actuellement dans les stratégies de groupe. En effet, comme on ne peut activer qu'une sous-catégorie, le nombre d'événements retournés est énorme cela peut donc avoir une influence non négligeable sur la rapidité du serveur ainsi que sur l'analyse des événements.

C. Les partages

Un partage est un point d'entrée réseau pour accéder à des ressources de type fichier sur un serveur. Il est possible de créer plusieurs points de partage sur un serveur, de même qu'un unique dossier peut correspondre à plusieurs points de partage nommés différemment et disposant de permissions différentes.

À partir d'un point de partage, l'utilisateur a accès à toute l'arborescence de fichiers se trouvant au-dessous. Bien entendu, si le volume qui contient l'arborescence est formaté avec le système de fichiers NTFS, les permissions NTFS peuvent empêcher l'utilisateur d'avoir accès aux objets.

L'accès au dossier partagé utilise un chemin **UNC** (*Universal Convention Name*) qui utilise la syntaxe suivante **\\NomDuServeur\NomDuPartage**.

Vous pouvez ajouter le caractère dollar ($) à la fin du partage pour qu'il soit caché, c'est-à-dire qu'il n'apparaisse pas dans la liste des partages.

La figure suivante montre un partage appelé **WinVista64** où l'utilisateur aura, une fois connecté, accès à tous les dossiers et fichiers situés en dessous.

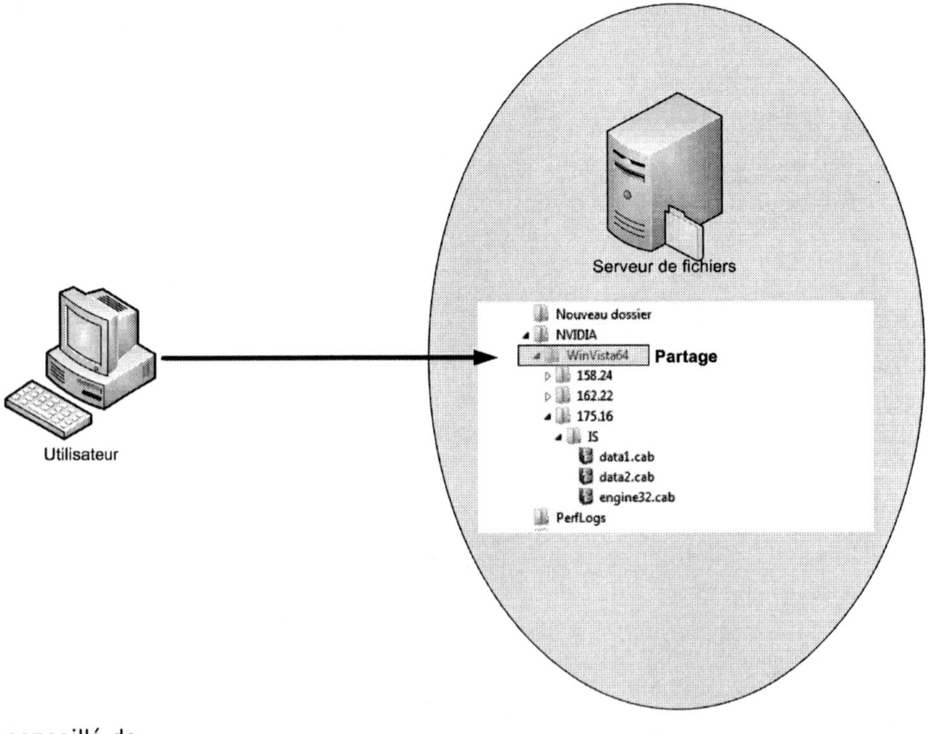

Il est conseillé de :

- créer les points de partage le plus haut possible dans la hiérarchie selon les besoins de l'entreprise.
- créer autant de points de partage que nécessaire.

Le déplacement d'un dossier partagé supprime le partage. Dans Windows Server 2008, Microsoft a ajouté de nouveaux outils pour la création et la gestion des partages, ce qui multiplie les procédures et rend confus le choix de la bonne procédure.

1. Création d'un partage en utilisant l'assistant

- Connectez-vous en tant qu'administrateur sur Win1.
- Ouvrez l'**Explorateur Windows** ou l'**Ordinateur** et déplacez-vous jusqu'au dossier que vous voulez partager.
- Cliquez avec le bouton droit de la souris sur le dossier puis sur **Partager**.

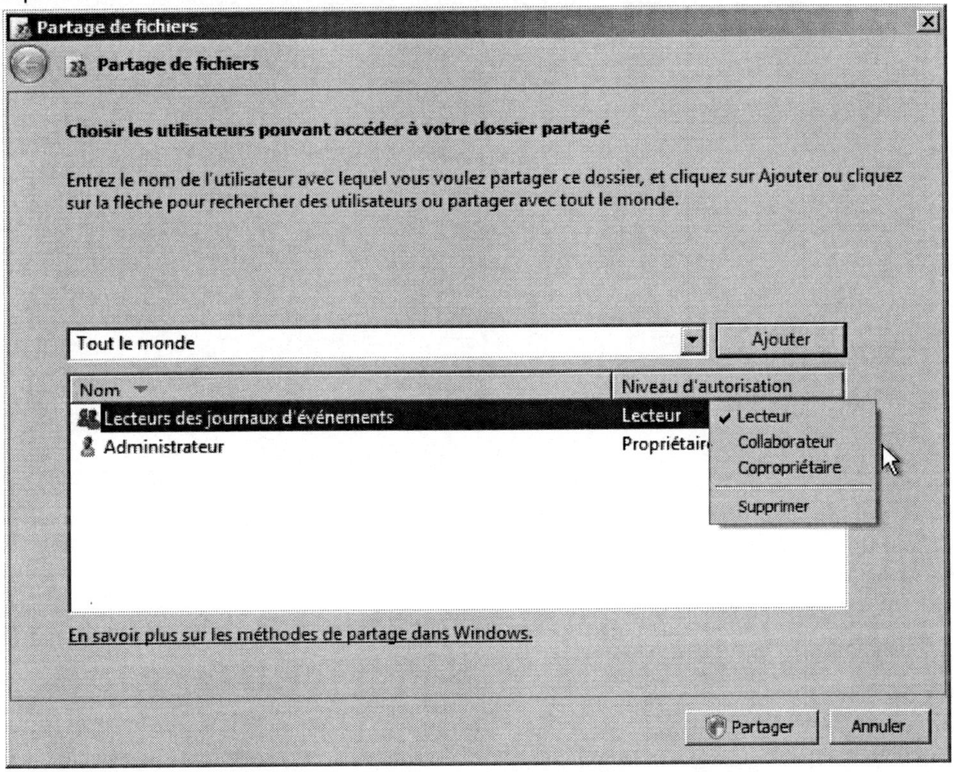

La liste déroulante permet de sélectionner un utilisateur ou un groupe à ajouter. La liste contient le nom des utilisateurs ou des groupes pouvant accéder au partage ainsi que leur niveau d'autorisation qui est décrit plus loin dans ce chapitre.

- Cliquez sur la liste déroulante afin d'ajouter des utilisateurs ou des groupes. Si vous ne connaissez pas le nom du groupe, cliquez sur l'option **Rechercher**. Une fois l'utilisateur ou le groupe sélectionné, cliquez sur **Ajouter** pour le faire apparaître dans la liste.

- Modifiez ensuite son niveau d'autorisation (par défaut, **Lecteur**) si nécessaire sinon, ajoutez un autre utilisateur ou groupe ou cliquez sur **Partager**.
- Une nouvelle boîte de dialogue vous informe du nom du partage. Avant de cliquer sur **Terminé**, vous avez la possibilité de cliquer sur le lien **Envoyer** afin d'informer les utilisateurs du nouveau partage par courrier électronique ou sur **Copier** pour placer un lien vers le partage dans le Presse-papiers.

2. Modification d'un partage en utilisant l'assistant

Win1 WinAD

- Connectez-vous en tant qu'administrateur sur Win1.
- Ouvrez l'**Explorateur Windows** ou l'**Ordinateur** et déplacez-vous jusqu'au dossier dont vous voulez modifier le partage.

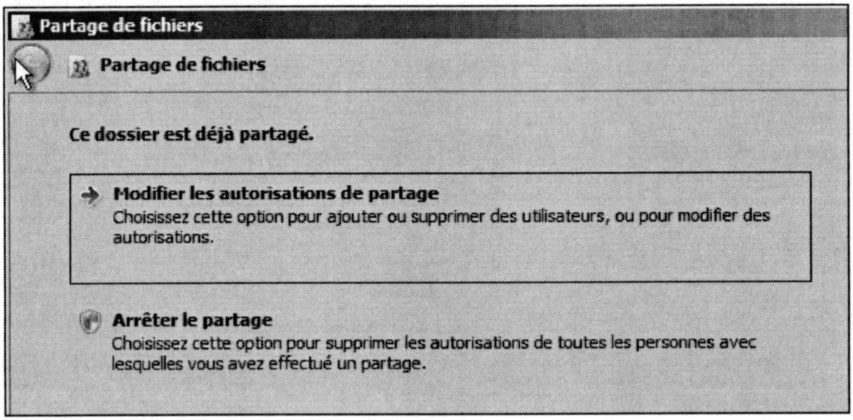

- Cliquez avec le bouton droit de la souris sur le dossier puis sur **Partager**.
- Vous pouvez cliquer sur **Modifier les autorisations de partage** afin de faire apparaître l'assistant **Partage de fichiers** ou sur **Arrêter le partage** si vous désirez ne plus partager le dossier.

3. Création ou modification d'un partage sans l'assistant

Win1 WinAD

- Connectez-vous en tant qu'administrateur sur Win1.
- Ouvrez l'**Explorateur Windows** ou l'**Ordinateur** et déplacez-vous jusqu'au dossier que vous voulez partager.
- Cliquez avec le bouton droit de la souris sur le dossier puis cliquez sur **Propriétés**.
- Cliquez sur l'onglet **Partage**.

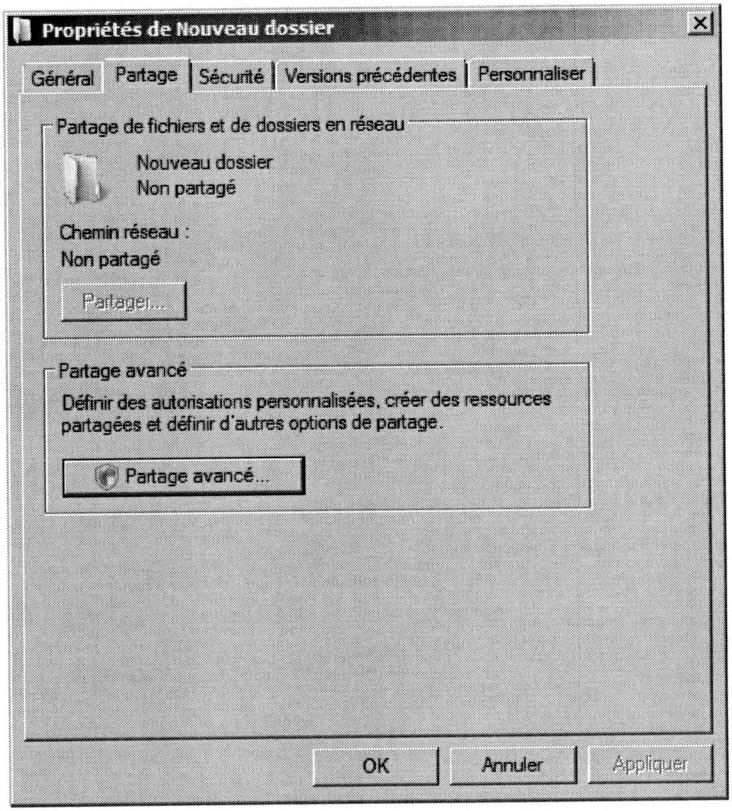

Le bouton **Partager** est activé seulement si le partage a été créé avec l'assistant. Il permet d'afficher la boîte de dialogue **Partage de fichiers** pour gérer le partage existant (cf. section Création d'un partage).

Le bouton **Partage avancé** permet de créer ou de gérer les partages en mode avancé.

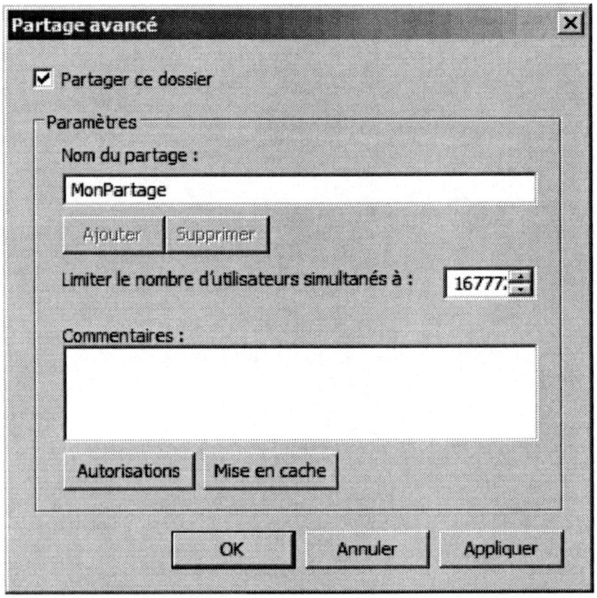

La case à cocher **Partager ce dossier** permet de créer ou de supprimer le premier partage appliqué au dossier.

Le **Nom du partage** est le nom du partage courant dont les informations sont affichées en dessous.

Pour rendre un partage invisible dans l'explorateur, ajoutez le caractère $ à la fin du nom.

Le bouton **Ajouter** permet de créer un autre point de partage pour le dossier.

Le bouton **Supprimer** permet de supprimer un point de partage.

Vous pouvez **Limiter le nombre d'utilisateurs simultanés à** et saisir des **Commentaires** pour le point de partage.

Le bouton **Autorisations** permet d'affecter des permissions au point de partage.

Le bouton **Mise en cache** permet d'indiquer à l'ordinateur client comment mettre en cache les objets si cette fonctionnalité est activée.

4. Création d'un partage via l'outil Gestion de l'ordinateur

- Connectez-vous en tant qu'administrateur sur Win1.
- Cliquez sur **Démarrer - Outils d'administration** et **Gestion de l'ordinateur**.
- Dans le volet de gauche de la console, cliquez sur le nœud **Dossiers partagés** pour développer l'arborescence.

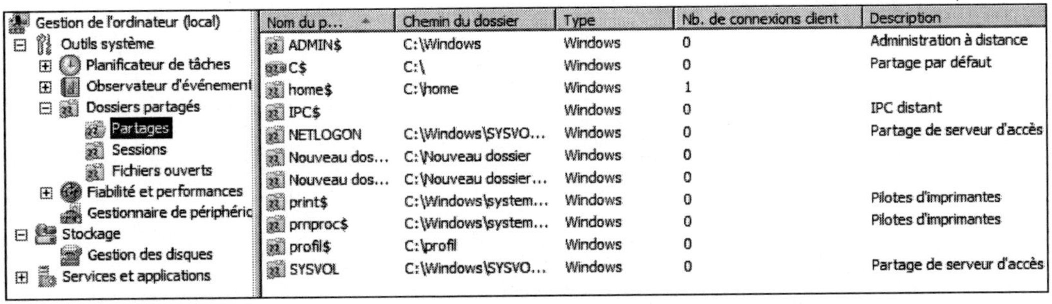

Dans la figure précédente, les partages ADMIN$, FAX$, IPC$, NETLOGON, PRINT$, PUBLIC, SYSVOL et les partages de lecteur Lettre$ sont des partages spéciaux appelés partages administratifs créés par Windows. Si vous les supprimez, ils seront automatiquement recréés lors du prochain démarrage sauf si vous mettez 0 pour les valeurs de la base de registre AutoShowServer et AutoShareWho se situant dans HKLM\SYSTEM\Current Control Set\Services\Lanmanserver\parameters.

Le nœud **Partages** affiche tous les partages de l'ordinateur. L'administrateur peut créer de nouveaux partages, gérer le point de partage et supprimer le partage.

Le nœud **Sessions** affiche les utilisateurs actuellement connectés sur les dossiers partagés. L'administrateur peut déconnecter les utilisateurs.

Le nœud **Fichiers ouverts** affiche des informations sur les fichiers actuellement ouverts, comme leur emplacement, qui y accède, si le fichier est verrouillé et le mode d'ouverture. L'administrateur peut fermer les fichiers ouverts.

- Cliquez avec le bouton droit de la souris sur **Partages** puis cliquez sur **Nouveau partage**.
- Sur la page **Assistant Création d'un dossier partagé**, lisez attentivement les informations concernant le pare-feu puis cliquez sur **Suivant**.
- Sur la page **Chemin du dossier**, saisissez ou recherchez l'emplacement du dossier que vous voulez partager puis cliquez sur **Suivant**.

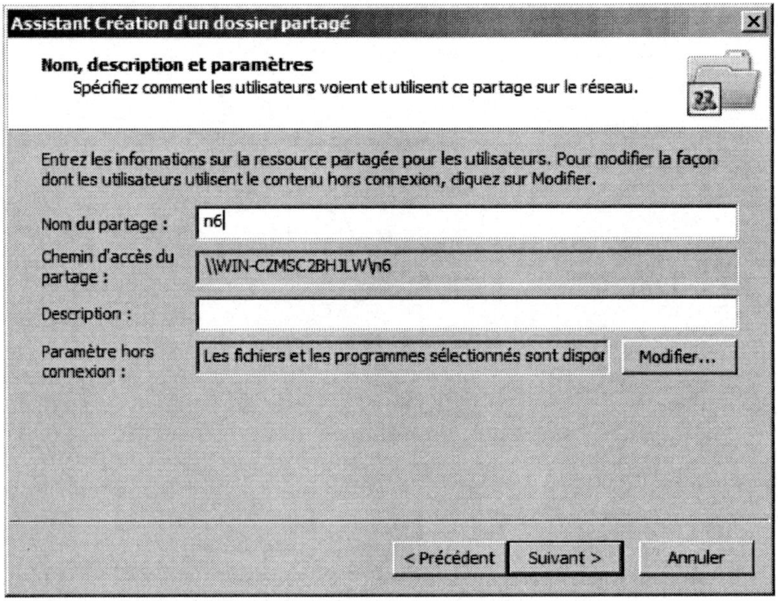

→ Sur la page **Nom, description et paramètres**, modifiez éventuellement le **Nom** proposé pour le partage ou ajoutez-lui le caractère dollar pour en faire un partage caché. Saisissez éventuellement une **Description** ou modifiez le **Paramètre hors connexion** (cf. section Mise en œuvre des fichiers hors connexion) avant de cliquer sur **Suivant**. La dernière page de l'assistant apparaît.

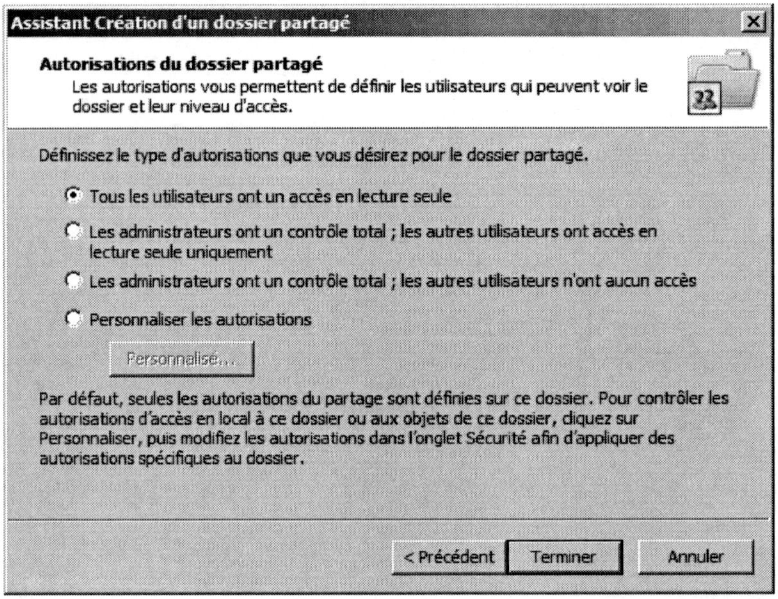

Tous les utilisateurs ont un accès en lecture seule équivaut à donner au groupe **Tout le monde** une autorisation en lecture.

Les administrateurs ont un contrôle total ; les autres utilisateurs ont accès en lecture seule uniquement équivaut à donner au groupe **Administrateurs** le contrôle total et au groupe **Tout le monde** une autorisation en lecture.

Les administrateurs ont un contrôle total ; les autres utilisateurs n'ont aucun accès équivaut à donner uniquement un accès en contrôle total aux **Administrateurs.**

Personnaliser les autorisations permet de définir les autorisations en utilisant la boîte de dialogue suivante. Les utilisateurs ou les groupes sont choisis ainsi que les autorisations.

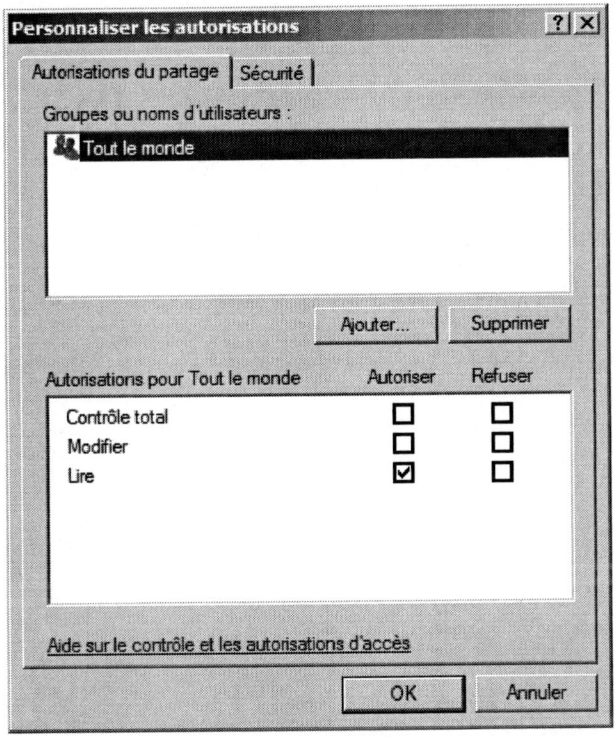

L'onglet **Sécurité** permet de gérer les permissions NTFS du dossier du point de partage. Le groupe **Tout le monde** n'inclut plus le groupe **Anonyme**.

→ Sélectionnez l'option qui convient pour les permissions puis cliquez sur **Terminer** pour créer le partage. Une dernière page vous indique si le partage a réussi et vous permet de recréer immédiatement un nouveau partage.

Il s'agit de la méthode préférée pour créer des partages sur un serveur. La console peut gérer des partages locaux ou distants.

5. Gérer un partage via l'outil Gestion de l'ordinateur

- Connectez-vous en tant qu'administrateur sur Win1.
- Cliquez sur **Démarrer - Outils d'administration** et **Gestion de l'ordinateur**.
- Dans le volet de gauche de la console, cliquez sur le nœud **Dossiers partagés** pour développer l'arborescence, puis sur **Partages**.
- Cliquez avec le bouton droit de la souris sur le dossier partagé que vous voulez gérer puis cliquez sur **Propriétés**. La boîte de dialogue vous permet de gérer les permissions NTFS, les autorisations au niveau du partage ainsi que les autres propriétés du partage comme montré dans les sections précédentes. Notez juste que les **Paramètres hors connexion** correspondent à la mise en cache.

6. Supprimer un partage via l'outil Gestion de l'ordinateur

- Connectez-vous en tant qu'administrateur sur Win1.
- Cliquez sur **Démarrer - Outils d'administration** et **Gestion de l'ordinateur**.
- Dans le volet de gauche de la console, cliquez sur le nœud **Dossiers partagés** pour développer l'arborescence puis sur **Partages**.
- Cliquez avec le bouton droit de la souris sur le dossier partagé que vous voulez gérer puis cliquez sur **Arrêter le partage**.

7. Les permissions de partage

Les permissions de partage sont les permissions que l'on applique au point de partage. Elles permettent de protéger aussi bien un volume formaté en NTFS qu'un volume formaté en FAT.

Conceptuellement, une permission de partage fonctionne de la même manière qu'une permission NTFS. Les permissions de partage sont :

- **Contrôle total**
- **Modifier**
- **Lire**

Elles sont plus simples à gérer car il suffit d'indiquer la permission que l'on désire soit en autorisation, soit en refus. D'autre part, c'est une bonne pratique de simplifier au maximum les permissions de partage en utilisant les groupes les plus appropriés, c'est-à-dire en utilisant des groupes de sécurité intégrée.

La permission résultante au point de partage sur un volume NTFS correspond toujours à la permission la plus restrictive entre la permission résultante NTFS et la permission résultante du partage.

> Les permissions NTFS doivent toujours être au moins aussi restrictives que les permissions de partage.

8. Gérer un partage via l'invite de commande

Vous pouvez créer, modifier et supprimer un partage à l'aide de la commande **net share** comme le montrent les exemples suivants :

Création d'un partage : `net share NomPartage = CheminDuDossierAPartager`

Suppression d'un partage sur un serveur distant : `net share NomPartage \\NomServeur /delete`

D. Mise en œuvre de la compression

1. Introduction

Depuis plusieurs années, le besoin en espace disque n'a cessé d'augmenter dans les entreprises alors que le coût de stockage par mégaoctet n'a cessé de baisser. Lorsque le prix d'un disque dur était très élevé, plusieurs entreprises ont développé des logiciels de compression de données afin de limiter la taille des fichiers.

Le scénario actuel pour utiliser efficacement la compression concerne les données qui sont peu ou pas modifiées et dont la taille du fichier dépasse la taille du cluster disque.

Il ne faut pas oublier que si la taille du fichier est inférieure à la taille du cluster disque, le fichier occupe un cluster disque. Il n'y a pas d'intérêt à compresser des fichiers de petite taille.

En terme de performance, il est admis que le temps de calcul pour la compression ou la décompression est compensé par le fait que moins de clusters disques sont lus ou écrits.

Microsoft Windows permet d'utiliser la compression de manière transparente pour le système de fichiers NTFS ainsi que pour l'utilisation des fichiers zip compressés.

2. La compression NTFS

Windows Server 2008 permet de compresser des fichiers, des dossiers ou des volumes qui utilisent le système de fichiers NTFS.

La granularité est le fichier, mais il est préférable de compresser un volume ou un dossier.

La compression est totalement transparente pour l'utilisateur.

> Il est possible de compresser le disque de boot, mais ce n'est pas recommandé pour des questions de performance.

Concernant la copie ou le déplacement de fichiers, les règles suivantes s'appliquent :

	Sur le même volume	Sur des volumes différents
Déplacement d'un dossier source A vers un dossier de destination B	Conserve les attributs de compression du dossier source*	Hérite des attributs de compression du dossier de destination
Copie d'un dossier source A vers un dossier de destination B	Hérite des attributs de compression du dossier de destination	Hérite des attributs de compression du dossier de destination

* Si le fichier existe déjà mais que les attributs de compression sont différents, seul le contenu est déplacé.

- Pour activer la compression au niveau d'un fichier, d'un dossier ou d'un volume, ouvrez la fenêtre **Ordinateur**, déplacez-vous vers le type d'objet à compresser puis sélectionnez-le.
- Cliquez avec le bouton droit de la souris puis cliquez sur **Propriétés**.
- Dans la boîte de dialogue **Propriétés de**, cliquez sur **Avancé**.
- Dans la boîte de dialogue **Attributs avancés**, sélectionnez **Compresser le contenu pour libérer de l'espace disque** puis cliquez sur **OK**.

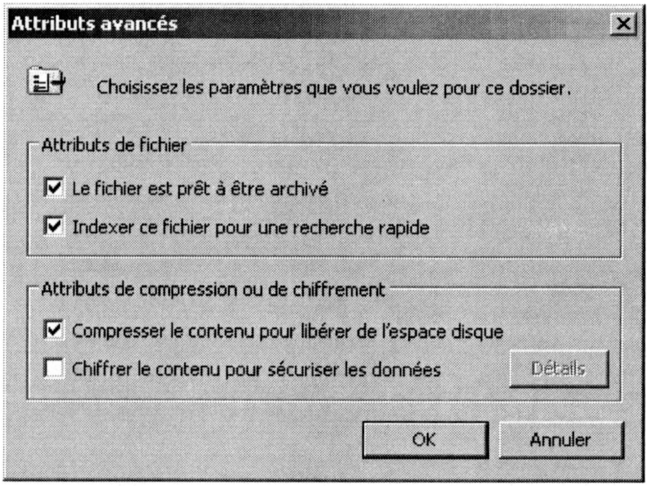

Il n'est pas possible de compresser et de chiffrer le contenu en même temps.

Un message vous demandant de confirmer la portée (soit dossier actuel, soit dossier actuel et tous les sous-dossiers et fichiers) des modifications que vous allez apporter peut apparaître, sélectionnez l'option qui convient puis cliquez sur **OK**.

Les fichiers compressés apparaissent par défaut en bleu. Il est possible de supprimer la couleur en passant par la boîte de dialogue **Options des dossiers** puis l'onglet **Affichage**.

3. Utilitaire en ligne de commandes

Vous pouvez utiliser la commande **compact**.

La commande suivante compresse le répertoire actuel, ses sous-répertoires ainsi que les fichiers existants :

```
compact /c /s
```

Afficher l'état de compression des fichiers du répertoire actuel : **compact**.

La commande suivante décompresse le volume **C:**, y compris les sous-dossiers et les fichiers système ou cachés. En cas d'erreur, la commande continue sans s'arrêter.

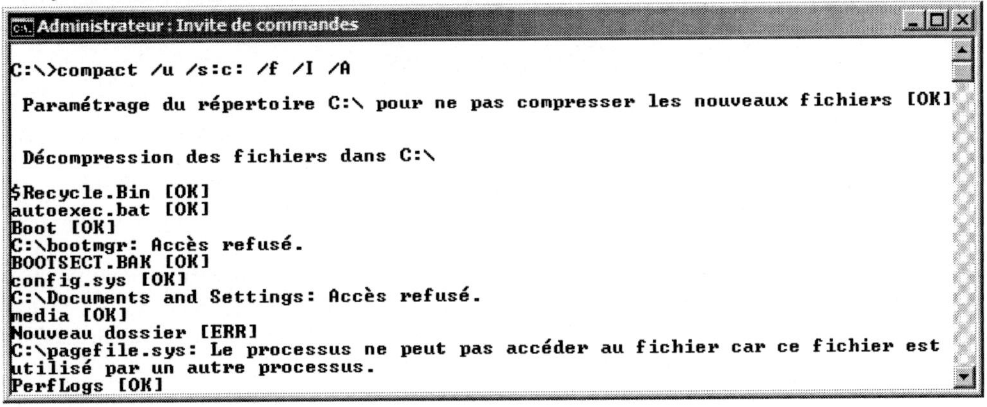

4. La compression ZIP

Le format ZIP est un format populaire de fichiers compressés. Son grand avantage vient du fait qu'il s'affranchit du système d'exploitation, du système de fichiers utilisé et que les données peuvent rester compressées lorsqu'elles transitent sur le réseau.

Largement utilisée à l'âge d'or des disquettes, la compression ZIP est apparue en tant qu'extension depuis Windows XP. Cette extension permet à l'utilisateur de compresser rapidement un ou plusieurs fichiers en les envoyant vers un dossier compressé au format ZIP. L'utilisateur dispose alors de deux versions du fichier, une compressée et une normale.

La lecture, la copie et le déplacement sont transparents pour l'utilisateur.

→ Pour compresser un fichier ou un dossier au format zip, ouvrez la fenêtre **Ordinateur**, déplacez-vous vers le type d'objet à compresser puis sélectionnez-le.

→ Cliquez avec le bouton droit de la souris puis cliquez sur **Envoyer vers - Dossier compressé**.

- Pour extraire le contenu d'un dossier au format zip, ouvrez la fenêtre Ordinateur, déplacez-vous vers une archive ZIP puis sélectionnez-la.
- Cliquez avec le bouton droit de la souris puis cliquez sur **Extraire tout**.
- Dans la boîte de dialogue **Extraire les dossiers compressés**, saisissez l'emplacement du dossier de destination (le dossier sera créé si nécessaire) ou sélectionnez-en un en cliquant sur **Parcourir**.

  Le document ZIP orignal n'est pas supprimé ou altéré par cette opération.

Pour les extractions, une autre méthode consiste à ouvrir la fenêtre **Ordinateur** et se déplacer dans le dossier compressé puis à copier ou déplacer les fichiers.

E. Les clichés instantanés (Shadow copy)

1. Introduction

Apparus dans Windows Server 2003, les clichés instantanés permettent de créer des copies ponctuelles de tous les dossiers partagés d'un volume.

Il ne s'agit pas d'un nouveau type de sauvegarde mais d'une possibilité pour l'utilisateur de récupérer un fichier à un moment particulier sans aide.

Par défaut, l'utilisateur accède toujours à la version la plus récente. Néanmoins, il arrive qu'un fichier soit effacé par erreur, et dans ce cas l'utilisateur a des chances de retrouver son fichier en partie ou en totalité. L'activation des clichés instantanés ne garantit pas une récupération à 100 %.

Le fonctionnement des clichés instantanés est simple. Après avoir défini le volume, la zone de stockage et la planification, le système crée un cliché instantané pour tous les dossiers partagés du volume, puis selon la planification, seules les modifications sont enregistrées.

Pour des raisons d'efficacité et de rapidité, les clichés instantanés travaillent au niveau des secteurs de disque et non des fichiers.

2. Meilleures pratiques

- Choisissez un volume distinct pour stocker les clichés instantanés.
- Concevez une vraie stratégie pour vos clichés instantanés en ce qui concerne les dossiers candidats pour les réunir sur un volume spécifique, la fréquence de création afin de correspondre aux besoins de vos utilisateurs, et l'espace disque supplémentaire nécessaire.

Les lecteurs associés à un point de montage ne sont pas pris en charge par les clichés instantanés.

- Sauvegardez les données du volume normalement, y compris les dossiers partagés.
- Ne définissez aucune planification ayant une fréquence inférieure à une heure.
- Formatez le volume où vous activez les clichés instantanés avec une taille de cluster disque égale ou supérieure à 16 Ko.
- Formez les utilisateurs à l'utilisation de cette fonctionnalité.

3. Mise en œuvre des clichés instantanés sur le serveur

Il existe au moins trois méthodes pour lancer l'utilitaire de configuration des clichés instantanés.

→ Sur le serveur, cliquez sur **Démarrer** puis sur **Ordinateur**.

→ Dans **Ordinateur**, sélectionnez le lecteur de disque dur où vous voulez activer les clichés instantanés puis cliquez avec le bouton droit de la souris et cliquez sur **Configurer les clichés instantanés**.

Le système de fichiers doit être formaté en NTFS.

→ Dans la boîte de dialogue **Clichés instantanés**, cliquez sur **Paramètres**.

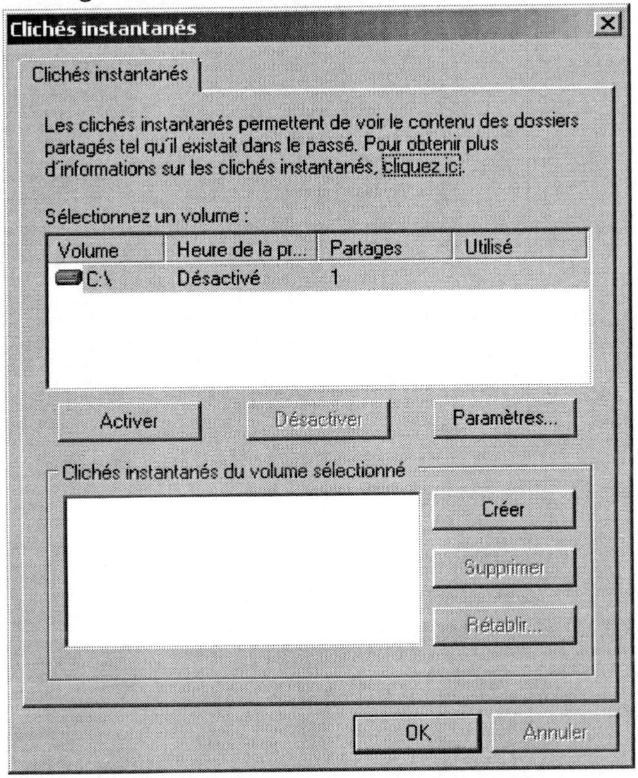

La granularité la plus fine est le volume et tous les partages du volume bénéficient de la fonctionnalité de clichés instantanés.

→ Sélectionnez une **Zone de stockage**.

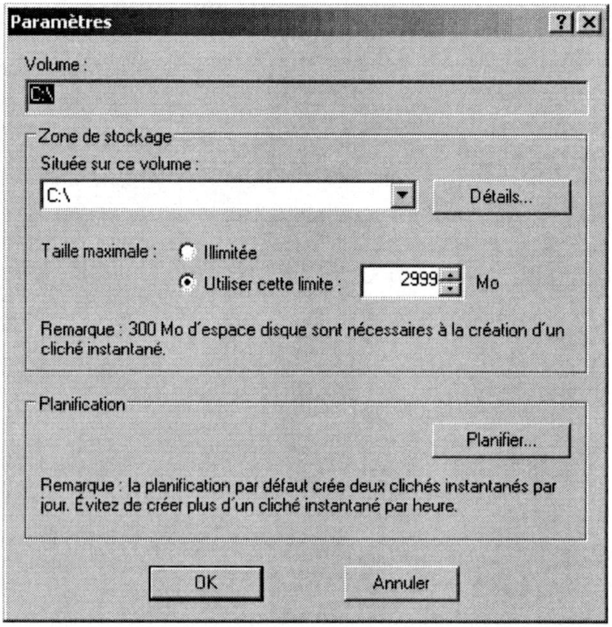

Il n'est pas possible de sélectionner un espace de stockage sur le réseau.

Par défaut, le système utilise 300 Mo jusqu'à concurrence de 10 % de l'espace disque disponible. Il est possible de modifier cette limite selon les besoins planifiés ou de limiter la taille jusqu'à concurrence de l'espace disque disponible.

Les clichés instantanés sont stockés dans le dossier système caché appelé **System Volume Information**.

Si le système n'a plus assez d'espace sur le volume de stockage, il écrase automatiquement les clichés instantanés les plus anciens. D'autre part, le nombre total de clichés instantanés pouvant être stockés est de 64 par volume.

Le bouton **Détails** affiche l'espace disponible et l'espace utilisé par les clichés instantanés sur le volume. Le bouton **Planifier** permet de définir les horaires pour la création des clichés instantanés. Il active également les clichés instantanés. Par défaut, le système effectue deux clichés instantanés par jour du lundi au vendredi, soit un à 7h00 et un autre à midi. Il est possible d'ajouter de nouvelles planifications pour augmenter la fréquence ou de modifier les planifications existantes, voire de les supprimer.

Il est recommandé de ne pas créer plus d'un cliché instantané par heure. L'image suivante montre la planification créée :

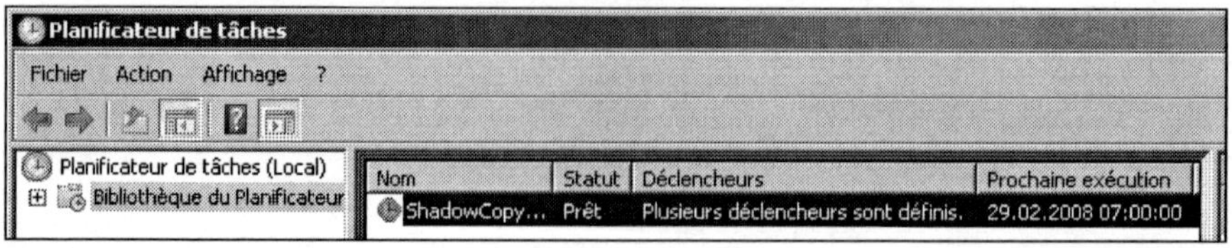

Contrôlez que les clichés instantanés ont été activés, sinon cliquez sur le bouton **Activer**. C'est une bonne pratique de créer un cliché instantané initial. Si le volume de données est très important, il est recommandé de planifier la création du cliché instantané initial à un moment où le serveur sera peu chargé.

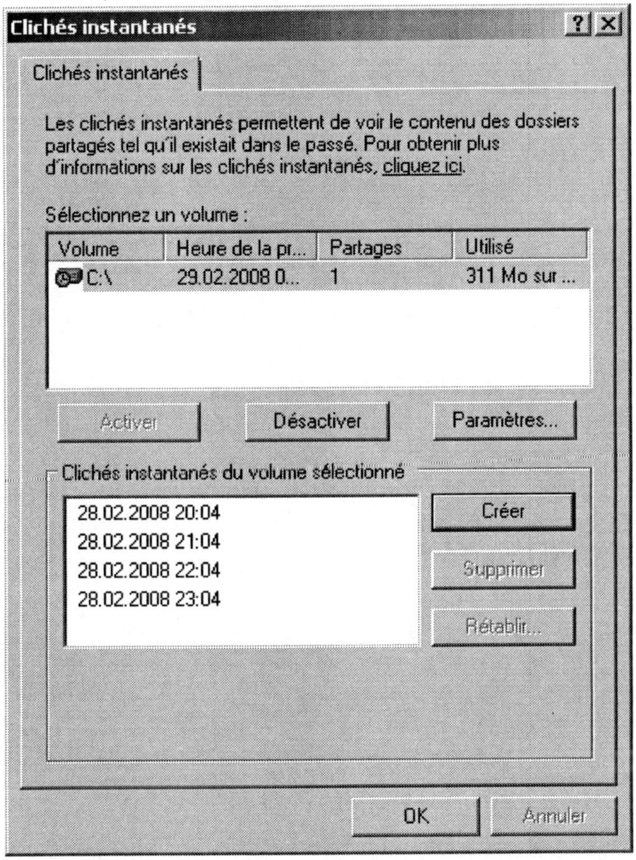

Le bouton **Créer** sert surtout pour effectuer des tests et des dépannages.

Le bouton **Supprimer** permet de détruire un cliché instantané spécifique.

Le bouton **Rétablir** permet de revenir pour un volume particulier à une version spécifique du cliché instantané. Toutes les modifications faites depuis la date de la version du cliché instantané sont perdues et l'opération ne peut être annulée. Il faut en user avec précaution.

Le bouton **Désactiver** supprime tous les clichés instantanés créés ainsi que la planification associée.

Les problèmes susceptibles d'être rencontrés sont :

- Erreur 7001 dans le journal des événements qui signifie qu'une tâche planifiée n'a pas pu être exécutée. Cette erreur surgit lorsque le volume contenant un cliché instantané est supprimé mais pas la tâche planifiée. Il suffit simplement de supprimer la tâche planifiée.

- Si des clichés instantanés sont supprimés alors qu'il reste de la place sur le disque, il suffit de contrôler si le nombre de 64 clichés instantanés a été atteint et si oui, de modifier la planification.

4. Mise en œuvre via l'invite de commandes

Il est possible d'utiliser la commande `vssadmin` pour gérer les clichés instantanés.

L'image suivante montre la commande à utiliser pour activer les clichés instantanés pour le volume C:\.

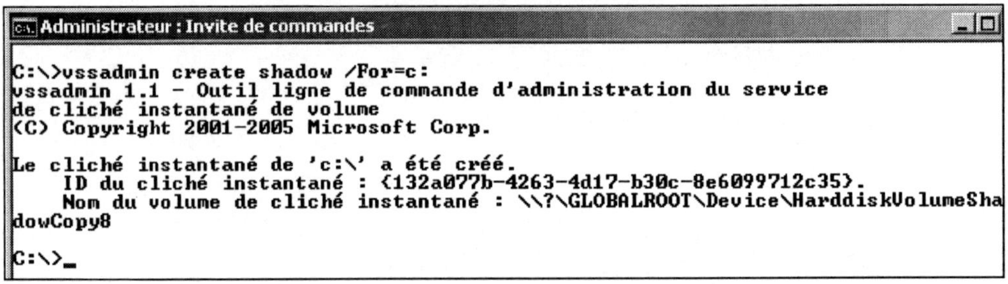


```
C:\>vssadmin create shadow /For=c:
vssadmin 1.1 - Outil ligne de commande d'administration du service
de cliché instantané de volume
(C) Copyright 2001-2005 Microsoft Corp.

Le cliché instantané de 'c:\' a été créé.
    ID du cliché instantané : {132a077b-4263-4d17-b30c-8e6099712c35}.
    Nom du volume de cliché instantané : \\?\GLOBALROOT\Device\HarddiskVolumeSha
dowCopy8

C:\>_
```

Il faut encore créer une planification soit en utilisant le Planificateur de tâches, soit en utilisant la commande `schtasks`.

5. Installation de la partie cliente

Par défaut, les systèmes d'exploitation Windows Vista, Windows Server 2003 et Windows Server 2008 disposent déjà du client **Restaurer les versions précédentes**.

Pour les systèmes d'exploitation antérieurs, il faut au préalable installer le client **ShadowCopyClient.msi** en le téléchargeant depuis le site de Microsoft.

Une version de ce client est également disponible pour Windows XP sur un serveur Windows 2003 dans le dossier **%systemroot%\system32\clients\twclient\x86** sous le nom de **twcli32.msi**.

6. Récupération d'un fichier, d'un dossier ou d'un volume

Pour récupérer un fichier, la procédure est simple :

- Connectez-vous au serveur en utilisant un chemin UNC : **nom duServeur\NomduPartage**.
- Sélectionnez le fichier puis cliquez avec le bouton droit de la souris et sélectionnez **Restaurer les versions précédentes**.
- Dans l'onglet **Versions précédentes**, sélectionnez la version en fonction de l'heure puis appuyez sur un des boutons (**Ouvrir**, **Copier** ou **Restaurer**).

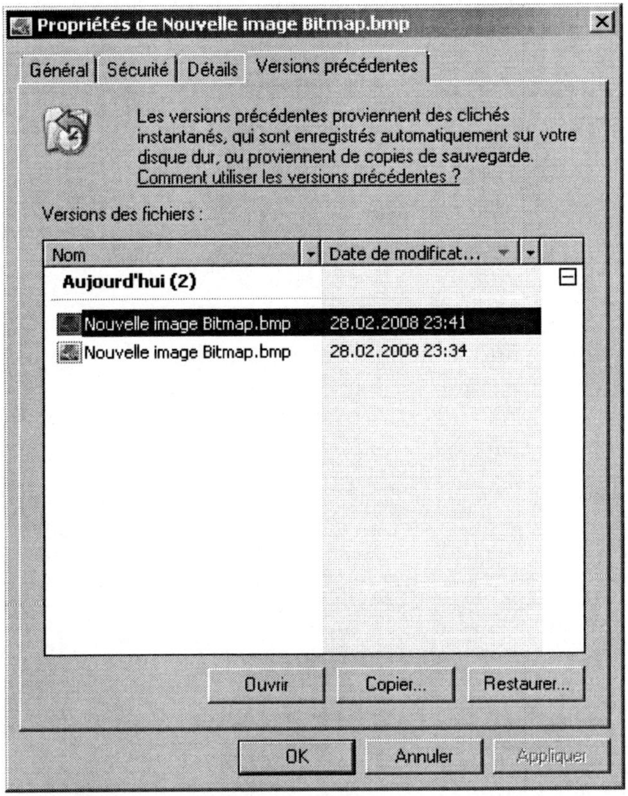

Il existe en tout trois versions du document Nouvelle image Bitmap.bmp, la version actuelle plus une version datée du 28/02/08 à 23h41 et une autre à 23h34.

Le bouton **Ouvrir** permet de visualiser le document de la version du cliché instantané sélectionnée. Le bouton **Copier** permet de créer une nouvelle copie du document, par exemple pour le comparer à la toute dernière version. Le bouton **Restaurer** remplace la version actuelle par la version sélectionnée. La restauration est définitive et ne peut être annulée.

Il est également possible de restaurer un dossier complet si le chemin UNC se limite au serveur, soit **\\serveur**.

F. Mise en œuvre des quotas

1. Introduction

Certaines entreprises veulent limiter la quantité de données que les utilisateurs peuvent stocker, et pour éviter que quelques utilisateurs occupent tout l'espace disponible il est possible de restreindre l'espace par utilisateur à l'aide des quotas.

Windows Server permet, depuis la version 2000, de gérer les quotas sur des volumes utilisant le système de fichiers NTFS, la granularité étant le volume.

En activant les quotas, l'administrateur peut limiter l'espace disque alloué aux utilisateurs.

Il est conseillé de ne pas activer les quotas sur les disques contenant les profils des utilisateurs.

Si vous voulez activer les quotas, préférez la méthode proposée dans le Gestionnaire de ressources du serveur de fichiers qui est montrée plus loin dans le chapitre.

2. Activation des quotas

- Connectez-vous en tant qu'administrateur sur Win1.
- Ouvrez l'**Explorateur Windows** ou le **Poste de travail**.
- Sélectionnez le lecteur disque sur lequel vous voulez activer les quotas, puis cliquez avec le bouton droit de la souris sur le lecteur et enfin cliquez sur **Propriétés**.
- Dans l'onglet **Quota**, cliquez sur la case à cocher **Activer la gestion de quota**.

L'activation des quotas s'applique à tous les fichiers déjà créés de tous les utilisateurs. En conséquence, il faut être prudent lorsque vous activez les quotas.

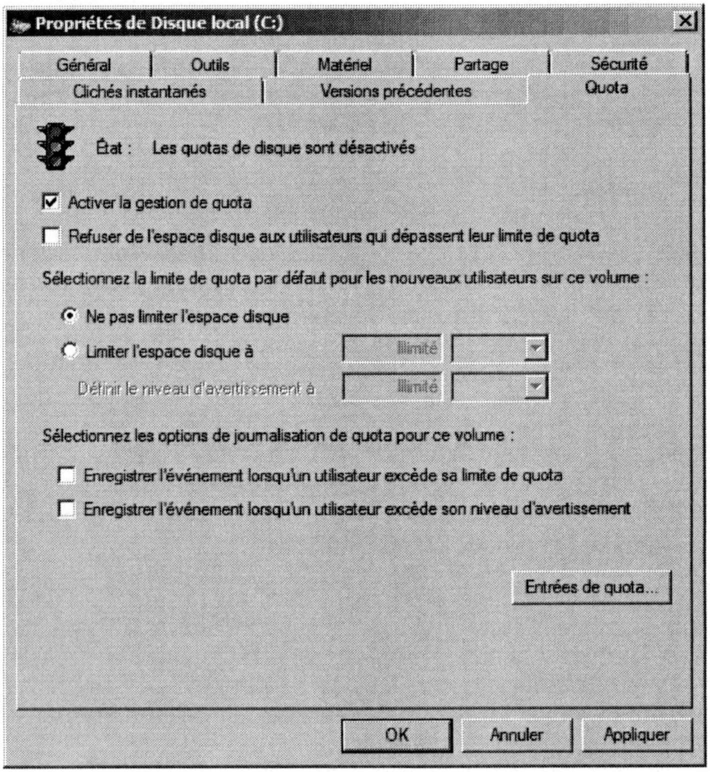

La case à cocher **Activer la gestion de quota** active ou désactive les quotas ; attention, une fois que les quotas sont activés, leur désactivation n'efface pas les entrées que vous avez placées. Les quotas ne sont plus contrôlés.

La case à cocher **Refuser de l'espace disque aux utilisateurs qui dépassent leur limite de quota** garantit que l'utilisateur ne peut pas dépasser l'espace qui lui est alloué.

L'option de limite du quota par défaut définit un quota pour tous les utilisateurs de l'une des manières suivantes :

- **Ne pas limiter l'espace disque** (défaut), une exception est possible en cliquant sur le bouton **Entrées de quota**.
- **Limiter l'espace disque à** vous permet de spécifier un niveau d'alerte et un niveau maximal. Les valeurs peuvent être exprimées en (Ko, Mo, Go, To, Po et Eo).

La case à cocher **Enregistrer l'événement lorsqu'un utilisateur excède sa limite de quota** et la case à cocher **Enregistrer l'événement lorsqu'un utilisateur excède son niveau d'avertissement** permettent d'ajouter un événement dans le journal des événements.

Le bouton **Entrées de quota** permet de définir un quota pour un utilisateur, comme le montre la boîte de dialogue suivante.

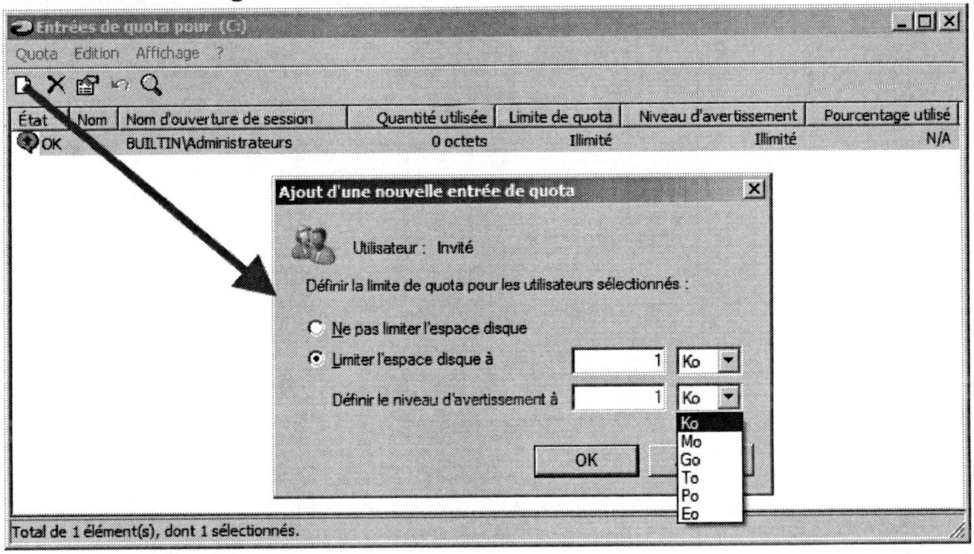

Chaque ligne correspond à une entrée de quota pour un utilisateur. Il est possible de lui affecter une règle de quota différente par rapport à la règle par défaut pour tous les utilisateurs. Vous ne pouvez pas supprimer une règle de quota tant que l'utilisateur est propriétaire d'au moins un des fichiers.

Un administrateur local n'est pas affecté par les règles des quotas.

Lorsqu'un fichier est comprimé, le système se base sur sa taille non compressée pour calculer les quotas.

3. Ligne de commande

Vous pouvez également utiliser la commande `fsutil quota` pour gérer les quotas sur des volumes NTFS.

Pour afficher les quotas sur un volume : `fsutil quota query`

Plus loin, vous apprendrez à gérer les quotas à l'aide du **Gestionnaire de ressources du serveur de fichiers**.

G. Mise en œuvre des fichiers hors connexion

1. Introduction

Les fichiers hors connexion peuvent être utilisés dans plusieurs scénarios comme par exemple la publication quotidienne des documents en lecture pour des voyageurs de commerce qui se connectent à l'entreprise chaque matin, ou pour stocker le profil itinérant de l'utilisateur d'ordinateur portable afin qu'il soit disponible à tout moment et que le profil puisse être sauvegardé de temps à autre. Cette fonctionnalité, introduite avec Windows 2000, est facile à mettre en œuvre car il faut un logiciel client et éventuellement, un logiciel serveur.

La partie cliente permet de synchroniser les documents et de préparer un espace disque pour accueillir les fichiers.

La partie serveur indique au client comment gérer les documents hors connexion.

Pour un serveur exécutant Terminal Server, il n'est pas possible d'être client pour des fichiers hors connexion. L'onglet correspondant n'est pas disponible.

La figure suivante montre le principe de fonctionnement : lorsqu'un fichier d'un serveur est configuré pour utiliser les fichiers hors connexion, il est stocké dans un cache de l'ordinateur client et de ce fait, devient disponible à tout moment. L'utilisateur peut le lire, le modifier et sauvegarder les modifications. Celles-ci sont enregistrées dans le fichier en cache avant que le système client des fichiers hors connexion tente de synchroniser la version se trouvant sur le serveur. Si ce dernier n'est pas disponible, la synchronisation aura lieu dès que le serveur devient disponible. La procédure est transparente et seule la résolution d'un conflit comme par exemple la modification du fichier des deux côtés (client et serveur) entraîne une intervention de l'utilisateur pour choisir comment résoudre ce conflit.

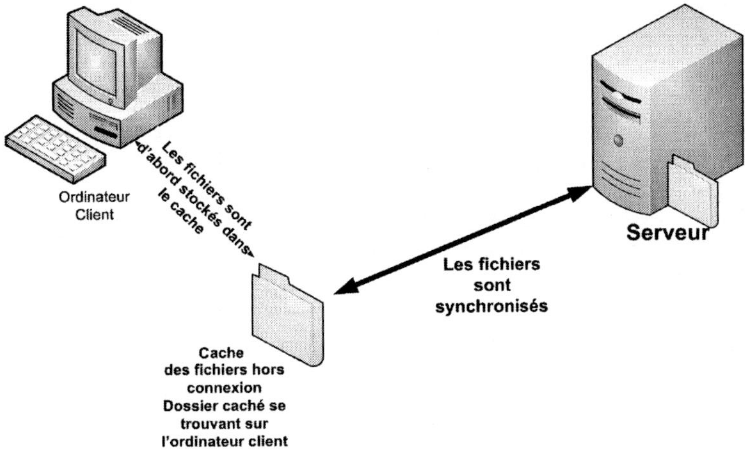

2. Mise en œuvre de la partie serveur

En fait, il n'y a rien à faire car par défaut les fichiers et dossiers peuvent être mis en cache. Néanmoins, vous pouvez contrôler comment la mise en cache peut s'effectuer en utilisant la procédure suivante :

- Connectez-vous en tant qu'administrateur sur Win1.
- Ouvrez l'**Explorateur Windows** ou l'**Ordinateur** et déplacez-vous jusqu'au dossier concerné.
- Cliquez avec le bouton droit de la souris sur le dossier puis cliquez sur **Propriétés**.
- Dans l'onglet **Partage**, cliquez sur le bouton **Avancé**.
- Cliquez sur le bouton **Mise en cache**.

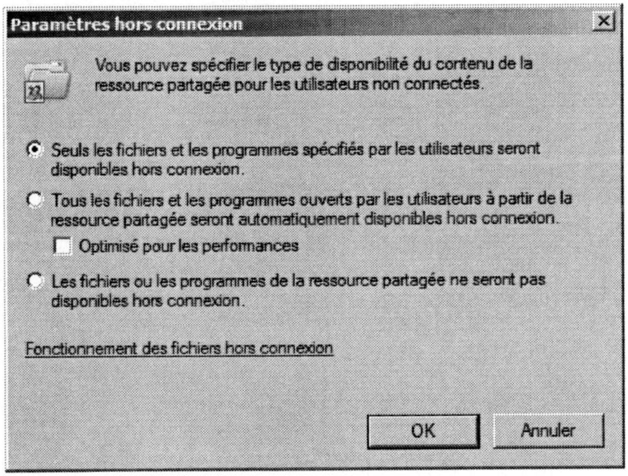

Les fichiers peuvent être mis en cache :

- S'ils sont spécifiés par l'utilisateur, correspond à l'option **Seuls les fichiers et les programmes spécifiés par les utilisateurs seront disponibles hors connexion**.
- Automatiquement mais seulement pour les fichiers correspond à l'option **Tous les fichiers et les programmes ouverts par les utilisateurs à partir de la ressource partagée seront automatiquement disponibles hors connexion**.
- Automatiquement pour les fichiers et les programmes correspond à l'option **Tous les fichiers et les programmes ouverts par les utilisateurs à partir de la ressource partagée seront automatiquement disponibles hors connexion** avec la case à cocher **Optimisé pour les performances**.
- Jamais correspond à l'option **Les fichiers ou les programmes de la ressource partagée ne seront pas disponibles hors connexion**.

Il est possible d'utiliser la commande suivante `net share NomDuPartage /cache:manual ¦ documents ¦ programs ¦ none`.

3. Mise en œuvre de la partie cliente

Win1 WinAD

a. Activer les fichiers hors connexion

→ Connectez-vous en tant qu'administrateur.

→ Cliquez sur **Démarrer** puis **Panneau de configuration**.

→ Si l'affichage n'est pas en mode classique, cliquez sur **Affichage classique** et cliquez sur l'icône **Fichiers hors connexion**.

→ Cliquez sur le bouton **Autoriser l'utilisation des fichiers hors connexion** si cette fonctionnalité n'est pas déjà activée puis cliquez sur **OK**. Vous devez redémarrer l'ordinateur pour que les modifications soient prises en compte.

b. Configurer les fichiers hors connexion

→ Connectez-vous en tant qu'administrateur sur Win 1.

→ Cliquez sur **Démarrer** puis **Panneau de configuration**.

→ En mode **Affichage classique**, cliquez sur l'icône **Fichiers hors connexion**.

→ Cliquez sur l'onglet **Utilisation du disque**.

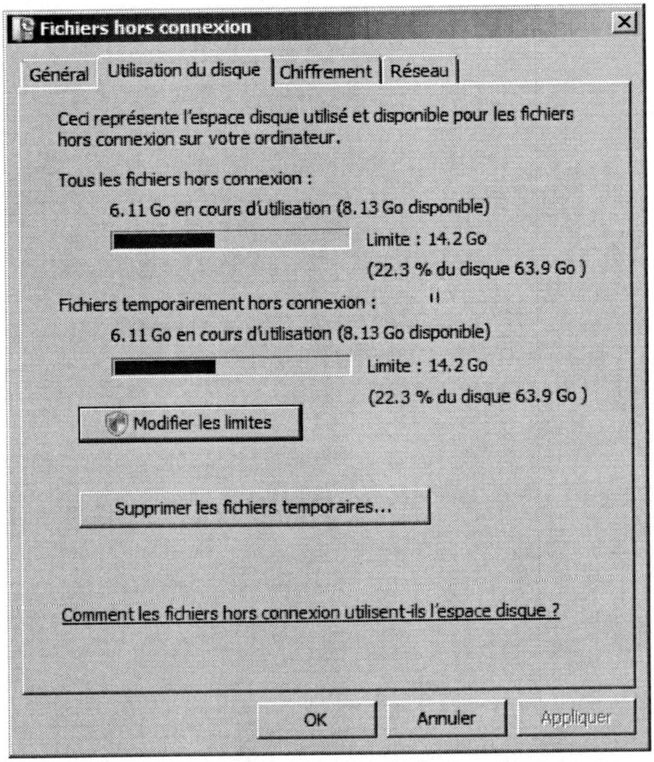

L'onglet affiche l'utilisation de l'espace disque pour les fichiers hors connexion que ce soit pour des fichiers temporaires (par exemple utilisés par la sauvegarde) ou pour tous les fichiers. L'espace réservé par défaut est de 22,3 % du volume. Vous pouvez modifier ces valeurs en cliquant sur le bouton **Modifier les limites**. Vous pouvez récupérer l'espace occupé par les fichiers mis temporairement hors connexion en cliquant sur le bouton **Supprimer les fichiers temporaires**.

➔ Cliquez sur l'onglet **Chiffrement**, puis cliquez sur **Chiffrer** si vous voulez améliorer la confidentialité des données hors connexion. Par défaut, les données ne sont pas chiffrées.

c. Rendre toujours disponible hors connexion

Il est possible de rendre disponibles hors connexion des fichiers et des dossiers en utilisant la procédure suivante.

C'est à l'utilisateur de décider s'il doit rendre disponible hors connexion un dossier complet ou seulement des fichiers.

➔ Connectez-vous sur votre ordinateur sur Win1.

→ Ouvrez un dossier partagé sur un autre serveur en utilisant un chemin UNC tel que \\serveur. Une fenêtre montre les partages disponibles :

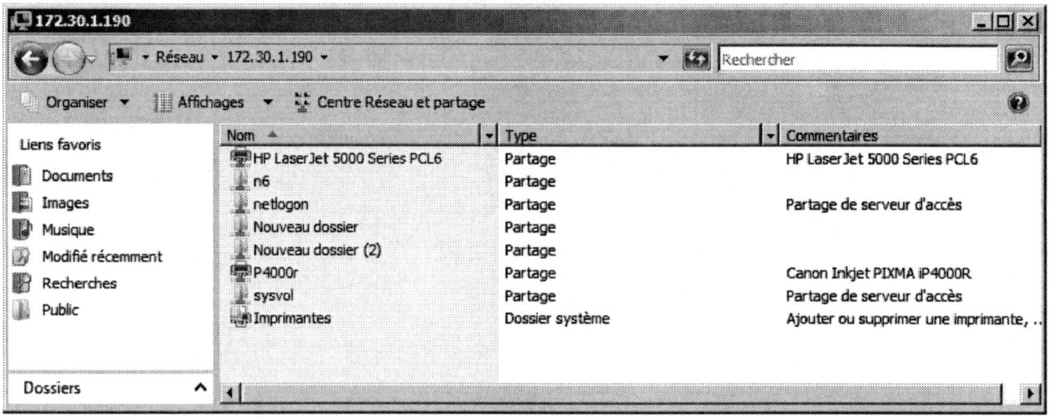

→ Cliquez avec le bouton droit de la souris sur le dossier dont vous voulez rendre disponibles hors connexion les objets puis cliquez sur **Propriétés**.

→ Cliquez sur l'onglet **Fichiers hors connexion**.

→ Sélectionnez la case à cocher **Toujours disponible hors connexion**.

→ Pour synchroniser le dossier, vous pouvez cliquer sur le bouton **Synchroniser maintenant**.

→ Cliquez sur **OK**.

Vous pouvez également ouvrir le **Centre de synchronisation** à partir du paramètre **Fichiers hors connexion** du **Panneau de configuration**.

d. Afficher les fichiers hors connexion

Une des méthodes pour afficher les fichiers hors connexion est la suivante :

→ Connectez-vous en tant qu'administrateur sur Win1.

→ Cliquez sur **Démarrer** puis **Panneau de configuration**.

→ En mode **Affichage classique**, cliquez sur l'icône **Fichiers hors connexion**.

Une autre méthode consiste à utiliser le chemin UNC.

H. Mise en œuvre du chiffrage EFS

1. Introduction

Dans le but d'améliorer la confidentialité des documents, le chiffrage **EFS** (*Encrypted File System*), associé au système de fichiers NTFS depuis Windows 2000, est un outil indispensable au sein de l'entreprise.

Conceptuellement, le fichier est chiffré sur le serveur à l'aide d'une clé symétrique appelée FEK (*File Encryption Key*) en utilisant un algorithme AES *(Advanced Encryption Standard)*.

La FEK va être chiffrée à l'aide de la clé EFS publique de l'utilisateur, chiffrement qui utilise un algorithme RSA, le résultat est stocké dans la zone **DDF** (*Data Decryption Field*) du fichier. La zone DDF est conçue pour accueillir des clés d'autres utilisateurs qui pourraient consulter le fichier. Il y est également ajouté l'agent de récupération dans la zone **DRF** (*Data Recovery Field*). Le schéma suivant montre la structure d'un document chiffré avec EFS.

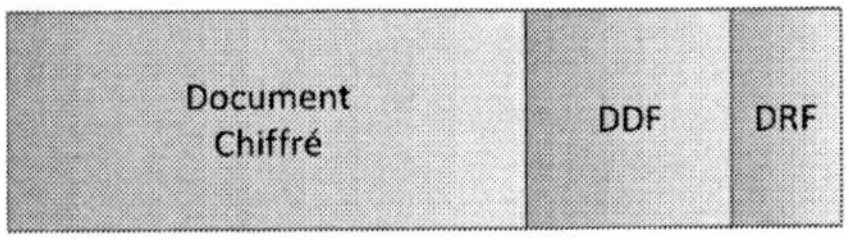

Par défaut, les certificats utilisent des clés RSA d'une longueur de 2048 bits.

Depuis Windows Vista, il est possible de stocker les clés privées RSA sur des smartcards.

Pour pouvoir déchiffrer le document, il faut pouvoir déchiffrer la clé FEK.

L'agent de récupération permet de déchiffrer les documents qui ont été chiffrés par les utilisateurs. Comme son nom l'indique, il doit être utilisé pour récupérer des documents dont l'utilisateur n'existe plus ou lorsque la clé EFS de l'utilisateur est corrompue, etc. L'administrateur de domaine ou local est l'agent de récupération par défaut. Il peut déchiffrer les documents à l'aide de l'Explorateur ou de la commande **cipher.** Une procédure stricte doit être mise en place dans l'entreprise pour le déchiffrage de documents à l'aide de l'agent de récupération.

Il est possible de désactiver le chiffrage EFS via :

- La base de registre pour un ordinateur hors domaine :

  HKLM\Software\Microsoft\Windows NT\CurrentVersion\EFS

  Valeur : **EfsConfiguration**

  Type valeur : **DWORD**

  Donnée de la valeur : **0x1**

  Base : **Hexadécimale**

- Une stratégie de groupe pour un ordinateur faisant partie du domaine :

→ Dans l'éditeur de gestion des stratégies de groupe, développez sur le volet de gauche les nœuds suivants : **Configuration ordinateur - Stratégies - Paramètres Windows - Paramètres de sécurité - Stratégies de clé publique - Système de fichiers EFS**

→ Cliquez avec le bouton droit de la souris sur **Système de fichiers EFS** puis sur **Propriétés.**

→ Sélectionnez l'option **Ne pas autoriser**.

2. Chiffrer un fichier ou un dossier

Cette procédure peut s'effectuer sur tout ordinateur à partir de Windows 2000.

→ Connectez-vous en tant qu'utilisateur.

→ Ouvrez l'**Explorateur Windows** ou l'**Ordinateur** et déplacez-vous jusqu'au dossier ou fichier que vous voulez chiffrer.

→ Cliquez avec le bouton droit de la souris sur le dossier ou le fichier, puis sur **Propriétés**.

- Dans la boîte de dialogue **Propriétés**, cliquez sur **Avancé**.

  Le bouton **Détails** permet au propriétaire de l'objet d'autoriser d'autres utilisateurs à consulter son fichier.
- Sélectionnez la case à cocher **Chiffrer le contenu pour sécuriser les données** puis cliquez deux fois sur **OK**.
- Si vous chiffrez un dossier, une boîte de dialogue peut apparaître vous demandant si vous voulez appliquer le chiffrage au dossier uniquement ou au dossier et aux sous-dossiers et aux fichiers. Dans ce cas, sélectionnez l'option désirée puis cliquez sur **OK**.

Le dossier ou le fichier chiffré apparaît en vert.

3. Autoriser d'autres utilisateurs

Cette procédure peut s'effectuer sur tout ordinateur à partir de Windows XP.

Le propriétaire des documents peut autoriser d'autres utilisateurs à consulter les documents. Pour cela, il faut utiliser la procédure suivante.

- Connectez-vous en tant qu'utilisateur.
- Ouvrez l'**Explorateur Windows** ou l'**Ordinateur** et déplacez-vous jusqu'au fichier chiffré pour lequel vous voulez autoriser l'accès à d'autres utilisateurs.
- Cliquez avec le bouton droit de la souris sur le fichier puis cliquez sur **Propriétés**.
- Dans la boîte de dialogue **Propriétés**, cliquez sur **Avancé**.
- Dans la boîte de dialogue **Attributs avancés**, cliquez sur **Détails**.

  Le bouton **Ajouter** permet d'autoriser un autre utilisateur à accéder au fichier pour autant qu'il dispose d'un certificat EFS.

  Le bouton **Supprimer** annule une autorisation pour un utilisateur de la liste.

  Le bouton **Sauvegarder les clés** permet la sauvegarde des clés de l'utilisateur.

  La seconde liste affiche les certificats des agents de récupération.
- Cliquez sur **Ajouter**.

  Si l'utilisateur ne se trouve pas dans la liste, vous pouvez le chercher avec le bouton **Chercher un utilisateur**. Avec le bouton **Afficher le certificat**, vous pouvez afficher les informations du certificat d'un utilisateur.
- Sélectionnez les utilisateurs puis cliquez quatre fois sur **OK**.

4. Gérer l'agent de récupération

Par défaut, l'agent de récupération est l'administrateur qui a été créé lors de l'installation. C'est une bonne méthode que de choisir un autre utilisateur pour cette tâche. Il est même recommandé de créer un utilisateur dont la seule tâche est d'agir en tant qu'agent de récupération. Seul un administrateur spécialement formé s'acquittera de cette tâche.

Pour cela, il faut planifier une politique de chiffrage au niveau du domaine puis mettre en place une infrastructure de clé publique.

Il est indispensable de sauvegarder les clés de l'agent de récupération et de les stocker dans un lieu sécurisé hors du site.

La procédure suivante montre comment gérer un agent de récupération à l'aide des stratégies de groupe.

- Connectez-vous en tant qu'administrateur sur un contrôleur de domaine, ici WinAD.
- Cliquez sur **Démarrer - Outils d'administration** puis **Stratégie de groupe**.
- Développez la structure arborescente du domaine pour sélectionner la stratégie **Default Domain Policy**.
- Cliquez avec le bouton droit de la souris sur la stratégie puis cliquez sur **Modifier**.
- Dans l'éditeur de gestion des stratégies de groupe, développez sur le volet de gauche les nœuds suivants : **Configuration ordinateur - Stratégies - Paramètres Windows - Paramètres de sécurité - Stratégie de clé publique - Système de fichiers EFS**.

Les actions que vous pouvez effectuer à ce niveau vous permettent de gérer correctement la création et la gestion de l'agent de récupération.

5. Copier et déplacer des fichiers chiffrés

Il faut distinguer les opérations de déplacement et de copie s'effectuant sur le même serveur de celles s'effectuant sur des serveurs différents :

	Même volume	**Sur un serveur distant**		
	Dossier chiffré	**Dossier non chiffré**	**Supportant le chiffrement EFS**	**Ne supportant pas le chiffrement EFS**
Déplacement d'un dossier source A vers un dossier de destination B	Chiffré	Conserve son état	Chiffré	Avertissement et possibilité d'annulation
Copie d'un dossier source A vers un dossier de destination B	Chiffré	Chiffré	Chiffré	Avertissement et possibilité d'annulation

Le fichier n'est chiffré que sur le serveur où il est stocké. Il est déchiffré avant d'être envoyé en clair sur le réseau. Une stratégie IPsec est à prévoir pour garantir la confidentialité sur le réseau.

6. Gestion d'EFS à l'aide des stratégies de groupe

À l'aide de la console GPMC ou de l'éditeur de stratégie de groupe local (secpol.msc), vous pouvez configurer plusieurs paramètres EFS, à savoir :

Modèle et paramètre	Chemin et description	Valeur par défaut
GroupPolicy.admx - Traitement de la stratégie de récupération EFS	**Configuration ordinateur\Modèles d'administration\Système\Stratégie de groupe** - Détermine quand les stratégies de chiffrement sont mises à jour.	Non configuré
EncryptFilesonMove.admx - Ne pas chiffrer automatiquement les fichiers déplacés vers des dossiers chiffrés	**Configuration ordinateur\Modèles d'administration\Système** - Empêche l'Explorateur Windows de chiffrer les fichiers qui sont déplacés vers un dossier chiffré.	Non configuré

OfflineFiles.admx - Chiffrer le cache des fichiers hors connexion	**Configuration ordinateur\Modèles d'administration\Réseau\Fichiers hors connexion** - Ce paramètre détermine si les fichiers hors connexion sont chiffrés ou non avec la clé de l'utilisateur, alors que pour les versions précédentes cela s'effectuait avec la clé système.	Non configuré
Search.admx - Autoriser l'indexation des fichiers chiffrés	**Configuration ordinateur\Modèles d'administration\Composants Windows\Recherche** - Ce paramètre permet aux éléments chiffrés d'être indexés par le service Recherche Windows.	Non configuré

De même en cliquant sur le nœud **Système de fichiers EFS (Encrypted File System)** du chemin **Configuration ordinateur - Stratégies - Paramètres Windows - Paramètres de sécurité - Stratégies de clé publique** pour faire apparaître la boîte de dialogue suivante.

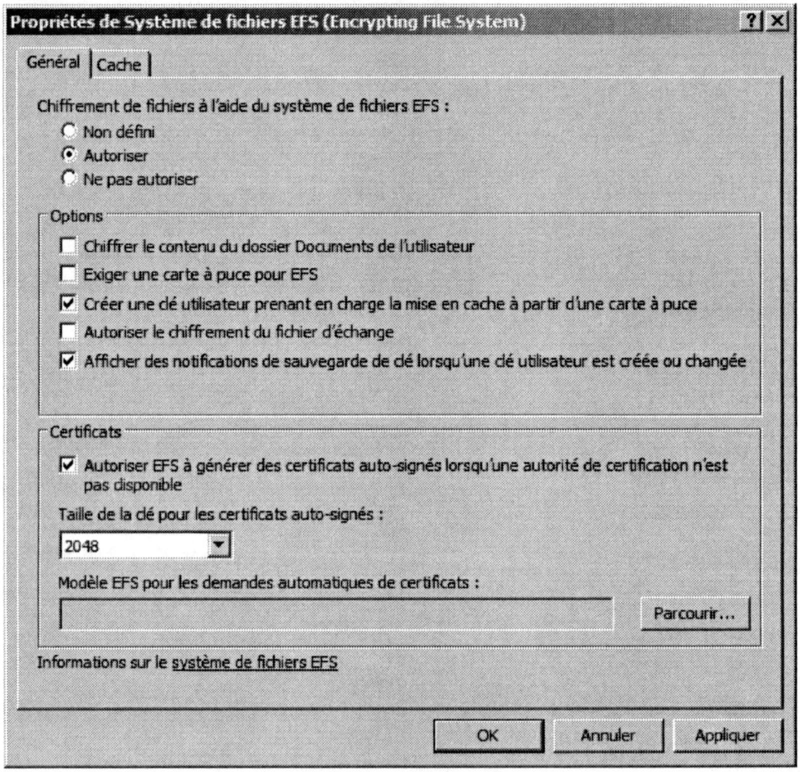

Chiffrement de fichiers à l'aide du système de fichiers EFS permet d'autoriser l'utilisation d'EFS.

Chiffrer le contenu du dossier Documents de l'utilisateur active le chiffrement dudit dossier.

Exiger une carte à puce pour EFS, option apparue avec Windows Vista, permet de sauvegarder la clé privée EFS sur une smartcard afin d'augmenter la sécurité.

Créer une clé utilisateur prenant en charge la mise en cache à partir d'une carte à puce. La mise en cache améliore les performances car lorsqu'un certificat est utilisé il est mis en cache. Pour la carte à puce, ce n'est pas directement la clé privée qui est mise en cache mais un descripteur de clés.

Autoriser le chiffrement du fichier d'échange (swapfile).

Afficher des notifications de sauvegarde de clé lorsqu'une clé utilisateur est créée ou changée indique qu'il est nécessaire d'effectuer une sauvegarde des clés.

Autoriser EFS à générer ces certificats auto-signés lorsqu'une autorité de certification n'est pas disponible est l'option par défaut. Cette option permet d'utiliser EFS sans mettre en œuvre une autorité de certification.

Taille de la clé pour les certificats auto-signés définit la longueur de la clé utilisée par le chiffrement.

Modèle EFS pour les demandes automatiques de certificats permet de définir le modèle de certificat à utiliser pour gérer les certificats. S'utilise pour définir des certificats personnalisés.

7. Utiliser EFS via l'invite de commandes

Vous pouvez utiliser la commande `cipher` pour :

- chiffrer ou déchiffrer des fichiers, des dossiers ;
- lister et localiser les fichiers chiffrés ;
- obtenir un nouveau certificat EFS ;
- sauvegarder les clés.

La syntaxe est la suivante :

```
C:\>cipher /?
Affiche ou modifie le chiffrement de répertoires [fichiers] sur
partitions NTFS.
  CIPHER [/E   /D   /C]
         [/s:rép] [/B] [/H] [chemin [...]]

  CIPHER /K

  CIPHER /R:nomfich [/SMARTCARD]

  CIPHER /U [/N]

  CIPHER /W:rép

  CIPHER /X[:fichEFS] [nomfich]

  CIPHER /Y

  CIPHER /ADDUSER [/CERTHASH:hach   /CERTFILE:nomfich]
```

```
       [/S:rép] [/B] [/H] [chemin [...]]

CIPHER /REMOVEUSER /CERTHASH:hach
       [/S:rép] [/B] [/H] [chemin [...]]

CIPHER /REKEY [Chemin [...]]

  /B        Abandon sur erreur. Par défaut, CIPHER continue
            l'exéc. même sur erreur.
  /C        Affiche des infos sur le fichier chiffré.
  /D        Déchiffre fichiers ou rép. spécifiés.
  /E        Chiffre fichiers ou rép. Les rép.
            sont marqués pour que les fichiers ajoutés + tard soient
            chiffrés. Le fichier chiffré peut devenir déchiffré lors
            de modifs si son rép parent n'est pas chiffré. Le
            chiffrement du fichier et du rép. parent est conseillé.
  /H        Affiche les fichiers avec les attrib. Caché ou Système. Ces
            fichiers sont omis par défaut.
  /K        Crée certif. et clé à utiliser avec EFS. Si
            cette option est choisie, ttes les autres sont ignorées.
  /N        Cette option fonctionne uniqt avec /U. Elle empêche la
            MàJ des clés. Elle permet de rechercher ts les
            fichiers chiffrés sur les lecteurs locaux.
  /R        Crée une clé et un certif. d'agent de récup. EFS et les
            écrit ds un fichier .PFX <contenant certificat et clé
            privée> et un fichier .CER <contenant uniqt le certif>.
            Un Administrateur peut ajouter le contenu du fichier .CER à la
            stratégie de récup. EFS pour créer l'agent de récup.
            pr les utilisateurs et importer le fichier .PFX pour récupérer
            des fichiers individuels. Si SMARTCARD est spécifié, écrit
            la clé de récupération et le certificat sur une carte à puce.
            Un fichier .CER est généré <il ne contient que le certificat>.
            Aucun fichier .PFX n'est généré.
  /S        Effectue l'opération spécifiée sur les rép. d'un
            rép. donné et ts ses ss-rép.
  /U        Essaie d'atteindre ts les fichiers chiffrés sur les lecteurs
            locaux. Cette option MàJ la clé de chiffrement de fichier
            de l'utilisateur ou la clé de l'agent de récup. avec les
            clés en cours si elles ont été modifiées. Elle ne fonctionne
            avec aucune autre option sauf /N.
  /W        Supprime les données de l'espace disque inutilisé sur
            l'intégralité d'un volume. Si cette option est choisie, ttes
            les autres options st ignorées. Le répertoire spécifié peut
            être n'importe où sur un volume local. S'il s'agit d'un ou
            plusieurs pts de montage vers un rép. d'un autre vol.,
            les données de ce vol. sont supprimées.
  /X        Sauvegarde certif. et clés EFS dans nomfichier. Si
            fichEFS est fourni, le ou les certif. de l'utilisateur actif
            servant à chiffrer le fichier sont sauvegardés. Sinon,
            certif. et clés EFS en cours de l'utilisateur sont sauvegardés.
```

```
/Y        Affiche l'empreinte numérique du certificat EFS actif sur
          l'ordinateur local.
/ADDUSER Ajoute un utilisateur aux fichiers chiffrés spécifiés. Si
          CERTHASH est fourni., le chiffrement recherche un certif.
          comportant ce hachage SHA1. Si CERTFILE est fourni, le
          chiffrement extrait le certif. du fichier.
/REKEY    MàJ les fichiers chiffrés pour qu'ils utilisent
          la clé EFS configurée active.
/REMOVEUSER        Supprime un utilisateur des fichiers spécifiés.
          CERTHASH doit être le hachage SHA1 du certif. à supprimer.

rép       Chemin d'accès à un rép.
nomfich   Nom de fichier sans son extension.
chemin    Spécifie un modèle, un fichier ou un rép.
fichESF   Chemin d'accès à un fichier chiffré.

Utilisé sans paramètres, CIPHER affiche l'état de chiffrement du
rép. actif et de ts ses fichiers. Vous pouvez
utiliser plusieurs noms de rép. et des caract. génériques.
Vous devez placer des espaces entre les param.
```

Cet utilitaire fonctionne en mode local.

a. Chiffrer le répertoire c:\toto : mais pas son contenu

```
cipher /E c:\toto
```

b. Chiffrer le dossier et son contenu

```
cipher /E /S: c:\toto
```

I. Sauvegarde de Windows Server

1. Introduction

Un fichier corrompu ou un disque qui tombe en panne sont des exemples de problèmes courants, et pour se prémunir contre ce type de risque il est nécessaire de créer une copie des données sur un autre emplacement. Le moyen le plus simple et efficace est l'utilisation d'un utilitaire de sauvegarde. L'utilitaire de sauvegarde de Windows 2008 est entièrement nouveau, son nom est **wbadmin**. Plus simple à utiliser, il a été conçu pour limiter les manipulations, donc les risques d'erreur. Dans Windows Server 2008, la granularité de la sauvegarde est le volume et non plus le fichier ! Pour la récupération, la granularité est le fichier. Pour stocker les sauvegardes, Windows requiert un disque dédié à la sauvegarde. Ce disque peut être :

- un disque dur (externe) USB,
- un disque dur (externe) Firewire,
- un volume du disque,
- un média amovible ; attention les bandes ne sont plus supportées.

Pour effectuer une sauvegarde sur bande, il vous faut utiliser un logiciel tiers.

> Il n'est pas possible de lire les sauvegardes réalisées avec l'utilitaire Windows Backup des versions antérieures. Si malgré tout vous devez utiliser l'ancienne version appelée **ntbackup**, vous pouvez toujours télécharger la version fonctionnant avec Windows Server 2008 à partir du site Web de Microsoft.

Il est possible d'effectuer des sauvegardes complètes (sauvegarder tous les fichiers existants et réinitialiser leurs bits d'archive) ou des sauvegardes incrémentielles (prend moins de temps et sauvegarde uniquement les fichiers qui ont été modifiés depuis la dernière sauvegarde complète ou incrémentielle, le bit d'archive est également réinitialisé). Une sauvegarde complète prend plus de temps mais offre l'avantage d'être plus rapide lors de la restauration car elle ne demande que l'utilisation d'une passe soit restaurer la sauvegarde complète. Pour une sauvegarde incrémentielle, le temps de sauvegarde est généralement plus court mais, en fonction du nombre de sauvegardes incrémentielles, le temps de restauration est beaucoup plus élevé car il faut restaurer dans l'ordre la sauvegarde complète puis toutes les sauvegardes incrémentielles existantes.

Pour une sauvegarde complète d'un serveur utilisant 20 Go vers un serveur distant il faut compter 30 minutes. Basé sur cette constatation, pour la plupart des entreprises, n'hésitez pas à effectuer une sauvegarde complète.

Concernant les stratégies, il est admis qu'une sauvegarde journalière est requise. Si la fréquence n'est pas suffisante, vous pouvez effectuer des sauvegardes incrémentielles durant les heures de travail. Enfin réfléchissez également à la mise en œuvre de sauvegardes hebdomadaires, mensuelles et annuelles et leur durée de conservation légale et/ou d'entreprise.

Comme l'utilisation de bandes n'est plus supportée directement, il faut mettre en œuvre une nouvelle méthode qui peut consister à sauvegarder sur bande les fichiers de backup ce qui a toujours comme désavantage de devoir gérer des bandes, de définir un emplacement sécurisé sur le site et hors site ainsi que de gérer la destruction des bandes en fin de vie. La manipulation des bandes peut également être un risque de sécurité et ne devrait être autorisée que par un personnel accrédité. Une autre méthode serait d'utiliser un serveur qui stockerait les sauvegardes qui lui-même serait redondant. Son seul désavantage est la taille de l'espace disque qu'il faudrait prévoir et qui dépend de la stratégie de sauvegarde mise en place. Veuillez noter que la sauvegarde de Windows gère un maximum de 512 sauvegardes par disque dur externe, ce qui suffit amplement pour la plupart des entreprises.

Ce serveur peut dans les cas les plus simples être un petit serveur NAS dont le coût est bien inférieur à un système à bandes. D'autre part, cette solution offre un avantage non négligeable en termes de vitesse de sauvegarde et de restauration. Enfin, il est possible de placer ce serveur de sauvegarde à l'intérieur ou l'extérieur de l'entreprise.

Pour les deux méthodes, il est nécessaire de mettre à jour le contenu des sauvegardes lorsque le système de sauvegarde est changé et que l'ancien format n'est plus lisible. Cette mise à jour est une étape importante car il faut généralement restaurer et sauvegarder les données ce qui est long et fastidieux.

L'exemple suivant montre une stratégie de sauvegarde basée sur une SLA.

La SLA indique qu'il faut pouvoir retrouver les données :

- Journalières sur les 15 derniers jours.
- Hebdomadaires sur l'année en cours.
- Annuelles sur les 8 ans à partir d'aujourd'hui.

Le volume actuel de données est de 50 Go et il est prévu une augmentation moyenne de 10 % par an du volume de données.

Vous pouvez en déduire que :

- Une sauvegarde complète prend 75 min aujourd'hui et presque 90 min à la fin de l'année, ce qui peut être acceptable.
- Le volume moyen des données sur la première année est de 52,5 Go.
- Pour les données journalières, il faut un espace de 15 * 52,5 Go soit 787,5 Go.
- Pour les données hebdomadaires durant la première année, seules les semaines au-delà des 15 premiers jours seront prises en comptes ce qui fait 52 – 3 = 49 semaines. La valeur de 3 correspond au jour où la sauvegarde journalière servira également de sauvegarde hebdomadaire. Donc dans 15 jours, il y aura 3 sauvegardes hebdomadaires soit les jours 1, 8 et 15 si le démarrage de la sauvegarde commence un vendredi, samedi ou dimanche. Il faut prévoir un espace de 49 * 52,5 Go soit 2572.5 Go.
- Pour les données annuelles, il faut tenir compte de l'augmentation du volume de données, soit une progression de 10 % par an, ce qui donne : 50*(1.10 + 1.21 + 1.33 + 1.46 + 1.61 + 1.77 + 1.94 + 2.14) = 628 GB. Ici en fonction du début des sauvegardes, généralement seule une sauvegarde annuelle est comprise dans les sauvegardes hebdomadaires.
- L'espace total pour les sauvegardes sera donc de 628 + 2752.5+ 787.5 = 4168 Go, soit plus de 4 To.

Il n'est pas tenu compte de l'augmentation des données journalières et hebdomadaires au-delà de la première année. Pour être concret, il faudrait adapter les valeurs non pas à la durée de conservation prévue mais à ce qui sera placé sur le serveur ou le SAN en fonction de sa durée de vie, généralement entre 3 à 5 ans. Les 4 To présentés ici montrent l'espace nécessaire pour une sauvegarde de 50 Go selon la SLA définie dans l'entreprise. Bien que l'espace nécessaire semble important, de nombreux SANs d'entrées de gammes peuvent proposer l'espace nécessaire, néanmoins, il faut que le SAN utilise un système RAID redondant.

La dématérialisation du support de l'information a commencé depuis quelques années dans laquelle il n'est plus important de connaître sur quel support se trouve la donnée mais comment y accéder rapidement. Cette dématérialisation est rendue possible grâce à une baisse des coûts des systèmes de stockage online. Un stockage online redondant offre des performances bien meilleures qu'un stockage offline.

Concernant les administrateurs, lorsque cela est possible, l'administrateur de sauvegarde devrait être différent de l'administrateur de restauration. La restauration n'est pas anodine car selon les scénarios, il se peut que certaines données non sauvegardées soient perdues définitivement. Il est donc important d'examiner l'impact d'une restauration pour éviter des effets de bord inattendus. Une bonne méthode consiste à planifier différents scénarios sous la forme de SLAs indiquant qui peut réaliser la restauration, quelles informations sont visées, qui en est propriétaire, quel en est l'impact sur les opérations, quel est le nombre d'utilisateurs concernés, quelle est la durée prévue, permissions d'accès, etc. Après la restauration il est nécessaire de s'assurer que tout s'est bien déroulé en examinant les journaux de restauration et en supportant éventuellement l'utilisateur pour l'accès aux données.

2. Installation de la fonctionnalité de sauvegarde

- Connectez-vous en tant qu'administrateur sur Win1.
- Cliquez sur **Démarrer - Outils d'administration** puis sur **Gestionnaire de serveur**.
- Dans le volet gauche du **Gestionnaire de serveur**, cliquez sur **Fonctionnalités**.
- Dans la fenêtre centrale, cliquez sur **Ajouter des fonctionnalités**.
- Sur la page **Fonctionnalités** de l'Assistant **Ajout de fonctionnalités**, sélectionnez **Fonctionnalités de la sauvegarde de Windows Server**, puis cliquez sur **Suivant**. Attention, par défaut l'outil en ligne de commande n'est pas installé. Développez le nœud pour sélectionner l'outil en ligne de commande, il requiert l'installation de **PowerShell**.
- Sur la page **Confirmation**, vérifiez vos informations avant de cliquer sur **Installer**.
- Consultez le résultat de l'installation sur la page **Résultats**, puis cliquez sur **Fermer**.

En cliquant sur **Action** puis sur **Se connecter à un autre ordinateur**, vous pouvez effectuer des sauvegardes distantes.

3. Installation sur un Server Core

Bien que l'installation soit possible, vous ne pouvez pas gérer la sauvegarde en mode graphique localement, mais seulement à partir d'un autre ordinateur. D'autre part, comme il n'est pas possible d'installer PowerShell, certaines cmdlets ne sont pas disponibles.

- Dans l'invite de commandes, saisissez `start /w ocsetup WindowsServer-Backup` puis appuyez sur [Entrée].
- Saisissez ensuite `oclist` pour contrôler que l'utilitaire de sauvegarde est bien installé puis appuyez sur [Entrée].

4. Lancement de la sauvegarde de Windows Server

- Connectez-vous en tant qu'administrateur sur Win1.
- Cliquez sur **Démarrer - Outils d'administration** puis sur **Sauvegarde de Windows Server**.

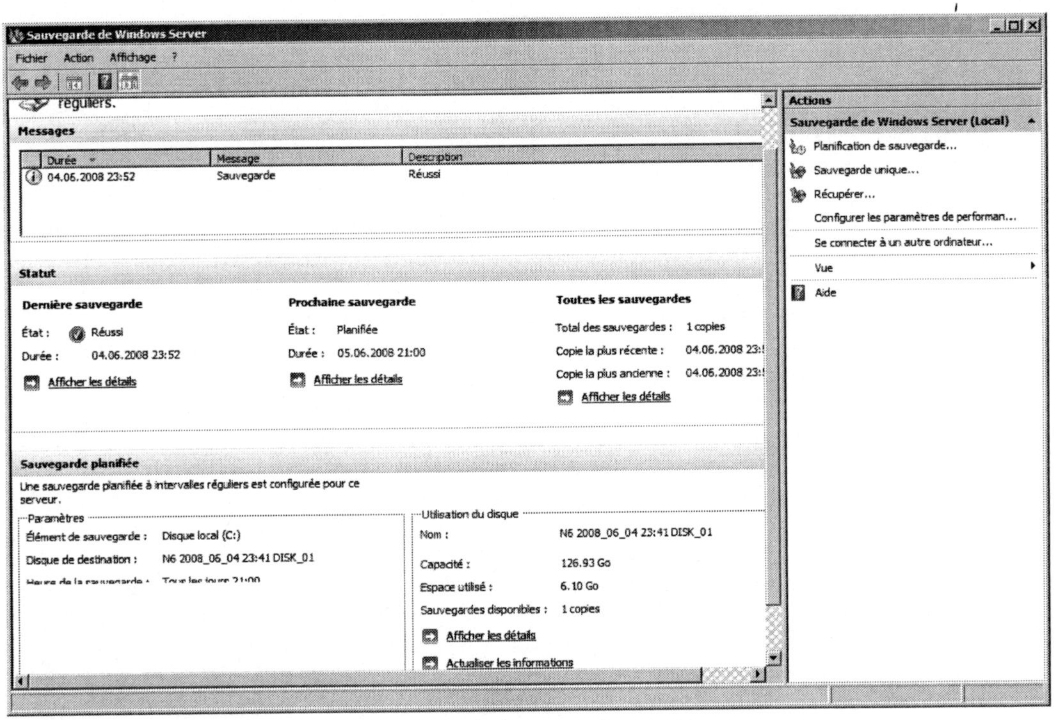

La fenêtre centrale affiche des informations dans trois sections :

- **Messages** : informations qui concernent les sauvegardes.
- **Statut** : informations résumées sur la dernière sauvegarde, la prochaine et toutes les sauvegardes. Pour plus de détails, il faut cliquer sur les liens correspondants.
- **Sauvegarde planifiée** : informations sur la sauvegarde planifiée ainsi que sur l'utilisation des disques de stockage.

Les seules opérations possibles sont :

- la planification de la sauvegarde,
- la sauvegarde unique,
- la configuration des paramètres de performance,
- la récupération.

5. Création d'une sauvegarde

Win1 WinAD

a. Création d'une sauvegarde manuelle unique

➜ Connectez-vous en tant qu'administrateur sur Win1.

- Cliquez sur **Démarrer - Outils d'administration** puis sur **Sauvegarde de Windows Server**.
- Dans le volet de droite, cliquez sur **Sauvegarde unique**.
- Sur la page **Options de sauvegarde**, sélectionnez soit l'option **Les mêmes options que pour les sauvegardes planifiées dans l'assistant Planification de sauvegarde**, soit l'option **D'autres options**. Puis cliquez sur **Suivant**. Dans le premier cas, la page suivante correspond à la page de Confirmation.
- Sur la page **Sélectionner la configuration de la sauvegarde**, sélectionnez soit l'option **Serveur entier**, soit l'option **Personnalisé**, puis cliquez sur **Suivant**. L'option **Personnalisé** vous permet de sélectionner les volumes que vous voulez sauvegarder et prévoit à cet effet une étape dans l'assistant pour sélectionner ces volumes.
- Sur la page **Spécifier le type de destination**, sélectionnez l'option **Lecteurs locaux** ou l'option **Dossier partagé distant**, puis cliquez sur **Suivant**.
- Si vous avez choisi l'option de sauvegarde sur un dossier partagé, la page **Spécifiez un dossier distant** apparaît. Sélectionnez un dossier partagé sur un serveur en utilisant un chemin UNC sur lequel vous avez le droit en écriture, puis sélectionnez une des options pour gérer les autorisations sur le répertoire qui sera créé et qui contiendra la sauvegarde : soit l'option **Ne pas hériter**, soit l'option **Hériter des autorisations provenant du répertoire partagé**, avant de cliquer sur **Suivant**.
- Sur la page **Spécifier une option avancée**, sélectionnez soit l'option **Sauvegarde de copie VSS** si vous utilisez déjà un autre utilitaire de sauvegarde pour les volumes, soit **Sauvegarde complète VSS**, puis cliquez sur **Suivant**.
- Sur la page **Confirmation**, vérifiez attentivement les informations affichées puis cliquez sur **Sauvegarde**. L'assistant lance la sauvegarde.
- Sur la page **Sauvegarde en cours**, dès que la sauvegarde est terminée, cliquez sur **Fermer**.

Sur le serveur distant, la structure créée dans le répertoire est la suivante :

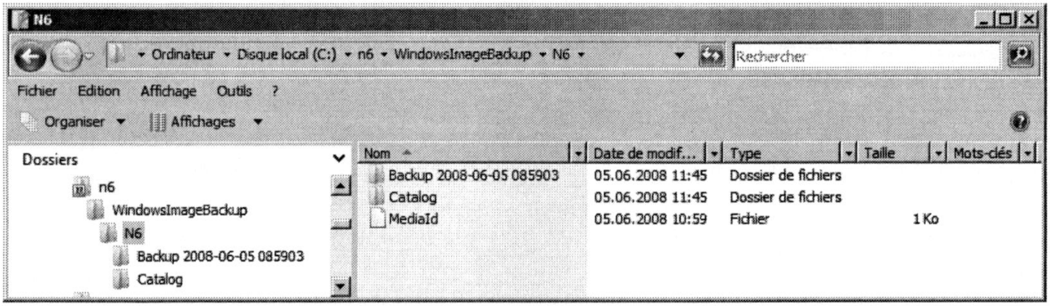

Vous pouvez remarquer qu'un catalogue est créé ainsi qu'un dossier par sauvegarde.

b. Planification de la sauvegarde

Il ne peut exister qu'une planification par serveur. La procédure de création est la suivante :

- Connectez-vous en tant qu'administrateur sur Win1.
- Cliquez sur **Démarrer - Outils d'administration** puis sur **Sauvegarde de Windows Server**.
- Dans le volet de droite, cliquez sur **Planification de sauvegarde**.

- Sur la page **Démarrer** de l'**Assistant de planification de sauvegarde**, cliquez sur **Suivant**.
- Sur la page **Sélectionner la configuration de la sauvegarde**, sélectionnez soit l'option **Serveur entier**, soit l'option **Personnalisé**, puis cliquez sur **Suivant**. L'option **Personnalisé** vous permet de sélectionner les volumes que vous voulez sauvegarder et prévoit à cet effet une étape dans l'assistant pour sélectionner ces volumes. Vous pouvez également désélectionner la récupération système.
- Sur la page **Spécifiez l'heure de la sauvegarde**, sélectionnez soit l'option **Tous les jours**, soit l'option **Plusieurs fois par jour** en fonction de vos besoins, puis spécifiez la planification horaire dont la granularité est la demi-heure, enfin cliquez sur **Suivant**. Si votre serveur ne dispose pas de disque dédié pour la sauvegarde, l'assistant vous empêche de poursuivre.
- Sur la page **Sélectionner le disque de destination**, cliquez sur le bouton **Afficher tous les disques disponibles** pour sélectionner le disque sur lequel les sauvegardes seront stockées, comme le montre l'image suivante.

Il est conseillé d'utiliser un disque amovible, un disque externe ou un support de média bande ou DVD. Si vous utilisez un disque dur interne, celui-ci sera dédié à la sauvegarde.

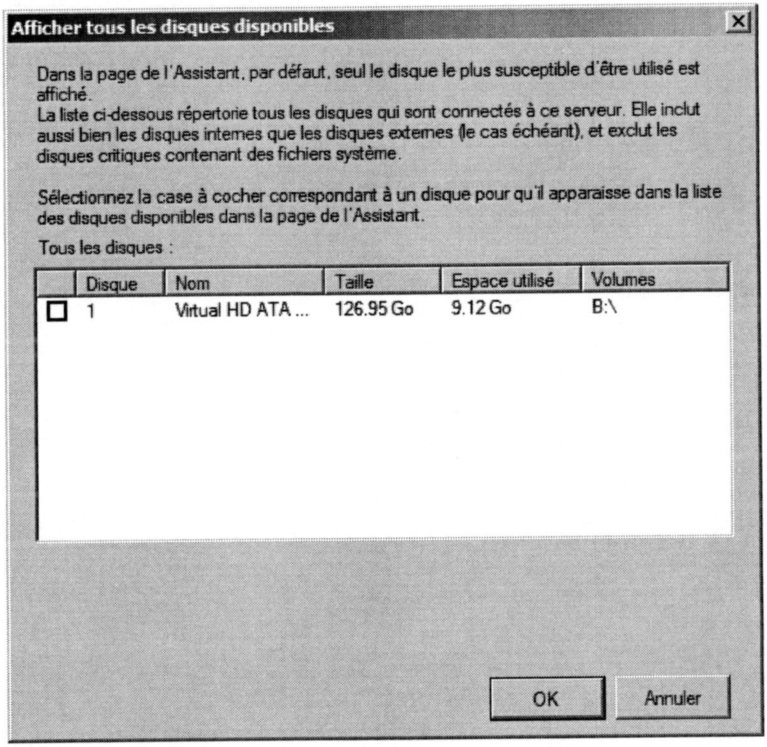

Les disques qui contiennent le système d'exploitation et des applications ne peuvent pas contenir la sauvegarde.

- Dans la boîte de dialogue **Afficher tous les disques disponibles**, sélectionnez le disque qui contiendra la sauvegarde puis cliquez sur **OK**. Il est possible de sélectionner plusieurs disques pour la sauvegarde.

  La boîte de dialogue suivante apparaît, lisez attentivement le contenu puis cliquez sur **Oui** pour continuer.

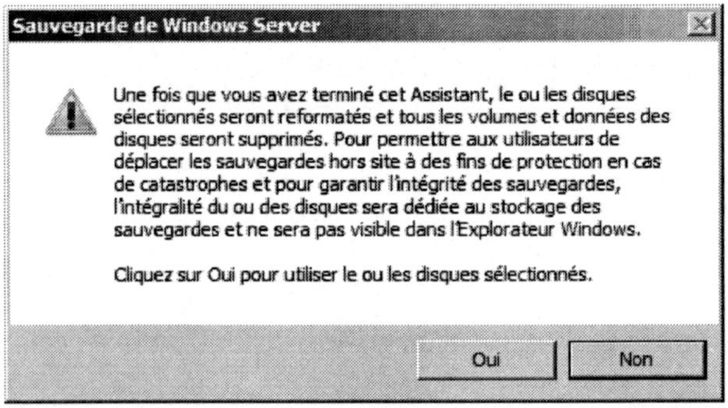

- Sur la page **Nommer le disque de destination**, relevez les noms attribués par Windows et inscrivez-les sur les disques afin de les identifier par la suite. Cliquez sur **Suivant**.

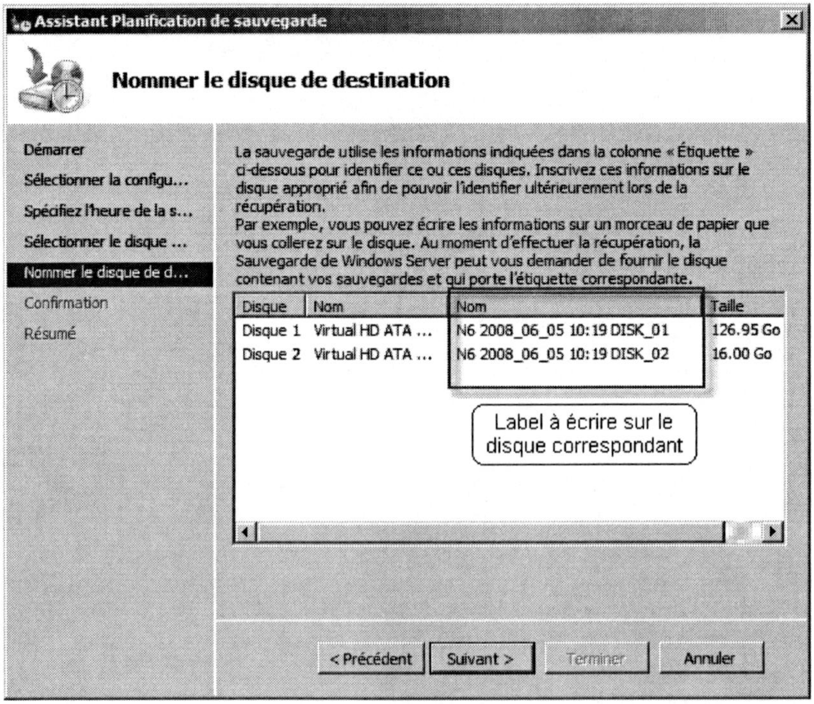

→ Sur la page **Confirmation**, relisez attentivement les informations puis cliquez sur **Terminer**. L'assistant formate les disques et crée la planification.

→ Sur la page **Résumé**, lisez le statut puis cliquez sur **Fermer**.

En relançant l'assistant, vous pouvez soit modifier la planification de la sauvegarde, soit supprimer la planification.

6. Configuration des paramètres de performance

Cette action permet de définir le type de sauvegarde que vous voulez effectuer. Vous avez le choix entre une sauvegarde complète et une sauvegarde incrémentielle. Par défaut, Windows Server 2008 effectue chaque fois des sauvegardes complètes.

→ Connectez-vous en tant qu'administrateur sur Win1.

→ Cliquez sur **Démarrer - Outils d'administration** puis sur **Sauvegarde de Windows Server**.

→ Dans le volet de droite, cliquez sur **Configurer les paramètres de performance**.

Par défaut, l'option **Toujours effectuer une sauvegarde complète** est sélectionnée, vous pouvez décider d'effectuer des sauvegardes incrémentielles afin de réduire le temps de la sauvegarde.

→ Sélectionnez l'option désirée puis cliquez sur **OK**.

7. Récupération de fichiers, d'applications et de volumes

La procédure est la suivante.

→ Connectez-vous en tant qu'administrateur sur Win1.

→ Cliquez sur **Démarrer - Outils d'administration** puis sur **Sauvegarde de Windows Server**.

→ Dans le volet de droite, cliquez sur **Récupérer**.

→ Sur la page **Démarrer** de l'**Assistant Récupération**, sélectionnez l'emplacement de la sauvegarde puis cliquez sur **Suivant**.

→ Sur la page **Sélectionner une date de sauvegarde**, indiquez la date et l'heure de la sauvegarde à utiliser. L'assistant indique quel est le nom du volume et s'il est disponible, comme le montre la figure suivante. Cliquez ensuite sur **Suivant**.

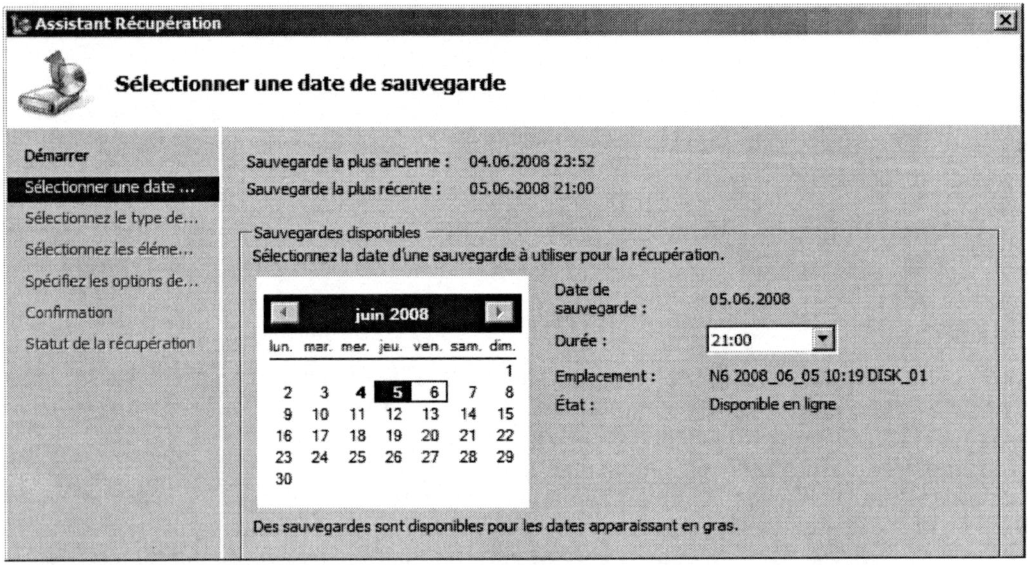

→ Sur la page **Sélectionnez le type de récupération**, sélectionnez **Fichiers et dossiers**, **Applications** ou **Volumes**, puis cliquez sur **Suivant**.

a. Récupérer des fichiers et dossiers

→ Sur la page **Sélectionnez les éléments à récupérer**, sélectionnez les fichiers ou dossiers à récupérer, sachant que la granularité est le fichier et qu'il n'est pas possible de sélectionner plus d'un élément de la liste de gauche, puis cliquez sur **Suivant**.

→ Sur la page **Spécifiez les options de récupération**, indiquez si l'emplacement de destination est l'emplacement d'origine, la méthode de résolution à utiliser pour les conflits avec les fichiers et dossiers existants, et précisez s'il faut restaurer les paramètres de sécurité avant de cliquer sur **Suivant**.

→ Sur la page **Confirmation**, contrôlez les éléments à récupérer puis cliquez sur **Récupérer**.

→ Sur la page **Statut de la récupération**, vérifiez que les éléments ont bien été récupérés avant de cliquer sur **Fermer**.

b. Récupérer des volumes

→ Sur la page **Sélectionnez les volumes**, sélectionnez le ou les volumes à récupérer et indiquez le volume de destination avant de cliquer sur **Suivant**.

→ Sur la page **Confirmation**, contrôlez les éléments à récupérer puis cliquez sur **Récupérer**.

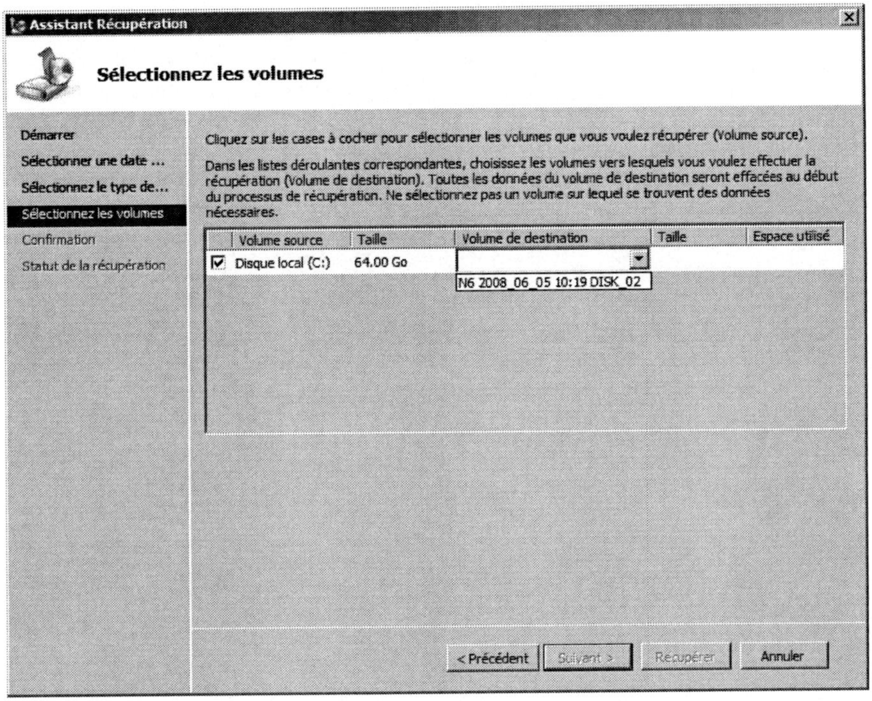

→ Sur la page **Statut de la récupération**, vérifiez que les volumes ont bien été récupérés avant de cliquer sur **Fermer**.

8. Récupération du système d'exploitation

Vous pouvez récupérer le système d'exploitation sur le même ordinateur ou un ordinateur similaire, ce qui suppose que la taille des disques est importante et qu'elle doit être au moins égale à la taille des disques de l'ancien système.

Vous pouvez effectuer cette opération aussi bien sur une installation complète que sur un Server Core.

→ Démarrez votre serveur à l'aide du DVD d'installation de Windows Server 2008.

→ Spécifiez les paramètres de langue puis cliquez sur **Suivant**.

→ Cliquez sur **Réparer votre ordinateur**.

→ Sur la page **Options de récupération système**, sélectionnez le système d'exploitation puis cliquez sur **Suivant**. Si vous avez changé de disque, cliquez sur **Suivant**.

→ Sur la page **Choisir un outil de récupération**, cliquez sur **Restauration de l'ordinateur Windows**.

→ Sur la page **Restauration de l'ordinateur Windows**, sélectionnez la sauvegarde à utiliser puis cliquez sur **Suivant**.

La sauvegarde peut se trouver sur un partage réseau.

- Sur la page **Choisissez comment restaurer la sauvegarde**, choisissez éventuellement de formater et de repartitionner les disques, ou d'installer des pilotes pour les disques. Vous pouvez aussi sélectionner les options avancées, comme rechercher et mettre à jour automatiquement des informations relatives aux disques ou redémarrer l'ordinateur automatiquement à la fin de la restauration, en cliquant sur le bouton **Avancé**. Cliquez ensuite sur **Suivant**.
- Sur la page **Restauration de l'ordinateur**, contrôlez vos paramètres avant de cliquer sur **Terminer**.
- Dans la boîte de dialogue **Restauration de l'ordinateur Windows**, sélectionnez la case à cocher **Je confirme que je souhaite effacer toutes les données existantes et restaurer la sauvegarde** avant de cliquer sur **OK**.

La restauration commence et lorsqu'elle est terminée, l'ordinateur redémarre.

9. Utilisation de l'invite de commande

Certaines opérations comme la sauvegarde et la restauration de l'état système sont possibles uniquement en mode ligne de commande en utilisant `wbadmin`.
La syntaxe est la suivante :

```
C:\>wbadmin /help
wbadmin 1.0 - Outil de ligne de commande de sauvegarde
 Copyright 2004 Microsoft Corp.

---- Commandes prises en charge ----

ENABLE BACKUP              -- Active ou modifie une sauvegarde quotidienne
                              planifiée.
DISABLE BACKUP             -- Désactive l'exécution des sauvegardes
                              quotidiennes planifiées.
START BACKUP               -- Exécute une sauvegarde.
STOP JOB                   -- Arrête la sauvegarde ou la récupération
                              en cours d'exécution.
GET VERSIONS               -- Affiche la liste détaillée des sauvegardes
                              récupérables à partir d'un emplacement spécifique.
GET ITEMS                  -- Liste les éléments contenus dans la sauvegarde.
START RECOVERY             -- Exécute une récupération.
GET STATUS                 -- Affiche l'état de la tâche en cours d'exécution.
GET DISKS                  -- Affiche les disques actuellement en ligne.
START SYSTEMSTATERECOVERY  -- Exécute une récupération de l'état du système.
START SYSTEMSTATEBACKUP    -- Exécute une sauvegarde de l'état du système.
DELETE SYSTEMSTATEBACKUP   -- Supprime la ou les sauvegardes de l'état
                              du système.
C:\>
```

Cet utilitaire ne fonctionne qu'en mode local.

a. Sauvegarde de l'état système

➔ Ouvrez une invite de commande avec les privilèges élevés.

➔ Saisissez wbadmin start systemstatebackup -backupTarget:<disque> où <disque> représente l'emplacement du stockage de la sauvegarde comme **d:**.

b. Restauration de l'état système

➔ Ouvrez une invite de commande avec les privilèges élevés.

➔ Saisissez wbadmin start systemstaterecovery-version:<Identifica-teurVersion> -showsummary [-backupTarget:{<disque> ¦ <Chemin-PartageRéseau>}] où <disque> représente l'emplacement du stockage de la sauvegarde comme **d:**.

c. Sauvegarde manuelle

➔ Ouvrez une invite de commande avec les privilèges élevés.

➔ Saisissez wbadmin start backup -backuptarget \\serveur1\bck -include d:.

J. Rôle de serveur de fichiers

1. Introduction

Le serveur de fichiers est un emplacement central sur votre réseau où les utilisateurs peuvent stocker des documents. La gestion par des administrateurs peut s'effectuer à distance grâce à des outils spécialement adaptés et la granularité des services qui peuvent être proposés dépend des besoins des utilisateurs. Ces services sont réunis dans les consoles suivantes :

- **Gestion du partage et du stockage**. Cet utilitaire permet la gestion centralisée des partages, des autorisations de partages, des permissions NTFS des points de partage et la gestion du stockage. Enfin, il est possible de gérer les utilisateurs connectés et les fichiers ouverts.
- **Système de fichiers distribués** ou **DFS** pour *Distributed File System*. Elle offre la possibilité de créer une arborescence logique dont les partages peuvent se trouver physiquement sur différents serveurs.
- **Gestionnaire de ressources du serveur de fichiers** ou **FSRM** pour *File System Resources Manager* regroupe un ensemble d'utilitaires pour contrôler et gérer la quantité et le type de données sur un serveur.
- **Services pour NFS** installe le client et le serveur pour le protocole NFS *(Network File System)*.
- **Service de recherche Windows** est une nouvelle solution de création d'index plus efficace et évolutive que le service d'indexation de Windows 2003.
- **Service de fichiers Windows Server 2003** permet une compatibilité descendante avec les serveurs 2003.

Les outils complémentaires sont les suivants :

- **Sauvegarde de Windows Server**, le nouvel outil de sauvegarde présenté dans la section précédente.

- **Gestionnaire de stockage pour réseau SAN**, outil permettant de gérer des sous-systèmes de stockage Fibre Channel ou iSCSI dans un réseau SAN.
- **Clustering avec basculement**, fonctionnalité qui permet d'installer et de configurer des systèmes hautement disponibles.
- **MPIO (Multipath I/O)**, permettant la prise en charge de plusieurs chemins d'accès entre le serveur et les périphériques de stockage.

2. Installation du rôle de serveur de fichiers

→ Connectez-vous en tant qu'administrateur sur Win1.

→ Cliquez sur **Démarrer - Outils d'administration** puis sur **Gestionnaire de serveur**.

→ Dans le volet gauche du **Gestionnaire de serveur**, cliquez sur **Rôles**.

→ Dans la fenêtre centrale, cliquez sur **Ajouter des rôles**.

→ Si la page **Avant de commencer** apparaît dans l'assistant **Ajout de rôles**, cliquez sur **Suivant**.

→ Sur la page **Rôles de serveurs de l'assistant**, sélectionnez **Services de fichiers** puis cliquez sur **Suivant**.

→ Sur la page **Services de fichiers**, consultez les informations avant de cliquer sur **Suivant**.

→ Sur la page **Services de rôles**, sélectionnez éventuellement d'autres services de rôles puis cliquez sur **Suivant**.

→ Sur la page **Confirmation**, contrôlez vos paramètres avant de cliquer sur **Installer**.

→ Sur la page **Résultats**, vérifiez que l'installation est réussie avant de cliquer sur **Fermer**.

L'utilitaire Gestionnaire de ressources du serveur de fichiers ne peut gérer que des ordinateurs exécutant Windows Server 2008 ou ultérieur ayant le rôle installé.

3. Utilitaire Gestion du partage et du stockage

Avec cet outil, vous pouvez gérer les partages, les permissions NTFS et le stockage sur l'ordinateur local ou un ordinateur distant. Il remplace avantageusement les outils présentés précédemment dans le chapitre.

Sur un serveur contrôleur de domaine, l'utilitaire **Gestion du partage et du stockage** est installé bien que le rôle ne le soit pas !

Ce service de rôle n'existe pas sur un Server Core.

Pour l'ouvrir, utilisez la procédure suivante :

→ Connectez-vous en tant qu'administrateur sur Win1.

➔ Cliquez sur **Démarrer - Outils d'administration** puis sur **Gestion du partage et du stockage**.

a. Prévoir le stockage

➔ Ouvrez la console **Gestion du partage et du stockage**.

➔ Dans le volet de droite, cliquez sur l'action **Prévoir le stockage**.

➔ Sur la page **Source du stockage** de l'assistant, sélectionnez une des options proposées avant de cliquer sur **Suivant**. L'option **Sur un ou plusieurs disques disponibles sur ce serveur** fait référence à un espace non alloué local alors que la seconde option fait référence à un numéro d'unité logique rattachée au serveur, pour autant qu'il dispose d'un espace non alloué et qu'un fournisseur de matériel **VDS** (*Virtual Disk Service*) est installé. VDS, introduit avec Windows Server 2003, est un protocole de type DCOM qui permet une gestion de la configuration uniformisée et simplifiée des disques NAS *(Network Attached System)*, des SAN, des systèmes iSCSI, et des systèmes de stockage direct.

Lorsque vous ajoutez un nouveau disque à votre serveur, Il faut l'initialiser avant de pouvoir utiliser l'assistant !

➔ Sur la page **Lecteur de disque**, sélectionnez le disque désiré puis cliquez sur **Suivant**.

➔ Sur la page **Taille du volume**, sélectionnez la taille désirée pour le nouveau volume puis cliquez sur **Suivant**.

➔ Sur la page **Création du volume**, spécifiez la lettre du lecteur ou un point de montage avant de cliquer sur **Suivant**.

➔ Sur la page **Format**, désélectionnez la case à cocher correspondante si vous ne voulez pas formater le volume sinon indiquez le nom du volume ; vous pouvez éventuellement modifier la taille d'unité d'allocation et demander un formatage rapide avant de cliquer sur **Suivant**. Notez que vous ne pouvez formater qu'en NTFS.

➔ Sur la page **Revoir les paramètres et créer le stockage**, contrôlez que les paramètres sont corrects avant de cliquer sur **Créer**.

➔ Enfin sur la page **Confirmation**, vérifiez que toutes les tâches se sont terminées avec succès, sinon consultez l'onglet **Erreurs**. Vous pouvez lancer directement l'**Assistant de configuration du partage** en sélectionnant la case à cocher avant de cliquer sur **Fermer**.

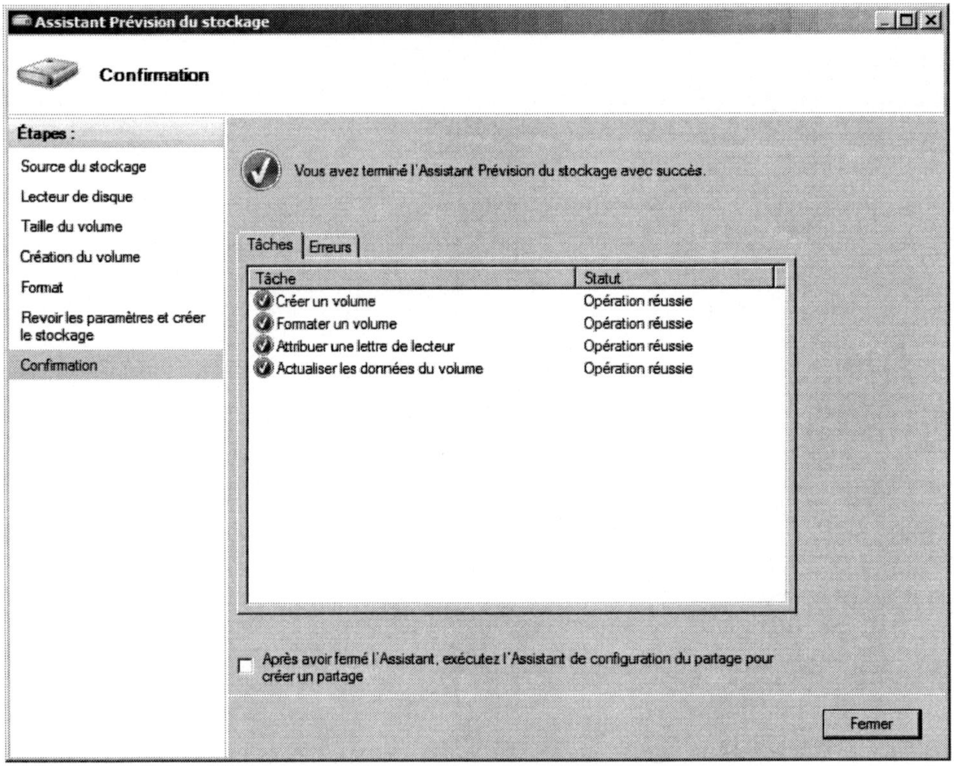

b. Prévoir le partage

- Ouvrez la console **Gestion du partage et du stockage**.
- Dans le volet de droite, cliquez sur l'action **Prévoir le partage**. La fenêtre **Assistant Configuration d'un dossier partagé** s'ouvre.

  Notez que la section **Détails** affiche des informations pratiques sur le disque sélectionné.

  Vous pouvez également lancer l'assistant **Prévoir le stockage** à partir de cette fenêtre.
- Sur la page **Emplacement du dossier partagé**, cliquez sur **Parcourir** pour sélectionner un dossier à partager, puis cliquez sur **OK**.
- Sur la page **Autorisations NTFS**, vous pouvez éventuellement modifier les autorisations NTFS avant de cliquer sur **Suivant**.
- Sur la page **Protocoles du partage**, vous pouvez décider quels seront les protocoles utilisés par les ordinateurs clients pour accéder à ce partage : SMB (*Server Message Block*) pour les ordinateurs clients Windows ou SAMBA, une implémentation SMB Open Source, soit NFS (*Network File System*) pour les ordinateurs clients Unix si le rôle de services NFS est installé sur le serveur. Cliquez ensuite sur **Suivant**. L'écran suivant montre la page de l'assistant pour un serveur dont le service NFS est installé. Notez que le nom de partage des deux protocoles doit être différent.

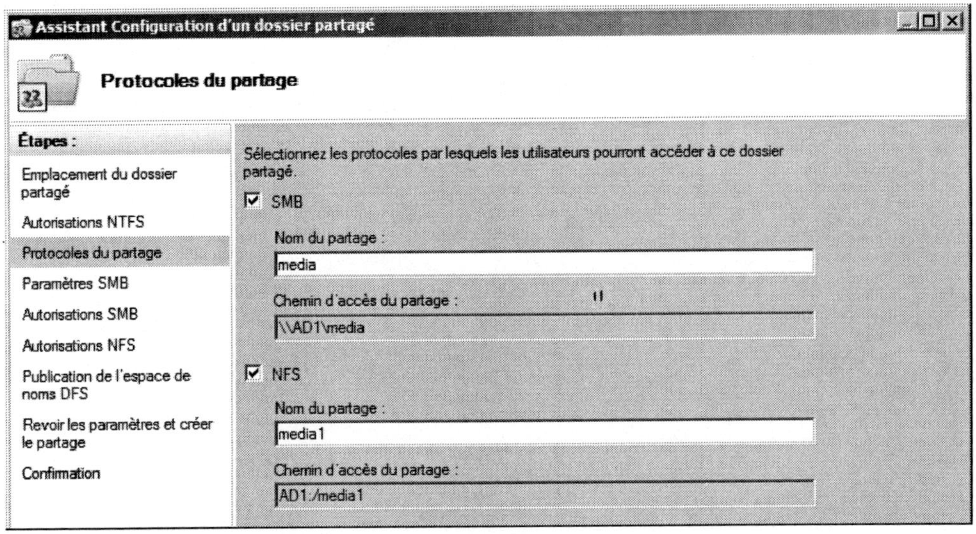

➔ Sur la page **Paramètres SMB**, vous pouvez saisir une description pour le partage. La section **Paramètres avancés** affiche les valeurs des paramètres suivants que vous pouvez modifier en cliquant sur le bouton **Avancé** :

- Le **nombre maximal d'utilisateurs** pouvant se connecter simultanément.
- L'**activation de l'énumération basée sur l'accès**, c'est-à-dire l'application d'un filtre cachant le partage si l'utilisateur n'a pas une permission de partage en lecture.
- La méthode spécifiée pour la **mise en cache**.

Ensuite, cliquez sur **Suivant**.

➔ Sur la page **Autorisations SMB**, vous pouvez spécifier les permissions du point de partage, comme montré dans les sections précédentes. Ensuite, cliquez sur **Suivant**.

➔ Si vous avez activé le protocole NFS pour le partage, une page spécifique permet de gérer les **Autorisations NFS**. Cliquez sur **Suivant**.

➔ Sur la page **Publication de l'espace de noms DFS**, vous pouvez ajouter ce partage à un espace de noms DFS existant localement ou sur le réseau (défaut) en tapant le chemin UNC du dossier parent et le nom du dossier de partage ou désélectionner l'option. Cliquez sur **Suivant**.

➔ Sur la page **Revoir les paramètres et créer le partage**, contrôlez que les paramètres sont corrects avant de cliquer sur **Créer**.

➔ Enfin sur la page **Confirmation**, vérifiez que toutes les tâches se sont terminées avec succès, sinon consultez l'onglet **Erreurs**. Vous pouvez lancer directement l'**Assistant de configuration du partage** en sélectionnant la case à cocher avant de cliquer sur **Fermer**.

c. Gérer les sessions

➔ Ouvrez la console **Gestion du partage et du stockage**.

➔ Dans le volet droit, cliquez sur l'action **Gérer les sessions**.

Il vous est possible de sélectionner un ou plusieurs utilisateurs afin de fermer leur session, de fermer toutes les sessions et d'actualiser la liste des utilisateurs connectés.

Lorsque vous fermez une session, le message d'avertissement suivant apparaît. Prenez le temps de le lire avant d'éventuellement poursuivre votre action.

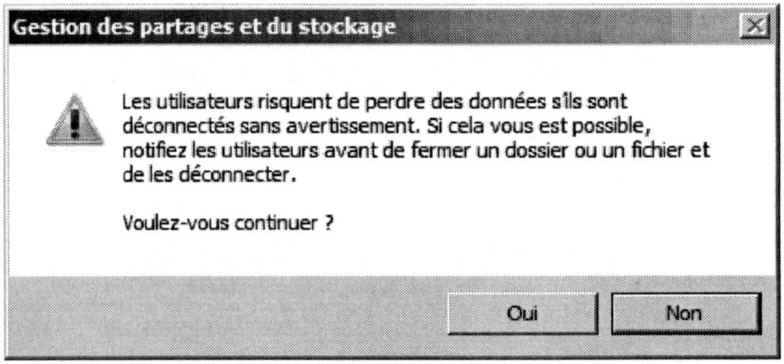

d. Gérer les fichiers ouverts

- Ouvrez la console **Gestion du partage et du stockage**.
- Dans le volet droit, cliquez sur l'action **Gérer les fichiers ouverts**.

Il est possible de sélectionner un ou plusieurs utilisateurs afin de fermer certains de leurs fichiers ouverts, de fermer tous les fichiers ouverts et d'actualiser la liste des fichiers ouverts.

Le même message d'avertissement que pour la fermeture de session apparaît.

Il est à regretter que l'on visualise le nom des dossiers contenant des fichiers ouverts et non celui des fichiers, ce qui peut rendre le travail difficile pour un administrateur lorsqu'un utilisateur a plusieurs fichiers ouverts dans le même dossier.

e. Gérer les partages

En utilisant la fenêtre principale, les **actions** suivantes sont disponibles si vous sélectionnez un partage existant :

- **Cesser de partager** supprime le ou les partages sélectionnés.
- **Propriétés** affiche une boîte de dialogue pour gérer les **Propriétés** du protocole SMB comme décrit dans la section sur l'assistant **Prévoir le partage**.
- **Modifier la configuration NFS**. Bien que cette action soit globale du fait qu'elle apparaît dès que le service NFS est installé et configuré, elle est placée ici car elle permet de gérer la configuration NFS sans utiliser l'utilitaire Services NFS.

f. Gérer les volumes

En utilisant la fenêtre principale, les **actions** suivantes sont disponibles si vous sélectionnez un volume existant :

- **Étendre** permet d'étendre un volume sur le même disque. Pour étendre un volume sur des disques différents, utilisez le Gestionnaire de disques.
- **Formater** affiche la boîte de dialogue de formatage de l'Explorateur.
- **Propriétés** affiche la boîte de dialogue **Propriétés** de l'Explorateur.

4. Service DFS (Distributed Files System)

Le service DFS permet de créer et de gérer un espace de noms (Namespace) dont l'arborescence logique est rattachée à un serveur ou un domaine alors que l'arborescence physique, soit les dossiers de partages appelés cibles, peuvent se trouver sur différents serveurs de l'entreprise comme le montre l'image suivante.

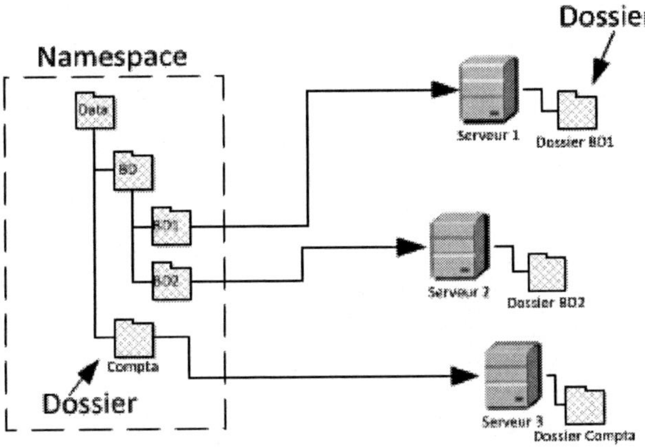

Il est possible d'installer le service de rôle DFS sur un serveur Core.

Un des grands intérêts d'un système DFS est la possibilité de gérer dynamiquement à l'aide de scripts les dossiers et les cibles pour créer l'arborescence logique la plus adaptée aux besoins de l'entreprise.

Le principe de fonctionnement est relativement simple puisqu'un ordinateur client reçoit une copie de l'arborescence logique qu'il conserve en cache pendant une durée définie ; de cette manière, il sait exactement où se trouve le dossier partagé recherché.

L'espace de noms peut être autonome donc rattaché à un serveur de domaine ou un serveur faisant partie d'un groupe de travail. Il peut également être basé sur un domaine ce qui implique qu'en plus de l'installation du rôle de serveur de fichiers, il faut disposer d'une Active Directory dont le niveau fonctionnel de domaine est Windows Server 2008.

Lorsqu'un espace de noms est basé sur l'Active Directory, il est possible de définir plusieurs serveurs hébergeant l'arborescence ce qui améliore la disponibilité, alors que pour un serveur autonome, il faut le mettre en cluster. Enfin pour améliorer la disponibilité des données, il est possible de définir plusieurs cibles pour le même dossier qui doivent répliquer les données. Cette méthode adaptée aux grandes entreprises permet non seulement d'améliorer la disponibilité mais également d'augmenter le nombre d'utilisateurs pouvant être connectés simultanément car l'ordinateur client peut utiliser le serveur le plus proche qui est disponible en termes d'adresses IP.

La réplication est contrôlée puisqu'il est possible de définir quelle cible est en lecture ou lecture/écriture.

La sauvegarde et la restauration d'une cible d'un espace ne doit s'effectuer qu'à un seul endroit.

Le tableau suivant compare les deux types d'espaces de noms.

	Espace de noms autonome	Espace de noms basé sur un domaine
Chemin d'accès	\\NomDuServeur\EspaceDeNom	\\NomNetBIOSDomaine\EspaceDeNom \\NomNDSDomaine\EspaceDeNom
Stockage de l'arborescence	Base de registre et cache mémoire	Active Directory et cache mémoire
Active Directory exigée	Non	Oui, mode fonctionnel de domaine Windows Server 2008
Haute disponibilité de l'arborescence	Cluster haute disponibilité	Ajout de serveurs d'espace de noms supplémentaire ainsi que serveurs Active Directory redondants
Haute disponibilité des données	Ajout de cibles sur des serveurs supplémentaires	Ajout de cibles sur des serveurs supplémentaires
Réplication	Seulement si les serveurs sont membres d'un domaine	Oui
Limites	Jusqu'à 50 000 dossiers et cibles	Jusqu'à 50 000 dossiers et cibles

a. Installation du service de rôle DFS

Procédez comme suit :

- Connectez-vous en tant qu'administrateur sur Win1.
- Cliquez sur **Démarrer - Outils d'administration** puis sur **Gestionnaire de serveur**.
- Dans le volet gauche du Gestionnaire de serveur, cliquez sur le nœud **Rôles**.
- Cliquez sur le nœud **Services de fichiers** pour faire apparaître les informations correspondantes dans la fenêtre centrale.
- Dans la fenêtre centrale, cliquez sur **Ajouter des services de rôles**.
- Sur la page **Sélectionner les services de rôle** de l'assistant, sélectionnez **Système de fichiers distribués (DFS)** puis cliquez sur **Suivant**.
- Sur la page **Espace de noms DFS**, vous pouvez choisir de construire un espace de noms ou de le créer ultérieurement. Dans le second cas, vous passez directement à la page de **Confirmation**. Cliquez sur **Suivant**.
- Sur la page **Type d'espace de noms**, vous pouvez créer soit un espace de noms de domaine, soit un espace de noms autonome. Il faut être dans un domaine pour pouvoir créer un espace de noms de domaine. Pour l'espace de noms de domaine, vous pouvez également activer le mode Windows Server 2008 qui prend en charge l'énumération basée sur l'accès si vous disposez d'un niveau fonctionnel de domaine Windows Server 2008 et que tous les serveurs d'espaces de noms exécutent Windows Server 2008. Cliquez sur **Suivant**.

Il ne peut y avoir qu'un espace de noms de domaine par domaine alors que le nombre d'espaces de noms de serveur n'est pas limité.

- Sur la page **Configurer l'espace de noms**, vous pouvez ajouter des dossiers et des cibles de dossier à votre arborescence. Cliquez ensuite sur **Suivant.**
- Sur la page **Confirmation**, contrôlez vos paramètres avant de cliquer sur **Installer**.
- Sur la page **Résultats**, vérifiez que l'installation est réussie avant de cliquer sur **Fermer**.

b. Ouverture de la console Gestion du système de fichiers distribués DFS

- Connectez-vous en tant qu'administrateur.
- Cliquez sur **Démarrer - Outils d'administration** puis sur **Gestionnaire du système de fichiers distribués DFS**.

Vous pouvez gérer les espaces de noms et la réplication.

c. Ajout d'un dossier

- Dans le volet de gauche de la console **Gestion du système de fichiers distribués DFS**, déplacez-vous vers le niveau considéré d'un espace de noms sous lequel vous voulez ajouter un dossier.
- Dans le volet de droite, cliquez sur **Nouveau dossier**.
- Dans la boîte de dialogue **Nouveau dossier**, saisissez le nom du dossier tel qu'il apparaîtra à l'utilisateur puis ajoutez le chemin UNC de la cible et enfin cliquez sur **OK**.

d. La réplication

La réplication utilise actuellement la réplication DFS au lieu de la réplication FRS. La réplication DFS se base sur l'algorithme de compression RDC qui détecte les modifications des données à la volée et réplique des blocs et non des fichiers entiers.

Vous pouvez gérer le système DFS à l'aide des commandes `DfsUtil`, `DfsCmd`, `DfsrAdmin` et `DfsrDiag`.

5. Gestionnaire de ressources du serveur de fichiers

Ce service de rôle regroupe un ensemble d'outils, comme la notification par e-mail lorsqu'un seuil d'utilisation de l'espace de stockage est atteint, qu'il faut déjà configurer à l'installation du service de rôle. Ce service de rôle n'est pas disponible sur un Server Core.

a. Installation du service de rôle Gestionnaire de ressources du serveur de fichiers

- Connectez-vous en tant qu'administrateur sur `Win1`.
- Cliquez sur **Démarrer - Outils d'administration** puis sur **Gestionnaire de serveur**.
- Dans le volet gauche du Gestionnaire de serveur, cliquez sur le nœud **Rôles**.
- Cliquez sur le nœud **Services de fichiers** pour faire apparaître les informations correspondantes dans la fenêtre centrale.
- Dans la fenêtre centrale, cliquez sur **Ajouter des services de rôles**.

➔ Sur la page **Sélectionner les services de rôle** de l'assistant, sélectionnez **Gestion de ressources du serveur de fichiers** puis cliquez sur **Suivant**.

➔ Sur la page **Configurer le suivi et l'utilisation du stockage**, pour chaque disque dont vous voulez contrôler l'utilisation, sélectionnez les informations de stockage en cliquant sur **Options** puis en indiquant un **Seuil d'utilisation du volume** (85 % défaut), c'est-à-dire le niveau d'avertissement pour la gestion des quotas et la création des rapports. Cliquez sur **Suivant.**

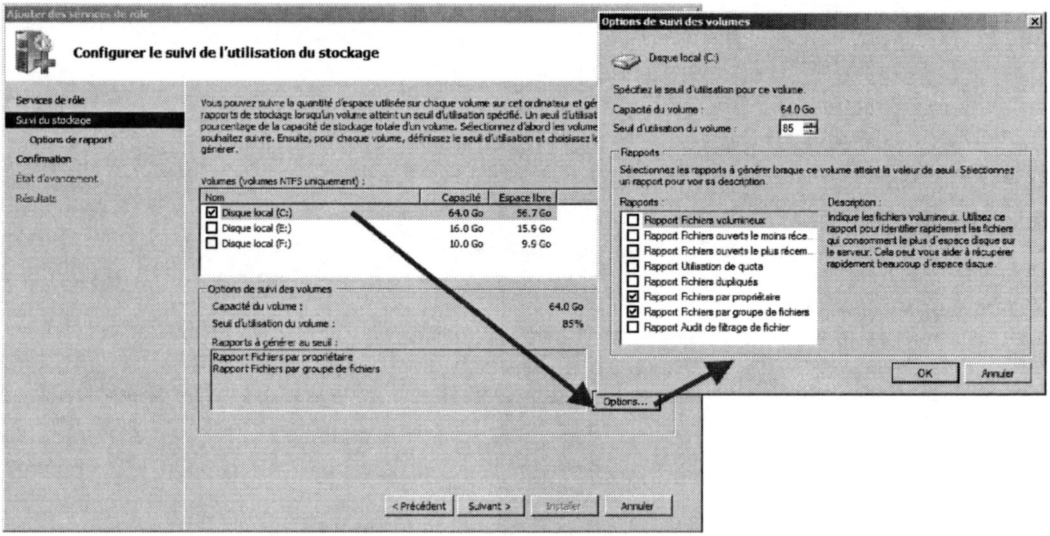

➔ Sur la page **Options de rapport**, indiquez l'emplacement où vous voulez stocker les rapports et, si vous voulez les recevoir par courrier électronique, saisissez les adresses des destinataires et l'adresse du serveur SMTP à utiliser. Notez que le serveur doit pouvoir être atteint lors de la configuration. D'autre part, il faut utiliser un compte d'utilisateur disposant des droits pour envoyer les messages avec SMTP. Enfin, cliquez sur **Suivant**.

➔ Sur la page **Confirmation**, contrôlez que les paramètres sont corrects avant de cliquer sur **Installer**.

➔ Attendez que la page **Résultats** s'affiche pour savoir si l'installation a réussi puis cliquez sur **Fermer**.

b. Configuration du Gestionnaire de ressources du serveur de fichiers

➔ Connectez-vous en tant qu'administrateur sur Win1.

➔ Cliquez sur **Démarrer - Outils d'administration** puis sur **Gestionnaire de ressources du serveur de fichiers**.

Vous pouvez vous connecter à un autre ordinateur à partir de cette console.

➔ Dans le volet de droite, cliquez sur **Configurer les options**.

Une boîte de dialogue comprenant cinq onglets apparaît :

- L'onglet **Notifications par courrier électronique** vous permet de définir le serveur de messagerie SMTP, les destinataires pour la notification par messagerie électronique et l'adresse de messagerie de l'expéditeur.
- L'onglet **Limites de notification** indique l'intervalle minimal avant de renvoyer une notification en cas de dépassement répété d'un quota ou de détection d'un fichier non autorisé. Ceci afin de diminuer le nombre de notifications émises.

Vous pouvez définir ces limites de notifications pour les envois par courrier électronique, le journal des événements, les commandes et les rapports. Par défaut, la même limite est appliquée à tous les types et elle est de 60 mn.

- L'onglet **Rapports de stockage** permet de configurer les paramètres par défaut pour chaque type de rapport.
- L'onglet **Emplacement des rapports** permet de définir l'emplacement de stockage des rapports d'incidents (%systemdrive%\StorageReports\Incident), des rapports planifiés (%systemdrive%\StorageReports\Scheduled) et des rapports à la demande (%systemdrive%\StorageReports\Interactive).
- L'onglet **Vérification du filtrage de fichiers** permet d'enregistrer ou non l'activité du filtrage dans une base de données qui pourra être consultée avec un rapport de vérification du filtrage des fichiers.

La commande **storrept admin** permet de configurer le Gestionnaire de ressources du serveur de fichiers.

6. Gestion des quotas

La gestion des quotas fonctionne un peu différemment des quotas NTFS car ici la granularité est le chemin d'accès, le dossier ou le volume.

Il faut commencer par définir des modèles de quota que l'on appliquera aux quotas.

La procédure suivante montre comment créer un modèle de quota.

→ Ouvrez le **Gestionnaire de ressources du serveur de fichiers** puis cliquez sur **Modèles de quotas**.

→ Dans le volet de droite, cliquez sur **Créer un modèle de quota**.

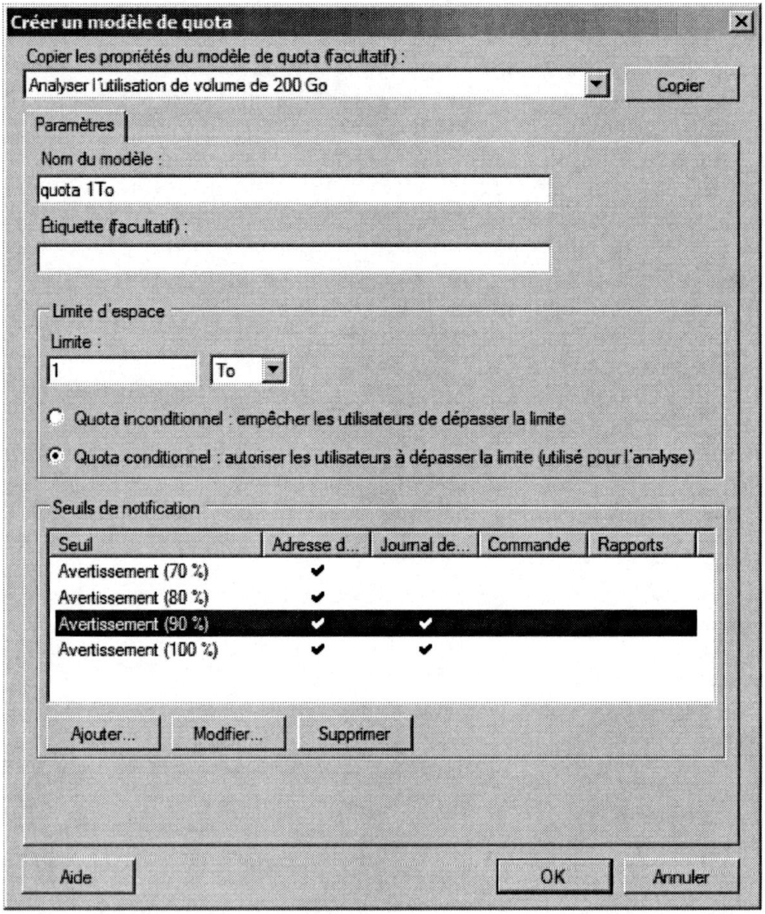

- Dans la boîte de dialogue **Créer un modèle de quota**, saisissez les informations du quota en vous aidant éventuellement d'un modèle de quota existant. Le quota est soit **inconditionnel**, c'est-à-dire qu'il empêche les utilisateurs de dépasser la limite, soit **conditionnel**, l'intérêt de ce type de quota étant de créer des rapports dans le but d'analyser le comportement des utilisateurs.
- Vous pouvez définir plusieurs seuils d'avertissement, disposant chacun d'une ou de plusieurs méthodes de notifications, en cliquant sur les boutons **Ajouter** ou **Modifier**.
- Enfin, cliquez sur **OK**.

Ensuite, vous pouvez créer le quota en suivant cette procédure :

- Ouvrez le **Gestionnaire de ressources du serveur de fichiers** puis cliquez sur **Quotas**.
- Dans le volet de droite, cliquez sur **Créer un quota**.

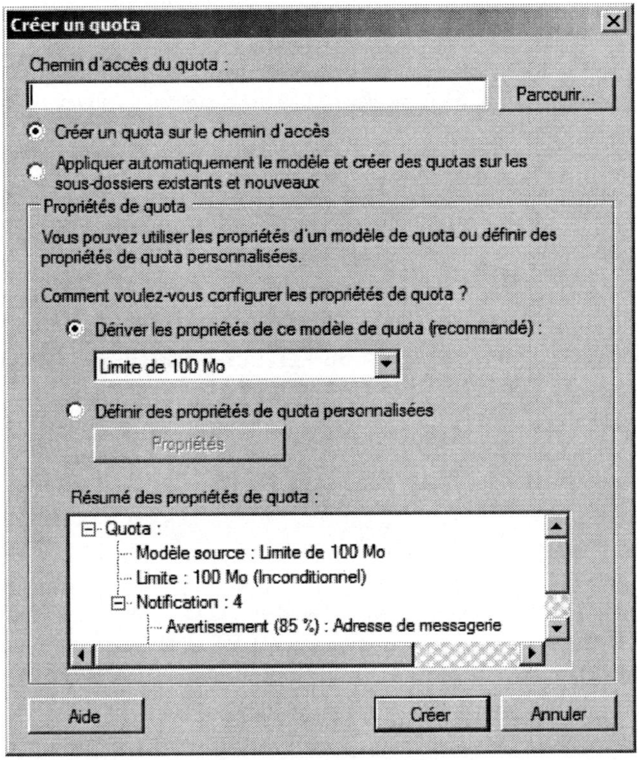

→ Indiquez le chemin d'accès au quota, soit un dossier, soit un volume, indiquez la portée du quota et ses propriétés soit en utilisant un modèle prédéfini (recommandé), soit en le personnalisant. Cliquez ensuite sur **Créer**.

Pour une gestion via la ligne de commande, il faut utiliser la commande **dirquota**.

7. Gestion du filtrage de fichiers (file screening)

Comme les quotas, le filtrage des fichiers permet de définir quels types de fichiers il est possible de stocker sur un dossier ou un volume. Le fonctionnement est identique à la gestion des quotas. Soit vous utilisez le filtrage pour l'analyse, soit vous l'utilisez pour bloquer des types de fichiers ou des fichiers non autorisés.

Ce sous-rôle n'est pas disponible sur un Server Core.

Le filtrage se fait sur les extensions des fichiers en constituant des groupes de fichiers comme le montre la procédure suivante :

→ Ouvrez le **Gestionnaire de ressources du serveur de fichiers** puis cliquez sur le nœud **Gestion du filtrage de fichiers**.

- Cliquez sur **Groupes de fichiers**. Les groupes déjà définis apparaissent dans la fenêtre centrale.
- Dans le volet de droite, cliquez sur **Créer un groupe de fichiers**.
- Saisissez le **Nom du groupe de fichiers** et les extensions ou les noms à inclure et/ou à exclure puis cliquez sur **OK**.

Il est conseillé de regrouper les extensions par type de fichiers.

À ce niveau, vous regroupez les éléments dont vous avez besoin. Ensuite, il faut définir un filtre de fichiers qui permet de mettre en place soit une analyse, soit un blocage des fichiers.

La procédure suivante montre la création d'un modèle de filtre de fichiers.

- Ouvrez le **Gestionnaire de ressources du serveur de fichiers** puis cliquez sur le nœud **Gestion du filtrage de fichiers**.
- Cliquez sur **Modèles de filtres de fichiers**. Les modèles déjà définis apparaissent dans la fenêtre centrale.
- Dans le volet de droite, cliquez sur **Créer un modèle de filtre de fichiers**.

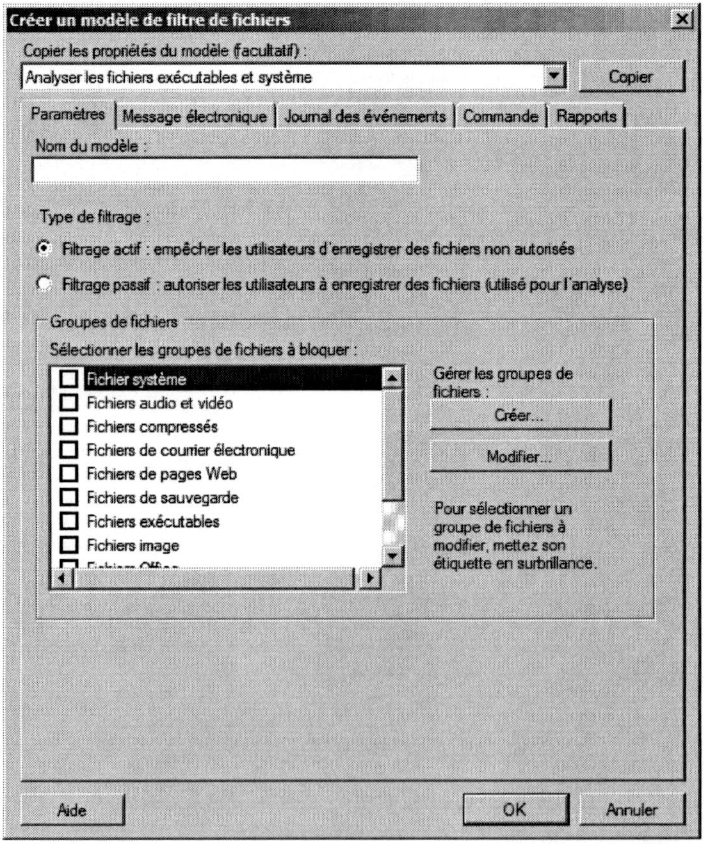

- Vous pouvez copier les paramètres provenant d'un modèle existant ou créer un modèle. Commencez par saisir un nom explicite pour le modèle puis sélectionnez le type de filtrage : **actif** pour bloquer, **passif** pour l'analyse. Ensuite, sélectionnez au moins un groupe de fichiers. N'oubliez pas d'indiquer les méthodes de notification à utiliser pour le filtre, soit par message électronique, journal des événements, commande ou rapport. Cliquez sur **OK**.

Enfin, c'est au tour du filtre d'être créé en utilisant la procédure suivante.

- Ouvrez le **Gestionnaire de ressources du serveur de fichiers** puis cliquez sur le nœud **Filtres de fichiers**.
- Cliquez sur **Filtres de fichiers**. Les filtres déjà définis apparaissent dans la fenêtre centrale.
- Dans le volet de droite, cliquez sur **Créer un filtre de fichiers**.
- Saisissez le chemin d'accès du filtre qui peut être un dossier ou un volume, puis sélectionnez un modèle de filtre de fichiers avant de cliquer sur **OK**.

Vous pouvez éventuellement définir une exception pour votre filtre en utilisant la commande **Créer une exception de filtre de fichiers**.

Pour gérer les filtres de fichiers via l'invite de commande, il faut utiliser l'utilitaire **filescrn**.

8. Gestion des rapports de stockage

La dernière partie de cet utilitaire concerne la gestion des rapports qui peuvent être planifiés ou générés à la demande.

La procédure suivante montre comment planifier des rapports :

- Ouvrez le **Gestionnaire de ressources du serveur de fichiers** puis cliquez sur **Gestion des rapports de stockage**.
- Dans le volet droit, cliquez sur **Planifier une nouvelle tâche de rapport**.

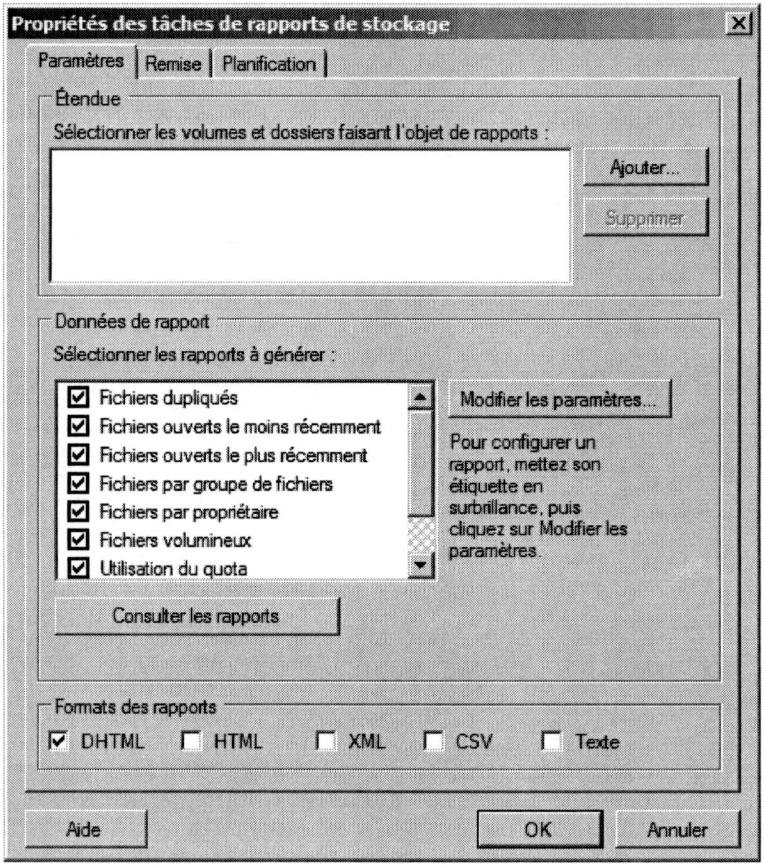

- Sélectionnez les volumes et les dossiers pour lesquels vous voulez planifier les rapports puis les rapports qu'il faut générer. Pour chaque rapport, vous pouvez modifier les paramètres standards. Enfin, spécifiez le format dans lequel les rapports doivent être créés puis cliquez sur l'onglet **Remise**.
- Dans l'onglet **Remise**, spécifiez les adresses e-mail qui doivent recevoir les rapports générés puis cliquez sur l'onglet **Planification**.
- Dans l'onglet **Planification**, cliquez sur **Créer une planification**.
- Dans la boîte de dialogue **Planifier**, créez une planification puis cliquez sur **OK**.
- Cliquez sur **OK**.

Les rapports générés en DHTML ressemblent à celui présenté dans l'image suivante.

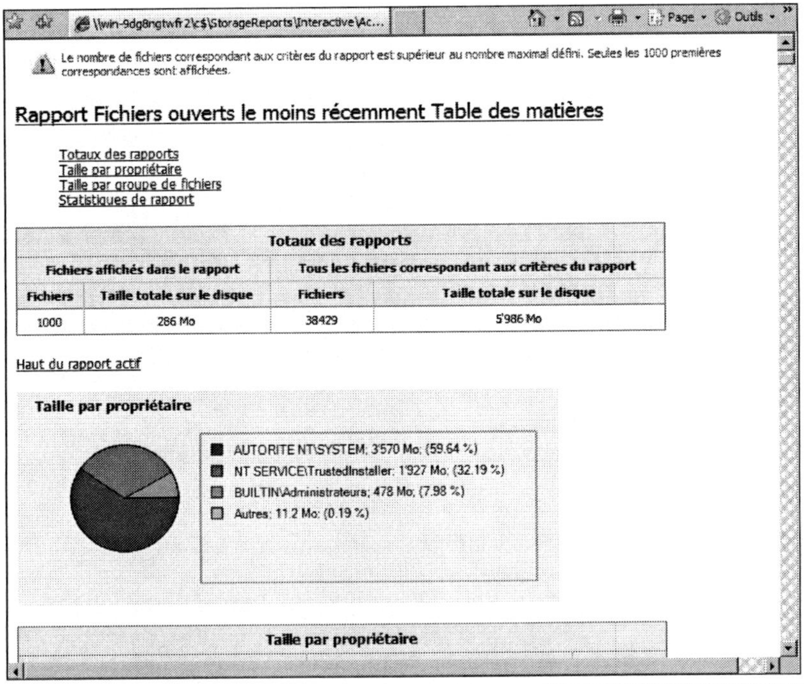

Pour une gestion via l'invite de commande, il faut utiliser la commande **storrept**.

9. Services pour NFS

Les services pour NFS (*Network File System*) permettent de transférer des fichiers entre votre serveur et un serveur UNIX à l'aide du protocole NFS. Il s'agit d'un service de rôle optionnel. Il regroupe la partie cliente NFS ainsi que la partie serveur.

Il est également supporté sur un Server Core.

Les fonctionnalités suivantes ont été supprimées dans Windows Server 2008 :

- Passerelle pour NFS.
- Serveur pour PCNFS.
- Tous les composants PCNFS du service Client pour NFS.
- Le mappage de noms d'utilisateurs.

Les fonctionnalités suivantes ont été ajoutées ou améliorées dans Windows Server 2008 :

- **Recherche Active Directory**. Le schéma Active Directory est modifié pour inclure des champs d'identificateurs d'utilisateur (UID) et d'identificateurs de groupe UNIX (GID) lorsque le composant **Gestion des identités pour Unix** est installé. Cela permet aux clients et aux serveurs NFS de rechercher des mappages de comptes d'utilisateurs Windows vers Unix directement à partir de l'Active Directory.
- **Prise en charge des éditions 64 bits de Windows 2008**.
- **Performances serveurs amélioréespar** l'utilisation d'un pilote de filtre de fichiers pour réduire les temps d'accès aux fichiers.

- **Prise en charge de périphériques spéciaux UNIX**, appelée **mkmod**.
- **Prise en charge UNIX amélioréede** Sun Solaris V9, Red Hat V9, IBM AIX V5L 5.2 et HP-UX.

Le service installe la partie cliente qui permet l'accès à des serveurs NFS, et la partie serveur qui permet de répondre à des clients NFS.

Avant de pouvoir utiliser ce service, il faut :

- Au niveau du client :
  - **Configurer le mappage des identités utilisateurs**, c'est-à-dire la méthode avec laquelle le service Client NFS obtient des informations sur les utilisateurs et les groupes Windows.
  - **Configurer les paramètres des services pour NFS**, c'est-à-dire la configuration des différents paramètres permettant la gestion correcte du service NFS.
  - **Monter les partages NFS** comme des chemins UNC.
- Au niveau du serveur ;
  - **Installer et configurer le mappage des identités utilisateurs**, c'est-à-dire la méthode avec laquelle le service Serveur NFS obtient des informations sur les utilisateurs et les groupes Windows.
  - **Configurer les paramètres des services pour NFS**, c'est-à-dire la configuration des différents paramètres permettant la gestion correcte du service NFS.
  - **Exporter des partages NFS**, un onglet supplémentaire apparaît dans la boîte de dialogue **Propriétés** du dossier, permettant la gestion des partages NFS à l'aide des outils de partage présentés précédemment ainsi qu'avec l'outil **Gestion du partage et du stockage**, comme le montre la figure suivante.

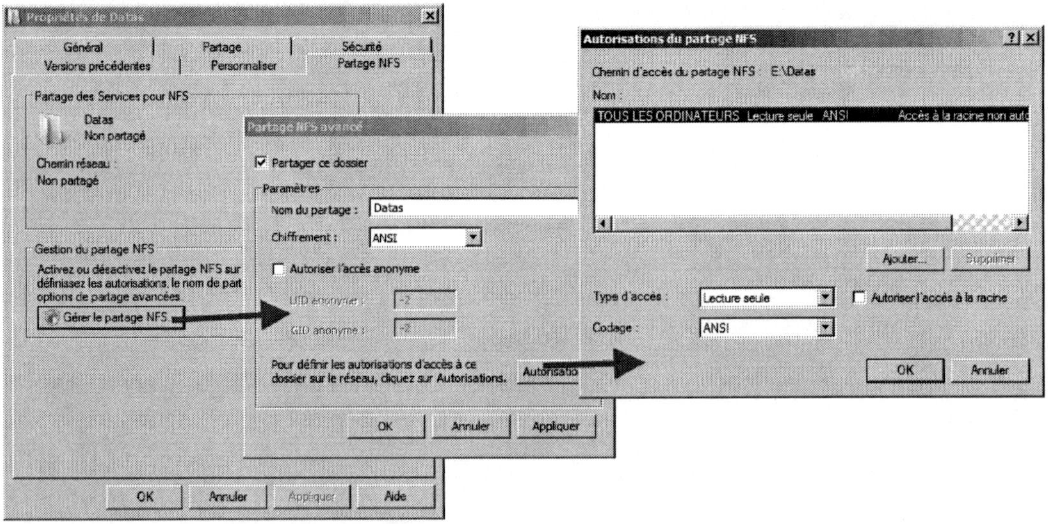

Les commandes `nfsadmin`, `nfsshare`, `nfsstat` et `mapadmin` permettent la gestion des services NFS à l'aide de l'invite de commande.

10. Service de recherche Windows

Une fois le service de rôle installé, le service **Recherche Windows** est activé. Il permet de rechercher efficacement des documents en utilisant des informations basées sur les propriétés ou le contenu des documents.

Pour gérer le service, il faut passer par le paramètre **Options d'indexation** du **Panneau de configuration**.

Vous ne pouvez pas installer en même temps le service de recherche Windows et le service d'indexation des Services de fichiers Windows Server 2003.

a. Modification des emplacements de recherche

- Ouvrez le paramètre **Options d'indexation**.
- Dans la boîte de dialogue **Options d'indexation**, cliquez sur **Modifier**.
- Dans la boîte de dialogue **Emplacements indexés**, sélectionnez les emplacements que vous voulez indexer. Certains dossiers ne peuvent pas être indexés si leur propriétés avancées ne le permettent pas. Pour les indexer, utilisez l'explorateur pour afficher les propriétés avancées.

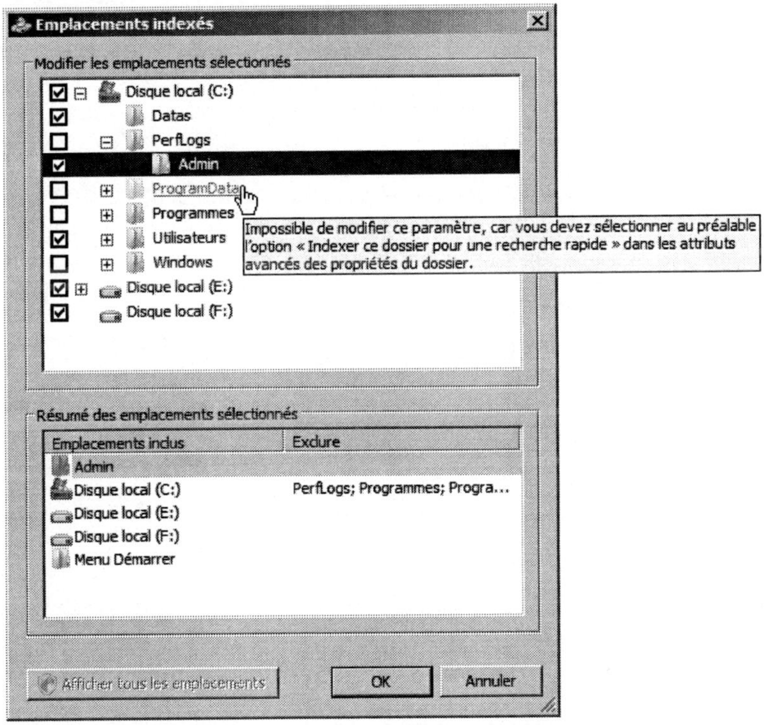

b. Paramètres avancés

→ Ouvrez le paramètre **Options d'indexation**.

→ Dans la boîte de dialogue **Options d'indexation**, cliquez sur **Avancé**.

La boîte de dialogue **Options avancées** contient deux onglets, l'onglet **Paramètres d'indexation** et l'onglet **Types de fichiers**.

L'onglet **Paramètres d'indexation** permet d'inclure dans l'indexation les fichiers chiffrés et de traiter les accents et les signes diacritiques comme des mots différents, ce qui relance l'indexation complète des emplacements pour inclure ce dernier paramètre.

En cas de problèmes, vous pouvez reconstruire l'indexation, c'est-à-dire redéfinir les emplacements ou restaurer les paramètres par défaut.

Enfin, vous pouvez définir l'emplacement de la base de données d'indexation qui par défaut se trouve dans le dossier c:\ProgramData\Microsoft\Search.

L'onglet **Types de fichiers** permet de définir, pour chaque extension de fichier, s'il faut l'indexer et dans ce cas s'il faut se contenter de l'indexation des propriétés du fichier ou également inclure son contenu. Vous pouvez également ajouter vos propres extensions.

11. Services de fichiers Windows Server 2003

Les services de fichiers Windows Server 2003 comprennent les services de rôle suivants :

- le **Service de réplication de fichiers FRS** (*File Replication Service*) gère la synchronisation de dossiers en utilisant le protocole FRS au lieu du protocole de réplication DFS. À n'utiliser qu'avec des serveurs ne prenant pas en charge la réplication DFS pour la gestion du système DFS.
- le **Service d'indexation** correspond à l'ancien service d'indexation qui est remplacé par le **Service de recherche Windows**.

K. Résumé du chapitre

Dans ce chapitre, vous avez vu la mise en œuvre d'un système de fichiers en examinant les concepts et les outils traditionnels pour gérer les permissions NTFS, les points et permissions de partage, la compression, les clichés instantanés, les quotas, les fichiers hors connexion et le chiffrage EFS.

Le nouvel outil de sauvegarde a été présenté et ses avantages ont été mis en avant.

Enfin, le rôle de serveur de fichiers et ses outils modulaires et centralisés ont été présentés.

Chapitre 13 : Mise en œuvre du serveur d'impression

A. Présentation

1. Pré-requis matériel et configuration de l'environnement

Pour effectuer toutes les mises en pratique de ce chapitre, vous devez disposer et configurer les machines virtuelles suivantes :

Pour la création des machines virtuelles, veuillez vous référer au chapitre Création du bac à sable.

N'oubliez pas de réinitialiser les machines virtuelles entre les mises en pratique de chaque chapitre avant de les configurer pour l'environnement.

Placez les scripts correspondants sur le bureau de chaque machine.

- Sur **WinAD**, lancez le script **WinAD.bat** en relation avec **WMydomEni.txt** puis attendez que l'ordinateur ait redémarré avant de lancer les scripts suivants.
- Sur **Win1**, lancez le script **Win1.bat**.
- Sur **Win2**, lancez le script **Win2.bat**.
- Sur **Core1**, placez le script **Core1.bat** sur c:\ puis lancez-le.

Après l'exécution des scripts, les machines virtuelles **WinAD**, **Win1**, **Win2** et **Core1** sont dans le domaine **Mydom.eni**.

2. Objectifs

Disposer d'une version papier de l'information électronique est un besoin des utilisateurs. En effet, dans les entreprises, le besoin en documents imprimés ne cesse d'augmenter et par conséquent les coûts liés à l'utilisation des imprimantes. Afin de rationaliser au mieux et tenter d'endiguer ces coûts, il faut définir une stratégie d'impression dans l'entreprise qui peut consister à fournir une imprimante par utilisateur ou une imprimante par service. Leur gestion peut également devenir délicate car elle est souvent décentralisée et il faut se connecter serveur d'impression par serveur d'impression. Enfin, les utilisateurs deviennent de plus en plus exigeants et ils aimeraient pouvoir imprimer sur les imprimantes de l'entreprise tout en étant à l'extérieur de l'entreprise.

Dans ce chapitre, vous aller apprendre le vocabulaire à utiliser pour gérer des imprimantes sous Windows Server 2008, puis comment installer et gérer une imprimante locale ou réseau. Ensuite, vous examinerez comment installer et utiliser le rôle Serveur d'impression. Enfin, vous verrez comment gérer les impressions en utilisant l'impression Internet.

B. Terminologie

Bien que l'impression semble simple, les possibilités offertes à l'administrateur et aux utilisateurs sont nombreuses. Afin d'éviter toute ambiguïté, il est important de se familiariser avec la terminologie Microsoft concernant l'impression. La figure suivante résume les points essentiels.

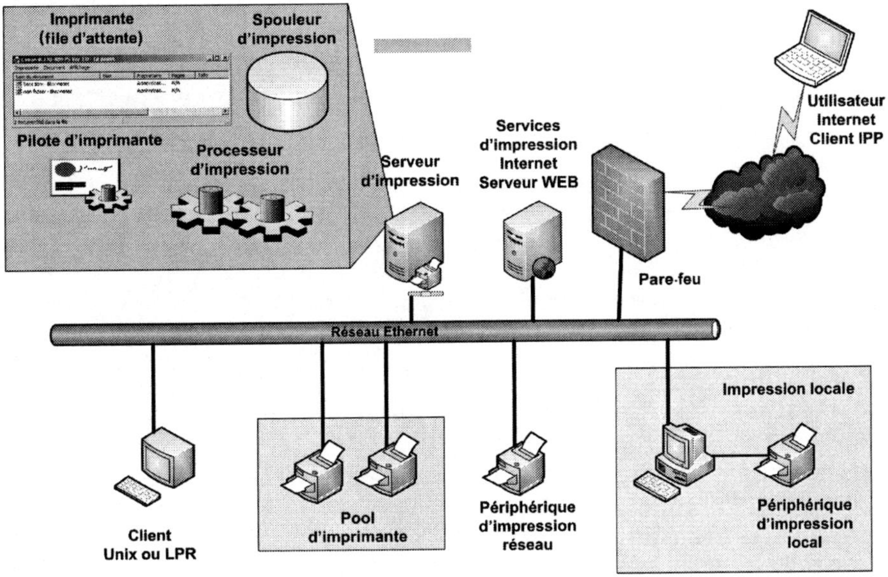

Imprimante

Une imprimante fait référence à une file d'attente, c'est-à-dire à une zone tampon sur disque servant de file d'attente pour l'impression sur le périphérique d'impression.

Une imprimante est la partie logique de la gestion du serveur d'impression et il est possible de créer plusieurs imprimantes ayant chacune des paramètres de gestion, ainsi que des options de sécurité, différents.

Périphérique d'impression

Le périphérique d'impression fait référence à l'imprimante physique. Celle-ci peut être locale ou réseau.

Impression locale

L'impression locale fait référence à une impression à partir d'un poste de travail sur un périphérique d'impression directement raccordé à cette station. Le raccordement peut se faire à l'aide d'un port parallèle, d'un port série ou d'un port USB. Généralement, il s'agit d'imprimantes bon marché dont le coût d'impression par page est assez élevé et dont la disponibilité n'est assurée que si la station de travail est allumée. Typiquement, elle n'est pas partagée.

Impression réseau

L'impression réseau fait référence à une impression à partir d'un serveur d'impression dont le périphérique d'impression peut être raccordé localement ou via le réseau comme dans le cas d'une imprimante disposant d'une interface TCP/IP ou Bluetooth. Généralement, le serveur d'impression gère plusieurs imprimantes partagées dont le coût d'achat est plus élevé et la qualité d'impression meilleure qu'une imprimante locale mais dont le coût d'impression est plus faible. Sauf restrictions, la disponibilité est toujours assurée.

Dans l'architecture Microsoft, l'impression réseau gère la distribution des pilotes de l'imprimante.

Lorsqu'une station de travail se connecte à l'imprimante, elle contrôle qu'elle dispose de la version actuelle du pilote sinon elle le télécharge et l'installe de manière transparente pour l'utilisateur.

Serveur d'impression

Le serveur d'impression fait référence à un serveur qui gère des imprimantes, les files d'attente et imprime sur plusieurs périphériques d'impression. Pour une station de travail, la notion de serveur d'impression est également valable car le concept et l'architecture sont les mêmes. Il se compose d'un spouleur d'impression, d'imprimantes, de pilotes d'imprimantes et du processeur d'impression.

Pilote d'imprimante

Le pilote d'imprimante est l'interface logicielle qui permet de gérer et d'imprimer sur un périphérique d'impression. Les pilotes sont prévus pour un système d'exploitation et une version X86, X64 ou Itanium. Dans la philosophie Microsoft, les pilotes sont gérés et distribués par le serveur d'impression lorsqu'un ordinateur client se connecte.

Si un pilote n'existe pas pour un périphérique d'impression particulier, il est toujours possible d'en installer un créé pour un périphérique similaire, mais il sera peut-être limité.

Lorsqu'une station de travail se connecte pour la première fois auprès d'une imprimante, la partie cliente du pilote est téléchargée sur la station de travail, elle contient entre autres le processeur d'impression.

Partage par défaut : "PRINT$" = %systemroot%\system32\spool\drivers

Spouleur d'impression

Le spouleur d'impression fait référence à la zone du disque dur où sont stockés les fichiers prêts à être imprimés. Par défaut, il s'agit du dossier %systemroot%\system32\spool\printers.

Document

Le document est l'élément à imprimer. Une fois placé dans le spouleur, il est composé de deux fichiers : le premier est le rendu pour l'imprimante et porte l'extension SPL, le second contient des informations administratives et porte l'extension SHD.

Impression Internet IPP

L'Impression Internet ou IPP fait référence à la possibilité de gérer et d'imprimer en utilisant le protocole de transport HTTP ou mieux, HTTPS. Pour l'utiliser, il faut installer un serveur Web (IIS) sur lequel l'application **Impression Internet** fonctionne.

L'avantage principal réside dans le fait que l'utilisateur peut imprimer en étant connecté sur un réseau externe à l'entreprise.

Client Impression Internet

Le client Impression Internet est la partie qui s'installe sur le client afin d'imprimer sur une imprimante Internet.

Service d'impression LPD (Line Printer Daemon)

Le service d'impression LPD permet aux utilisateurs UNIX ou utilisateur d'impression LPR d'imprimer sur les imprimantes Windows si le service LPD fonctionne.

Le moniteur de port LPR (Line Printer Remote)

Le moniteur LPR permet à des ordinateurs Windows d'imprimer sur des imprimantes LPR.

Processeur d'impression

Le processeur d'impression est un des éléments du processus de mise en file d'attente. Il gère la manière dont les documents sont envoyés à l'impression, dans quel ordre y compris l'ordre des pages, etc. Certains fabricants d'imprimantes créent leur propre processeur d'impression.

Gestion de l'impression

La gestion de l'impression fait référence à l'application qui s'installe avec le rôle Services d'impression. Cette application permet de gérer de manière centralisée et efficace plusieurs serveurs d'impression.

XPS (XML Paper Specification)

XPS est une spécification d'un langage de description de pages développé par Microsoft et basé sur XML. Il est indépendant du périphérique et de la résolution utilisée. Une imprimante XPS génère un fichier XPS lisible également sur l'ordinateur à l'aide d'une visionneuse XPS.

Depuis Windows Vista, l'impression est basée sur XPS et non plus sur la norme d'impression GDI. Une passerelle bidirectionnelle permet de passer du format XPS vers EMF généré par le moteur GDI.

Actuellement, ce sont surtout les applications WPF (*Windows Presentation Foundation*) dès le Framework 3 qui nécessitent l'utilisation d'une imprimante XPS.

Les avantages sont une meilleure qualité, une meilleure gestion de la couleur, des fichiers d'impression plus petits et une gestion administrative des imprimantes plus aisée.

On "n'installe" pas une imprimante mais on "ajoute" une imprimante.

C. Gestion de l'imprimante

Les procédures pour ajouter et gérer une imprimante locale n'ont pas changé, seule l'interface a été un peu modifiée depuis Windows 2000.

1. Ajout d'une imprimante locale

Pour ajouter une imprimante locale, procédez comme suit :

- Connectez-vous en tant qu'administrateur sur l'ordinateur Win1.
- Cliquez sur **Démarrer** puis sur **Panneau de configuration**.

- Si l'affichage du panneau de configuration n'est pas classique, cliquez sur **Imprimantes** dans le groupe **Matériel et audio**, sinon cliquez directement sur **Imprimantes.**
- Dans la fenêtre **Imprimantes**, cliquez sur **Ajouter une imprimante**.
- Dans l'assistant **Ajouter une imprimante**, cliquez sur **Ajouter une imprimante locale**.
- Sur la page **Choisir un port d'imprimante**, sélectionnez **LPT1 : (Port imprimante)**, les autres choix vous permettent de choisir un port existant :
  - Port parallèle **LPT**, trois ports parallèles sont définis par défaut.
  - Port série **COM**, trois ports série sont définis par défaut.
  - Port **File** pour imprimer dans un fichier.
  - Port local pour le format **XPS**.

  Ou un nouveau port :
  - **Port local**(mappage sur une connexion distante \\serveur\imprimante).
  - **Port TCP/IP**, décrit dans la prochaine section.

  Puis cliquez sur **Suivant.**

Certaines imprimantes installent un port spécifique, dans ce cas, installez au préalable le port spécifique de l'imprimante avant d'exécuter cet assistant.

- Sur la page **Installer le pilote d'imprimante**, sélectionnez d'abord Canon comme **Fabricant** puis Inkjet PIXMA IP3000 comme **Imprimante**, enfin cliquez sur **Suivant.**

  Le bouton **Windows Update** réactualise la liste des imprimantes et des pilotes disponibles en téléchargeant la liste des imprimantes supplémentaires ne se trouvant pas dans la liste locale. Les deux listes ne fusionnent pas.

  Le bouton **Disque fourni** vous permet de spécifier l'emplacement des pilotes de votre imprimante.

Si aucun pilote ne semble exister, que ce soit dans la liste Windows Update ou sur le site Web du fabricant, essayez de trouver un pilote compatible avec une imprimante similaire.

Un pilote signé numériquement offre une meilleure garantie contre les problèmes d'incompatibilité avec Windows. D'autre part, il offre la garantie que le pilote n'a pas été altéré depuis qu'il a reçu sa signature.

- Sur la page **Entrer un nom d'imprimante**, saisissez `MyPrinter` pour le nom explicite afin de reconnaître l'imprimante et activez la case à cocher **Définir en tant qu'imprimante par défaut** si elle doit être l'imprimante par défaut, puis cliquez sur **Suivant**.
- Sur la page **Partage d'imprimante**, le partage ainsi qu'un nom de partage vous sont proposés. Vous pouvez modifier le nom, indiquer un emplacement et placer un commentaire avant de cliquer sur **Suivant**.

Si vous avez défini des sites dans l'Active Directory, il est possible d'associer l'emplacement au site Active Directory en fonction de l'adresse IP, ce qui facilite la gestion des emplacements.

→ Sur la page **Vous avez ajouté**, vous pouvez imprimer une page de test pour contrôler si l'imprimante est bien installée. Cliquez ensuite sur **Terminer**.

Les imprimantes USB s'installent automatiquement.

2. Création d'un port TCP/IP

→ Connectez-vous en tant qu'administrateur sur **Win1**.

→ Cliquez sur **Démarrer** puis sur **Panneau de configuration**.

→ Si l'affichage du panneau de configuration n'est pas classique, cliquez sur **Imprimantes** dans le groupe **Matériel et audio** sinon cliquez directement sur **Imprimantes**.

→ Dans la fenêtre **Imprimantes**, cliquez sur **Ajouter une imprimante**.

→ Dans l'assistant **Ajouter une imprimante**, cliquez sur **Ajouter une imprimante locale**.

→ Sur la page **Choisir un port d'imprimante**, sélectionnez **Créer un nouveau port** puis le type de port **Standard TCP/IP Port**. Ensuite, cliquez sur **Suivant**.

→ Sur la page **Entrer un nom d'hôte ou une adresse IP d'imprimante**, indiquez les paramètres permettant d'identifier l'imprimante comme affiché sur l'image suivante puis cliquez sur **Suivant**.

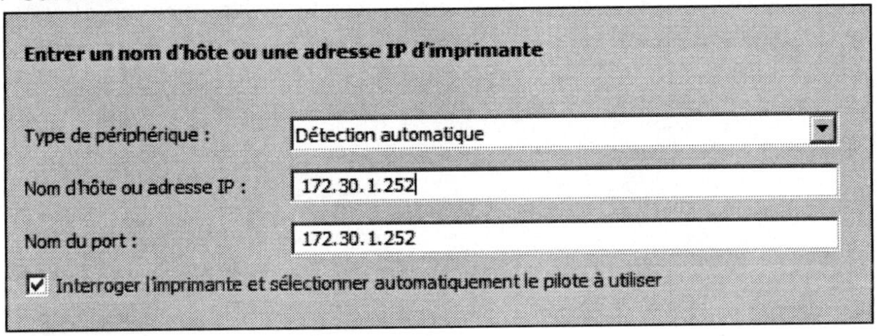

Type de périphérique: vous pouvez choisir :

- **Détection automatique** pour essayer de retrouver automatiquement les paramètres de l'imprimante réseau.
- **Périphérique TCP/IP** si vous connaissez les paramètres IP de votre imprimante.
- **Périphérique de services Web** si l'imprimante est une imprimante Internet.

Nom d'hôte ou adresse IP : saisissez le nom DNS de l'imprimante ou son adresse IP.

Nom du port : saisissez un nom explicite identifiant ce port. Il doit être unique sur le serveur d'impression.

La case à cocher **Interroger l'imprimante et sélectionner automatiquement le pilote à utiliser** permet de chercher de manière transparente pour l'administrateur le meilleur pilote.

En cas d'erreur due à une mauvaise configuration, une imprimante non connectée, etc., la boîte de dialogue suivante apparaît.

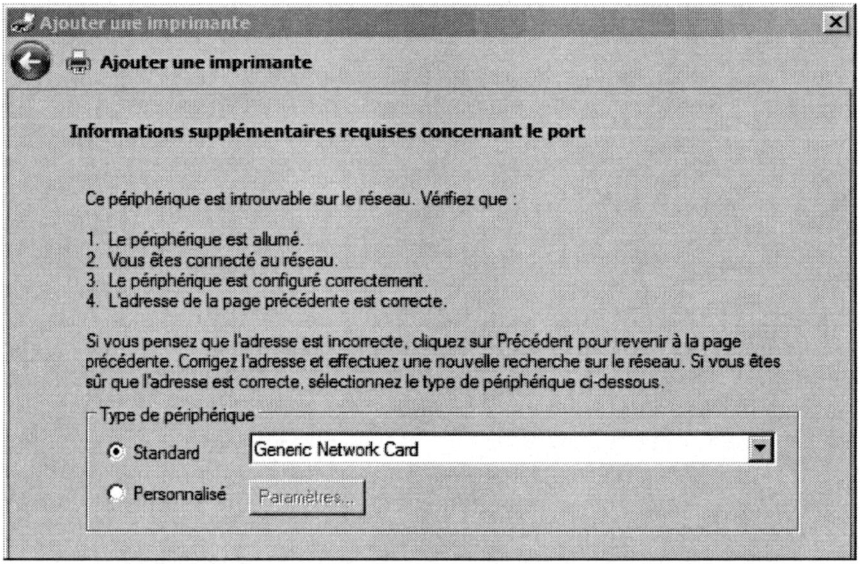

Recherchez votre type d'imprimante dans la liste déroulante **Type de périphérique Standard** ou modifiez les paramètres en sélectionnant **Personnalisé** puis en cliquant sur **Paramètres.** Dans ce cas, il est nécessaire de connaître l'adresse IP utilisée par l'imprimante, le protocole Raw et son numéro de port ou LPR, et le nom de la file d'attente. Utilisez LPR uniquement si l'imprimante le requiert (anciens modèles).

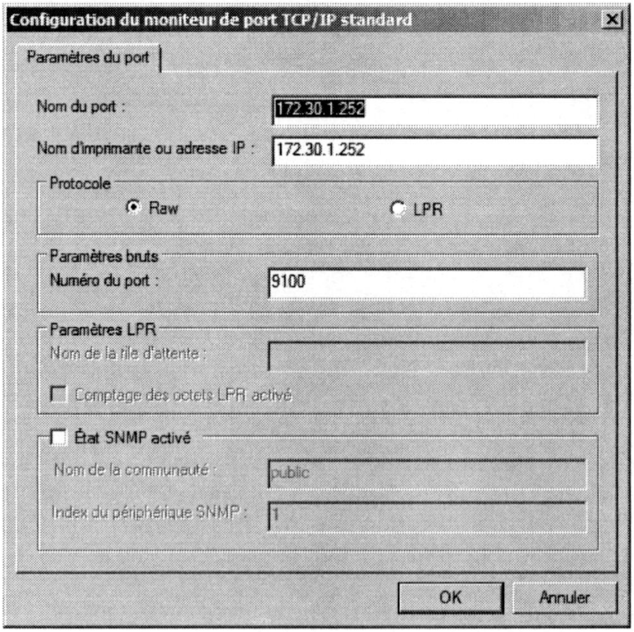

Si aucune erreur n'a été détectée, continuez l'ajout de l'imprimante comme montré dans la section précédente.

3. Ajout d'une imprimante réseau

- Cliquez sur **Démarrer** puis sur **Panneau de configuration** sur Win2.
- Si l'affichage du panneau de configuration n'est pas classique, cliquez sur **Imprimantes** dans le groupe **Matériel et audio** sinon cliquez directement sur **Imprimantes**.
- Dans la fenêtre **Imprimantes**, cliquez sur **Ajouter une imprimante**.
- Dans l'assistant **Ajouter une imprimante**, cliquez sur **Ajouter une imprimante réseau, sans fil ou Bluetooth**.
- Si aucune imprimante réseau n'a été trouvée, cliquez sur **L'imprimante que je veux n'est pas répertoriée**, sinon sélectionnez une imprimante de la liste puis cliquez sur **Suivant**.
- Si vous n'avez pas trouvé d'imprimante, vous pouvez :
  - **Rechercher une imprimante dans l'annuaire** Active Directory pour autant qu'elle soit publiée dans celui-ci.
  - **Sélectionner une imprimante partagée par nom**, en utilisant le bouton **Parcourir** si la découverte réseau est activée, sinon en saisissant le nom UNC (\\serveur\imprimante) de l'imprimante, ou une imprimante Internet.
  - **Ajouter une imprimante à l'aide d'une adresse TCP/IP ou d'un nom d'hôte**, ce qui revient à créer un port standard TCP/IP.
- Sélectionnez l'option **Sélectionner une imprimante partagée par nom** et saisissez `\\Win1\Canon Inkjet Pixma IP3000`.

Si aucune erreur n'a été détectée, continuez l'ajout de l'imprimante comme montré dans la section précédente.

4. Configuration et gestion d'une imprimante

- Cliquez sur **Démarrer** puis sur **Panneau de configuration**.
- Si l'affichage du panneau de configuration n'est pas classique, cliquez sur **Imprimantes** dans le groupe **Matériel et audio** sinon cliquez directement sur **Imprimantes**.
- Dans la fenêtre **Imprimantes**, sélectionnez l'imprimante puis cliquez avec le bouton droit de la souris, enfin cliquez sur **Propriétés**.

Onglet Général

La partie supérieure de cet onglet permet de donner un nom à l'imprimante, un emplacement et d'ajouter un commentaire. Soyez explicite !

Concernant l'emplacement, il est possible d'utiliser la notion de site Active Directory si elle est définie et configurée. Dans ce cas, la zone de texte se transforme en zone déroulante pour la sélection de l'emplacement et une petite zone de texte pour définir l'emplacement final de l'imprimante.

La seconde partie affiche les fonctionnalités propres à l'imprimante.

Le bouton **Options d'impression** permet de définir l'orientation de la feuille (portrait ou paysage), l'ordre des pages (première à dernière ou dernière à première), le nombre de feuilles par page, d'indiquer s'il faut tracer une bordure, de sélectionner l'alimentation du papier, de sélectionner le type de papier, d'indiquer une impression en couleur ou en noir et blanc ainsi que de fournir des paramètres propres à chaque périphérique d'impression.

Pour éviter de donner trop d'autorisations à l'utilisateur afin de personnaliser les paramètres de l'imprimante, il est préférable de créer plusieurs imprimantes disposant chacune de paramètres spécifiques.

Le bouton **Imprimer une page de test** lance l'impression d'une page pour contrôler le fonctionnement de l'imprimante.

Onglet Partage

La case à cocher **Partager cette imprimante** active le partage de l'imprimante avec les paramètres par défaut.

Nom du partage est le nom de l'imprimante partagée ; évitez les espaces dans le nom.

L'option **Rendu des travaux d'impression sur les ordinateurs client** indique si une partie du travail de préparation de l'impression se fait sur l'ordinateur client.

L'option **Lister dans l'annuaire** publie l'imprimante dans l'Active Directory. Il est possible de rechercher l'imprimante dans l'Active Directory.

Il faut être attentif au fait que le bouton de publication de l'imprimante dans l'Active Directory ne fait qu'enregistrer l'imprimante auprès du serveur dans l'Active Directory. Dès lors, il est possible de modifier son emplacement.

L'avantage principal de publier une imprimante dans l'Active Directory réside d'une part dans le fait qu'il est facile de modifier la visibilité de l'imprimante et d'autre part que l'on peut être certain qu'une imprimante existe même si elle est temporairement hors ligne.

Il est recommandé de publier l'imprimante dans l'Active Directory.

Le bouton **Pilotes supplémentaires** permet d'ajouter des pilotes pour les versions X86, X64 ou Itanium des autres systèmes d'exploitation Microsoft utilisés.

Sur les clients antérieurs à Windows 2000, il faut installer une imprimante locale.

Onglet Ports

Cet onglet affiche la liste des ports disponibles actuellement sur le serveur d'impression, leur description et s'ils sont rattachés à une imprimante.

Le bouton **Ajouter un port** permet d'ajouter un port **Local**, un port **Standard TCP/IP** ou un autre type de port si vous possédez une disquette.

Le bouton **Supprimer le port** permet de supprimer le port sélectionné. Les ports définis par défaut ne peuvent être supprimés.

Le bouton **Configurer le port** permet éventuellement d'indiquer des paramètres pour le port sélectionné.

L'option **Activer la gestion du mode bidirectionnel** permet également au périphérique d'impression de communiquer avec l'imprimante.

L'option **Activer le pool d'imprimante** permet d'augmenter le débit d'impression en groupant plusieurs périphériques d'impression pour n'en faire plus qu'un. Il faut que tous les périphériques d'impression se situent au même emplacement, car l'utilisateur ne sait pas sur quel périphérique est envoyé son document, et qu'ils utilisent le même pilote, en d'autres termes que les périphériques d'impression soient identiques.

Onglet Avancé

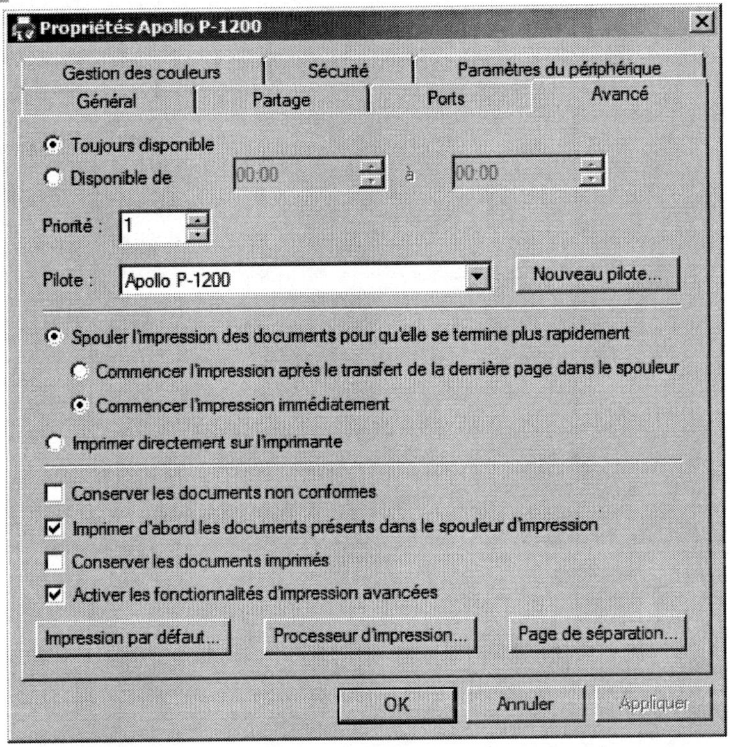

L'option **Toujours disponible** indique que l'imprimante est toujours prête pour imprimer des documents vers le périphérique d'impression. Pour une disponiblité moindre, il faut définir une fenêtre horaire journalière d'impression. Dans ce cas, les travaux d'impression sont toujours acceptés mais l'impression vers le périphérique d'impression se fait selon l'horaire défini.

En production, certains départements comme la Comptabilité nécessitent d'imprimer de gros documents qui prennent du temps. Cette impression bloque généralement les autres utilisateurs. Une solution à ce problème consiste à créer deux imprimantes avec des disponibilités différentes.

La **Priorité** s'utilise lorsqu'il existe plusieurs imprimantes pour le même périphérique d'impression dans le but qu'une imprimante soit prioritaire par rapport aux autres. La valeur de 1 est la moins prioritaire et la valeur de 99 est la plus prioritaire.

Certains utilisateurs exigent de pouvoir imprimer le plus rapidement possible. Il est possible de créer plusieurs imprimantes disposant de priorités différentes dont l'accessibilité est restreinte par des permissions afin de répondre à la demande.

La liste déroulante **Pilote** permet de sélectionner un pilote pour l'imprimante et le bouton **Nouveau pilote** d'ajouter un nouveau pilote pour l'imprimante.

Concernant le **Spouleur**, il est possible d'imprimer directement vers l'imprimante au lieu de stocker temporairement le document dans le répertoire de spool puis de l'imprimer. Cette méthode est utilisée principalement pour des périphériques d'impression non attachés.

Pour les options propres au spouleur, il est possible de choisir soit d'attendre que la dernière page du document soit placée dans le spool avant de lancer l'impression et de redonner la main à l'utilisateur, soit d'imprimer directement, ce qui permet de gagner du temps et de rendre la main à l'utilisateur rapidement.

La dernière section propose les options suivantes :

Conserver les documents non conformes permet d'éviter des erreurs causées par des documents disposant de tailles de papier différentes et de les imprimer.

Imprimer d'abord les documents présents dans le spouleur d'impression imprime en priorité les documents entièrement spoulés.

Conserver les documents imprimés n'efface pas les documents imprimés pour des raisons d'archivage ou dans le but d'imprimer plus rapidement d'autres exemplaires d'un même document.

Activer les fonctionnalités d'impression avancées utilise pour le rendu les données d'un métafichier EMF, l'ordre des pages, l'impression de livrets, etc.

Le bouton **Impression par défaut** permet de personnaliser certains paramètres propres au périphérique d'impression définis par son fabricant pour qu'ils soient utilisés par défaut.

Le bouton **Processeur d'impression** permet de sélectionner si nécessaire le moteur pour préparer la page.

Le bouton **Page de séparation** permet d'utiliser des pages de séparation pour imposer à l'imprimante un mode particulier. Il existe trois modes par défaut, à savoir :

- **Pcl.sep** impose à l'imprimante le mode PCL et imprime une page de séparation avant chaque document. Non compatible avec le langage PJL d'HP.
- **Pscript.sep** impose à l'imprimante le mode PostScript sans imprimer de page de séparation.
- **Sysprint.sep** impose à l'imprimante le mode PostScript et imprime une page de séparation avant chaque document.

Par défaut, ces pages se trouvent dans le répertoire %systemroot%\system32.

Onglet Gestion des couleurs

Le bouton **Gestion des couleurs** affiche une boîte de dialogue dans laquelle il est possible de définir, pour chaque périphérique d'impression, des profils pour gérer les couleurs et garantir le meilleur rendu possible, quel que soit le type de périphérique tel qu'un écran ou une imprimante.

Onglet Sécurité

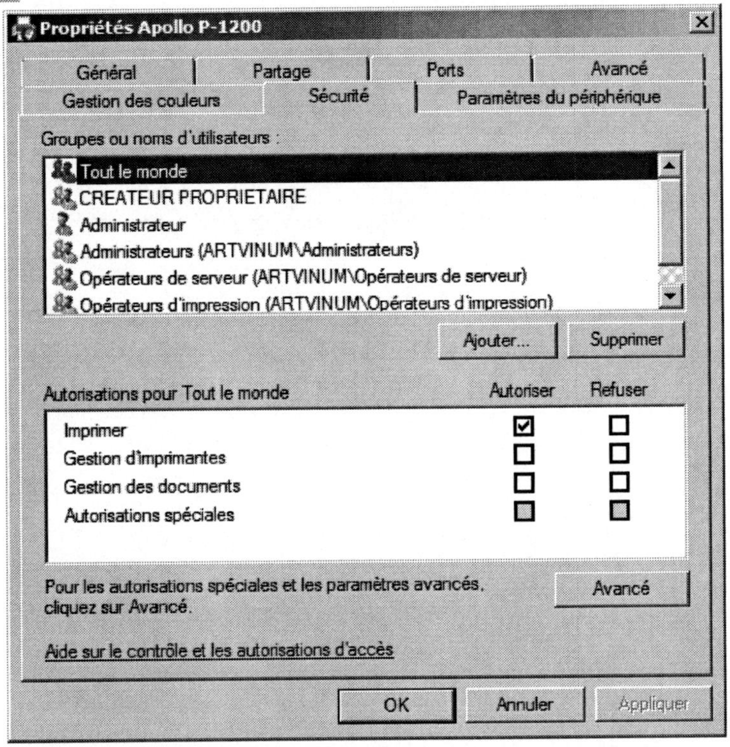

L'onglet **Sécurité** permet de gérer les permissions DACL applicables aux imprimantes. Chaque permission permet d'effectuer les opérations résumées dans le tableau suivant :

	Imprimer	**Gestion des documents**	**Gestion d'imprimantes**
Imprimer des documents	x	x	x
Connexion à des imprimantes	x	x	x
Suspendre, redémarrer ou annuler ses propres impressions	x	x	x
Gérer les paramètres pour les tâches d'impression		x	x
Suspendre, redémarrer et supprimer une impression		x	x
Partager une imprimante			x
Modifier les propriétés de l'imprimante			x
Modifier les permissions de l'imprimante			x
Supprimer des imprimantes			x

Par défaut, le groupe **Tout le monde** a la permission **Imprimer**.

Les administrateurs, les opérateurs de serveur et les opérateurs d'impression ont tous les droits sur le serveur d'impression.

Les autorisations spéciales (bouton **Avancé**) permettent également les opérations suivantes :

	Imprimer	**Gestion des documents**	**Gestion d'imprimantes**
Imprimer	x		x
Gestion d'imprimantes			x
Gestion des documents		x	
Autorisations de lecture	x	x	x
Modifier les autorisations		x	x
Appropriation		x	x

Dans la liste **Groupes ou noms d'utilisateurs**, vous trouvez les groupes ou les utilisateurs qui ont déjà reçu des permissions.

Pour simplifier la gestion des autorisations, il est conseillé d'assigner les permissions aux groupes et d'utiliser des groupes suffisamment génériques.

Les boutons **Ajouter** et **Supprimer** permettent d'ajouter des utilisateurs et des groupes pour leur assigner des permissions.

La liste **Autorisations** permet de définir les permissions pour le groupe ou l'utilisateur sélectionné. S'il faut utiliser des permissions spéciales, cliquez sur le bouton **Avancé**.

Ce bouton ouvre une boîte de dialogue identique à celle décrite pour les permissions **NTFS** (cf. la section Les permissions NTFS (*New Technology File System*) du chapitre Mise en œuvre du serveur de fichiers) qui permet de gérer les **autorisations spéciales**, de définir un **propriétaire** et de retrouver les **autorisations effectives**.

Onglet Paramètres du périphérique

Cet onglet est réservé pour configurer des paramètres propres à l'imprimante, définis par le fabricant. Pour éviter que les utilisateurs ne modifient ces paramètres, il est conseillé de créer plusieurs imprimantes, chacune étant spécifique à une catégorie d'utilisateurs.

5. Gestion des propriétés du serveur d'impression

→ Connectez-vous en tant qu'administrateur sur **Win1**.

→ Cliquez sur **Démarrer** puis sur **Panneau de configuration**.

→ Si l'affichage du panneau de configuration n'est pas classique, cliquez sur **Imprimantes** dans le groupe **Matériel et audio** sinon cliquez directement sur **Imprimantes**.

→ Dans la fenêtre **Imprimantes**, cliquez sur l'option **Propriétés du serveur** du menu **Fichier**.

Onglet Formulaires

Cet onglet permet d'ajouter, de modifier ou de supprimer des formulaires papiers adaptés aux besoins de votre entreprise.

Malheureusement, il n'est pas possible de supprimer les formulaires définis par défaut.

Il est conseillé de créer des formulaires qui peuvent être associés à une imprimante et de créer autant d'imprimantes que nécessaire.

Onglet Ports

Cet onglet permet de définir des ports pour connecter logiquement une imprimante à un périphérique d'impression.

Dans les sections précédentes, il a été montré comment ajouter un port.

Cet onglet est identique à celui présenté pour les imprimantes. Il fait double emploi.

Onglet Pilotes

L'onglet **Pilotes** permet de gérer les pilotes au niveau du serveur d'impression et de visualiser les propriétés des pilotes installés.

Le bouton **Ajouter** affiche l'assistant pour ajouter de nouveaux pilotes.

Le bouton **Supprimer** supprime le ou les pilotes sélectionnés.

Le bouton **Propriétés** affiche la liste des fichiers composant le pilote. Pour chaque fichier, il est possible de visualiser ses propriétés. Cette option est très utile pour le dépannage.

Il faut ajouter les pilotes pour tous les systèmes d'exploitation à partir desquels les travaux d'impression sont lancés. Il faut également disposer de la bonne version du pilote en fonction du processeur.

Onglet Avancé

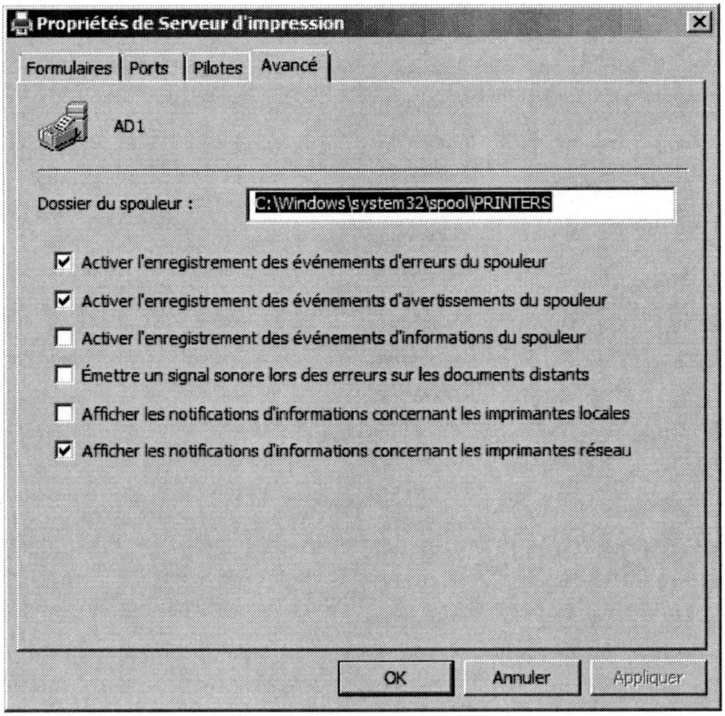

Le **Dossier du spouleur** se trouve par défaut dans %systemroot%\system32\spool\printers ; il peut être déplacé sur un autre emplacement.

Il faut s'assurer que les utilisateurs qui peuvent imprimer disposent des droits de modification sur le dossier du spouleur.

S'il n'existe plus assez d'espace disque disponible dans le dossier de spool, l'impression ne peut s'effectuer et la demande dans la file d'impression est détruite sans que l'utilisateur en soit averti.

Sur un serveur d'impression, il est conseillé de déplacer ce dossier sur un autre disque pour des raisons de performance.

S'il n'est pas possible d'annuler des documents, il est possible d'arrêter le spouleur avec la commande **net stop spooler** ; ensuite supprimez les documents dans le dossier du spouleur puis redémarrez les services avec **net start spooler**.

Les cases à cocher suivantes permettent de définir quels types d'événements seront enregistrés dans le journal d'événements Application :

- **Activer l'enregistrement des événements d'erreurs du spouleur**
- **Activer l'enregistrement des événements d'avertissements du spouleur**
- **Activer l'enregistrement des événements d'informations du spouleur**

Les autres cases à cocher concernent des notifications :

- **Émettre un signal sonore lors des erreurs sur les documents distants**
- **Afficher les notifications d'informations concernant les imprimantes locales**
- **Afficher les notifications d'informations concernant les imprimantes réseau**

6. Gestion des documents

Un utilisateur peut gérer ses propres documents dans la file d'attente avec la permission **Imprimer**. Les permissions **Gestion des documents** et **Gestion d'imprimantes** permettent de gérer tous les documents de l'imprimante.

La procédure suivante montre la gestion d'un document de la file d'attente :

→ Connectez-vous en tant qu'administrateur sur le serveur d'impression.

→ Cliquez sur **Démarrer** puis sur **Panneau de configuration**.

→ Si l'affichage du panneau de configuration n'est pas classique, cliquez sur **Imprimantes** dans le groupe **Matériel et audio**, sinon cliquez directement sur **Imprimantes**. La liste des imprimantes s'affiche.

→ Double cliquez sur l'imprimante dont vous voulez gérer un document. La liste d'attente des documents en cours s'affiche dans une fenêtre.

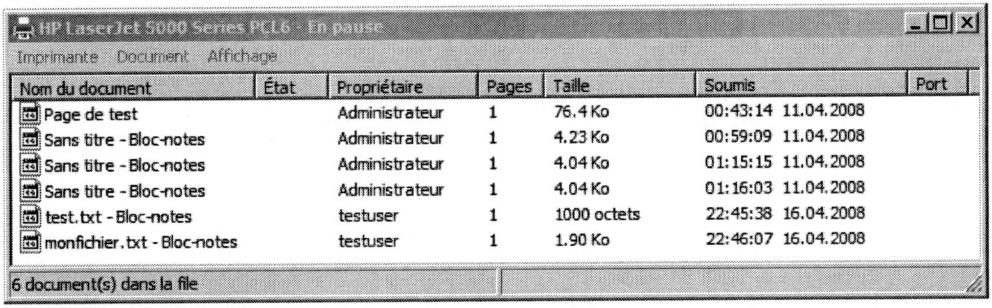

→ Sélectionnez le document puis cliquez avec le bouton droit de la souris et sélectionnez une des actions suivantes :

- **Suspendre** arrête l'impression du document en cours.
- **Redémarrage** reprend l'impression d'un document suspendu.
- **Annuler** supprime l'impression d'un document.
- **Propriétés** permet de visualiser et de modifier certaines propriétés du document à imprimer. Excepté l'onglet **Général**, les onglets de la boîte de dialogue **Propriétés** dépendent du fabricant du périphérique d'impression et il n'est pas toujours possible de modifier ces paramètres.

Pour mettre en pause, reprendre ou annuler tous les documents de l'imprimante, il faut utiliser les commandes du menu **Imprimante**.

L'onglet **Général** affiche le nom du fichier, sa taille, le nombre de pages, le moteur utilisé et le format des données, le propriétaire et l'heure de soumission de l'impression.

Il est possible de modifier :

- L'utilisateur à notifier en modifiant le nom de l'utilisateur dans la zone de saisie **Avertir**.
- La **Priorité** du document dans la file d'attente de faible (1) à élevée (99).

- La **Planification** si une restriction d'horaire doit être appliquée.

D. Rôle Services d'impression

Le rôle de serveur d'impression installe un utilitaire de gestion centralisée des imprimantes de l'entreprise. Apparu avec Windows Server 2003 R2, il est parfaitement bien conçu et se positionne au-dessus du gestionnaire d'impression local pour les ordinateurs fonctionnant sous Windows 2000, Windows XP, Windows Server 2003 et Windows Server 2008.

Vous devez être membre du groupe **Administrateurs** local du serveur ou membre des **Administrateurs de domaine**.

Cet utilitaire est automatiquement installé sur des ordinateurs exécutant Windows Vista et permet de gérer jusqu'à 10 ordinateurs.

1. Ajout du rôle Services d'impression

Win1 WinAD

- Connectez-vous en tant qu'administrateur sur Win1.
- Cliquez sur **Démarrer - Outils d'administration** puis **Gestionnaire de serveur**.
- Dans le volet de gauche, cliquez sur **Rôles**.
- Sur la page principale **Rôles**, cliquez sur **Ajouter des rôles**.
- Si la page **Avant de commencer** apparaît, cliquez sur **Suivant**.
- Sur la page **Rôles de serveur**, sélectionnez **Services d'impression** puis cliquez sur **Suivant**.
- Sur la page **Services d'impression**, lisez éventuellement les informations supplémentaires puis cliquez sur **Suivant**.
- Sur la page **Services de rôle**, le service **Serveur d'impression** est déjà sélectionné mais vous pouvez ajouter les services facultatifs **Services LPD** et **Impression Internet** examinés plus loin. Ensuite, cliquez sur **Suivant**.
- Sur la page **Confirmation**, contrôlez les informations puis cliquez sur **Installer**.
- Contrôlez le résultat de l'installation sur la page **Résultats** puis cliquez sur **Fermer**.

2. Gestion à l'aide du rôle Services d'impression

Win1 WinAD

Il s'agit de démarrer une console MMC appelée **Printmanagement.msc**.

- Connectez-vous en tant qu'administrateur sur Win1.
- Cliquez sur **Démarrer - Outils d'administration** puis **Gestion de l'impression**.

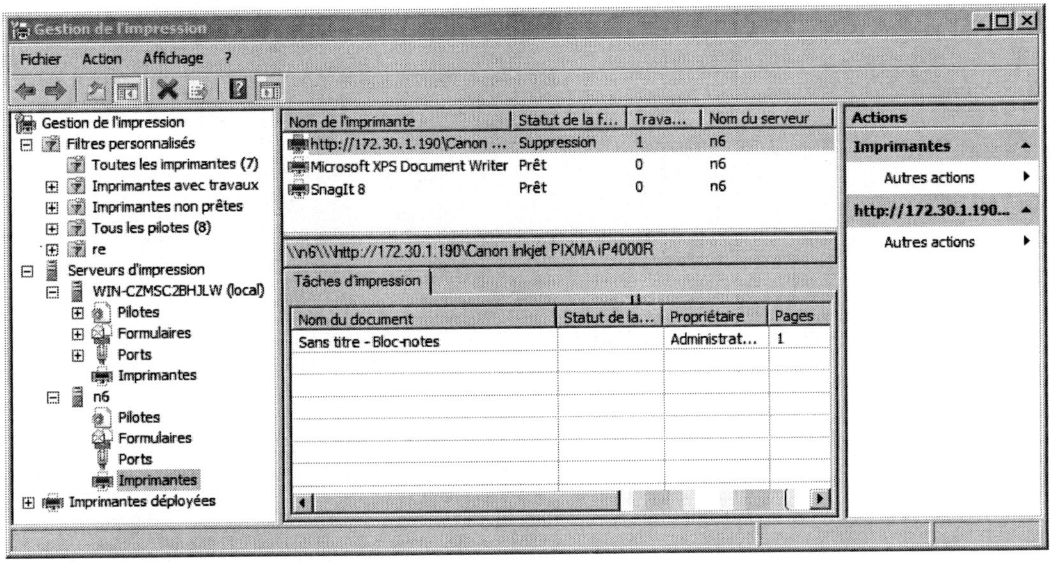

Le volet de gauche permet de se déplacer sur quatre niveaux, à savoir :

- Le gestionnaire d'impression.
- Le serveur d'impression.
- L'imprimante.
- Les imprimantes déployées.

Au niveau de la gestion de l'impression, les actions possibles sont :

- Ajouter/supprimer des serveurs.
- Migrer les imprimantes.
- Ajouter/supprimer des filtres.

a. Ajouter/supprimer des serveurs

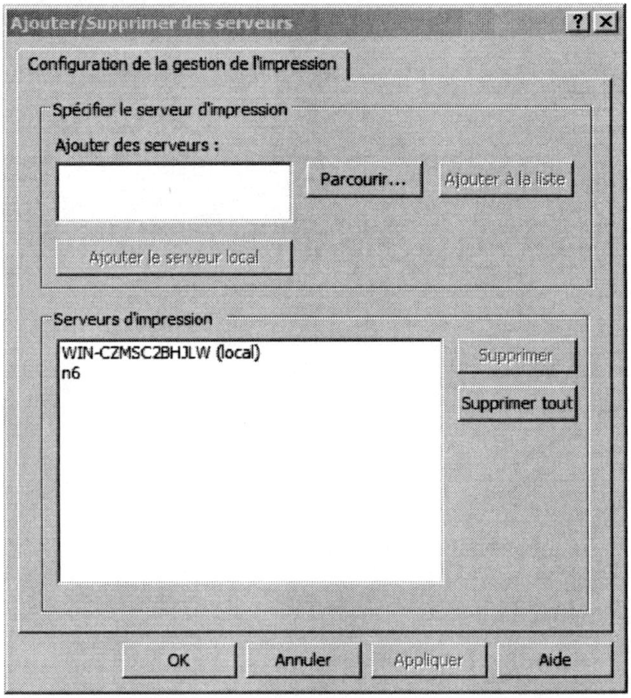

Il est possible d'ajouter et de supprimer des serveurs pour les gérer à distance avec l'action **Ajouter/supprimer des serveurs** (pour que cette action soit disponible, sélectionnez **Gestion de l'impression** dans le volet de gauche). Vous pouvez les ajouter en saisissant le nom de l'ordinateur ou les rechercher à l'aide de la découverte réseau, si cette fonctionnalité est activée, via le bouton **Parcourir**. Pour ajouter l'ordinateur local, cliquez sur **Ajouter le serveur local**.

Pour supprimer un serveur, sélectionnez-le dans la boîte de dialogue puis cliquez sur **Supprimer**, sinon utilisez le bouton **Supprimer tout** pour supprimer tous les serveurs d'impression de la liste.

Sur le serveur d'impression distant, il faut s'assurer que les règles entrantes suivantes du pare-feu sont activées : **Partage de fichiers et d'imprimantes (SMB-Entrée)** et **Partage de fichiers et d'imprimantes (service Spouleur - RPC)**.

b. Migrer les imprimantes

La migration des imprimantes permet de déplacer des imprimantes et leurs pilotes d'un serveur d'impression à un autre en utilisant des fichiers.

L'assistant permet d'importer ou d'exporter des imprimantes.

Exportation d'imprimantes

→ Dans la console **Gestion de l'impression**, cliquez avec le bouton droit de la souris sur **Gestion de l'impression** dans le volet de gauche puis cliquez sur **Migrer les imprimantes**.

- Sur la page **Mise en route de la migration d'imprimante**, choisissez l'option d'exportation des files d'attentes d'impression, puis cliquez sur **Suivant**.
- Sur la page **Sélectionner le serveur d'impression**, sélectionnez le serveur actuel ou un autre serveur d'impression, puis cliquez sur **Suivant**.
- Sur la page **Vérifiez la liste des éléments à exporter**, vérifiez les imprimantes et les options qui seront exportées, puis cliquez sur **Suivant**. Notez que la granularité est toutes les imprimantes et objets du serveur d'impression.
- Sur la page **Sélectionner l'emplacement du fichier**, saisissez ou recherchez un chemin complet avec un nom de fichier d'exportation disposant d'une extension **printerExport**, puis cliquez sur **Suivant**.
- L'exportation peut durer plusieurs minutes avant que la page **Exportation** n'apparaisse. Ensuite, cliquez sur **Ouvrir l'observateur d'événements** pour vérifier que l'exportation s'est déroulée correctement, puis cliquez sur **Terminer**. La taille du fichier généré peut prendre plusieurs centaines de mégaoctets.

L'exportation d'imprimantes ne supprime pas les imprimantes du serveur d'exportation.

Importation d'imprimantes

- Dans la console **Gestion de l'impression**, cliquez avec le bouton droit de la souris sur **Gestion de l'impression** dans le volet de gauche, puis cliquez sur **Migrer les imprimantes**.
- Sur la page **Mise en route de la migration d'imprimante**, choisissez l'option d'importation des files d'attente d'impression, puis cliquez sur **Suivant**.
- Sur la page **Sélectionner l'emplacement du fichier**, sélectionnez le fichier contenant les imprimantes à importer, puis cliquez sur **Suivant**.
- Sur la page **Vérifiez la liste des éléments à importer**, contrôlez les imprimantes et autres objets qui seront importés puis cliquez sur **Suivant**.
- Sur la page **Sélectionner le serveur d'impression**, sélectionnez le serveur actuel ou un autre serveur d'impression puis cliquez sur **Suivant**.
- Sur la page **Sélectionner les options d'importation**, dans la liste déroulante **Mode d'importation** vous pouvez choisir soit de remplacer les imprimantes existantes, soit de créer des copies si l'imprimante est déjà installée. La liste déroulante **Liste dans l'annuaire** permet de publier toutes les imprimantes, aucune ou seulement celles qui ne sont pas déjà publiées. Enfin il est possible de **Convertir les ports LPR en moniteurs de port standard** avant de cliquer sur **Suivant**.
- L'importation peut durer plusieurs minutes avant que la page **Importation** n'apparaisse. Ensuite, cliquez sur **Ouvrir l'observateur d'événements** pour vérifier que l'importation s'est déroulée correctement puis cliquez sur **Terminer**.

c. Les filtres

Les filtres permettent d'afficher simplement des informations sur les imprimantes comme le statut, l'emplacement, le nom du partage, etc.

D'autre part, vous pouvez créer des filtres pour signaler le passage à un état spécifique dès que les conditions d'un filtre sont satisfaites, puis notifier le nouvel état par e-mail ou démarrer un script.

Des filtres prédéfinis permettent de visualiser :

- **Toutes les imprimantes**: affiche toutes les imprimantes visibles depuis la console Gestion de l'impression.
- **Imprimantes avec travaux**: affiche toutes les imprimantes ayant au moins un travail en cours.
- **Imprimantes non prêtes**: affiche toutes les imprimantes dont le statut est différent de Prêt.
- **Tous les pilotes**: affiche tous les pilotes visibles depuis l'utilitaire Gestion de l'impression.

Il n'est pas possible de supprimer un filtre prédéfini.

Création d'un nouveau filtre

→ Dans la console **Gestion de l'impression**, cliquez avec le bouton droit de la souris sur **Filtres personnalisés** dans le volet de gauche puis cliquez sur **Ajouter un nouveau filtre d'imprimante**.

→ Sur la page **Nom et description du filtre d'imprimante** de l'Assistant Nouveau filtre d'imprimante, saisissez un nom pour le filtre qui soit explicite, éventuellement une description, et cochez la case **Afficher le nombre total d'imprimantes à côté du nom du filtre d'imprimante** si nécessaire avant de cliquer sur **Suivant**.

→ Sur la page **Définir un filtre d'imprimante**, indiquez un critère par ligne basé sur la notion de **Champ Condition Valeur**. L'opérateur logique **ET** est utilisé entre les critères. À la fin, cliquez sur **Suivant**.

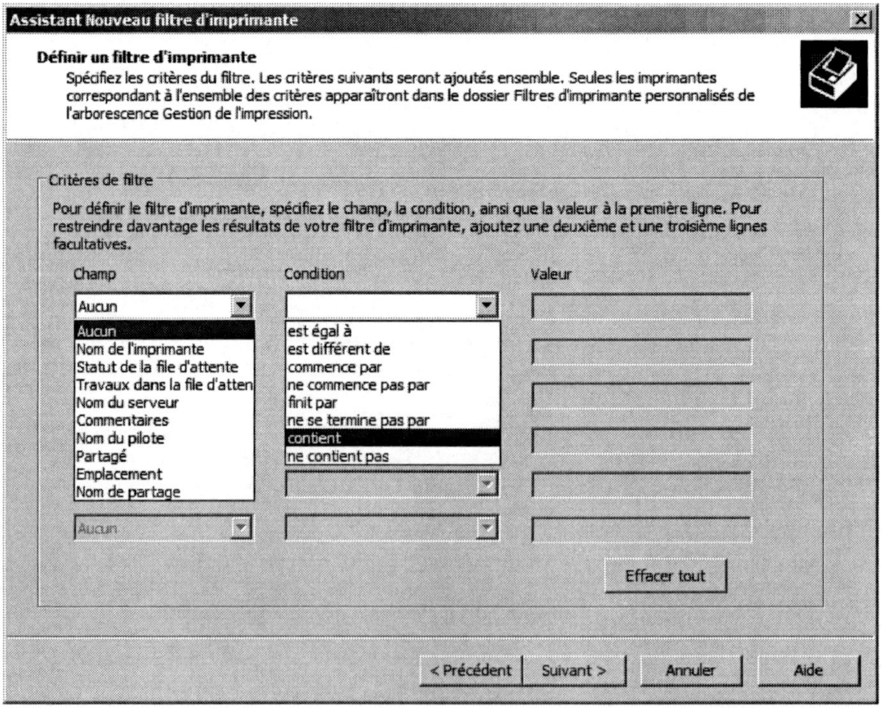

→ Sur la page **Définir des notifications (facultatif)**, vous pouvez choisir d'**Envoyer une notification par courrier électronique** en tapant l'adresse e-mail de l'expéditeur et du destinataire, le nom du serveur SMTP, et le message. Le bouton **Tester** permet de tester l'envoi du message. Vous pouvez également choisir d'**Exécuter le script** désigné par son chemin d'accès, ce script pouvant comprendre des arguments. Cela peut être utile dans le cas où l'imprimante se met en erreur, le script pouvant redémarrer le spouleur. Le bouton **Tester** permet d'exécuter le script. Ensuite, cliquez sur **Terminer**.

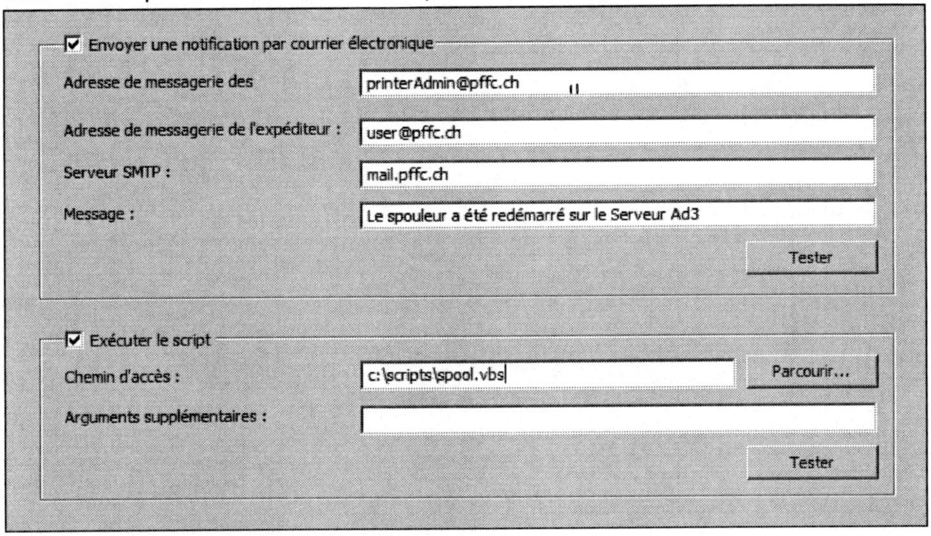

d. Gestion au niveau Serveurs d'impression

À ce niveau, il n'est possible que d'ajouter ou de supprimer un serveur d'impression comme montré dans les sections précédentes.

e. Gestion au niveau du serveur d'impression

Les actions possibles sont :

- **Ajouter une imprimante** à l'aide d'un assistant semblable à l'assistant d'ajout d'une imprimante sur le serveur.
- **Exporter les imprimantes vers un fichier**, qui permet d'exporter les imprimantes via l'assistant de migration.
- **Importer les imprimantes depuis un fichier**, qui permet d'importer les imprimantes via l'assistant de migration.
- **Définir des notifications** pour envoyer des messages électroniques.
- **Visualiser les propriétés** du serveur d'impression.

Les actions sont identiques à une gestion locale du serveur.

Les quatre éléments d'un serveur d'impression permettent d'accéder rapidement aux onglets suivants :

- Pilotes

- Formulaires
- Ports
- Imprimantes

Au niveau **Imprimantes**, il est possible :

- d'**Ajouter une imprimante**,
- d'afficher la file d'attente de l'imprimante dans la fenêtre principale : **Affichage étendu**.

f. Gestion au niveau de l'imprimante

Le niveau suivant est l'imprimante, les actions possibles sont :

- **Ouvrir la file d'attente de l'imprimante** : affiche la file d'attente dans une autre fenêtre.
- **Répertorier dans l'annuaire** : publie l'imprimante dans l'Active Directory.
- **Déployer avec la stratégie de groupe** : déploie automatiquement des connexions. Pour des ordinateurs antérieurs à Windows Vista, il faut utiliser l'utilitaire **Push PrinterConnections.exe**.

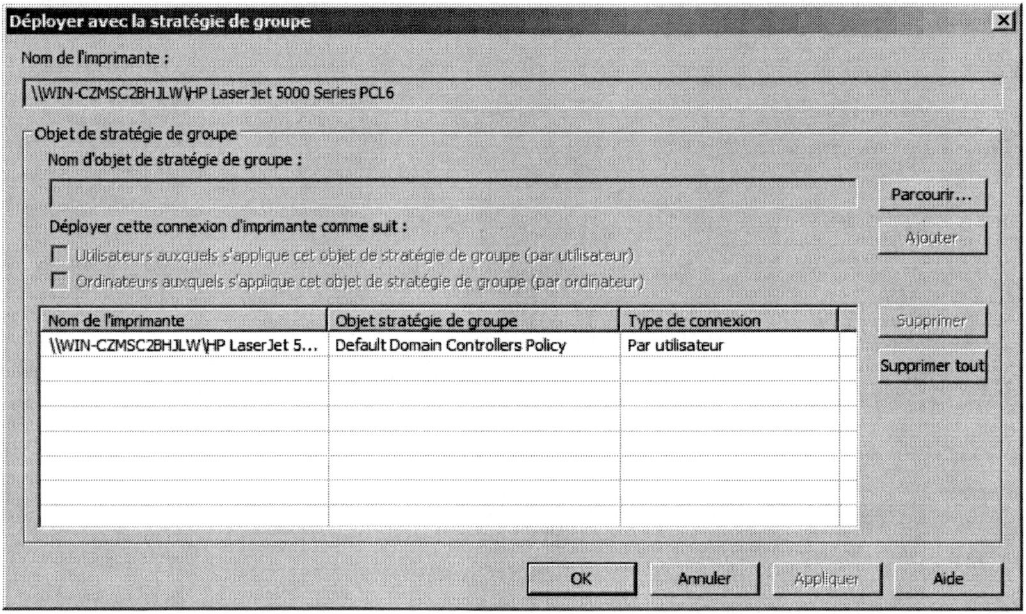

La procédure est la suivante :

→ Cliquez sur **Parcourir** pour sélectionner une stratégie de groupe.

→ Indiquez si cette imprimante doit être déployée par utilisateur et/ou par ordinateur.

→ Si l'imprimante doit également être déployée pour d'autres stratégies de groupe, répétez l'opération, puis à la fin cliquez sur **OK**.

C'est la méthode recommandée pour installer des imprimantes. Son autre avantage est de pouvoir déployer ou mettre à jour des pilotes sans que l'utilisateur soit membre du groupe Administrateurs local.

Dans un environnement d'entreprise, n'oubliez pas d'ajouter l'utilitaire **PushPrinterConnections** dans le script de GPO pour l'installer sur l'ordinateur client.

g. Gestion des imprimantes déployées

Après avoir déployé une imprimante avec une stratégie de groupe, il est possible de la gérer ici. En fait, il s'agit d'un filtre qui affiche toutes les imprimantes déployées avec la stratégie de groupe.

La seule opération possible est la modification de la stratégie définie.

E. Impression Internet IPP

L'impression Internet IPP est surtout utilisée par les administrateurs pour gérer les files d'attente d'une imprimante, ou un document sur un serveur d'impression, en utilisant le protocole HTTP/HTTPS au lieu du protocole RPC.

L'impression Internet peut également être utilisée pour ajouter une imprimante réseau en indiquant une URL plutôt qu'un chemin UNC.

Pour l'utilisateur, l'impression Internet peut être utilisée pour se connecter à une imprimante via Internet en utilisant un navigateur Web, ce qui installe automatiquement si nécessaire le pilote correspondant et ajoute une imprimante dont le protocole d'accès est HTTP/HTTPS.

Le protocole RPC est le premier choix pour imprimer à distance.

Si des restrictions empêchent son utilisation, par défaut il n'est pas possible d'imprimer jusqu'à ce que le client d'Impression Internet soit installé (Windows Vista et Windows 2008) pour utiliser le protocole HTTP/HTTPS à la place de RPC.

1. Installation du service de rôle Impression Internet

Impression Internet est un service de rôle qui dépend du serveur d'impression et du serveur Web IIS.

Si le service d'impression Internet n'est pas encore installé, référez-vous à l'installation du rôle Services d'impression montré dans la section précédente.

Si ce service est installé, mais que l'Impression Internet n'est pas encore installée, procédez ainsi :

- Connectez-vous en tant qu'administrateur sur le serveur d'impression, ici Win1.
- Cliquez sur **Démarrer - Outils d'administration** puis sur **Gestionnaire de serveur**.
- Dans le volet de gauche, cliquez sur le nœud **Rôles** pour développer l'arborescence.
- Cliquez sur **Services d'impression**.
- Dans la fenêtre principale **Services d'impression**, cliquez sur l'action **Ajouter des services de rôle**.
- Sur la page **Services de rôle**, sélectionnez **Impression Internet** puis cliquez sur **Suivant**.
- Si la boîte de dialogue **Ajouter des services de rôle** apparaît, cliquez sur **Ajouter les services de rôle**.
- Sur la page **Serveur Web (IIS)**, cliquez sur **Suivant**.

→ Sur la page **Services de rôle**, cliquez sur **Suivant**.
→ Sur la page **Confirmation**, contrôlez vos informations puis cliquez sur **Installer**.
→ Contrôlez le résultat de l'installation sur la page **Résultats** puis cliquez sur **Fermer**.

Le répertoire virtuel **Printers** est ajouté au site par défaut du serveur Web. Sur le disque, il se trouve dans **%systemroot%\web\printers**. L'application **Impression Internet** utilise des pages **ASP**.

Il peut s'avérer nécessaire de modifier sur le serveur Web la méthode d'authentification du répertoire virtuel.

Ajoutez un certificat SSL pour améliorer la sécurité en utilisant le protocole HTTPS et pas HTTP.

2. Connexion et installation d'une imprimante

→ Connectez-vous en tant qu'utilisateur sur une station de travail, ici Win2.
→ Ouvrez Internet Explorer et saisissez l'URL suivante http://NomServerIPP/printers

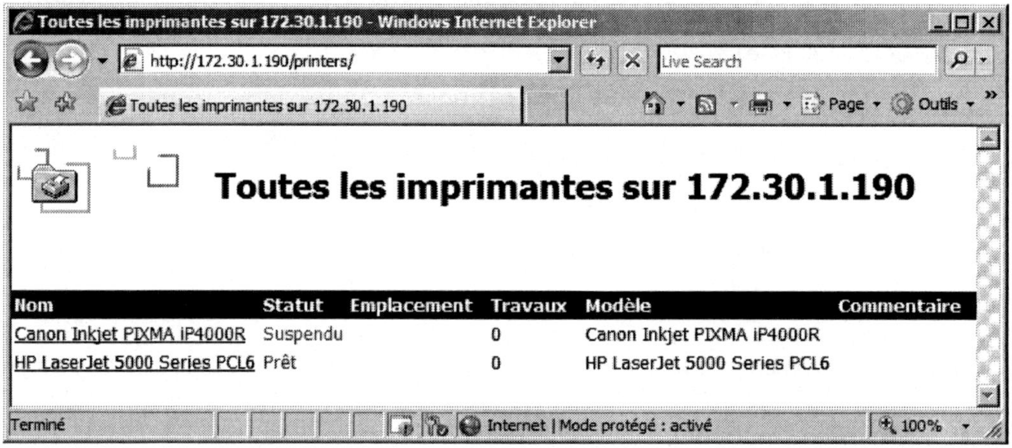

L'utilisateur peut voir toutes les imprimantes du serveur d'impression sur lesquelles il a des droits.

→ Cliquez sur le nom d'une des imprimantes affichées. Si c'est la première fois que vous vous connectez à cette imprimante, le volet de gauche affiche la commande **Connexion**.

Pour utiliser cette commande, il faut être membre du groupe **Administrateurs** ou **Utilisateurs avec pouvoir** de l'ordinateur local.

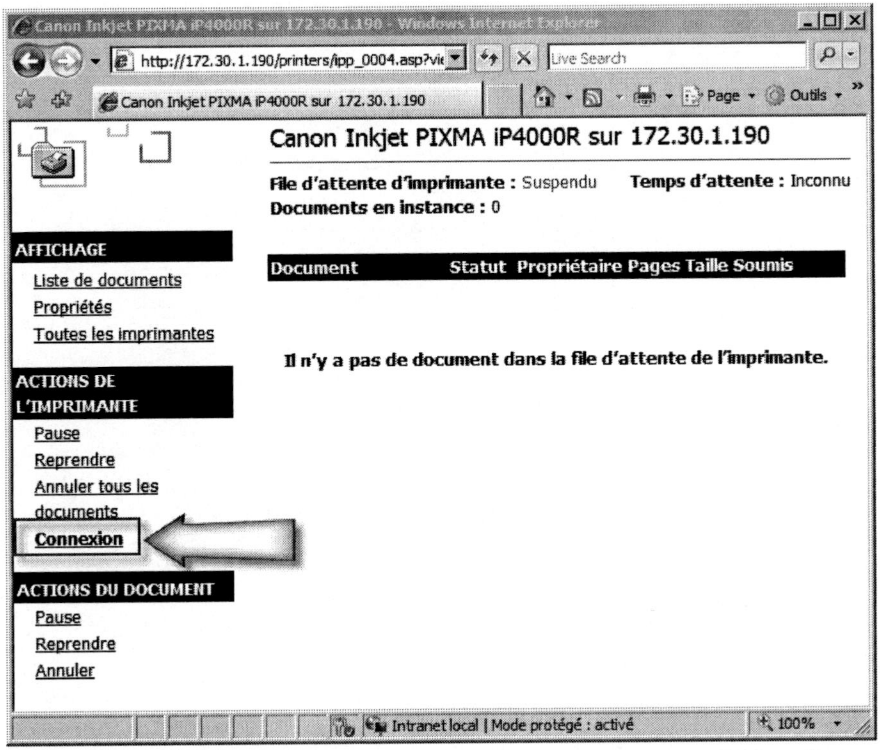

→ Dans la boîte de dialogue **Ajouter une connexion d'imprimante Web**, cliquez sur **Oui** pour ajouter une connexion d'imprimante.

Pour des clients Windows Vista et Windows Server 2008, les options de sécurité d'Internet Explorer, voire des stratégies de groupe, peuvent empêcher le téléchargement et l'installation du pilote. Une erreur de type **Le nom de l'imprimante est invalide** peut apparaître. Dans ce cas, il faut soit modifier les paramètres bloquants, comme par exemple modifier les règles de sécurité d'Internet Explorer à **Moyenne-basse**, soit installer l'imprimante par un autre moyen.

S'il n'est pas déjà installé, alors le pilote est installé et l'imprimante est ajoutée sur l'ordinateur local.

Si l'impression Internet a été ajoutée au serveur d'impression, il est possible d'utiliser l'URL suivante pour ajouter une imprimante :
http://serveur/printers/NomImprimantePartagée/.printer

L'imprimante Internet a été ajoutée comme on peut le voir dans la figure suivante :

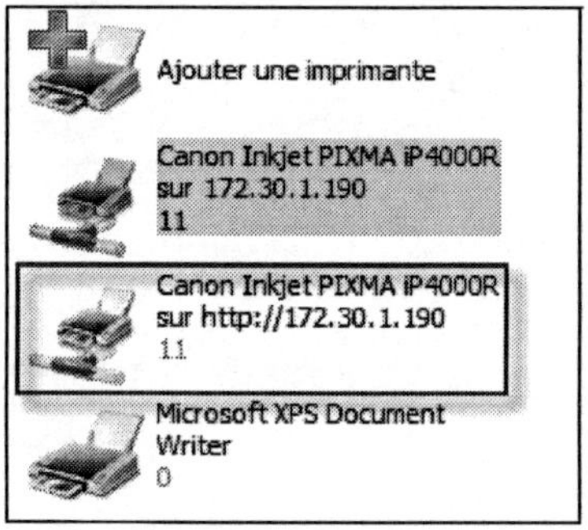

Vous pouvez modifier les propriétés de l'imprimante. Vous pouvez configurer le port et modifier les options de sécurité pour permettre une authentification différente. Il n'est pas possible de partager une imprimante Internet.

Une imprimante réseau ne peut pas passer les pare-feu, excepté si un VPN est utilisé. Avec une imprimante Internet, les pare-feu ne sont pas un obstacle.

3. Gestion à l'aide de l'impression Internet

- Connectez-vous en tant qu'administrateur sur une station de travail, ici Win2.
- Ouvrez Internet Explorer et saisissez l'URL suivante : http://NomServerIPP/printers. La page s'ouvre et affiche toutes les imprimantes du serveur d'impression.
- Cliquez sur le lien correspondant au nom d'une imprimante.

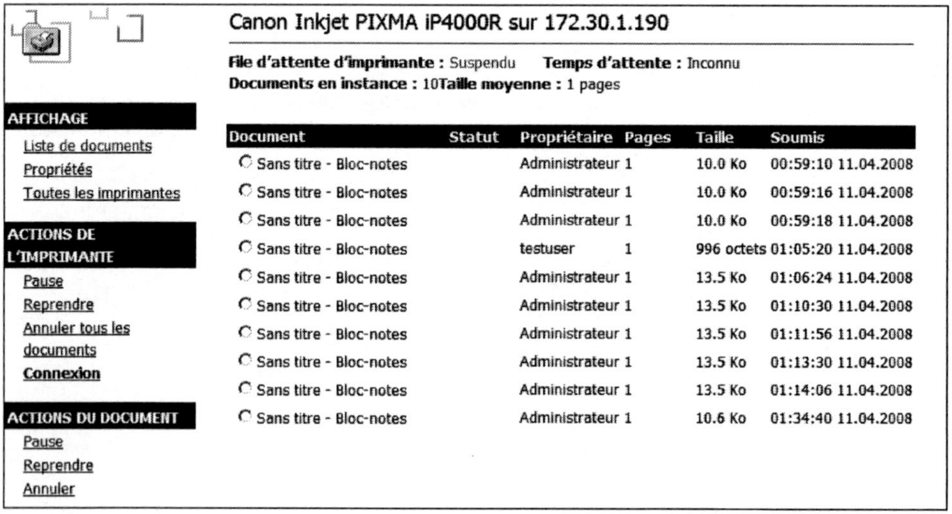

Canon Inkjet PIXMA iP4000R sur 172.30.1.190

File d'attente d'imprimante : Suspendu **Temps d'attente :** Inconnu
Documents en instance : 10**Taille moyenne :** 1 pages

AFFICHAGE
Liste de documents
Propriétés
Toutes les imprimantes

ACTIONS DE L'IMPRIMANTE
Pause
Reprendre
Annuler tous les documents
Connexion

ACTIONS DU DOCUMENT
Pause
Reprendre
Annuler

Document	Statut	Propriétaire	Pages	Taille	Soumis
Sans titre - Bloc-notes		Administrateur	1	10.0 Ko	00:59:10 11.04.2008
Sans titre - Bloc-notes		Administrateur	1	10.0 Ko	00:59:16 11.04.2008
Sans titre - Bloc-notes		Administrateur	1	10.0 Ko	00:59:18 11.04.2008
Sans titre - Bloc-notes		testuser	1	996 octets	01:05:20 11.04.2008
Sans titre - Bloc-notes		Administrateur	1	13.5 Ko	01:06:24 11.04.2008
Sans titre - Bloc-notes		Administrateur	1	13.5 Ko	01:10:30 11.04.2008
Sans titre - Bloc-notes		Administrateur	1	13.5 Ko	01:11:56 11.04.2008
Sans titre - Bloc-notes		Administrateur	1	13.5 Ko	01:13:30 11.04.2008
Sans titre - Bloc-notes		Administrateur	1	13.5 Ko	01:14:06 11.04.2008
Sans titre - Bloc-notes		Administrateur	1	10.6 Ko	01:34:40 11.04.2008

Le volet de gauche est séparé en plusieurs sections :

- **Affichage**
  - **Liste de documents** affiche les documents en attente d'impression de la file d'attente de l'imprimante sélectionnée.
  - **Propriétés** affiche les propriétés de l'imprimante.
  - **Toutes les imprimantes** affiche toutes les imprimantes du serveur d'impression.
- **Actions de l'imprimante** agit sur l'imprimante sélectionnée.
  - **Pause** met en pause l'impression au niveau de l'imprimante.
  - **Reprendre** reprend l'impression au niveau de l'imprimante.
  - **Annuler tous les documents** supprime de la file d'attente tous les documents de l'imprimante.
  - **Connexion** ajoute une imprimante Internet à l'ordinateur local.
- **Actions du document** agit sur les documents sélectionnés.
  - **Pause** met en pause l'impression des documents sélectionnés.
  - **Reprendre** reprend l'impression des documents sélectionnés.
  - **Annuler** supprime de la file d'attente des documents sélectionnés.

F. Services LPD

Installation du service de rôle Services LPD

Si le service d'impression Internet n'est pas encore installé, référez-vous à l'installation du rôle Services d'impression montré dans une section précédente.

Si ce service est installé, mais que les services LPD ne sont pas encore installés, procédez de la manière suivante :

→ Connectez-vous en tant qu'administrateur.

→ Cliquez sur **Démarrer - Outils d'administration** puis **Gestionnaire de serveur**.

→ Dans le volet de gauche, cliquez sur le nœud **Rôles** pour développer l'arborescence.

→ Cliquez sur **Services d'impression**.

→ Dans la fenêtre principale **Services d'impression**, cliquez sur l'action **Ajouter des services de rôle**.

→ Sur la page **Services de rôle**, sélectionnez **Services LPD** puis cliquez sur **Suivant**.

→ Sur la page **Confirmation**, contrôlez vos informations puis cliquez sur **Installer**.

→ Contrôlez le résultat de l'installation sur la page **Résultats** puis cliquez sur **Fermer**.

Le service Serveur d'impression TCP/IP est installé (LPDSVC).

Ce service ne se configure pas, il n'agit que comme proxy entre les impressions LPR et l'impression Windows.

Sous Windows 2008, il est possible d'imprimer sur une imprimante LPR si la fonctionnalité moniteur de port LPR est installée.

Une règle ouvrant le port 515 est automatiquement créée pour le trafic entrant, appelée Serveur d'impression TCP/IP.

G. Rôle Services d'impression sur un Server Core

Core1 WinAD

Sur un Server Core, il n'est pas possible d'installer une imprimante tant que le rôle n'est pas installé. Dès son installation, le répertoire Printing_Admin_Scripts et les scripts vbs correspondants ont été ajoutés.

Installation du rôle Services d'impression

- Dans l'invite de commande, saisissez `start /w ocsetup Printing-Server-Core-Role`.
- Pour contrôler que le serveur d'impression est bien installé : `oclist`.

Désinstallation du rôle Services d'impression

- Dans l'invite de commande, saisissez `start /w ocsetup Printing-Server-Core-Role /uninstall` puis appuyez sur [Entrée].
- Pour contrôler que le serveur d'impression est bien désinstallé : `oclist`.

Gestion du rôle Services d'impression

La gestion du rôle des services d'impression se fait à l'aide de la console Gestion d'impression à distance.

Il est possible de gérer le rôle Services d'impression sur un Server Core à partir d'un serveur Windows Server 2008, d'une station de travail Windows Vista ou par l'intermédiaire de scripts.

H. Utilitaires ligne de commande

Core1 Win1 WinAD

Dans le répertoire Printing_Admins_Scripts\fr-FR dont le chemin est %systemroot%\system32\ se trouvent 7 scripts vbs permettant de gérer des imprimantes en utilisant la ligne de commande ou des scripts.

Ces commandes ne sont pas disponibles sur un Server Core tant que le service d'impression n'est pas installé.

Forcez l'utilisation du moteur **cscript** en précisant **cscript** avant le nom de la commande.

1. Prncnfg.vbs

Cette commande permet de configurer ou d'afficher des informations concernant une imprimante ; la syntaxe complète est la suivante :

```
Administrateur : Invite de commandes

C:\Windows\System32\Printing_Admin_Scripts\fr-FR>cscript prncnfg.vbs
Microsoft (R) Windows Script Host Version 5.7
Copyright (C) Microsoft Corporation 1996-2001. Tous droits réservés.

Utilisation : prncnfg [-gtx?] [-s serveur][-p imprimante] [-w nouveau_nom_imprimante]
                [-u nom_utilisateur][-w mot_passe][-r nom_port][-l emplacement]
                [-m commentaire][-h nom_partage][-f fichier_sép] [-y type_données]
                [-st temps_démarrage][-ut jusque-heure][-i priorité_défaut]
                [-o priorité][<+|->shared][<+|->direct][<+|->hidden]
                [<+|->published][<+|->rawonly][<+|->queued][<+|->enablebidi]
                [<+|->keepprintedjobs][<+|->workoffline][<+|->enabledevq]
                [<+|->docompletefirst]
Arguments :
-f      - nom du fichier contenant les séparateurs
-g      - lit la configuration
-h      - nom du partage
-i      - priorité par défaut
-l      - chaîne d'emplacement
-m      - chaîne de commentaire
-o      - priorité
-p      - nom de l'imprimante
-r      - nom du port
-s      - nom du serveur
-st     - heure de début
-t      - définit la configuration
-u      - nom_utilisateur
-ut     - heure de fin
-w      - mot_passe
-x      - change le nom de l'imprimante
-y      - chaîne de type de données
-w      - nouveau_nom_imprimante
```

- Pour afficher les informations d'une imprimante :
  `cscript prncnfg -g -s nom_du_serveur -p Nom_de_l'imprimante`
- Pour modifier le nom d'une imprimante :
  `cscript prncnfg -x -s nom_du_serveur -p Nom_de_l'imprimante -z Nouveau_Nom_de_l'imprimante`

2. Prndrvr.vbs

Cette commande permet d'ajouter, de supprimer ou de lister les pilotes d'impressions ; la syntaxe complète est la suivante :

```
Administrateur : Invite de commandes
C:\Windows\System32\Printing_Admin_Scripts\fr-FR>cscript prndrvr.vbs
Microsoft (R) Windows Script Host Version 5.7
Copyright (C) Microsoft Corporation 1996-2001. Tous droits réservés.

Utilisation : prndrvr [-adlx?] [-m modèle][-v version][-e environnement] [-s serveur]
                [-u nom_utilisateur][-w mot_passe][-h chemin_accès] [-i fichier_inf]
Arguments :
-a      - ajoute le pilote spécifié
-d      - supprime le pilote spécifié
-e      - environnement  "Windows {NT x86 | X64 | IA64}"
-h      - chemin d'accès au pilote
-i      - nom pleinement qualifié du fichier inf
-l      - liste tous les pilotes
-m      - nom du modèle de pilote
-s      - nom du serveur
-u      - nom_utilisateur
-v      - version
-w      - mot_passe
-x      - supprime les pilotes non utilisés
-?      - affiche l'utilisation de la commande
```

- Pour afficher la liste de tous les pilotes :
  `cscript prndrvr.vbs -l`
- Pour supprimer tous les pilotes supplémentaires :
  `cscript prndrvr.vbs -x -s Nom_de_l'imprimante`

3. Prnjobs.vbs

Cette commande permet de mettre en pause, de reprendre, d'annuler ou d'afficher les tâches dans la file d'attente d'impression ; la syntaxe complète est la suivante :

```
Administrateur : Invite de commandes
C:\Windows\System32\Printing_Admin_Scripts\fr-FR>cscript prnjobs.vbs
Microsoft (R) Windows Script Host Version 5.7
Copyright (C) Microsoft Corporation 1996-2001. Tous droits réservés.

Utilisation : prnjobs [-zmxl?] [-s serveur][-p imprimante][-j ID_tâche] [-u nom_utilisateu
r][-w mot_passe]

Arguments :
-j      - identificateur de la tâche
-l      - liste toutes les tâches
-m      - réactive la tâche interrompue
-p      - nom de l'imprimante
-s      - nom du serveur
-u      - nom_utilisateur
-w      - mot_passe
-x      - annule la tâche
-u      - interrompt la tâche
-?      - affiche l'utilisation de la commande
```

Avec cette commande, vous agissez au niveau de la tâche.

- Pour mettre en pause une tâche d'un serveur d'impression :
  `cscript prnjobs.vbs -z -s Nom_du_serveur -p Nom_de_l'imprimante -j Numéro_du_job`

4. Prnmngr.vbs

Cette commande permet d'ajouter, de supprimer et d'afficher des imprimantes. Il est également possible de gérer l'imprimante par défaut. La syntaxe complète est la suivante :

```
Administrateur : Invite de commandes

C:\Windows\System32\Printing_Admin_Scripts\fr-FR>cscript prnmngr.vbs
Microsoft (R) Windows Script Host Version 5.7
Copyright (C) Microsoft Corporation 1996-2001. Tous droits réservés.

Utilisation : prnmngr [-adxgtl?][c] [-s serveur][-p imprimante]
              [-m modèle_pilote][-r port][-u nom_utilisateur][-w mot_passe]
Arguments :
-a      - ajoute une imprimante locale
-ac     - ajoute une connexion imprimante
-d      - supprime l'imprimante
-g      - recherche l'imprimante par défaut
-l      - liste toutes les imprimantes
-m      - modèle du pilote
-p      - nom de l'imprimante
-r      - nom du port
-s      - nom du serveur
-t      - définit l'imprimante par défaut
-u      - nom_utilisateur
-w      - mot_passe
-x      - supprime toutes les imprimantes
-xc     - supprimer toutes les connexions à l'imprimante
-xo     - supprimer toutes les imprimantes locales
-?      - affiche l'utilisation de la commande
```

- Afficher toutes les imprimantes du serveur :
  `cscript prnmngr.vbs -l -s Nom_du_serveur`
- Ajouter une imprimante réseau :
  `cscript prnmngr.vbs -ac -p \\Nom_du_serveur\Nom_de l'imprimante`

5. Prnport.vbs

Cette commande permet de créer, de supprimer et d'afficher des ports d'impression TCP/IP. La syntaxe complète est la suivante :

```
Administrateur : Invite de commandes
C:\Windows\System32\Printing_Admin_Scripts\fr-FR>cscript prnport.vbs
Microsoft (R) Windows Script Host Version 5.7
Copyright (C) Microsoft Corporation 1996-2001. Tous droits réservés.

Utilisation : prnport [-adlgt?] [-r port][-s serveur][-u nom_utilisateur][-w mot_passe]
                [-o raw|lpr] [-h adresse_hôte] [-q file_attente][-n nombre]
                [-me | -md ] [-i index_SNMP] [-y communauté] [-2e | -2d]
Arguments :
-a      - ajouter un port
-d      - supprime le port spécifié
-g      - lit la configuration d'un port TCP
-h      - adresse IP du périphérique
-i      - index SNMP, si SNMP est activé
-l      - liste tous les ports TCP
-m      - type SNMP. [e] activé, [d] désactivé
-n      - numéro de port, s'applique à tous les ports TCP RAW
-o      - type de port, raw ou lpr
-q      - nom de la file d'attente, s'applique uniquement aux ports TCP LPR
-r      - nom du port
-s      - nom du serveur
-t      - définir la configuration d'un port TCP
-u      - nom_utilisateur
-w      - mot_passe
-y      - nom de la communauté, si SNMP est activé
-2      - spoule double, s'applique à tous les ports TCP LPR [e] activé, [d] désactivé
-?      - affiche l'utilisation de la commande
```

- Afficher tous les ports TCP/IP locaux :
  `Cscript prnport.vbs -l`
- Ajouter un port TCP/IP sur un serveur :
  `Cscript prnport.vbs -a -s Nom_du_serveur -r Nom_du_port -h AdresseIP_du_périphérique -o type_de_port -n Numéro_du_port`

6. Prnqctl.vbs

Cette commande permet d'imprimer une page de test, de mettre en pause, de reprendre et d'annuler des documents en agissant au niveau de l'imprimante. Cette commande est semblable à prnjobs.

```
Administrateur : Invite de commandes
C:\Windows\System32\Printing_Admin_Scripts\fr-FR>cscript prnqctl.vbs
Microsoft (R) Windows Script Host Version 5.7
Copyright (C) Microsoft Corporation 1996-2001. Tous droits réservés.

Utilisation : prnqctl [-zmex?] [-s serveur][-p imprimante][-u nom_utilisateur][-w mot_passe]

Arguments :
-e      - imprime une page de test
-m      - réactive l'imprimante
-p      - nom de l'imprimante
-s      - nom du serveur
-u      - nom_utilisateur
-w      - mot_passe
-x      - annule toutes les tâches sur l'imprimante
-z      - met l'imprimante en pause
-?      - affiche l'utilisation de la commande
```

- Annuler toutes les tâches d'une imprimante :
  `cscript prnqctl.vbs -x -p Nom_de_l'imprimante`
- Imprimer une page de test :
  `cscript prnqctl.vbs -e -p Nom_de_l'imprimante`

7. Pubprn.vbs

Cet utilitaire en ligne de commande permet de publier une imprimante dans l'Active Directory ; la syntaxe complète est la suivante :

```
Administrateur : Invite de commandes
C:\Windows\System32\Printing_Admin_Scripts\fr-FR>cscript pubprn.vbs
Microsoft (R) Windows Script Host Version 5.7
Copyright (C) Microsoft Corporation 1996-2001. Tous droits réservés.

Utilisation : [cscript] pubprn.vbs Serveur "LDAP://OU=..,DC=..."
        Serveur est un nom de serveur Windows (par exemple : ServeurImp) ou nom UNC de l'imprimante (\\ServeurImp\Imprimante1)
        "LDAP://CN=...,DC=..." est le chemin d'accès du service d'annuaires du conteneur destination

Exemple 1 : pubprn.vbs MonServeur "LDAP://CN=MonConteneur,DC=MonDomaine,DC=Societe,DC=Com"
Exemple 2 : pubprn.vbs \\MonServeur\Imprimante1 "LDAP://CN=MonConteneur,DC=MonDomaine,DC=Societe,DC=Com"
```

8. Printbrm.exe

L'utilitaire en ligne de commande printbrm.exe permet d'effectuer l'importation et l'exportation d'imprimantes ; la syntaxe complète est la suivante :

```
Invite de commandes

C:\>"C:\Windows\System32\spool\tools\PrintBrm.exe" /?
Erreur : un seul mode doit être sélectionné !

Accédez à l'outil de migration de la sauvegarde et de la récupération via une interface
de ligne de commande.

PrintBrm -B|R|Q -[S <serveur>] -F <fichier> [-O FORCE] [-P ALL|ORIG] [-NOBIN] [-LPR2TCP]
 [-C <fichier de configuration>] [-?]
-B                  Sauvegarder le serveur dans le fichier spécifié
-R                  Restaurer le fichier de configuration dans le fichier sur le serveur
-Q                  Interroger le serveur ou le fichier de sauvegarde
-S <nom de serveur> Serveur cible
-F <nom de fichier> Fichier de sauvegarde cible
-O FORCE  Forcer le remplacement des objets existants
-P ALL|ORIG         Publier toutes les imprimantes dans le répertoire ou publier les imprim
antes publiées initialement
-NOBIN              Omettre les fichiers binaires de la sauvegarde
-LPR2TCP            Convertir les ports LPR en ports TCP/IP standard lors de la restauratio
n
-C <nom de fichier>   Utiliser le fichier de configuration spécifié pour BRM
-?                  Afficher cette aide

C:\>
```

- Pour exporter un serveur d'impression :
  `printbrm -S \\<NomDuServeur> -B -F<NomDuFichier>`
- Pour importer un serveur d'impression :
  `printbrm -S //<NomDuServeur> -R -F<NomDuFichier>`

I. Meilleures pratiques pour l'impression

- N'utiliser que des périphériques d'impression qui disposent de pilotes signés.
- Créer plusieurs imprimantes par périphérique d'impression.
- Donner des priorités aux imprimantes.
- Limiter les utilisateurs ayant la permission Gestion des documents.
- Installer et utiliser l'utilitaire Gestion de l'impression.
- Déployer les imprimantes à l'aide des stratégies de groupe.

J. Résumé du chapitre

Dans ce chapitre, vous avez appris le vocabulaire pour comprendre et gérer efficacement l'impression.

Vous avez vu comment ajouter une imprimante locale ou réseau et configurer ses paramètres.

Vous savez configurer le serveur d'impression et gérer les documents.

Vous pouvez mettre en œuvre le rôle Gestion de l'impression.

Vous avez appris à installer l'Impression Internet, à gérer une imprimante par l'intermédiaire de la console Web, comment ajouter une imprimante Internet et gérer les impressions.

Vous avez appris à mettre en œuvre le service LPD.

Chapitre 14 : Administration via les stratégies de groupe

A. Présentation

1. Pré-requis matériel et configuration de l'environnement

Pour effectuer toutes les mises en pratique de ce chapitre, vous devez disposer et configurer les machines virtuelles suivantes :

Pour la création des machines virtuelles, veuillez vous référer au chapitre Création du bac à sable.

N'oubliez pas de réinitialiser les machines virtuelles entre les mises en pratique de chaque chapitre avant de les configurer pour l'environnement.

Placez les scripts correspondants sur le bureau de chaque machine.

- Sur **WinAD**, lancez le script **WinAD.bat** en relation avec **WMydomEni.txt** puis attendez que l'ordinateur ait redémarré avant de lancer les scripts suivants.
- Sur **Win1**, lancez le script **Win1.bat**.
- Sur **Win2**, lancez le script **Win2.bat**.
- Sur **Win3**, lancez le script **Win3.bat**.
- Sur **Win4**, lancez le script **Win4.bat**.

Après l'exécution des scripts, les machines virtuelles **WinAD**, **Win1**, **Win3** et **Win4** sont dans le domaine **Mydom.eni**. La machine virtuelle **Win2** est dans un groupe de travail.

Win3et **Win4** sont créées uniquement pour tester les stratégies de groupe en tant qu'exercice supplémentaire.

2. Objectifs

Gérer simplement un réseau et l'environnement de l'utilisateur est un challenge. En effet, les intérêts et les besoins des utilisateurs divergent des intérêts des administrateurs. Bien que l'on trouve généralement des règles d'utilisation des outils informatiques dans la majorité des entreprises, il n'est pas évident de les faire appliquer.

La stratégie de groupe ou GPO pour *Group Policy Object* est sûrement le meilleur compromis pour canaliser les besoins des utilisateurs et simplifier la gestion de l'administrateur. L'administrateur peut modifier des paramètres afin de créer une ou plusieurs stratégies cohérentes concernant :

- la distribution des applications,
- le lancement des scripts,
- la préparation de l'environnement de l'utilisateur en limitant les éléments superflus,
- le comportement de l'ordinateur face à certains scénarios,
- la sécurisation du poste de travail et d'une partie du réseau.

Dans la première partie de ce chapitre, vous allez examiner l'objet GPO, tant au niveau de l'objet lui-même que de ses paramètres, puis vous verrez comment l'implémenter dans une entreprise avec les liaisons, les filtres, les objets Starter. Enfin, vous verrez comment planifier une stratégie de groupe ou contrôler les paramètres qui s'appliquent en fonction de différents scénarios.

Ensuite, il sera question de délégation de l'administration que ce soit pour autoriser un utilisateur à effectuer certaines opérations ou pour limiter les privilèges d'administration de techniciens ou de les spécialiser.

B. Stratégies de groupe ou GPO

1. Introduction

Les stratégies de groupe sont apparues avec l'Active Directory de Windows 2000 pour contrôler de manière centralisée et efficace les droits de l'utilisateur.

Une stratégie de groupe est un ensemble de paramètres formant une règle qui s'applique automatiquement à des **utilisateurs** ou à des **groupes** placés à l'intérieur d'un objet conteneur.

L'objet conteneur peut être un **site Active Directory**, un **domaine** ou une **unité d'organisation**.

Un paramètre représente une stratégie unitaire permettant de contrôler :

- l'interface de l'utilisateur,
- le paramétrage d'une application,
- un élément de sécurité,
- le déploiement d'une application.

La stratégie de groupe est appliquée au niveau d'un conteneur ; par défaut, tous les objets **utilisateur**, **ordinateur** et **unité d'organisation** se trouvant à l'intérieur de ce dernier subissent la stratégie définie, c'est la notion d'héritage.

Ce modèle simplifie l'administration car si un utilisateur est déplacé d'une unité d'organisation vers une autre, automatiquement il subira les stratégies de groupe appliquées dans la nouvelle unité d'organisation lorsqu'elles seront réappliquées.

L'utilisateur ou le groupe subit toutes les stratégies de groupe appliquées au conteneur, cela signifie que toutes les stratégies de groupe sont traitées les unes après les autres dans la hiérarchie, selon l'ordre suivant :

- stratégies de groupe locales,
- stratégies de groupe liées au site,
- stratégies de groupe liées au domaine,
- stratégies de groupe liées aux unités d'organisation,
- stratégies de groupe liées aux unités d'organisation enfant.

Il est possible que plusieurs stratégies de groupe existent pour le même conteneur.

Si un paramètre est défini à plusieurs niveaux avec des valeurs conflictuelles, par défaut, c'est toujours le dernier paramètre lu qui s'applique.

La figure suivante montre un utilisateur **U1** se trouvant dans une unité d'organisation **OU7** subissant les stratégies appliquées, dans l'ordre : **GPO1**, **GPO2**, **GPO8** et **GPO9**. Ensuite, l'on déplace cet utilisateur dans l'unité d'organisation **OU4** ; il subit alors les stratégies **GPO1**, **GPO2**, **GPO3**, **GPO4**, **GPO6** et **GPO7**.

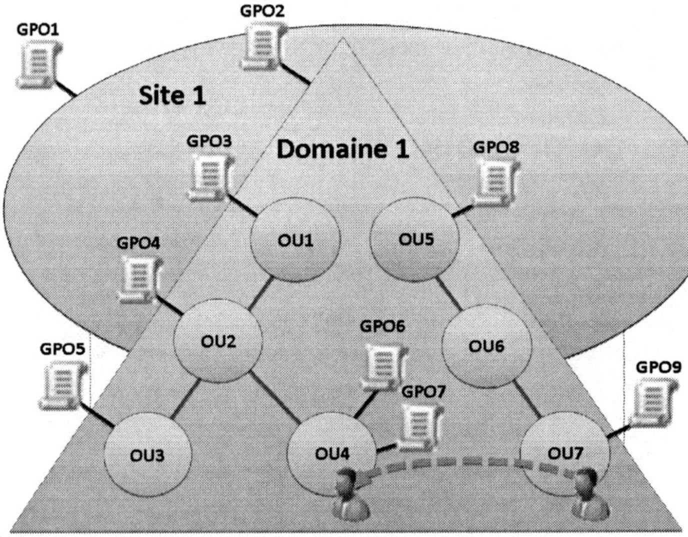

2. Outil de gestion des stratégies de groupe (GPMC)

Peu après la sortie de Windows Server 2003, Microsoft a lancé un outil permettant d'afficher et de gérer les stratégies de groupe de toute une forêt, appelé console de Gestion des stratégies de groupe ou simplement **GPMC**, qu'il faut télécharger. Avec Windows Server 2008, une nouvelle mouture de la console est livrée en standard. Elle s'installe en tant que fonctionnalité ou avec le rôle Active Directory. En téléchargement, il est possible de l'utiliser avec Windows Vista.

Il existe une autre console appelée **Advanced Group Policy Management** (AGPM) disponible uniquement avec le **Microsoft Desktop Optimization Pack** (MDOP) qui permet entre autre de déléguer l'administration des GPOs à plusieurs personnes, de conserver un historique des modifications, de créer différents rapports et d'accepter ou de rejeter les modifications.

Pour ouvrir l'outil GPMC :

- Connectez-vous en tant qu'administrateur.
- Cliquez sur **Démarrer - Outils d'administration** puis sur **Gestion des stratégies de groupe**.

3. Stratégies de groupe et liaison

Une stratégie de groupe se compose d'un certain nombre de fichiers de paramètres organisés dans une structure arborescente de dossiers située dans le dossier **SYSVOL\domain\Policies**, comme le montre la figure suivante.

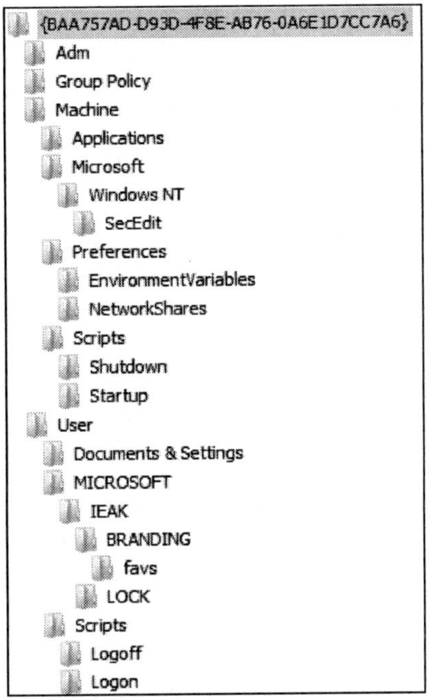

Sous le dossier ayant un nom de type **GUID**, les sous-dossiers sont créés en fonction des paramètres qui sont configurés. Ces paramètres sont stockés dans des fichiers qu'il est possible de modifier manuellement mais ceci n'est pas conseillé.

a. Création d'une stratégie de groupe et liaison automatique à l'objet

WinAD

- Connectez-vous en tant qu'administrateur et ouvrez la console **Gestion des stratégies de groupe**.
- Dans le volet de gauche, cliquez sur le nœud du domaine ou du site dans lequel vous voulez ajouter un objet GPO.
- Développez la structure arborescente du domaine ou du site pour sélectionner le conteneur qui sera lié au GPO.
- Sur l'objet, cliquez avec le bouton droit de la souris puis cliquez sur **Créer un objet GPO dans ce domaine, et le lier ici**.
- Tapez le **Nom** de la stratégie, éventuellement sélectionnez un modèle basé sur un objet Starter, soit un modèle de stratégie puis cliquez sur **OK**. L'objet stratégie de groupe est créé.

Pour créer un objet stratégie de groupe non lié, il faut le créer dans le conteneur **Objets de stratégie de groupe**.

Il n'est pas nécessaire de sauvegarder votre travail car l'éditeur ouvre et ferme les fichiers de configuration pour vous.

b. Liaison d'une stratégie de groupe à un conteneur

WinAD

Une stratégie de groupe peut ne pas être liée à un conteneur ou être liée à plusieurs conteneurs. Dans ce dernier cas, il faut être prudent lorsque vous modifiez un paramètre pour la stratégie, il peut entrer en conflit avec les besoins d'un des conteneurs.

La procédure pour lier les stratégies de groupe à un objet Active Directory est la suivante :

- Connectez-vous en tant qu'administrateur et ouvrez la console **Gestion des stratégies de groupe**.
- Développez la structure arborescente du domaine ou du site pour sélectionner le conteneur qui sera lié au GPO.
- Sur l'objet, cliquez avec le bouton droit de la souris puis cliquez sur **Lier un objet stratégie de groupe existant**.
- Sélectionnez la stratégie de groupe que vous voulez lier au conteneur puis cliquez sur **OK**. L'objet est lié.

Bien qu'il soit possible de lier des stratégies provenant de tout le domaine, ce n'est pas une méthode conseillée.

c. Suppression d'une liaison

WinAD

Supprimer un objet stratégie de groupe ne supprime pas la stratégie mais uniquement le lien correspondant, excepté pour le conteneur **Objets de stratégie de groupe** ; dans ce cas, vous recevez un message d'avertissement.

- Connectez-vous en tant qu'administrateur et ouvrez la console **Gestion des stratégies de groupe**.
- Développez la structure arborescente du domaine ou du site pour sélectionner le conteneur dont vous voulez supprimer l'objet GPO.
- Cliquez avec le bouton droit de la souris sur l'objet puis cliquez sur **Supprimer**. Si le conteneur est **Objets de stratégie de groupe**, le message suivant apparaît.

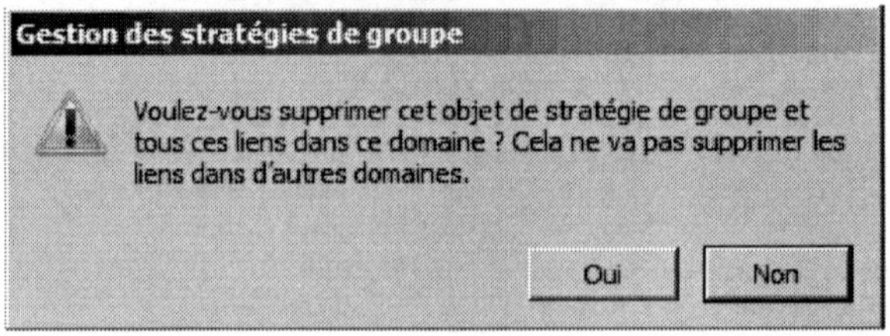

4. Héritage

Comme pour les permissions NTFS, les stratégies de groupe sont héritées dans les niveaux enfants d'un conteneur. Cette souplesse permet de définir des stratégies très globales au niveau d'un site ou d'un domaine puis de créer des stratégies plus fines adaptées aux besoins de certains utilisateurs, voire d'ordinateurs.

Comme la stratégie est liée au niveau de l'objet conteneur, les objets inclus dans ces conteneurs subissent automatiquement les stratégies qui doivent s'appliquer. Néanmoins, il est possible de bloquer l'héritage pour ne plus recevoir des stratégies provenant d'un niveau parent, comme le montre la figure suivante où l'utilisateur ne subit que les stratégies **GPO6** et **GPO7**.

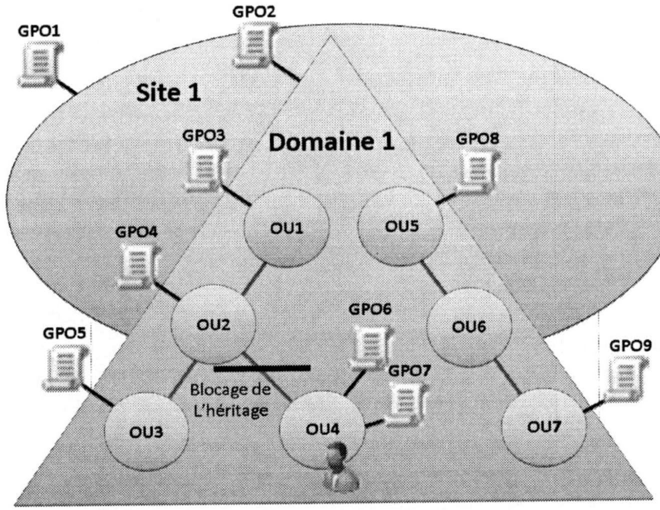

Le blocage de l'héritage a comme inconvénient qu'un administrateur délégué peut modifier la stratégie globale de l'entreprise en bloquant l'héritage pour des paramètres de sécurité considérés comme requis et de ce fait, diminuer la sécurité. Pour éviter ce cas de figure, il est possible d'indiquer que l'héritage de certains objets GPO ne peut être bloqué. Le terme utilisé pour définir qu'une stratégie ne peut pas être bloquée est **Appliqué**.

Si la propriété **Appliqué** d'un GPO est activée, alors ce GPO s'applique en dernier selon l'adage le dernier GPO exécuté gagne.

a. Blocage de l'héritage

WinAD

Le blocage de l'héritage se fait au niveau du conteneur en utilisant la procédure suivante :

- Connectez-vous en tant qu'administrateur et ouvrez la console **Gestion des stratégies de groupe**.
- Développez la structure arborescente du domaine ou du site pour sélectionner le conteneur dont vous voulez bloquer l'héritage.

➜ Cliquez avec le bouton droit de la souris sur le conteneur puis cliquez sur **Bloquer l'héritage**. L'icône du conteneur change, comme le montre la figure suivante pour l'unité d'organisation **ou1**.

b. Appliquer une stratégie

WinAD

Forcer une stratégie s'effectue au niveau de la stratégie elle-même en utilisant la procédure suivante :

➜ Connectez-vous en tant qu'administrateur et ouvrez la console **Gestion des stratégies de groupe**.

➜ Développez la structure arborescente du domaine ou du site pour sélectionner la stratégie GPO que vous voulez forcer.

➜ Cliquez avec le bouton droit de la souris sur l'objet puis cliquez sur **Appliqué**. L'icône du conteneur change, comme le montre la figure suivante pour la stratégie **Default Domain Policy**.

5. Traitement par boucle

Lorsque l'utilisateur et l'ordinateur sont dans des unités d'organisation différentes, le résultat peut ne pas être celui escompté. En effet, si l'application des stratégies pour l'ordinateur correspond bien à celui de son unité d'organisation, qu'en est-il pour l'utilisateur ?

Par défaut, ce sont les stratégies de l'utilisateur qui sont appliquées. Pourtant, il pourrait être intéressant de restreindre les droits de l'utilisateur sur certains ordinateurs. Cette restriction peut être réalisée à l'aide du traitement par boucle comme le montre l'exemple suivant :

L'utilisateur se trouve dans l'unité d'organisation OU4 et l'ordinateur dans l'unité d'organisation OU3. Trois scénarios sont possibles :

- Sans utiliser le traitement par boucle.
- En utilisant le traitement par boucle en mode **Remplacer**.

- En utilisant le traitement par boucle en mode **Fusionner**.

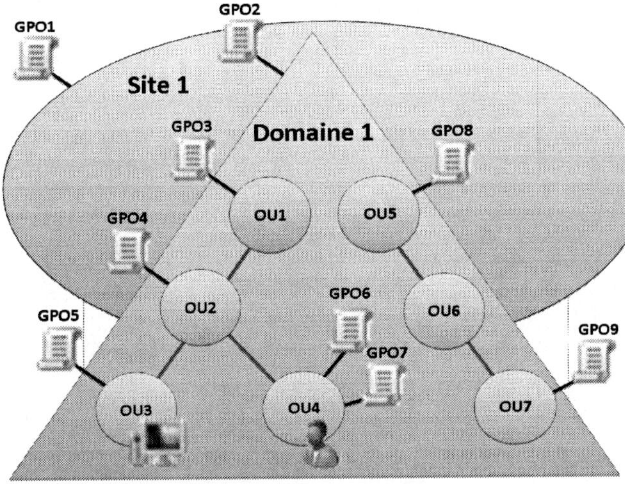

a. Scénario : sans utiliser le traitement par boucle

Dans ce scénario, l'ordinateur applique les stratégies de **configuration ordinateur** suivantes : **GPO1**, **GPO2**, **GPO3**, **GPO4** et **GPO5**.

Pour l'utilisateur, ce sont les stratégies de **configuration utilisateur** pour le conteneur de l'utilisateur qui s'appliquent, soit **GPO1**, **GPO2**, **GPO3**, **GPO4**, **GPO6** et **GPO7**.

b. Scénario : en utilisant le traitement par boucle en mode Remplacer

Dans ce scénario, les stratégies de **configuration utilisateur** sont celles de l'ordinateur sur lequel l'utilisateur se trouve. Cela permet par exemple de restreindre les droits de l'utilisateur sur des ordinateurs sensibles ou de créer des ordinateurs en libre service comme des bornes Internet ou des bornes interactives.

L'ordinateur applique les stratégies de configuration ordinateur suivantes : **GPO1**, **GPO2**, **GPO3**, **GPO4** et **GPO5**.

Au final pour l'utilisateur, ce sont les stratégies suivantes qui s'appliquent : **GPO1**, **GPO2**, **GPO3**, **GPO4** et **GPO5**.

c. Scénario : en utilisant le traitement par boucle en mode Fusionner

Dans ce scénario, les stratégies de **configuration utilisateur** pour l'utilisateur et l'ordinateur sur lequel l'utilisateur se trouve fusionnent. Les stratégies de l'utilisateur sont appliquées en premier puis les stratégies de l'ordinateur.

Cela permet par exemple de restreindre les droits de l'utilisateur sur des ordinateurs sensibles mais de manière moins forte que dans le mode **Remplacer**.

L'ordinateur applique les stratégies de **configuration ordinateur** suivantes : **GPO1**, **GPO2**, **GPO3**, **GPO4** et **GPO5**.

Pour l'utilisateur, ce sont les stratégies de **configuration utilisateur** pour les conteneurs de l'ordinateur et de l'utilisateur qui s'appliquent dans l'ordre suivant, soit **GPO1**, **GPO2**, **GPO3**, **GPO4**, **GPO6** et **GPO7** puis **GPO1**, **GPO2**, **GPO3**, **GPO4** et **GPO5**.

d. Utilisation du traitement par boucle

WinAD

Pour utiliser le traitement par boucle, il faut créer une unité d'organisation dans laquelle vous allez placer les ordinateurs qui doivent être restreints et créer la stratégie de groupe correspondante pour la configuration ordinateur et la configuration utilisateur. La procédure suivante montre uniquement comment activer le traitement par boucle.

- Connectez-vous en tant qu'administrateur et ouvrez la console **Gestion des stratégies de groupe**.
- Développez la structure arborescente du domaine ou du site pour sélectionner la stratégie GPO qui activera le traitement par boucle.
- Sur l'objet, cliquez avec le bouton droit de la souris puis cliquez sur **Modifier**. L'éditeur de gestion des stratégies de groupe apparaît.
- Développez **Configuration ordinateur\Modèles d'administration\Système\Stratégie de groupe** puis double cliquez sur le paramètre **Mode de traitement par boucle de rappel de la stratégie de groupe**.
- Sélectionnez l'option **Activé**, puis choisissez un mode, **Fusionner** ou **Remplacer**, enfin cliquez sur **OK**.
- Fermez l'éditeur de gestion des stratégies de groupe.

6. Détection des connexions lentes

Avant d'appliquer une stratégie, Windows vérifie que la connexion réseau est rapide, soit par défaut un débit d'au moins 500 kbits/seconde. Si ce n'est pas le cas, certains paramètres ne sont pas traités, comme le montre le tableau suivant :

Paramètres	Traitement
Paramètres de sécurité	Activé mais peut être désactivé
Sécurité IP	Activé
Paramètres EFS	Activé
Stratégie de restriction logicielle	Activé
Réseau sans fil	Activé
Modèles d'administration	Activé mais peut être désactivé
Installation de logiciels	Désactivé
Scripts	Désactivé
Redirection de dossiers	Désactivé
Maintenance Internet Explorer	Activé

Vous pouvez définir le débit avec le paramètre suivant de la stratégie de configuration de l'ordinateur **Détection d'une liaison lente de stratégie de groupe** dans **Configuration ordinateur\Modèles d'administration\Système\Stratégie de groupe**. Vous pouvez également y définir les paramètres qui y sont appliqués.

7. Rafraîchissement des stratégies de groupe

Les stratégies sont réappliquées lorsque :

- L'ordinateur démarre.
- Un utilisateur se connecte.
- Lorsque l'intervalle de rafraîchissement est atteint.
- Lorsqu'un utilisateur lance la commande **gpupdate**.
- Lorsqu'une application le demande.

Par défaut, l'intervalle de rafraîchissement est de 5 minutes pour les contrôleurs de domaine et de 90 minutes plus un intervalle aléatoire allant jusqu'à 30 minutes pour les autres ordinateurs.

Seule les stratégies de sécurité sont rafraîchies toutes les 16 heures, soit 960 minutes plus un intervalle aléatoire allant jusqu'à 30 minutes.

Vous pouvez modifier ces valeurs en utilisant les paramètres **Intervalle d'actualisation de la stratégie de groupe pour les ordinateurs** ou **Intervalle d'actualisation de la stratégie de groupe pour les contrôleurs de domaine** dans **Configuration ordinateur - Modèles d'administration - Système - Stratégie de groupe**.

C. Stratégies de groupe (de domaine)

Une stratégie de groupe se compose de paramètres que l'administrateur peut modifier, voire ajouter. Ils peuvent s'appliquer soit à l'ordinateur, soit à l'utilisateur, comme le montre la figure suivante :

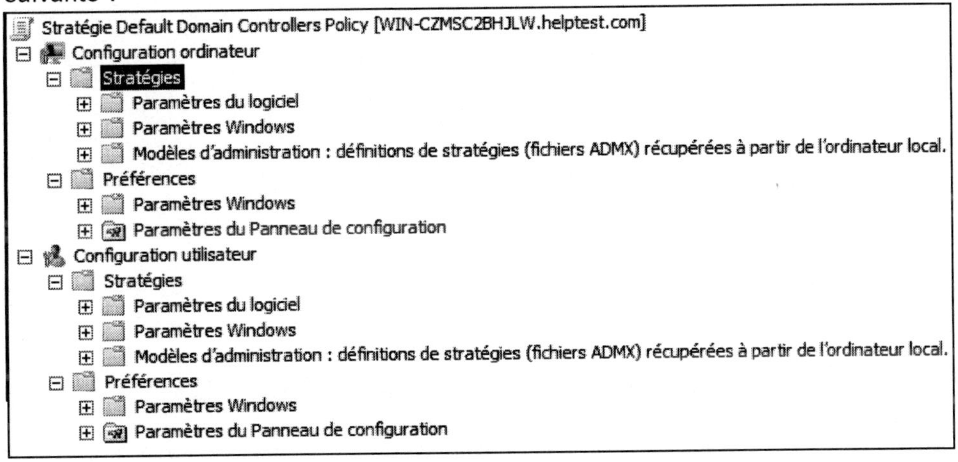

1. Stratégies et préférences

La différence essentielle entre une stratégie et une préférence est qu'une stratégie est strictement appliquée alors que la préférence ne l'est pas. Un utilisateur peut modifier une préférence alors qu'il n'est pas possible de modifier une stratégie.

Comme certains paramètres sont communs aux stratégies et aux préférences, en tant qu'administrateur, il vous faut déterminer si vous voulez les appliquer en tant que stratégie ou en tant que préférence.

2. Paramètres du logiciel

Sous ce nœud, vous pouvez installer, modifier ou supprimer des logiciels en tant que package Windows Installer (*.MSI). Simple d'utilisation, il ne remplace pas un outil comme System Center Configuration Manager mais il permet de déployer facilement des logiciels dans des petites et moyennes entreprises.

Le logiciel peut être installé au démarrage de l'ordinateur, lors de la connexion de l'utilisateur ou lorsque l'utilisateur clique sur le lien dans le menu **Démarrer**. Il peut également être désinstallé lorsque l'ordinateur est en dehors de l'étendue de gestion. Les mises à niveau et les modifications peuvent être associées à l'application.

Si votre application n'est pas packagée au format MSI, il est toujours possible de l'empaqueter à l'aide d'un éditeur MSI.

3. Paramètres Windows

Les paramètres Windows regroupent les paramètres suivants :

Configuration ordinateur

Stratégie	Description
Scripts	Scripts de démarrage ou d'arrêt de l'ordinateur. Accepte tout script pouvant être exécuté sur un ordinateur.
Imprimantes déployées	Permet de déployer des imprimantes à l'aide des stratégies de groupe.
Paramètres de sécurité	Conteneur qui permet de gérer la stratégie de sécurité. Vous pouvez importer une stratégie existante.
Stratégies de comptes	Contient les stratégies de mot de passe, de verrouillage de compte et Kerberos.
Stratégies locales	Contient les stratégies d'audit, l'attribution des droits de l'utilisateur et les options de sécurité.
Journal des événements	Permet de définir de manière centralisée les paramètres des journaux.
Groupes restreints	Permet de modifier l'appartenance de l'ordinateur à des groupes spécifiques.
Services système	Permet de gérer l'état des services d'un ordinateur.
Registre	Permet de contrôler les clés provenant des sous-arbres MACHINE, USERS et CLASSES_ROOT.
Système de fichiers	Permet de définir des permissions NTFS.
Stratégies de réseau filaire (IEEE 802.3)	Permet de définir des stratégies réseau de type 802.1X.
Pare-feu Windows avec fonctions avancées de sécurité	Permet de définir les règles du pare-feu.

Stratégies du gestionnaire de listes de réseaux	Permet de définir les réseaux et leur emplacement (Privé, Public) et si l'utilisateur peut effectuer ces modifications.
Stratégies de réseau sans fil (IEEE 802.11)	Permet de gérer le comportement pour la connexion vers les réseaux sans fil.
Stratégies de clé publique	Permet de définir les stratégies pour la demande de certificats, les autorités de certification, etc.
Stratégie de restriction logicielle	Permet de restreindre l'utilisation de logiciels basés sur des règles de certificat, de hachage, de zone réseau et de chemin d'accès.
Network Access Protection	Permet de configurer le client NAP.
Stratégie de sécurité IP sur Active Directory	Permet de définir comment utiliser IPSec.
QoS basée sur la stratégie	Permet de définir une stratégie de qualité de service.

Configuration utilisateur

Stratégie	Description
Services d'installation Windows	Permet de définir comment l'utilisateur doit se comporter lorsqu'il se trouve en mode client RIS/WDS.
Scripts	Scripts de connexion ou de déconnexion de l'utilisateur. Accepte tout script pouvant être exécuté sur un ordinateur.
Paramètres de sécurité	Conteneur qui permet de gérer la stratégie de sécurité. Vous pouvez importer une stratégie existante.
Stratégies de clé publique	Permet de définir les stratégies pour la demande de certificats, les autorités de certification, etc.
Stratégie de restriction logicielle	Permet de restreindre l'utilisation de logiciel basé sur des règles de certificat, de hachage, de zone réseau et de chemin d'accès.
Redirection de dossiers	Permet de rediriger les dossiers vers un emplacement réseau.
QoS basée sur la stratégie	Permet de définir une stratégie de qualité de service.
Imprimantes déployées	Permet de déployer des imprimantes à l'aide des stratégies de groupe.
Maintenance d'Internet Explorer	Permet de définir un certain nombre de paramètres d'Internet Explorer.

Les paramètres de sécurité devraient être configurés à l'aide de modèles de sécurité créés en utilisant une console MMC composée des composants logiciels enfichables **Configuration et analyse de la sécurité** et **Modèles de sécurité**. Les modèles de sécurité sont stockés dans le dossier %systemroot%\security\templates\policies.

La figure suivante montre une telle console.

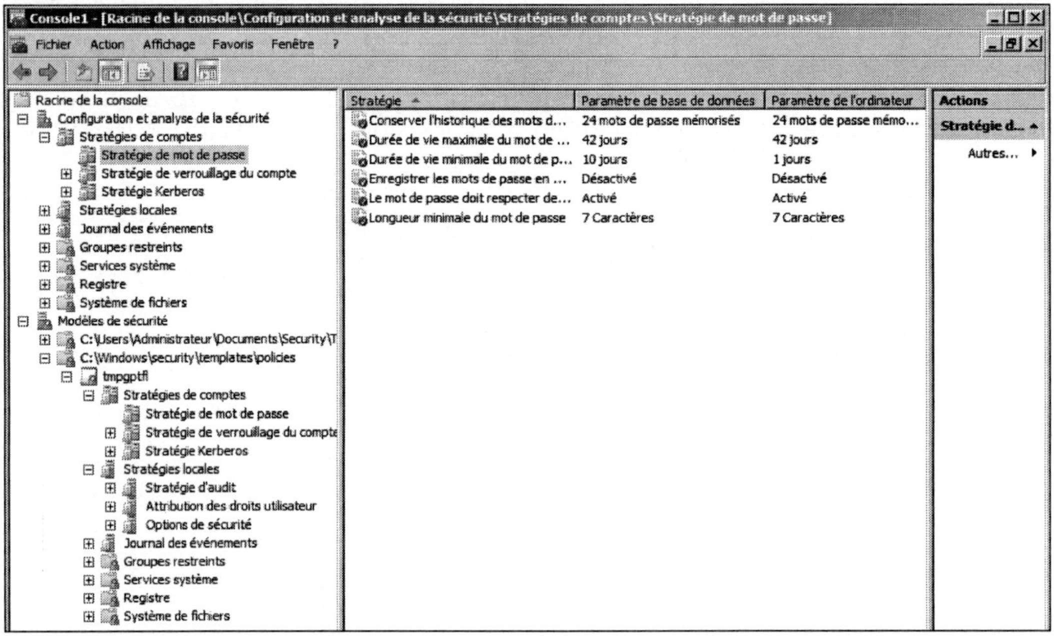

4. Modèles d'administration

Les modèles d'administration concernent des paramètres propres au système d'exploitation, aux composants et aux programmes.

Dans les versions antérieures à Vista, les paramètres étaient stockés dans des fichiers au format **adm** dont la création et la gestion étaient difficiles. Depuis Windows Vista, on a vu apparaître les modèles d'administration avec un format **xml** dont l'extension est **admx**. Le contenu est le même, mais il est plus facile pour un administrateur de créer ses propres fichiers admx, en utilisant **XML Notepad** (téléchargeable gratuitement depuis le site Web de Microsoft).

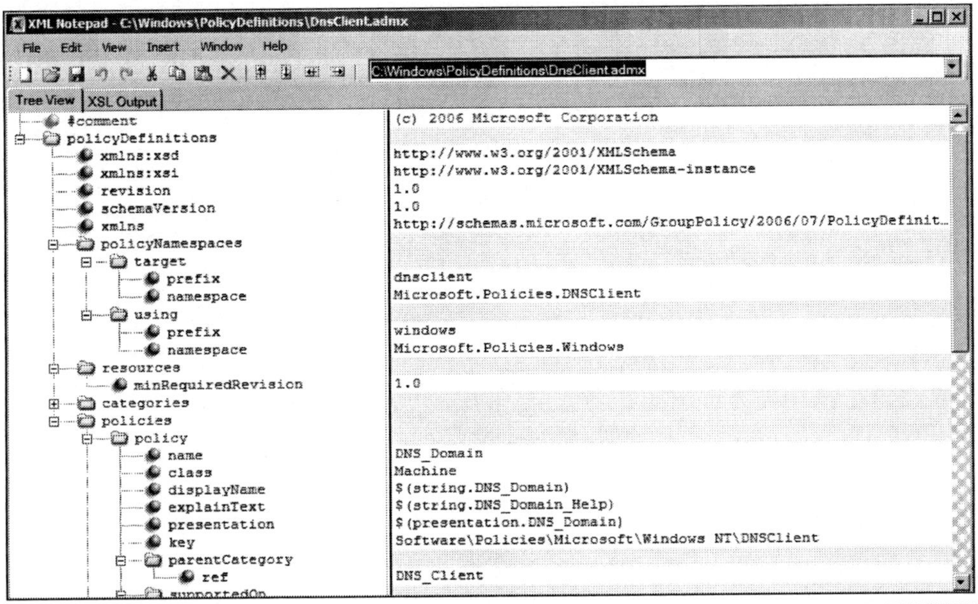

Vous pouvez télécharger du site de Microsoft un outil appelé **ADMX migrator** pour migrer uniquement vos fichiers adm vers admx.

Les fichiers admx se trouvent dans le répertoire `%systemroot%\PolicyDefinitions`. Un autre avantage de ce nouveau format de fichiers concerne la localisation des paramètres dans des langues différentes. Pour cela, dans le répertoire, vous pouvez créer des sous-répertoires portant le nom de la langue comme **fr-FR** pour le français, puis y inclure les fichiers ADML correspondants. L'image suivante montre le contenu du fichier ADML de la figure précédente pour le français. Remarquez que les chaînes de caractères sont identifiées par les **id** dans les fichiers ADML et ADMX.

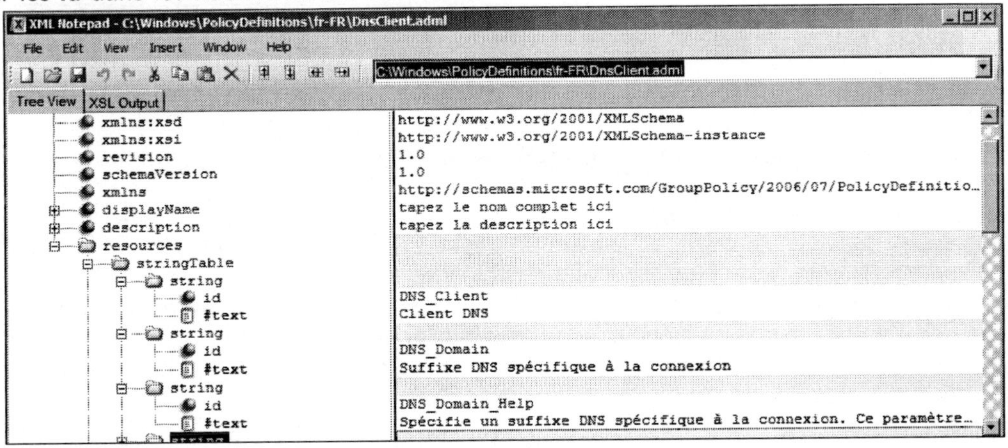

Un autre avantage concerne le GPO lui-même qui ne contient plus les fichiers ADM mais uniquement les paramètres définis, ce qui améliore la vitesse de traitement et de gestion, la taille qui était auparavant de 4 MB par défaut étant alors diminuée.

Comme dernière amélioration, vous pouvez créer un magasin central pour stocker et distribuer les fichiers ADMX dont les clients ont besoin.

Il est indispensable de télécharger du site de Microsoft les fichiers de référence des paramètres des stratégies de groupe pour Windows Server 2008 et Windows Vista SP1 (WindowsServer2008andWindowsVistaSP1GroupPolicySettings.xls) ou pour les versions antérieures.

Le tableau suivant montre un exemple pour la stratégie "Hide Appearance and Themes Tab" et montre quels sont les paramètres présents dans le fichier.

Paramètre	Valeur
File name	ControlPanelDisplay.admx
Scope	User
PolicyPath	Control Panel\Display
PolicySetting Names	Hide Appearance and Themes tab.
Supported on	At least Microsoft Windows 2000.
Explain Text	Removes the Appearance and Themes tabs from Display in Control Panel. When this setting is enabled, it removes the desktop color selection option from the Desktop tab. This setting prevents users from using Control Panel to change the colors or color scheme of the desktop and windows. If this setting is disabled or not configured, the Appearance and Themes tabs are available in Display in Control Panel
Registry settings	HKCU\Software\Microsoft\Windows\CurrentVersion\ Policies\System! NoDispAppearancePage
Reboot Required	No
Logoff Required	No
Active Directory Schema or Domain Requirements	None

Actuellement les applications suivantes disposent de modèles d'administration au format ADM ou ADMX :

- Office 2003 et antérieur (Office, InfoPath, FrontPage, Access, Word, Excel, PowerPoint, Publisher, Outlook, OneNote).
- Office 2007 (Access, Calendrier pour Outlook, Excel, Groove, InterConnect, InfoPath, OneNote, Outlook, PowerPoint, Project, Publisher, SharePoint Designer, Visio et Word).
- Office 2010 (Access, Excel, InfoPath, Office, OneNote, Outlook, PowerPoint, Publisher, Project, SharePoint Workspace, SharePoint Designer Visio et Word) disponible en espagnol, français, italien, japonais, coréen, chinois, allemand et bien entendu en anglais.
- Internet Explorer 8 et antérieur.
- Adobe Acrobat 9.
- Firefox.

5. Préférences

Windows Server 2008 et Windows Vista SP1 introduisent les préférences de stratégies de groupe qui sont des extensions des stratégies de groupe. Elles regroupent les paramètres suivants.

Pour la configuration ordinateur :

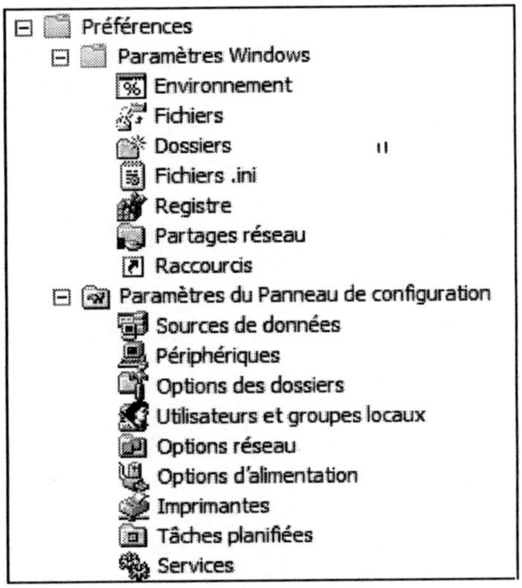

Pour la configuration utilisateur :

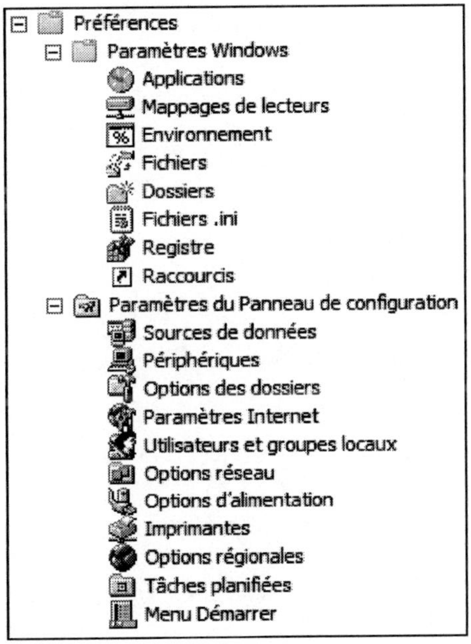

Sur le site de Microsoft, il est possible de télécharger la partie cliente appelée CSE *(Group Policy Client-Side Extensions)* pour gérer les préférences pour les systèmes suivants :

- Windows Vista 32 et 64 bits.
- Windows Server 2003 32 et 64 bits.
- Windows XP 32 et 64 bits.

Pour les clients PolicyMaker, veuillez vous référer au site Web de Microsoft pour la migration de PolicyMaker vers CSE.

Les préférences permettent également à des administrateurs ne maîtrisant pas les scripts d'utiliser des outils graphiques, par exemple pour gérer le mappage des lecteurs, comme le montre l'image suivante.

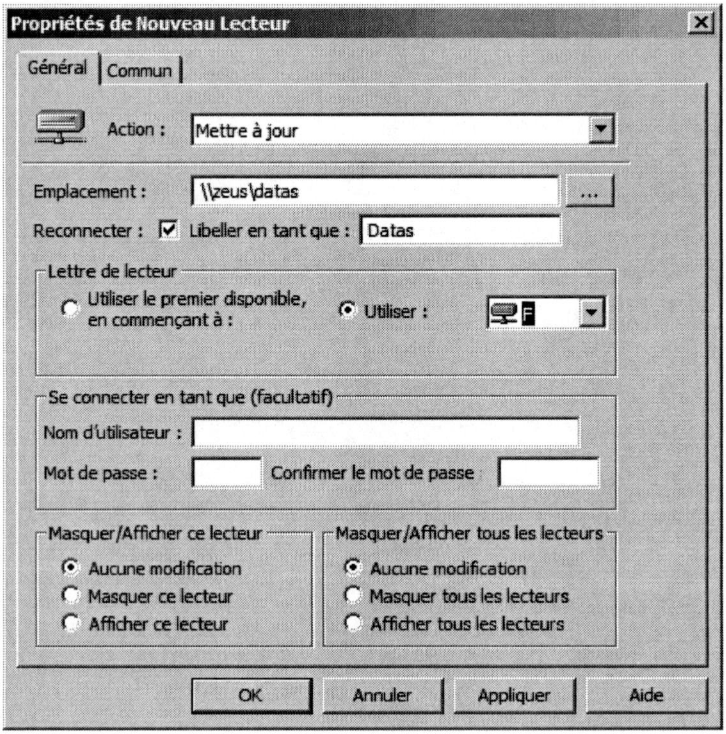

6. Les états d'un paramètre

Chaque paramètre peut être dans l'un des états suivants :

- **Non configuré** : ce paramètre ne dépend pas de cette stratégie.
- **Activé** : le paramètre est activé pour la stratégie.
- **Désactivé** : le paramètre ne doit pas être utilisé pour la stratégie.

Il arrive fréquemment que l'on active un paramètre puis que l'on veuille le désactiver. En le passant à l'état **Non configuré**, il arrive que la valeur **Activé** soit toujours dans la base de registre. Pour revenir à l'état d'origine, il faut mettre le paramètre à l'état **Désactivé**.

Une bonne documentation est très importante surtout pour les stratégies de groupe.

7. Création du magasin central

WinAD

- Connectez-vous en tant qu'administrateur sur le contrôleur de domaine.
- Ouvrez le dossier suivant **%systemroot%\SYSVOL\sysvol\fqdnDomaine\Policies**.
- Créez le dossier **PolicyDefinition**.
- À l'intérieur du dossier **PolicyDefinition**, créez un dossier par langue basé sur les codes ISO langue/Culture, comme **fr-fr**, **fr-ch**, **en-US** par exemple.

Le dossier est répliqué automatiquement sur les autres contrôleurs de domaine.

Enfin, ajoutez les modèles d'administration ADMX/ADML dont vous avez besoin.

D. Stratégies locales

1. Présentation

Vous pouvez créer des stratégies de groupe locales. Celles-ci peuvent restreindre de manière décentralisée l'environnement de l'utilisateur.

Windows Server 2008 permet de créer plusieurs stratégies locales soit :

- basée sur l'**ordinateur**, la stratégie est identique aux autres versions de Windows. Vous pouvez configurer la partie utilisateur et ordinateur.
- basée sur le **groupe Administrateurs local**, vous ne pouvez configurer que la partie utilisateur.
- basée sur les **Non-administrateurs**, soit un utilisateur qui n'est pas membre du groupe Administrateurs. Vous ne pouvez configurer que la partie utilisateur.
- **Spécifique à l'utilisateur connecté**, vous ne pouvez configurer que la partie utilisateur, elle porte le nom de l'utilisateur.

Les stratégies locales gèrent un nombre moins important de paramètres que leurs homologues de domaine. Les paramètres logiciels ne peuvent être configurés.

Sur un contrôleur de domaine, seule la stratégie locale (ordinateur) est disponible.

Le traitement des stratégies locales se fait dans l'ordre suivant :

- Stratégie de groupe locale (ordinateur).
- Stratégie de groupe Administrateurs.
- Stratégie de groupe Non-administrateurs.
- Stratégie de groupe spécifique à l'utilisateur.

Dans un domaine, par défaut, en plus des stratégies locales, le traitement inclut également les stratégies de domaine, comme le montre l'image suivante.

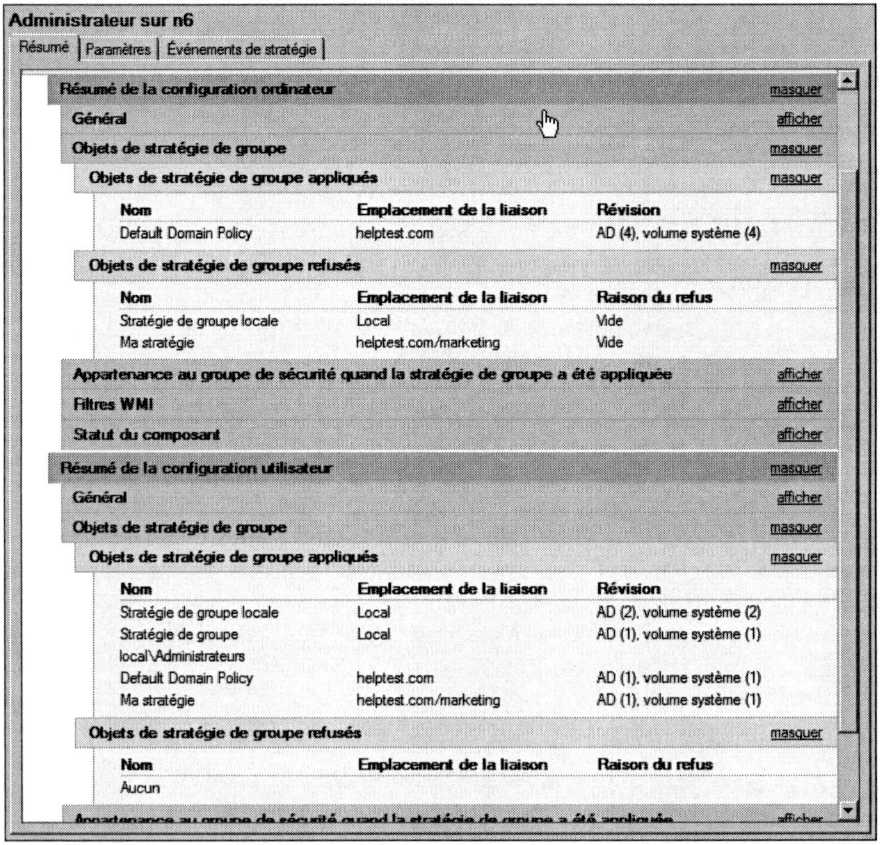

Vous pouvez désactiver le traitement des stratégies locales en modifiant le paramètre **Désactiver le traitement des objets de stratégie de groupe locaux** dans **Configuration ordinateur - Modèles d'administration - Système - Stratégie de groupe**.

2. Création de la console MMC pour gérer les stratégies locales

- Connectez-vous en tant qu'administrateur.
- Cliquez sur **Démarrer** et tapez **MMC** dans la zone **Rechercher**.
- Dans la console, cliquez sur le menu **Fichier** puis sur **Ajouter/Supprimer un composant logiciel enfichable**.
- Dans la liste des composants logiciels enfichables disponibles, sélectionnez **Éditeur d'objets de stratégie de groupe** puis cliquez sur **Ajouter**.

- Dans la boîte de dialogue **Sélectionner un objet de stratégie de groupe**, si vous cliquez sur **Terminer**, vous ajoutez l'objet de stratégie locale. Si vous désirez ajouter un autre objet, cliquez sur **Parcourir**.
- Dans la boîte de dialogue **Rechercher un objet Stratégie de groupe**, onglet **Ordinateurs**, vous pouvez sélectionner **Cet ordinateur** ou **Un autre ordinateur** et dans l'onglet **Utilisateurs**, vous pouvez sélectionner un groupe ou un utilisateur spécifique.
- Une fois votre sélection faite, cliquez sur **OK** puis sur **Terminer**.
- Cliquez sur **OK**. Vous pouvez ajouter d'autres stratégies locales à votre console en sélectionnant un autre composant logiciel enfichable. N'oubliez pas de sauvegarder votre console.

E. Gestion des stratégies de groupe

1. Ajouter une forêt ou afficher des domaines

a. Ajouter une forêt

WinAD

Si vous gérez plusieurs forêts et qu'il existe une approbation entre la forêt distante et vous-même, alors vous pouvez ajouter et gérer cette forêt à partir de la même console.

- Au préalable, assurez-vous qu'il existe une relation d'approbation entre la forêt et vous-même.
- Connectez-vous en tant qu'administrateur et ouvrez la console **Gestion des stratégies de groupe**.
- Cliquez avec le bouton droit de la souris sur **Gestion de stratégie de groupe** puis cliquez sur **Ajouter une forêt**.
- Dans la boîte de dialogue **Ajouter une forêt**, tapez le nom complet du domaine que vous voulez gérer puis cliquez sur **OK**.

Un message d'erreur apparaît si le domaine ne peut être contacté ou si vous n'êtes pas approuvé.

b. Afficher les domaines

WinAD

Vous avez la possibilité de modifier l'affichage des domaines en utilisant la procédure suivante.

- Connectez-vous en tant qu'administrateur et ouvrez la console **Gestion des stratégies de groupe**.
- Si le nœud **Domaines** n'est pas visible, cliquez sur **Forêt** pour développer la forêt.
- Cliquez avec le bouton droit de la souris sur **Domaines** puis cliquez sur **Afficher les domaines**.

- Dans la boîte de dialogue **Afficher les domaines**, sélectionnez/désélectionnez les cases à cocher pour n'afficher que les domaines que vous désirez, puis cliquez sur **OK**.

c. Sélection d'un objet Domaine ou d'une unité d'organisation

Dès qu'un domaine est sélectionné, vous pouvez vous déplacer dans l'arborescence d'unité d'organisation en unité d'organisation et voir les stratégies de groupe qui y sont liées. Vous pouvez également voir tous les objets de stratégie de groupe, les filtres WMI et les objets GPO Starter.

2. Gestion des paramètres d'une stratégie

WinAD

- Connectez-vous en tant qu'administrateur et ouvrez la console **Gestion des stratégies de groupe**.
- Si la stratégie n'est pas visible, cliquez sur les nœuds pour développer l'arborescence.
- Cliquez sur la stratégie pour faire apparaître les paramètres dans la fenêtre principale.

Onglet Étendue

L'onglet **Étendue** permet d'afficher et de gérer les liaisons qui existent entre une stratégie de groupe et un conteneur, de gérer les filtres de sécurité et WMI. Si vous modifiez une valeur dans l'onglet, cela peut affecter la stratégie donc également les liaisons vers d'autres conteneurs. Vous pouvez afficher les **Liaisons** par rapport à la forêt, les sites ou un domaine. En cliquant avec le bouton droit de la souris sur un emplacement, vous pouvez forcer l'héritage, supprimer un lien ou désactiver un lien avec un conteneur spécifique. Le **Filtrage de sécurité** permet de spécifier un groupe plus restreint auquel le filtre s'applique. Il est plus facile d'utiliser le filtre de sécurité que l'onglet **Délégation** pour spécifier les groupes. Vous pouvez lier un filtre **WMI** à la stratégie sélectionnée.

Onglet Détails

Cet onglet affiche des informations sur la stratégie et permet de spécifier si le GPO est activé, voire de désactiver les paramètres de configuration ordinateurs ou de configuration utilisateurs.

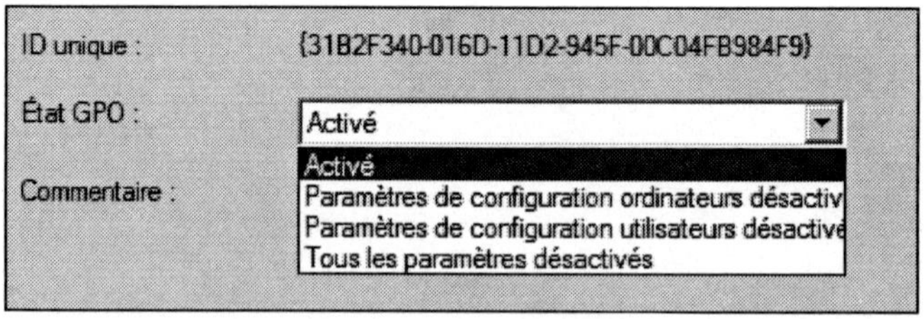

Onglet Paramètres

L'onglet **Paramètres** affiche les paramètres qui sont définis pour la stratégie ainsi que leur valeur actuelle.

Onglet Délégation

L'onglet **Délégation** permet de définir des autorisations **DACLs** pour un groupe ou un utilisateur sur un objet stratégie de groupe.

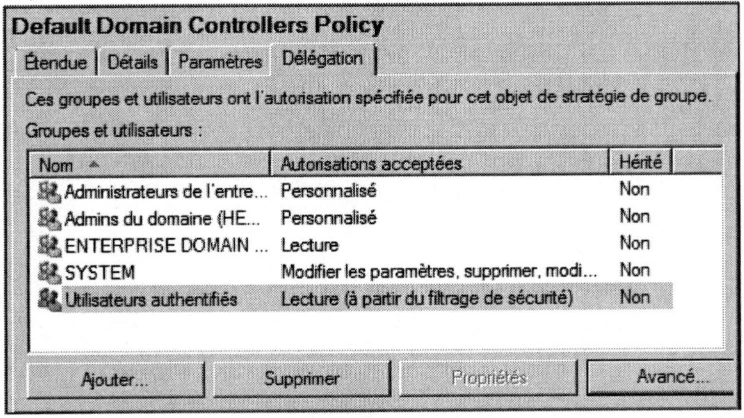

Pour chaque groupe ou utilisateur de la liste, il est possible d'afficher ses **Propriétés** et de l'enlever de la liste (sur l'écran, le bouton est inactif car l'utilisateur est un groupe mais fait partie des entités de sécurité intégrée).

En cliquant sur le bouton **Ajouter**, vous pouvez sélectionner un utilisateur ou un groupe pour lui donner des autorisations.

Si vous désirez filtrer la stratégie de groupe à l'aide des groupes de sécurité, il est conseillé d'utiliser l'onglet **Détails**.

Les permissions déléguées sur les stratégies sont :

- **Lecture**, c'est-à-dire le droit de lire la stratégie, donc de subir la stratégie de groupe. Par défaut, le groupe **Utilisateurs authentifiés** a l'autorisation de lire pour toutes les stratégies.
- **Modifier les paramètres** : permet de modifier une stratégie.
- **Modifier les paramètres, supprimer, modifier la sécurité** : permet de modifier, supprimer une stratégie mais également de modifier les autorisations sur les stratégies.
- **Personnalisé** : affiche les autorisations DACLs dans la boîte de dialogue suivante lorsque vous cliquez sur le bouton **Avancé**.

Le tableau suivant montre la correspondance entre les permissions déléguées et les permissions DACLs.

	Lecture	**Modifier les paramètres**	**Modifier les paramètres, supprimer, modifier la sécurité**	**Lecture (à partir du filtrage de sécurité)**
Contrôle total				
Lire	x	x	x	x
Écrire				
Créer tous les objets enfants		x	x	

	Lecture	Modifier les paramètres	Modifier les paramètres, supprimer, modifier la sécurité	Lecture (à partir du filtrage de sécurité)
Supprimer tous les objets enfants		x	x	
Appliquer la stratégie de groupe				x

La différence entre **Modifier les paramètres** et **Modifier les paramètres, supprimer, modifier la sécurité** se fait au niveau des autorisations spéciales. Ces dernières ne sont pas présentées ici.

Remarquez que l'autorisation de lecture n'est pas la même que celle obtenue à partir de l'onglet **Détails**.

3. Gestion d'une stratégie de groupe

WinAD

a. Sauvegarde et restauration d'une stratégie de groupe

Il est conseillé de sauvegarder régulièrement les stratégies. Vous pouvez utiliser la console GPMC pour cela en utilisant la procédure suivante :

- Connectez-vous en tant qu'administrateur et ouvrez la console **Gestion des stratégies de groupe**.
- Si le nœud **Objets de stratégie de groupe** n'est pas développé, cliquez sur les nœuds pour développer l'arborescence.
- Cliquez avec le bouton droit de la souris sur la stratégie désirée puis cliquez sur **Sauvegarder**.
- Dans la boîte de dialogue **Sauvegarde de l'objet GPO**, spécifiez un emplacement et éventuellement une description puis cliquez sur **Sauvegarder**.
- Dans la boîte de dialogue **Sauvegarder**, lisez l'état puis cliquez sur **OK**.

b. Gestion des sauvegardes

WinAD

Vous pouvez gérer les sauvegardes réalisées à l'aide de la boîte de dialogue **Gestion des sauvegardes**.

- Connectez-vous en tant qu'administrateur et ouvrez la console **Gestion des stratégies de groupe**.
- Si le nœud **Domaines** n'est pas développé, cliquez sur les nœuds pour développer l'arborescence.
- Cliquez avec le bouton droit de la souris sur **Domaines** puis cliquez sur **Gestion des sauvegardes**.

La liste déroulante **Emplacement de sauvegarde** ou le bouton **Parcourir** permettent de sélectionner le dossier qui contient les sauvegardes.

La case à cocher **N'afficher que la dernière version des objets GPO** cache les sauvegardes qui ne sont pas les plus récentes.

Le bouton **Restaurer** permet de restaurer une stratégie en utilisant une sauvegarde.

Il est aussi possible d'effectuer une restauration à partir d'une sauvegarde en passant directement par la stratégie dans le conteneur **Objets de stratégie de groupe**.

Le bouton **Supprimer** enlève la sauvegarde de la stratégie sélectionnée. La sauvegarde est supprimée du disque.

Le bouton **Afficher les paramètres** ouvre une page HTML dans laquelle les paramètres de la stratégie sélectionnée sont affichés.

4. Filtres WMI (Windows Management Instrumentation)

Un filtre WMI permet d'appliquer une stratégie de groupe lorsque la condition du filtre est vraie. Pour les ordinateurs Windows 2000, le filtre est ignoré et la stratégie de groupe est appliquée.

Un filtre WMI est basé sur une requête WQL *(WMI Query Language)*. Grâce à WMI, vous pouvez contrôler n'importe quelle partie du système d'exploitation ou du matériel, comme vérifier s'il y a suffisamment d'espace libre sur un disque ou que l'ordinateur dispose d'un processeur minimum dans le but d'y déployer un logiciel.

Pour introduire le langage WQL, il faut faire une analogie avec le langage SQL utilisé dans les bases de données et l'instruction SELECT. C'est la seule instruction qu'il faut connaître. Le nom des champs SQL est remplacé par les propriétés de la classe WMI et le nom de la table par le nom de la classe. Toute la difficulté consiste à connaître les classes WMI utilisables. Pour cela, vous pouvez utiliser **PowerShell WMI Explorer**, un explorateur WMI écrit en PowerShell téléchargeable sur le site WEB http://thepowershellguy.com ou **scriptomatic**, un des nombreux utilitaires disponibles sur le site de Microsoft.

a. Création d'un filtre WMI

WinAD

- Connectez-vous en tant qu'administrateur et ouvrez la console **Gestion des stratégies de groupe**.
- Si le nœud **Filtres WMI** n'est pas développé, cliquez sur les nœuds pour développer l'arborescence.
- Cliquez avec le bouton droit de la souris sur **Filtres WMI** puis cliquez sur **Nouveau**.
- Tapez un **Nom** explicite pour la requête que vous allez créer, éventuellement une **Description** puis cliquez sur **Ajouter**.

La requête WQL suivante permet de s'assurer que le système d'exploitation de l'ordinateur utilise au moins Windows Vista :

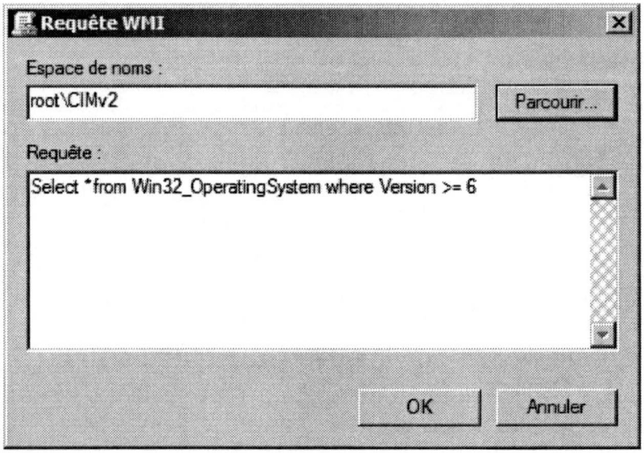

- Éventuellement, modifiez l'**Espace de noms** (généralement ce n'est pas nécessaire) puis tapez une **Requête** ou mieux copiez une **Requête** que vous aurez préparée avec l'explorateur WMI puis cliquez sur **OK**.
- Cliquez sur **Enregistrer**. Le filtre WMI est créé.

5. Objets GPO Starter

Un objet GPO Starter est un modèle de stratégie qui permet de définir des paramètres de stratégie afin de les déployer aisément vers d'autres systèmes.

a. Création du dossier des objets GPO Starter

WinAD

Par défaut, le dossier des objets GPO Starter n'existe pas, il est donc nécessaire de le créer avant de pouvoir créer un objet.

- Connectez-vous en tant qu'administrateur et ouvrez la console **Gestion des stratégies de groupe**.
- Si le nœud **Objets GPO Starter** n'est pas développé, cliquez sur les nœuds pour développer l'arborescence.
- Dans la fenêtre principale, cliquez sur le bouton **Créer le dossier des objets GPO Starter**. Un dossier nommé **StarterGPOs** est créé dans le répertoire %systemroot%\SYSVOL\domain.

b. Création d'un objet Starter

- Connectez-vous en tant qu'administrateur et ouvrez la console **Gestion des stratégies de groupe**.
- Si le nœud **Objets GPO Starter** n'est pas développé, cliquez sur les nœuds pour développer l'arborescence.

- Cliquez avec le bouton droit de la souris sur **Objets GPO Starter** puis cliquez sur **Nouveau**.
- Dans la boîte de dialogue **Nouvel objet GPO Starter**, spécifiez un nom explicite et éventuellement un commentaire avant de cliquer sur **OK**.

L'objet Starter est créé mais il ne contient aucun paramètre. Il vous reste à modifier manuellement les paramètres, comme pour n'importe quelle stratégie.

6. Sauvegarde d'une stratégie de groupe

WinAD

L'outil GPMC permet de sauvegarder une GPO ou l'ensemble des GPOs en suivant la procédure suivante :

- Connectez-vous en tant qu'administrateur et ouvrez la console **Gestion des stratégies de groupe**.
- Si le nœud **Objets de stratégie de groupe** n'est pas développé, cliquez sur les nœuds pour développer l'arborescence.
- Cliquez avec le bouton droit de la souris sur **Objets de stratégie de groupe** puis cliquez sur **Sauvegarder tout** pour sauvegarder toutes les stratégies existantes ou cliquez avec le bouton droit de la souris sur le nom d'une stratégie se trouvant sous le nœud **Objets de stratégie de groupe** puis cliquez sur **Sauvegarder** pour la sauvegarde.
- Dans la boîte de dialogue **Sauvegarde de l'objet GPO**, sélectionnez un emplacement et ajoutez éventuellement une description avant de cliquer sur **Sauvegarder**. Ensuite la sauvegarde commence.
- Dans la boîte de dialogue **Sauvegarder**, prenez le temps de lire le résultat de la sauvegarde avant de cliquer sur **OK**.

  Dans tous les cas, chaque stratégie sauvegardée se trouve dans un dossier identifié par un GUID qui n'est pas celui de la stratégie. Pour connaître l'association entre le GUID du dossier et la stratégie, vous pouvez passer par la boîte de dialogue **Gestion des sauvegardes**.
- Connectez-vous en tant qu'administrateur et ouvrez la console **Gestion des stratégies de groupe**.
- Si le nœud **Objets de stratégies de groupe** n'est pas developpé, cliquez sur le nœud pour développer l'arborescence.
- Cliquez avec le bouton droit de la souris sur **Objets de la stratégie de groupe** puis cliquez sur **Gérer les sauvegardes**. La fenêtre suivante s'ouvre. Éventuellement cliquez sur **Afficher les paramètres** pour afficher les paramètres de la GPO.

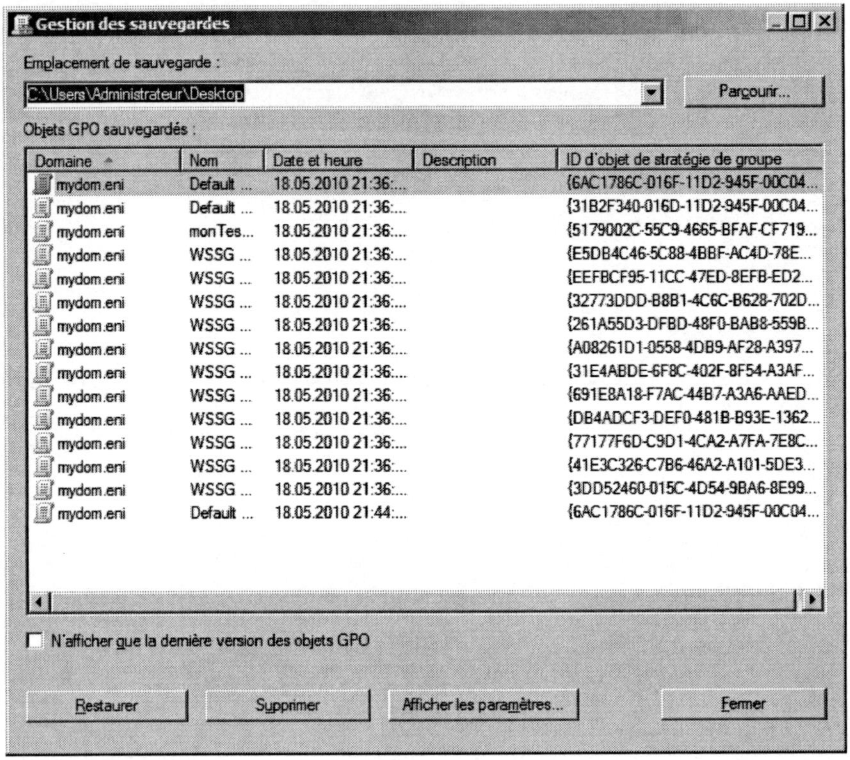

La sauvegarde permet d'échanger facilement des GPOs entre domaine et forêts.

7. Restauration d'une stratégie de groupe (1)

WinAD

Il est décrit ici la procédure pour restaurer une stratégie de groupe qui a été supprimée mais également une version précédente.

La restauration s'effectue également via l'outil GPMC de la manière suivante :

- Connectez-vous en tant qu'administrateur et ouvrez la console **Gestion des stratégies de groupe**.
- Si le nœud **Objets de stratégie de groupe** n'est pas développé, cliquez sur les nœuds pour développer l'arborescence.
- Cliquez avec le bouton droit de la souris sur le nœud **Objets de stratégie de groupe** puis cliquez sur **Gérer les sauvegardes**. La fenêtre précédente s'ouvre.
- Si l'emplacement n'est pas le bon, modifiez-le, éventuellement n'affichez que la dernière version des objets GPO puis sélectionnez le nom d'une sauvegarde avant de cliquer sur **Restaurer**.

- Une boîte de dialogue s'ouvre vous demandant de confirmer que vous voulez bien effectuer la restauration de la sauvegarde sélectionnée, cliquez sur **OK**. La restauration démarre.
- Dans la boîte de dialogue **Restaurer**, prenez quelques instants pour lire le résultat de la restauration puis cliquez sur **OK**.

Si vous supprimez une sauvegarde, cela la supprime physiquement de l'emplacement de stockage.

8. Restauration d'une stratégie de groupe (2)

WinAD

Il est décrit ici la procédure pour restaurer une version précédente d'une stratégie de groupe.
La restauration s'effectue également via l'outil GPMC de la manière suivante :

- Connectez-vous en tant qu'administrateur et ouvrez la console **Gestion des stratégies de groupe**.
- Si le nœud **Objets de stratégie de groupe** n'est pas développé, cliquez sur les nœuds pour développer l'arborescence.
- Cliquez avec le bouton droit de la souris sur la stratégie de groupe sous le nœud **Objets de stratégie de groupe** puis cliquez sur **Restaurer à partir d'une sauvegarde**.
- L'assistant **Restauration d'objet de stratégie de groupe** s'ouvre, cliquez sur **Suivant**.
- Sur la page **Emplacement de sauvegarde**, si l'emplacement n'est pas le bon, modifiez avant de cliquer sur **Suivant**.
- Sur la page **Objet de stratégie de groupe source**, sélectionnez la bonne version de la stratégie à restaurer, vous pouvez vous aider en affichant les paramètres de la stratégie avant de cliquer sur **Suivant**.
- Éventuellement n'affichez que la dernière version des objets GPO puis sélectionnez le nom d'une sauvegarde avant de cliquer sur **Restaurer**.
- Sur la page **Fin de l'assistant de Restauration d'objet de stratégie de groupe**, prenez quelques instants pour lire le résumé de la restauration puis cliquez **Terminer**. La restauration démarre.
- Dans la boîte de dialogue **Restaurer**, prenez quelques instants pour lire le résultat de la restauration puis cliquez sur **OK**.

9. Importation d'une stratégie de groupe

WinAD

L'importation se différencie de la restauration car seuls les paramètres sont importés et pas les filtres de sécurité, la délégation etc. L'importation peut se faire à partir de n'importe quel objet GPO sauvegardé.

La restauration s'effectue également via l'outil GPMC de la manière suivante :

- Connectez-vous en tant qu'administrateur et ouvrez la console **Gestion des stratégies de groupe.**
- Si le nœud **Objets de stratégie de groupe** n'est pas développé, cliquez sur les nœuds pour développer l'arborescence.
- Cliquez avec le bouton droit de la souris sur la stratégie de groupe sous le nœud **Objets de stratégie de groupe** puis cliquez sur **Importer des paramètres.**
- L'assistant **Importer des paramètres** s'ouvre, cliquez sur **Suivant.**
- Sur la page **Objet de stratégie de groupe de sauvegarde**, il est recommandé d'effectuer une sauvegarde préalable car l'importation supprime tous les paramètres existants et les remplace par ceux qui seront importés. Ensuite cliquez sur **Suivant.**
- Sur la page **Emplacement de sauvegarde**, veuillez noter qu'il s'agit de l'emplacement des paramètres à importer. Si l'emplacement n'est pas le bon, modifiez avant de cliquer sur **Suivant.**
- Sur la page **Objet de stratégie de groupe (GPO) source**, sélectionnez le bon GPO ainsi que la bonne version de la stratégie à restaurer, vous pouvez vous aider en affichant les paramètres de la stratégie avant de cliquer sur **Suivant.**
- Sur la page **Analyse de la sauvegarde**, l'analyse recherche des éléments qui nécessitent de passer par une table de migration tels que des entités de sécurité ou des chemins UNC, l'ajout de groupes ou d'utilisateurs peut nécessiter de créer une table de migration. Prenez quelques secondes pour lire le résultat de l'analyse et éventuellement effectuer des tâches supplémentaires avant de cliquer sur **Suivant.**
- Si la page **Migration des références** apparaît, vous pouvez :

  Effectuer une copie identique à partir de la source, ce qui revient à conserver les références actuelles.

  Utiliser une table de migration pour le mappage dans l'objet de stratégie de groupe cible. Notez qu'il est possible de créer une nouvelle table ou d'en modifier une. Vous pouvez également indiquer comment l'importation doit se comporter en cas de problèmes potentiels, le plus sûr est d'activer la case à cocher correspondante.

  Ensuite, cliquez sur **Suivant.**

Pour créer une table de migration, il suffit de cliquer sur **Nouveau**. L'éditeur de table de migration s'ouvre sur une table vide. Ensuite, cliquez sur le menu **Outils** puis, soit sur **Peupler** depuis l'objet **GPO**, soit sur **Peupler depuis la sauvegarde.** La table se remplit automatiquement, il ne vous reste plus qu'à modifier si nécessaire le nom de la destination pour chaque entrée.

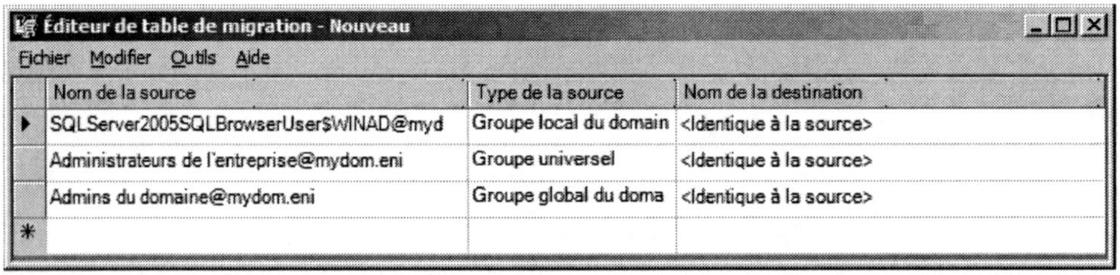

- Sur la page **Fin de l'assistant de Importation des paramètres**, prenez quelques instants pour lire le résumé de la restauration puis cliquez sur **Terminer**. La restauration démarre.

- Dans la boîte de dialogue **Restaurer**, prenez quelques instants pour lire le résultat de la restauration puis cliquez sur **OK**.

10. Modélisation de la stratégie de groupe

WinAD

L'Assistant Modélisation de stratégie de groupe permet de modéliser et simuler plusieurs scénarios concernant les stratégies de groupe, par exemple que se passe-t-il si l'utilisateur dispose d'une connexion lente ou si l'utilisateur se connecte sur tel ordinateur, etc.

La procédure est la suivante :

- Connectez-vous en tant qu'administrateur et ouvrez la console **Gestion des stratégies de groupe**.
- Dans le volet de gauche, cliquez avec le bouton droit de la souris sur **Modélisation de stratégie de groupe** puis sur **Assistant Modélisation de stratégie de groupe**. L'assistant apparaît.
- Sur la page **Assistant Modélisation de stratégie de groupe**, cliquez sur **Suivant**.
- Sur la page **Sélection du contrôleur de domaine**, sélectionnez le domaine et éventuellement un contrôleur de domaine spécifique, puis cliquez sur **Suivant**.

En choisissant un contrôleur de domaine spécifique, vous pouvez simuler une panne d'un contrôleur de domaine.

- Sur la page **Sélection d'ordinateurs et d'utilisateurs**, sélectionnez un utilisateur ou un conteneur spécifique et un ordinateur ou un conteneur spécifique, puis cliquez sur **Suivant**.

  Pour l'utilisateur ou l'ordinateur, le conteneur peut être soit un domaine, un conteneur ou une unité d'organisation. S'il existe des filtres WMI ou des restrictions basées sur l'appartenance à un groupe de sécurité, il est préférable de se baser sur un utilisateur spécifique et sur un ordinateur spécifique. Vous pouvez ne sélectionner qu'une stratégie Utilisateur ou Ordinateur.
- Sur la page **Options de simulation avancées**, si votre simulation porte sur une **Connexion réseau lente**, sélectionnez la case à cocher correspondante. Si vous simulez le **Traitement en boucle** sur l'ordinateur, sélectionnez la case à cocher correspondante puis l'option **Remplacer** ou **Fusionner**. Enfin, si vous gérez plusieurs sites, sélectionnez le site avant de cliquer sur **Suivant**.
- Sur la page **Autres chemins d'accès Active Directory**, vous pouvez modifier l'emplacement de l'ordinateur, voire de l'utilisateur avant de cliquer sur **Suivant**. Ces paramètres permettent de simuler le déplacement d'un utilisateur ou d'un ordinateur dans un autre conteneur. La page n'apparaît que si vous avez sélectionné un utilisateur ou un ordinateur.
- Sur la page **Groupes de sécurité de l'utilisateur**, vous pouvez ajouter ou supprimer l'appartenance de l'utilisateur à des groupes pour vos simulations puis cliquer sur **Suivant**. La page n'apparaît que si vous avez sélectionné un utilisateur.
- Sur la page **Groupes de sécurité ordinateur**, vous pouvez ajouter ou supprimer l'appartenance de l'ordinateur à des groupes pour vos simulations puis cliquer sur **Suivant**. La page n'apparaît que si vous avez sélectionné un ordinateur.

- Sur la page **Filtres WMI pour utilisateurs**, vous pouvez utiliser les filtres WMI liés ou spécifier d'autres filtres WMI, puis cliquer sur **Suivant**. La page n'apparaît que si vous avez sélectionné un utilisateur.
- Sur la page **Filtres WMI pour ordinateurs**, vous pouvez utiliser les filtres WMI liés ou spécifier d'autres filtres WMI, puis cliquer sur **Suivant**. La page n'apparaît que si vous avez sélectionné un ordinateur.
- Sur la page **Aperçu des sélections**, vérifiez vos sélections puis cliquez sur **Suivant**.
- Sur la page **Assistant de Modélisation de stratégie de groupe**, cliquez sur **Terminer**. Dans le volet gauche, sous le nœud **Modélisation de stratégie de groupe**, votre modélisation a été enregistrée et ajoutée en tant que rapport. Vous pouvez consulter le rapport qui a été créé.

L'onglet **Paramètres** affiche les paramètres qui sont appliqués et l'onglet **Requête** affiche la requête. Vous pouvez :

- relancer le rapport pour faire apparaître des modifications,
- enregistrer le rapport dans un fichier au format html,
- créer un rapport basé sur la requête actuelle,
- afficher le jeu de stratégie résultant, comme le montre l'image suivante (affichage avancé) :

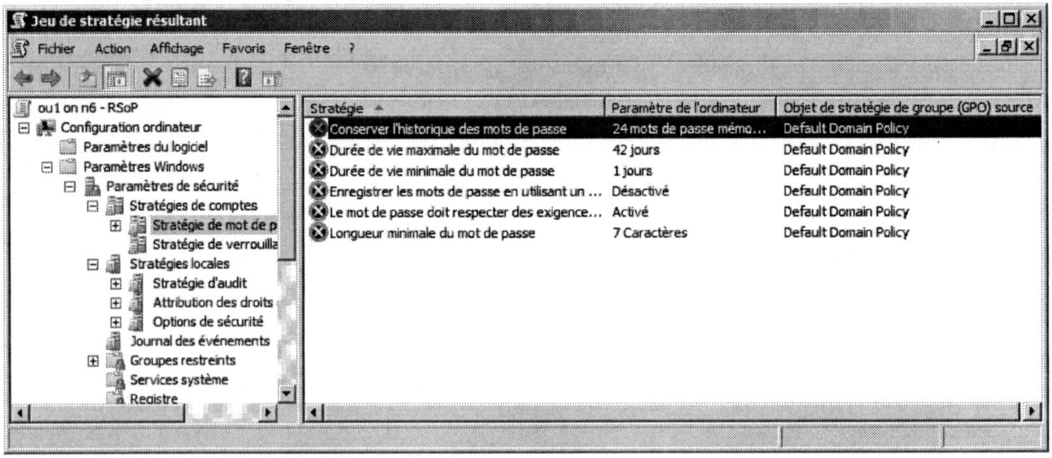

11. Résultats de la stratégie de groupe

WinAD

Cet outil affiche le résultat de la stratégie de groupe pour un utilisateur donné sur un ordinateur donné pour autant que l'ordinateur soit accessible et que l'utilisateur se soit déjà connecté.

Il sert également à dépanner des problèmes qui peuvent survenir sur la non-application d'une stratégie.

- Connectez-vous en tant qu'administrateur et ouvrez la console **Gestion des stratégies de groupe**.

- Dans le volet de gauche, cliquez avec le bouton droit de la souris sur **Résultats de stratégie de groupe** puis sur **Assistant Résultats de stratégie de groupe**. L'assistant apparaît.
- Sur la page **Assistant Résultats de Stratégie de groupe**, cliquez sur **Suivant**.
- Sur la page **Sélection des ordinateurs**, sélectionnez soit **Cet ordinateur**, soit **Un autre ordinateur**, puis cliquez sur **Suivant**. L'ordinateur distant doit être accessible.
- Sur la page **Sélection de l'utilisateur**, vous pouvez sélectionner un utilisateur dans la liste proposée, vous-même si vous êtes connecté sur l'ordinateur ou ne sélectionner que les paramètres ordinateur, ensuite, cliquez sur **Suivant**.
- Sur la page **Aperçu des sélections**, vérifiez vos informations puis cliquez sur **Suivant**.
- Sur la page **Fin de l'Assistant Résultats de stratégie de groupe**, cliquez sur **Terminer**. Le rapport est enregistré puis généré de manière similaire au rapport de modélisation. L'image suivante montre l'onglet **Evénements de stratégie** du rapport.

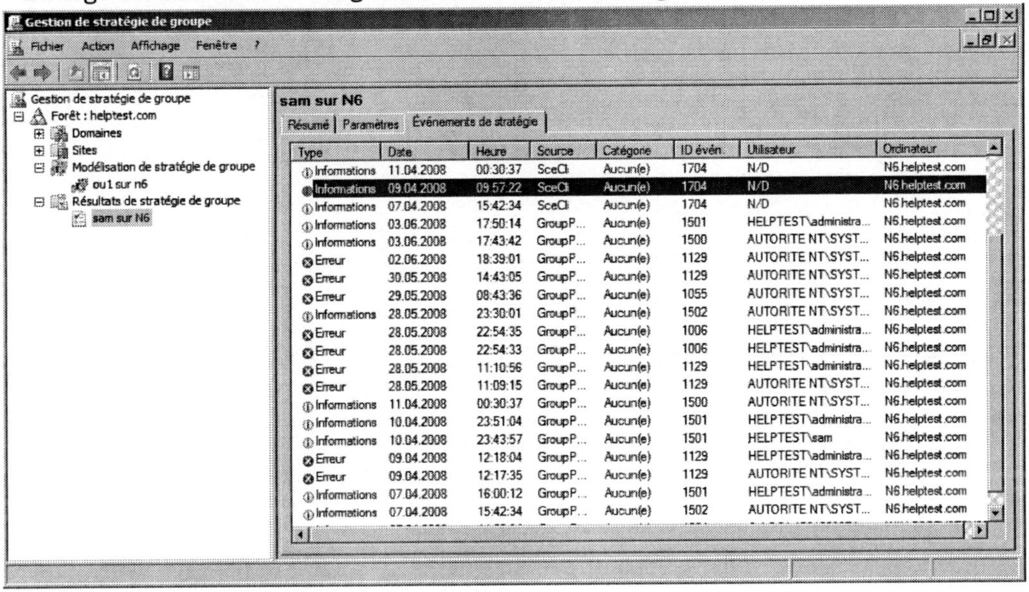

Comme pour les rapports de la modélisation, vous pouvez :

- relancer le rapport pour faire apparaître des modifications,
- enregistrer le rapport dans un fichier au format html,
- afficher le jeu de stratégie résultant.

Vous pouvez également utiliser la commande **gpresult** ou son équivalent graphique RSOP.

12. Dépannage d'une stratégie de groupe

Lorsque le comportement des stratégies de groupe ne correspond pas à ce que qui est attendu, il faut en trouver la cause. Le dépannage n'est pas toujours évident, néanmoins la procédure pas à pas suivante devrait être suivie pour déterminer la cause.

1. **Vérification si le GPO est activé**, en effet si par défaut le GPO est activé, il est possible de le désactiver pour la portion Ordinateur ou Utilisateur ou les deux.

2. **Vérification de la liaison des GPOs**, il faut vérifier dans cette étape si tous les GPOs nécessaires sont liés à un domaine, un site ou une unité d'organisation. En effet, il est possible que le GPO ne soit pas lié, donc il est sans effet.

3. **Vérification du ciblage du GPO**, il faut vérifier dans cette étape si les GPOs sont liés à la bonne cible. Si le GPO est lié au mauvais objet, il est probable que le comportement ne soit pas celui attendu.

4. **Vérification du champ d'application SOM (Scope of management) du GPO**, il faut déterminer quel est le SOM du GPO et le vérifier. Le SOM d'un GPO commence toujours à partir de l'objet sur lequel il est lié et se propage uniquement aux objets enfants, il peut éventuellement être bloqué si l'objet enfant bloque l'héritage mais passe outre au blocage si le GPO est **appliqué**. Il faut également examiner s'il subit des filtres WMI voire un filtrage des ACLS. Pour chaque GPO, il faut déterminer son SOM pour savoir si l'objet examiné le subit ou non.

5. **Le dernier paramètre appliqué gagne**, il faut conserver à l'esprit que l'application du dernier paramètre appliqué gagne. L'ordre d'application des paramètres est modifié si le paramètre appliqué est configuré au GPO et/ou le paramètre **Bloquer l'héritage** est activé. Si le paramètre **Bloquer l'héritage** est activé, tous les GPOs s'exécutant avant sont ignorés excepté ceux dont le paramètre **appliqué** est activé.

6. **Vérification de la vitesse du réseau**, en effet si la vitesse du réseau est considérée comme lente soit par défaut moins de 500Kb/s de bande passante disponible, le réseau est considéré comme lent et certains paramètres ne sont pas activés.

7. **Un GPO ne s'applique pas à un groupe**, un GPO ne s'applique qu'à des ordinateurs et des utilisateurs. Si l'objet contient un groupe de sécurité, le GPO ne s'applique pas à ce groupe ni aux membres de ce groupe.

8. **Certains paramètres nécessitent un redémarrage**, en effet si certains paramètres peuvent être appliqués sans nécessiter un redémarrage, d'autres l'exigent. Pour déterminer si l'application d'un nouveau GPO nécessite un redémarrage, il faut consulter les fichiers Excel de référence des stratégies de groupe qui indiquent si un redémarrage est nécessaire sous la colonne **Reboot required**. Cette information devrait être placée dans les propriétés de la stratégie de groupe sous l'onglet **Commentaire**.

9. **L'application des paramètres peut être asynchrone**, par défaut, pour Windows XP, l'application des paramètres est asynchrone. En d'autres termes, si un nouveau GPO est créé et que l'administrateur décide de le tester avec une machine Windows XP, le redémarrage n'est pas suffisant pour que les paramètres soient appliqués car la connexion de l'utilisateur démarre avant d'avoir appliqué les GPOs en utilisant les informations du cache. La stratégie des GPOs s'exécutant en tâche de fond. Il faudra redémarrer l'ordinateur pour que la stratégie soit dans le cache. Pour modifier le comportement, il est nécessaire de modifier le paramètre **Configuration ordinateur - Stratégies - Modèles d'administration - Système - Ouverture de session - Toujours attendre le réseau lors du démarrage de l'ordinateur et de l'ouverture de session**.

10. **Problèmes spécifiques aux modèles d'administration ADM/ADMX**, si vous personnalisez ou créez un modèle d'administration personnalisé, il est probable que certains paramètres ne sont pas visibles si les paramètres ne sont pas définis correctement. Il est également nécessaire d'importer les fichiers ADM dans le GPO et de placer les fichiers ADMX dans le répertoire **%systemroot%\PolicyDefinitions**.

11. **Vérification du réseau ainsi que du DNS**, en effet certains problèmes peuvent provenir d'un manque de connectivité voire d'une mauvaise information reçue du serveur DNS.

Parmi les outils permettant d'effectuer un dépannage, il existe des outils clients :

- **Gpupdate**, apparu avec Windows XP, est un outil de type ligne de commande qui permet de réappliquer immédiatement la stratégie GPO de l'ordinateur et/ou de l'utilisateur en mode asynchrone. Les paramètres nécessitant un redémarrage ne sont pas pris en compte mais, selon les versions, gpupdate propose de fermer la session voire de redémarrer l'ordinateur. L'utilisation du paramètre /force réapplique dans tous les cas les GPOs.

  `Gpupdate /force /target:computer`est un exemple pour réappliquer les stratégies de l'ordinateur uniquement.
- **Gpresult** est un outil de type ligne de commande qui permet d'afficher des informations sur les GPOs appliqués à l'ordinateur local, aussi bien pour la portion ordinateur que pour la portion utilisateur. Le paramètre **/v** affiche les informations détaillées.

  `Gpresult /v > t`suivi de `notepad t` pour visualiser le contenu est un exemple d'utilisation pour examiner les paramètres qui sont actuellement appliqués à l'ordinateur local.
- **RSoP** est l'équivalent de gpresult mais en mode graphique, il s'agit de la console RSoP.mmc. Sa lecture est beaucoup plus simple que son équivalent en ligne de commande. Il permet également d'exécuter la commande sur un ordinateur distant.
- **Ipconfig** permet de contrôler la configuration réseau de votre ordinateur ainsi que de vider le cache.
- **Ping** permet de contrôler la connectivité réseau entre l'ordinateur et le contrôleur de domaine ainsi que le serveur DNS. Attention à la configuration en cours du pare-feu d'hôte.
- **L'observateur d'événements** permet de filtrer et de consulter les événements provenant des stratégies de groupe. La source est **GroupPolicy**.

Des outils serveurs :

- **Modélisation de la stratégie de groupe** tel que présenté précédemment.
- **Résultats de la stratégie de groupe** tel que présenté précédemment.
- **Dcgpofix** est un utilitaire de type invite de commande permettant de recréer les GPOs de base que sont **Default Domain Policy** ainsi que **Default Controller Domain Policy**.
- Les utilitaires **gpmonitor**, **gpotool** et **recreatedefpolicy** du kit de ressources technique Windows Server 2003 ne sont pas inclus dans Windows Server 2008.
- **GPInventory** est un utilitaire graphique qui récupère et centralise des informations concernant RSoP et WMI provenant de plusieurs ordinateurs du réseau. Le résultat est ensuite sauvegardé dans un fichier.

Des outils réseaux ou des outils Active Directory :

- **Moniteur réseau**, il peut être utilisé pour examiner les échanges entre le contrôleur de domaine et l'ordinateur client. Il est adapté au dépannage lorsque la suspicion du problème porte sur le réseau.
- **Repadmin**, qui remplace la commande **replmon**, est une invite de commande très complète pouvant afficher des détails sur le déroulement d'une réplication ou autre concernant l'Active Directory. Il est adapté au dépannage de problèmes liés à la réplication des GPOs sur les contrôleurs de domaine.

- **Adsiedit** est une console mmc permettant de se connecter à une partition spécifique de l'Active Directory et d'examiner et gérer les objets ainsi que leurs attributs. Il est adapté au dépannage lorsque l'on suspecte des problèmes provenant des objets GPOs de l'Active Directory.

F. Conception et planification pour les stratégies de groupe

La planification et la conception des stratégies de groupe doivent suivre une méthodologie, celle-ci peut être basée sur ITIL ou MSF *(Microsoft Solution Framework)*. Les étapes doivent comprendre :

- La création de l'équipe, c'est-à-dire indiquer clairement les rôles des personnes impliquées dans le projet en évitant que certains membres aient des rôles incompatibles comme par exemple un développeur ne peut être la personne qui effectue les tests.
- Analyser l'existant en s'intéressant également aux processus de l'entreprise.
- Indiquer les buts et le cadre de mise en œuvre de la stratégie. Il faut clairement indiquer son objectif, le champ d'application en termes d'utilisateurs et d'ordinateurs, les éventuelles exceptions ainsi que les problèmes potentiels. Indiquez également quels paramètres seront utilisés pour y arriver. Si des SLAs doivent être créées ou modifiées, il faut également le spécifier.
- Créer la stratégie dans un environnement isolé, la tester et résoudre les éventuels problèmes.
- Créer un plan de déploiement qui inclut une formation ou informer les utilisateurs sur les modifications, la date prévue de mise en service, la durée pour effectuer les changements, la préparation d'un plan de secours pour revenir le cas échéant à l'état initial, l'augmentation des ressources du support lors de la mise en service afin de répondre aux éventuelles questions des utilisateurs ainsi que les supporter en cas de problèmes.
- Documenter l'ensemble.
- Réviser la solution déployée et éventuellement y ajouter des modifications ou des extensions dans un nouveau projet.

G. La délégation

WinAD

La notion de délégation peut être confuse, en effet dans un monde informatique idéal il ne devrait y avoir que quelques administrateurs qui ont tous les droits et le reste à savoir les utilisateurs qui ne peuvent qu'utiliser leur ordinateur dans un cadre donné et exécuter des applications spécifiques. Dans la réalité, ce n'est pas le cas puisqu'il existe différents niveaux d'administration au sein de Windows ainsi que dans les entreprises, il faut donc commencer par définir :

- **L'administrateur**, utilisateur qui dispose de privilèges et d'autorisations permettant d'effectuer toutes les opérations d'administration au sein d'un ordinateur, d'un domaine ou d'une Active Directory. Par défaut, il y a toujours un administrateur qui est créé lors de l'installation.

- **L'utilisateur**, utilisateur qui ne dispose pas de droits ni d'autorisations d'administration.
- **Le privilège**, droit ou autorisation que possède par défaut un administrateur ou par délégation un utilisateur permettant d'effectuer une opération spécifique.
- **La délégation**, permet de donner un privilège ou une autorisation à un utilisateur spécifique pour effectuer une opération particulière.

Le premier type de délégation est la délégation par appartenance à un groupe qui dispose des privilèges. Les utilisateurs reçoivent des privilèges lorsqu'ils sont membres d'un groupe de sécurité spécifique comme par exemple le groupe des administrateurs, le groupe des opérateurs de sauvegarde ou le groupe des utilisateurs avec pouvoir. Il est très simple d'autoriser ou d'annuler la délégation. Les opérations permises sont souvent limitées à la gestion du système d'exploitation pour les groupes situés dans le container **builtin** pour les contrôleurs de domaine et sous **Groupes** pour les autres serveurs. D'autres groupes existent sur les contrôleurs de domaine dans le container **Users** qui permettent aussi bien la gestion de composants du système d'exploitation que d'applications. La portée dépend de la définition du groupe. En effet un membre du groupe builtin\administrateurs peut administrer uniquement un ordinateur local, alors qu'un administrateur de domaines peut gérer tous les ordinateurs du domaine en plus de l'Active Directory. Enfin l'administrateur de l'entreprise peut gérer tous les domaines de la forêt.

Pour aller plus loin, et accorder une granularité administrative spécifique à un utilisateur, il est important de définir les point suivants :

- Qui doit recevoir les privilèges délégués, est-ce un utilisateur, un groupe de sécurité ?
- Quelles sont les tâches qui doivent être effectuées ?
- Quel est le champ d'application, en d'autres termes, quels objets peuvent être contrôlés par la délégation ? Il est nécessaire d'être granulaire mais pas trop.
- Quels sont les outils à utiliser pour la délégation ?
- Quelles sont les permissions et les privilèges à accorder à la délégation. Cette étape est parfois intuitive mais dans d'autres cas, il est nécessaire d'effectuer des tests avant de la mettre en production.

La délégation utilisant l'appartenance aux groupes est limitée et ne correspond pas toujours au besoin de l'entreprise comme le montre l'exemple suivant. Il faut déléguer le privilège de réinitialiser les mots de passe. Par défaut ce sont les administrateurs qui s'acquittent de cette tâche, mais il a été décidé de confier cette tâche à trois utilisateurs. Le plus simple serait qu'ils deviennent membre d'un des groupes Administrateurs ou Opérateurs de compte mais dans ce cas, ils disposent de trop de privilèges, donc cette méthode a atteint ici ses limites. La solution idéale serait de pouvoir accorder le privilège de réinitialiser les mots de passe à un utilisateur pour quelques utilisateurs. C'est possible en utilisant les permissions de l'Active Directory. En procédant de la manière suivante :

→ Connectez-vous en tant qu'administrateur.

→ Cliquez sur **Démarrer - Outils d'administration - Utilisateurs et ordinateurs Active Directory**.

→ Dans l'arborescence, développez le domaine puis les containers ou les unités d'organisation jusqu'à afficher le nœud désiré.

→ Cliquez avec le bouton droit de la souris sur le container ou l'unité d'organisation puis cliquez sur **Délégation du contrôle**.

→ Sur la page de **Bienvenue** de l'assistant **Délégation de contrôle**, cliquez sur **Suivant**.

- Sur la page **Utilisateurs ou groupes**, ajoutez les utilisateurs qui disposeront de privilèges par délégation avant de cliquer sur **Suivant**.
- Sur la page **Tâches à déléguer**, il est possible de sélectionner une des tâches courantes comme le montre la copie d'écran suivante et qui est la méthode conseillée ou de sélectionner **créer une tâche personnalisée** avant de cliquer sur **Suivant**.

☐ Créer, supprimer et gérer les comptes d'utilisateurs
☐ Réinitialiser les mots de passe utilisateur et forcer le changement de passe à la prochaine ouverture de session
☐ Lire toutes les informations sur l'utilisateur
☐ Créer, supprimer et gérer les groupes
☐ Modifier l'appartenance à un groupe
☐ Créer, supprimer et gérer des comptes inetOrgPerson
☐ Réinitialiser les mots de passe inetOrgPerson et forcer la modification des mots de passe lors de la prochaine ouverture de session
☐ Lire toutes les informations inetOrgPerson
☐ Créer, supprimer et gérer des filtres WMI

- Si la création d'une tâche spécialisée est sélectionnée, la page **Type d'objet Active Directory** apparaît. Vous pouvez choisir de déléguer le contrôle total pour tous les types d'objets qui se trouve dans l'unité d'organisation ou le container ou d'indiquer les objets parmi plus de cent objets possibles dont le contrôle sera délégué. Le nombre d'objets dépend du schéma de l'Active Directory. Il est possible de définir le type d'actions possible comme la création et la suppression. Enfin cliquez sur **Suivant**.
- Sur la page **Autorisations**, indiquez les autorisations que vous voulez déléguer avant de cliquer sur **Suivant**. Les autorisations peuvent être :
  - **générales** soit les autorisations communes à tous les objets.
  - **spécifiques** aux propriétés, inclut également des autorisations propre à un type d'objet.
  - **Création/suppression d'objets enfants spécifiques** pour inclure les permissions de création et suppression d'objets enfants pour les types sélectionnés.
- Sur la page **Fin de l'assistant de Délégation de Contrôle**, prenez quelques instants pour vérifier vos informations avant de cliquer sur **Terminer**. La délégation est faite, et la granularité dépend des informations sélectionnées. Pour les tâches standards, l'utilisation de l'assistant est très aisée, par contre pour créer des tâches spécifiques, il faut prêter une attention plus particulière.

Pour vérifier la délégation, il faut afficher les permissions **DACL** de l'Active Directory.

- Connectez-vous en tant qu'administrateur.
- Cliquez sur **Démarrer - Outils d'administration - Utilisateurs et ordinateurs Active Directory**.
- Vérifiez sous le menu **Affichage** que les **Fonctionnalités avancées** sont sélectionnées. Elles font apparaître l'onglet **Sécurité** de la boîte de dialogue **Propriétés**.
- Dans l'arborescence, développez le domaine puis les containers ou les unités d'organisation jusqu'à afficher celui désiré.
- Cliquez avec le bouton droit de la souris sur le container ou l'unité d'organisation puis cliquez sur **Propriétés**.
- Dans la boîte de dialogue **Propriétés**, cliquez sur l'onglet **Sécurité**.
- Recherchez et vérifiez que la délégation s'est effectuée correctement.

Vous pouvez utiliser également cette procédure pour révoquer une délégation en supprimant l'entrée de l'utilisateur ou du groupe. Il est également possible d'ajouter, modifier les autorisations par cette méthode, mais c'est plus compliqué.

Il est dommage qu'il ne soit pas possible de créer des modèles de tâche qui puissent être utilisable en lieu et place de l'assistant et de l'onglet **Sécurité**. Il en est de même pour les permissions NTFS.

Pour des serveurs RODC, il est possible d'accorder à un utilisateur le droit d'administrer un serveur RODC particulier sans qu'il puisse le faire sur d'autres contrôleurs de domaine ni qu'il soit membre du groupe des administrateurs de domaine en utilisant la commande **dsmgmt**.

H. Déploiement d'applications

Le déploiement d'applications se divise en trois groupes, à savoir :

- Les **applications clientes classiques** qui s'installent sur un ordinateur client et sont accessibles directement par l'utilisateur comme par exemple, Microsoft Office, Adobe Reader, application personnalisée spécifique à l'entreprise, etc. Ces applications nécessitent souvent d'être installées sur l'ordinateur client, ce qui augmente la charge de travail lors de l'installation, des mises à jour et de la désinstallation pour le technicien/administrateur. Il est préférable d'utiliser une méthode d'installation automatisée.
- Les **applications clientes WEB** qui regroupent en fonction des besoins les sites WEB applicatifs utilisant les technologies ASP.Net, PHP par exemple et les applications clientes utilisant les technologies Silverlight, Flash par exemple. Elles n'ont pas besoin de s'installer sur l'ordinateur de l'utilisateur et demande uniquement un navigateur Internet voire éventuellement un add-on comme pour Silverlight. Elles offrent l'avantage d'être installées uniquement sur le serveur ou dans le cas de Silverlight d'être téléchargeable à la volée pour s'exécuter sur l'ordinateur client, une partie serveur n'étant pas exclue. Il n'y a pas de mises à jour client à réaliser et la durée d'interruption est généralement limitée à quelques secondes avant de pouvoir utiliser la nouvelle version. Le contrôle des versions est minimal et l'utilisateur dispose toujours de la version la plus récente.
- Les **applications serveurs** qui comprennent l'application qui fonctionne en tant que service, les outils pour accéder en tant qu'utilisateur ainsi que les consoles d'administration. Ces dernières pouvant aller d'une ligne de commande à une application complète en passant par les composants logiciels enfichable. Leur installation s'effectue généralement via une installation manuelle, néanmoins, il est souhaitable de l'automatiser.

Windows Server 2008 dispose du **Framework.NET** ainsi que de nouvelles API *(Application Programmer Interface)* permettant au programmeur d'améliorer le processus d'installation. En effet :

- Le Framework.NET offre la possibilité de stocker dans le répertoire (**c:\windows\assembly** et plus **c:\windows\system32**) plusieurs versions des DLLs *(Dynamic Link Library)* partagées de la même DLL sans qu'elles interfèrent l'une avec l'autre et créent des conflits.
- L'API **Restart Manager** est conçue pour déterminer si une installation nécessite un redémarrage ou non et permettre le redémarrage automatique des services systèmes exceptés pour les services critiques qui exigent toujours un redémarrage.

- L'API **Setup API** est conçue pour améliorer et standardiser l'installation des pilotes et ne plus utiliser les fichiers **inf** ainsi que les scripts.
- En exigeant l'utilisation de Windows Installer en version 4 voire 4.5 si le service pack 2 est installé.

Rares sont les applications pouvant s'exécuter sans installation, mais elles sont très utiles surtout pour servir de couteau suisse à un technicien/administrateur comme par exemple les utilitaires créés à l'origine par Marc Russinovitch (www.sysinternals.com).

Si une application doit être installée, il existe deux méthodes :

- La première utilise un nom généralement appelé **setup** disposant d'une extension en **exe** et s'exécutant avec les informations d'identité de l'utilisateur éventuellement demandant d'élever les privilèges. Le désavantage de cette méthode est d'obliger l'utilisateur à disposer de droits d'administration pour installer une application ou de passer par le service correspondant pour effectuer ladite installation.
- La seconde utilise un nom généralement appelé **setup** disposant d'une extension en **msi** et pouvant soit s'exécuter dans le contexte du service **Windows Installer** donc par défaut en tant que **LocalSystem** soit dans le contexte de l'utilisateur et dans ce cas, une élévation des privilèges peut être demandée. Son principal avantage tient au fait qu'une application peut s'installer automatiquement sans demander des privilèges élevés à l'utilisateur. Notez qu'il est toujours possible de reconditionner une application exe en msi en utilisant un programme de type éditeur msi. Parfois il faut travailler en utilisant un ordinateur de référence et des instantanés créés avant et après l'installation de l'application avec l'éditeur msi.

  L'utilisation de fichiers msi autorise la création d'installation administrative, c'est-à-dire de décompresser le fichier msi et le copier sur un dossier partagé du réseau pour qu'il puisse par la suite être utilisé comme source d'installation. La commande pour créer une installation administrative est : `Msiexec /a NomDuProduit.msi`.

  Il est possible de personnaliser l'installation en créant des fichiers de transformation mst. Généralement, il est préférable de personnaliser l'application en utilisant des paramètres provenant d'un modèle d'administration des stratégies de groupe.

  Certaines mises à jour sont empaquetées dans des fichiers msu qui sont des Package autonome Microsoft Update qui nécessite Windows Installer.

Les méthodes de déploiement d'applications sont nombreuses, en utilisant les technologies Microsoft, il existe les méthodes de déploiement automatiques suivantes :

- À l'aide de **scripts** qui sont inclus en tant que script de démarrage ou de connexion et installent l'application.
- À l'aide de **GPO**, les applications au format msi sont managées par un GPO qui indique comment la déployer.
- À l'aide d'**Application Virtualization**, l'application n'est installée qu'une seule fois sur le serveur Application Virtualization.
- À l'aide de **System Center Essential (SCE)**, les applications au format msi sont managées par SCE qui indique comment la déployer.
- À l'aide de **System Center Configuration Manager (SCCM)**, les applications au format msi sont managées par SCCM qui indique comment la déployer.

Le tableau suivant montre les différences entre les différentes méthodes d'installation automatisées.

	Script	GPO	Application Virtualization	SCE	SCCM
Simplicité de mise en œuvre	Oui	Oui	Complexe, car installation sur le serveur et le client	Moyen	Complexe
Installation totalement automatisée	Oui	Oui	Dépend de la manière dont l'application est installée sur le serveur	Oui	Oui
Simplicité de déploiement	Moyen	Facile	Le plus simple	Facile	Facile
Nombre d'installations réalisées ou n = nombre d'ordinateurs cible	n	n	1 Ne tient pas compte du logiciel client d'Application Virtualization	n	n
Contrôle que l'application est installée	Non	Non	Oui	Non	Oui
Génère des rapports	Non	Non	Oui	Oui	Oui
Gère les mises à jour	WSUS	Difficile	WSUS	Natif	Natif
Durée d'interruption pour les mises à jour	Dépend de l'application		La moins longue	Dépend de l'application	
Durée pour déployer la mise à jour sur tous les ordinateurs	Dépend du nombre d'ordinateurs et du rafraichissement des GPOs		Quitter et ouvrir l'application	Dépend du nombre d'ordinateurs	
Offre le meilleur contrôle sur les applications en utilisation	Très moyen	Moyen	Excellent	Bon	Très bon
Recommandé pour une entreprise	À ne plus utiliser	TPE	PME	Moyenne à grande	

I. Virtualisation d'applications

La virtualisation d'applications App-V est une méthodologie et un des piliers de la virtualisation chez Microsoft. Elle virtualise l'application, c'est-à-dire que l'application n'est plus installée physiquement sur l'ordinateur mais dans un environnement virtuel. Cet environnement virtuel autorise l'application à utiliser les ressources locales dont elle a besoin mais elle interdit l'interférence avec d'autres applications.

Conceptuellement, l'application est installée dans l'environnement virtuel sur le serveur de virtualisation d'applications. Les ordinateurs exécutent le client de virtualisation d'applications et charge en mémoire RAM l'application virtualisée installée sur le serveur soit environ 20 à 40 % du code. Il est possible de travailler en mode cache afin de travailler en mode déconnecté. Enfin, il existe un mode appelé mode autonome qui permet de diffuser les applications via un média.

La solution Microsoft s'appelle **Application Virtualization** basée sur le logiciel Softgrid. Elle est distribuée en tant qu'outil du **Desktop Optimization Pack** de la software assurance, du **MSDN** (*Microsoft Solution Developer Network*) et **Microsoft Application Virtualization for Terminal Services**.

Les avantages sont les suivants :

- Rationnalise, simplifie et accélère le déploiement d'applications, car l'application n'est installée que sur le serveur de **Application Virtualization**.
- Diminue l'impact des mises à jour applicatives. En effet, il n'est point besoin de redémarrer l'ordinateur client, seul le chargement de l'application est nécessaire. Aucune désinstallation ni erreur lors de la mise à jour n'impacte le client.
- Permet de travailler hors connexion.
- Permet un meilleur contrôle de l'utilisation des applications.
- Réduit les interruptions clients.
- Élimine le risque d'interférence entre les applications installées localement.
- Permet d'exécuter deux versions de la même application au même instant.
- L'application est diffusée à la demande sur le poste client sans intervention d'un technicien/administrateur.
- Fonctionne également en tant que serveur d'applications pour Terminal Services en utilisant la version spécifique pour Terminal Services.

Il n'est pas possible de virtualiser des applications qui font appel à des pilotes ainsi que des applications 16 bits utilisant de l'espace mémoire partagé. D'autres applications comme les anti-virus sont difficiles à virtualiser.

Comme pré-requis, les ordinateurs serveurs doivent exécuter une version Windows Server 2003, 2003R2 ou 2008 Edition Standard, Entreprise, Datacenter X86 ou X64 avec au minimum 512 Mo de RAM (selon le système d'exploitation), un espace disque de 200 Mo doit être disponible, et il faut de plus disposer d'un d'espace disque suffisant pour le contenu.

Comme pré-requis, les ordinateurs clients peuvent être Windows XP à partir du SP2, Windows Vista et Windows 7, architecture X86 uniquement sur lesquels il est nécessaire de disposer de 30 Mo d'espace disque ainsi que 6 Go pour le cache.

L'utilisation d'App-V est limitée car la software assurance est requise. Néanmoins le concept est intéressant et une diffusion à plus large échelle est souhaitée.

J. Déploiement d'applications à l'aide d'une stratégie de groupe

1. Introduction

Le déploiement d'applications à l'aide des stratégies de groupe est une méthode simple pour déployer des applications conditionnées dans des packages msi. La stratégie peut s'appliquer à un ordinateur ou un utilisateur de la manière suivante :

- **Publié** est disponible uniquement pour un utilisateur. Dans ce mode, l'application s'installe automatiquement lorsque l'utilisateur double clique sur l'extension des fichiers traités par l'application, l'utilisateur double clique sur un raccourci de l'application ou lorsqu'une application COM fait appel à l'application. L'utilisateur peut également installer l'application en passant par le panneau de configuration.

- **Attribué** est installé automatiquement au démarrage de l'ordinateur ou lors de la connexion de l'utilisateur.

L'utilisation de filtres WMI pour filtrer la stratégie permet de garantir que l'ordinateur dispose des pré-requis nécessaires à l'installation de l'application.

La stratégie indique au service Windows Installer comment déployer le package.

Windows Installer supporte les types de fichiers suivants :

- **msi** pour le Package Microsoft Installer, il s'agit de l'application packagée au format msi.
- **mst** pour Transform. Une transformation peut contenir :
  - des éléments de personnalisation de l'installation du package msi ;
  - une mise à jour du package ;
  - une localisation du package.

  Elle s'utilise en conjonction d'un package msi.
- **msu** pour Microsoft Update Standalone Package est un nouveau type de package apparu avec Windows Vista, utilisé principalement pour déployer des mises à jour Windows. Il s'exécute de manière autonome car il dispose d'un installeur appelé Wusa.exe (Windows Update Stand-alone Installer).
- **msp** pour Patch. Les patchs contiennent des modifications du package. Leur utilisation n'est pas aisée, et il existe d'autres méthodes pour la mise à jour d'applications.
- **msm** pour Merge module est utilisé pour installer des packages partagés. Il s'installe toujours en conjonction d'un package msi.
- **zap** pourZero Administration Package. Il s'agit d'un cas particulier d'applications car les fichiers zap ne contiennent pas d'applications conditionnées en tant que package msi mais des fichiers exe qui peuvent être déployées par ce biais. Ils ne peuvent être ni désinstallés, ni mis à jour, ni passer vers une nouvelle version. Ce type de package convient surtout pour déployer d'anciennes applications qui ne sont plus supportées.

2. Configuration de base

WinAD

La configuration de base permet de définir un comportement commun pour l'installation des packages.

→ Connectez-vous en tant qu'administrateur.

→ Cliquez sur **Démarrer - Outils d'administration - Gestion des stratégies de groupe**.

→ Dans la console **Gestion des stratégies de groupe**, développez l'arborescence du domaine jusqu'à l'objet désiré.

→ Cliquez avec le bouton droit de la souris sur l'objet (domaine ou unité d'organisation) puis cliquez sur **Créer un objet GPO dans ce domaine et le lier ici**.

→ Dans la boîte de dialogue **Nouvel objet GPO**, tapez un nom, ici **DeployApp** puis cliquez sur **OK**.

→ Cliquez avec le bouton droit de la souris sur la nouvelle stratégie de groupe ici **DeployApp** puis cliquez sur **Modifier**.

- Dans l'éditeur de gestion des stratégies de groupe, développez **Configuration ordinateur - Stratégies - Paramètres du logiciel** pour installer le logiciel au démarrage de l'ordinateur sinon **Configuration utilisateur - Stratégies - Paramètres du logiciel** pour installer le logiciel selon une méthode utilisateur. Le nœud **Paramètres du logiciel** doit faire apparaître son enfant **Installation de logiciel**.
- Cliquez avec le bouton droit de la souris sur **Installation de logiciel** puis cliquez sur **Propriétés**. Vous pouvez gérer ici tous les paramètres communs au déploiement d'applications à l'aide d'un GPO.

Onglet Général

- Sous **Emplacement des packages par défaut**, il est utile d'y taper un chemin serveur qui contient les packages, ici \\winad\msi (le partage doit au préalable avoir été créé). Pour être accessible par les ordinateurs clients, les packages doivent être placés sur un partage réseau. Vous pouvez également indiquer la méthodologie de déploiement par défaut pour les nouveaux packages soit :

  Afficher la boîte de dialogue de déploiement de logicielest la méthode par défaut, elle affiche une boîte de dialogue de sélection de la méthode de déploiement.

  - **Publié**, l'assistant se limite à sélectionner le package.
  - **Attribué**, l'assistant se limite à sélectionner le package.
  - **Avancé** affiche tous les onglets de la boîte de dialogue **Propriétés du package**.

  Enfin, les options de l'interface utilisateur de l'installation peuvent être de base ou toutes.

Onglet Options avancées

Cet onglet permet de définir le comportement de l'application :

Désinstaller les applications lorsqu'elles se trouvent en dehors de la gestion, en d'autres termes, si l'application déployée par la stratégie n'est plus dans le champ d'application de la stratégie, alors elle se désinstalle automatiquement lors du prochain redémarrage.

Inclure les informations OLE lors du déploiement des applications, en d'autres termes, les informations d'avertissement du package sont enregistrés dans le magasin Store de l'Active Directory.

Rendre les applications 32 bits x86 Windows Installer disponibles sur les ordinateurs Win64, en d'autres termes, permet l'installation d'applications 32 bits sur des ordinateurs 64 bits (X64 et ia64).

Rendre les applications 32 bits x86 Windows Installer de bas niveau (ZAP) disponibles sur les ordinateurs de type Win64, identique au point précédent mais pour des packages de type ZAP.

Onglet Extensions de fichiers

Lorsque plusieurs applications enregistrent la même extension de fichiers, vous pouvez indiquer l'ordre de précédence si les applications sont publiées pour être installées à la première utilisation.

Onglet Catégories

Vous pouvez ajouter des catégories pour organiser les applications.

3. Ajout d'un package

WinAD

La procédure suivante s'applique pour un ordinateur, mais il est également possible de la suivre pour un utilisateur. Dans ce cas, remplacez Configuration ordinateur par configuration utilisateur.

- Connectez-vous en tant qu'administrateur.
- Cliquez sur **Démarrer - Outils d'administration - Gestion des stratégies de groupe**.
- Dans la console **Gestion des stratégies de groupe**, développez l'arborescence du domaine jusqu'à l'objet désiré.
- Cliquez avec le bouton droit de la souris sur la nouvelle stratégie de groupe désirée, ici **DeployApp** puis cliquez sur **Modifier**.
- Dans l'éditeur de gestion des stratégies de groupe, développez **Configuration ordinateur - Stratégies - Paramètres du logiciel - Installation du logiciel** pour installer le logiciel au démarrage de l'ordinateur sinon **Configuration utilisateur - Stratégies - Paramètres du logiciel - Installation du logiciel** pour installer le logiciel selon une méthode utilisateur.
- Cliquez avec le bouton droit de la souris sur **Installation de logiciel** puis cliquez sur **Nouveau** puis **Package**.
- Dans la boîte de dialogue **Ouvrir**, sélectionnez **in package** (extension msi ou zap) qui se trouve sur un partage avant de cliquer sur **Ouvrir**. Pour vous entraîner, vous pouvez télécharger des packages sur des sites comme codeplex.com ou sourceforge.com par exemple.
- La boîte de dialogue **Déploiement du logiciel** apparaît, sélectionnez une méthode avant de cliquer sur **OK**. Pour l'ordinateur, il n'est pas possible de sélectionner **Publié**. Voilà votre package est enregistré dans la stratégie. Si vous devez également ajouter des fichiers de transformation, il faut sélectionner **Avancé** et cliquer sur l'onglet **Modifier** pour les ajouter maintenant, sinon ce ne sera pas possible plus tard.

4. Gestion d'un package

WinAD

Une fois le package enregistré dans la stratégie de groupe, il est possible de l'utiliser tel quel ou de modifier certaines de ses propriétés.

- Connectez-vous en tant qu'administrateur.
- Cliquez sur **Démarrer - Outils d'administration - Gestion des stratégies de groupe**.
- Dans la console **Gestion des stratégies de groupe**, développez l'arborescence du domaine jusqu'à l'objet désiré.
- Cliquez avec le bouton droit de la souris sur la stratégie de groupe désirée, ici **DeployApp** puis cliquez sur **Modifier**.
- Dans l'éditeur de gestion des stratégies de groupe, développez **Configuration ordinateur - Stratégies - Paramètres du logiciel - Installation du logiciel** pour installer le logiciel au démarrage de l'ordinateur, sinon **Configuration utilisateur - Stratégies - Paramètres du logiciel - Installation du logiciel**.

➔ Dans la zone de détail, cliquez avec le bouton droit de la souris sur un package puis cliquez sur **Propriétés**.

Onglet Général

Vous pouvez modifier le nom proposé pour l'application, c'est ce nom qui apparaîtra dans **Programmes** du **Panneau de configuration**. Il en est de même pour l'URL du support.

Onglet Déploiement

Vous pouvez modifier :

- Pour l'utilisateur, le type de déploiement d'Attribué à Publié et vice-versa.
- Les options de déploiement à savoir :
  - Installer automatiquement cette application en activant l'extension de fichier si l'application est publiée.
  - Désinstaller cette application lorsqu'elle se trouve en dehors de l'étendue de gestion.
  - Ne pas afficher ce package dans l'application **Ajout/Suppression de programme** du **Panneau de configuration**.
  - Installer cette application lors de l'ouverture de session.
- Les options de l'interface utilisateur de l'installation soit de base, soit toutes.

Les options avancées

Ignorer la langue lors du déploiement de ce packageest utile si le système d'exploitation est différent de la langue de l'application pour éviter que l'application ne puisse s'installer.

Rendre cette application 32 bits x86 disponible sur les ordinateurs de type Win64.

Inclure les classes OLE et les informations concernant le produit.

Onglet Mise à niveau

Vous pouvez indiquer ici que le package actuel met à niveau un autre package existant dans la même stratégie de groupe ou dans une autre. Le package peut être une mise à jour patch, un service pack ou une nouvelle version. Les méthodes de mise à jour sont :

- **Désinstaller le package existant, puis installer le package de mise à niveau**.
- **Le package peut mettre à niveau le package existant**, ce qui revient à effectuer une mise à jour.

Enfin, la mise à niveau peut-être facultative ou obligatoire si vous sélectionnez la case à cocher **Mise à niveau nécessaire pour les packages existants**.

Onglet Sécurité

L'onglet **Sécurité** est prévu pour ajouter un filtre supplémentaire indiquant qui peut recevoir le package. La restriction présentée ici ne doit être utilisée qu'avec parcimonie.

Onglet Modifications

Si le package est personnalisé en utilisant des fichiers de transformation, ils apparaissent sous cet onglet.

Onglet Catégories

L'onglet **Catégorie** permet d'associer une ou plusieurs catégories définies avec l'application.

5. Suppression d'un package

WinAD

Pour supprimer un package la procédure est la suivante :

→ Connectez-vous en tant qu'administrateur.

→ Cliquez sur **Démarrer - Outils d'administration - Gestion des stratégies de groupe**.

→ Dans la console **Gestion des stratégies de groupe**, développez l'arborescence du domaine jusqu'à l'objet désiré.

→ Cliquez avec le bouton droit de la souris sur la stratégie de groupe désirée ici **DeployApp** puis cliquez sur **Modifier**.

→ Dans l'éditeur de gestion des stratégies de groupe, développez **Configuration ordinateur - Stratégies - Paramètres du logiciel - Installation du logiciel** pour installer le logiciel au démarrage de l'ordinateur sinon **Configuration utilisateur - Stratégies - Paramètres du logiciel - Installation du logiciel**.

→ Dans la zone de détail, cliquez avec le bouton droit de la souris sur un package puis cliquez sur **Toutes les tâches** puis **Supprimer**.

→ La boîte de dialogue **Suppression de logiciel** apparaît vous proposant les choix suivants avant de cliquer sur **OK** :

Désinstaller immédiatement le logiciel des utilisateurs et des ordinateurs, choix par défaut.

Autoriser les utilisateurs à continuer à utiliser le logiciel mais interdire de nouvelles installations.

6. Redéployer un package

WinAD

Le redéploiement d'un package force la réparation voire la réinstallation sur tous les ordinateurs concerné en exécutant :

- Si un fichier est manquant ou la version de l'application n'est pas la même, l'application est réinstallée.
- Réécrire toutes les entrées du Registre concernant l'utilisateur et l'ordinateur associés au package.
- La réinstallation de tous les raccourcis ainsi que les associations de fichiers.
- La réparation depuis la source locale msi se trouvant dans le répertoire **%windir%\Installer**.

Lors d'un redéploiement, les paramètres utilisateurs ne sont pas forcément conservés. Cela dépend du package msi.

→ Connectez-vous en tant qu'administrateur.

→ Cliquez sur **Démarrer - Outils d'administration - Gestion des stratégies de groupe**.

- Dans la console **Gestion des stratégies de groupe**, développez l'arborescence du domaine jusqu'à l'objet désiré.
- Cliquez avec le bouton droit de la souris sur la stratégie de groupe désirée, ici **DeployApp** puis cliquez sur **Modifier**.
- Dans l'éditeur de gestion des stratégies de groupe, développez **Configuration ordinateur - Stratégies - Paramètres du logiciel - Installation du logiciel** pour installer le logiciel au démarrage de l'ordinateur sinon **Configuration utilisateur - Stratégies - Paramètres du logiciel - Installation du logiciel**.
- Dans la zone de détail, cliquez avec le bouton droit de la souris sur un package puis cliquez sur **Toutes les tâches** puis **Redéploiement des applications**.
- Dans la boîte de dialogue vous demandant de confirmer si vous voulez redéployer l'application, cliquez sur **Oui**.

7. Installation de l'application publiée par l'utilisateur

WinAD

La stratégie publiant l'application doit avoir été appliquée à l'ordinateur.

- Connectez-vous en tant qu'administrateur.
- Cliquez sur **Démarrer - Panneau de configuration**.
- Dans la fenêtre **Panneau de configuration**, cliquez sur **Programmes et fonctionnalités**.
- Dans le volet de gauche sous **Tâches de Programmes et fonctionnalités**, cliquez sur **Installer un programme à partir du réseau**.
- Dans la fenêtre **Obtenir les programmes**, vous trouvez la liste des applications que l'utilisateur peut installer et pas toutes les applications du partage.
- Double cliquez sur l'application désirée. Il n'est pas nécessaire de disposer de privilèges d'administration.

K. Résumé du chapitre

Dans ce chapitre, vous avez étudié la théorie des stratégies de groupe, leurs avantages pour gérer plus aisément l'environnement de l'utilisateur.

Concernant les modèles d'administration, les nouvelles possibilités apportées par le format ADMX (comme le multilinguisme) vous ont été présentées. La création de fichiers ADMX pour une application spécifique est devenu si simple qu'il ne faut pas s'en priver.

Vous avez également vu la différence qui existe entre une préférence et une stratégie. Les stratégies locales ont été étudiées ainsi que les nouveaux objets Starter ou les filtres WMI.

Maintenant que vous savez les implémenter, conservez à l'esprit que plus vous ferez simple, meilleur sera le résultat.

La délégation et plusieurs méthodes pour déléguer des tâches administratives vous ont également été présentées.

La seconde partie du chapitre a été consacrée à la présentation des méthodes de déploiement d'applications. Les procédures concernant la mise en œuvre de déploiement à l'aide de stratégies de groupe ont également été présentées.

Chapitre 15 : Maintenance des correctifs

A. Présentation

1. Pré-requis matériel et configuration de l'environnement

Il est requis un accès à l'Internet.

Pour effectuer toutes les mises en pratique de ce chapitre, vous devez disposer et configurer les machines virtuelles suivantes :

Pour la création des machines virtuelles, veuillez vous référer au chapitre Création du bac à sable.

N'oubliez pas de réinitialiser les machines virtuelles entre les mises en pratique de chaque chapitre avant de les configurer pour l'environnement.

Placez les scripts correspondants sur le bureau de chaque machine.

- Sur **WinAD**, lancez le script **WinAD.bat** en relation avec **WMydomEni.txt** puis attendez que l'ordinateur ait redémarré avant de lancer les scripts suivants.
- Sur **Win1**, lancez le script **Win1.bat**.
- Sur **Win2**, lancez le script **Win2.bat**.
- Sur **Win3**, lancez le script **Win3.bat**.
- Sur **Win4**, lancez le script **Win4.bat**.
- Sur **Core1**, placez le script **Core1.bat** sur c:\ puis lancez-le.

Après l'exécution des scripts, toutes les machines virtuelles sont dans le domaine **Mydom.eni**. Les machines virtuelles **Win3** et **Win4** sont créées uniquement pour tester les stratégies de mise à jour en tant qu'exercice supplémentaire.

2. Objectifs

Un des sports favoris de certains informaticiens est de trouver et d'exploiter des vulnérabilités dans le code des programmes. Ces dernières sont laissées involontairement par les développeurs par manque de temps, d'outils et de méthodologies appropriées et ne peuvent être mises en évidence de manière exhaustive malgré les énormes progrès qui ont été réalisés dans ce domaine ces dernières années. Il est dès lors primordial de conserver un ordinateur à jour en lui appliquant les correctifs lorsque ceux-ci sont disponibles.

Le début du chapitre définit les termes utilisés pour les mises à jour puis présente les différentes méthodes proposées par Microsoft pour les distribuer et les installer. Ensuite des procédures pas à pas sont montrées pour configurer Windows Update, Microsoft Update, Microsoft Baseline, Security Analyzer (MBSA) ainsi que pour installer et utiliser le rôle Windows Server Update Services (WSUS). Enfin, vous verrez comment utiliser les paramètres de stratégie de groupes pour configurer les ordinateurs clients d'un serveur WSUS.

B. Ordinateur à jour, correctifs et services Packs

1. Importance d'un ordinateur à jour "Up to date"

L'aspect sécuritaire est un bon argument pour illustrer pourquoi il est nécessaire qu'un ordinateur soit et reste à jour concernant les correctifs logiciels. Depuis quelques années il existe chez Microsoft le centre MSRC (*Microsoft Security Response Center*) qui fait autorité en termes de sécurité en fournissant des guides et des conseils sur comment sécuriser un ordinateur, en envoyant des e-mails pour alerter les administrateurs sur des vulnérabilités et en mettant en téléchargement des mises à jour de sécurité. D'autre part, le centre travaille 24h/24 7j/7 permettant de répondre très rapidement à des vulnérabilités.

Aujourd'hui il peut paraître paradoxal de voir que la plupart des exploits utilisent des vulnérabilités découvertes et corrigées par MSRC. Le tableau suivant montre le temps de réaction entre la disponibilité d'un correctif de sécurité et la découverte d'un exploit pouvant exploiter la vulnérabilité. Il est donc nécessaire de disposer d'un ordinateur à jour !

Exploit	Année	Correction	Durée en jours entre la sortie de la correction et l'apparition de la vulnérabilité	Nombre d'ordinateurs infectés*
Code Red	2001	MS01-033	30	359 000
SQL Slammer	2003	MS02-039	180	22 000
Blaster	2003	MS03-026	30	1 000 000
Sasser	2004	MS04-011	17	250 000
Conficker	2008	MS08-067	30	18 000 000

* Chiffres provenant de diverses sources

Le tableau suivant montre le système de classification de gravité selon le MSRC.

Classification	Définition
Critique	Une vulnérabilité dont l'exploitation pourrait permettre la propagation d'un ver sans intervention de l'utilisateur.
Important	Une vulnérabilité dont l'exploitation peut compromettre la confidentialité, l'intégrité ou la disponibilité des données de l'utilisateur voire l'intégrité ou la disponibilité des ressources.
Modéré	Son exploitation est limitée par différents facteurs tels que la configuration par défaut, les audits ou la difficulté d'exploitation.
Faible	Une telle vulnérabilité est extrêmement difficile à exploiter ou son impact est minimal.

Lorsqu'une mise à jour est critique, il faudrait l'appliquer dans les 24 heures alors qu'une mise à jour classifiée faible peut l'être avec une échéance de plusieurs mois.

Microsoft n'envoie jamais de correctifs en tant que fichier attaché comme le montre la copie d'écran suivante que vous pouvez éventuellement recevoir de temps en temps. Il s'agit bien évidemment d'une tentative de prise de contrôle de l'ordinateur sur lequel vous exécuterez le code contenu dans le fichier zip.

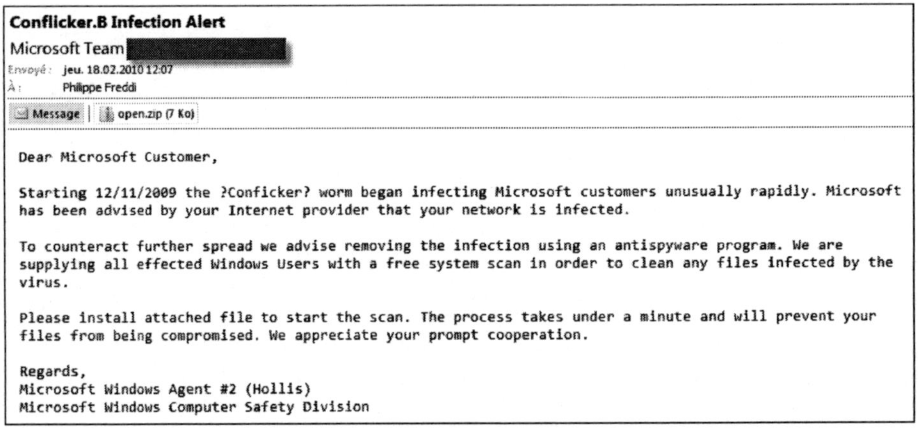

Conflicker.B Infection Alert

Microsoft Team [redacted]

Envoyé : jeu. 18.02.2010 12:07

À : Philippe Freddi

Message | open.zip (7 Ko)

Dear Microsoft Customer,

Starting 12/11/2009 the ?Conficker? worm began infecting Microsoft customers unusually rapidly. Microsoft has been advised by your Internet provider that your network is infected.

To counteract further spread we advise removing the infection using an antispyware program. We are supplying all effected Windows Users with a free system scan in order to clean any files infected by the virus.

Please install attached file to start the scan. The process takes under a minute and will prevent your files from being compromised. We appreciate your prompt cooperation.

Regards,
Microsoft Windows Agent #2 (Hollis)
Microsoft Windows Computer Safety Division

2. Correctifs "patch"

Les correctifs se divisent en deux catégories principales à savoir :

- **Mise à jour logicielle** qui comprend la résolution de bogue, l'amélioration de performances, la correction de pilotes, l'ajout de nouvelles fonctionnalités, etc.
- **Mise à jour de sécurité** qui comprend des mises à jour contre l'exploitation de code malicieux provenant de vulnérabilités, voir également la KB 824689. Par défaut Microsoft publie les correctifs de sécurité tous les seconds mardis de chaque mois sauf s'il y a une urgence. Enfin Microsoft n'envoie jamais de correctif par e-mail !

Pour une terminologie exhaustive, veuillez consulter la KB 824684.

Un correctif ne s'occupe que d'une vulnérabilité. Il faut donc appliquer chaque correctif séparément. Certains correctifs exigent un redémarrage du système.

Appliquer un correctif est toujours risqué car il arrive quelques fois que le correctif apporte des effets de bord non souhaités sur l'ordinateur pouvant aller jusqu'à l'écran bleu récurrent.

3. Service pack

Lorsque le nombre de correctifs devient important, Microsoft les réunit dans un service pack. Par exemple, le service pack 2 de Windows Server 2008 ne comporte pas moins de 838 correctifs dont 47 correctifs de sécurité y compris le correctif MS08-067 du tableau précédent, le reste permet de corriger des bogues voire même d'ajouter de nouvelles fonctionnalités au système d'exploitation. L'agrégation de ces correctifs est une opération longue et délicate car il s'agit d'intégrer des codes qui peuvent éventuellement être incompatibles bien qu'ils aient été testés séparément.

La langue du service pack doit être identique à la langue du système à mettre à jour.

Le service pack 2 ne permet pas de mettre à niveau un Windows Server 2008 vers la version R2. La version R2 utilise son propre code bien que l'interface graphique soit similaire.

4. Appliquer une mise à jour

Dans une entreprise, il faudrait toujours s'assurer que l'application d'une mise à jour n'a pas d'impacts négatifs sur le système cible.

Pour cela, il est fortement recommandé de suivre la procédure suivante :

1. Évaluer l'impact de la mise à jour, en d'autres termes, lire la KB (KnowledgeBase) associée à la mise à jour et consulter l'Internet pour voir s'il existe des effets négatifs.
2. Installation de la mise à jour dans un environnement de test et s'assurer que :
- Le système cible est toujours opérationnel.
- L'environnement de test est toujours opérationnel.
- Les applications fonctionnent toujours.
3. Vérifier la procédure de désinstallation.

Pour des raisons de coûts, de disponibilités, d'environnements de test inexistants, cette procédure est souvent suivie de manière incomplète voire effectuée de manière empirique. Il est dès lors plus intéressant d'inclure dans le processus de désastre et récupération le scénario d'une mise à jour ayant un impact négatif.

C. Mise à jour d'un correctif via le support

Certaines mises à jour portent le nom français de **correctif**, ce qui peut porter à confusion car le langage courant utilise également ce terme pour désigner une mise à jour logicielle. Ces correctifs s'appliquent à un cadre strict voire à une entreprise particulière et ne sont pas distribués via Windows Update mais via le support Microsoft.

La KB associée décrit le cadre dans lequel le bug peut se rencontrer. Pour le recevoir, il vous faut le demander au support en remplissant le formulaire, puis quelques secondes plus tard le support vous envoie un e-mail qui contient le lien pour télécharger le correctif. Pour l'installer, il est nécessaire d'utiliser le mot de passe fournit dont la durée de validité est d'un jour.

Microsoft recommande de ne pas les installer si vous n'êtes pas concernés à moins bien sûr qu'il s'agit bien de votre problème car leur installation peut poser problème. Généralement, ils sont inclus dans le prochain service pack.

L'avantage de cette méthode est de pouvoir appliquer un correctif prévu pour un problème spécifique avant sa disponibilité dans le prochain service pack.

Par exemple, la KB 962943 décrit un problème où son correctif est disponible via le support et qui est inclut dans le service pack.

Parmi les inconvénients, il existe un risque non négligeable de créer une instabilité sur la configuration actuelle, il ne faut les appliquer que si l'on rencontre le problème décrit. Un autre inconvénient est la procédure laborieuse pour télécharger et appliquer le correctif.

D. Mise à jour en utilisant Windows Update

Le plus simple pour mettre à jour un ordinateur consiste à activer et configurer manuellement **Windows Update** inclus dans Windows. Cette méthode est simple et permet à chaque ordinateur ayant Windows Update activé et configuré de se connecter au serveur Windows Update de Microsoft pour rechercher des mises à jour pour le système d'exploitation y compris de nouveaux pilotes afin de rester à jour comme le montre l'image suivante.

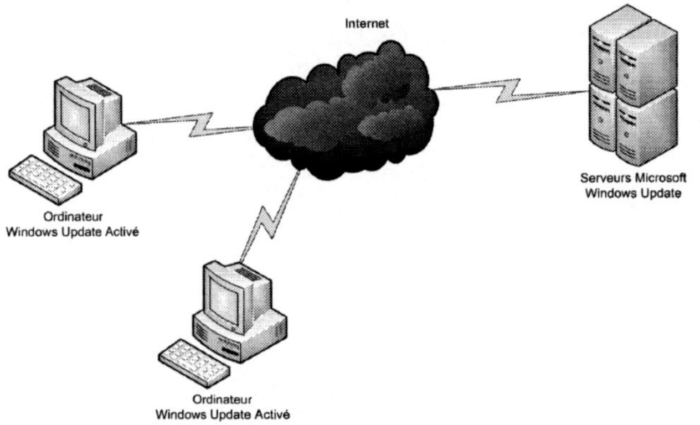

Sur l'ordinateur, Windows Update est un service qui doit être démarré. La recherche de nouvelles mises à jour varie selon un intervalle aléatoire allant de 17 à 22 heures. Si l'ordinateur n'est pas en ligne à la plage horaire choisie pour rechercher des mises à jour, il tentera de contacter le serveur Microsoft Windows Update une première fois environ 5 minutes lorsqu'il reviendra en ligne et en cas d'échec toutes les 5 heures jusqu'à ce qu'il le contacte. Si l'ordinateur n'a pas pu contacter le serveur Microsoft Windows Update pendant plus de 30 jours, alors une notification avertit l'utilisateur de l'ordinateur.

En cas de nouvelles mises à jour, l'ordinateur les télécharge puis en fonction des paramètres configurés, les installe automatiquement, et si un redémarrage est nécessaire alors il demande une intervention pour redémarrer l'ordinateur.

Microsoft a prévu un second site appelé **Microsoft Update** qui permet de recevoir des mises à jour provenant d'autres applications cliente ou serveur comme : Windows Server, Microsoft SQL Server, Microsoft Exchange Server, Microsoft Visual Studio, Microsoft Internet Security and Acceleration Server, Microsoft Data Protection Manager, Windows, Microsoft Office System, MSN et Windows Defender.

Microsoft Update est totalement compatible avec l'agent Windows Update de l'ordinateur. Il suffit simplement d'activer la recherche vers Microsoft Update pour bénéficier de ces mises à jour.

Parmi les avantages de cette méthodologie, il faut mettre en avant sa simplicité, un transfert du contrôle plus ou moins important à l'utilisateur de l'ordinateur pour télécharger et appliquer les correctifs ainsi que pour redémarrer. Bien que Microsoft recommande d'utiliser Windows Update pour des réseaux postes à postes ne dépassant pas 10 ordinateurs, il est préférable d'unifier la paramétrisation des mises à jour en créant une stratégie de groupe locale.

Pour les inconvénients, les reproches sont les suivants :

- Une configuration manuelle de Windows Update, qui peut se remédier en utilisant les stratégies de groupe.
- Un accès à Internet est requis, ce qui n'est pas adapté à certains ordinateurs de l'entreprise.
- Un gaspillage de la bande passante sur Internet puisque chaque ordinateur va télécharger les correctifs à partir du site de mise à jour de Microsoft.
- Une inconnue quant aux correctifs installés sur chaque ordinateur à un instant donné.
- Un manque de contrôle sur les correctifs à installer et le moment où ils seront installés.

Pour une gestion plus efficace des mises à jour pour un parc informatique et au-delà de 10 ordinateurs (50 selon certaines équipes de Microsoft), Microsoft recommande l'utilisation de Windows Server Update Services (WSUS).

E. Microsoft Baseline Security Analyzer (MBSA)

MBSA (*Microsoft Baseline Security Analyzer*) comme son nom l'indique s'intéresse aux correctifs de sécurité manquants ainsi qu'aux mauvaises configurations de sécurité. Il est basé sur le produit tiers HFNetChk de Shavlik. La version 2.1 est compatible avec Windows Update et Windows Server 2008. Cet outil est téléchargeable du site de Microsoft.

Lors de sa sortie au début des années 2000, cet outil était indispensable et indiquait un nombre important de meilleures pratiques. Actuellement, les fonctionnalités de l'outil n'ont pas ou peu évolué. D'autre part, il ne couvre plus totalement les meilleures pratiques pour des configurations spécifiques. Dès lors son usage devient limité. Il faut donc le considérer comme un des outils permettant de maintenir à jour certaines meilleures pratiques de sécurité et d'indiquer quels correctifs de sécurité sont manquants.

MBSA est un outil simple adapté aux petites et moyennes entreprises permettant de déterminer si les recommandations concernant les éléments de sécurité définis par Microsoft sont installées sur les ordinateurs de l'entreprise. Dans le cas contraire, MBSA indique les moyens pour y remédier.

MBSA peut analyser les composants et logiciels suivants :

- Windows 2000, Windows XP, Windows 2003 et Windows 2008.
- Microsoft Internet Information Server (IIS) 5.0, 5.1, 6.0 et 7.0.
- Microsoft Internet Explorer 5.01, 5.5, 6.0 et 7.0

La version supportée par Windows Server 2008 est MBSA 2.1.

Il est possible de remplacer MBSA dans des entreprises plus importantes par WSUS qui sera introduit dans une prochaine section, ou par System Center Management Server dans des organisations encore plus importantes.

MBSA peut travailler conjointement avec WSUS. Dans ce cas, certaines différences de correctifs à appliquer sont possibles.

F. Windows Server Update Services (WSUS)

Windows Server Update Services (WSUS) est une application serveur (Windows Server 2003 et Windows Server 2008) gratuite téléchargeable manuellement ou distribuée via Windows Update. Elle apparaît en tant que rôle dans Windows Server 2008. WSUS est principalement adapté aux petites et moyennes entreprises. Microsoft dénombre actuellement plus de 50 000 serveurs WSUS en production dans les entreprises à travers le monde.

WSUS peut être considéré comme étant un Microsoft Update d'entreprise dans lequel l'administrateur peut créer des groupes d'ordinateurs pour leur appliquer des mises à jour. D'autre part, il existe des rapports qui permettent de connaître l'état d'avancement du déploiement des mises à jour.

Conceptuellement, WSUS reçoit les notifications de mise à jour, voire les mises à jour de Microsoft Update. L'administrateur les approuve ou les refuse. Les ordinateurs clients se connectent pour voir s'il existe de nouvelles mises à jour les concernant, les téléchargent et les appliquent comme le montre l'image suivante.

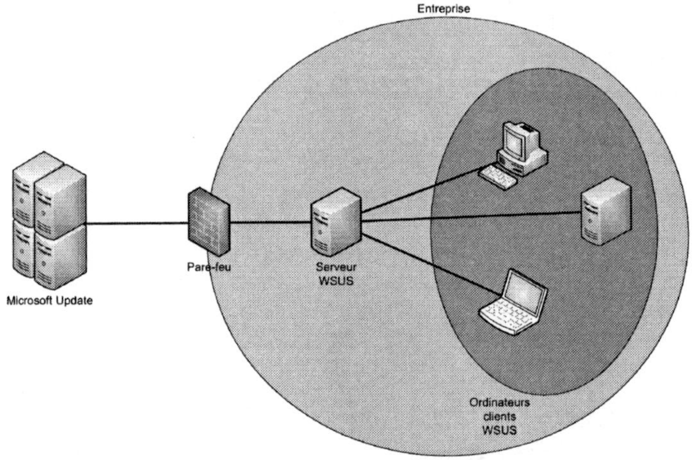

Il faut noter qu'il est possible de configurer les ordinateurs clients afin qu'ils reçoivent du serveur WSUS les informations sur les mises à jour à installer et qu'ils les téléchargent à partir de Microsoft Update.

WSUS permet à l'administrateur de choisir les langues des mises à jour ainsi que les produits Microsoft à mettre à jour. En utilisant le kit de développement, il est possible de gérer d'autres produits.

L'approbation des mises à jour peut se faire manuellement ou automatiquement voire une combinaison des deux, car il est possible de définir des règles d'approbation automatique.

La création et l'utilisation de groupes d'ordinateurs permet une gestion plus fine et plus simple des mises à jour à installer. Il faut noter qu'un ordinateur peut appartenir à plusieurs groupes.

L'administrateur dispose de rapports pour indiquer la progression des mises à jour.

Concernant les ordinateurs clients, il faut utiliser l'agent Windows Update et le configurer pour qu'il utilise le serveur WSUS au lieu de Microsoft Update, soit en utilisant, par exemple, des stratégies de groupe, soit en modifiant la base de registre.

Concernant la charge, un serveur WSUS peut supporter jusqu'à 20 000 ordinateurs clients comme le montre le tableau suivant.

Composant	**Moins de 500 clients**	**Entre 500 et 3 000 clients**	**Entre 3 000 et 20 000 clients**
Processeur min.	1 GHz	1,5 GHz	3 GHz
Mémoire RAM	1 Gb	2 Gb	2 Gb
Fichier de pagination	Au moins 1.5 fois la taille de la RAM		
Sous système I/O	IDE 100/SATA/SCSI		
Carte réseau min.	10 Mb/s	100 Mb/s	1 Gb/s
Surcharge de la partition système	1 Gb		
Taille du contenu	20 Gb	30 Gb	30 Gb

Composant	Moins de 500 clients	Entre 500 et 3 000 clients	Entre 3 000 et 20 000 clients
Taille de la BD	2 Gb		

Ses principaux avantages sont de pouvoir être installé en tant que serveur autonome ainsi que de disposer d'un outil simple à l'utilisation. Il faut également citer sa gratuité.

Les principaux reproches adressés à WSUS concernent le manque de contrôle des patchs installés ainsi que de ne pas pouvoir y ajouter un temps limite pour le déploiement des mises à jour.

Plusieurs autres scénarios peuvent être mis en œuvre avec WSUS comme :

- La mise en œuvre de plusieurs serveurs WSUS indépendant.
- La mise en œuvre de plusieurs serveurs WSUS dépendant.
- La mise en œuvre de serveurs WSUS déconnectés.

1. Mise en œuvre de serveurs WSUS indépendants

Lorsque plusieurs équipes doivent gérer des parties du réseau de l'entreprise de manière indépendante, il peut être nécessaire que chacune gère son propre serveur WSUS de manière indépendante comme le montre le schéma suivant. Ce scénario permet également de segmenter le contenu des serveurs WSUS en fonction des systèmes d'exploitation.

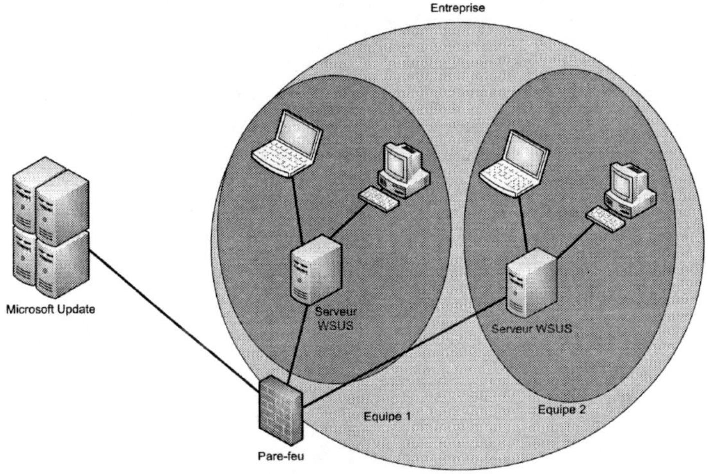

2. Mise en œuvre de serveurs WSUS dépendants

Si l'entreprise dispose de sites distants et que la gestion administrative est centralisée, la gestion des mises à jour peut consommer de la bande passante Internet entre le site distant et le site principal. Plus le nombre d'ordinateurs du site distant est élevé, plus la gestion devient difficile.

WSUS permet de créer une hiérarchie de serveur WSUS où seul le premier se synchronise à Microsoft Update, les autres utilisant ce serveur comme serveur de référence y compris pour les mises à jour approuvées ou refusées, ce qui simplifie l'administration de tous les serveurs comme le montre le schéma suivant. Il est aussi possible d'utiliser ce scénario pour limiter le nombre d'ordinateurs par serveur WSUS.

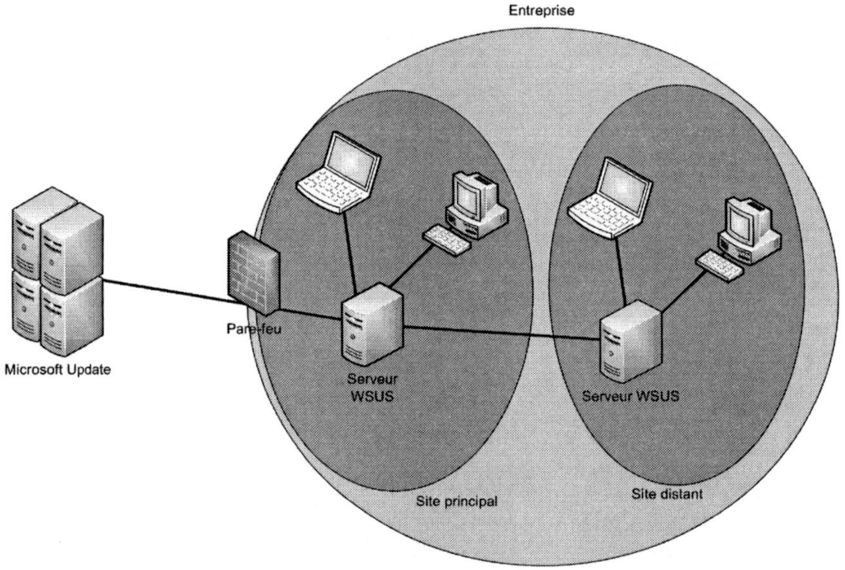

3. Mise en œuvre de serveurs WSUS déconnectés

Si un réseau doit être totalement isolé d'Internet voire même du réseau de l'entreprise, alors la mise à jour des ordinateurs peut s'avérer un vrai casse-tête. C'est la raison pour laquelle il est possible d'exporter le contenu et les métadonnées de mise à jour du serveur WSUS sur un CD-Rom et de les réimporter dans le serveur WSUS du réseau isolé comme le montre le schéma suivant.

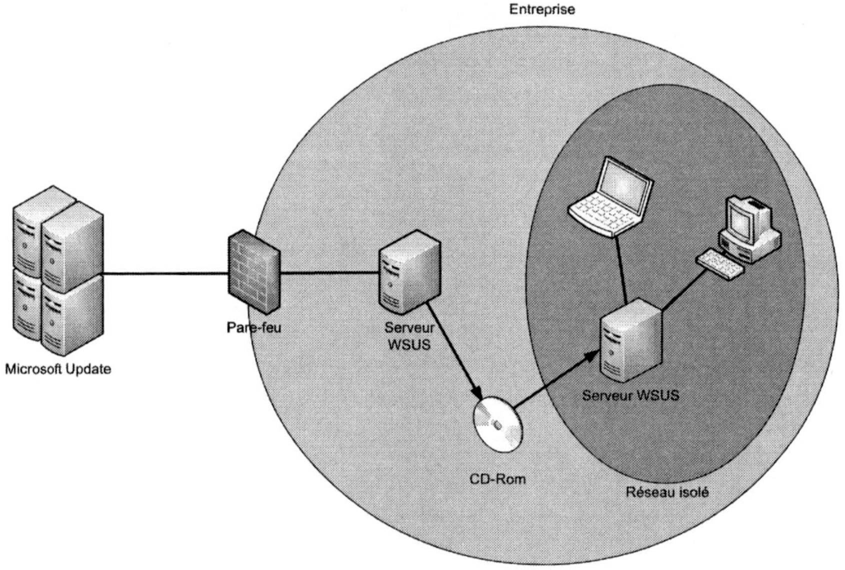

4. Classification des mises à jour

Le tableau suivant montre la classification utilisée par WSUS pour les mises à jour :

Classification	Description
Ensemble de mises à jour	Ensemble cumulatif de mises à jour, de mises à jour de sécurité, de mises à jour critique rassemblées dans le même exécutable et qui cible un produit.
Feature Pack	Nouvelles fonctionnalités qui seront incluses en standard dans les prochaines versions.
Mise à jour critique	Fix pour un problème spécifique concernant un bug critique mais non sécuritaire.
Mise à jour de la sécurité	Fix pour un problème spécifique concernant un bug de sécurité.
Mise à jour	Fix pour un problème spécifique concernant un bug non critique et non sécuritaire.
Mises à jour de définitions	Mise à jour de fichiers de définition comme les virus ou les malwares.
Outil	Utilitaire ou fonctionnalité qui permet d'accomplir une tâche ou un groupe de tâches.
Pilote	Partie logicielle permettant d'utiliser de nouveaux matériels.
Service Pack	Ensemble cumulatif de mises à jour, de mises à jour de sécurité, de mises à jour critiques rassemblées dans le même exécutable depuis la version finale du produit. Parfois il inclut de nouvelles fonctionnalités.

G. System Center Essentials (SCE)

Logiciel faisant partie de la famille System Center, il s'adresse aux petites et moyennes entreprises permettant de gérer au maximum 30 serveurs et 500 postes de travail. Il s'agit d'un package développé en utilisant les technologies suivantes :

- System Center Operation Manager 2007.
- Windows Server Update Services 3.0.
- SQL Server 2005.
- Microsoft Update.

Avec SCE, il est possible de :

- Gérer l'inventaire matériel et logiciel.
- Surveiller l'état des ordinateurs.
- Distribuer des applications ainsi que des mises à jour.
- Gérer de manière centralisée des ordinateurs.

Les objectifs principaux de SCE sont d'améliorer l'efficience par une gestion proactive en disposant d'une solution unifiée.

Des mises à jour d'autres éditeurs comme par exemple Citrix, Adobe ou 1E peuvent également être déployées à l'aide de SCE en utilisant l'assistant **Importation de mises à jour provenant de partenaires**, sinon il est toujours possible de créer avec SCE des packages de mise à jour pour déployer des mises à jour.

Le déploiement des mises à jour est similaire à WSUS.

Ses principaux avantages sont une administration centralisée simple pour déployer des logiciels et des mises à jour et la possibilité de créer des packages pour déployer des mises à jour.

Comme désavantages, il faut citer l'obligation d'installer SCE dans un domaine et qu'il ne peut exister qu'un seul serveur SCE. Par contre les ordinateurs clients peuvent se trouver hors du domaine. Cette limitation implique que le réseau soit simple.

H. System Center Configuration Manager (SCCM)

System Center Configuration Manager est destiné aux moyennes et grandes entreprises pour inventorier matériel et logiciel, distribuer des systèmes d'exploitation, des applications ainsi que des mises à jour et permet la prise de contrôle à distance.

SCCM requiert qu'un serveur WSUS 3.0 soit opérationnel et par rapport à un serveur WSUS, il dispose des fonctionnalités supplémentaires suivantes :

- Prise en charge des mises à jour d'éditeurs tiers.
- Installation en mode push.
- Configuration de fenêtres de maintenance.
- Administration déléguée complète.
- Prise en charge du réveil des ordinateurs sur le réseau (WOL).
- Intégration avec NAP.
- Se base sur l'infrastructure Gestion de la configuration souhaitée (DCM - *Desired Configuration Management*).

Dans une prochaine version, le moteur WSUS sera directement intégré à SCCM comme c'est déjà le cas pour SCE. L'avantage principal sera de disposer de résultats cohérents si plusieurs outils sont utilisés comme par exemple MBSA ou SCOM (*System Center Operation Manager*).

SCCM peut supporter plusieurs centaines de milliers d'ordinateurs et il est également conçu pour répondre également à des scénarios complexes.

Parmi ses avantages, il est possible d'indiquer que SCCM permet à des clients nomades de se mettre à jour depuis n'importe quel endroit de l'entreprise en utilisant le serveur de mise à jour le plus proche.

Pour les désavantages, il faut citer une surcharge administrative plus importante mais qui est adaptée à de grandes entreprises.

I. Comparaison des différents produits

Le tableau suivant résume les fonctionnalités principales des différents produits présentés.

	Microsoft Update	MBSA	Windows Server Update Services	System Center Essential	System Center Configuration Manager
Contenus pris en charge	Windows Server Microsoft SQL Server Microsoft Exchange Server Microsoft Visual Studio Microsoft Internet Security and Acceleration Server Microsoft Data Protection Manager Windows Clients Microsoft Office System MSN Windows Defender	Mise à jour de sécurité de Windows, Internet Explorer, SQL Server, Internet Information Server et Exchanger Server	Identique à Microsoft Update	Identique à WSUS 3.0 plus éditeurs tiers	Identique à WSUS 3.0 plus éditeurs tiers
Types de contenu	Mises à jour logicielles, mises à jour de pilotes, Service Packs et Feature Packs	Services packs et mises à jour de sécurité	Identique à Microsoft Update avec la mise à jour de pilotes critique uniquement	Identique à WSUS plus les mises à jour d'éditeurs tiers et installation d'applications .MSI et .EXE	Identique à WSUS plus les mises à jour d'éditeurs tiers et installation d'applications et de système d'exploitation
Est adapté à	Privé et très petites entreprises	Toutes entreprises	Petites et moyennes entreprise	Petites et moyennes entreprise	Moyennes à grandes entreprises
Ordinateurs pris en charge	Tous	Tous	20'000	530	200'000
Requiert l'Active Directory	Non	Non	Non	Oui	Oui
Optimisation de la bande passante réseau	Oui	Non	oui	oui	oui

	Microsoft Update	MBSA	Windows Server Update Services	System Center Essential	System Center Configuration Manager
Types de scénarios	Connexion à l'Internet	Conformité à la sécurité	Scénarios simples y compris en mode déconnectés	Scénario simple	Scénarios complexes
Contrôle de la distribution des mises à jour	Non	Non	Simple	Avancé	Avancé
Flexibilité de la planification et de l'installation des mises à jour	Manuel et contrôlé par l'utilisateur	Non	Simple	Avancé	Avancé
Rapport d'état de l'installation des mises à jour	Erreurs d'installation signalées à l'utilisateur. Répertorie les mises à jour manquantes pour l'ordinateur d'accès	Simple	Simple	Avancé	Avancé
Planification du déploiement	Non	Non	Simple	Intermédiaire	Avancé
Vérification de la conformité	Non	Oui	Rapport d'état uniquement	État et rapport de conformité informel	Avancé
Coût	Gratuit	Gratuit	Gratuit	Payant	Payant

J. Activation et configuration de Windows Update

1. Activation de Windows Update et mise à jour initiale

À l'installation de Windows Server 2008, Windows Update est désactivé. Pour l'activer et le configurer, voici la procédure.

- Connectez-vous en tant qu'administrateur sur Win1.
- Sur le Bureau, cliquez sur **Démarrer - Tous les programmes** puis sur **Windows Update**. La fenêtre suivante s'ouvre.

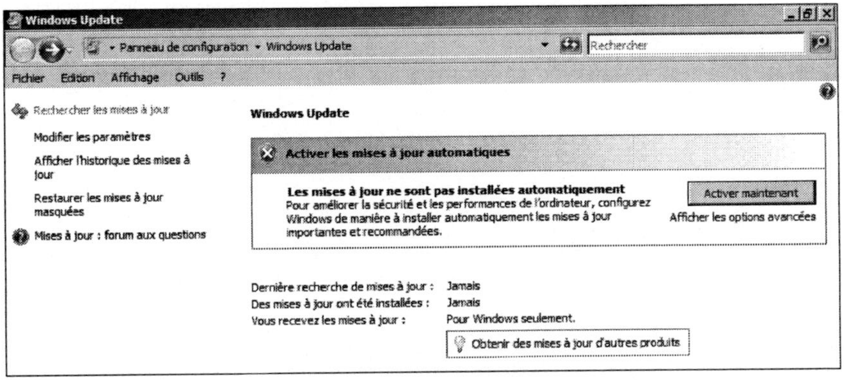

➔ Dans Windows Update, cliquez sur **Activer maintenant**. Après quelques instants, il vous est demandé de mettre à jour le logiciel Windows Update, cliquez sur **Installer Maintenant** pour cela. Durant l'installation, la fenêtre Windows Update se ferme, attendez quelques instants qu'elle se rouvre automatiquement. Windows Update recherche les mises à jour manquantes soit un peu plus de 58 pour une taille de plus de 230 Mo. Windows Update a configuré la recherche de manière standard pour une installation automatique des mises à jour quotidiennes à 3h00 du matin.

➔ Cliquez sur **XX mises à jour importantes sont disponibles** où XX représente le nombre de mises à jour à installer.

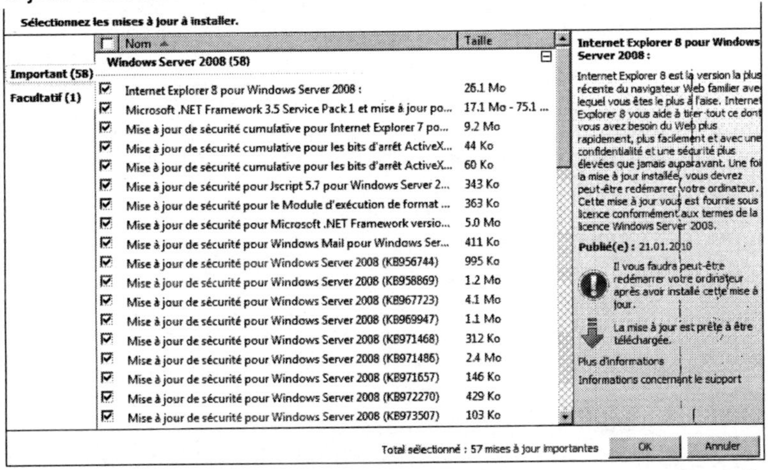

Pour chaque mise à jour proposée, vous pouvez décider de ne pas l'installer en la décochant, vous pouvez obtenir des informations complémentaires sur la mise à jour en cliquant sur **Plus d'informations** et sur **Informations concernant le support** qui vous renvoie vers le site Web Microsoft correspondant.

➔ Cliquez sur **Facultatif**, vous verrez la mise à jour facultative qui dans notre cas concerne l'ajout du rôle WSUS à la liste des rôles.

➔ Cochez la case pour la mise à jour **Mise à jour pour le Gestionnaire de serveur Windows Server 2008 (KB940518)**.

- Cliquez sur le bouton **OK**.
- Cliquez sur **Installer les mises à jour**.
- Acceptez les éventuels contrats de licence, puis la mise à jour de votre système commence.
- Attendez la fin pour redémarrer votre ordinateur.

2. Configuration des paramètres

- Connectez-vous en tant qu'administrateur.
- Sur le **Bureau**, cliquez sur **Démarrer - Tous les programmes** puis sur **Windows Update**.
- Cliquez sur **Modifier les paramètres**. La fenêtre suivante s'ouvre.

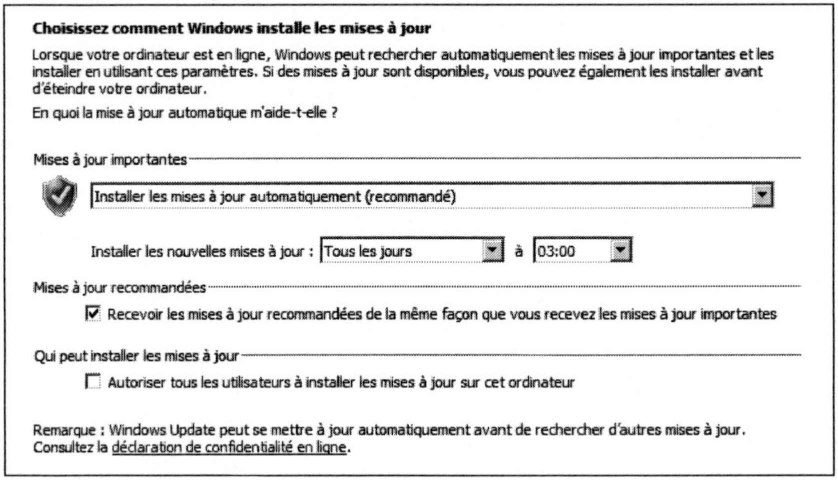

La liste déroulante **Mises à jour importantes** permet de déterminer comment les mises à jour sont installées.

- **Installer les mises à jour automatiquement (recommandé)** est la proposition par défaut qui télécharge et installe automatiquement les mises à jour en arrière plan donc de manière transparente pour l'utilisateur.
- **Télécharger les mises à jour mais me laisser choisir s'il convient de les installer**, ici le téléchargement est automatique mais l'administrateur a le choix de les installer. Une notification dans la barre des tâches avertit l'administrateur des nouvelles mises à jour. Il décide également du redémarrage du serveur.
- **Télécharger les mises à jour mais me laisser choisir s'il convient de les télécharger et de les installer**, dans ce cas, l'administrateur voit seulement qu'il existe de nouvelles mises à jour mais elles ne sont ni téléchargées ni installées. Une notification dans la barre des tâches avertit l'administrateur des nouvelles mises à jour. Il décide également du redémarrage du serveur.
- **Ne jamais rechercher des mises à jour (Non recommandé)**, Windows ne recherche jamais des mises à jour, c'est de la responsabilité de l'administrateur d'effectuer cette tâche de manière régulière.

Une mise à jour importante peut être critique ou de sécurité, il est dès lors important de l'appliquer le plus rapidement possible alors qu'une mise à jour recommandée adresse un problème non citrique comme une mise à jour d'une fonctionnalité. Bien qu'il existe un choix, le plus simple est de laisser la case à cocher activée.

La case à cocher concernant les utilisateurs doit bien entendu être décochée sur un serveur.

3. Contrôler les mises à jour installées

En utilisant la procédure suivante, vous pouvez visualiser les mises à jour installées et leur statut.

- Connectez-vous en tant qu'administrateur.
- Sur le **Bureau**, cliquez sur **Démarrer - Tous les programmes** puis sur **Windows Update**.
- Cliquez sur **Afficher l'historique des mises à jour**. Dans le tableau de l'historique, vous pouvez voir quelle mise à jour a été installée, son état (**Réussite** ou **échec**) ainsi que la date d'installation et l'importance de la mise à jour. Il est possible de cliquer sur les en-têtes pour modifier l'affichage. Enfin, en utilisant le menu contextuel sur une mise à jour vous pouvez afficher des détails comme le montre l'image suivante :

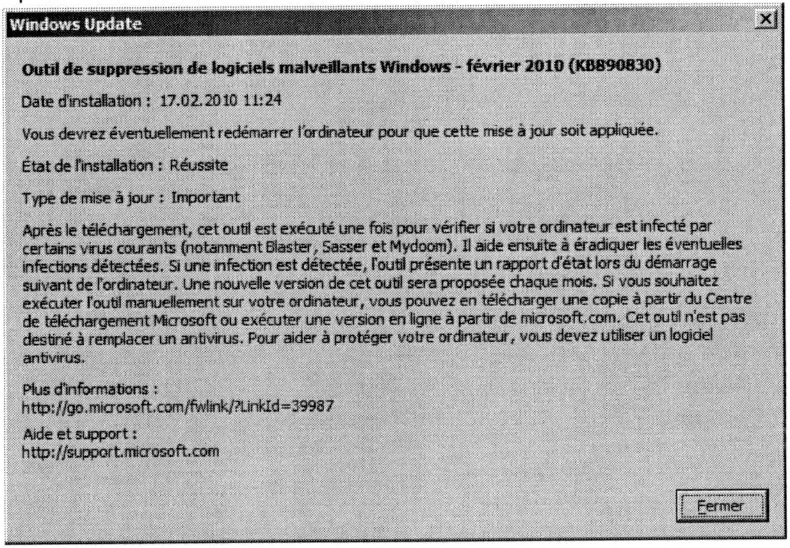

4. Désinstallation d'une mise à jour

Pour éventuellement désinstaller une mise à jour, suivez la procédure suivante.

- Connectez-vous en tant qu'administrateur.
- Sur le **Bureau**, cliquez sur **Démarrer - Tous les programmes** puis sur **Windows Update**.
- Cliquez sur **Mises à jour installées**. Dans la fenêtre qui s'affiche, veuillez noter que le nombre de mises à jour est différent par rapport aux nombre de mises à jour qu'il vous a été proposé d'installer.
- Cliquez avec le bouton droit de la souris sur la mise à jour à désinstaller puis sur **Désinstaller**.
- Dans la boîte de dialogue **Désinstaller une mise à jour**, cliquez sur **Oui**, puis suivez les instructions.

5. Mises à jour masquées

Si vous ne désirez pas installer une mise à jour, il faut la désélectionner de la liste en décochant sa case comme indiqué dans la première procédure de la section **Activation de Windows Update et mise à jour initiale**. Le problème est qu'elle restera toujours visible. Pour la masquer, il faut suivre la procédure suivante.

- Connectez-vous en tant qu'administrateur.
- Sur le **Bureau**, cliquez sur **Démarrer - Tous les programmes** puis sur **Windows Update**.
- Cliquez sur **Rechercher des mises à jour**, si des mises à jour sont disponibles, cliquez sur **XX mises à jour importante sont disponible** où XX correspond au nombre de mises à jour.
- Cliquez avec le bouton droit de la souris sur une mise à jour puis sur **Masquer la mise à jour**. Elle est désélectionnée et devient grisée. Ensuite cliquez sur **OK**.

  Maintenant, la mise à jour n'apparaît plus dans la liste des mises à jour disponibles mais uniquement dans la liste des mises à jour masquée.
- Cliquez sur **Restaurez les mises à jour masquées**.
- Vous trouvez ici les mises à jour que vous ne voulez pas appliquer. Si vous changez d'avis, cochez la case à cocher de la mise à jour puis cliquez sur le bouton **Restaurer**. Elle change de liste et vous la retrouvez dans la liste des mises à jour à appliquer et elle est sélectionnée pour être installée.

6. Mises à jour d'autres produits en utilisant Microsoft Update

Pour intégrer Microsoft Update, suivez la procédure suivante.

- Connectez-vous en tant qu'administrateur.
- Sur le **Bureau**, cliquez sur **Démarrer - Tous les programmes** puis sur **Windows Update**.
- Cliquez sur **En savoir plus** dans la zone **Obtenir des mises à jour d'autres produits Microsoft**. Une page Web s'ouvre et pointe sur le site www.update.microsoft.com.
- Sur la page **Récupérer les mises à jour pour Windows, Office, etc.**, cochez la case **J'accepte les conditions d'utilisation de Microsoft Update**, puis cliquez sur **Installer**.

De nouveaux paramètres permettant d'utiliser ou non Microsoft Update ainsi que d'être notifié lorsque de nouveaux logiciels sont disponibles sont apparus.

Une fois l'installation effectuée, Windows Update recherche de nouvelles mises à jour. Vous devriez voir apparaître deux nouvelles mises à jour une concernant Silverlight et la seconde Live Essentials. La gestion est identique à ce qui a été expliqué ici.

7. Gestion des paramètres à l'aide d'une stratégie de groupe

Pour être efficace, il est recommandé de gérer les paramètres de Windows Update à l'aide d'une stratégie de groupe y compris pour des ordinateurs hors domaine comme le montre la procédure suivante.

- Connectez-vous en tant qu'administrateur.
- Dans la zone **Rechercher** du menu **Démarrer**, tapez `mmc` puis appuyez sur [Entrée].
- Cliquez sur **Fichier, Ajouter/Supprimer un composant logiciel enfichable ....**
- Dans la boîte de dialogue **Ajouter ou supprimer des composants logiciels enfichables**, sélectionnez **Editeur d'objets de stratégie de groupe**, puis cliquez sur le bouton **Ajouter->**.

- Dans la boîte de dialogue **Sélectionner un objet de stratégie de groupe**, vérifiez que pour la zone de texte **Objet de stratégie de groupe** il est bien écrit **Ordinateur local**. Enfin cliquez sur **Terminer**.
- Dans la boîte de dialogue **Ajouter ou supprimer des composants logiciels enfichables**, cliquez sur **OK**.
- Dans l'arborescence de la console, déroulez **Stratégie Ordinateur local - Configuration Ordinateur - Modèles d'administration - Composants Windows - Windows Update**. La zone de détails ressemble à l'image suivante.

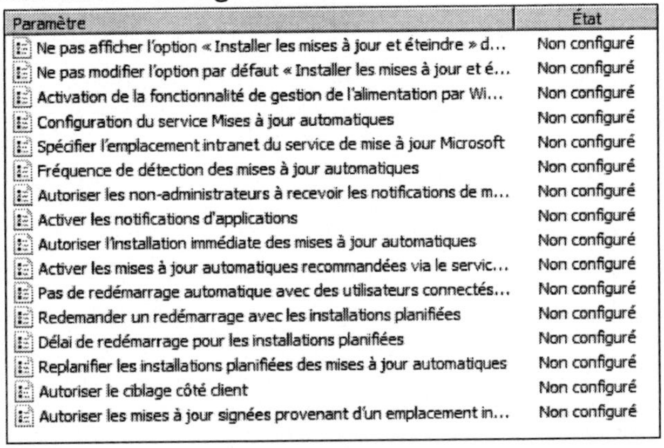

- Double cliquez sur le paramètre **Configuration du service Mises à jour automatiques** puis modifiez les options comme le montre l'image suivante. Ensuite cliquez sur **OK**.

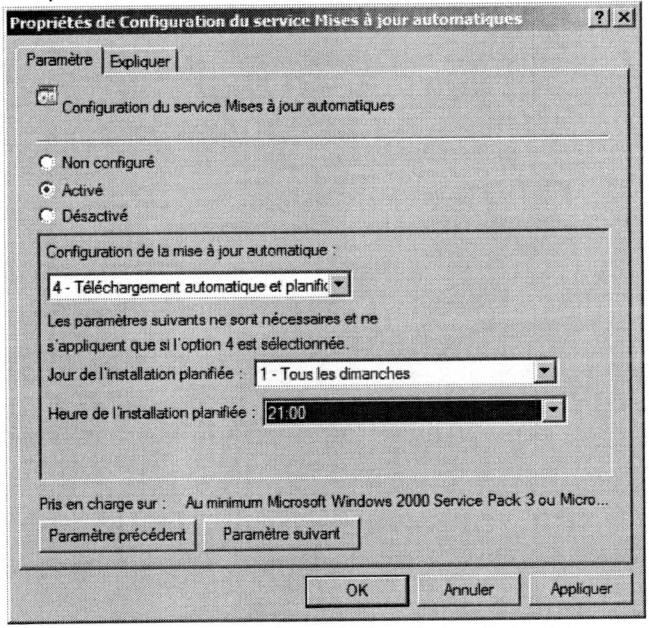

Il est possible de modifier d'autres paramètres dans votre environnement de production.

- Fermez la console MMC. Éventuellement sauvegardez votre console, pour modifier d'autres paramètres.
- Tapez `cmd` puis appuyez sur [Entrée] dans la zone **Rechercher** du menu **Démarrer**.
- Dans l'invite de commandes, tapez `gpresult /scope computer /v` puis appuyez sur [Entrée] pour voir que la stratégie locale définie est appliquée.
- Normalement l'application de la stratégie est immédiate, mais il est possible de la forcer avec l'invite de commandes. Pour cela, tapez `gpupdate /force` puis appuyez sur [Entrée] pour appliquer la stratégie locale.
- Dans l'invite de commandes, tapez `gpresult /scope computer /v` puis appuyez sur [Entrée] pour voir que la stratégie locale définie est appliquée.
- Lancez **Windows Update** et cliquez sur **Modifier les paramètres**. Remarquez que le contenu a changé comme le montre l'image suivante. En effet, les paramètres définis dans la stratégie ne sont plus modifiable, alors que les autres oui.

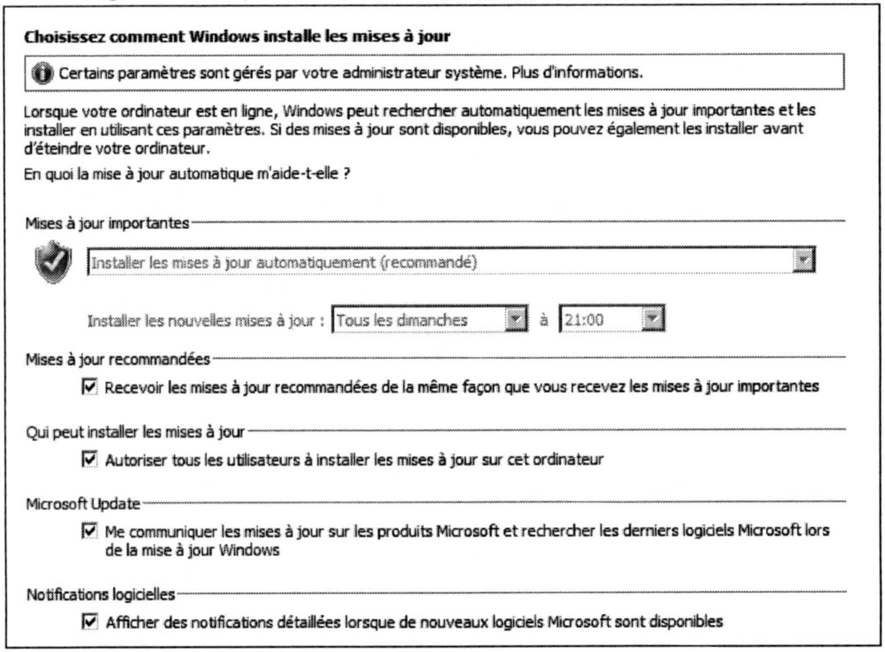

Pour terminer, voici la procédure pour déployer cette stratégie sur les autres ordinateurs. La définition des paramètres de stratégies de groupe se trouvent dans le répertoire **%systemroot%\PolicyDefinitions** et pour notre cas précis dans le fichier **windowsupdate.admx**. Les paramètres modifiés sont placés quant à eux dans le répertoire **%systemroot%\system32\groupPolicy** (dossier caché). Dans le fichier **registry.pol** du répertoire machine, il y a les paramètres de la stratégie de groupe. Il suffit donc de copier le répertoire **groupPolicy** vers les machines cibles en utilisant la commande suivante.

```
Xcopy %systemroot%\system32\GroupPolicy \\OrdinateurDistant\admin$\
system32\ GroupPolicy /e
```

K. Mises à jour sur un server Core

Core1 WinAD

1. Activation de Windows Update

Pour activer Windows Update, procédez de la manière suivante :

- Connectez-vous en tant qu'administrateur sur Core1.
- Tapez la commande suivante : `cscript %systemroot%\system32\scregedit.wsf /au /4`.

/1 permet de désactiver Windows Update et **/v** permet d'afficher les paramètres actuels.

2. Gestion à l'aide de commandes

Pour arrêter le service Windows Update :`net stop wuauderv`

Pour démarrer le service Windows Update :`net start wuauderv`

Pour forcer la recherche de mises à jour maintenant :`wuauclt /detectnow`

3. Installation manuelle d'une mise à jour

Pour installer manuellement une mise à jour, procédez de la manière suivante :

- Connectez-vous en tant qu'administrateur.
- Tapez la commande suivante : `wsua.exe NomDeLaMiseAJour.msu /quiet`.

4. Désinstallation manuelle d'une mise à jour

Pour désinstaller manuellement une mise à jour, procédez de la manière suivante :

- Connectez-vous en tant qu'administrateur.
- Retrouvez le fichier **«update».xml** de la mise à jour puis remplacez les occurrences du terme **Install** par **Remove** et sauvegardez le fichier.
- Tapez la commande suivante : `pkgmgr /n:«update».xml`.

L. Installation et utilisation de MBSA

Win1 WinAD

1. Installation de MBSA

- Connectez-vous en tant qu'administrateur sur Win1.
- Téléchargez du site de Microsoft l'utilitaire MBSA, au minimum la version 2.1.
- Double cliquez sur **MBSASetup-X86-FR.msi**. Le nom peut changer en fonction de la langue et du processeur.
- Cliquez sur **Exécuter** si l'avertissement de sécurité vous le demande.
- Sur la page **Bienvenue dans l'outil Microsoft Baseline Security Analyzer**, cliquez sur **Suivant**.

- Sur la page **Contrat de licence**, sélectionnez l'option **J'accepte le contrat de licence**, puis cliquez sur **Suivant**.
- Sur la page **Dossier de destination**, cliquez sur **Suivant**.
- Sur la page **Démarrer l'installation**, cliquez sur **Installer**.
- Cliquez sur **OK** de la boîte de dialogue **Installation de MBSA** pour terminer l'installation. Un raccourci est apparu sur le **Bureau** ainsi que dans le menu **Démarrer**.

2. Utilisation de MBSA

- Connectez-vous en tant qu'administrateur.
- Sur le Bureau, double cliquez sur **Microsoft Baseline Analyzer 2.1**.
- Dans la fenêtre qui apparaît, cliquez sur **Analyser un ordinateur**.
- Sur la page **Quel ordinateur voulez-vous analyser ?** ne modifiez rien mais remarquez qu'il est possible de l'utiliser conjointement avec WSUS. Cliquez sur **Démarrer l'analyse**.

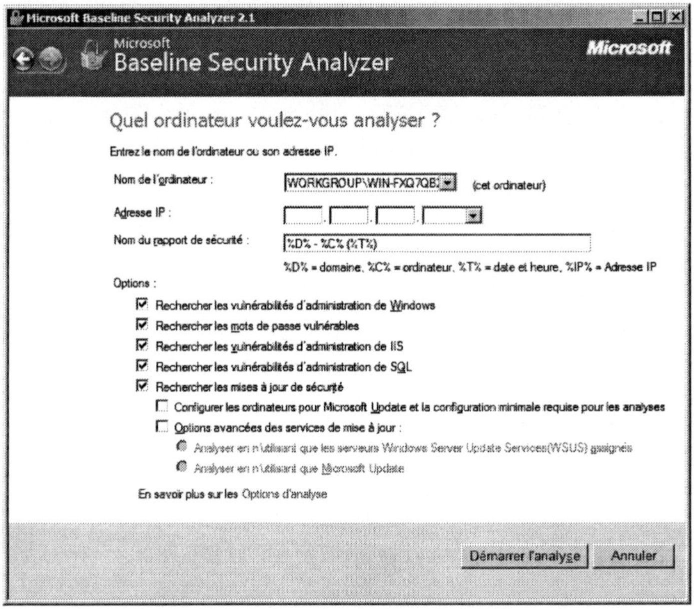

Si vous recevez un message d'erreur qui indique que le catalogue est endommagé, c'est que vous n'êtes pas connecté à Internet. L'analyse commence par télécharger le catalogue **wsusscn2.cab**, soit un fichier d'environ 13 Mo avant d'analyser l'ordinateur.

- Après que les informations actuelles de sécurité ont été téléchargées, l'ordinateur est analysé puis un rapport est affiché.

Il est nécessaire de réagir pour chaque drapeau rouge ou orange, en s'intéressant aux ressources analysées, en affichant les détails et les méthodes pour corriger les problèmes.

Veuillez noter que la catégorie **Services** apparaît avec une icône bleue **Information**, ce qui signifie que tout va bien. En réalité, seul quatre services sont analysés, ce qui ne donne pas une information exhaustive et utile quant aux autres services.

La première partie présente des informations issues de l'ordinateur qui a été analysé.

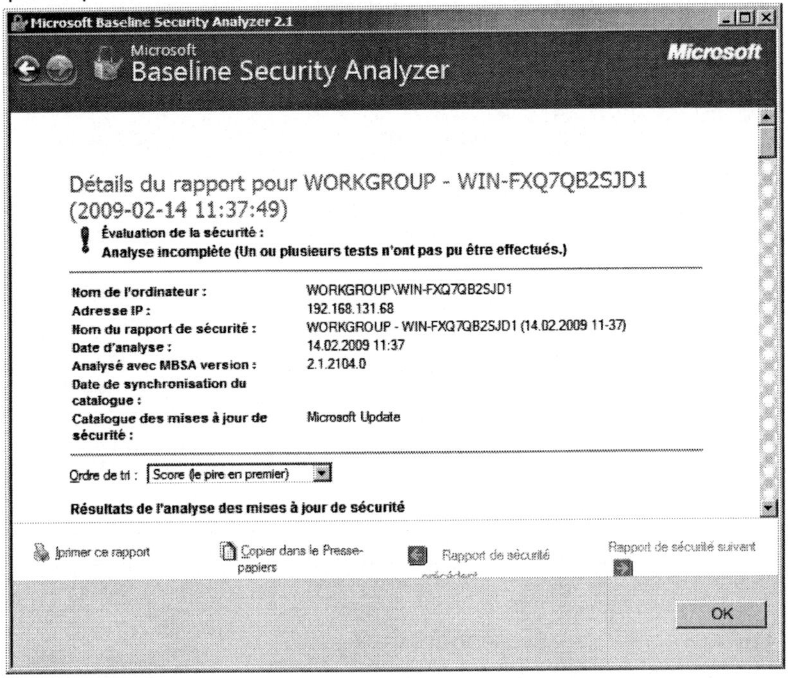

Puis, pour les sections suivantes, des informations en colonnes basées sur un score, une catégorie et un résultat.

Les scores sont les suivants :

Score	Catégorie	Résultat
	Windows - Mises à jour de sécurité	18 mises à jour de sécurité sont absentes. 1 Service Packs ou correctifs cumulatifs sont absents. Afficher les ressources analysées Détails Comment corriger le problème

L'icône précédente correspond à un test critique qui a échoué. Il faudrait corriger le problème immédiatement car l'ordinateur présente un risque de sécurité maximal. Cela peut être une mise à jour de sécurité manquante, une configuration manquante, etc.

Dans tous les cas, vous pouvez savoir ce qui a été analysé sous **Afficher les ressources analysées** et obtenir les informations nécessaires pour corriger cet état sous **Détails**. Dans le cas où des patchs de sécurité sont manquants, les liens sont également donnés. Le lien **Comment corriger le problème** donne la procédure globale de résolution.

Score	Catégorie	Résultat
	Expiration des mots de passe	Certains comptes d'utilisateurs (3 sur 4) ont un mot de passe n'expirant pas. Afficher les ressources analysées Détails Comment corriger le problème

Ce score correspond à un test qui a échoué mais qui n'est pas critique, donc un problème potentiel de sécurité. En fait l'élément est bien configuré mais ne correspond pas aux recommandations de sécurité Microsoft. La configuration actuelle peut avoir un sens dans certaines configurations. Concernant les correctifs cumulatifs et les services packs, ce score indique qu'ils sont manquants.

Score	Catégorie	Résultat
	SQL Server - Mises à jour de sécurité	Aucune mise à jour de sécurité n'est absente. Afficher les ressources analysées Détails

Ce score indique que l'élément analysé est conforme aux attentes de sécurités définies par Microsoft, il a donc réussi les tests.

Score	Catégorie	Résultat
	Services	Certains services potentiellement superflus sont installés. Afficher les ressources analysées Détails Comment corriger le problème

Ce score indique une recommandation ou une information supplémentaire à mettre en œuvre pour augmenter la sécurité.

Score	Catégorie	Résultat
	État des services IIS	Les fichiers communs IIS ne sont pas installés sur l'ordinateur local. Vérifiez la configuration requise spécifiée dans l'aide en ligne de Microsoft Baseline Security Analyzer. Afficher les ressources analysées Comment corriger le problème

Ce score indique que l'analyse est impossible car un élément nécessaire à l'analyse est manquant. Cela ne signifie pas que c'est un risque potentiel pour la sécurité.

Score	Catégorie	Résultat
	Sécurité des macros	Aucun produit Microsoft Office pris en charge n'est installé.

Ce score indique que le test n'a pas été effectué pour la raison indiquée.

Examinez avec soin chaque résultat puis évaluez son impact positif ou négatif sur votre ordinateur. Un test manqué peut être correct et normal dans certaines configurations.

3. Lancement en ligne de commandes

Pour lancer MBSA en mode ligne de commandes, il faut utiliser la commande **mbsacli.exe**. Il est possible de scanner un ordinateur, une plage d'ordinateurs, un domaine ou de se baser sur un fichier de configuration. L'invite de commande permet de gérer plus efficacement les ordinateurs d'un parc réseau car elle peut être placée dans un script.

Exécute MBSA sur l'ordinateur local en omettant les tests indiqués :

```
mbsacli /n Password+IIS+SQL
```

Exécute MBSA pour les adresses IP spécifiées, le login à utiliser étant passé en paramètre :

```
mbsacli /r 172.30.1.100-172.30.1.150 /ld /u MyUSer /p MyPassword
```

Lancement de l'analyse en mode déconnecté : `mbsacli /catalog c:\wsusscn2.cab /ia /nvc`

Le catalogue wsusscn2.cab s'installe par défaut dans le dossier **C:\Users\Administrateur\AppData\Local\Microsoft\MBSA\2.1** lorsque vous lancez MBSA en mode graphique.

M. Mise à jour à l'aide de WSUS

WinAD

Il est traité ici la version 3.0 SP2 de WSUS car c'est elle qui est installée avec le SP2 de Windows Server 2008. Parmi les avantages du SP2 de WSUS il est possible de citer, le support par les clients Windows 7, l'intégration avec Windows Server 2008 R2.

1. Installation du rôle WSUS

Les recommandations matérielles pour installer WSUS sont :

Composant	Valeur minimale	Valeur conseillée
Processeur	1 GHz	1.5 GHz
Mémoire RAM	1 Go	2 Go
Espace minimal sur la partition système	1 Go	2 Go
Espace minimal pour la base de données	2 Go	3 Go
Espace minimal pour stocker le contenu	20 Go	30 Go
Carte réseau	100 Mb/s	1 Gb/s
Fichier de pagination	1.5 * RAM	1.5 * RAM

Parmi les recommandations logicielles, il faut déterminer si la base de donnée est **Windows Internal Database** ou **Microsoft SQL Server 2005** voire **Microsoft SQL Server 2008**. Pour des tests, la version Interne est suffisante mais en fonction de la taille de l'entreprise et des performances, il peut être souhaitable de mettre à jour la base de données.

Pour installer WSUS, procédez de la manière suivante pour autant que le rôle soit installé par exemple en ayant utilisé Windows Update.

- Connectez-vous en tant qu'administrateur.
- Ouvrez le **Gestionnaire de serveur**.
- Dans l'arborescence, cliquez sur **Rôles**.
- Dans la section de détail, cliquez sur **Ajouter des rôles**.
- Sur la page **Sélectionnez des rôles de serveurs**, sélectionnez le rôle **Windows Server Update** et acceptez d'ajouter les services de rôle et les fonctionnalités requis puis cliquez sur **Suivant**.
- Sur la page **Serveur Web (IIS)**, cliquez sur **Suivant**.
- Sur la page **Sélectionnez les services de rôle**, cliquez sur **Suivant**.
- Sur la page **Windows Server Update Services**, cliquez sur **Suivant**.
- Sur la page **Confirmation**, prenez le temps de vérifier les options qui seront installées avant de cliquer sur **Installer**.
- Attendez le démarrage de l'assistant d'installation de WSUS puis cliquez sur **Suivant**.
- Sur la page **Contrat de licence**, sélectionnez l'option **J'accepte les termes du contrat de licence** puis cliquez sur **Suivant**.
- Sur la page **Composants nécessaires pour utiliser l'interface d'administration**, il devrait normalement manquer le composant **Microsoft Report Viewer 2008 redistributable** qui sera installé plus tard. Cliquez sur **Suivant**.
- Sur la page **Sélectionner la source des mises à jour**, conservez les valeurs par défaut avant de cliquer sur **Suivant**. Veuillez noter qu'il est possible de ne pas stocker les mises à jour localement et que les ordinateurs clients iront chercher les mises à jour approuvées sur Microsoft Update.
- Sur la page **Options de base de données**, conservez les valeurs actuelles, puis cliquez sur **Suivant**.

- Sur la page **Sélection du site Web**, conservez les valeurs actuelles, puis cliquez sur **Suivant**.
- Sur la page **Prêt pour l'installation de Windows Server Update Service 3.0 SP2**, prenez le temps de lire les informations avant de cliquer sur **Suivant**. L'installation se termine, puis cliquez sur **Terminer**.
- L'**Assistant de configuration de Windows server Update Services** démarre, sur la page **Avant de commencer**, cliquez sur **Suivant**.
- Sur la page **S'inscrire au programme d'amélioration de Microsoft Update**, conservez les paramètres puis cliquez sur **Suivant**.
- Sur la page **Choisir le serveur en amont**, conservez les paramètres puis cliquez sur **Suivant**. Veuillez noter que sur cette page vous pouvez créer une hiérarchie si vous vous synchronisez à partir d'un autre serveur WSUS en créant un réplica, c'est-à-dire une copie conforme de votre serveur amont comprenant les paramètres, les ordinateurs, les groupes et les approbations. Ces dernières ne peuvent être configurées que sur le serveur amont. Soit en créant un nouveau serveur WSUS indépendant.
- Sur la page **Définir le serveur proxy**, indiquez éventuellement les informations de votre proxy avant de cliquer sur **Suivant**.
- Sur la page **Se connecter au serveur en amont**, cliquez sur **Démarrer la connexion** puis attendez avant de pouvoir cliquer sur **Suivant**. Une erreur indique un problème de connexion.
- Sur la page **Choisir les langues**, sélectionnez éventuellement d'autres langues que le français avant de cliquer sur **Suivant**. Ne sélectionnez que des langues utilisées par des ordinateurs de votre entreprise.
- Sur la page **Choisir les produits**, modifiez la liste en fonction des logiciels utilisés, puis cliquez sur **Suivant**.
- Sur la page **Choisir les classifications**, sélectionnez toutes les classifications puis cliquez sur **Suivant**.
- Sur la page **Définir la planification de la synchronisation**, conservez les valeurs puis cliquez sur **Suivant**. Attention en production, il faut prévoir une planification journalière.
- Sur la page **Terminé**, cliquez sur **Suivant**. La synchronisation initiale démarre en arrière plan.
- Sur la page **Et maintenant**, cliquer sur **Terminer**.
- Sur la page **Résultats de l'installation de l'assistant Ajout de rôles**, cliquez sur **Fermer**. Voilà le rôle est installé.
- Téléchargez le package **Microsoft Report Viewer Redistributable 2008**.
- Double cliquez sur **ReportViewer.exe** pour démarrer l'installation.
- Sur la page de bienvenue de l'assistant, cliquez sur **Suivant**.
- Sur la page **Termes de licence**, sélectionnez **J'ai lu les termes du contrat et je les accepte** avant de cliquer sur **Installer**.
- Sur la page **Installation terminée**, cliquez sur **Terminer**.

WSUS est installé et la configuration initiale est effectuée. La synchronisation initiale s'effectue en arrière plan et peut durer plusieurs heures.

2. Configuration ultérieure du serveur WSUS

Lors de l'installation du serveur WSUS, l'assistant de configuration du serveur WSUS s'est lancé et a permis d'effectuer un certain nombre de choix pour l'utilisation du serveur WSUS. Pour modifier ultérieurement ces paramètres ainsi que d'autres, veuillez procéder de la manière suivante.

→ Connectez-vous en tant qu'administrateur.

→ Sur le **Bureau**, cliquez sur **Démarrer - Outils d'administration - Windows Server Update services**.

→ Dans l'arborescence de la console **Update Services**, développez le nœud de l'ordinateur puis cliquez sur **Options**.

Vous pouvez relancer l'assistant de configuration du serveur WSUS qui comprend les options suivantes :

- Programme d'amélioration de Microsoft Update.
- Source des mises à jour et serveurs proxy.
- Onglet **Langue des mises à jour** de l'option **Fichiers et langues des mises à jour**.
- Produit et classifications.
- Planification de la synchronisation.

Les autres options concernent :

- **Fichiers de mises à jour**, soit l'onglet de l'option **Fichiers et langues de mises à jour**. L'emplacement de stockage peut être local et le téléchargement peut être optimisé pour ne télécharger que les mises à jour approuvées, ou il est possible d'utiliser Microsoft Update comme source de mises à jour mais cela demande un accès Internet plus important.
- **Approbations automatiques**, soit la possibilité de définir des règles pour approuver automatiquement certaines mises à jour. Une procédure est montrée plus loin.
- **Ordinateurs**, soit la possibilité de créer des groupes pour y appliquer des mises à jour en utilisant soit la console WSUS soit des paramètres de stratégie de groupe ou du Registre.
- **Assistant de nettoyage du serveur WSUS**, soit un assistant qui permet de définir des règles de nettoyage et d'effectuer ce nettoyage.
- **Cumul des rapports** permet d'inclure les états provenant de serveurs réplica aval.
- **Notification par courrier électronique** permet d'avertir un administrateur lorsque de nouvelles mises à jour sont disponibles, de lui envoyer des rapports d'états en fonction d'une planification.
- **Personnalisation** permet de modifier l'affichage pour y inclure des serveurs aval.

3. Gestion des ordinateurs à l'aide de groupes

Bien qu'il soit possible de gérer les mises à jour de tous les ordinateurs de la même manière, il peut être utile de créer des groupes pour y appliquer les mises à jour de manière différenciée. Un ordinateur peut appartenir à plusieurs groupes ce qui peut compliquer l'application des mises à jour.

Par défaut, tous les ordinateurs sont placés dans le groupe **Ordinateurs non attribués**.

La procédure suivante montre comment créer un groupe.

→ Connectez-vous en tant qu'administrateur.

- Sur le **Bureau**, cliquez sur **Démarrer - Outils d'administration - Windows Server Update services.**
- Dans l'arborescence de la console **Update Services**, développez le nœud de l'ordinateur puis **Ordinateurs.** Par défaut Il n'existe que le groupe **Ordinateurs non attribués** dans le container **Tous les ordinateurs.**
- Avec le bouton droit de la souris, cliquez sur **Tous les ordinateurs** puis cliquez sur **Ajouter un groupe d'ordinateurs.**
- Dans la boîte de dialogue **Ajouter un groupe d'ordinateurs**, tapez le nom du groupe, puis cliquez sur **Ajouter**.

Pour qu'un ordinateur appartienne à un groupe il est possible d'indiquer le nom d'un groupe au paramètre **Autoriser le ciblage côté client** d'une stratégie de groupe ou de gérer cette appartenance via la console WSUS comme le montre la procédure suivante.

- Connectez-vous en tant qu'administrateur.
- Sur le **Bureau**, cliquez sur **Démarrer - Outils d'administration - Windows Server Update services.**
- Dans l'arborescence de la console **Update Services**, développez le nœud de l'ordinateur puis **Ordinateurs.**
- Comme par défaut les ordinateurs sont placés dans le groupe **Ordinateurs non attribués**, cliquez sur ce nœud dans l'arborescence puis cliquez avec le bouton droit de la souris sur un ordinateur de la zone de détail et enfin cliquez sur **Modifier l'appartenance.**
- La boîte de dialogue **Définir les groupes d'ordinateurs** s'ouvre et montre l'appartenance de l'ordinateur sélectionné aux groupes que vous avez créés. L'appartenance au groupe **Ordinateurs non attribués** n'est pas affichée.

Comme un ordinateur peut appartenir à plusieurs groupes, il peut sembler intéressant de l'utiliser, mais l'administration d'un parc peut rapidement devenir un cauchemar car les groupes sont côte à côte et non hiérarchique comme les stratégies de groupe de l'Active Directory.

Il est possible de gérer l'affichage des ordinateurs dans chaque groupe pour les grouper selon certains critères ou de rajouter certains paramètres comme par exemple le nombre d'échecs.

Pour cela suivez la procédure suivante.

- Connectez-vous en tant qu'administrateur.
- Sur le **Bureau**, cliquez sur **Démarrer - Outils d'administration - Windows Server Update services.**
- Dans l'arborescence de la console **Update Services**, développez le nœud de l'ordinateur puis **Ordinateurs** puis **Ordinateurs non attribués.**
- Dans la zone de détail si vous cliquez avec le bouton droit de la souris dans la zone des en-têtes, il est possible d'ajouter d'autres paramètres.

  Si vous cliquez avec le bouton droit de la souris dans la liste des ordinateurs puis cliquez sur **Grouper par**, cela permet de modifier l'affichage en groupant les ordinateurs en fonction du système d'exploitation, de la version de l'**Agent de mise à jour automatique Windows Update** ou du serveur WSUS.

Enfin si vous décidez de supprimer un ordinateur, il faut différencier le cas où vous voulez l'enlever d'un groupe et celui où vous le supprimez du serveur WSUS. Dans le premier cas, il faut utiliser la procédure permettant de modifier l'appartenance montrée précédemment alors que dans le second cas, la procédure est la suivante. Il faut noter que l'ordinateur ne recevra plus de mises à jour provenant du serveur WSUS.

Cette procédure fonctionne temporairement avec un ordinateur configuré à l'aide d'une stratégie de groupe soit jusqu'à la prochaine application des stratégies de groupe.

- Connectez-vous en tant qu'administrateur.
- Sur le **Bureau**, cliquez sur **Démarrer - Outils d'administration - Windows Server Update services**.
- Dans l'arborescence de la console **Update Services**, développez le nœud de l'ordinateur puis le groupe auquel il appartient.
- Cliquez avec le bouton droit de la souris sur l'ordinateur puis sur **Supprimer**.

4. Gestion des mises à jour

En fonction des langues et des produits choisis, le nombre de mises à jour peut être important. Pour s'en rendre compte, il faut les visualiser.

Pour visualiser les mises à jour :

- Connectez-vous en tant qu'administrateur.
- Sur le **Bureau**, cliquez sur **Démarrer - Outils d'administration - Windows Server Update services**.
- Dans l'arborescence de la console **Update Services**, développez le nœud de l'ordinateur. Dans la zone de détails, vous pouvez visualiser les tâches à effectuer comme approuver des mises à jour ou configurer des ordinateurs clients pour utiliser le serveur WSUS. En dessous, il y a une vue d'ensemble fournissant des statistiques sur le serveur WSUS comme le montre l'image suivante.

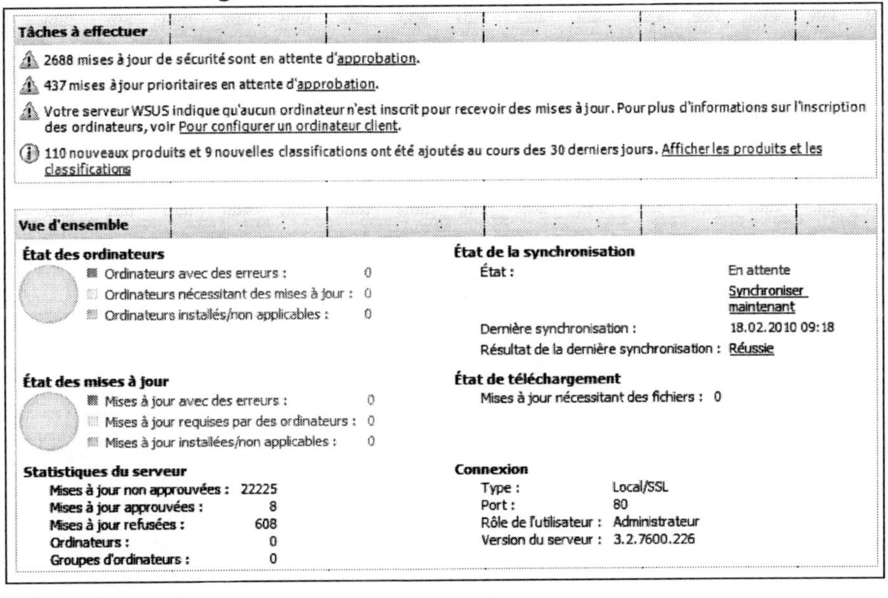

- Dans l'arborescence, développez le nœud **Mises à jour** de votre ordinateur. La zone de détail affiche une vue d'ensemble de statistiques des mises à jours. Vous pouvez remarquer qu'il existe plusieurs vues prédéfinies permettant de filtrer les mises à jour selon différents critères.
- Cliquez sur une des vues personnalisées pour faire apparaître les mises à jour. En fonction du nombre de mises à jour, l'affichage peut prendre plusieurs dizaines de secondes. La zone de détail est divisée en deux, la zone du haut affiche la liste des mises à jour, et la zone du bas le détail de la mise à jour sélectionnée comme le montre la copie d'écran suivante.

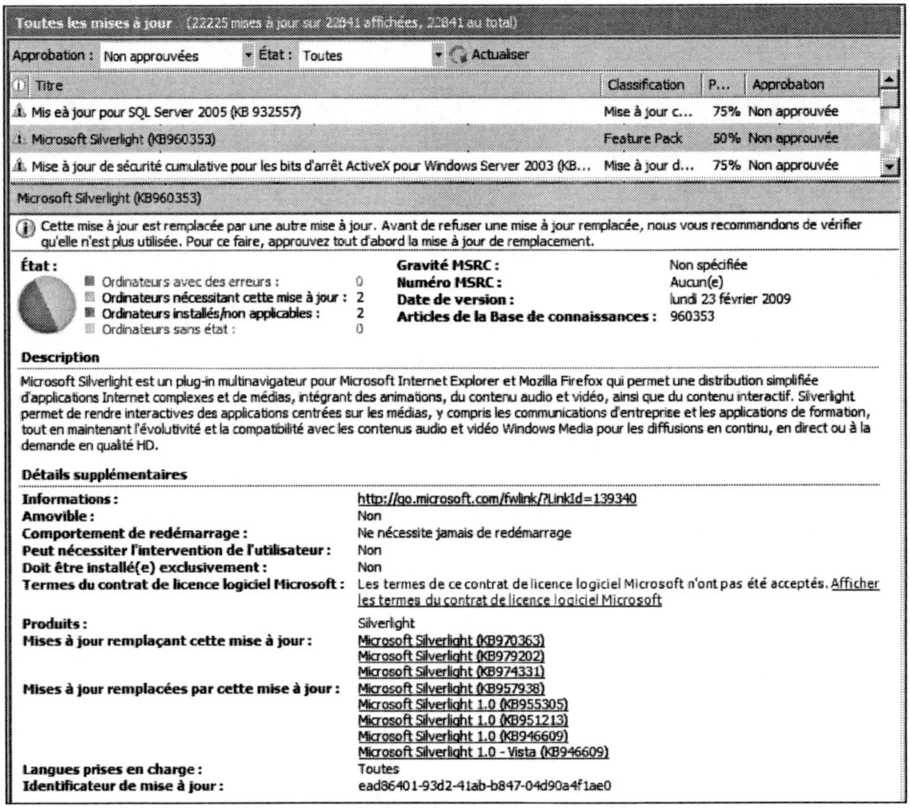

Pour créer une nouvelle vue pour les mises à jour, procédez de la manière suivante.

- Connectez-vous en tant qu'administrateur.
- Sur le **Bureau**, cliquez sur **Démarrer - Outils d'administration - Windows Server Update services**.
- Dans l'arborescence, cliquez avec le bouton droit de la souris sur le nœud **Mises à jour** puis cliquez sur **Nouvelle vue de mise à jour**.
- Dans la boîte de dialogue **Ajouter une vue de mise à jour**. Cliquez sur **Les mises à jour concernent un produit précis** pour l'étape 1, et sélectionnez uniquement les produits SQL Server comme le montre l'image suivante.

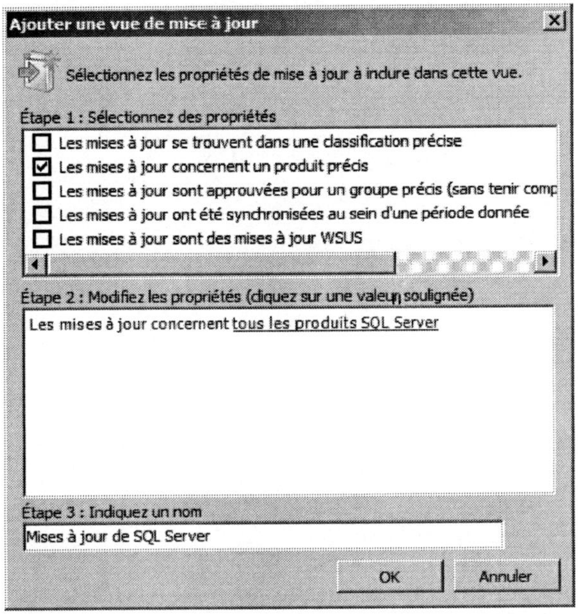

- Ensuite cliquez sur **OK** pour créer la nouvelle vue qui apparaît dans l'arborescence sous **Mise à jour**.

a. Approbation manuelle d'une mise à jour

- Connectez-vous en tant qu'administrateur.
- Sur le **Bureau**, cliquez sur **Démarrer - Outils d'administration - Windows Server Update services.**
- Dans l'arborescence de la console **Update Services**, développez le nœud de l'ordinateur puis cliquez sur **Mises à jour de sécurité** par exemple.
- Dans la zone de détail, sélectionnez une mise à jour. La zone de détail étant divisée en deux, le haut montre la liste des mises à jour et le bas des détails pour la mise à jour sélectionnée. Maintenant vous allez sélectionner plusieurs mises à jour en appuyant sur la touche [Shift] ou [Ctrl] en conjonction de la souris. Tout en gardant la touche appuyée, cliquez avec le bouton droit de la souris sur une mise à jour sélectionnée puis sur **Approuver**.

Le nombre des mises à jour peut rapidement devenir important et une approbation manuelle longue et fastidieuse. Dès lors il peut paraître judicieux de créer des règles pour approuver automatiquement certaines mises à jour.

b. Approbation des mises à jour en utilisant les règles

- Connectez-vous en tant qu'administrateur.
- Sur le **Bureau**, cliquez sur **Démarrer - Outils d'administration - Windows Server Update services.**
- Dans l'arborescence de la console **Update Services**, développez le nœud de l'ordinateur, **Ordinateurs** puis cliquez sur **Options**.
- Dans la zone de détail, cliquez sur **Approbations automatiques**.

- Dans la boîte de dialogue **Approbations automatiques**, cliquez sur **Nouvelle règle**.
- Pour l'étape 1 de la boîte de dialogue **Ajouter une règle**, vous pouvez sélectionner une classification et/ou un produit spécifique ainsi qu'un délai pour l'application de la mise à jour. À l'étape 2, vous définissez les éléments de la sélection de l'étape 1 ainsi que les ordinateurs qui sont ciblés. Enfin à l'étape 3, indiquez un nom. La copie d'écran suivante montre un exemple. Ensuite cliquez sur **OK**.

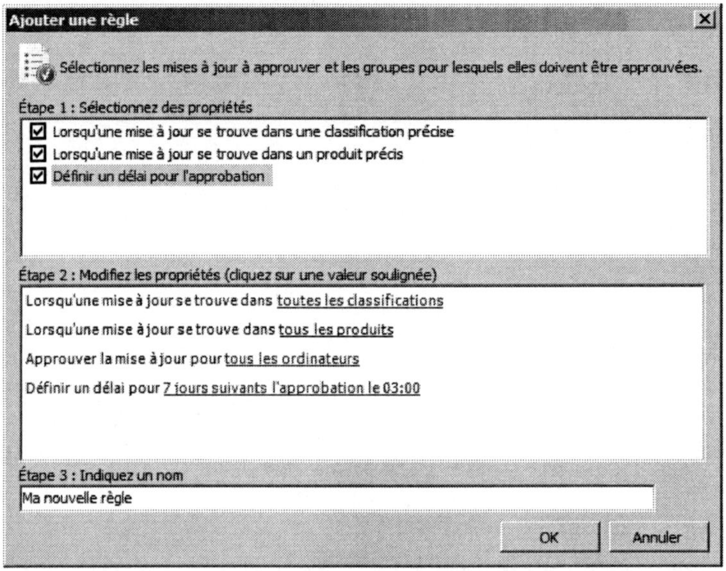

- Dans la boîte de dialogue **Approbations automatiques**, sélectionnez la nouvelle règle puis cliquez sur **Exécuter la règle** pour l'appliquer aux mises à jour existantes. Les nouvelles mises à jour seront automatiquement approuvées.

L'onglet **Avancé** permet d'affiner le comportement des mises à jour de WSUS.

5. Synchronisation

La synchronisation permet de synchroniser le serveur WSUS avec le serveur de mise à jour de Microsoft. Vous pouvez consulter les statistiques des synchronisations et leur statut ainsi que démarrer une synchronisation manuelle.

- Connectez-vous en tant qu'administrateur.
- Sur le **Bureau**, cliquez sur **Démarrer - Outils d'administration - Windows Server Update services**.
- Dans l'arborescence de la console **Update Services**, développez le nœud de l'ordinateur, **Ordinateurs** puis cliquez sur **Synchronisations**.
- Dans la zone de détails, vous pouvez consulter les statiques des dernières synchronisations ainsi que le statut (**Réussi** ou **Echec**).
- Pour lancer manuellement une nouvelle synchronisation, cliquez avec le bouton droit de la souris sur le nœud **Synchronisations** puis sur **Synchroniser maintenant**. Au bout de quelques secondes, le résultat apparaît dans la zone de détails. Une autre méthode consiste à cliquer sur synchronisation de la vue d'ensemble du nœud du serveur.

6. Gestion des options du serveur WSUS

Pour modifier un paramètre initial, il faut passer par le nœud **Options**. Vous pouvez soit modifier un paramètre spécifique en utilisant l'option correspondante soit relancer l'assistant de configuration du serveur WSUS.

➜ Connectez-vous en tant qu'administrateur.

➜ Sur le **Bureau**, cliquez sur **Démarrer - Outils d'administration, Windows Server Update services.**

➜ Dans l'arborescence de la console **Update Services**, développez le nœud de l'ordinateur, **Ordinateurs** puis cliquez sur **Options**. La zone détail est la suivante.

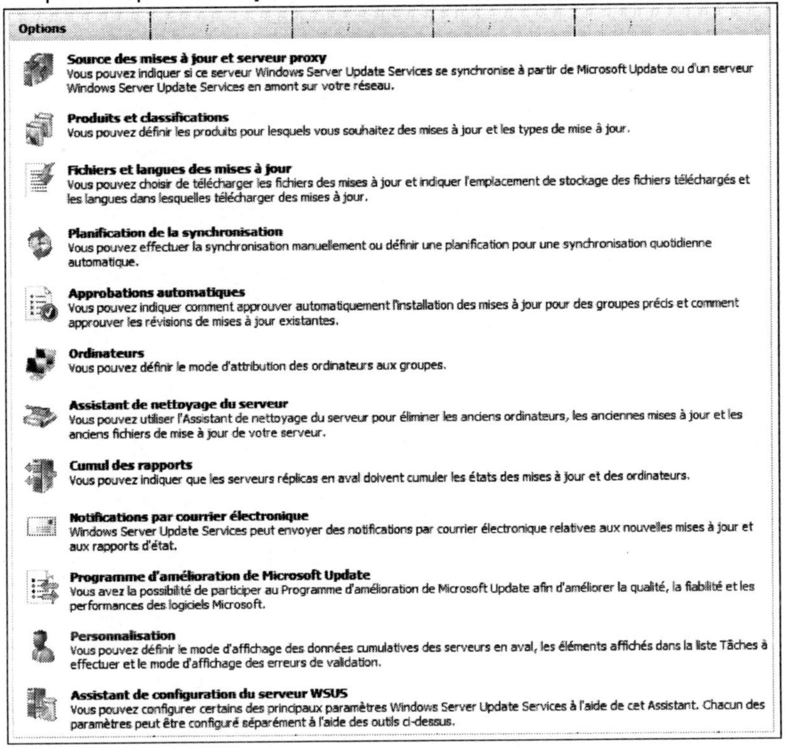

Les options suivantes ne sont pas incluses dans l'assistant :

- L'onglet **Fichiers de mise à jour** de l'option **Fichiers et langues des mises à jour** permet de définir l'emplacement des fichiers des mises à jour. Il est possible de ne pas les stocker et que chaque ordinateur client recherche les mises à jour à installer sur le serveur WSUS mais les télécharge à partir de Microsoft Update. Si le stockage est local, vous pouvez définir si les fichiers sont téléchargés dès qu'une mise à jour est disponible ou attendre qu'elle soit approuvée, vous pouvez également choisir de télécharger les fichiers d'installation rapide au lieu des fichiers standards. Un fichier d'installation rapide est plus volumineux qu'un fichier standard car il contient toutes les versions possibles de la mise à jour. Pour les serveurs aval, il est possible de télécharger le contenu via Microsoft Update au lieu du serveur amont.

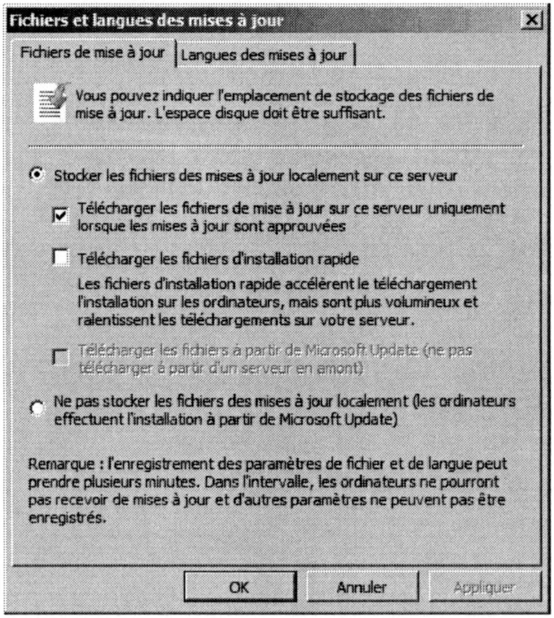

- **Approbations automatiques** vu précédemment.
- **Ordinateurs** qui permet de déterminer si le ciblage s'effectue du côté serveur donc manuellement car les ordinateurs sont automatiquement ajoutés au groupe **Tous les ordinateurs** ou du côté client en utilisant les stratégies de groupe.
- **Assistant de nettoyage du serveur** permet de supprimer les mises à jour inutilisées, les ordinateurs inactifs pendant plus de 30 jours, les mises à jour ayant expirées ou qui sont remplacées ainsi que les fichiers de mises à jour inutiles comme le montre la copie d'écran suivante. Cette procédure est manuelle et doit être effectuée régulièrement.

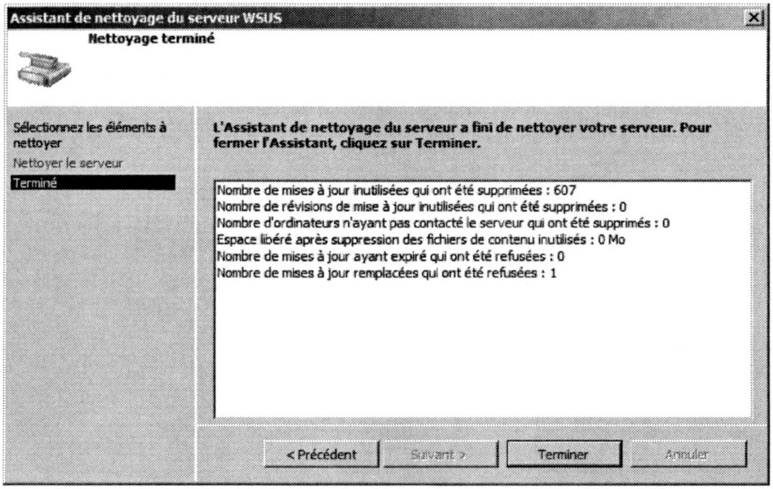

- **Cumul des rapports** permet d'inclure dans les rapports du serveur amont des informations sur les mises à jour, les ordinateurs et les synchronisations des serveurs en aval.
- **Notifications par courrier électronique** permet à un ou plusieurs destinataires de recevoir des notifications par e-mail lorsque de nouvelles mises à jour sont synchronisées ainsi que les rapports sur les mises à jour. Il est également possible de sélectionner la langue. Enfin il est nécessaire que le serveur WSUS puisse se connecter à un serveur de messagerie SMTP.
- **Personnalisation** permet de sélectionner les opérations à afficher dans la liste des tâches en utilisant la case à cocher correspondante ainsi que d'indiquer si l'affichage inclut les ordinateurs et les états des serveurs en aval.

7. Sauvegarde et restauration d'un serveur WSUS

Il est fortement recommandé de sauvegarder régulièrement le serveur WSUS pour ne pas perdre les informations de l'état des mises à jour. Pour cela suivez les procédures suivantes. La sauvegarde doit comprendre les éléments suivants :

- La base de données qui comprend :
  - Les métadonnées des mises à jour.
  - Les informations de configuration du serveur WSUS.
  - Les informations concernant les ordinateurs clients.
- Le dossier qui contient les fichiers des mises à jour si le contenu est local.
- Le dossier qui contient les fichiers de réparation de WSUS.

Par défaut tous ces fichiers se situent dans le répertoire **%systemdrive%\wsus**.

a. Sauvegarde d'un serveur WSUS

Pour effectuer la sauvegarde, il faut au préalable avoir installé la fonctionnalité **Fonctionnalités de la sauvegarde de Windows Server**.

➜ Connectez-vous en tant qu'administrateur.

➜ Cliquez sur **Démarrer - Outils d'administration - Sauvegarde de Windows** (la fonctionnalité doit être installée).

➜ Si vous désirez effectuer une sauvegarde planifiée, cliquez sur l'action **Planification de sauvegarde** sinon comme ici sur **Sauvegarde unique**.

➜ Dans l'assistant **Sauvegarde unique**, pour l'étape **Options de sauvegarde**, sélectionnez l'option **D'autres options** puis sur **Suivant**.

➜ Sur la page **Sélectionner la configuration de la sauvegarde**, sélectionnez l'option **Personnalisé** puis cliquez sur **Suivant**.

➜ Sur la page **Sélectionner les éléments de sauvegarde**, sélectionnez le volume qui contient le répertoire **%systemdrive%\wsus** avant de cliquer sur **Suivant**. L'outil de Windows Server 2008 ne permet pas de sélectionner un dossier mais uniquement un disque.

➜ Sur la page **Spécifier le type de destination**. Sélectionnez **Lecteurs locaux** ou mieux **Dossier partagé distant** avant de cliquer sur **Suivant**.

➜ Sur la page **Spécifiez un dossier distant**, tapez **\\winad\datas** (le dossier doit au préalable être partagé) pour le chemin d'accès du dossier partagé distant puis cliquez sur **Suivant**. Il peut vous être demandé des informations de login pour le serveur distant.

➜ Sur la page **Spécifier une option avancée**, sélectionnez l'option **Sauvegarde complète VSS** puis cliquez sur **Suivant**.

- Sur la page **Confirmation**, prenez quelques secondes pour lire vos choix avant de cliquer sur **Sauvegarde.**
- Attendez que la sauvegarde se termine avant de cliquer sur **Fermer**.

b. Restauration d'un serveur WSUS

Pour effectuer la restauration, il faut au préalable avoir installé la fonctionnalité **Fonctionnalités de la sauvegarde de Windows Server** ainsi que le rôle **WSUS.**

- Connectez-vous en tant qu'administrateur.
- Cliquez sur **Démarrer - Outils d'administration - Sauvegarde de Windows** (la fonctionnalité doit être installée).
- Cliquez sur l'action **Récupérez.**
- Dans l'assistant **Récupération**, sur la page **Démarrer**, sélectionnez **Ce serveur (Win1)** avant de cliquer sur **Suivant.**
- Sur la page **Sélectionner une date de sauvegarde**, sélectionnez une des sauvegardes disponibles (généralement c'est la dernière) avant de cliquer sur **Suivant**. Un login ayant des droits de lecture sur le serveur qui contient la sauvegarde peut vous être demandé.
- Sur la page **Sélectionnez le type de récupération**, sélectionnez **Fichiers et dossiers** avant de cliquer sur **Suivant.**
- Sur la page **Sélectionnez les éléments à récupérer**, sélectionnez le nœud qui contient le dossier WSUS soit **WIN1\Disque local (C :)\WSUS** dans notre exemple avant de cliquer sur **Suivant.**
- Sur la page **Spécifiez les options de récupération**, dans **Destination de la récupération**, sélectionnez **Emplacement d'origine**, dans **Lorsque cet assistant trouve des fichiers et des dossiers à l'emplacement de destination de la récupération**, sélectionnez **Remplacer les fichiers existants par les fichiers récupérés** et cochez la case dans **Paramètres de sécurité** avant de cliquer sur **Suivant.**
- Sur la page de **Confirmation**, prenez quelques instants pour réviser vos choix avant de cliquer sur **Récupérer.**
- Attendez le résultat puis vérifiez qu'il n'y a pas d'erreurs. Il se peut que vous deviez arrêter les services de la base de données par défaut soit **Windows Internal Database** ou le service WSUS (wsusservice).

Attention, si vous disposez de plusieurs serveurs WSUS, il faut créer une sauvegarde par serveur WSUS car des informations Server ID y sont associées.

- Pour terminer la restauration, il est nécessaire de recycler le Pool applicatif WSUS sur le serveur Web IIS. Pour cela, il faut que le service de rôle **Console de gestion d'IIS** soit installé.
- Cliquez sur **Démarrer - Outils d'administration - Gestionnaire des services Internet (IIS).**
- Dans l'arborescence, développez si nécessaire le nom du serveur, ici **WIN1** et le nœud **Pools d'applications.**
- Dans la zone de détail, cliquez avec le bouton droit de la souris sur **WsusPool** puis sur **Recycler.**

- Enfin si vous stockez les mises à jour localement, il faut synchroniser les métadonnées avec le contenu. Pour cela, ouvrez une invite de commande en tapant **cmd** dans **Démarrer - Exécuter**.
- Tapez la commande `cd c:\Program Files\Update Services\Tools` pour qu'il devienne le répertoire courant.
- Enfin tapez la commande `wsusutil reset`. À la fin, le serveur WSUS est de nouveau opérationnel.

8. Configuration de l'agent Windows Update à l'aide de stratégies de groupe

C'est la méthode la plus simple et la plus efficace pour gérer les ordinateurs devant être mis à jour.

- Connectez-vous en tant qu'administrateur.
- Cliquez sur **Démarrer - Outils d'administration** et sur **Gestion des stratégies de groupe**.
- Sélectionnez ou créez une stratégie de groupe avant de l'éditer.
- Dans l'éditeur de stratégie de groupes, développez **« nom de la stratégie » - Configuration de l'ordinateur - Stratégies - Modèles d'administration - Composants Windows - Windows Update**.
- Vous pouvez modifier au moins l'un des 16 paramètres suivants :

1. **Ne pas afficher l'option installer les mises à jour et éteindre dans la boîte de dialogue Arrêt de Windows** : si ce paramètre est activé, **installer les mises à jour et éteindre** n'apparaît pas dans la boîte de dialogue **Arrêt de Windows** du menu **Démarrer**. Par défaut ce paramètre se comporte comme s'il est désactivé. Au moins Windows XP SP2.

2. **Ne pas modifier l'option par défaut installer les mises à jour et éteindre dans la boîte de dialogue Arrêt de Windows** : si ce paramètre n'est pas activé, il permet de remplacer la valeur par défaut de la boîte de dialogue **Arrêt de Windows** du menu **Démarrer** par **installer les mises à jour et éteindre**. Par défaut ce paramètre se comporte comme s'il est désactivé. Attention, ce paramètre n'a aucun effet si le paramètre **« Ne pas afficher l'option installer les mises à jour et éteindre dans la boîte de dialogue Arrêt de Windows »** est activé. Au moins Windows XP SP2.

3. **Activation de la fonctionnalité de gestion de l'alimentation par Windows Update pour la sortie de veille automatique du système lors de l'installation de mises à jour planifiées** : s'il existe des mises à jour à installer et que l'ordinateur est en veille ou en veille prolongée, l'activation de ce paramètre permet d'effectuer l'installation des mises à jour selon la planification ou s'il existe une date limite d'installation. Si le système fonctionne sur batterie lors du réveil les mises à jour ne sont pas installées et l'ordinateur retourne automatiquement en veille au bout de 2 minutes. Au moins Windows Vista.

4. **Configuration du service Mises à jour automatiques** : ce paramètre permet de définir les options suivantes :

- **Configuration de la mise à jour automatique** permet de sélectionner comment les mises à jour sont téléchargées et installées dans une liste déroulante ici à sélectionner.
- **Jour d'installation planifiée** permet de sélectionner un jour de la semaine ou tous les jours dans une liste déroulante
- **Heure d'installation planifiée** permet de sélectionner l'heure (la granularité est l'heure) dans une liste déroulante.

Ce paramètre doit être activé et configuré. Au moins Windows 2000 SP3 ou Windows XP SP1.

5. **Spécifier l'emplacement intranet du service de mise à jour Microsoft** : si ce paramètre est activé et configuré, il permet de spécifier le nom du serveur WSUS et du serveur de statistiques à utiliser. Ce paramètre doit être activé et configuré. Au moins Windows 2000 SP3 ou Windows XP SP1. Ici, utiliser http;//win1.

6. **Fréquence de détection des mises à jour automatiques** : par défaut si ce paramètre est désactivé ou non configuré l'intervalle est de 22 heures. Soit une plage comprise entre (-20%) 17 heures 36 minutes et 22 heures. Au moins Windows 2000 SP3 ou Windows XP SP1.

7. **Autoriser les non-administrateurs à recevoir les notifications de mise à jour** : si ce paramètre est activé seuls les administrateurs connectés recevront des notifications sur les mises à jour. Au moins Windows 2000 SP3 ou Windows XP SP1.

8. **Activer les notifications d'application** : ce paramètre n'a pas d'effet si le serveur de mise à jour n'est pas Microsoft Update.

9. **Autoriser l'installation immédiate des mises à jour automatiques** : si ce paramètre est activé, seules les mises à jour qui n'interrompent pas les services Windows et ne demandent pas un redémarrage sont installées dès qu'elles sont téléchargées. Au moins Windows 2000 SP3 ou Windows XP SP1.

10. **Activer les mises à jour automatiques recommandées via le service Mises à jour automatiques** : valide pour Windows Update uniquement. Par défaut seules les mises à jour importantes sont appliquées, en activant ce paramètre, les mises à jour recommandées sont également installées. Au moins Windows Vista. Ici à activer.

11. **Pas de redémarrage planifié des installations planifiées des mises à jour automatiques** : ce paramètre qui indique que l'installation des mises à jour se terminera au prochain démarrage de l'ordinateur est initié par l'utilisateur au lieu d'utiliser un redémarrage planifié. Si ce paramètre est activé, l'utilisateur est incité à redémarrer l'ordinateur. Dans les autres cas, le service **Mises à jour** va avertir l'utilisateur que l'ordinateur démarrera dans 5 minutes. Au moins Windows 2000 SP3 ou Windows XP SP1.

12. **Redemander un redémarrage avec les installations planifiées** : ce paramètre indique le temps d'attente des mises à jour automatique avant de redemander confirmation en cas de redémarrage planifié du système. Si le paramètre est configuré, le redémarrage planifié se produira après la durée spécifiée après le report de la première demande. Si le paramètre est désactivé ou non configuré, la durée est de 10 minutes. Au moins Windows 2000 SP3 ou Windows XP SP1.

13. **Délai de redémarrage pour les installations planifiées** : ce paramètre indique le temps d'attente des mises à jour automatique avant de procéder au redémarrage planifié du système. Si le paramètre est désactivé ou non configuré, la durée est de 5 minutes. Au moins Windows 2000 SP3 ou Windows XP SP1.

14. **Replanifier les installations planifiées des mises à jour automatiques** : si le système manque une mise à jour planifiée alors qu'il est arrêté, ce paramètre permet de définir un temps d'attente exprimé en minutes avant de se connecter au serveur de mises à jour. Si ce paramètre est désactivé, alors la planification est prévue pour la prochaine planification. Si ce paramètre n'est pas configuré, alors la planification est prévue une minute après le prochain redémarrage. Au moins Windows 2000 SP3 ou Windows XP SP1.

15. **Autoriser le ciblage côté client** : en activant et configurant ce paramètre, les ordinateurs sont directement placés dans le ou les groupes définis. Si plusieurs groupes doivent être définis, il faut les séparer par des virgules. Au moins Windows 2000 SP3 ou Windows XP SP1.

16. **Autoriser les mises à jour signées provenant d'un emplacement intranet du service de Mise à jour Microsoft** : si ce paramètre est désactivé seules les mises à jour signées par Microsoft peuvent être installées. Si vous utilisez un serveur WSUS et que vous déployez d'autres mises à jour, il faut activer ce paramètre. Au moins Windows XP SP2.

→ Testez votre stratégie avec Win1 et Core1.

9. Rapports

Le nœud rapports de la console permet d'afficher des rapports prédéfinis sur les mises à jour, les ordinateurs et la synchronisation.

Les rapports ne peuvent être ouverts que si le composant ReportViewer a été installé.

→ Connectez-vous en tant qu'administrateur.

→ Cliquez sur **Démarrer - Outils d'administration - Windows Server Update Services**.

→ Dans la console **Update services**, développez l'arborescence **Update Services - NomDuServeur - Rapports**. Les rapports apparaissent dans la fenêtre de détail comme le montre l'image suivante.

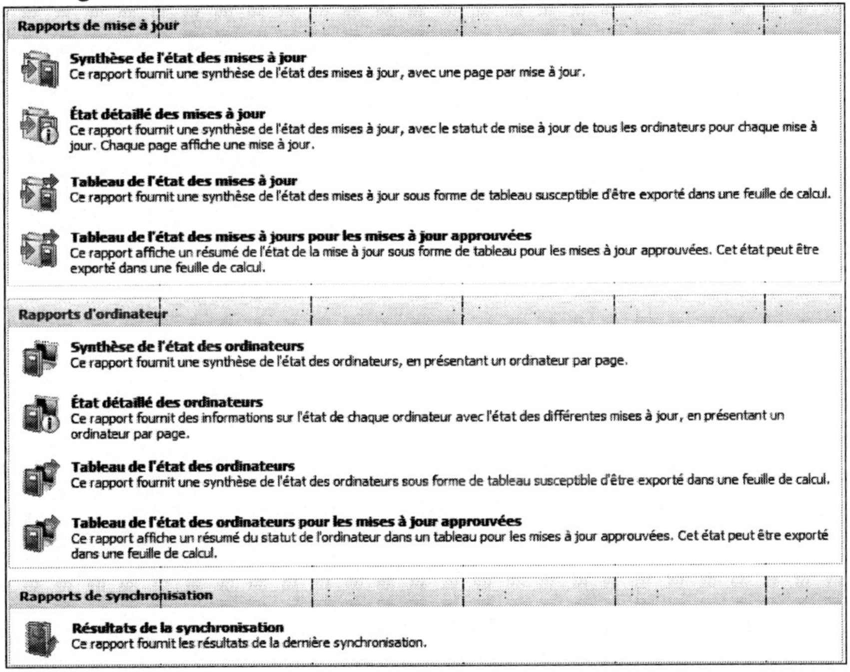

→ Sélectionnez un rapport, par exemple **Synthèse de l'état des ordinateurs**. Une nouvelle fenêtre s'ouvre.

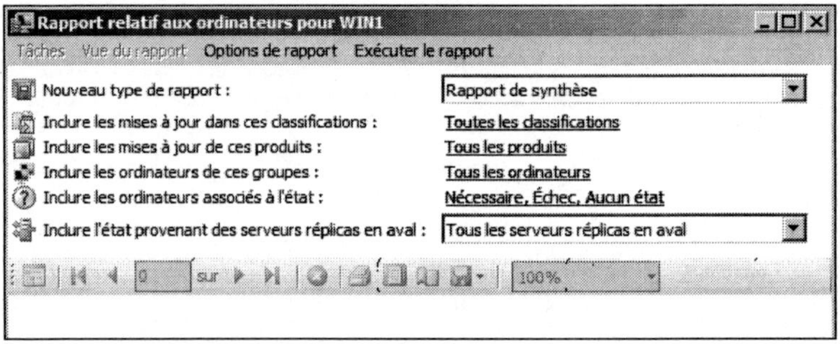

➔ Vous pouvez modifier les paramètres du rapport avant de le créer, comme par exemple en modifiant les classifications, les groupes, etc. Dès que vous êtes prêt, cliquez sur **Exécuter le rapport**. Si vous cliquez sur **Options de rapport**, cela affiche ou cache les paramètres du rapport. La copie d'écran suivante montre le rapport généré. Veuillez noter qu'une page correspond à un ordinateur client du serveur WSUS.

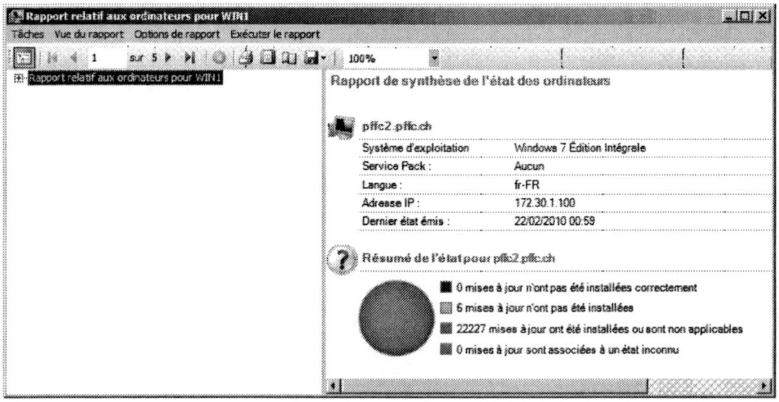

Les rapports peuvent être générés de manière régulière pour surveiller le fonctionnement du processus de mises à jour mais également à la demande pour dépanner un ordinateur.

N. Meilleures pratiques

- Utilisez une solution pour la maintenance des correctifs adaptée à la taille de votre entreprise.
- Planification et déploiement
  - Vérification de la disponibilité d'une connexion Internet.
  - Sélection de l'outil de déploiement dépendant du nombre de clients, des applications à mettre à jour, de la complexité du réseau interne.
  - Si WSUS est choisi, il faut déterminer le nombre de serveurs WSUS à déployer voire l'utilisation de serveurs placés en hiérarchie. Il faut également prévoir un espace de stockage et des groupes d'ordinateurs.
  - Si WSUS est choisi, il faut également sélectionner uniquement les langages, ainsi que les produits dont vous avez besoin.

- Cycle de vie des mises à jour
  - **Analyser**, soit indiquer ce qu'il faut installer.
  - **Planifier**, soit organiser quand et comment appliquer la mise à jour.
  - **Tester**, soit effectuer un test de déploiement de la mise à jour.
  - **Déployer**, soit effectuer le déploiement de la mise à jour sur tous les systèmes cibles.
  - **Surveiller**, soit prévoir un système de surveillance en cas de problèmes dû à la mise à jour.
  - **Réviser**, soit documenter le processus de la mise à jour, garantir que tous les systèmes cibles ont reçu la mise à jour et éventuellement mettre à jour la procédure à utiliser pour la prochaine mise à jour.
- Fréquences des tâches de gestion
  - **En continu**, effectuer une gestion des alertes provenant des systèmes et du log des événements via un outil de surveillance (monitoring).
  - **Quotidiennement**, appliquer la mise à jour de l'antivirus et les mises à jour critique. Effectuer le contrôle des sauvegardes.
  - **Hebdomadairement**, réviser les rapports de la semaine, appliquer les mises à jour non critiques.
  - **Mensuellement**, appliquer les changements de configuration de manière discrète.
  - **A la demande**, appliquer les services packs, effectuer des mises à jour et des changements de configuration. Effectuer des tests de récupération d'urgence, effectuer des audits de sécurité, Améliorer et tuner les performances.
- Gestion des clients à l'aide de stratégies de groupe.
- L'utilisation de SSL ou d'IPSec doit être envisagée pour les connexions entre le serveur et les clients.
- Utilisez les groupes de sécurité créés soit les **WSUS Administrators** pour les tâches d'administration et **WSUS Reporters** qui peuvent consulter les paramètres ou afficher des rapports.
- Un serveur WSUS ne devrait pas être accessible d'Internet. Si cela devait arriver, il faudrait impérativement déplacer la base de données vers un emplacement non accessible depuis l'Internet.
- Pour les clients itinérants voire pour de petites entreprises, il peut être utile de configurer les clients pour télécharger le contenu directement de Microsoft Update plutôt que depuis le serveur WSUS.

O. Résumé du chapitre

Dans ce chapitre, vous avez vu les différentes méthodes possibles pour maintenir un ordinateur à jour en utilisant les technologies Microsoft. La première consistant simplement à utiliser Windows Update, la seconde limitée à l'aspect sécuritaire appelée MBSA, puis les deux produits de la famille System Center, soit System Center Essentials et System Center Configuration Manager ont été introduits. Les procédures pas à pas ont montré comment configurer le client Windows Update et Microsoft Update. MBSA a simplement été abordé. Enfin pour WSUS, les procédures décrites permettent de l'installer, de le configurer et de le gérer dans des environnements simples. Le chapitre se termine par les bonnes pratiques.

Chapitre 16 : Suivi et optimisation des performances

A. Présentation

1. Pré-requis matériel et configuration de l'environnement

Pour effectuer toutes les mises en pratique de ce chapitre, vous devez disposer et configurer les machines virtuelles suivantes :

Pour la création des machines virtuelles, veuillez vous référer au chapitre Création du bac à sable.

N'oubliez pas de réinitialiser les machines virtuelles entre les mises en pratique de chaque chapitre avant de les configurer pour l'environnement.

Placez les scripts correspondant sur le bureau de chaque machine.

- Sur **WinAD**, lancez le script **WinAD.bat** en relation avec **WMydomEni.txt** puis attendez que l'ordinateur ait redémarré avant de lancer les scripts suivants.
- Sur **Win1**, lancez le script **Win1.bat**.
- Sur **Core1**, placez le script **Core1.bat** sur c:\ puis lancez-le.

Après l'exécution des scripts, toutes les machines virtuelles sont dans le domaine **Mydom.eni**.

2. Objectifs

Optimiser oui, mais encore faut-il savoir comment procéder. C'est sûrement l'opération la plus difficile à réaliser car elle ne dépend pas uniquement de la connaissance du système d'exploitation mais également des connaissances sur le matériel et fait appel à l'expérience.

Une des difficultés que vous rencontrerez est que derrière toute action d'optimisation qui fait sauter un goulet, il existe un autre goulet ! Votre propre expérience vous aidera à déterminer s'il est plus ou moins proche.

Dans ce chapitre, vous apprendrez quels composants sont importants pour améliorer les performances globales d'un système et les outils utiles pour identifier un goulet d'étranglement, comme le **Gestionnaire des tâches** et le **Moniteur de fiabilité et de performances**.

La seconde partie est consacrée aux autres outils de gestion. L'observateur d'événements, le planificateur de tâches y sont présentés.

B. Surveillance d'un serveur

La surveillance au sens anglais de monitoring est une des tâches importantes et fastidieuses de l'administrateur. Elle permet :

- De déterminer l'état fonctionnel d'une infrastructure informatique (normal ou anormal).
- D'être conforme aux SLA (*Service Level Agreement*) de l'entreprise.
- De planifier la modification de la capacité de la charge ainsi que le déplacement des ressources.
- D'identifier des problèmes de manière proactive ou réactive.

D'un point de vue du gestionnaire, la surveillance d'un serveur implique un coût financier, temporel et de personnel non négligeable, il est dès lors important de définir les priorités en définissant des SLAs acceptables en tenant compte des moyens mis à disposition pour remédier à un état anormal.

Les outils livrés en standard avec Windows sont généralement réactifs, néanmoins, certains peuvent être proactifs comme le nouveau Gestionnaire des événements.

Pour un administrateur, il est important de diminuer le temps passé à surveiller manuellement un système informatique donc à être réactif pour devenir proactif en recevant une alerte lorsque l'événement surgit. Néanmoins, dans les petites structures, une bonne organisation ainsi qu'une excellente connaissance de l'infrastructure informatique permet d'être efficace tout en restant réactif.

Historiquement le Gestionnaire d'événements ainsi que les fichiers journaux étaient de bons exemples d'outils réactifs. Aujourd'hui en utilisant des outils de surveillance comme Microsoft SCOM (*System Center Operation Manager*) il est possible d'être proactif, car ce dernier consulte en temps réel les fichiers journaux de logs et d'événements, les compteurs de performance et notifie la bonne personne en fonction de l'événement. Cet outil est payant, il permet néanmoins de réduire les coûts en diminuant la période entre le moment où l'événement surgit et l'administrateur concerné est contacté. D'autre part, il libère l'administrateur de tâches rébarbatives comme la consultation manuelle des fichiers cités.

La surveillance est une des composantes d'une administration utilisant la gouvernance. Elle doit également inclure une ou plusieurs méthodes de notification des administrateurs concernés comme par exemple l'Email, le SMS, le téléphone.

D'autre part, il est important d'insister sur le coût important lorsqu'un service ou serveur devient indisponible. Il est dès lors vital de définir des règles de conformités ou SLAs concernant le niveau acceptable de réponses et également de performances pour les serveurs.

C. Optimisation et performances

Toute procédure d'optimisation commence par l'étude de l'existant après avoir déterminé le cadre de l'étude dans le but de proposer des recommandations.

Bien que tout administrateur ait une idée plus ou moins précise du problème, il faut des éléments objectifs permettant de confirmer ou non son idée. Il n'est pas acceptable de rester sur une impression car elle peut être faussée par un élément auquel on ne pense pas.

Le cadre de l'étude dépasse toujours le simple cadre d'examen d'une application pour se diriger également vers le système d'exploitation, le matériel et bien entendu, le réseau. Il faut donc commencer par déterminer correctement le cadre de l'étude afin de ne pas oublier un élément qui peut avoir son importance.

Une longue expérience et une parfaite connaissance de l'architecture matérielle peuvent vous aider pour proposer les meilleures recommandations.

Microsoft propose une solution basée sur des compteurs de performances. Un compteur mesure une valeur à un instant donné et une application se charge de fournir une représentation graphique de cette valeur en indiquant soit une valeur absolue, soit une valeur relative exprimée en %. Leur définition est accessible aux programmeurs qui peuvent les utiliser dans leurs applications mais malheureusement à part les applications développées par Microsoft, peu nombreuses sont celles qui les mettent en œuvre.

L'**Analyseur de performances** est l'outil principal qui utilise ces compteurs et Microsoft recommande de toujours analyser les compteurs processeur, mémoire, disque et réseau.

Ils sont suffisants pour déterminer s'il existe un problème provenant du matériel ou si l'on doit investiguer plus loin avec des compteurs applicatifs.

Une fois le cadre de l'étude défini, il faut définir quels outils sont appropriés. Heureusement Microsoft nous fournit une palette d'outils qui peuvent être plus ou moins utiles.

Le **Gestionnaire des tâches** est sûrement le premier outil que l'on peut citer, car il est très simple d'emploi et permet en un seul coup d'œil de se faire une idée des problèmes. Il ne permet pas d'établir des rapports, il n'est donc pas approprié pour une étude qui doit être objective ; dans ce cas, la collecte de compteurs est plus adaptée.

Concernant les recommandations, il faut être très prudent car si un goulet d'étranglement a été identifié et que la proposition consiste à modifier un élément pour le faire disparaître, vous pouvez être sûr que vous allez rencontrer un autre goulet d'étranglement. La question que vous devez vous poser est de prévoir le moment où vous allez le rencontrer. En fonction de l'utilisation de votre serveur, la réponse peut être tout de suite ou jamais.

D. Gestionnaire des tâches

Win1 Core1 WinAD

Le **Gestionnaire des tâches** est un outil installé en standard sur toutes les versions de Windows. Son utilisation est simple et son usage permet aussi bien d'arrêter un programme ou un service que de visualiser des utilisateurs connectés ou la charge du réseau.

Process Explorer, un autre utilitaire Microsoft provenant du rachat de Sysinternals est un outil plus précis et donc recommandé.

Pour ouvrir le Gestionnaire des tâches, utilisez l'une de ces méthodes :

- Tapez [Ctrl] + [Maj] + [Echap].
- Tapez [Ctrl] + [Alt] + [Suppr] puis sélectionnez **Gestionnaire des tâches**.
- Cliquez avec le bouton droit de la souris dans la barre des tâches du **Bureau** puis cliquez sur **Gestionnaire des tâches** dans le menu contextuel.
- Cliquez sur **Démarrer**, tapez `taskmgr` dans la zone **Rechercher** et appuyez sur [Entrée].

Si vous double cliquez dans un graphique, l'affichage du graphique change de manière à occuper tout l'espace de la fenêtre disponible. Pour revenir à l'état normal, il faut également double cliquer.

Onglet Applications

L'onglet **Applications** affiche les applications actuellement lancées par l'utilisateur connecté.

La liste affiche les applications en cours d'exécution. Les termes possibles pour l'**État** sont **En cours d'exécution** si l'application fonctionne normalement et **Pas de réponse** si l'application ne répond pas, ce qui peut indiquer un problème.

Les actions possibles depuis le menu, le menu contextuel ou les boutons sont :

Basculer vers : cache le Gestionnaire des tâches si l'application sélectionnée est au premier plan.

Mettre au premier plan : affiche l'application sélectionnée au premier plan.

Réduire : minimise toutes les fenêtres.

Agrandir : maximise toutes les fenêtres.

Cascade : dispose les fenêtres en cascade sur le Bureau.

Mosaïque horizontale : dispose les fenêtres en mosaïque horizontale.

Mosaïque verticale : dispose les fenêtres en mosaïque verticale.

Fin de tâche : termine l'application sélectionnée.

Créer un fichier de vidage : crée un fichier de vidage **nom de l'image.DMP** pour l'application sélectionnée. Le chemin de stockage est donné lorsque le fichier est créé. Le fichier de vidage contient des informations sur la mémoire qui peuvent être lues en utilisant des outils comme Dumpcheck (à télécharger du site de Microsoft) pour déterminer pourquoi l'ordinateur a cessé de répondre.

Aller dans le processus : pour l'application sélectionnée, affiche le processus correspondant dans l'onglet **Processus.**

Nouvelle tâche : permet de lancer une nouvelle application soit en tapant directement son nom, soit en sélectionnant son exécutable à l'aide du bouton **Parcourir.**

Onglet Processus

L'onglet **Processus** affiche la liste de tous les processus qui tournent actuellement sur le serveur.

La liste affiche les processus en cours et l'utilisation du processeur sollicité. L'observation de cet onglet permet de déterminer si un processus peut poser des problèmes.

Pour trier la liste dans un autre ordre, cliquez sur l'en-tête d'une autre colonne. Le nombre de colonnes ainsi que l'ordre des colonnes sont modifiables.

Les actions possibles depuis le menu, le menu contextuel ou les boutons sont :

Afficher les tâches 16 bits : affiche directement les processus 16 bits au lieu de les montrer dans le processus ntvdm.

Ouvrir l'emplacement du fichier : affiche une fenêtre explorateur du dossier qui contient le fichier du processus sélectionné.

Terminer le processus : permet de fermer le processus sélectionné.

Terminer l'arborescence de processus : permet de fermer le processus et les processus dépendants du processus sélectionné.

Déboguer : permet de déboguer le processus sélectionné.

Virtualisation : indique l'état de virtualisation du processus. Un processus est virtualisé uniquement s'il n'a pas été conçu pour fonctionner sous Windows Vista ou Windows Server 2008.

Créer un fichier de vidage : crée un fichier de vidage nom de l'image.DMP pour l'application sélectionnée. Le chemin de stockage est donné lorsque le fichier est créé.

Définir la priorité : permet de modifier la priorité du processus allant de **Basse** (4), **Inférieure à la normale** (6), **Normale** (8), **Supérieure à la normale** (10), **Haute** (12) et **Temps réel** (18). La priorité **Normale** étant le niveau standard. Évitez la priorité **Temps réel** car le clavier et la souris ne répondent plus, leur niveau de priorité étant plus faible, un redémarrage du système est nécessaire pour reprendre la main.

Une application se trouvant sur l'**avant plan**, soit celle qui a le focus, augmente temporairement son niveau de priorité de +2.

Définir l'affinité : permet de privilégier l'exécution du processus sur un ou plusieurs processeurs sélectionnés. Par défaut, l'affinité est définie pour utiliser tous les processeurs.

Propriétés : affiche la boîte de dialogue **Propriétés** de l'exécutable.

Accéder aux services : affiche l'onglet **Services** et éventuellement le service associé au processus sélectionné.

Le bouton **Arrêter le processus** permet d'arrêter le processus sélectionné.

La case à cocher **Afficher les processus de tous les utilisateurs** permet d'afficher les processus de l'utilisateur courant ou de tous les utilisateurs.

Onglet Services

L'onglet **Services** fournit le moyen le plus simple pour consulter l'état des services du serveur Windows Server 2008.

La commande `tasklist /svc` est l'équivalent en mode ligne de commandes.

Pour trier la liste dans un autre ordre, cliquez sur l'en-tête d'une autre colonne. Le nombre de colonnes n'est pas modifiable mais l'ordre des colonnes est modifiable.

La liste des services affiche le **Nom**, l'identificateur du processus (**PID**), l'**État** du service (arrêté ou en cours d'exécution) et le **Groupe**.

Le fichier **svchost** est un processus d'hôte générique qui exécute dans son processus un ou plusieurs services que l'on appelle groupe ou groupe de services. L'association entre le service et le groupe est créée avec la commande `svchost -k svcgroup` où **svcgroup** représente le groupe de services de la colonne **Groupe**.

La définition des noms de groupe et des services associés au groupe est enregistrée dans la clé de registre suivante :

HKEY_LOCAL_MACHINE\Software\Microsoft\WindowsNT\CurrentVersion\Svchost

Si vous sélectionnez un service, avec le menu contextuel, il est possible de démarrer le service d'arrêter le service, d'aller dans le processus associé au service.

Le bouton **Services** permet de lancer la console MMC **Services**.

En cas de conflit entre services, l'utilisateur ou Windows Server 2008 peut désactiver un des services.

Onglet Performances

L'onglet **Performances** est sûrement l'onglet le plus intéressant.

La section **Util. processeur** indique le pourcentage actuel d'utilisation du processeur alors que l'historique affiche la courbe des dernières valeurs.

La section **Mémoire** indique la quantité de mémoire RAM actuellement utilisée alors que l'historique affiche une courbe d'utilisation créée à partir des dernières valeurs.

La section **Mémoire physique (Mo)** affiche dans **Totale** la mémoire RAM, dans **Cache** la mémoire utilisée par le cache système et dans **Libre** la mémoire libre et totalement utilisable.

La section **Mémoire pour le noyau (Mo)** affiche dans **Totale** la mémoire totale utilisée par le noyau du système d'exploitation qui se divise entre la mémoire qui peut être **Paginée** et celle qui ne peut pas être paginée. La mémoire non paginée ne peut être déplacée sur le fichier de pagination, comme la mémoire utilisée par le gestionnaire de mémoire.

La section **Système** affiche le nombre d'identificateurs (**Handles**) actuellement créés et utilisés par le système d'exploitation. Plus ce nombre est élevé, plus les accès sur le disque peuvent être fréquents.

Un **processus** représente une instance de fonctionnement d'une application et dispose de son propre espace d'adresses et d'environnement. Il contient au moins un thread qui représente une unité de traitement. Généralement, une application contenant plusieurs threads est plus rapide que la même application utilisant des processus à la place des threads. En revanche, une application qui utilise des processus est plus robuste qu'une application qui utilise des threads.

Fonctionnement représente le temps écoulé depuis le démarrage du système. Enfin, **Pagination** affiche l'espace de pagination actuellement utilisé par rapport à l'espace total utilisable.

Le menu **Affichage** propose les options :

Historique du processeur : permet d'afficher soit un seul graphique par processeur, soit un graphique pour tous les processeurs.

Afficher les temps du noyau : superpose une seconde courbe qui représente le temps de processeur utilisé par le noyau au lieu du temps total.

Vous pouvez afficher le **Moniteur de ressources** (détaillé dans la section suivante) en cliquant sur le bouton correspondant.

Onglet Mise en réseau

Cet onglet permet de visualiser rapidement la charge réseau, exprimée en pourcentage par carte réseau.

Le graphique **Connexion au réseau local** affiche soit le nombre d'**octets total** (défaut), soit le nombre d'**octets reçus**, soit le nombre d'**octets envoyés**. Pour modifier l'affichage, cliquez sur le menu **Affichage - Historique** de la carte réseau puis sélectionnez l'affichage voulu.

La liste des cartes réseau ne permet aucune action, seul l'affichage peut être modifié.

Pour trier la liste dans un autre ordre, cliquez sur l'en-tête d'une autre colonne. L'ordre des colonnes est modifiable ainsi que leur liste.

Une charge régulière de plus de 50% d'utilisation sur une carte réseau peut indiquer une surcharge réseau sur cette carte.

Onglet Utilisateurs

L'onglet **Utilisateurs** permet de visualiser toutes les sessions des utilisateurs connectés localement et à distance sur le serveur, que ce soit via Terminal Services ou le Bureau distant.

Il est possible de masquer les colonnes, sauf le nom de l'utilisateur. Pour trier la liste dans un autre ordre, cliquez sur l'en-tête d'une autre colonne. L'ordre des colonnes n'est pas modifiable.

Les actions possibles via le menu contextuel ou via les boutons sont :

Envoyer un message : envoie un message dans la session de l'utilisateur.

Fermer la session : ferme la session de l'utilisateur sélectionné sans fermer les fichiers. Le risque de perdre des données est important.

Déconnexion ou **Déconnecter** : ferme la session de l'utilisateur sélectionné de manière sécurisée. Le risque de perdre des données est faible.

Connecter : si l'on connaît le mot de passe de l'utilisateur sélectionné, il est possible de rediriger la session de l'utilisateur sur son ordinateur, alors que ce dernier est déconnecté. Attention, ce n'est pas un mode d'assistance à distance.

Contrôle à distance : configure les raccourcis-clavier pour les sessions distantes.

E. Moniteur de fiabilité et de performances

L'outil **Fiabilité et performances** regroupe plusieurs outils d'analyse, de collecte de données et de rapports) tels que l'Analyseur de performances, le Moniteur de fiabilité, les Collecteurs et l'affichage des Rapports.

Il permet de mesurer la performance, en d'autres termes la durée d'un système pour effectuer une tâche spécifique. Il permet également de mesurer la fiabilité, en d'autres termes un indice montrant la déviance entre ce qui est attendu et la réalité due à un crash d'application du système, d'un problème matériel, d'un problème d'installation, etc.

Les avantages de l'outil sont :

- **Un outil tout en un** qui permet de collecter des données temps réel, temps différé pour les afficher de manière claire dans des listes, des graphiques ainsi que des rapports.
- **L'affichage des ressources** de base soit le processeur, la mémoire, le disque et le réseau permettant une analyse détaillée rapide et utile permettant de déterminer quel processus utilise quelles ressources.
- **Le moniteur de fiabilité** qui affiche un historique de l'indice en expliquant pourquoi ce dernier diminue. Cela permet à un administrateur de comprendre pourquoi et depuis quand une installation devient instable.
- **La création et l'affichage de rapports** provenant des données collectées de l'ensemble du collecteur de données.
- **L'assistant pour collecter des données** est simple à utiliser et performant et permet également de créer ses propres modèles ce qui simplifie énormément la création des collecteurs au niveau d'un parc informatique.

C'est un nouvel outil qui remplace avantageusement l'outil **Performances** de Windows 2003. Il est composé de plusieurs **snap-ins** placés judicieusement.

Pour démarrer l'outil **Moniteur de fiabilité et de performances** :

→ Connectez-vous en tant qu'administrateur sur l'ordinateur Windows Server 2008.

→ Cliquez sur **Démarrer - Outils d'administration** puis sur **Moniteur de fiabilité et de performances**.

La figure suivante montre l'arborescence de la console de cet outil.

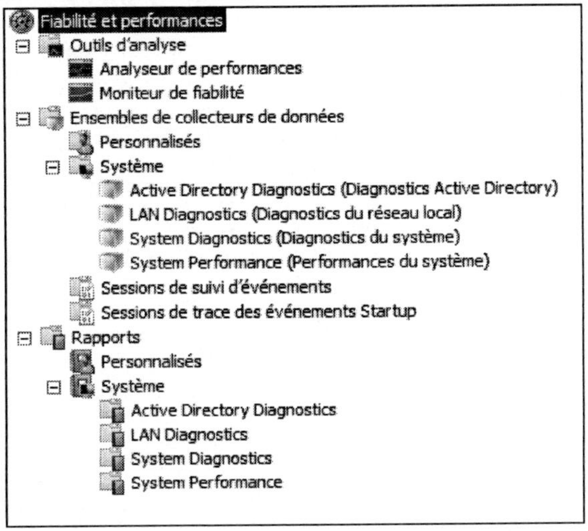

Il est possible d'analyser un autre ordinateur via le menu **Action - Se connecter à un autre ordinateur** y compris sur un serveur Core.

1. Moniteur de ressources

Le Moniteur de ressources permet de visualiser et analyser en temps réel les quatre sous-systèmes importants : processeur, disque, réseau et mémoire.

La figure suivante montre l'affichage à l'ouverture de cet utilitaire.

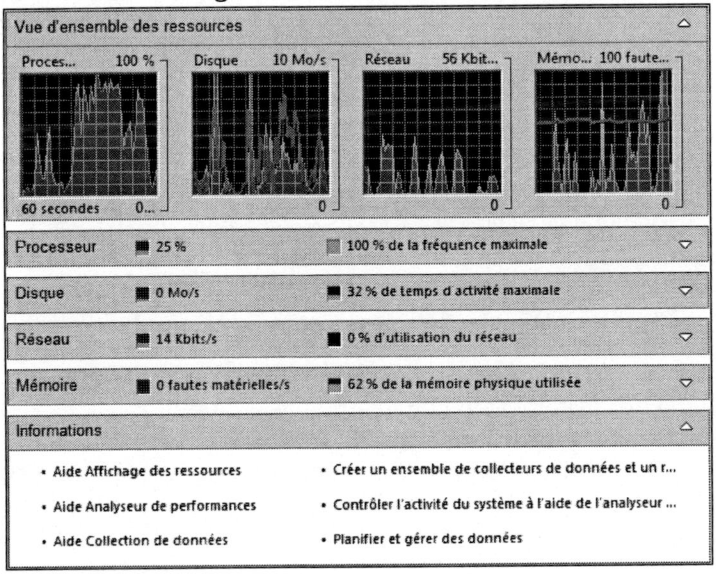

Les actions possibles de cet utilitaire sont **Arrêter le moniteur de ressources** et **Démarrer le moniteur de ressources**, par les boutons correspondants sur la barre d'outils.

Cet outil est très utile et fournit à l'administrateur une synthèse des quatre éléments à étudier pour proposer une optimisation.

En cliquant sur les barres grises, vous affichez ou masquez les informations concernant la section courante.

Pour chaque section, il est possible de trier les valeurs par colonne en cliquant sur l'en-tête de la colonne. Il est également possible de modifier l'ordre des colonnes en les sélectionnant et les déplaçant vers l'endroit désiré.

Vue d'ensemble des ressources

Cette section présente quatre graphiques, à savoir :

- **Processeur** qui affiche en vert le pourcentage d'utilisation du processeur et en bleu, le pourcentage de la fréquence maximale.
- **Disque** qui affiche en vert l'activité du disque en Ko/s et en bleu, le pourcentage de temps d'activité maximale.
- **Réseau** qui affiche en vert l'activité du réseau et en bleu, le pourcentage d'utilisation du réseau.
- **Mémoire** qui affiche en vert le nombre de fautes matérielles par seconde et en bleu, le pourcentage de la mémoire utilisée.

La granularité est le sous-système affiché et pas l'élément physique unitaire.

Vous pouvez constater sur la figure précédente qu'au moment de la pagination, l'activité disque a augmenté ainsi que l'activité du processeur. Dans ce cas, la pagination n'est pas un problème car elle n'intervient qu'une seule fois et qu'il reste suffisamment de mémoire libre avant la saturation.

Processeur

Cette section permet d'afficher des informations concernant le processeur :

- **Image** indique le nom du fichier exécutable de l'application.
- L'identificateur de processus **PID** est le numéro qui identifie le processus.
- La **Description** de l'application.
- Le nombre de Threads actuellement en cours dans l'application.
- Le **Processeur** affiche le nombre de cycles en cours pour l'application.
- L'**UC moyenne** affiche le pourcentage de la charge totale utilisée par l'application au cours des 60 dernières secondes.

Disque

Cette section permet d'afficher des informations concernant le réseau :

- **Image** indique le nom du fichier exécutable de l'application.
- L'identificateur de processus **PID** est le numéro qui identifie le processus.
- **Fichier** affiche le nom et le chemin complet du fichier actuellement ouvert.
- **Lecture (octets/min)** affiche le débit en lecture.

- **Écriture (octets/min)** affiche le débit en écriture.
- **Priorité d'E/S** affiche la priorité de l'application.
- **Temps de réponse (ms)** affiche le temps de réponse de l'activité du disque.

Réseau

Cette section permet d'afficher des informations concernant le réseau :
- **Image** indique le nom du fichier exécutable de l'application.
- L'identificateur de processus **PID** est le numéro qui identifie le processus.
- L'**Adresse** de destination IP ou le FQDN.
- **Envoi (octets/min)** : le nombre d'octets envoyés par min.
- **Réception (octets/min)** : le nombre d'octets reçus par min.
- Le nombre **Total (octets/min)** devrait être égal au nombre d'octets envoyés et reçus.

Mémoire

Cette section permet d'afficher les informations concernant la mémoire :
- **Image** indique le nom du fichier exécutable de l'application.
- L'identificateur de processus **PID** est le numéro qui identifie le processus.
- **Fautes matérielles/min** définit le défaut de page, soit une page mémoire se trouvant sur le fichier de pagination et non en mémoire RAM. Un nombre de fautes élevé indique qu'il faut ajouter de la RAM.
- **Validation (Ko)** indique la plage mémoire allouable.
- **Plage de travail (Ko)** correspond à la mémoire actuellement utilisée par l'application.
- **Partageable (Ko)** correspond à un espace mémoire qui peut être utilisé par d'autres applications.
- **Privé (Ko)** correspond à un espace mémoire privé.

Informations

Cette section permet d'accéder à des pages de l'aide en ligne.

Vous pouvez lancer le Moniteur de ressources à l'aide de la commande `perfmon /res`.

2. Analyseur de performances

L'**Analyseur de performances** est l'outil le plus complet pour examiner les performances. Sa compréhension et son utilisation permet à l'administrateur de déterminer d'où proviennent les problèmes de performance et de réagir.

L'interprétation des valeurs n'est pas toujours évidente, elle dépend du matériel utilisé, du système d'exploitation et demande une bonne expérience de l'administrateur.

C'est également le plus complexe des outils placés dans le Moniteur de fiabilité et de performances.

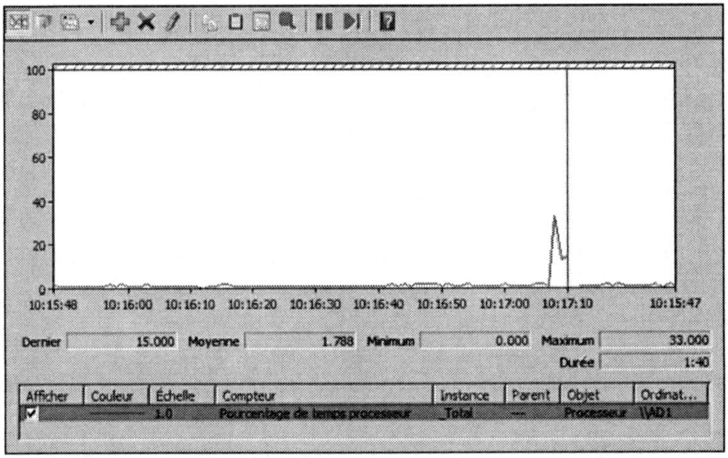

Les actions possibles peuvent être catégorisées de la manière suivante :

- Modifier les compteurs.
- Modifier l'affichage de la présentation et la source des données. Vous pouvez travailler avec les données du journal ou l'activité en cours.
- Enregistrer les données pour une utilisation future.

a. Modification des compteurs

Un compteur affiche le résultat de l'analyse d'un élément particulier. La valeur d'un compteur est soit une valeur absolue allant de 0 à n, soit un pourcentage allant de 0 à 100. Chaque compteur est prédéfini et a été programmé pour afficher l'information.

Pour ajouter un compteur, il faut commencer par définir quel ordinateur analyser puis, pour l'ordinateur considéré, quel compteur il faut ajouter en sélectionnant le compteur d'une famille de compteurs. Puis il faut sélectionner l'instance ou les instances existantes, avant de cliquer sur le bouton **Ajouter**.

Il est possible d'ajouter plusieurs compteurs provenant de plusieurs objets en même temps.

Pour ajouter un compteur, vous pouvez :

- Cliquer sur  dans la barre d'outils.
- Utiliser le menu contextuel de la fenêtre **Analyseur de performances** puis cliquer sur **Ajouter des compteurs**.

Pour supprimer un ou plusieurs compteurs, vous pouvez :

- Cliquer sur  dans la barre d'outils pour supprimer les compteurs sélectionnés.
- Utiliser le menu contextuel de la fenêtre **Analyseur de performances** puis cliquer sur **Supprimer tous les compteurs**.

b. Modification de l'affichage

Il est possible de modifier l'affichage du graphique en utilisant l'icône suivante . Les types de graphiques possibles sont **Ligne** qui est l'affichage le plus utilisé, **Barre d'histogramme** et **Rapport**.

Pour chaque compteur, vous pouvez modifier l'échelle utilisée, le style du trait, sa largeur et sa couleur en sélectionnant l'onglet **Données** des **Propriétés** de l'Analyseur de performances. Pour le faire apparaître, cliquez avec le bouton droit de la souris dans la zone du graphique puis cliquez sur **Propriétés**.

Bien que séduisante, la personnalisation des compteurs prend du temps.

c. Enregistrement des données

Vous pouvez enregistrer une image au format **gif** de la fenêtre d'enregistrement et des compteurs en utilisant le menu contextuel de la fenêtre d'enregistrement et en cliquant sur l'action **Enregistrer l'image sous**.

Dans le but de créer des analyses prêtes à l'emploi, procédez de la manière suivante :

- Dans la console **Analyseur de performances**, ajoutez les compteurs dont vous avez besoin.
- Cliquez avec le bouton droit de la souris sur la zone d'enregistrement puis cliquez sur **Enregistrer les paramètres sous**.
- Sélectionnez un emplacement sur un serveur, indiquez un nom de fichier et vérifiez que le format est **Page Web (*.htm ; *.html)** puis cliquez sur **Enregistrer**.

Pour démarrer l'analyse, il suffit maintenant de se placer sur un ordinateur puis de suivre la procédure suivante :

- Connectez-vous en tant qu'administrateur sur l'ordinateur à analyser.
- Depuis cet ordinateur, connectez-vous sur le partage qui contient les fichiers **Page Web** des compteurs que vous avez enregistrés.
- Double cliquez sur un compteur **Page Web**. Une page Web avec les compteurs figés au moment de l'enregistrement apparaît.
- Cliquez sur l'outil **Mettre à jour les données** pour démarrer l'analyse.

La procédure précédente est parfaitement adaptée pour tous les compteurs qui touchent la mémoire, le processeur, les disques et le réseau, mais peut ne pas fonctionner pour des compteurs applicatifs sur certains ordinateurs si l'application, donc les compteurs, ne sont pas installés.

d. Cadre d'utilisation

L'Analyseur de performances est à utiliser sans modération. Néanmoins, il faut disposer d'une référence pour interpréter les valeurs des compteurs. Il est recommandé de se baser sur les valeurs indiquées dans le kit de ressources techniques du système d'exploitation utilisé pour connaître les valeurs acceptables ou inacceptables des compteurs.

Les valeurs suivantes peuvent être considérées comme acceptables dans tous les cas de figure :

- Un pourcentage de temps processeur toujours supérieur à 80% indique qu'il faut songer à disposer d'un processeur plus puissant, soit en le mettant à jour, soit en changeant de serveur.
- Un nombre de défauts de page/s élevé accompagné d'un nombre d'octets disponibles très faible et d'un accès disque important indique qu'il faut ajouter de la mémoire RAM au système.

- Une file d'attente des disques dont la longueur augmente et qui reste longtemps active indique que le contrôleur ou le disque n'arrive pas à traiter les demandes et qu'il faudrait disposer soit d'un contrôleur plus rapide, soit d'un disque plus rapide.

  Pour différencier une optimisation concernant le disque ou le contrôleur, vous pouvez également utiliser la notion du débit, soit le nombre d'octets disque/s. L'architecture de la carte mère de l'ordinateur peut également être le goulet d'étranglement pour ce type de problèmes.
- Moins de 20% de mémoire RAM disponible peut ralentir entièrement le système, il peut s'agir ici d'un goulet d'étranglement. Avant de rajouter de la mémoire, contrôlez si des applications parasites fonctionnent et s'il n'est pas possible d'arrêter temporairement certains services afin de libérer de la mémoire.

3. Moniteur de fiabilité

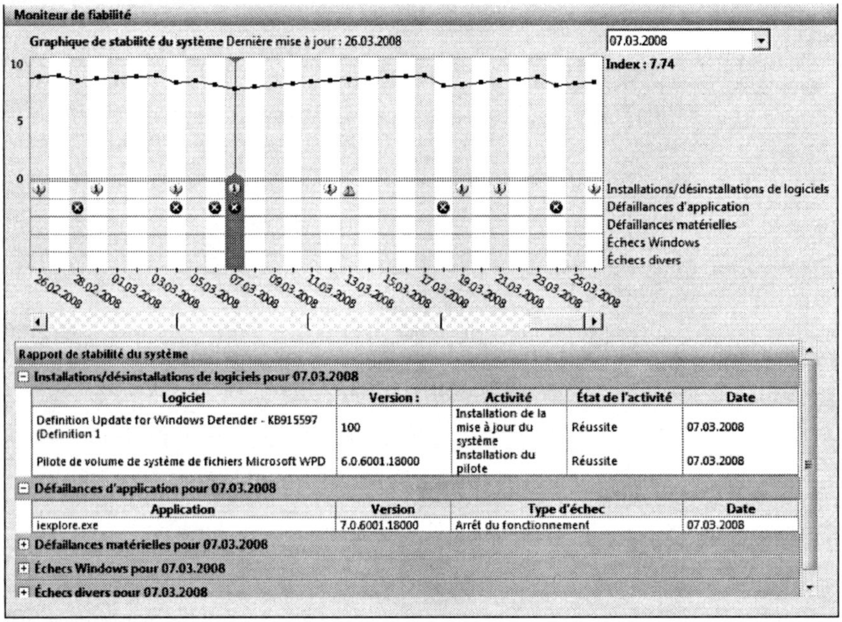

Le **Moniteur de fiabilité** calcule un index sur la stabilité du système en se basant sur les catégories suivantes :

- Installations/désinstallations de logiciels.
- Défaillances d'application.
- Défaillances matérielles.
- Échecs Windows.
- Échecs divers.

Il ne permet que la lecture des informations.

L'indice de stabilité affiché dans le graphique est une valeur allant de 1 à 10 qui est le résultat d'un calcul de pondération prenant en compte le nombre de pannes observées pendant une période continue d'historique.

L'indice est fiable à partir de 30 jours de collecte d'information.

Dans l'exemple de la figure précédente, pour le jour considéré, l'indice a chuté à cause d'un arrêt de fonctionnement d'Internet Explorer. La défaillance étant considérée comme peu importante, l'indice a peu chuté alors que la défaillance suivante devait être plus importante.

L'étude de l'indice permet de visualiser certains problèmes récurrents rencontrés par l'ordinateur et de déterminer ce qui a pu les déclencher et à partir de quelle date.

Vous pouvez lancer le Moniteur de fiabilité à l'aide de la commande `perfmon /rel`.

4. Ensemble de collecteurs de données et rapports

Le collecteur de données enregistre les données pour un usage différé et crée automatiquement des rapports pour une lecture plus aisée.

Le collecteur de données permet d'enregistrer des informations provenant des :

- compteurs de performance,
- données de suivi d'événements,
- informations de configuration du système,
- alertes de compteur de performance.

a. Création d'un ensemble de collecteur de données

Les ensembles de collecteurs de données sont subdivisés en 4 sous-sections :

- **Personnalisés** permet de rajouter des ensembles personnalisés.
- **Système** affiche les collecteurs prédéfinis. Ils ne peuvent être modifiés.
- **Sessions de suivi d'événements** permet de créer des ensembles basés sur les suivis d'événements.
- **Sessions de trace des événements Startup** permet de créer des ensembles basés sur les suivis d'événements au démarrage.

L'emplacement idéal pour créer un ensemble de collecteur de données se trouve dans la sous-section **Personnalisés**.

→ Dans la console **Ensembles de collecteurs de données**, cliquez avec le bouton droit de la souris sur **Personnalisés** pour faire apparaître le menu contextuel puis cliquez sur **Nouveau - Ensemble de collecteurs de données**.

→ Dans l'assistant **Créer un nouvel ensemble de collecteurs de données**, tapez un nom explicite puis sélectionnez **Créer à partir d'un modèle** si vous voulez utiliser un de vos modèles ou un de ceux proposés, sinon sélectionnez **Créer manuellement** puis cliquez sur **Suivant**. L'utilisation de modèles permet de gérer des ensembles de collecteurs entre ordinateurs.

→ Sur la page **Quel type de données inclure ?**, vous pouvez soit créer des alertes de compteur de performance, soit créer des journaux de données pouvant inclure des compteurs de performance, des données de suivi d'événements et des informations de la configuration système. Sélectionnez le type de données à inclure puis cliquez sur **Suivant**.

→ En fonction des types de données choisis, des pages vous proposent d'ajouter les données propres à chaque type de données. Ajoutez les données dont vous avez besoin puis cliquez sur **Suivant**.

- Sur la page **Où enregistrer les données ?**, tapez le chemin complet et le nom du fichier ou utilisez le bouton **Parcourir** pour choisir l'emplacement puis cliquez sur **Suivant**.
- Sur la page **Créer l'ensemble de collecteurs de données ?**, vous pouvez modifier le compte d'utilisateur employé pour collecter les données et déterminer le comportement de l'ensemble de collecteurs de données à la fin de l'assistant. Ensuite, cliquez sur **Terminer**.

Vous pouvez également ajouter des collecteurs de données supplémentaires à un ensemble de collecteurs de données.

Dès qu'un ensemble de collecteurs de données est créé, le rapport associé est automatiquement créé. Le contenu du rapport se base sur les données collectées et pour cela, il faut au préalable collecter des données puis arrêter la collecte pour afficher le rapport afin que les valeurs aient un sens.

Certains rapports permettent un affichage pendant la collecte.

b. Enregistrer le modèle

Une fois qu'un ensemble de collecteurs de données est créé, vous pouvez le sauvegarder en tant que modèle pour en disposer ultérieurement ou l'exporter vers un autre ordinateur. Le fichier généré est au format XML.

- Dans la console **Ensembles de collecteurs de données**, sélectionnez l'ensemble que vous voulez sauvegarder en tant que modèle.
- Cliquez avec le bouton droit de la souris pour faire apparaître le menu contextuel puis cliquez sur **Enregistrer le modèle**.
- Dans la boîte de dialogue **Enregistrer sous**, sélectionnez un emplacement et saisissez un nom de fichier puis cliquez sur **Enregistrer**.

c. Démarrer/arrêter

Pour démarrer ou arrêter l'enregistrement des compteurs, suivez la procédure suivante :

- Dans la console **Ensembles de collecteurs de données**, sélectionnez l'ensemble concerné.
- Cliquez avec le bouton droit de la souris pour faire apparaître le menu contextuel puis cliquez sur **Démarrer** ou sur **Arrêter**.

> S'il n'est pas possible de démarrer ou d'arrêter un ensemble de collecteurs de données, fermez la console et rouvrez-la.

Vous pouvez planifier le démarrage et/ou l'arrêt en passant par la boîte de dialogue **Propriétés** de l'ensemble de collecteurs de données, dans l'onglet **Planification**.

d. Rapport System Diagnostics

Parmi les rapports prédéfinis, ce rapport est le plus intéressant car il attire votre attention sur des valeurs d'indicateurs pouvant amener des problèmes. Pour les avertissements, la cause, les détails sont indiqués et une solution pour y remédier vous est proposée.

La figure suivante montre une vue détaillée du rapport dans lequel l'indicateur pour l'utilisation de la mémoire est au rouge, ce qui se traduit par une pagination excessive. Les résultats des requêtes WQL *(WMI Query Language)* concernant les logiciels anti-espions et antivirus n'ont pas retourné de valeur, ce qui se traduit par une information dans le rapport sur l'absence de ces logiciels.

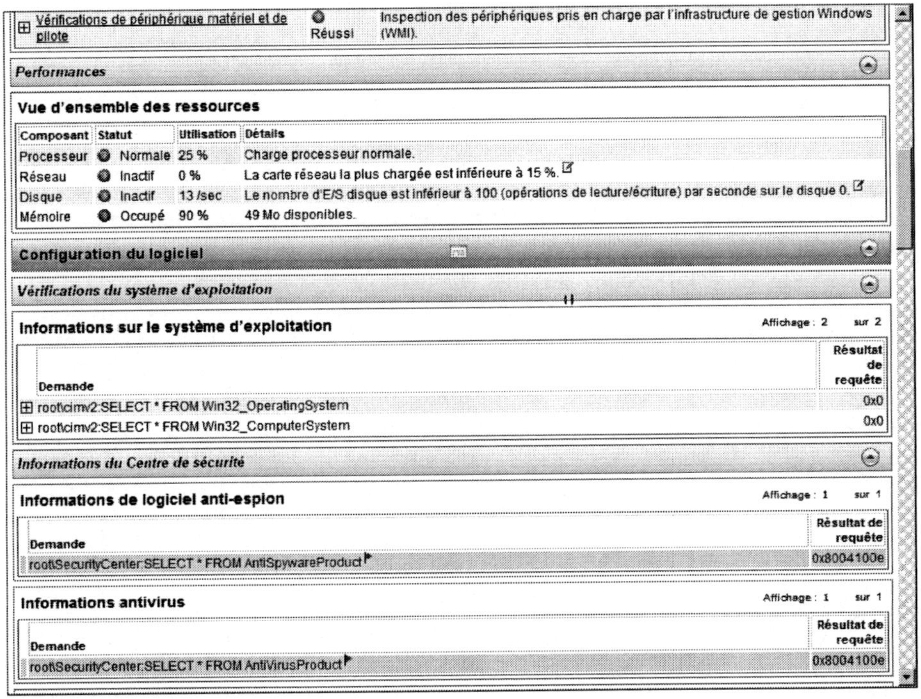

e. Cadre d'utilisation

Cet outil peut sembler séduisant, néanmoins il faut garder à l'esprit que les collecteurs et leur traitement ont une incidence négative sur les performances de l'ordinateur et que certains ensembles de collecteurs de données prédéfinis ou personnalisés peuvent devenir difficiles à interpréter, voire illisibles.

Il s'agit de l'outil le plus difficile à mettre en œuvre, il est à utiliser avec précaution excepté pour les rapports prédéfinis dont l'utilité n'est plus à démontrer. Ces rapports devraient être produits sur la base d'un calendrier et analysés avec soin par un administrateur.

F. Lignes de base

Lorsqu'il s'agit d'effectuer des tests de performance concernant un serveur, il est nécessaire de se référer à une ligne de base, c'est-à-dire comparer les valeurs obtenues par rapport à celles créées lors de l'installation ou de la modification matérielle du serveur appelée également ligne de base (**baseline**). La ligne de base inclut également les applications qui s'exécutent sur le serveur. La ligne de base établit un fait qui est objectif et vérifiable pour le matériel et les logiciels. Elle confirme une impression ainsi que toute remarque subjective. D'autre part, elle permet d'isoler la cause d'un problème de performance.

Pour créer une ligne de base, il faut utiliser l'Ensemble de collecteur de données de Moniteur de fiabilité et de performances.

Une ligne de base devrait inclure les objets suivants : Cache, Disque logique, Disque physique, Fichier de pagination, Informations sur le processeur, Mémoire, Objets, Processus, Processeur, Serveur, Système et Thread.

La ligne de base indique une tendance et permet une analyse de l'historique pour prévoir des exigences futures permettant une excellente planification que ce soit pour ajouter de nouveaux services, augmenter la charge des utilisateurs, prévoir la mise à jour de l'application voire du système d'exploitation ou simplement changer de serveur.

Pour un système virtualisé, la ligne de base n'a plus la même signification. En effet, la machine virtuelle est susceptible d'être déplacée d'un serveur physique à un autre. Comme les ressources disponibles changent également. La ligne de base permet d'examiner si le serveur virtualisé s'exécutera avec les mêmes performances.

L'intervalle d'échantillonnage est également important car il influe sur la quantité de données à stocker puis à traiter. Les valeurs suivantes sont données à titre indicatif :

Type de données	Intervalle d'échantillonnage
Données en temps réel	0 à 5 secondes
Données sur une heure	5 à 60 secondes
Données journalière	2 à 15 minutes
Données hebdomadaire	15 minutes à 1 heure

Il est également important de déterminer pour chaque compteur le type de données qui est affiché, soit :

- Une donnée en temps réel.
- Une moyenne sur la dernière seconde.
- Une valeur par seconde.

Cette information est indiquée dans l'aide de chaque compteur.

Une bonne pratique consiste à enregistrer les lignes de base à partir d'un autre ordinateur afin de ne pas biaiser les données. Dans ce cas, il faudra tenir compte du transfert des données sur le réseau. À la différence de Windows Server 2003, les compteurs n'ont pas besoin d'être installés localement.

G. Goulets d'étranglement

Pour interpréter correctement les valeurs provenant de l'analyseur de performances, il est nécessaire d'établir une ligne de base et ensuite de la comparer par rapports aux valeurs actuelles. Les valeurs acceptables ci-dessous sont indiquées de manière globale et doivent être réévaluées en fonction du matériel examinés. Votre expérience, votre sentiment peut vous amener à modifier les valeurs proposées dans un sens comme dans l'autre.

Dans tous les cas, les valeurs indiquées le sont en tant que valeur moyenne et non comme une valeur maximale à ne pas dépasser.

1. Identification d'un goulet dû au processeur

Pour identifier un goulet dû au processeur il faut examiner prioritairement les compteurs suivants :

Objet	Compteur	Valeurs désirées	Valeurs acceptables	Actions/Explications
Processeur	% Temps processeur	PBP	< 85%	Installer un processeur plus puissant ou changer de serveur.
	% Temps d'interruption	PBP	< 20%	Une valeur excessive peut provenir d'une carte additionnelle, un contrôleur voire la carte mère peut en être la cause. Une valeur excessive a une incidence négative sur les performances.
	% Temps DPC Differed Procedure Call Procédures différées	PBP	< 15%	Une valeur excessive peut provenir d'un mauvais pilote, si l'augmentation est soudaine, cela peut provenir de l'installation d'un nouveau pilote. En tous les cas, cela a une incidence sur les performances.
Informations sur le processeur	Fréquence du processeur	PEP		Indique la fréquence actuelle du processeur. C'est utile si la fréquence du processeur est modifiable.
	Indicateur de l'état du processeur	1	1	Indique si le processeur fonctionne. Il peut également être utile d'utiliser le compteur Etat du parcage.
Système	Longueur de la file d'attente du processeur	PDB	< 5	Indique le nombre de threads en attente d'exécution. Une valeur élevée indique que le processeur ne peut traiter toutes les requêtes, il se peut que l'application n'utilise qu'un seul processeur ou que l'ordinateur est saturé.
Files de travail du serveur	Longueur de la file	< 4	< 4	Au-delà de 4, il peut y avoir une congestion, donc que le serveur est saturé.

PBP signifie Valeur la plus basse possible

PEP signifie Valeur la plus élevée possible

Vous pouvez utiliser le Gestionnaire des tâches, le Moniteur de ressources, l'analyseur de Performances ou les Ensembles de collecteurs de données pour détecter et investiguer un goulet dû au processeur comme :

- L'utilisation excessive du processeur.
- L'application est mono thread et ne peut utiliser plus d'un processeur.
- Un nombre trop élevé d'applications sur le serveur.
- Des applications qui sont en compétition au niveau du processeur.

Si un goulet d'étranglement est détecté, il est possible de :

- Remplacer le processeur par un processeur plus puissant.

- Changer le serveur par un serveur plus récent donc plus puissant ou réellement par un serveur plus puissant comme par exemple passer de la famille des processeurs INTEL XEON 5500 vers la famille INTEL XEON 7500.
- Diminuer la charge du processeur en déplaçant certaines applications voire certains services vers un autre serveur. Dans certains cas, le déplacement de certaines applications entre les serveurs permet de résoudre le goulet d'étranglement si l'on combine des applications complémentaires en demande de ressources.

Quelques conseils :

- L'utilisation de cartes additionnelles intelligentes permet de réduire les interruptions donc d'augmenter la disponibilité du processeur pour les applications.
- Une application multithread bénéficie de l'utilisation d'un système multiprocesseur.
- Les rôles de serveur de fichiers et d'impression préfèrent des processeurs rapides.
- Une application qui congestionne un serveur devrait être mises à jour par une version multithread ou en la plaçant sur un serveur approprié.

2. Identification d'un goulet dû à la mémoire

Pour identifier un goulet dû à la mémoire, il faut examiner prioritairement les compteurs suivants.

Objet	Compteur	Valeurs désirées	Valeurs acceptables	Actions/Explications
	Mégaoctets disponible	>5% de la mémoire disponible	PHP	Indique le montant de mémoire disponible pour une allocation par une application. Si cette valeur est constamment basse, il se peut qu'il n'y ait pas assez de mémoire RAM ou qu'il y a trop d'applications sur le serveur.
	Pages/s	PBP	< 20 voire 50	Indique le nombre de pages qui sont lues ou écrites par seconde à partir du disque. Cette valeur dépend également des applications. Une valeur excessive peut indiquer un manque de mémoire. Il faut également examiner le sous-système disque.
	Défauts de page/s	PBP	< 5	Indique le nombre de pages par seconde qui doivent être lues à partir du disque (hard fault) ou de la RAM (soft Fault). Une valeur excessive peut indiquer un manque de mémoire.
Mémoire	Octets validés	PBP	<75%	Correspond à la taille de la mémoire virtuelle dédiée qui correspond à de la mémoire physique dont l'espace a été réservé dans le fichier d'échange du disque
	Octets de réserve non paginée	PHP	Devrait rester constant	Correspond à la réserve d'octets utilisés par le système d'exploitation et les pilotes qui ne peut pas être déplacée vers le fichier d'échange.

Objet	Compteur	Valeurs désirées	Valeurs acceptables	Actions/Explications
Fichier d'échange	Pourcentage d'utilisation	PBP	Devrait rester constant	Si cette valeur augmente ou est relativement haute, le système est ralenti et cela peut indiquer un manque de RAM.

PBP signifie Valeur la plus basse possible

PHP signifie plus haute possible

Vous pouvez utiliser le Gestionnaire des tâches, le Moniteur de ressources, l'analyseur de Performances ou les Ensembles de collecteurs de données pour détecter et investiguer un goulet dû à la mémoire comme :

- La mémoire RAM insuffisante, par exemple, sur un serveur ayant 4 Go de RAM, s'il reste moins de 200 Mo de RAM disponible, le système devient très lent.
- La pagination excessive, généralement lorsque la mémoire est insuffisante, la pagination augmente et ralentit le système.
- L'utilisation exclusive de la RAM par une application, il faut distinguer le cas où l'application gère mal la mémoire et réserve de la mémoire sans la libérer avec l'application qui réserve de la mémoire pour l'application comme SQL Server par exemple. Dans ce dernier cas, la mémoire est simplement réservée par l'application et reste disponible pour l'application alors que les autres doivent se contenter de la mémoire non réservée.

Si un goulet d'étranglement est détecté, il est possible de :

- Déplacer une application vers un autre serveur.
- Rajouter de la RAM.
- Utiliser un système d'exploitation 64 bits si le système d'exploitation actuel est en 32 bits.
- Si le système d'exploitation est en 32 bits, il peut être utile de modifier la base de données BCDEDIT en utilisant la commande `BCDEDIT /Set IncreaseUserVa 3072`.
- D'utiliser une éventuelle version 64 bits de l'application.
- De changer de serveur, car généralement les serveurs modernes peuvent gérer sans problèmes plus de 48 Go de RAM.

Quelques conseils :

- Ne pas installer plus de mémoire RAM que ne peut en gérer le système d'exploitation.
- Installez les applications sur des systèmes où ils pourront pleinement gérer la RAM, en effet, certaines applications comme SQL Server Analysis 2000 ne peuvent gérer que 1 Go de RAM.
- Placez le fichier de pagination sur un sous-système disque rapide (contrôleur et disque).
- Évitez la pagination excessive car l'accès au disque est plus lent que l'accès à la RAM à un facteur supérieur à 100 000.
- Utilisez également des outils pour surveiller les disques durs et remonter un problème matériel comme par exemple avec la technologie S.M.A.R.T.

3. Identification d'un goulet dû au disque

Pour identifier un goulet dû au disque, il faut examiner prioritairement les compteurs suivants.

Objet	Compteur	Valeurs désirées	Valeurs acceptables	Actions/ Explications
Disque physique ou Disque logique	Pourcentage du temps disque	PBP	<85%	Indique le pourcentage du temps écoulé passé par le sous-système disque à exécuter des requêtes de lecture ou d'écritures. Dépendant des applications du système, il n'est pas possible de déterminer un goulet avec ce compteur. Par contre, il indique si le sous-système disque est sollicité.
	Longueur moyenne de la file d'attente du disque	PBP	< 2	Indique le nombre de requêtes I/O en attente. Si ce compteur est constamment au-delà de 2, il y a une congestion.
	Moyenne disque octets/transfert	Dépend du sous-système disque	Dépend du sous-système disque	Indique le nombre moyen d'octets transférés depuis ou vers le disque. Si le disque est fortement sollicité, il est intéressant que cette valeur se rapproche de la valeur minimale entre le débit théorique du disque, le débit théorique du contrôleur du disque et du bus.
	Octets transfert / seconde	Dépend du sous-système disque	Dépend du sous-système disque	Indique le nombre d'octets transférés par seconde depuis ou vers le disque. Si le disque est fortement sollicité, il est intéressant que cette valeur se rapproche de la valeur minimale entre le débit théorique du disque, le débit théorique du contrôleur du disque et du bus.
	Transferts disque/s	Dépend du sous-système disque	Dépend du sous-système disque	Indique le nombre d'opérations de lecture et d'écriture par seconde. Ce compteur couplé au précédent permet de pouvoir comparer si un sous-système disque est rapide ou non. Il permet également de déterminer une congestion.
	Moyenne disque seconde/transfert	PBP	< 50	Correspond au temps en secondes du transfert moyen.

PBP signifie Valeur la plus basse possible

Vous pouvez utiliser le Moniteur de ressources, l'analyseur de Performances ou les Ensembles de collecteurs de données pour détecter et investiguer un goulet dû au disque comme :

- Des performances insuffisantes pour une application.
- Des performances médiocres du à la fragmentation du disque.
- Des performances médiocres dues à un sous-système disque peu performant.
- Une baisse de performances dues à un problème matériel.

Si un goulet d'étranglement est détecté, il est possible :

- D'augmenter le nombre de contrôleurs disques, donc de disques.
- D'augmenter le nombre de disques, surtout pour des systèmes RAID et pour des opérations de lecture.
- D'utiliser un système RAID.
- Modifier le type de RAID utilisé.
- D'utiliser un contrôleur plus rapide ayant plus de cache mémoire par exemple en changeant la technologie SATA vers SAS.
- D'utiliser des disques plus rapides ayant plus de cache mémoire, par exemple en utilisant des disques SAS 2,5" au lieu de disques 3,5".
- D'utiliser un stockage distant par exemple un SAN au lieu d'un stockage local.
- Optimiser le stockage des données applicatives comme par exemple utiliser des fichiers distincts stockés sur des disques différents pour les données et les index d'une base de données.
- Déplacer des applications vers un autre serveur pour diminuer la charge.
- D'utiliser un serveur plus récent.

Quelques conseils :

- Utilisez des contrôleurs intelligents pour améliorer les performances.
- L'utilisation d'un SAN n'est pas forcément pénalisante, au contraire, il se peut que les performances soient améliorées.
- Défragmentez régulièrement les disques.
- L'utilisation de systèmes RAID améliore globalement les performances.
- Utilisez également des outils comme SQLIO pour effectuer des tests de performance.
- Modifiez la taille du cluster disque pour l'adapter à la taille des données traitées par l'application.
- Utilisez un système de surveillance des disques comme S.M.A.R.T.
- Placez le fichier d'échange sur un disque très rapide.

4. Identification d'un goulet dû au réseau

Pour identifier un goulet dû au réseau, il faut examiner prioritairement les compteurs suivants :

Objet	Compteur	Valeurs désirées	Valeurs acceptables	Actions/Explications
Interface réseau	Total des octets/ seconde			Correspond à la somme des octets reçus ou envoyés par seconde y compris les octets pour les en-têtes. Bien qu'il soit préférable d'avoir des valeurs basses, des valeurs dépassant 50 peuvent indiquer le début de la formation d'un goulet
	Longueur de la file d'attente de sortie	PBP	< 2	Indique le nombre de paquets mis en file d'attente. Si ce nombre dépasse 2, il est probable qu'il y a un goulet. Il faut en déterminer la cause.
Gestionnaire des tâches	Pourcentage d'utilisation réseau	PBP	<95 -100%	Si le système est connecté à un hub, la valeur doit être inférieur à 30 % sinon 95 % est une valeur maximale acceptable pour un switch.

PBP signifie Valeur la plus basse possible

Vous pouvez utiliser le Gestionnaire des tâches, le Moniteur de ressources, l'analyseur de Performances ou les Ensembles de collecteurs de données pour détecter et investiguer un goulet dû au réseau comme :

- Des problèmes provenant de l'ordinateur, son système d'exploitation et ses applications.
- Des problèmes provenant du réseau.

Si un goulet d'étranglement est détecté, il est possible :

- D'utiliser des cartes réseaux intelligentes.
- D'augmenter le nombre de cartes réseaux.
- De changer les cartes réseaux par du matériel permettant un débit plus important.
- De segmenter le réseau.
- De déplacer des applications vers un autre serveur.
- De modifier l'ordre des liaisons des cartes réseaux.
- D'utiliser le protocole IPv6 au lieu d'IPv4.
- De garantir que les autres composants du réseau sont capables d'utiliser les mêmes protocoles que Windows Server 2008.
- De contrôler le fonctionnement des différents matériels composants le réseau.

Quelques conseils :

- Divisez votre réseau en segments plus ou moins grands et rapides.
- La bande passante de votre réseau doit être maximale pour les serveurs.
- Sélectionnez avec soin vos routeurs, switchs et autres matériels réseau. En effet, certains matériels bien que possédant le même débit sur le câble ne sont pas prévus pour gérer un grand nombre de connexions.

- Garantissez la bande passante de chaque carte réseau en lui indiquant sa valeur manuellement et pas automatiquement.
- L'utilisation de dossiers hors ligne permet de garantir une connexion virtuelle.

5. Identification d'un goulet dû à une application

Pour identifier un goulet dû à une application, vous faut analyser de manière simultanée les quatre composants décrits précédemment et y rajouter les compteurs propres à l'application pour le type de problème suspecté. Par exemple, si des utilisateurs se plaignent de la lenteur d'un serveur SQL, il est possible d'examiner les compteurs **SQL Server : Access Methods FreeSpace Scans/sec** et **Server : Access Methods Full Scans/sec**. Le premier compteur indique si la table est ordonnancée en utilisant un index, alors que le second indique comment la table est accédée, c'est-à-dire en utilisant ou non un index. Partant de ces constatations, un administrateur ne connaissant pas SQL Server pourrait en tirer les conclusions suivantes, c'est-à-dire que certains index peuvent être manquants. Un administrateur de base de données pourrait affirmer ou infirmer cette hypothèse en utilisant des outils propres à SQL Server comme le SQL Profiler et l'assistant d'optimisation d'index.

H. Observateur d'événements

L'**Observateur d'événements** permet d'afficher les différents journaux des événements créés par le système d'exploitation : la sécurité ou les applications.

Un événement est généré par l'application ou le système durant son exécution si le développeur a inclus les instructions correspondantes afin d'indiquer une information utile à l'administrateur. Une lecture attentive soit manuelle, soit automatique avec l'aide de logiciels comme **SCOM** (*System Center Operation Manager*) permet de détecter et/ou de résoudre rapidement des problèmes.

Dans Windows Server 2008, il est également possible de centraliser les événements vers un serveur particulier.

Il n'est pas possible de consulter directement les événements sur un serveur Core mais vous pouvez utiliser la console Gestionnaire d'événements à distance.

1. Ouverture de l'Observateur d'événements local ou distant

→ Connectez-vous en tant qu'administrateur sur le serveur Windows Server 2008.

→ Cliquez sur **Démarrer - Outils d'administration - Observateurs d'événements**.

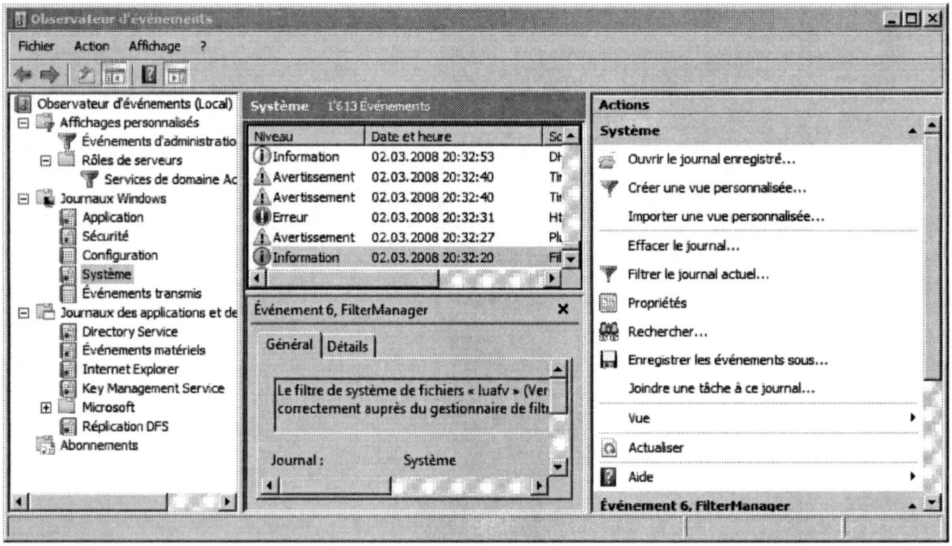

2. Ouverture des journaux

Dans Windows Server 2008, le nombre de journaux a augmenté et en plus des journaux déjà disponibles dans les versions précédentes, à savoir :

- **Système** qui contient des événements provenant du système d'exploitation.
- **Sécurité** qui contient les tentatives d'ouverture de session et l'accès à des ressources.
- **Application** qui contient les événements provenant des applications.

Il contient également les journaux suivants :

- **Événements transmis** qui sont les événements collectés provenant d'autres ordinateurs.
- **Configuration** qui contient des informations sur l'installation des applications.

De plus, les Journaux des applications et des services constituent une nouvelle catégorie de journaux des événements. Ils contiennent des événements provenant d'une application ou d'un composant système. Ils sont divisés en quatre types :

- **Journal d'administration**, principalement destiné à l'utilisateur final, il fournit des informations pour la résolution du problème.
- **Journal opérationnel** qui permet d'analyser et de diagnostiquer un problème en démarrant un programme par exemple.
- **Journal d'analyse** qui décrit le fonctionnement d'un programme.
- **Journal de débogage** qui par défaut est caché. Il permet à des développeurs d'isoler et de résoudre des problèmes applicatifs. Pour afficher ces journaux et les journaux d'analyse, il faut cliquer sur l'action **Afficher les journaux d'analyse et de débogage** du menu **Affichage**. Ensuite, il faut les activer en passant par les **Propriétés** du journal, en sélectionnant **Activer la journalisation**.

Il existe des journaux spécialisés pour un nombre important de composants du système d'exploitation.

Dès qu'un rôle a une fonctionnalité qui dispose d'un fichier journal (log) compatible avec l'observateur d'événements, celui-ci est automatiquement visible dans les journaux des applications et de services comme le serveur DNS ou PowerShell.

3. Affichage d'un événement

→ Dans le volet gauche de l'**Observateur d'événements**, cliquez sur le journal souhaité.

Les événements apparaissent dans la fenêtre principale. Cette fenêtre est divisée en deux, la partie haute affiche la liste des événements et la partie basse affiche les informations concernant l'événement sélectionné.

Par défaut, la vue simplifiée affichée dans l'onglet **Général** vous fournit déjà une description de l'événement et beaucoup d'informations comme le montre la prochaine image. Néanmoins si vous devez approfondir votre recherche, il faut utiliser l'onglet **Détails** dans lequel vous pourrez visualiser d'autres paramètres comme :

- L'ID du processus.
- L'ID du thread.
- L'ID du processeur.
- L'identificateur de session.
- Le temps d'exécution pour les instructions en mode noyau, exprimé en unité de temps processeur.
- Le temps d'exécution pour les instructions en mode utilisateur, exprimé en unité de temps processeur.
- Le temps d'exécution pour les instructions, exprimé en unité de temps processeur.
- L'ID de corrélation qui montre les relations entre les événements.
- L'identificateur de corrélation relatif qui identifie une activité associée dans un processus avec lequel l'événement est impliqué.

Si vous devez rechercher des événements basés sur ces paramètres, il est conseillé de modifier le filtre XML pour les faire apparaître dans une vue filtrée, d'utiliser un outil tiers ou de les importer dans une base de données et de les filtrer à l'aide de requêtes SQL.

L'écran suivant s'affiche en cliquant sur le lien **Propriétés de l'événement** dans le volet droit ou en double cliquant sur l'événement.

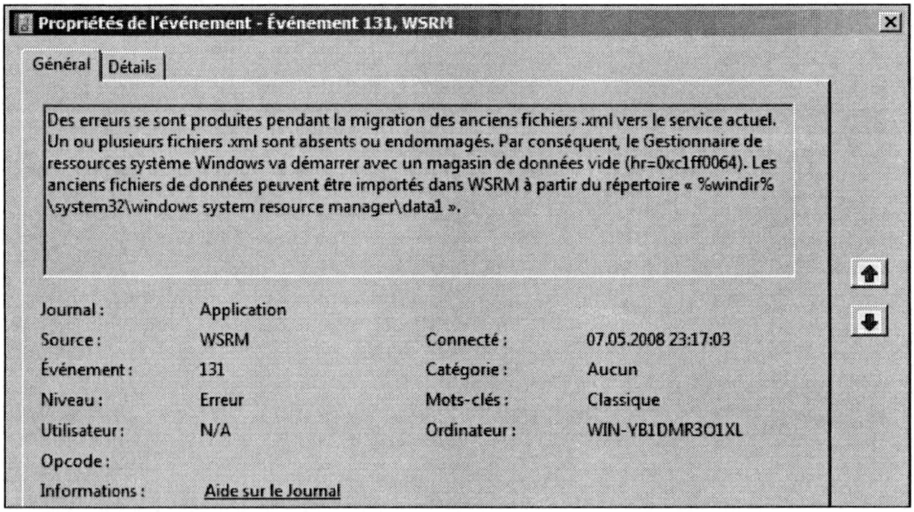

Journal : nom du journal dans lequel l'événement a été enregistré.

Source : logiciel ayant enregistré l'événement.

Événement : ID de l'événement.

Niveau : **Information** indique qu'une modification s'est produite généralement suite à un succès. **Avertissement** indique qu'une erreur s'est produite ; bien que bénigne, elle peut dégénérer en erreur si aucune action n'est entreprise. **Erreur** indique qu'une erreur s'est produite ; plus grave que l'avertissement, elle peut dégénérer en critique si aucune action n'est entreprise. **Critique** indique qu'une erreur s'est produite. **Succès de l'audit** indique que l'accès a été autorisé. **Échec de l'audit** indique qu'une tentative d'accès en échec a été enregistrée.

Utilisateur : nom de l'utilisateur à l'origine de l'événement.

Code opérationnel (Opcode) : valeur numérique qui identifie l'activité ou un point précis de l'activité.

Informations : permet d'afficher des informations supplémentaires provenant du Technet sur l'événement.

Connecté : date et heure de l'enregistrement de l'événement.

Catégorie : représente un sous-composant ou une activité. Est utilisé par certains événements.

Mots-clés : mots-clés définis par les programmeurs.

Ordinateur : nom de l'ordinateur sur lequel l'événement est apparu.

En dépannage, il n'est pas évident de trouver la signification d'un événement. Vous pouvez consulter l'aide en ligne, la bibliothèque du TechNet, les kits de ressources techniques mais également le site Web www.eventid.net dont la partie gratuite peut déjà vous indiquer des pistes de recherche.

4. Créer une vue personnalisée

Dans Windows Server 2008, la méthodologie pour la lecture des événements a été modifiée de manière à ce que l'administrateur crée ses propres vues pour le traitement des événements.

Pour créer une vue personnalisée :

➔ Dans le volet gauche de l'**Observateur d'événements**, cliquez avec le bouton droit de la souris sur **Affichages personnalisés** puis cliquez sur **Créer une vue personnalisée**.

➔ Dans la boîte de dialogue **Créer une vue personnalisée**, dans l'onglet **Filtrer** sélectionnez les éléments correspondant à la vue souhaitée ou ajoutez un filtre XML en cliquant sur l'onglet **XML**.

Onglet Filtrer

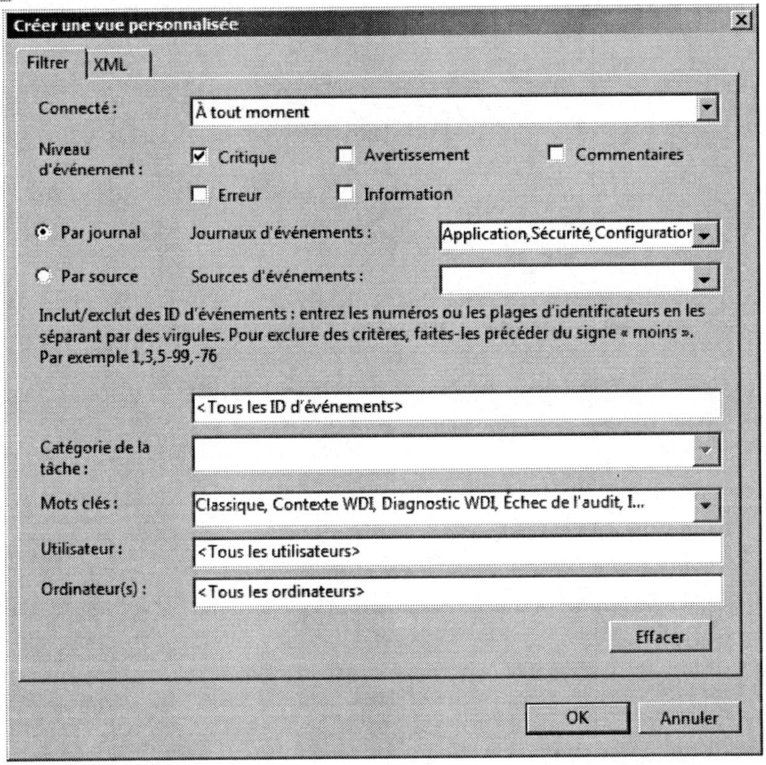

L'option **Connecté** permet de définir la plage temporelle pour l'affichage des événements, celle-ci peut être prédéfinie ou personnalisée.

Niveau d'événement permet de sélectionner les événements selon le niveau de gravité de l'événement.

Par journal permet de créer un filtre d'affichage des événements non limité à un journal.

Par source permet de créer un filtre sur une source d'événements précise.

Vous ne pouvez filtrer que par journal ou par source mais pas sur les deux critères en même temps.

La zone de saisie **Inclut/exclut des ID d'événements** permet de définir les événements que vous voulez inclure ou exclure en utilisant leur ID. Pour exclure un événement, saisissez le signe moins devant l'ID de l'événement. Séparez les ID par une virgule.

Catégorie de la tâche permet de filtrer sur un sous-composant ou une activité.

Mots clés permet de filtrer sur les mots clés définis dans les événements.

Utilisateur permet de filtrer par utilisateur.

Ordinateur permet de filtrer par ordinateur.

Onglet XML

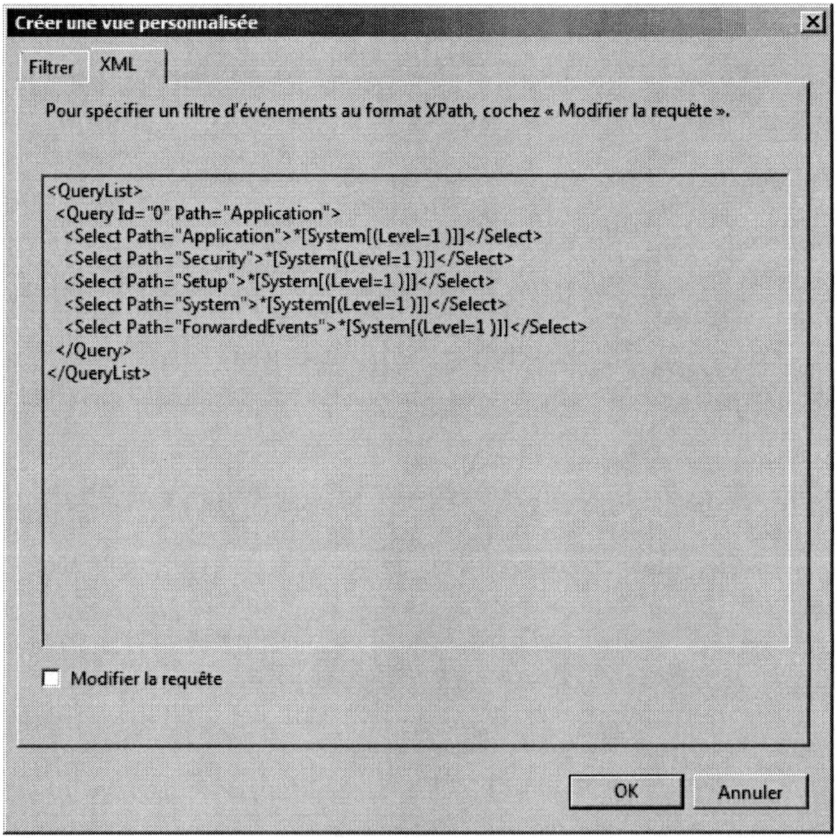

Dans cet onglet, vous pouvez **Modifier la requête** en cochant la case correspondante.

→ Enregistrez la vue.

Lorsque vous validez les options du filtre, la boîte de dialogue **Enregistrer le filtre dans une vue personnalisée** s'affiche à l'écran.

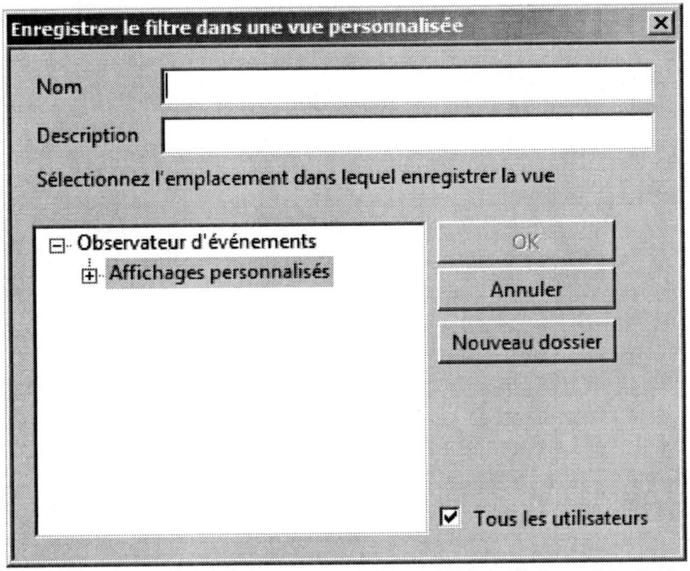

→ Saisissez le **Nom** de la vue personnalisée et éventuellement une **Description**. Par défaut, la vue est enregistrée dans le dossier **Affichages personnalisés** mais vous pouvez créer des sous-dossiers afin d'organiser vos vues. Enfin, cliquez sur **OK**.

Vous pouvez à tout moment modifier votre vue en cliquant sur l'option **Propriétés** du menu contextuel de la vue.

5. Filtrer et rechercher un événement

Filtrer un journal permet d'afficher uniquement les événements qui correspondent à des critères comme pour une vue personnalisée, à la différence que le filtre est temporaire. Le filtre à utiliser est identique à celui utilisé pour une vue personnalisée.

Pour cela, cliquez sur le lien **Filtrer le journal actuel** dans le volet droit Actions.

Il est possible d'enregistrer le filtre en tant qu'affichage personnalisé.

Dans ce même volet, le lien **Rechercher** permet d'afficher un à un les événements selon une valeur de recherche. Cette valeur est une chaîne de caractères et la recherche s'effectue dans tous les paramètres de l'événement.

6. Associer une tâche à un événement

Associer une tâche à un événement est une des méthodes pour planifier une tâche dont le déclencheur est l'événement. Cette méthode n'offre pas la souplesse de l'assistant car il n'est pas possible de modifier le journal, la source et l'ID de l'événement. Pour bénéficier de toutes les possibilités, il faut utiliser le Planificateur de tâches.

Il est possible d'associer une tâche à une vue personnalisée.

→ Cliquez avec le bouton droit de la souris sur l'événement puis cliquez sur **Joindre une tâche à cet événement**.

- Sur la page **Créer une tâche de base** de l'**Assistant Créer une tâche de base**, saisissez un **Nom** et éventuellement une **Description** avant de cliquer sur **Suivant**.
- Sur la page **Si un événement spécifique est enregistré**, cliquez sur **Suivant**.
- Sur la page **Action**, sélectionnez un des trois types d'action possibles puis cliquez sur **Suivant**.
- En fonction de l'action choisie, remplissez la page de l'action correspondante puis cliquez sur **Suivant**.
- Sur la page **Terminer**, contrôlez les informations. Vous pouvez faire apparaître la page **Propriétés** de la nouvelle tâche si vous sélectionnez la case à cocher **Ouvrir les propriétés de cette tâche quant j'aurai cliqué sur Terminer**. Si tout est correct, cliquez sur **Terminer**.

Les tâches sont enregistrées dans le dossier **Tâches** de l'Observateur d'événements de la bibliothèque du planificateur.

7. Centraliser des événements

Pour centraliser des événements, il faut disposer d'un ordinateur fonctionnant au moins sous Windows Vista ou Windows Server 2008.

Il faut préparer les ordinateurs pour transférer et recueillir les événements, puis il faut créer des abonnements.

Il est possible d'effectuer cette procédure dans un domaine ou dans un groupe de travail, bien que la procédure soit dans ce dernier cas plus délicate à mettre en œuvre.

Pour configurer l'ordinateur qui collecte les événements (collecteur) :

- Connectez-vous en tant qu'administrateur sur l'ordinateur collecteur.
- Ouvrez une invite de commandes avec les privilèges élevés.
- Saisissez `wecutil qc` dans l'invite de commandes.

Pour configurer l'ordinateur sur lequel seront collectés les événements (source) :

- Connectez-vous en tant qu'administrateur sur l'ordinateur source.
- Ouvrez une invite de commandes avec les privilèges élevés.
- Saisissez `winrm quickconfig` dans l'invite de commandes.
- Vous devez ajouter le compte de l'ordinateur collecteur au groupe local **Administrateurs**.

Pour s'abonner à un événement :

- Connectez-vous en tant qu'administrateur sur l'ordinateur collecteur et ouvrez l'**Observateur d'événements**.
- Dans le volet gauche de l'**Observateur d'événements**, cliquez avec le bouton droit de la souris sur **Abonnements** puis cliquez sur **Créer un abonnement**. Si le service Collecteurs d'événements n'est pas démarré, vous serez invité à le faire démarrer pour continuer.
- Dans la boîte de dialogue **Propriétés de l'abonnement**, saisissez les informations nécessaires puis cliquez sur **OK**.

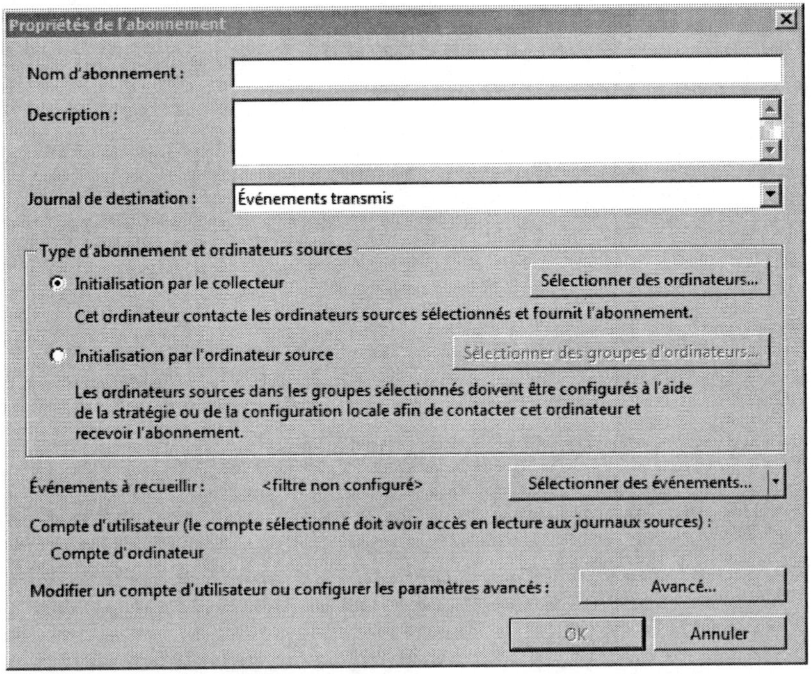

Saisissez au moins un **Nom d'abonnement**, voire une **Description**. Indiquez le **Journal de destination** du collecteur des événements.

Vous pouvez sélectionner l'ordinateur ou les ordinateurs source en cliquant sur **Initialisation par le collecteur** puis sur **Sélectionner des ordinateurs**. L'autre possibilité est de permettre l'**Initialisation par l'ordinateur source**, c'est-à-dire de configurer les ordinateurs sources à l'aide d'une stratégie de groupe pour qu'ils contactent l'ordinateur collecteur. Il faut configurer l'ordinateur collecteur de manière à ne pas recevoir des événements provenant d'ordinateurs non désirés.

Vous pouvez filtrer les événements à recueillir avec un filtre identique à celui d'une vue personnalisée.

Enfin, les paramètres avancés permettent de définir le protocole à utiliser pour transmettre les événements, le protocole HTTP ou le protocole HTTPS. Vous pouvez également définir l'utilisation de la bande passante selon un des paramètres suivants : Normale, Réduire la bande passante, Minimiser la latence et Personnalisée.

8. Cadre d'utilisation

Les événements produits par le système devraient systématiquement être traités par l'administrateur manuellement ; ou mieux, automatiquement pour la plupart des événements, et manuellement pour une petite partie.

Pour l'automatisation, vous pouvez utiliser une base de données dans laquelle vous importez et gérez les événements à l'aide d'ordres SQL mais vous pouvez également utiliser des outils comme SCOM qui offrent l'avantage de pouvoir être programmés pour réagir immédiatement à l'arrivée d'un événement particulier, ce qui vous amène vers une gestion proactive.

I. Planificateur de tâches

Le Planificateur de tâches permet de différer l'exécution de programmes selon un calendrier.

1. Démarrer le Planificateur de tâches

→ Connectez-vous sur l'ordinateur.

→ Cliquez sur **Démarrer - Outils d'administration** puis **Planificateur de tâches**.

Sur la fenêtre principale, la première section affiche des informations sur ce que peut faire le Planificateur de tâches, la seconde section affiche des informations sur le statut, l'heure de démarrage et d'arrêt des tâches qui ont démarré au cours de la dernière heure, des dernières 24 heures, des 7 derniers jours ou des 30 derniers jours. Enfin, la troisième section affiche des informations sur les tâches actives comme le nom de la tâche, la prochaine exécution et l'emplacement du fichier exécutable.

Le volet de gauche affiche une structure arborescente de dossiers contenant des tâches planifiées. L'arborescence peut être personnalisée.

2. Création d'une tâche

→ Dans le volet gauche du Planificateur de tâches, sélectionnez le dossier dans lequel vous voulez stocker la tâche.

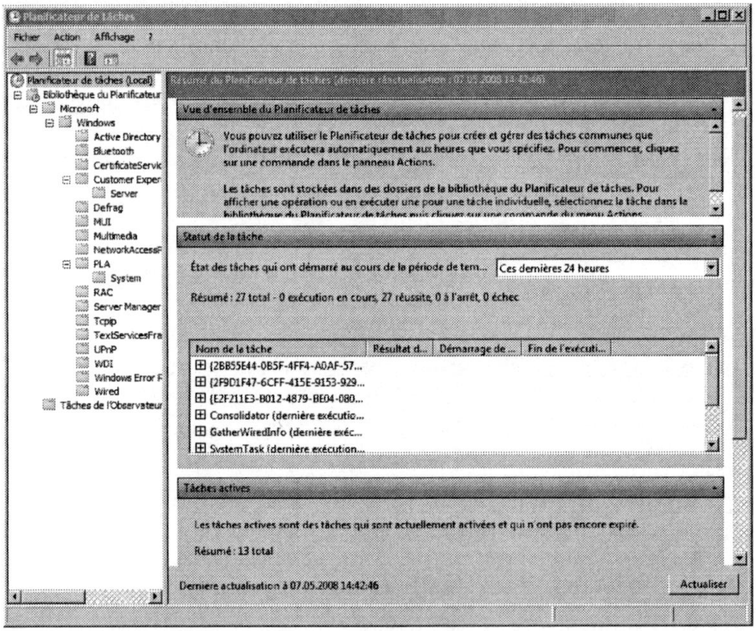

→ Cliquez avec le bouton droit de la souris sur le dossier puis cliquez soit sur **Créer une tâche de base** soit **Créer une tâche** (présenté ici).

Une tâche de base diffère d'une tâche uniquement lors de sa création. L'assistant pour la création d'une tâche est réduit à son minimum pour la tâche de base.

→ Dans l'assistant **Créer une tâche**, passez d'un onglet à l'autre pour définir la tâche. Il faut au minimum saisir un **Nom** dans l'onglet **Général** et une action dans l'onglet **Actions**. Cliquez ensuite sur **OK**.

Onglet Général

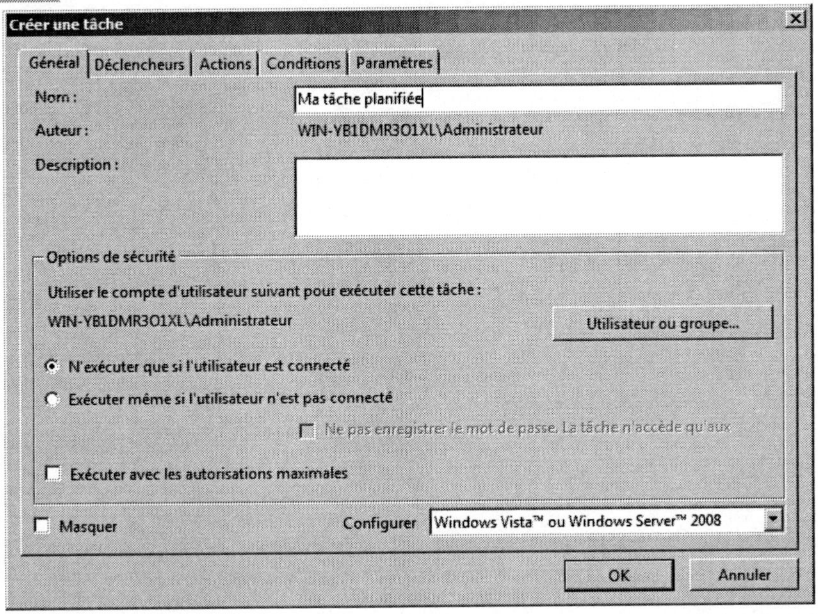

Le bouton **Utilisateur ou groupe** permet de définir dans quel contexte de sécurité la tâche va s'exécuter. Par défaut, elle s'exécute dans le contexte de l'utilisateur connecté.

Si vous êtes connecté avec un compte d'utilisateur qui n'est pas administrateur, le bouton **Utilisateur ou groupe** est modifié en **Utilisateur**.

Le bouton radio permet de définir si la tâche peut s'exécuter si l'utilisateur n'est pas connecté ; dans ce cas, pour améliorer la sécurité, vous pouvez sélectionner la case à cocher **Ne pas enregistrer le mot de passe** ce qui a pour conséquence d'exécuter la tâche dans un contexte de sécurité de l'utilisateur restreint aux ressources locales. Cette méthode est conforme à la norme RFC 1510 qui définit les extensions Kerberos S4U (Services à l'utilisateur).

L'option **Exécuter avec les autorisations maximales** s'utilise principalement avec un compte d'administrateur afin d'augmenter ses privilèges en administrateur selon l'UAC (Contrôle du compte utilisateur).

La case à cocher **Masquer** n'affiche plus la tâche dans l'affichage standard du Planificateur de tâches ; pour la rendre à nouveau visible, soit vous décochez cette case, soit vous cliquez sur l'action **Afficher les tâches masquées** du menu **Affichage** du Planificateur de tâches.

La liste déroulante **Configurer** permet de créer des tâches soit au format **Windows Vista ou Windows Server 2008**, soit au format **Windows Server 2003, Windows XP ou Windows 2000**. Après la création de la tâche, il n'est possible que de passer de l'ancien format vers le format supporté par Windows Server 2008 et Windows Vista.

Onglet Déclencheurs

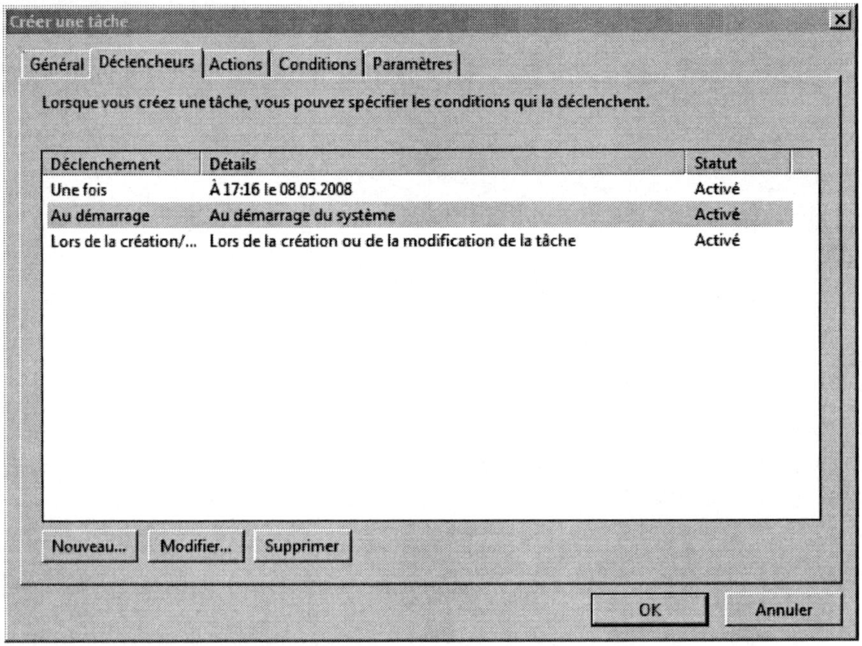

L'onglet **Déclencheurs** permet de définir les conditions qui permettront de faire démarrer la tâche.

S'il existe plusieurs déclencheurs, la tâche s'exécute dès qu'un des déclencheurs est actionné.

Le bouton **Nouveau** permet de définir un nouveau déclencheur.

Le bouton **Modifier** permet de modifier le déclencheur sélectionné.

Le bouton **Supprimer** permet de supprimer le déclencheur sélectionné. En pressant la touche [Ctrl], vous pouvez sélectionner plusieurs déclencheurs et les supprimer en une opération.

Les déclencheurs sont présentés ci-après :

- **Sur une planification** : l'exécution se base sur le calendrier pour démarrer la tâche une seule fois ou selon une périodicité journalière, hebdomadaire ou mensuelle. L'intervalle de la fréquence peut être également choisi.
- **À l'ouverture d'une session** : l'exécution se déclenche dès qu'un utilisateur spécifique ou un utilisateur membre d'un groupe spécifique se connecte.
- **Au démarrage** : l'exécution se déclenche lorsque l'ordinateur démarre.
- **En période d'inactivité** : l'exécution se déclenche lorsque l'ordinateur est inactif selon la configuration définie sous l'onglet **Conditions**.

- **Sur un événement** (*) : l'exécution se déclenche sur un événement particulier ou basé sur un filtre d'événements.
- **Lors de la création/modification d'une tâche** (*) : l'exécution se déclenche lors de la création ou de la modification de la tâche.
- **Connexion à une session utilisateur** (*) : l'exécution se déclenche lors de la connexion d'un utilisateur local ou via le Bureau distant. L'utilisateur peut être tout utilisateur, un utilisateur spécifique ou un utilisateur membre d'un groupe spécifique.
- **Lors de la déconnexion d'une session utilisateur** (*) : l'exécution se déclenche lors de la déconnexion d'un utilisateur local ou via le Bureau distant. L'utilisateur peut être tout utilisateur, un utilisateur spécifique ou un utilisateur membre d'un groupe spécifique.
- **Lors du verrouillage du poste de travail** (*) : l'exécution se déclenche lorsque l'utilisateur verrouille sa session. L'utilisateur peut être tout utilisateur, un utilisateur spécifique ou un utilisateur membre d'un groupe spécifique.
- **Lors du déverrouillage du poste de travail** (*) : l'exécution se déclenche lorsque l'utilisateur déverrouille sa session. L'utilisateur peut être tout utilisateur, un utilisateur spécifique ou un utilisateur membre d'un groupe spécifique.
- (*) Conditions non disponibles pour un déclencheur configuré pour Windows Server 2003, Windows XP ou Windows 2000.

Pour chaque tâche, en plus des paramètres spécifiques au déclencheur, vous pouvez définir des **Paramètres avancés** tels que ceux décrits ci-dessous :

- **Retarder la tâche** : permet de retarder l'exécution de la tâche entre le moment où elle se déclenche et la valeur définie dans cette option. Le déclenchement est alors aléatoire et il n'est pas possible de déterminer avec précision le moment exact du déclenchement.
- **Répéter la tâche tous les** : permet de définir une fréquence de répétition pendant une certaine durée.
- **Arrêter la tâche qui s'exécute plus longtemps que** : permet d'arrêter la tâche après un certain temps d'activité prédéfini allant de 30 mn à 1h, 2h, 4h, 8h, 12h, 1j ou 3j.
- **Activer** : permet d'activer la tâche à partir d'une certaine date.
- **Expiration** : permet d'arrêter l'exécution de la tâche à partir d'une certaine date.
- **Activée** : permet d'activer ou non la tâche manuellement.

Onglet Actions

L'onglet **Actions** permet de définir une ou plusieurs actions (maximum 32) qui s'exécuteront dans l'ordre défini lorsque la tâche est déclenchée.

Les actions possibles sont :

- **Démarrer un programme**.
- **Envoyer un courrier électronique** au format SMTP. Cette action n'est pas disponible pour une tâche configurée pour Windows Server 2003, Windows XP ou Windows 2000.
- **Afficher un message** affiche un message et est disponible uniquement si l'utilisateur est connecté. Elle n'est pas disponible pour une tâche configurée pour Windows Server 2003, Windows XP ou Windows 2000.

Onglet Conditions

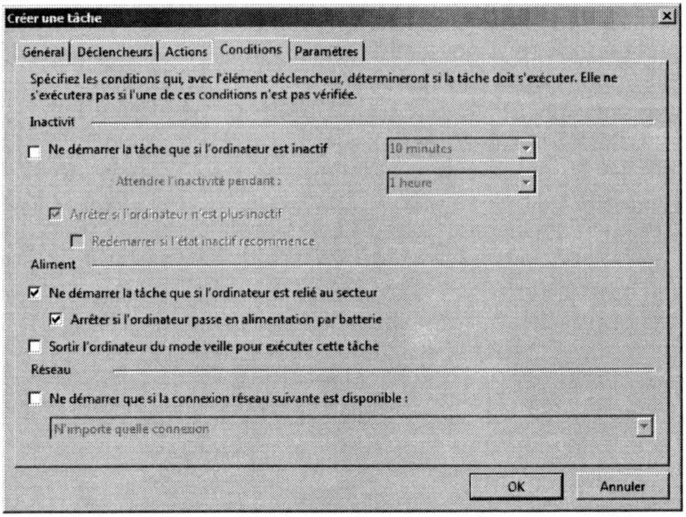

Cet onglet permet de définir les conditions pour le déclenchement de la tâche.
Vous pouvez définir trois types de conditions :

- **Inactivité** : par défaut, un système est considéré comme inactif si l'utilisation de l'unité centrale est 0 % et les entrées/sorties sont à 0 % pendant au moins 90 % d'une durée de 15 minutes. Vous pouvez indiquer vos propres valeurs.
- **Alimentation** : utile pour les portables s'ils sont déconnectés du réseau électrique.
- **Réseau** : pour les tâches devant impérativement disposer du réseau, vous pouvez démarrer la tâche uniquement si le réseau est disponible. Cette option n'est pas disponible pour une tâche configurée pour Windows Server 2003, Windows XP ou Windows 2000.

Onglet Paramètres

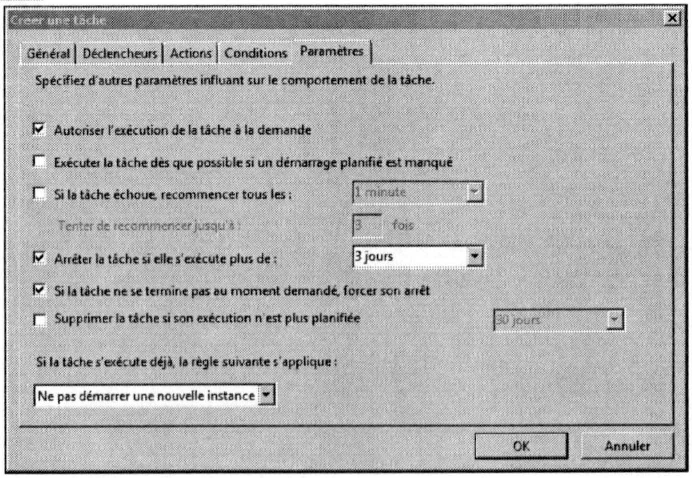

Cet onglet permet de définir le cadre d'exécution de la tâche.

Autoriser l'exécution de la tâche à la demande permet à un utilisateur de démarrer l'exécution de la tâche sans utiliser de déclencheur. Cette option n'est pas disponible pour une tâche configurée pour Windows Server 2003, Windows XP ou Windows 2000.

Exécuter la tâche dès que possible si un démarrage planifié est manqué permet d'exécuter la tâche en cas d'ordinateur éteint, de tâche non activée, etc., lorsque le Planificateur de tâches est de nouveau disponible après un délai de 10 minutes. Ce choix n'est pas disponible pour une tâche configurée pour Windows Server 2003, Windows XP ou Windows 2000.

Si la tâche échoue il est possible d'effectuer, après un certain délai, un certain nombre de tentatives. Cette option n'est pas disponible pour une tâche configurée pour Windows Server 2003, Windows XP ou Windows 2000.

Arrêter la tâche si elle s'exécute plus de permet de définir la durée maximale d'exécution. Pour garantir l'arrêt, sélectionnez l'option **Si la tâche ne se termine pas au moment désiré, forcer son arrêt**. Ce dernier paramètre n'est pas disponible pour une tâche configurée pour Windows Server 2003, Windows XP ou Windows 2000.

Supprimer la tâche si son exécution n'est plus planifiée permet de supprimer la tâche après un délai, à déconseiller !

Enfin, vous pouvez définir la règle à appliquer **Si la tâche s'exécute déjà** :

- Ne pas démarrer une nouvelle instance.
- Exécuter une nouvelle instance en parallèle.
- Mettre une nouvelle instance en file d'attente.
- Arrêter l'instance existante

Cette option n'est pas disponible pour une tâche configurée pour Windows Server 2003, Windows XP ou Windows 2000 car les tâches sont configurées pour ne pas démarrer une nouvelle instance.

3. Importer une tâche

→ Dans le volet gauche du **Planificateur de tâches**, sélectionnez le dossier dans lequel vous voulez stocker la tâche.

→ Cliquez avec le bouton droit de la souris sur le dossier puis cliquez sur **Importer une tâche**.

→ Dans la boîte de dialogue **Ouvrir**, sélectionnez le fichier XML de la tâche et cliquez sur **Ouvrir**. La tâche est importée.

Cette procédure est utile pour déplacer des tâches d'un dossier à un autre sur le même ordinateur ou entre ordinateurs.

4. Exporter une tâche

→ Dans le volet gauche du Planificateur de tâches, cliquez sur le dossier qui contient la tâche. La tâche apparaît dans la fenêtre principale.

→ Dans la fenêtre principale, cliquez avec le bouton droit de la souris sur la tâche puis cliquez sur **Exporter**.

→ Dans la boîte de dialogue **Enregistrer sous**, sélectionnez l'emplacement où vous allez stocker le fichier XML de la tâche et donnez-lui un nom, puis cliquez sur **Enregistrer**.

5. Gestion d'une tâche

- Dans le volet gauche du Planificateur de tâches, cliquez sur le dossier qui contient la tâche. La tâche apparaît dans la fenêtre principale.
- Dans la fenêtre principale, cliquez avec le bouton droit de la souris sur la tâche puis cliquez sur l'une des actions suivantes :

  Exécuter : lance manuellement l'exécution de la tâche

  Fin : arrête l'exécution de la tâche.

  Désactiver/Activer : active ou désactive le déclenchement de la tâche.

  Propriétés : permet de modifier les paramètres de la tâche.

  Supprimer : supprime la tâche.

Lorsqu'une tâche est sélectionnée, la fenêtre centrale affiche en lecture les différents paramètres de la tâche, plus l'onglet **Historique** qui permet de consulter le journal d'exécution de la tâche.

6. Sur un Server Core

Core1 WinAD

Il faut utiliser la commande **schtasks**. Comme la syntaxe de schtasks peut être laborieuse, il peut être utile d'utiliser le planificateur de tâches sur un autre serveur exécutant une installation complète de Windows Server 2008, puis de l'exporter au format XML et de l'importer avec la commande suivante :

```
schtasks /create */xml myfile.xml /tn NomDeLaTache
```

Pour créer une tâche s'exécutant chaque jour sur le serveur Zens (la tâche consiste à ouvrir Notepad), la commande est la suivante :

```
schtasks /create /S Zens /U Administrateur /P MotDePasse /Ru
ExecuteEnTantQu'utilisateur /RP ExecuteMotDePasse /SC DAILY /TN Ma Tache /
TR notepad
```

Supprime la tâche MaTache :

```
schtasks /delete / S Zens/ U Administrateur /P MotDePasse /TN MaTache /F
```

J. Introduction au Moniteur réseau

Win1 WinAD

Le moniteur réseau est un outil indispensable qui permet d'analyser les trames qui circulent sur un réseau. Bien que d'apparence simple, l'interprétation des trames peut vite s'avérer difficile car il est nécessaire de connaître la structure des trames se rapportant aux protocoles applicatifs pour en déterminer la signification. Dans cette section, vous apprendrez à reconnaître les éléments principaux des trames jusqu'au niveau de la couche 4 du modèle OSI (*Open System Interconnection*).

Il permet l'analyse de trames provenant d'une connexion réseau LAN (*Local Area Network*) câblée, d'une connexion RAS/VPN ou d'une connexion sans fil (Wi-Fi). Quel que soit le type de connexion, il faut savoir qu'il écoute toutes les trames de diffusion, de multidiffusion, de monodiffusion dont il est l'émetteur ou le destinataire. Pour écouter une trame monodiffusion adressée à un autre ordinateur, il faut activer le mode **promiscuité** appelé ici **P-mode**. Bien entendu, si l'ordinateur exécutant le moniteur réseau est relié à un **switch**, il faut également configurer sur ce dernier le port qui est relié à votre serveur d'analyse afin que toutes les trames passant sur le switch lui soient renvoyées en activant le mode promiscuité.

Sur un serveur Core, il est possible d'installer le moniteur réseau et d'utiliser le mode ligne de commande pour effectuer des captures.

Si vous installez le moniteur réseau dans un environnement virtuel, il faut faire attention à la portée de chaque type de switch virtuel créé, car l'écoute, et donc le trafic analysé, peut être totalement différente.

1. Installation du moniteur réseau

Il vous faut au préalable télécharger la bonne version du Microsoft Network Monitor, soit au minimum la version 3.2 du centre de téléchargement de Microsoft. Seule la version anglaise est disponible.

- Double cliquez sur l'icône **NM32_AAA_setup.exe** pour démarrer l'installation. Remplacez **AAA** par l'édition 32 ou 64 bits.
- Dans la boîte de dialogue vous avertissant que vous allez installer le moniteur réseau, cliquez sur **Oui**.
- Sur la page de bienvenue de l'assistant, cliquez sur **Next**.
- Sur la page de la licence, lisez l'agrément, sélectionnez l'option **I accept the terms in the licence aggreement** puis cliquez sur **Next**.
- Sur la page **Use Microsoft Update to help keep your computer secure and up to date**, sélectionnez une des options puis cliquez sur **Next**.
- Sur la page **Choose a setup type**, cliquez sur l'icône **Complete**.
- Sur la page **Ready to install**, cliquez sur **Install**. Ensuite l'installation commence.
- Sur la page **Completing the Setup Wizard**, contrôlez que l'installation s'est correctement déroulée puis cliquez sur **Finish**.

Bien qu'il soit possible de lancer le moniteur réseau avec n'importe quelle identité, il est nécessaire de le lancer avec les droits d'administration pour pouvoir réaliser une capture.

2. Capture et analyse

- Démarrez le moniteur réseau en cliquant avec le bouton droit de la souris sur l'icône **Microsoft Network Monitor 3.2** 

 puis sur **Exécuter en tant qu'administrateur**.
- Si la boîte de dialogue **Microsoft Update Opt-In** apparaît, désélectionnez éventuellement la case à cocher puis cliquez sur **Yes** ou sur **No**.

- Dans la région **Select a Network**, contrôlez que la connexion au réseau local est bien sélectionnée.
- Dans la barre d'outils, cliquez sur **New Capture**.
- Dans la barre d'outils, cliquez sur **Start**. Les trames capturées s'affichent dans la région Frame Summary.
- Ouvrez une invite de commande puis saisissez `ipconfig /release` et appuyez sur [Entrée] ensuite saisissez `ipconfig /renew` puis appuyez sur [Entrée].
- Retournez dans le moniteur réseau et cliquez sur **Stop** dans la barre d'outils.
- Dans la région **Frame Summary**, vous notez un nombre important de trames qui ont été capturées, il est nécessaire d'utiliser un filtre pour n'afficher que celles qui nous intéressent, à savoir celles utilisant le protocole **DHCP**. Pour cela, cliquez dans la région **Display Filter**, puis saisissez uniquement **DHCP** et cliquez dans la barre d'outils de la région **Display Filter** sur **Apply**. Les trames suivantes devraient apparaître.

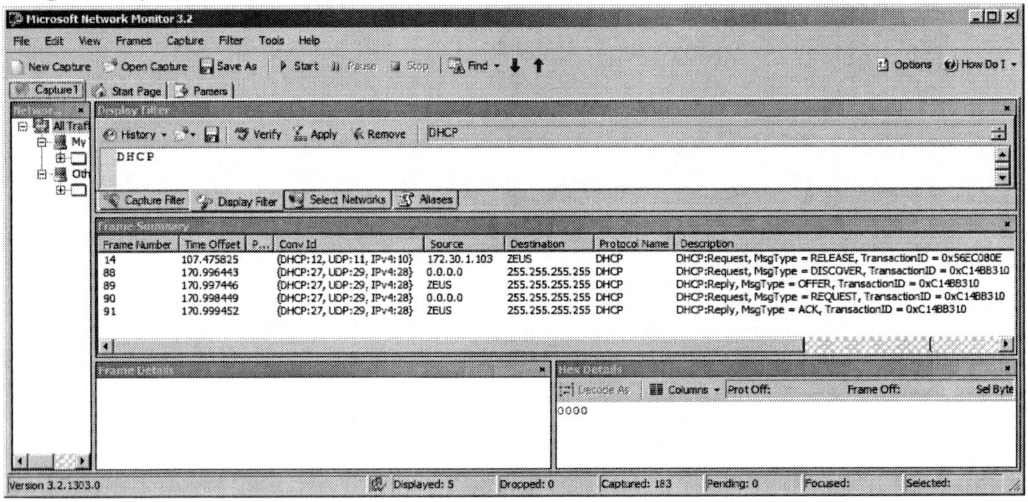

- Cliquez sur la première trame DHCP. Les régions **Frame Details** affichent le contenu en fonction de la couche du modèle OSI, et Hex Details, qui affiche les octets de la trame, exprimés soit en hexadécimal soit en ASCII, se remplissent. Examinez que la trame DHCP utilise la couche 2 (Ethernet), la couche 3 (IPv4), la couche 4 (UDP) et la couche applicative du modèle TCP/IP reprenant les couches 5, 6 et 7 du modèle OSI (DHCP). Si vous cliquez sur Frame, vous obtenez les informations de la trame soit la longueur en octets et le type : **Ethernet**.

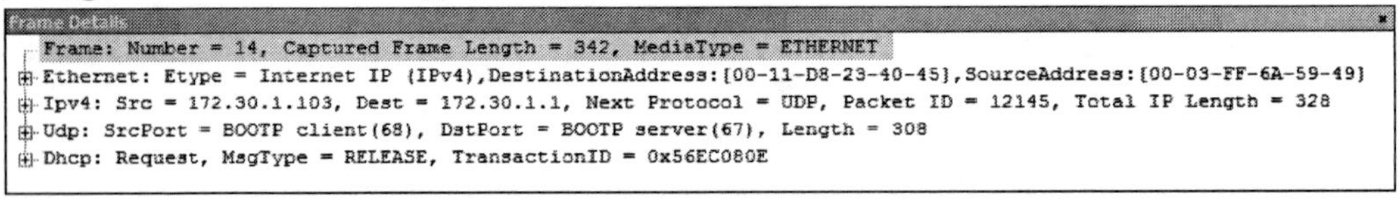

- En cliquant sur le nœud Ethernet, il est possible de déterminer les **adresses MAC** source et destination (elles sont situées dans le même réseau de diffusion), le protocole qui sera utilisé dans la couche au dessus (IPv4 0x800), ainsi que le nombre d'octets restants.

- En cliquant sur le nœud IPv4, il est possible de déterminer les adresses IP source et de destination, le TTL (*Time To Live*) qui donne une indication sur le nombre de routeurs passés si la valeur est inférieure à 128 pour un ordinateur Windows, ainsi que le protocole qui sera utilisé dans la couche au-dessus.
- En cliquant sur le nœud Udp, il est possible de connaître le port source et le port de destination.
- Enfin, en cliquant sur le nœud Dhcp, il est possible de connaître des informations propres au protocole applicatif utilisé. Ici, il s'agit du protocole **Dhcp**, et le type de message est DHCP Release.

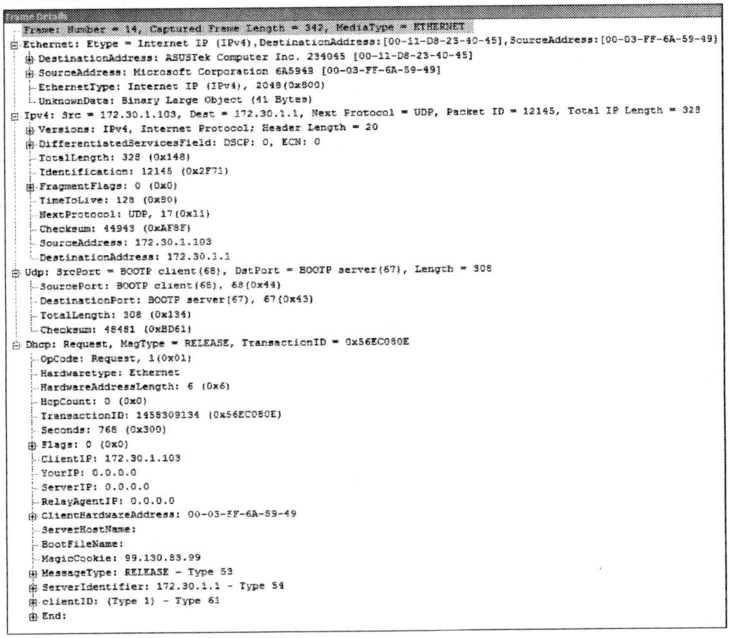

3. Sélection des interfaces et du mode promiscuité

- Démarrez le moniteur réseau en cliquant avec le bouton droit de la souris sur l'icône **Microsoft Network Monitor 3.2** 

puis sur **Exécuter en tant qu'administrateur**.
- Dans la région **Select a Network**, cliquez dans la barre d'outils sur **P-Mode**. Vous pouvez également double cliquer sur la connexion réseau où il faut activer le mode promiscuité pour activer la case à cocher **P-Mode** de la boîte de dialogue qui apparaît.

4. Lancement en mode ligne de commandes

Vous pouvez utiliser la commande **nmcap.exe** pour capturer des trames. La commande est plus efficace et performante que son homologue graphique. Voici un exemple qui enregistre toutes les trames TCP de toutes les cartes réseaux dans un fichier. Pour arrêter la capture, appuyez sur [Ctrl]+C.

```
nmcap /network * /capture tcp /File c:\tcp.cap
```

K. Protocole SNMP

Le protocole SNMP (*Simple Network Management Protocol*) est un protocole de gestion utilisé pour surveiller des périphériques. Il est encore largement répandu et utilisé par différentes applications de surveillance dans des environnements gérés.

Conceptuellement, le périphérique surveillé, qui peut être un routeur physique, un switch, une imprimante réseau, un ordinateur, etc., s'appelle l'**agent SNMP** et il est en contact avec un ou plusieurs gestionnaires SNMP également appelés applications de console de gestion comme snmputil, MOM, SCOM, HP Openview, etc.

SNMP peut être utilisé pour :

- Configurer des périphériques distants à partir d'un système de gestion.
- Surveiller les performances du réseau à partir d'un système de gestion qui interroge régulièrement les périphériques.
- Détecter des erreurs réseau ou des accès inappropriés à partir des agents qui envoient des messages au système de gestion lorsqu'un événement spécifique intervient.
- Auditer l'utilisation du réseau.

Une base de données appelée **MIB** (*Management Information Database*) décrit les objets ou les informations gérées par l'agent. Cette base est hiérarchique et débute toujours par l'espace de nom 1.3.6.1.4.1.311 pour les ordinateurs Windows Server 2008. Puis chaque objet utilise un identificateur d'objet appelé OID (*Object Identifier*) pour garantir son unicité.

SNMP utilise le protocole UDP pour communiquer entre les agents et le système de gestion. Pour disposer de plusieurs systèmes de gestion et faciliter l'administration des agents, il faut créer des communautés, soit des groupes auxquels appartiennent les agents et les systèmes de gestion, afin que l'agent ne réponde qu'aux demandes des systèmes de gestion provenant des communautés auxquelles il appartient.

Les commandes utilisées sont simples. Le système de gestion utilise **Get-Request**, **Get-next-request**, **GetBulk-request** et **Set-Request** alors que l'agent répond aux demandes avec **Get-Response** ou envoie des messages aux systèmes de gestion en utilisant **Trap**.

1. Installation du protocole SNMP

Le protocole SNMP est une fonctionnalité. Dans Windows Server 2008, il est possible d'installer l'agent SNMP, ainsi qu'une interface de programmation sous WMI afin d'automatiser certaines recherches dans des scripts par exemple.

→ Connectez-vous en tant qu'administrateur.

→ Cliquez sur **Démarrer - Outils d'administration** et **Gestionnaire de serveur**.

- Dans le volet de gauche, cliquez sur **Fonctionnalités**.
- Sur la page principale **Fonctionnalités**, cliquez sur **Ajouter des fonctionnalités**.
- Sélectionnez **Services SNMP**. Éventuellement, désélectionnez **Fournisseur WMI SNMP** si vous ne désirez pas permettre l'envoi d'interruptions SNMP en tant qu'événements WMI. Ensuite cliquez sur **Suivant**.
- Sur la page de **Confirmation**, contrôlez les éléments qui seront installés avant de cliquer sur **Installer**.
- Attendez la fin de l'installation pour contrôler que la fonctionnalité est correctement installée.
- Avant le Service Pack 1 de Windows Server 2008, un bug initialise incorrectement le service SNMP. Vous pouvez le vérifier en ouvrant le journal Application de l'observateur d'événements qui fait apparaître les événements d'erreurs ou d'avertissements suivants. Il est nécessaire de télécharger et d'appliquer le correctif **950923**.

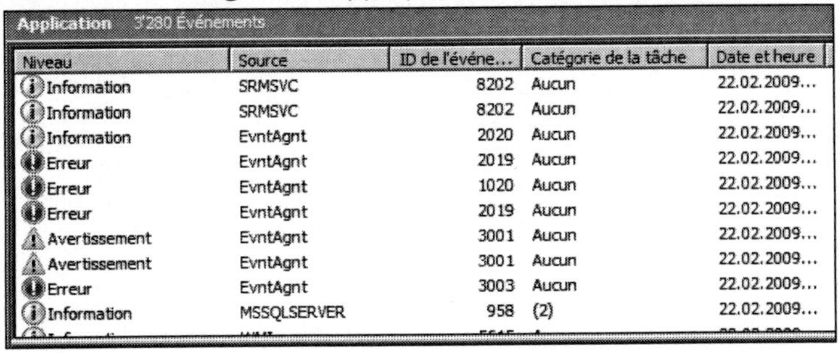
Application 3280 Événements

Niveau	Source	ID de l'événe...	Catégorie de la tâche	Date et heure
Information	SRMSVC	8202	Aucun	22.02.2009...
Information	SRMSVC	8202	Aucun	22.02.2009...
Information	EvntAgnt	2020	Aucun	22.02.2009...
Erreur	EvntAgnt	2019	Aucun	22.02.2009...
Erreur	EvntAgnt	1020	Aucun	22.02.2009...
Erreur	EvntAgnt	2019	Aucun	22.02.2009...
Avertissement	EvntAgnt	3001	Aucun	22.02.2009...
Avertissement	EvntAgnt	3001	Aucun	22.02.2009...
Erreur	EvntAgnt	3003	Aucun	22.02.2009...
Information	MSSQLSERVER	958	(2)	22.02.2009...

Sur un Server Core, il n'est possible que d'installer le service SNMP, l'administration s'effectue à distance via la commande services.msc.

2. Configuration de l'agent SNMP

La configuration de l'agent SNMP utilise des onglets supplémentaires attachés à l'application services.msc.

- Connectez-vous en tant qu'administrateur.
- Cliquez sur **Démarrer - Outils d'administration** et **Services**.
- Dans la liste des services, cliquez avec le bouton droit de la souris sur **Propriétés** de **Services SNMP**.
- Sélectionnez l'onglet **Agent** pour définir le contact soit le nom de l'administrateur, l'emplacement physique ainsi que les informations sur les services que gère l'hôte SNMP.

  Physique indique que l'ordinateur gère des périphériques physiques comme un disque dur. **Applications** pour des applications TCP/IP tournant sur l'ordinateur. **Liaison de données et sous-réseau** si l'ordinateur est utilisé comme pont réseau. **Internet** pour indiquer qu'il s'agit d'un routeur et **Bout en bout** pour indiquer qu'il s'agit d'un hôte IP.
- Sélectionnez l'onglet **Interruptions** pour définir les communautés auxquelles appartient l'hôte. Par défaut il appartient à la communauté **public**. Pour chaque communauté, vous pouvez définir le ou les systèmes de gestion qui vont recevoir les interruptions (messages Trap) provenant de l'agent.

→ Sélectionnez l'onglet **Sécurité** pour définir si l'agent doit répondre à toutes les demandes. Il est d'usage de garantir un minimum de sécurité afin de ne répondre qu'aux messages des communautés nommées explicitement et d'y ajouter les droits correspondants. Vous pouvez également restreindre les demandes à certains hôtes.

Les droits sont **Aucun** pour ne pas répondre, **Notifier** pour envoyer des interruptions, **Lecture seule** pour répondre à des demandes d'objets, **Lecture Ecriture** comme Lecture seule mais permettant également de modifier le contenu de l'objet et **Lecture Création** comme Lecture Ecriture mais également permettant de créer de nouveaux objets.

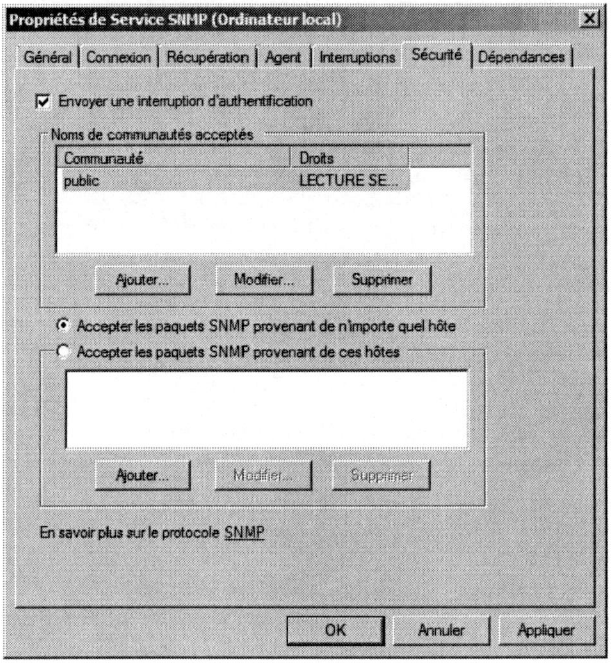

L. Gestionnaire de ressources système Windows

1. Introduction

Le gestionnaire de ressources Système Windows WSRM *(Windows System Resource Manager)* est un outil apparu avec Windows Server 2003 permettant d'allouer et contrôler les ressources suivantes des processus, des applications et des services :

- La quantité de mémoire RAM utilisable.
- Le pourcentage d'utilisation du processeur.
- L'affinité vers un processeur si le système en a plusieurs.

WSRM évite que des applications gourmandes en ressources processeur et/ou en mémoire ne les monopolisent au détriment d'autres applications. De ce fait, il garantit un niveau minimum de ressources pour les applications ce qui améliore l'expérience des utilisateurs lors de l'utilisation d'applications serveurs ainsi que la prédiction sur le comportement et la consistance des performances d'une application.

Le concept est simple, dès qu'une stratégie est active, si le processus, l'application ou le service dépasse le niveau de ressources permis, WSRM lui limite l'accès aux ressources selon les valeurs maximales définies.

Comme les besoins en ressources peuvent changer au cours de la journée en fonction de l'utilisation des applications, il semble utile de pouvoir adapter la stratégie. Pour cela, il faut utiliser le calendrier et y planifier des stratégies différentes qui s'exécuteront selon l'horaire.

WSRM permet également l'enregistrement d'informations pour créer des statistiques ou pour facturer l'utilisation des ressources par utilisateur ou par processus par exemple.

Par défaut 100 % d'utilisation du processeur dans WSRM correspond à 70 % d'utilisation réelle du processeur afin que les processus exclus puissent s'exécuter.

WSRM peut être utilisé dans les scénarios suivants :

- La **consolidation d'applications**, c'est-à-dire lorsque plusieurs applications s'exécutent sur le même serveur. Il peut s'agir d'applications différentes comme par exemple l'exécution d'une application de messagerie et d'une application base de données ou d'applications identiques comme par exemple l'exécution d'instances de SQL Server.
- **L'optimisation de l'utilisation des serveurs**, c'est-à-dire augmenter la charge des serveurs en consolidant les applications. Il arrive fréquemment que la charge d'un serveur disposant d'une application unique soit faible. Dès lors, il peut être intéressant de placer cette application sur un autre serveur.
- **Surveillance (Monitoring) des SLA** définis pour les applications, permet de garantir un certain niveau de services pour que les temps de réponses restent acceptables.
- **La comptabilité des ressources** utilisées pour la refacturation par exemple, ou l'usage statistique.
- L'**exécution d'instances d'IIS** *(Internet Information Server)* permet de garantir un niveau de service par instance.
- La **gestion des utilisateurs Terminal Server** permet de garantir un niveau de service par utilisateur.
- La **gestion d'instances SQL Server**. Selon Microsoft, il ne faut pas gérer les processeurs en utilisant WSRM mais directement par l'outil intégré de SQL Server. Néanmoins, il existe des scénarios où l'utilisation conjointe de l'outil intégré et WSRM permet d'améliorer les performances.

2. Installation de la fonctionnalité Gestionnaire de ressources système Windows

→ Connectez-vous en tant qu'administrateur.

→ Sur le Bureau, cliquez sur **Démarrer - Outils d'administration** puis **Gestionnaire de Serveur**.

→ Dans l'arborescence de la console, cliquez sur **Fonctionnalités**.

→ Sur la fenêtre principale, cliquez sur **Ajouter des fonctionnalités**.

→ Dans la liste des fonctionnalités, sélectionnez **Gestionnaire de ressources Système Windows**, puis cliquez sur **Suivant**.

Si la boîte de dialogue **Assistant Ajout de fonctionnalités** apparaît pour requérir l'installation de la base de données interne Windows, cliquez sur **Ajouter les fonctionnalités requises**.

- Sur la page **Confirmation**, vérifiez votre sélection puis cliquez sur **Installer**.
- Sur la page **Résultats**, vérifiez que la fonctionnalité s'est bien installée.

3. Gestion de ressources système Windows

- Connectez-vous en tant qu'administrateur sur le serveur Windows Server 2008.
- Sur le Bureau, cliquez sur **Démarrer - Outils d'administration** puis **Gestionnaire de ressources système Windows**.

La figure suivante apparaît.

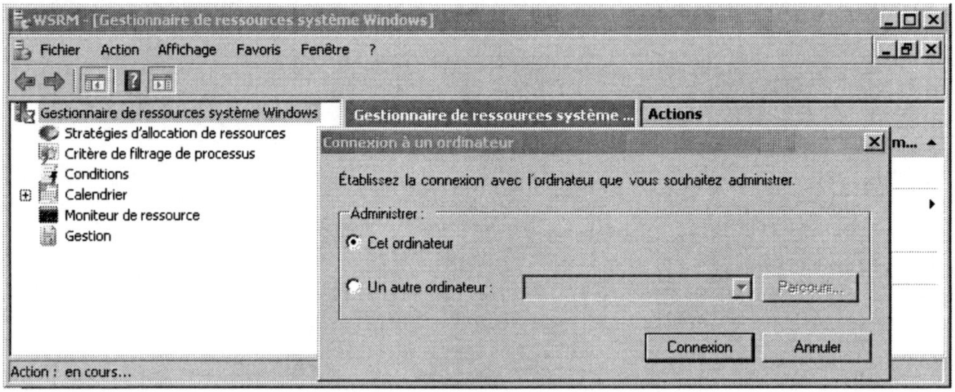

- Vérifiez que l'option **Cet ordinateur** est sélectionnée avant de cliquer sur **Connexion**. La console permet de se connecter sur d'autres ordinateurs.

Par défaut, la stratégie **Equal Per Process** est active, cela signifie que tous les processus sauf ceux qui sont exclus se partagent de manière égale les ressources du processeur.

4. Gestion de l'environnement WSRM

a. Importer ou exporter des informations WSRM

Vous pouvez importer ou exporter des informations de configuration incluant les critères de filtrage, de processus, des stratégies d'allocation de ressources, des événements des planifications du calendrier et des stratégies conditionnelles entre les différents serveurs disposant de la fonctionnalité **Gestionnaire de ressources système**. Les fichiers créés ou à importer sont :

- **Allocationpol.xml** qui contient des informations sur les stratégies d'allocation de ressources.
- **Calendar.xml** qui contient des informations sur les événements et les planifications de calendrier.
- **ConditionalPolicy.xml** qui contient des informations sur les stratégies conditionnelles.

- **Selectionpol.xml** qui contient des informations sur les critères de filtrage de processus.

→) Connectez-vous en tant qu'administrateur sur le serveur Windows Server 2008.

→) Sur le Bureau, cliquez sur **Démarrer - Outils d'administration** puis **Gestionnaire de ressources Système Windows**.

→) Cliquez avec le bouton droit de la souris sur le nœud **Gestionnaire de ressources système Windows** puis cliquez sur **Exportez les informations de WSRM** ou **Importez les informations de WSRM**. La procédure est identique. Veuillez noter que l'importation remplace tous les paramètres actuels du gestionnaire WSRM.

→) Dans la boîte de dialogue **Exportation des informations de WSRM**, sélectionnez un emplacement pour les fichiers d'exportation avant de cliquer sur **OK**. L'exportation est terminée.

→) Dans la boîte de dialogue **Importation des informations de WSRM**, sélectionnez un emplacement pour les fichiers d'exportation avant de cliquer sur **OK**.

→) Dans la boîte de dialogue **Avertissement** qui vous informe si vous voulez importer les informations et remplacer celles existantes, cliquez sur **Oui**. L'importation est terminée.

b. La boîte de dialogue Propriétés

Suivez la procédure suivante.

→) Connectez-vous en tant qu'administrateur sur le serveur Windows Server 2008.

→) Sur le Bureau, cliquez sur **Démarrer - Outils d'administration** puis **Gestionnaire de ressources système Windows**.

→) Cliquez avec le bouton droit de la souris sur le nœud **Gestionnaire de ressources système Windows** puis cliquez sur **Propriétés**. Vous pouvez également cliquer sur la zone de détail.

L'onglet Administration

Sous cet onglet vous pouvez :

- Gérer WSRM en changeant la valeur de la liste **WSRM - Etat de l'administration** de **En cours d'exécution** à **Arrêté**. Vous pouvez également utiliser l'action **Arrêter l'administration du Gestionnaire de ressources système Windows**.
- Gérer le calendrier en changeant la valeur de la liste de **Activé** à **Désactivé**.
- Gérer le **type d'administration** en changeant la valeur de la liste de **Géré** à **Profil**.
- Gérer la **Stratégie d'allocation de ressources actuelle** en changeant la valeur de la liste d'**Equal_Per_Process** à une autre stratégie.
- Gérer la **Stratégie par défaut du calendrier** en changeant la valeur de la liste d'**Equal_Per_Process** à une autre stratégie.

L'onglet Liste d'exclusion

Sous cet onglet, vous pouvez indiquer quels processus ne doivent pas être administrés par WSRM. Il existe une liste de processus contrôlés par le système qui ne peut ni être modifiée ni gérée. Pour la liste utilisateur, il est possible d'ajouter de nouveaux processus (exe ou com) à la liste. Vous pouvez également rétablir la liste par défaut.

L'onglet Notification

Sous cet onglet, vous disposez d'une solution pour envoyer des messages électroniques de notification lorsqu'un événement survient.

c. Réinitialisation du serveur WSRM

Vous pouvez réinitialiser un serveur WSRM en procédant de la manière suivante.

- Connectez-vous en tant qu'administrateur sur le serveur Windows Server 2008.
- Sur le Bureau, cliquez sur **Démarrer - Outils d'administration** puis **Gestionnaire de ressources système Windows.**
- Cliquez avec le bouton droit de la souris sur le nœud **Gestionnaire de ressources système Windows** puis cliquez sur Réinitialiser les informations WSRM soit **A partir d'une sauvegarde** soit **Par défaut**.

5. Création d'un critère de filtrage de processus

Par défaut, il existe deux critères de filtrage de processus. Vous pouvez en créer d'autres en utilisant la procédure suivante.

- Connectez-vous en tant qu'administrateur sur le serveur Windows Server 2008.
- Sur le Bureau, cliquez sur **Démarrer - Outils d'administration** puis **Gestionnaire de ressources Système Windows**.
- Cliquez avec le bouton droit de la souris sur le nœud **Critère de filtrage de processus** puis cliquez sur **Nouveaux critères de filtrage de processus**.

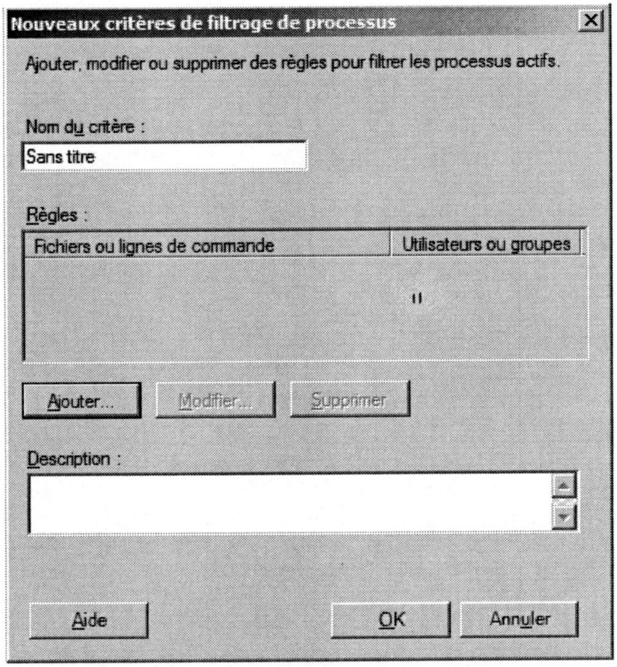

→ Tapez un nom explicite pour le **Nom du critère**. Cliquez sur **Ajouter**.

→ Dans la boîte de dialogue **Ajouter une règle**, vous pouvez créer une ou plusieurs règles basées sur des fichiers ou lignes de commandes et/ou des utilisateurs ou groupes. Dans tous les cas, vous pouvez ajouter une liste d'éléments à inclure et à exclure.

Onglet Fichiers ou ligne de commande

Vous pouvez créer votre règle en vous basant soit :

- sur un **service inscrit** correspond à un sous-ensemble de la liste des services.
- un **processus actif** correspond à un processus en cours d'exécution et ne fait pas partie de la liste des exclusions.
- une **application** correspond à une application exe ou com dont il faut indiquer le chemin d'accès.
- un **pool d'application IIS** correspond à sélectionner un pool applicatif IIS.

Onglet Utilisateurs ou groupe

Vous pouvez créer votre règle en utilisant des utilisateurs, des groupes et des entités de sécurité intégrées. Les noms entrés sont contrôlés, ils doivent donc exister.

Enfin cliquez sur **OK** pour fermer la boîte de dialogue **Ajouter une règle**.

→ Éventuellement, tapez une description du critère de filtrage avant de cliquer sur **OK**.

Pour modifier un critère de filtrage de processus, passez par **propriétés** du nom de critère dans l'arborescence du volet de gauche, passez par l'action **modifier** si vous utilisez la zone de détail.

Pour supprimer un critère de filtrage de processus, passez par **Supprimer** du nom de critère dans l'arborescence du volet de gauche ou simplement appuyez sur la touche [Suppr].

6. Création d'une stratégie d'allocation de ressources

Par défaut, il existe quatre stratégies d'allocation de ressources et deux critères. Vous pouvez en créer d'autres en utilisant la procédure suivante.

- Connectez-vous en tant qu'administrateur sur le serveur Windows Server 2008.
- Sur le Bureau, cliquez sur **Démarrer - Outils d'administration** puis **Gestionnaire de ressources système Windows**.
- Cliquez avec le bouton droit de la souris sur le nœud **Stratégies d'allocation de ressources** puis cliquez sur **Nouvelle stratégie d'allocation de ressources**.

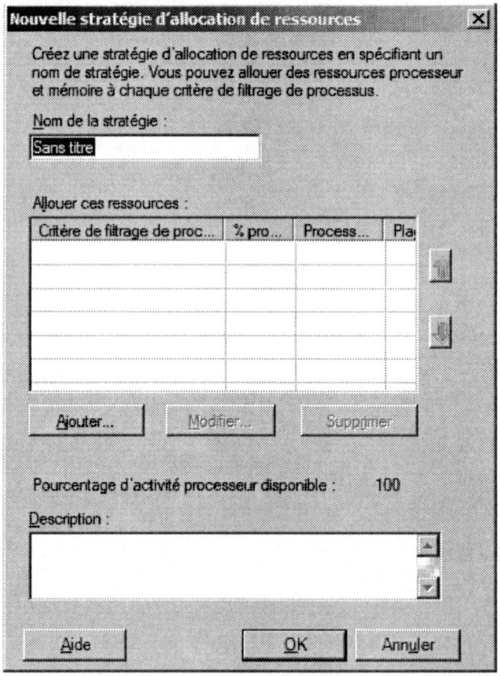

- Tapez un nom explicite pour le **Nom de la stratégie**. Cliquez sur **Ajouter**.
- Dans la boîte de dialogue **Ajouter ou modifier une allocation de ressources**.

Sous l'onglet **Général**, sélectionnez dans la liste **le critère de filtrage de processus relatif à cette stratégie**. Veuillez noter que vous pouvez en créer un nouveau. Indiquez également le **pourcentage de 0 à 99 % d'activité processeur alloué à cette ressource**.

Sous l'onglet **Mémoire**, il est possible de limiter la quantité de mémoire maximale allouée à chaque processus et indiquer si le processus s'arrête ou s'il faut enregistrer un événement lorsque la valeur de la mémoire maximum est atteinte. La limite indiquée est par processus et non pour l'ensemble des processus.

Sous l'onglet **Avancé**, vous pouvez spécifier une affinité de la règle avec les processeurs du système d'exploitation ainsi que de sous allouer des ressources, en d'autres termes vous créez ici une stratégie d'utilisation des ressources puis vous l'appliquez à des critères de filtrage de ressources spécifiques. Cela permet de définir des scénarios complexes incluant un système hiérarchique pour l'allocation des ressources.

Ensuite, cliquez sur **OK**. Recommencez l'étape pour ajouter d'autres critères de filtrage.

Cliquez sur **OK** pour fermer la boîte de dialogue **Nouvelle stratégie d'allocation de ressources**. La stratégie est créée.

7. Activer le calendrier

Si le calendrier est désactivé, vous pouvez l'activer de la manière suivante.

→ Connectez-vous en tant qu'administrateur sur le serveur Windows Server 2008.

→ Sur le **Bureau**, cliquez sur **Démarrer - Outils d'administration** puis **Gestionnaire de ressources système Windows**.

→ Cliquez avec le bouton droit de la souris sur le nœud **Calendrier {désactivé}** puis cliquez sur **Activer**. Le statut doit avoir changé à **{Activé}**. Vous pouvez utiliser la même procédure pour désactiver le calendrier.

8. Ajouter un événement de calendrier

La procédure suivante montre comment créer une planification puis l'associer à un événement de calendrier. Une planification a l'avantage d'être réutilisable, elle fait partie des bonnes pratiques pour l'utilisation du calendrier.

→ Connectez-vous en tant qu'administrateur sur le serveur Windows Server 2008.

→ Sur le **Bureau**, cliquez sur **Démarrer - Outils d'administration** puis **Gestionnaire de ressources système Windows**.

→ Cliquez avec le bouton droit de la souris sur **Planification** sous le nœud **Calendrier {Activé}** puis cliquez sur **Nouvelle planification**. La fenêtre de planification s'ouvre.

→ Tapez un nom explicite pour le **Nom de la planification** ainsi qu'une éventuelle description.

- Cliquez avec le bouton droit de la souris dans la zone de planification (elle est en jaune), puis cliquez sur **Ajouter un élément de planification**.
- Dans la boîte de dialogue **Ajouter un élément de planification**, sélectionnez dans la liste **Stratégie**, la stratégie que vous voulez appliquer. Ensuite, sélectionnez une heure de début ainsi qu'une heure de fin. Pour terminer, cliquez sur **OK**. Recommencez l'étape si vous voulez ajouter d'autres éléments.
- Cliquez avec le bouton droit de la souris sur **Nouvel événement répété** (ici) ou sur **Nouvel événement unique**.
- Dans la boîte de dialogue **Nouvel événement de calendrier répété**, tapez un nom explicite pour le nom de l'événement ainsi qu'une éventuelle description. Dans la zone **Associations d'événements**, sélectionnez l'option **Nom de la planification** puis la planification à partir de la liste déroulante.

  Dans la zone de périodicité, vous pouvez choisir :

  - **Tous les jours** dont la granularité de la répétition est la journée.
  - **Toutes les semaines** dont la granularité de la répétition est le jour de la semaine.
  - **Tous les mois** dont la granularité de la répétition est un jour précis durant le mois.
  - **Tous les ans** dont la granularité de la répétition est un jour précis durant l'année.

  Dans la zone **Plage de périodicité**, vous pouvez indiquer la date de démarrage ainsi qu'une éventuelle date de fin.

  Enfin cliquez sur **OK**. L'événement est planifié et actif.

Il faut savoir qu'à un moment donné, il ne peut y avoir qu'un événement de calendrier actif. S'il est nécessaire de disposer d'une planification complexe, il faut créer plusieurs planifications dont les périodicités ne se chevauchent pas.

9. Activer la gestion

La gestion est désactivée par défaut. Basée sur les journaux, elle permet d'établir des informations comptables sur l'utilisation des ressources en créant des rapports.

- Connectez-vous en tant qu'administrateur sur le serveur Windows Server 2008.
- Sur le Bureau, cliquez sur **Démarrer - Outils d'administration** puis **Gestionnaire de ressources système Windows**.
- Cliquez avec le bouton droit de la souris sur le nœud **Gestion {désactivé}** puis cliquez sur **Activer**. Le statut doit avoir changé à **{Activé}**. Vous pouvez utiliser la même procédure pour désactiver la gestion.
- Il faut s'assurer que la journalisation est activée. Cliquez avec le bouton droit de la souris sur le nœud **Gestionnaire de ressources système Windows** puis cliquez sur **Propriétés**.
- Cliquez sur l'onglet **Gestion**.
- Vérifiez que la case à cocher **Activer la journalisation des informations de gestion des tâches** est cochée.

→ Vous pouvez spécifier l'intervalle d'enregistrement des données, 10 mn étant la valeur par défaut et 2 mn la valeur minimale.

10. Gestion de la base de données de gestion

La base de données de gestion enregistre les informations selon l'intervalle d'enregistrement défini jusqu'à ce qu'il n'y a plus d'espace disque disponible, il est dès lors important d'archiver ces informations et supprimer le contenu devenu inutile. Cette procédure est manuelle et il faut la faire régulièrement.

→ Connectez-vous en tant qu'administrateur sur le serveur Windows Server 2008.

→ Sur le Bureau, cliquez sur **Démarrer - Outils d'administration** puis **Gestionnaire de ressources système Windows**.

→ Cliquez avec le bouton droit de la souris sur le nœud **Gestion {Activé}** puis cliquez sur **Archiver ou supprimer les informations**.

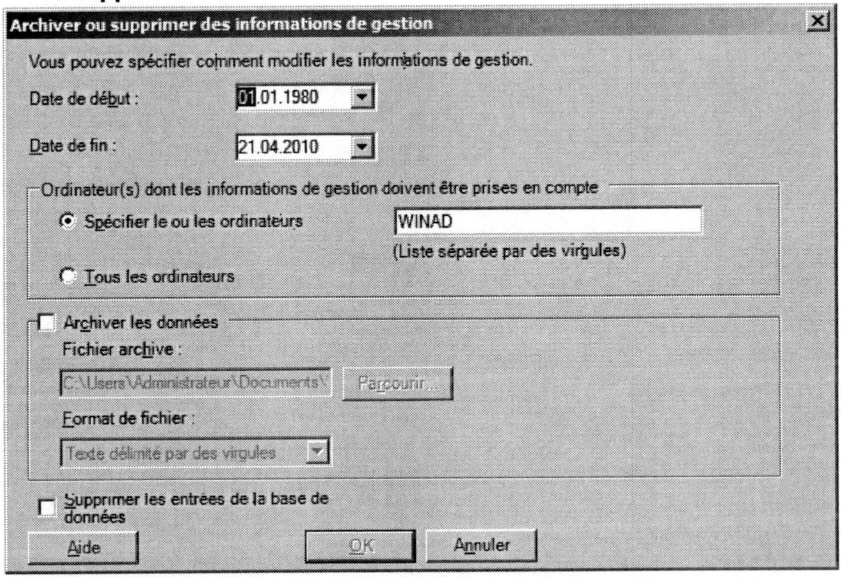

→ La boîte de dialogue **Archiver ou supprimer des informations de gestion** s'ouvre. Pour archiver les données dans un fichier, vous devez indiquer la date de début et la date de fin des enregistrements, spécifier l'ordinateur ou les ordinateurs dont les informations doivent être archivées, activer la case à cocher **Archiver les données**, et donner un nom au fichier d'archive ainsi qu'un format pour les données qui peut être du texte, du texte unicode utilisant des virgules ou des tabulateurs comme séparateur, vous pouvez aussi utiliser un format unicode, ASCII, EBCDIC, EMF. Si vous activez la case **Supprimer les entrées de la base de données**, cela ne réduit pas la taille de la base de données. Enfin cliquez sur **OK**.

Il est recommandé de sauvegarder régulièrement la base de données de gestion, par défaut, elle se trouve dans **%windir%\system32\windows System Resources Manager\DB**. Les fichiers sont **wsrmdat.mdf** et **wsrm.ldf**.

Pour réduire la taille de la base de données par défaut, tapez la commande suivante :

%windir%\system32\windows System Resources Manager\DB\shrinkdb.cmd WSRM np:\\.\pipe\MSSQL$MICROSOFT##SSEE\sql\query

Si plusieurs serveurs WSRM existent dans le réseau, il est possible de rediriger les données de gestion vers un serveur spécifique. La procédure suivante permet de déplacer le contenu de la base de données vers un autre serveur SQL ou vers un autre serveur WSRM.

- Connectez-vous en tant qu'administrateur sur le serveur Windows Server 2008.
- Sur le Bureau, cliquez sur **Démarrer - Outils d'administration** puis **Gestionnaire de ressources système Windows**.
- Cliquez avec le bouton droit de la souris sur le nœud **Gestion {Activé}** puis cliquez sur **Définir le serveur de base de données.**

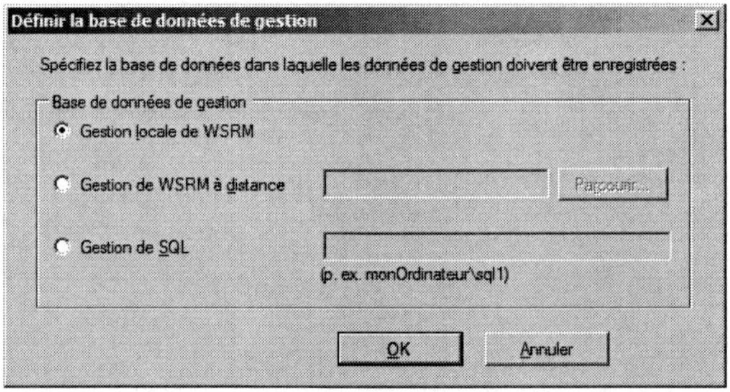

- Dans la boîte de dialogue **Définir la base de données de gestion**, vous pouvez choisir :
  - **Gestion locale de WSRM**, qui utilise la base de données interne de Windows ou un serveur SQL local, c'est la configuration par défaut.
  - **Gestion de WSRM à distance**, pour rediriger les données de gestion vers un autre serveur WSRM. Il faut dans ce cas autoriser l'ordinateur local à enregistrer les données sur le serveur WSRM distant comme le montre la procédure suivante.
  - **Gestion de SQL**, pour rediriger les données de gestion vers un serveur SQL distant.

La procédure suivante autorise un client distant à enregistrer les données de gestion dans la base de données locale.

- Connectez-vous en tant qu'administrateur sur le serveur Windows Server 2008 qui contient WSRM et sur lequel vous voulez enregistrer les données de gestion.
- Sur le Bureau, cliquez sur **Démarrer - Outils d'administration** puis **Gestionnaire de ressources système Windows**.
- Cliquez avec le bouton droit de la souris sur le nœud **Gestion {Activé}** puis cliquez sur **Définir les clients de gestion**.

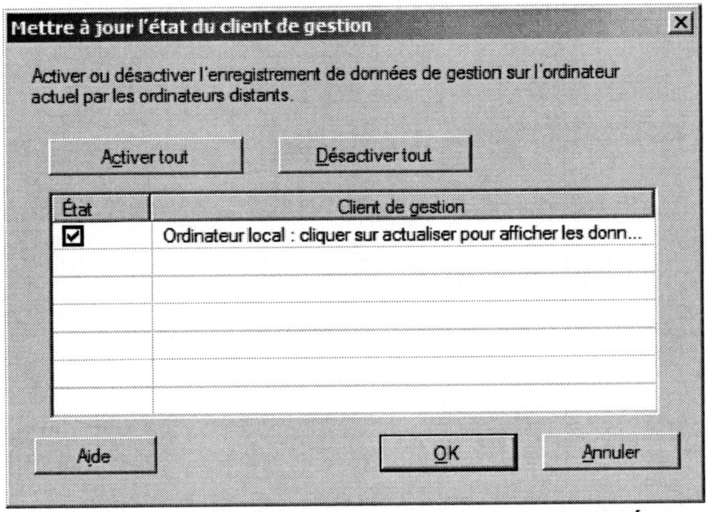

- Pour chaque client de gestion, cochez ou décochez la case de l'**État** pour autoriser ou interdire l'ordinateur à enregistrer localement les données de gestion.

11. Afficher des données de gestion

Pour afficher des données de gestion, il faut filtrer les données pour les présenter. Le système prévoit de filtrer les données puis d'enregistrer les paramètres sous le nom de vue qui vous permet de la réutiliser à un autre moment. Il s'agit bien des paramètres qui sont enregistrés et non les données.

La procédure suivante montre comment créer un filtre.

- Connectez-vous en tant qu'administrateur sur le serveur Windows Server 2008 qui contient WSRM et sur lequel vous voulez enregistrer les données de gestion.
- Sur le Bureau, cliquez sur **Démarrer - Outils d'administration** puis **Gestionnaire de ressources Système Windows**.
- Cliquez avec le bouton droit de la souris sur le nœud **Gestion {Activé}** puis cliquez sur **Affichage du filtre**.

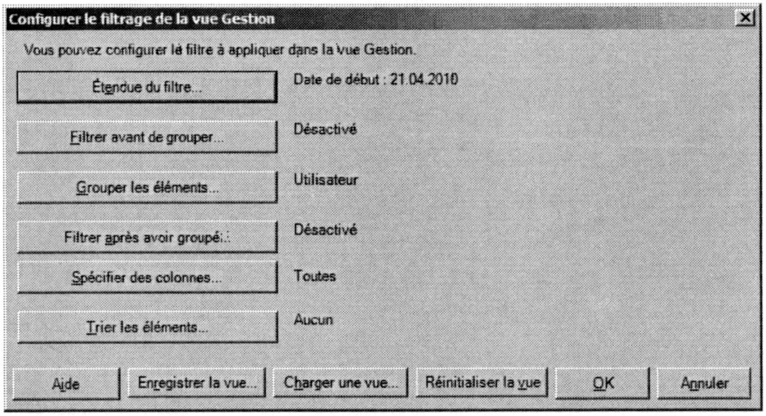

- Cliquez sur **Étendue du filtre** pour définir l'étendue temporelle du filtre. Vous pouvez indiquer une date de début et une date de fin. En fonction de l'étendue temporelle recherchée, vous pouvez désactiver l'une ou l'autre des dates. Il est également possible de prendre toutes les données de la base en désélectionnant les dates.
- Cliquez sur **Filtrer avant de grouper** pour créer un filtre permettant de réduire le nombre d'enregistrement recherché à ceux définis dans le filtre. Le filtre utilise la notion de critère qui correspond à un élément de recherche (nom des colonnes du journal, suivi d'une condition et d'une valeur). Il est possible d'ajouter plusieurs critères et de définir si les critères s'associent de manière stricte, condition logique **ET** ou s'associe, condition logique **OU**.

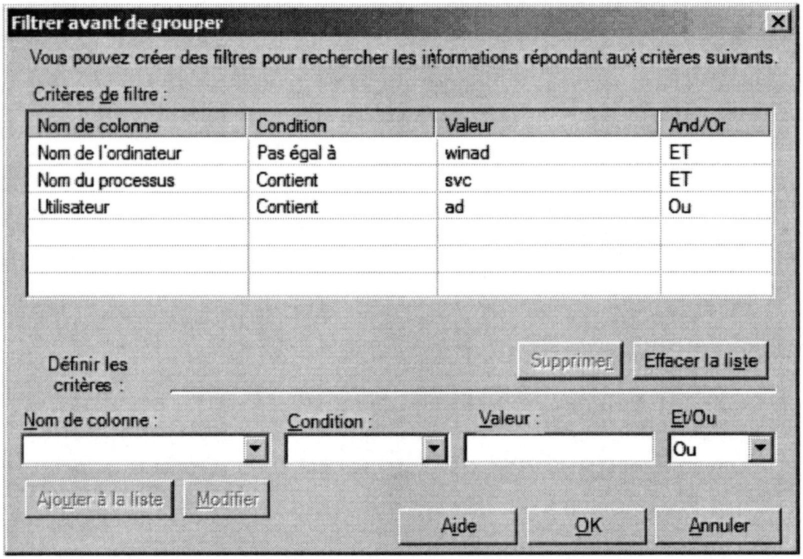

- Cliquez sur **Grouper les éléments** pour définir cinq niveaux de regroupement. Les valeurs de regroupement sont : Aucun (par défaut), Nom de processus, Domaine, Utilisateur, Nom de la stratégie, Critère de filtrage de processus, Chemin d'accès de programme, Ligne de commande.

→ Cliquez sur **Filtrer après avoir regroupé**, permet de filtrer les éléments mais cette fois-ci après avoir été regroupé. Par exemple, si vous recherchez tous les processus dont le **Temps processeur total** dépasse une certaine valeur, vous ne pouvez pas utiliser ce filtre sur **Filtrer avant de grouper** car, vous voulez filtrer sur un total, c'est-à-dire après avoir agrégé vos données. Il faut donc créer ce filtre ici.

→ Cliquez sur **Spécifier des colonnes** pour indiquer celles que vous voulez afficher ainsi que l'ordre d'apparition. Par défaut les 24 colonnes sont affichées.

→ Cliquez sur **Trier les éléments** pour définir si les données affichées sont triées selon un ordre précis. Il y a quatre niveaux de tris possibles.

→ Cliquez sur **Enregistrer la vue** pour la sauvegarder et la réutiliser plus tard. Elle s'enregistre dans un fichier dont l'extension est view. Il faut penser à les sauvegarder.

→ Enfin, cliquez sur **OK** pour afficher le contenu de votre filtre.

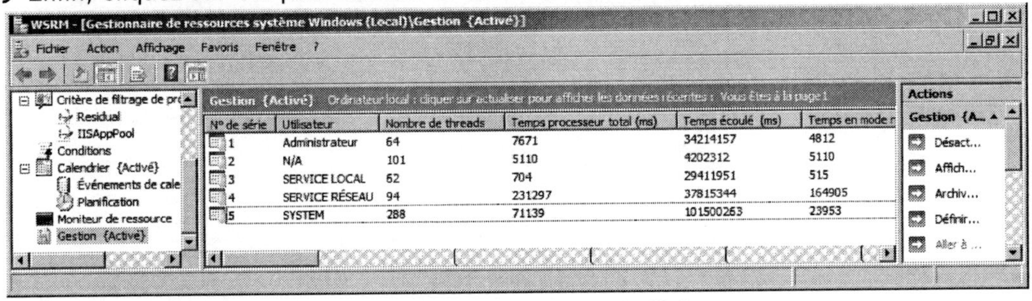

Charger une vue permet de sélectionner une vue pour l'affichage.

Réinitialiser la vue efface tous les éléments du filtre courant.

M. Meilleures pratiques

Parmi les meilleures pratiques, il est recommandé :

- De créer une ligne de base du serveur avec ses applications.
- Basé sur les lignes de base, planifiez des limites à ne pas dépasser et prévoyez les mises à jour.
- De placer des alertes qui notifie l'administrateur, qui démarre automatiquement des journaux de performance.
- Remettez en questions les valeurs proposées des compteurs pour les adpater à vos systèmes.
- D'utiliser un système de surveillance (monitoring) efficace, simple et demandant peu d'administration.
- Utilisez des SLAs pour définir des performances acceptables.
- WSRM consomme des ressources et devrait être utilisé uniquement si vous devez garantir un certain niveau de services ou créer des statistiques d'utilisation.
- WSRM et IIS sont parfaitement intégrés pour gérer les applications.
- WSRM et Terminal Services sont parfaitement intégrés pour gérer les utilisateurs.

- La gestion de la mémoire peut être délicate avec WSRM.
- Créez une SLA définissant les besoins des applications avant de créer une stratégie WSRM.

N. Résumé du chapitre

Dans ce chapitre, vous avez appris quels sont les éléments matériels importants qui peuvent causer des goulets d'étranglement et qu'il faut analyser en priorité lorsque vous avez des problèmes de performances.

Pour y arriver, vous avez appris à utiliser les outils que sont le Gestionnaire des tâches et le Moniteur de fiabilité et de performances.

Dans ce chapitre, WSRM vous a été présenté ainsi que les procédures permettant de créer des stratégies pour limiter l'accès aux ressources, processeur, mémoire et affinité de processeur. Dans le but de créer des scénarios complexes pour la gestion des ressources, l'utilisation du calendrier a été montrée. Enfin pour créer des statistiques, l'outil Gestion a été présenté.

Chapitre 17 : Outils de gestion et de dépannage

A. Présentation

1. Pré-requis matériel et configuration de l'environnement

Pour effectuer toutes les mises en pratique de ce chapitre, vous allez utiliser les machines virtuelles suivantes :

WinAD Win1 Core1

Pour la création des machines virtuelles, veuillez vous référer au chapitre Création du bac à sable.

N'oubliez pas de réinitialiser les machines virtuelles entre les mises en pratique de chaque chapitre avant de les configurer pour l'environnement.

Placez les scripts correspondants sur le bureau de chaque machine.

- Sur **WinAD**, lancez le script **WinAD.bat** en relation avec **WMydomEni.txt** puis attendez que l'ordinateur ait redémarré avant de lancer les scripts suivants.
- Sur **Win1**, lancez le script **Win1.bat**.
- Sur **Core1**, placez le script **Core1.bat** sur c:\ puis lancez-le.

Après l'exécution des scripts, toutes les machines virtuelles sont dans le domaine **Mydom.eni**.

2. Objectifs

Ce chapitre est consacré aux outils de dépannage et de configuration, vous verrez également le processus de démarrage de Windows Server 2008 et les outils qui permettent de modifier les options de démarrage.

Enfin, quelques outils supplémentaires utilisés pour configurer et gérer Windows Server 2008 sont également introduits.

B. Le Panneau de configuration

Win1 WinAD

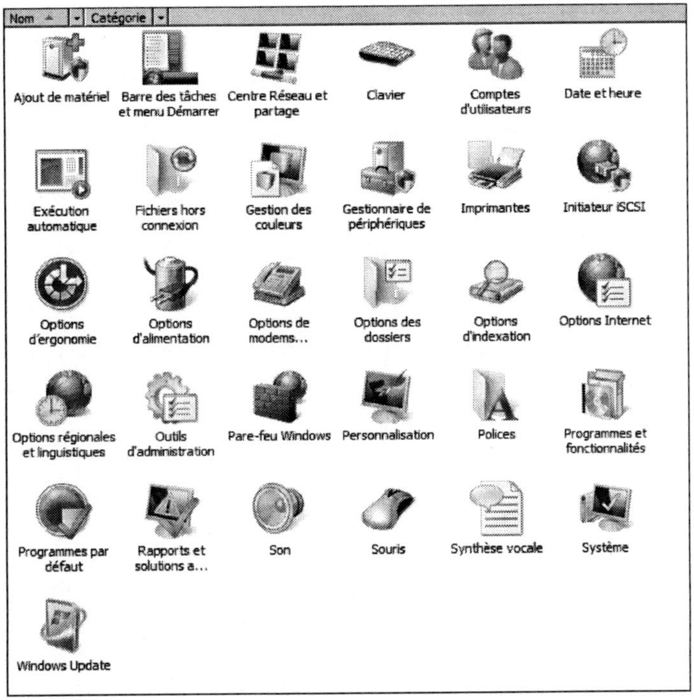

Dans le Panneau de configuration, vous pouvez configurer un nombre important de paramètres pour la configuration de Windows. Certaines applications créent leur propre application de configuration et la placent également dans le Panneau de configuration.

Sur un Server Core, il n'existe pas d'équivalent au panneau de configuration.

Il faut utiliser la commande **control** suivie du nom de l'applet pour le démarrer dans une invite de commande comme par exemple **control ncpa.cpl**. Référez-vous à la KB 313808 pour connaître le nom des applets.

La liste suivante donne une description des différentes catégories de paramètres du Panneau de configuration.

Ajout de matériel : permet d'ajouter un matériel. Ce paramètre est important.

Barre des tâches et menu Démarrer : permet de gérer la barre des tâches et le menu **Démarrer**. Ce paramètre est moyennement important.

Centre Réseau et partage : permet de gérer l'accès aux réseaux. Ce paramètre est important.

Clavier : permet de gérer le clavier. Ce paramètre est peu important.

Comptes d'utilisateurs : permet de gérer les utilisateurs locaux ainsi que l'activation du contrôle des comptes d'utilisateurs (UAC). Les utilisateurs locaux doivent être une exception dans un domaine. Ce paramètre est moyennement important. L'UAC doit être géré via les stratégies de groupe.

Date et heure : permet de gérer la date, l'heure et le fuseau horaire. La date et l'heure devraient se synchroniser par rapport à un serveur de temps. Ce paramètre est important.

Exécution automatique : permet de gérer le démarrage automatique de logiciels provenant de médias amovibles. Ce paramètre est peu important.

Fichiers hors connexion : permet de gérer la partie cliente des fichiers hors connexion. Ce paramètre est peu important.

Gestion des couleurs : permet de créer des profils de couleur. Ce paramètre est peu important.

Gestionnaire de périphériques : permet de gérer des périphériques et les pilotes de ces derniers. Ce paramètre est important.

Imprimantes : permet de gérer localement des imprimantes. Ce paramètre est important.

Initiateur iSCSI: permet de configurer l'initiateur iSCSI. Ce paramètre est important.

Options d'ergonomie : permet d'activer des paramètres qui peuvent aider certains utilisateurs. Ce paramètre est important.

Options d'alimentation : permet de définir un mode de gestion de l'alimentation. Ce paramètre est moyennement important.

Options de modems : permet de définir les options des modems. Ce paramètre est moyennement important.

Options des dossiers : permet de définir les options de dossiers et l'affichage. Ce paramètre est moyennement important.

Options d'indexation : permet de définir les emplacements à indexer. Excepté pour un serveur de fichiers, ce paramètre devrait être désactivé. Ce paramètre est moyennement important.

Options Internet : permet de définir les options Internet. Ce paramètre est important mais devrait être géré via une stratégie de groupes.

Options régionales et linguistiques : permet de définir le format de l'affichage des nombres, le type de clavier utilisé, etc. Ce paramètre est important.

Outils d'administration : affiche la liste des outils d'administration (plus longue à ouvrir que de passer via le menu Démarrer). Ce paramètre est important.

Pare-feu Windows: permet de gérer le pare-feu standard de Windows. À NE PAS UTILISER, lui préférer le pare-feu avec fonctions avancées de sécurité. Ce paramètre est important.

Personnalisation : permet de gérer l'apparence et les sons. Ce paramètre est peu important, excepté pour gérer l'affichage écran de l'ordinateur.

Polices: permet de gérer les polices de l'ordinateur. Ce paramètre est peu important.

Programmes et fonctionnalités : permet d'installer, de modifier et de désinstaller un programme. Ce paramètre est moyennement important.

Programmes par défaut : permet de définir des programmes par défaut basés sur des extensions, des protocoles, etc. Ce paramètre est peu important.

Rapports et solutions aux problèmes : permet de définir comment utiliser l'envoi de rapports pour solutionner un problème. Ce paramètre est important mais devrait être géré via une stratégie de groupes.

Son : permet de gérer les sons de l'ordinateur. Ce paramètre est peu important.

Souris : permet de configurer les paramètres de la souris de l'ordinateur. Ce paramètre est peu important.

Synthèse vocale : permet à l'ordinateur de lire du texte en utilisant une voix. Ce paramètre est peu important.

Système : permet de consulter des informations sur le système d'exploitation, changer la clé du produit et ouvrir le Gestionnaire de périphériques, les paramètres d'utilisation à distance, les paramètres avancés du système et Windows Update. Ce paramètre est important mais devrait être géré via une stratégie de groupes.

Windows Update : permet de configurer comment recevoir les mises à jour Windows, voire d'autres produits. Ce paramètre est important mais devrait être géré via une stratégie de groupes.

C. Processus de démarrage de Windows Server 2008

1. Déroulement du processus

La séquence de démarrage de Windows Server 2008 est la suivante :

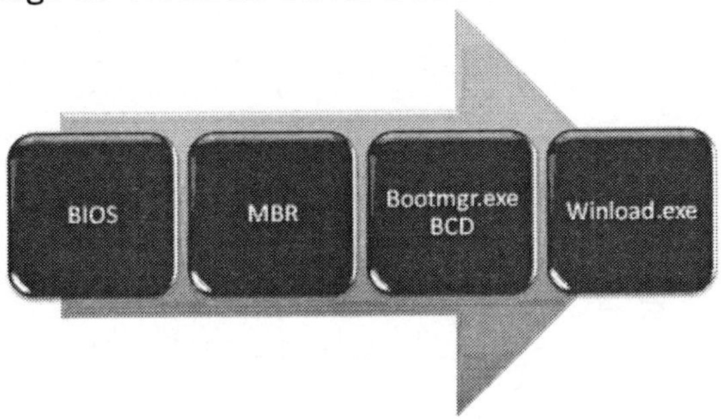

Lorsque le serveur est allumé, le système démarre et le CMOS charge le **BIOS** et exécute le POST ; ensuite, le système cherche le secteur appelé MBR - pour *Master Boot Record* - qui contient entre autres le nom du fichier de démarrage appelé **bootmgr.exe**. Ce dernier est situé à la racine de la partition active.

Bootmgr se charge en mémoire et lit les données du magasin **BCD** *(Boot Configuration Data)* du répertoire **boot** de la partition active. Puis, en fonction du système d'exploitation, il charge **winload.exe** (%systemroot%\system32) pour **Windows Vista** ou **Windows 2008** ou **ntoskrnl.exe** pour des versions de Windows antérieures, Windows 2000/2003.

Si le système est en mode d'hibernation, **winload** est remplacé par **winresume** (%systemroot%\system32).

Winload charge les pilotes qui sont configurés pour démarrer au boot puis il transfère le contrôle au noyau de Windows **ntoskrnl.exe** (%systemroot%\system32).

Enfin le Shell affiche l'écran de connexion.

Il est possible de copier les fichiers bootmgr.exe et boot sur un autre média et de démarrer à partir de ce média, mais cette procédure n'est actuellement pas supportée par Microsoft.

Le processus de démarrage n'utilise plus de fichier texte **boot.ini** sensible à des attaques, mais BCD - pour *Boot Configuration Data* - aussi appelé magasin de données de configuration de démarrage. En plus d'être mieux sécurisé, il est compatible avec d'autres plates-formes et permet de gérer un plus grand nombre de paramètres.

L'utilitaire fourni par Microsoft pour gérer BCD s'appelle **bcdedit**. Il s'agit d'un utilitaire de type ligne de commande simple à utiliser mais dont les paramètres peuvent être complexes.

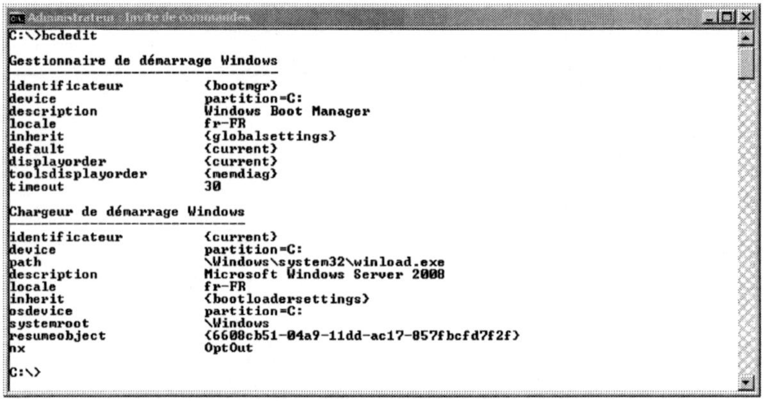

```
C:\>bcdedit

Gestionnaire de démarrage Windows
--------------------------------
identificateur          {bootmgr}
device                  partition=C:
description             Windows Boot Manager
locale                  fr-FR
inherit                 {globalsettings}
default                 {current}
displayorder            {current}
toolsdisplayorder       {memdiag}
timeout                 30

Chargeur de démarrage Windows
-----------------------------
identificateur          {current}
device                  partition=C:
path                    \Windows\system32\winload.exe
description             Microsoft Windows Server 2008
locale                  fr-FR
inherit                 {bootloadersettings}
osdevice                partition=C:
systemroot              \Windows
resumeobject            {6608cb51-04a9-11dd-ac17-857fbcfd7f2f}
nx                      OptOut

C:\>
```

Il existe plusieurs outils graphiques gratuits ou payants comme VistaBootPro ou EasyBcd qui permettent de gérer BCD plus facilement.

2. Cadre d'utilisation

Le processus de démarrage est à utiliser lorsque vous disposez de plusieurs systèmes d'exploitation comme cela peut être le cas pour une station de travail sous Windows Vista.

Pour un serveur, ce sera surtout pour dépanner le système au démarrage.

D. Configuration du système

1. Présentation

L'outil **Configuration du système** sert principalement à modifier la configuration de démarrage de Windows afin de résoudre des problèmes provenant du chargement des services et des applications.

Le principe de dépannage à utiliser est simple, il faut commencer par désactiver les services et applicatifs pour isoler le service ou l'application qui pose problème.

Cet outil est absent sur un Server Core.

➔ Connectez-vous en tant qu'administrateur.

➔ Cliquez sur **Démarrer - Outils d'administration** puis sur **Configuration du système**.

Onglet Général

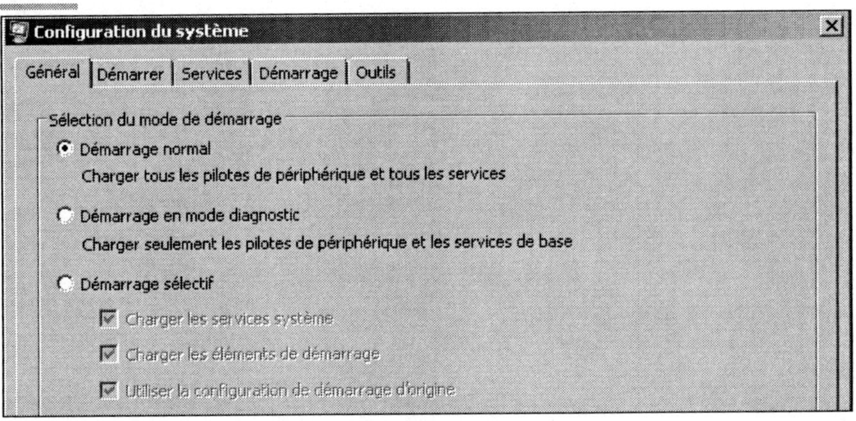

Démarrage normal est le mode de fonctionnement normal, à sélectionner à la fin du dépannage.
Démarrage en mode diagnostic permet d'exclure un problème de fichiers de Windows. Il démarre uniquement avec les services et pilotes de base.
Démarrage sélectif étend le mode diagnostic en permettant de sélectionner d'autres services et programmes. Les onglets **Services** et **Démarrage** permettent d'activer/désactiver les services et applications concernés.

➔ À la fin du dépannage, n'oubliez pas de sélectionner le mode normal.

Onglet Démarrer

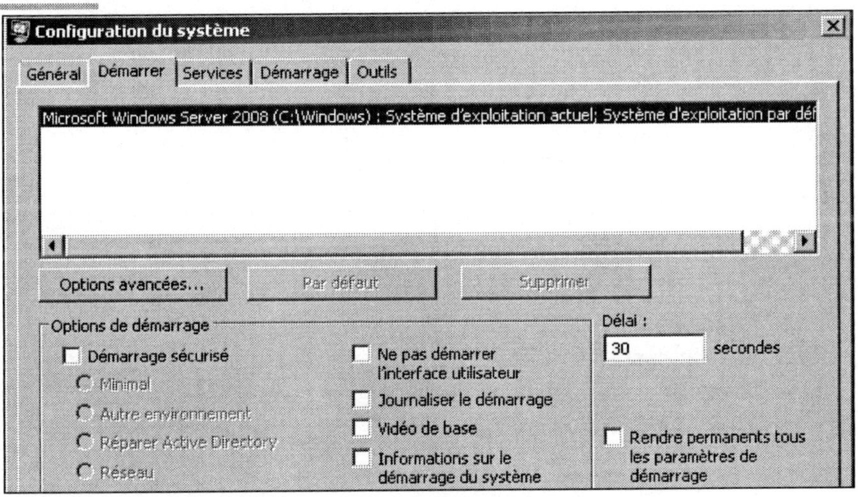

Cet onglet permet de sélectionner un système d'exploitation au démarrage et de lui appliquer certains paramètres pour le dépanner. Cela revient à préconfigurer le prochain démarrage pour une utilisation de la touche [F8] avec un plus grand contrôle.

Démarrage sécurisé :

- **Minimal** est équivalent à un mode sans échec sans prise en charge du réseau.
- **Autre environnement** est équivalent à une invite de commande en mode sans échec sans prise en charge du réseau.
- **Réparer Active Directory** est équivalent au mode de restauration des services d'annuaire.
- **Réseau** est équivalent à un mode sans échec avec prise en charge du réseau.

Les autres options de démarrage sont :

- **Ne pas démarrer l'interface utilisateur**, c'est-à-dire toujours utiliser une invite de commande.
- **Journaliser le démarrage** dans le fichier %systemroot%\ntbtlog.txt.
- **Vidéo de base** : démarre en mode VGA minimal.
- **Informations sur le démarrage du système** : affiche le nom des pilotes pendant leur chargement.

La sélection de la case à cocher **Rendre permanents tous les paramètres de démarrage** ne permet plus de restaurer les modifications avec le mode **Démarrage normal** de l'onglet **Général**.

Le bouton **Options avancées** permet de modifier le matériel en diminuant le nombre de processeurs, la quantité de mémoire RAM, les verrous PCI et forcer la détection de la HAL *(Hardware Abstraction Layer)*. Il est également possible d'envoyer les informations de débogage sur un second ordinateur afin de traiter des problèmes comme les écrans bleus en envoyant les fichiers **dump** correspondant aux bons services techniques.

Onglet Services

Cet onglet permet de sélectionner quels services vont être désactivés lors du prochain redémarrage. Le bouton **Désactiver tout** laisse quelques services requis par le système en fonctionnement. Toutefois, il peut être dangereux de désactiver des services dont dépendent d'autres services !

Onglet Démarrage

Cet onglet permet de sélectionner quelles applications vont être désactivées lors du prochain redémarrage. Le bouton **Désactiver tout** les désactive toutes.

Onglet Outils

Cet onglet propose une liste d'autres outils qu'il est possible d'utiliser pour le dépannage. Il suffit de sélectionner l'outil et de cliquer sur **Exécuter**.

2. Cadre d'utilisation

L'outil **Configuration du système** peut être utilisé pour dépanner tous les problèmes rencontrés lors du démarrage d'un serveur. Il s'utilise surtout si le serveur peut démarrer en mode sans échec.

E. Dernière configuration valide connue

Il ne s'agit pas à proprement dit d'un outil de dépannage mais plutôt d'une fonctionnalité qui permet de résoudre un problème survenu lors d'une modification du système ayant entraîné un redémarrage, et un écran bleu lors du démarrage.

Sur la figure suivante, au point 1, au démarrage, la configuration de la base de registres stockée dans la **dernière configuration valide connue** est différente de la **configuration actuelle** jusqu'au moment où un utilisateur se connecte.

À ce moment, la dernière configuration valide connue est écrasée et la configuration actuelle est copiée. Les deux configurations sont identiques.

Après un certain temps, l'utilisateur met à jour un pilote critique. Après la mise à jour, il faut redémarrer le serveur, ce qui est fait. À l'arrêt, la dernière configuration valide connue et la configuration actuelle sont différentes.

Au démarrage du serveur au point 2, un écran bleu survient à cause du nouveau pilote. Comme il n'est plus possible de démarrer, la seule solution est d'utiliser la dernière configuration valide connue. Cela ramène le serveur à l'état du dernier démarrage, c'est-à-dire lors de la connexion de l'utilisateur après le démarrage du point 1.

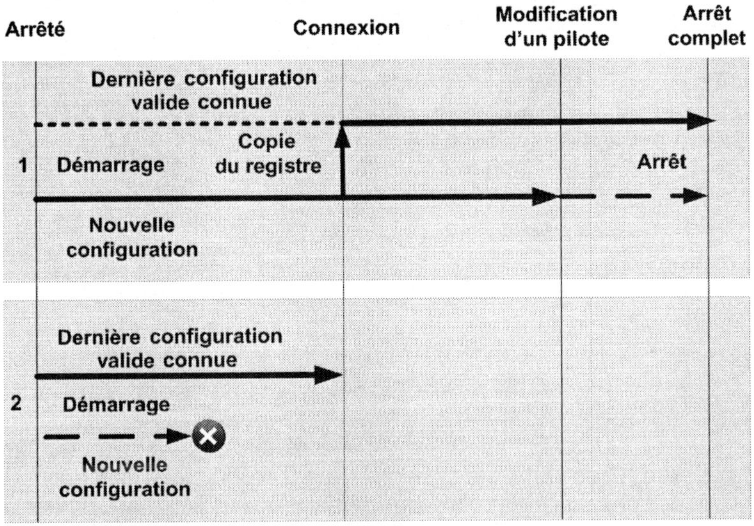

Pour cela, il faut exécuter la procédure suivante :

- Au démarrage de l'ordinateur, après le démarrage du BIOS, appuyez sur [F8] pour faire apparaître les options de démarrage avancées.
- Avec les touches [Flèche en haut] ou [Flèche en bas], sélectionnez la commande **Dernière configuration valide connue (option avancée)** puis appuyez sur [Entrée].

Après la modification d'un pilote, il est recommandé d'attendre le chargement complet de tous les pilotes pour éviter d'avoir un écran bleu et dans ce cas, d'utiliser la dernière configuration valide connue. Ce conseil s'applique pour tout démarrage après installation d'un pilote ou d'une application.

Il existe au moins un scénario où la dernière bonne configuration connue ne permet pas de revenir à l'état initial. Sous Windows Server 2008 R2 sans service pack et sans avoir installé de pilotes graphiques, vous installez le rôle Hyper-V, il n'y a pas de problèmes. Si vous installez maintenant les pilotes de la carte graphique, il est possible qu'un écran bleu apparaisse sans qu'il ne soit possible d'utiliser la dernière bonne configuration connue. Vous pouvez alors soit réinstaller Windows, soit désactiver dans le Bios la virtualisation assistée par le matériel pour ne pas démarrer les services Hyper-V. Enfin, ce problème est résolu avec le SP1.

F. Options de démarrage avancées

Les options avancées de démarrage permettent de dépanner le démarrage d'un système.

→ Au démarrage de l'ordinateur, après le démarrage du BIOS, appuyez sur [F8] pour faire apparaître les options de démarrage avancées.

Les options de démarrage avancées sont les suivantes :

Mode sans échec : le mode sans échec lance le système uniquement avec les services et les pilotes minimum nécessaires. Seul un pilote carte graphique VGA standard est démarré. Il existe trois modes sans échec, à savoir :

- le mode invite de commandes,
- le mode Bureau local sans prise en charge du réseau,
- le mode Bureau local avec prise en charge du réseau.

Inscrire les événements de démarrage dans le journal : dans ce mode, Windows crée un fichier ntbtlog.txt qui contient la liste de tous les pilotes chargés au démarrage, y compris le dernier avant un problème.

Démarrage en VGA : dans ce mode, Windows démarre en basse résolution soit 640*480. Il est surtout utilisé sur des stations de travail pour résoudre des problèmes de mauvaise configuration de la résolution entre la carte réseau et l'écran.

Mode restauration des services d'annuaire : démarre un contrôleur de domaine sans lancer les services d'annuaire. Très utile dans les versions précédentes, son intérêt est désormais limité car il est possible d'arrêter et de démarrer les services Active Directory sans redémarrer le serveur.

Mode débogage : ce mode permet d'utiliser un autre ordinateur pour déterminer l'origine d'un problème sur un serveur. Complexe à mettre en œuvre et à interpréter, ce mode sert surtout à déterminer l'origine d'un problème sur des serveurs très couteux.

Empêcher le redémarrage automatique : cette option empêche Windows de redémarrer après un incident.

Désactiver le contrôle des signatures : par défaut, sur une version 64 bits, il n'est pas possible de démarrer Windows avec des pilotes en mode noyau non signés. Bien qu'il ne soit pas conseillé de désactiver le contrôle obligatoire des signatures, il est possible d'effectuer des tests ou de résoudre des problèmes avec ce mode.

G. Assistance à distance

L'assistance à distance permet à une personne chargée du support, appelée expert ou conseiller, de fournir une aide sur un ordinateur particulier à un utilisateur appelé novice ou utilisateur. L'assistance à distance est différente du Bureau distant du fait que l'affichage et le contrôle du Bureau de l'ordinateur à dépanner sont partagés entre l'expert et le novice. Par défaut, l'expert ne peut que visualiser le Bureau du novice sans pouvoir interagir.

Même si la fonctionnalité Assistance à distance n'est pas installée, il est toujours possible d'activer et d'utiliser le Bureau distant.

Il existe deux possibilités pour démarrer une assistance. Pour la première, le novice demande de l'aide en créant un fichier MsRcIncident qui pourra être envoyé en tant que fichier joint par courrier électronique, placé sur un partage réseau ou sur un média spécifique, voire en utilisant la messagerie instantanée. Cette méthode s'appelle l'**Assistance à distance sollicitée** alors que l'autre méthode, où l'expert propose son aide au novice soit directement, soit via la messagerie instantanée, s'appelle **Assistance à distance non sollicitée**.

Les membres du groupe Administrateurs du domaine ne font plus partie par défaut de la liste des experts.

Des fichiers de journalisation sont créés afin d'augmenter la sécurité. Ces derniers sont enregistrés dans le répertoire **users\nom_utilisateur\Documents\Remote Assistance Logs**.

Dans un environnement de domaine, la gestion de l'assistance à distance se fait via les stratégies de groupe situées dans l'emplacement suivant **Configuration de l'ordinateur - modèles d'administration - Système - assistance à distance** :

- Assistance à distance sollicitée.
- Proposer l'Assistance à distance.
- Autoriser uniquement les connexions Vista ou ultérieures.
- Personnaliser les messages d'avertissement.
- Activer la journalisation de session.
- Activer l'optimisation de la bande passante.

Le composant de cette fonctionnalité est **Remote-Assistance**.

Cette fonctionnalité est absente sur un Server Core mais il est possible d'utiliser la console Services à distance ou la commande sc.

1. Configuration de l'assistance à distance

Après avoir installé la fonctionnalité, vous pouvez à tout moment autoriser ou refuser l'assistance à distance.

- Sur le serveur Windows 2008, cliquez sur **Démarrer** puis sur **Panneau de configuration**.
- Si l'affichage est en mode classique, cliquez sur **Système**, sinon cliquez sur **Système et maintenance** puis sur **Système**.
- Sous **Tâches**, cliquez sur **Paramètres d'utilisation à distance**.
- Sélectionnez ou désélectionnez l'option **Autoriser les connexions d'assistance à distance vers cet ordinateur**.

Si vous cliquez sur le bouton **Options avancées**, il est possible de définir les paramètres suivants :

- Autoriser l'expert à prendre le contrôle de cet ordinateur.
- Gérer la durée maximale de validité des invitations.
- Autoriser uniquement des ordinateurs exécutant Windows Vista ou ultérieur à se connecter en tant qu'expert (améliore la sécurité).

2. Utilisation de l'assistance à distance

Ce scénario décrit la procédure qu'un novice doit effectuer pour solliciter une assistance en créant un fichier MsRcIncident qu'il placera sur un partage réseau.

- Sur le serveur Windows 2008, cliquez sur **Démarrer** puis saisissez `msra` dans la zone de recherche avant d'appuyer sur [Entrée].
- Dans la boîte de dialogue **Voulez-vous demander une assistance ou en proposer ?**, cliquez sur **Invitez une personne de confiance à vous aider**.
- Dans la boîte de dialogue **Comment souhaitez-vous inviter quelqu'un à vous aider ?**, cliquez sur **Enregistrer cette invitation en tant que fichier**.
- Dans la boîte de dialogue **Enregistrez l'invitation en tant que fichier**, saisissez un chemin réseau de type UNC puis un mot de passe et confirmez le mot de passe avant de cliquer sur **Terminer**.

L'expert n'a pas besoin de disposer d'un compte de login sur l'ordinateur à dépanner. Il doit seulement connaître le mot de passe que le novice lui aura transmis par un moyen comme le téléphone pour se connecter. Une fois connecté sur celui-ci, même s'il est administrateur, l'expert dispose des mêmes droits que le novice !

Concernant les pare-feu, une configuration spécifique doit être prévue.

L'expert doit disposer d'un ordinateur tournant au minimum sous Windows Vista pour aider le novice sinon le fonctionnement risque d'être aléatoire.

3. Cadre d'utilisation

Pour un serveur, cette fonctionnalité est utile pour demander de l'aide à d'autres administrateurs de l'entreprise afin qu'ils puissent fournir de l'aide à distance.

H. Les services

Un service est une application qui tourne en tâche de fond sans interaction avec l'utilisateur. Généralement, les services sont lancés au démarrage et stoppés à l'arrêt du serveur.

Il peut être utile de gérer un service pendant l'exécution de Windows soit pour modifier son démarrage, soit pour l'arrêter ou le configurer lorsqu'une erreur survient.

1. La console Services

La console Services est un snap-in.

→ Pour démarrer la console, connectez-vous en tant qu'administrateur.

→ Cliquez sur **Démarrer - Outils d'administration** puis **Services**.

À partir de la console, vous pouvez gérer les services de cet ordinateur ou d'un ordinateur distant. Pour cela, sélectionnez **Services** dans le volet gauche puis cliquez avec le bouton droit de la souris et sélectionnez **Se connecter à un autre ordinateur**.

L'onglet **Standard** de la fenêtre principale n'affiche pas les informations sur l'état du service et sa description donc il est à déconseiller.

Dans la fenêtre principale, est affichée la liste des services. Il est possible de la trier selon le titre d'une des colonnes si vous cliquez sur ce titre. Vous pouvez aussi modifier l'ordre des colonnes en sélectionnant le titre et en effectuant un glisser/déplacer, ou bien **Ajouter/supprimer des colonnes** via l'option correspondante du menu **Affichage**.

Dès qu'un service est sélectionné, il est possible d'effectuer les actions suivantes via le menu contextuel ou le menu **Action** : Démarrer, Arrêter, Suspendre, Reprendre et Redémarrer. Vous pouvez également afficher les **Propriétés** du service. Les onglets de la boîte de dialogue **Propriétés** sont présentés dans la section suivante.

2. Propriétés des services

Onglet Général

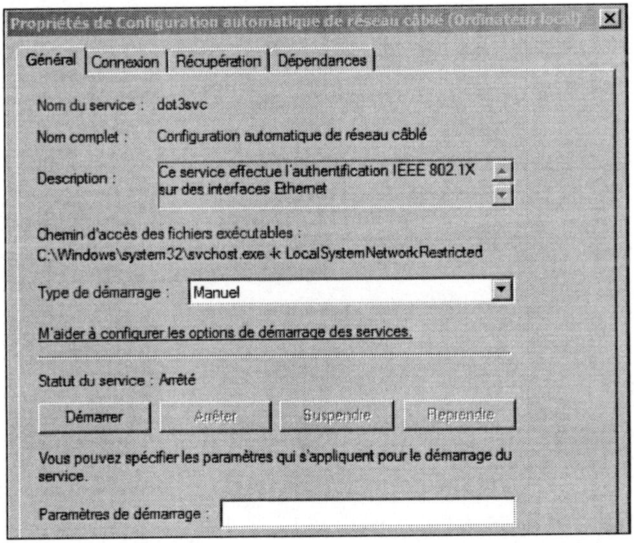

Les informations suivantes sont affichées :

- Le **Nom du service** qui peut être utilisé avec les commandes **net start** ou **net stop**.
- Le **Nom complet** ou le nom long.
- Une **Description** du service.
- Le nom et le **Chemin d'accès** complet du fichier du service.

Le **Type de démarrage** peut prendre une des valeurs suivantes :

- **Automatique (début différé)** : le démarrage a lieu en même temps que celui de Windows mais après que les services non différés auront démarré.
- **Automatique** : le service démarre avec Windows.
- **Manuel** : le service démarre uniquement si une application en a besoin.
- **Désactivé** : le service ne démarre pas.

Les boutons de la zone **Statut du service** permettent respectivement de démarrer, arrêter, mettre en pause ou reprendre le service. Les **Paramètres de démarrage** permettent d'indiquer les options prévues par l'éditeur de service.

Onglet Connexion

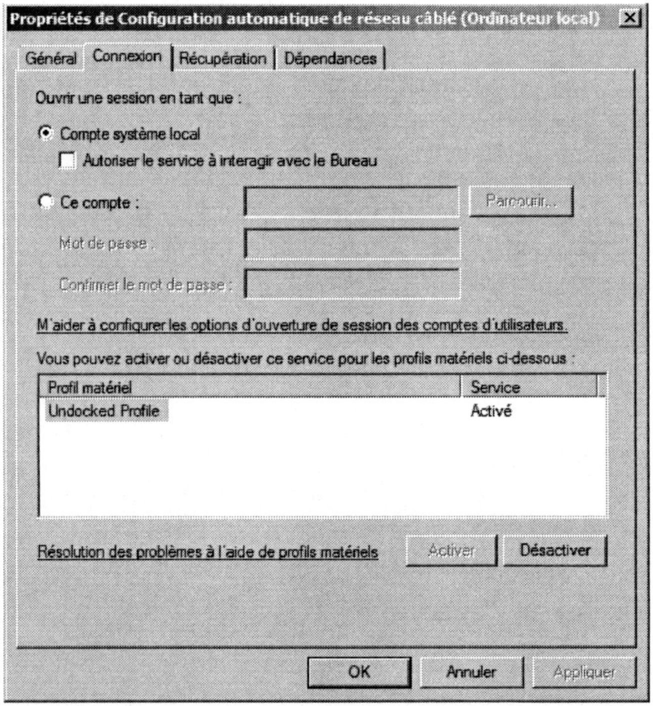

Cet onglet permet de définir sous quel compte d'utilisateur le service fonctionne. Il peut s'agir d'un compte utilisateur créé ou d'un compte système ou système restreint.

Les comptes système restreints sont apparus afin de limiter les droits de certains services avec pour conséquence de diminuer la surface d'attaque. Avec Windows Server 2008, il est possible de gérer les services suivants.

- **LocalSystem** est le compte qui a le plus de droits et de permissions sous Windows Server 2008 et il dépasse même l'administrateur. Un service s'exécutant sous ce compte peut avoir accès à tout le système d'exploitation. Les services suivants fonctionnent sous ce compte : BITS, Themes, Rasman, TrkWks, Error Reporting, 6to4, Task scheduler, RemoteAccess, Rasauto, WMI.
- **LocalSystem restreint avec le pare-feu** permet un meilleur contrôle de LocalSystem. Il suffit de restreindre le service dans le pare-feu. Les services suivants fonctionnent sous ce compte : WMI Perf Adapter, Automatic Updates, Secondary Logon, App Management, Wireless Configuration.
- **Network Service réseau restreint** est un compte limité car il n'a pas plus de droits qu'un utilisateur mais il a accès au réseau. Les services suivants fonctionnent sous ce compte : Cryptographic Services, Telephony, PolicyAgent, Nlasvc.
- **Network Service totalement restreint** est encore plus limitatif. Les services suivants fonctionnent sous ce compte : DNS Client, ICS, DHCP Client, Browser, Server, W32time.
- **Local Service sans accès au réseau** est un compte limité car il n'a pas plus de droits qu'un utilisateur et n'a pas accès au réseau. Les services suivants fonctionnent sous ce compte : System Event Notification, Network Connections, Shell Hardware Detection, COM+ Event System.
- **Local Service totalement restreint** est encore plus limitatif. Les services suivants fonctionnent sous ce compte : Windows Audio, TCP/IP NetBIOS helper, WebClient, SSDP, Event Log, Workstation, Remote registry.

C'est au démarrage du service qu'il faut spécifier comment le compte prédéfini doit être utilisé, par exemple `svchost.exe -k LocalServiceNoNetwork`.

Onglet Récupération

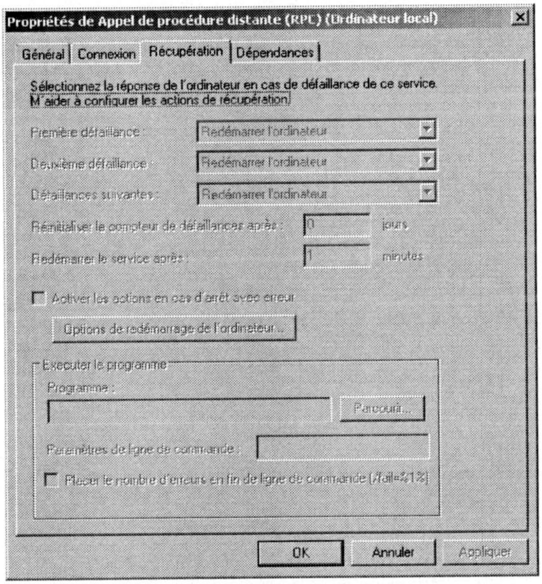

Cet onglet permet de définir comment réagir en cas de défaillance du service.

L'action définie par défaut est **Ne rien faire**, mais vous pouvez :

- **Redémarrer le service** après un délai défini, 2 minutes par défaut.
- **Exécuter un programme** permet de lancer un script ou un programme spécifique éventuellement avec des paramètres ainsi que la valeur de l'erreur rencontrée.
- **Redémarrer l'ordinateur** est l'option la plus radicale. Pour cette option, vous pouvez définir la durée avant de redémarrer l'ordinateur et demander l'envoi d'un message aux autres ordinateurs connectés au réseau en utilisant le bouton **Options de redémarrage de l'ordinateur** et en l'activant avec la case à cocher correspondante.

Vous pouvez configurer des actions jusqu'à la troisième défaillance du service durant un certain laps de temps après avoir déterminé que le service est défaillant.

Onglet Dépendances

Cet onglet montre les dépendances qui existent entre les services. Regardez toujours cet onglet avant d'arrêter un service car comme spécifié sur l'écran précédent, tous les services présents dans la liste du bas s'arrêtent si vous arrêtez le service.

En dépannage, cet onglet est utile pour vérifier si tous les services dont dépend le service concerné ont bien démarré.

À ma connaissance, il n'existe pas d'outil qui permette d'afficher une arborescence hiérarchique des services et leurs dépendances.

3. La commande sc

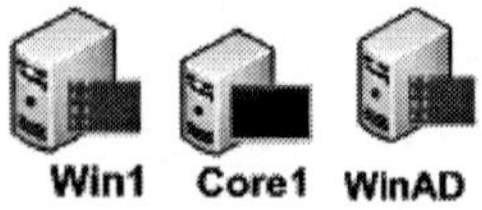

La commande **sc** permet de gérer les services via l'invite de commandes, la syntaxe de cette commande est la suivante :

```
Invite de commandes - sc
C:\>sc
DESCRIPTION :
        SC est un utilitaire de ligne de commande utilisé pour
        communiquer avec le Gestionnaire de contrôle des services et les
        services.
UTILISATION :
        sc <serveur> [commande] [nom service] <option1> <option2>...


        L'option <serveur> se présente au format « \\NomServeur »
        Pour obtenir de l'aide sur une commande, entrez : « sc [commande] »
        Commandes :
          query----------- Interroge l'état d'un service ou
                          énumère l'état de types de services.
          queryex---------Interroge l'état étendu d'un service ou énumère
                          l'état de types de services.
          start-----------Démarre un service.
          pause-----------Envoie une demande de contrôle PAUSE à un service.
          interrogate-----Envoie une demande de contrôle INTERROGATE à un
                          service.
          continue--------Envoie une demande de contrôle CONTINUE à
                          un service.
          stop------------Envoie une demande STOP à un service.
          config----------Modifie la configuration d'un service (persistant).
          description-----Modifie la description d'un service.
          failure---------Modifie les actions entreprises par un service en
                          cas d'échec.
          failureflag-----Modifie l'indicateur des actions d'échec
                          d'un service.
          sidtype---------Modifie le type de SID d'un service.
          privs-----------Modifie les privilèges nécessaires d'un service.
          qc-------------- Interroge les informations de configuration
                          d'un service.
          qdescription----Interroge la description d'un service.
          qfailure--------Interroge les actions entreprises par un service
                          en cas d'échec.
          qfailureflag----Interroge l'indicateur des actions d'échec
                          d'un service.
          qsidtype--------Interroge le type de SID d'un service.
          qprivs----------Interroge les privilèges nécessaires d'un service.
          delete----------Supprime un service (du Registre).
          create----------Crée un service (en l'ajoutant au Registre).
          control---------Envoie un contrôle à un service.
          sdshow----------Affiche le descripteur de sécurité d'un service.
          sdset-----------Définit le descripteur de sécurité d'un service.
          showsid---------Affiche la chaîne du SID de service correspondant à
                          un nom arbitraire.
          GetDisplayName--Récupère le nom affiché d'un service.
          GetKeyName------Récupère le nom de clé d'un service.
          EnumDepend------Énumère les dépendances d'un service.

        Les commandes suivantes ne nécessitent pas de nom de service :
        sc <serveur> <commande> <option>
          boot------------(ok | bad) Indique si le dernier démarrage doit
                          être enregistré comme la dernière configuration
                          valide connue
          Lock------------Verrouille la base de données des services
          QueryLock-------Interroge l'état de verrouillage d'une base de
                          données du Gestionnaire de contrôle des services
```

Quelques exemples

- Saisissez sc start <MonService> pour démarrer un service.
- Saisissez sc stop <MonService> pour arrêter un service.
- Saisissez sc query <MonService> pour afficher des informations concernant un service.

4. Cadre d'utilisation

La console Services permet de définir comment les services doivent démarrer. Néanmoins il est préférable de gérer les services via les stratégies de groupe. Il est recommandé d'utiliser cet outil pour afficher la configuration actuelle et en dépannage.

I. Outil Diagnostics de la mémoire

1. Introduction

Les erreurs les plus difficiles à diagnostiquer concernent la mémoire RAM. Une erreur de ce type peut apparaître seulement après quelques minutes de fonctionnement et non pendant les tests effectués au démarrage de l'ordinateur par le BIOS.

Windows Server 2008 peut détecter automatiquement un problème de mémoire et demander le lancement de l'outil de diagnostics de la mémoire.

> Il n'est pas improbable que Windows détecte un faux positif, c'est-à-dire qu'il détecte une erreur alors que l'outil **Diagnostics de la mémoire** ne détecte rien par la suite. Si cela se produit, il faut consigner le nom du serveur, la date, l'application dans laquelle l'erreur s'est produite et le résultat de l'outil.

Cet outil est manquant sur un Server Core.

2. Lancement manuel de l'outil

Il est également possible de le lancer manuellement :

- Cliquez sur **Démarrer**, puis sur **Outil Diagnostics de la mémoire** dans **Outils d'administration**.
- Dans la boîte de dialogue **Outil Diagnostics de la mémoire Windows**, choisissez soit d'effectuer le test immédiatement en redémarrant l'ordinateur, soit de programmer la tâche au prochain redémarrage.

Dans les deux cas, au prochain redémarrage, l'outil se lance automatiquement. Deux passes de vérification de la mémoire sont effectuées, puis le système redémarre ; après le login de l'utilisateur, le système notifie le résultat du test dans la zone de notification de la barre des tâches.

Une bonne méthode consiste à rechercher dans le journal des événements **Système** les événements dont la source est MemoryDiagnostics-Results.

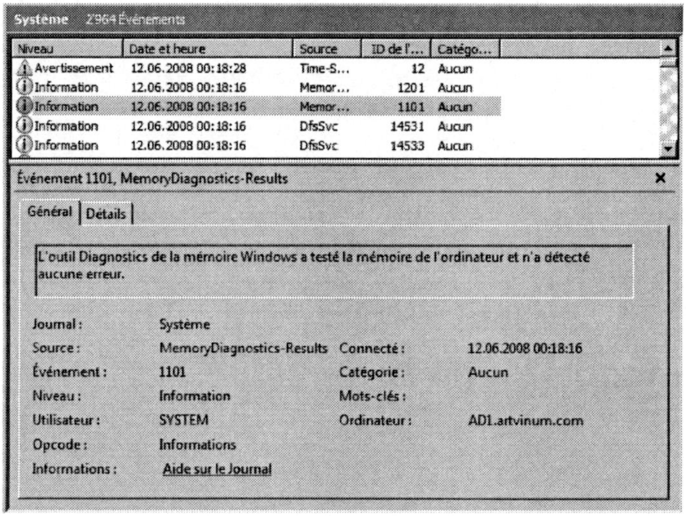

J. Base de registre ou registre

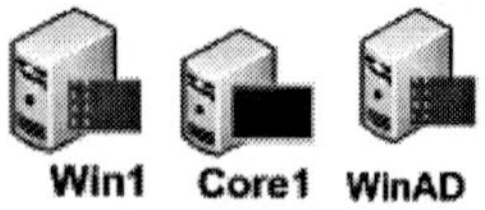

1. Introduction

La base de registre est une base de données contenant des informations sur le système d'exploitation, les applications Windows et des applications tierces.

Sa structure hiérarchique permet de définir des clés que l'on peut comparer aux dossiers d'un système de fichiers qui stockent au niveau feuille des valeurs dont le contenu a une signification précise. Le contenu d'une valeur est typé, c'est-à-dire qu'elle n'accepte que le type de données défini. Seuls les types de données suivants sont possibles :

- **Valeur chaîne** accepte une chaîne de caractères composée des caractères affichables de l'alphabet y compris les chiffres.
- **Valeur binaire** accepte tous les caractères, y compris ceux qui ne s'affichent pas. La signification de la chaîne n'est pas forcément compréhensible.
- **Valeur DWORD 32 bits** accepte un nombre entier dont la plus grande valeur est égale à 4294967295 en décimal ou ffffffff en hexadécimal.
- **Valeur QWORD 64 bits** accepte un nombre entier dont la plus grande valeur est égale à 18446744073709551615 en décimal ou ffffffffffffffff en hexadécimal.
- **Valeurs de chaînes multiples** accepte des chaînes de caractères, y compris des nombres, séparées par un retour à la ligne.
- **Valeur de chaîne extensible** peut contenir une variable dont le contenu est remplacé lors de l'appel. %systemroot% est un exemple de variable.

Pour définir une clé, il ne faut définir que son nom alors que pour définir une valeur, il faut indiquer le nom de la valeur ainsi que la donnée de la valeur.

2. La structure en nid d'abeille

Les clés sont organisées en branches, chaque branche est composée de sous-clés, voire de valeurs. Le tableau suivant résume les branches principales du registre :

Branche	Description
HKEY_CLASSES_ROOT	Enregistre des informations concernant les applications comme l'association des fichiers, les liens OLE, les logiciels composants enfichables, etc.
HKEY_CURRENT_USER	Contient toutes les informations sur la session de l'utilisateur connecté, c'est une copie des informations de l'utilisateur contenues dans HKEY_USERS.
HKEY_LOCAL_MACHINE	Contient des informations concernant le système d'exploitation, les applications, les services, les utilisateurs locaux et la sécurité.
HKEY_USERS	Contient toutes les informations des utilisateurs.
HKEY_CURRENT_CONFIG	Contient des informations collectées lors du démarrage de l'ordinateur, ces informations résident uniquement en mémoire RAM et ne sont jamais enregistrées.

Le registre a été créé pour centraliser les informations provenant des différents fichiers d'initialisation disposant d'une extension ini. Dès le début, le nombre important de clés et le manque d'informations de référence conduisent à disposer d'un système Windows qui n'est pas toujours optimisé pour le matériel sur lequel fonctionne le système d'exploitation. D'autre part, le souci d'être compatible avec le maximum de matériel conduit les ingénieurs de Microsoft à rajouter un nombre incroyable de clés totalement inutiles pour votre matériel. Il est dès lors difficile de déterminer quelle clé est réellement utile.

Les éditeurs de logiciels, quant à eux, utilisent le registre pour y stocker un grand nombre d'informations mais oublient souvent de le nettoyer ou laissent des traces dans le registre lors de la désinstallation du logiciel.

Cet état permet à des spywares et autres virus de s'y loger à votre insu et ils deviennent difficilement détectables.

Il n'est pas recommandé de modifier les permissions sur les clés même si certaines clés ne sont pas accessibles aux administrateurs mais seulement au compte système.

3. L'outil regedit

La modification du registre n'est pas anodine, elle peut amener à rendre inutilisable l'ordinateur !

L'outil à utiliser pour se déplacer et modifier le registre s'appelle **regedit**. Il n'affiche que les clés pour lesquelles l'administrateur a des droits en lecture. Chaque clé est protégée par des permissions DACLs.

Pour vous connecter au registre local ou situé sur un autre ordinateur, utilisez la procédure suivante :

→ Connectez-vous en tant qu'administrateur sur le serveur Windows Server 2008.

- Cliquez sur **Démarrer**, puis saisissez `regedit` dans la zone **Rechercher** et appuyez sur [Entrée]. Vous êtes connecté au registre local.
- Pour se connecter au registre d'un autre ordinateur, cliquez sur **Fichier** puis **Connexion au Registre réseau**.
- Dans la boîte de dialogue **Sélectionnez Ordinateur**, saisissez le nom de l'ordinateur désiré ou bien cliquez sur le bouton **Avancé** pour rechercher l'ordinateur désiré, puis cliquez sur **OK**.

4. Sauvegarde et restauration du registre

Il est recommandé de sauvegarder le registre avant toute modification de celui-ci. Pour cela, il faut utiliser l'utilitaire de sauvegarde.

Vous pouvez également exporter la totalité du registre ou une partie en utilisant la commande **Exporter** du menu **Fichier**. Cette méthode est plutôt conseillée pour sauvegarder uniquement une partie du registre dans le but de revenir à l'état d'origine après avoir effectué des modifications.

Pour restaurer le registre, vous pouvez utiliser la commande **Importation** du menu **Fichier**, utiliser la dernière configuration valide connue ou effectuer une restauration de votre système.

5. Modifier une valeur du registre

- Connectez-vous en tant qu'administrateur sur le serveur Windows Server 2008.
- Cliquez sur **Démarrer**, saisissez `regedit` dans la zone **Rechercher** puis appuyez sur [Entrée].
- Si vous ne connaissez pas le chemin pour atteindre la valeur, appuyez sur la touche [F3] pour faire apparaître la boîte de dialogue **Rechercher**, sinon cliquez sur les clés dans le volet gauche.
- Dans la boîte de dialogue **Rechercher**, saisissez le nom de la clé, de la valeur ou de la donnée dans la zone de texte **Rechercher**, éventuellement décochez les options **Clés**, **Valeurs** ou **Données** afin de limiter l'étendue de la recherche puis cliquez sur **Suivant**.
- Si l'occurrence montrée n'est pas la bonne, appuyez sur la touche [F3] pour passer à la prochaine occurrence.
- Dès que l'occurrence est trouvée, double cliquez sur la valeur, modifiez la valeur et cliquez sur **OK**. La nouvelle valeur est enregistrée dans la base de registre.

Il faut garder à l'esprit que pour certains paramètres du système d'exploitation, il n'est pas besoin de redémarrer l'ordinateur pour que les nouvelles valeurs soient opérationnelles, donc l'état du système peut devenir instable.

Il est important de ne modifier que les valeurs pour lesquelles vous connaissez les données possibles.

6. Ajouter une valeur ou une clé

Il est possible d'ajouter une valeur ou une clé à tous les niveaux. Si l'orthographe est incorrecte, cela n'a pas d'incidence sur le fonctionnement du système, excepté si le nom correspond à une autre valeur. Dans ce cas, la donnée de la valeur peut rendre le système inutilisable.

7. Cadre d'utilisation

Le registre est utile pour contrôler une valeur et peut dans ce cas être utilisé. Bien qu'il soit possible de modifier directement une valeur par l'intermédiaire de l'outil regedit, ce n'est pas la méthode conseillée car cette modification est souvent non documentée. Il est préférable d'utiliser une stratégie de groupes pour effectuer cette modification.

K. Outils supplémentaires de type ligne de commandes

1. runas

Win1 Core1 WinAD

La commande **runas** permet de lancer une application sous une autre identité.

```
c:\>runas

Syntaxe de RUNAS :

RUNAS [ [/noprofile   /profile] [/env] [/savecred   /netonly] ]
        /user:<Nom_utilisateur> programme

RUNAS [ [/noprofile   /profile] [/env] [/savecred] ]
        /smartcard [/user:<Nom_utilisateur>] programme

RUNAS /trustlevel:<niveau_approbation> programme

 /noprofile        spécifie que le profil de  l'utilisateur ne devrait pas
                   être chargé. Cela permet le chargement plus rapide
                   de l'application, mais peut provoquer le dysfonctionnement
                   de certaines applications.
 /profile          spécifie que le profil de l'utilisateur devrait être
                   chargé. Il s'agit de l'option par défaut.
 /env              pour utiliser l'environnement en cours à la place de
                   celui de l'utilisateur.
 /netonly          à utiliser si les informations d'identification spécifiées
                   sont pour l'accès à distance uniquement.

 /savecred         pour utiliser les informations d'identification
                   précédemment sauvegardées par l'utilisateur.
                   Cette option n'est pas disponible dans Windows Vista
                   Edition Familiale ou Windows Vista Starter Edition
                   et sera ignorée.
 /smartcard        utiliser si les informations d'identification sont
                   fournies à partir d'une carte à puce.
 /user             <NomUtilisateur> sous la forme UTILISATEUR@DOMAINE ou
                   DOMAINE\UTILISATEUR
 /showtrustlevels affiche les niveaux d'approbation qui peuvent être
```

```
                    utilisés comme arguments au /trustlevel.
 /trustlevel        <Niveau> devrait être un des niveaux énumérés
                    dans /showtrustlevels.
 program           ligne de commande pour EXE. Voyez les exemples ci-dessous

Exemples :
> runas /noprofile /user:mymachine\administrator cmd
> runas /profile /env /user:mydomain\admin "mmc %windir%\system32\dsa.msc"
> runas /env /user:utilisateur@domaine.microsoft.com "notepad \"fichier.txt\""
```

→ Pour démarrer l'invite de commandes en tant qu'administrateur, saisissez :

```
runas /user:myDomain\administrateur cmd
```

2. start

La commande **start** ouvre une fenêtre et exécute le programme ou la commande spécifié.

```
C:\>start /?
Ouvre une fenêtre et exécute le programme ou la commande spécifiée.

START ["titre"] [/D chemin] [/I] [/MIN] [/MAX] [/SEPARATE   /SHARED]
      [/LOW   /NORMAL   /HIGH   /REALTIME   /ABOVENORMAL   /BELOWNORMAL]
      [/AFFINITY <affinité_hexa>] [/WAIT] [/B] [commande/programme]
      [paramètres]

   "titre"      Titre de la fenêtre.
   chemin       Répertoire de départ.
   B            Lance l'application sans créer de fenêtre. L'arrêt
                par ^C n'est pas pris en charge dans l'application.
                Si l'application n'autorise pas la détection de ^C, ^Pause
                est la seule façon d'arrêter l'application.
   I            Le nouvel environnement sera l'environnement original
                passé à cmd.exe, et non pas l'environnement actuel.
   MIN          Démarrer avec la fenêtre réduite.
   MAX          Démarrer avec la fenêtre agrandie.
   SEPARATE     Démarrer les programmes Windows 16 bits dans un espace
                mémoire distinct.
   SHARED       Démarrer les programmes Windows 16 bits dans un espace
                mémoire partagé.
   LOW          Démarrer l'application dans la classe de priorité IDLE.
   NORMAL       Démarrer l'application dans la classe de priorité NORMAL.
   HIGH         Démarrer l'application dans la classe de priorité HIGH.
   REALTIME     Démarrer l'application dans la classe de priorité REALTIME.
   ABOVENORMAL Démarrer l'application dans la classe de priorité ABOVENORMAL.
   BELOWNORMAL Démarrer l'application dans la classe de priorité BELOWNORMAL.
   AFFINITY     La nouvelle application aura le masque d'affinité de
                processeur spécifié, exprimé en tant que valeur hexadécimale.
   WAIT         Lancer l'application et attendre qu'elle mette fin à la
                commande ou au programme.
                S'il s'agit d'une commande interne ou d'un fichier batch,
                le processeur de commandes est exécuté avec le commutateur
```

```
               /K pour cmd.exe.
               Ceci signifie que la fenêtre reste ouverte après exécution
               de la commande.

               S'il ne s'agit pas d'une commande interne, ni d'un fichier
               batch, il s'agit d'un programme qui s'exécutera sous la
               forme d'une application fenêtrée ou d'une application console.

   Paramètres  Spécifie les paramètres à passer à la commande ou
               au programme.
```

➔ Pour démarrer une autre invite de commandes, saisissez : `start`.

➔ Pour démarrer le Bloc-notes avec une priorité haute dans une fenêtre réduite, saisissez : `start /min /high notepad`.

3. tasklist

Cet utilitaire affiche la liste des processus fonctionnant sur le serveur local ou sur un serveur distant.

```
C:\>tasklist /?

TASKLIST [/S système [/U utilisateur [/P mot_de_passe]]]
         [/M [module]   /SVC   /V] [/FI filtre] [/FO format] [/NH]

Description :
    Cet outil affiche une liste des processus actuellement en cours sur
    un ordinateur local ou un ordinateur distant.

Liste de paramètres :
   /S    système           Spécifie le système distant auquel se connecter.

   /U    [domaine\]utili.  Spécifie le contexte utilisateur sous lequel
                           la commande doit exécuter.

   /P    [mot_passe]       Spécifie le mot de passe pour le contexte
                           utilisateur donné. Il est demandé s'il est omis.

   /M    [module]          Liste toutes les tâches utilisant le nom de
                           fichier exe ou dll donné. Si le nom de module
                           n'est pas spécifié, tous les modules chargés
                           sont affichés.

   /SVC                    Affiche les services hébergés dans chaque processus.

   /V                      Affiche les informations de tâches détaillées.

   /FI   filtre            Affiche un ensemble de tâches qui correspond
                           au critère spécifié par le filtre.

   /FO   format            Spécifie le format de la sortie.
```

```
                              Valeurs valides : "TABLE", "LIST", "CSV".

    /NH                       Spécifie que les en-têtes de colonnes ne
                              être affichée sur la sortie.
                              Valide uniquement pour les formats
                              "TABLE" et "CSV".

    /?                        Affiche ce message d'aide.

Filtres :
  Nom du filtre   Opérateurs valides          Valeurs valides
  -------------   ------------------          ---------------------
  STATUS          eq, ne                      RUNNING
                                              NOT RESPONDING   UNKNOWN
  IMAGENAME       eq, ne                      Nom d'image
  PID             eq, ne, gt, lt, ge, le      Valeur PID
  SESSION         eq, ne, gt, lt, ge, le      Numéro de session
  SESSIONNAME     eq, ne                      Nom de session
  CPUTIME         eq, ne, gt, lt, ge, le      Heure valide au format
                                              hh:mm:ss.
                                              hh - heures
                                              mm - minutes, ss - secondes
  MEMUSAGE        eq, ne, gt, lt, ge, le      Mémoire utilisée, en Ko
  USERNAME        eq, ne                      Nom d'utilisateur
                                              [domaine\]utilisateur
                                              est le format utilisé
  SERVICES        eq, ne                      Nom de service
  WINDOWTITLE     eq, ne                      Titre de la fenêtre
  MODULES         eq, ne                      Nom de DDL

Remarque : les filtres "WINDOWTITLE" et "STATUS" ne sont pas pris en charge
           lors de recherches sur un ordinateur distant.Pour afficher la liste
des services de chaque processus et l'enregistrer dans un fichier au format
CSV, saisissez : tasklist /svc /FO csv > MonFichier.csv.
```

→ Pour afficher la liste des services qui ont utilisé plus d'une minute de temps processeur, saisissez : `tasklist /FI "cputime gt 00:01:00"`.

4. tskill

Cet utilitaire permet d'arrêter un processus tournant soit sur l'ordinateur local, soit sur l'ordinateur distant.

```
C:\>tskill /?
Arrête un processus.

TSKILL IDprocessus   NomProcessus [/SERVER:NomServeur] [/ID:IDsession   /A] [/V]

  ID_processus         ID du processus devant être arrêté.
  NomProcessus         Nom du processus devant être arrêté.
  /SERVER:NomServeur   Serveur contenant l'ID de processus <ID actuel par
```

```
                        défaut>. /ID ou /A doit être spécifié lorsqu'un nom
                        de processus et /SERVER sont utilisés.
  /ID:ID_session        Arrêt du processus exécuté au cours de la session
                        spécifiée.
  /A                    Arrêt du processus exécuté au cours de TOUTES les
                        sessions.
  /V                    Affichage d'informations sur les actions exécutées.

C:\>
```

➔ Pour arrêter le processus 1060, saisissez : `tskill 1060`.

L'utilisation de cette commande sur certains processus comme **crss** peut provoquer des écrans bleus.

5. taskkill

L'utilitaire **taskkill** permet d'arrêter un processus. La syntaxe est similaire à celle de l'utilitaire **tasklist**.

➔ Pour arrêter le Bloc-notes, saisissez : `taskkill /im notepad.exe`.

Si plusieurs instances du Bloc-notes sont lancées, alors toutes les instances sont arrêtées.

➔ Pour arrêter plusieurs processus, saisissez : `taskkill /PID 1060 /PID 1280`.

6. Liste non exhaustive des outils de type ligne de commande

ASSOC : affiche ou modifie les applications associées aux extensions de fichiers.
ATTRIB : affiche ou modifie les attributs d'un fichier.
BREAK : active ou désactive le contrôle étendu de CTRL+C.
BCDEDIT : définit les propriétés dans la base de données de démarrage pour le contrôle du chargement d'amorçage.
CACLS : affiche ou modifie les listes de contrôles d'accès aux fichiers.
CALL : appelle un fichier de commandes à partir d'un autre fichier de commandes.
CD : modifie le répertoire ou affiche le répertoire actif.
CHCP : modifie ou affiche le numéro de la page de code active.
CHDIR : modifie le répertoire ou affiche le nom du répertoire actif.
CHKDSK : vérifie un disque et affiche un rapport d'état.
CHKNTFS : affiche ou modifie la vérification du disque au démarrage.
CLS : efface l'écran.
CMD : exécute une nouvelle instance de l'interpréteur de commandes de Windows.
COLOR : modifie les couleurs de premier plan et de l'arrière-plan de la console.
COMP : compare les contenus de deux fichiers ou groupes de fichiers.
COMPACT : modifie ou affiche la compression des fichiers sur une partition NTFS.
CONVERT : convertit des volumes FAT en volumes NTFS. Vous ne pouvez pas convertir le lecteur en cours d'utilisation.
COPY : copie un ou plusieurs fichiers.

DATE : affiche ou définit la date.
DEL : supprime un ou plusieurs fichiers.
DIR : affiche la liste des fichiers et des sous-répertoires d'un répertoire.
DISKCOMP : compare les contenus de deux disquettes.
DISKCOPY : copie le contenu d'une disquette sur une autre.
DISKPART : affiche ou configure les propriétés d'une partition de disque.
DOSKEY : modifie les lignes de commande, rappelle des commandes Windows et crée des macros.
DRIVERQUERY : affiche l'état et les propriétés du pilote de périphérique en cours d'utilisation.
ECHO : affiche des messages ou active/désactive l'affichage des commandes.
ENDLOCAL : stoppe la localisation des modifications d'environnement dans un fichier de commandes.
ERASE : supprime un ou plusieurs fichiers.
EXIT : quitte l'interpréteur de commandes (CMD.EXE).
FC : compare deux fichiers ou groupes de fichiers et affiche les différences.
FIND : recherche une chaîne de caractères dans un ou plusieurs fichiers.
FINDSTR : cherche des chaînes dans les fichiers.
FOR : exécute une commande sur chaque fichier d'un ensemble de fichiers.
FORMAT : formate un disque devant être utilisé avec Windows.
FSUTIL : affiche ou configure les propriétés du système de fichiers.
FTYPE : affiche ou modifie les types de fichiers utilisés dans les associations d'extensions.
GOTO : indique pour l'exécution d'un fichier de commandes le déplacement vers une ligne identifiée par une étiquette.
GPRESULT : affiche les informations de stratégie de groupe pour un ordinateur ou un utilisateur.
GRAFTABL : permet à Windows d'afficher un jeu de caractères en mode graphique.
HELP : affiche des informations sur les commandes de Windows.
ICACLS : pour afficher, modifier, sauvegarder ou restaurer les listes de contrôle d'accès pour les fichiers et les répertoires.
IF : effectue un traitement conditionnel dans un fichier de commandes.
LABEL : crée, modifie ou supprime le nom de volume d'un disque.
MD : crée un répertoire.
MKDIR : crée un répertoire.
MKLINK : créer des liens symboliques et des liens réels.
MODE : configure un périphérique du système.
MORE : affiche la sortie écran par écran.
MOVE : déplace un ou plusieurs fichiers d'un répertoire à un autre.
OPENFILES : affiche les fichiers partagés ouverts à distance par les utilisateurs.
PATH : affiche ou définit le chemin de recherche des fichiers exécutables.
PAUSE : interrompt l'exécution d'un fichier de commandes et affiche un message.
POPD : restaure la valeur précédente du répertoire actif enregistrée par PUSHD.

PRINT : imprime un fichier texte.
PROMPT : modifie l'invite de commande de Windows.
PUSHD : enregistre le répertoire actif puis le modifie.
RD : supprime un répertoire.
RECOVER : récupère l'information lisible d'un disque défectueux.
REM : insère un commentaire dans un fichier de commandes ou dans CONFIG.SYS.
RENou **RENAME** : renomme un ou plusieurs fichiers.
REPLACE : remplace des fichiers.
RMDIR : supprime un répertoire.
ROBOCOPY : utilitaire avancé pour copier les fichiers et les arborescences de répertoires.
SET : affiche, définit ou supprime des variables d'environnement Windows.
SETLOCAL : commence la localisation des modifications d'environnement dans un fichier de commandes.
SC : affiche ou configure les services (processus en arrière-plan).
SCHTASKS : planifie les commandes et les programmes à exécuter sur l'ordinateur.
SHIFT : modifie la position des paramètres remplaçables dans un fichier de commandes.
SHUTDOWN : permet un arrêt local ou distant correct de l'ordinateur.
SORT : trie les entrées.
START : ouvre une fenêtre séparée pour l'exécution d'un programme ou d'une commande spécifique.
SUBST : associe un chemin d'accès à une lettre de lecteur.
SYSTEMINFO : affiche les propriétés et la configuration spécifiques de l'ordinateur.
TASKLIST : affiche toutes les tâches en cours d'exécution, y compris les services.
TASKKILL : termine ou interrompt un processus ou une application en cours d'exécution.
TIME : affiche ou définit l'heure du système.
TITLE : définit le titre de la fenêtre pour une session CMD.EXE.
TREE : affiche le graphisme de la structure de répertoire d'un lecteur ou d'un chemin d'accès.
TYPE : affiche le contenu d'un fichier texte.
VER : affiche la version de Windows.
VERIFY : demande à Windows de vérifier si les fichiers sont correctement écrits sur le disque.
VOL : affiche le nom et le numéro de série d'un volume de disque.
XCOPY : copie les fichiers et les arborescences de répertoires.
WMIC : affiche les informations WMI dans l'interface de commande interactive.

L. Meilleures pratiques

Parmi les meilleures pratiques, il est recommandé :

- Lorsque vous suspectez un problème de configuration, utilisez l'utilitaire Configuration système.
- Si vous devez modifier un paramètre de la base de registre, utilisez de préférence les stratégies de groupe.

M. Résumé du chapitre

Dans ce chapitre consacré au dépannage, vous avez appris comment fonctionne le processus de démarrage de Windows Server 2008, à utiliser l'Assistance à distance, la console des Services, la Configuration système et à mettre en œuvre la dernière bonne configuration connue.

Vous avez vu à quoi servent les différentes options de démarrage de Windows, à utiliser l'outil Diagnostics de la mémoire et à utiliser le Registre. Vous connaissez maintenant l'utilité des paramètres du Panneau de configuration et savez utiliser pleinement les outils de type ligne de commandes.

Chapitre 18 : Planification de la haute disponibilité

A. Présentation

1. Pré-requis matériel et configuration de l'environnement

Pour effectuer toutes les mises en pratique de ce chapitre vous devez disposer et configurer les machines virtuelles suivantes :

Pour la création des machines virtuelles, veuillez vous référer au chapitre Création du bac à sable.

N'oubliez pas de réinitialiser les machines virtuelles entre les mises en pratique de chaque chapitre ou comme dans ce chapitre, entre chaque type de mise en pratique différente avant de les configurer pour l'environnement.

Placez les scripts correspondants sur le bureau de chaque machine.

Pour la mise en pratique concernant le cluster NLB, veuillez configurer l'environnement de la manière suivante :

- Sur **WinAD**, lancez le script **WinAD.bat** en relation avec **WMydomEni.txt** puis attendez que l'ordinateur ait redémarré avant de lancer les scripts suivants.
- Sur **Win1**, lancez le script **Win1.bat**.
- Sur **Win2**, lancez le script **Win2.bat**.

Après le redémarrage des machines virtuelles, **WinAD** est le contrôleur de domaine et serveur DNS pour la forêt/domaine **mydom.eni**.

Win1et **Win2** sont des serveurs membres du domaine **mydom.eni**, ils disposent également de deux cartes réseau configurées sur les réseaux **public** et **prive**. Le réseau **public** permet de communiquer avec la machine hôte ainsi qu'avec **WinAD**. Le réseau **prive** permet une communication entre **Win1** et **Win2**. Le rôle de serveur Web IIS est également installé.

Pour effectuer des exercices supplémentaires, il est prévu des scripts pour les machines **Win3** et **Win4** qui permettent de configurer ces machines comme **Win1** et **Win2**. Parmi les exercices, supplémentaires, vous pouvez ajouter des nœuds au cluster NLB ainsi que tester ce qui se passe lors de la perte d'un nœud, vous pouvez également installer et configurer un nouveau cluster NLB.

- Sur **Win3**, lancez le script **Win3.bat**.
- Sur **Win4**, lancez le script **Win4.bat**.

Pour la mise en pratique concernant le cluster Failover, veuillez configurer l'environnement de la manière suivante :

- Sur **WinAD**, lancez le script **WinAD.bat** en relation avec **WMydomEni.txt** puis attendez que l'ordinateur ait redémarré avant de lancer les scripts suivants.
- Sur **Win1**, lancez le script **Win1.bat**.
- Sur **Win2**, lancez le script **Win2.bat**.

Après le redémarrage des machines virtuelles, **WinAD** est le contrôleur de domaine et serveur DNS pour la forêt/domaine **mydom.eni**.

Win1 et **Win2** sont des serveurs membres du domaine **mydom.eni**, ils disposent également de deux cartes réseau configurées sur les réseaux **public** et **prive**. Le réseau **public** permet de communiquer avec la machine hôte ainsi qu'avec **WinAD**. Le réseau **prive** permet une communication entre **Win1** et **Win2**.

Pour la mise en pratique concernant l'exemple complet d'un cluster Failover, veuillez configurer l'environnement de la manière suivante :

Il faut au moins 8 GB de RAM pour effectuer l'exemple suivant. Si votre machine dispose de moins de mémoire RAM, veuillez au préalable diminuer la mémoire RAM de chaque machine virtuelle.

- Sur **WinAD**, lancez le script **WinAD.bat** en relation avec **WMydomEni.txt** puis attendez que l'ordinateur ait redémarré avant de lancer les scripts suivants.
- Sur **Win1**, lancez le script **Win1.bat**.
- Sur **Win2**, lancez le script **Win2.bat**.
- Sur **WinTarget**, lancez le script **WinTarget.bat**.

Après le redémarrage des machines virtuelles, **WinAD** est le contrôleur de domaine et serveur DNS pour la forêt/domaine **mydom.eni**.

Win1et **Win2** sont des serveurs membres du domaine **mydom.eni**, ils disposent également de deux cartes réseau configurées sur les réseaux **public** et **prive**. Il y a une troisième carte réseau configurée pour le réseau **iSCSI** et la machine virtuelle iTarget. Le réseau **public** permet de communiquer avec la machine hôte ainsi qu'avec **WinAD**. Le réseau **prive** permet une communication entre **Win1** et **Win2**.

Pour effectuer des exercices supplémentaires, il est prévu des scripts pour les machines **Win3** et **Win4** qui permettent de configurer ces machines comme **Win1** et **Win2**. Parmi les exercices supplémentaires, vous pouvez ajouter des nœuds au cluster failover, modifier le mode de fonctionnement du cluster, ajouter des services clusters ainsi que tester ce qui se passe lors de la perte d'un ou plusieurs nœuds, vous pouvez également installer et configurer un nouveau cluster failover.

- Sur **Win3**, lancez le script **Win3.bat**.
- Sur **Win4**, lancez le script **Win4.bat**.

2. Objectifs

Nous avons tous entendu parler de mésaventures arrivées dans telle ou telle entreprise dans laquelle le serveur de messagerie ou le serveur de base de données refusait obstinément de démarrer suite à un incident dû à une erreur humaine provoquée par une suite malencontreuse d'événements. Aucun des plans prévus ne fonctionnait pour faire redémarrer les serveurs.

Concernant les serveurs, les effets d'une panne ne sont pas les mêmes, car les serveurs de messagerie sont conçus pour tenter d'expédier leurs messages à plusieurs reprises pendant une certaine durée si le serveur destinataire n'est pas disponible. Pour le serveur de base de données, comme le serveur ne démarre pas, il n'est pas possible d'utiliser des applications pour consulter ou modifier des données.

Il est donc important de définir pour chaque serveur un niveau de disponibilité et de prévoir une solution en cas de panne.

L'arrêt inopiné d'un serveur peut avoir des conséquences désastreuses sur la bonne marche de l'entreprise. Le coût résultant n'est pas uniquement un coût dû à l'immobilisation forcée des collaborateurs mais également un manque à gagner dû à la non-réalisation de ventes, donc à la perte de prospects.

Dans ce chapitre, vous apprendrez ce que signifie la disponibilité d'un système, les définitions que l'on donne à un cluster dans le monde Microsoft. Ensuite, vous verrez comment implémenter un cluster **WNLB** (*Windows Network Load Balancing*) et un cluster **failover**.

B. Systèmes hautement disponibles

1. Introduction

Aujourd'hui, l'administrateur doit prévoir des solutions en cas d'arrêt inopiné de l'un ou de plusieurs serveurs. Le challenge est différent en fonction de l'activité de chaque entreprise, néanmoins les règles de base peuvent s'appliquer à chacun.

Pour certaines entreprises comme celles du secteur bancaire, le besoin de disponibilité est tel que pour une partie de leur activité, elles prévoient des salles blanches, c'est-à-dire des salles situées sur un autre site, permettant de redémarrer les services cruciaux de l'entreprise avec les collaborateurs concernés qui se seront déplacés sur le site distant.

Pour parler de haute disponibilité, il faut d'abord définir ce terme comme étant la garantie d'un fonctionnement sans interruption d'un système un certain nombre d'heures par jour et un certain nombre de jours par année. Le système pouvant être composé d'un ou plusieurs serveurs jouant le même rôle. Il faut également définir si le temps d'exécution des mises à jour planifiées est compris dans la durée de fonctionnement ou d'interruption.

On mesure la disponibilité à l'aide d'un pourcentage ; plus ce nombre est élevé, meilleure est la disponibilité. Pour un système devant assurer une disponibilité de 99 %, 24 heures sur 24 et 365 jours par an, cela signifie qu'il peut être indisponible 3.65 jours par an !

On parle également du **nombre de 9** à atteindre. Le tableau suivant présente les niveaux de disponibilités possibles pour un système devant être disponible 24 heures sur 24, 365 jours par an.

Disponibilité en %	Nombre de 9	Durée d'interruption maximale par an
99.99999	7	3.15 secondes
99.9999	6	31.5 secondes
99.999	5	5.26 minutes
99.99	4	52.56 minutes
99.9	3	8.76 heures
99	2	3.65 jours

Il peut paraître facile d'atteindre l'objectif de deux ou trois **9**, mais au-delà, une excellente planification et des systèmes redondants deviennent nécessaires. Le coût explose au-delà de trois **9**.

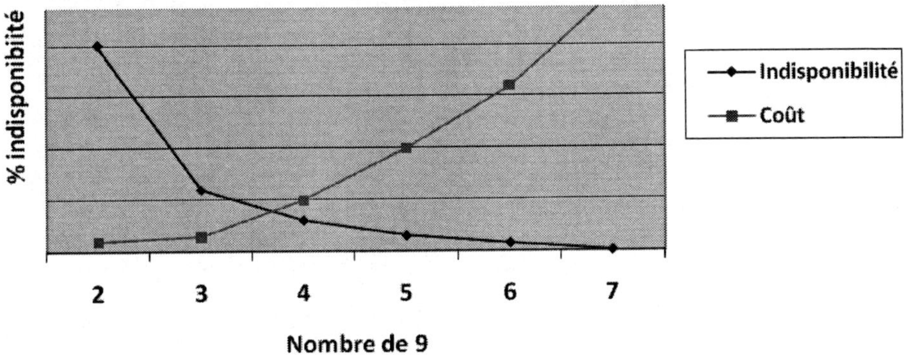

Au vu du graphique précédent, il faut retenir que si le coût est égal à 1 pour deux **9**, le coût multiplicateur peut dépasser 20 pour sept **9**.

Il n'est pas utile que tous les serveurs disposent du même niveau de disponibilité car comme le montre le graphique précédent, le coût peut devenir prohibitif. Commencez par définir plusieurs niveaux de disponibilité (au maximum 3) pour votre entreprise, puis accordez à chaque serveur son niveau de disponibilité. Vous aurez de cette manière une maîtrise des coûts et une vision de la disponibilité des serveurs.

Dans une solution hautement disponible, il faut tenir compte de l'environnement informatique comme les routeurs et les switch, mais également de l'environnement comme la redondance de l'alimentation électrique, les problèmes dus à une mauvaise aération ou ventilation des systèmes, etc.

Les solutions pour rendre un système hautement disponible sont nombreuses et dépendent de l'application cliente ou serveur. Il est toutefois possible de les classer dans les familles non exhaustives suivantes :

- Utilisation d'un protocole applicatif garantissant la transmission de l'information.
- Réplication.
- Redondance de serveur.
- Redondance d'un serveur partageant la même information mais pouvant se situer sur différents réseaux IP.
- Redondance d'un serveur par équilibrage de la charge réseau ou mise en cluster **NLB** (*Network Load Balancing*).
- Cluster failover ou cluster à tolérance de pannes.
- Utilisation d'un serveur en attente (**Standby** ou **log shipping**).
- Utilisation d'un **miroir**.
- Utilisation de la virtualisation.
- Utilisation du matériel.

a. Utilisation d'un protocole applicatif garantissant la transmission de l'information

Plusieurs protocoles applicatifs ont été conçus de manière à garantir le bon fonctionnement et la synchronisation de l'application lorsque plus d'un serveur se trouve sur le réseau. Généralement, le protocole permet de différer la synchronisation des données si le serveur de destination n'est pas disponible. Le protocole **SMTP** en est le meilleur exemple car son objectif est de garantir que le courriel arrive sur le serveur de destination et non la durée pour le livrer. La notion de disponibilité est juste applicative, et rien n'est dit dans le cas où le serveur source devient indisponible.

b. Réplication

L'objectif ici est de mettre en place une solution qui garantit que les informations sont répliquées entre plusieurs serveurs qui utilisent la même application. Chaque serveur dispose de sa propre copie des données. Selon les systèmes, les acteurs de la réplication peuvent être connus ou non.

La réplication d'un serveur **DNS**, la réplication de l'**Active Directory**, la réplication conçue dans la base de données **SQL Server**, la réplication d'un serveur **DFS**, voire du protocole de routage **RIP** en sont des exemples.

En plus d'être redondants, les serveurs permettent d'augmenter la charge, il faut juste savoir que le temps de convergence peut prendre du temps.

c. Redondance de serveur

La redondance de serveur permet à une application de fonctionner sur plusieurs serveurs. Chaque serveur travaille indépendamment et permet de pallier les dysfonctionnements au cas où un autre serveur serait indisponible. Le serveur **DHCP** est un exemple de ce type de serveur. Chaque serveur **DHCP** est physiquement sur un réseau IP différent et peut contenir des étendues provenant d'autres sous-réseaux. Au cas où un serveur est indisponible, c'est l'autre serveur qui distribue les adresses IP pour l'étendue distante. Le client **DHCP** quant à lui utilise la première adresse qu'on lui fournit. On garantit la continuité du service.

d. Redondance d'un serveur partageant la même information mais pouvant se situer sur différents réseaux IP

La plupart des protocoles cités dans le paragraphe concernant la réplication intègrent une notion de serveur redondant pour que le client reçoive une information lorsqu'un serveur est indisponible. Il est également possible de placer ces serveurs sur différents réseaux IP afin d'améliorer la disponibilité.

Le client **Active Directory**, **DNS**, **DFS**, **WINS** est capable, s'il ne peut contacter le premier serveur de sa liste, de contacter le suivant jusqu'au dernier de la liste. On garantit la continuité du service ainsi que l'augmentation de la charge.

e. Redondance d'un serveur par équilibrage de la charge réseau ou mise en cluster NLB (Network Load Balancing)

Un **cluster NLB** est un système logique composé d'un ensemble de serveurs physiques appelés **nœud** ou **hôte** redirigeant l'accès client vers le nœud le moins chargé, de manière transparente pour le client.

Le **cluster NLB** dispose de sa propre adresse IP et de son adresse **MAC**. Un répartiteur permet d'envoyer les requêtes sur le nœud le moins chargé. Les hôtes sont sur le même réseau IP.

Il peut garantir la continuité de l'application en cas d'indisponibilité d'un hôte et il supporte mieux l'augmentation de la charge en la répartissant sur l'hôte le moins chargé.

Basée sur du matériel ou du logiciel, la solution s'adapte également à des applications qui n'ont pas été conçues spécialement pour travailler en mode **NLB** dans le cas où l'applicatif ne stocke pas des données clientes en local.

Les serveurs **WEB IIS**, **FTP**, **Proxy/Firewall**, **VPN**, **Microsoft Exchange Front End** sont des exemples d'applications qui peuvent utiliser le **cluster NLB**.

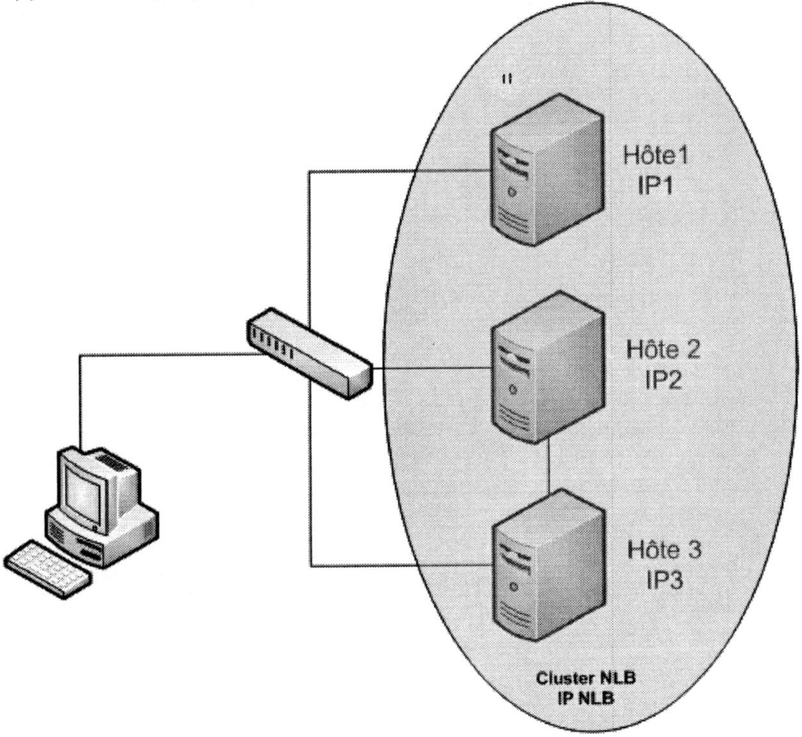

f. Cluster failover ou cluster de basculement

Un **cluster failover** est un système logique composé d'un ensemble de serveurs physiques appelés **nœud** redirigeant l'accès client vers un nœud actif, de manière transparente pour le client. Les nœuds composant le serveur sont soit actifs, soit passifs. Si le nœud est actif, alors c'est lui qui répond aux requêtes des clients. Le nœud passif est en attente d'une panne du nœud actif et devient dans ce cas le nœud actif. La différence essentielle par rapport au **cluster NLB** est que les nœuds **cluster failover** doivent partager des données et les informations dédiées et que la gestion du cluster se fait sur un volume particulier appelé **quorum**. Seul le nœud actif a accès aux volumes de données et au **quorum**.

Les nœuds du **cluster failover** doivent généralement se trouver sur le même réseau IP.

La figure suivante montre le schéma d'un cluster :

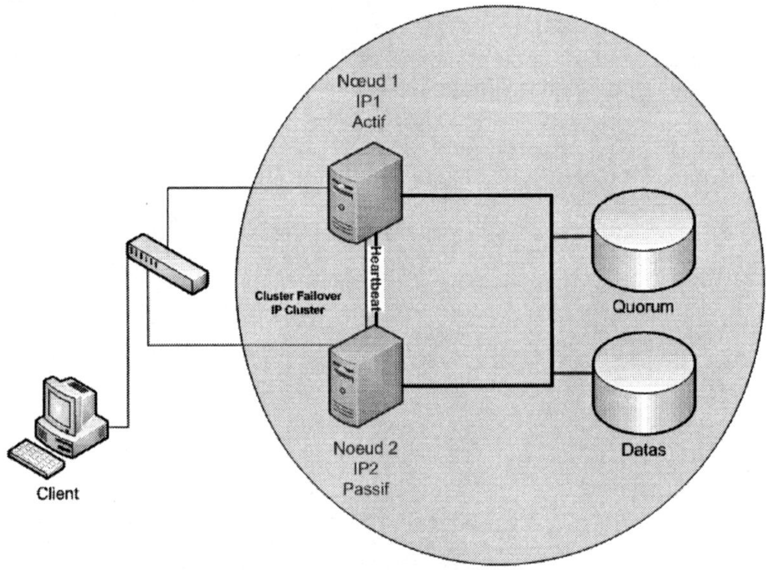

Le terme **heartbeat** ou pulsation signifie que le nœud passif envoie à intervalles réguliers une demande pour savoir si le nœud actif est toujours disponible. Généralement, il est préférable d'utiliser une seconde carte réseau sur un réseau dédié appelé réseau privé.

Le terme **failover** désigne le processus lorsque le nœud passif prend le contrôle du cluster après avoir déterminé que le nœud actif est indisponible.

Le terme **failback** désigne le processus lorsque le nœud indisponible redevient disponible et fait basculer les services afin que le cluster soit de nouveau dans l'état d'origine pour autant qu'il y ait eu un failover.

Microsoft SQL Server, Microsoft Exchange, un serveur de fichiers, un serveur d'impression sont des exemples d'applications qu'il est possible de placer en mode **cluster failover**. Généralement, il est préférable que l'application soit conçue pour fonctionner en mode cluster failover.

Le **cluster failover** demande également de disposer de matériel compatible, ce qui a pour conséquence d'augmenter sensiblement le budget des serveurs.

Si le nœud actif devient indisponible, toutes les transactions ouvertes sont perdues, excepté si le système est prévu pour gérer ce type de panne.

g. Utilisation d'un serveur en attente (Standby ou log shipping)

Le serveur en attente est une solution de haute disponibilité conçue pour une application spécifique, elle est moins efficace que la solution cluster car son basculement est manuel. Son principal avantage est un coût moindre par rapport à une solution **cluster failover**.

Il est possible de perdre un certain nombre de transactions avec cette solution.

Le basculement nécessite une grande attention en production à cause des journaux de log. Afin de l'implémenter correctement, il faut introduire dans le scénario une éventuelle perte de données acceptable.

Microsoft SQL Server est un exemple d'application qui permet d'implémenter cette solution.

h. Utilisation d'un miroir

La mise en miroir utilisée par **Microsoft SQL Server** permet d'améliorer le **cluster failover** de la manière suivante : le heartbeat utilise un ordinateur supplémentaire appelé témoin qui permet de déterminer quel nœud fonctionne et d'éviter de basculer sur le nœud passif en cas de problèmes de réseau entre les serveurs.

La base de données est dupliquée sur le serveur en attente, ce qui améliore la redondance des données.

i. Utilisation de la virtualisation

La virtualisation permet de créer des systèmes plus réactifs, voire hautement disponibles car le serveur virtuel n'est qu'un fichier comparé à un ordinateur physique. Il est dès lors possible de le déployer facilement d'un serveur physique vers un autre serveur physique pour autant que les données se situent sur un volume partagé de type **SAN**, **SAS** ou **iSCSI**. Le temps d'indisponibilité est de quelques minutes et l'on repart avec un serveur en tout point identique à celui qui vient de tomber.

Il est tout à fait possible de créer des machines virtuelles qui fonctionnent en **cluster failover** mais sur des hôtes différents.

Avec Hyper-V V2 et Live Migration, la durée d'interruption se compte en millisecondes.

VMWare HA permet également de définir une sorte de **cluster failover virtuel** dans lequel les machines virtuelles sont déplacées en fonction des pannes qui peuvent survenir sur le serveur hôte. La durée d'interruption se compte en millisecondes.

j. Utilisation du matériel

Certains types de **SAN** (*Storage Area Network*) permettent la réplication synchrone ou asynchrone des données qui y sont stockées. Ils permettent la gestion de systèmes hautement disponibles en utilisant des scripts mais surtout, ils peuvent être dispersés géographiquement, c'est-à-dire placés dans des sous-réseaux différents (geoCluster).

k. Résumé

Le tableau suivant résume les fonctionnalités offertes par chaque solution ainsi que leurs avantages.

	Panne matérielle	**Panne logicielle système**	**Panne logicielle applicative**	**Logiciel conçu spécialement**	**Peut être dispersé géographiquement**
Protocole applicatif	Dest	Dest	Dest	Oui	Oui
Réplication	Oui	Oui	Oui	Oui	Oui
Redondance de serveur	Oui	Oui	Oui	Oui	Oui
Cluster NLB	Oui	Oui	Oui	Non	Non
Cluster failover	Oui	Oui	Ou	Non	Dépend
Standby	Partiel	Oui	Oui	Oui	Oui
Miroir	Oui	Oui	Oui	Oui	Oui
Virtualisation	Oui	Oui	Oui	Non	Oui

	Panne matérielle	Panne logicielle système	Panne logicielle applicative	Logiciel conçu spécialement	Peut être dispersé géographiquement
Matériel	Oui	Oui	Oui	Non	Oui

	Durée pour le basculement	Facilité d'installation et gestion	Type de matériel supplémentaire identique	Coût en serveur supplémentaire
Protocole applicatif	Dépend de Dest	N/A	N/A	0
Réplication	Immédiat	Facile	Préf	1 SRV
Redondance de serveur	Immédiat	Facile	Préf	1 SRV
Cluster NLB	Immédiat	Facile	Préf	min 1 SRV
Cluster failover	Secondes à minutes	Moyen	Oui	min 1 SRV
Standby	Scripts manuels	Moyen à difficile	Oui	1 SRV
Miroir	Immédiat	Moyen	Oui	min 1 SRV
Virtualisation	Copie de fichiers	Facile	Non	1 SRV
Matériel	Scripts manuels	Difficile	Préf	Très coûteux

Dest : En cas de défaillance de la destination

N/A : Non applicable

Préf : Préférable

SRV : Serveur supplémentaire y compris système d'exploitation voire logiciels applicatifs

I. Rôle ou service et haute disponibilité

Pour chaque rôle serveur ou en fonction du rôle applicatif joué, il existe une ou plusieurs méthodes appropriées pour le mettre en haute disponibilité. Le tableau ci-dessous indique le type de solution hautement disponible qu'il est possible d'utiliser en fonction du rôle ou du service utilisé. Ce tableau ne se veut pas exhaustif.

Serveur	Protocole incluant la redondance	Réplication	Redondance de serveur	Cluster NLB
Active Directory		Oui		
DHCP			Oui	
DNS		Oui	Oui	Pos
IIS			Pos	Oui
SharePoint			Pos	Pos
Fichiers				Pos
Fichier DFS		Oui		Oui
Impression			Pos	Oui
Base de données				

Serveur	Protocole incluant la redondance	Réplication	Redondance de serveur	Cluster NLB
Serveur SMTP	Oui		Oui	Oui
Applicatif			Pos	Pos

Serveur	Cluster Failover	Standby	Miroir	Virtualisation	Matériel
Active Directory				Pos	Pos
DHCP	Oui			Pos	Pos
DNS	Oui			Pos	Pos
IIS	Oui			Pos	Pos
SharePoint	Oui			Pos	Pos
Fichiers	Oui			Pos	Pos
Fichier DFS	Oui			Pos	Pos
Impression	Oui			Pos	Pos
Base de données	Oui	Oui	Oui	Pos	Pos
Serveur SMTP	Oui		SCR	Pos	Pos
Applicatif	Pos			Pos	Pos

Pos : Possible
SCR : Standby Replication Continuous d'Exchange 2007

m. Mise en œuvre

Avant toute chose, il faut définir un **agrément des services (SLA)** définissant l'indisponibilité acceptable pour chaque rôle serveur afin de garantir la bonne marche de l'entreprise.

L'expérience montre que pour la majorité des entreprises, les utilisateurs se satisfont d'une indisponibilité qui tourne autour de 2 à 4 heures dont le coût budgétaire est des plus raisonnables. Néanmoins, certains utilisateurs ont des demandes inconsidérées ; bien que techniquement réalisables, il faut souvent leur rappeler la contrainte budgétaire.

Il est recommandé de suivre la règle d'or suivante afin de garantir la remise en service d'un système. Prévoyez une remise en service en deux fois moins de temps que ce que l'**agrément des services** prévoit afin de pourvoir aux impondérables.

2. Types de cluster Microsoft

Windows Server permet de créer trois types de solutions cluster logicielles. Le tableau suivant montre quel type de cluster il est possible de réaliser en fonction de l'édition.

	Web	Standard	Enterprise	DataCenter	Itanium
Cluster NLB	32 nœuds				
Cluster failover			16 nœuds	16 nœuds	8 nœuds
Cluster HPC*			Possible sur 64 bits en tant que nœud de calcul uniquement		

a. Le cluster NLB ou équilibrage de la charge réseau

Supporté par toutes les éditions de Windows, ce type de cluster est très évolutif, facile à implémenter et à gérer.

Lorsqu'un nœud entre dans un cluster NLB, l'état du cluster est instable et un processus de stabilisation appelé **convergence** démarre. Ce dernier dure quelques secondes et permet aux nœuds du cluster de reconnaître le nouveau nœud. Ce dernier reçoit un numéro de priorité d'hôte qui est le plus élevé et devient **l'hôte par défaut** soit le nœud qui gère tout le traffic TCP et UDP qui n'est pas filtré par des règles de port pour autant qu'une commande drainstop ne soit pas en cours.

Dans le cluster NLB, chaque nœud ou hôte envoie un message appelé **heartbeat** ou pulsation qui permet de savoir si les autres nœuds sont toujours disponibles. Il faut donc que les nœuds s'annoncent lorsqu'ils deviennent actifs et rentrent dans le cluster ainsi que lorsqu'ils quittent le cluster. Si un nœud ne répond pas pendant 5 secondes à des requêtes de **heartbeat**, les nœuds restants déterminent que le nœud n'est plus disponible et par conséquent, modifient le nombre de nœuds qui se trouvent dans le cluster et répondront à toutes les demandes en initiant une convergence. Pour les clients, il existe un laps de temps très court durant lequel ils peuvent ne pas recevoir de réponses.

Le cluster NLB dispose de sa propre adresse IP ainsi que de sa propre adresse MAC. Tous les nœuds composant le cluster NLB utilisent également ces deux valeurs. Donc tous les nœuds composant le cluster NLB reçoivent la requête, mais seul le nœud approprié répond. Un algorithme commun à tous les hôtes permet de déterminer quel nœud est approprié pour répondre à la requête et crée un mappage. Pour chaque requête, s'il n'existe pas de mappage, alors l'algorithme est utilisé pour déterminer qui doit répondre, les autres nœuds détruisent la demande excepté celui qui est censé répondre.

L'algorithme utilise une fonction **random** (aléatoire) pour calculer qui doit répondre en utilisant également les paramètres suivants :

- La priorité de l'hôte, soit son identificateur unique.
- L'adresse IP.
- Le port.
- D'autres informations provenant du cluster.

Le cluster NLB supporte tout particulièrement des applications qui ne maintiennent pas de session, ainsi chaque demande est considérée comme une nouvelle demande qui n'est pas en relation avec la précédente.

Il supporte également des applications qui maintiennent des sessions. Ce type d'application est plus difficile à implémenter car il faut donner une affinité au niveau du nœud afin que la demande cliente soit toujours redirigée vers le même nœud. Un état de session locale est conservé sur le nœud, néanmoins ce mode est plus délicat à implémenter.

Les applications suivantes sont bien appropriées avec l'utilisation d'un cluster NLB :

- Applications WEB.
- Accès VPN.
- ISA Server en mode pare-feu.
- ISA Server en mode cache Internet (Proxy).
- Terminal Services.
- Applications personnalisées.

- FTP.
- Services d'impression.
- Exchange front End

L'administration à distance n'est pas appropriée pour gérer un serveur particulier. Il faut se connecter directement sur le nœud désiré.

Le nœud d'un cluster NLB peut disposer d'une ou plusieurs cartes réseau. Il est recommandé d'utiliser deux cartes, une carte pour le trafic provenant des clients et une carte pour le trafic réseau propre au cluster. Dans ce dernier cas, on parle d'adresse IP dédiée. Tous les nœuds doivent se trouver sur le même réseau IP et utiliser le même mode d'opération :

- **Unicast** ou **monodiffusion** est la méthode préférée et requiert deux cartes réseau. Tous les nœuds reçoivent la demande avec l'adresse MAC du cluster mais répondent avec leur propre adresse MAC.
- **Multicast** ou **multidiffusion** dans ce cas, l'adresse MAC est utilisée pour recevoir les requêtes et envoyer les réponses. Il faut également disposer de matériel qui supporte le **multicasting** d'adresse MAC ou pouvoir y placer des entrées ARP statiques.

Les règles de ports sont des stratégies qui permettent de définir comment les requêtes des clients doivent être gérées. Une règle de port définit les éléments suivants :

- L'adresse IP du cluster qui subit la règle.
- Les numéros de ports concernés (0 à 65535).
- Le protocole (UDP, TCP ou les deux).
- Qui répond à la requête, soit un seul hôte basé sur la priorité la plus élevée (hôte par défaut), soit tous les hôtes basés sur le poids assigné à chaque hôte.
- L'affinité, c'est-à-dire, si plusieurs hôtes répondent, comment se comporter face à de multiples demandes provenant de la même adresse IP. L'affinité indique comment distribuer les requêtes parmi les hôtes du cluster soit :
  - **Aucune**, les requêtes provenant de la même adresse IP peuvent être renvoyées vers tous les hôtes du cluster.
  - **Unique**, les requêtes provenant de la même adresse IP sont renvoyées vers le même hôte.
  - **Réseau**, les requêtes provenant du même réseau IP sont renvoyées vers le même hôte.
- Désactiver l'étendue de port bloque tous les paquets à destination des ports de l'étendue.

Bien qu'il ne soit pas requis que les nœuds se trouvent dans un domaine Active Directory, c'est la méthode préférée car la plus aisée. Si vous pensez placer un serveur NLB dans une zone périmètre, il est conseillé de créer une forêt pour gérer les nœuds du cluster.

Une solution NLB matérielle est plus rapide et souvent plus efficace par rapport à une solution Microsoft NLB, par contre le coût financier est plus important.

b. Le cluster failover

Le cluster failover disponible pour les éditions Enterprise, DataCenter et Itanium permet de créer des systèmes hautement disponibles disposant d'au moins deux nœuds. L'amélioration de la disponibilité augmente avec le nombre de nœuds. Néanmoins, il faudrait également multiplier la redondance pour les éléments matériels comme les disques partagés, les chemins réseau, etc.

Pour la conception d'une mise en cluster failover, il faut prévoir un matériel compatible. D'autre part, le stockage partagé n'est supporté que pour les éléments suivants :

- iSCSI. Les adaptateurs réseaux ne peuvent pas être mis en **Teaming**. D'autre part il est requis que la carte réseau soit dédiée uniquement au traffic iSCSI.
- Fiber Channel (FC).
- SAS (Serial Attached SCSI).

Les cartes SCSI ou Parallèle SCSI ne sont plus supportées.

Le cluster failover est un peu plus difficile à mettre en œuvre que le cluster NLB car il faut au préalable préparer le système de stockage partagé. Le nouvel assistant introduit avec Windows 2008 est vraiment bien conçu afin de faciliter au maximum l'implémentation d'un cluster.

Le cluster failover peut se résumer à déplacer les services qui sont sur un nœud indisponible vers un nœud disponible du cluster. Néanmoins, pour des raisons pédagogiques, il est préférable d'imaginer un cluster à deux nœuds dont l'un fonctionne et est appelé **nœud actif** et un autre nœud en attente, appelé **nœud passif** et de basculer l'application du nœud actif vers le nœud passif lors d'une interruption du nœud actif.

La gestion du cluster est réservée au nœud actif et il stocke les informations du cluster dans un fichier spécial appelé **quorum**, ce dernier se trouvant sur un disque spécifique.

En pratique, il n'est pas rare de voir des clusters disposant de deux nœuds, même s'il est possible d'augmenter le nombre de nœuds et donc d'améliorer la disponibilité. Afin de gérer correctement un nombre de nœuds supérieur à 2, le quorum n'est plus géré par le nœud actif mais est maintenu tant que le cluster failover dispose d'un nombre de votes suffisant. Un vote est attribué non seulement aux nœuds mais également aux partages de fichiers, aux disques partagés, aux SANs, etc., selon la configuration du cluster. De cette manière, on diminue les problèmes réseau et de communication temporaires entre les nœuds.

Les modes du quorum sont :

- **Nœud majoritaire** est recommandé si le nombre de nœuds est impair. Il peut perdre jusqu'à près de la moitié des nœuds si les nœuds restants peuvent accepter la charge des nœuds perdus.
- **Nœud et disque majoritaires** est recommandé si le nombre de nœuds est pair. Il peut perdre la moitié des nœuds si le disque témoin est en ligne et les nœuds restants peuvent accepter la charge des nœuds perdus.
- **Nœud et partage de fichiers majoritaires** est recommandé pour des clusters dispersés géographiquement. Il utilise un partage de fichiers comme témoin. Il fonctionne de manière identique au quorum basé sur le nœud et disque majoritaire.
- **Pas de majorité : disque uniquement** est non recommandé. Il peut supporter la perte de tous les nœuds sauf un pour autant que l'on puisse accéder au disque.

Les nœuds du cluster envoient et répondent à des demandes **heartbeat** provenant des autres nœuds afin de déterminer quel nœud est actif.

La gestion d'un cluster failover permet d'ajouter et de modifier les ressources du cluster ainsi que de changer le nœud actif pour un service ou une application. La granularité devient la ressource. Il n'est pas possible de mettre à jour un cluster 2003 vers un cluster 2008.

Par contre, il est possible de migrer certaines ressources du cluster 2003 vers le cluster 2008 à l'aide de l'assistant de migration du cluster.

Windows Server 2008 supporte les clusters multisite appelés également cluster dispersé géographiquement ou geocluster. Un tel cluster est plus performant que les serveurs en attente (standby serveurs) et réduit la durée d'interruption à une valeur acceptable. Comme le failover est automatique, cela diminue la surcharge administrative.

Concernant le stockage, Windows Server 2008 dans un environnement multisites :

- Chaque nœud dispose de sa propre copie locale des données. Si un nœud perd son stockage un autre nœud situé sur un autre site prend le relais avec ses données locales.
- Le stockage dispose d'une méthode pour répliquer les données sur l'autre site, ce qui permet à chaque site de disposer de sa copie de données en local.

Dans un cluster multisites, la notion de quorum disparaît au profil de votant. Un votant peut être un nœud mais également les ressources témoin comme un partage de fichiers. Ce sont les votants qui détermine l'état du cluster. Pour cela, il faut utiliser les modes nœuds majoritaires et nœud et partage de fichiers majoritaire.

Un cluster multisites peut résider sur des réseaux IP différents sans devoir utiliser des artifices ni VLANs. Il faut prêter une attention particulière à la mise à jour de l'adresse IP du cluster dans le DNS afin que les clients se redirigent le plus rapidement possible sur l'autre site. Concernant le stockage, il n'est pas partagé entre les sites, il faut qu'il soit répliqué soit au niveau :

- **matériel** au niveau block donc de la responsabilité de la fabrique.
- **système de fichiers**, il faut utiliser un outil tiers de réplication comme DoubleSteelEye, etc.
- **applicatif** comme avec le CCR d'Exchange 2007.

La réplication peut être :

- **synchrone**, c'est-à-dire que les données sont consistantes sur les deux sites et il ne peut pas y avoir de pertes de données.
- **asynchrone**, il peut y avoir une perte de données.

Parmi les scénarios, il est possible de citer Exchange, SQL Server, les serveurs DHCP et WINS.

c. Le cluster HPC ou cluster calculateur

Ce type de cluster est conçu pour disposer d'une grande puissance de calcul. Il nécessite des applications spécifiquement conçues afin de l'utiliser.

Il se compose de plusieurs nœuds fonctionnant dans un domaine spécifique disposant d'un contrôleur de domaine, celui-ci est généralement le planificateur.

Son concept est simple, les requêtes sont envoyées au cluster qui est géré par un planificateur qui envoie les requêtes sur le nœud de calcul du cluster le moins chargé. Soit la réponse passe par le planificateur, soit elle est directement renvoyée par le nœud au demandeur.

d. Nouveautés apparues avec Windows Server 2008

Pour le cluster NLB :

- Support du protocole IPv6.
- Support de NDIS 6.0.

- Supporte plusieurs adresses IP dédiées par nœud.
- Détecte et notifie un serveur ISA en cas d'attaques de type DoS *(Denial Of Services)*.
- Permet une mise à jour des serveurs de Windows Server 2003 vers Windows Server 2008 nœud à nœud sans arrêter le cluster NLB.

Pour le cluster failover :

- Amélioration de l'assistant d'installation.
- Nouvel assistant pour valider le matériel.
- Support des disques GPT.
- Support natif d'IPv6.
- Abandon du protocole NetBIOS.
- Abandon du support du protocole SCSI ou parallèle SCSI.
- Configuration du cluster telle que le quorum n'est plus un simple point d'erreur.
- Support du cluster situé dans des réseaux différents.

C. Installation du cluster NLB

Il n'est pas possible d'installer un cluster failover sur le même ordinateur qu'un cluster NLB.

Pour effectuer les mises en pratique suivantes, veuillez au préalable lire les pré-requis matériel et préparer la configuration de l'environnement cluster NLB montrée au début du chapitre.

1. Tâches de pré-installation

Avant l'installation de la fonctionnalité de cluster NLB, les points suivants doivent être configurés :

1 - Installation du matériel selon les recommandations du fabricant.

2 - Connection de l'ordinateur au réseau (2 cartes soit une pour le réseau **Privé** et la seconde pour le réseau **Public**), ici réalisé par les scripts de configuration de l'environnement.

3 - Installation et configuration de Windows Server 2008 en utilisant une méthode d'installation automatique.

4 - Installation de l'application ou du rôle qui sera placé en cluster NLB. Ici, le rôle serveur web est installé par les scripts de configuration de l'environnement.

5 - Vérification de la connectivité TCP/IP et de domaine. Ici, les interfaces **Privé** et **Public** doivent disposer d'une adresse IP fixe.

Ces opérations ont déjà été réalisées avec les scripts.

2. Ajout de la fonctionnalité cluster NLB

Effectuez la procédure suivante sur les machines Win1 et Win2.

- Connectez-vous en tant qu'administrateur.
- Cliquez sur **Démarrer - Outils d'administration - Gestionnaire de serveur**.
- Dans le volet de gauche, cliquez sur **Fonctionnalités**.
- Sur la page principale **Fonctionnalités**, cliquez sur **Ajouter des Fonctionnalités**.
- Sur la page **Fonctionnalités** de l'assistant **Ajout de fonctionnalités**, sélectionnez **Équilibrage de la charge réseau** puis cliquez sur **Suivant**.
- Sur la page **Confirmation**, vérifiez que la fonctionnalité va s'installer puis cliquez sur **Installer**.
- Sur la page **Résultats**, contrôlez que la fonctionnalité s'est bien installée.

3. Création du cluster NLB sur le premier nœud

> Si vous utilisez Hyper-V V2, il est nécessaire d'activer le spoofing de la MAC Address dans les options de la carte réseau de l'adaptateur Public dans les paramètres de la machine virtuelle. Dans le cas contraire il n'est pas possible de démarrer correctement les services NLB et vous recevez une erreur 0x8004100a.

- Connectez-vous en tant qu'administrateur.
- Cliquez sur **Démarrer - Outils d'administration - Gestionnaire d'équilibrage de la charge réseau**.
- Dans **Gestionnaire d'équilibrage de la charge réseau**, cliquez sur le menu **Cluster** puis sur **Nouveau**.
- Dans l'assistant **Nouveau cluster**, sur la page **Connexion**, tapez le nom de l'hôte à ajouter Win1 puis cliquez sur **Connexion**. L'application affiche les connexions réseau disponibles pour l'hôte. Sélectionnez l'interface qui sera utilisée dans le cluster, soit l'interface qui répondra aux demandes des clients, ici **Public** puis cliquez sur **Suivant**.

> Bien qu'il soit possible de créer un cluster NLB avec une seule carte réseau, il est conseillé d'en avoir deux, une pour gérer les accès clients et une pour gérer le cluster.

- Sur la page **Paramètres de l'hôte** de l'assistant, modifiez la **Priorité** si nécessaire, vous pouvez également ajouter d'autres **Adresses IP dédiées** si besoin. Cliquez ensuite sur **Suivant**.

  Priorité correspond à un identificateur unique de l'hôte dans le cluster NLB, soit une valeur comprise entre 1 et 32. Celui qui a la valeur la plus faible gère tout le trafic réseau du cluster qui ne dispose pas d'une règle de port.

Les **Adresses IP dédiées** sont les adresses IP dédiées au cluster.

Le paramètre **État par défaut** permet de définir si l'équilibrage de charge démarre et si le nœud rejoint le cluster. Les trois états sont **Démarré**, **Arrêté** et **Exécution suspendue**, c'est-à-dire en pause.

La case à cocher **Conserver l'état en pause après le redémarrage de l'ordinateur** permet de remettre en pause le nœud après un redémarrage.

- Sur la page **Adresses IP du cluster de l'assistant**, ajoutez une ou plusieurs adresses IPv4 ou IPv6 pour le cluster puis cliquez sur **Suivant** (ici utiliser 1.1.10.20/24).
- Sur la page **Paramètres de cluster**, sélectionnez l'**Adresse IP** utilisée par le cluster, éventuellement son **Masque de sous-réseau**, le nom du cluster NLB qu'il faudra enregistrer dans le serveur DNS ici myNLB.mydom.eni et éventuellement son adresse MAC.

  Concernant le **Mode d'opération du cluster**, vous définissez ici la méthode utilisée par le cluster pour les opérations du cluster. Par défaut, c'est la monodiffusion qui est proposée, c'est également le premier choix excepté si le nœud dispose d'une seule carte réseau ou si les commutateurs et routeurs n'acceptent pas la multidiffusion sur les adresses MAC ou les adresses ARP statiques.
- Sur la page **Règles de port**, il est proposé une règle par défaut, il est conseillé de l'accepter telle quelle. Les modifications prévues pour les règles de port devraient être faites après la création du cluster.
- Cliquez sur **Terminer** pour créer le cluster NLB.

Vous devez encore ajouter une entrée statique dans le serveur DNS pour le cluster NLB puis tester si le cluster NLB fonctionne comme configuré.

4. Ajout d'une entrée dans le DNS pour le cluster NLB

WinAD

- Connectez-vous en tant qu'administrateur.
- Cliquez sur **Démarrer - Outils d'administration - DNS**.
- Éclatez l'arborescence DNS jusqu'à la zone considérée (ici mydom.eni).
- Cliquez avec le bouton droit de la souris sur la zone considérée puis sur **Nouvel hôte (A ou AAAA)**.
- Dans la boîte de dialogue **Nouvel hôte**, tapez **mynlb** pour le nom et **10.1.1.20** pour l'adresse IP : sélectionnez les deux cases à cocher avant de cliquer sur **Ajouter un hôte**.

Vous pouvez tester le cluster NLB en ouvrant Internet Explorer et en tapant l'URL http://mynlb.

5. Ajout d'un nœud supplémentaire

La procédure pour ajouter un nœud supplémentaire consiste à créer une image du premier nœud ou créer un fichier de réponses. La méthode peut consister à utiliser WDS, Sysprep ou un fichier de réponses pour une installation sans surveillance. L'utilisation d'outils tiers peut également fonctionner. Ensuite, il vous faut installer le nouveau nœud le cluster NLB et configurer pour rejoindre le cluster NLB créé précédemment. Une fois le second nœud préparé, procéder en utilisant la procédure suivante pour installer et configurer le client NLB :

- Connectez-vous en tant qu'administrateur.
- Cliquez sur **Démarrer - Outils d'administration - Gestionnaire de serveur**.
- Dans le volet de gauche, cliquez sur **Fonctionnalités**.
- Sur la page principale **Fonctionnalités**, cliquez sur **Ajouter des Fonctionnalités**.
- Sur la page **Fonctionnalités** de l'assistant **Ajout de fonctionnalités**, sélectionnez **Équilibrage de la charge réseau** puis cliquez sur **Suivant**.
- Sur la page **Confirmation**, vérifiez que la fonctionnalité va s'installer puis cliquez sur **Installer**.
- Sur la page **Résultats**, contrôlez que la fonctionnalité s'est bien installée.

Maintenant il faut configurer le nœud pour qu'il rejoigne le cluster NLB.

- Connectez-vous en tant qu'administrateur.
- Cliquez sur **Démarrer - Outils d'administration - Gestionnaire d'équilibrage de la charge réseau**.
- Dans le menu **cluster**, cliquez sur **Se connecter à un cluster existant**.
- Dans la boîte de dialogue **Connexion au serveur existant : Connexion**, tapez le nom du cluster NLB, ici **mynlb** puis cliquez sur le bouton **Connexion**. Dans la zone **Cluster**, le cluster mynlb apparaît. Vous êtes connecté. Vous pouvez cliquer sur **Terminer**.
- Dans le volet gauche de la console **Gestionnaire d'équilibrage de la charge réseau**, développez les nœuds pour faire apparaître le nom du cluster NLB, ici **mynlb.mydom.eni**. Cliquez ensuite avec le bouton droit de la souris sur le nœud du cluster NLB puis sur **Ajouter l'hôte au cluster**.
- Dans la boîte de dialogue **Ajouter l'hôte au cluster : Connexion**, tapez le nom de l'hôte qui doit rejoindre le cluster NLB, ici **Win2**, sélectionnez l'interface publique puis cliquez sur **Suivant**.
- Dans la boîte de dialogue **Ajouter l'hôte au cluster : Paramètres de l'hôte**, vérifiez que la priorité est différente du premier nœud et que l'adresse IP dédiée correspond à l'adresse publique. Cliquez ensuite sur **Suivant**.
- Dans la boîte de dialogue **Ajouter l'hôte au cluster : Règles de port**, cliquez sur **Terminer**.

Votre cluster NLB se compose de deux nœuds et vous devez voir le résultat suivant :

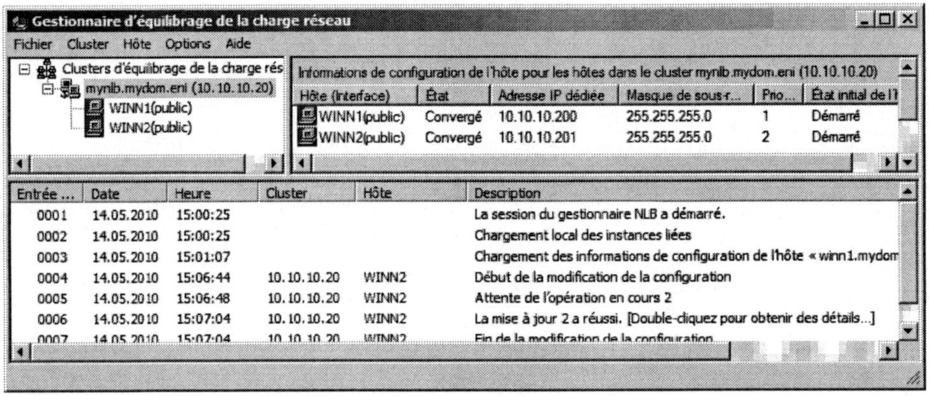

Vous pouvez effectuer des tests de fonctionnement et regarder ce qui se passe si un nœud tombe.

Il est recommandé d'utiliser un outil de surveillance comme SCOM *(System Center Operation Manager)* afin d'être averti le plus rapidement possible en cas de défaillance d'un nœud.

6. Ajout ou modification d'une règle de port

Une règle de port permet de définir comment le cluster se comporte non pas pour une application mais pour une adresse IP du cluster NLB, un port TCP et/ou UDP. Il est également possible de filtrer la règle selon trois modes :

- **Hôte multiple**, soit plusieurs ordinateurs dans le cluster gèrent le trafic pour l'adresse IP ou le port considéré. Vous pouvez également définir une affinité.
  - **Aucune**, soit il n'y a pas d'affinité client et plusieurs connexions provenant de la même adresse IP sont redirigées vers n'importe quel nœud du cluster. À éviter avec le protocole UDP.
  - **Unique**, redirige toutes les connexions provenant de la même adresse IP vers le même nœud. Peut poser des problèmes si plusieurs serveurs proxy existent entre le client et le cluster NLB.
  - **Réseau** redirige toutes les connexions provenant de la même classe C d'adresses IP vers le même nœud. Il peut y avoir des problèmes de performance.
- **Hôte unique**, soit un seul hôte défini par la priorité gère le trafic par l'adresse IP et/ou le port.
- **Désactiver cette étendue de port**, indique que le trafic est bloqué.

Les règles de port sont créées au niveau du cluster NLB. L'affinité se définit au niveau du nœud. Par défaut, il n'y a pas de règles de port. En fait la seule règle existante accepte tout le trafic et le répartit sur tous les nœuds du cluster de manière égale.

- Connectez-vous en tant qu'administrateur.
- Cliquez sur **Démarrer - Outils d'administration - Gestionnaire d'équilibrage de la charge réseau**. Dans la fenêtre **Gestionnaire d'équilibrage de la charge réseau**, cliquez avec le bouton droit de la souris sur le nœud du cluster NLB dont vous voulez modifier les règles de port puis cliquez sur **Propriétés du cluster**.
- Cliquez sur l'onglet **Règles de port** de la boîte de dialogue **Propriétés** pour faire apparaître les règles existantes puis cliquez sur **Ajouter** pour créer une nouvelle règle de port ou sélectionnez une règle et cliquez sur **Modifier** pour la modifier.

  La figure suivante montre la boîte de dialogue de modification des règles de port d'un nœud.

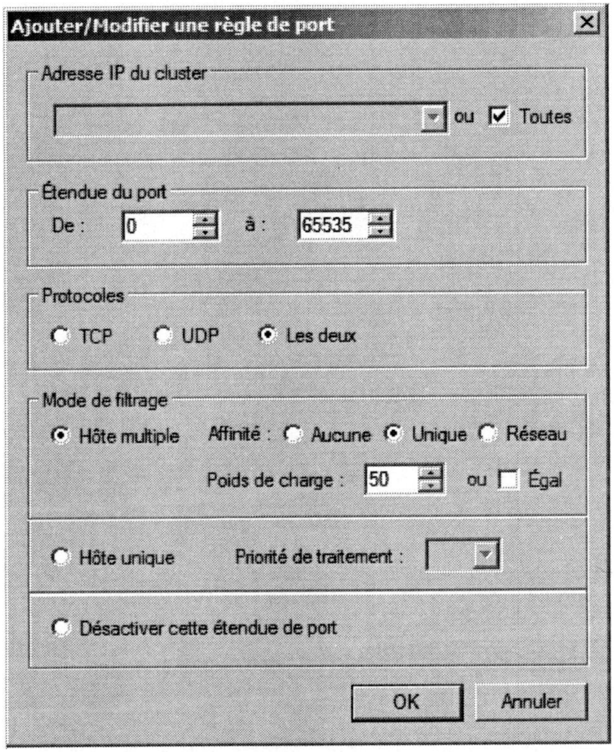

Le cluster peut également être géré en utilisant la commande cluster.

Les principales étapes pour mettre en œuvre un cluster sont :

1 - Les tâches de pré-installation.
2 - Ajout de la fonctionnalité du cluster failover sur tous les nœuds.
3 - Validation de la configuration.
4 - Création du cluster failover.

5 - Configurer un service ou une application pour la haute disponibilité.

6 - Étapes supplémentaires propre à chaque service ou application.

Pour chaque application ou service, il faut consulter la procédure détaillée des étapes à suivre.

D. Installation du cluster failover

Pour effectuer les mises en pratique suivantes, veuillez au préalable lire les pré-requis matériel et préparer la configuration de l'environnement cluster failover montrée au début du chapitre.

1. Tâches de pré-installation

Avant l'installation de la fonctionnalité du cluster failover, les points suivants doivent être respectés :

- Disposer de composants matériels ou de serveurs identiques pour tous les nœuds et qui sont certifiés pour Windows Server 2008.
- Au moins deux cartes réseau par nœud, soit une carte pour le réseau publique et une carte pour le réseau privé.
- Le matériel doit être installé selon les recommandations des fabricants.
- La même version et la même édition de Windows doit être installée sur tous les nœuds. Cela inclut également d'avoir installé les mêmes services packs et les mêmes mises à jour.
- L'installation des nœuds devrait être automatique.
- Pour un stockage Fibre Channel ou SAS, les contrôleurs doivent être identiques y compris les versions de firmware pour chaque nœud.
- Le système de stockage doit être installé et configuré avec deux volumes. Ici il faut configurer l'initiateur iSCSI avec la cible iSCSI de façon identique sur les deux nœuds, soit créer deux volumes sur la cible l'une appelée quorum deviendra le lecteur **E:** et l'autre datas **F:**.

2. Ajout de la fonctionnalité cluster failover

Effectuez les opérations suivantes sur les machines virtuelles Win1 et Win2.

→ Connectez-vous en tant qu'administrateur.

→ Cliquez sur **Démarrer - Outils d'administration - Gestionnaire de serveur**.

→ Dans le volet de gauche, cliquez sur **Fonctionnalités**.

→ Sur la page principale **Fonctionnalités**, cliquez sur **Ajouter des Fonctionnalités**.

→ Sur la page **Fonctionnalités** de l'assistant **Ajout de fonctionnalités**, sélectionnez **Clustering avec basculement** puis cliquez sur **Suivant**.

→ Sur la page **Confirmation**, vérifiez que la fonctionnalité va s'installer puis cliquez sur **Installer**.

→ Sur la page **Résultats**, contrôlez que la fonctionnalité s'est bien installée.

Refaites la même procédure sur le second nœud.

3. Validation de la configuration

Effectuez les opérations suivantes sur les machines virtuelles Win1 et Win2.

La validation de la configuration doit être suivie avec soin. Il est nécessaire de résoudre tous les problèmes de manière itérative avant de continuer. La validation teste la configuration système, la configuration de réseau et la configuration de stockage.

- Connectez-vous en tant qu'administrateur de domaine.
- Cliquez sur **Démarrer - Outils d'administration - Gestion du cluster de basculement**.
- Dans la fenêtre principale, dans la section **Administration**, cliquez sur **Valider une configuration**. L'assistant **Validation d'une configuration** apparaît. Cliquez sur **Suivant**.
- Sur la page **Sélectionner des serveurs ou un cluster**, tapez le nom du serveur dans la zone de texte **Entrez les noms des nœuds du cluster** puis cliquez sur **Suivant**. Ici, Win1 et Win2.
- Sur la page **Options de test**, contrôlez que l'option **Exécuter tous les tests** est sélectionnée puis cliquez sur **Suivant**.
- Sur la page **Confirmation**, cliquez sur **Suivant**. La page **Validation en cours** apparaît, attendez la fin des tests.
- Attendez que le résultat apparaisse sur la page **Résumé** puis consultez le rapport en cliquant sur le bouton **Rapport**.

La page Web affiche le résultat des tests et, pour chaque point, elle indique ce qui a été testé et comment on peut résoudre les problèmes.

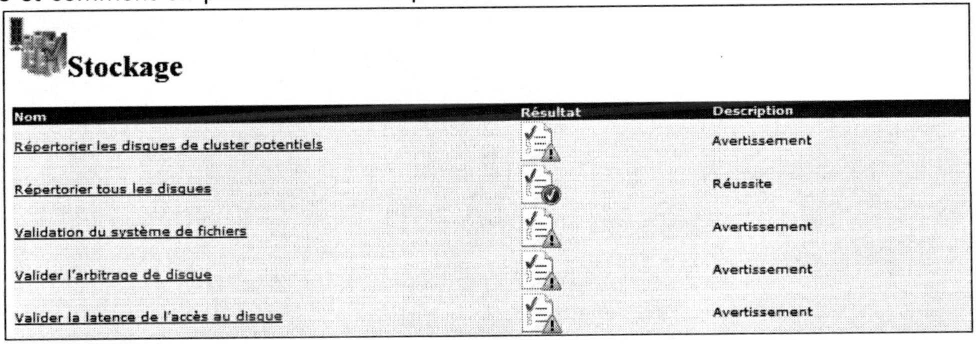

Stockage

Nom	Résultat	Description
Répertorier les disques de cluster potentiels		Avertissement
Répertorier tous les disques		Réussite
Validation du système de fichiers		Avertissement
Valider l'arbitrage de disque		Avertissement
Valider la latence de l'accès au disque		Avertissement

La copie d'écran ci-dessus montre un rapport avec des avertissements. Il faut les résoudre, relancer l'assistant de validation avant de pouvoir continuer la configuration du cluster.

La page Web est enregistrée dans %systemroot%\cluster\reports\rapport de validation %date and time%.mht.

- Fermez la page Web puis cliquez sur **Terminer** pour fermer l'assistant. Si tout est bon, vous pouvez créer le cluster.

L'assistant de validation de la configuration doit être réexécuté lorsque vous ajoutez un nouveau nœud, lorsque la configuration du stockage change, lors de modifications au niveau des switchs et Hub du SAN ainsi que du contrôleur SAN, lors de la modification de chemins multiples, modification du réseau et modification d'un cluster multisite.

4. Création du cluster failover

- Connectez-vous en tant qu'administrateur de domaine.
- Cliquez sur **Démarrer - Outils d'administration - Gestion du cluster de basculement**.
- Dans la fenêtre principale, dans la section **Administration**, cliquez sur **Créer un cluster**. L'**Assistant Création d'un cluster** apparaît. Cliquez sur **Suivant**.
- Sur la page **Sélectionner les serveurs**, sélectionnez les serveurs à inclure dans le cluster, puis cliquez sur **Suivant**. Ici, Win1 et Win2.
- Sur la page **Point d'accès pour l'administration du cluster**, tapez le **Nom du cluster**, ici clust et une **Adresse IP** pour le cluster, ici 10.1.1.200, et cliquez sur **Suivant**.
- Sur la page **Confirmation**, vérifiez les informations du cluster puis cliquez sur **Suivant**.
- Patientez jusqu'à l'apparition de la page **Résumé** qui indique la fin de la création du cluster, puis cliquez sur **Rapport** pour afficher le résultat.
- Enfin cliquez sur **Terminer** pour fermer l'assistant.

Si la création du cluster réussi, vous devriez pouvoir visualiser la copie d'écran suivante :

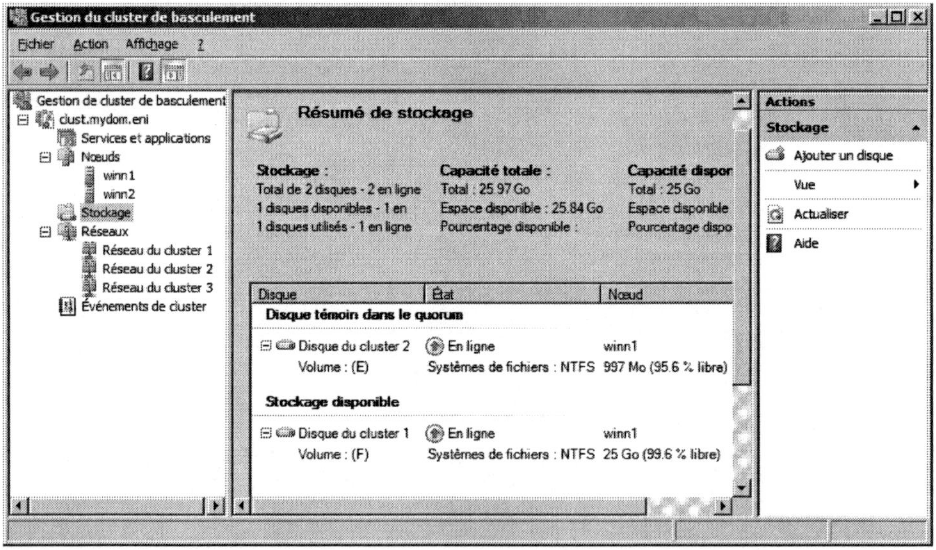

5. Configuration du cluster failover

Une fois que le cluster est créé, il faut le configurer, c'est-à-dire qu'il faut indiquer quel type de service ou d'application doit être placé en mode de haute disponibilité.

Pour chaque application ou service, la méthode utilisée peut changer, il faut suivre la méthodologie proposée par les guides pas à pas disponibles sur le site de Microsoft ou les guides accompagnant l'application qui doit être mise en cluster. C'est la raison pour laquelle aucune configuration n'est proposée dans ce livre.

Si l'application n'a pas été conçue pour une mise en cluster, il est toujours possible de la configurer avec les services génériques ou à l'aide de scripts génériques comme le montre l'image suivante.

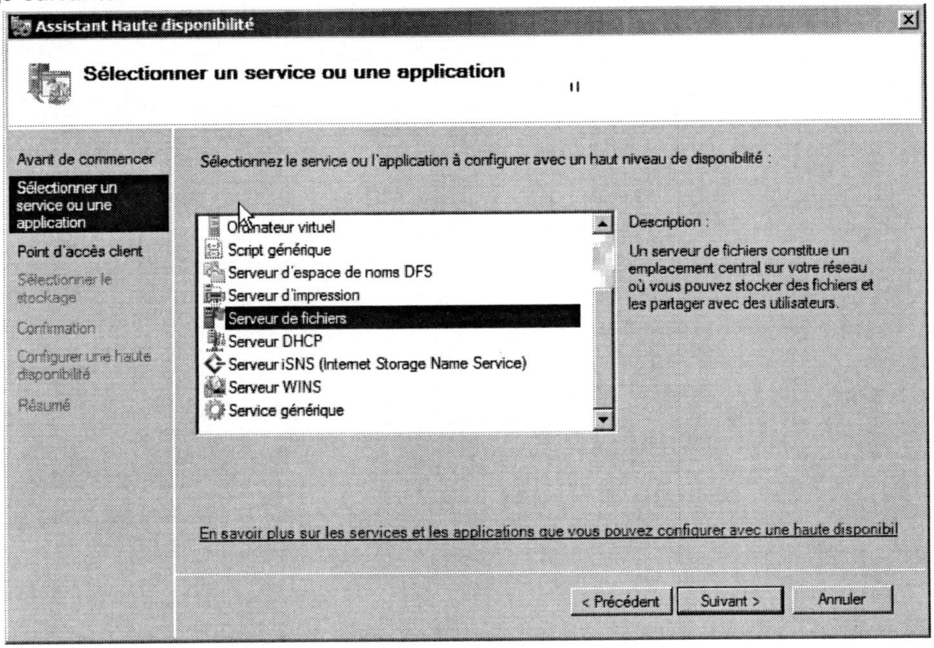

E. Exemple complet d'un cluster failover de fichiers

Pour effectuer l'exemple suivant, veuillez au préalable lire la section Pré-requis matériel et configuration de l'environnement concernant l'exemple complet d'un cluster failover montrée au début de ce chapitre.

1. Installation et configuration du serveur de stockage

Les machines virtuelles, **WinAD** et **WinTarget** sont requises.

Le choix d'une cible iSCSI est limité car il est nécessaire que la commande SCSI-3 réservation persistante soit supportée. C'est le cas de StarWind FreeNas et de Windows Storage mais pas (encore) Openfiler. Si votre cible iSCSI ne supporte pas cette commande utilisez StarWind.

Il faut au préalable télécharger StarWind (ici la version gratuite) du site www.starwindsoftware.com. Il est nécessaire de s'enregistrer pour télécharger une version d'évaluation ou recevoir la version gratuite (free) ainsi que recevoir la clé correspondante. StarWind fonctionne aussi bien avec Hyper-V qu'avec VirtualPC.

- Connectez-vous en tant qu'administrateur sur **WinTarget**.
- Cliquez sur **Démarrer - Panneau de configuration** puis sur **Initiateur iSCSI**. Le service iSCSI est un pré-requis pour installer StarWind.
- Dans la boîte de dialogue **Microsoft iSCSI** vous demandant si le service doit démarrer automatiquement à chaque démarrage, cliquez sur **Oui**.
- Dans la boîte de dialogue **Microsoft iSCSI** vous demandant si vous voulez autoriser dans le pare-feu le service iSCSI dialoguant avec le serveur iSNS, cliquez sur **Oui**. Fermez la boîte de dialogue **Propriétés de Initiateur iSCSI**.
- Double cliquez sur **starwind.exe**. Le nom peut différer en fonction de la version téléchargée.
- Sur la page **Welcome to the StarWind iSCSI Server Setup Wizard**, cliquez sur **Next**.
- Sur la page **Licence Agreement**, sélectionnez l'option **I accept the agreement** puis cliquez sur **Next**.
- Sur la page **Information**, prenez quelques instants pour lire avant de cliquer sur **Next**.
- Sur la page **Select Destination Location**, cliquez sur **Next**.
- Sur la page **Select Components**, garantissez que **Full installation** est sélectionné dans la liste puis cliquez sur **Next**.
- Sur la page **Select Start Menu Folder**, cliquez sur **Next**.
- Sur la page **Select Additional Tasks**, cliquez sur **Next**.
- Sur la page **Ready to install**, cliquez sur **Install**.
- Dans la boîte de dialogue **Sécurité de Windows** qui apparaît pour vous demander s'il faut installer **StarWind Périphériques systèmes**, cliquez sur **Installer**.
- Dans la boîte de dialogue **Sécurité de Windows** qui apparaît pour vous demander s'il faut installer **StarWind Software Contrôleurs de stockage**, cliquez sur **Installer**.
- Sur la page **Completing the StarWind iSCSI Server Setup Wizard**, cliquez sur **Finish**. StarWind est installé et les services sont démarrés.

Veuillez noter que l'adresse IP de **WinTarget** est 192.168.10.10/24.

Il faut maintenant configurer le serveur de stockage pour disposer de deux volumes, soit un volume pour le quorum et un volume pour les données.

- Connectez-vous en tant qu'administrateur sur **WinTarget**.
- Cliquez sur **Démarrer - Tous les programmes - StarWind Software** et **StarWind**.
- Dans la console de gestion de StarWind, cliquez sur le menu **Options** puis **Language** puis **French**.
- Dans l'arborescence de la console, cliquez avec le bouton droit de la souris sur **Serveurs StarWind** puis cliquez sur **Ajouter un hôte**.
- Dans la boîte de dialogue **Ajouter un nouvel hôte**, vérifiez que l'adresse IP de l'hôte est 127.0.0.1 et le port 3261 avant de cliquer sur **OK**.
- Dans l'arborescence de la console, cliquez avec le bouton droit de la souris sur le nœud **WinTarget.MYDOM.ENI (127.0.0.1) : 3261**, puis cliquez sur **Connecter**.
- Dans la boîte de dialogue **Login**, tapez **root** pour le **login** et **starwind** pour le **mot de passe** avant de cliquer sur **OK**. Les informations de login ne seront pas modifiées durant l'exercice.

- Dans l'arborescence cliquez avec le bouton droit de la souris sur **Cibles** puis cliquez sur **Ajouter une cible**.
- Sur la page **Paramètres généraux de cible** de l'assistant **Assistant Ajout de cible**, tapez **quorum** pour **alias** de la cible puis cliquez sur **Suivant**.
- Sur la page **Type de stockage**, sélectionnez **Disque dur** puis cliquez sur **Suivant**.
- Sur la page **Type de périphérique**, sélectionnez **Virtuel de base**, puis cliquez sur **Suivant**.
- Sur la page **Type de périphérique**, sélectionnez **Périphérique Fichier Image**, puis cliquez sur **Suivant**.
- Sur la page **Méthode de création du périphérique**, sélectionnez **Créer un nouveau disque virtuel** puis cliquez sur **Suivant**.
- Sur la page **Paramètres du disque virtuel**, tapez **My Computer\C\quorum.img** pour **Emplacement et nom du nouveau disque virtuel**. Tapez **1000** pour **Taille en Mo**, enfin cliquez sur **Suivant**.
- Sur la page **Paramètres du périphérique Fichier Image**, vérifiez que **My Computer\C\quorum.img** est sélectionné pour **Sélectionnez le disque virtuel que vous voulez rendre accessible via iSCSI**. Cochez la case **Permet des connexions iSCSI concomitantes (mise en cluster)**, enfin cliquez sur **Suivant**.
- Sur la page **Paramètres de cache du périphérique Fichier Image**, cliquez sur **Suivant**.
- Sur la page **Assistant Ajout de cible**, prenez quelques instants pour vérifier vos paramètres avant de cliquer sur **Suivant**.
- Sur la page **Assistant Ajout de cible**, prenez quelques instants pour vérifier que la cible a été créée avant de cliquer sur **Terminer**.
- Dans l'arborescence cliquez avec le bouton droit de la souris sur **Cibles** puis cliquez sur **Ajouter une cible**.
- Sur la page **Paramètres généraux de cible** de l'assistant **Assistant Ajout de cible**, tapez **datas** pour **alias** de la cible puis cliquez sur **Suivant**.
- Sur la page **Type de stockage**, sélectionnez **Disque dur** puis cliquez sur **Suivant**.
- Sur la page **Type de périphérique**, sélectionnez **Virtuel de base**, puis cliquez sur **Suivant**.
- Sur la page **Type de périphérique**, sélectionnez **Périphérique Fichier Image**, puis cliquez sur **Suivant**.
- Sur la page **Méthode de création du périphérique**, sélectionnez **Créer un nouveau disque virtuel** puis cliquez sur **Suivant**.
- Sur la page **Paramètres du disque virtuel**, tapez **My Computer\C\datas.img** pour **Emplacement et nom du nouveau disque virtuel**. Tapez **10000** pour **Taille en Mo**, enfin cliquez sur **Suivant**.
- Sur la page **Paramètres du périphérique Fichier Image**, vérifiez que **My Computer\C\quorum.img** est sélectionné pour **Sélectionnez le disque virtuel que vous voulez rendre accessible via iSCSI**. Cochez la case **Permet des connexions iSCSI concomitantes (mise en cluster)**, enfin cliquez sur **Suivant**.
- Sur la page **Paramètres de cache du périphérique Fichier Image**, cliquez sur **Suivant**.
- Sur la page **Assistant Ajout de cible**, prenez quelques instants pour vérifier vos paramètres avant de cliquer sur **Suivant**.

➔ Sur la page **Assistant Ajout de cible**, prenez quelques instants pour vérifier que la cible a été créée avant de cliquer sur **Terminer**.

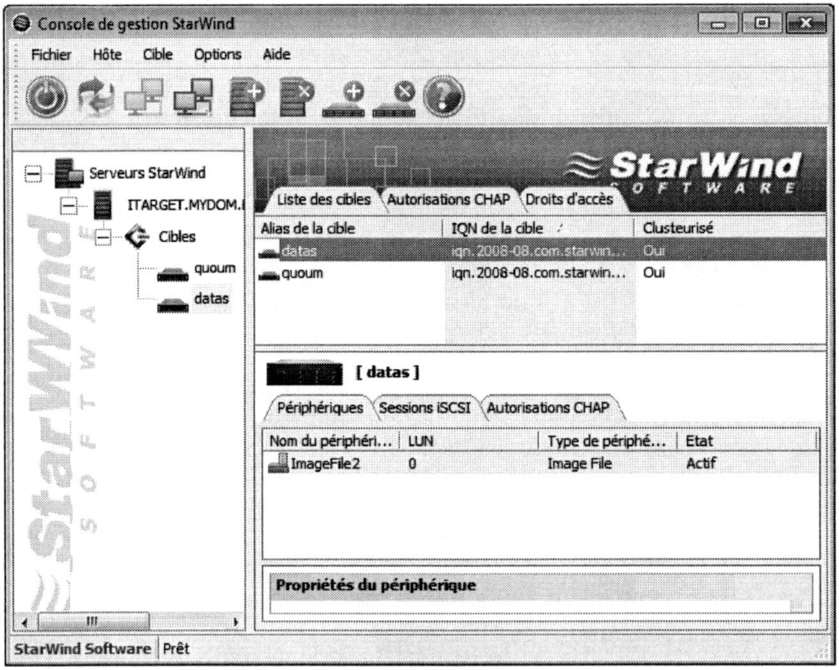

Il faut également ouvrir le port 3260 dans le pare-feu afin que les initiateurs iSCSI puissent se connecter.

➔ Connectez-vous en tant qu'administrateur sur **WinTarget**.

➔ Cliquez sur **Démarrer - Outils d'administration - Pare-feu avec fonctions avancées de sécurité**.

➔ Cliquez avec le bouton droit de la souris sur **Règles de trafic entrant**, puis cliquez sur **Nouvelle règle**.

➔ Dans l'assistant **Nouvelle règle de trafic entrant**, sur la page **Type de règle**, sélectionnez **Port** avant de cliquer sur **Suivant**.

➔ Sur la page **Protocole et ports**, sélectionnez **TCP** pour **Cette règle s'applique-t-elle à TCP ou UDP ?**, puis tapez **3260** pour **Ports locaux** avant de cliquer sur **Suivant**.

➔ Sur la page **Action**, sélectionnez **Autoriser la connexion** avant de cliquer sur **Suivant**.

➔ Sur la page **profil**, vérifiez que tous les profils sont sélectionnés avant de cliquer sur **Suivant**.

➔ Sur la page **Nom**, tapez **iSCSI StarWind** pour le **Nom** puis cliquez sur **Terminer**.

Le système de stockage iSCSI a été installé et configuré en utilisant StarWind version gratuite.

2. Préparation du nœud Win1

Les machines virtuelles, **WinAD**, **Win1** et **WinTarget** sont requises.

Pour chaque nœud, il faut activer et configurer l'initiateur iSCSI pour utiliser le système de stockage. Il faut ajouter le rôle de serveur de fichiers et enfin ajouter la fonctionnalité de cluster failover.

a. Activation et configuration de l'initiateur iSCSI

- Connectez-vous en tant qu'administrateur sur **Win1**.
- Cliquez sur **Démarrer - Panneau de configuration** puis sur **Initiateur iSCSI**.
- Dans la boîte de dialogue **Microsoft iSCSI** vous demandant si le service doit démarrer automatiquement à chaque démarrage, cliquez sur **Oui**.
- Dans la boîte de dialogue **Microsoft iSCSI** vous demandant si vous voulez autoriser dans le pare-feu le service iSCSI dialoguant avec le serveur iSNS, cliquez sur **Oui**.
- Dans la boîte de dialogue **Propriétés de Initiateur iSCSI**, cliquez sur l'onglet **Découverte**, puis sur **Ajouter un portail**.
- Dans la boîte de dialogue **Ajouter un portail cible**, tapez **192.168.10.10** pour **Adresse IP ou nom DNS** puis cliquez sur **OK**.
- Dans la boîte de dialogue **Propriétés de Initiateur iSCSI**, cliquez sur l'onglet **Cibles**, puis sélectionnez la première cible iSCSI et cliquez sur **Ouvrir une session**.
- Dans la boîte de dialogue **Se connecter à la cible**, sélectionnez l'option **Restaurer automatiquement cette connexion au démarrage de l'ordinateur** puis cliquez sur **OK**.
- Dans la boîte de dialogue **Propriétés de Initiateur iSCSI**, cliquez sur l'onglet **Cibles**, puis sélectionnez la seconde cible iSCSI et cliquez sur **Ouvrir une session**.
- Dans la boîte de dialogue **Se connecter à la cible**, sélectionnez l'option **Restaurer automatiquement cette connexion au démarrage de l'ordinateur** puis cliquez sur **OK**.
- Cliquez sur **Démarrer - Outils d'administration** et **Gestionnaire de Serveur**.
- Développez le nœud **Stockage** puis cliquez sur **Gestion des disques**.
- Cliquez avec le bouton droit de la souris sur la zone **Disque 1** puis cliquez sur **En ligne**.
- Cliquez avec le bouton droit de la souris sur la zone **Disque 1** puis cliquez sur **Initialiser le disque**. Dans la boîte de dialogue **Initialiser le disque**, vérifiez que le **Disque 1** est sélectionné avant de cliquer sur **OK**.
- Cliquez avec le bouton droit de la souris sur la zone non allouée du **Disque 1** puis cliquez sur **Nouveau volume simple**.
- Dans l'assistant **Création d'un volume simple** sur la page **Création d'un volume simple** cliquez sur **Suivant**.
- Sur la page **Spécifier la taille du volume**, cliquez sur **Suivant**.
- Sur la page **Attribuer une lettre de lecteur ou de chemin d'accès**, cliquez sur **Suivant**.
- Sur la page **Formater une partition**, sélectionnez la case **Effectuer un formatage rapide** avant de cliquer sur **Suivant**.
- Sur la page **Fin de l'assistant Création d'un volume simple**, prenez quelques instants pour vérifier les paramètres sélectionnés avant de cliquer sur **Terminer**.
- Recommencez l'opération pour le disque **Disque 2**.
- Contrôlez dans l'explorateur qu'il existe deux lecteurs supplémentaires.

Nom	Type	Taille totale	Espace libre
Lecteurs de disques durs (3)			
Disque local (C:)	Disque local	126 Go	116 Go
Nouveau nom (E:)	Disque local	9.76 Go	9.68 Go
Nouveau nom (F:)	Disque local	996 Mo	964 Mo

Win1 est configuré pour utiliser l'initiateur iSCSI.

b. Ajout du rôle Serveur de fichiers

- Cliquez sur **Démarrer - Outils d'administration** et **Gestionnaire de Serveur**.
- Dans l'arborescence, cliquez sur **Rôles**.
- Dans la zone de détails, cliquez sur **Ajouter des rôles**.
- Sur la page **Avant de commencer** de l'assistant **Assistant Ajout de rôles**, cliquez sur **Suivant**.
- Sur la page **Sélectionnez des rôles de serveurs**, sélectionnez **Services de Fichiers** puis cliquez sur **Suivant**.
- Sur la page **Services de fichiers**, prenez quelques instants pour lire les informations avant de cliquer sur **Suivant**.
- Sur la page **Sélectionnez les services de rôle**, sélectionnez **Gestionnaire de ressources du serveur de fichiers** puis cliquez sur **Suivant**.
- Sur la page **Suivi du stockage**, cliquez sur **Suivant**.
- Sur la page **Confirmation**, cliquez sur **Installer**.
- Sur la page **Résultats**, vérifiez que l'installation s'est réalisée correctement avant de cliquer sur **Fermer**.

Le rôle de services de fichiers est installé.

c. Ajout de la fonctionnalité de cluster failover

- Cliquez sur **Démarrer - Outils d'administration** et **Gestionnaire de Serveur**.
- Dans le **Gestionnaire de serveur**, cliquez sur **Fonctionnalités**.
- Dans la zone de détails, cliquez sur **Ajouter des fonctionnalités**.
- Dans l'assistant **Sélectionnez des fonctionnalités**, sélectionnez **Clustering avec basculement** avant de cliquer sur **Suivant**.
- Sur la page **Confirmer les sélections pour l'installation**, cliquez sur **Installer**.
- Sur la page **Résultats de l'installation**, vérifiez sa réussite avant de cliquer sur **Fermer**.

La fonctionnalité de cluster est installée.

d. Ouvrir le pare-feu

- Ouvrez une invite de commande.
- Tapez la commande `netsh advfirewall firewall set rule group="Gestion des volumes à distance" new enable=yes` puis appuyez sur [Entrée]. Trois règles doivent être mises à jour.
- Tapez la commande `netsh advfirewall firewall set rule group="Gestion de ressources du serveur de fichiers à distance " new enable=yes` puis appuyez sur [Entrée]. Huit règles doivent être mises à jour.

Le pare-feu doit être ouvert pour que la gestion distante du service de fichiers puisse s'effectuer correctement.

La préparation de chaque nœud est importante, les différentes étapes permettent de garantir que les prés requis sont bien installés.

3. Préparation du nœud Win2

Les machines virtuelles, **WinAD**, **Win2** et **WinTarget** sont requises.

Pour chaque nœud, il faut activer et configurer l'initiateur iSCSI pour utiliser le système de stockage. Il faut ajouter le rôle de serveur de fichiers et enfin ajouter la fonctionnalité de cluster failover.

a. Activation et configuration de l'initiateur iSCSI

- Connectez-vous en tant qu'administrateur sur **Win2**.
- Cliquez sur **Démarrer - Panneau de configuration** puis sur Initiateur **iSCSI**.
- Dans la boîte de dialogue **Microsoft iSCSI** vous demandant si le service doit démarrer automatiquement à chaque démarrage, cliquez sur **Oui**.
- Dans la boîte de dialogue **Microsoft iSCSI** vous demandant si vous voulez autoriser dans le pare-feu le service iSCSI dialoguant avec le serveur iSNS, cliquez sur **Oui**.
- Dans la boîte de dialogue **Propriétés de Initiateur iSCSI**, cliquez sur l'onglet **Découverte**, puis sur **Ajouter un portail**.
- Dans la boîte de dialogue **Ajouter un portail cible**, tapez **192.168.10.10** pour **Adresse IP ou nom DNS** puis cliquez sur **OK**.
- Dans la boîte de dialogue **Propriétés de Initiateur iSCSI**, cliquez sur l'onglet **Cibles**, puis sélectionnez la première cible iSCSI et cliquez sur **Ouvrir une session**.
- Dans la boîte de dialogue **Se connecter à la cible**, sélectionnez l'option R**estaurer automatiquement cette connexion au démarrage de l'ordinateur** puis cliquez sur **OK**.
- Dans la boîte de dialogue **Propriétés de Initiateur iSCSI**, cliquez sur l'onglet **Cibles**, puis sélectionnez la seconde cible iSCSI et cliquez sur **Ouvrir une session**.
- Dans la boîte de dialogue **Se connecter à la cible**, sélectionnez l'option **Restaurer automatiquement cette connexion au démarrage de l'ordinateur** puis cliquez sur **OK**.
- Cliquez sur **Démarrer - Outils d'administration** et **Gestionnaire de Serveur**.
- Développez le nœud **Stockage** puis cliquez sur **Gestion des disques**.
- Cliquez avec le bouton droit de la souris sur la zone **Disque 1** puis cliquez sur **En ligne**.
- Recommencez l'opération pour le disque **Disque 2**.
- Contrôlez dans l'explorateur qu'il existe deux lecteurs supplémentaires et que l'ordre des lettres des lecteurs est identique à **paris2**.

Nom	Type	Taille totale	Espace libre
Lecteurs de disques durs (3)			
Disque local (C:)	Disque local	126 Go	116 Go
Nouveau nom (E:)	Disque local	9.76 Go	9.68 Go
Nouveau nom (F:)	Disque local	996 Mo	964 Mo

Win2 est configuré pour utiliser l'initiateur iSCSI.

b. Ajout du rôle Serveur de fichiers

- Cliquez sur **Démarrer - Outils d'administration** et **Gestionnaire de Serveur**.

- Dans l'arborescence, cliquez sur **Rôles**.
- Dans la zone de détails, cliquez sur **Ajouter des rôles**.
- Sur la page **Avant de commencer** de l'assistant **Assistant Ajout de rôles**, cliquez sur **Suivant**.
- Sur la page **Sélectionnez des rôles de serveurs**, sélectionnez **Services de Fichiers** puis cliquez sur **Suivant**.
- Sur la page **Services de fichiers**, prenez quelques instants pour lire les informations avant de cliquer sur **Suivant**.
- Sur la page **Sélectionnez les services de rôle**, sélectionnez **Gestionnaire de ressources du serveur de fichiers** puis cliquez sur **Suivant**.
- Sur la page **Suivi du stockage**, cliquez sur **Suivant**.
- Sur la page **Confirmation**, cliquez sur **Installer**.
- Sur la page **Résultats**, vérifiez que l'installation s'est réalisée correctement avant de cliquer sur **Fermer**.

Le rôle de services de fichiers est installé.

c. Ajout de la fonctionnalité de cluster failover

- Cliquez sur **Démarrer - Outils d'administration** et **Gestionnaire de Serveur**.
- Dans le **Gestionnaire de serveur**, cliquez sur **Fonctionnalités**.
- Dans la zone de détails, cliquez sur **Ajouter des fonctionnalités**.
- Dans l'assistant **Sélectionnez des fonctionnalités**, sélectionnez **Clustering avec basculement** avant de cliquer sur **Suivant**.
- Sur la page **Confirmer les sélections pour l'installation**, cliquez sur **Installer**.
- Sur la page **Résultats de l'installation**, vérifiez sa réussite avant de cliquer sur **Fermer**.

La fonctionnalité de cluster est installée.

d. Ouvrir le pare-feu

- Ouvrez une invite de commande.
- Tapez la commande `netsh advfirewall firewall set rule group="Gestion des volumes à distance" new enable=yes` puis appuyez sur [Entrée]. Trois règles doivent être mises à jour.
- Tapez la commande `netsh advfirewall firewall set rule group="Gestion de ressources du serveur de fichiers à distance " new enable=yes` puis appuyez sur [Entrée]. Huit règles doivent être mises à jour.

Le pare-feu doit être ouvert pour que la gestion distante du service de fichiers puisse s'effectuer correctement.

La préparation de chaque nœud est importante, les différentes étapes permettent de garantir que les prés requis sont bien installés.

4. Validation de la configuration du cluster

Les machines virtuelles, **WinAD**, **Win1**, **Win2** et **WinTarget** sont requises.

- Connectez-vous en tant qu'administrateur sur **Win1**.
- Cliquez sur **Démarrer - Outils d'administration** puis sur **Gestion du cluster de basculement**.

- Dans la zone de détail de la console, cliquez sur **Valider une configuration**.
- Sur la page **Avant de commencer** de l'assistant **Assistant Validation d'une configuration**, prenez quelques instants pour lire les informations avant de cliquer sur **Suivant**.
- Sur la page **Sélectionner des serveurs ou un cluster**, tapez **Win1** dans **Entrez un nom** puis cliquez sur **Ajouter**. Tapez **Win2** dans **Entrez un nom** puis cliquez sur **Ajouter**. Les deux ordinateurs doivent se trouver dans la zone des serveurs sélectionnés. Vous pouvez maintenant cliquer sur **Suivant**.
- Sur la page **Options de test**, sélectionnez l'option **Exécuter tous les tests (recommandé)** avant de cliquer sur **Suivant**.
- Sur la page **Confirmation**, prenez quelques instants pour consulter les tests qui seront effectués avant de cliquer sur **Suivant**. Les tests démarrent.
- Sur la page **Validation en cours**, vous pouvez voir l'état d'avancement des tests.
- Sur la page **Résumé**, vous pouvez voir le résultat. Normalement, tous les indicateurs sont verts et la configuration est adaptée au clustering. Vous pouvez cliquer sur **Terminer**. Pour cela, cliquez sur **Rapports** et consultez le rapport détaillé pour connaître le problème.

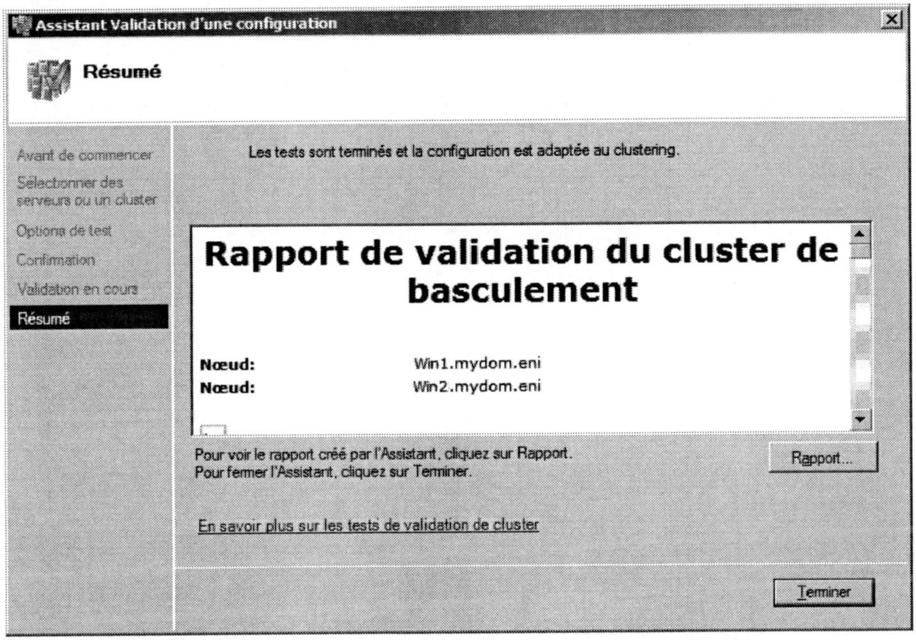

La configuration du cluster est validée. C'est l'étape. la plus importante car si une erreur est détectée, il faut la corriger avant de continuer.

5. Création du cluster

Les machines virtuelles, **WinAD**, **Win1**, **Win2** et **WinTarget** sont requises.

- Connectez-vous en tant qu'administrateur sur **Win1**.

- Cliquez sur **Démarrer - Outils d'administration** puis sur **Gestion du cluster de basculement**.
- Dans la zone de détail de la console, cliquez sur **Créer un cluster**.
- Sur la page **Avant de commencer** de l'assistant **Assistant Création d'un cluster**, prenez quelques instants pour lire les informations avant de cliquer sur **Suivant**.
- Sur la page **Sélectionner des serveurs ou un cluster**, tapez **Win1** dans **Entrez un nom** puis cliquez sur **Ajouter**. Tapez **Win2** dans **Entrez un nom** puis cliquez sur **Ajouter**. Les deux ordinateurs doivent se trouver dans la zone des serveurs sélectionnés. Vous pouvez maintenant cliquer sur **Suivant**.
- Sur la page **Point d'accès pour l'administration du cluster**, tapez **myClust** pour **Nom du cluster** et **10.1.1.200** pour **Adresse** avant de cliquer sur **Suivant**.

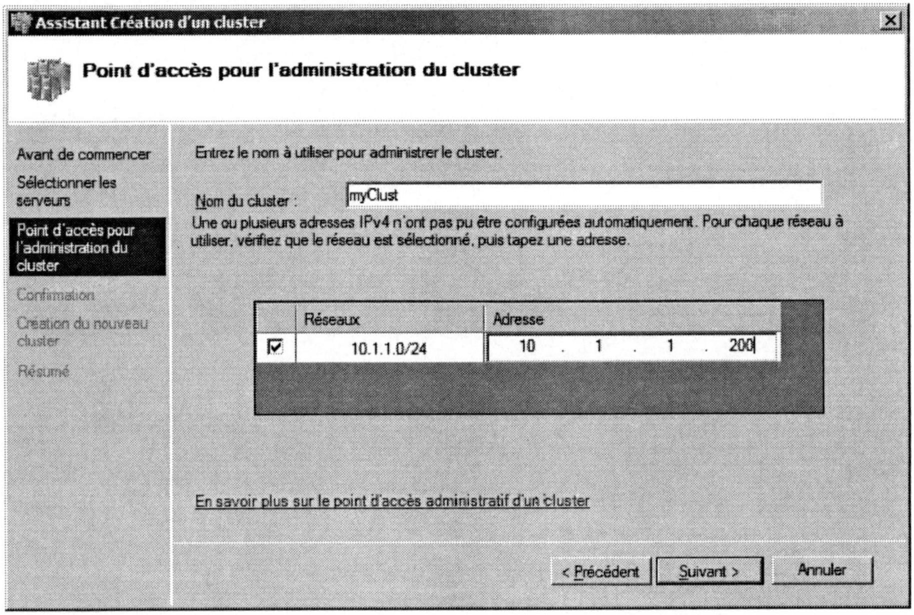

- Sur la page **Confirmation**, prenez quelques instants pour vérifier les paramètres avant de cliquer sur **Suivant**.
- Sur la page **Création du nouveau cluster**, vous pouvez voir l'avancement de la création du cluster.
- Sur la page **Résumé**, vous pouvez voir le résultat synthétique. Prenez quelques instants pour visualiser le rapport complet en cliquant sur **Rapport**. Enfin cliquez sur **Terminer**.

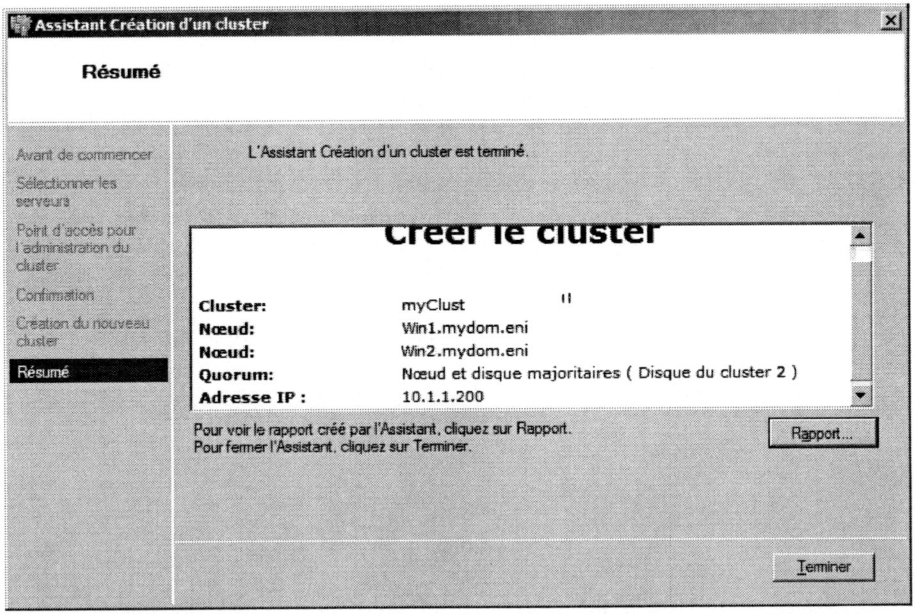

Le cluster est créé, mais il n'y a encore aucune application ou service mis en cluster.

6. Configuration d'un cluster pour les services de fichiers

Les machines virtuelles, **WinAD**, **Win1**, **Win2** et **WinTarget** sont requises.

- Connectez-vous en tant qu'administrateur sur **Win1**.
- Cliquez sur **Démarrer - Outils d'administration** puis sur **Gestion du cluster de basculement**.
- Dans l'arborescence, développez jusqu'à voir apparaître les réseaux.

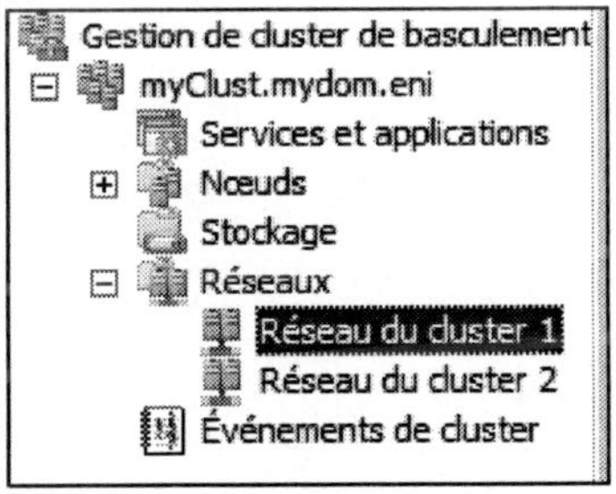

- Dans la zone de détail, le **Réseau du cluster 1** correspond aux cartes réseaux **heartbeat**, qui sont prévues uniquement pour la pulsation. Cliquez avec le bouton droit de la souris sur **Réseau du cluster 1** puis cliquez sur **Propriétés**. Modifiez le nom en **Pulsation** et vérifiez que le cluster est autorisé à utiliser ce réseau mais pas les clients. Enfin cliquez sur **OK**.

- Dans la zone de détail, le **Réseau du cluster 2** correspond aux cartes réseaux **paris**, qui seront prévues pour l'iSCSI et les clients. Cliquez avec le bouton droit de la souris sur **Réseau du cluster 2** puis cliquez sur **Propriétés**. Modifiez le nom en **public** et vérifiez que le cluster est autorisé à utiliser ce réseau ainsi que les clients. Enfin cliquez sur **OK**.
- Dans l'arborescence, cliquez avec le bouton droit de la souris sur **Services et applications** puis cliquez sur **Configurer un service ou une application**.
- Sur la page **Avant de commencer** de l'assistant **Assistant Haute disponibilité**, prenez quelques instants pour lire les informations avant de cliquer sur **Suivant**.
- Sur la page **Sélectionner un service ou une application**, sélectionnez **Serveur de fichiers** avant de cliquer sur **Suivant**.
- Sur la page **Point d'accès client**, tapez **ClustFS** pour **Nom du cluster** et **10.1.1.10** pour **Adresse** avant de cliquer sur **Suivant**.

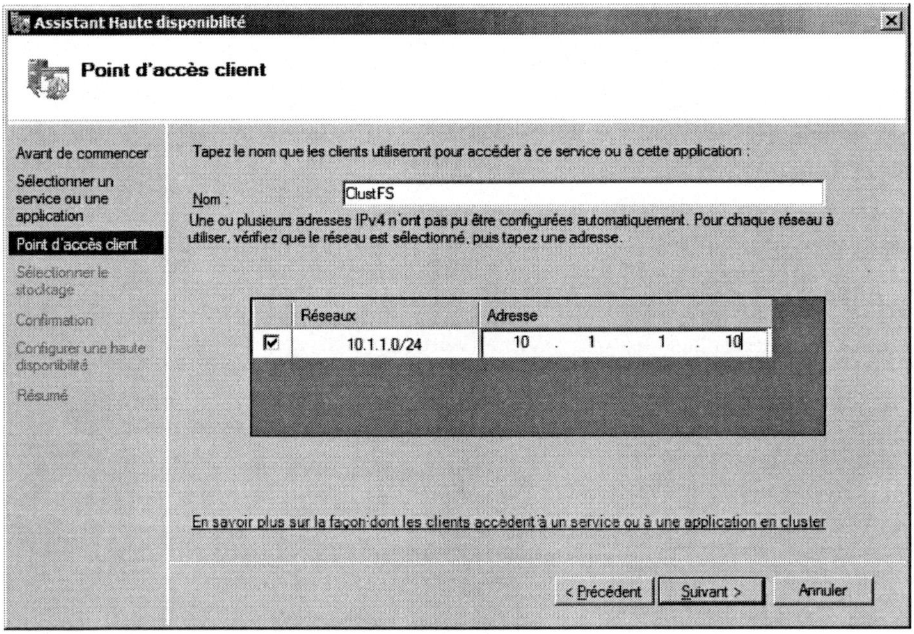

- Sur la page **Sélectionner le stockage**, sélectionnez le disque avant de cliquer sur **Suivant**.

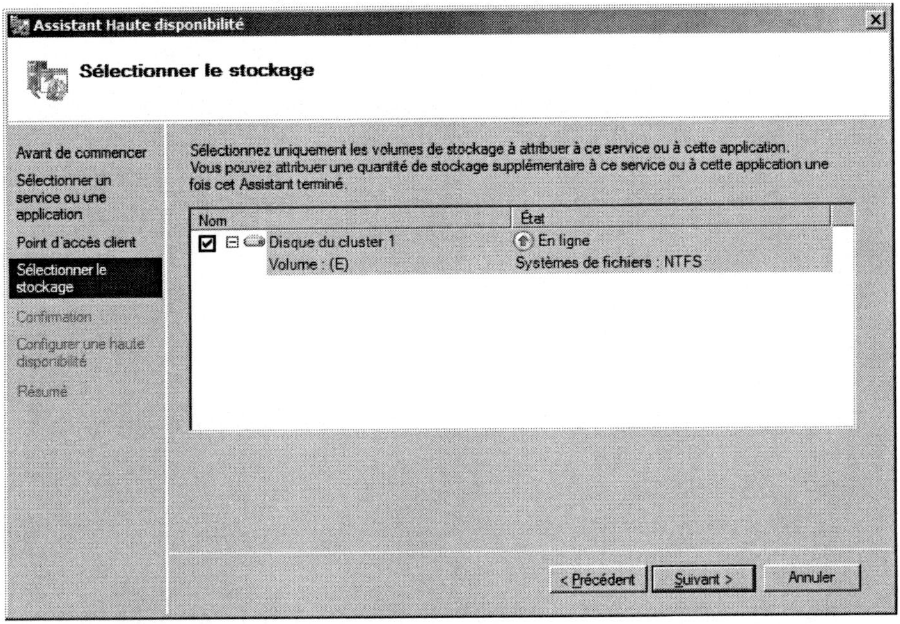

- Sur la page **Confirmation**, prenez quelques instants pour vérifier les paramètres avant de cliquer sur **Suivant**.
- Sur la page **Configurer la haute disponibilité**, vous voyez l'avancement de la configuration.
- Sur la page **Résumé**, vous pouvez voir le résultat synthétique. Prenez quelques instants pour visualiser le rapport complet en cliquant sur **Rapport**. Enfin cliquez sur **Terminer**.

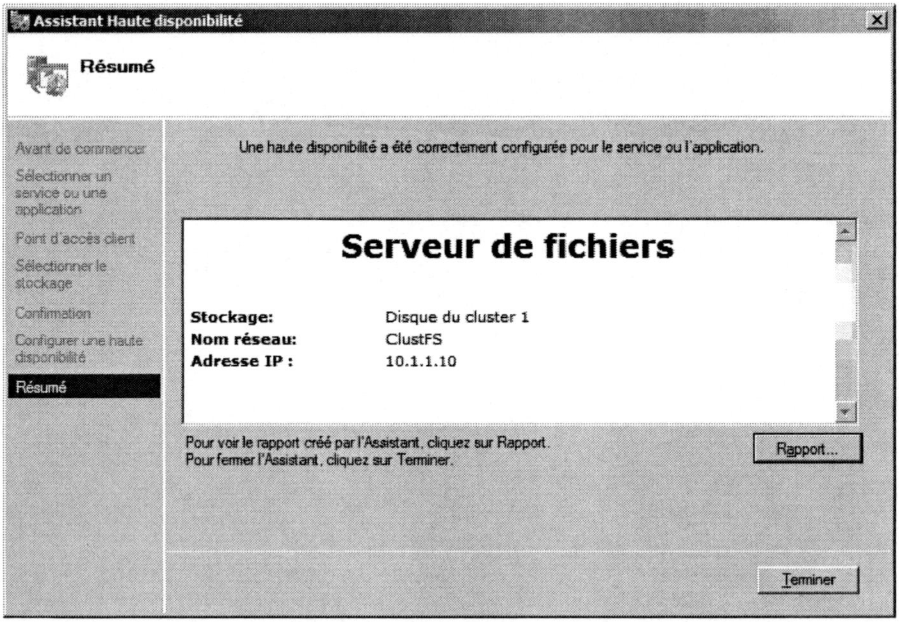

- Maintenant, il faut partager le disque pour qu'il soit accessible par les ordinateurs clients. Dans l'arborescence, sous **Services et applications**, cliquez avec le bouton droit de la souris sur **ClustFS** puis cliquez sur **Ajouter un dossier partagé**. La console peut mettre près d'une minute à s'ouvrir.
- Sur la page **Emplacement du dossier partagé** de l'assistant **Assistant Configuration d'un dossier partagée (ClustFS)**, tapez **E:** pour **Emplacement** puis cliquez sur **Suivant**.
- Sur la page **Autorisations NTFS**, sélectionnez **Non, ne pas modifier les autorisations NTFS** puis cliquez sur **Suivant**. Par défaut l'administrateur dispose de l'autorisation contrôle total.
- Sur la page **Protocoles du partage**, tapez **datas** pour **Nom du partage** puis cliquez sur **Suivant**.
- Sur la page **Paramètres SMB**, cliquez sur **Suivant**.
- Sur la page **Autorisations SMB**, sélectionnez l'option **Les administrateurs ont un contrôle total ; tous les autres utilisateurs et groupes ont uniquement un accès en lecture**. Ensuite cliquez sur **Suivant**.
- Sur la page **Stratégie de quota**, cliquez sur **Suivant**.
- Sur la page **Stratégie de filtre de fichiers**, cliquez sur **Suivant**.
- Sur la page **Publication de l'espace de noms DFS**, cliquez sur **Suivant**.
- Sur la page **Revoir les paramètres et créer le partage**, prenez quelques instants pour vérifier vos paramètres avant de cliquer sur **Créer**.
- Sur la page **Confirmation**, vérifiez que le partage s'est bien créé avant de cliquer sur **Fermer**. Le cluster est configuré et vous devez voir la figure suivante.

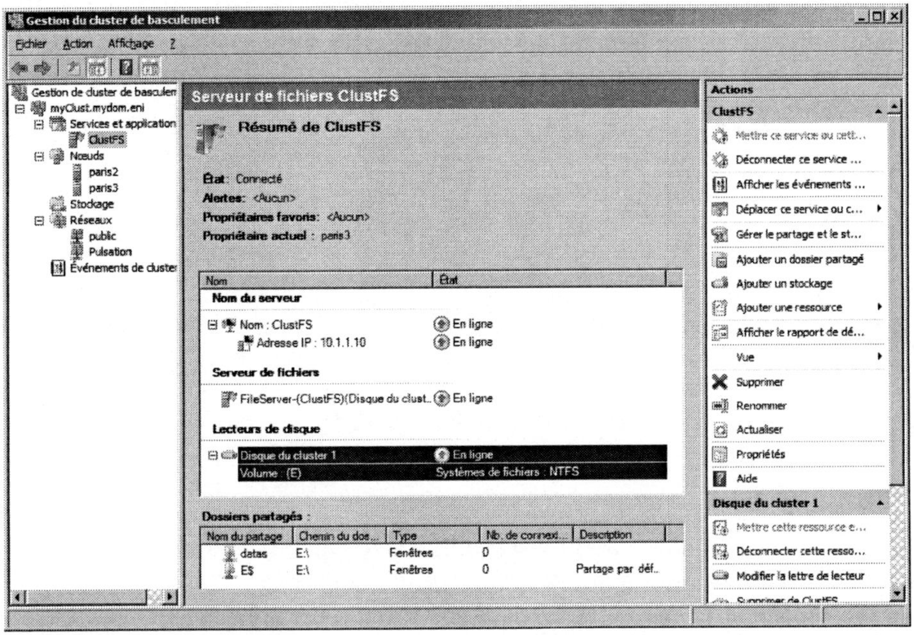

Maintenant votre cluster de serveur de fichiers est opérationnel. La configuration a consisté à contrôler que les réseaux étaient bien configurés, à créer le cluster pour les services de fichiers et à ajouter et configurer au moins un partage.

7. Tests

Les machines virtuelles, **WinAD**, **Win1**, **Win2** et **WinTarget** sont requises.

Il faut tester les scénarios suivants :
- Examiner le basculement transparent d'un nœud vers un autre.
- Transférer un long fichier et créer une panne sur le nœud actif.

a. Basculement d'un nœud vers un autre

Dans ce scénario, à partir de WinAD, se connecter au cluster, créer un fichier puis changer le nœud actif et voir si l'on a toujours accès aux données.

- Connectez-vous en tant qu'administrateur sur **WinAD**.
- Cliquez sur **Démarrer** puis tapez **\\clustfs\datas** dans la zone **Rechercher**.
- Dans la fenêtre de partage, créez un nouveau document texte puis éditez-le. Tapez **Bienvenue dans l'univers passionnant des clusters**. Ensuite sauvegardez le fichier tout en laissant l'éditeur (notepad) ouvert.
- Connectez-vous en tant qu'administrateur sur **Win1**.
- Cliquez sur **Démarrer - Outils d'administration** puis sur **Gestion du cluster de basculement**.
- Dans l'arborescence développez **Services et applications**.

- Cliquez avec le bouton droit de la souris sur **ClustFS** puis cliquez sur **Déplacer ce service ou cette application vers un autre nœud -> 1 - Déplacer vers le nœud Win1**.
- Sur la boîte de dialogue **Veuillez confirmer l'action**, cliquez sur **Déplacer ClustFS dans Win1**. Au bout de quelques secondes, le service de fichiers est déplacé.
- Revenez sur **WinAD**, tapez dans l'éditeur **Cet exercice est intéressant** puis sauvegardez le document et quittez l'éditeur.

Le changement de nœud a été complètement transparent, l'interruption n'a duré que quelques secondes. Vous pourriez tester ce qui se passe si vous effectuiez la sauvegarde pendant l'interruption, mais le résultat serait toujours le même.

b. Déplacement d'un grand fichier

Pour ce scénario, vous avez besoin d'un grand fichier par exemple une image ISO de Windows Server 2008 que vous allez placer sur le cluster. Pendant le transfert Il faudra créer une interruption du nœud actif.

- Connectez-vous en tant qu'administrateur sur **Win1**.
- Cliquez sur **Démarrer - Outils d'administration** puis sur **Gestion du cluster de basculement**.
- Dans l'arborescence développez **Noeuds**.
- Examinez pour chaque nœud s'il possède **ClustFS**. C'est le nœud actif.
- Connectez-vous en tant qu'administrateur sur le nœud actif.
- Cliquez sur **Démarrer** puis **ncpa.cpl** dans la zone **Rechercher**. La simulation de la panne s'effectuera par arrêt des cartes réseaux.
- Connectez-vous en tant qu'administrateur sur le nœud passif.
- Cliquez sur **Démarrer - Outils d'administration** puis sur **Gestion du cluster de basculement**.
- Dans l'arborescence développez **Services et applications** et **ClustFS**.
- Connectez-vous en tant qu'administrateur sur **WinAD**.
- Ouvrez le disque qui contient l'image ISO à transférer.
- Cliquez sur **Démarrer** puis tapez **\\clustfs\datas** dans la zone **Rechercher**.
- Commencez la copie de l'image ISO vers le cluster. Dans La boîte de dialogue **Copie**, cliquez sur **Informations**.
- Retournez vers le nœud actif.
- Dans la fenêtre **Connexions réseau**, désactivez les deux cartes réseaux, soit **heartbeat** et **paris**.
- Retournez vers le nœud passif et examinez ce qui se passe pour le cluster de services de fichiers. Vous devriez voir les services changer de nœud. L'interruption dure moins de 15 secondes.
- Retournez vers **WinAD**, la copie s'est arrêtée mais pas interrompue. Lorsque les services seront déplacés sur le nœud passif, la copie reprendra. Le fichier interrompu en cours de transfert doit être copié à nouveau, mais c'est automatique.

L'interruption n'est que de quelques secondes, et peut passer inaperçue, néanmoins si un grand fichier est interrompu, il faudra recommencer son transfert.

8. Résumé

Cet exercice est complet et a montré la mise en œuvre d'un cluster de services de fichiers comprenant deux nœuds et l'installation d'un serveur de stockage iSCSI. La mise en œuvre est complète et la solution pourrait être mise en production !

F. Services et applications hautement disponibles

Les services et applications suivantes peuvent être mis en haute disponibilité :

1. Serveur DHCP

Le serveur DHCP peut être mis en haute disponibilité en utilisant :

- La **redondance**, deux serveurs au minimum sont placés dans des segments de réseau différent. Sur chaque serveur, il y a une étendue pour les différents segments de réseau et chaque serveur dispose d'une étendue pour les différents segments réseaux dont les adresses ne se chevauchent pas (règle des 80/20).
- La mise en **cluster failover**, qui est supportée nativement par Windows server 2008.

2. Serveur DNS

Le serveur DNS peut être mis en haute disponibilité en utilisant :

- La **réplication**, dès que plusieurs serveurs DNS existent, il est possible de répliquer le contenu de l'un sur les autres.

3. Serveur iSNS

Le serveur iSNS peut être mis en haute disponibilité en utilisant :

- La **redondance cliente**, c'est-à-dire que c'est le client qui connaît et s'inscrit sur plusieurs serveurs iSNS.
- La mise en **cluster failover** qui est supportée nativement par Windows server 2008.

4. Serveur d'espace de noms DFS

Le serveur d'espace de noms DFS peut être mis en haute disponibilité en utilisant :

- La **réplication** s'il s'agit d'un espace de noms de domaine et que plusieurs serveurs d'espace de noms DFS existent.
- La mise en **cluster failover** pour tous les espaces de noms DFS, qui est supportée nativement par Windows Server 2008.

5. DTC (Distributed Transaction Coordinator)

DTC (*Distributed Transaction Coordinator*) peut être mis en haute disponibilité en utilisant :

- La mise en **cluster failover** qui est supportée nativement par Windows Server 2008.

6. Serveur de fichiers

Le serveur de fichiers peut être mis en haute disponibilité en utilisant :

- La mise en **cluster failover** pour tous les espaces de noms DFS, qui est supportée nativement par Windows Server 2008.

7. Serveur d'impression

Le serveur de fichiers peut être mis en haute disponibilité en utilisant :

- La **redondance**, en rajoutant d'autres serveurs d'impression et d'autres imprimantes.

- La mise en **cluster failover** pour tous les espaces de noms DFS, qui est supportée nativement par Windows Server 2008.

8. Message Queuing

Message Queuing peut être mis en haute disponibilité en utilisant :

- La mise en **cluster failover**, qui est supportée nativement par Windows Server 2008.

9. Service Broker pour les connexions Terminal Services

Service Broker pour les connexions Terminal Services peut être mis en haute disponibilité en utilisant :

- La mise en **cluster NLB**.

10. Ordinateur virtuel

L'ordinateur virtuel soit une machine virtuelle peut être mise en haute disponibilité en utilisant :

- La mise en **cluster failover**, qui est supportée nativement par Windows Server 2008.

11. Serveur WINS

Le serveur WINS peut être mis en haute disponibilité en utilisant :

- La **réplication**, dès que plusieurs serveurs WINS existent, leur contenu est répliqué.
- La mise en **cluster failover**, qui est supportée nativement par Windows Server 2008.

12. Serveur WEB IIS (Internet Information Server)

Le serveur WEB IIS peut être mis en haute disponibilité en utilisant :

- La mise en **cluster NLB**.

13. Serveur Microsoft SQL Server

Microsoft SQL server peut être mis en haute disponibilité en utilisant :

- La **réplication** native SQL Server.
- Un serveur en attente et réplication des logs (standby server with log shipping).
- La mise en **cluster failover**.
- La mise en **miroir** de serveurs où chaque serveur dispose de sa propre copie des données.

14. Serveur Microsoft SharePoint

Un serveur SharePoint peut être mis en haute disponibilité en utilisant différentes technologies car il se compose de différentes technologies :

- Serveur WEB IIS en cluster NLB.
- Serveur applicatif selon l'application en redondance, en cluster NLB, en cluster Failover, etc.
- Serveur de données, soit SQL Server en cluster ou en miroir.

15. Serveur Microsoft Exchange Server

Exchange SQL peut être mis en haute disponibilité en utilisant :

- La mise en œuvre d'un **cluster failover**.

- La mise en œuvre d'un cluster à **réplication** continue CCR (*Cluster Continue Replication*) où chaque serveur dispose de sa propre copie des données.
- La mise en œuvre d'un serveur en attente à **réplication** continue CSR (*Standby Continue Replication*) où les logs sont utilisés et rejoués sur le serveur en attente.
- La mise en œuvre d'un cluster à copie simple (*Single Copy Cluster*).

16. Microsoft Hyper-V

Microsoft Hyper-V peut être mis en haute disponibilité en utilisant :

- Quick migration dont le principe est de disposer d'un système de mise en cluster pour l'hôte physique qui héberge hyper-V dont le basculement peut prendre plusieurs minutes par machine virtuelles en fonction de sa mémoire RAM et de la vitesse du réseau.
- Live migration (Windows Server 2008R2) dont le principe est de disposer d'un système de mise en cluster pour l'hôte physique qui héberge hyper-V et permet un basculement immédiat sur l'autre service avec un minimum d'interruption, généralement moins d'une seconde par machine virtuelle et a peu d'influence sur la machine virtuelle.

17. Application générique

Une application générique est une application non conçue nativement pour fonctionner dans un cluster failover. Il est possible de l'inclure dans un cluster failover mais il faut savoir que le cluster ne peut pas toujours déterminer l'état réel car le cluster ne peut pas communiquer avec l'application donc il ne réagira pas correctement à tous les événements.

18. Service générique

Un service générique est un service non conçu nativement pour fonctionner dans un cluster failover. Il est possible de l'inclure dans un cluster failover mais il faut savoir que le cluster ne peut pas toujours déterminer l'état réel car il peut seulement communiquer avec le contrôleur du service et pas le service directement donc il ne saura que si le service est démarré ou non.

19. Script générique

Un script générique est un script WSH (*Windows Scripting Host*) généralement créé en VBS qui surveille et contrôle une application générique et fournit des informations au cluster plus ou moins détaillée sur l'état de l'application générique. Le script doit être inscrit en tant que script générique.

20. Autre serveur

Autre serveur fournit un point d'accès client et un emplacement de stockage.

G. Meilleures pratiques

- Sélectionnez la méthode de mise en haute disponibilité en fonction de l'application et de vos SLA.
- Certaines méthodes sont plus efficaces lorsqu'elles sont utilisées ensemble.
- Utilisez des composants certifiés pour la mise en haute disponibilité.
- Effectuez des installations automatisées des nœuds.
- Pour un cluster failover, réglez tous les avertissements et erreurs avant de continuer l'installation.

- Documentez votre mise en œuvre.

H. Résumé du chapitre

Dans ce chapitre, vous avez appris la signification d'un système hautement disponible, vous avez passé en revue les différentes méthodes existantes pour créer un système hautement disponible puis vu dans l'environnement Microsoft le cluster NLB et le cluster failover.

Vous avez vu comment implémenter un cluster NLB ainsi qu'un cluster failover.

!

A

B

C

D

E

F

G

H

I

J

K

L

M

N

O

P

Q

R

V

W

X

Z